Opera Omnia S. Thomae
Tomus I

Commentum in Sententiis Magistri Petri Lombardi
in Quartos Libros

Liber Primus

Mediatrix Press
©MMXIV

Index Hujus Operis

Prologus S. Thomæ.. 1

Quæstio I... 2
    Articulus Primus 5
        Utrum præter physicas disciplinas alia doctrina sit homini necessaria...
    Articulus Secundus
        Utrum tantum una doctrina debeat esse præter physicas............ 6
    Articulus Tertius
        Utrum sit practica vel speculativa.................................. 7
    Articulus Quartus
        Utrum Deus sit subjectum istius scientiæ............................. 8

Distinctio I 10

Quæstio I... 10
    Articulus Primus
        Utrum frui sit actus intellectus..................................... 11
    Articulus Secundus
        Utrum uti sit actus rationis.... 13

Quæstio II.. 13
    Articulus Primus
        Utrum fruendum sit solo Deo.... 13
    Articulus Secundus
        Utrum fruamur Deo una fruitione..................................... 14

Quæstio III... 15
    Articulus Primus
        Utrum utendum sit omnibus aliis a Deo............................... 15

Quæstio IV.. 16
    Articulus Primus
        Utrum frui conveniat omnibus rebus.................................. 16
    Articulus Secundus
        Utrum usus conveniat existentibus in patria........................ 17

Distinctio II... 19

Quæstio I... 19
    Articulus Primus
        Utrum Deus sit tantum unus.... 21
    Articulus Secundus
        Utrum in Deo sint plura attributa................................... 22

Articulus Tertius
Utrum pluralitas rationum, quibus attributa differunt, sit tantum in intellectu, vel etiam in Deo. 23

Articulus Quartus
Utrum in divinis sint plures personæ. 27

Articulus Quintus
Utrum divinæ personæ differant realiter aut tantum ratione. 28

Distinctio III 30

Quæstio I. 30

Articulus Primus
Utrum Deus possit cognosci ab intellectu creato. 31

Articulus Secundus
Utrum Deum esse sit per se notum. 33

Articulus Secundus
Utrum Deus possit cognosci ab homine per creaturas. 34

Articulus Tertius
Utrum Philosophi naturali cognitione cognoverint trinitatem ex creaturis. 35

Quæstio II. 35

Articulus Primus
Utrum similitudo Dei in creaturis, possit dici vestigium. 36

Articulus Secundus
Utrum partes vestigii sint tres tantum vel duæ. 36

Articulus Tertius
Utrum in omni creatura sit vestigium. 37

Quæstio III. 39

Articulus Primus
Utrum tantum mens sit subjectum imaginis. 40

Quæstio IV. 41

Articulus I
Utrum memoria pertineat ad imaginem. 41

Articulus Secundus
Utrum potentiæ animæ sint essentia ejus. 42

Articulus Tertius
Utrum una potentia oriatur ex alia. 44

Articulus Quartus
Utrum imago attendatur in potentiis rationalibus respectu quorumlibet objectorum. 44

Articulus Quintus
Utrum potentiæ rationales sint semper in actu respectu objectorum, in quibus attenditur imago. 45

Quæstio V. 46

  Articulus I
   Utrum hæ partes imaginis, mens, notitia et amor differant ab aliis partibus. 46

Distinctio IV. 48

Quæstio I. 48
  Articulus Primus
   Utrum generatio sit in Deo. 48
  Articulus Secundus
   Utrum ista propositio, Deus genuit Deum, sit falsa. 49
  Articulus Tertius
   Utrum Deus genuit se Deum vel alium Deum. 50

Quæstio II. 52
  Articulus Primus
   Utrum de divinis possit formari propositio. 52
  Articulus Secundus
   Utrum persona possit prædicari de essentia. 52

Distinctio V. 53

Quæstio I. 53
  Articulus Primus
   Utrum essentia generet. 54
  Articulus Secundus
   Utrum actus generandi prædicetur de aliquo nominum essentialium. 55

Quæstio II. 56
  Articulus Primus
   Utrum filius sit genitus de substantia patris. 56
  Articulus Secundus
   Utrum filius sit ex nihilo. 57

Quæstio III. 57
  Articulus I
   Utrum essentia sit terminus generationis. 57

Distinctio VI. 59

Quæstio I. 59
  Articulus Primus
   Utrum pater genuit filium necessitate. 60
  Articulus Secundus
   Utrum pater genuit filium voluntate. 60
  Articulus Tertius
   Utrum pater genuit filium naturaliter. 61

Distinctio VII 62
Articulus Primus
Utrum potentia generativa sit in Deo. 62
Articulus Secundus
Utrum potentia generativa sit ad aliquid. 63
Articulus Tertius
Utrum potentia dicatur univoce de potentia generandi et potentia creandi. 64

Quæstio II 65
Articulus Secundus
Utrum filius possit generare alium filium.
.... 66

Distinctio VIII 67

Quæstio I 67
Articulus I
Utrum esse proprie dicatur de Deo.
.... 67
Articulus Secundus
Utrum Deus sit esse omnium rerum. 69
Articulus Tertius
Utrum hoc nomen qui est sit primum inter nomina divina.
.... 70

Quæstio II 71
Articulus Primus
Utrum definitio æternitatis a Bœtio posita, sit conveniens. 71
Articulus Secundus
Utrum æternitas tantum Deo conveniat. 72
Articulus Tertius
Utrum verba temporalia possint dici de Deo. 73

Quæstio III 74
Articulus I
Utrum Deus aliquo modo sit mutabilis.
.... 74

Articulus Secundus
Utrum omnis creatura sit mutabilis. 75
Articulus Tertius
Utrum modi mutationis creaturarum convenienter assignentur ab Augustino. 76

Quæstio IV 78
Articulus Primus
Utrum Deus sit omnino simplex. 78
Articulus Secundus
Utrum Deus sit in prædicamento substantiæ.

        ... 80
    Articulus Tertius
        Utrum alia prædicamenta de Deo dicantur.. 81

Quæstio V. 82
    Articulus Primus
        Utrum aliqua creatura sit simplex. 82
    Articulus Secundus
        Utrum anima sit simplex.. 83
    Articulus Tertius
        Utrum anima sit tota in toto, et tota in qualibet parte.
        ... 85

Distinctio IX. 87

Quæstio I.. 87
    Articulus Primus
        Utrum filius sit alius a patre.... 88
    Articulus Secundus
        Utrum pater et filius possint dici plures æterni.. 89

Quæstio II. 90
    Articulus I
        Utrum pater sit prior filio... 90
    Articulus Secundus
        Utrum generatio divina debeat significari per tempus præsens... 91

Distinctio X 93

Quæstio I.. 93
    Articulus Primus
        Utrum Spiritus Sanctus procedat ut amor.. 93
    Articulus Secundus
        Utrum Spiritus Sanctus sit amor quem habet pater in filium.
        ... 95
    Articulus Tertius
        Utrum Spiritus Sanctus sit unio patris et filii.
        ... 95
    Articulus Quartus
        Utrum persona procedens per modum amoris, proprie dicatur Spiritus Sanctus. 96
    Articulus Quintus
        Utrum tantum tres personæ sint in divinis. 97

Distinctio XI. 99

Quæstio I.. 99

       Articulus I
            Utrum Spiritus Sanctus procedat a patre et filio. 99
       Articulus Secundus
            Utrum Spiritus Sanctus procedat a patre et filio inquantum sunt unum. 101
       Articulus Tertius
            Utrum Spiritus Sanctus procedat a patre et filio inquantum sunt unum in natura. 102
       Articulus Quartus
            Utrum pater et filius sint unus spirator. 103

Distinctio XII. 104

Quæstio I. 104
       Articulus Primus
            Utrum generatio sit prior processione. 104
       Articulus Secundus
            Utrum Spiritus Sanctus magis procedat a patre quam a filio. 105
       Articulus Tertius
            Utrum Spiritus Sanctus procedat a patre mediante filio. 106

Distinctio XIII. 107

Quæstio I. 107
       Articulus Primus
            Utrum processio sit in Deo. 108
       Articulus Secundus
            Utrum processio divina sit tantum una. 108
       Articulus Tertius
            Utrum processio Spiritus Sancti debeat dici processio vel generatio. 110
       Articulus Quartus
            Utrum Spiritus Sanctus debeat dici ingenitus. 111

Distinctio XIV. 112

Quæstio I. 112
       Articulus Primus
            Utrum aliqua processio Spiritus Sancti sit temporalis. 113
       Articulus Secundus
            Utrum processio temporalis distinguatur realiter ab æterna. 114

Quæstio II. 115
       Articulus Primus
            Utrum Spiritus Sanctus temporaliter detur. 115
       Articulus Secundus
            Utrum processio temporalis Spiritus Sancti attendatur secundum omnia dona. 116

Quæstio III. 118

Articulus Primus
Utrum Spiritus Sanctus detur a viris sanctis. 118

Distinctio XV 119

Quæstio I 119
Articulus Primus
Utrum missio conveniat divinis personis.. 120
Articulus Secundus
Utrum missio significet notionem.. 121

Quæstio II 121
Articulus Primus
Utrum missio conveniat omnibus personis.. 121

Quæstio III 122
Articulus Primus
Utrum aliqua persona mittat se vel det.. 122
Articulus Secundus
Utrum Spiritus Sanctus mittat vel det filium... 124

Quæstio IV 125
Articulus Primus
Utrum filius invisibiliter mittatur in mentem. 125
Articulus Secundus
Utrum missio filii distinguatur a missione Spiritus Sancti.. 127
Articulus Tertius
Utrum missio possit esse æterna.. 128

Quæstio V 128
Articulus Primus
Utrum missio fiat ad creaturas irrationales.. 128
Articulus Secundus
Utrum missio invisibilis fuerit plenior post incarnationem quam ante.. 131
Articulus Tertius
Utrum per missionem invisibilem efficimur ne simus in hoc mundo... 132

Distinctio XVI 133

Quæstio I 133
Articulus Primus
Utrum missio visibilis conveniat divinæ personæ. 133
Articulus Secundus
Utrum missio visibilis debuerit fieri ad patres veteris testamenti. 134
Articulus Tertius
Utrum missio visibilis fiat tantum in specie corporali. 136

> Articulus Quartus
>> *Utrum species missionis visibilis sint formatæ ministerio Angelorum..* 137

Distinctio XVII 139

Quæstio I.. 139
> Articulus Primus
>> *Utrum caritas sit aliquid creatum in anima.* 139
> Articulus Secundus
>> *Utrum caritas sit accidens..* 142
> Articulus Tertius
>> *Utrum caritas detur secundum capacitatem naturalium.* 143
> Articulus Quartus
>> *Utrum caritas certitudinaliter ab habente cognoscatur...* 144
> Articulus Quintus
>> *Utrum caritas sit ex caritate diligenda..* 145

Quæstio II.. 147
> Articulus Primus
>> *Utrum caritas augeatur..* 147
> Articulus Secundus
>> *Utrum caritas augeatur per additionem...* 150
> Articulus Tertius
>> *Utrum caritas augeatur quolibet actu...* 151
> Articulus Quartus
>> *Utrum augmentum caritatis habeat aliquem terminum.* 153
> Articulus Quintus
>> *Utrum caritas minuatur...* 154

Distinctio XVIII 157

Quæstio I.. 157
> Articulus Primus
>> *Utrum donum sit nomen essentiale...* 157
> Articulus Secundus
>> *Utrum donum sit proprium Spiritus Sancti.* 158
> Articulus Tertius
>> *Utrum per donum, quod Spiritus Sanctus est, dentur omnia dona.* 159
> Articulus Quartus
>> *Utrum eadem processione Spiritus Sanctus habeat quod sit donum et Deus...* 160
> Articulus Quintus
>> *Utrum Spiritus Sanctus possit dici donum nostrum.* 161

Distinctio XIX. 163

Quæstio I.. 163

  Articulus Primus
    Utrum æqualitas sit in divinis... 163
  Articulus Secundus
    Utrum æqualitas in divinis sit mutua.. 165

Quæstio II... 166
  Articulus Primus
    Utrum æternitas sit substantia Dei... 166
  Articulus Secundus... 168

Quæstio III.. 169
  Articulus Primus
    Utrum magnitudo competat Deo... 169
  Articulus Secundus
    Utrum pater sit in filio et e converso... 170

Quæstio IV.. 172
  Articulus Primus
    Utrum in divinis sit totum integrale... 173
  Articulus Secundus
    Utrum in divinis sit totum universale... 174

Quæstio V... 175
  Articulus Primus
    Utrum veritas sit essentia rei.. 175
  Articulus Secundus
    Utrum omnia sint vera veritate increata.................................... 178
  Articulus Tertius
    Utrum sint plures veritates æternæ... 179

Distinctio XX... 182

Quæstio I.. 182

  Articulus Primus
    Utrum filius sit omnipotens... 182
  Articulus Secundus
    Utrum filius sit æqualis patri... 184
  Articulus Tertius
    Utrum in divinis personis sit ordo.. 185

Distinctio XXI.. 186

Quæstio I.. 186
  Articulus Primus
    Utrum ista propositio, solus Deus est Deus, sit falsa..................... 187

  Articulus Secundus
   Utrum ista propositio, solus pater est Deus, sit vera. 188

Quæstio II. 189
  Articulus Primus
   Utrum ista propositio, trinitas est solus Deus, sit vera... 190
  Articulus Secundus
   Utrum pater sit solus Deus... 191

  Distinctio XXII 192

Quæstio I. 192
  Articulus Primus
   Utrum Deus sit nominabilis... 192
  Articulus Secundus
   Utrum aliquod nomen possit dici proprie de Deo. 194
  Articulus Tertius
   Utrum Deus habeat tantum unum nomen... 195
  Articulus Quartus
   Utrum divisio nominum Dei posita ab Ambrosio sit insufficiens... 196

Distinctio XXIII 199

Quæstio I. 199
  Articulus Primus
   Utrum substantia, subsistentia, essentia, persona dicta de Deo sint synonima... ... 200
  Articulus Secundus
   Utrum nomen persona dicatur proprie de Deo. 202
  Articulus Tertius
   Utrum persona significet substantiam.. 203
  Articulus Quartus
   Utrum persona prædicetur pluraliter in divinis... 206

Distinctio XXIV 207

Quæstio I. 207
  Articulus Primus
   Utrum Deus possit dici unus.. 208
  Articulus Secundus
   Utrum in Deo sit aliquis numerus... 209
  Articulus Tertius
   Utrum unitas et numerus ponant aliquid in divinis vel removeant... 210
  Articulus Quartus
   Utrum unum et numerus significent essentiam... 213

Quæstio II. 214

  Articulus Primus
    Utrum in Deo sit diversitas. 214
  Articulus Secundus
    Utrum trinitas sit nomen essentiale. 215

Distinctio XXV 216

Quæstio I 216
  Articulus Primus
    Utrum definitio personæ posita a Bœtio sit competens. 217
  Articulus Secundus
    Utrum persona dicatur univoce de Deo et creaturis. 220
  Articulus Tertius
    Utrum persona sit commune tribus personis. 221
  Articulus Quartus
    Utrum tres personæ possint dici tres res. 222

Distinctio XXVI 224

Quæstio I 224
  Articulus Primus
    Utrum hypostasis proprie dicatur in divinis. 224
  Articulus Secundus
    Utrum remotis relationibus per intellectum, hypostases remaneant distinctæ. ... 226

Quæstio II 227
  Articulus Primus
    Utrum relationes divinæ sint omnino nihil. 227
  Articulus Secundus
    Utrum relationes originis distinguant hypostases. 229
  Articulus Tertius
    Utrum notiones sint tantum quinque. 231

Distinctio XXVII 233

Quæstio I 233
  Articulus Primus
    Utrum proprietates ad invicem distinguantur. 234
  Articulus Secundus
    Utrum operatio personalis præcedat secundum rationem relationem personæ. 235

Quæstio II 236
  Articulus Primus
    Utrum verbum dicatur proprie in divinis. 236
  Articulus Secundus
    Utrum verbum dicatur personaliter. 238

  Articulus Tertius
   Utrum verbum dicat semper respectum ad creaturam. 240

Distinctio XXVIII 242

Quæstio I. 242
  Articulus Primus
   Utrum innascibilitas sit proprietas patris. 243
  Articulus Secundus
   Utrum innascibilitas sit proprietas personalis patris. 244

Quæstio II. 245
  Articulus Primus
   Utrum definitio imaginis: imago est species indifferens ejus rei ad quam imaginatur, sit competens. 245
  Articulus Secundus
   Utrum imago dicatur essentialiter. 246
  Articulus Tertius
   Utrum Spiritus Sanctus possit dici imago. 247

Distinctio XXIX 248

Quæstio I. 248
  Articulus Primus
   Utrum una persona sit principium alterius. 249
  Articulus Secundus
   Utrum principium dicatur univoce de Deo secundum quod dicitur principium divinæ personæ et creaturæ. 250
  Articulus Tertius
   Utrum proprietas patris et filii, qua dicuntur principium Spiritus Sancti, sit tantum una. 251
  Articulus Quartus
   Utrum pater et filius sint unum principium Spiritus Sancti. 251

Distinctio XXX 253

Quæstio I. 253
  Articulus Primus
   Utrum aliquid dicatur de Deo ex tempore. 253
  Articulus Secundus
   Utrum quæ dicuntur de Deo ex tempore, significent divinam essentiam. 254
  Articulus Tertius
   Utrum habitudines designatæ in nominibus dictis de Deo ex tempore, sint realiter in Deo. 256

Distinctio XXXI 257

Quæstio I. 257

- Articulus Primus
  - *Utrum æqualitas ponat aliquid in divinis..* 258
- Articulus Secundus
  - *Utrum attributa essentialia hujusmodi debeant appropriari divinis personis...* 259

Quæstio II. 260
- Articulus Primus
  - *Utrum Hilarius convenienter appropriet æternitatem patri, speciem filio, usum Spiritui Sancto.* 260

Quæstio III. 261
- Articulus Primus
  - *Utrum Augustinus convenienter appropriet unitatem patri, æqualitatem filio, nexum Spiritui Sancto.* 261
- Articulus Secundus
  - *Utrum omnia sint unum propter patrem.* 262

Distinctio XXXII 264

Quæstio I. 264
- Articulus Primus
  - *Utrum pater diligat filium Spiritu Sancto..* 265
- Articulus Secundus
  - *Utrum pater diligat se Spiritu Sancto..* 267
- Articulus Tertius
  - *Utrum pater et filius diligant nos Spiritu Sancto..* 269

Quæstio II. 270
- Articulus Primus
  - *Utrum pater sit sapiens sapientia genita..* 270
- Articulus Secundus
  - *Utrum filius sit sapiens sapientia genita..* 271

Distinctio XXXIII. 272

Quæstio I.. 272
- Articulus Primus
  - *Utrum relationes divinæ sint essentia divina...* 273
- Articulus Secundus
  - *Utrum proprietates sint personæ..* 275
- Articulus Tertius
  - *Utrum proprietates sint in personis et in essentia.* 277
- Articulus Quartus
  - *Utrum essentialia adjectiva prædicentur de proprietatibus..* 278
- Articulus Quintus
  - *Utrum contrariæ opiniones de notionibus possint esse sine peccato...* 279

Distinctio XXXIV... 281

Quæstio I.. 281
    Articulus Primus
        Utrum persona et essentia in divinis sint idem.... 281
    Articulus Secundus
        Utrum tres personas esse unius essentiæ convenienter dicatur........................ 283

Quæstio II... 284
    Articulus Primus
        Utrum potentia convenienter attribuatur patri, sapientia filio, bonitas Spiritui Sancto.... 284

Quæstio III.. 285
    Articulus Primus
        Utrum aliquid debeat dici translative de Deo.... 285
    Articulus Secundus
        Utrum transumptio in divinis debeat fieri ex rebus vilibus................................ 286

Distinctio XXXV.. 288

Quæstio I.. 288
    Articulus Primus
        Utrum scientia conveniat Deo.... 289
    Articulus Secundus
        Utrum Deus intelligat alia a se.... 291
    Articulus Tertius
        Utrum habeat cognitionem certam et propriam de aliis a se............................. 293
    Articulus Quartus
        Utrum scientia Dei sit univoca scientiæ nostræ... 294
    Articulus Quintus
        Utrum scientia Dei sit universalis... 295

Quæstio I.. 297
    Articulus Primus
        Utrum Deus cognoscat singularia.... 297
    Articulus Secundus
        Utrum Deus cognoscat mala... 299
    Articulus Tertius
        Utrum res quæ cognoscuntur a Deo sint in Deo... 300

Quæstio II... 301
    Articulus Primus
        Quid nomine ideæ importetur... 301
    Articulus Secundus
        Utrum ideæ sint plures.... 302
    Articulus Tertius
        Utrum in Deo sint ideæ omnium quæ cognoscit.... 303

Distinctio XXXVII. 305

Quæstio I. 305
Articulus Primus
Utrum Deus sit in rebus. 305
Articulus Secundus
Utrum Deus sit in omnibus per potentiam, præsentiam et essentiam; in sanctis per gratiam, in Christo per esse. 307

Quæstio II. 308
Articulus Primus
Utrum Deus sit ubique. 308
Articulus Secundus
Utrum esse ubique soli Deo conveniat. 309
Articulus Tertius
Utrum esse ubique conveniat Deo ab æterno. 309

Quæstio III. 310
Articulus Primus
Utrum Angelus sit in loco. 311
Articulus Secundus
Utrum Angelus possit esse in pluribus locis. 313
Articulus Tertius
Utrum plures Angeli possint esse in uno loco. 314

Quæstio IV. 315
Articulus Secundus
Utrum Angelus in suo motu de necessitate transeat medium. 317
Articulus Tertius
Utrum Angelus moveatur in instanti. 318

Distinctio XXXVIII. 322

Quæstio I. 322
Articulus Primus
Utrum scientia Dei sit causa rerum. 322
Articulus Secundus
Utrum scientia Dei sit uniformiter de rebus scitis. 323
Articulus Tertius
Utrum scientia Dei sit enuntiabilium. 324
Articulus Quartus
Utrum scientia Dei sit non entium. 325
Articulus Quintus
Utrum scientia Dei sit contingentium. 326

Quæstio I. 330

  Articulus Primus
   Utrum Deus possit non scire illud quod est scitum ab eo........................... 330
  Articulus Secundus
   Utrum Deus possit scire aliquid quod nescit.. 331
  Articulus Tertius
   Utrum Deus sciat infinita.. 332

Quæstio II... 333
  Articulus Primus
   Utrum providentia pertineat ad scientiam.. 333
  Articulus Secundus
   Utrum providentia sit omnium.. 334

Distinctio XL.. 338

Quæstio I.. 338
  Articulus Primus
   Utrum prædestinatio sit aliquid in prædestinato................................... 338
  Articulus Secundus
   Utrum prædestinatio pertineat ad scientiam.. 340

Quæstio II... 341
  Articulus Primus
   Quorum sit prædestinatio.. 341

Quæstio III.. 342
  Articulus Primus
   Utrum prædestinatio sit certa... 342

Quæstio IV... 343
  Articulus Primus
   Utrum reprobatio addat aliquid supra præscientiam................................. 344
  Articulus Secundus
   Utrum Deus sit causa obdurationis... 344

Distinctio XLI... 346

Quæstio I.. 346
  Articulus Primus
   Utrum in Deo sit electio.. 346
  Articulus Secundus
   Utrum electio præcedat secundum rationem prædestinationem......................... 347
  Articulus Tertius
   Utrum præscientia meritorum sit causa prædestinationis............................ 348
  Articulus Quartus
   Utrum prædestinatio juvetur aliquo opere humano................................... 350

- Articulus Quintus
  - *Utrum quidquid olim Deus scivit, modo sciat..* 350

Distinctio XLII 352

Quæstio I 352
- Articulus Primus
  - *Utrum in Deo sit potentia...* 352
- Articulus Secundus
  - *Utrum in Deo sit tantum una potentia..* 354

Quæstio II 355
- Articulus Primus
  - *Utrum Deus possit quidquid est alteri possibile..* 355
- Articulus Secundus
  - *Utrum Deus possit quæ sunt impossibilia naturæ.* 356
- Articulus Tertius
  - *Utrum aliquid sit judicandum impossibile, secundum causas inferiores...* 358

Distinctio XLIII 359

Quæstio I 359
- Articulus Primus
  - *Utrum potentia Dei sit infinita..* 359
- Articulus Secundus
  - *Utrum omnipotentia Dei possit communicari creaturæ..* 361

Quæstio II 362
- Articulus Primus
  - *Utrum Deus operetur de necessitate naturæ...* 362
- Articulus Secundus
  - *Utrum Deus agat de necessitate justitiæ...* 363

Distinctio XLIV 364

Quæstio I 364
- Articulus Primus
  - *Utrum Deus potuerit facere aliquam creaturam meliorem quam fecerit...* 365
- Articulus Secundus
  - *Utrum Deus potuerit facere universum melius..* 366
- Articulus Tertius
  - *Utrum Deus potuerit facere humanitatem Christi meliorem quam sit..* 367
- Articulus Quartus
  - *Utrum Deus possit facere omne quod olim potuit..* 368

Distinctio XLV 369

Quæstio I.. 369
 Articulus Primus
  Utrum in Deo sit voluntas.. 370
 Articulus Secundus
  Utrum voluntas Dei sit tantum sui ipsius................................... 371
 Articulus Tertius
  Utrum voluntas Dei sit causa rerum... 372
 Articulus Quartus
  Utrum voluntas Dei distinguatur in voluntatem beneplaciti et voluntatem signi.. 373

Distinctio XLVI... 374

Quæstio I.. 374
 Articulus Primus
  Utrum Deus velit omnes homines salvos fieri................................ 375
 Articulus Secundus
  Utrum sit bonum fieri mala... 376
 Articulus Tertius
  Utrum malum sit de perfectione universi.................................... 377
 Articulus Quartus
  Utrum Deus velit mala fieri.. 378

Distinctio XLVII.. 380

Quæstio I.. 380
 Articulus Primus
  Utrum voluntas divina semper efficaciter impleatur......................... 380
 Articulus Secundus
  Utrum nihil fiat præter Dei voluntatem..................................... 381
 Articulus Tertius
  Utrum id quod est contra voluntatem Dei, non obsequatur voluntati ejus..... 382
 Articulus Quartus
  Utrum id quod est præter voluntatem Dei præcepto non subjaceat............. 383

Distinctio XLVIII... 385

Quæstio I.. 385
 Articulus Primus
  Utrum voluntas humana divinæ voluntati non possit conformari............... 385
 Articulus Secundus
  Utrum conformitas voluntatum attendatur præcipue secundum volitum.......... 386
 Articulus Tertius
  Utrum ad conformitatem divinæ voluntatis non teneamur...................... 388
 Articulus Quartus
  Utrum ad conformitatem in volito teneamur.................................. 389

Prologus S. Thomæ

Ego sapientia effudi flumina: ego quasi trames aquæ immensæ defluo: ego quasi fluvius dorix, et sicut aquæductus exivi de Paradiso. Dixi: rigabo hortum plantationum, et inebriabo partus mei fructum. Eccli. 24, 40.

Inter multas sententias quæ a diversis de sapientia prodierunt, quid scilicet esset vera sapientia, unam singulariter firmam et veram apostolus protulit dicens Christum Dei virtutem et Dei sapientiam, qui etiam nobis a Deo factus est sapientia, 1 ad Corinth. 1, 24 et 30. Non autem hoc ita dictum est, quod solus filius sit sapientia, cum pater et filius et Spiritus Sanctus sint una sapientia, sicut una essentia; sed quia sapientia quodam speciali modo filio appropriatur, eo quod sapientiæ opera cum proprietatibus filii plurimum convenire videntur.

Per sapientiam enim Dei manifestantur divinorum abscondita, producuntur creaturarum opera, nec tantum producuntur, sed etiam restaurantur et perficiuntur: illa, dico, perfectione qua unumquodque perfectum dicitur, prout proprium finem attingit. Quod autem manifestatio divinorum pertineat ad Dei sapientiam, patet ex eo quod ipse Deus per suam sapientiam seipsum plene et perfecte cognoscit. Unde si quid de ipso cognoscimus oportet quod ex eo derivetur, quia omne imperfectum a perfecto trahit originem: unde dicitur sapient. 9, 17: sensum tuum quis sciet, nisi tu dederis sapientiam? hæc autem manifestatio specialiter per filium facta invenitur: ipse enim est verbum patris, secundum quod dicitur Joan. 1, unde sibi manifestatio dicentis patris convenit et totius trinitatis.

Unde dicitur Matth. 11, 27: nemo novit patrem nisi filius et cui filius voluerit revelare: et Joan. 1, 18: Deum nemo vidit unquam, nisi unigenitus qui est in sinu patris. Recte ergo dicitur ex persona filii: ego sapientia effudi flumina.

Flumina ista intelligo fluxus æternæ processionis, qua filius a patre, et Spiritus Sanctus ab utroque, ineffabili modo procedit. Ista flumina olim occulta et quodammodo confusa erant, tum in similitudinibus creaturarum, tum etiam in ænigmatibus Scripturarum, ita ut vix aliqui sapientes trinitatis mysterium fide tenerent. Venit filius Dei et inclusa flumina quodammodo effudit, nomen trinitatis publicando, Matth. Ult. 19: docete omnes gentes, baptizantes eos in nomine patris et filii et Spiritus Sancti. Unde Job 28, 2: profunda fluviorum scrutatus est et abscondita produxit in lucem. Et in hoc tangitur materia primi libri.

Secundum quod pertinet ad Dei sapientiam est creaturarum productio: ipse enim de rebus creatis non tantum speculativam, sed etiam operativam sapientiam habet, sicut artifex de artificiatis; unde in Psalm. 103: omnia in sapientia fecisti. Et ipsa sapientia loquitur, Proverb. 8, 30: cum eo eram cuncta componens. Hoc etiam specialiter filio attributum invenitur, inquantum est imago Dei invisibilis, ad cujus formam omnia formata sunt: unde Coloss. 1, 15: qui est imago Dei invisibilis, primogenitus omnis creaturæ, quoniam in ipso condita sunt universa; et Joan. 1, 3: omnia per ipsum facta sunt. Recte ergo dicitur ex persona filii: ego quasi trames aquæ immensæ defluo; in quo notatur et ordo creationis et modus. Ordo, quia sicut trames a fluvio derivatur, ita processus temporalis creaturarum ab æterno processu personarum: unde in Psalmo 148, 5, dicitur: dixit, et facta sunt. Verbum genuit, in quo erat ut fierent, secundum Augustinum.

Semper enim id quod est primum est causa eorum quæ sunt post, secundum Philosophum; unde primus processus est causa et ratio omnis sequentis processionis. Modus autem signatur quantum ad duo: scilicet ex parte creantis, qui cum omnia impleat, nulli tamen se commetitur; quod notatur in hoc quod dicitur, immensæ. Item ex parte creaturæ: quia sicut trames procedit extra alveum fluminis, ita creatura procedit a Deo extra unitatem essentiæ, in qua sicut in alveo fluxus personarum continetur. Et in hoc notatur materia secundi libri.

Tertium, quod pertinet ad Dei sapientiam, est operum restauratio. Per idem enim debet res reparari per quod facta est; unde quæ per sapientiam condita sunt, decet ut per sapientiam reparentur: unde dicitur sapient. 9, 19: per sapientiam sanati sunt qui tibi placuerunt ab initio. Hæc autem reparatio specialiter per filium facta est, inquantum ipse homo factus est, qui, reparato hominis statu, quodammodo omnia reparavit quæ propter hominem facta sunt; unde Coloss. 1, 20: per eum reconcilians omnia, sive quæ in cælis, sive quæ in terris sunt. Recte ergo ex ipsius filii persona dicitur: ego quasi fluvius dorix, et sicut aquæductus exivi de

Paradiso. Paradisus iste, gloria Dei patris est, de qua exivit in vallem nostræ miseriæ; non quod eam amitteret, sed quia occultavit: unde Joan. 16, 28: exivi a patre et veni in mundum. Et circa hunc exitum duo notantur, scilicet modus et fructus.

Dorix enim fluvius rapidissimus est; unde designat modum quo, quasi impetu quodam amoris nostræ reparationis Christus complevit mysterium; unde Isaiæ 59, 19: cum venerit quasi fluvius violentus, quem spiritus Domini cogit. Fructus autem designatur ex hoc quod dicitur, sicut aquæductus: sicut enim aquæductus ex uno fonte producuntur divisim ad fecundandam terram, ita de Christo profluxerunt diversarum gratiarum genera ad plantandam ecclesiam, secundum quod dicitur Ephes. 4, 11: ipse dedit quosdam quidem apostolos, quosdam autem prophetas, alios vero evangelistas, alios autem pastores et doctores, ad consummationem sanctorum in opus ministerii, in ædificationem corporis Christi. Et in hoc tangitur materia tertii libri: in cujus prima parte agitur de mysteriis nostræ reparationis, in secunda de gratiis nobis collatis per Christum.

Quartum, quod ad Dei sapientiam pertinet, est perfectio, qua res conservantur in suo fine.

Subtracto enim fine, relinquitur vanitas, quam sapientia non patitur secum; unde dicitur Sap. 8, 1, quod sapientia attingit a fine usque ad finem fortiter et disponit omnia suaviter. Suaviter autem unumquodque tunc dispositum est quando in suo fine, quem naturaliter desiderat, collocatum est. Hoc etiam ad filium specialiter pertinet, qui, cum sit verus et naturalis Dei filius, nos in gloriam paternæ hereditatis induxit; unde Hebr. 2, 10: decebat eum propter quem et per quem facta sunt omnia, qui multos filios in gloriam adduxerat. Unde recte dicitur: dixi: rigabo hortum plantationum. Ad consecutionem enim finis exigitur præparatio, per quam omne quod non competit fini, tollatur; ita Christus etiam, ut nos in finem æternæ gloriæ induceret, sacramentorum medicamenta præparavit, quibus a nobis peccati vulnus abstergitur. Unde duo notantur in verbis prædictis, scilicet præparatio, quæ est per sacramenta, et inductio in gloriam. Primum per hoc quod dicitur: rigabo hortum plantationum.

Hortus enim iste ecclesia est, de qua Cant. 4, 12: hortus conclusus soror mea sponsa: in quo sunt plantationes diversæ, secundum diversos sanctorum ordines, quos omnes manus omnipotentis plantavit.

Iste hortus irrigatur a Christo sacramentorum rivis, qui ex ejus latere profluxerunt: unde in commendationem pulchritudinis ecclesiæ dicitur in Num. 24, 5: quam pulchra tabernacula tua, Jacob. Et post sequitur, 6: ut horti juxta fluvios irrigui. Et ideo etiam ministri ecclesiæ, qui sacramenta dispensant, rigatores dicuntur, 1 Corinth. 3, 6: ego plantavi, Apollo rigavit. Inductio autem in gloriam notatur in hoc quod sequitur: et inebriabo partus mei fructum. Partus ipsius Christi sunt fideles ecclesiæ, quos suo labore quasi mater parturivit: de quo partu Isa. Ult., 9: numquid ego, qui alios parere facio, ipse non pariam? dicit Dominus. Fructus autem istius partus sunt sancti qui sunt in gloria: de quo fructu Cant. 5, 1: veniat dilectus meus in hortum suum et comedat fructum pomorum suorum. Istos inebriat abundantissima sui fruitione; de qua fruitione et ebrietate Psalm. 35, 9: inebriabuntur ab ubertate domus tuæ. Et dicitur ebrietas, quia omnem mensuram rationis et desiderii excedit: unde Isa. 64, 4: oculus non vidit, Deus, absque te quæ præparasti expectantibus te. Et in hoc tangitur materia quarti libri: in cujus prima parte agitur de sacramentis; in secunda de gloria resurrectionis.

Et sic patet ex prædictis verbis intentio libri sententiarum.

Prœmium
Quæstio I

Huic operi Magister procemium præmittit, in quo tria facit. Primo reddit auditorem benevolum; secundo docilem, ibi, horum igitur Deo odibilem ecclesiam evertere, atque ora oppilare... Volentes, in labore multo ac sudore volumen, Deo præstante, compegimus; tertio attentum, ibi, non ergo debet hic labor cuiquam pigro vel multum docto videri superfluus. Benevolum reddit assignando causas moventes ipsum ad compilationem hujus operis, ex quibus ostenditur affectus ipsius in Deum et proximum.

Sunt autem tres causæ moventes. Prima sumitur ex parte sui, scilicet desiderium proficiendi in ecclesia; secunda ex parte Dei, scilicet promissio mercedis et auxilii; tertia ex parte proximi, scilicet instantia precum sociorum. E contra sunt tres causæ retrahentes. Prima ex parte sui, defectus ingenii et scientiæ; secunda ex parte operis, altitudo materiæ et magnitudo laboris; tertia ex parte proximi, invidorum contradictio. Harum autem causarum moventium duæ primæ insinuant caritatem in Deum, tertia in proximum: unde dividitur in duas.

In primo ponit causas moventes quæ ostendunt caritatem in Deum; in secundo causam quæ ostendit caritatem in proximum, ibi, non valentes studiosorum fratrum votis jure resistere. Causis autem moventibus adjungit etiam retrahentes: unde primo ponit quasi quamdam controversiam causarum moventium et retrahentium; secundo victoriam, ibi, quam vincit zelus domus Dei.

Cupientes. In hoc notatur primo causa movens, scilicet desiderium proficiendi. Aliquid sonat immodicitatem. De penuria ac tenuitate nostra. Hic tangitur prima causa retrahens, scilicet defectus scientiæ.

Et dicitur penuria proprie defectus exterioris substantiæ, unde transfertur ad defectum scientiæ acquisitæ. Tenuitate, quæ proprie est defectus substantiæ interioris, unde transfertur ad defectum ingenii. Cum paupercula, de qua Marci. 12 et Lucæ 21.

Gazophylacium. Gazophylacium repositorium dicitur divitiarum. Gazæ enim Persice, divitiæ Latine dicuntur, et *phylasso* Græce, Latine servare: et quandoque sumitur pro arca in qua thesaurus reponitur, sicut 4 Reg. 12, 9: tulit Joiada pontifex gazophylacium unum etc., quandoque pro loco in quo arca reponitur, sicut Joan. 8, 20: hæc locutus est Jesus in gazophylacio. Hic autem significat studium sacræ Scripturæ, in quo sancti sua opera reposuerunt.

Ardua scandere. Hic ponitur secunda causa retrahens ex parte operis, et dicuntur ardua divina quantum est in se. Scanduntur autem quasi triplici gradu. Primus est in derelinquendo sensum; secundus in derelinquendo phantasias corporum; tertius in derelinquendo rationem naturalem. Opus ultra vires. Hic ostenditur altitudo materiæ per comparationem ad nos.

Contra, Eccli. 3, 22: altiora te ne quæsieris.

Respondeo. Verum est ex confidentia propriarum virium; sed ex confidentia divini auxilii possumus elevata supra nostrum posse speculari.

Præsumpsimus. Contra, Eccli. 37, 3: o præsumptio nequissima. Ergo videtur quod peccaverit.

Respondeo. Expone præsumpsimus, idest præ aliis sumpsimus. Vel dic, quod esset præsumptio per comparationem ad vires humanas; sed per comparationem ad Dei auxilium, quo omnia possumus, sicut dicitur Philipp. Ult. 13: omnia possum in eo qui me confortat, non est præsumptio.

Consummationis fiduciam. Hic ponit secundam causam moventem ex parte Dei. In Samaritano. Sumitur de parabola quæ est Lucæ 10, per quam significatur Deus. In Psal. 120, 4: ecce non dormitabit neque dormiet qui custodit Israel. Samaritanus enim interpretatur custos. Semivivi, hominis per peccatum spoliati gratia et vulnerati in naturalibus.

Duobus denariis, duobus testamentis, quasi regis imagine insignitis, dum veritatem continent a prima veritate exemplatam. Supereroganti, idest superaddenti, sicut sancti patres suis studiis fecerunt.

Contra, Apocalyps. Ult. 18: si quis apposuerit ad hæc, apponet Deus super illum plagas. Respondeo.

Est apponere duplex: vel aliquid quod est contrarium, vel diversum; et hoc est erroneum vel præsumptuosum: vel quod continetur implicite, exponendo; et hoc est laudabile.

Delectat. Hic colligit quatuor causas enumeratas.

Quam vincit. Hic ponit victoriam. Zelus. Zelus, secundum Dionysium, est amor intensus, unde non patitur aliquid contrarium amato. Domus Dei, idest ecclesiæ. Quo inardescentes, scilicet dum non patimur ecclesiam ab infidelibus impugnari. Carnalium, quantum ad illos qui inveniunt sibi errores, ut carnis curam faciant in desideriis, Rom. 13, sicut qui negant providentiam divinam de rebus humanis, et animæ perpetuitatem, ut impune possint peccare. Animalium, quantum ad errantes, ex eo quod non elevantur supra sensibilia, sed secundum rationes corporales volunt de divinis judicare. Davidicæ turris. Hoc sumitur Cant. 4, 4: sicut turris David collum tuum, quæ ædificata est cum propugnaculis: mille clypei pendent ex ea, omnis armatura fortium. Per David significatur Christus: turris ejus est fides vel ecclesia: clypei sunt rationes et auctoritates sanctorum. Vel potius munitam ostendere; quia ipse non invenit rationes, sed potius ab aliis inventas compilavit: et in hoc tangit unam utilitatem, scilicet exclusionem erroris.

Ac theologicarum inquisitionum abdita aperire.

Hic tangit aliam quantum ad manifestationem veritatis; et hoc in primis tribus libris. Nec non et sacramentorum ecclesiasticorum pro modulo intelligentiæ nostræ notitiam tradere studuimus: et hoc quantum ad quartum.

Non valentes studiosorum fratrum votis jure resistere. Hic ponit causam moventem, quæ dicit caritatem in proximum: et primo ponit causam moventem; secundo retrahentem, ibi, quamvis non ambigamus omnem humani eloquii sermonem calumniæ atque contradictioni æmulorum semper fuisse obnoxium.

Lingua, ad præsentes, vel quantum ad communicationem doctrinæ; stylo, propter absentes, vel ad perpetuandam memoriam.

Bigas, idest linguam et stylum, quibus quasi duabus rotis vehitur a Magistro in discipulum, agitat Christi caritas. Hoc sumitur 2 Corinth. 5, 14: caritas Christi urget nos.

Contra, Eccle. 9, 1: nemo scit, utrum amore an odio dignus sit. Ergo etc.. Respondeo. Caritas dicitur uno modo habitus infusus; et hunc nullus potest scire se habere certitudinaliter, nisi per revelationem; sed potest conjicere per aliqua signa probabilia. Alio modo dicitur caritas amor multum appretians amatum; et sic aliquis potest scire se habere caritatem. Quamvis non ambigamus omnem humani eloquii sermonem calumniæ atque contradictioni æmulorum semper fuisse obnoxium. Hic ponit tertiam causam retrahentem, scilicet contradictionem invidorum: et circa hoc tria facit. Primo ponit contradictionis evidentiam per simile in aliis; secundo contradictionis causam ex inordinatione voluntatis, ex qua error, ex qua invidia, ex qua contradictio oritur, ibi, quia dissentientibus voluntatum motibus, dissentiens quoque fit animorum sensus; tertio contradicentium nequitiam, ibi, qui non rationi voluntatem subjiciunt.

Calumniæ, quæ est occulta et particularis impugnatio; contradictioni, quæ est aperta, et in toto, et universalis; obnoxium, quasi pœnæ vel noxæ addictum.

Veri ratione perfectum; idest, perficiebat secundum rationem veritatis, videlicet quantum ad illos qui male intelligunt, et tamen malum intellectum pertinaci voluntate defendunt.

Complacet, quantum ad illos quorum voluntas inordinate post se trahit judicium rationis, ut verum judicetur illud quod placet. Offendenti, idest quod displicet.

Contra, 3 Esdræ, 4, 39: omnes benignantur in operibus ejus. Ergo etc.. Respondeo. Veritas secundum se semper amatur; sed per accidens potest haberi odio, et hoc accidens est infinitum: quia causæ per accidens, secundum Philosophum infinitæ sunt.

Deus hujus sæculi. Sumitur 2 Corinth., 4, et exponitur de Deo vero, qui operatur invidiam, permittendo; vel de diabolo, cui sæculum obedit, qui operatur suggerendo. Diffidentiæ, vel quia diffidunt de Deo, vel quia de eis diffidendum est ex ratione morbi, quamvis non ex potestate medici.

Qui non rationi voluntatem subjiciunt. Hic ostendit contradicentium nequitiam: et primo ex inordinata professione; secundo ex simulata religione, ibi, habent rationem sapientiæ in superstitione; tertio ex pertinaci contentione, ibi, qui contentioni studentes, contra veritatem sine fœdere bellant.

Ostendit autem primo ex duobus eos esse inordinatos, scilicet quia voluntas non sequitur rationem, sed e converso; quod tangit ubi dicit: qui non rationi voluntatem subjiciunt: et quia rationem suam non subjiciunt sacræ doctrinæ; quod notatur ibi, nec doctrinæ studium impendunt.

Somniarunt, quasi phantasiando, sicut homo in somniis. Sed ad fabulas convertentes auditum. Sumitur de 2 Timoth. 4. Fabula enim composita est ex miris, secundum Philosophum, et isti semper volunt nova audire. Professio, idest studium. Docenda, idest digna doceri. Rationem, idest argumentum ad ostendendum sapientiam. In superstitione, superflua religione exterius simulata. Quia fidei defectionem sequitur hypocrisis mendax. Sumitur 1 Timoth. 4, 1: discedent quidam a fide, attendentes spiritibus erroris, et doctrinis Dæmoniorum in hypocrisi loquentium mendacium. Omnium verborum.

Contra, Beda: nulla falsa est doctrina, quæ non aliqua vera intermisceat.

Respondeo, illa vera quæ dicunt, quamvis in se vera sint, tamen quantum ad usum eorum falsa sunt, quia falso utuntur eis.

Pruriginem, idest inordinatum desiderium nova audiendi, sicut pruritus concitatur ex calore inordinato. Sumitur ex 2 Tim. 4, 3: erit tempus, cum...

Ad sua desideria coacervabunt sibi Magistros, prurientes auribus. Dogmate, propter hoc quod ratio voluntatem sequitur. Contentioni, quæ, secundum Ambrosium ad Rom. Est impugnatio veritatis cum confidentia clamoris. Veritas. 3 Esdr. 4, 38: veritas manet, et invalescit in æternum.

Horum igitur Deo odibilem ecclesiam evertere atque ora oppilare... Volentes, in labore multo ac sudore hoc volumen, Deo præstante, compegimus. Hic reddit auditorem docilem, prælibando causas operis: et primo ponit causam finalem quantum ad duas utilitates, scilicet destructionem erroris; unde dicit: odibilem ecclesiam: Psalm. 25, 5: odivi ecclesiam malignantium: ne virus, idest ne venenum, in alios effundere queant: et manifestationem veritatis: unde dicit: lucernam veritatis in candelabro exaltare volentes. Sumitur de Luc. 8, 16: nemo accendit lucernam, et ponit eam sub modo. In candelabro, idest in aperto. Secundo tangit causam efficientem, scilicet principalem, Deo præstante: instrumentalem, compegimus: quia hoc opus est quasi compaginatum ex diversis auctoritatibus. Sudore, quocumque defectu corporali, qui sequitur laborem spiritualem. Tertio ostendit causam materialem ibi: ex testimoniis veritatis, Psalm. 118, 152: initio cognovi de testimoniis tuis. Quarto causam formalem quantum ad distinctionem librorum: in quatuor libros: et quantum ad modum operis: in quo majorum exempla, quantum ad similitudines; doctrinam, quantum ad rationes, reperies. Vipereæ, hæreticæ: hæretici enim pariendo alios in sua hæresi, pereunt sicut vipera.

Prodidimus, reseravimus. Adjicit viam. Complexi, amplexantes. Impiæ, infidelis. Inter utrumque, scilicet, nec nimis alte, nec nimis humiliter: vel inter duos contrarios errores, sicut Sabellii, et Arii. Non a paternis discessit limitibus, secundum illud Proverb. 22, 28: non transferes terminos antiquos, quos posuerunt patres tui. Non igitur debet hic labor cuiquam pigro, vel multum docto, videri superfluus. Hic reddit auditorem attentum: et primo ex utilitate operis, ibi: brevi volumine complicans patrum sententias. Sententia, secundum Avicennam, est definitiva et certissima conceptio. Secundo ex profunditate materiæ, ibi: in hoc autem tractatu pium lectorem, qui secundum fidem intelligat, liberum correctorem, qui solum propter correctionem corrigat, desidero. Liber enim, secundum Philosophum dicitur qui causa sui est, et non propter odium vel invidiam. Tertio ex ordinatione modi procedendi, ibi: ut autem quod quæritur facilius occurrat, titulos quibus singulorum librorum capitula distinguuntur, præmisimus.

Ad evidentiam hujus sacræ doctrinæ, quæ in hoc libro traditur, quæruntur quinque: 1 de necessitate ipsius; 2 supposito quod sit necessaria, an sit una, vel plures; 3 si sit una, an practica, vel speculativa: et si speculativa, utrum sapientia, vel scientia, vel intellectus; 4 de subjecto ipsius; 5 de modo.

Articulus Primus
Utrum præter physicas disciplinas alia doctrina sit homini necessaria.

Ad primum sic proceditur. Videtur quod præter physicas disciplinas nulla sit homini doctrina necessaria. Sicut enim dicit Dionysius in epistola ad polycarpum, philosophia est cognitio existentium; et constat, inducendo in singulis, quod de quolibet genere existentium in philosophia determinatur; quia de creatore et creaturis, tam de his quæ sunt ab opere naturæ, quam de his quæ sunt ab opere nostro.

Sed nulla doctrina potest esse nisi de existentibus, quia non entis non est scientia. Ergo præter physicas disciplinas nulla doctrina debet esse.

Item, omnis doctrina est ad perfectionem: vel quantum ad intellectum, sicut speculativæ, vel quantum ad affectum procedentem in opus, sicut practicæ. Sed utrumque completur per philosophiam; quia per demonstrativas scientias perficitur intellectus, per morales affectus. Ergo non est necessaria alia doctrina.

Præterea, quæcumque naturali intellectu possunt cognosci ex principiis rationis, vel sunt in philosophia tradita, vel per principia philosophiæ inveniri possunt. Sed ad perfectionem hominis sufficit illa cognitio quæ ex naturali intellectu potest haberi. Ergo præter philosophiam non est necessaria alia doctrina. Probatio mediæ. Illud quod per se suam perfectionem consequi potest, nobilius est eo quod per se consequi non potest. Sed alia animalia et creaturæ insensibiles ex puris naturalibus consequuntur finem suum; quamvis non sine Deo, qui omnia in omnibus operatur. Ergo et homo, cum sit nobilior eis, per naturalem intellectum cognitionem sufficientem suæ perfectioni habere potest.

Contra, Hebr. 11, 6: sine fide impossibile est placere Deo. Placere autem Deo est summe necessarium.

Cum igitur ad ea quæ sunt fidei, philosophia non possit ascendere, oportet esse aliquam doctrinam quæ ex fidei principiis procedat.

Item, effectus non proportionatus causæ, imperfecte ducit in cognitionem suæ causæ. Talis autem effectus est omnis creatura respectu creatoris, a quo in infinitum distat. Ergo imperfecte ducit in ipsius cognitionem. Cum igitur philosophia non procedat nisi per rationes sumptas ex creaturis, insufficiens est ad Dei cognitionem faciendam. Ergo oportet aliquam aliam doctrinam esse altiorem, quæ per revelationem procedat, et philosophiæ defectum suppleat.

Ad hujus evidentiam sciendum est, quod omnes qui recte senserunt posuerunt finem humanæ vitæ Dei contemplationem. Contemplatio autem Dei est dupliciter. Una per creaturas, quæ imperfecta est, ratione jam dicta, in qua contemplatione Philosophus, felicitatem contemplativam posuit, quæ tamen est felicitas viæ; et ad hanc ordinatur tota cognitio philosophica, quæ ex rationibus creaturarum procedit. Est alia Dei contemplatio, qua videtur immediate per suam essentiam; et hæc perfecta est, quæ erit in patria et est homini possibilis secundum fidei suppositionem. Unde oportet ut ea quæ sunt ad finem proportionentur fini, quatenus homo manu ducatur ad illam contemplationem in statu viæ per cognitionem non a creaturis sumptam, sed immediate ex divino lumine inspiratam; et hæc est doctrina theologiæ. Ex hoc possumus habere duas conclusiones. Una est, quod ista scientia imperat omnibus aliis scientiis tamquam principalis: alia est, quod ipsa utitur in obsequium sui omnibus aliis scientiis quasi vassallis, sicut patet in omnibus artibus ordinatis, quarum finis unius est sub fine alterius, sicut finis pigmentariæ artis, qui est confectio medicinarum, ordinatur ad finem medicinæ, qui est sanitas: unde medicus imperat pigmentario et utitur pigmentis ab ipso factis, ad suum finem. Ita, cum finis totius philosophiæ sit infra finem theologiæ, et ordinatus ad ipsum, theologia debet omnibus aliis scientiis imperare et uti his quæ in eis traduntur.

Ad primum ergo dicendum, quod, quamvis philosophia determinet de existentibus et secundum rationes a creaturis sumptas, oportet tamen esse aliam quæ existentia consideret secundum rationes ex inspiratione divini luminis acceptas.

Et per hoc patet solutio ad secundum: quia philosophia sufficit ad perfectionem intellectus secundum cognitionem naturalem, et affectus secundum virtutem acquisitam: et ideo oportet esse aliam scientiam per quam intellectus perficiatur quantum ad cognitionem infusam, et affectus quantum ad dilectionem gratuitam.

Ad tertium dicendum, quod in his quæ acquirunt æqualem bonitatem pro fine, tenet propositio inducta, scilicet, nobilius est eo quod per se consequi non potest. Sed illud quod acquirit bonitatem perfectam pluribus auxiliis et motibus, est nobilius eo quod imperfectam bonitatem acquirit paucioribus, vel per seipsum, sicut dicit Philosophus; et hoc modo se habet homo respectu aliarum creaturarum, qui factus est ad ipsius divinæ gloriæ participationem.

Articulus Secundus
Utrum tantum una doctrina debeat esse præter physicas.

Circa secundum sic proceditur. Videtur quod non una tantum doctrina debeat esse præter physicas doctrinas, sed plures. De omnibus enim de quibus instruitur homo per rationes creaturarum, potest instrui per rationes divinas. Sed scientiæ procedentes per rationes creaturarum sunt plures, differentes genere et specie, sicut moralis, naturalis etc.. Ergo scientiæ procedentes per rationes divinas, debent plures esse.

Item, una scientia est unius generis subjecti, sicut dicit Philosophus.

Sed Deus et creatura, de quibus in divina doctrina tractatur, non reducuntur in unum genus, neque univoce neque analogice. Ergo divina scientia non est una. Probatio mediæ. Quæcumque conveniunt in uno genere univoce vel analogice, participant aliquid idem, vel secundum prius et posterius, sicut substantia et accidens rationem entis, vel æqualiter, sicut equus et bos rationem animalis.

Sed Deus et creatura non participant aliquid idem, quia illud esset simplicius et prius utroque. Ergo nullo modo reducuntur in idem genus.

Item, ea quæ sunt ab opere nostro, sicut opera virtutum et quæ sunt ab opere naturæ, non reducuntur ad eamdem scientiam; sed unum pertinet ad moralem, alterum ad naturalem. Sed divina scientia determinat de his quæ sunt ab opere nostro, tractando de virtutibus et præceptis: tractat etiam de his quæ non sunt ab opere nostro, sicut de Angelis et aliis creaturis. Ergo videtur quod non sit una scientia.

Contra, quæcumque conveniunt in ratione una possunt ad unam scientiam pertinere: unde etiam omnia, inquantum conveniunt in ratione entis, pertinent ad metaphysicam. Sed divina scientia determinat de rebus per rationem divinam quæ omnia complectitur: omnia enim et ab ipso et ad ipsum sunt. Ergo ipsa una existens potest de diversis esse.

Præterea, quæ sunt diversarum scientiarum, distinctim et in diversis libris determinantur. Sed in sacra Scriptura permixtim in eodem libro quandoque determinatur de moribus, quandoque de creatore, quandoque de creaturis, sicut patet fere in omnibus libris. Ergo ex hoc non diversificatur scientia.

Respondeo. Ad hoc notandum est, quod aliqua cognitio quanto altior est, tanto est magis unica et ad plura se extendit: unde intellectus Dei, qui est altissimus, per lumen quod est ipse Deus, omnium rerum cognitionem habet distincte. Ita et cum ista scientia sit altissima et per ipsum lumen inspirationis divinæ efficaciam habens, ipsa unica manens, non multiplicata, diversarum rerum considerationem habet, non tantum in communi, sicut metaphysica, quæ considerat omnia inquantum sunt entia, non descendens ad propriam cognitionem Moralium, vel naturalium. Ratio enim entis, cum sit diversificata in diversis, non est sufficiens ad specialem rerum cognitionem; ad quarum manifestationem divinum lumen in se unum manens, secundum beatum Dionysium in principio cælestis hierarchiæ, efficaciam habet.

Ad primum ergo dicendum, quod divinum lumen, ex cujus certitudine procedit hæc scientia, est efficax ad manifestationem plurium quæ in diversis scientiis in philosophia traduntur, ex eorum rationibus in eorum cognitionem procedentibus; et ideo non oportet scientiam istam multiplicari.

Ad secundum dicendum, quod creator et creatura reducuntur in unum, non communitate univocationis sed analogiæ. Talis autem communitas potest esse dupliciter. Aut ex eo quod aliqua participant aliquid unum secundum prius et posterius, sicut potentia et actus rationem entis, et similiter substantia et accidens; aut ex eo quod unum esse et rationem ab altero recipit, et talis est analogia creaturæ ad creatorem: creatura enim non habet esse nisi secundum quod a primo ente descendit: unde nec nominatur ens nisi inquantum ens primum imitatur; et similiter est de sapientia et de omnibus aliis quæ de creatura dicuntur.

Ad tertium dicendum, quod ea quæ sunt ab opere nostro et ea quæ sunt ab opere naturæ, considerata secundum proprias rationes, non cadunt in eamdem doctrinam. Una tamen scientia utrumque potest considerare, quæ per lumen divinum certitudinem habet, quod est efficax ad cognitionem utriusque.

Potest tamen aliter dici, quod virtus quam theologus considerat, non est ab opere nostro: immo eam Deus in nobis sine nobis operatur, secundum Augustinum.

Articulus Tertius
Utrum sit practica vel speculativa.

A
Circa tertium sic proceditur. Videtur quod ista doctrina sit practica. Finis enim practicæ est opus, secundum Philosophum.

Sed ista doctrina, quæ fidei est, principaliter est ad bene operandum; unde Jacob. 2, 26: fides sine operibus mortua est; et Psalm. 110, 10: intellectus bonus omnibus facientibus eum. Ergo videtur quod sit practica.

Contra, dicit Philosophus, quod nobilissima scientiarum est sui gratia. Practicæ autem non sunt sui gratia, immo propter opus. Ergo, cum ista nobilissima sit scientiarum, non erit practica.

Præterea, practica scientia determinat tantum ea quæ sunt ab opere nostro. Hæc autem doctrina considerat Angelos et alias creaturas, quæ non sunt ab opere nostro. Ergo non est practica, sed speculativa.

Respondeo dicendum, quod ista scientia, quamvis sit una, tamen perfecta est et sufficiens ad omnem humanam perfectionem, propter efficaciam divini luminis, ut ex prædictis patet. Unde perficit hominem et in operatione recta et quantum ad contemplationem veritatis: unde quantum ad quid practica est et etiam speculativa. Sed, quia scientia omnis principaliter pensanda est ex fine, finis autem ultimus istius doctrinæ est contemplatio primæ veritatis in patria, ideo principaliter speculativa est. Et, cum habitus speculativi sint tres, secundum Philosophum, scilicet sapientia, scientia et intellectus; dicimus quod est sapientia, eo quod altissimas causas considerat et est sicut caput et principalis et ordinatrix omnium scientiarum: et est etiam magis dicenda sapientia quam metaphysica, quia causas altissimas considerat per modum ipsarum causarum, quia per inspirationem a Deo immediate acceptam; metaphysica autem considerat causas altissimas per rationes ex creaturis assumptas. Unde ista doctrina magis etiam divina dicenda est quam metaphysica: quia est divina quantum ad subjectum et quantum ad modum accipiendi; metaphysica autem quantum ad subjectum tantum. Sed sapientia, ut dicit Philosophus, considerat conclusiones et principia; et ideo sapientia est scientia et intellectus; cum scientia sit de conclusionibus et intellectus de principiis.

Ad primum ergo dicendum, quod opus non est ultimum intentum in hac scientia, immo potius contemplatio primæ veritatis in patria, ad quam depurati ex bonis operibus pervenimus, sicut dicitur Matth. 5, 8: beati mundo corde; et ideo principalius est speculativa quam practica.

Alia duo concedimus.

B
Ulterius quæritur, utrum sit scientia; et videtur quod non. Nulla enim scientia est de particularibus, secundum Philosophum.

Sed in sacra Scriptura gesta traduntur particularium hominum, sicut Abraham, Isaac etc.. Ergo non est scientia.

Præterea, omnis scientia procedit ex principiis per se notis, quæ cuilibet sunt manifesta.

Hæc autem scientia procedit ex credibilibus, quæ non ab omnibus concedantur. Ergo non est scientia.

Præterea, in omni scientia acquiritur aliquis habitus per rationes inductas. Sed in hac doctrina non acquiritur aliquis habitus: quia fides, cui tota doctrina hæc innititur, non est habitus acquisitus, sed infusus. Ergo non est scientia.

Contra, secundum Augustinum, theologia est scientia de rebus quæ ad salutem hominis pertinent. Ergo est scientia.

Ad id quod ulterius quæritur, dicendum, quod ista doctrina scientia est;

Et quod objicitur, quod est de particularibus, dicendum, quod non est de particularibus inquantum particularia sunt, sed inquantum sunt exempla operandorum: et hoc usitatur etiam in scientia morali; quia operationes particularium circa particularia sunt; unde per exempla particularia, ea quæ ad mores pertinent, melius manifestantur.

Ad aliud dicendum, quod ista doctrina habet pro principiis primis articulos fidei, qui per lumen fidei infusum per se noti sunt habenti fidem, sicut et principia naturaliter nobis insita per lumen intellectus agentis. Nec est mirum, si infidelibus nota non sunt, qui lumen fidei non habent: quia nec etiam principia naturaliter insita nota essent sine lumine intellectus agentis. Et ex istis principiis, non respuens communia principia, procedit ista scientia; nec habet viam ad ea probanda, sed solum ad defendendum a contradicentibus, sicut nec aliquis artifex potest probare sua principia.

Ad aliud dicendum, quod, sicut habitus principiorum primorum non acquiritur per alias scientias, sed habetur a natura; sed habitus conclusionum a primis principiis deductarum: ita etiam in hac doctrina non acquiritur habitus fidei, qui est quasi habitus principiorum; sed acquiritur habitus eorum quæ ex eis deducuntur et quæ ad eorum defensionem valent.

Aliud concedimus.

C

Ulterius quæritur, utrum sit sapientia; et videtur quod non. Quia, sicut dicit Philosophus, sapiens debet esse certissimus causarum.

Sed in ista doctrina non est aliquis certissimus; quia fides, cui hæc doctrina innititur, est infra scientiam et supra opinionem. Ergo non est sapientia.

Contra, 1 Corinth. 2, 6: sapientiam loquimur inter perfectos. Cum ergo hanc doctrinam ipse docuerit et de ipsa loquatur, videtur quod ipsa sit sapientia.

Ad id quod ulterius quæritur, an sit sapientia, dicendum, quod propriissime sapientia est, sicut dictum est.

Et quod objicitur, quod non est certissimus aliquis in ista doctrina, dicimus, quod falsum est: magis enim fidelis et firmius assentit his quæ sunt fidei quam etiam primis principiis rationis. Et quod dicitur, quod fides est infra scientiam, non loquitur de fide infusa, sed de fide acquisita, quæ est opinio fortificata rationibus. Habitus autem istorum principiorum, scilicet articulorum, dicitur fides et non intellectus, quia ista principia supra rationem sunt, et ideo humana ratio ipsa perfecte capere non valet; et sic fit quædam defectiva cognitio, non ex defectu certitudinis cognitorum, sed ex defectu cognoscentis. Sed tamen ratio manuducta per fidem excrescit in hoc ut ipsa credibilia plenius comprehendat, et tunc ipsa quodammodo intelligit: unde dicitur Isa. 7, 9, secundum aliam litteram: nisi credideritis, non intelligetis.

Articulus Quartus
Utrum Deus sit subjectum istius scientiæ.

Ad quartum sic proceditur. Videtur quod Deus sit subjectum istius scientiæ. Omnis enim scientia debet intitulari et denominari a suo subjecto. Sed ista scientia dicitur theologia, quasi sermo de Deo.

Ergo videtur quod Deus sit subjectum ejus.

Contra, Bœtius dicit quod simplex forma subjectum esse non potest.

Sed Deus est hujusmodi. Ergo non potest esse subjectum.

Item, videtur, secundum Hugonem de Sancto Victore, quod opera restaurationis sint subjectum: sic enim dicit, quod opera primæ conditionis sunt materiæ aliarum scientiarum, opera autem restaurationis sunt materia theologiæ. Ergo etc..

Contra, quidquid determinatur in scientia debet contineri sub subjecto ipsius. Sed in theologia determinatur de operibus creationis, ut patet genes. 1. Ergo videtur quod opera restaurationis non sint subjectum.

Item, videtur quod res et signa sint subjectum: illud enim est subjectum in scientia circa quod tota scientiæ intentio versatur. Sed tota intentio theologiæ versatur circa res et signa, ut dicit Magister sententiarum. Ergo res et signa sunt subjectum.

Contra, per rationes subjecti debet scientia differre ab aliis scientiis, cum quælibet scientia habeat proprium subjectum. Sed de rebus et signis considerant etiam aliæ scientiæ. Ergo non sunt proprium subjectum hujus scientiæ.

Respondeo, quod subjectum habet ad scientiam ad minus tres comparationes.

Prima est, quod quæcumque sunt in scientia debent contineri sub subjecto. Unde considerantes hanc conditionem, posuerunt res et signa esse subjectum hujus scientiæ; quidam autem totum Christum, idest caput et membra; eo quod quidquid in hac scientia traditur, ad hoc reduci videtur. Secunda comparatio est, quod subjecti cognitio principaliter attenditur in scientia. Unde, quia ista scientia principaliter est ad cognitionem Dei, posuerunt Deum esse subjectum ejus. Tertia comparatio est, quod per subjectum distinguitur scientia ab omnibus aliis; quia secantur scientiæ quemadmodum et res, ut dicitur in 3 de anima: et secundum hanc considerationem, posuerunt quidam, credibile esse subjectum hujus scientiæ. Hæc enim scientia in hoc ab omnibus aliis differt, quia per inspirationem fidei procedit. Quidam autem opera restaurationis, eo quod tota scientia ista ad consequendum restaurationis effectum ordinatur. Si autem volumus invenire subjectum quod hæc omnia comprehendat, possumus dicere quod ens divinum cognoscibile per inspirationem est subjectum hujus scientiæ. Omnia enim quæ in hac scientia considerantur, sunt aut Deus, aut ea quæ ex Deo et ad Deum sunt, inquantum hujusmodi: sicut etiam medicus considerat signa et causas et multa hujusmodi, inquantum sunt sana, idest ad sanitatem aliquo modo relata. Unde quanto aliquid magis accedit ad veram rationem divinitatis, principalius consideratur in hac scientia.

Ad primum ergo dicendum, quod Deus non est subjectum, nisi sicut principaliter intentum, et sub cujus ratione omnia quæ sunt in scientia, considerantur.

Quod autem objicitur in contrarium, quod forma simplex non potest esse subjectum, dicimus, quod verum est accidentis: nihilominus tamen potest esse subjectum prædicati in propositione; et omne tale potest esse subjectum in scientia, dummodo illud prædicatum de eo probari possit.

Ad aliud dicendum, quod opera restaurationis non sunt proprie subjectum hujus scientiæ, nisi inquantum omnia quæ in hac scientia dicuntur, ad restaurationem nostram quodammodo ordinantur.

Ad aliud dicendum, quod res et signa communiter accepta, non sunt subjectum hujus scientiæ, sed inquantum sunt quædam divina.

Articulus Quintus: Utrum modus procedendi sit artificialis.

Ad quintum sic proceditur. Videtur quod modus procedendi non sit artificialis. Nobilissimæ enim scientiæ debet esse nobilissimus modus. Sed quanto magis modus est artificialis, tanto nobilior est. Ergo, cum hæc scientia sit nobilissima, modus ejus debet esse artificialissimus.

Præterea, modus scientiæ debet ipsi scientiæ proportionari. Sed ista scientia maxime est una, ut probatum est. Ergo et modus ejus debet esse maxime unicus. Cujus contrarium videtur, cum quandoque comminando, quandoque præcipiendo, quandoque aliis modis procedat.

Præterea, scientiarum maxime differentium non debet esse unus modus. Sed pœtica, quæ minimum continet veritatis, maxime differt ab ista scientia, quæ est verissima. Ergo, cum illa procedat per metaphoricas locutiones, modus hujus scientiæ non debet esse talis.

Præterea, Ambrosius: tolle argumenta ubi fides quæritur. Sed in sacra scientia maxime quæritur fides. Ergo modus ejus nullo modo debet esse argumentativus.

Contra, 1 Pet. 3, 15: parati semper ad satisfactionem omni poscenti vos rationem de ea, quæ in vobis est, spe. Hoc autem sine argumentis fieri non valet. Ergo debet quandoque argumentis uti.

Idem habetur ex hoc quod dicitur Tit. 1, 9: ut potens sit exhortari in doctrina sana et eos qui contradicunt, arguere.

Respondeo dicendum, quod modus cujusque scientiæ debet inquiri secundum conditiones materiæ, ut dicit Bœtius, et Philosophus. Principia autem hujus scientiæ sunt per revelationem accepta; et ideo modus accipiendi ipsa principia debet esse revelativus ex parte infundentis, ut in revelationibus prophetarum, et orativus ex parte recipientis, ut patet in Psalmis. Sed quia, præter lumen infusum, oportet quod habitus fidei distinguatur ad determinata credibilia ex doctrina prædicantis, secundum quod dicitur Rom. 10, 14: quomodo credent ei quem non audierunt? sicut etiam intellectus principiorum naturaliter insitorum determinatur per sensibilia accepta, veritas autem prædicantis per miracula confirmatur, ut dicitur Marc. Ult. 20: illi autem profecti prædicaverunt ubique, Domino cooperante et sermonem confirmante sequentibus signis; oportet etiam quod modus istius scientiæ sit narrativus signorum, quæ ad confirmationem fidei faciunt: et, quia etiam ista principia non sunt proportionata humanæ rationi secundum statum viæ, quæ ex sensibilibus consuevit accipere, ideo oportet ut ad eorum cognitionem per sensibilium similitudines manuducatur: unde oportet modum istius scientiæ esse metaphoricum, sive symbolicum, vel parabolicum.

Ex istis autem principiis ad tria proceditur in sacra Scriptura: scilicet ad destructionem errorum, quod sine argumentis fieri non potest; et ideo oportet modum hujus scientiæ esse quandoque argumentativum, tum per auctoritates, tum etiam per rationes et similitudines naturales. Proceditur etiam ad instructionem morum: unde quantum ad hoc modus ejus debet esse præceptivus, sicut in lege; comminatorius et promissivus, ut in prophetis; et narrativus exemplorum, ut in historialibus. Proceditur tertio ad contemplationem veritatis in quæstionibus sacræ Scripturæ; et ad hoc oportet modum etiam esse argumentativum, quod præcipue servatur in originalibus sanctorum et in isto libro, qui quasi ex ipsis conflatur. Et secundum hoc etiam potest accipi quadrupliciter modus exponendi sacram Scripturam: quia secundum quod accipitur ipsa veritas fidei, est sensus historicus: secundum autem quod ex eis proceditur ad instructionem morum, est sensus moralis; secundum autem quod proceditur ad contemplationem veritatis eorum quæ sunt viæ, est sensus allegoricus; et secundum quod proceditur ad contemplationem veritatis eorum quæ sunt patriæ, est sensus anagogicus. Ad destructionem autem errorum non proceditur nisi per sensum litteralem, eo quod alii sensus sunt per similitudines accepti et ex similitudinariis locutionibus non potest sumi argumentatio; unde et Dionysius dicit (in epistola ad Titum, in princip.) quod symbolica theologia non est argumentativa.

Ad primum ergo dicendum, quod modus artificialis dicitur qui competit materiæ; unde modus qui est artificialis in geometria, non est artificialis in ethica: et secundum hoc modus hujus scientiæ maxime artificialis est, quia maxime conveniens materiæ.

Ad secundum dicendum, quod quamvis ista scientia una sit, tamen de multis est et ad multa valet, secundum quæ oportet modos ejus multiplicari, ut jam patuit.

Ad tertium dicendum, quod poetica scientia est de his quæ propter defectum veritatis non possunt a ratione capi; unde oportet quod quasi quibusdam similitudinibus ratio seducatur: theologia autem est de his quæ sunt supra rationem; et ideo modus symbolicus utrique communis est, cum neutra rationi proportionetur.

Ad quartum dicendum, quod argumenta tolluntur ad probationem articulorum fidei; sed ad defensionem fidei et inventionem veritatis in quæstionibus ex principiis fidei, oportet argumentis uti: sic etiam apostolus facit, 1 Corinth. 15, 16: si Christus resurrexit, ergo et mortui resurgent.

Distinctio I

Quæstio I
Prologus

Finito proœmio, hoc est initium præsentis operis in quo Magister divinorum nobis doctrinam tradere intendit quantum ad inquisitionem veritatis et destructionem erroris: unde et argumentativo modo procedit in toto opere: et præcipue argumentis ex auctoritatibus sumptis. Dividitur autem in duas partes: in quarum prima inquirit ea de quibus agendum est, et ordinem agendi; in secunda prosequitur suam intentionem: et in duas partes dividitur. Secunda ibi: hic considerandum est utrum virtutibus sit utendum, an fruendum.

Ea autem de quibus in hac doctrina considerandum est, cadunt in considerationem hujus doctrinæ, secundum quod ad aliquid unum referuntur, scilicet Deum, a quo et ad quem sunt. Et ideo ea de quibus agendum est dividit per absolutum et relatum: unde dividitur in partes duas. In prima ponit divisionem eorum de quibus agendum est per absolutum et relatum secundum cognitionem, in secunda secundum desiderium, ibi: id ergo in rebus considerandum. Circa primum duo facit. Primo ponit divisionem eorum de quibus agendum est, in res et signa, quæ ad cognitionem rerum ducunt; secundo concludit ordinem agendi, ibi: cumque his intenderit theologorum speculatio studiosa atque modesta, divinam Scripturam formam præscriptam in doctrina tenere advertet. In primo tria facit. Primo ponit divisionem; secundo probat per auctoritatem, ibi: ut enim egregius doctor Augustinus ait; tertio ponit membrorum divisionis expositionem, ibi: proprie autem hic res appellantur quæ non ad significandum aliquid adhibentur: ubi primo exponit quid sit res; secundo quid sit signum, ibi: signa vero quorum usus est in significando; tertio utriusque comparationem, ibi: omne igitur signum etiam res aliqua est.

Id ergo in rebus considerandum est. Hic, dimissis signis, subdividit res per absolutum et relatum ex parte desiderii, scilicet per fruibile, quod propter se desideratur, et utibile, cujus desiderium ad aliud refertur: et dividitur in partes duas. Primo ponit divisionem; secundo epilogat et concludit intentionem et ordinem, ibi: omnium igitur quæ dicta sunt, ex quo de rebus specialiter tractavimus, hæc summa est. Prima in tres. Primo ponit divisionem; secundo partium manifestationem, ibi: illa quibus fruendum est, nos beatos faciunt; tertio movet dubitationes, ibi: cum autem homines, qui fruuntur et utuntur aliis rebus, res aliquæ sint, quæritur utrum se frui debeant, an uti, an utrumque. In secunda duo facit. Primo manifestat divisionem; secundo ponit quamdam contrarietatem, et solvit, ibi: notandum vero, quod idem Augustinus... Sic dicit. Circa primum duo facit. Primo manifestat partes divisionis per definitiones; secundo quantum ad supposita, ibi: res igitur quibus fruendum est, sunt pater, et filius, et Spiritus Sanctus. Circa primum quatuor facit. Primo definit fruibilia per effectum; secundo utibilia, ibi: istis quibus utendum est, tendentes ad beatitudinem adjuvamur; tertio definit utentia, et fruentia ibi: res vero quæ fruuntur et utuntur, nos sumus; quarto definit uti et frui ad probationem totius: frui autem est amore alicui rei inhærere propter seipsam. Et eodem ordine procedit manifestando secundum supposita.

Notandum vero, quod idem Augustinus... Aliter quam supra accipiens frui et uti, sic dicit. Hic ponit contrarietatem ad hæc tria. Primo ponit diversam assignationem uti et frui; secundo concludit contrarietatem ad prædicta, ibi: et attende, quod videtur Augustinus dicere illos frui tantum qui in re gaudent; tertio ponit solutionem, ibi: hæc ergo quæ sibi contradicere videntur, sic determinamus.

Et primo solvit per divisionem; secundo per interemptionem, ibi: potest etiam dici, quod qui fruitur etiam in hac vita non tantum habet gaudium spei, sed etiam rei.

Cum autem homines, qui fruuntur et utuntur aliis rebus, res aliquæ sint, quæritur, utrum se frui debeant, an uti, an utrumque. Hic movet dubitationes de habitudine eorum quæ pertinent ad invicem: et primo quærit de utentibus et fruentibus, an sint utibilia vel fruibilia; secundo de fruibilibus, scilicet de Deo, utrum sit utens nobis vel fruens, ibi: sed cum Deus diligat nos... Quærit Augustinus quomodo diligat, an ut utens, an ut fruens; tertio de quibusdam utibilibus, utrum sint fruibilia, ibi: hic considerandum est, utrum virtutibus sit utendum, an fruendum. Quælibet harum partium dividitur in quæstionem et solutionem.

Hic quæruntur tria: primo, de uti et frui. Secundo, de utibilibus et fruibilibus. Tertio, de utentibus et fruentibus. Circa primum quæruntur duo: 1 quid sit frui secundum rem; 2 quid sit uti secundum rem.

Articulus Primus
Utrum frui sit actus intellectus.

Circa primum sic proceditur. Videtur quod frui sit actus intellectus. Nobilissimus enim actus est nobilissimæ potentiæ. Altissima autem potentia in homine est intellectus. Ergo, cum frui sit perfectissimus actus hominis, quia ponit hominem in suo fine ultimo, videtur quod sit actus intellectus.

Præterea, sicut dicit Augustinus, visio est tota merces. Sed merces totius meriti consistit in fruitione divinitatis. Ergo fruitio est essentialiter visio. Sed visio est actus intellectus: ergo et fruitio.

Sed videtur quod sit actus voluntatis. Actus enim determinatur ex objecto. Sed objectum fruitionis est fruibile, quod est finis ultimus. Finis autem, cum rationem boni habeat, est objectum voluntatis. Ergo et frui est actus voluntatis.

Præterea, Augustinus, definit fruitionem per voluntatem dicens: fruimur cognitis, in quibus ipsis propter se voluntas delectata conquiescit. Ergo magis videtur esse actus voluntatis quam intellectus.

Item, videtur quod sit actus omnium potentiarum. Præmium enim respondet merito. Sed homo meretur per omnes potentias. Ergo et secundum omnes præmiabitur. Sed præmium est ipsa fruitio: ergo fruitio est omnium potentiarum.

Præterea, Augustinus dicit, quod homo inveniet pascua

interius in divinitate salvatoris, et exterius in humanitate. Ergo videtur quod tam vires exteriores quam interiores fruentur.

Sed videtur quod nullius potentiæ sit. Omnis enim actus denominatur a potentia cujus est, sicut intelligere ab intellectu. Sed frui non denominatur ab aliqua potentia. Ergo etc..

Unde ulterius quæritur, cujus habitus actus sit: et videtur quod tantum caritatis. Sicut enim dicitur 1 Corinth. 13, caritas virtus perfecta est.

Sed, secundum Philosophum, felicitas est operatio virtutis perfectæ. Ergo fruitio, in qua est tota nostra felicitas, est actus caritatis.

Hoc idem videtur ex definitione Augustini inducta in littera: frui est amore inhærere alicui rei propter seipsam.

Sed videtur quod non tantum caritatis. Ad fruitionem enim tria concurrunt, perfecta visio, plena comprehensio, et inhæsio amoris consummati.

Ergo videtur quod sit actus etiam succedentium fidei, et spei.

Præterea, secundum fruitionem conjungimur Deo. Sed omnis virtus conjungit nos Deo, cum virtus sit dispositio perfecti ad optimum, ut dicitur in 7 Physic.. Ergo fruitio est actus secundum omnem virtutem.

Respondeo dicendum, quod fruitio consistit in optima operatione hominis, cum fruitio sit ultima felicitas hominis. Felicitas autem non est in habitu, sed in operatione, secundum Philosophum.

Optima autem operatio hominis est operatio altissimæ potentiæ, scilicet intellectus, ad nobilissimum objectum, quod est Deus: unde ipsa visio divinitatis ponitur tota substantia nostræ beatitudinis, Joan. 17, 3: hæc est vita æterna, ut cognoscant te solum Deum verum. Ex visione autem ipsum visum, cum non videatur per similitudinem, sed per essentiam, efficitur quodammodo intra videntem, et ista est comprehensio quæ succedit spei, consequens visionem quæ succedit fidei, sicut spes quodammodo generatur ex fide. Ex hoc autem quod ipsum visum receptum est intra videntem, unit sibi ipsum videntem, ut fiat quasi quædam mutua penetratio per amorem. Sic dicitur 1 Joan. 4, 16: qui manet in caritate, in Deo manet et Deus in eo. Ad unionem autem maxime convenientis sequitur delectatio summa; et in hoc perficitur nostra felicitas, quam fruitio nominat ex parte sui complementi, magis quam ex parte principii, cum in se includat quamdam delectationem. Et ideo dicimus quod est actus voluntatis, et secundum habitum caritatis, quamvis secundum ordinem ad potentias et habitus præcedentes.

Ad primum ergo dicendum, quod appetitus semper sequitur cognitionem. Unde, sicut inferior pars habet sensum et appetitum, qui dividitur in irascibilem et concupiscibilem, ita suprema pars habet intellectum et voluntatem, quorum intellectus est altior secundum originem, et voluntas secundum perfectionem. Et similis ordo est in habitibus, et etiam in actibus, scilicet visionis et amoris. Fruitio autem nominat altissimam operationem quantum ad sui perfectionem.

Et similiter etiam patet solutio ad secundum: quia visio non habet perfectam rationem felicitatis, nisi secundum quod est operatio perfecta per ea quæ sequuntur. Perficit enim delectatio operationem, sicut pulchritudo juventutem, ut dicitur 10 Ethic..

Alia duo concedimus.

Ad aliud dicendum, quod inferiorum potentiarum non potest esse fruitio proprie dicta: non enim habent operationem circa finem ultimum, quem non apprehendunt, cum sint virtutes materiales; sed sicut nunc intellectus perficitur accipiendo ab inferioribus potentiis, ita erit in patria e converso, quod perfectio et gaudium superioris partis redundabit in inferiores potentias. Unde Augustinus: sensus vertetur in rationem, inquantum scilicet sua remuneratio et gaudium a ratione emanabit.

Ad aliud dicendum, quod humanitas Christi non est ultimus finis: unde in visione ejus non erit proprie fruitio, sed erit quoddam accidentale gaudium, et non substantialis beatitudo.

Ad aliud dicendum, quod quando aliquis actus est absolute alicujus potentiæ, denominatur ab illa, sicut intelligere ab intellectu; sed quando est actus unius potentiæ secundum ordinem ad alteram, a nulla denominatur; sicut scire est actus rationis secundum ordinem ad intellectum inquantum principia deducit in conclusiones; similiter frui est actus voluntatis consequens actum intellectus, scilicet apertam Dei visionem.

Ad alia patet solutio per ea quæ dicta sunt: quia, quamvis tria concurrant ad fruitionem, tamen in amore perficitur, ut prius, in Corp. Art., dictum est.

Ad ultimum dicendum, quod aliæ virtutes conjungunt Deo per modum meriti et dispositionis, sed sola caritas per modum perfectæ unionis.

Articulus Secundus
Utrum uti sit actus rationis.

Circa secundum sic proceditur. Videtur quod uti sit actus rationis. Ordinare enim unum ad alterum est potentiæ conferentis, cujusmodi est ratio.

Sed uti dicit ordinem ad finem. Ergo est actus rationis.

Præterea, ut dicit Philosophus, ordinatio eorum quæ sunt ad finem et inventio finis pertinent ad prudentiam. Prudentia autem est habitus rationis. Ergo et uti, quod dicit talem ordinationem, est actus rationis.

Sed videtur quod sit actus voluntatis, quia voluntas ponitur in definitione ejus: uti enim est assumere aliquid in facultatem voluntatis.

Præterea, illud ordinatur ad finem quod finem consequitur. Sed frui, quod dicit consecutionem finis, est actus voluntatis, ut dictum est, in articulo antecedente. Ergo et uti.

Respondeo dicendum, quod uti dicitur multipliciter. Aliquando enim nominat quamlibet operationem, secundum quod dicimus usum alicujus rei esse bonum vel malum; et secundum hoc videtur definiri ab Augustino: uti est assumere aliquid in facultatem voluntatis; idest, ut operemur de eo quo utimur ad nutum voluntatis. Aliquando dicit frequentiam operationis, secundum quod usus est idem quod consuetudo: et sic definit Victorinus: usus est actus frequenter de potentia elicitus. Sed utroque modorum istorum est actus cujuslibet potentiæ. Dicitur etiam aliquando uti eorum quæ ad finem ordinantur aliquem; et sic uti sumitur hic quantum ad primam definitionem quæ ponitur. Illud autem quod est ad finem, inducitur ad finem suum tribus operationibus.

Prima est operatio rationis præstituentis finem et ordinantis et dirigentis in ipsum. Secunda est operatio voluntatis imperantis. Tertia est operatio virtutis motivæ exequentis. Uti autem nominat executionem ejus quod ad finem ordinatum est, non secundum actum proprium alicujus motivarum virium, sed communiter præsupposita ordinatione in finem. Unde est actus voluntatis, quæ est universalis motor virium secundum ordinem ad rationem.

Ad primum ergo dicendum, quod uti præsupponit ordinem; sed ejus substantia magis est in executione voluntatis.

Ad secundum dicendum, quod prudentia est perfectio rationis practicæ, secundum quod est recta.

Rectitudo autem ejus et veritas est, ut dicitur 6 Ethic., secundum convenientiam cum appetitu recto. Unde prudentia non tantum perficit ad actum qui est ipsius rationis, sed etiam ad actum voluntatis, qui regulatus est ratione; sicut eligere, etsi sit actus voluntatis vel liberi arbitrii, est tamen prudentiæ.

Quæstio II
Prologus

Circa objecta dictorum actuum, primo quæritur de fruibilibus; secundo de utibilibus. Quantum ad primum duo quæruntur: 1 utrum solo Deo sit fruendum; 2 utrum una tantum fruitione vel pluribus.

Articulus Primus
Utrum fruendum sit solo Deo.

Ad primum sic proceditur. Videtur quod non solo Deo fruendum sit. His enim rebus fruendum est, ut dicitur in littera, quæ nos beatos faciunt.

Beatitudo autem creata beatos nos facit. Ergo ea fruendum est: non ergo tantum Deo.

Præterea, ultimus finis hominis est sua felicitas. Felicitas autem ejus est perfectissima operatio.

Cum igitur ultimo fine fruendum sit, operatione perfectissima fruendum est: quod etiam videtur per Philosophum qui dicit, quod felicitas non quæritur propter aliquid aliud: et per Bœtium, qui dicit, quod beatitudo est status omnium bonorum aggregatione perfectus.

Præterea, tullius dicit: honestum est quod sua VI nos trahit, et sua dignitate nos allicit. Sed quod per se allicit, propter se amatur.

Ergo omni honesto fruendum est, et ita omnibus virtutibus. Ergo non tantum Deo.

Præterea, apostolus ad Philemonem 20, dicit: itaque, frater, ego te fruar in Domino. Ergo etiam homine justo frui possumus, et per consequens quolibet homine, qui est ad imaginem Dei, et qualibet creatura, in qua est vestigium Dei.

Contra, ratio dilectionis est bonitas. Sed omnis bonitas refertur ad bonitatem Dei a qua fluit et cujus similitudinem gerit. Ergo nihil est diligendum nisi in ordine ad Deum. Ergo solo Deo fruendum est.

Præterea, Proverb. 16, 4, dicitur: universa propter semetipsum operatus est Deus. Ergo ipse est finis omnium. Omnia ergo propter ipsum diligenda sunt: et sic idem quod prius.

Respondeo dicendum, quod frui aliquo dicitur tripliciter. Aut sicut objecto; et hoc modo solo Deo fruendum est: quia ad bonitatem ipsius Dei ordinatur tota bonitas universi; sicut bonum totius exercitus ad bonum ducis, ut dicitur 12 Metaph..

Alio modo sicut habitu eliciente actum fruitionis; et hoc modo beatitudine creata et caritate fruendum est. Tertio modo fruimur aliquo sicut instrumento fruitionis; et hoc modo fruimur potentia, cujus fruitio est actus.

Ad primum ergo dicendum, quod aliquid facit beatum dupliciter: vel effective, sicut Deus; et hoc solo fruendum est velut objecto: vel formaliter, sicut albedo facit album; et hoc fruendum est formaliter loquendo, et sic beatitudo beatum facit.

Ad secundum dicendum, quod objectum operationis terminat et perficit ipsam, et est finis ejus.

Unde impossibile est operationem habere rationem finis ultimi. Sed, quia objectum non consequimur nisi per operationem, ideo est idem appetitus operationis et objecti. Unde, si aliquo modo ipsa fruitione fruimur, hoc erit inquantum fruitio nos Deo conjungit: et eadem fruitione fruemur fine et operatione, cujus objectum est finis ultimus; sicut eadem operatione intelligo intelligibile et intelligo me intelligere.

Ad tertium dicendum, quod propter se dicitur dupliciter. Uno modo secundum quod opponitur ad propter aliud; et hoc modo virtutes et honestum non propter se diliguntur, cum etiam ad aliud referantur. Alio modo dicitur propter se, secundum quod opponitur ad per accidens; et sic dicitur propter se diligi quod habet in natura sua aliquid movens ad diligendum: et hoc modo virtutes propter se diliguntur, quia habent in se aliquid unde quærantur, etsi nihil aliud ab eis contingeret: non tamen est inconveniens ut aliquid propter se ametur et tamen ad alterum ordinetur, sicut dicitur in 1 Ethic.. Est autem aliquid quod desideratur, non propter aliquid quod in se habet, sed tantum secundum quod ordinatur ad alterum, ut effectivum illius; sicut potio amara amatur, non propter aliquid quod in ipsa est, sed quia sanitatem efficit: et hujusmodi nullo modo propter se diliguntur; sive propter se dicat causam formalem, sicut virtus dicitur propter se diligi; sive finalem, sicut Deus.

Ad quartum dicendum, quod homine justo non est simpliciter fruendum, sed in Deo; ita quod objectum fruitionis sit Deus; et repræsentans ipsum gratiæ objectum per similitudinem, in qua inhabitat Deus, sit homo sanctus. Nec tamen sequitur quod homine peccatore sit fruendum in Deo, quia non est in eo gratia, quæ facit Deum inhabitare, et quæ est exemplar expressum illius summæ bonitatis, qua fruendum est: et multo minus hoc sequitur de creatura irrationali: non enim sufficit ad hoc similitudo imaginis et vestigii, sed similitudo gratiæ.

Articulus Secundus
Utrum fruamur Deo una fruitione.

Circa secundum sic proceditur. Videtur quod non una fruitione Deo fruamur. Actus enim distinguuntur secundum objecta. Sed objecta fruitionis sunt tres res distinctæ proprietatibus personalibus, scilicet pater, filius, et Spiritus Sanctus. Ergo fruitiones sunt tres.

Præterea, operatio animæ sistens in communi non est perfecta, nisi etiam descendat ad propria, sicut cognitio generis perficitur per cognitionem differentiæ; et multo plus desiderium et amor perficitur in particulari. Sed fruitio est operatio perfecta.

Ergo non tantum fruemur essentia communi tribus personis, sed singulis personis et proprietatibus ipsarum; et ita videtur quod non sit una tantum fruitio.

Præterea, quidquid habet filius solet referre ad patrem a quo habet, sicut Joan. 7, 16, dicitur: mea doctrina non est mea, sed ejus qui misit me.

Sed bonitatem accepit filius a patre nascendo, sicut essentiam. Ergo et fruitionem bonitatis filii debemus referre in fruitionem patris. Ergo non est æqualiter fruendum tribus personis: multo minus ergo nec eadem fruitione.

Contra, sicut Deus trinitas est unum principium omnium, ita est unus finis omnium. Sed eadem operatio communis est totius trinitatis, inquantum est unum principium. Ergo eadem est fruitio trium, inquantum est unus finis.

Præterea, operatio felicitatis est ad nobilissimum objectum, ut dicit Philosophus.

Nobilissimum autem est unum tantum, quia quod per superabundantiam dicitur, uni soli convenit.

Ergo, cum fruitio sit operatio ultimæ felicitatis, refertur ad unum tantum objectum; ergo fruimur tribus personis, inquantum sunt unum: ergo inquantum est unum objectum.

Respondeo dicendum, quod una fruitione fruimur tribus personis: et hujus ratio est duplex. Una ex parte essentiæ. Objectum enim fruitionis est summa bonitas; unde fruitio respicit unamquamque personam, inquantum est summum bonum; unde cum eadem numero sit bonitas trium, eadem erit et fruitio. Alia ratio sumitur ex parte proprietatum.

Sicut enim dicit Philosophus qui novit unum relativorum, cognoscit et reliquum; et sic cum tota fruitio originetur ex visione, ut prius dictum est, qui fruitur uno relativorum inquantum hujusmodi, fruitur et reliquo. Personæ autem tres distinguuntur tantum secundum relationes; et ideo in fruitione unius includitur fruitio alterius; et ita est fruitio eadem trium. Sed prima ratio melior est, quæ tangit rationem objecti, a qua actus habet unitatem.

Et per hoc patet solutio ad primum: quia tres personæ non distinguuntur secundum id quod sunt objectum fruitionis, immo uniuntur in eo, scilicet in summa bonitate.

Ad secundum dicendum, quod proprietate uniuscujusque personæ fruimur, ut paternitate; tamen paternitas non dicit rationem fruitionis: unde fruemur paternitate, inquantum paternitas est idem re quod summa bonitas, differens tamen ratione.

Ad tertium dicendum, quod illa reductio non ponit gradum bonitatis in patre et filio, sed tantum ordinem naturæ; et ideo non tollitur æqualitas et unitas fruitionis.

Quæstio III
Articulus Primus
Utrum utendum sit omnibus aliis a Deo.

Deinde quæritur de utibilibus, utrum omnibus aliis præter Deum sit utendum.

Et videtur quod non. Uti enim est assumere aliquid in facultatem voluntatis. Illud autem tantum est hoc modo assumptum quod nostræ operationi subjacet. Non autem omnia creata sunt talia, sicut cælum et Angeli, quæ non sunt operabilia a nobis.

Ergo non possumus omnibus uti.

Præterea, illo utimur quo tendentes ad beatitudinem juvamur. Sed creaturis impedimur frequenter, sicut dicitur Sap. 14, 2: creaturæ factæ sunt in odium et in tentationem animabus hominum, et in muscipulam pedibus insipientium. Ergo non omnibus possumus uti.

Præterea, si omnibus præter Deum tenemur uti, ergo quandocumque non referimus aliquid in Deum, peccamus; sed quandocumque referimus aliquid in Deum, meremur. Ergo omnis actus est meritorius, et sic nullus actus erit indifferens.

Præterea, sequitur quod nullum peccatum sit veniale; quia, si refertur in ultimum finem, non est aliquod peccatum; si autem constituatur aliquis finis alius ultimus, non relatus ad finem ultimum, est peccatum mortale. Cum igitur omnis actus rationis sit ad aliquem finem, oportet quod ille finis vel sit finis ultimus, et sic non est peccatum; vel sit alius finis non relatus ad finem ultimum, et sic erit peccatum mortale. Ergo nihil est peccatum veniale.

Contra, 1 Corinth. 10, 31: sive manducatis, sive bibitis... Omnia in gloriam Dei facite. Ergo videtur quod omnibus sit utendum.

Item, sicut Deus est perfectæ potentiæ, ita est perfectæ bonitatis. Sed ad perfectionem potentiæ ejus pertinet quod nihil habeat esse nisi productum ab ipso. Ergo et ad perfectionem divinæ bonitatis pertinet quod ametur nihil, nisi quod est in ordine ad ipsum.

Respondeo dicendum, quod quæcumque sunt bona, non habent bonitatem nisi inquantum accedunt ad similitudinem bonitatis divinæ.

Unde oportet, cum bonitas sit ratio dilectionis et desiderii, ut omnia amentur in ordine ad bonitatem primam. Omne autem quod bonum est, a Deo est: unde quæ ab ipso non sunt, nec quærenda sunt, nec eis utendum est: et ideo nullo peccato utendum est, quia peccatum non est a Deo. Pœna autem a Deo est; et ideo pœna utendum est, et ordinanda ad finem, secundum quod promovet meritum hominis, ducens eum in considerationem suæ infirmitatis, et secundum quod purgat peccata. Similiter etiam res mundi ab ipso sunt, et eis utendum est, vel inquantum conferunt ad Dei cognitionem, ostendentes ipsius magnitudinem, vel secundum quod præbent subsidium vitæ nostræ ordinatæ in Deum.

Similiter opera nostra quæ mala non sunt, ab ipso sunt, et propter ipsum facienda: non quod quamlibet operationem oporteat semper actualiter referre in Deum; sed sufficit ut habitualiter in Deo constituant finem suæ voluntatis.

Ad primum ergo dicendum, quod illis creaturis non utimur tamquam a nobis operatis, sed sicut in Dei cognitionem ducentibus.

Ad secundum dicendum, quod creaturæ, quantum est in se, non impediunt nos a consequenda beatitudine; sed ex parte nostra, inquantum eis abutimur, in eis sistendo, sicut in fine.

Ad tertium dicendum, quod, secundum theologum, nullus actus procedens a voluntate deliberante est indifferens; quia, si refertur in Deum, supposita gratia, meritorius est; si autem non est referibilis, peccatum est; si vero est referibilis et non referatur, vanus est: otiosum autem inter peccata apud theologum computatur.

Ad quartum dicendum, quod, quamvis ille qui peccat venialiter non referat actu in Deum suam operationem, nihilominus tamen Deum habitualiter pro fine habet: unde non ponit creaturam finem ultimum, cum diligat eam citra Deum; sed ex hoc peccat, quia excedit in dilectione; sicut ille qui nimis immoratur viæ, non tamen exit a via.

Quæstio IV
Prologus

Deinde quæritur de fruentibus et utentibus. Et 1 de fruentibus; 2 de utentibus.

Articulus Primus
Utrum frui conveniat omnibus rebus.

Ad primum sic proceditur. Fruitio dicit desiderium quietatum in fine. Sed omnis creatura, etiam insensibilis, desiderat naturaliter suum finem.

Ergo, cum contingat ipsam consequi suum finem et quiescere in eo, videtur quod fruitio sit creaturæ insensibilis.

Præterea, fruitio est ejus quod per se quæritur, non relatum ad alterum. Sed bruta quærunt aliqua in quibus delectantur et non referunt ad aliud, quia carent ratione ordinante. Ergo brutorum est fruitio.

Præterea, naturali dilectione contingit aliquem diligere Deum super omnia, cum naturaliter cognoscatur esse summum bonum, et ita propter se amandum. Sed fruimur eo quod propter se amamus.

Ergo contingit hominem existentem in naturalibus tantum, frui Deo.

Præterea, contingit quod aliquis existens in peccato mortali, alicujus suæ actionis Deum finem ultimum constituat, non referens ad aliud. Hoc autem est frui. Ergo peccator etiam potest frui Deo.

Sed e contrario videtur quod nec etiam justus fruatur in via. Frui enim est quiescere voluntatem delectatam in cognitis propter se. Sed quamdiu aliquis est in via, non quiescit. Ergo quamdiu est in via, aliquis Deo non fruitur.

Præterea, videtur quod nec etiam beati fruantur. Sicut enim habetur in littera, omne quod fruitur aliquo eget illo. Sed quidquid eget aliquo caret illo. Cum igitur beati non careant Deo, videtur quod non fruantur illo. Ex quo etiam concluditur quod nec seipso Deus fruatur, cum non seipso indigeat.

Respondeo dicendum, quod, sicut supra dictum est, qu. 1, art. 1, fruitio ponit quamdam delectationem in fine. Delectatio autem non potest esse nisi in cognoscente: propter quod Plato dixit, quod delectatio est generatio sensibilis in naturam; id est, quæ sentitur naturæ conveniens; et ideo cum creaturæ insensibiles non cognoscant, non delectantur nec fruuntur.

Item, fruitio proprie loquendo, est tantum ultimi finis. Bruta autem ultimum finem non apprehendunt, nec finem proximum possunt ordinare ad finem ultimum, cum careant ratione, cujus est ordinare.

Unde non proprie fruuntur.

Similiter peccator ponit finem ultimum in quo non est; unde, cum verum finem non habeat, non vere fruitur.

Ulterius autem fruitio dicit delectationem in fine; unde perfecta fruitio non est, nisi sit perfecta delectatio, quæ esse non potest ante consecutionem finis: et ideo justus homo non perfecte fruitur; sed beati, qui consecuti sunt finem, vere et perfecte et proprie fruuntur.

Ad primum ergo dicendum, quod, quamvis omne desiderium consequatur cognitionem, desiderium tamen creaturæ insensibilis non sequitur cognitionem in ipsa existentem, sed cognitionem motoris primi (quicumque sit ille) ordinantis unumquodque in suum finem: et ideo sine cognitione nec delectationem nec fruitionem habent.

Ad secundum dicendum, quod pecora, quamvis delectentur in fine, ille tamen finis non est ultimus; immo est relatus ad aliud, non ab ipsis, sed a primo ordinante omnia in seipsum: et ideo, cum non delectentur in ultimo fine simpliciter, sed in ultimo apprehenso ab eis, aliquo modo dicuntur frui, sed improprie.

Ad tertium dicendum, quod delectatio sequitur operationem perfectam. Perfecta autem est operatio quæ procedit ab habitu. Habitus autem acquisiti vel naturales non perficiunt ad ultimam beatitudinem patriæ, ut supra habitum est, sufficienter, et proxime: quia, ut dicit Augustinus in Libro De Pœnitentia, quodam familiari contactu ad experiendam ejus suavitatem adjacet amanti amata creatura. Sed voluptas creatoris longe alterius generis est; et ideo sine habitu gratuito non est delectatio talis quæ ad fruitionem sufficiat.

Vel dicendum, quod delectatio naturalis non ponit aliquam operationem in actu, sed tantum quamdam naturalem inclinationem, quæ in actum reducitur per habitum caritatis.

Ad quartum dicendum, quod existens in mortali peccato, diligit aliquid habitualiter supra Deum, etsi non in actu semper; et ideo non fruitur ipso, sed illo ad quod omnia ordinat.

Ad quintum dicendum, quod est duplex quies, scilicet quies desiderii, et quies motus. Quies desiderii est quando desiderium sistit in aliquo propter quod omnia facit et quærit, et non desiderat aliquid ulterius; et hoc modo voluntas justi quiescit in via in Deo. Quies autem motus est quando pervenitur ad terminum quæsitum; et ista quies voluntatis erit in patria. Hæc autem quies facit perfectam fruitionem, sed prima imperfectam.

Ad sextum dicendum, quod aliquid eget altero dupliciter. Aut sicut eo a quo dependet secundum esse; et hoc modo omnia egent Deo; quia, secundum Gregorium, omnia in nihilum tenderent, nisi ea manus conditoris teneret: non enim est tantum causa fieri, sed esse rerum; et hoc modo beati egent Deo. Alio modo dicitur quis egere illo quod nondum habet; et sic non egent.

Ad ultimum dicendum, quod hoc intelligendum est, quando fruens et id quo fruitur sunt diversa in essentia: quod non est in divina fruitione: et ideo perfecte ipse fruitur seipso: unde Gregorius: esto gloriosus, et speciosis induere vestibus; dicit: ipse gloriosus est qui, dum seipso fruitur, accedentis laudis indigens non est.

Articulus Secundus
Utrum usus conveniat existentibus in patria.

Ad secundum sic proceditur. Videtur quod in patria nullus erit utens. Via enim non est necessaria habito fine; unde Bernardus: quid necesse est scala tenenti jam solium? sed usus est eorum quæ sunt ad finem, quæ se habent per modum viæ. Igitur in beatis consecutis finem non erit usus.

Præterea, uti est referre aliquid in alterum.

Sed hoc non potest fieri nisi unum cogitetur post aliud; quod non videtur esse in patria, secundum Augustinum, quia non sunt ibi cogitationes volubiles. Ergo videtur quod non sit ibi usus.

Contra, constat quod in patria manet dilectio Dei et proximi, quia caritas nunquam excidit, 1 Corinth. 13, 8. Sed proximus nunquam diligetur propter se, sed propter Deum. Semper ergo erit ibi dilectio usus.

Respondeo dicendum, quod usus est eorum quæ sunt ad finem. Sed eorum quæ sunt ad finem, quædam sunt includentia finem et contingentia ipsum, et hæc sunt quæ non repugnant perfectioni finis, sicut dispositiones materiæ manent cum forma substantiali; et talium erit usus in patria; sicut perfectiones naturales, et septem dona Spiritus Sancti, et alia quæ ex sua ratione imperfectionem non dicunt. Quædam autem sunt ad finem sicut distantia a fine, ut motus et hujusmodi; et ista propter suam imperfectionem non compatitur finis: unde talium non erit usus in patria; sicut pœnæ, et actus fidei et spei et cibi et hujusmodi.

Ad primum ergo dicendum, quod sicut invenimus in processu cognitionis, quod in cognitionem principiorum venit quis per principiata, quibus tamen habitis, magis ipsa cognoscit quam principiata; nec indiget principiatis ad cognitionem principiorum quæ jam per se cognoscit; neque tamen principiatorum cognitionem amittit; immo illa cognitio per principia perficitur: ita est in processu hominis in Deum, qui per creaturas in Deum venit: quo habito, creaturis non eget ad ipsum habendum, sed per ipsum venit in perfectum usum omnium aliorum.

Sic etiam est in processu naturæ, quod per dispositiones acquiritur forma, quæ habita, est principium omnium accidentium; et ita est in omnibus aliis invenire.

Ad secundum dicendum, quod cogitatio volubilis proprie dicitur quæ est per discursum rationis, cui non offertur statim quod quærit: unde oportet quod inveniat procedendo ab uno in aliud. Ibi autem statim sine difficultate occurret in illo divino lumine quidquid quæretur: unde etiam homines intelligent intellectu deiformi, sicut et Angeli. Non autem excluditur successio cogitationum in patria, et multo minus ordo unius ad alterum, qui etiam sine successione esse potest. Aliud concedimus.

Circa litteram quæritur de hoc quod dicitur: innotuit, sacræ paginæ tractatores circa res vel signa præcipue versari. Videtur enim divisio esse incompetens: eo quod contingit idem signum esse et rem; sicut corpus Christi verum et character in baptismo.

Præterea, ipsemet dicit quod omne signum res est; et ita videtur quod divisio non sit per opposita.

Item, creaturæ omnes sunt signum divinæ bonitatis; et ita videtur quod fere omnia quæ in hac doctrina traduntur sunt signa.

Ad quod dicendum, quod ista divisio non est data per oppositas res, sed per oppositas rationes secundum absolutum et relatum. Signum enim est quod est institutum ad aliquid significandum: res autem est quæ habet absolutam significationem non ad aliud relatam. Unde non est inconveniens quod idem sit signum et res respectu diversorum; sicut etiam idem homo est pater et filius. Unde patet solutio ad primum.

Ad secundum dicendum, quod res dupliciter sumitur in processu hujus locutionis; sumitur enim communiter pro omni ente; et sic omne signum est res: sumitur etiam magis stricte pro eo quod est res tantum et non signum, et sic contra signum dividitur.

Ad tertium dicendum, quod quamvis creaturæ sint signum alicujus, nihilominus tamen ad hoc principaliter non sunt institutæ: et ideo non continentur sub signis, nisi secundum quid.

Deinde quæritur de hoc quod dicitur: et primo de rebus, postea de signis disseremus. Videtur enim quod prius agendum est de signis. Res enim per signa discuntur, ut in littera dicitur. Ergo per cognitionem signorum devenimus in cognitionem rerum.

Ad quod dicendum, quod hoc sequitur, quando signa et res sunt ejusdem ordinis, scilicet quod prius determinandum est de signis quam de rebus quæ per illa signa significantur. Sic autem non se habent signa sacramentalia ad ea de quibus in primis tribus libris agitur. Vel dicendum, quod alius est ordo servandus in accipiendo cognitionem, et tradendo. Accipiens enim cognitionem procedit de signis ad signata, quasi modo resolutorio, quia signa magis sunt nota quo ad ipsum; sed tradens cognitionem signorum, oportet quod res ante signa manifestet, eo quod signa sumuntur per similitudinem ad res: unde oportet præcognoscere res ad cognitionem signorum, ad quarum similitudinem sumuntur.

Deinde quæritur de hoc quod dicit: nos sumus quasi inter utrasque constituti. Videtur enim ex hoc quod homo sit medium inter utibilia et fruibilia: cujus contrarium videtur ex hoc quod virtus continetur inter utibilia. Virtus autem est de maxime bonis, secundum Augustinum, quibus nullus male utitur. Naturales autem potentiæ sunt media bona, quibus aliquis male potest uti, et bene: et ita videtur quod virtutes sunt supra hominem.

Ad quod dicendum, quod ordo bonorum dupliciter potest considerari. Aut per comparationem ad rectitudinem vitæ; et hoc modo virtus, quæ est sicut causa per se talis rectitudinis, est maximum bonum; potentia autem naturalis, quæ est sicut materiale ad talem rectitudinem, est medium; et res aliæ quæ sunt exterius adminiculantes, sunt minima bona. Potest etiam considerari ordo bonorum secundum progressum in beatitudinem, et hoc modo ipsum beatificans erit maximum bonum, et participans beatitudinem erit medium, et disponens ad ipsam erit minimum.

Item quæritur de hoc: res aliæ sunt quibus fruendum est, aliæ quibus utendum est, aliæ quæ fruuntur et utuntur. Omne enim quod est, vel est finis, vel est ad finem. Sed fruibile habet rationem finis, utibile autem rationem eorum quæ sunt ad finem. Ergo utibile et fruibile sufficienter dividunt res, et ita tertium membrum superfluit, præcipue cum ipse post dicat, quod hominibus, qui utentes et fruentes sunt, utendum est.

Ad quod dicendum, quod aliquid est ad finem ordinatum dupliciter: vel sicut progrediens in finem; et hoc modo fruens et utens est ad finem: vel sicut via in finem; et hoc modo utibile est ad finem: unde utibile non comprehendit omnia quæ sunt ad finem, nisi valde large acceptum. Nec est inconveniens, si idem contineatur sub duobus membris, cum divisio sit data per oppositas rationes, et non per oppositas res.

Item quæritur de hoc: uti vero est id quod in usum venerit referre ad obtinendum illud quo utendum est. Videtur quod male notificet: quia usum non est magis notum quam uti; et ita videtur quod definitio non sit per magis nota.

Ad quod dicendum, quod totum hoc quod dicitur: id quod in usum venerit, ponitur loco unius dictionis, et est circumlocutio hujus quod dico utibile, quod est objectum hujus actus uti. Actus autem convenienter per suum objectum definitur.

Item quæritur de hoc: non enim facile potest inveniri nomen quod tantæ excellentiæ conveniat, quæ sit causa hujus dicti.

Ad quod dicendum, quod nos imponimus nomina rebus secundum quod veniunt in cognitionem nostram; et quia nos cognitionem accipimus a rebus creatis, imponimus nomina secundum modum rerum creaturarum. Ea autem quæ sunt in creaturis, non sunt per eumdem modum in Deo, sed excellentiori modo; ideo nomina quæ nos imponimus, non sunt sufficientia ad significandum Deum, sicut patet quod nomina significantia in abstracto, significant quid imperfectum non per se subsistens, ut humanitas, vel albedo; concreta autem significant quid compositum, quorum neutrum divinæ convenit nobilitati.

Item quæritur de hoc: tanto nostram peregrinationem et tolerabilius sustinemus, et ardentius finire cupimus. Videtur enim contrarium, per id quod dicitur Proverb. 13, 12: spes quæ differtur, affligit animam. Et ita per hoc quod in speculo cognoscimus, et præsentiam desideramus, intolerabilius absentiam sustinemus.

Ad quod dicendum, quod inquantum spes est desiderati absentis, sic est causa afflictionis; inquantum autem res desiderata per spem et imperfectam cognitionem aliquo modo efficitur præsens, sic affert quamdam delectationem.

Deinde quæritur de hoc quod dicit: notandum quod idem Augustinus... Aliter quam supra, accipiens uti et frui, sic dicit. Unius enim unica est definitio, sicut et esse. Ergo de uti et frui non debent dari multæ definitiones.

Ad quod dicendum, quod si inveniretur aliqua definitio quæ diceret esse rei secundum comparationem ad omnes causas ipsius proprias, esset perfectissima, et una tantum; sed inveniuntur definitiones notificantes esse rei plures secundum diversas causas. Unde aliqua datur per causam finalem, quædam per formalem, et sic de aliis. Inveniuntur etiam aliæ notificationes sumptæ ex proprietatibus consequentibus esse rei, et tales etiam possunt esse plures.

Dicendum ergo, quantum ad præsens pertinet, quod prima definitio de frui, scilicet, frui est amore alicui rei inhærere propter seipsam, datur per comparationem ad objectum, et habitum elicientem actum; secunda autem, scilicet, fruimur cognitis in quibus ipsis propter se voluntas delectata conquiescit, datur per comparationem ad potentiam cujus est actus secundum ordinem ad potentiam præcedentem, scilicet cognitivam; tertia, scilicet, frui est uti cum gaudio, non adhuc spei, sed jam rei, datur per proprietatem consequentem actum, inquantum perfectus est, scilicet gaudium de re habita. Similiter dicendum quod prima definitio de uti, scilicet, uti est referre quod in usus venerit, ad obtinendum id quo fruendum est, datur per comparationem ad objectum et ad finem de uti proprie dicto: alia autem, scilicet, uti est assumere aliquid in facultatem voluntatis, datur de uti communiter sumpto per comparationem ad potentiam operantem et universaliter moventem.

Deinde circa hoc quod dicit: neque tamen sic utitur nobis ut nos aliis rebus, notandum quod ostendit differentiam usus nostri ad usum divinum in duobus: scilicet in hoc quod nos referimus usum nostrum, quo operamur circa res, ad utilitatem nostram; ille vero non ad utilitatem suam, sed nostram. Item ipse refert usum suum, quo rebus utitur, ad bonitatem suam; nos vero non ad bonitatem nostram, sed ipsius. Et hoc ostendit in operibus misericordiæ primo, et planum est: et secundo in operibus creationis: ipse enim propter bonitatem suam fecit nos; et ideo dicit: quia bonus est, sumus; et ex eo quod sumus, habemus bonitatem: et hoc prodest nobis. Et sic patet quod hoc opus est ad nostram utilitatem. Tertio ostendit in opere justitiæ; ipse enim punit nos propter bonitatem suam; et ideo dicit: quia justus est, non impune mali sumus: quia justitia ejus bonitas ejus est. Hoc etiam ad utilitatem nostram cedit; quia ad hoc punimur pro malo, ut a malo recedamus, et ita a non esse: propter quod dicit: inquantum mali sumus, minus sumus; quia quanto magis mali sumus, minus sumus: malum enim est privatio; unde quanto multiplicatur in nobis, tanto elongat nos ab esse perfecto.

Deinde quæritur de hoc quod dicit: item quia bonus est, sumus. Videtur enim esse falsum: sicut enim dicit Bœtius, si removeatur per intellectum bonitas a Deo, adhuc remanebunt alia entia et alia, sed non bona. Ergo non quia bonus est, sumus.

Respondeo dicendum, quod opera divina possunt comparari ad divina attributa sicut ad causam efficientem exemplarem; et hoc modo sapientia creaturæ est a sapientia Dei, et esse creaturæ ab esse divino, et bonitas a bonitate; et sic loquitur Bœtius.

Sed tamen quia bonitas habet rationem finis, et finis est causa omnium causarum, ideo omnes istæ processiones perfectionum in creaturas attribuuntur bonitati divinæ etiam a Dionysio, quamvis a diversis attributis exemplentur.

Item quæritur de hoc quod dicit: inquantum sumus, boni sumus. Alia enim est ratio boni et entis; et ita videtur falsum dicere.

Respondeo dicendum, quod quamvis bonum et ens differant secundum intentiones, quia alia est ratio boni et entis; tamen convertuntur secundum supposita, eo quod omne esse est a bono et ad bonum; unde inquantum non dicit identitatem intentionis, sed æqualitatem suppositorum boni et entis.

Distinctio II

Quæstio I
Prologus
Postquam inquisivit ea de quibus agendum est in hoc opere, hic prosequitur suam intentionem, et dividitur in duas partes. Cum enim, ut supra dictum est, in Proœm., sacræ doctrinæ intentio sit circa divina; divinum autem

sumitur secundum relationem ad Deum, vel ut principium, vel ut finem, secundum quod Apoc. 22, 13, dicitur: ego sum alpha, et omega; consideratio hujus doctrinæ erit de rebus, secundum quod exeunt a Deo ut a principio, et secundum quod referuntur in ipsum ut in finem. Unde in prima parte determinat de rebus divinis secundum exitum a principio; in secunda secundum reditum in finem, et hoc in principio tertii. Aliter potest dividi secundum intentionem Magistri, quod in prima determinat de rebus, in secunda de signis, et hoc in quarto. Item prima in tres: in prima de fruibilibus; in secunda de utibilibus, in secundo libro; in tertia de his quæ ordinant utibilia ad fruibilia, quæ etiam partim sunt utibilia, partim fruibilia, et hoc in tertio libro.

Secundum primam divisionem dividitur prima pars in duas. In prima determinat de divinis secundum exitum a principio in unitate essentiæ; in secunda de divinis secundum exitum in diversitate essentiæ, et hoc in secundo libro. Primus autem liber dividitur in duas partes: exitus enim personarum in unitate essentiæ, est causa exitus creaturarum in essentiæ diversitate; unde in prima parte determinatur trinitas personarum in unitate essentiæ, quæ distinguitur secundum exitum unius personæ ab alia; in secunda determinantur attributa quædam, ex quorum rationibus completur causalitas in divinis personis respectu productionis creaturarum, scilicet de scientia, potentia, voluntate, infra, 35 Distinct.: cumque supra disseruimus, ac plura dixerimus de his quæ communiter secundum substantiam de Deo dicuntur; eorum tamen quædam specialem efflagitant tractatum, de quibus modo tractandum est. Prima dividitur in duas partes. Primo enim inquirit trinitatem personarum in unitate essentiæ, de qua intendit; in secunda prosequitur determinationem unitatis et trinitatis inventæ, infra, 8 Distinct.: nunc de veritate, sive proprietate, sive incommutabilitate, atque simplicitate divinæ naturæ, sive substantiæ, sive essentiæ, agendum est. Prima in duas: in prima manifestat veritatem; in secunda excludit dubitationem, 4 Distinct.: hic oritur quæstio.

Item prima in duas: in prima inquirit modum investigandi trinitatem in unitate; in secunda ostendit trinitatem personarum in essentiæ unitate, ibi: proponamus ergo in medium veteris ac novi testamenti auctoritates. Modum autem investigandi ostendit quantum ad tria: primo quantum ad inquirentium conditionem; secundo quantum ad intentionem, ibi: omnes autem catholici tractatores... Qui de trinitate scripserunt, hoc intenderunt secundum Scripturas docere; tertio quantum ad inquirendi ordinem, ibi: ceterum, ut in Libro 1 de Trinit. Augustinus docet, primo secundum auctoritates sanctarum Scripturarum, utrum fides ita se habeat, demonstrandum est. Inquirentium autem conditionem in prima parte describit tripliciter: primo quantum ad ipsorum puritatem, quæ necessaria est ad tantæ veritatis contemplationem; secundo quantum ad reverentiam et attentionem, ibi: de hac igitur re summa et excellentissima, cum modestia et timore agendum est; tertio quantum ad mutuam caritatem: quia unus indiget alterius auxilio, propter difficultatem materiæ, ibi: perinde omnis qui audit... Studeat imitari quod Augustinus de seipso ait.

Omnes autem catholici tractatores... Qui de trinitate scripserunt, hoc intenderunt secundum Scripturas docere, quod pater et filius et Spiritus Sanctus unius sint substantiæ. Hic ostendit intentionem inquirentium de trinitate: et primo ostendit quid doctores intenderunt docere; secundo concludit quid oporteat nos tenere, ibi: teneamus igitur patrem et filium et Spiritum Sanctum, unum esse naturaliter Deum.

Proponamus ergo in medium veteris ac novi testamenti auctoritates. Hic ostendit trinitatem personarum in unitate essentiæ: et primo per auctoritates; secundo per rationes, 3 Dist. Ibi: apostolus namque ait, quod invisibilia Dei a creatura mundi per ea quæ facta sunt, intellecta conspiciuntur.

Prima in duas: primo ostenditur propositum per auctoritates veteris testamenti; secundo per auctoritates novi, ibi: nunc vero post testimonia veteris testamenti de fide sanctæ trinitatis, ad novi testamenti auctoritates accedamus. Prima in tres: in prima ostendit specialiter essentiæ unitatem; secundo communiter unitatem et trinitatem. Primo per auctoritatem legis; secundo, prophetarum, ibi: personarum quoque pluralitatem et naturæ unitatem simul ostendit Dominus in Genesi; tertio specialiter personarum distinctionem, ibi: David quoque æternam filii generationem aperte insinuat. Et primo secundum processionem filii a patre; secundo quantum ad processionem Spiritus Sancti ab utroque.

Ad evidentiam eorum quæ hic dicuntur, quinque quæruntur: 1 de unitate divinæ essentiæ; 2 utrum in illa unitate sit invenire diversitatem attributorum; 3 utrum pluralitas rationum, secundum quas attributa differunt, sit aliquo modo in Deo, vel tantum in intellectu ratiocinantis; 4 utrum illa unitas compatiatur pluralitatem personarum; 5 si compatitur, utrum pluralitas illa sit pluralitas realis, vel rationis tantum.

Articulus Primus
Utrum Deus sit tantum unus.

Ad primum sic proceditur. Videtur quod non sit necessarium ponere unum Deum. Ab uno enim primo et simplici procedit tantum unum, secundum Philosophum. Sed plures bonitates inveniuntur participari in creaturis, sicut sapientia, bonitas, pax et hujusmodi. Ergo videtur quod procedant a pluribus primis principiis, et sic est ponere plures deos: et hic videtur fuisse error gentilium, ut dicit Dionysus., quod etiam patet ex hoc quod ponebant unum Deum sapientiæ, et aliam deam pacem, et sic de aliis.

Item, sicut dicitur 5 Metaph., perfectum unumquodque est, quando potest producere sibi simile in natura. Sed divina essentia est perfectissima. Ergo videtur quod possit producere aliam essentiam sibi similem, ita quod sint plures divinæ essentiæ.

Item, prima materia, quæ est pura potentia, est una; et quanto formæ sibi sunt propinquiores, inveniuntur pauciores numero. Primo enim perficitur per quatuor formas elementares, post per plurimas formas mixtorum corporum. Ergo in ultimo remotionis a materia, debet inveniri maxima pluralitas; et ita videtur quod, cum Deus sit maxime remotus a materia, et natura divina sit maxime multiplicata; et sic sunt plures dii.

Contra, omnis natura quæ invenitur in pluribus secundum prius et posterius, oportet quod descendat ab uno primo, in quo perfecte habeatur. Unitas enim principiati attestatur unitati principii, sicut omnis calor originatur ab uno calidissimo, quod est ignis. Sed entitas invenitur in pluribus secundum prius et posterius. Ergo oportet esse unum primum ens perfectissimum, a quo omnia entia habent esse, et hic est Deus. Est igitur unus Deus.

Præterea, si sint plures dii per essentiam distincti, oportet quod eorum essentiæ dividantur ab invicem essentiali differentia, sicut quæ differunt specie vel genere vel quæ differunt numero.

Si autem differunt genere vel specie, oportet quod aliqua differentia differant. Illa autem differentia aut pertinet ad bonitatem, aut non. Si non, ergo Deus, in quo erat differentia, non habet puram bonitatem; et sic non est purum bonum.

Si autem pertinet ad bonitatem, et illa non invenitur in alio, ergo ille in quo non invenitur non erit perfectus in bonitate. Oportet autem Deum esse summum bonum, quod sit et purum et perfectum in bonitate. Ergo impossibile est esse plures deos.

Si dicatur, quod illa differentia est eadem secundum speciem in utroque, sed differens numero, contra: quidquid est ejusdem speciei, non dividitur secundum numerum, nisi secundum divisionem materiæ vel alicujus potentialitatis. Ergo et illa differentia est eadem secundum speciem, differens numero. Oportebit ergo quod in Deo sit aliquid potentiale, et sic ens diminutum et dependens ad aliud, quod est contra rationem primi entis.

Præterea, ejus in quo non differt suum esse et sua quidditas, non potest participari quidditas sua sive essentia, nisi et esse participetur. Sed quandocumque dividitur essentia alicujus per participationem, participatur essentia eadem secundum rationem et non secundum idem esse. Ergo impossibile est ejus in quo non differt essentia et esse, essentialem participationem dividi vel multiplicari.

Tale autem est Deus: alias esset suum esse acquisitum ab aliquo. Ergo impossibile est quod divinitas multiplicetur vel dividatur; et ita erit unus tantum Deus.

Respondeo dicendum, quod cum omnis multitudo procedat ab unitate aliqua, ut dicit Dionysius, oportet universitatis multitudinem ad unum principium entium primum reduci, quod est Deus; hoc enim et fides supponit et ratio demonstrat.

Ad primum ergo dicendum, quod quamvis bonitates participatæ in creaturis sint differentes ratione, tamen habent ordinem ad invicem et una includit alteram et una fundatur super altera; sicut in intelligere includitur vivere, et in vivere includitur esse; et ideo non reducuntur in diversa principia, sed in unum. Si etiam ordinem non haberent, non propter hoc excluderetur unitas primi principii: quia quod in principio unitum est, in effectibus multiplicatur: semper enim in causa est aliquid nobilius quam in causato. Unde primum principium licet sit unum et simplex re, sunt tamen in eo plures rationes perfectionum, scilicet sapientiæ, vitæ et hujusmodi, secundum quas diversæ perfectiones re differentes in creaturis causantur.

Ad secundum dicendum, quod hoc est de perfectione divinæ essentiæ, quod sibi similis et æqualis alia essentia esse non potest. Si enim ab ipsa esset, oporteret quod esse illius esset dependens ab ipsa, et sic incideret in illam essentiam potentialitas, per quam distingueretur ab essentia divina, quæ est actus purus. Non autem oportet quod quidquid est de nobilitate creaturæ, sit de nobilitate creatoris, quæ ipsam improportionabiliter excedit; sicut aliquid est de nobilitate canis, ut esse furibundum, quod esset ad ignobilitatem hominis, ut dicit Dionysius.

Ad tertium dicendum, quod simplex principium habet rationem unitatis; et quia materia est potentia tantum, ideo est una numero, non per unam formam quam habeat, sed per remotionem omnium formarum distinguentium; et per eamdem rationem actus purus et primus est unus, non multiplicabilis sicut materia multiplicatur per adventum formarum, sed omnino impossibilis ad diversitatem.

Articulus Secundus
Utrum in Deo sint plura attributa.

Circa secundum sic proceditur. Videtur quod in divina essentia non sit pluralitas attributorum.

Illud enim est maxime unum quod omnino a pluralitate removetur. Albius enim est, secundum Philosophum, quod est nigro impermixtius.

Sed divina essentia est summe una, quæ est principium totius unitatis. Ergo in ea nulla pluralitas attributorum cadere potest.

Item, unius simplicitatis est operatio una.

Sed divina essentia est una et simplex. Ergo habet tantum unam operationem. Diversorum autem attributorum sunt operationes diversæ, sicut scientiæ scire et voluntatis velle et sic de aliis. Ergo in Deo non invenitur diversitas attributorum.

Contra, sicut dicit Augustinus, omne quod simpliciter melius est esse quam non esse, Deo est attribuendum.

Sed sapientia, bonitas et hujusmodi simpliciter sunt melius esse quam non esse. Ergo sunt in Deo.

Præterea, omne quod dicitur secundum quid, originatur ab eo quod est simpliciter et absolute.

Sed invenimus quædam esse perfecta non absolute, sed secundum suam naturam, quædam plus et quædam minus. Ergo oportet esse aliquod perfectum absolute et simpliciter, a quo omnia alia perficiantur. Sed, sicut dicit Philosophus, perfectum simpliciter est in quo inveniuntur omnes nobilitates repertæ in omnibus generibus, et Commentator dicit ibidem, quod hoc est Deus. Ergo in Deo est reperire potentiam, bonitatem, et quidquid aliud est nobilitatis in quacumque re.

Respondeo dicendum, quod quidquid est entitatis et bonitatis in creaturis, totum est a creatore: imperfectio autem non est ab ipso, sed accidit ex parte creaturarum, inquantum sunt ex nihilo. Quod autem est causa alicujus, habet illud excellentius et nobilius. Unde oportet quod omnes nobilitates omnium creaturarum inveniantur in Deo nobilissimo modo et sine aliqua imperfectione: et ideo quæ in creaturis sunt diversa, in Deo propter summam simplicitatem sunt unum. Sic ergo dicendum est, quod in Deo est sapientia, bonitas, et hujusmodi, quorum quodlibet est ipsa divina essentia, et ita omnia sunt unum re. Et quia unumquodque eorum est in Deo secundum sui verissimam rationem, et ratio sapientiæ non est ratio bonitatis, inquantum hujusmodi, relinquitur quod sunt diversa ratione, non tantum ex parte ipsius ratiocinantis sed ex proprietate ipsius rei: et inde est quod ipse non est causa rerum omnino æquivoca, cum secundum formam suam producat effectus similes, non univoce, sed analogice; sicut a sua sapientia derivatur omnis sapientia, et ita de aliis attributis, secundum doctrinam Dionysii.

Unde ipse est exemplaris forma rerum, non tantum quantum ad ea quæ sunt in sapientia sua, scilicet secundum rationes ideales, sed etiam quantum ad ea quæ sunt in natura sua, scilicet attributa. Quidam autem dicunt, quod ista attributa non differunt nisi penes connotata in creaturis: quod non potest esse: tum quia causa non habet aliquid ab effectu, sed e converso: unde Deus non dicitur sapiens quia ab eo est sapientia, sed potius res creata dicitur sapiens inquantum imitatur divinam sapientiam: tum quia ab æterno creaturis non existentibus, etiam si nunquam futuræ fuissent, fuit verum dicere, quod est sapiens, bonus et hujusmodi. Nec idem omnino significatur per unum et per aliud, sicut idem significatur per nomina synonima.

Ad primum ergo dicendum, quod pluralitas attributorum in nullo præjudicat summæ unitati: quia ea quæ in aliis sunt ut plura, in eo sunt unum, et remanet pluralitas tantum secundum rationem, quæ non opponitur summæ unitati in re, sed necessario ipsam consequitur, si simul adsit perfectio.

Ad secundum dicendum, quod operatio Dei est sua essentia. Unde sicut essentia est una, ita operatio est una in re, sed plurificatur per diversas rationes: sicut etiam est ex parte essentiæ, quæ licet sit una, considerantur tamen in ea plures rationes attributorum.

Articulus Tertius
Utrum pluralitas rationum, quibus attributa differunt, sit tantum in intellectu, vel etiam in Deo.

Circa tertium sic proceditur. Videtur quod pluralitas rationum secundum quas attributa differunt, nullo modo sit in Deo, sed tantum in intellectu ratiocinantis. Dicit enim Dionysius.: omnem sanctorum theologorum hymnum invenies ad bonos thearchiæ processus, manifestative, et laudative Dei nominationes dividentem.

Et est sensus, quod nomina quæ in laudem divinam sancti assumunt, secundum diversos divinitatis processus, quibus ipse Deus manifestatur, dividuntur. Ergo ista pluralitas non est ex parte Dei, sed ex parte diversorum effectuum, ex quibus intellectus noster Deum diversimode cognoscit et nominat.

Præterea, Dionysius. dicit: si aliquis videns Deum, intellexerit quod vidit, non ipsum vidit sed aliquid eorum quæ sunt ejus. Si ergo prædicta nomina differunt secundum diversas rationes quas de eis intelleximus, istis rationibus nihil respondet quod in Deo sit, sed in his quæ Dei sunt, scilicet creaturis.

Præterea, Commentator dicit, loquens de hujusmodi nominibus, quod multiplicitas, quam ista nomina prætendunt, est in Deo secundum intellectum, et nullo modo secundum rem. Ergo videtur quod pluralitas harum rationum sit secundum intellectum nostrum tantum.

Præterea, quidquid est in Deo, Deus est.

Si ergo istæ rationes secundum quas attributa differunt, sunt in Deo, ipsæ sunt Deus. Sed Deus est unus et simplex. Ergo istæ rationes, secundum quod in Deo sunt, non sunt plures.

Præterea, illud quod in se est unum omnibus modis, non est radix alicujus multitudinis in eo existentis. Sed essentia divina est una omnibus modis, quia est summe una. Ergo non potest esse radix alicujus multitudinis in ea existentis. Pluralitas ergo dictarum rationum non radicatur in essentia divina sed in intellectu tantum.

Præterea, Damascenus dicit, quod in Deo omnia sunt unum præter ingenerationem et generationem et processionem. Si ergo sapientia et bonitas et hujusmodi attributa sunt in Deo, secundum quod in ipso sunt, non habent aliquam pluralitatem. Ergo pluralitas rationum quam nomina significant, non est in Deo, sed in intellectu nostro tantum.

Sed contra, Dionysius. dicit, quod Deus dicitur perfectus sicut omnia in seipso comprehendens; et hoc est etiam quod Philosophus et Commentator dicit, quod Deus dicitur perfectus, quia omnes perfectiones quæ sunt in omnibus generibus rerum in ipso sunt. Hæc autem perfectio, qua Deus perfectus est, est secundum rem, et non secundum intellectum tantum. Ergo ista attributa quæ perfectionem demonstrant, non sunt tantum in intellectu, sed in re, quæ Deus est.

Præterea, Dionysius. dicit, quod creaturæ dicuntur Deo similes, inquantum imitantur Deum, qui perfecte imitabilis non est a creatura. Ista autem imitatio est secundum participationem attributorum. Ergo creaturæ sunt Deo similes, secundum sapientiam, bonitatem et hujusmodi. Sed hoc non posset esse, nisi prædicta essent in Deo secundum proprias rationes. Ergo ratio sapientiæ et bonitatis proprie in Deo est; et ita hujusmodi rationes non sunt tantum ex parte intellectus.

Præterea, sapientia non dicitur æquivoce de Deo et creatura; alias sapientia creata non duceret in cognitionem sapientiæ increatæ; et similiter est de potentia et bonitate et de aliis hujusmodi.

Sed ea quæ prædicantur de pluribus secundum rationes omnino diversas, æquivoce prædicantur.

Ergo aliquo modo ratio sapientiæ, secundum quod de Deo dicitur et de creaturis, est una, non quidem per univocationem, sed per analogiam: et similiter est de aliis. Sed ratio sapientiæ, secundum quod de creaturis dicitur non est eadem ratio cum ratione bonitatis et potentiæ. Ergo etiam secundum quod ista de Deo dicuntur, non sunt eædem rationes sed diversæ.

Præterea, sicut Deus vere est pater, ita etiam vere est sapiens. Sed ex hoc quod vere Deus est pater, non potest dici quod ratio paternitatis sit in intellectu tantum. Ergo nec ex hoc quod Deus vere est sapiens, potest dici quod ratio sapientiæ sit in intellectu tantum. Sed ratio paternitatis, quæ realiter in Deo est, non est eadem cum ratione divinitatis. Unde nec paternitate est Deus, nec divinitate est pater: et tamen ista pluralitas rationum non tollit simplicitatem divinam, propter hoc quod essentia et paternitas idem sunt in re. Ergo similiter si ponamus sapientiam et essentiam esse idem re omnino, et rationes eorum diversas, non tolletur simplicitas divinæ essentiæ. Sed divinæ essentiæ simplicitas est tota causa quare ista attributa in Deo non differunt. Ergo non est inconveniens ponere, quod sapientiæ et bonitatis ratio in Deo est, et tamen una non est altera, si res omnino una ponatur.

Si dicatur quod non est simile de relationibus personalibus et de attributis essentialibus, quia in Deo non sunt nisi duo prædicamenta, scilicet substantia et relatio, unde ratio relationis est alia a ratione substantiæ, non tamen ratio sapientiæ et aliorum absolutorum est alia a substantia: contra. Relatio in divinis habet duplicem comparationem: unam ad suum correlativum, secundum quam ad aliquid dicitur; aliam ad essentiam, secundum quam est idem re cum ea. Sed secundum id quod aliquid est idem alteri, non facit numerum cum eo. Ergo quod relationes ad aliud prædicamentum pertineant quam ad prædicamentum substantiæ, est per comparationem ad suum relativum. Ergo adhuc manet eadem comparatio sapientiæ et paternitatis ad essentiam.

Respondeo dicendum, quod, sicut supra dictum est, art. Præced., in corp., sapientia et bonitas et omnia hujusmodi sunt omnino unum re in Deo, sed differunt ratione: et hæc ratio non est tantum ex parte ipsius ratiocinantis, sed ex proprietate ipsius rei.

Ad cujus rei evidentiam, ut diligenter explicetur, quia ex hoc pendet totus intellectus eorum quæ in 1 libro dicuntur, quatuor oportet videre.

Primo quid sit ratio secundum quam dicimus attributa ratione differre. Secundo quomodo dicatur aliqua ratio in aliqua re esse vel non esse. Tertio utrum istæ rationes diversæ attributorum sint in Deo vel non. Quarto utrum pluralitas istarum rationum sit tantum ex parte intellectus nostri vel aliquo modo ex parte rei.

Quantum ad primum pertinet, sciendum est, quod ratio, prout hic sumitur, nihil aliud est quam id quod apprehendit intellectus de significatione alicujus nominis: et hoc in his quæ habent definitionem, est ipsa rei definitio, secundum quod Philosophus dicit: ratio quam significat nomen est definitio. Sed quædam dicuntur habere rationem sic dictam, quæ non definiuntur, sicut quantitas et qualitas et hujusmodi, quæ non definiuntur, quia sunt genera generalissima. Et tamen ratio qualitatis est id quod significatur nomine qualitatis; et hoc est illud ex quo qualitas habet quod sit qualitas. Unde non refert, utrum illa quæ dicuntur habere rationem, habeant vel non habeant definitionem. Et sic patet quod ratio sapientiæ quæ de Deo dicitur, est id quod concipitur de significatione hujus nominis, quamvis ipsa sapientia divina definiri non possit.

Nec tamen hoc nomen ratio significat ipsam conceptionem, quia hoc significatur per nomen sapientiæ vel per aliud nomen rei; sed significat intentionem hujus conceptionis, sicut et hoc nomen definitio, et alia nomina secundæ impositionis.

Et ex hoc patet secundum, scilicet qualiter ratio dicatur esse in re. Non enim hoc dicitur, quasi ipsa intentio quam significat nomen rationis, sit in re; aut etiam ipsa conceptio, cui convenit talis intentio, sit in re extra animam, cum sit in anima sicut in subjecto: sed dicitur esse in re, inquantum in re extra animam est aliquid quod respondet conceptioni animæ, sicut significatum signo.

Unde sciendum, quod ipsa conceptio intellectus tripliciter se habet ad rem quæ est extra animam. Aliquando enim hoc quod intellectus concipit, est similitudo rei existentis extra animam, sicut hoc quod concipitur de hoc nomine homo; et talis conceptio intellectus habet fundamentum in re immediate, inquantum res ipsa, ex sua conformitate ad intellectum, facit quod intellectus sit verus, et quod nomen significans illum intellectum, proprie de re dicatur. Aliquando autem hoc quod significat nomen non est similitudo rei existentis extra animam, sed est aliquid quod consequitur ex modo intelligendi rem quæ est extra animam: et hujusmodi sunt intentiones quas intellectus noster adinvenit; sicut significatum hujus nominis genus non est similitudo alicujus rei extra animam existentis; sed ex hoc quod intellectus intelligit animal ut in pluribus speciebus, attribuit ei intentionem generis; et hujusmodi intentionis licet proximum fundamentum non sit in re sed in intellectu, tamen remotum fundamentum est res ipsa. Unde intellectus non est falsus, qui has intentiones adinvenit. Et simile est de omnibus aliis qui consequuntur ex modo intelligendi, sicut est abstractio mathematicorum et hujusmodi. Aliquando vero id quod significatur per nomen, non habet fundamentum in re, neque proximum neque remotum, sicut conceptio Chimæreæ: quia neque est similitudo alicujus rei extra animam, neque consequitur ex modo intelligendi rem aliquam naturæ: et ideo ista conceptio est falsa.

Unde patet secundum, scilicet quod ratio dicitur esse in re, inquantum significatum nominis, cui accidit esse rationem, est in re: et hoc contingit proprie, quando conceptio intellectus est similitudo rei.

Quantum ad tertium, scilicet utrum rationes attributorum in Deo sint, sciendum est, quod circa hoc videtur esse duplex opinio. Quidam enim dicunt, ut Avicenna et Rabbi Moyses, quod res illa quæ Deus est, est quoddam esse subsistens, nec aliquid aliud nisi esse, in Deo est: unde dicunt, quod est esse sine essentia. Omnia autem alia quæ Deo attribuuntur, verificantur de Deo dupliciter, secundum eos: vel per modum negationis, vel per modum causalitatis. Per modum negationis dupliciter: vel ad removendum privationem seu defectum oppositum, ut dicimus Deum sapientem, ut removeatur defectus qui est in carentibus sapientia; vel secundum quod aliquid ex negatione consequitur, sicut est de hoc nomine unus, qui ex hoc ipso quod non est divisus, est unus. Similiter ex hoc ipso quod est immaterialis, est intelligens.

Unde, secundum eos, omnia ista nomina potius sunt inventa ad removendum, quam ad ponendum aliquid in Deo. Item per modum causalitatis dupliciter: vel inquantum producit ista in creaturis, ut dicatur Deus bonus, quia bonitatem creaturis influit et sic de aliis; vel inquantum ad modum creaturæ se habet, ut dicatur Deus volens vel pius, inquantum se habet ad modum volentis vel pii in modo producendi effectum, sicut dicitur iratus, quia ad modum irati se habet. Et secundum hanc opinionem sequitur quod omnia nomina quæ dicuntur de Deo et creaturis, dicantur æquivoce, et quod nulla similitudo sit creaturæ ad creatorem ex hoc quod creatura est bona vel sapiens vel hujusmodi aliquid; et hoc expresse dicit Rabbi Moyses. Secundum hoc, illud quod concipitur de nominibus attributorum, non refertur ad Deum, ut sit similitudo alicujus quod in eo est. Unde sequitur quod rationes istorum nominum non sunt in Deo, quasi fundamentum proximum habeant in ipso, sed remotum; sicut nos dicimus de relationibus quæ ex tempore de Deo dicuntur; hujusmodi enim relationes in Deo secundum rem non sunt, sed sequuntur modum intelligendi, sicut dictum est de intentionibus.

Et sic, secundum hanc opinionem, rationes horum attributorum sunt tantum in intellectu, et non in re, quæ Deus est; et intellectus eas adinvenit ex consideratione creaturarum vel per negationem vel per causalitatem, ut dictum est.

Alii vero dicunt, ut Dionysius. et Anselmus, quod in Deo præeminenter existit quidquid perfectionis in creaturis est. Et hæc eminentia attenditur quantum ad tria: scilicet quantum ad universalitatem, quia in Deo sunt omnes perfectiones adunatæ, quæ non congregantur in aliqua una creatura. Item quantum ad plenitudinem, quia est ibi sapientia sine omni defectu, et similiter de aliis attributis: quod non est in creaturis. Item quantum ad unitatem; quæ enim in creaturis diversa sunt, in Deo sunt unum. Et quia in illo uno habet omnia, ideo secundum illud unum causat omnia, cognoscit omnia et omnia sibi per analogiam similantur. Secundum ergo hanc opinionem, conceptiones quas intellectus noster ex nominibus attributorum concipit, sunt vere similitudines rei, quæ Deus est, quamvis deficientes et non plenæ, sicut est de aliis rebus quæ Deo similantur.

Unde hujusmodi rationes non sunt tantum in intellectu, quia habent proximum fundamentum in re quæ Deus est. Et ex hoc contingit quod quidquid sequitur ad sapientiam, inquantum hujusmodi, recte et proprie convenit Deo. Hæ autem opiniones, quamvis in superficie diversæ videantur, tamen non sunt contrariæ, si quis dictorum rationes ex causis assumit dicendi. Quia primi consideraverunt ipsas res creatas, quibus imponuntur nomina attributorum, sicut quod hoc nomen sapientia imponitur cuidam qualitati, et hoc nomen essentia cuidam rei quæ non subsistit: et hæc longe a Deo sunt: et ideo dixerunt, quod Deus est esse sine essentia, et quod non est in eo sapientia secundum se.

Alii vero consideraverunt modos perfectionis, ex quibus dicta nomina sumuntur: et, quia Deus secundum unum simplex esse omnibus modis perfectus est, qui importantur per hujusmodi nomina, ideo dixerunt, quod ista nomina positive Deo conveniunt.

Sic ergo patet quod quælibet harum opinionum non negat hoc quod alia dicit: quia nec primi dicunt aliquem modum perfectionis Deo deesse, nec secundi qualitatem, aut res non subsistentes in Deo ponunt. Sic ergo patet tertium, scilicet quod rationes attributorum sunt vere in Deo, quia ratio nominis magis se tenet ex parte ejus a quo imponitur nomen, quam ex parte ejus cui imponitur.

Quantum vero ad quartum, scilicet utrum pluralitas istarum rationum sit tantum ex parte intellectus nostri, vel aliquo modo ex parte rei, sciendum est, quod ista pluralitas rationum contingit ex hoc quod res quæ Deus est, superat intellectum nostrum. Intellectus enim noster non potest una conceptione diversos modos perfectionis accipere: tum quia ex creaturis cognitionem accipit, in quibus sunt diversi modi perfectionum secundum diversas formas: tum quia hoc quod in Deo est unum et simplex, plurificatur in intellectu nostro, etiam si immediate a Deo reciperet; sicut multiplicatur processio suæ bonitatis in aliis creaturis.

Unde, cum Deus secundum unam et eamdem rem sit omnibus modis perfectus, una conceptione non potest integre perfectionem ejus apprehendere, et per consequens nec nominare; et ideo oportet quod diversas conceptiones de eo habeat, quæ sunt diversæ rationes, et quod diversa nomina imponat significantia rationes illas. Unde nomina illa non sunt synonima, inquantum significant rationes diversas. Si autem intellectus noster Deum per seipsum videret, illi rationi posset imponere nomen unum: quod erit in patria; et ideo dicitur Zach. Ult. 9: in illa die erit Dominus unus, et nomen ejus unum. Illud autem nomen unum non significaret bonitatem tantum, nec sapientiam tantum, aut aliquid hujusmodi, sed significata omnium istorum includeret. Sed tamen si intellectus videns Deum per essentiam imponeret nomen rei quam videret, et nominaret mediante conceptione quam de ea habet, oporteret adhuc quod imponeret plura nomina: quia impossibile est quod conceptio intellectus creati repræsentet totam perfectionem divinæ essentiæ. Unde una re visa diversas conceptiones formaret, et diversa nomina imponeret, sicut etiam Chrysostomus dicit, quod Angeli laudant Deum, quidam ut majestatem, quidam ut bonitatem, et sic de aliis, in signum quod ipsum non vident visione comprehendente; sed conceptio perfecte repræsentans eum est verbum increatum; et ideo est unum tantum. Sic ergo patet quod pluralitas nominum venit ex hoc quod ipse Deus nostrum intellectum excedit. Quod autem Deus excedat intellectum nostrum, est ex parte ipsius Dei, propter plenitudinem perfectionis ejus, et ex parte intellectus nostri, qui deficienter se habet ad eam comprehendendam. Unde patet quod pluralitas istarum rationum non tantum est ex parte intellectus nostri, sed etiam ex parte ipsius Dei, inquantum sua perfectio superat unamquamque conceptionem nostri intellectus. Et ideo pluralitati istarum rationum respondet aliquid in re quæ Deus est: non quidem pluralitas rei, sed plena perfectio, ex qua contingit ut omnes istæ conceptiones ei aptentur. Qui ergo dixerunt, quod pluralitas ista est tantum ex parte intellectus nostri, vel ex parte effectuum, quodammodo verum dixerunt, et quodammodo non. Si enim hoc referatur ad causam multiplicationis, sic verum dicunt, quod est ex parte intellectus nostri, et effectuum quodammodo, ex eo quod intellectus noster non potest concipere divinam perfectionem una conceptione, sed pluribus; cujus una ratio est ex hoc quod est assuefactus ad res creatas. Si autem referatur ad modum quo istæ rationes attribuuntur Deo, falsum dicunt. Non enim ex hoc quod bona facit, vel quia ad modum bonorum se habet, bonus est; sed quia bonus est, ideo bona facit, et alia participando ejus bonitatem ad modum ejus se habent. Unde si nullam creaturam fecisset nec facturus esset, ipse in se talis esset ut posset vere considerari secundum omnes istas conceptiones, quas habet nunc intellectus noster ipsum considerando. Et sic patet quartum, quod pluralitas istorum nominum non tantum est ex parte intellectus nostri formantis diversas conceptiones de Deo, quæ dicuntur diversæ rationes, ut ex dictis, art.

Anteced., patet, sed ex parte ipsius Dei, inquantum scilicet est aliquid in Deo correspondens omnibus istis conceptionibus, scilicet plena et omnimoda ipsius perfectio, secundum quam contingit quod quodlibet nominum significantium istas conceptiones, de Deo vere et proprie dicitur; non autem ita quod aliqua diversitas vel multiplicitas ponatur in re, quæ Deus est, ratione istorum attributorum.

His visis facile est respondere ad objecta.

Ad primum ergo dicendum, quod intentio Dionysii est dicere, quod secundum diversas bonitates quas creaturis influit Deus nominatur, manifestatur et laudatur; non autem ita quod rationes illarum bonitatum ex hoc verificentur de eo quia creaturis eas influit, sed magis e converso, ut dictum est, in corp.. Quamvis enim conditio causæ cognoscatur ex conditionibus effectus, non tamen conditio causæ verificatur propter conditiones effectus, sed e converso.

Ad secundum dicendum, quod intellectus noster id quod concipit de bonitate vel de sapientia non refert in Deum quasi in eo sit per modum quo ipse concipit, quia hoc esset comprehendere ejus sapientiam vel bonitatem; sed intelligit ipsam bonitatem divinam, cui aliqualiter simile est quod intellectus noster concipit, esse supra id quod de eo concipitur. Unde per hujusmodi conceptiones non videtur ipse Deus secundum quod in se est, sed intelligitur supra intellectum. Et hoc vult dicere Dionysius. in illa auctoritate.

Ad tertium dicendum, quod multiplicitas ista attributorum nullo modo ponitur in Deo quasi ipse secundum rem sit multiplex; sed tamen ipse secundum suam simplicem perfectionem, multitudini istorum attributorum correspondet, ut vere de Deo dicantur. Et hoc intendit Commentator.

Ad quartum dicendum, quod sicut ratio hominis non dicitur esse in homine quasi res quædam in ipso, sed est sicut in subjecto in intellectu, et est in homine sicut in eo quod præstat fulcimentum veritati ipsius; ita etiam ratio bonitatis divinæ est in intellectu sicut in subjecto, in Deo autem sicut in eo quod correspondet per quamdam similitudinem isti rationi, faciens ejus veritatem. Unde patet quod ratio procedit ex malo intellectu ejus quod dicitur.

Ad quintum dicendum, quod aliquid dicitur fundari vel radicari in aliquo metaphorice, ex quo firmitatem habet. Rationes autem intellectæ habent duplicem firmitatem: scilicet firmitatem sui esse, et hanc habent ab intellectu, sicut alia accidentia a suis subjectis; et firmitatem suæ veritatis, et hanc habent ex re cui conformantur. Ex eo enim quod res est vel non est locutio et intellectus veritatem vel falsitatem habet. Rationes ergo attributorum fundantur vel radicantur in intellectu quantum ad firmitatem sui esse, quia, ut dictum est, art. Anteced., intellectus est earum subjectum; in essentia autem divina quantum ad firmitatem suæ veritatis; et hoc in nullo repugnat divinæ simplicitati.

Ad sextum dicendum, quod in Deo omnia sunt unum re, præter ingenerationem, generationem, et processionem, quæ constituunt personas re distinctas: non autem oportet quod quidquid præter ista de Deo dicitur, sit unum ratione. Et similiter intelligendum est quod dicit Bœtius, quod sola relatio multiplicat trinitatem, scilicet pluralitate reali. Tunc enim aliquid est unum re et ratione multiplex, quando una res respondet diversis conceptionibus et nominibus, ut de ea verificentur; sicut punctum, quod cum sit una res, respondet secundum veritatem diversis conceptionibus de eo factis, sive prout cogitatur in se, sive prout cogitatur centrum, sive prout cogitatur principium linearum; et hæ rationes sive conceptiones sunt in intellectu sicut in subjecto, et in ipso puncto sicut in fundamento veritatis istarum conceptionum.

Quamvis istud exemplum non sit usquequaque conveniens, sicut nec alia quæ in divinis inducuntur.

Articulus Quartus
Utrum in divinis sint plures personæ.

Ad quartum sic proceditur. Videtur quod in unitate divinæ essentiæ non sit pluralitas personarum.

In omnibus enim creaturis ita est quod ad multiplicationem suppositorum sequitur multiplicatio essentiæ secundum numerum, sicut alia humanitas est numero in Socrate et Platone. Sed creaturæ sunt exemplatæ a Deo. Cum igitur divinam essentiam impossibile sit multiplicari, ut supra ostensum est, hac Dist., art. 1, videtur quod impossibile sit esse ibi pluralitatem suppositorum, vel personarum.

Item, eorum quæ sunt idem, si unum multiplicatur vel communicatur, et reliquum. Sed in Deo idem est quo est et quod est, sive essentia et suppositum. Si ergo essentia non multiplicatur, ergo nec suppositum. Ergo etc..

Item, natura speciei ad hoc multiplicatur in pluribus individuis, quia non potest totam perfectionem habere in uno, eo quod individuum est corruptibile, et species incorruptibilis: unde in incorruptibilibus est tantum unum individuum in una specie, sicut sol. Sed natura divina habet omnem perfectionem in uno supposito. Ergo vanum est esse pluralitatem suppositorum, et hoc non potest esse in Deo.

Contra. Sicut dicit Dionysius., bonum est communicativum sui. Sed Deus est summe bonus. Ergo summe se communicabit.

Sed in creaturis non summe se communicat, quia non recipiunt totam bonitatem suam. Ergo oportet quod sit communicatio perfecta, ut scilicet totam suam bonitatem alii communicet. Hoc autem non potest esse in diversitate essentiæ. Ergo oportet esse plures distinctos in unitate divinæ essentiæ. Hoc idem arguitur ex perfectione divinæ beatitudinis, quæ ponit summum gaudium quod sine consortio haberi non potest. Hoc etiam arguitur ex perfectione divinæ caritatis. Perfecta enim caritas est amor gratuitus qui tendit in alium.

Sed non erit amor summus, nisi summe diligat.

Summe autem non diligit creaturam, quæ non summe diligenda est. Ergo oportet quod in ipsa creatrice essentia, sit summe diligens et summe dilectus, distincti in essentiæ unitate.

Respondeo: concedendum est absque ulla ambiguitate, esse in Deo pluralitatem suppositorum vel personarum in unitate essentiæ, non propter rationes inductas, quæ non necessario concludunt, sed propter fidei veritatem.

Ad primum ergo dicendum, quod in creatura differt essentia rei et esse suum, nec habet essentia esse nisi propter comparationem ad habentem essentiam; et ideo quando essentia creata communicatur, communicatur tantum secundum rationem suam et non secundum esse, quia secundum illud esse non est nisi in uno tantum habente.

Divina autem essentia est idem quod suum esse; et ideo quando communicatur essentia, communicatur etiam esse. Unde essentia non tantum est una secundum rationem, sed secundum esse; et propter hoc potest esse una numero in pluribus suppositis.

Creaturæ autem quamvis exemplentur a Deo, tamen deficiunt a repræsentatione ejus.

Ad secundum dicendum, quod essentia et suppositum sunt in Deo idem re, nihilominus tamen differunt ratione, sicut de attributis dictum est supra, art. Præced.. Unde Commentator dicit, quod vita et vivens non significant idem in Deo, sicut nomina synonyma: et ideo contra rationem suppositi est quod communicetur, non autem contra rationem essentiæ.

Ideo una essentia communicatur pluribus suppositis.

Ad tertium dicendum, quod necessitas finis est necessitas conditionata et ex suppositione. Unde non quæritur in illis quæ sunt necessaria absolute, et multo minus in illis quæ sunt per se necessaria, non habentia necessitatem ab aliquo. Unde dico, quod pluralitas suppositorum in divina essentia non est propter aliquem finem; immo propter seipsam est necessario, cum ipse Deus sit finis omnium. Unde non potest concludi quod sit vana, quia vanum est quod est ordinatum ad finem quem non consequitur.

Articulus Quintus
Utrum divinæ personæ differant realiter aut tantum ratione.

Ad quintum sic proceditur. Videtur quod pluralitas suppositorum in divinis non sit realis, sed tantum rationis. Sicut enim dicit Damascenus, tres personæ re idem sunt, ratione autem et cognitione distinguuntur. Ergo videtur quod non sit ibi pluralitas realis.

Præterea, Augustinus dicit, quod tres personæ in nullo absoluto distinguuntur, sed tantum in his quæ sunt ad aliquid.

Res autem non est ad aliquid, sed est absolutum.

Ergo videtur quod tres personæ non sunt tres res, et ita non est ibi realis distinctio.

Item, personæ distinguuntur per proprietates.

Proprietates autem illæ non addunt supra essentiam secundum rem, sed tantum secundum rationem.

Ergo videtur quod distinctio personarum, quam faciunt, sit tantum distinctio rationis.

Item, sicut paternitas et essentia differunt ratione, ita sapientia et essentia. Si ergo hoc sufficit ad distinctionem realem suppositorum, videtur quod etiam secundum diversa attributa distinguantur realiter supposita; et ita sunt tot personæ quot attributa. Hoc autem est inconveniens. Ergo proprietates non faciunt realem distinctionem suppositorum.

Contra, Augustinus dicit: res quibus fruendum est, sunt pater et filius et Spiritus Sanctus. Ergo tres personæ sunt plures res. Ergo eorum pluralitas est pluralitas realis.

Item, distinctio rationis non sufficit ad distinctionem suppositorum, cum unus et idem homo possit in se diversas rationes habere, et cum suppositum dicat quid reale. Si ergo non est in divinis nisi distinctio rationis, non erit ibi vera pluralitas personarum; quod est hæreticum.

Respondeo dicendum, quod dicere, personas distingui tantum ratione, sonat hæresim Sabellianam: et ideo simpliciter dicendum est, quod pluralitas personarum est realis. Quo modo autem hoc possit esse, videndum est. Sciendum est igitur, quod proprietas personalis, scilicet relatio distinguens, est idem re quod divina essentia, sed differens ratione, sicut et de attributis dictum est. Ratio autem relationis est ut referatur ad alterum. Potest ergo dupliciter considerari relatio in divinis: vel per comparationem ad essentiam, et sic est ratio tantum; vel per comparationem ad illud ad quod refertur, et sic per propriam rationem relationis relatio realiter distinguitur ab illo. Sed per comparationem relationis ad suum correlativum oppositum distinguuntur personæ, et non per comparationem relationis ad essentiam: et ideo est pluralitas personarum realis et non tantum rationis.

Ad primum ergo dicendum, quod auctoritas Damasceni sic intelligenda est. Ratione, idest relatione; et dicitur relatio ratio, per comparationem ad essentiam, ut dictum est, in corp..

Ad secundum dicendum, quod res est de transcendentibus, et ideo se habet communiter ad absoluta et ad relata; et ideo est res essentialis, secundum quam personæ non differunt, et est res relativa sive personalis, secundum quam personæ distinguuntur.

Ad tertium dicendum, quod quamvis relatio per comparationem ad essentiam sit ratio tantum, tamen per comparationem ad suum correlativum est res et realiter distinguens ab ipso.

Ad quartum dicendum, quod licet sapientia secundum suam rationem differat ab aliis attributis, non tamen opponitur ad aliquod aliud attributum, cum sapientia bonitatem et alia attributa secum compatiatur in eodem subjecto. Et ideo non habet rationem distinguendi supposita divinæ naturæ, sicut habent relationes oppositæ. Sed sicut sapientia divina realiter facit effectum sapientiæ propter veritatem rationis ipsius, quæ manet; ita relatio facit veram distinctionem propter rationem relationis veram, quæ salvatur.

Substantiæ, vel essentiæ: quia non proprie dicitur substantia, ut infra, 8 Distinct., dicetur.

Creditur et intelligitur. Ista ordinantur secundum quod acquiritur fides in credente. Primum enim est prædicatorum verbum, sicut dicitur, Roman. 10, 14: quomodo credent ei quem non audierunt? secundum est assensus fidei in ipso credente; et ultimo per fidem devenitur in intellectum, Isa. 7, 9: nisi credideritis, non intelligetis.

Purgatis mentibus; sed diversimode. Ad hoc enim quod videatur naturali cognitione, oportet mentem purgari a sensibilibus et phantasmatibus; ad hoc autem quod per fidem cernatur, oportet mentem purgari ab erroribus et naturalibus rationibus; ad hoc autem quod videatur per essentiam, oportet mentem purgari ab omni culpa et miseria.

In tam excellenti luce. Loquitur de intuitu mentis, ad similitudinem visus corporalis; sicut enim non possumus defigere oculum in excellens luminosum, ita etiam mens nostra non figitur in excellentia divinæ lucis, ut aliquid determinate cognoscat, nisi per fidem. Unde etiam Philosophi in diversos errores prolapsi sunt; et ideo dicit Philosophus: sicut se habet oculus noctuæ ad lucem solis, ita se habet intellectus noster ad manifestissima naturæ.

Per justitiam fidei. Justitia hic sumitur pro justitia generali, quæ est rectitudo animæ in comparatione ad Deum et ad proximum et unius potentiæ ad aliam; et dicitur justitia fidei, quia in justificatione primus motus est fidei, sicut dicitur Hebr. 11, 6: accedentem ad Deum oportet credere.

Non approbo quod in oratione dixi: Deus qui nonnisi mundos verum scire voluisti. Ista notula affigitur ad excludendum falsum intellectum qui posset de prædictis haberi, scilicet quod Deus nullo modo a peccatoribus cognosci posset.

Nec periculosius alicubi erratur. Hoc enim est fundamentum totius fidei; quo destructo, totum ædificium subruit. Unde etiam dicit Philosophus, quod parvus error in principio, maximus est in fine.

Nec fructuosius aliquid invenitur. Cognitio enim trinitatis in unitate est fructus et finis totius vitæ nostræ.

Ubi dixi de patre. Ista notula apponitur ad corrigendum hoc quod posuit in littera hoc verbum sum, es, est, singulariter prædicari de tribus personis; et ratio fuit, quia significat substantiam, quæ est una trium personarum. Sed postea retractavit; quia quamvis significet substantiam, tamen significat eam per modum actus, et actus numerantur secundum supposita; unde debet pluraliter prædicari de tribus personis.

Primo ipsa legis exordia occurrant: ubi scilicet primo legis præcepta poni incipiunt, Exod. 20 et Deut. 6.

Deus enim, ut ait Ambrosius, nomen est naturæ, Dominus vero nomen est potestatis. Videtur quod Deus non sit nomen naturæ per derivationes hujus nominis theos, quas Damascenus ponit. Dicit enim, quod *theos* quod est Deus, dicitur ab *ethim*, quod est ardere, quia Deus noster, ignis consumens est, Deuter. 4, 24. Dicitur etiam a *theaste*, quod est considerare vel videre, quia omnia videt: vel a *thein*, quod est currere, vel fovere, quia per omnia vadit, omnia salvans et continens: quæ omnia operationem important. Ergo etc..

Item Dominus secundum esse suum est relativum.

Ergo non significat potestatem, sed relationem.

Ad primum ergo dicendum, quod hoc nomen Deus potest considerari dupliciter. Vel quantum ad id a quo nomen imponitur, quod est quasi qualitas nominis; et sic est nomen operationis, secundum Damascenum. Vel quantum ad id cui imponitur, quod est substantia significata per nomen; et sic est nomen naturæ, quia ad significandum divinam naturam est impositum.

Ad secundum dicendum, quod relationes fundantur super aliquid quod est causa ipsarum in subjecto, sicut æqualitas supra quantitatem, et dominium supra potestatem. Unde dicit Bœtius, quod dominium est potestas cœrcendi subditos; et Dionysius. dicit, quod dominium est non pejorum, idest subditorum, excessus tantum, sed bonorum et pulchriorum omnimoda et perfecta possessio; vera et non cadere valens fortitudo. Ad hoc enim quod aliquis sit Dominus requiruntur divitiæ et potentia, et super hæc duo fundatur relatio dominii.

Personarum quoque pluralitatem et naturæ unitatem simul ostendit Dominus in Genesi. Sciendum, quod Augustinus et Hilarius ex hac auctoritate: faciamus hominem ad imaginem et similitudinem nostram, nituntur ostendere unitatem essentiæ et personarum pluralitatem ex verbis ibi positis, sed differenter. Quia Augustinus considerat tantum consignificationem numeri in eis; unde per hæc duo, faciamus, et nostram, ostendit trinitatem; per hæc vero duo imaginem, et similitudinem, unitatem essentiæ. Hilarius autem ex quolibet horum quatuor intendit ostendere utrumque, hoc modo.

Similitudo enim significat relationem causatam ex unitate qualitatis, quæ relatio requirit distincta supposita; est enim similitudo rerum differentium eadem qualitas; unde ratione ejus quod causat similitudinem ostendit unitatem essentiæ, quæ est eadem bonitas et sapientia, vel quidquid aliud per modum qualitatis significatur. Nec potest ibi esse diversitas bonitatis secundum numerum, ut probatum est; sed ex parte relationis designatur suppositorum distinctio. Et eadem est ratio de hoc nomen imago, quæ dicit imitationem unius ad alterum, secundum aliquid unum; et hoc tangitur ubi dicit: Hilarius quoque... Dicit, his verbis significari, quod in trinitate nec diversitas est nec singularitas, vel solitudo; sed similitudo et pluralitas. Similiter etiam ex parte harum duarum dictionum, faciamus et nostram, accipit utrumque: pluralitatem quidem personarum ratione pluralis numeri, sed unitatem essentiæ ratione consortii, quod designatur in utroque.

Consortium enim oportet quod sit in aliquo uno: et quia non potest esse in divinis unum in specie et diversum in numero, oportet quod sit unum numero; et hoc tangit ibi: item idem in 4 Lib. Absolutius voluit intelligi, significationem hanc non ad se esse referendam tantum. Differunt etiam quantum ad aliud; quia Augustinus videtur accipere similitudinem et imaginem tantum hominis ad Deum; sed Hilarius accipit similitudinem et imaginem unius personæ ad aliam, et quod homo accedat ad illam similitudinem quantum potest.

Diversitas, propter divisionem essentiæ. Singularitas, propter incommunicabilitatem divinæ naturæ.

Solitudo, ne removeatur societas personarum, quæ est per unionem amoris. Similitudo,

distinctio, contra solitudinem. Significatio efficientis, quantum ad hoc quod dicit, faciamus. Operatio constituta, in ipsum operatum.

Maximus propheta, quantum ad modum revelationis, quæ est per intellectualem visionem, et quantum ad privilegium promissi seminis.

Dominus possedit me. Loquitur de filio, inquantum appropriatur sibi sapientia. Dicitur autem Deus possidere sapientiam, quia ipse solus eam perfecte habet. Possidetur enim quod ad nutum habetur; unde Philosophus dicit, quod divina scientia est possessio divina, non humana. Viarum, idest creaturarum, per quas in ipsum itur. Ordinata, secundum ordinem naturæ, qui est filii ad patrem, et secundum ordinem causæ, qui est ideæ ad ideatum.

Concepta. Dicitur concipi, quia clauditur in unitate essentiæ patris. Parturiebar, inquantum exit a patre per distinctionem personarum. Cardines, idest extremitates terræ, secundum Isidorum, vel causæ in quibus terræ, et ea quæ in terris, quasi volvuntur et conservantur. Delectabar, consors paternæ gloriæ.

Per singulos dies, quantum ad rationes creaturarum quæ in Deo sunt lux, quamvis creaturæ in seipsis sint tenebræ. Ludens, propter otium contemplationis sapientiæ. Sicut enim operationes ludi non appetuntur propter aliud, sed in seipsis habent delectationem, ita et contemplatio sapientiæ.

In medio duorum animalium. Hoc sumitur de Habacuc 3, secundum aliam litteram; et per duo animalia significantur duo testamenta.

Forcipem de altari. Hoc dicitur Isaiæ 6, et per forcipem, qui habet duo brachia, significantur duo testamenta, et per calculum veritas sacræ Scripturæ.

Unde in Psalm. 118, 140 dicitur: ignitum eloquium tuum vehementer.

Distinctio III

Quæstio I
Prologus

In parte ista ostendit Magister unitatem essentiæ et trinitatem personarum per rationes et similitudines quasdam, et dividitur in partes duas: in prima ostendit unitatem essentiæ divinæ per rationes naturales; in secunda ostendit trinitatem personarum per similitudines creaturarum, ibi: nunc restat ostendere utrum per ea quæ facta sunt, aliquod trinitatis indicium vel exiguum haberi potuerit.

Circa primum tria facit: primo ostendit per auctoritatem apostoli, probantis unitatis divinæ essentiæ possibilitatem; secundo inducit probationem, ibi: nam sicut ait Ambrosius; tertio excludit quamdam objectionem, ibi: cum ergo Deus una sit et simplex essentia... Pluraliter tamen dicit apostolus: invisibilia Dei.

Secunda autem pars in qua ponit probationem, dividitur in quatuor, secundum quatuor rationes quas ponit. Harum autem diversitas sumitur secundum vias

Distinctio III

deveniendi ex creaturis in Deum, quas Dionysius. ponit. Dicit enim quod ex creaturis tribus modis devenimus in Deum: scilicet per causalitatem, per remotionem, per eminentiam. Et ratio hujus est, quia esse creaturæ est ab altero. Unde secundum hoc ducimur in causam a qua est. Hoc autem potest esse dupliciter. Aut quantum ad id quod receptum est; et sic ducimur per modum causalitatis: aut quantum ad modum recipiendi, quia imperfecte recipitur; et sic habemus duos modos, scilicet secundum remotionem imperfectionis a Deo et secundum hoc quod illud quod receptum est in creatura, perfectius et nobilius est in creatore; et ita est modus per eminentiam.

Prima ergo ratio sumitur per viam causalitatis, et formatur sic. Omne quod habet esse ex nihilo, oportet quod sit ab alio, a quo esse suum fluxerit.

Sed omnes creaturæ habent esse ex nihilo: quod manifestatur ex earum imperfectione et potentialitate. Ergo oportet quod sint ab aliquo uno primo, et hoc est Deus.

Secunda ratio sumitur per viam remotionis, et est talis. Ultra omne imperfectum oportet esse aliquod perfectum, cui nulla quidem imperfectio admisceatur. Sed corpus est imperfectum, quia est terminatum et finitum suis dimensionibus et mobile.

Ergo oportet ultra corpora esse aliquid quod non est corpus.

Item, omne incorporeum mutabile de sui natura est imperfectum. Ergo ultra omnes species mutabiles, sicut sunt animæ et Angeli, oportet esse aliquod ens incorporeum et immobile et omnino perfectum, et hoc est Deus.

Aliæ duæ rationes sumuntur per viam eminentiæ.

Sed potest dupliciter attendi eminentia, vel quantum ad esse vel quantum ad cognitionem.

Tertia ergo sumitur ratio per viam eminentiæ in esse, et est talis. Bonum et melius dicuntur per comparationem ad optimum. Sed in substantiis invenimus corpus bonum et spiritum creatum melius, in quo tamen bonitas non est a seipso. Ergo oportet esse aliquid optimum a quo sit bonitas in utroque.

Quarta sumitur per eminentiam in cognitione, et est talis. In quibuscumque est invenire magis et minus speciosum, est invenire aliquod speciositatis principium, per cujus propinquitatem aliud alio dicitur speciosius. Sed invenimus corpora esse speciosa sensibili specie, spiritus autem speciosiores specie intelligibili. Ergo oportet esse aliquid a quo utraque speciosa sint, cui spiritus creati magis appropinquant.

Nunc restat ostendere, utrum per ea quæ facta sunt aliquid trinitatis indicium vel exiguum haberi potuerit. Hic ostendit trinitatem personarum per similitudines in creaturis: et primo per similitudinem vestigii; secundo per similitudinem imaginis, ibi: nunc autem ad eam jam perveniamus disputationem, ubi in mente humana... Trinitatis imaginem reperiamus. Circa primum duo facit: primo enim ostendit per auctoritatem Augustini quomodo in vestigio creaturarum repræsentatur trinitas personarum; secundo ex ipsa similitudine vestigii concludit personarum distinctionem, ibi: per considerationem creaturarum, unius substantiæ trinitatem intelligimus. Ubi distinguit tres personas: primo quo ad nos, et hoc tripliciter; secundum exitum nostrum a Deo, et secundum reditum in ipsum, ibi, scilicet principium ad quod recurrimus; et secundum beneficium ipsius Dei, ibi: unum scilicet, quo auctore conditi sumus. Secundo concludit per comparationem ad omnia, ibi: scilicet Deum qui dixit: fiat lux. Ultimo ostendit vestigii repræsentationem esse insufficientem, ibi: ecce ostensum qualiter in creaturis aliquatenus imago trinitatis inducatur.

Quia autem in parte ista ostenditur, qualiter venitur in cognitionem Dei per vestigium creaturarum, ideo quæruntur duo: primo de divina cognitione.

Secundo de creaturarum vestigio.

Circa primum quæruntur quatuor: 1 utrum Deus sit cognoscibilis a creaturis; 2 utrum Deum esse sit per se notum; 3 utrum possit cognosci per creaturas, et quorum sit Deum per creaturas cognoscere; 4 quid de Deo Philosophi per creaturas cognoscere potuerunt.

Articulus Primus
Utrum Deus possit cognosci ab intellectu creato.

Ad primum sic proceditur. Videtur quod Deus non sit cognoscibilis a creato intellectu. Dicit enim Dionysius., quod Deum nec dicere nec intelligere possumus: quod sic probat. Cognitio est tantum existentium.

Sed Deus est supra omnia existentia. Ergo est supra omnem cognitionem.

Item, Deus plus distat a quolibet existentium intelligibilium notorum nobis, quam distet intelligibile a sensibili. Sed sensus non potest intelligibile cognoscere. Ergo nec Deus potest a nostro intellectu cognosci.

Item, omnis cognitio est per speciem aliquam, per cujus informationem fit assimilatio cognoscentis ad rem

cognitam. Sed a Deo non potest abstrahi aliqua species, cum sit simplicissimus.
Ergo non est cognoscibilis.
Item, ut dicit Philosophus, omne infinitum est ignotum; cujus ratio est, quia de ratione infiniti est, ut sit extra accipientem secundum aliquid sui, et tale est ignotum. Sed Deus est infinitus. Ergo est ignotus.
Item, Philosophus dicit, quod ita se habent phantasmata ad intellectum, sicut colores ad visum. Sed visus corporalis nihil videt sine colore. Ergo intellectus noster nihil intelligit sine phantasmate. Cum igitur de Deo non possit formari aliquod phantasma, ut dicitur Isa. 40, 18, quam imaginem ponetis ei? videtur quod non sit cognoscibilis a nostro intellectu.
Contra, Hierem. 9, 24, dicitur: in hoc glorietur qui gloriatur, scire et nosse me. Sed ista non est vanagloria ad quam Deus hortatur. Ergo videtur quod possibile sit Deum cognoscere.
Item, ut supra dictum est, etiam secundum Philosophum, ultimus finis humanæ vitæ est contemplatio Dei. Si igitur ad hoc homo non posset pertingere, in vanum esset constitutus; quia vanum est, secundum Philosophum, quod ad aliquem finem est, quem non attingit; et hoc est inconveniens, ut dicitur in Psal. 88, 48: numquid enim vane constituisti eum?
Item, ut dicit Philosophus, in hoc differt intelligibile a sensibili, quia sensibile excellens destruit sensum; intelligibile autem maximum non destruit, sed confortat intellectum.
Cum igitur Deus sit maxime intelligibilis quantum in se est, quia est primum intelligibile, videtur quod a nostro intellectu possit intelligi: non enim impediretur nisi propter suam excellentiam.
Respondeo dicendum, quod non est hic quæstio, utrum Deus in essentia sua immediate videri possit, hoc enim alterius intentionis est; sed utrum quocumque modo cognosci possit. Et ideo dicimus quod Deus cognoscibilis est; non autem ita est cognoscibilis, ut essentia sua comprehendatur.
Quia omne cognoscens habet cognitionem de re cognita, non per modum rei cognitæ, sed per modum cognoscentis. Modus autem nullius creaturæ attingit ad altitudinem divinæ majestatis. Unde oportet quod a nullo perfecte cognoscatur, sicut ipse seipsum perfecte cognoscit.
Ad primum ergo dicendum, quod Deus non est hoc modo existens sicut ista existentia, sed in eo est natura entitatis eminenter. Unde, sicut non est omnino expers entitatis, ita etiam non omnino est expers cognitionis, quin cognoscatur; sed non cognoscitur per modum aliorum existentium, quæ intellectu creato comprehendi possunt.
Ad secundum dicendum, quod quamvis plus distet Deus a quolibet intelligibili, secundum naturæ proprietatem, quam intelligibile a sensibili, tamen plus convenit in ratione cognoscibilis. Omne enim quod est separatum a materia, habet rationem ut cognoscatur sicut intelligibile: quod autem materiale est cognoscitur ut sensibile.
Ad tertium dicendum, quod species, per quam fit cognitio, est in potentia cognoscente secundum modum ipsius cognoscentis: unde eorum quæ sunt magis materialia quam intellectus, species est in intellectu simplicior quam in rebus; et ideo hujusmodi dicuntur cognosci per modum abstractionis.
Deus autem et Angeli sunt simpliciores nostro intellectu; et ideo species quæ in nostro intellectu efficitur, per quam cognoscuntur, est minus simplex.
Unde non dicimur cognoscere ea per abstractionem, sed per impressionem ipsorum in intelligentias nostras.

Ad quartum dicendum, quod infinitum dicitur dupliciter, scilicet privative et negative. Infinitum privative est quod secundum suum genus est natum habere finem, non habens; et tale, cum sit imperfectum, ex sui imperfectione perfecte non cognoscitur, sed secundum quid. Infinitum negative dicitur quod nullo modo finitum est; et hoc est quiddam quod se ad omnia extendit, perfectissimum, non valens ab intellectu creato comprehendi, sed tantum attingi.
Ad quintum dicendum, quod Philosophus, loquitur de cognitione intellectus connaturali nobis secundum statum viæ; et hoc modo Deus non cognoscitur a nobis nisi per phantasmata, non sui ipsius, sed causati sui per quod in ipsum devenimus. Sed per hoc non removetur quin cognitio aliqua possit esse intellectus, non per viam naturalem nobis, sed altiorem, scilicet per influentiam divini luminis ad quam phantasma non est necessarium. Alia concedimus.
Tamen ad ultimum, quia concludit, quod Deus etiam nunc maxime cognoscatur a nobis, respondendum est, quod quodammodo est simile in intellectu et sensu, et quodammodo dissimile. In hoc enim simile est quod sicut sensus non potest in id quod non est proportionatum sibi, ita nec intellectus, cum omnis cognitio sit per modum cognoscentis, secundum

Bœtium: in hoc autem dissimile est quod intelligibile excellens non corrumpit, sicut excellens sensibile; unde intellectus non deficit a cognitione excellentis intelligibilis quia corrumpatur, sed quia non attingit.
Et ideo non perfecte Deum videre potest intellectus creatus.

Articulus Secundus
Utrum Deum esse sit per se notum.

Ad secundum sic proceditur. Videtur quod Deum esse sit per se notum. Illa enim dicuntur per se nota quorum cognitio naturaliter est nobis insita, ut: omne totum est majus sua parte. Sed cognitio existendi Deum, secundum Damascenum, naturaliter est omnibus insita. Ergo Deum esse est per se notum.

Item, sicut se habet lux sensibilis ad visum, ita se habet lux intellectualis ad intellectum. Sed lux visibilis seipsa videtur; immo nihil videtur, nisi mediante ipsa. Ergo Deus seipso immediate cognoscitur.

Item, omnis cognitio est per unionem rei cognitæ ad cognoscentem. Sed Deus est per seipsum intrinsecus animæ etiam magis quam ipsa sibi. Ergo per seipsum cognosci potest.

Præterea, illud est per se notum quod non potest cogitari non esse. Sed Deus non potest cogitari non esse. Ergo ipsum esse, per se est notum.

Probatio mediæ est per Anselmum: Deus est quo majus cogitari non potest. Sed illud quod non potest cogitari non esse, est majus eo quod potest cogitari non esse. Ergo Deus non potest cogitari non esse, cum sit illud quo nihil majus cogitari potest. Potest aliter probari. Nulla res potest cogitari sine sua quidditate, sicut homo sine eo quod est animal rationale mortale. Sed Dei quidditas est ipsum suum esse, ut dicit Avicenna.
Ergo Deus non potest cogitari non esse.

Contra, ea quæ per se sunt nota, ut dicit Philosophus, etsi exterius negentur ore, nunquam interius negari possunt corde. Sed Deum esse, potest negari corde.
Psalm. 13, 1: dixit insipiens in corde suo: non est Deus.
Ergo Deum esse non est per se notum.

Item, quidquid est conclusio demonstrationis non est per se notum. Sed Deum esse demonstratur etiam a philosophis.
Ergo Deum esse non est per se notum.

Respondeo, quod de cognitione alicujus rei potest aliquis dupliciter loqui: aut secundum ipsam rem, aut quo ad nos. Loquendo igitur de Deo secundum seipsum, esse est per se notum, et ipse est per se intellectus, non per hoc quod faciamus ipsum intelligibile, sicut materialia facimus intelligibilia in actu. Loquendo autem de Deo per comparationem ad nos, sic iterum dupliciter potest considerari. Aut secundum suam similitudinem et participationem; et hoc modo ipsum esse, est per se notum; nihil enim cognoscitur nisi per veritatem suam, quæ est a Deo exemplata; veritatem autem esse, est per se notum. Aut secundum suppositum, idest considerando ipsum Deum, secundum quod est in natura sua quid incorporeum; et hoc modo non est per se notum; immo multi inveniuntur negasse Deum esse, sicut omnes Philosophi qui non posuerunt causam agentem, ut Democritus et quidam alii.

Et hujus ratio est, quia ea quæ per se nobis nota sunt, efficiuntur nota statim per sensum; sicut visis toto et parte, statim cognoscimus quod omne totum est majus sua parte sine aliqua inquisitione. Unde Philosophus: principia cognoscimus dum terminos cognoscimus.

Sed visis sensibilibus, non devenimus in Deum nisi procedendo, secundum quod ista causata sunt et quod omne causatum est ab aliqua causa agente et quod primum agens non potest esse corpus, et ita in Deum non devenimus nisi arguendo; et nullum tale est per se notum. Et hæc est ratio Avicennæ.

Ad primum ergo dicendum, quod auctoritas Damasceni intelligenda est de divina cognitione nobis insita, secundum ipsius similitudinem et non secundum quod est in sua natura; sicut etiam dicitur, quod omnia appetunt Deum: non quidem ipsum prout consideratur in sua natura, sed in sui similitudine; quia nihil desideratur, nisi inquantum habet similitudinem ipsius, et etiam nihil cognoscitur.

Ad secundum dicendum, quod visus noster est proportionatus ad videndum lucem corporalem per seipsam; sed intellectus noster non est proportionatus ad cognoscendum naturali cognitione aliquid nisi per sensibilia; et ideo in intelligibilia pura devenire non potest nisi arguendo.

Ad tertium dicendum, quod quamvis Deus sit in anima per essentiam, præsentiam et potentiam, non tamen est in ea sicut objectum intellectus; et hoc requiritur ad cognitionem. Unde etiam anima sibi ipsi præsens est; tamen maxima difficultas est in cognitione animæ, nec devenitur in ipsam, nisi ratiocinando ex objectis in actus et ex actibus in potentias.

Ad quartum dicendum, quod ratio Anselmi ita intelligenda est. Postquam intelligimus Deum, non potest intelligi quod sit Deus, et possit cogitari non esse; sed tamen ex hoc non sequitur quod aliquis non possit negare vel cogitare, Deum non esse; potest enim cogitare nihil hujusmodi esse quo majus cogitari non possit; et ideo ratio sua procedit ex hac suppositione, quod supponatur aliquid esse quo majus cogitari non potest.

Et similiter etiam dicendum ad aliam probationem.

Articulus Secundus

Utrum Deus possit cognosci ab homine per creaturas.

Ad tertium sic proceditur. Videtur quod Deus possit cognosci per creaturas ab homine. Rom. 1, 20: invisibilia Dei a creatura mundi per ea quæ facta sunt, intellecta conspiciuntur. Creatura autem videtur esse homo, secundum expositionem Magistri.

Ergo per creaturas ab homine potest cognosci.

Item, videtur quod ab Angelo. Cognitio enim Dei per creaturas fit per hoc quod videtur divina bonitas relucens in creatura. Sed Angelus cognoscens res in proprio genere, videt divinam bonitatem in ipsis. Ergo cognoscit creatorem ex creaturis.

Item, videtur quod etiam bruta. Nulli enim fit præceptum nisi ei qui cognoscit præceptum. Sed Jonæ 4 dicitur, quod præcepit Dominus vermi, quod percuteret hederam. Ergo vermis potest cognoscere divinum præceptum, et ita potest etiam cognoscere præcipientem.

Item, videtur quod etiam a peccatoribus possit cognosci: dicitur enim Rom. 1, 21: cum Deum cognovissent, non sicut Deum glorificaverunt.

Tales autem peccatores fuerunt. Ergo etc..

Contra, omnis effectus ducens in cognitionem suæ causæ, est aliquo modo proportionatus sibi.

Sed creaturæ non sunt proportionatæ Deo. Ergo ex eis non potest homo in suam cognitionem venire.

Item, videtur quod nec Angeli. Quod enim per se cognoscitur, non cognoscitur per aliquid aliud.

Sed Deum cognoscunt Angeli per se, videntes ipsum in sua essentia. Ergo non cognoscunt ipsum per creaturas.

Item, videtur quod nec etiam a brutis. Nulla enim potentia affixa organo habet virtutem ad cognoscendum nisi speciem materialem, eo quod cognitio sit in cognoscente secundum modum ipsius.

Sed bruta non habent virtutes cognoscitivas, nisi sensitivas, quæ sunt affixæ organo. Ergo nullo modo possunt cognoscere Deum, qui omnino est immaterialis.

Item, videtur quod nec etiam a peccatoribus.

Ambrosius enim dicit super illud, Matth. 5, 8: beati mundo corde quoniam ipsi Deum videbunt. Si qui mundo corde sunt, Deum videbunt, ergo alii non videbunt; neque enim maligni Deum videbunt, neque is qui Deum videre noluerit, potest videre Deum.

Respondeo dicendum, quod, cum creatura exemplariter procedat a Deo sicut a causa quodammodo simili secundum analogiam, eo scilicet quod quælibet creatura eum imitatur secundum possibilitatem naturæ suæ, ex creaturis potest in Deum deveniri tribus illis modis quibus dictum est, scilicet per causalitatem, remotionem, eminentiam.

Ad hoc autem quod aliquis ex creaturis in Deum deveniat, duo requiruntur: scilicet quod ipsum Deum possit aliquo modo capere, et ideo brutis non convenit talis processus cognitionis; secundo requiritur quod cognitio divina in eis incipiat a creaturis et terminetur ad creatorem; et ideo Angelis non convenit Deum cognoscere per creaturas, neque beatis hominibus, qui a creatoris cognitione procedunt in creaturas. Sed convenit iste processus hominibus, secundum statum viæ, bonis et malis.

Primum ergo concedimus.

Ad secundum dicendum, quod quamvis Angelus cognoscat divinam bonitatem relucere in creatura, non tamen ex creatura venit in creatorem, sed e contrario.

Ad tertium dicendum, quod præceptum Dei non devenit ad vermem, ita quod intentionem præcepti apprehenderet, sed quia divina virtute mota est ejus æstimativa naturali motu ad explendum illud quod Deus disponebat.

Quartum concedimus.

Ad quintum dicendum, quod creatura est effectus non proportionatus creatori; et ideo non ducit in perfectam cognitionem ipsius sed in imperfectam.

Sextum et septimum concedimus.

Ad octavum dicendum, quod Ambrosius loquitur de visione Dei per essentiam, quæ erit in patria, ad quam nullus malus poterit pervenire. Similiter etiam ad cognitionem fidei nullus venit nisi fidelis.

Sed cognitio naturalis de Deo communis est bonis et malis, fidelibus et infidelibus.

Articulus Tertius
Utrum Philosophi naturali cognitione cognoverint trinitatem ex creaturis.

Ad quartum sic proceditur. Videtur quod Philosophi naturali cognitione ex creaturis in trinitatem devenerunt. Dicit enim Aristoteles: et per hunc quidem numerum, scilicet ternarium, adhibuimus nos ipsos magnificare Deum unum eminentem proprietatibus eorum quæ creata sunt. Similiter etiam Plato, loquitur multa de paterno intellectu et multi alii Philosophi.

Præterea, Philosophi potuerunt devenire in cognitionem eorum quæ in creaturis relucent. Sed in anima est expressa similitudo trinitatis personarum.

Ergo videtur quod per potentias animæ, quas Philosophi multum consideraverunt, potuerunt in trinitatem personarum devenire.

Item, Richardus de s. Victore, dicit: credo sine dubio quod ad quamcumque explanationem veritatis, quæ necesse est esse, non modo probabilia, immo et necessaria argumenta non desunt. Sed necessarium est cognoscere trinitatem. Ergo videtur quod ad ipsius cognitionem Philosophi rationem habere potuerunt.

Quod etiam videtur ex probationibus supra inductis, Dist. 2, art. 4, quibus trinitas probatur.

Item, dicitur Rom. 1 in Glossa quod Philosophi non pervenerunt ad notitiam personæ tertiæ, scilicet Spiritus Sancti, et idem habetur super Exod. 8, ubi dicitur, quod magi Pharaonis defecerunt in tertio signo. Ergo videtur ad minus quod ad notitiam duarum personarum venerunt.

Contra, Heb. 11, 1: fides est substantia sperandarum rerum, argumentum non apparentium.

Sed Deum esse trinum et unum, est articulus fidei.

Ergo non est apparens rationi.

Respondeo dicendum, quod per naturalem rationem non potest perveniri in cognitionem trinitatis personarum; et ideo Philosophi nihil de hoc sciverunt, nisi forte per revelationem vel auditum ab aliis. Et hujus ratio est, quia naturalis ratio non cognoscit Deum nisi ex creaturis. Omnia autem quæ dicuntur de Deo per respectum ad creaturas, pertinent ad essentiam et non ad personas. Et ideo ex naturali ratione non venitur nisi in attributa divinæ essentiæ. Tamen personas, secundum appropriata eis, Philosophi cognoscere potuerunt, cognoscentes potentiam, sapientiam, bonitatem.

Ad primum ergo dicendum, quod, secundum expositionem Commentatoris, Aristoteles non intendit trinitatem personarum in Deo ponere; sed propter hoc quod in omnibus creaturis apparet perfectio in ternario, sicut in principio, medio et fine, ideo antiqui honorabant Deum in sacrificiis et orationibus triplicatis. Plato autem dicitur multa cognovisse de divinis, legens libros veteris legis, quos invenit in Aegypto. Vel forte intellectum paternum nominat intellectum divinum, secundum quod in se quodam modo concipit ideam mundi, quæ est mundus archetypus.

Ad secundum dicendum, quod similitudo trinitatis relucens in anima est omnino imperfecta et deficiens, sicut infra dicet Magister. Sed dicitur expressa per comparationem ad similitudinem vestigii.

Ad tertium dicendum, quod si dictum Richardi intelligatur universaliter, quod omne verum possit probari per rationem, est expresse falsum; quia prima principia per se nota non probantur. Si autem aliqua sunt in se nota quæ nobis occulta sunt, illa probantur per notiora quo ad nos. Notiora autem quo ad nos sunt effectus principiorum. Ex effectibus autem creaturarum, trinitas personarum probari non potest, ut dictum est. Et ideo relinquitur quod nullo modo possit probari; et omnes rationes inductæ sunt magis adaptationes quædam, quam necessario concludentes. Remoto enim per impossibile intellectu distinctionis personarum, adhuc remanebit in Deo summa bonitas et beatitudo et caritas.

Ad quartum dicendum, quod Philosophi non pervenerunt in cognitionem duarum personarum quantum ad propria, sed solum quantum ad appropriata, non inquantum appropriata sunt, quia sic eorum cognitio dependeret ex propriis, sed inquantum sunt attributa divinæ naturæ.

Et si objiciatur, quod similiter devenerunt in cognitionem bonitatis, quæ appropriatur Spiritui Sancto, sicut in cognitionem potentiæ et sapientiæ, quæ appropriantur patri et filio: dicendum, quod bonitatem non cognoverunt quantum ad potissimum effectum ipsius, incarnationem scilicet et redemptionem.

Vel quia non tantum intenderunt venerationi bonitatis divinæ, quam etiam non imitabantur, sicut venerati sunt potentiam et sapientiam.

Quæstio II
Prologus

Deinde quæritur de vestigio, circa quod quæruntur tria: 1 quid sit vestigium; 2 de partibus vestigii; 3 utrum in omni creatura vestigium inveniatur.

Articulus Primus

Utrum similitudo Dei in creaturis, possit dici vestigium.
Ad primum sic proceditur. Videtur quod similitudo creatoris reperta in creatura, non potest dici vestigium. Per vestigium enim res investigatur.
Sed divina majestas est investigabilis: unde dicitur Rom. 11, 33: o altitudo divitiarum sapientiæ et scientiæ Dei, quam incomprehensibilia sunt judicia ejus, et investigabiles viæ ejus. Et Psalm. 76, 20: et vestigia tua non cognoscentur. Ergo videtur quod similitudo creatoris in creatura non sit vestigium.
Præterea, vestigium est impressio quædam consequens motum ejus cujus est vestigium. Sed Deus res producit sine aliquo sui motu, Jac. 1, 17: apud quem non est transmutatio, nec vicissitudinis obumbratio.
Ergo vestigium non potest dici de similitudine creaturæ, quæ a creatore producitur.
Item, vestigium, secundum quod hic sumitur, inducit in cognitionem personarum. Sed per creaturas non potest haberi cognitio trinitatis, ut dictum est.
Ergo similitudo reperta in creaturis non debet dici vestigium; vel vestigium non ducit in trinitatem.
Item, Gregorius dicit, super illud Job 11, 7: forsitan vestigia Dei comprehendes? benignitas visitationis, qua viam nobis ostendit, ejus vestigia dicuntur. Ergo videtur, quod vestigium non sit similitudo Dei reperta in creaturis.
Respondeo dicendum, quod vestigium, secundum quod hic sumitur, metaphorice accipitur, et sumitur ad similitudinem vestigii proprie dicti, quod est impressio quædam, confuse ducens in cognitionem alicujus, cum non repræsentet ipsum nisi secundum partem, scilicet pedem, et secundum inferiorem superficiem tantum. Tria ergo considerantur in ratione vestigii: scilicet similitudo, imperfectio similitudinis, et quod per vestigium in rem cujus est vestigium devenitur. Secundum hoc ergo, quia in creaturis invenitur similitudo creatoris, per quam in ipsius cognitionem devenire possimus, et est imperfecta similitudo; ideo in creaturis dicitur vestigium creatoris. Et quia magis deficiunt a repræsentatione distinctionis personarum, quam essentialium attributorum; ideo magis proprie dicitur creatura vestigium, secundum quod ducit in personas, quam secundum quod ducit in divinam essentiam.
Ad primum ergo dicendum, quod divinæ viæ dicuntur investigabiles, quia non ad plenum ipsius opera comprehendere possumus, non quod ex creaturis nullo modo in ipsas devenire possimus.
Ad secundum dicendum, quod in his quæ dicuntur per translationem, sufficit quod attendatur similitudo quantum ad aliquid, et non oportet quod quantum ad omnia; alias esset identitas, et non similitudo.
Ad tertium dicendum, quod per vestigium non devenimus in cognitionem personarum, nisi valde confuse; quia per appropriata personis, magis quam per ipsarum propria, sicut patet ex littera. Appropriata autem sunt essentialia, quamvis similitudinem habeant cum propriis personarum.
Ad quartum dicendum, quod uni rei possunt esse multa similia; unde non est inconveniens quod ab eodem transmutentur aliqua diversa secundum diversas similitudines; et ideo potest esse quod similitudo reperta in creaturis dicatur vestigium in quantum confuse repræsentat; et opera divinæ bonitatis in mysterio incarnationis ostensa dicantur vestigia Dei inquantum per ea nobis via paratur ad veniendum in ipsum.

Articulus Secundus

Utrum partes vestigii sint tres tantum vel duæ.
Ad secundum sic proceditur. Videtur quod debeant esse tantum duæ partes vestigii. Vestigium enim est proprietas quædam creaturæ. Sed creatura habet tantum duas partes essentiales, scilicet materiam et formam. Ergo videtur quod secundum has partes duæ tantum sint partes vestigii.
Item, videtur quod quatuor. Per vestigium enim non tantum repræsentatur personarum trinitas, sed etiam unitas essentiæ. Ergo oportet esse tria respondentia tribus personis et quartum respondens unitati essentiæ.
Item, vestigium dicitur in creatura secundum quod repræsentat creatorem. Cum igitur in creaturis repræsententur plurima attributa ipsius Dei, quæ participantur a creaturis, sicut patet per Dionysium, videtur quod sint plurimæ partes.
Item, a diversis inveniuntur partes diversæ assignatæ; sicut Sap. 11, 21 dicitur: omnia in numero, pondere et mensura disposuisti; et Augustinus, ponit modum, speciem et ordinem; et multis aliis modis secundum diversos. Quæritur ergo de ratione diversitatis assignationum.
Respondeo dicendum, quod vestigium invenitur in creatura, inquantum imitatur divinam perfectionem. Perfectio autem creaturæ non statim habetur in suis principiis, quæ imperfecta sunt, ut patet in materia et

forma, quorum neutrum habet per se esse perfectum; sed in conjunctione ipsius creaturæ ad suum finem. Distantia autem natura non conjungit sine medio: et ideo in creaturis invenitur principium, medium et finis, secundum quæ tria ponebat Pythagoras perfectionem cujuslibet creaturæ. Et secundum rationem etiam horum trium repræsentatur in creaturis distinctio divinarum personarum, in quibus filius est media persona, sed Spiritus Sanctus est in quo terminatur processio personarum. Contingit autem inter duo extrema esse plura media; et ideo contingit quod principium et medium et finis diversimode possunt assignari, secundum quod ex his omnibus, scilicet principio, medio et fine, et multis mediis, quædam possunt accipi ut principium et quædam ut medium et quædam ut finis, diversimode combinando; et ideo contingit quod a diversis partes vestigii diversimode sunt assignatæ. Verbi gratia, primum quod pertinet ad perfectionem rei, sunt principia ipsius rei; ultimum autem est perfectio ipsius rei secundum operationem suam ad alias res non tantum prout in se perfecta est. Inter hæc autem multa sunt media. Est enim dispositio principiorum, sive inclinatio ad esse principiati; est etiam limitatio principiorum sub forma principiati, et est forma ipsius principiati et est virtus et operatio et multa hujusmodi. Potest ergo assignari vestigium, ut pro principio sumatur solum illud quod primum est, scilicet ipsa substantia principiorum; et pro medio illud quod est immediate sequens, scilicet dispositio principiorum sive inclinatio ad esse principii; et pro fine illud totum quod consequitur; et secundum hoc sumitur illud quod dicitur Sapien. 11, numerus, pondus et mensura; quia numerus pertinet ad pluralitatem principiorum, pondus ad inclinationem principiorum in esse principiati, mensura ad terminationem principiorum sub esse creati terminat; ita quod in ista terminatione sumatur et terminatio in esse et in operari et in omnibus aliis. Item potest aliter sumi, ut pro principio sumatur ipsa substantia principiorum et inclinatio et quidquid aliud pertinet ad principia, et pro medio sumatur ipsa forma principiati, et pro ultimo sumatur ipsa comparatio ipsius rei ad ea quæ sunt extra rem. Et sic sumuntur illa verba Augustini: quod constat, quod discernitur, quod congruit. Constat enim res per ipsa sua principia, discernitur per formam, congruit per comparationem ad alterum: et quasi similiter sumuntur ista, modus, species et ordo; ita quod modus pertineat ad principia determinata sub esse principiati, species ad formam,

ordo ad comparationem ad alterum; nisi quod ista sunt abstracta et prima concreta; et quasi similiter accipiuntur ista, unum, verum et bonum; ut unitas rei pertineat ad suam determinationem prout ex principiis constituta est, et veritas secundum quod habet formam, et bonum secundum quod ordinatur ad finem. Item etiam potest sumi pro principio tota res secundum quod est etiam perfecta per formam, et pro medio virtus, et pro fine operatio; et sic sumitur illa Dionysii: essentia, virtus et operatio. Et sic patet quod secundum quod perfectio rei potest intelligi terminari ad diversa, et secundum quod unum membrum potest multa vel pauca includere, invenitur diversitas partium vestigii in omnibus secundum unam communem rationem principii, medii et finis signatam.

Ad primum ergo dicendum, quod quamvis sint duæ partes essentiales creaturæ, nihilominus tamen est accipere habitudinem unius ad alteram, et multas etiam perfectiones consequentes, secundum quas partes vestigii assignari possunt.

Ad secundum dicendum, quod sicut in Deo essentia non facit numerum cum personis, ita et in creatura est, quod tribus partibus vestigii substat ipsum esse creaturæ repræsentans essentiam non connumeratum tribus partibus vestigii.

Ad tertium dicendum, quod proprietates creaturarum, ex quibus ducimur in divina attributa, quamvis sint plura, habent tamen ordinem ad invicem principii, medii et finis, sub quorum rationibus in tres personas ducunt, qualitercumque diversificentur.

Articulus Tertius
Utrum in omni creatura sit vestigium.

Ad tertium sic proceditur. Videtur quod non in omni creatura sit vestigium. Similitudo enim vestigii dividitur contra similitudinem imaginis. Sed quædam creaturæ sunt in quibus est similitudo imaginis, sicut in homine. Ergo in illis non est vestigium.

Item, vestigium est similitudo imperfecte repræsentans. Sed aliquæ creaturæ sunt perfecta similitudo divinæ bonitatis, sicut gratiæ gratum facientes, cum quibus Deus dicitur inhabitare in homine. Ergo in illis non est vestigium.

Item, si accipiamus singulas partes vestigii, quælibet earum creatura est, sicut modus, vel species.
Si igitur in qualibet creatura est vestigium, tunc modi erit modus, species et ordo; et ita erit abire in infinitum, quod nec intellectus nec natura patitur.

Item, Ambrosius dicit: lucis natura est ut non sit in numero, pondere et mensura, sicut alia creatura. In his autem tribus attenditur vestigium, secundum Augustinum, ut dictum est, art.

Antecedent.. Cum igitur lux sit creatura, videtur quod non in qualibet creatura sit vestigium.

Item, Bernardus: modus caritatis est non habere modum. Ergo caritas, cum sit creatura, non habet modum, speciem et ordinem; et sic idem quod prius.

Contra, Sap. 11, 2: omnia in numero, pondere et mensura disposuisti. Item Augustinus loquens de modo, specie, et ordine, dicit: ubi hæc tria magna sunt, magnum bonum est; ubi parva, parvum; ubi nulla, nullum. Sed omnis creatura est aliquod bonum. Ergo omnis creatura habet hæc tria.

Respondeo dicendum, quod vestigium invenitur in creatura, secundum quod consequitur esse perfectum a Deo, ut supra dictum est, art. Præcedenti.

Unde in his tantum simpliciter est invenire vestigium quæ perfecta sunt in se; et hujusmodi sunt tantum individua in genere substantiæ.

Accidentia autem non habent esse, nisi dependens a substantia; unde etiam in accidentibus non est vestigium, nisi secundum ordinem ad substantiam; ita quod accidentia magis sint modi, species et ordines substantiarum, quam ipsa habeant speciem, modum et ordinem: nisi effective Deus dicatur species, modus et ordo accidentium. Tamen, cum secundum quodlibet accidens addatur aliquod esse ipsi substantiæ, erit secundum illud esse aliquo modo considerare vestigium. Unde quod privat illud accidens, privat partes vestigii, scilicet modum, speciem et ordinem, quantum ad illud esse; sicut peccatum, quod privat gratiam, dicitur privatio modi, speciei et ordinis, secundum esse gratuitum; nihilominus tamen manent hæc tria secundum esse naturæ.

Ad primum ergo dicendum, quod in superiori semper includitur virtus inferioris, sicut in anima etiam est virtus naturæ. Anima enim est natura ipsius corporis, quod per ipsam movetur, et dat sibi esse naturale, et super hoc habet proprias operationes suas: et ideo cum similitudo imaginis sequatur animam secundum id quod intellectualis est, non excluditur ab ea ratio vestigii, quæ consequitur ipsam secundum quod natura quædam est creata.

Et similiter etiam dicendum ad secundum, quod gratia gratum faciens, secundum id quod addit aliis creaturis, dicitur perfecta similitudo, non quidem simpliciter, sed respectu aliarum creaturarum similitudinum; sed secundum id in quo communicat cum aliis creaturis, habet rationem vestigii.

Ad tertium dicendum, quod aliquid dicitur modificari aliquo dupliciter. Vel formaliter, et sic res dicitur modificari suo modo, qui in ipsa est. Vel effective, et sic omnia modificantur ab eo qui modum rebus imponit; et hinc est quod Deus dicitur effective modus omnium rerum. Secundum hoc ergo dico, quod modus creaturæ non habet modum quo formaliter modificetur, sed modum modificantem effective; et ita est in omnibus aliis partibus vestigii.

Ad quartum dicendum, quod lux in se considerata, creata est in numero, pondere et mensura, cum habeat finitum esse et posse, sicut et aliæ creaturæ; sed respectu aliarum creaturarum corporalium habet indeterminatam virtutem, eo quod per lucem omnia corpora aliquo modo informantur et per ipsam omnia corpora inferiora perficiuntur in suis naturis; et hoc accidit sibi inquantum est forma universalis et primi alterantis, scilicet cæli; et pro tanto non dicitur in numero, pondere et mensura esse creata.

Ad ultimum dicendum, quod caritas potest dupliciter considerari. Aut secundum esse quod habet in subjecto; et hoc modo modum habet secundum mensuram capacitatis recipientis, vel ex natura vel ex conatu. Aut secundum inclinationem in objectum, et sic intelligitur non habere modum: quia objectum, cum sit infinitum, non proportionatur voluntati nostræ: unde nunquam tantum potest amare Deum quin amplius amandus sit et se amare velit.

Invisibilia, quantum ad attributa quibus Deus in se perfectus est: virtus, secundum quam creaturas producit; divinitas, secundum quod creaturæ recurrunt in ipsum ut in finem. Vel invisibilia dicit quantum ad opera, virtus quantum ad potentiam, divinitas quantum ad essentiam. Propter excellentiam. Contra, Angelus præcellit hominem, ut in Psalm. 8, 7: minuisti eum Paulo minus ab Angelis. Dicendum, quod homo et Angelus possunt tripliciter considerari. Aut per relationem ad finem; et sic sunt æquales: erunt enim homines sicut Angeli in cælo, sicut habetur Matth. 22. Aut quantum ad reparationem divinam; et sic homo major est Angelo, inquantum humana natura assumpta est in unitatem personæ divinæ. Aut quantum ad utramque naturam in se; et sic natura Angeli nobilior est. Vel dicendum, quod mundus accipitur hic, secundum quod est continentia visibilium tantum; et ita inter creaturas mundi, quas homo excellit, non computatur Angelus.

Ex perpetuitate namque creaturarum intelligitur conditor æternus. Quia causa semper est nobilior causato; unde si causatum est perpetuum, oportet quod causa prima sit æterna; et sic de aliis.

Perfectissima pulchritudo intelligitur filius. Pulchritudo consistit in duobus, scilicet in splendore, et partium proportione. Veritas autem habet splendoris rationem et æqualitas tenet locum proportionis.

Quæstio III
Prologus

Nunc vero jam ad eam perveniamus disputationem, ubi in mente humana... Trinitatis imaginem reperiamus. In parte ista ostendit trinitatem personarum et unitatem essentiæ per similitudinem imaginis: et dividitur in partes tres: in prima ostendit substantiam imaginis, in secunda ostendit, secundum quid attendatur imago, ibi: ecce enim mens meminit sui, intelligit se, diligit se; in tertia, ex similitudine imaginis ducit in trinitatem personarum, ibi: quapropter juxta istam considerationem...

Credamus, patrem et filium et Spiritum Sanctum unum esse Deum.

Ecce enim mens meminit sui, intelligit se, diligit se. Hic inquirit secundum quod attendatur imago in mente: et primo assignat imaginem secundum potentias; secundo, secundum habitus, ibi: potest etiam alio modo, aliisque nominibus distingui trinitas in anima. Circa primum tria facit. Primo partes imaginis assignat: secundo ostendit in eis similitudinem trium personarum, ibi: hæc igitur tria potissimum tractemus; tertio ostendit dissimilitudinem, ibi: verumtamen caveat ne hanc imaginem ab eadem trinitate factam ita ei comparet ut omnino existimet similem.

Hæc igitur tria potissimum tractemus. Hic ostendit in tribus potentiis assignatis similitudinem personarum: et primo inducit probationem; secundo ponit dictorum manifestationem, ibi: mens autem hic pro animo ipso accipitur; tertio excludit objectionem, ibi: hic attendendum est diligenter. In primo duo facit: primo ostendit similitudinem quo ad personarum distinctionem et essentiæ unitatem; secundo quo ad personarum æqualitatem, ibi: æqualia etiam sunt non solum singula singulis, sed etiam singula omnibus. Quam æqualitatem ostendit tali ratione. Quæcumque se includunt invicem, sunt æqualia. Sed quælibet dictarum potentiarum capit aliam, et quælibet capit omnes.

Ergo quælibet est æqualis alteri, et quælibet est æqualis omnibus simul, sicut est de divinis personis. Minorem probat ibi: totamque meam memoriam et intelligentiam et voluntatem simul memini: et primo de memoria; secundo de intelligentia, ibi: similiter cum hæc tria intelligo, tota simul intelligo; tertio de voluntate, ibi: voluntas etiam mea totam intelligentiam totamque meam memoriam capit. Primum ostendit sic. Quidquid est præsens memoriæ, illud est in memoria. Sed ipsa tota memoria est sibi præsens. Ergo totam se capit. Item, quidquid intelligo et volo, scio me intelligere et velle. Sed quidquid scio me intelligere et velle, est in memoria. Ergo quidquid intelligo et volo est in memoria. Ergo memoria capit se totam et intellectum et voluntatem. Secundo probat idem de intelligentia, hoc modo. Omne quod non est ignotum, est in intellectu. Sed quidquid est volitum vel intellectum vel in memoria existens, est non ignotum. Ergo omne hujusmodi est in intellectu. Intelligentia ergo capit omnes tres. Tertio ostendit idem de voluntate. Omne illud quo utor, est in voluntate mea, quacumque operatione utor; quia voluntas est universalis motor virium. Sed omni eo quod volo vel intelligo vel memoror, utor. Ergo omne hujusmodi est in voluntate mea, et sic voluntas capit omnes. Quo facto concludit similitudinem, ibi: cum itaque invicem a singulis et omnia et tota capiantur, æqualia sunt tota singula totis singulis.

Mens autem hic pro animo ipso accipitur. Hic manifestat quædam quæ dixerat: et primo quomodo accipiatur mens; secundo quomodo accipiatur memoria, ibi: illud etiam sciendum.

Hic attendendum est diligenter, ex quo sensu accipiendum sit quod supra dixit. Hic removet objectionem contra illud quod dictum est, tres dictas potentias esse unam essentiam: et primo ponit objectum; secundo solutionem, ibi: sed jam videndum est quomodo hæc tria dicantur una substantia. Objectio autem sumitur ex duobus. Primo ex hoc quod nulla proprietas est essentia ejus cujus est proprietas. Sed potentiæ sunt proprietates naturales ipsius animæ. Ergo non sunt una essentia animæ. Secunda ponitur ibi: et hæc tria etiam ad se ipsa referuntur. Et sumitur ex hoc quod istæ potentiæ dicuntur relative ad invicem; unde et differunt ab invicem. Ergo mirum videtur quomodo omnia possint esse una essentia.

Verumtamen caveat ne hanc imaginem ab eadem

trinitate factam ita ei comparet ut omnino existimet similem. Hic ostendit dissimilitudinem: et dividitur in duas, secundum duas dissimilitudines. Secunda ibi: rursus et imago, quæ est homo habens illa tria, una persona est.

Potest etiam alio modo aliisque nominibus distingui trinitas in anima. Hic assignat imaginem secundum habitus: et primo assignat partes imaginis; secundo probat similitudinem, ibi: hæc autem tria, cum sint distincta a se invicem, dicuntur tamen esse unum; tertio concludit suam intentionem, ibi: mens itaque rationalis considerans hæc tria et illam unam essentiam in qua ista sunt, extendit se ad contemplationem creatoris. Ostendit autem similitudinem quantum ad tria. Primo quantum ad personarum distinctionem in essentiæ unitate; secundo quantum ad personarum processionem, ibi: et est ipsa mens quasi parens, et notitia ejus quasi proles ejus; tertio quantum ad æqualitatem, ibi: nec minor est proles parente. Quam ostendit dupliciter. Primo, quia quanta est mens, tanta se intelligit et amat; secundo, quia hæc tria mutuo se includunt, ibi: sunt etiam singula in se ipsis.

Ad intelligentiam hujus partis duo quæruntur: 1 de subjecto imaginis; 2 de partibus imaginis enumeratis.

Articulus Primus
Utrum tantum mens sit subjectum imaginis.

Ad primum sic proceditur. Videtur quod non tantum mens sit subjectum imaginis. Augustinus enim ostendit, imaginem trinitatis in visu corporali secundum tria quæ necessaria sunt ad visionem, scilicet res exterior et imago ejus in oculo, et intentio videntis, quæ ista duo conjungit. Visus autem corporeus non pertinet ad mentem. Ergo etc..

Item, Damascenus, assignat imaginem in libero arbitrio, quod etiam non videtur esse de pertinentibus ad mentem.

Item, Augustinus: imago trinitatis ibi quærenda est in anima nostra, quo nihil habet melius. Hæc autem videtur esse ratio superior, secundum quam æternis contemplandis inhæret. Ergo videtur quod in ratione superiori sit imago.

Item, Dionysius.: Angelus est imago divina. Ergo videtur quod non tantum in mente nostra sit imago.

Contra, videtur quod in nulla creatura sit imago. Imago enim, ut dicit Hilarius, est rei ad rem coæquandam discreta et unica similitudo. Sed nulla res creata coæquat creatorem. Ergo in nulla creatura potest imago creatoris inveniri.

Respondeo dicendum, quod imago in hoc differt a vestigio: quod vestigium est confusa similitudo alicujus rei et imperfecta; imago autem repræsentat rem magis determinate secundum omnes partes et dispositiones partium, ex quibus etiam aliquid de interioribus rei percipi potest. Et ideo in illis tantum creaturis dicitur esse imago Dei quæ propter sui nobilitatem ipsum perfectius imitantur et repræsentant; et ideo in Angelo et homine tantum dicitur imago divinitatis, et in homine secundum id quod est in ipso nobilius. Alia autem, quæ plus et minus participant de Dei bonitate, magis accedunt ad rationem imaginis.

Ad primum ergo dicendum, quod Augustinus in multis ostendit similitudinem trinitatis esse; sed in nullo esse perfectam similitudinem, sicut in potentiis mentis, ubi invenitur distinctio consubstantialis et æqualitas. Constat autem illa tria in visu dicta, non esse consubstantialia, et ideo solum in mente ponit imaginem.

Ad secundum dicendum, quod in libero arbitrio non potest esse perfecta similitudo, cum non inveniatur ibi aliqua distinctio potentiarum; nec etiam est excellentior pars animæ, cum sit tantum operativa.

Constat autem quod contemplativa nobilior est parte operativa. Sed Damascenus assignat ibi imaginem, large vocans imaginem quamcumque similitudinem. Imitatur autem Deum liberum arbitrium, inquantum est primum principium suorum operum non potens cogi.

Ad tertium dicendum, quod ratio superior inhæret æternis contemplandis, inquantum sunt regula et norma agendorum, prout scilicet ex divinis rationibus dirigimur in nostris operibus. Unde ibi non est imago; sed in illa parte quæ æterna secundum se contemplatur.

Ad quartum dicendum, quod imago trinitatis potest attendi tripliciter. Vel quantum ad expressam repræsentationem divinorum attributorum; et sic, cum divinæ bonitates copiosius effulgeant in Angelo quam in homine, Angelus est expressior imago Dei quam homo, unde etiam signaculum dicitur Ezech. 28, secundum expositionem Gregorii.

Vel quantum ad distinctionem personarum; et sic expressior est similitudo in homine quam in Angelo, quia in Angelo suæ potentiæ sunt minus distinctæ. Vel inquantum ipse Deus est principium rerum; et sic imago invenitur in homine et non in Angelo, inquantum unus homo est principium omnium hominum, sicut Deus omnium rerum, et inquantum anima est in toto corpore tota, sicut Deus in mundo. Sed quia ista repræsentatio est quantum ad exteriora, simpliciter concedendum est quod Angelus magis est ad imaginem, quam homo.

Ad ultimum dicendum, quod imago invenitur in filio et in creatura differenter, ut dicit Augustinus, sicut imago regis in filio, et in denario. Filius enim Dei est perfecta imago patris, perfecte repræsentans ipsum: creatura autem, secundum quod deficit a repræsentatione, deficit a perfecta ratione imaginis. Unde etiam dicitur imago, et ad imaginem: quod de filio non dicitur. Et ideo non oportet quod creatura simpliciter adæquet creatorem: hoc enim tantum verum est de filio, qui est perfecta imago; sed sicut secundum quid repræsentat, ut imperfecta imago, ita etiam secundum quid coæquat.

Quæstio IV
Prologus

Deinde quæritur de partibus imaginis: et primo de prima assignatione; secundo de secunda.

Circa primum quæruntur quinque: 1 de partibus imaginis quid unaquæque sit, et qualiter ab invicem differant; 2 quomodo se habeant ad essentiam, utrum sint ipsa essentia animæ; 3 quomodo se habeant ad invicem, utrum scilicet una ex alia oriatur; 4 de ipsis per comparationem ad objectum, scilicet respectu cujus objecti attenditur in ipsis imago trinitatis; 5 de ipsis per comparationem ad actum, utrum scilicet semper sint in suis actibus dictæ potentiæ.

Articulus I
Utrum memoria pertineat ad imaginem.

Ad primum sic proceditur. Videtur quod memoria non pertineat ad imaginem. Sicut enim dicit Augustinus, quod in anima reperies commune cum brutis, ad sensualitatem pertinet. Memoria autem est communis nobis et brutis. Igitur cum imago non sit in sensualitate, videtur quod memoria ad imaginem non pertineat.

Item, omnis potentia apprehendens determinatam temporis differentiam pertinet ad sensitivam partem et non ad intellectum, qui est universalium, quæ abstrahunt a quolibet tempore. Sed memoria concernit tempus præteritum. Ergo non pertinet ad intellectivam partem in qua est imago, sed ad sensitivam.

Item, dicitur a Commentatore, quia natura intellectiva dividitur in intellectum et voluntatem; nec ullus unquam Philosophus in intellectiva parte posuit memoriam; qui tamen potentias animæ consideraverunt. Ergo memoria non pertinet ad imaginem.

Item, videtur quod nec intelligentia pertineat ad imaginem. Secundum enim Dionysium, distinguuntur quatuor gradus entium, scilicet intellectualia, rationalia, sensibilia et simpliciter existentia. Homo autem non continetur sub intellectualibus, sed sub rationalibus. Cum igitur hic quæratur quid sit imago, secundum quod est in homine, videtur quod intelligentia ad imaginem non pertineat.

Item, potentiæ distinguuntur per actus. Sed nosse et intelligere non differunt nisi forte sicut habere in habitu et intueri in actu, secundum quæ non diversificantur potentiæ, cum ejusdem potentiæ sit habere habitum et elicere actum.

Ergo intelligentia, cujus actus assignatur intelligere, non est alia potentia a memoria, cujus assignatur nosse.

Item, videtur quod nec voluntas. Voluntas enim est principium operativum. Sed imago quærenda est in parte suprema quæ est speculativa.

Ergo voluntas non pertinet ad imaginem.

Item, Augustinus: imago est in potentia cognoscendi, similitudo in potentia diligendi. Sed voluntas non est potentia cognoscendi, sed magis diligendi. Ergo non pertinet ad imaginem sed ad similitudinem.

Præterea, illud quod imperat aliis et movet alia, est prius eis. Sed voluntas movet omnes potentias alias, ut dicit Anselmus.

Ergo est prior quam memoria et intelligentia, et ita non respondet ordini personarum ista assignatio, cum voluntas Spiritui Sancto approprietur.

Respondeo dicendum, quod omnis proprietas consequens essentiam animæ secundum suam naturam, vocatur hic potentia animæ, sive sit ad operandum sive non. Cum igitur natura animæ sit receptibilis inquantum habet aliquid de possibilitate, eo quod omne habens esse ab aliquo est possibile in se, ut probat Avicenna, et non sit impressa organo corporali, cum habeat operationem absolutam a corpore, scilicet intelligere; consequitur ipsam quædam proprietas, ut impressa retineat. Unde dicitur, quod anima est locus specierum, præter quam non tota, sed intellectus.

Ista ergo virtus retinendi dicitur hic potentia memoriæ. Ulterius, quia anima est immunis a materia, et omnis talis natura est intellectualis, consequitur ut id quod in ipsa tenetur ab ea intelligatur, et ita post memoriam sequitur intelligentia.

Item, quia id quod intelligitur accipitur ut conveniens

intelligenti, ideo consequitur voluntas, quæ tendit in ipsum conveniens: nec potest ultra procedere; quia voluntas est respectu finis, cum ejus objectum sit bonum, et rei perfectio non extendatur ultra finem. Et secundum hoc sunt tres potentiæ distinctæ ab invicem, memoria, intelligentia et voluntas.

Ad primum ergo dicendum, quod memoria, secundum quod hic sumitur, non est communis nobis et brutis, ut patet ex auctoritate Philosophi inducta, in corp., art., quia sola intellectiva anima in se retinet quod accipit, sed sensitiva in organo corporali.

Ad secundum dicendum, quod æquivocatur nomen memoriæ. Memoria enim, secundum quod hic accipitur, abstrahit a qualibet differentia temporis, ut in littera dicitur, quia est præsentium, præteritorum et futurorum; unde sumitur hic pro memoria quæ est potentia sensitivæ partis, quæ habet organum in postrema parte capitis, et est thesaurus intentionum sensibilium cum sensu, non a sensu acceptarum, ut dicit Avicenna.

Ad tertium dicendum, quod Philosophi accipiebant potentias illas tantum quæ ordinantur ad aliquem actum. Proprietas autem retentiva ipsius animæ non habet aliquem actum; sed loco actus habet hoc ipsum quod est tenere; et ideo de memoria sic dicta non fecerunt mentionem inter potentias animæ.

Ad quartum dicendum, quod, sicut dicit Dionysius., natura inferior secundum supremum sui attingit infimum naturæ superioris; et ideo natura animæ in sui supremo attingit infimum naturæ angelicæ; et ideo aliquo modo participat intellectualitatem in sui summo. Et quia secundum optimum sui assignatur imago in anima, ideo potius assignatur secundum intelligentiam, quam secundum rationem; ratio enim nihil aliud est nisi natura intellectualis obumbrata: unde inquirendo cognoscit et sub continuo tempore quod intellectui statim et plena luce confertur; et ideo dicitur esse intellectus principiorum primorum, quæ statim cognitioni se offerunt.

Ad quintum dicendum, quod intelligere et nosse differunt: nosse enim est notitiam rei apud se tenere; intelligere autem dicit intueri. Quamvis autem cujuslibet potentiæ sit tenere suum habitum et objectum; hoc tamen non est earum, nisi inquantum est in eis virtus memoriæ, quæ immediate sequitur essentiam naturæ, sicut virtus prioris semper est in posteriori.

Ad sextum dicendum, quod voluntatis objectum est bonum. Bonum autem habet rationem finis.

Finis autem est et contemplationis et actionis. Et ideo voluntas non tantum se habet ad partem activam, sed etiam ad contemplativam: unde pertinet ad supremam partem animæ.

Ad septimum dicendum, quod Augustinus vocat large potentiam cognoscendi, sive quæ ordinatur ad cognitionem, sicut memoria, sive qua cognoscitur, sicut intelligentia, sive quæ cognitionem consequitur, sicut voluntas.

Potentiam autem diligendi nominat habitus gratuitos, quibus Deum meritorie diligimus; et ideo dicitur quod homo per peccatum amittens Dei similitudinem abiit in regionem dissimilitudinis, sed non amisit imaginem.

Ad octavum dicendum, quod, sicut in artibus est quod illa quæ considerat finem, imperat et movet artes considerantes ea quæ sunt ad finem, sicut medicus imperat pigmentario, ut supra dictum est, ita etiam est in potentiis animæ. Voluntas enim, quia considerat finem, movet alias omnes potentias quæ ordinantur ad finem et imperat eis actus suos. Unde quamvis prior sit movendo, non tamen sequitur quod sit prior in esse; sicut etiam finis est ultimus in esse, et tamen movet efficientem.

Articulus Secundus
Utrum potentiæ animæ sint essentia ejus.

Ad secundum sic proceditur. Videtur quod essentia animæ sit suæ potentiæ. Primo per hoc quod dicitur in littera: ista tria sunt una mens, una vita, una essentia.

Item, idem est principium essendi et operandi. Sed anima est principium essendi, cum sit forma substantialis corporis. Ergo per seipsam est principium operationum. Non oportet ergo esse potentias medias.

Item, forma substantialis nobilior est quam accidentalis. Sed forma accidentalis facit operationes suas sine aliqua virtute media. Ergo et forma substantialis; et sic idem quod prius.

Præterea, materia prima est sua potentia. Sed sicut in materia est potentia passiva, ita in forma potentia activa. Ergo etiam forma essentialis est sua potentia activa; et sic idem quod prius.

Præterea, omne illud quod non est de essentia rei, est accidens. Sed sensus et ratio, quæ sunt potentiæ quædam, non sunt accidentia, cum sint principia differentiarum substantialium. Ergo sunt de essentia ipsius animæ.

Contra, sicut se habet posse ad esse, ita se habet potentia ad essentiam. Sed in solo Deo verum est dicere, quod suum esse sit suum posse. Ergo in nullo alio sua essentia est sua potentia: et ita nec in anima.

Præterea, omne agens quod agit per essentiam suam, est agens primum, ut dicit Avicenna.
Cujus ratio est, quia omne secundum agens agit inquantum participat aliquid; et ita agit per aliquid additum essentiæ. Sed anima non est agens primum. Ergo non est agens per suam essentiam, sed per suam potentiam. Ergo sua potentia non est sua essentia.
Præterea, cum perfectio et perfectibilia sint proportionata, oportet quod perfectibilia diversarum proportionum recipiant diversas perfectiones. Organa autem corporis animati diversa sunt diversarum proportionum in commixtione. Ergo diversimode perficiuntur ab anima. Non autem quantum ad esse, quia anima, cum sit forma substantialis, dat unum esse toti corpori. Ergo oportet quod diversimode perficiantur quantum ad perfectiones consequentes esse, secundum quas habent diversas operationes.
Has autem perfectiones, quæ sunt principia operationum animæ, vocamus potentias. Ergo oportet potentias animæ diversas esse ab essentia, utpote emanantes ab ipsa.
Respondeo dicendum, quod effectus proprius et immediatus oportet quod proportionetur suæ causæ; unde oportet quod in omnibus illis, in quibus principium operationis proximum est de genere substantiæ, quod operatio sua sit substantia; et hoc solum in Deo est: et ideo ipse solus est qui non agit per potentiam mediam differentem a sua substantia. In omnibus autem aliis operatio est accidens: et ideo oportet quod proximum principium operationis sit accidens, sicut videmus in corporibus quod forma substantialis ignis nullam operationem habet, nisi mediantibus qualitatibus activis et passivis, quæ sunt quasi virtutes et potentiæ ipsius. Similiter dico, quod ab anima, cum sit substantia, nulla operatio egreditur, nisi mediante potentia: nec etiam a potentia perfecta operatio, nisi mediante habitu. Hæ autem potentiæ fluunt ab essentia ipsius animæ, quædam ut perfectiones partium corporis, quarum operatio efficitur mediante corpore, ut sensus, imaginatio et hujusmodi; et quædam ut existentes in ipsa anima, quarum operatio non indiget corpore, ut intellectus, voluntas et hujusmodi; et ideo dico, quod sunt accidentia: non quod sint communia accidentia, quæ non fluunt ex principiis speciei, sed consequuntur principia individui; sed sicut propria accidentia, quæ consequuntur speciem, originata ex principiis ipsius:

simul tamen sunt de integritate ipsius animæ, inquantum est totum potentiale, habens quamdam perfectionem potentiæ, quæ conficitur ex diversis viribus.
Ad primum ergo dicendum, quod cum dicitur: tres potentiæ sunt una mens, non est prædicatio essentialis, sed totius potestativi de suis partibus.
Unde de potentiis imaginis propinquius et prius prædicatur mens: quia mentis, inquantum hujusmodi, sunt istæ potentiæ in quibus consistit integritas imaginis: et minus proprie vita, quæ tamen includit potentias in generali, quæ sunt principium operum vitæ; et adhuc minus proprie dicuntur una essentia, in qua, secundum id quod est essentia, non includuntur potentiæ, nisi sicut in origine, eo quod ab essentia oriuntur potentiæ, in quibus attenditur imago. Totum enim potentiale, quasi medium est inter integrale et universale. Universale enim adest cuilibet parti subjectivæ secundum esse et perfectam virtutem, et ideo proprie prædicatur de parte sua.
Sed totum integrale non adest cuilibet parti, neque secundum esse, neque secundum virtutem.
Non enim totum esse domus est in pariete, neque tota virtus; et ideo nullo modo prædicatur de parte. Totum autem potentiale adest cuilibet parti secundum se, et secundum aliquid virtutis, sed non secundum perfectam; immo secundum perfectam virtutem adest tantum supremæ potentiæ; et ideo prædicatur quidem, sed non adeo proprie sicut totum universale.
Ad secundum dicendum, quod essentia ipsius animæ est etiam principium operandi, sed mediante virtute. Principium autem essendi est immediate, quia esse non est accidens.
Ad tertium dicendum, quod forma accidentalis est virtus alterius, per quam producitur operatio, qui est effectus proportionatus sibi, sicut causæ proximæ; forma autem substantialis non est hoc modo proportionata operationi, ut dictum est, in corp. Art..
Ad quartum dicendum, quod si per potentiam passivam intelligatur relatio vel ordo materiæ ad formam, tunc materia non est sua potentia, quia essentia materiæ non est relatio. Si autem intelligatur potentia, secundum quod est principium in genere substantiæ, secundum quod potentia et actus sunt principia in quolibet genere, ut dicitur, in 12 Metaph., sic dico, quod materia est ipsa sua potentia. Et hoc modo se habet materia prima, quæ est primum recipiens, ad potentiam passivam, sicut se habet Deus, qui est primum agens, ad potentiam

activam. Et ideo materia est sua potentia passiva, sicut et Deus sua potentia activa.

Omnia autem media habent utramque potentiam participative, et potentia materiæ non est ad aliquam operationem, sed ad recipiendum tantum.

Ad quintum dicendum, quod sensus, secundum quod est nomen potentiæ, non est principium hujus differentiæ quæ est sensibile; sed secundum quod nominat naturam sensitivam: et ita est de aliis.

Articulus Tertius
Utrum una potentia oriatur ex alia.

Ad tertium sic proceditur. Videtur quod una potentia non oriatur ex alia. Quæcumque enim simul sunt, unum ex altero non oritur. Sed omnes potentiæ simul sunt in anima ex creatione. Ergo una non oritur ex alia.

Præterea, omne accidens causatur ex suo subjecto. Sed una potentia non est subjectum alterius, quia accidens non est subjectum accidentis.

Ergo una potentia non oritur ex alia.

Contra, potentiæ determinantur secundum actus.

Sed actus unius potentiæ sequitur naturaliter ad actum alterius potentiæ, et originatur ex ipsa; sicut intelligere sequitur ad hoc quod est tenere notitiam.

Ergo ita est etiam in potentiis.

Si dicas, quod ordo est in actibus ratione objectorum, et non ratione potentiarum, in idem redibit: quia objecta sunt perfectiones potentiarum, et formæ ipsarum. Perfectio autem proportionatur perfectibili; et sic idem quod prius.

Respondeo dicendum, quod omnis numerositas, quæ descendit naturaliter ab aliquo uno, oportet quod descendat secundum ordinem, quia ab uno non exit nisi unum; et ideo cum multæ potentiæ egrediantur ab essentia animæ, dicimus, quod in potentiis animæ est ordo naturalis; et cum omnes fluant ab essentia, una tamen fluit mediante alia; et inde est, quod posterior potentia supponit in definitione sui priorem, et actus posterioris dependet a priori. Si enim definiamus intellectum, definietur per suum actum, qui est intelligere, et in definitione actus ejus cadet actus prioris potentiæ, et ipsa potentia. Oportet enim quod in definitione hujus actus qui est intelligere, cadat phantasma, quod est objectum ejus, quod per actum imaginationis repræsentatur intellectui; et hoc etiam videmus in accidentibus corporum, quod omnia alia accidentia elementorum fluunt ab essentia, mediantibus primis qualitatibus.

Ad primum ergo dicendum, quod quamvis sint simul tempore, nihilominus tamen una naturaliter prior est altera.

Ad secundum dicendum, quod accidens ex seipso non habet virtutem producendi aliud accidens; sed a substantia potest unum accidens procedere mediante alio, secundum quod illud præsupponitur in subjecto; et ita etiam accidens non potest esse per se subjectum accidentis, sed subjectum mediante uno accidente subjicitur alteri; propter quod dicitur superficies esse subjectum coloris.

Articulus Quartus
Utrum imago attendatur in potentiis rationalibus respectu quorumlibet objectorum.

Ad quartum sic proceditur. Videtur quod imago attendatur in istis potentiis respectu quorumlibet objectorum. Potentia enim ex natura potentiæ se habet similiter ad omnia sua objecta. Sed per habitus diversos restringitur ad hæc vel ad illa.

Cum igitur assignatio primæ imaginis sit secundum potentias, non secundum habitus, videtur quod sit respectu quorumlibet objectorum.

Præterea, Augustinus: cum in natura mentis humanæ quærimus trinitatem, in tota quærimus, non separantes actionem temporalium a contemplatione æternorum. Omnia autem objecta vel sunt æterna, vel temporalia.

Ergo respectu quorumlibet objectorum attenditur imago.

Contra, ad rationem imaginis exigitur æqualitas.

Sed non in omnibus objectis invenitur æqualitas: non enim quantumcumque cognosco aliquid, tantum volo illud. Ergo videtur quod non respectu omnium attendatur imago.

Præterea, secundum istam assignationem imaginis, intelligentia sequitur memoriam. Sed in illis quæ per acquisitionem cognoscimus, ex intelligentia sequitur memoria. Ergo videtur quod ista assignatio imaginis non attenditur respectu quorumlibet objectorum.

Respondeo dicendum, quod, sicut dictum est, hac Distin., quæst. 3, art. 1, imago dicit expressam repræsentationem. Expressa autem repræsentatio est in ipsis potentiis propter quinque.

Quorum duo se tenent ex parte ipsius animæ, scilicet consubstantialitas et distinctio potentiarum, et ideo se habent indifferenter respectu quorumlibet objectorum; alia vero tria, scilicet æqualitas, et ordo, et actualis imitatio respiciunt objecta, unde se habent diversimode respectu diversorum objectorum.

Potest autem attendi in potentiis animæ duplex æqualitas, scilicet potentiæ ad potentiam et potentiæ ad objectum. Et hæc secunda æqualitas salvatur hic diversimode respectu diversorum objectorum.

In illis enim quæ per habitum acquisitum discuntur, non servatur ordo, ut dictum est supra, qu. 2, art. 3, quia intelligendi actus præcedit actum memorandi; et ideo non est ibi actualis repræsentatio ipsius trinitatis, secundum quod intendit illis objectis quæ non exprimunt trinitatem.

Servatur autem ibi æqualitas quædam, scilicet potentiæ ad potentiam: quia quæcumque comprehenduntur una potentia, comprehenduntur alia: non quod quidquid intelligimus, simpliciter velimus; sed aliquo modo in voluntate sunt, inquantum volumus nos ea intelligere: sed non servatur æqualitas potentiæ ad objectum: quia res corporales sunt in anima nobiliori modo quam in seipsis, cum anima sit nobilior eis, ut dicit Augustinus. Si autem considerentur istæ potentiæ respectu hujus objecti quod est anima, sic salvatur ordo, cum ipsa anima naturaliter sit sibi præsens; unde ex notitia procedit intelligere, et non e converso.

Servatur etiam æqualitas potentiæ ad potentiam simpliciter: quia quantum se intelligit, tantum se vult et diligit: non sicut in aliis, quod velit se tantum intelligere, sed simpliciter. Servatur etiam ibi æqualitas potentiæ ad objectum. Servatur etiam ibi actualis imitatio ipsius trinitatis, inquantum scilicet ipsa anima est imago expresse ducens in Deum. Si autem considerentur respectu hujus objecti quod est Deus, tunc servatur ibi actualis imitatio. Maxime autem servatur ordo, quia ex memoria procedit intelligentia, eo quod ipse est per essentiam in anima, et tenetur ab ipsa non per acquisitionem. Servatur etiam ibi æqualitas potentiæ ad potentiam simpliciter, sed non potentiæ ad objectum: quia Deus est altior quam sit anima.

Unde dico, quod imago quodammodo attenditur respectu quorumlibet objectorum; verius autem respectu sui ipsius, et verissime respectu hujus objecti quod est Deus; nisi tantum quod deest æqualitas potentiæ ad objectum, quæ etiam non multum facit ad imaginem.

Ad primum ergo dicendum, quod quamvis ista assignatio imaginis attendatur secundum potentias absolute, nihilominus tamen præcipue attenditur secundum id quod est altissimum in eis; et hoc est respectu eorum objectorum quæ per sui essentiam sunt in anima.

Ad secundum dicendum, quod Augustinus vult, quod respectu quorumlibet objectorum sit aliquo modo imago: sed præcipue respectu hujus objecti quod est Deus et quod est anima: ipse enim in multis requirit similitudinem trinitatis, ut ad perfectam imaginem deveniat.

Ad aliud patet responsio per ea quæ dicta sunt.

Articulus Quintus
Utrum potentiæ rationales sint semper in actu respectu objectorum, in quibus attenditur imago.

Ad quintum sic proceditur. Videtur quod istæ potentiæ non semper sint in suis actibus respectu horum objectorum, in quibus præcipue attenditur imago. Dicit enim Philosophus, quod una potentia existente in actu, altera abstrahitur ab actu suo. Sed istæ tres sunt diversæ potentiæ. Ergo impossibile est quod quælibet semper sit in suo actu respectu cujuslibet objecti.

Item, Philosophus dicit quod non contingit multa simul intelligere. Sed anima quandoque intelligit quædam alia. Ergo tunc non intelligit simul seipsam et Deum.

Item, ad hoc quod anima intelligat vel videat, secundum Augustinum requiritur intentio cognoscentis, per quam species cognoscibilis in rem deducatur. Sed quandoque anima intelligit ex intentione se intelligere. Cum igitur non percipiamus nos intelligere semper animam et Deum, videtur quod intellectus noster non semper sit in actu, respectu horum objectorum.

Contra, Philosophus dicit, quod intellectus agens semper intelligit. Maxime autem hoc videtur respectu eorum quæ semper sibi sunt præsentia, sicut anima et Deus. Ergo videtur quod intellectus, horum respectu, semper sit in actu.

Præterea, dicit Augustinus quod quidquid est in memoria mea, illud memini.

Sed anima et Deus semper est præsens memoriæ.

Ergo memoria semper est in actu eorum, et similiter est in aliis.

Respondeo dicendum, quod, secundum Augustinum differunt cogitare, discernere et intelligere. Discernere est cognoscere rem per differentiam sui ab aliis. Cogitare autem est considerare rem secundum partes et proprietates suas: unde cogitare dicitur quasi coagitare. Intelligere autem dicit nihil aliud quam simplicem intuitum intellectus in id quod sibi est præsens intelligibile.

Dico ergo, quod anima non semper cogitat et discernit

de Deo, nec de se, quia sic quilibet sciret naturaliter totam naturam animæ suæ, ad quod vix magno studio pervenitur: ad talem enim cognitionem non sufficit præsentia rei quolibet modo; sed oportet ut sit ibi in ratione objecti, et exigitur intentio cognoscentis. Sed secundum quod intelligere nihil aliud dicit quam intuitum, qui nihil aliud est quam præsentia intelligibilis ad intellectum quocumque modo, sic anima semper intelligit se et Deum indeterminate, et consequitur quidam amor indeterminatus. Alio tamen modo, secundum Philosophos, intelligitur quod anima semper se intelligit, eo quod omne quod intelligitur, non intelligitur nisi illustratum lumine intellectus agentis, et receptum in intellectu possibili. Unde sicut in omni colore videtur lumen corporale, ita in omni intelligibili videtur lumen intellectus agentis; non tamen in ratione objecti sed in ratione medii cognoscendi.

Ad primum ergo dicendum, quod hoc est intelligendum quando potentiæ operantur circa diversa objecta: tunc enim una impedit aliam in actu suo, vel ex toto retrahit. Sed quando ordinantur ad idem objectum, tunc una juvat aliam; sicut illud quod videmus, facilius imaginamur.

Ad secundum dicendum, quod Philosophus loquitur de intelligere, secundum quod est operatio intellectus completa distinguentis vel cogitantis, et non secundum quod hic sumitur intelligere.

Ad tertium dicendum similiter, quod intentio intelligentis non requiritur ad tale intelligere, sicut dictum est, in corpore art..

Quæstio V

Articulus I
Utrum hæ partes imaginis, mens, notitia et amor differant ab aliis partibus.

Deinde quæritur de alia assignatione imaginis, scilicet mente, notitia et amore.

Et videtur quod ista non differt a prædicta, si dicitur, quod ista assignatur secundum habitus, illa secundum potentias: imago enim attenditur in anima præcipue respectu hujus objecti quod est anima et hujus objecti quod est Deus. Sed anima non cognoscit seipsam tali modo cognitionis, de quo hic loquimur, mediante habitu, sed per suam essentiam. Ergo non videtur quod secundum aliquos habitus assignetur imago.

Præterea, nullus habitus est consubstantialis, cum omnis habitus sit accidens. Sed notitia et amor sunt consubstantiales ipsi menti, ut hic dicitur. Ergo non sunt habitus.

Item, mens superius, quæst. 3, art. 1, fuit accepta non pro habitu, sed pro potentiarum subjecto. Cum igitur eodem modo notificetur hic, sicut supra, a Magistro, scilicet pro eo quod in anima est excellentius, videtur quod non sit habitus: et ita hæc assignatio non est secundum habitus.

Præterea, constat quod habitus non operatur sed est principium operandi. Cum igitur hic dicat, quod mens novit se et amat se, videtur quod non sumatur pro habitu.

Contra, cuilibet potentiæ respondet suus habitus. Si igitur mens non sit habitus, sed ipsa essentia animæ, secundum quod hic sumitur, erunt quatuor partes imaginis, scilicet mens et tres habitus trium potentiarum; et ita non repræsentabunt trinitatem.

Respondeo dicendum, quod mens multipliciter dicitur secundum quosdam. Quandoque enim dicitur ipsa natura intellectiva, sicut Dionysius., vocat Angelos divinas mentes.

Quandoque dicitur ipse intellectus examinans res, secundum quod mens dicitur a metior metiris, et juxta hoc etiam supra sumitur, quod mens est superior pars animæ. Quandoque dicitur pro memoria a reminiscendo dicta; et ita dicunt quod sumitur hic: unde dicunt quod mens hic sumitur pro habitu memoriæ, et notitia pro habitu intelligentiæ et amor pro habitu voluntatis. Sed quia ista opinio non procedit secundum Magistri intentionem, et nimis extorta est; ideo aliter dicendum est, quod mens sumitur hic, sicut et supra, pro ipsa superiori parte animæ, quæ est subjectum prædictæ imaginis, et notitia est habitus memoriæ, et amor habitus voluntatis; et ita hæc assignatio sumitur secundum essentiam et habitus consubstantiales; prædicta autem secundum potentias.

Unde in ista non est tanta conformitas sicut in prædicta, nec ita propria assignatio: propter quod etiam ultimo ponitur.

Ad primum ergo dicendum, quod ad esse habitus intellectivi duo concurrunt: scilicet species intelligibilis, et lumen intellectus agentis, quod facit eam intelligibilem in actu: unde si aliqua species esset quæ in se haberet lumen, illud haberet rationem habitus, quantum pertinet ad hoc quod esset principium actus. Ita dico, quod quando ab anima cognoscitur aliquid quod est in ipsa non per sui similitudinem, sed per suam essentiam, ipsa essentia rei cognitæ est loco habitus.

Unde dico, quod ipsa essentia animæ, prout est mota a seipsa, habet rationem habitus. Et sumitur hic notitia materialiter pro re nota; et similiter est dicendum de amore.

Unde etiam patet solutio ad secundum: quia habitus isti erunt consubstantiales, cum sint in ipsa substantia animæ, nec sunt ibi alii habitus.

Si autem diceremus, quod per notitiam et amorem significantur actus et non habitus, planius esset; et tunc dicerentur consubstantiales, sicut et de potentiis supra dictum est, Dist. 3, quæst. 4, art. 2.

Tertium et quartum concedimus.

Ad quintum dicendum, quod habitus est principium elicitivum operationis. Unde, quia memoria non habet per se actum qui sit simpliciter operatio, non respondet sibi aliquis habitus, sed eodem habitu notitia, memoria et intelligentia reducuntur in unam operationem.

In ipsa etiam mente, antequam sit particeps Dei, ejus imago reperitur; etsi enim amissa Dei participatione, deformis sit, imago tamen Dei permanet. Contra: Psal. 72, 6: Domine, in civitate tua imaginem ipsorum ad nihilum rediges. Dicendum, quod sicut dicit Glossa super illud Psal. 4: signatum est super nos lumen vultus tui, Domine, triplex est imago Dei in homine: scilicet creationis, quæ est ratio, inquantum appropinquat ad imitationem divinæ intellectualitatis; et dicitur imago per modum quo truncus in corporalibus potest dici imago. Item alia est imago similitudinis, quæ consistit in distinctione potentiarum repræsentantium trinitatem personarum; et hæc assimilatur imagini in corporalibus, secundum quod distincta est per rationes partium.

Item est imago recreationis, quæ consistit in habitibus gratuitis, et actu imitatur Deum; et hæc assimilatur imagini in corporalibus quantum ad colores, et alia quæ imaginem decorant: et sic dicta imago non remanet post peccata, sed aliis duobus modis.

Eo enim ipso imago Dei est mens quo capax ejus est ejusque particeps esse potest. Videtur falsum.

Omne enim quod capit aliquid, est majus vel æquale sibi, sicut Augustinus, arguit de potentiis mutuo sese capientibus.

Ergo videtur quod mens nostra non possit capere Deum.

Si dicas quod dicitur capere, inquantum Deus est in anima, cum ipse sit in qualibet creatura per essentiam, præsentiam et potentiam, videtur etiam quod creaturæ insensibiles capiant Deum.

Ad quod dicendum, quod mens nostra dicitur capere Deum sicut perfectibile suam perfectionem.

Objectum enim operationis aliquo modo est perfectio operantis. Mens autem nostra habet operationem circa Deum per cognitionem et amorem quam non habent creaturæ irrationales. Et ideo capitur a mente sicut a perfectibili, non tamen sicut a perfectibili proportionato; et ideo non comprehenditur, sed attingitur; unde non sequitur quod adæquetur. Memoria vero dicitur ad aliquid non secundum esse, sed secundum dici.

Ea vero tria sunt quæ ad se invicem referuntur.

Videtur falsum, eo quod memoria non dicitur ad voluntatem.

Dicendum, quod quamvis non dicatur ad eam sub nomine voluntatis, tamen refertur ad eam inquantum voluntas est memorabilis. Vel dicendum, quod referuntur ad invicem secundum relationem originis, inquantum una habet naturalem ordinem ad aliam, ut dictum est supra, quæst. 4, art. 4.

Totamque meam memoriam et intelligentiam et voluntatem simul memini. Videtur male dicere: quia totum dicitur respectu partium: potentiæ autem animæ non habent partes, cum sint simplices.

Dicendum, quod est duplex quantitas; scilicet molis vel dimensiva, et hujusmodi totalitas attenditur respectu partium in quas dividitur. Est etiam quædam quantitas virtutis, cujus totalitas attenditur respectu objectorum; et talis est totalitas in potentiis animæ.

Item, videtur quod una non sit æqualis in omnibus: quia omne totum est majus sua parte.

Dicendum quod hoc verum est de totalitate quantitatis dimensivæ vel numerabilis, quæ ejusdem rationis sunt, et non de totalitate quantitatis virtualis; potest enim contingere quod una virtus potest in tot objecta in quot aliæ plures, quarum quælibet in omnia illa objecta potest; tamen una earum non tot modis potest in illa objecta, sicut alia.

Distinctio IV

Quæstio I
Prologus

Postquam probavit trinitatem personarum in unitate essentiæ, auctoritatibus, rationibus et similitudinibus, hic incipit determinare quæstiones incidentes circa prædeterminata. Dividitur autem in partes duas. Cum enim personarum trinitas distinguatur per processionem unius personæ ab alia, in prima movet quæstiones circa hanc processionem quantum ad suppositum et terminum; in secunda quantum ad principium, 6 Distinct., ibi: quæri solet, utrum pater genuerit filium voluntate, an necessitate.

Sciendum est autem, quod licet Magister moveat has quæstiones de generatione filii a patre, tamen eædem quæstiones possunt fieri de processione Spiritus Sancti, et similiter determinantur.

Prima autem pars dividitur in duas: in prima inquirit utrum nomina essentialia concreta possint significari ut suppositum actus generationis, vel ut terminus; in secunda inquirit de nominibus essentialibus in abstractione significantibus, 5 Distinct., ibi: post hoc quæritur, utrum concedendum sit, quod pater genuit divinam essentiam. De personalibus enim non est dubium, supposita distinctione personarum per actus notionales. Prima in duas: in prima determinat quæstionem; in secunda objicit contra determinata, ibi, nunc ad præmissam quæstionem revertamur. Circa primum inquirit, utrum hæc sit vera, Deus genuit Deum: et dividitur in partes duas, secundum quod duabus viis ex ista propositione procedit. Secunda incipit ibi: sed adhuc opponunt; quæ dividitur in duas: in prima ponit processum ex dicta propositione ad impossibile, et solvit: et quia in sua solutione supponit quod nomen personale possit prædicari de essentiali, ut dicatur, Deus est pater, ideo in secunda excludit errorem contradicentium per multas auctoritates, ibi: quidam tamen veritatis adversarii concedunt, patrem et filium et Spiritum Sanctum, sive tres personas, esse unum Deum, unam substantiam; sed tamen nolunt concedere, unum Deum, sive unam substantiam, esse tres personas.

Ad intellectum hujus partis de duobus quæritur: primo de divina generatione. Secundo de divina prædicatione.

Circa primum tria quæruntur: 1 an in divinis sit generatio; 2 supposito quod sic, an hæc sit vera: Deus genuit Deum; 3 de aliis locutionibus quæ ex ista littera concluduntur.

Articulus Primus
Utrum generatio sit in Deo.

Ad primum sic proceditur. Videtur quod in Deo non sit generatio. Generatio enim est species mutationis, secundum Philosophum.

Sed a Deo removetur mutatio, Jac. 1, 17: apud quem non est transmutatio, nec vicissitudinis obumbratio. Ergo nec generatio.

Præterea, quanto creaturæ sunt nobiliores, magis accedunt ad divinam similitudinem. Sed in creaturis nobilioribus non invenitur generatio, sicut in Angelis et in corporibus cælestibus, sed tantum in inferioribus. Ergo videtur quod nec in Deo inveniatur.

Item, ubicumque est generatio, oportet quod sit aliquid in genito communicatum a generante.

Sed per illud quod sibi a generante communicatur non distinguitur a generante. Ergo oportet ibi esse aliquid aliud per quod ab ipso distinguatur, cum omne genitum a generante distinctum sit. Ergo omne quod generatur, est compositum, cum sit ibi aliquid et aliquid. Sed in Deo non est compositio.

Ergo nec generatio.

Item, generatio est actus medius inter generantem et genitum. Sed inter patrem et filium non est aliquid medium. Ergo videtur quod non sit ibi generatio.

Contra, Isa. Ult., 9: ego qui generationem tribuo sterilis ero?

Item, omne quod communicat se, communicat se ratione actus qui est in ipso; quia potentia non agit nec communicat se. Sed divina essentia est primus et purus actus. Ergo videtur quod summe communicet se. Sed non communicat se summe in creaturis, cum non terminetur in eamdem naturam talis communicatio. Ergo videtur quod communicet se per generationem in filio; hæc enim est maxima communicatio.

Respondeo dicendum, quod generationem esse in divinis, ratione efficaciter confirmari non potest, sicut supra dictum est, Dist. 3, quæst. 1, art. 4, sed auctoritate et fide tenetur: unde simpliciter concedendum est, generationem esse in divinis.

Sciendum tamen est, quod, cum omnis perfectio sit in Deo et nulla imperfectio, quidquid perfectionis invenitur in creatura, de Deo dici potest quantum ad id quod est perfectionis in ipsa, omni remota imperfectione. Si autem nomen imponitur ab eo quod imperfectionis est, sicut lapis, vel leo, tunc dicitur de Deo symbolice vel metaphorice.

Si autem imponitur ab eo quod est perfectionis, dicitur proprie, quamvis secundum modum eminentiorem.

Dicitur autem nomen imponi ab eo quod est quasi differentia constitutiva et non ex ratione generis; et ideo quandocumque aliquid secundum suum genus dicit imperfectionem, et secundum differentiam, perfectionem, invenitur in Deo quantum ad rationem differentiæ, et non quantum ad rationem generis: sicut scientia non est in Deo quantum ad rationem habitus vel qualitatis, quia sic habet rationem accidentis; sed solum secundum id quod complet rationem scientiæ, scilicet cognoscitivum certitudinaliter aliquorum. Similiter dico, quod si accipiamus genus generationis, secundum quod invenitur in inferioribus, imperfectionis est: mutatio enim, quæ est genus ipsius, ponit exitum de potentia ad actum, et per consequens ponit materialitatem in genito, et per consequens divisionem essentiæ: quæ omnia divinæ generationi non competunt. Si autem consideretur secundum differentiam suam, per quam completur ratio generationis, sic dicit aliquam perfectionem: passive enim accepta dicit acceptationem essentiæ in perfecta similitudine; cujus communicationem dicit, si sumatur active: quorum neutrum imperfectionem dicit: communicatio enim consequitur rationem actus: unde omnis forma, quantum est de se, communicabilis est; et ideo communicatio pertinet ad nobilitatem. Et hoc modo accepta generatione est per prius in Deo, et omnis generatio in creaturis descendit ab illa, et imitatur eam quantum potest, quamvis deficiat. Unde ad Ephes. 3, 15: ex quo omnis paternitas in cælis et in terra nominatur.

Si autem accipiatur secundum rationem usitatam in nomine, secundum quam dicimus generationem in creaturis, sic non convenit Deo nisi transumptive, sicut et alia corporalia.

Et per hoc jam patet solutio ad primum: quia generatio, secundum suum genus, quod est mutatio, in divinis non invenitur; unde in Deo non est mutatio, sed operatio divinæ naturæ, secundum Damascenum.

Differt autem operatio a motu, secundum Philosophum, quia operatio est actus perfecti, sed motus est actus imperfecti, quia existentis in potentia.

Ad secundum dicendum, quod nulla creatura susceptibilis est generationis sine eo quod est imperfectionis in ipsa: cum enim in omni creatura differat essentia et esse, non potest essentia communicari alteri supposito, nisi secundum aliud esse, quod est actus essentiæ in qua est; et ideo oportet essentiam creatam communicatione dividi, quod imperfectionis est; et ideo in perfectissimis creaturis non invenitur, sed in his quæ magis removentur a divina similitudine.

Ad tertium dicendum, quod in divina generatione non est aliquid additum essentiæ in genito, per quod differat a generante; sed ex hoc ipso quod accipit essentiam a generante, distinguitur ab eo relatione dantis et accipientis: quæ relationes non differunt ab essentia realiter, sed tantum ratione, ut dictum est, Dist. 11, quæst. 1, art. 5.

Et ideo non sequitur ibi compositio: quod in aliis esse non potest, quia nulla relatio est substantia secundum rem in creaturis. Unde oportet quod omne generatum sit compositum, et sic iterum patet quod generatio in creaturis sine imperfectione esse non potest.

Ad quartum dicendum, quod generatio realiter non est aliquid medium inter patrem et filium, cum generatio secundum rem passive accepta, sit ipsa filiatio, quæ est proprietas filii, et est in filio; et cum in patre accipitur active, est ipsa paternitas quæ est in patre, et est ipse pater: tamen significat proprietatem per modum actus, et ista significatio fundatur aliquo modo supra rem in acceptione unius ab altero.

Articulus Secundus

Utrum ista propositio, Deus genuit Deum, sit falsa.

Ad secundum sic proceditur. Videtur quod hæc sit falsa, Deus genuit Deum. Generatio enim importat relationem distinguentem personas, ut dictum est, art. Præced.. Si igitur conceditur, quod Deus genuit Deum, oportet quod concedatur quod Deus distinguitur a Deo, et quod Deus est alius a Deo, quod non conceditur.

Præterea, terminus in prædicato positus non trahit terminum in subjecto positum extra suam significationem, sed tantum restringit ipsum ratione consignificationis temporis, ut stet pro præsentibus, præteritis, et futuris: quin potius est e converso, secundum Bœtium, quod talia sunt prædicata, qualia permiserint subjecta.

Sed hoc nomen Deus significat essentiam.

Ergo per verbum quod prædicatur, non trahitur ad standum pro persona, sed supponit essentiam.

Hæc autem est falsa, essentia genuit essentiam, ut infra dicetur, Dist. 5, quæst. 1, art. 1. Ergo et hæc, Deus genuit

Deum.

Item, si Deus genuit Deum, ergo Deus est generans, et Deus est genitus. Sed quidquid dicitur de singulis personis, potest dici de Deo. Sed de patre dicitur quod est generans et de filio quod non est generans. Ergo potest dici quod Deus generat et Deus non generat: quod falsum est. Ergo et prima est falsa, Deus genuit Deum.

Contra, in symbolo dicitur: Deum de Deo genitum.

Sed non generatur de Deo, nisi sicut de generante. Ergo Deus generat Deum.

Præterea, Deus dicit habentem deitatem. Ergo quidquid dicitur de habente deitatem, potest dici de Deo. Sed potest dici: habens deitatem generat habentem deitatem. Ergo potest dici: Deus generat Deum.

Respondeo dicendum, quod ista est simpliciter vera et concedenda, Deus generat Deum.

Sed circa veritatem ejus est duplex opinio. Quidam enim dicunt, quod hoc nomen Deus significat essentiam et supponit essentiam quantum est de se, sed propter indifferentiam essentiæ ad personas in divinis, ex adjuncto notionali trahitur ad supponendum pro persona. Alii dicunt quod hoc nomen Deus significat essentiam, et supponit, quantum est de se, personam, tamen indistincte: unde potest supponere unam tantum vel plures personas: unam cum dicitur, Deus generat: plures, ut cum dicitur Deus est trinitas. Et hæc opinio videtur verior esse. Quamvis enim, ut dicitur Lib. De causis, omne nomen deficiat a significatione divini esse, propter hoc quod nullum nomen significat simul aliquid perfectum et simpliciter (quia abstracta non significant ens per se subsistens, et concreta significant ens compositum), nihilominus tamen abjicientes id quod imperfectionis est, utimur utrisque nominibus in divinis, abstractis propter simplicitatem, concretis propter perfectionem.

Unde hoc nomen Deus significat per modum perfecti et per se subsistentis, sicut et hoc nomen homo: unde, sicut et hoc nomen homo in se importat non tantum essentiam, sed etiam suppositum, sed indistincte (alias non prædicaretur de individuis), ita et hoc nomen Deus. Et ideo de se habet quod possit supponere pro persona, et non habet quod supponat pro essentia ex modo significandi nominis, sed tantum ex ratione divinæ simplicitatis, in qua idem est re essentia et suppositum.

Ad primum ergo dicendum, quod generari significat proprietatem per modum actus; actus autem est suppositorum tantum: humanitas enim non generat, sed homo: et ideo cum dicitur, Deus generat Deum, locutio simpliciter est vera, quia actus non potest referri nisi ad suppositum. Sed referri et distingui non significant actus nisi grammatice loquendo; et ideo possunt referri ad essentiam et ad suppositum: et ideo non simpliciter conceditur, Deus distinguitur a Deo, ne distinctio referatur ad essentiam; et præcipue cum hoc nomen Deus importet suppositum indistinctum, quod non distinguitur nisi personali proprietate adjuncta, ut paternitate vel filiatione.

Ad secundum dicendum, quod, quamvis hoc nomen Deus significet essentiam, tamen, quantum est de se, supponit habentem essentiam, et rem naturæ, etiam non intellectis personis, quas fides distinguit. Unde potest supponere pro persona, etiamsi ab alio non restringatur. Et quia supponit personam indistincte, ideo potest stare in locutione pro quacumque persona: et sic reddit locutionem veram.

Unde in hac propositione, Deus generat Deum, in supposito stat pro patre, in apposito pro filio.

Ad tertium dicendum quod hoc nomen Deus, proprie loquendo, nec est universale nec singulare; sed habet aliquid de ratione universalis, scilicet quod prædicatur essentialiter de pluribus suppositis; et inde habet quod ea quæ prædicantur de singulis suppositis, prædicantur de ipso: habet autem de ratione singularis hoc quod non multiplicatur ad multitudinem suppositorum: dicimus enim, quod pater et filius sunt unus Deus, sed Socrates et Plato sunt plures homines: et ex parte ista habet hoc nomen Deus quod negatio et affirmatio opponuntur contradictorie: unde sicut istæ non possunt simul esse veræ, Socrates currit et non currit; ita nec istæ, Deus generat et non generat.

Articulus Tertius
Utrum Deus genuit se Deum vel alium Deum.

Ad tertium sic proceditur. Videtur quod genuit vel se Deum, vel alium Deum. Idem enim et diversum universaliter dividunt ens. Sed se est relativum identitatis, alius autem importat diversitatem. Ergo oportet dicere, quod genuit vel se Deum vel alium Deum.

Item, ut supra dictum est, art. Anteced., hoc nomen Deus trahitur ad standum pro persona ex notionali adjuncto. Sed alius importat distinctionem notionalem. Ergo ly alius hoc nomen Deus facit stare pro persona. Sed hæc est vera: Deus genuit aliam personam divinam. Ergo et hæc: Deus genuit alium Deum.

Item, videtur quod hæc sit vera, Deus genuit se Deum.

Distinctio IV

Idem enim, ut dicit Philosophus, est unum in substantia, sicut æquale unum in quantitate. Sed sicut una magnitudo est patris et filii, sic et una substantia. Ergo sicut conceditur ista, Deus genuit æqualem Deum; ita debet concedi ista, Deus genuit eumdem Deum. Unde similiter et hæc, Deus genuit se Deum, cum se sit relativum identitatis.

Item, quæritur de aliis duabus propositionibus, scilicet, genuit Deum, qui est Deus pater, vel Deum qui non est Deus pater. Videtur enim quod hæc sit falsa: genuit Deum qui est Deus pater. Qui enim cum sit relativum, facit secundam notitiam suppositorum.

Sed iste terminus Deus, ad quem refertur, stabat pro persona filii. Ergo et relativum supponet personam filii. Sed hæc est falsa: filius est Deus pater. Ergo et hæc, Deus genuit Deum, qui est Deus pater.

Item, videtur quod etiam negativa sit falsa.

Negatio enim respicit terminum sequentem formalem. Ergo cum dicit, Deus genuit Deum qui non est Deus pater, a filio, quem refert relativum, per negationem removetur ly Deus, qui in prædicato ponitur, non tantum quantum ad suppositum, sed quantum ad formam; et ita divina essentia removebitur a filio, quod falsum est.

Respondeo dicendum, quod Magister in littera negat utramque præmissarum; eo quod alius, cum notet diversitatem, ponit formam suam circa terminum cui adjungitur, cum sit adjectivum, et ita designabitur diversitas in forma divinitatis. Ly se autem cum sit relativum identitatis, refert idem suppositum; et ita cum dico: genuit se Deum, ponitur indistinctio suppositi inter patrem et filium; et cum dicitur, genuit alium Deum, ponitur diversitas naturæ; et ideo utraque neganda est.

Sed sunt aliqui qui distinguunt istam, genuit alium Deum; quia ly alium potest teneri substantive vel adjective. Si adjective, tunc erit locutio falsa, quia ponet diversitatem circa hunc terminum Deus; si substantive, tunc erit constructio appositiva, et locutio erit vera, et erit sensus, genuit alium Deum, qui est Deus. Sed, quia non invenitur quod adjectivum in masculino genere substantivetur, et maxime cum adjungitur sibi substantivum, ideo hæc distinctio non videtur multum valere; nisi forte subintelligatur hoc participium ens ut dicatur alium entem Deum. Sed hoc erit nimis extortum; et ideo dicendum cum Magistro quod utraque falsa est.

Ad primum ergo dicendum, quod idem et diversum sufficienter dividunt ens creatum, propter hoc quod ubicumque in creaturis est diversitas suppositorum, est diversitas essentiæ; sed in Deo in diversis suppositis est una essentia: et ideo nec identitas competit propter diversitatem suppositorum nec diversitas propter identitatem essentiæ; sed tantum unitas.

Ad secundum dicendum, quod alius importat distinctionem in communi, non magis personalem quam essentialem: et ideo quando adjungitur termino personali, importat distinctionem personalem; quando autem adjungitur termino essentiali, importat diversitatem essentiæ, secundum exigentiam formæ illius termini; cum termini, præcipue substantiales, recipiant diversitatem et pluralitatem ex parte suæ formæ.

Ad tertium dicendum, quod idem significat unitatem in substantia; et præter hoc, quia relativum est et habet articulationem implicitam, importat unitatem suppositi, et multo plus hoc pronomen se, quod est etiam relativum reciprocum, quod non est reperire in hoc nomine æquale: et ideo non est simile quod pro simili inducitur.

Ad quartum dicendum, quod Magister distinguit utramque illarum propositionum. Si enim cum dicitur, Deus genuit Deum, qui est Deus pater, ly pater construitur appositive ad ly Deus, locutio falsa est: quia tunc ly Deus restringetur ad standum pro persona patris; et sic erit sensus: genuit Deum, qui est ipse pater: et sic affirmativa falsa est, et negativa vera. Si autem intelligantur non per appositionem, sed mediate conjungi illi duo termini, scilicet Deus, et pater; ut sit sensus: genuit Deum qui est Deus et Deus est pater; tunc affirmativa vera est, et negativa falsa. Præpositinus tamen dixit, quod utraque falsa est, nec sunt contradictoriæ propter diversam suppositionem hujus relativi qui: in affirmativis enim refert tantum suppositum antecedentis, et cum antecedens supponat pro persona filii, referret personam filii, de qua non est verum dicere, quod sit Deus pater. In negativa vero relativum refert non tantum suppositum, sed etiam essentiam.

Unde oporteret quod hoc prædicatum Deus pater removeretur non tantum a supposito filii, sed etiam ab essentia: et ita falsa est. Sed quia hac distinctione facta, adhuc habet locum distinctio Magistri, et præcipue in affirmativa; et iterum quia non videtur necessarium esse quod in negativis relativum referat aliter quam in affirmativis, nisi forte propter negationem, cujus est confundere terminum et facere eum teneri simpliciter (quod tamen non habet respectu præcedentis, sed tantum respectu sequentis): ideo videtur efficacior via Magistri, et secundum ipsum concedendum est, quod utraque potest esse vera et falsa; secundum cujus distinctionem patet solutio ad quartum argumentum.

Ad quintum dicendum, quod quando duo termini contrahuntur per appositionem, terminus appositus efficitur quasi forma ei cui apponitur. Unde si intelligatur appositive: genuit Deum qui non est Deus pater, negatio non removebit formam divinitatis sed paternitatis a filio.

Quæstio II
Prologus

Deinde quæritur de divina prædicatione. Et circa hoc duo quæruntur: 1 utrum possit fieri prædicatio in divinis per propositionem aliquam; 2 utrum possit persona prædicari de essentia.

Articulus Primus
Utrum de divinis possit formari propositio.

Ad primum sic proceditur. Videtur quod in divinis non possit aliqua formari propositio, in qua aliquid de ipso prædicetur. Veritas enim signi consistit in conformitate signi ad signatum. Sed omnis prædicatio fit per aliquam compositionem. Cum igitur in Deo nulla sit compositio, videtur quod de ipso nulla possit formari vera prædicatio.

Item Dionysius.: in Deo negationes sunt veræ affirmationes incompactæ.

Appellatur autem incompactum illud quod non est debito modo ordinatum, nec est competens. Sed talis inordinatio inducit falsitatem in propositionibus.

Ergo videtur idem quod prius.

Contra; fidei non potest subesse falsum. Sed multæ propositiones affirmativæ enunciantur a nobis de Deo secundum fidem nostram, scilicet quod Deus est trinus et unus. Ergo videtur quod de Deo possit formari vera propositio.

Item, secundum Bœtium, nulla propositio est verior illa in qua idem de se prædicatur. Sed quidquid est in divinis, est idem re, cum in Deo sit idem habens et habitum, et quod est et quo est, excepto quod una persona non est alia. Ergo videtur quod de Deo possint formari verissimæ locutiones.

Respondeo dicendum, quod enuntiatio sequitur apprehensionem. Unde secundum quod intelligimus aliqua, oportet quod enuntiemus illa.

Apprehensio autem fit secundum potestatem apprehendentis; et ideo ea quæ sunt simplicia intellectus noster enuntiat per modum cujusdam compositionis; sicut e contrario Deus intelligit res compositas modo simplici: et inde est quod intellectus noster de Deo format propositiones ad modum rerum compositarum, a quibus naturaliter cognitionem accipit.

Ad primum ergo dicendum, quod intellectus noster deficit a cognitione divinæ majestatis, similiter etiam et enuntiatio deficit a significatione perfecta; nihilominus tamen est veritas, inquantum intellectus formans enuntiationem accipit duo quæ sunt diversa secundum modum et idem secundum rem.

Unde secundum diversitatem rationum format prædicatum et subjectum, et secundum identitatem componit.

Ad secundum dicendum, quod affirmativæ propositiones pro tanto dicuntur incompactæ in divinis, quia nihil eorum quæ prædicantur de ipso significant ipsum per modum quo ipse est, sed per modum quo intellectus noster accipit ex rebus creatis informatus. Unde oportet quod nomina illa prædicata de Deo intelligantur prædicari remotis illis modis quibus de creaturis prædicantur. Unde Dionysius. omnes divinas prædicationes ita docet exponere: Deus est sapiens, et non sapiens, scilicet sicut alia, ut differat in eo sapientia a sapiente; sed est supersapiens, inquantum est in ipso nobiliori modo sapientia quam significetur per nomen.

Articulus Secundus
Utrum persona possit prædicari de essentia.

Ad secundum sic proceditur. Videtur quod persona non possit prædicari de essentia. Prædicatum enim habet rationem formæ. Sed persona est suppositum formæ, vel naturæ. Ergo persona non habet rationem quod prædicetur de natura vel essentia.

Item, prædicatum semper significatur inesse subjecto. Persona autem non significatur ut inhærens essentiæ, sed e converso. Ergo persona non potest prædicari de essentia.

Item, superius per se prædicatur de suo inferiori, sicut homo de Socrate; sed Socrates accidentali prædicatione prædicatur de homine; accidit enim homini esse Socratem. Sed sicut Socrates est suppositum humanæ naturæ, ita pater est suppositum naturæ divinæ. Ergo videtur quod hæc non sit vera, Deus est pater, nisi forte per accidens.

Item, sicut dictum est, Sup., qu. 1, art. 2, hoc nomen Deus, quantum est de se, supponit personam.

Sed hæc est falsa: una persona est pater et filius et Spiritus Sanctus. Ergo hæc etiam: unus Deus est pater et filius et Spiritus Sanctus.

Item videtur quod hæc etiam sit falsa, Deus est trinitas.

Nihil enim prædicatur de homine quod non prædicetur de aliquo supposito hominis.

Sed trinitas neque prædicatur de patre neque de filio neque de Spiritu Sancto. Ergo per eamdem rationem non potest dici quod Deus sit trinitas.

Respondeo dicendum, quod in divinis est omnino indifferentia naturæ ad suppositum; et ideo nec est ibi universale neque particulare: et ideo sicut vere prædicatur essentia de persona, ita et e converso. Sed verum est quod quantum ad modum significandi plus habet de proprietate propositio in qua prædicatur essentia, quam in qua prædicatur persona, cum prædicatum se habeat loco formæ.

Ad primum ergo dicendum, quod quamvis persona sit suppositum, nihilominus tamen propter indifferentiam suppositi ad naturam persona est æqualis simplicitatis cum natura; et ideo de se conversim prædicantur.

Et per hoc patet solutio ad secundum: quia in Deo habens et habitum sunt idem re.

Ad tertium dicendum, quod in divinis non est aliquid accidentale, nec est ibi universale et particulare; et ideo nihil dicitur ibi per accidens, neque per consequens, sicut in creaturis; sed tantum attenditur ibi alius et alius modus significandi.

Ad quartum dicendum, quod hoc nomen Deus, quantum est de se, quamvis supponat pro persona, nihilominus tamen non supponit pro aliqua persona distincte, immo indeterminate; nec forma significata per nomen Deus, a qua nomen imponitur, est proprietas personalis, sed natura communis: et ideo unitas significata per hoc adjectivum unus, refertur ad formam divinitatis, et non ad suppositum.

Sed hoc nomen persona imponitur a personali proprietate, quæ est forma significata per terminum; et ideo hæc est falsa: una persona est pater et filius et Spiritus Sanctus; quia significaretur una personalitas trium personarum.

Ad quintum dicendum, quod pater supponit personam distinctam, similiter et filius et Spiritus Sanctus; sed hoc nomen Deus supponit personam indeterminate; et ideo ratione indeterminationis aliquid potest prædicari de Deo quod de nulla distinctarum personarum prædicatur: sicut etiam de homine dicitur, quod nulli singularium convenit esse commune vel speciem vel aliquid hujusmodi.

Quod autem plures personæ hominum non possunt simul prædicari de hoc nomine homo, ratio est quia plures personæ non sunt unus homo sicut plures personæ sunt unus Deus et trinitas; et ideo convenienter dicitur: Deus est tres personæ.

Deus pater alterum se genuit. Hoc dupliciter solvit Magister. Quia ly se potest esse ablativi casus, et tunc simpliciter vera est: et est sensus: genuit alterum se, idest alterum a se. Vel potest esse accusativi casus; et tunc vel facit simplicem relationem; et sic iterum vera est, refert enim identitatem naturæ; tamen erit impropria: vel faciet relationem personalem et sic est falsa, quia refert idem suppositum.

Potest tamen dici, quod etiam si referat idem suppositum, quodammodo erit vera, sed erit emphatica locutio, ut sit sensus: genuit alterum se, idest similem sibi; sicut dicit pœta: dii faciant sine me ne moriatur ego.

Distinctio V

Quæstio I
Prologus

Hic ponit Magister quæstionem de nominibus significantibus essentiam in abstracto, utrum aliquod eorum possit se habere ad generationem ut subjectum vel terminus: et circa hoc tria facit.

Primo movet quæstionem; secundo determinat eam, ibi: ad quod catholicis tractatoribus consentientes dicimus; tertio determinationem confirmat, ibi: ideo non est dicendum, quod pater genuit divinam essentiam; et hæc dividitur in duas partes.

In prima ostendit quod divina essentia non habet se ad generationem sicut terminus, ut dicatur generata; in secunda quod non se habet ad ipsam sicut subjectum, ut dicatur generans, ibi: ita etiam non est dicendum, quod divina essentia genuit filium.

Prima in duas: in prima inducit probationem; in secunda excludit contrarietatem, ibi: huic autem videtur contrarium quod Augustinus ait.

Primum ostendit tripliciter: uno modo sic. Quia omne quod in divinis generat aliquid, relative dicitur ad illud, et e converso. Si igitur pater generat divinam essentiam, essentia dicitur relative ad patrem, et ita non significaret substantiam secundum Augustinum. Secundo sic. Pater est divina essentia. Si igitur pater generaret divinam essentiam, pater generaret illud quod ipse est, quod non potest esse, secundum Augustinum, ibi: item cum Deus pater sit divina essentia, si ejus esset genitor, esset utique genitor ejus rei quæ ipse est. Tertio sic. Pater habet esse per divinam essentiam. Si igitur pater generaret divinam essentiam, pater haberet esse per id quod est generatum ab ipso: cujus contrarium videtur magis; et hoc ibi: item si pater est genitor essentiæ divinæ, cum ipse essentia divina sit, et Deus sit; eo quod generat, et est et Deus est. Ita etiam non est dicendum. Hic probat aliam partem quæstionis, scilicet quod essentia non sit suppositum generationis; et hoc dupliciter: scilicet quod neque essentia generet essentiam neque generet filium, et dividitur in duas: primo ponit probationes utriusque; in secunda inducit contrarietatem, ibi: prædictis autem videtur contrarium esse quod dicit Augustinus. Hæc dividitur in duas: primo inducit contrarietates ostendentes quod essentia generat essentiam; in secunda ostendit quod essentia generet filium, ibi: dicitur quoque, et frequenter in Scriptura legitur, patrem de sua substantia genuisse filium. Circa primum duo facit.

Primo objicit per auctoritates Augustini, secundo per auctoritates Hilarii, ibi: huic vero id etiam contrarium videtur quod Hilarius ait. Utraque dividitur in objectionem et solutionem. Similiter etiam sequens pars dividitur in objectionem et solutionem.

Ad intelligentiam hujus partis de tribus quæritur: primo utrum essentia se habeat ad generationem sicut generans. Secundo utrum se habeat sicut de quo est generatio. Tertio utrum se habeat sicut id quod est terminus generationis.

Circa primum duo quæruntur: 1 utrum essentia generet; 2 dato quod non, utrum similiter sit in omnibus aliis essentialibus nominibus.

Articulus Primus
Utrum essentia generet.

Ad primum sic proceditur. Videtur quod essentia generet. Major enim est oppositio affirmationis et negationis, quam relationis. Sed oppositio relationis facit in divinis ut una persona non sit alia. Ergo fortius faciet hoc contradictio. Sed persona patris est generans. Si igitur essentia non generet, pater non erit essentia; quod est impossibile.

Præterea, quidquid prædicatur de aliquo potest supponere illud. Sed essentia prædicatur de patre et vere. Ergo potest supponere pro patre, et ita potest recipere prædicationem patris. Ergo potest concedi quod essentia generet.

Item, si essentia est pater, ergo est pater filii. Sed relativa dicuntur ad convertentiam. Ergo et filius erit filius essentiæ. Ergo essentia generat.

Item, essentia est res generans. Sed res generans est generans. Ergo essentia est generans.

Item, sicut se habet essentia ad personam, ita persona ad essentiam. Sed de persona prædicantur attributa essentiæ, sicut potentia, bonitas, etc..

Ergo et de essentia proprietates personæ. Ergo potest dici, quod essentia est generans.

Contrarium ostenditur per rationes Magistri.

Respondeo dicendum, quod in creaturis actus sunt suppositorum; et essentia non agit, sed est principium actus in supposito: non enim humanitas generat, sed Socrates virtute suæ naturæ.

In creaturis autem essentia realiter differt a supposito; et ideo nullus actus proprie de essentia prædicatur nisi causaliter. In divinis autem essentia realiter non differt a supposito, sed solum ratione, sive quantum ad modum significandi: quia suppositum est distinctum, et essentia est communis.

Et ideo in divinis quæcumque prædicantur de supposito non secundum modum quo differt ab essentia, prædicantur etiam de essentia: dicimus enim, quod essentia creat et gubernat et hujusmodi.

Sed actus qui dicitur de supposito secundum modum secundum quem differt ab essentia, non potest de essentia prædicari; et hujusmodi est actus generandi, qui prædicatur de supposito patris, secundum quod distinctum est a supposito filii: unde non est concedendum quod essentia generet, sed quod pater generat virtute essentiæ, vel naturæ. Unde etiam dicit Damascenus, quod generatio est opus divinæ naturæ existens.

Ad primum ergo dicendum, quod affirmatio et negatio dicuntur maxime opponi, quia in eis non importatur aliqua convenientia: in privative enim oppositis importatur convenientia quantum ad subjectum, quia nata sunt fieri circa idem; in contrariis autem relativis etiam quantum ad genus, quia scilicet sunt in eodem genere. Unde in utraque oppositione utrumque extremorum significatur per modum entis et naturæ cujusdam. Illud autem in quo invenitur aliquid non permixtum contrario, est maximum et primum in genere illo, et causa omnium aliorum; et ideo oppositio affirmationis et negationis, cui non admiscetur aliqua convenientia, est prima et maxima oppositio, et causa omnis oppositionis et distinctionis; et ideo oportet quod in qualibet alia oppositione includatur affirmatio et negatio, sicut primum in posteriori.

Unde plura requiruntur ad alias oppositiones quam ad oppositionem contradictionis, quia se habent ex additione ad ipsam. Unde non oportet quod, si contrarietas non inveniatur nisi in diversis realiter, quod affirmatio et negatio inveniatur in diversis realiter; immo sufficit etiam distinctio rationis ad affirmationem et negationem, cum quælibet distinctio, ut dictum est, includat affirmationem et negationem: et talis distinctio, scilicet rationis, est inter essentiam et personam. Sed opposita relative aliquando requirunt diversitatem vel distinctionem realem; et talia sunt quæ divinas personas distinguunt: aliquando autem distinctionem rationis tantum; ut cum dicitur idem eidem idem: et hoc melius dicetur in tractatu de relationibus, Dist. 26, quæst. 2, art. 1.

Ad secundum dicendum, quod essentia non prædicatur de supposito ratione modi significandi in utroque, sed ratione indifferentiæ secundum rem propter simplicitatem divinæ naturæ, et ideo non oportet quod supponat patrem.

Ad tertium dicendum, quod cum dicitur essentia est pater, est duplex locutio ex eo quod ly pater potest teneri quasi adjective, ut ponat formam suam circa essentiam; et sic falsa est, quia proprietates non determinant essentiam: vel potest sumi substantive, et tunc supponit pater in prædicato pro persona patris; et sic vera est, nec oportet quod fiat hoc modo conversio: ergo filius est filius essentiæ; sed, ergo filius est filius patris, qui est essentia.

Ad quartum dicendum, quod cum dicitur, essentia est res generans, ly res potest supponere essentiam, vel personam. Si essentiam, sic falsa est, quia sic adjectivum poneret formam suam circa essentiam; si personam, sic vera est; et tunc non sequitur: ergo essentia est generans, quia tunc non circa idem ponetur forma adjectivi.

Ad quintum dicendum, quod cum essentia et persona differant in modo significandi, illud quod prædicatur de persona ratione modi significandi secundum quod ab essentia distinguitur, non prædicatur de essentia, ut generans et generatum: alias similiter etiam est ex parte essentiæ; illud enim quod prædicatur de essentia ratione modi significandi quo differt a supposito distincto, non prædicatur de supposito; sicut essentia est communis tribus, tamen non potest dici hoc de aliqua personarum.

Articulus Secundus
Utrum actus generandi prædicetur de aliquo nominum essentialium.

Ad secundum sic proceditur. Videtur quod actus generandi de nullo nominum essentialium prædicetur. Sicut enim tres personæ sunt una essentia, ita etiam sunt unus Deus. Sed, secundum rationem Magistri, non potest dici essentia generare, ne notetur essentiæ distinctio. Ergo similiter non potest dici, Deus generat, ne sequatur deorum pluralitas.

Item, persona et hypostasis et substantia non dicuntur relative. Sed, secundum Magistrum, ideo essentia non potest dici generare, quia relative non dicitur. Ergo similiter nec persona vel hypostasis.

Item, ista nomina, natura, bonitas et hujusmodi, sunt æqualis abstractionis sicut essentia. Si igitur essentia propter modum significandi in abstracto non potest generare, ergo videtur quod nec aliquod aliorum.

Contrarium ostenditur per multas auctoritates in littera.

Respondeo dicendum, quod sicut dictum est, art. Præc. In corp., generare proprie convenit supposito inquantum distinctum; et ideo quanto magis appropinquat nomen ad suppositum distinctum, tanto verius potest prædicari de ipso actus generandi. Unde hæc est propriissima, pater generat, quia imponitur nomen patris a proprietate distinguente. Et similiter potest dici, persona generat, quia nomen personæ imponitur a proprietate communi, quæ dicitur personalitas: et consequenter minus proprie dicitur, Deus generat; quia, quamvis claudat in se suppositum, non tamen suppositum distinctum; nec imponitur nomen a proprietate distinguente, sed ab essentia communi. In omnibus autem abstractis etiam est ordo: quia quædam ordinem dicunt ad actum, sicut virtus, bonitas, lux, natura et hujusmodi: et quia actus sunt suppositorum, ideo in istis invenitur dictum, quod sapientia generat vel natura generat; tamen hujusmodi locutiones non sunt extendendæ, sed pie intelligendæ.

Quædam vero nomina sunt quæ non dicunt ordinem ad operationem, sed tantum imponuntur secundum rationem nominis ab actu substandi, sicut substantia. Unde hoc nomen substantia adhuc accedit ad rationem suppositi, sed hoc nomen essentia removetur omnino a ratione suppositi: et ideo minime potest dici, quod essentia generet. Si tamen inveniretur, esset exponenda, essentia generat, idest pater, qui est essentia.

Ad primum ergo dicendum, quod hoc nomen Deus

includit in se suppositum indeterminate, et ratione ejus a quo nomen imponitur, includit in se naturam: unde ratione modi significandi est quasi medium inter essentiam et personam distinctam: et ideo nec repugnat sibi modus essentiæ ratione indeterminationis, nec modus distinctæ personæ ratione suppositi: et ideo potest dici, Deus generat, et, Deus est communis tribus personis.

Ad secundum dicendum, quod relativum in divinis multipliciter dicitur; propriissime enim relativum est quod secundum suum nomen ad aliud refertur, ut pater. Aliud autem dicitur relativum quod sequitur vel causat relationem, sicut generatio et generare. Aliud autem quod implicite claudit in se relationem, sicut trinitas personas distinctas relatione; et hoc nomen persona includit in se relationem distinguentem. Aliud autem potest dici relativum, inquantum pro relatione ponitur, sicut Deus, et etiam quædam nomina abstracta, cujus ratio dicta est, in corpore.

Ad tertium dicendum, quod majoris abstractionis est essentia quam bonitas vel sapientia: quia quamvis æqualiter abstrahant a supposito, tamen essentia super hoc abstrahit etiam ab actu; illa vero dicunt ordinem ad actum.

Quæstio II
Prologus

Deinde quæritur, utrum essentia se habeat ad generationem sicut id de quo est generatio; et circa hoc duo quæruntur: 1 utrum filius generetur de substantia patris; 2 utrum sit ex nihilo.

Articulus Primus
Utrum filius sit genitus de substantia patris.

Ad primum sic proceditur. Videtur quod filius non sit genitus de substantia patris. Omnis enim præpositio transitiva est. Transitio autem requirit diversitatem vel distinctionem. Cum igitur filius non distinguatur ab essentia patris, non potest dici de essentia ejus natus.

Item, sicut se habet natura humana ad Socratem, ita divina essentia ad filium. Sed Socrates non potest dici de essentia humana. Ergo nec filius de essentia patris.

Item, de semper dicit ordinem. Sed inter filium et essentiam non est ordo neque temporis, neque naturæ, cum essentia non sit generans, sed pater; neque causalitatis. Ergo videtur quod nullo modo sit de essentia patris.

Si dicas, quod hoc dicitur propter consubstantialitatem filii ad patrem, contra. Sicut essentia patris est essentia filii, ita tota essentia filii est in patre. Ergo eadem ratione potest dici pater de substantia filii, sicut e contrario.

Contrarium ostenditur per auctoritates in littera.

Respondeo dicendum, quod hæc præpositio de proprie designat principium et consubstantialitatem; hæc autem præpositio ex designat tantum ordinem principii. Unde quidquid dicitur esse de aliquo, ex illo est, sed non convertitur, sicut dicitur infra, 36 Distinct.. Unde hæc præpositio ex quandoque notat ordinem temporis tantum, ut, ex mane fit dies; quandoque ordinem principii agentis, sicut, artificiata sunt ex artifice: quandoque principium materiale, ut, cultellus fit ex ferro. Sed de, cum notet consubstantialitatem, semper notat vel principium materiale, sicut, cultellus est de ferro; vel agens consubstantiale, sicut dicimus quod homo filius generatur de patre suo, cum sit generatio per decisionem substantiæ. Et secundum istum modum filius dicitur de patre et de essentia patris: tamen de patre sicut de generante, et de essentia sicut de principio generationis communicato. Unde etiam accedit ad similitudinem secundum materiam, si a materia removeatur totum quod est imperfectionis et remaneat hæc sola de conditionibus materiæ, quod est manens in re et per eam res subsistit; et præcipue res artificiata, quæ est in genere substantiæ propter suam materiam et non propter suam formam, ut dicit Commentator.

Ad primum ergo dicendum, quod de, ut deductum est, dicit consubstantialitatem et ordinem ad principium, et consubstantialitas respicit essentiam; et ordo, ratione cujus est transitio, respicit personam generantem: non enim dicimus quod filius sit de essentia, sed quod sit de essentia patris; et ideo non oportet esse distinctionem filii ab essentia sed a patre.

Ad secundum dicendum, quod similiter Socrates dicitur nasci de natura patris vel substantia, sicut filius Dei, tamen differenter; quia filius Dei est de tota substantia patris, sed Socrates est de parte substantiæ.

Item ad aliud. Quia Socrates subsistit non tantum per essentiam, sed etiam per materiam, per quam individuatur natura humanitatis in ipso. Sed filius Dei subsistit per essentiam patris, cum essentia patris non sit pars filii, sed totum quod est filius.

Ad tertium dicendum sicut ad primum.

Ad quartum dicendum, quod non notatur ibi tantum consubstantialitas, sed etiam ordo ad principium, qui non salvatur, si diceretur: pater est de essentia filii.

Articulus Secundus
Utrum filius sit ex nihilo.

Ad secundum sic proceditur. Videtur quod filius sit ex nihilo. Illud enim dicitur ex nihilo esse quod non est ex præjacenti materia. Sed filius est hujusmodi, quia non est de aliquo sicut de materia.
Ergo etc..
Item, quidquid non habet esse nisi ab alio, quantum est in se, est non ens, cum inter esse et non esse non sit medium. Sed filius non habet esse nisi a patre. Ergo de se habet non esse. Sed omne tale, secundum Avicennam, est ex nihilo. Ergo filius est ex nihilo.
Contra, omne quod est ex nihilo, est creatum.
Sed filius est increatus. Ergo etc..
Item, secundum Damascenum, omne quod est ex nihilo est vertibile in nihil. Sed filius non est hujusmodi. Ergo etc..
Respondeo dicendum, quod differt dicere aliquid non esse ex aliquo, et aliquid esse ex nihilo. Cum enim dicitur non esse ex aliquo sicut ex materia, nihil ponitur; et hoc convenit filio Dei.
Cum autem dicitur esse ex nihilo, remanet ordo affirmatus ad nihil. Sed aliquid habet ordinem ad nihil dupliciter; scilicet ordinem temporis et ordinem naturæ. Ordinem temporis ex eo quod prius fuit non ens, et postea est ens; et hoc nulli æterno convenit. Ordinem naturæ, quando aliquid habet esse dependens ab alio; hoc enim ex parte sui non habet nisi non esse, cum totum esse suum ad alterum dependeat; et quod est alicui ex se ipso, naturaliter præcedit id quod est ei ab altero.
Et ideo, supposito quod cælum, et hujusmodi, fuerit ab æterno, adhuc tamen est verum dicere quod est ex nihilo, sicut probat Avicenna. Neutro autem modo filius habet ordinem ad nihil. Non enim habet ordinem temporis, quia æternus est; non habet ordinem naturæ, quia suum esse est absolutum, non dependens ab alio.
Ad primum ergo dicendum, quod quamvis non sit de materia, non tamen sequitur quod non de aliquo, quia est de substantia patris: quo etiam remoto, adhuc non sequeretur quod esset ex nihilo, ut dictum est: quia pater non est de aliquo, et tamen non est ex nihilo. Idem autem est esse patris et filii.
Ad secundum dicendum, quod filius quamvis totum esse suum habeat ab alio, nihilominus tamen esse suum non est dependens, quia accipit a patre idem numero esse quod ipse habet: et ideo non est dependens esse suum, neque possibile, neque ex nihilo: quod necessario sequeretur, si aliud in numero esse reciperet.

Quæstio III

Articulus I
Utrum essentia sit terminus generationis.

Deinde quæritur, utrum essentia sit terminus generationis.
Videtur quod non. Generatio enim est inter duos terminos, scilicet terminum a quo et terminum ad quem. Sed generatio filii non habet terminum a quo, quia non est ex non esse. Ergo etiam non habet terminum ad quem.
Item, omne quod est terminus generationis, est generatum per se vel per accidens: per se, sicut ipsa res generata; per accidens, sicut forma ejus.
Sed essentia nullo modo generata est, sicut nec generans: quia sequeretur distinctio. Ergo non est terminus generationis.
Præterea, si esset terminus, hoc non esset nisi sicut acceptum per generationem. Sed filius non accepit essentiam. Ergo essentia est terminus generationis. Probatio mediæ. Accipere enim cum non conveniat tribus personis, est actus notionalis.
Sed nullus actus notionalis terminatur ad essentiam, sicut patet quod pater non generat essentiam. Ergo nec filius accepit essentiam.

Contra, illud in quo est generatio, est terminus generationis. Sed Hilarius, dicit, quod nativitas unigenita in naturam ingenitam subsistit.
Ergo natura vel essentia est terminus generationis.
Præterea, generatio invenitur in divinis, ut supra dictum est, Dist. 4, quæst. 1, art. 1, secundum id quod est perfectionis in ipsa. Sed tota perfectio generationis est ex termino ad quem. Ergo in generatione divina est terminus ad quem. Sed hoc non est aliud quam essentia. Ergo etc..
Respondeo dicendum, quod terminus generationis in creaturis potest accipi dupliciter, sicut etiam et principium. Dicitur enim principium generationis ipsum generans; et huic principio correspondet sicut terminus ipsum genitum. Dicitur etiam principium generationis a quo incipit generatio, et hoc modo principium vel initium generationis est privatio formæ inducendæ; et huic principio terminus oppositus est forma per generationem inducta. Sicut etiam in dealbatione terminus a quo est nigredo et terminus ad quem est albedo; similiter in divinis terminus generationis (quamvis non sit ibi actio vel mutatio) potest accipi

dupliciter: scilicet ipsum generatum, et hoc est filius; vel essentia accepta a filio per generationem.

Ad primum ergo dicendum, quod generatio et quilibet motus totam imperfectionem habet ex termino a quo, quod est privatio vel contrarium includens privationem; et ideo in generatione divina non est terminus a quo, sed tantum terminus ad quem, a quo est tota perfectio generationis.

Ad secundum dicendum, quod essentia divina non est genita in filio neque per se neque per accidens: quia eadem essentia est in generante et genito. Si autem essentia esset divisa, tunc sequeretur necessario quod esset genita per accidens, quamvis non per se, sicut in rebus creatis.

Ad tertium dicendum, quod quamvis accipere sit actus notionalis, potest tamen terminari ad essentiam: quod sic patet; quia in generatione divina, sicut in qualibet alia, est tria considerare, scilicet generantem et genitum et naturam communicatam per generationem. Possunt ergo verba notionalia designare comparationem generantis ad genitum, sicut generare vel dare; vel generantis ad essentiam, vel geniti ad essentiam, ut accipere; vel geniti ad generantem, sicut nasci.

Sciendum igitur, quod, cum omne verbum notionale significet actum personæ ut distincta est, oportet quod semper egrediatur a persona distincta: et ideo nullum verbum tale exit ab essentia, ut dicatur essentia generare vel dare notionaliter vel accipere vel nasci. Verba autem quæ designant comparationem generantis ad essentiam vel geniti ad essentiam, terminantur ad essentiam, quia ex parte illa non sunt distinctiva; et hujusmodi verba sunt accipere et dare. Sed verba quæ designant comparationem geniti ad generantem vel e converso, sunt distincta ex utraque parte; et ideo ex neutra parte potest eis adjungi essentia; quia nec essentia generat, nec pater generat essentiam; quod patet etiam ex significatione verborum; quia generans, inquantum generans, distinguitur a genito et e converso. Sed dans distinguitur quidem ab eo cui dat, sed non ab eo quod dat: quia aliquis potest dare seipsum. Similiter et accipiens distinguitur ab eo a quo accipit, sed non ab eo quod accipit de necessitate; aliquis enim accipere seipsum potest, sicut servus manumissus.

Si autem relative diceretur ad patrem vel pro relativo poneretur, non indicaret essentiam. Videtur falsum, quia hoc nomen Deus pro relativo ponitur, et cum hoc indicat essentiam.

Dicendum, quod quamvis indicet essentiam ex parte significati, tamen ex parte suppositi indicat personam; unde tota ratio diversitatis in istis rationibus est quod non concludunt. Similiter de hoc nomine Deus, sicut de hoc nomine essentia, est diversus modus supponendi.

Hoc ad seipsum indicandum genuit. Contra: generatio filii, ut supra dictum est, Dist. 4, qu. 1, art. 3, non est propter aliquem finem, cum finis sit dignior eo quod est ad finem. Ergo non est propter manifestationem patris. Dicendum, quod ly ad hoc est consecutivum, et non finalem causam designans: manifestatio enim patris consecuta est ad generationem filii.

Dicitur filius consilium de consilio. Contra: consilium est quædam quæstio, secundum Philosophum.

Ubi autem non est dubitatio, ibi non est quæstio. Ergo in divinis non est consilium.

Dicendum, quod consilium potest sumi passive, quantum scilicet ad illum qui petit vel accipit consilium; et hoc non potest esse in Deo, quia hoc importat dubitationem. Dicitur etiam active quantum ad illum qui dat consilium; et hoc modo est in divinis, et significat abundantiam cognitionis ipsius de rebus dubiis agibilibus, de quibus est consilium.

Nihil habet filius nisi natum, idest nisi quod nascendo accepit; sed aliquid accepit nascendo sicut communicatum sibi per nativitatem, ut essentiam; et aliquid sicut consequens nativitatem secundum modum intelligendi, sicut relationem filiationis.

Et geniti honoris admiratio in honore generantis est: idest, ille qui honorat filium admirando ipsum quasi adeo magnum supra se, honorat etiam patrem, et e converso. Joan. 5, 23: ut omnes honorificent filium, sicut honorificant patrem.

Nativitas Dei non potest eam ex qua profecta est, non tenere naturam. Dupliciter potest exponi: ut per nativitatem intelligamus ipsum Deum natum, vel melius possumus intelligere generationem passivam.

Et dicitur generatio tenere aliquam naturam quæ per generationem inducitur, sicut omnis motus et mutatio terminatur per terminum ad quem, a quo speciem habet. Vult ergo dicere Hilarius, quod, cum in omni generatione univoca oporteat idem esse principium generationis et quod per generationem communicatur (sicut in generatione ignis forma ignis est principium, et eadem est per generationem acquisita, licet non secundum numerum eadem), ita oportet quod, cum generatio divina sit virtute naturæ divinæ, per generationem genitus accipiat naturam divinam: et oportet quod eamdem numero, quia, ut supra probatum est, Dist. 4, quæst. 1, art. 1, divina natura non potest dividi secundum numerum.

Unitatem formæ servilis in naturam divinæ unitatis refundimus; id est, non ponimus naturam humanam cum divina unum effectum in natura.

Nec rursus corporali insinuatione patrem in filio prædicamus; idest, hoc quod Dominus dicit Joan. 14, 2: ego in patre, et pater in me est, non debet intelligi hoc modo, ut pater sit in filio hoc modo quo insinuatur, id est manifestatur, corpus esse in corpore. Sed ex eo, idest ex patre, genitam naturam ejusdem generis, idest ejusdem virtutis et rationis, sicut humanitas est ejusdem generis in Socrate et Platone; idest, ipsum genitum habentem talem naturam, dicimus habuisse in se naturam gignentis, idest patris gignentis. Vel potest exponi natura genita, quia per generationem accepta in filio; et gignens, quia est principium generationis in patre.

Numquid unigenito Deo contumelia est patrem sibi innascibilem Deum esse? hoc dicit contra Arianos, qui dicebant filium minorem patre, quia non est ingenitus sicut pater. Sed non sequitur: quia ipse est unigenitus patris, et per generationem totam naturam patris accepit: et hoc est quod dicit: in naturam unigenitam subsistat.

Non est aliunde, idest ab alio quam a patre: et ideo non refertur ad aliud, idest ad aliam personam quam ad patrem, inquantum filius est: quia ad Spiritum Sanctum refertur, inquantum spirans est. Vel aliter: aliunde, scilicet quam de essentia patris.

Ad aliud similiter quantum ad essentiam vel naturam, quasi non habens divinam naturam, sed aliam.

In uno subsistit, in unitate naturæ divinæ: ex uno, idest ex patre, vel ex unitate naturæ patris.

Ac sic in generatione filii naturam suam (ut ita dicam) sequitur indemutabilis Deus indemutabilem Deum gignens. Vult ostendere quomodo filius sit in patre, et e converso, hoc modo. Pater per generationem dat naturam suam filio. Ergo, cum pater sit immutabilis, non amittit naturam, sed sequitur eam: quia ubi est natura sua, est et ipse: unde, cum natura sua sit in filio, ipse est in eo. Similiter e converso filius accepit naturam quam pater habet, et, cum ipse pater sit immutabilis, non dimittit naturam suam: unde, cum natura eadem numero quæ filio datur remaneat in patre, filius manet in patre, et dicitur indemutabilis ex in et demutor, aris.

In regnum filii caritatis suæ: Col. 1, 13. Dupliciter exponitur. Potest enim caritas teneri essentialiter; et tunc erit sensus: filii caritatis suæ, idest filii substantiæ suæ. Quod qualiter intelligendum sit, Magister infra, Dist. 17, ostendet. Potest etiam teneri notionaliter; et tunc erit locutio emphatica: sicut consuetum est in Scriptura, quod aliquis dicatur filius alicujus, quod maxime sibi competit; sicut Isa. 5, 1: in cornu filio olei: ad litteram, ostendens locum oleo abundantem: et 1 Reg. 26, 16: filii mortis estis, idest dignissimi morte. Et similiter dicitur unigenitus Dei filius caritatis, quia in ipso maxime caritas patris quiescit.

His verbis præmissis innui videtur quod divina substantia filium genuerit. Hic ex præmissis auctoritatibus elicit quatuor propositiones quæ suæ sententiæ videntur contrariæ. Quarum una est, quod natura coæterna Deo est; in quo videtur loqui de natura genita: et hanc exponit ibi: ut tamen sine præjudicio ac temeritate loquar, ex hoc sensu dicta possunt accipi. Secunda est: pater genuit id quod ipse est: quam exponit ibi: ex quo sensu etiam accipiendum est illud, pater genuit id quod ipse est. Tertia est, quod substantia Dei genuit filium, quam exponit ibi: item substantia Dei genuit filium. Quarta est, quod filius natus est de substantia patris; quam exponit ibi: similiter filius natus est de substantia patris. Et addit quintam, quod filius est substantia patris; quam exponit ibi: similiter expone illud, filius substantia patris.

Distinctio VI

Quæstio I
Prologus

Hic Magister inquirit de generatione quantum ad principium: et dividitur in duas partes. In prima inquirit quid sit principium generationis, utrum necessitas vel voluntas vel natura; in secunda inquirit de communitate principii generationis, utrum scilicet potentia generandi sit communis patri et filio, in sequenti distinctione. Prima in tres: primo enim movet quæstionem, et determinat; secundo removet dubitationem, ibi: sed contra hoc opponitur sic; tertio exponit determinationem, ibi: prædicta tamen verba... Ex tali sensu mihi videntur accipienda. Circa primum tria facit: primo ponit quæstionem; secundo determinat, ibi: nec voluntate, nec necessitate; tertio ex determinatione excludit errorem, ibi: quocirca, ut ait Augustinus, ridenda est dialectica Eunomii. Ubi primo ponit errorem; secundo excludit, ibi: propter quod mutabilis intelligitur natura: quod absit ut in Deo esse credamus. Ubi primo improbat positionem errantis; secundo confirmat rationem, ibi: acute sane quidam respondit hæretico versutissime interroganti.

Ad intelligentiam hujus partis tria quæruntur: 1 utrum pater genuit filium necessitate; 2 utrum voluntate; 3 utrum natura.

Articulus Primus
Utrum pater genuit filium necessitate.

Ad primum sic proceditur. Videtur quod pater genuit filium necessitate. Necessarium enim et possibile dividunt ens. Si igitur pater non genuit filium necessitate, genuit ipsum contingenter vel possibiliter: quod est impossibile.

Præterea, omne æternum est necessarium.

Sed generatio filii a patre est æterna. Ergo necessaria.

Præterea, sicut Deus est per se bonus, ita est per se ens necessarium: omne enim quod est per participationem, reducitur ad id quod est per se. Sed in per se bono nihil potest esse nisi bonum.

Ergo nec in per se necessario aliquid nisi necessarium. Cum igitur generatio sit in Deo, ergo erit necessaria.

Contra, omnis necessitas est ratione alicujus cogentis vel interius vel exterius. Sed Deo non potest esse aliquid fortius. Ergo ibi non potest esse necessitas.

Præterea, Augustinus, dividit necessitatem in coactionem et prohibitionem.

Sed neutrum Deo convenit. Ergo etc..

Respondeo dicendum, quod secundum Philosophum, necessarium dicitur multipliciter. Est enim necessarium absolute, et necessarium ex conditione; et hoc est duplex: scilicet ex conditione finis vel ex conditione agentis.

Necessarium ex conditione agentis, est necessarium per violentiam: non enim eum qui violenter currit, necesse est currere, nisi sub hac conditione, si aliquis eum cogit.

Necessarium ex conditione finis est illud sine quo non potest consequi aliquis finis, vel non ita faciliter. Finis autem est duplex: vel ad esse, et hoc modo cibus vel nutrimentum dicuntur esse necessaria, quia sine eis non potest esse homo; vel pertinens ad bene esse, et sic dicitur esse navis necessaria eunti ultra mare; quia sine ea exercere non potest actionem suam. Necessarium autem absolute dicitur quod est necessarium per id quod in essentia sua est; sive illud sit sua essentia, sicut in simplicibus; sive, sicut in compositis, illud principium sit materia, sicut dicimus, hominem mori est necessarium; sive forma, sicut dicimus, hominem esse rationalem est necessarium. Hoc autem absolute necessarium est duplex. Quoddam enim est quod habet necessitatem et esse ab alio, sicut in omnibus quæ causam habent: quoddam autem est cujus necessitas non dependet ab alio, sed ipsum est causa necessitatis in omnibus necessariis, sicut Deus.

Dicendum ergo, quod generatio in divinis non est ex necessitate conditionata, sive conditionetur ex fine, sive ex agente. Non ex agente; cum ipse Deus sit primum principium et ultimus finis. Sed est necessaria necessitate absoluta, sicut est necessitas primæ causæ. Et per hoc patet solutio ad utramque partem: quia primæ rationes procedunt de necessitate absoluta, et aliæ de necessitate coactionis quæ repugnat necessitati absolutæ: et de ista procedebat hæreticus, et secundum hoc negatur in littera.

Articulus Secundus
Utrum pater genuit filium voluntate.

Ad secundum sic proceditur. Videtur quod pater genuit filium voluntate. Omne enim bonum est volitum a Deo, sicut omne verum scitum. Sed generatio filii est optimum. Ergo est volitum a Deo; et ita pater genuit filium voluntate.

Præterea, in generatione humana ita est quod principium inclinans ad generandum, est voluntas.

Sed generatio humana extrahitur a divina.

Ergo et similiter erit in generatione divina, et ita videtur quod pater genuit filium voluntate.

Præterea, Origenes dicit de patre loquens: germen proferens voluntatis factus est verbi pater. Sed illud quod est germen voluntatis, est natum voluntate generantis. Ergo pater genuit filium voluntate.

Contra, voluntas est principium productionis eorum quæ per artem producuntur in rebus humanis.

Sed filius non producitur a patre sicut artificiatum, immo sicut ars; sed creaturæ sicut artificiata. Ergo videtur quod pater non genuit filium voluntate; sed voluntate creaturas produxit.

Præterea, Hilarius: si quis voluntate Dei filium tamquam

factum dicat, anathema sit. Ergo etc..
Respondeo dicendum, quod voluntas potest comparari ad aliquid dupliciter: aut sicut potentia ad objectum, aut sicut principium. Si comparetur ad aliquid sicut ad objectum, tunc omne volitum a Deo, potest dici esse voluntate ejus; et sic potest dici, pater est Deus voluntate sua; vult enim se esse Deum; et similiter potest concedi quod pater genuit filium voluntate. Si autem comparetur voluntas ad aliquid sicut principium, hoc potest esse dupliciter: quia aut illud ad quod comparatur sicut principium dicit rationem principiandi; aut dicit ipsum principiatum. Si primo modo, sic comparatur voluntas ad processionem Spiritus Sancti, qui procedit ut amor, in quo voluntas principiata omnia, scilicet creaturas, amore producit; et secundum hunc modum etiam intellectus in Deo se habet ad generationem filii, qui procedit ut verbum et ars. Si secundo modo, tunc principiatum voluntatis procedit a voluntate secundum voluntatis conditionem. Voluntas autem, quantum est in se, libera est: unde principiata voluntatis sunt tantum ea quæ possunt esse vel non esse. Et hoc modo constat, quod voluntas divina comparatur ad creationem rerum, et non ad generationem filii. Et hinc est quod quidam distinguunt voluntatem in tria, scilicet in voluntatem accedentem, quæ scilicet de novo accedit operi vel operanti, et talis non est in Deo secundum aliquem trium dictorum modorum voluntatis, quia omnis operatio ejus est a voluntate æterna. Item in voluntatem concomitantem quæ dicitur secundum comparationem ad objectum tantum; et sic est in Deo respectu generationis filii.
Item in voluntatem antecedentem; et sic dicit comparationem principii ad principiatum; et sic est respectu creaturarum.
Ad primum ergo dicendum, quod ratio illa procedit secundum comparationem voluntatis ad objectum tantum.
Ad secundum dicendum, quod generatio humana non est æterna, et ideo potest habere voluntatem antecedentem, quod non potest esse in divina.
Ad tertium dicendum, quod Origenes vocat germen voluntatis id in quo quiescit patris beneplacitum; et hæc est filius, sicut ipse dixit Matth. 3, 17: hic est filius meus dilectus, in quo mihi complacui. Aliæ autem rationes procedunt de voluntate antecedente, sive secundum comparationem principii ad principiatum.

Articulus Tertius
Utrum pater genuit filium naturaliter.

Ad tertium sic proceditur. Videtur quod pater non naturaliter genuit filium. Hilarius: non naturali necessitate ductus pater genuit filium. Ergo videtur quod non sit naturalis generatio.
Præterea, in Deo idem est voluntas et natura.
Sed pater non genuit filium voluntate. Ergo nec genuit filium natura.
Præterea, sicut supra habitum est, Dist. 3, quæst. 1, art. 3, Philosophi per rationes creaturarum potuerunt devenire in cognitionem divinæ naturæ. Sed cognita natura cognoscitur operatio naturæ. Ergo potuerunt devenire in cognitionem generationis æternæ, si pater naturaliter genuit filium: cujus contrarium superius est ostensum, Dist. 3, quæst. 1, art. 4.
Contra, Hilarius: omnibus creaturis substantiam Dei voluntas attulit; sed filio natura dedit. Ergo videtur quod pater genuit filium natura.
Præterea, Damascenus: generatio est opus divinæ naturæ existens.
Ergo etc..
Respondeo dicendum, quod essentia divina, ut dictum est, Dist. 3, art. 4, est principium omnium actuum divinorum; licet essentia sub ratione essentiæ non dicat principium actus qui est operatio, sed qui est esse. Sed cum in essentia sit considerare diversa attributa, quæ sunt realiter unum in ipsa, ratione tamen distincta; actus refertur ad essentiam secundum hoc attributum vel illud, secundum quod exigit conditio actus; sicut intelligere est ab essentia divina, inquantum ipsa est intellectus; et res volitæ, quæ possunt esse vel non esse, producuntur ab essentia, inquantum ipsa est voluntas.
Et quia de ratione generationis est ut producatur genitum in similitudinem generantis, et hujus productionis principium pertinet ad naturam, quæ est ex similibus similia procreans; ideo dicitur, quod pater natura genuit filium.
Ad primum ergo dicendum, quod Hilarius naturalem necessitatem appellat, quando virtute naturæ aliquid agitur quod est contrarium voluntati, sicut fames et sitis in nobis; unde voluntas patitur quasi quamdam violentiam a natura; et talis necessitas non est in Deo.
Ad secundum dicendum, quod quamvis natura et voluntas sint idem re, differunt tamen ratione, ut dictum est. Et ideo essentia divina in ratione naturæ est principium alicujus, cujus principium non est ipsa eadem, prout habet rationem voluntatis.

Ad tertium dicendum, quod naturam contingit cognoscere dupliciter. Vel perfecte comprehendendo ipsam; et sic Philosophi non cognoverunt naturam divinam: quia sic cognovissent omnia opera divina, et quæcumque sunt in ipsa. Vel per effectus; et ita Philosophi cognoverunt. Quia vero creatura non perfecte repræsentat naturam divinam, secundum quod est principium generationis æternæ et consubstantialis; ideo generationem divinam, quæ est ejus operatio, non cognoverunt Philosophi.

Voluntas sapientiam præire non potest. Hoc dicit, quia sapientia filio appropriatur. Sed contra. Voluntas est motor aliarum virium: intelligimus enim, quia volumus. Ergo voluntas videtur præcedere cognitionem sapientiæ. Dicendum, quod voluntatem oportet quod præcedat aliqua cognitio. Est enim duplex actus voluntatis.

Unus imperfectus, scilicet appetere; et iste actus præcedit cognitionem perfectam eorum quæ acquiruntur in cognitione. Per appetitum enim sciendi aliquid movetur aliquis ad considerationem alicujus, cujus cognitionem considerando accipit; sed tamen hunc actum voluntatis præcedit cognitio indeterminata qua res scitur in universali, et per illam cognitionem imperfectam tendit appetitus in perfectionem ipsius: si enim esset omnino ignotum, non quæreretur. Est et alius actus voluntatis perfectus, quo voluntas quiescit et placet sibi in re jam habita; et ita voluntas sciendi sequitur cognitionem perfectam.

Utrum Deus filium volens aut nolens genuit.

Videtur quod necessarium sit alterum dare, cum fiat divisio per affirmationem et negationem.

Dicendum, quod nolens et volens non opponuntur contradictorie; sed volens et non volens. Differt enim nolo et non volo; quia cum dicitur: non volo, negatur actus; et ideo opponitur sicut negatio ad affirmationem: sed in hoc verbo nolo et in toto condeclinio ejus remanet actus voluntatis affirmatus, et negatio fertur ad nolitum. Unde sensus est: nolo hoc; id est, volo hoc non esse. Unde non oportet dici nolens vel volens, quia lapis nec volens est nec nolens. Et similiter in proposito neutrum dandum est. Sed danda est ista, non volens, si volens dicat voluntatem accedentem vel antecedentem. Si autem dicat voluntatem concomitantem danda est ista, volens genuit.

Distinctio VII

Quæstio I
Prologus

Postquam ostendit principium divinæ generationis proprium, quod est natura et non voluntas; hic inquirit de communitate principii, utrum scilicet generandi potentia sit communis patri et filio; et dividitur in duas: in prima inquirit de communitate potentiæ generativæ sumptæ in concreto; in secunda de communitate ejusdem sumptæ in abstracto, ibi: item quæritur a quibusdam, si pater potens sit natura gignere filium, et an hoc sit aliqua potentia quæ sit in filio. Prima in tres: primo determinat quæstionem; secundo movet dubitationem, ibi: sed vehementer nos movet quod Augustinus ait; tertio ponit solutionem, ibi: quomodo ergo accipietur quod supra dictum est? circa primum tria facit: primo movet quæstionem; secundo ponit determinationem, ibi: cui versutiæ facile respondemus; tertio confirmat per similitudinem, ibi: ex simili quoque hoc videre possumus.

Sed vehementer nos movet quod Augustinus ait.

Hic ponit dubitationem: et primo ponit ad unam partem auctoritatem Augustini; secundo ad partem contrariam inducit quorumdam rationem, ibi: hoc autem videtur quibusdam non posse stare.

Quomodo ergo accipietur quod supra dictum est? hic solvit: et primo insinuat solvendi difficultatem; secundo prosequitur solutionem, ibi: potest ergo sic intelligi.

Hic quæruntur duo: primo de potentia generandi in Deo. Secundo de communitate ipsius.

Circa primum tria quæruntur: 1 utrum in Deo sit potentia ad generandum; 2 quid sit illa potentia, an sit absolutum aliquid vel ad aliquid; 3 de comparatione ipsius ad potentiam creandi.

Articulus Primus
Utrum potentia generativa sit in Deo.

Ad primum sic proceditur. Videtur quod in Deo non sit potentia ad generandum. Quidquid enim exit ab aliqua potentia, sive sit potentia agentis sive materiæ, prius est in potentia quam sit in actu.

Sed generatio filii a patre non est hujusmodi, cum sit æterna. Ergo non exit ab aliqua potentia. Ergo in Deo non est potentia ad generandum.

Præterea, illud quod per se est naturæ, non exit ab ea

mediante aliqua potentia, sicut anima dat tale esse corpori nullo mediante. Sed generatio est per se opus naturæ, ut dicit Damascenus.

Ergo non est opus potentiæ; et sic idem quod prius.

Præterea, omnis potentia vel est activa vel passiva. Sed in patre non est potentia passiva ad generandum filium, quia secundum eam magis diceretur mater quam pater. Nec est etiam in eo potentia activa; quia, secundum Philosophum, potentia activa est principium transmutationis in aliud, secundum quod est aliud: unde potentia activa exigit materiam in quam agat. Generatio autem filii non est ex materia. Ergo videtur quod in Deo non sit potentia ad generandum.

Contra, Augustinus arguit: si pater non potuit generare filium æqualem et coæternum sibi, impotens fuit. Ergo ex hoc videtur quod potentia divina etiam se extendat ad generationem filii.

Præterea, omnis operatio demonstrat potentiam ipsius operantis. Cum igitur actus generationis in infinitum transcendat productionem creaturarum, quæ tamen divinam omnipotentiam manifestat, videtur quod multo fortius generatio filii sit manifestativa divinæ potentiæ, et non nisi sicut actus ejus. Ergo videtur quod in Deo sit potentia generandi.

Respondeo dicendum, quod in creaturis aliquid producitur per potentiam naturalem, et hoc producitur per similitudinem naturæ ipsius producentis, sicut homo generat hominem: producitur etiam aliquid per potentiam rationalem, et hoc producitur in similitudinem producentis quantum ad speciem, non naturæ, sed in ratione existentem; cum omne agens agat sibi simile aliquo modo; sicut domus producitur ab artifice, et recipit similitudinem speciei quam artifex habet in mente. Et secundum hos duos modos aliquid producitur a Deo. Procedit enim aliquid a Deo in similitudinem naturæ, recipiens totam naturam; nec eamdem specie tantum, sed eamdem numero; et sic filius procedit a patre per actum generationis. Unde in Deo est potentia ad generandum similis potentiæ naturali.

Procedit etiam aliquid a Deo in similitudinem ideæ existentis in mente divina, quod non recipit naturam divinam, sicut creaturæ. Unde potentia operandi in creaturis est sicut potentia rationalis in Deo; et secundum istam potentiam attenditur omnipotentia in Deo. Persona enim divina, quæ procedit per potentiam quasi naturalem, non est aliquid connumeratum omnibus. Unde potentia generandi non continetur sub omnipotentia.

Ad primum ergo dicendum, quod illud est verum, quando actus differt realiter a potentia a qua exit: tunc enim oportet quod prius sit in potentia quam in actu vel tempore vel natura. Sed in Deo est omnino idem re essentia, potentia et operatio, sed differunt tantum ratione; et ideo in divinis non valet.

Vel dicendum, quod in divinis personis est tantum ordo naturæ, quo, secundum Augustinum, aliquis est ex alio, et non prior alio. Unde non potest concludi aliqua prioritas per hoc quod filius generatur ex potentia patris.

Ad secundum dicendum, quod natura vel essentia comparatur ad duo: ad habentem, et ad id cujus natura est principium. Inter essentiam igitur et habentem essentiam non cadit aliqua potentia media quantum ad actum ipsius essentiæ in habentem, qui est esse; sed ipsa essentia dat esse habenti: et iste actus est quasi actus primus. Egreditur etiam ab essentia alius actus, qui est etiam actus habentis essentiam sicut agentis, et essentiæ sicut principii agendi: et iste est actus secundus, et dicitur operatio: et inter essentiam et talem operationem cadit virtus media differens ab utroque, in creaturis etiam realiter, in Deo ratione tantum; et talis actus est generare; et ideo, secundum modum intelligendi, natura non est principium ipsius nisi mediante potentia.

Ad tertium dicendum, quod potentia divina nullo modo passiva est, nec etiam vere activa; sed superactiva: actio enim ejus non est per modum motus, sed per modum operationis: quæ differt a motu, secundum Philosophum, sicut perfectum ab imperfecto, et ideo non requirit materiam in quam agat; quod non potest esse in actione quæ est cum motu, cum omnis motus sit per exitum de potentia in actum: et ideo non oportet quod creatio sit ex materia, et multo minus quod generatio divina; unde Avicenna dicit, quod agens divinum differt a naturali: agens enim naturale est causa motus; sed agens divinum est dans esse totum, sicut creator mundi.

Articulus Secundus
Utrum potentia generativa sit ad aliquid.

Ad secundum sic proceditur. Videtur quod potentia generandi sit ad aliquid. Remoto enim intellectu distinctarum personarum a divinis, adhuc manet intellectus omnium quæ absolute dicuntur, sicut bonitas, sapientia et hujusmodi. Sed remoto intellectu personarum, non remanet potentia generandi: quia remotis personis removetur generatio, et remota generatione removetur potentia generandi; non enim potest in divinis esse aliquid in potentia quod non sit actu; alias Deus esset mutabilis. Ergo non est de absolutis, sed de ad aliquid dictis.

Præterea, potentiæ distinguuntur per actus. Sed generare in divinis est ad aliquid dictum: quia generatio est proprietas ipsa relativa, ut supra dictum est, Dist. 4, qu. 1, art. 2. Ergo et potentia generandi.

Præterea, omnis operatio propria alicujus rei egreditur a forma propria ejusdem, sicut comburere a forma ignis. Sed generare filium in divinis, est propria operatio patris. Ergo principium illius erit propria forma patris. Hoc autem est paternitas, quæ relatio quædam est. Cum igitur principium operationis sit potentia, videtur quod potentia generandi sit ad aliquid.

Contra, cujus est actus, ejus est potentia, secundum Philosophum. Sed, secundum Damascenum, generatio est actus naturæ. Ergo et potentia generandi est ipsius naturæ. Natura autem est absolute dictum. Ergo et potentia.

Præterea, in qualibet generatione univoca idem est principium generationis et terminus; sicut homo generat hominem. Sed terminus generationis in divinis est essentia, quæ communicatur per generationem, ut supra dictum est, Dist. 5, qu. 1, art. 1.

Ergo essentia etiam est principium generationis; et sic videtur quod potentia generandi sit essentiale.

Respondeo, quidam dixerunt, quod potentia generandi simpliciter est ad aliquid non tantum ex parte actus, sed etiam ex parte ipsius potentiæ: potentia enim dicit relationem principii.

Sed hoc nihil est: quia potentia non est relativum secundum suum esse, sed solum secundum dici: immo potentia significat etiam illud quod est principium, et non tantum relationem principii. Sic enim quærimus hic de potentia generandi. Principium autem cujuslibet operationis divinæ, ut supra dictum est, Dist. 4, qu. 1, art. 1, est essentia divina. Sed ab essentia egreditur aliquis actus, secundum quod essentia est sapientia; et aliquis, secundum quod est voluntas; et sic de aliis attributis.

Similiter dico, quod cum proprietas realiter sit essentia, essentia secundum quod est ipsa paternitas, est principium hujus actus qui est generare, non sicut agens, sed sicut quo agitur: unde principium generationis est essentiale sub ratione relationis: unde est quasi medium inter essentiale et personale; ex parte enim illa qua potentia, quæ est media inter essentiam et operationem, radicatur in essentia, est absolutum; ex parte autem illa qua conjungitur operationi, est relativum.

Ad primum ergo dicendum, quod, remoto intellectu personarum, remanent ea quæ sunt pure absoluta. Sed hujusmodi est potentia generandi, ut dictum est, in corp. Art., et ideo non remanet, subtractis personis.

Ad secundum dicendum, quod quamvis potentiæ innotescant per actus, non tamen oportet quod in eodem genere ponantur potentiæ et actus, præcipue de potentiis activis: unde quamvis generare sit ad aliquid, non tamen oportet quod potentia generandi sit ad aliquid; sed verum est quod posse generare est posse ad aliquid accusativi casus.

Ad tertium dicendum, quod natura communis in unoquoque operatur secundum conditionem ipsius: unde anima sensibilis habet in diversis animalibus diversas operationes, et etiam in diversis organis sentiendi. Et hoc ideo est, quia natura communis determinatur et contrahitur in unoquoque, secundum proprietates inventas in illo. Divina autem natura non contrahitur neque determinatur per proprietates suppositorum; tamen natura divina in patre est proprietas patris, et in filio est proprietas filii.

Ideo autem non contrahitur, quia proprietas non est aliud ab essentia vel ipsa natura, ut adveniat sibi quasi dispositio contrahens. Ideo etiam natura non determinatur vel distinguitur, quia relatio non distinguitur secundum id quod est (sed secundum hoc tantum comparatur ad essentiam, cum qua est idem re) sed secundum quod ad alterum est, et sic respicit personam, et distinguit eam: et ideo in patre est principium operationis secundum proprietatem patris et in filio secundum proprietatem filii. Unde eadem operatio est et naturæ communis, et propriæ formæ ipsius patris: et ideo potentia generandi, ut dictum est, in corp. Art., est medium inter absolutum et relatum. Et hoc voluerunt quidam dicere, dicentes potentiam generandi absolutum, si consideretur potentia remota, vel indisposita; quamvis improprie locuti sint, quia proprietas non disponit essentiam, sed suppositum.

Et per ea quæ dicta sunt, patet etiam solutio ad sequentia.

Articulus Tertius
Utrum potentia dicatur univoce de potentia generandi et potentia creandi.

Ad tertium sic proceditur. Videtur quod potentia non dicitur univoce de potentia generandi et creandi. Potentiæ enim distinguuntur per actus, et actus per objecta. Sed filius Dei et creaturæ non univocantur in aliquo. Ergo nec generatio et creatio. Igitur ulterius nec

Distinctio VII

potentia generandi et creandi.

Præterea, potentia creandi est simpliciter absoluta. Sed potentia generandi est quodammodo ad aliquid. Cum igitur nihil univocetur ad absolutum et relatum, cum sint in diversis prædicamentis, videtur quod potentia non univoce dicatur de utraque.

Contra, sicut dictum est, art. Antec., potentia generandi est ipsa divina essentia; similiter etiam potentia creandi, cum Deus sit primum agens, et omnis sua operatio sit per suam essentiam. Ergo videtur quod utraque sit una potentia.

Supposito quod potentia aliquo modo de eis dicatur secundum prius et posterius, quæritur quæ istarum potentiarum sit prior, et videtur quod potentia creandi. Commune enim est ante proprium, et essentiale ante personale, secundum rationem intelligendi. Sed potentia creandi est communis tribus personis; potentia autem generandi videtur proprie pertinere ad personam patris. Ergo videtur quod potentia creandi sit prior.

Contra, secundum ordinem actuum est ordo potentiarum. Sed generatio est prior creatione, sicut æternum temporali. Ergo et potentia generandi est prior.

Respondeo dicendum, quod potentia est medium, secundum rationem intelligendi, inter essentiam et operationem naturæ. Possunt ergo considerari potentia creandi et potentia generandi secundum quod radicantur in essentia divina: et sic est una numero potentia, nedum univoce dicta. Possunt etiam considerari ex parte qua conjunguntur operationi, et secundum hoc potentia dicitur de eis non univoce, sed secundum prius et posterius, et potentia generandi erit prior secundum rationem intelligendi quam potentia creandi, sicut generatio est prior creatione.

Et per hoc patet solutio ad primum, quod procedit de potentia comparata ad actum.

Et similiter ad secundum, quia potentia generandi non est ad aliquid nisi ex parte illa qua conjungitur actui.

Et similiter ad tertium, quod procedit e contrario de potentia secundum quod se tenet a parte essentiæ.

Ad quartum dicendum, quod commune in divinis est ante proprium, quando commune per se accipitur secundum rationem intelligendi; sed quando commune accipitur cum respectu ad creaturas, ratione respectus adjuncti, est posterius quam proprium alicujus personæ, secundum rationem intelligendi. Quintum concedimus.

Quæstio II
Prologus

Deinde quæritur de communitate hujus potentiæ; et circa hoc duo quæruntur: 1 utrum potentia generandi sit in filio; 2 utrum filius possit generare.

Articulus I
Utrum potentia generandi sit in filio.

Ad primum sic proceditur. Sicut supra dictum est, in corp. Art. 2, qu. Præced., potentia generandi includit in se rationem paternitatis. Sed paternitas non est in filio. Ergo nec potentia generandi.

Præterea, cum potentia dicat rationem principii, potentia generandi dicit principium generationis.

Sed filio nullo modo competit esse principium generationis: esset enim principium suiipsius. Ergo in filio nullo modo est potentia generandi.

Contra, sicut supra dictum est, in hac Dist. qu. 1, art. 2, potentia generandi est ipsa divina essentia. Sed essentia patris tota est in filio. Ergo videtur quod etiam potentia generandi sit in filio.

Præterea, nulla scientia vel voluntas est patris, quæ non sit filii. Ergo nec etiam aliqua potentia, cum potentia illis duobus condividatur.

Sed potentia generandi est in patre. Ergo et in filio.

Respondeo dicendum, quod potentia generandi dicitur tripliciter, secundum quod generandi potest esse gerundium verbi impersonalis, vel verbi personalis activi, vel verbi personalis passivi.

Si sit gerundium verbi impersonalis, tunc potentia generandi est potentia qua ab aliquo generatur; et ita est in filio potentia generandi, idest qua a patre generatur. Si sit gerundium verbi personalis activi, tunc potentia generandi dicitur potentia ut generet; et sic non est in filio. Si sit gerundium verbi personalis passivi, tunc potentia generandi dicitur potentia ut generetur; et ita est in filio, quia eadem potentia quæ in patre est ut generet, est in filio ut generetur. Et ista distinctio fundatur super id quod dictum est, in corp., art. 2, quæst. Præced., quod potentia generandi est essentia divina, a qua, prout in patre est paternitas, est generatio activa; et prout in filio est filiatio, erit generatio passiva.

Ad primum ergo dicendum, quod potentia generandi ex parte qua conjungitur actui includit in se paternitatem; et secundum hoc non convenit filio: sed ex parte illa qua radicatur in essentia, non includit; et ita convenit filio, secundum quod generandi est gerundium verbi impersonalis, ut sit sensus: potentia generandi est in

filio, idest, essentia divina per quam a patre fit generatio.
Ad secundum dicendum, quod potentia generandi non est nisi in patre, secundum quod habet rationem principii in se inclusam per modum paternitatis.
Sed alio modo potest esse in filio, sicut dictum est.
Et ex his etiam quæ dicta sunt patet solutio ad tertium.
Ad quartum dicendum, quod voluntas et scientia non habent rationem principii respectu generationis filii, qui procedit per modum naturæ, sed tantum respectu creaturarum, quæ producuntur a Deo sicut artificiata; sed potentia etiam habet rationem principii ad generationem divinam, et ideo magis potest trahi ad personale, ut sit proprium alicujus personæ, quam scientia et voluntas.

Articulus Secundus
Utrum filius possit generare alium filium.

A
Ad primum sic proceditur. Videtur quod filius possit generare filium alium. Secundum enim potentiam non impeditam est aliquid potens operari.
Sed in filio est aliquo modo potentia generandi, ut dictum est, art. Anteced.. Cum igitur potentia Dei non possit impediri, videtur quod filius possit generare alium filium.
Præterea, filius est imago patris perfecte repræsentans ipsum, secundum perfectam similitudinem.
Sed pater potest generare. Ergo videtur quod etiam filius; alias non perfecte assimilatur sibi.
Præterea, quæcumque operatio est alicujus naturæ communis, si est in uno suorum suppositorum, est et in alio: sicut intelligere et ratiocinari est operatio naturæ humanæ in Socrate et Platone.
Sed generatio est operatio divinæ naturæ in patre.
Ergo et in filio. Videtur ergo quod filius possit generare filium.
Item, posse generare est aliquid dignitatis patris; alias non esset proprietas personalis. Sed nulla dignitas est in patre quæ non sit in filio, cum sint omnino æquales in dignitate. Ergo filius potest generare.
Contra, secundum Augustinum, minimum inconveniens Deo est impossibile. Sed si filius generaret filium, sequeretur in Deo inconveniens, quia ille filius generaret alium, et sic in infinitum. Ergo videtur quod filius non possit generare.
Præterea, non esset ibi summa unio et indistantia æqualis, quia filius Deus propinquius se haberet ad filium quam ad patrem, et hoc non videtur in divinis competere.
Præterea, qui non potest esse pater, non potest generare. Sed filius non potest esse pater, quia sequeretur confusio personarum. Ergo etc..
Respondeo dicendum, quod quidam dixerunt quod filius potest generare alium filium, sed ista potentia nunquam reducetur in actum propter inconveniens, quod Augustinus inducit in littera.
Sed hoc nihil est: quia in perpetuis, secundum Philosophum, non differt esse et posse, et multo minus in divinis: unde quidquid non est in Deo non potest esse ibi, alias Deus esset mutabilis. Unde dicendum simpliciter, quod filius non potest generare filium. Et ratio hujus est, quia ille filius in nullo distingueretur ab alio. Cum enim personæ divinæ non distinguantur secundum divisionem materiæ, quia non sunt materiales, non remanet ibi alia distinctio nisi per relationes originis. Impossibile est autem quod una relatio originis, sicut filiatio, multiplicetur secundum numerum, quia talis multiplicatio esset materialis. Unde in Deo non potest esse nisi una filiatio, et una filiatione non constituitur nisi unus filius; et ita in divinis non possunt esse plures filii, nec plures patres; et hoc pertinet ad perfectionem filii, quia nihil de filiatione est extra ipsum in divinis, unde est perfectus filius.
Ad primum ergo dicendum, quod in filio non est potentia generandi; nisi secundum quod radicatur in essentia, et non ex parte qua conjungitur actui generandi: et ideo non sequitur quod sit actus ibi.

Ad secundum dicendum, quod ubicumque est similitudo, oportet quod ibi sit aliqua distinctio: quia, secundum Bœtium, similitudo est rerum differentium eadem qualitas, alias non esset similitudo, sed identitas.
Unde inter filium et patrem salvatur perfecta similitudo. Sed remanente distinctione, in omnibus attributis conveniunt. Si autem filius generaret non remaneret distinctio inter patrem et filium, cum non sit ibi distinctio, nisi per relationes originis; et non possit ibi esse nisi una paternitas tantum, ut dictum est, in corp. Art..
Ad tertium dicendum, quod generare non est actus divinæ naturæ, nisi secundum quod natura divina est ipsa paternitas; et sub tali ratione natura divina non est in filio.
Ad quartum dicendum, quod dignitas est de absolute dictis: et ideo eadem est dignitas patris et filii numero, sicut eadem essentia. Unde sicut paternitas in patre est

essentia, et eadem essentia est in filio non paternitas, sed filiatio; ita eadem dignitas numero quæ in patre est paternitas, in filio est filiatio.

B
Ulterius quæritur, utrum pater possit generare alium filium: et videtur quod sic. Quia per generationem in nullo diminuitur ejus potentia. Ergo qua ratione potest generare unum, potest et generare plures.
Ad id quod ulterius quæritur, patet solutio etiam per prædicta; quia impossibile est in divinis plures esse filios: hoc enim non est ex defectu potentiæ patris, sed ex distinctione suppositorum divinæ naturæ, quæ tolleretur, ut dictum est, in corp. Art..
Immoderata enim esset divina generatio, si genitus filius nepotem gigneret patri. Videtur enim non esse inconveniens, si genitus semper alium gigneret, immo maximum bonum: quia quælibet generatio esset infinitum bonum. Et potest dici, quod esset triplex inconveniens: primo, quia si hoc in infinitum procederet; cum omne infinitum sit imperfectum, generatio divina nunquam esset perfecta; et hoc sumitur ex littera. Secundo, quia non posset esse distinctio inter plures genitos, ut dictum est, in corp., art.
Præc.. Tertio, quia quamvis communicatio sit de nobilitate et simplicitate naturæ, tamen infinita communicatio non est nisi ex defectu naturæ; quia enim natura non potest conservari secundum æternum esse in uno individuo, intendit per infinitam successionem individuorum conservare perpetuitatem suam, saltem secundum idem in specie; et hoc nullo modo Deo convenit.
Non enim non potuit, sed non oportuit; id est, non ex impotentia sui fuit quod filius non genuit; sed ei non conveniebat. Videtur ista expositio nimis esse extorta, et non posse accipi ex verbis Augustini.
Sed dicendum, quod Magister accipit istam expositionem ex eo quod ly non potuit potest sumi negative tantum; et sic procedebat objectio. Vel potest sumi quasi privative, ut non potuit sit quasi terminus infinitus: et tunc per hoc quod dicit: non enim non potuit, negatur impotentia.
Sed videtur iterum quod ex impotentia filii sit quod non generet. Ita enim arguit Augustinus: si pater non potuit generare filium coæternum et coæqualem sibi, impotens fuit.
Ergo videtur similiter quod si filius non potuit, impotens sit.
Dicendum, quod generare filium est de his quæ pertinent ad rationem patris; et ideo nihil posset deesse de his quæ sunt vel pertinent ad perfectionem generationis, quin redundaret in impotentiam patris. Sed generare non pertinet ad rationem filii, immo potius est oppositum filiationi: et ideo ex hoc non ostenditur filius impotens, sicut homo non dicitur impotens, nisi ex eo quod non potest ea quæ ad ipsum pertinent.

Distinctio VIII

Quæstio I
Prologus

Ostensa trinitate personarum in unitate essentiæ, hic incipit prosequi determinationem suam de his quæ pertinent ad utrumque. Sunt autem in divinis tria, scilicet essentia communis, persona distincta, proprietas distinguens. Dividitur ergo hæc pars in duas: in prima determinat de istis secundum se; in secunda, quomodo ad invicem comparantur, 33 Dist., ibi: post supradicta, interius considerari, atque subtiliter inquiri oportet.
Prima in tres: in prima determinat de essentia; in secunda de personis, 9 Dist., ibi: nunc ad trium personarum distinctionem accedamus; in tertia determinat de proprietatibus, 26 Dist., ibi: nunc de proprietatibus personarum... Aliquid loqui nos oportet.
Prima in tres, secundum tria attributa essentiæ, quæ prosequitur: primo enim determinat de essentiæ unitate; secundo de incommutabilitate, ibi: Dei etiam solius essentia incommutabilis dicitur proprie; tertio de simplicitate, ibi: eademque sola proprie ac vere simplex est. Circa primum duo facit: primo ostendit veritatem divinæ essentiæ; secundo removet dubitationem, ibi: hic diligenter advertendum est quomodo intelligi debeant illa verba Hieronymi.
Circa primam partem distinctionis, in qua agitur de proprietate divini esse, duo quæruntur: primo de ipso esse divino. Secundo de mensura ejus, scilicet æternitate. In primo tria quæruntur: 1 utrum esse Deo proprie conveniat; 2 utrum suum esse sit esse cujuslibet creaturæ; 3 de ordine hujus nominis, qui est, ad alia divina nomina.

Articulus I
Utrum esse proprie dicatur de Deo.

Ad primum sic proceditur. Videtur quod esse non proprie dicatur de Deo. Illud enim est proprium alicui quod sibi soli convenit. Sed esse non solum convenit Deo, immo etiam creaturis. Ergo videtur quod esse non proprie Deo conveniat.

Præterea, non possumus nominare Deum, nisi secundum quod ipsum cognoscimus; unde Damascenus: verbum est Angelus, idest nuntius intellectus. Sed nos non possumus cognoscere Deum in statu viæ immediate, sed tantum ex creaturis. Ergo nec nominare.

Cum igitur qui est non dicat aliquem respectum ad creaturas, videtur quod non proprie nominet Deum.

Præterea, sicut sapientia creata deficit a sapientia increata, ita et esse creatum ab esse increato.

Sed propter hoc nomen sapientiæ dicitur deficere a perfecta significatione divinæ sapientiæ, quia est impositum a nobis secundum apprehensionem creatæ sapientiæ. Ergo videtur quod eadem ratione nec hoc nomen qui est, proprie significet Deum esse: et ita non oportet dici magis proprium nomen ejus quam alia nomina.

Item, Damascenus dicit, quod qui est non significat quid est Deus, sed quoddam pelagus substantiæ infinitum.

Sed infinitum non est comprehensibile, et per consequens non nominabile sed ignotum. Ergo videtur quod qui est non sit divinum nomen.

Contra, Exod. 3, 14, Dominus dixit ad Moysen: si quæsierint nomen meum, sic dices filiis Israel: qui est, misit me ad vos. Hoc idem videtur per Damascenum, dicentem quod qui est, maxime est proprium nomen Dei: et per Rabbi Moysen, qui dicit, hoc nomen esse nomen Dei ineffabile, quod dignissimum habebatur.

Respondeo dicendum, quod qui est, est maxime proprium nomen Dei inter alia nomina.

Et ratio hujus potest esse quadruplex: prima sumitur ex littera ex verbis Hieronymi secundum perfectionem divini esse. Illud enim est perfectum cujus nihil est extra ipsum. Esse autem nostrum habet aliquid sui extra se: deest enim aliquid quod jam de ipso præteriit, et quod futurum est. Sed in divino esse nihil præteriit nec futurum est: et ideo totum esse suum habet perfectum, et propter hoc sibi proprie respectu aliorum convenit esse. Secunda ratio sumitur ex verbis Damasceni, qui dicit, quod qui est significat esse indeterminate, et non quid est: et quia in statu viæ hoc tantum de ipso cognoscimus, quia est, et non quid est, nisi per negationem, et non possumus nominare nisi secundum quod cognoscimus, ideo propriissime nominatur a nobis qui est. Tertia ratio sumitur ex verbis Dionysii, qui dicit, quod esse inter omnes alias divinæ bonitatis participationes, sicut vivere et intelligere et hujusmodi, primum est, et quasi principium aliorum, præhabens in se omnia prædicta, secundum quemdam modum unita; et ita etiam Deus est principium divinum, et omnia sunt unum in ipso. Quarta ratio potest sumi ex verbis Avicennæ, in hunc modum, quod, cum in omni quod est sit considerare quidditatem suam, per quam subsistit in natura determinata, et esse suum, per quod dicitur de eo quod est in actu, hoc nomen res imponitur rei a quidditate sua, secundum Avicennam, hoc nomen qui est vel ens imponitur ab ipso actu essendi. Cum autem ita sit quod in qualibet re creata essentia sua differat a suo esse, res illa proprie denominatur a quidditate sua, et non ab actu essendi, sicut homo ab humanitate. In Deo autem ipsum esse suum est sua quidditas: et ideo nomen quod sumitur ab esse, proprie nominat ipsum, et est proprium nomen ejus: sicut proprium nomen hominis quod sumitur a quidditate sua.

Ad primum ergo dicendum, quod cum dicitur aliquid proprie convenire alicui, hoc potest intelligi dupliciter: aut quod per proprietatem excludatur omne extraneum a natura subjecti, ut cum dicitur proprium hominis esse risibile, quia nulli extraneo a natura hominis convenit; et sic esse non dicitur proprium Deo, quia convenit etiam creaturis.

Aut secundum quod excluditur omne extraneum a natura prædicati, ut cum dicitur, hoc proprie esse aurum, quia non habet admixtionem alterius metalli, et hoc modo esse dicitur proprium Deo, quia non habet admixtionem divinum esse alicujus privationis vel potentialitatis, sicut esse creaturæ.

Et ideo pro eodem in littera sumitur proprietas et veritas: verum enim aurum dicimus esse quod est extraneo impermixtum.

Ad secundum dicendum, quod ex creaturis contingit Deum nominari tripliciter. Uno modo quando nomen ipsum actualiter connotat effectum in creatura propter relationem ad creaturam importatam in nomine, sicut creator et Dominus.

Alio modo quando ipsum nomen nominat secundum suam rationem principium alicujus actus divini in creaturis, sicut sapientia, potentia et voluntas.

Alio modo quando ipsum nomen dicit aliquid repræsentatum in creaturis, sicut vivens: omnis enim vita exemplata est a vita divina. Et similiter hoc nomen qui est nominat Deum per esse inventum in creaturis, quod exemplariter deductum est ab ipso.

Ad tertium dicendum, quod cum esse creaturæ imperfecte repræsentet divinum esse, et hoc nomen qui est imperfecte significat ipsum, quia significat per modum cujusdam concretionis et compositionis; sed adhuc imperfectius significatur per alia nomina: cum enim dico, Deum esse sapientem, tunc, cum in hoc dicto includatur esse, significatur ibi duplex imperfectio: una est ex parte ipsius esse concreti, sicut in hoc nomine qui est; et superadditur alia ex propria ratione sapientiæ. Ipsa enim sapientia creata deficit a ratione divinæ sapientiæ: et propter hoc major imperfectio est in aliis nominibus quam in hoc nomine qui est; et ideo hoc est dignius et magis Deo proprium.

Ad quartum dicendum, quod alia omnia nomina dicunt esse determinatum et particulatum; sicut sapiens dicit aliquid esse; sed hoc nomen qui est dicit esse absolutum et indeterminatum per aliquid additum; et ideo dicit Damascenus quod non significat quid est Deus, sed significat quoddam pelagus substantiæ infinitum, quasi non determinatum. Unde quando in Deum procedimus per viam remotionis, primo negamus ab eo corporalia; et secundo etiam intellectualia, secundum quod inveniuntur in creaturis, ut bonitas et sapientia; et tunc remanet tantum in intellectu nostro, quia est, et nihil amplius: unde est sicut in quadam confusione. Ad ultimum autem etiam hoc ipsum esse, secundum quod est in creaturis, ab ipso removemus; et tunc remanet in quadam tenebra ignorantiæ, secundum quam ignorantiam, quantum ad statum viæ pertinet, optime Deo conjungimur, ut dicit Dionysius., et hæc est quædam caligo, in qua Deus habitare dicitur.

Articulus Secundus
Utrum Deus sit esse omnium rerum.

Ad secundum sic proceditur. Videtur quod Deus sit esse omnium rerum per id quod dicit Dionysius. 4 capit. Cælest. Hierar.: esse omnium est superesse divinitatis. Hoc etiam idem dicit 5 capit. De divinis nominibus: ipse Deus est esse existentium.

Præterea, nulla creatura est per se sed per aliud. Esse autem non est per aliud, quia si esset per aliud esse, iterum eadem quæstio esset de illo, et sic in infinitum procederet, et ita videtur quod esse non sit quid causatum, et ita est Deus.

Præterea, ea quæ sunt et nullo modo differunt, sunt idem. Sed Deus et esse rei sunt et nullo modo differunt. Ergo sunt idem. Probatio mediæ. Quod sint manifestum est; quod autem non differant, videtur. Quæcumque enim differunt, aliqua differentia differunt. Sed quæcumque differunt aliqua differentia, in se habent aliquam differentiam, et ita sunt composita; sicut homo habet in se rationale. Cum igitur esse sit simplex, et similiter Deus, videtur quod non differant.

Contra, nihil est magis in re quod sit unitum sibi quam esse suum. Sed Deus non unitur rebus, quod patet etiam per Philosophum lib. De causis: causa prima regit omnes res, præterquam commisceatur cum eis. Ergo Deus non est omnium esse.

Præterea, nihil habet esse, nisi inquantum participat divinum esse, quia ipsum est primum ens, quare causa est omnis entis. Sed omne quod est participatum in aliquo, est in eo per modum participantis: quia nihil potest recipere ultra mensuram suam. Cum igitur modus cujuslibet rei creatæ sit finitus, quælibet res creata recipit esse finitum et inferius divino esse quod est perfectissimum.

Ergo constat quod esse creaturæ, quo est formaliter, non est divinum esse.

Respondeo, sicut dicit Bernardus, Deus est esse omnium non essentiale, sed causale. Quod sic patet. Invenimus enim tres modos causæ agentis. Scilicet causam æquivoce agentem, et hoc est quando effectus non convenit cum causa nec nomine nec ratione: sicut sol facit calorem qui non est calidus. Item causam univoce agentem, quando effectus convenit in nomine et ratione cum causa, sicut homo generat hominem et calor facit calorem. Neutro istorum modorum Deus agit. (non univoce) quia nihil univoce convenit cum ipso. Non æquivoce, cum effectus et causa aliquo modo conveniant in nomine et ratione secundum prius et posterius; sicut Deus sua sapientia facit nos sapientes, ita tamen quod sapientia nostra semper deficit a ratione sapientiæ suæ, sicut accidens a ratione entis, secundum quod est in substantia. Unde est tertius modus causæ agentis analogice. Unde patet quod divinum esse producit esse creaturæ in similitudine sui imperfecta: et ideo esse divinum dicitur esse omnium rerum, a quo omne esse creatum effective et exemplariter manat.

Et per hoc patet solutio ad dictum Dionysii, quod ita intelligendum est, ut patet ex hoc quod dicit superesse: si enim Deus esset essentialiter esse creaturæ, non esset superesse creatum.

Ad secundum dicendum, quod esse creatum non est per

aliquid aliud, si ly per dicat causam formalem intrinsecam; immo ipso formaliter est creatura; si autem dicat causam formalem extra rem, vel causam effectivam, sic est per divinum esse et non per se.

Ad tertium dicendum, quod prima non sunt diversa nisi per seipsa: sed ea quæ sunt ex primis, differunt per diversitatem primorum; sicut homo et asinus differunt istis differentiis diversis, rationale et irrationale, quæ non diversificantur aliis differentiis, sed seipsis: ita etiam Deus et esse creatum non differunt aliquibus differentiis utrique superadditis, sed seipsis: unde nec proprie dicuntur differre, sed diversa esse: diversum enim est absolutum, sed differens est relatum, secundum Philosophum 10 Metaph.. Omne enim differens, aliquo differt; sed non omne diversum, aliquo diversum est.

Articulus Tertius
Utrum hoc nomen qui est sit primum inter nomina divina.

Ad tertium sic proceditur. Videtur enim quod hoc nomen qui est non sit primum inter divina nomina. De prioribus enim prius est agendum.

Sed Dionysius prius agit de bono in Lib. De divinis nominibus, quam de existente.

Ergo videtur bonum prius esse ente.

Præterea, illud quod est communius videtur esse prius. Sed bonum est communius quam ens: quia divinum esse extendit se tantum ad entia quæ esse participant; bonum autem extendit se ad non entia, quæ etiam in esse vocat: dicitur enim bonum a boare, quod est vocare, ut Commentator dicit super Lib. De Divin. Nominib..

Ergo bonum est prius quam ens.

Præterea, quæcumque sunt æqualis simplicitatis, unum non est prius altero. Sed ens, verum, bonum, et unum sunt æqualis simplicitatis: quod patet ex hoc quod ad invicem convertuntur.

Ergo unum non est altero prius.

Contra, secundum Dionysium, divina attributa non innotescunt nobis nisi ex eorum participationibus, quibus a creaturis participantur. Sed inter omnes alias participationes esse prius est, ut dicitur 5 cap. De Div. Nom. His verbis: ante alias ipsius, scilicet Dei, participationes, esse positum est. Cui etiam dictum Philosophi consonat Lib. De causis: prima rerum creatarum est esse. Ergo videtur quod, secundum rationem intelligendi, in Deo esse sit ante alia attributa, et qui est inter alia nomina.

Præterea, illud quod est ultimum in resolutione, est primum in esse. Sed ens, ultimum est in resolutione intellectus: quia remotis omnibus aliis, ultimo remanet ens. Ergo est primum naturaliter.

Respondeo dicendum, quod ista nomina, ens et bonum, unum et verum, simpliciter secundum rationem intelligendi præcedunt alia divina nomina: quod patet ex eorum communitate.

Si autem comparemus ea ad invicem, hoc potest esse dupliciter: vel secundum suppositum; et sic convertuntur ad invicem, et sunt idem in supposito, nec unquam derelinquunt se; vel secundum intentiones eorum; et sic simpliciter et absolute ens est prius aliis. Cujus ratio est, quia ens includitur in intellectu eorum, et non e converso.

Primum enim quod cadit in imaginatione intellectus, est ens, sine quo nihil potest apprehendi ab intellectu; sicut primum quod cadit in credulitate intellectus, sunt dignitates, et præcipue ista, contradictoria non esse simul vera: unde omnia alia includuntur quodammodo in ente unite et indistincte, sicut in principio; ex quo etiam habet quamdam decentiam ut sit propriissimum divinum nomen.

Alia vero quæ diximus, scilicet bonum, verum et unum, addunt super ens, non quidem naturam aliquam, sed rationem: sed unum addit rationem indivisionis; et propter hoc est propinquissimum ad ens, quia addit tantum negationem: verum autem et bonum addunt relationem quamdam; sed bonum relationem ad finem, verum relationem ad formam exemplarem; ex hoc enim unumquodque verum dicitur quod imitatur exemplar divinum, vel relationem ad virtutem cognoscitivam; dicimus enim verum aurum esse, ex eo quod habet formam auri quam demonstrat, et sic fit verum judicium de ipso. Si autem considerentur secundum rationem causalitatis, sic bonum est prius: quia bonum habet rationem causæ finalis, esse autem rationem causæ exemplaris et effectivæ tantum in Deo: finis autem est prima causa in ratione causalitatis.

Ad primum dicendum, quod Dionysius tractat de divinis nominibus secundum quod habent rationem causalitatis, prout scilicet manifestantur in participatione creaturarum; et ideo bonum ante existens determinat.

Ad secundum dicendum, quod bonum est communius non secundum ambitum prædicationis, quia sic convertitur cum ente, sed secundum rationem causalitatis; causalitas enim efficiens exemplaris extenditur tantum ad ea quæ participant formam actu

suæ causæ exemplaris; et ideo causalitas entis, secundum quod est divinum nomen, extenditur tantum ad entia, et vitæ ad viventia; sed causalitas finis extenditur etiam ad ea quæ nondum participant formam, quia etiam imperfecta desiderant et tendunt in finem nondum participantia rationem finis, quia sunt in via ad eum.
Vocat enim Dionysius non ens materiam propter privationem adjunctam; unde etiam dicit 4 cap.
De div. Nom., quod ipsum non ens desiderat bonum.
Ad tertium dicendum, quod convertuntur secundum suppositum considerata; sed tamen secundum intentionem, ens est simplicius et prius aliis, ut dictum est.

Quæstio II
Prologus

Deinde quæritur de mensura divini esse, quæ est æternitas; et circa hoc tria quæruntur: 1 quid est æternitas; 2 cui conveniat; 3 utrum de æterno verba diversorum temporum prædicari possint.

Articulus Primus
Utrum definitio æternitatis a Bœtio posita, sit conveniens.

Ad primum sic proceditur. Et ponitur definitio æternitatis a Bœtio, 5 de consol.: æternitas est interminabilis vitæ tota simul et perfecta possessio. Sed videtur quod ista definitio inconvenienter assignetur. Interminabile enim dicit negationem. Sed negatio non certificat aliquid. Ergo videtur quod in definitione æternitatis poni non debet.
Item, prima mensura respondet primo mensurato.
Sed primum inter mensurata est esse. Ergo videtur quod æternitas, quæ est prima mensura, non debet definiri per vitam sed per esse.
Item, simplex non habet mensuram, immo simplicissimo mensurantur omnia alia, secundum Philosophum. Sed vita divina est simplicissima. Ergo non respondet aliquid sibi in ratione mensuræ, sed ipsa habet rationem mensuræ: et ita nec æternitas, quæ rationem mensuræ dicit.
Item, totum dicitur respectu partium. Sed de ratione durationis est quod partes ejus non sint simul: quia impossibile est simul esse duas durationes, nisi una includat aliam, sicut Augustinus dicit. Ergo videtur duo opposita dicere, cum dicit, tota simul.

Item, totum includit in se rationem perfectionis.
Ergo videtur quod perfecta superfluit.
Item, æternitas habet rationem durationis.
Sed possessio nihil dicit ad durationem pertinens.
Ergo videtur quod non debet poni in definitione æternitatis, ad minus in recto, et sicut genus: quia quod sic ponitur in definitione alicujus, debet dicere quid sit definitum.
Respondeo dicendum, quod æternitas dicitur quasi ens extra terminos. Esse autem aliquod potest dici terminatum tripliciter: vel secundum durationem totam, et hoc modo dicitur terminatum quod habet principium et finem; vel ratione partium durationis, et hoc modo dicitur terminatum illud cujus quælibet pars accepta terminata est ad præcedens et sequens; sicut est accipere in motu; vel ratione suppositi in quo esse recipitur: esse enim recipitur in aliquo secundum modum ipsius, et ideo terminatur, sicut et quælibet alia forma, quæ de se communis est, et secundum quod recipitur in aliquo, terminatur ad illud; et hoc modo solum divinum esse non est terminatum, quia non est receptum in aliquo, quod sit diversum ab eo. Dico ergo, quod ad excludendam primam terminationem, quæ est principii et finis totius durationis, ponitur, interminabilis vitæ; et per hoc dividitur æternum ab his quæ generantur et corrumpuntur. Ad excludendum autem secundam terminationem, scilicet partium durationis, additur, tota simul: per hoc enim excluditur successio partium, pro qua unaquæque pars finita est et transit: et per hoc dividitur æternum a motu et tempore, etiam si semper fuissent et futura essent, sicut quidam posuerunt.
Ad excludendum tertiam terminationem, quæ est ex parte recipientis, additur, perfecta: illud enim in quo non est esse absolutum, sed terminatum per recipiens, non habet esse perfectum sed illud solum quod est suum esse: et per hoc dividitur esse æternum ab esse rerum immobilium creatarum, quæ habent esse participatum, sicut spirituales creaturæ.
Ad primum ergo dicendum, quod simplicia, et præcipue divina, nullo modo melius manifestantur quam per remotionem, ut dicit Dionysius.
Cujus ratio est, quia ipsorum esse intellectus perfecte non potest comprehendere; et ideo ex negationibus eorum quæ ab ipso removentur, manuducitur intellectus ad ea aliqualiter cognoscenda. Unde et punctus negatione definitur.
Et præterea in ratione æternitatis est quædam negatio, inquantum æternitas est unitas, et unitas est indivisio, et

hujusmodi non possunt sine negatione definiri.

Ad secundum dicendum, quod vivere hic large sumitur ad omne esse secundum etiam quod Augustinus dicit, quod quælibet mutatio creaturæ, aliqua mors ejus est. Vel dicendum, quod quia in illo qui solus habet æternitatem, esse et vivere sunt omnino idem; ideo ratione actus, in quo est æternitas, posuit æternitatem mensuram vitæ.

Ad tertium dicendum, quod vivere et esse dicuntur per modum actus; et quia cuilibet actui respondet mensura sua, ideo oportet ut divino esse et vitæ divinæ intelligatur adjacere æternitas, quasi mensura; quamvis realiter non sit aliud a divino esse; et quia vivere magis habet rationem actus quam esse, ideo forte definit æternitatem per vitam potius quam per esse.

Ad quartum dicendum, quod in successivis est duplex imperfectio: una ratione divisionis, alia ratione successionis, quia una pars non est cum alia parte; unde non habent esse nisi secundum aliquid sui. Ut autem excludatur omnis imperfectio a divino esse, oportet ipsum intelligere sine aliqua divisione partium perfectum, et hoc dicit nomen tota: non enim dicit rationem partium. Item oportet ipsum intelligere sine successione, et hoc importatur per adverbium simul.

Ad quintum dicendum, quod imperfectio esse potest considerari dupliciter. Vel quantum ad durationem; et sic dicitur esse imperfectum cui deest aliquid de spatio durationis debitæ; sicut dicimus vitam hominis qui moritur in pueritia, imperfectam vitam; et talis imperfectio tollitur per ly tota. Est etiam quædam imperfectio quantum ad modum habendi, sicut omnis creatura habet imperfectum esse; et talis imperfectio tollitur per ly perfecta unde non superfluit.

Ad sextum dicendum, quod duratio dicit quamdam distensionem ex ratione nominis: et quia in divino esse non debet intelligi aliqua talis distensio, ideo Bœtius non posuit durationem, sed possessionem, metaphorice loquens ad significandum quietem divini esse; illud enim dicimus possidere, quod quiete et plene habemus; et sic Deus possidere vitam suam dicitur, quia nulla inquietudine molestatur.

Articulus Secundus
Utrum æternitas tantum Deo conveniat.

Ad secundum sic proceditur. Videtur quod æternitas non tantum Deo conveniat. Aeternitas enim non est nobilior quam bonitas. Sed bonitas communicatur cum creaturis, ita quod a bono Deo creatura sit bona. Ergo videtur quod similiter æternitas, ut alia ab ipso sint æterna.

Præterea, Dan. 12, 3: qui ad justitiam erudiunt multos, fulgebunt quasi stellæ in perpetuas æternitates. Sed plures æternitates non sunt unius æterni. Ergo videtur quod sint plura æterna, et non tantum Deus.

Præterea, in Psal. 75, 5: illuminans tu mirabiliter a montibus æternis. Sed montes sunt creaturæ.

Ergo etiam creaturæ sunt æternæ.

Similiter etiam ignis inferni dicitur æternus, Matth. 25, 41: ite maledicti in ignem æternum.

Ergo etc..

Item, Philosophus dicit, quod omne necessarium est æternum. Sed multa sunt necessaria. Ergo etc..

Huic etiam consonat quod dicit Augustinus, quod veritas æterna est.

Contra, æternum est esse interminatum, ut dictum est, art. Præc.. Sed solus Deus est hujusmodi.

Respondeo dicendum, quod, sicut ex prædicta definitione patet, æternitas non potest nisi Deo convenire simpliciter et absolute secundum perfectam rationem æternitatis. Sed secundum quod aliqua participant de interminabilitate æternitatis, aliquo modo dicuntur æterna participative. Quod vero nullo modo interminabilitatem participat, nullo modo æternum dicitur, sicut temporale, quod incipit et finitur. Dico ergo, quod quibusdam communicatur interminabilitas, secundum quod excludit terminum durationis ex parte post; et hoc modo ignis inferni dicitur æternus, quia nunquam finietur.

Utrum autem aliquod æternum possit esse, quod non habeat principium durationis, quæretur in principio secundi. Aliquibus autem creaturis communicatur interminabilitas, secundum quod excludit terminationem quæ est ex successione partium; et istæ sunt spirituales creaturæ, quarum esse est totum simul. Sed interminabilitas quæ excludit omnem imperfectionem, non communicatur alicui creaturæ, cum nulla creatura possit esse perfecta simpliciter; sed communicatur sibi perfectio quædam, scilicet quam nota est creatura attingere, ut sit perfecta secundum suam naturam: et sic Angeli et homines beati sunt perfecti, quia totum habent id ad quod eorum natura capax est: unde Angeli beati, magis sunt in participatione æternitatis quam in naturalibus tantum considerati.

Ex hoc potest colligi differentia inter æternitatem, ævum et tempus. Illud enim quod habet potentiam non recipientem actum totum simul, mensuratur tempore: hujusmodi enim habet esse terminatum et quantum ad modum participandi, quia esse recipitur in aliqua potentia, et non est absolutum quantum ad partes durationis. Illud autem quod habet potentiam differentem ab actu, sed quæ totum actum simul suscipiat, mensuratur ævo: hoc enim non habet nisi unum modum terminationis, scilicet quia esse ejus est receptum in alio a se, ut dictum est, hac dist., quæst. 1, art. 1. Illud vero quod non habet potentiam differentem ab esse, mensuratur æternitate; hujusmodi enim esse est omni modo interminatum. Unde patet etiam quod ævum non est nisi quædam æternitas participata.

Ad primum ergo dicendum, quod quamvis divina bonitas sit communicabilis, non tamen secundum modum altissimum, prout est in Deo: unde summa bonitas non communicatur. Et quia æternitas dicit esse secundum altissimum modum, qui est in Deo, ideo non communicatur; sed esse absolute sumptum communicatur, sicut et bonum.

Ad secundum dicendum, quod Daniel accipit ibi æternitates participatas in beatis, quæ erunt plures secundum plures beatos.

Ad tertium dicendum, quod montes æterni possunt dici ipsi Angeli, qui dicuntur æterni participative, ut dictum est, in corp. Art.. Vel dicendum, quod potest intelligi etiam ad litteram de montibus corporalibus; et dicuntur æterni propter longævitatem durationis.

Ad quartum dicendum, quod ignis inferni dicitur etiam æternus, inquantum participat aliquam conditionem æternitatis, scilicet non habere finem.

Ad quintum dicendum, quod necessaria sunt æterna tantum in mente divina, sicut etiam veritates enuntiabilium fuerunt ab æterno in Deo, et non aliter: nisi ponerentur creaturæ ab æterno, sicut Philosophi posuerunt.

Articulus Tertius
Utrum verba temporalia possint dici de Deo.

Ad tertium sic proceditur. Videtur quod verba temporalia non possint dici de Deo. Unicuique enim respondet propria mensura. Sed tempus est propria mensura motus. Cum igitur in Deo nullus sit motus, videtur quod de Deo nullum temporale dici possit.

Item, quandocumque aliquid importans aliquam conditionem corporalem dicitur de Deo, metaphorice vel symbolice dicitur. Sed tempus est conditio consequens ipsa corpora, quia sequitur motum, et motus magnitudinem, secundum Philosophum.

Ergo videtur quod quandocumque aliquod verbum temporale dicitur de Deo, sit metaphorice dictum.

Item, videtur quod tantum præsens de Deo debeat dici. Æternitas enim, quæ est mensura divini esse secundum rationem intelligendi, caret successione.

Sed solum præsens non includit successionem; præteritum enim et futurum dicuntur per relationem ad præsens, et non e converso; et relatio illa est in ordine successionis. Ergo solum præsens de Deo debet dici.

Item, videtur quod præteritum. Divinum enim esse est perfectum. Sed inter alia tempora præteritum magis sonat perfectionem. Ergo de Deo maxime dici debet.

Item, videtur quod præteritum imperfectum. Quia Joannes in principio evangelii sui altissime de Deo locutus est. Sed ipse ibi utitur verbis præteriti imperfecti temporis ad designandum divinam æternitatem, dicens: in principio erat verbum, et verbum erat apud Deum, et Deus erat verbum.

Ergo videtur quod ista verba maxime competant ad significandum divinam æternitatem.

Item, videtur quod futurum. Divinum enim esse maxime distat a defectu. Cum igitur futurum remotius sit inter alia a deficiendo, videtur quod maxime competat in divinis.

Respondeo dicendum, quod enuntiatio non potest fieri de aliquo nisi secundum quod cadit in cognitionem. Omne autem cognoscens cognoscit secundum modum suum, ut dicit Bœtius; et ideo, quia ratio nostra connaturale habet secundum statum viæ accipere cum tempore, propter hoc quod ejus cognitio oritur a sensibilibus, quæ in tempore sunt, ideo non potest formare enuntiationes nisi per verba temporalia: unde cogitur de Deo enuntians, verbis temporalibus uti, quamvis intelligat eum supra tempus esse: nihilominus tamen istæ locutiones non sunt falsæ.

Divinum enim esse, ut dicit Dionysius, præaccipit sicut causa in se omne esse quantum ad id quod est perfectionis in omnibus; et ideo enuntiamus de ipso verba omnium temporum, propter id quod ipse nulli tempori deest, et quidquid est perfectionis in omnibus temporibus, ipse habet.

Ad primum ergo dicendum, quod quando verba temporalia dicuntur de Deo, intellectus noster non attribuit divino esse illud quod est imperfectionis in singulis temporibus, sed quod est perfectionis in omnibus; æternitas enim includit in se omnem perfectionem modo simplici, quæ est in temporalibus divisa et temporibus diversis; cum tempus imitetur perfectionem æternitatis, quantum potest.

Ad secundum dicendum, quod aliqua dictio potest importare conditionem corporalem dupliciter.

Vel quantum ad rem significatam principaliter in nomine; et tale quid non dicitur de Deo nisi symbolice, sicut leo et agnus et ira et hujusmodi. Vel quantum ad modum significandi, et non quantum ad rem significatam; et ista proprie dicuntur de Deo, quamvis non perfecte ipsum repræsentent: alias omnia nomina dicta de Deo essent symbolica, quia modus significandi ipsorum est secundum quod de creaturis dicuntur; et de talibus hæc sunt verba, fuit et erit quæ significant essentiam per modum actus, et consignificant tempus.

Ad tertium dicendum, quod quantum ad id quod præsens non implicat successionem nec habet aliquid de non esse inclusum, inter alia proprius Deo competit; nihilominus tamen verba aliorum temporum dicuntur de Deo secundum id quod perfectionis est in ipsis, et non ratione successionis vel alicujus defectus.

Ad quartum dicendum, quod nomine perfectionis præteritum de Deo dicitur, et quia non est novum, secundum quod ipse præteritis non defuit. Nihilominus tamen intelligendum est, quod aliquando per præsens magis designatur perfectio quam per præteritum: quædam enim sunt quorum esse est in fieri, et horum perfectio non est nisi quando venitur ad terminum, et horum perfectio magis significatur per præteritum, sicut sunt motus, et hujusmodi successiva. Quædam autem sunt quorum esse consistit in permanendo; et horum perfectio designatur magis per præsens quam per præteritum: quia in hoc quod sunt, habent perfectionem; et præteritum dicitur secundum recessum ab esse.

Unde etiam in divinis ea quæ dicuntur per modum rei permanentis verius signantur per præsens, ut, Deus est bonus, ut hujusmodi; quæ autem signantur per modum actus, verius signantur per præteritum, sicut infra, dist. 9, dicit Gregorius quod magis proprie dicimus filium natum, quam nasci.

Ad quintum dicendum, quod quo ad aliquid magis proprie dicitur de ipso Deo præteritum imperfectum quam præteritum perfectum, eo scilicet quod terminationem non includit, sicut verbum præteriti perfecti; unde in illis quæ significantur per modum actus, verius dicitur præteritum perfectum, quia horum perfectio non potest significari nisi ex termino; quæ autem significantur non per modum operationis, verius significantur per præteritum imperfectum, quia horum perfectio non dependet ex termino.

Ad sextum dicendum, quod futurum maxime removetur a divina prædicatione, propter hoc quod nondum est, nisi in potentia. Nihilominus tamen secundum id quod est perfectionis in ipso, scilicet quod longius distat a deficiendo, de Deo dicitur, abjecta imperfectione.

Quæstio III
Prologus

Dei etiam solius essentia incommutabilis dicitur proprie. Hic prosequitur de secundo attributo, scilicet immutabilitate, dicens solum Deum incommutabilem esse, alias autem omnes creaturas aliquo modo mutabiles; et circa hoc tria quæruntur: 1 utrum Deus sit omnino immutabilis; 2 utrum omnis creatura sit mutabilis; 3 de modis mutationum, quos Augustinus assignat in littera.

Articulus I
Utrum Deus aliquo modo sit mutabilis.

Ad primum sic proceditur. Videtur quod Deus sit aliquo modo mutabilis. Sap. 7, 24: omnibus mobilibus mobilior est sapientia. Sed sapientia divina, de qua loquitur, est ipse Deus. Ergo etc..

Præterea, quidquid movet seipsum, movetur a seipso. Sed, sicut dicit Augustinus super genes.

Ad litteram: spiritus creator movet se nec per tempus nec per locum. Ergo videtur quod moveatur.

Item, omne quod est per alterum, reducitur ad illud quod est per se. Sed invenimus multa quæ moventur per alios motores. Ergo oportet esse aliquid quod moveatur a seipso. Sed omnis creatura mota movetur ab alio, quia a Deo. Ergo Deus est motus a se.

Præterea, omne quod exit de otio in actum, aliquo modo movetur, secundum Philosophum, quia omnis operatio quæ est ab operante non moto est semper. Sed Deus quandoque creat in actu, vel infundendo gratiam, cum prius hoc non fecerit. Ergo videtur quod ad minus sit in eo mutatio de habitu in actum.

Contra, Malach. 3, 6: ego Deus, et non mutor; et Jacob. 1, 17: apud quem non est transmutatio, nec vicissitudinis obumbratio.

Præterea, sicut probat Philosophus, omne quod movetur, ab alio movetur.

Si igitur illud a quo movetur mobile ipsum, etiam movetur, oportet quod ab aliquo motore moveatur. Sed impossibile est ire in infinitum. Ergo oportet devenire ad primum motorem, qui movet et nullo modo movetur; et hic est Deus. Ergo omnino est immutabilis.

Respondeo dicendum, quod omnis motus vel mutatio,

quocumque modo dicatur, consequitur aliquam possibilitatem, cum motus sit actus existentis in potentia. Cum igitur Deus sit actus purus, nihil habens de potentia admixtum, non potest in eo esse aliqua mutatio.

Ad primum ergo dicendum, quod divina sapientia non dicitur mobilis quia in se moveatur, sed inquantum procedit in effectus; et ista processio non est proprie motus, sed quamdam similitudinem motus habet. In motu enim locali processivo, illud quod est in uno loco, fit postmodum in alio, et deinde in alio, et sic deinceps quousque compleatur motus.

Similiter autem divina sapientia, quæ est exemplar rerum, facit similitudinem suam in creatura secundum ordinem: quia prius efficiuntur in participatione divinæ similitudinis creaturæ superiores, et posterius inferiores. Unde in hoc habet similitudinem motus: quia ipsa divina sapientia secundum similitudinem suam efficitur in creatura. In duobus autem deficit a ratione motus: primo quia non est idem numero quod est in hoc et in illo; sed similitudo ejus; secundo, quia non est ibi ordo temporis, secundum quod procedit in diversas creaturas, sed tantum ordo naturæ: quia per prius naturaliter sunt in participatione divinæ bonitatis creaturæ nobiliores, et si non tempore, saltem natura, et sic etiam intelligitur quod Dionysius dicit in Principio Cæl. Hierar.: sed et patre luminum moto etc., et quod frequenter dicit, divinam bonitatem vel sapientiam procedere in creaturas.

Ad secundum dicendum, quod Augustinus accipit large moveri, secundum quod ipsum intelligere est moveri quoddam et velle, quæ proprie non sunt motus sed operationes. In hoc enim verificatur dictum Platonis qui dicit: Deus movet se; sicut dicit Commentator, qui dicit quod Deus intelligit se et vult se: sicut etiam dicimus, quod finis movet efficientem.

Vel dicendum, quod movet se in creaturarum productione, ut dictum est, hac dist., quæst. 1, art. 1.

Ad tertium dicendum, quod impossibile est aliquid movere seipsum nisi secundum diversas partes, ita quod una pars sit movens et alia mota; sicut etiam in animali est anima movens et corpus motum.

Cujus ratio est, quia nihil movet nisi secundum quod est in actu, nec movetur nisi secundum quod est in potentia, et hæc duo non possunt simul eidem inesse respectu ejusdem. Et quia Deus est simplex, non potest esse quod seipsum moveat, proprie loquendo. Quod ergo objicitur quod omne mobile per aliud reducitur ad mobile per se, verum est de reductione quæ est ad primum in genere illo. Unde secundum Philosophos, omnia mobilia reducuntur ad primum mobile, quod dicebant motum ex se, quia est compositum ex motore et moto. Sed hoc ulterius oportet reducere in primum simplex, quod est omnino immobile.

Ad quartum dicendum, quod in omnibus in quibus operatio differt a substantia, oportet esse aliquem modum motus ex hoc quod exit de novo in operationem; quia acquiritur in ipso operatio, quæ prius non erat. In Deo autem operatio sua est sua substantia: unde sicut substantia est æterna, ita et operatio. Sed non sequitur operationem operatum ab æterno, sed secundum ordinem sapientiæ, quæ est principium operandi.

Articulus Secundus
Utrum omnis creatura sit mutabilis.

Ad secundum sic proceditur. Videtur quod non omnis creatura sit mutabilis. Omnis enim mutatio ut dicitur in 5 physicorum, est generatio vel corruptio vel motus. Sed quædam sunt in quibus nullum horum est, sicut Angeli, et hujusmodi, quæ sunt separata a materia et motu secundum Philosophos.

Ergo non omnis creatura mutabilis est.

Præterea, quidquid est mutabile, pertinet ad considerationem naturalis, cujus est considerare motum. Sed substantiæ separatæ a materia non considerantur a naturali. Ergo non sunt mutabiles.

Præterea, quidquid mutatur, subjicitur mutationi. Sed formæ simplices non possunt esse subjectum ut dicit bœt..

Ergo non possunt mutari.

Præterea, sicut in littera dicitur, omnis creatura movetur per tempus vel per locum. Sed quædam sunt creaturæ quorum non est locus et tempus; sicut universale, quod, secundum Philosophum, est ubique et semper; et sicut materia prima, de qua dicit Augustinus, quod successiones temporum non habet. Ergo non omnis creatura mutatur.

Contra, Psalm., 101, 28: mutabis eos, et mutabuntur.

Præterea, Damascenus dicit: omne quod est ex nihilo, vertibile est in nihil; quod enim a mutatione incepit, subjacere mutationi necesse est. Sed omnis creatura est hujusmodi.

Ergo etc..

Respondeo dicendum, quod, sicut dictum est, art. 1, motus, quocumque modo dicatur, sequitur potentiam. Cum igitur omnis creatura habeat aliquam potentiam, vel aliquid de potentia, quia solus Deus est purus actus, oportet omnes creaturas mutabiles esse, et solum Deum immutabilem. Est autem considerare duplicem possibilitatem: unam secundum id quod habet res; alteram secundum id quod nata est habere. Prima consequitur naturam secundum quod habet esse ab alio; omne enim quod esse suum ab alio habet, non est per se necesse esse, ut probat Avicenna; unde, quantum est in se, est possibile, et ista possibilitas dicit dependentiam ad id a quo est. Hæc autem possibilitas est duplex. Quædam secundum dependentiam totius esse ad id a quo est res secundum totum esse suum, et hujusmodi est Deus; et hanc dependentiam sive possibilitatem consequitur mutabilitas quædam, quæ est vertibilitas in nihil, secundum Damascenum. Tamen hæc non proprie mutabilitas dicitur, nec creatura secundum hoc proprio mutabilis est; et ideo Augustinus de hoc non facit mentionem in littera. Et hujus ratio est duplex, quia in omni mutabili est invenire aliquid quod substernitur ei quod per mutationem amovetur, et de hoc dicitur quod potest mutari.

Sed si accipiamus totum esse creaturæ quod dependet a Deo, non inveniemus aliquid substratum de quo possit dici quod potest mutari. Alia ratio est, quia nihil dicitur possibile cujus contrarium est necessarium, vel quod non potest esse, nisi impossibili posito. Esse autem creaturæ omnino deficere non potest, nisi retrahatur inde fluxus divinæ bonitatis in creaturis, et hoc est impossibile ex immutabilitate divinæ voluntatis, et contrarium necessarium; et ideo ex hoc creatura non potest dici simpliciter corruptibilis vel mutabilis sed sub conditione si sibi relinquatur; et hoc est quod dicit Gregorius in homilia: in nihilum omnia deciderent, nisi ea manus omnipotentis contineret. Est etiam quædam dependentia sive possibilitas rei secundum partem sui esse, scilicet formam, præsupposita materia, vel eo quod est loco materiæ; et hanc possibilitatem sequitur mutatio variabilitatis, ex eo quod id quod habet ab alio, potest amittere, quantum est in se, nisi forte impediatur ex immutabilitate causæ, ut dictum est, art. Præced.; et hoc modo sancti in gloria sunt immutabiles in esse gloriæ propter immutabilitatem divinæ voluntatis. Secunda possibilitas consequitur creaturam secundum quod non est perfecta simpliciter; secundum hoc enim semper possibilis est ad receptionem. Unde secundum hoc etiam dicitur omnis creatura mutabilis, accipiendo large mutationem, secundum quod omne recipere dicitur pati quoddam et moveri, sicut dicit Philosophus in Lib. 3 de anima: intelligere quoddam pati est.

Ad primum ergo dicendum, quod Philosophi consideraverunt tantum illam mutationem quæ est secundum variationem formæ substantialis vel accidentalis cujus causa non est immutabilis; et hanc diviserunt per generationem et corruptionem et motum. Talem autem mutationem non est possibile in Angelis esse quantum ad id quod in natura eorum est.

Et per hoc patet solutio ad secundum, quia naturalis non considerat nisi dictam mutationem.

Ad tertium dicendum, quod Magister et Augustinus loquuntur hic de creaturis quæ habent esse perfectum; formæ autem non habent esse perfectum, cum non subsistant in se, sed in alio.

Vel dicendum, quod dupliciter dicitur aliquid mutabile; vel quia subjicitur mutationi, et hoc modo id tantum quod est in potentia, mutatur; aut sicut id quod removetur vel abjicitur in mutatione; et sic formæ, quæ sunt actus, mutabiles sunt.

Non hoc tamen videtur esse de intentione Augustini.

Ad quartum dicendum similiter, quod materia prima et universale non habent in se esse completum; sed esse eorum est in particularibus compositis: et ideo esse non mutant per se, sed tantum per accidens, sicut est de formis.

Articulus Tertius
Utrum modi mutationis creaturarum convenienter assignentur ab Augustino.

Ad tertium sic proceditur. Videtur quod Augustinus inconvenienter assignet modos mutationis creaturarum. Secundum illud enim est mutatio in quo invenitur motus, sicut secundum quantitatem vel qualitatem. Sed in quando non est motus, ut dicit Philosophus. Ergo videtur quod nihil dicat creaturas moveri per tempora. Præterea, in nulla divisione debet unum membrum contineri sub alio. Sed omnis motus qui est per locum, est per tempus. Ergo videtur inconvenienter dividere mutationem in mutationem loci et temporis.

Præterea, motus, secundum Philosophum est in tribus generibus, scilicet quantitate, qualitate, et ubi: et adhuc est in substantia generatio et corruptio simpliciter, et in omnibus generibus generatio et corruptio secundum quid: qui omnes inveniuntur in creatura corporali. Ergo videtur quod diminute assignet mutationem creaturarum corporalium per ubi, sive per locum tantum.

Distinctio VIII

Præterea, tempus est mensura primi mobilis.
Ergo quod non habet ordinem ad motum primi mobilis, non habet relationem ad tempus.
Sed affectiones animarum non ordinantur ad motum cæli nec subjacent sibi. Ergo inconvenienter dicit, quod moveri per tempus est per affectiones mutari.
Respondeo dicendum, quod in motu proprie accepto est duo reperire, scilicet continuitatem et successionem: et secundum quod habet continuitatem, sic proprie mensuratur per locum, quia ex continuitate magnitudinis est continuitas motus; secundum autem quod habet successionem, sic proprie mensuratur per tempus; unde tempus dicitur numerus motus secundum prius et posterius.
Quia autem inveniuntur aliqui motus habentes continuitatem et successionem, aliqui autem habentes successionem tantum, sicut motus affectionum, et etiam cogitationum, quando scilicet anima transit de una cogitatione in aliam (inter enim illas duas intentiones cogitatas non est aliqua continuitas) ideo divisit mutationem creaturæ per locum et tempus.
Ad primum ergo dicendum, quod in genere quando non est motus, sicut in terminante motum; nullus enim motus terminatur ad quando sicut ad ubi: est tamen motus in quando, sicut in mensurante.
Ad secundum dicendum, quod divisio intelligenda est cum præcisione, ut sic scilicet intelligatur, quod quædam mutatio est per locum et tempus; quædam autem per tempus tantum; quod patet ex his quæ dicta sunt.
Ad tertium dicendum, quod quamvis in corporalibus sint plures motus, omnes tamen ordinantur ad motum localem cæli, qui est causa omnis motus corporalis; et ideo per motum localem tanguntur omnes. Vel potest dici, quod alii motus a motu locali tanguntur per mutationem quæ est per tempus: quia, sicut Commentator probat, nullus alius motus est simpliciter continuus nisi motus localis; et ipse Augustinus dicit in littera, quod Deus creaturam corporalem movet et per tempus et per locum.
Ad quartum dicendum, quod tempus dupliciter dicitur: uno modo numerus prioris et posterioris inventorum in motu cæli; et istud tempus continuitatem habet a motu, et motus a magnitudine, et hoc tempore mensurantur omnia quæ habent ordinem ad motum cæli, sive per se, sicut motus corporales, sive per accidens, sicut aliquæ operationes animæ, secundum quod habent aliquam relationem ad corpus. Et hoc modo tantum accipitur a philosophis. Alio modo, dicitur tempus magis communiter numerus ejus quod habet quocumque modo prius et posterius: et sic dicimus esse tempus mensurans simplices conceptiones intellectus, quæ sunt sibi succedentes: et istud tempus non oportet quod habeat continuitatem, cum illud secundum quod attenditur motus, non sit continuum. Et sic accipitur hic tempus, et frequenter a theologis.
Nunc de veritate sive proprietate sive incommutabilitate atque simplicitate divinæ naturæ sive substantiæ sive essentiæ agendum est. Quæritur: cum multa sint attributa essentialia, quare tantum de his tribus facit mentionem? et dicendum, quod Magister intendit tantum ea tangere quæ pertinent ad perfectionem divini esse, inquantum est esse perfectum. Perfectio autem esse potest attendi tripliciter: vel secundum quod excluditur privatio vel non esse; et ista perfectio tangitur per veritatem vel proprietatem, quæ pro eodem sumuntur, ut dictum est, art. Anteced.. Vel secundum quod excluditur potentialitas; et quantum ad hoc ponitur immutabilitas. Vel quantum ad integritatem ipsius esse; et quantum ad hoc ponitur simplicitas: quia quidquid est in simplici, est ipsum suum esse.
Natura vel substantia sive essentia. Sciendum, quod ista tria sumuntur hic pro eodem. Non enim sumitur hic natura secundum quod nominat principium alicujus actus, sed prout dicit formam consequentem totum, sicut humanitas est natura hominis.
Similiter substantia non sumitur hic pro individuo subsistente in genere substantiæ, sed secundum quod nominat esse prædicati primi, prout dividitur contra accidens; et hoc idem est quod essentia non existens in aliquo, sicut in subjecto.
Sicut enim ab eo quod est sapere, dicta est sapientia... Ita ab eo quod est esse, dicta est essentia. Videtur e contrario debere dici, quod sapere procedit a sapientia. Dicendum quod non loquitur secundum ordinem rei, sed secundum ordinem cognitionis nostræ, quæ in habitus ex actibus venit.
Et quis magis est quam ille qui dixit famulo suo: ego sum qui sum? videtur inconvenienter loqui: quia esse non suscipit magis et minus. Dicendum, quod magis et minus potest dici aliquid dupliciter: vel quantum ad ipsam naturam participatam, quæ secundum se intenditur et remittitur secundum accessum ad terminum vel recessum; et hoc non est nisi in accidentibus; vel quantum ad modum participandi; et sic etiam in essentialibus dicitur magis et minus secundum diversum modum participandi, sicut Angelus dicitur

magis intellectualis quam homo.

Deus autem tantum est, qui non novit fuisse vel futurum esse, notitia quasi experimentali, ut scilicet successiones temporum in suo esse experiatur.

Cujus essentiæ comparatum nostrum esse non est. Videtur esse falsum: quia esse nostrum nihil est nisi per comparationem ad ipsum Deum: quia, secundum Gregorium, omnia in nihilum deciderent, nisi ea manus omnipotentis contineret. Dicendum, quod esse nostrum potest ad Deum comparari dupliciter: vel sicut ad principium a quo est; et sic esse nostrum est solum per hoc quod ad Deum comparatur; vel secundum comparationem proportionis vel æquiparantiæ, et sic esse nostrum comparatum ad divinum quasi nihil est, quia in infinitum ab eo distat.

Esse non est accidens Deo. Videtur quod nec alicui creaturæ, cum nihil sit essentialius rei quam suum esse. Ad quod dicendum, quod accidens dicitur hic quod non est de intellectu alicujus, sicut rationale dicitur animali accidere; et ita cuilibet quidditati creatæ accidit esse, quia non est de intellectu ipsius quidditatis; potest enim intelligi humanitas, et tamen dubitari, utrum homo habeat esse.

Sed subsistens veritas. Excludit Hilarius triplicem imperfectionem a divino esse. Esse enim creaturæ non est aliquid per se subsistens, immo est actus subsistentis; sed in Deo suum esse est ipse Deus subsistens: et ideo dicit, quod est subsistens veritas. Item esse creaturæ est causatum ab alio, et habet, quantum in se est, potentialitatem et mutabilitatem; sed esse divinum est causa omnis esse, immutabiliter permanens; et ideo dicit quod est manens causa. Item esse creaturæ differt a quidditate sua, unde per esse suum homo non ponitur in genere humano, sed per quidditatem suam; sed esse divinum est sua quidditas, et ideo per esse suum ponitur Deus in genere divino; et ideo dicitur, quod est naturalis generis proprietas.

Quæstio IV
Prologus

Eademque sola proprie ac vere simplex est.

Hæc est secunda pars distinctionis, in qua Magister determinat de divina simplicitate, et dividitur in partes duas: in prima proponit quod intendit; in secunda probat propositum, ibi: ut autem scias quod simplex sit illa substantia, te docet Augustinus; quæ dividitur in duas: in prima ostendit creaturæ multiplicitatem; in secunda divinam simplicitatem, ibi: Deus vero etsi multiplex dicatur, vere tamen et summe simplex est. Prima in duas: in prima excludit simplicitatem a creatura corporali; in secunda a spirituali, ibi: creatura quoque spiritualis, ut est anima, in comparatione quidem corporis est simplex; sine comparatione vero corporis est multiplex.

Deus vero etsi multiplex dicatur, vere tamen et summe simplex est. Hic ostendit divinam simplicitatem, et dividitur in partes duas: in prima ostendit simplicitatem; in secunda excludit omnem compositionem ab ipso, ibi: quod autem in natura divina nulla sit accidentium diversitas... Ostendit Augustinus. Prima in duas: in prima ostendit veritatem; in secunda excludit dubitationem, ibi: hic diligenter attendendum est.

Quod autem in natura divina nulla sit accidentium diversitas, nullaque penitus mutabilitas, sed perfecta simplicitas, ostendit Augustinus. Hic excludit a Deo omnem compositionem vel multiplicitatem; et circa hoc duo facit: primo ostendit specialiter quod in Deo non est compositio accidentis ad subjectum; secundo ostendit universaliter quod in ipso nulla est compositio, ibi: hujus autem essentiæ simplicitas ac sinceritas tanta est quod non est in ea aliquid quod non sit ipsa. Circa primum duo facit: primo excludit a Deo accidentium prædicationem; secundo concludit, quod nec etiam substantia de eo proprie prædicatur, ibi: unde nec proprie dicitur substantia.

Ad intellectum hujus partis duo quæruntur: primo de divina simplicitate. Secundo de simplicitate creaturæ.

Circa primum tria quæruntur: 1 si in Deo sit omnimoda simplicitas; 2 an contineatur in prædicamento substantiæ; 3 si alia prædicamenta de ipso dicantur.

Articulus Primus
Utrum Deus sit omnino simplex.

Ad primum sic proceditur. Videtur quod Deus non sit simplex omnino. Ens enim cui non fit additio, est ens commune prædicatum de omnibus de quo nihil potest vere negari. Sed Deus non est hujusmodi. Ergo ad esse suum fit aliqua additio.

Non est ergo simplex.

Præterea, Bœtius: omne quod est esse participat ut sit; alio autem participat, ut aliquid sit. Sed Deus verissime est ens et est aliquid, quia bonus et sapiens et hujusmodi.

Ergo Deus habet esse suum quo est, et super hoc habet aliquid aliud quo aliquid est. Ergo non est simplex.

Item, de quocumque prædicatur aliquid quod non est de

substantia sua, illud non est simplex.

Sed quidquid prædicatur de aliquo postquam non prædicabatur, illud non est de substantia sua, cum nulli rei substantia sua de novo adveniat.

Cum igitur de Deo prædicetur aliquid postquam non prædicabatur, ut esse Dominum et creatorem quæ dicuntur de ipso ex tempore, videtur quod ipse non sit simplex.

Præterea, ubicumque sunt plures res in uno, ibi oportet esse aliquem modum compositionis. Sed in divina natura sunt tres personæ realiter distinctæ, convenientes in una essentia. Ergo videtur ibi esse aliquis modus compositionis.

Contra, omne compositum est posterius suis componentibus: quia simplicius est prius in se, quam addatur sibi aliquid ad compositionem tertii.

Sed primo simpliciter nihil est prius. Cum igitur Deus sit primum principium, non est compositus.

Præterea, illud quod est primum dans omnibus esse, habet esse non dependens ab alio: quod enim habet esse dependens ab alio, habet esse ab alio, et nullum tale est primum dans esse. Sed Deus est primum dans omnibus esse. Ergo suum esse non dependet ab alio. Sed cujuslibet compositi esse dependet ex componentibus, quibus remotis, et esse compositi tollitur et secundum rem et secundum intellectum. Ergo Deus non est compositus.

Item, illud quod est primum principium essendi, nobilissimo modo habet esse, cum semper sit aliquid nobilius in causa quam in causato. Sed nobilissimus modus habendi esse, est quo totum aliquid est suum esse. Ergo Deus est suum esse.

Sed nullum compositum totum est suum esse, quia esse ipsius sequitur componentia, quæ non sunt ipsum esse. Ergo Deus non est compositus. Et hoc simpliciter concedendum est.

Ad primum ergo dicendum, quod aliquid esse sine additione dicitur dupliciter. Aut de cujus ratione est ut nihil sibi addatur: et sic dicitur de Deo: hoc enim oportet perfectum esse in se ex quo additionem non recipit; nec potest esse commune, quia omne commune salvatur in proprio, ubi sibi fit additio. Aut ita quod non sit de ratione ejus quod fiat sibi additio, neque quod non fiat, et hoc modo ens commune est sine additione.

In intellectu enim entis non includitur ista conditio, sine additione; alias nunquam posset sibi fieri additio, quia esset contra rationem ejus; et ideo commune est, quia in sui ratione non dicit aliquam additionem, sed potest sibi fieri additio ut determinetur ad proprium; sicut etiam animal commune dicitur esse sine ratione, quia de intellectu ejus non est habere rationem, neque non habere; asinus autem dicitur sine ratione esse, quia in intellectu ejus includitur negatio rationis, et per hoc determinatur secundum differentiam propriam. Ita etiam divinum esse est determinatum in se et ab omnibus aliis divisum, per hoc quod sibi nulla additio fieri potest. Unde patet quod negationes dictæ de Deo, non designant in ipso aliquam compositionem.

Ad secundum dicendum, quod in rebus creatis res determinatur ut sit aliquid, tripliciter: aut per additionem alicujus differentiæ, quæ potentialiter in genere erat; aut ex eo quod natura communis recipitur in aliquo, et fit hoc aliquid; aut ex eo quod alicui additur accidens, per quod dicitur esse vel sciens vel albus. Nullus istorum modorum potest esse in Deo, quia ipse non est commune aliquid, cum de intellectu suo sit quod non addatur sibi aliquid; nec etiam ejus natura est recepta in aliquo, cum sit actus purus; nec etiam recipit aliquid extra essentiam suam, eo quod essentia sua continet omnem perfectionem. Remanet autem quod sit aliquid determinatum per conditionem negandi ab ipso omnem additionem vel conditionem, et per hoc removetur ab eo omne illud quod possibile est additionem recipere. Unde per suum esse absolutum non tantum est, sed aliquid est. Nec differt in eo quo est et aliquid est, nisi per modum significandi, vel ratione, ut supra dictum est, dist. 2, qu. Unica, art. 2, de attributis. Dictum autem Boetii intelligitur de participantibus esse, et non Deo qui essentialiter est suum esse. Ex quo patet quod attributa nullam compositionem in ipso faciunt. Sapientia enim secundum suam rationem non facit compositionem, sed secundum suum esse, prout in subjecto realiter differens est ab ipso; qualiter in Deo non est, ut dictum est, in hac dist. qu. 1, art. 1.

Ad tertium dicendum, quod hujusmodi relationes quæ dicuntur de Deo ex tempore, non ponunt aliquid in ipso realiter, sed tantum in creatura.

Contingit enim, ut dicit Philosophus, aliquid dici relative, non quod ipsum referatur, sed quia aliquid refertur ad ipsum; sicut est in omnibus quorum unum dependet ab altero, et non e contrario; sicut scibile non est relativum, nisi quia scientia refertur ad ipsum; scibile enim non dependet a scientia, sed e converso. Sed quia intellectus noster non potest accipere relationem in uno extremorum, quin intelligatur in illo ad quod refertur, ideo ponit relationem quamdam circa ipsum scibile, et significat ipsum relative. Unde illa relatio quæ significatur in scibili, non est realiter in ipso, sed secundum rationem tantum; in scientia autem realiter. Ita etiam relatio importata per hoc nomen Deus, vel creator, cum de Deo dicatur, non ponit aliquid in Deo nisi secundum intellectum, sed tantum in creatura. Ex quo patet quod diversitas relationum ipsius Dei ad creaturas non ponit compositionem in ipso.

Ad quartum dicendum, quod, sicut supra dictum est, dist. 2, qu. Unica, art. 5, proprietas personalis comparata ad essentiam, non differt re ab ipsa, et ideo non facit compositionem cum ea; sed comparata ad suum correlativum, facit distinctionem realem; sed ex illa parte non est aliqua unio, et ideo nec compositio. Unde relinquitur ibi tres esse res et tamen nullam compositionem. Ex hoc patet nomina personalia nullam in Deo compositionem significare.

Articulus Secundus
Utrum Deus sit in prædicamento substantiæ.

Ad secundum sic proceditur. Videtur quod Deus sit in prædicamento substantiæ. Omne enim quod est, vel est substantia vel accidens. Sed Deus non est accidens, ergo est substantia. Cum igitur substantia prædicetur de ipso sicut prædicatum substantiale, et non conversim, quia non omnis substantia est Deus, videtur quod de ipso prædicetur sicut genus, et ita Deus est in genere substantiæ.

Præterea, substantia est quod non est in subjecto, sed est ens per se. Cum igitur Deo hoc maxime conveniat, videtur quod ipse sit in genere substantiæ.

Præterea, secundum Philosophum, unumquodque mensuratur minimo sui generis, et dicit ibi Commentator quod illud ad quod mensurantur omnes substantiæ est primus motor, qui, secundum ipsum, est Deus.

Ergo Deus est in genere substantiæ.

Contra, quidquid est in genere substantiæ, aut est sicut generalissimum, aut est sicut contentum sub ipso. Sed Deus non est in genere substantiæ sicut generalissimum, quia prædicaretur de omnibus substantiis; nec etiam sicut contentum substantiæ, quia adderet aliquid, scilicet genus, et ita non esset divina essentia simplicissima. Ergo Deus non est in genere substantiæ.

Præterea, quidquid est in genere, habet esse suum determinatum ad illud genus. Sed esse divinum nullo modo terminatum est ad aliquod genus; quinimmo comprehendit in se nobilitates omnium generum, ut dicit Philosophus et Commentator.

Ergo Deus non est in genere substantiæ. Quod simpliciter concedendum est.

Hujus autem ratio quadruplex assignatur, prima ponitur in littera ex parte nominis sumpta. Nomen enim substantiæ imponitur a substando, Deus autem nulli substat. Secunda sumitur ex ratione ejus quod est in genere. Omne enim hujusmodi addit aliquid supra genus, et ideo illud quod est summe simplex, non potest esse in genere. Tertia ratio subtilior est Avicennæ.

Omne quod est in genere, habet quidditatem differentem ab esse, sicut homo; humanitati enim ex hoc quod est humanitas, non debetur esse in actu; potest enim cogitari humanitas et tamen ignorari an aliquis homo sit. Et ratio hujus est, quia commune, quod prædicatur de his quæ sunt in genere, prædicat quidditatem, cum genus et species prædicentur in eo quod quid est.

Illi autem quidditati non debetur esse nisi per hoc quod suscepta est in hoc vel in illo. Et ideo quidditas generis vel speciei non communicatur secundum unum esse omnibus, sed solum secundum unam rationem communem. Unde constat quod esse suum non est quidditas sua. In Deo autem esse suum est quidditas sua aliter enim accideret quidditati, et ita esset acquisitum sibi ab alio, et non haberet esse per essentiam suam. Et ideo Deus non potest esse in aliquo genere. Quarta causa est ex perfectione divini esse, quæ colligit omnes nobilitates omnium generum. Unde ad nullum genus determinatur, ut objectum est.

Ad primum ergo dicendum, quod Deus simpliciter non est accidens, nec tamen omnino proprie potest dici substantia; tum quia nomen substantiæ dicitur a substando, tum quia substantia quidditatem nominat, quæ est aliud ab esse ejus. Unde illa est divisio entis creati. Si tamen non fieret in hoc vis, largo modo potest dici substantia, quæ tamen intelligitur supra omnem substantiam creatam, quantum ad id quod est perfectionis in substantia, ut non esse in alio et hujusmodi, et tunc est idem in prædicato et in subjecto, sicut in omnibus quæ de Deo prædicantur; et ideo non sequitur quod omne quod est substantia, sit Deus; quia nihil aliud ab ipso recipit prædicationem substantiæ sic acceptæ, secundum quod dicitur de ipso; et ita propter diversum modum prædicandi non dicitur substantia de Deo et creaturis univoce, sed analogice. Et hæc potest esse alia ratio quare Deus non est in aliquo genere, quia scilicet nihil de ipso et de aliis univoce prædicatur.

Ad secundum dicendum, quod ista definitio, secundum Avicennam, non potest esse substantiæ: substantia est quæ non est in subjecto. Ens enim non est genus. Hæc autem negatio non in subjecto nihil ponit; unde hoc quod dico, ens non est in subjecto, non dicit aliquod genus: quia in quolibet genere oportet significare quidditatem aliquam, ut dictum est, de cujus intellectu non est esse. Ens autem non dicit quidditatem, sed solum actum essendi, cum sit principium ipsum; et ideo non sequitur: est non in subjecto: ergo est in genere substantiæ. Sed hoc Deo non convenit, ut dictum est, loc. Cit..

Ad tertium dicendum, quod mensura proprie dicitur in quantitatibus: dicitur enim mensura illud per quod innotescit quantitas rei, et hoc est minimum in genere quantitatis vel simpliciter, ut in numeris, quæ mensurantur unitate, quæ est minimum simpliciter; aut minimum secundum positionem nostram, sicut in continuis, in quibus non est minimum simpliciter; unde ponimus palmum loco minimi ad mensurandum pannos, vel stadium ad mensurandum viam. Exinde transumptum est nomen mensuræ ad omnia genera, ut illud quod est primum in quolibet genere et simplicissimum et perfectissimum dicatur mensura omnium quæ sunt in genere illo; eo quod unumquodque cognoscitur habere de veritate generis plus et minus, secundum quod magis accedit ad ipsum vel recedit, ut album in genere colorum. Ita etiam in genere substantiæ illud quod habet esse perfectissimum et simplicissimum, dicitur mensura omnium substantiarum, sicut Deus. Unde non oportet quod sit in genere substantiæ sicut contentum, sed solum sicut principium, habens in se omnem perfectionem generis sicut unitas in numeris, sed diversimode; quia unitate non mensurantur nisi numeri; sed Deus est mensura non tantum substantialium perfectionum, sed omnium quæ sunt in omnibus generibus, sicut sapientiæ, virtutis et hujusmodi. Et ideo quamvis unitas contineatur in uno genere determinato sicut principium, non tamen Deus.

Articulus Tertius
Utrum alia prædicamenta de Deo dicantur.

Ad tertium sic proceditur. Videtur etiam quod alia prædicamenta de Deo dicantur. De quocumque enim prædicatur species, et genus. Sed scientia, quæ est species qualitatis, invenitur in Deo, et magnitudo, quæ est species quantitatis. Ergo et quantitas et qualitas.

Præterea, Philosophus dicit: unum in substantia facit idem, in quantitate æquale, in qualitate simile. Sed in Deo dicitur vere æqualitas et similitudo. Ergo oportet de eo dici aliquid per modum qualitatis et quantitatis, sicut scientiam vel magnitudinem.

Præterea, natura generis propriissime reperitur in eo in quo primo est. Sed Deus est primum agens. Ergo in eo actio præcipue invenitur.

Præterea, quanto aliquid est debilioris esse, tanto magis repugnat summæ perfectioni. Sed inter omnia alia entia relatio habet debilissimum esse, ut dicit Commentator, unde etiam fundatur super alia omnia entia, sicut supra quantitatem æqualitas, et sic de aliis. Cum igitur in divinis inveniatur relatio, multo fortius alia prædicamenta.

Contra, Augustinus: omne quod de Deo dicitur, aut secundum substantiam aut secundum relationem dicitur; et ita alia prædicamenta non erunt in divinis. Hoc etiam habetur ex auctoritate Augustini in littera.

Respondeo dicendum, quod quidquid inventum in creaturis, de Deo prædicatur, prædicatur eminenter, ut dicit Dionysius, sicut etiam est in omnibus aliis causis et causatis. Unde oportet omnem imperfectionem removeri ab eo quod in divinam prædicationem venit.

Sed in unoquoque novem prædicamentorum duo invenio; scilicet rationem accidentis et rationem propriam illius generis, sicut quantitatis vel qualitatis. Ratio autem accidentis imperfectionem continet: quia esse accidentis est inesse et dependere, et compositionem facere cum subjecto per consequens.

Unde secundum rationem accidentis nihil potest de Deo prædicari. Si autem consideremus propriam rationem cujuslibet generis, quodlibet aliorum generum, præter ad aliquid, importat imperfectionem; quantitas enim habet propriam rationem in comparatione ad subjectum; est enim quantitas mensura substantiæ, qualitas dispositio substantiæ, et sic patet in omnibus aliis. Unde eadem ratione removentur a divina prædicatione secundum rationem generis, sicut removebantur per rationem accidentis.

Si autem consideremus species ipsarum, tunc aliqua secundum differentias completivas important aliquid perfectionis, ut scientia, virtus et hujusmodi. Et ideo ista prædicantur de Deo secundum propriam rationem speciei et non secundum rationem generis.

Ad aliquid autem, etiam secundum rationem generis, non importat aliquam dependentiam ad subjectum; immo refertur ad aliquid extra: et ideo etiam secundum rationem generis in divinis invenitur. Et propter hoc tantum remanent duo modi prædicandi in divinis, scilicet secundum substantiam et secundum relationem; non enim speciei contentæ in genere debetur aliquis modus prædicandi, sed ipsi generi.

Ad primum ergo dicendum, quod sicut dictum est, in corp. Art., scientia non prædicatur de Deo secundum rationem generis, sed secundum propriam differentiam, quæ complet rationem ipsius. Unde non prædicatur univoce de Deo et de aliis; sed secundum prius et posterius.

Ad secundum dicendum, quod in divinis quædam dicuntur habere modum quantitatis vel qualitatis; non quia secundum talem modum prædicentur de Deo, sed secundum modum quo inveniuntur in creaturis, prout nomina quæ a nobis imposita sunt, modum habent qualitatis et quantitatis: sicut etiam Damascenus dicit, quod quædam dicuntur de Deo sicut assequentia substantiam, cum tamen, prout in ipso est, nihil sit assequens.

Ad tertium dicendum, quod actio, secundum quod est prædicamentum, dicit aliquid fluens ab agente, et cum motu; sed in Deo non est aliquid medium secundum rem inter ipsum et opus suum, et ideo non dicitur agens actione quæ est prædicamentum, sed actio sua est substantia. De hoc tamen plenius dicetur in principio secundi, dist. 1, qu. Unica, art. 2.

Ad quartum dicendum, quod debilitas esse relationis consideratur secundum inhærentiam sui ad subjectum: quia non ponit aliquid absolutum in subjecto, sed tantum per respectum ad aliud. Unde ex hoc habet magis quod veniat in divinam prædicationem: quia quanto minus addit, tanto minus repugnat simplicitati.

Quæstio V
Prologus

Deinde quæritur de simplicitate ex parte creaturæ; et circa hoc tria quæruntur: 1 utrum aliqua creatura sit simplex; 2 utrum anima sit simplex, quia hoc habet specialem difficultatem; 3 utrum sit tota in qualibet parte corporis.

Articulus Primus
Utrum aliqua creatura sit simplex.

Ad primum sic proceditur. Videtur quod aliqua creatura simplex sit. Forma enim est compositioni contingens, simplici et invariabili essentia consistens.

Sed forma est creatura. Ergo etc..

Præterea, resolutio intellectus non stat quousque invenit compositionem, sive sint separabilia secundum rem, sive non; multa enim separantur intellectu quæ non separantur actu, secundum Bœtium. Illud ergo in quo ultima stat resolutio intellectus est omnino simplex. Sed ens commune est hujusmodi. Ergo etc..

Præterea, si omnis creatura est composita, constat quod non est composita nisi ex creaturis.

Ergo et componentia sua erunt composita. Igitur universaliter in infinitum (quod natura et intellectus non patitur); vel erit devenire ad prima componentia simplicia, quæ tamen creaturæ sunt. Ergo etc..

Si dicatur, quod illa componentia non possunt esse simplicia, quia habent habitudinem concretam, quod sint ab alio: contra, illud quod est extrinsecum rei, non facit compositionem cum re ipsa.

Sed agens est extrinsecum a re. Ergo per hoc quod res est ab aliquo agente, non inducitur in ipsam aliqua compositio.

Contra, Bœtius: in omni eo quod est citra primum, differt et quod est et quo est. Sed omnis creatura est citra primum.

Ergo est composita ex esse et quod est.

Præterea, omnis creatura habet esse finitum.

Sed esse non receptum in aliquo, non est finitum, immo absolutum. Ergo omnis creatura habet esse receptum in aliquo; et ita oportet quod habeat duo ad minus, scilicet esse, et id quod esse recipit.

Respondeo dicendum, quod omne quod procedit a Deo in diversitate essentiæ, deficit a simplicitate ejus. Ex hoc autem quod deficit a simplicitate, non oportet quod incidat in compositionem; sicut ex hoc quod deficit a summa bonitate, non oportet quod incidat in ipsam aliqua malitia. Dico ergo quod creatura est duplex. Quædam enim est quæ habet esse completum in se, sicut homo et hujusmodi, et talis creatura ita deficit a simplicitate divina quod incidit in compositionem. Cum enim in solo Deo esse suum sit sua quidditas, oportet quod in qualibet creatura, vel in corporali vel in spirituali, inveniatur quidditas vel natura sua, et esse suum, quod est sibi acquisitum a Deo, cujus essentia est suum esse; et ita componitur ex esse, vel quo est, et quod est. Est etiam quædam creatura quæ non habet esse in se, sed tantum in alio, sicut materia prima, sicut forma quælibet, sicut universale; non enim est esse alicujus, nisi particularis subsistentis in natura; et talis creatura non deficit a simplicitate, ita quod sit composita. Si enim dicatur, quod componitur ex ipsa sua natura et habitudinibus quibus refertur ad Deum vel ad illud cum quo componitur, item quæritur de illis habitudinibus utrum sint res, vel non: et si non sunt res, non faciunt compositionem; si autem sunt res, ipsæ non referuntur habitudinibus aliis, sed se ipsis: quia illud quod per se est relatio, non refertur per aliam relationem. Unde oportebit devenire ad aliquid quod non est compositum, sed tamen deficit a simplicitate primi: et defectus iste perpenditur ex duobus: vel quia est divisibile in potentia vel per accidens, sicut materia prima, et forma, et universale; vel quia est componibile alteri, quod divina simplicitas non patitur.

Et per hoc patet solutio ad ea quæ objecta sunt.

Primæ enim rationes procedebant de illis creaturis quæ non habent esse completum, quæ non componuntur ex aliis sicut ex partibus; et aliæ duæ procedebant de creaturis quæ habent esse completum.

Articulus Secundus
Utrum anima sit simplex.

Ad secundum sic proceditur. Videtur quod anima sit simplex. Sicut enim dicit Philosophus, anima est forma corporis. Sed ibidem dicit, quod forma neque est materia neque compositum. Ergo anima non est composita.

Præterea, omne quod est compositum, habet esse ex suis componentibus. Si igitur anima sit composita, tunc ipsa in se habet aliquod esse, et illud esse nunquam removetur ab ea. Sed ex conjunctione animæ ad corpus relinquitur esse hominis.

Ergo esse hominis est esse duplex, scilicet esse animæ, et esse conjuncti: quod non potest esse, cum unius rei sit unicum esse.

Præterea, omnis compositio quæ advenit rei post suum esse completum, est sibi accidentalis.

Si igitur anima est composita ex suis principiis, habens in se esse perfectum, compositio ipsius ad corpus erit sibi accidentalis. Sed compositio accidentalis terminatur ad unum per accidens. Ergo ex anima et corpore non efficitur nisi unum per accidens; et ita homo non est ens per se, sed per accidens.

Contra, Bœtius: nulla forma simplex potest esse subjectum. Sed anima est subjectum et potentiarum et habituum et specierum intelligibilium. Ergo non est forma simplex.

Præterea, forma simplex non habet esse per se, ut dictum est, art. Præc., in corp.. Sed illud quod non habet esse nisi per hoc quod est in altero, non potest remanere post illud, nec etiam potest esse motor, quamvis possit esse principium motus, quia movens est ens perfectum in se; unde forma ignis non est motor ut dicitur 8 Physic..

Anima autem manet post corpus, et est motor corporis. Ergo non est forma simplex.

Præterea, nulla forma simplex habet in se unde individuetur, cum omnis forma sit de se communis. Si igitur anima est forma simplex, non habebit in se unde individuetur; sed tantum individuabitur per corpus. Remoto autem eo quod est causa individuationis, tollitur individuatio. Ergo remoto corpore, non remanebunt animæ diversæ secundum individua; et ita non remanebit nisi una anima quæ erit ipsa natura animæ.

Respondeo dicendum, quod hic est duplex opinio. Quidam enim dicunt, quod anima est composita ex materia et forma; quorum etiam sunt quidam dicentes, eamdem esse materiam animæ et aliorum corporalium et spiritualium. Sed hoc non videtur esse verum, quia nulla forma efficitur intelligibilis, nisi per hoc quod separatur a materia et ab appendentiis materiæ. Hoc autem non est inquantum est materia corporalis perfecta corporeitate, cum ipsa forma corporeitatis sit intelligibilis per separationem a materia. Unde illæ substantiæ quæ sunt intelligibiles per naturam, non videntur esse materiales: alias species rerum in ipsis non essent secundum esse intelligibile. Unde Avicenna dicit, quod aliquid dicitur esse intellectivum, quia est immune a materia.

Et propterea materia prima, prout consideratur nuda ab omni forma, non habet aliquam diversitatem, nec efficitur diversa per aliqua accidentia ante adventum formæ substantialis, cum esse accidentale non præcedat substantiale. Uni autem perfectibili debetur una perfectio. Ergo oportet quod prima forma substantialis perficiat totam materiam. Sed prima forma quæ recipitur in materia, est corporeitas, a qua nunquam denudatur, ut dicit Comment..

Ergo forma corporeitatis est in tota materia, et ita materia non erit nisi in corporibus. Si enim diceres, quod quidditas substantiæ esset prima forma recepta in materia, adhuc redibit in idem; quia ex quidditate substantiæ materia non habet divisionem, sed ex corporeitate, quam consequuntur dimensiones quantitatis in actu; et postea per divisionem materiæ, secundum quod disponitur diversis sitibus, acquiruntur in ipsa diversæ formæ. Ordo enim nobilitatis in corporibus videtur esse secundum ordinem situs ipsorum, sicut ignis est super ærem; et ideo non videtur quod anima habeat materiam, nisi materia æquivoce sumatur.

Alii dicunt, quod anima est composita ex quo est et quod est. Differt autem quod est a materia; quia quod est, dicit ipsum suppositum habens esse; materia autem non habet esse, sed compositum ex materia et forma; unde materia non est quod est, sed compositum. Unde in omnibus illis in quibus est compositio ex materia et forma, est etiam compositio ex quo est et quod est. In compositis autem ex materia et forma quo est potest dici tripliciter.

Potest enim dici quo est ipsa forma partis, quæ dat esse materiæ. Potest etiam dici quo est ipse actus essendi, scilicet esse, sicut quo curritur, est actus currendi. Potest etiam dici quo est ipsa natura quæ relinquitur ex conjunctione formæ cum materia, ut humanitas; præcipue secundum ponentes quod forma, quæ est totum, quæ dicitur quidditas, non est forma partis, de quibus est Avicenna.

Cum autem de ratione quidditatis, vel essentiæ, non sit quod sit composita vel compositum; consequens poterit inveniri et intelligi aliqua quidditas simplex, non consequens compositionem formæ et materiæ. Si autem inveniamus aliquam quidditatem quæ non sit composita ex materia et forma, illa quidditas aut est esse suum, aut non.

Si illa quidditas sit esse suum, sic erit essentia ipsius Dei, quæ est suum esse, et erit omnino simplex.

Si vero non sit ipsum esse, oportet quod habeat esse acquisitum ab alio, sicut est omnis quidditas creata. Et quia hæc quidditas posita est non subsistere in materia, non acquireretur sibi esse in altero, sicut quidditatibus compositis, immo acquiretur sibi esse in se; et ita ipsa quidditas erit hoc quod est, et ipsum esse suum erit quo est. Et quia omne quod non habet aliquid a se, est possibile respectu illius; hujusmodi quidditas cum habeat esse ab alio, erit possibilis respectu illius esse, et respectu ejus a quo esse habet, in quo nulla cadit potentia; et ita in tali quidditate invenietur potentia et actus, secundum quod ipsa quidditas est possibilis, et esse suum est actus ejus. Et hoc modo intelligo in Angelis compositionem potentiæ et actus, et de quo est et quod est, et similiter in anima.

Unde Angelus vel anima potest dici quidditas vel natura vel forma simplex, inquantum eorum quidditas non componitur ex diversis; tamen advenit sibi compositio horum duorum, scilicet quidditatis et esse.

Ad primum ergo dicendum, quod anima non est composita ex aliquibus quæ sint partes quidditatis ipsius, sicut nec quælibet alia forma; sed quia anima est forma absoluta, non dependens a materia, quod convenit sibi propter assimilationem et propinquitatem ad Deum, ipsa habet esse per se, quod non habent aliæ formæ corporales. Unde in anima invenitur compositio esse et quod est, et non in aliis formis: quia ipsum esse non est formarum corporalium absolute, sicut eorum quæ sunt, sed compositi.

Ad secundum dicendum, quod anima sine dubio habet in se esse perfectum, quamvis hoc esse non resultet ex partibus componentibus quidditatem ipsius, nec per conjunctionem corporis efficitur ibi aliquod aliud esse; immo hoc ipsum esse quod est animæ per se, fit esse conjuncti: esse enim conjuncti non est nisi esse ipsius formæ.

Sed verum est quod aliæ formæ materiales, propter earum imperfectionem, non sunt per illud esse, sed sunt tantum principia essendi.

Et per hoc etiam patet solutio ad tertium: quia compositio quæ advenit animæ post esse completum, secundum modum intelligendi, non facit aliud esse, quia sine dubio illud esse esset accidentale, et ideo non sequitur quod homo sit ens per accidens.

Ad quartum dicendum, quod si Bœtius loquitur de subjecto respectu quorumcumque accidentium, dictum est verum de forma quæ est ita simplex quod etiam est suum esse, sicut est Deus: et talis simplicitas nec in anima nec in Angelo est. Si autem loquitur de subjecto respectu accidentium quæ habent esse firmum in natura, et quæ sunt accidentia individui; tunc est verum dictum suum etiam de forma simplici, cujus quidditas non componitur ex partibus. Sunt enim quædam accidentia quæ non habent esse vere, sed tantum sunt intentiones rerum naturalium; et hujusmodi sunt species rerum, quæ sunt in anima, item accidentium habentium esse naturæ quoniam consequuntur naturam individui, scilicet materiam, per quam natura individuatur, sicut album et nigrum in homine; unde etiam non consequuntur totam speciem: et talibus accidentibus non potest subjici anima. Quædam autem habent esse naturæ, sed consequuntur ex principiis speciei, sicut sunt proprietates consequentes speciem; et talibus accidentibus potest forma simplex subjici, quæ tamen non est suum esse ratione possibilitatis quæ est in quidditate ejus, ut dictum est, in corp. Art., et talia accidentia sunt potentiæ animæ; sic enim et punctus et unitas habent suas proprietates.

Ad quintum dicendum, quod omnis forma est aliqua similitudo primi principii, qui est actus purus: unde quanto forma magis accedit ad similitudinem ipsius, plures participat de perfectionibus ejus. Inter formas autem corporum magis appropinquat ad similitudinem Dei, anima rationalis; et ideo participat de nobilitatibus Dei, scilicet quod intelligit, et quod potest movere, et, quod habet esse per se; et anima sensibilis minus, et vegetabilis adhuc minus et sic deinceps. Dico igitur, quod animæ non convenit movere, vel habere esse absolutum, inquantum est forma; sed inquantum est similitudo Dei.

Ad sextum dicendum, quod, secundum prædicta, in anima non est aliquid quo ipsa individuetur, et hoc intellexerunt qui negaverunt eam esse hoc aliquid, et non quod non habeat per se absolutum esse. Et dico quod non individuatur nisi ex corpore.

Unde impossibilis est error ponentium animas prius creatas, et postea incorporatas: quia non efficiuntur plures nisi secundum quod infunduntur pluribus corporibus. Sed quamvis individuatio animarum dependeat a corpore quantum ad sui principium, non tamen quantum ad sui finem, ita scilicet quod cessantibus corporibus, cesset individuatio animarum. Cujus ratio est quod cum omnis perfectio infundatur materiæ secundum capacitatem suam, natura animæ ita infundetur diversis corporibus, non secundum eamdem nobilitatem et puritatem: unde in unoquoque corpore habebit esse terminatum secundum mensuram corporis. Hoc autem esse terminatum, quamvis acquiratur animæ in corpore, non tamen ex corpore, nec per dependentiam ad corpus. Unde, remotis corporibus, adhuc remanebit unicuique animæ esse suum terminatum secundum affectiones vel dispositiones quæ consecutæ sunt ipsam prout fuit perfectio talis corporis. Et hæc est solutio Avicennæ, et potest manifestari per exemplum sensibile. Si enim aliquid unum non retinens figuram distinguatur per diversa vasa, sicut aqua; quando vasa removebuntur, non remanebunt proprie figuræ distinctæ; sed remanebit una tantum aqua. Ita est de formis materialibus, quæ non retinent esse per se. Si autem sit aliquid retinens figuram quod distinguatur secundum diversas figuras per diversa instrumenta, etiam remotis illis, remanebit distinctio figurarum, ut patet in cera; et ita est de anima, quæ retinet esse suum post corporis destructionem, quod etiam manet in ipsa esse individuatum et distinctum.

Articulus Tertius
Utrum anima sit tota in toto, et tota in qualibet parte.

Ad tertium sic proceditur. Videtur quod anima non sit tota in qualibet parte corporis. Cum enim anima sit forma simplex, totalitas ejus attenditur secundum potentias. Sed non in qualibet parte corporis sunt omnes ejus potentiæ. Ergo non est tota in qualibet parte corporis.

Præterea, animal est quod est compositum ex anima et corpore. Si igitur anima esset in qualibet parte corporis tota, quælibet pars corporis esset animal, sicut quælibet pars ignis est ignis. Ergo etc..

Præterea, constat quod anima influit vitam corpori. Si igitur anima esset tota in qualibet parte corporis, quælibet pars corporis immediate acciperet vitam ab anima; et ita vita unius partis non dependeret ab alia: quod videtur falsum, quia vita totius corporis dependet ex corde. Ergo etc..

Præterea, corpus habet diversas partes distinctas. Si igitur anima esset in qualibet parte corporis tota, tota esset in pluribus locis simul.

Hoc autem non videtur convenire nisi Deo. Ergo etc..

Contra, forma substantialis adest cuilibet parti materiæ: non enim perficit tantum totum, sed singulas partes. Sed anima est forma substantialis corporis animati. Ergo est in qualibet parte ejus tota.

Præterea, videmus quod anima æqualiter cito sentit læsionem in qualibet parte corporis. Hoc autem non esset, nisi anima adesset cuilibet parti.

Ergo anima est tota in qualibet parte corporis.

Respondeo dicendum, quod quidam posuerunt animam dupliciter posse considerari: aut secundum suam essentiam, aut secundum quod est quoddam totum potentiale. Si primo modo, sic dicebant, ipsam non esse in toto corpore, sed in aliqua parte ejus, scilicet corde, et per cor vivificare totum corpus per spiritus vitales procedentes a corde.

Si secundo modo, sic anima consideratur ut quædam potentia integrata ex omnibus particularibus potentiis; et sic tota anima est in toto corpore, et non tota in qualibet parte corporis: immo, sicut dicit Philosophus, partes animæ se habent ad partes corporis sicut tota anima ad corpus totum; unde si pupilla esset animal, visus esset anima ejus. Hujus autem positionis causa, fuit duplex falsa imaginatio: una est, quia imaginati sunt animam esse in corpore sicut in loco, ac si tantum esset motor, et non forma, sicut est nauta in navi; alia est, quia imaginati sunt simplicitatem animæ esse ad modum puncti, ut sit aliquid indivisibile habens situm indivisibilem.

Et utrumque horum stultum est. Et ideo dicendum cum Augustino, quod anima secundum essentiam suam considerata, tota est in qualibet parte corporis. Idem dicit Albertus.

Non tamen tota, si accipiatur secundum totalitatem potentiarum; sic enim est tota in toto animali. Et ratio hujus est, quia nulli substantiæ simplici debetur locus, nisi secundum relationem quam habet ad corpus. Anima autem comparatur ad corpus ut ejus formatio a qua totum corpus et quælibet pars ejus habet esse, sicut a forma substantiali. Et tamen potentias ejus, non omnes partes corporis participant; immo sunt aliquæ potentiæ quibus non est possibile perfici aliquid corporeum, sicut potentiæ intellectivæ; aliæ autem sunt, quæ possunt esse perfectiones corporum, non tamen eas omnes influit anima in qualibet parte corporis, cum non quælibet pars corporis sit ejusdem harmoniæ et commixtionis; et nihil recipitur in aliquo nisi secundum proportionem recipientis; et ideo non eamdem perfectionem recipit ab anima auris et oculus, cum tamen quælibet pars recipiat esse. Unde si consideretur anima prout est forma et essentia, est in qualibet parte corporis tota; si autem prout est motor secundum potentias suas, sic est tota in toto, et in diversis partibus secundum diversas potentias.

Ad primum ergo dicendum, quod cum dicimus totam animam esse in qualibet parte corporis, intelligimus per totum perfectionem naturæ suæ, et non aliquam totalitatem partium; totum enim et perfectum est idem, ut dicit Philosophus.

Ad secundum dicendum, quod perfectibile debet esse proportionatum suæ perfectioni. Anima autem quamvis sit forma simplex, est tamen multiplex in virtute, secundum quod ex ejus essentia oriuntur diversæ potentiæ; et ideo oportet corpus proportionatum sibi habere partes distinctas ad recipiendum diversas potentias; unde etiam anima dicitur esse actus corporis organici. Et quia non quælibet pars animalis habet talem distinctionem, non potest dici animal. Sed animæ minus nobiles quæ habent parvam diversitatem in potentiis, perficiunt etiam corpus quod est quasi uniforme in toto et partibus; et ideo ad divisionem partium efficiuntur diversæ animæ actu in partibus, sicut etiam in animalibus annulosis et plantis. Non tamen ante divisionem in hujusmodi animalibus quælibet pars dicitur animal, nisi in potentia; sicut nullius continui pars est nisi in potentia: unde nec pars ignis est aliquid actu, nisi post divisionem.

Ad tertium dicendum, quod vivere in animali dicitur dupliciter: uno modo vivere est ipsum esse viventis, sicut dicit Philosophus: vivere viventibus est esse; et hoc modo anima immediate facit vivere quamlibet partem corporis, inquantum est ejus forma; alio modo dicitur vivere pro operatione animæ quam facit in corde prout est motor; et talis est vita quæ defertur per spiritus vitales; et talem vitam influit primo in cor, et postea in omnes alias partes.

Et inde est quod læso corde perit operatio animæ in omnibus partibus corporis, et per consequens esse ipsarum partium, quod conservatur per operationem animæ.

Ad quartum dicendum, quod anima non est in corpore vel in partibus corporis, sicut in loco, sed sicut forma in materia, et ideo non sequitur quod sit in pluribus locis. Aliud timor, aliud lætitia, aliud tristitia. Videtur per hoc non designari compositio animæ, cum ista, secundum Philosophum sint passiones conjuncti. Et dicendum, quod amor et timor et hujusmodi omnia dicuntur dupliciter: vel secundum corporalem passionem; et sic sunt passiones conjuncti, nec remanent in anima separata; vel secundum quod consistunt in apprehensione et affectione intellectiva; et sic accidunt ipsi animæ secundum se, et sunt in ipsa post separationem a corpore. Unde etiam Philosophus, ponit delectationem etiam in natura divina.

Sine indigentia creatorem. Hoc ideo dicit, quia omnia alia agentia ab ipso agunt propter finem alium a se, et ideo acquisitione illius finis indigent; ipse autem Deus propter seipsum omnia facit, ut dicitur Proverb. 16, 4: universa propter seipsum operatus est Dominus; et ideo agit sine indigentia.

Sine habitu omnia continentem. Hoc ideo dicit, quia habitus est eorum quæ circa corpus adjacent, in quibus quodammodo ipsum corpus est, sicut in vestimento. Cum autem continere dicatur alio modo in corporalibus quam in spiritualibus (quia in corporalibus, quod inest, continetur ab eo in quo est, sicut aqua a vase; in spiritualibus autem quod inest, continet illud in quo est, sicut anima corpus) Deus, qui est in rebus sicut continens ipsas, non dicitur in eis esse sicut habens habitum est in habitu, ut includatur ab eis: est enim intra omnia non inclusus. Et ideo quamvis sit in omnibus sicut continens, non tamen omnia se habent ad ipsum per modum habitus.

Non enim ex compositis Deus, qui vita est, subsistit.

Ad intellectum hujus litteræ sciendum est, quod quando aliquid substantialiter componitur ex partibus, perfectio est ipsius compositi, et non alicujus partium: sicut forma non habet esse, nec materia, sed totum compositum. In Deo autem invenitur perfectio et quantum ad esse, et quantum ad bene esse. Quantum ad esse, quia vita est: unde si vita divina esset alicujus ut compositi, oporteret quod ea ex quibus illud componeretur, non essent viventia. Et quia vita non habet aliquid admixtum quod non sit vita, sicut nec esse, ut dicit Bœtius, ideo non potest esse ut Deus, qui non tantum vivit per vitam, sed ipsemet est vita, sit ex aliquibus compositis ad invicem ad constitutionem alicujus tertii. Quantum ad bene esse consideratur divina perfectio quantum ad tria. Primo quantum ad potestatem, et secundum hoc ipse Deus dicitur virtus et non tantum habens virtutem. Unde non potest esse quod componatur ex aliquibus, quia in componentibus non esset virtus illa, et ita componeretur ex infirmis, idest carentibus virtute quæ est totius. Virtus autem non habet aliquid admixtum, sicut nec esse; sed habens virtutem potest habere infirmitatem admixtam.

Secundo quantum ad pulcritudinem, et sic Deus dicitur lux. Si autem ista lux sequeretur compositionem aliquam, componentia non essent lucentia; sicut videmus quia ex congregatione diaphani efficitur corpus lucidum, ut chrystallus, cum tamen partes quas dispersit, non haberent prius luciditatem. Nihil autem obscurum in Deo potest esse, qui est lux, sicut nec non esse in esse. Tertio quantum ad naturæ subtilitatem, dicitur enim spiritus essentialiter. Unde formalitas sua, sive quidditas, non est ex aliquibus disparibus, id est dissimiliter se habentibus ad formalitatem, sicut humanitas ex anima et corpore, per quam homo formaliter est.

Vivens per totum: quia nihil est in eo nisi vita.

Distinctio IX

Quæstio I
Prologus

Postquam determinavit Magister ea quæ pertinent ad unitatem essentiæ, hic determinat ea quæ pertinent ad distinctionem personarum, et dividitur in partes duas: in prima determinat de personis distinctis; in secunda de nominibus, quibus et personarum distinctio et essentiæ unitas designatur, 22 dist.: post prædicta, disserendum videtur de nominum diversitate. Prima in duas: in prima determinat de personis quantum ad ipsarum distinctionem; in secunda quantum ad earum æqualitatem, 19 dist.: nunc postquam coæternitatem trium personarum pro modulo facultatis nostræ insinuavimus, jam de earumdem æqualitate aliquid eloqui superest. Prima in duas: in prima determinat de generatione filii, per quam distinguitur a patre; in secunda de processione Spiritus Sancti, per quam distinguitur ab utroque, 10 distinct.: nunc vero post filii æternitatem, de Spiritu Sancto...

Disseramus. Prima in duas: in prima asserit veritatem; in secunda excludit errorem, ibi: sed contra hoc inquit hæreticus. Est autem error Arii, qui posuit, generationem non esse ab æterno: unde sequebatur quod per eam distinguitur filius a patre essentialiter.

Sed contra hoc inquit hæreticus, hæc pars dividitur in duas. In prima ponit errorem, et rationem erroris, quæ talis est. Omne quod nascitur, aliquando non fuit; ad hoc enim nascitur ut sit.

Sed filius est natus a patre. Ergo aliquando non fuit; et ita non est coæternus patri. In secunda excludit, ibi: qui hoc dicit, non intelligit etiam natum esse de Deo, sempiternum esse; et dividitur in tres partes: primo obviat per rationes Augustini; secundo per Ambrosii rationes, ibi: eidem quoque Arianicæ quæstioni Ambrosius in hunc modum respondet; tertio per rationes Hilarii, ibi: et, ut ait Hilarius in 12 Lib. De Trinit., aliud est sine auctore semper esse æternum, aliud patri, idest auctori, esse coæternum. Circa primum duo facit: primo Augustinus solvit rationem, secundo improbat positionem, ibi: item si Dei filius, inquit Augustinus, virtus et sapientia Dei est, nec unquam fuit Deus sine virtute et sapientia, coæternus est ergo Deo patri filius. Solvit autem rationem interimendo hanc: omne quod natum est, aliquando non fuit; quod manifestatur per simile in corporalibus; quia splendor oritur ab igne, nec ignis est prius tempore quam splendor. Improbat autem positionem tali argumento. Christus est Dei virtus et sapientia, 1 Corinth., 1. Sed

Deus pater nunquam fuit sine virtute et sapientia. Ergo Deus pater nunquam fuit sine filio.

Eidem quoque arianicæ quæstioni Ambrosius in hunc modum respondet. Hic excludit prædictum errorem per verba Ambrosii, et dividitur in duas: in prima excludendo errorem, astruit divinæ generationis æternitatem; in secunda inquirit quibus verbis æternitas convenientius designetur, ibi: hic quæri potest... Utrum debeat dici: filius semper gignitur vel semper genitus est, vel semper gignetur.

Prima in duas: in prima probat positionem; secundo respondet ad rationem, ibi: sed quæris a me, inquit Ambrosius, quomodo si filius sit, non priorem habeat patrem. Improbat autem positionem duabus viis. Prima est per auctoritatem Isa. 43, 10: ante me non est formatus Deus, et post me non erit; et patet in littera. Secunda est per rationem, ibi: item dic, inquam, mihi, hæretice, fuitne quando omnipotens Deus pater non erat, et Deus erat? et talis est. Quandocumque est pater, est filius.

Si igitur non semper fuit filius, Deus omnipotens non semper fuit pater, et aliquando factus est pater. Hoc autem non potest esse sine sui mutatione.

Ergo ipse mutatus est: quod hæreticus non concessit.

Sed quæris a me, inquit Ambrosius, quomodo si filius sit, non priorem habeat patrem. Hic solvit objectionem, et circa hoc duo facit: primo obviat, ostendendo incomprehensibilitatem divinæ generationis; in secunda arguit Magister præsumptionem quorumdam nitentium comprehendere, et solvit auctoritatem quam pro se inducunt, ibi: quidam tamen de ingenio suo præsumentes, dicunt illam generationem posse intelligi. Obviatio Ambrosii habet hunc modum. Illa probatio nihil valet quæ non magis se habet ad unam partem quam ad aliam. Sed ratio hæretici innitebatur huic quod non poterat inveniri ab homine modus generationis divinæ, si ponatur ab æterno esse. Sed eadem dubitatio remanet, si ponatur non ab æterno esse, quia generatio illa est inenarrabilis et incomprehensibilis.

Ergo objectio hæretici nihil probat.

Hic quæri potest... Utrum debeat dici: filius semper gignitur, vel semper genitus est, vel semper gignetur. Hic ostendit quibus verbis æternitas generationis designari debeat, et circa hoc quatuor facit: primo probat per auctoritatem Gregorii et Augustini, quod debet signari per verba præteriti temporis, propter perfectionem ipsius; secundo inducit contrarietatem per verba Origenis, ibi: Origenes vero super Hieremiam ait; tertio solvit, ibi: sed ne tanti auctores sibi contradicere in re tanta videantur, illa verba Gregorii benigne interpretemur; quarto confirmat solutionem per verba Hilarii, ibi: Hilarius quoque dicit filium natum ex patre; et ultimo concludit quæstionis veritatem, ibi: dicamus ergo filium natum de patre ante tempora.

Et, ut ait Hilarius in 12 Lib. De Trinit., aliud est sine auctore semper esse æternum, aliud patri, idest auctori, esse coæternum. Hic excludit errorem per verba Hilarii, et duo facit: primo improbat positionem; secundo solvit objectionem, ibi: sed inquiet hæreticus. Improbat autem hoc modo. Sicut pater se habet ad generationem, ita pater æternus ad æternam generationem. Sed Deus est pater æternus, ut hæretici concedant. Ergo et generatio qua generat, fuit semper, et ab æterno.

Sed ab æterno generare est æternum nasci. Ergo et filius ab æterno est natus. Et per hoc etiam respondet ad rationem ipsorum, distinguendo hanc: omne quod natum est, cœpit esse. Si enim intelligatur de eo quod nascitur a non semper gignente, sicut est in creaturis, verum est; si de eo quod nascitur a semper gignente, falsum est.

Circa hanc partem quæruntur duo: primo de distinctione filii a patre. Secundo de æternitate.

Circa primum duo quæruntur: 1 utrum propter distinctionem possit dici filius alius a patre; 2 utrum pater et filius propter eamdem distinctionem possint dici plures æterni.

Articulus Primus
Utrum filius sit alius a patre.

Ad primum sic proceditur. Videtur quod filius non sit alius a patre. Alius enim, secundum Priscianum est relativum diversitatis substantiæ. Sed pater et filius sunt unius substantiæ. Ergo filius non potest dici alius a patre.

Item, unitas substantiæ impedit quod filius non potest dici aliud esse a patre, propter diversitatem significatam per ly aliud. Sed alius et aliud non differunt nisi secundum modum significandi: quia alius masculine, aliud neutraliter significat. Cum igitur modus significandi non variet significationem, videtur quod nec etiam alius a patre dici possit.

Præterea, si filius dicitur alius a patre, hoc non est nisi quia filius est a patre. Sed pater est a seipso. Ergo pater erit alius a seipso.

Præterea, proprietas secundum Porphyrium, non facit alietatem, sed magis alteritatem. Pater autem non

distinguitur a filio nisi per proprietatem relationis. Ergo pater non potest dici alius a filio, sed alter.
Contra, quæcumque distinguuntur realiter, unum eorum est alia res ab alio. Sed pater et filius, ut supra dictum est, dist. 2, quæst. Unica, art. 5, distinguuntur realiter. Ergo pater est alia res a filio; et eodem modo potest dici esse alius a filio.
Hoc etiam videtur per verbum Augustini in littera.
Respondeo dicendum, quod in divinis invenimus tria, scilicet essentiam, personam, proprietatem, quibus aptantur tria genera. Essentiæ enim, quia communis est et indistincta, aptatur neutrum genus, quod est informe non importans sexus distinctionem. Personæ vero, quæ est distincta et significatur ut aliquid existens in natura divina, aptatur masculinum genus quod est genus distinctum, et non femininum propter imperfectionem. Proprietati autem, quæ significatur per modum formæ, aptatur genus femininum; sic etiam essentiæ aptari potest, inquantum essentia significatur ut forma; et ideo propter unitatem essentiæ non potest dici pater alius a filio, sed propter distinctionem personæ dicitur alius.
Istud autem videtur magis esse adaptatio, quam expressio proprietatis locutionis. Unde dicendum aliter, quod hoc contingit, quia neutrum genus substantivatur; et ideo importat diversitatem simpliciter et absolute, quæ est diversitas essentiæ; sed masculinum genus et femininum tenentur adjective; unde ponunt diversitatem circa terminos personales qui in locutione ponuntur, cum dicitur: filius est alius a patre; et hoc explicabitur in solutionibus argumentorum.
Ad primum ergo dicendum, quod alius semper significat diversitatem substantiæ. Sed substantia dicitur dupliciter: quandoque enim sumitur pro essentia, sicut est in usu Latinorum; quandoque pro supposito essentiæ, vel pro re naturæ primi prædicamenti, quæ dicitur hypostasis apud Græcos; et hoc secundo modo non est eadem substantia patris et filii: quia sic substantia significat personam; et hac ratione potest dici alius.
Ad secundum dicendum, quod neutrum genus substantivatur, et non masculinum. Substantivum autem significationem suam habet absolutam; sed adjectivum ponit significationem suam circa subjectum.
Quando autem aliquid dicitur absolute, intelligitur de eo quod simpliciter est, sicut ens, absolute dictum, significat substantiam; et ideo quia alietas essentiæ est simpliciter alietas, ideo neutrum genus substantivatum importat alietatem essentiæ.

Sed genus masculinum, quia adjective tenetur, ponit alietatem circa suum subjectum. Unde si terminus personalis est suum substantivum, designat distinctionem personarum. Et ideo hæc est vera: pater est alius a filio. Si autem sit terminus essentialis, designat diversitatem substantiæ; unde hæc est falsa: pater est alius Deus a filio.
Et similiter neutrum adjective sumptum, quando adjungitur termino personali, importat alietatem personæ, ut cum dicitur: pater est aliud suppositum a filio. Unde hoc non contingit ex variata significatione, sed ex eo quod alietas significata in masculino et neutro, non ad idem refertur.
Ad tertium dicendum, quod hæc est impropria: pater est a se; et exponenda est per negationem; id est, non est ab alio. Ista autem est propria: filius est a patre. Unde non est simile.
Ad quartum dicendum, quod proprietas in divinis non tantum est proprietas, sed etiam subsistens: paternitas enim est ipse pater; et ideo proprietas facit alium magis proprie, quam alterum.
De hoc tamen infra plenius habebitur, dist. 26, quæst. 2, art. 2.

Articulus Secundus
Utrum pater et filius possint dici plures æterni.
Ad secundum sic proceditur. Videtur quod pater et filius non possint dici plures æterni, per id quod habetur in symbolo Athanasii: et tamen non tres æterni.
Præterea, Augustinus: quidquid in divinis ad se dicitur, singulariter de tribus, et non pluraliter prædicatur. Sed æternus ad se dicitur: non enim est relativum. Ergo singulariter de tribus dicitur, et non pluraliter.
Præterea, sicut una deitas est trium personarum, ita etiam est una æternitas, cum æternitas sit ipsa divina substantia. Sed non potest dici: pater et filius sunt plures dii; propter unitatem divinitatis. Ergo nec etiam propter unitatem æternitatis potest dici: pater et filius sunt plures æterni.
Sed contra est quod habetur in symbolo Athanasii, quod tres personæ sunt sibi coæternæ.
Si dicas, quod hoc est, quia Deus est substantivum, sed æternus est adjectivum, et ideo æternus recipit pluralem numerum, secundum numerum suppositorum. Contra, adjectivum significatur per modum accidentis. Sed in Deo non potest esse aliquod accidens, quia, sicut dicit Bœtius, cetera prædicamenta cum in divinam venerint prædicationem mutantur in substantiam.

Ergo non potest ibi esse adjectivum.

Præterea, adjectivum trahit numerum a substantivo.

Sed æternus est adjectivum. Cum ergo pater et filius sint plures quidam, videtur quod debeant dici æterni.

Respondeo dicendum, quod hæc est differentia inter adjectiva et substantiva: quia substantiva significant per modum substantiæ, et ideo significant rem suam absolute; et ideo substantivum non dicitur in plurali numero, nisi formatio sua numeretur; adjectivum autem significat per modum accidentis, quod non habet esse absolutum, nec unitatem: sed esse suum et unitas sua dependet ex eo cui inhæret. Unde etiam non multiplicatur secundum numerum per divisionem alicujus quod sit pars sui, sicut species substantiarum multiplicantur per individua, secundum divisionem materiæ.

Sed accidens multiplicatur secundum divisionem subjecti in quo est; unde hæc albedo est alia ab illa, inquantum hæc est hujus, et illa illius; et ideo adjectivum non habet numerum pluralem, nisi ex parte suppositorum.

Dicendum igitur, quod omnes termini significantes substantiam per modum substantiæ, sicut sunt substantiva, non prædicantur in plurali de tribus personis, eo quod formatio significata, scilicet ipsa essentia divina, non dividitur. Termini vero significantes substantiam adjective per modum inhærentis, vel assequentis substantiam, ut dicit Damascenus, prædicantur in plurali de tribus personis, propter pluralitatem suppositorum. Sed tamen in talibus terminis, qui significant substantiam adjective, est ordo. Quædam enim significant ut inhærenter, non significantes substantiam quantum ad modum significandi quem grammatici considerant dicentes, nomen significare substantiam cum qualitate, sicut verba et participia: et ista nullo modo debent prædicari in singulari, quia significant per modum actus, qui non significatur nisi ut inhærens. Quædam autem significant substantiam quantum ad modum consideratum a grammaticis, sicut nomina adjectiva.

Omne enim nomen significat substantiam et qualitatem. Sed forma quæ est qualitas, significat ut inhærentem; et talia possunt magis prædicari singulariter, et præcipue quia possunt substantiari, sicut æternus, et hujusmodi. Quando tamen talibus adjectivis additur per compositionem aliqua præpositio denotans habitudinem personæ ad personam, magis trahuntur ad suppositum; et tunc nunquam debent prædicari in singulari, sed tantum in plurali, sicut coæternus.

Dico igitur ad primum, quod si æternus substantive sumatur, tunc prædicatur in singulari de tribus; et sic accipit Athanasius. Si adjective, tunc prædicatur pluraliter. Sed coæternus semper debet pluraliter prædicari, propter habitudinem personæ ad personam, quam importat.

Ad secundum dicendum, quod sicut dictum est, in corp. Art., adjectiva non habent numerum ex seipsis, sed ex suis suppositis; et ideo æternus, quamvis non numeretur ex seipso, quia absolutum est, tamen prædicatur in plurali propter pluralitatem suppositorum, quæ relativa sunt.

Et per hoc patet solutio ad tertium: quia Deus non est adjectivum, ut recipiat numerum ab alio, sicut æternus. Unde non posset pluraliter prædicari nisi propter pluralitatem suæ formæ: quam pluralitatem non est in Deo ponere.

Ad quartum dicendum, quod quamvis secundum rem non sit accidens in divinis, tamen quantum ad modum significandi potest aliquid ut adjacens significari, vel assequens substantiam; et inde sunt adjectiva in divinis.

Quæstio II
Prologus

Deinde quæritur de coæternitate filii ad patrem; et quæruntur duo: 1 utrum pater aliquo modo sit prior filio; 2 si non, sed generatio est æterna, quibus verbis significari debeat.

Articulus I
Utrum pater sit prior filio.

Ad primum sic proceditur. Videtur quod pater sit prior filio. Sicut enim se habet corruptio ad desitionem, ita se habet generatio ad inceptionem.

Sed omne quod corrumpitur, desinit esse. Ergo omne quod generatur, incipit esse per generationem. Ergo filius cœpit esse; et ita est posterior patre.

Præterea, nihil accipit aliquid, nisi quod non habet. Sed omne quod generatur, accipit esse a generante. Ergo omne quod generatur, ante generationem non habet esse; et sic idem quod prius.

Præterea, principium naturaliter prius est eo cujus est principium. Sed pater est principium filii. Ergo etsi non tempore, saltem natura est prior ipso.

Item, dare esse est aliqua dignitas. Sed pater dat esse suum filio. Ergo ad minus dignitate pater est prior filio.

Contra, omne illud quo aliquid est prius, non est

simpliciter primum. Si ergo filio esset pater prior, filius non esset simpliciter primum. Sed omnes dicunt Deum esse primum principium, sicut dicit Philosophus.
Ergo filius non esset Deus: quod Ariani concedunt.
Respondeo dicendum, quod pater nullo modo est prior filio, neque duratione, neque natura, neque intellectu, neque dignitate: in patre enim et filio non possumus nisi duo considerare.
Vel id quod absolutum est: et hoc utrique commune est: unde ex hoc unus non habet prioritatem ad alium, cum essentia divina non sit divisibilis, ut supra ostensum est, in hac dist., qu. 1, art. 1.
Vel id quod est ad aliquid. Relativorum autem est simul esse natura, secundum Philosophum, et etiam tempore: quia posita se ponunt, et perempta se perimunt: et etiam intellectu, cum unum per alterum definiatur: quamvis enim in hominibus ille qui est pater, sit prior eo qui est filius, ut Socrates Platone; nihilominus tamen ista duo relativa, inquantum relativa sunt, pater et filius simul sunt omnibus modis prædictis.
Unde patet quod pater nullo modo potest esse prior filio; neque secundum id quod absolutum, neque secundum id quod ad aliquid est.
Ad primum ergo dicendum, quod generatio quæ opponitur corruptioni, est mutatio; et tali generationi semper annexa est inceptio. Sed generatio, prout est in divinis, non est mutatio, ut supra dictum est, dist. 4, quæst. 1, art. 1, sed operatio naturæ divinæ prout est in patre. Et quia naturalis operatio semper sequitur id cujus est, cum natura divina in patre sit æterna, et generatio erit æterna.
Ad secundum dicendum, quod illud quod accipit aliquid, non habet illud a se, non tamen sequitur quod non habeat illud simpliciter: quia potest esse quod illud accipere nunquam inceperit; et ita filius accepit esse a patre, nec habet esse a se, sed ab æterno a patre accepit esse.
Ad tertium dicendum, quod principium potest dupliciter considerari: vel id quod est principium, et hoc est prius naturaliter eo cujus est principium; vel secundum relationem principii, et sic est simul naturaliter cum principiato. Si igitur esset aliquis ab eodem habens quod sit aliquis et quod sit ad aliquid; omnino simul esset naturaliter cum eo ad quod diceretur. Et quia in divinis pater ab eodem habet quod sit aliquis et quod sit pater; est simul natura cum filio, non solum inquantum est pater, sed simpliciter.
Ad quartum dicendum, quod proprietas qua pater dat esse, est dignitas sua. Sed quia dignitas est de absolutis, ideo eadem dignitas est in patre et filio, et eadem dignitas quæ in patre est paternitas, in filio est filiatio; sicut paternitas in patre est divina essentia vel divina bonitas, et eadem essentia in numero vel bonitas, est filiatio in filio.

Articulus Secundus
Utrum generatio divina debeat significari per tempus præsens.

Ad secundum sic proceditur. Videtur quod generatio divina debeat significari per præsens tempus.
Præsens enim maxime æternitati competit, eo quod non habet successionem. Sed generatio divina est æterna. Ergo debet significari per præsens tempus.
Præterea, Avicenna distinguit duplex agens: quoddam quod est causa fiendi tantum, et istud non influit in rem nisi dum est in fieri; quoddam autem quod est principium essendi, et hoc agens non cessat ab influendo in causatum suum quamdiu habet esse. Constat autem quod pater non est principium filii sicut principium fiendi, quia filius non est factus; sed sicut principium essendi, quia dat sibi esse. Ergo quandiu filius habet esse, pater dat sibi esse, quæ datio est generatio. Cum igitur filius verissime dicatur semper esse, et magis quam fuisse, verius diceretur semper nasci quam semper natus.
Contra, illud quod est semper in fieri, est imperfectum. Sed quod semper nascitur, significatur semper ut in fieri. Ergo significatur ut imperfectum.
Ergo non proprie dicitur filius semper nasci, cum ab eo secludatur omnis imperfectio.
Præterea, omne illud quod consequitur generationem secundum modum intelligendi, est quasi terminus generationis. Sed relatio filiationis consequitur generationem secundum modum intelligendi.
Ergo se tenet ex parte termini generationis. Sed terminus generationis non significatur per præsens, sed per præteritum. Ergo filius verius dicitur natus quam nascens.
Respondeo dicendum, quod, sicut dictum est superius, dist. 8, qu. 2, art. 3, nullum verbum alicujus temporis perfecte æternitatem repræsentat.
Unde cum generatio filii sit æterna, ut dictum est, dist. 4, qu. 1, art. 1, non sufficienter exprimitur per verbum alicujus temporis; unde per diversorum temporum verba significari potest, ut quidquid est perfectionis in quolibet tempore, divinæ generationi attribuatur, et omnis

imperfectio excludatur. Cum igitur in omni inferiori generatione vel in quocumque fieri, ipsum esse sit imperfectum, quia hujusmodi non sunt nisi in fieri, et perfectio non est nisi quando fieri terminatur, et tunc esse non retinet generatio creaturæ, sicut etiam in termino motus non est motus; in divina tamen generatione invenitur simul et perfectio et esse. Unde ad significandum esse divinæ generationis, quod nunquam transit, possumus uti verbo præsentis temporis, ut dicamus filium generari a patre; ad significandum vero generationis perfectionem possumus verbo præteriti temporis uti, ut dicamus filium natum; ut autem utrumque concludatur simul, scilicet perfectio et esse generationis, convenientissime dicitur semper natus; ut per sempiternitatem significetur esse generationis indeficiens, et per præteritum tempus ipsius perfectio.
Si autem diceremus, semper nascitur, designaretur solum esse generationis indeficiens, sed non perfectio; et ideo melius dicitur semper natus quam semper nascens. In aliis autem divinis quæ non significantur ut in fieri, convenientius utimur præsenti tempore.
Ad primum ergo dicendum, quod quamvis præsens æternitati conveniat maxime, quia ponit esse in actu, tamen in illis quæ per modum fieri significant, importat imperfectionem, quia talia dum habent esse, imperfecta sunt; et ideo in talibus convenientius utimur præterito, præcipue si addatur aliquid ad indeficientiam designandam.
Ad secundum dicendum, quod per illam rationem probatur quod esse divinæ generationis nunquam transeat, et hoc significatur per præsens; tamen ex modo significandi, quia significatur per modum fieri, importatur quædam imperfectio; et ideo oportet uti præterito tempore, et hoc sequentia argumenta concludunt.
Dicit autem apostolus Christum esse Dei virtutem et Dei sapientiam. Contra, aut loquitur de essentiali sapientia, aut de sapientia genita. Si de essentiali, constat quod illa esset in patre, etiam si filius non esset, sicut et essentia. Sed de sapientia genita supra ab Augustino dictum est, distinct. 5, quod pater non est sapiens sapientia quam genuit. Ergo etiam si filius non esset, non sequeretur quod pater sapiens non esset; et ita videtur ratio Augustini nihil valere.
Et dicendum, quod loquitur de sapientia essentiali, secundum quod est appropriata filio. In appropriato autem, inquantum hujusmodi, intelligitur ratio proprii; et sic procedit Augustinus. Vel potest melius dici, quod loquitur de sapientia genita; non enim dicit, quod per illam sapientiam pater sit sapiens, sed quod illam sapientiam habeat. Inconveniens autem est dicere, Deum nunc habere aliquam sapientiam quam non semper habuit, quia hoc poneret mutationem in ipso.
Quomodo igitur immutabilis Deus est? videtur quod hoc non sequatur; quia secundum Philosophum, in ad aliquid non est motus: et ita ex adventu relationis non potest concludi aliqua mutabilitas.
Præterea, Deus per hoc quod dat esse creaturæ, dicitur creator, et per hoc quod dat esse filio, dicitur pater. Sed non sequitur ipsum esse mutabilem, quamvis modo sit creator, et ab æterno non fuerit. Ergo etiam non sequeretur quod esset mutabilis, si non semper pater fuisset.
Ad primum est dicendum, quod quamvis in ad aliquid non sit motus sicut in eo quod terminat motum per se, ut quantitas et qualitas sunt termini motus per se; tamen relationes novæ non possunt innasci realiter in aliquo nisi per motum: quamvis enim relatio non sit terminus motus per se, tamen consequitur motum, sicut augmentum consequitur æqualitas.
Ad secundum dicendum, quod, sicut supra dictum est, dist. 7, q. 2, art. 1, relatio qua Deus relative dicitur ad creaturam non est realiter in ipso Deo, sed in ipsa creatura, quæ mutatur; paternitas autem realiter est in ipso Deo, quia est proprietas constitutiva personæ; unde non posset esse de novo pater sine mutatione sui.
Vox silet, non mea tantum, sed et Angelorum.
Vox Angelorum hæc dicitur, quam exprimunt corporaliter in corporibus assumptis; vel ipsa spiritualis locutio ipsorum dicitur, secundum quod conceptiones suas ordinant ad innotescendum. Alibi tamen hoc habet quæri in 2.
Scrutari non licet superna mysteria; ut quis transcendere velit limites fidei de temporali generatione; quæ quidem ineffabilis est, inquantum terminatur ad unionem in persona Dei; tamen quodammodo est effabilis ex parte ipsius corporis assumpti, quod de virgine tractum est.
Quoties ortum fuit lumen ex quo splendor oritur, toties oritur et splendor claritatis. Hæc similitudo relata ad æternam generationem intelligenda est non secundum interruptionem actus, quæ in ortu luminis corporalis lumen facit (eo quod sol corporalis non semper præsens est), sed secundum continuationem tantum.
Vivens Deus, et naturæ æternæ, viventis potestas est. In his verbis intendit Hilarius concludere filium a patre genitum viventem esse sicut cujuslibet naturæ

intransibilis vel æternæ est potestas viventis; idest, ut vivum producat, secundum quod ipsa vivit. Sed Deus vivens est, ergo potestas sua est ut vivum ex se generet. Vel sic. In quolibet vivo invenitur potestas quæ debetur vivo. Sed Deus est vivens. Ergo in eo invenitur potestas quæ debetur vivo. Hæc autem est ut vivum ex se producat.

Ergo filius, qui ex eo producitur, vivens est. Primi igitur syllogismi majorem subticet, minorem ponit ibi: vivens Deus etc.. Conclusionem, quæ est major secundi, tangit cum dicit: et naturæ æternæ, viventis potestas est; idest naturæ æternæ est potestas viventis, idest quæ debetur viventi.

Secundi syllogismi minorem subticet, conclusionem ponit ibi: et quod cum sacramento scientiæ suæ ex eo nascitur non potest aliud esse quam vivens; filius qui nascitur ex patre, cujus nativitatis secretam scientiam solus pater habet comprehendendo.

Non potest ergo esse aliud quam vivens. Et sumitur hic sacramentum, prout dicitur sacrum secretum.

Omnia viva sua ex vivente testatus est, idest omnia attributa, quorum quodlibet in filio vivit.

Perfectum nativitatis, idest, perfectam rationem et nomen nativitatis.

Non enim novum est quod ex vivo generatur in vivum. In his enim quæ per transmutationem generantur, quamvis generatio quæ est a vivente, terminetur ad vivum, tamen in principio generationis quod generatur non est vivum. Sed filius Dei semper vivus est. Ergo non per decisionem vel mutationem genitus est; et ita oportet quod vita patris eademque numero in filio sit: et propter hoc subjungit, quod necesse est... Ut in vivente vivat, scilicet filius in patre, inquantum filius est vita patris, qui in patre vivit: et eodem modo in se habeat vitam viventem, id est essentiam patris, qui est vita vivens.

Cui innascibilitatis esse imaginem, sacramento nativitatis impartit; idest, sui innascibilis: non enim filius patrem in innascibilitate imitatur.

Si gignenti est infinitum gignere, et nascenti infinitum etiam nasci est. Infinitum sumitur hic negative, non privative; generatio enim passiva vel activa, nullo fine terminatur vel comprehenditur.

Non tamen dicenda est infinita per modum quantitatis, sicut tempus vel motus, quia sic nunquam esset perfecta.

Distinctio X

Quæstio I
Prologus

Postquam determinavit Magister de generatione filii a patre, hic determinat de processione Spiritus Sancti ab utroque; et dividitur in partes duas: in prima determinat de processione ejus æterna; in secunda de temporali, 14 dist.: præterea diligenter annotandum est, quod gemina est processio Spiritus Sancti. Prima in tres: in prima determinat processionis modum; in secunda processionis principium, 11 dist.: hic dicendum est, Spiritum Sanctum a patre esse et filio; tertio differentiam processionis ad generationem, 13 distinct.: post hæc considerandum est... Cum Spiritus Sanctus procedat de patre, et sic de substantia patris, cur non dicatur esse natus, sed potius procedere. Prima in duas: in prima ostendit processionis modum; in secunda ex modo procedendi concludit proprium procedentis nomen, ibi: hic notandum est, quod sicut Spiritus Sanctus in trinitate specialiter dicitur caritas... Ita et nomen tenet proprie quod patri et filio communiter quodammodo congruit. Prima in duas: in prima ostendit per auctoritatem canonis, quod Spiritus Sanctus procedit ut amor; in secunda ostendit idem per auctoritates sanctorum, ibi: nunc vero quod incepimus, ostendere curemus. Circa primum tria facit: primo, secundum verba Augustini, appropriat amorem de Deo dictum 1 Joan. 4, 16: Deus caritas est, Spiritui Sancto; secundo ponit appropriationis similitudinem, ibi: pluribus enim exemplis doceri potest, multa rerum vocabula et universaliter poni, et proprie quibusdam rebus adhiberi; tertio inducit appropriationis auctoritatem, ibi: sed Dei verbum, idest unigenitus Dei filius, aperte dictum est Dei sapientia.

Ad intellectum hujus partis quinque quæruntur: 1 utrum Spiritus Sanctus procedat ut amor; 2 utrum sit amor quem pater habet in filium, et e contrario; 3 utrum sit nexus vel unio patris et filii; 4 utrum ex processione sua possit dici proprie Spiritus Sanctus; 5 de numero personarum.

Articulus Primus
Utrum Spiritus Sanctus procedat ut amor.

Ad primum sic proceditur. Videtur quod Spiritus Sanctus non procedat ut amor. Quia Spiritus Sanctus procedit ut persona in se subsistens.

Amor autem non significat aliquid per modum subsistentis; immo per modum inhærentis formæ, vel passionis. Ergo etc..

Præterea, nunquam natura communicatur nisi per actum naturæ. Sed amor non significat actum naturæ, sed magis voluntatis. Ergo cum per processionem Spiritus Sancti communicetur tota divina natura personæ procedenti, videtur quod Spiritus Sanctus non procedat ut amor.

Præterea, non est idem modus processionis creaturæ et personæ divinæ. Sed creaturæ procedunt a Deo per actum voluntatis, cujus opus est creatio, secundum Damascenum.

Ergo nulla persona divina procedit per modum amoris, qui est actus voluntatis.

Item, modus processionis personæ est proprius personæ procedenti, quia per processionem distinguitur una persona ab alia. Sed amor est commune tribus personis, ut dicitur in littera. Ergo nulla persona ut amor procedit.

Præterea, non est idem appropriatum et proprium, quia appropriatum sumitur juxta rationem proprii: unde sapientia, quæ appropriatur filio, nulli personæ propria est. Sed amor, ut dicitur in littera, est appropriatum Spiritui Sancto.

Ergo non est proprius modus suæ processionis ut procedat ut amor.

Contra, imago creata, quæ est in anima, repræsentat trinitatem in creatura. Sed in imagine creata procedit aliquid per modum notitiæ, et aliquid per modum amoris. Cum igitur in trinitate increata procedat filius per modum notitiæ, erit alia persona procedens per modum amoris.

Item, cognitio perfecta non est, nisi adjungatur voluntas. Sed sicut se habet intellectus ad voluntatem, ita et verbum ad amorem. Ergo verbum non erit perfectum sine amore. Sed verbum Dei perfectum est. Ergo et associatur sibi amor perfectus; et hic est Spiritus Sanctus.

Respondeo dicendum, quod in processione creaturarum duo est considerare ex parte ipsius creatoris: scilicet naturam ex cujus plenitudine et perfectione omnis creaturæ perfectio et efficitur et exemplatur, ut supra dictum est, dist. 2, qu. Unic., art. 2, et voluntatem, ex cujus liberalitate, non naturæ necessitate, hæc omnia creaturæ conferuntur. Supposita autem, secundum fidem nostram, processione divinarum personarum in unitate essentiæ, ad cujus probationem ratio sufficiens non invenitur, oportet processionem personarum, quæ perfecta est, esse rationem et causam processionis creaturæ. Unde sicut processionem creaturarum naturæ divinæ perfectionem imperfecte repræsentantium reducimus in perfectam imaginem, divinam perfectionem plenissime continentem, scilicet filium, tamquam in principium, et quasi naturalis processionis creaturarum a Deo, secundum scilicet imitationem naturæ, exemplar et rationem; ita oportet quod, inquantum processio creaturæ est ex liberalitate divinæ voluntatis, reducatur in unum principium, quod sit quasi ratio totius liberalis collationis. Hæc autem est amor, sub cujus ratione omnia a voluntate conferuntur; et ideo oportet aliquam personam esse in divinis procedentem per modum amoris, et hæc est Spiritus Sanctus. Et inde est quod quidam Philosophi totius naturæ principium amorem posuerunt.

Ad primum ergo dicendum, quod licet amor, inquantum amor, non dicat quid perfectum et subsistens; tamen inquantum est Dei amor, a quo omnis imperfectio removetur, habet quod sit perfectum quid et subsistens; et simile est de verbo.

Ad secundum dicendum, quod sicut per primum processum naturæ communicatur tota natura divina, cum sit perfectus; ita et per primum processum voluntatis, qui est ratio omnis processionis voluntariæ a Deo, communicatur tota voluntas; et quia in Deo idem est voluntas et natura, nec tota voluntas, quæ infinita est, posset esse nisi in natura infinita; et non nisi boni infiniti, quasi objecti æquantis infinitam voluntatem (unde nec amor, qui est ratio voluntatis, potest esse nisi infinitus); ideo oportet etiam communicari naturam. Unde amor, quamvis non dicat communicationem naturæ inquantum est amor, dicit tamen inquantum est amor Dei et primus processus divinæ voluntatis.

Ad tertium dicendum, quod creatura procedit a voluntate sicut res operata per voluntatem; sed Spiritus Sanctus sicut ratio cujuslibet operis voluntatis, sicut etiam filius producitur ut ars omnium eorum quæ per intellectum divinum constituta sunt.

Ad quartum dicendum, quod amor in divinis tripliciter sumitur. Quandoque enim sumitur essentialiter, quandoque personaliter, quandoque notionaliter.

Quando sumitur essentialiter, non dicit aliquam processionem vel relationem realem, sed tantum rationis, sicut etiam cum de Deo dicimus intelligens et intellectum: eadem enim persona potest esse intelligens et intellecta. Quando autem dicitur personaliter, tunc importatur processio et relatio realis, et significatur ipsa persona, sive res procedens, sicut amor est quoddam procedens. Quando autem dicitur notionaliter, significat ipsam rationem processionis personæ: quia amor non tantum est procedens, sed etiam dicit rationem sub qua alia procedunt.

Secundum ergo quod est essentiale, est commune tribus, sed appropriatur Spiritui Sancto; ut cum dicitur, Deus caritas est, 1 Joan. 4, 16; secundum autem quod est personale, est proprium Spiritus Sancti; et dicitur, quod Spiritus Sanctus procedit ut amor.

Secundum autem quod est notionale, est quædam relatio vel notio communis patri et filio, quæ etiam dicitur communis spiratio; et hoc modo significatur amor in hoc verbo diligunt: cum dicitur, pater et filius diligunt se Spiritu Sancto.

Ad quintum dicendum, quod amor, secundum quod est proprium, non est appropriatum. Sapientia autem ita est appropriata quod nunquam potest esse proprium. Et ratio hujus est, quia sapientia non significatur per modum alicujus exeuntis ab aliquo, sed per modum quiescentis in subjecto; et ideo semper est essentialis, et nunquam personalis.

Sed amor significatur per modum exitus; nihilominus tamen significat aliquid absolutum. Exitus autem ille potest intelligi ut realis, vel secundum rationem tantum. Ex parte ergo qua significat aliquid absolutum, est essentiale; et tunc relatio, vel exitus importatus, erit rationis tantum, sicut cum dicitur idem eidem idem. Quando autem ille exitus significatur non tantum ut rationis, sed ut realis, tunc amorem significat personalem.

Articulus Secundus
Utrum Spiritus Sanctus sit amor quem habet pater in filium.

Ad secundum sic proceditur. Videtur quod Spiritus Sanctus non sit amor quem pater habet in filium vel e contrario. Quidquid enim procedit in aliud tendens, non procedit ut per se subsistens.

Sed Spiritus Sanctus procedit ut persona subsistens per se. Ergo non procedit in filium.

Item, quod procedit in aliquid, recipitur in illo, nisi sit ex defectu recipientis. Sed in filio non est aliquis defectus. Si ergo Spiritus Sanctus procedit a patre ut in filium, filius recipit Spiritum Sanctum. Sed quidquid filius recipit a patre, recipit per generationem. Ergo processio per quam Spiritus Sanctus procedit a patre in filium, est

generatio, vel etiam prius secundum rationem, sicut quod includitur in illa.

Præterea, etsi filius aliquid accipiat a patre, tamen pater nihil accipit a filio. Ergo cum illud in quod est aliquid, se habeat in ratione recipientis, nullo modo poterit dici Spiritus Sanctus amor quem habet filius in patrem.

Contra, omnis amor procedit ab amante in amatum.

Sed Spiritus Sanctus est amor, ut supra dictum est, art. Anteced. In resp. Ad 4. Ergo videtur, cum pater amet filium et e contrario, quod Spiritus Sanctus sit amor patris in filium et e contrario.

Præterea, hoc videtur per auctoritatem Hieronymi in littera.

Respondeo dicendum, quod in processione Spiritus Sancti est considerare duo: scilicet processionem ipsam, et modum procedendi. Et quia Spiritus Sanctus procedit ut res distincta et per se existens, non habet ex processione sua, inquantum processio est, quod sit a patre in filium, vel e contrario; sed quod sit in se subsistens. Si autem consideretur modus processionis quia procedit ut amor, ut dictum est, art. Præc., ad 2, cum amatum secundum rationem intelligendi sit id in quod terminatur amor, et amans a quo exit amor: cum pater amet filium, potest dici amor patris in filium; et cum filius amet patrem, amor filii in patrem.

Et per hoc patet solutio ad primum. Quia Spiritus Sanctus non habet ut sit amor unius personæ in aliam ex hoc quod est persona procedens, sed ex hoc quod procedit ut amor.

Ad secundum dicendum, quod cum dicitur filius amari a patre, non prædicatur secundum rem quod filius aliquid a patre accipiat, sed quod terminetur in ipsum actus amoris; et ideo hoc quod dicitur esse Spiritus Sanctus amor patris in filium, non pertinet ad generationem, sed ad Spiritus Sancti processionem.

Et per hoc patet solutio ad tertium. Quia sicut cum dicitur, quod pater habet amorem in seipsum, non significatur ibi aliqua terminatio vel acceptio secundum rem, sed tantum secundum modum significandi; ita etiam cum dicitur Spiritus Sanctus amor filii in patrem, non ponitur quod pater aliquid accipiat, nisi quod secundum modum significandi in ipsum terminatur amor filii, sicut in amatum.

Articulus Tertius
Utrum Spiritus Sanctus sit unio patris et filii.

Ad tertium sic proceditur. Videtur quod Spiritus Sanctus

non sit nexus vel unio patris et filii.

Quod enim est discretum et distinctum ab aliquibus, non est unitivum ipsorum. Sed Spiritus Sanctus est distinctus a patre et filio. Ergo non est unio utriusque.

Præterea, nexus vel unio habet quasi rationem medii inter ea quæ uniuntur vel connectuntur.

Sed Spiritus Sanctus non est media in trinitate persona, sed tertia. Ergo non est unio vel nexus.

Præterea, nexus dicitur quo aliqua nectuntur.

Sed sive hoc intelligatur effective, sive formaliter, illud quo aliqua nectuntur habet aliquam rationem principii annexam. Ergo cum spiritus nullo modo sit principium patris et filii, immo e contrario, non poterit dici nexus vel unio utriusque.

Contra, Dionysius: amorem sive divinum sive angelicum sive intellectualem sive animalem sive naturalem dicamus, unitivam quamdam et concretivam accipimus virtutem.

Sed Spiritus Sanctus est amor patris et filii. Ergo est unio ipsorum.

Hoc etiam videtur ex auctoritate apostoli, Eph. 4, 3: soliciti servare unitatem spiritus in vinculo pacis; et ita amor habet rationem vinculi et nexus.

Respondeo dicendum, quod amor semper ponit complacentiam amantis in amato. Quando autem aliquis placet sibi in aliquo, trahit se in illud et conjungit se illi quantum potest, ita ut illud efficiatur suum; et inde est quod amor habet rationem uniendi amantem et amatum. Et quia Spiritus Sanctus procedit ut amor, ex modo processionis habet ut sit unio patris et filii. Possunt enim pater et filius considerari vel inquantum conveniunt in essentia, et sic uniuntur in essentia; vel inquantum distinguuntur in personis, et sic uniuntur per consonantiam amoris: quia et si per impossibile poneretur quod non essent unum per essentiam, ad perfectam jucunditatem oporteret in eis intelligi unionem amoris.

Ad primum ergo dicendum, quod ex ipsa processione Spiritus Sanctus habet quod procedat ut persona; sed ex modo processionis habet quod sit vinculum vel unio amantis et amati. Utrum autem pater et filius diligant se Spiritu Sancto, infra quæretur, dist. 32, quæst. 1, art. 1 et 2.

Ad secundum dicendum, quod inquantum procedit a duobus, habet quod sit tertia in trinitate persona; sed ex modo procedendi, quod sit unio utriusque personæ.

Ad tertium dicendum, quod pater et filius dicuntur uniri Spiritu Sancto, non effective, sed quasi formaliter. Sed forma est duplex: quædam enim manens et quiescens in his quorum est forma; et sic per modum formæ se habet ad personas divina essentia, et sic uniuntur formaliter amore essentiali. Est etiam aliquid formaliter uniens, non quasi inhærens, sed sicut procedens ab utroque unitorum; ac si diceremus, aliqua duo corpora uniri per aliquem aliquorum ab eis procedentem; et ita pater et filius uniuntur Spiritu Sancto. Unde non sequitur quod sit principium patris et filii, sed e converso. Hoc tamen magis discutietur, dist. 32, ut Sup., quando quæretur, utrum pater et filius diligant se Spiritu Sancto.

Articulus Quartus
Utrum persona procedens per modum amoris, proprie dicatur Spiritus Sanctus.

Ad quartum sic proceditur. Videtur quod persona quæ procedit ut amor, non proprie dicatur Spiritus Sanctus. Illud enim quod est commune tribus personis, non efficitur proprium, nisi aliquo proprio adjuncto. Sed spiritus convenit tribus personis, Joan. 4, 24: spiritus est Deus. Sanctus autem quod additur, est etiam commune, et non proprium.

Ergo videtur quod Spiritus Sanctus non sit proprium nomen alicujus personæ.

Præterea, personæ distinguuntur per relationem originis. Sed hujusmodi relationes, secundum modum intelligendi, consequuntur processiones personarum. Ergo quælibet persona debet denominari secundum processionem aliquam. Sed Spiritus Sanctus nullam processionem vel processionis modum exprimit. Ergo non videtur esse nomen alicujus personæ.

Si dicas, quod dicitur Spiritus Sanctus, quia procedit ut amor, scilicet ad similitudinem ejus quod dico: duo amantes conspirant sibi in amore per osculum oris, unde fit respiratio: contra, secundum hoc, nomen spiritus sumeretur ex similitudine spiritus corporalis. Sed omne tale nomen dicitur de Deo metaphorice, et non proprie nec secundum prius. Cum igitur nomina personalia inveniantur in divinis proprie, et etiam per prius quam in creaturis, ut dicitur Ephes. 3, 15: ex quo omnis paternitas in cælis et in terra nominatur; videtur quod per istum modum nulla persona divina debeat nominari Spiritus Sanctus.

Præterea, sicut processio, quæ est per modum amoris, est sancta; ita illa quæ est per modum naturæ. Ergo sicut non dicitur filius sanctus, ita non debet dici Spiritus

Sanctus.

In contrarium est tota Scriptura, et totus usus ecclesiæ, quæ tertiam in trinitate personam sic nominat.

Respondeo dicendum, quod spiritus est nomen positum ad significandum subtilitatem alicujus naturæ; unde dicitur tam de corporalibus quam de incorporeis: ær enim spiritus dicitur propter subtilitatem; et exinde attractio æris et expulsio dicitur inspiratio et respiratio; et exinde ventus etiam dicitur spiritus; et exinde etiam subtilissimi vapores, per quos diffunduntur virtutes animæ in partes corporis, dicuntur spiritus; et similiter incorporea propter suam subtilitatem dicuntur spiritus; sicut dicimus spiritum Deum, et Angelum, et animam. Et inde est etiam quod dicimus duos homines amantes se, et concordes, esse unius spiritus vel conspiratos; sicut etiam dicimus eos esse unum cor et unam animam; sicut dicitur Eth. 9: proprium amicorum est, unam animam in duobus corporibus esse. Subtilitas autem dicitur per remotionem a materialitate; unde ea quæ habent multum de materia vocamus grossa, sicut terram; et ea quæ minus, subtilia, sicut ærem et ignem. Unde cum removeri a materia magis sit in incorporeis, et maxime in Deo, spiritualitas secundum rationem significationis suæ per prius invenitur in Deo, et magis in incorporeis quam in corporalibus; quamvis forte secundum impositionem nominis spiritualitas magis se teneat ad corporalia, eo quod nobis qui nomina imposuimus, eorum subtilitas magis est manifesta. Secundum hoc igitur dico, quod spiritus, inquantum nominat subtilitatem naturæ, commune est tribus personis; sed duplici ratione nominatur Spiritus Sanctus a spiritualitate. Una et præcipua est, ut credo, quia per ipsum et dona ipsius in participationem divinæ spiritualitatis trahimur, inquantum a temporalibus removemur. Unde contemptores temporalium spirituales dicuntur: et hoc convenit sibi inquantum procedit ut amor, qui habet rationem primi doni in quo omnia dona donantur.

Alia ratio est quia est amor patris in filium, quo se diligunt; et amantem et amatum dicimus in spiritu uniri.

Ad primum ergo dicendum, quod hoc quod dico, Spiritus Sanctus, potest dupliciter considerari: vel quantum ad virtutem vocabulorum, et sic convenit toti trinitati prout sumitur in virtute duarum dictionum; vel quantum ad impositionem ecclesiæ, per quam hoc impositum est ad significandum unam personam, quasi circumlocutio unius nominis, propter defectum vocabulorum, quia linguæ nostræ deficiunt a narratione Dei; et sic proprie convenit Spiritui Sancto. Et rationem convenientiæ assignat Augustinus in littera. Quia enim est communitas patris et filii, decet ut communi nomine nominetur.

Ad secundum dicendum, quod ex ratione suæ processionis Spiritus Sanctus procedit ut amor; et inquantum est amor, convenit sibi quod nominetur per spiritualitatem, ut dictum est, in corp. Art., et sic aliquo modo nomen Spiritus Sancti quemdam modum processionis exprimit, quia amoris.

Ad tertium dicendum, quod spiritus per prius dicitur de divinis quam de corporeis, sicut prædictum est, loc. Cit., et ideo objectio illa non tenet; nec credo ab illa similitudine Spiritum Sanctum vocari.

Ad quartum dicendum, quod, sicut dicit Dionysius, sanctitas est ab omni immunditia libera et perfecta et immaculata munditia; et ideo convenienter sanctitas spiritualitati adjungitur, quæ etiam a materialitate separationem dicit, ut sic per spiritualitatem designetur separatio a materia, et per sanctitatem a materialibus defectibus.

Vel dicendum, quod natura semper eodem modo operatur; et ideo in opere naturæ non est invenire rectum et non rectum, sicut in opere voluntatis.

Et ideo convenienter sanctitas, quæ rectitudinem voluntatis importat, adjungitur processioni amoris, et non generationi, quæ est opus naturæ.

Articulus Quintus
Utrum tantum tres personæ sint in divinis.

Ad quintum sic proceditur. Videtur quod non sint tantum tres personæ in divinis. In divinis enim non plus distat voluntas et natura, quam intellectus.

Sed alia persona est procedens per modum voluntatis vel amoris, ab illa quæ procedit per modum naturæ vel generationis. Ergo adhuc debet esse alia quæ procedat per modum intellectus.

Præterea, sicut pater diligit filium, ita etiam diligit Spiritum Sanctum. Sed amor quo pater diligit filium, est una persona. Ergo et amor quo diligit Spiritum Sanctum, est una persona, et ita sunt plures quam tres.

Item, sicut est perfecta bonitas et liberalitas in patre et filio, ita et in Spiritu Sancto. Sed propter summam bonitatem et liberalitatem convenit patri quod naturam suam communicet alii, quia bonum est communicativum sui. Ergo eadem ratione Spiritus Sanctus communicabit naturam suam perfecta communicatione.

Sed non perfecte communicat creaturæ.
Ergo communicabit alii divinæ personæ.
Item, in Deo non tantum est natura et voluntas, sed plura alia attributa, quorum unumquodque habet rationem principii. Sed voluntati et naturæ respondet aliqua processio, inquantum habent rationem principii. Ergo etiam et aliis attributis respondebunt aliæ processiones, secundum quas multiplicabuntur personæ multo plures quam tres.
Sed contra, videtur quod sint tantum duæ.
Personæ enim non distinguuntur nisi secundum relationes originis. Sed relatio originis est secundum quam aliquis est ab alio. Ergo videtur quod sit tantum una persona, quæ sit ens ab alia, et reliqua a qua est alius. Ergo sunt tantum duæ personæ.
Respondeo dicendum, quod non sunt nisi tres personæ in divinis. Et ratio hujus est, quia in divinis propter essentiæ simplicitatem non potest esse distinctio secundum aliquod absolutum, sed secundum relationem, et tantum secundum relationem originis, ut infra probabitur, dist. 26, quæst. 2, art. 2.
Item, relatio originis non potest constituere personam, si significet in communi; sed oportet quod significet aliquid proprium et determinatum.
Habet enim se loco differentiæ constitutivæ respectu personæ, quam oportet esse propriam.
Item, quia persona est nomen dignitatis, oportet quod illa relatio sit ad dignitatem pertinens. Sic ergo oportet tria considerare in constituentibus personas, scilicet quod sit relatio originis, quod sit propria, quod sit ad dignitatem pertinens. Relatio autem originis in communi importatur in his duobus, qui ab alio, et a quo alius. Hoc etiam quod dico, a quo alius, est quidem ad dignitatem pertinens, sed commune est. Unde oportet, ad hoc quod constituat personam, quod determinetur per specialem modum originis. In divinis autem non potest esse nisi duplex modus originis, secundum quod omne agens dividitur in agens a natura et agens a voluntate: et istæ actiones inventæ in creaturis, ut supra dictum est, dist. 4, quæst. 1, art. 1, reducuntur, ut in causam et exemplar, in duas processiones in divinis, quarum una est per modum naturæ et vocatur generatio, et alia per modum voluntatis et vocatur spiratio, ut supra dictum est, loc. Cit.. Oportet igitur ita specificare, a quo alius per generationem, a quo alius per spirationem. Hæc autem duo non habent repugnantiam: quia idem potest esse principium plurium diversis modis. Unde ex hoc non constituentur duæ personæ, sed una tantum; quia nihil

habet virtutem distinguendi, nisi quod habet aliquam rationem oppositionis. Sic igitur habemus unam personam, a qua est aliquis per generationem et spirationem, sicut pater. Si autem accipiamus aliud, scilicet, qui est ab alio, quamvis importet relationem originis, tamen non sufficit ad constituendam personam: tum quia commune est, tum quia nihil dignitatis importat. Esse enim ab alio potest aliquid vel nobili vel ignobili modo. Unde oportet ad hoc quod constituatur persona, quod determinetur per specialem modum ad dignitatem pertinentem; et isti sunt tantum duo in divinis, et ideo oportebit ita dicere: qui est ab alio per generationem, et qui est ab alio per spirationem. Ista autem duo non possunt uni convenire, quia una res habet tantum unum modum quo oritur ex alio. Non enim idem in specie est a natura et ab arte, nec per putrefactionem et seminationem. Et ideo erit una persona quæ est ab alia per generationem, et hic est filius; et alia quæ est ab alia per spirationem, et hic est Spiritus Sanctus. Et cum istæ relationes non possint multiplicari secundum numerum, ita quod remaneat unitas in specie, eo quod non est ibi aliqua divisio materialis, oportet quod sint tantum tres personæ.
Ad primum igitur dicendum, quod processio intellectus et naturæ habent quamdam similitudinem per quam distinguuntur a processione per modum voluntatis. Quod autem procedit per modum naturæ, procedit ut ab uno, si illud perfectum sit; et similiter quod procedit per modum intellectus; non enim plures homines habent unam conceptionem in numero.
Et ita filio, qui est tantum ab uno, scilicet a patre, attribuitur uterque modus; procedit enim per modum naturæ ut filius, et per modum intellectus ut verbum. Sed voluntas tendit in alium, et potest esse reciprocatio, ut ex duobus una voluntatis procedat conformitas, quæ est unio utriusque.
Et ideo procedere per modum voluntatis convenit Spiritui Sancto, qui procedit a duobus, uniens eos, inquantum sunt distinctæ personæ. Inquantum enim sunt una essentia, uniuntur per essentiam; et secundum hoc est inter eos amor essentialis.
Ad secundum dicendum, quod, sicut est in inferioribus, quod non alio actu potentia fertur in objectum et in actum suum, eodem enim actu intellectus intelligit se et intelligit se intelligere; ita etiam cum Spiritus Sanctus procedat ut amor quo pater amat filium, non oportet quod sit alius amor quo amet illum amorem; et præcipue cum ille amor non differat ab isto nisi secundum

numerum, et non secundum rationem. Et talis diversitas in divinis non potest esse, ut supra, dist. 9, quæst. 1, art. 1, probatum est.

Ad tertium dicendum, quod liberalitas et bonitas sunt essentialia; essentialia autem non sunt principia actuum notionalium, nisi secundum quod ipsa essentia est idem re quod proprietas vel notio, ut supra, dist. 2, quæst. Unica, art. 3, dictum est. Unde bonitas vel liberalitas in patre, non est principium generationis, nisi inquantum bonitas est sua paternitas; in filio autem bonitas non est paternitas sed filiatio. Unde eadem bonitate et liberalitate pater generat, et filius generatur, et pater spirat, et Spiritus Sanctus spiratur. Unde secundum Augustinum, cum dico, de quo est, est quæstio originis et non æqualitatis; sed cum quæritur, qualis vel quantus. Et ideo per hoc quod Spiritus Sanctus non producit aliam personam, non est minoris liberalitatis vel bonitatis.

Ad quartum dicendum, quod omnia attributa divina sunt principium productionis per modum efficientis exemplaris; sicut bonitatem omnia bona imitantur, et essentiam omnia entia, et sic de aliis.

Unde omnis illa processio est per modum naturæ; et ideo non oportet esse plures modos processionis in divinis.

Ad ultimum patet solutio per ea quæ dicta sunt, in corp. Art..

Spiritus sanctus amor est, sive caritas, sive dilectio patris et filii. Hæc tria se habent ex additione ad invicem. Amor enim dicit simplicem inclinationem affectus in amatum. Unde etiam quandoque passionem dicit, secundum quod est in parte sensitiva; et sic amor etiam in irrationabilibus invenitur.

Dilectio autem præsupponit electionem, sicut ipsum nomen ostendit; unde tantum rationabilium est.

Sed caritas ponit quamdam vehementiam dilectionis, inquantum dilectum sub inæstimabili pretio habetur, secundum quod res multi pretii caræ dicuntur.

Sive enim sit unitas amborum, sive sanctitas, sive caritas, manifestum est quod non aliquis duorum est quo uterque conjungitur. Unitas dicitur, inquantum est nexus patris et filii, ut dictum est in hac dist., art. 3, sed sanctitas dicitur, inquantum procedit processione voluntatis, in qua consistit tota sanctitas.

Distinctio XI

Quæstio I
Prologus

Hic determinat de processione Spiritus Sancti quantum ad suum principium; et dividitur in duas partes: in prima ostendit, Spiritum Sanctum procedere a patre et filio; in secunda inquiritur utrum æqualiter ab utroque procedat, 12 dist.: item quæritur, cum Spiritus Sanctus a patre procedat et a filio, utrum prius vel magis processerit a patre quam a filio. Prima in duas: in prima probat veritatem; in secunda excludit errorem, ibi: Græci tamen dicunt, Spiritum Sanctum procedere tantum a patre et non a filio. Quæ dividitur in duas: in prima ostendit Græcorum controversiam; in secunda reducit ad concordiam intellectus, ibi: sciendum tamen est, quod Græci confitentur Spiritum Sanctum esse filii, sicut et patris. Prima in duas: in prima ponit objectionem Græcorum; in secunda solutionem, ibi: nos autem illa verba ita determinamus.

Sciendum tamen, quod Græci confitentur Spiritum Sanctum esse filii, sicut et patris. Hic ostendit Græcorum concordiam ad Latinos quantum ad sensum, quamvis in verbis sit differentia; et circa hoc duo facit: primo ostendit quod Græci concedunt, Spiritum Sanctum esse a filio in suo æquivalenti, quia scilicet concedunt eum esse filii; secundo ostendit per multas auctoritates doctorum Græcorum, quod etiam concedunt Spiritum Sanctum expresse esse a filio, ibi: unde et quidam eorum catholici doctores... Professi sunt Spiritum Sanctum etiam procedere a filio.

Ad intelligentiam hujus partis quatuor quæruntur: 1 utrum Spiritus Sanctus procedat a patre et filio; 2 dato quod sic, utrum procedat ab eis inquantum sunt unum, vel inquantum sunt plures.

Et si inquantum unum; 3 quæritur utrum inquantum sunt unum in essentia, vel inquantum sunt unum in aliqua notione; 4 utrum possint dici pater et filius unus spirator.

Articulus I
Utrum Spiritus Sanctus procedat a patre et filio.

Ad primum sic proceditur. Videtur quod Spiritus Sanctus non procedat a filio, sed tantum a patre. Dionysius: quod pater quidem est fontana deitas, filius et Spiritus Sanctus deigenæ deitatis, si ita oportet dicere, pullulationes sunt, et sicut flores divinæ naturæ, et sicut divina lumina, a sanctis eloquiis accepimus.

Sed pullulatio non est a pullulatione, nec flos a flore. Ergo nec Spiritus Sanctus a filio.

Præterea, in legenda b. Andreæ dicitur: pax vobis et universis qui credunt in unum Deum patrem, et in unum filium ejus Dominum nostrum Jesum, et in unum Spiritum Sanctum procedentem ex patre, et in filio permanentem. Quod autem permanet in aliquo procedens ab alio, non procedit ab eo in quo permanet; alias non diceretur manere in eo. Ergo Spiritus Sanctus non procedit a filio.

Item, Damascenus: Spiritum Sanctum ex patre dicimus, et spiritum patris nominamus; ex filio autem spiritum non dicimus, spiritum vero filii nominamus. Ergo etc..

Item, hoc videtur per quasdam similitudines.

Spiritus enim corporalis, quo verbum vocale profertur, non procedit a verbo, immo utrumque a loquente. Ergo nec Spiritus Sanctus procedit a filio, qui est verbum; sed utrumque a patre.

Item, ex sole procedit splendor et calor, ita quod neutrum ex altero. Sed filius est splendor patris, Hebr. 1, Spiritus Sanctus autem est sicut calor, cum sit amor. Ergo etc..

Item, videmus quod illud quod procedit corporaliter, procedit ex uno loco in alium, et non ex illis duobus. Ergo et Spiritus Sanctus procedit ex patre in filium, et non ex patre et filio.

Item, hoc videtur ratione. Nullum enim simplex potest esse a duobus; alias enim effectus esset simplicior causa, quod est impossibile. Sed Spiritus Sanctus est simplex. Ergo non est a duobus.

Præterea, Spiritus Sanctus non minus convenit cum patre quam filius, nec minoris est dignitatis. Si igitur filius communicat cum patre in spiratione Spiritus Sancti, videtur quod Spiritus Sanctus communicet cum patre in generatione filii, et hoc est falsum. Ergo et primum.

Præterea, aut pater perfecte spirat Spiritum Sanctum, aut non. Si non, ergo est aliqua imperfectio in patre, quod est impossibile. Si perfecte, ergo superfluus est alius spirans. In divinis autem nihil est superfluum. Ergo filius non spirat Spiritum Sanctum.

In contrarium sunt multæ auctoritates in littera positæ. Idem ostenditur per similitudinem. Quia in anima est imago trinitatis. Sed amor in anima, qui repræsentat Spiritum Sanctum, procedit a notitia, quæ repræsentat filium. Ergo in divinis Spiritus Sanctus procedit a filio.

Item, omnis amor procedit ab amante. Sed Spiritus Sanctus amor est patris et filii, secundum auctoritatem Damasceni inductam. Ergo procedit ab utroque ut amor ipsorum.

Respondeo dicendum simpliciter, quod Spiritus Sanctus procedit a filio. Hoc enim remoto, inevitabiliter removetur distinctio filii et Spiritus Sancti. Cum enim divinæ personæ secundum nihil absolutum distinguantur, oportet quod omnis ipsarum distinctio sit secundum relationes originis.

Unde si Spiritus Sanctus et filius non distinguerentur per hoc quod unus est ab alio, oporteret quod uterque esset una persona. Nec hoc remoto posset dici quod distinguerentur personaliter filius et Spiritus Sanctus per diversum modum procedendi a patre, ut quod filius procederet per modum naturæ, et Spiritus Sanctus per modum voluntatis. Ille enim modus diversus aut diceret diversitatem per oppositionem relationis, et sic rediret idem quod prius: aut diceret diversitatem in absolutis; et tunc vel realem diversitatem, et sic esset compositio in Deo; vel diversitatem rationum, et sic non posset esse inter filium et Spiritum Sanctum nisi diversitas rationis; et hoc non sufficit ad distinctionem personarum, ut supra dictum est, dist. 2, quæst. Unic., art. 5. Et ideo cum filius non sit a Spiritu Sancto, relinquitur quod Spiritus Sanctus sit a filio.

Ad primum ergo dicendum, quod locutiones illæ sunt symbolicæ; et ideo ex eis non procedit argumentum, sicut idem Dionysius dicit in epistola ad Titum; quia symbolica theologia non est argumentativa.

Est autem similitudo quantum ad aliquid, scilicet quod flores sunt ab uno; non tamen quantum ad omnia.

Ad secundum dicendum, quod Spiritus Sanctus dicitur manere in filio, non quod sit distinctus ab eo, sed quia virtus spirativa est in patre, et a patre est in filio, sicut et omnia quæ filius habet, et ibi manet, et non procedit ulterius, quia Spiritus Sanctus non habet virtutem spirandi, ut scilicet spiret, sed ut spiretur, ut supra dictum est, dist. 7, quæst. 2, art. 2, de potentia generativa filii.

Vel dicendum, quod intelligitur de filio secundum naturam assumptam, in quo nihil fuit contrarium gratiæ Spiritus Sancti; et ideo in ipso dicitur quiescere, sicut etiam dicitur habitare in sanctis.

Ad tertium dicendum, quod Damasceno in hac parte non creditur, quia dicitur fuisse tempore illo quo incepit controversia super hac quæstione inter Græcos et Latinos. Tamen non negat quin sit ex filio; sed dicit se non concedere quod sit a filio, quia adhuc apud eos in dubio vertebatur.

Ad quartum dicendum, quod verbum est duplex, scilicet vocale, et verbum mentis; et duplici verbo respondet duplex spiritus. Verbo enim vocali respondet spiritus corporalis, verbo mentali spiritus amoris intimi. Unde dico, quod verbum, secundum generationem æternam est simile verbo mentali; et ideo a verbo procedit Spiritus Sanctus, sicut a verbo mentali amor. Sed filius, secundum quod carnem assumpsit, habet similitudinem verbi vocalis; et sicut formatio vocis fit per ærem respiratum, ita incarnatio verbi facta est operatione Spiritus Sancti.

Ad quintum dicendum, quod in illa similitudine supponitur falsum. Calor enim procedit ex splendore, secundum Philosophos; unde dicit Avicenna, quod sol non facit calorem in inferioribus nisi mediante splendore.

Ad sextum dicendum, quod processio dicitur proprie in divinis, sicut et generatio. Unde non sumitur a similitudine processionis localis, quia hoc esset metaphorice dictum; sed dicit exitum a principio.

Non autem omne quod est a principio, procedit in aliud; sed aliquid procedit ut in se subsistens; et ita procedit Spiritus Sanctus a patre et filio.

Ad septimum dicendum, quod simplex non potest procedere a pluribus quæ sunt diversa per essentiam, quorum sunt diversæ operationes. Sed pater et filius virtute unius naturæ spirant Spiritum Sanctum unica spiratione. Et ideo qui spiratur est simplex.

Ad octavum dicendum, quod non potest Spiritus Sanctus communicare patri in generatione filii duplici ratione. Primo, quia filius procedit per modum naturæ, quia per actum generationis; et actus naturæ est unius tantum; sed Spiritus Sanctus procedit ut amor per modum voluntatis. Sed plures uniuntur in voluntate ad aliquem actum; et ideo Spiritus Sanctus potest esse a patre et filio. Alia ratio est, quia repugnaret proprietati Spiritus Sancti, qua scilicet procedit a patre et filio ut amor: non enim potest esse quod duo sint principium sibi invicem. Unde sicut pater filio non communicat paternitatem, ut seipsum generet, ita nec Spiritui Sancto, ut filium generet. Sicut autem est inconveniens quod aliquid generetur ex seipso, ita etiam vel plus, quod aliquid generetur ab eo cujus est principium.

Ad ultimum dicendum, quod pater perfecte spirat Spiritum Sanctum. Sed quia omnis perfectio patris communicatur filio, quæ non repugnat suæ proprietati, cum nihil distinguat inter eos nisi originis relatio, oportet quod sicut communicat sibi perfectionem divinitatis, ita etiam perfectionem spirandi. Unde non est propter imperfectionem patris quod filius spiret, sed propter perfectionem filii, qui habet totam perfectionem patris. Eodem enim modo posset argui quod filius non esset Deus, vel quod non crearet.

Articulus Secundus
Utrum Spiritus Sanctus procedat a patre et filio inquantum sunt unum.

Ad secundum sic proceditur. Videtur quod Spiritus Sanctus procedit a patre et filio, non inquantum sunt unum. Spiritus sanctus enim procedit ab eis ut nexus vel unio quædam. Sed nexus est distinctorum. Ergo procedit ab eis, ut distincti sunt.

Item, pater et filius diligunt se et inquantum sunt unum in essentia, et inquantum sunt distinctæ personæ; si enim per essentiam distinguerentur, adhuc diligerent se. Diligunt autem se, inquantum sunt unum in essentia, amore essentiali.

Ergo inquantum sunt distincti in personis, amore ab eis procedente. Sed hic amor est Spiritus Sanctus.

Ergo Spiritus Sanctus procedit ab eis, inquantum sunt distinctæ personæ.

Item, actus sunt suppositorum. Si ergo spirare est actus patris et filii, oportet quod sit actus eorum, inquantum sunt supposita distincta. Sed Spiritus Sanctus procedit ab eis per actum spirationis.

Ergo procedit ab eis inquantum sunt personæ distinctæ.

Contra, pater et filius distinguuntur paternitate et filiatione. Ergo si Spiritus Sanctus procedit ab eis inquantum sunt personæ distinctæ, procedet a patre inquantum habet paternitatem et a filio inquantum habet filiationem. Ergo paternitate pater refertur ad Spiritum Sanctum. Sed pater paternitate refertur ad filium. Ergo eadem relatione, scilicet paternitate, refertur ad filium et Spiritum Sanctum, et eadem erit processio utriusque, quod stare non potest.

Item, ut dictum est, dist. 8, quæst. 5, art. 2, nullum simplex procedit a pluribus, nisi in essentia uniantur et operatione. Sed Spiritus Sanctus est simplex. Ergo procedit a patre et filio inquantum sunt unum.

Respondeo dicendum, quod omnis actus refertur ad duo originaliter, scilicet ad agentem, et ad principium actionis. Agens autem est ipsum suppositum, ut homo vel ignis; et principium actionis est aliqua forma in ipso, substantialis vel accidentalis. Dico ergo, quod ly inquantum potest dicere conditionem agentis, vel principium actionis.

Si dicat conditionem agentis vel operantis, sic procedit Spiritus Sanctus a patre et filio inquantum sunt plures, et inquantum sunt distinctæ personæ, quia ab eis pluribus et distinctis procedit.

Si autem dicat conditionem principii actionis, sic dico, quod procedit ab eis inquantum sunt unum.

Cum enim operatio non sit nisi ab uno principio oportet aliquid esse unum in patre et filio, quod est principium hujus actus qui est spirare, qui est unus et simplex, quo una et simplex persona Spiritus Sancti procedit.

Et per hoc patet solutio ad totum. Quid autem sit illud unum commune in patre et filio, patebit in sequenti articulo.

Articulus Tertius
Utrum Spiritus Sanctus procedat a patre et filio inquantum sunt unum in natura.

Ad tertium sic proceditur. Videtur quod Spiritus Sanctus procedat a patre et filio, inquantum sunt unum in natura. Natura enim non communicatur nisi per actum naturæ. Sed Spiritus Sanctus procedendo accipit totam naturam divinam sicut filius nascendo. Ergo principium actus, quo communicatur sibi natura divina, est natura. Ergo etc..

Et hoc idem videtur per Anselmum qui dicit, quod ridiculum est dicere, quod propter relationem tota essentia patris et filii sit in Spiritu Sancto, et non potius propter essentiam.

Præterea, Spiritus Sanctus procedit ut amor.

Amor autem dicit processum voluntatis. Ergo Spiritus Sanctus procedit a patre et filio, inquantum sunt unum in voluntate. Sed voluntas, cum sit de absolutis, tenet se ex parte naturæ. Ergo etc..

Præterea, cum proprietas recipiat numerum a supposito, impossibile est duorum suppositorum esse eamdem numero proprietatem vel notionem.

Sed pater et filius sunt supposita distincta. Ergo non possunt convenire in aliqua una notione: et ita Spiritus Sanctus non procedet a patre et filio inquantum sunt unum in notione aliqua. Restat ergo quod inquantum sunt unum in essentia.

Sed contra, in virtute divinæ essentiæ communicat non tantum filius, sed etiam Spiritus Sanctus. Si igitur pater et filius spirant Spiritum Sanctum inquantum sunt unum in natura, oportet quod etiam Spiritus Sanctus simul cum eis spiret seipsum, quod est impossibile. Ergo et primum.

Si dicas, quod repugnat proprietas Spiritus Sancti: contra, proprietates non distinguunt nec determinant essentiam, sed tantum personam. Ergo quidquid convenit essentiæ in persona patris et filii, convenit etiam in persona Spiritus Sancti.

Respondeo dicendum, quod pater et filius spirant Spiritum Sanctum, inquantum sunt unum in potentia spirativa. Potentia autem spirativa, sicut et supra dictum est, dist. 7, quæst. 1, art. 2, dicit aliquid quasi medium inter essentiam et proprietatem, eo quod dicit essentiam sub ratione proprietatis: sic enim actus notionalis ab essentia egreditur, non sicut ab agente, sed sicut ab eo quo agitur. Generatio enim non egreditur ab essentia inquantum est essentia, sed inquantum est paternitas. Et si ista duo, scilicet essentia et paternitas, differrent in divinis, egrederetur ab utroque generatio; sed a paternitate immediate, et ab essentia sicut a primo principio.

Similiter dico, quod spiratio egreditur ab essentia, non sicut a spirante, sed sicut a principio spirationis, inquantum habet rationem alicujus notionis quæ est communis patri et filio, quæ dicitur communis spiratio: et ita spirativa potentia dicit essentiam sub ratione talis proprietatis. Et ideo dico, quod procedit Spiritus Sanctus a patre et filio, inquantum sunt unum in essentia, et in aliqua notione, scilicet in communi spiratione. Et per hoc solvenda sunt argumenta ad utramque partem.

Ad primum ergo dicendum, quod natura communicatur per actum naturæ, communiter loquendo; sed determinata communicatio debet esse per actum naturæ sub aliqua propria ratione acceptæ; et ideo communicatio quæ est per spirationem, est actus divinæ naturæ, inquantum habet rationem spirationis. Et hoc intendit Anselmus, quod impossibile est dicere, quod processionis, quæ terminatur in naturam, non sit aliquo modo natura principium, cum sit ibi quasi communicatio univoca.

Deus enim procedit a Deo, sicut ignis ab igne.

Et per hoc patet solutio etiam ad secundum: quia eadem est ratio de voluntate et essentia.

Ad tertium dicendum, quod diversorum suppositorum secundum essentiam distinctorum non potest esse notio una; sed si eorum sit essentia una, erit et operatio una. Et quia relatio secundum intellectum innascitur ex aliqua operatione, per consequens erit et relatio una: et ita pater et filius possunt convenire in una proprietate relativa.

Ad quartum dicendum, quod ab essentia, inquantum est

essentia, non est actus spirandi, sed inquantum habet rationem talis proprietatis, scilicet communis spirationis. Et quia rationem hanc non habet essentia in Spiritu Sancto, ideo non sequitur quod Spiritus Sanctus per essentiam suam spiret.

Ad quintum dicendum, quod si proprietas in persona esset aliud ab essentia, de necessitate determinaret ipsam per se vel per accidens; sed quia est idem quod essentia secundum rem, ideo non advenit sibi ut restringens vel determinans eam; tamen secundum unam proprietatem est principium unius actus, cujus non est principium secundum rationem alterius proprietatis: sicut patet etiam quod est principium hujus actus, velle, secundum rationem voluntatis, et hujus actus, scire, secundum rationem scientiæ; et tamen essentia per hoc non determinatur realiter, neque distinguitur. Et ideo, cum secundum rationem communis spirationis essentia in patre et filio sit principium actus notionalis quo Spiritum Sanctum spirant; non oportet quod in Spiritu Sancto eadem essentia sit principium ejusdem actus, cum essentia divina in Spiritu Sancto non sit communis spiratio, sicut in patre et filio.

Articulus Quartus
Utrum pater et filius sint unus spirator.

Ad quartum sic proceditur. Videtur, quod pater et filius sint unus spirator. Per hoc enim non importatur nisi unitas in actu spirandi. Sed uno actu spirant pater et filius. Ergo sunt unus spirator, sicut unus Deus propter unitatem deitatis.

Præterea, sicut pater et filius conveniunt in actu creandi, ita etiam in actu spirandi. Sed propter illam convenientiam pater et filius dicuntur unus creator. Ergo eadem ratione debent dici unus spirator.

Præterea, principium dicit relationem consequentem ad actum, quo est principium. Sed pater et filius dicuntur unum principium Spiritus Sancti, ut infra habebitur, distin. 29, qu. Unic., art. 4. Ergo etiam dici debent unus spirator.

Contra, quicumque spirant, sunt spirantes. Sed pater et filius spirant Spiritum Sanctum. Ergo sunt spirantes; ergo etiam sunt spiratores Spiritus Sancti.

Respondeo dicendum, quod actus recipit numerum a suppositis; unde etiam verbum significans substantiam per modum actus, dicitur de pluribus personis pluraliter, quamvis sit essentia una, sicut Joan. 10, 30: ego et pater unum sumus.

Actus autem significatur etiam in verbo et in participio et in nomine verbali; sed tamen participium plus accedit ad substantiam quam verbum, et adhuc nomen verbale magis quam participium. Et ideo non præsumimus dicere, quod pater et filius spiret Spiritum Sanctum; vel quod sint spirans, vel quod sint spirator; sed quod spirent, et sint spirantes et sint spiratores; et quamvis sit actus unus quo spirant, tamen secundum quod unumquodque eorum magis accedit ad significandum actum, minus proprie potest in singulari prædicari.

Ad primum ergo dicendum, quod quamvis actus sit unus, tamen quando significatur ut actus egrediens a pluribus suppositis, oportet quod significetur pluraliter. Actus enim trahit numerum a suppositis.

Ad secundum dicendum, quod creatio est actus trium personarum, non secundum quod distinctæ sunt, sed secundum quod uniuntur in essentia: quia etiam per intellectum remota distinctione personarum, adhuc remanebit creatio. Et ideo dicimus quod pater et filius et Spiritus Sanctus sunt unus creator, quamvis non dicamus quod sint unus creans; quia nomen verbale plus recedit ab actu quam participium. Sed spiratio est actus conveniens pluribus suppositis quodammodo, secundum quod distinguuntur, ut supra dictum est, in corp. Art.. Et ideo etiam in nomine verbali oportet quod actus pluraliter significetur.

Ad tertium dicendum, quod principium non nominat aliquem actum, sed tantum relationem; et quia pater et filius referuntur una relatione ad Spiritum Sanctum, ideo dicuntur unum principium Spiritus Sancti, sed non unus spirator.

Misit Deus spiritum filii sui in corda nostra.

Hæc probatio non videtur sufficiens: quia Græci confitentur Spiritum Sanctum esse filii, sed non a filio.

Sed dicendum, quod cum oporteat genitivum in aliqua habitudine construi, non potest alia inveniri nisi habitudo originis, quia sola talis relatio personas distinguit; et ideo oportet concedere, quod Spiritus Sanctus a filio oriatur.

Quem ego mittam vobis a patre. Videtur etiam hæc probatio insufficiens: quia hic loquitur de temporali processione Spiritus Sancti, quam Græci a filio esse concedunt, non autem æternam. Sed dicendum, quod cum temporalis processio includat æternam, ut infra dicetur, dist. 15, qu. 4, art. 5, oportet quod a quo procedit temporaliter, etiam ab æterno procedat.

Qui aliud docuerit, vel aliter prædicaverit, idest contrarium. Hæc Magister bene exponit, aliud pro contrario sumens: quod enim non est contrarium sacræ Scripturæ, veritas ejus est, secundum Anselmum, nec potest esse quod omnia credenda explicite in illo symbolo contineantur in quo de descensu ad inferos nulla mentio sit. Processio autem Spiritus Sancti continetur ibi implicite, inquantum ibi continetur distinctio personarum, quæ aliter esse non posset, ut dictum est.

Sed quærunt Græci quomodo fuerunt Latini ausi hoc addere. Ad quod dicendum, quod necessitas fuit, sicut eorum error ostendit, et auctoritas Romanæ ecclesiæ synodum congregandi, in qua exprimeretur aliquid quod implicite in articulis fidei continebatur.

Distinctio XII

Quæstio I
Prologus

Ostenso quod Spiritus Sanctus procedit a patre et filio, hic inquirit utrum sit aliquis ordo respectu istius processionis inter patrem et filium, et dividitur in tres partes: in prima excludit ordinem temporis; in secunda ordinem dignitatis vel potestatis, ibi: nunc tractandum est quod secundo quærebatur; in tertia astruit ordinem naturæ, ibi: Augustinus tamen in 15 Lib. De Trinit.

Dicit, quod Spiritus Sanctus principaliter procedit de patre. In primo tria facit: primo movet quæstionem; secundo ponit objectionem hæretici, ibi: quod nititur hæreticus ostendere; tertio ponit solutionem ibi: his, et hujusmodi quæstionibus magis laboriosis quam fructuosis respondet Augustinus.

Nunc tractandum est quod secundo quærebatur.

Hic excludit ordinem dignitatis vel potestatis; ostendens quod Spiritus Sanctus non plenius procedit a patre quam a filio: et primo movet quæstionem; secundo ponit solutionem, ibi: ad quod dicimus etc..

Augustinus tamen in 15 Lib. De Trinit. Dicit, quod Spiritus Sanctus principaliter procedit de patre.

Hic astruit ordinem naturæ, et dividitur in quatuor partes, secundum quatuor quæ ostendunt auctoritatem spirationis in patre. Primo per hoc quod dicitur Spiritus Sanctus a patre principaliter procedere. Secundo ex hoc quod dicitur proprie procedere de ipso, ibi: ex eodem sensu etiam dicitur procedere proprie de patre. Tertio per hoc quod dicitur Spiritus Sanctus esse a patre per filium, ibi: forte etiam juxta hanc intelligentiam dicitur Spiritus Sanctus mitti per filium, et a patre esse per filium. Quarto per hoc quod in processione Spiritus Sancti aliquando solus pater nominatur, ibi: inde est etiam quod veritas ostendens patrem esse auctorem processionis qua procedit Spiritus Sanctus a filio, dixit in evangelio.

Ad intellectum hujus partis tria quæruntur: 1 utrum generatio filii præcedat aliquo modo processionem Spiritus Sancti; 2 utrum Spiritus Sanctus prius vel plenius procedat a patre quam a filio; 3 utrum procedat a patre mediante filio.

Articulus Primus
Utrum generatio sit prior processione.

Ad primum sic proceditur. Videtur quod generatio præcedat processionem. Principium enim processionis, ad minus naturaliter, est prius processione. Principium autem processionis Spiritus Sancti est filius, qui est terminus generationis; ut supra dictum est, dist. 5, qu. 2, art. 1. Ergo generatio præcedit processionem.

Item, cum sint duo agentia in rebus creatis, scilicet natura et propositum vel voluntas; actio naturæ præcedit actionem voluntatis, quia actio voluntatis fundatur super actionem naturæ. Sed generatio filii est a patre per modum naturæ; processio Spiritus Sancti ab utroque per modum voluntatis. Ergo generatio est prior processione.

Præterea, in anima est imago trinitatis in qua processus notitiæ a mente præcedit processum amoris. Sed processus notitiæ repræsentat generationem filii; processus amoris processionem Spiritus Sancti. Ergo ut prius.

Sed contra est quod dicitur in littera, quod Spiritus Sanctus non procedit jam nato filio; quod oporteret, si nativitas processionem præcederet.

Præterea, sicut se habet filius ad patrem in ratione ordinis, ita Spiritus Sanctus ad filium. Sed pater nullo modo prior est filio, ut supra ostensum est, dist. 9, qu. 2, art. 1, nec intellectu nec dignitate nec tempore. Ergo nec filius Spiritu Sancto prior est. Ergo nec generatio processione: quia sicut se habet filius ad Spiritum Sanctum, ita generatio ad processionem.

Respondeo dicendum, quod, secundum Augustinum, in divinis non est aliquis ordo nisi ordo naturæ. Ordo autem naturæ est quo aliquis est ex alio, non quo aliquis est prior altero; et ideo in divinis nullo modo potest aliquid altero prius dici. Et ratio hujus est, quia in divinis non potest considerari nisi id quod absolutum est, et hoc unum est et indivisibile, in quo prioritas vel posterioritas non invenitur vel id quod ad aliquid dicitur. Horum autem quæ ad aliquid dicuntur, natura est ut sint simul tempore, intellectu, natura. Et ideo dicimus, quod generatio non est prior processione aliquo modo qui possit ad divina referri; sed tantum secundum modum intelligendi, qui est in intellectu nostro tantum, accipiente generationem et processionem in divinis secundum similitudines repertas in creaturis, quæ deficientes sunt ad repræsentandum generationem et processionem prout sunt in divinis.

Ad primum ergo dicendum, quod principium, secundum relationem principii non est eo prius cujus est principium aliquo modo; sed id quod est principium, naturaliter est prius. Si autem ille qui est principium, ipsa relatione sit quis, vel persona distincta; omnis prioritas removetur ab eo respectu illius cujus est principium; et ita, cum filius, ut supra dictum est, dist. 9, qu. 2, art. 1, ipsa sua relatione sit persona distincta, nullo modo est prior Spiritu Sancto. Sed verum est quod propter ordinem naturæ Spiritus Sanctus est a filio; quamvis enim communis spiratio non sit proprietas personalis filii, est tamen ipsa persona filii, sicut bonitas divina est ipse Deus; et prima processio correspondens sibi est proprietas personalis Spiritus Sancti.

Ad secundum dicendum et tertium, quod rationes illæ deficiunt ex hoc quod similitudines inventæ in creaturis non perfecte repræsentant ea quæ sunt in Deo; et hoc patet in proposito: quia non invenitur aliqua creatura quæ ab eodem habeat quod ad aliquid dicatur, et sit in se subsistens.

Articulus Secundus
Utrum Spiritus Sanctus magis procedat a patre quam a filio.

Ad secundum sic proceditur. Videtur quod Spiritus Sanctus magis procedat a patre quam a filio. Sicut enim dicit Philosophus, omnis causa primaria plus est influens in suum causatum quam causa secundaria. Sed filius est quasi secunda causa, pater autem quasi primum principium, quod non est de aliquo. Ergo Spiritus Sanctus magis procedat a patre quam a filio.

Item, Philosophus: propter quod unumquodque tale et illud magis.

Sed filius hoc quod est principium Spiritus Sancti habet a patre. Ergo pater magis est principium quam filius.

Præterea, illud quod est principium alicujus principaliter et proprie, videtur esse magis ejus principium quam illud quod non est ita. Sed, sicut dicitur in littera, Spiritus Sanctus procedit a patre principaliter et proprie; non autem dicitur hoc de filio. Ergo etc..

Præterea, Spiritus Sanctus non habet aliquid quod non habeat a patre; habet autem aliquid quod non habet a filio, hoc scilicet quod procedit a patre. Ergo Spiritus Sanctus magis procedit a patre quam a filio.

Contra est quod dicitur in littera.

Præterea, ubi est summa æqualitas, non potest esse magis et plenius. Sed inter patrem et filium est summa æqualitas. Ergo Spiritus Sanctus non potest esse magis ab uno quam ab alio.

Respondeo dicendum, quod Spiritus Sanctus nec prius nec plenius nec magis procedit a patre quam a filio. Et ratio hujus tota est, quia pater et filius sunt unum principium Spiritus Sancti; et ubi est unitas, non potest esse distinctio plenitudinis.

Ad primum ergo dicendum, quod pater quamvis dicatur principium filii et Spiritus Sancti, tamen non potest dici causa, proprie loquendo: causa enim semper ponit diversitatem essentiæ, sicut patet in omnibus. Sed principium aliquod a quo aliquid fluit, est consubstantiale rei cujus est principium; sicut dicimus, quod punctum est principium lineæ, et cor principium animalis, et fundamentum domus; et ideo propter consubstantialitatem pater dicitur principium, sed non causa.

Præterea, causatum habet dependentiam ad causam. Sed principium importat originem quamdam, secundum quod dicitur principium, ex quo incipit aliquid.

Item, quamvis dicatur principium, non tamen potest dici primum; quia ibi non est aliquid prius et posterius, ut dictum est, dist. 9, quæst. 2, art. 1. Unde patet quod illa auctoritas non est ad propositum: quia pater nec est causa nec primaria respectu filii et Spiritus Sancti. Si tamen in hoc non fiat vis, adhuc pater et filius respectu Spiritus Sancti non se habent sicut duo principia, sed sicut unum; et ideo nullus gradus inter eos invenitur in spirando Spiritum Sanctum.

Ad secundum dicendum, quod dictum Philosophi verificatur, quando illud quod convenit alicui propter aliquid aliud, est diversum in utroque, et præcipue quando unum est causa alterius essentiali ordine causæ; tunc enim causalitas sua est respectu totius speciei, et non unius individui tantum, ut dicit Avicenna, sicut calor est magis in igne quam in corpore mixto, quia propter ignem est in corpore mixto. Sed quamvis filius habeat a patre hoc quod spirat Spiritum Sanctum, nihilominus tamen non est hoc diversum in patre et filio; quia eamdem virtutem spirativam, quam pater habet, filio communicat: et ideo per illam æqualiter pater et filius Spiritum Sanctum spirant. Et si etiam non esset una numero, sed specie tantum, ratio non valeret: sicut patet in omnibus univocis generationibus: non enim pater Socratis plus influit in filium Socratis quam Socrates.

Ad tertium dicendum, quod Spiritus Sanctus dicitur esse principaliter a patre, quia in patre est auctoritas spirationis, a quo etiam habet filius virtutem spirativam, et non propter aliquem ordinem vel gradum prioritatis vel posterioritatis patris et filii. Similiter etiam propter eamdem rationem dicitur proprie procedere a patre, maxime cum hæc præpositio a apud Græcos notet relationem ad primam originem: unde apud eos non dicitur, quod lacus sit a rivo, sed quod est a fonte; et inde est etiam, quod non concedunt, quod Spiritus Sanctus sit a filio, sed a patre. Nihilominus tamen non est dicendum, quin etiam a filio proprie procedat, qui cum patre est unum principium Spiritus Sancti.

Non autem sic rivus et fons sunt unum principium laci.

Ad quartum dicendum, quod Spiritus Sanctus non aliter nec alia processione procedit a patre quam a filio: unde processio Spiritus Sancti tota est a filio, sicut etiam tota est a patre. Unde non sequitur quod alia res sit in Spiritu Sancto quæ non sit a filio. Sed verum est quod illa processio non est a filio secundum omnem sui habitudinem, sed hoc in nullo derogat plenitudini processionis.

Accidit enim processioni Spiritus Sancti quod secundum habitudinem qua est a filio, sit a patre: non quia a filio est Spiritus Sanctus, sed quia filius est a patre.

Articulus Tertius

Utrum Spiritus Sanctus procedat a patre mediante filio.

Ad tertium sic proceditur. Videtur quod Spiritus Sanctus procedat a patre mediante filio.

Illud enim per quod aliquid procedit, videtur esse medium in processione. Sed Spiritus Sanctus procedit a patre per filium. Ergo procedit a patre mediante filio.

Præterea, constat quod tertium non exit a primo, nisi per medium. Sed Spiritus Sanctus dicitur esse tertia persona in trinitate. Ergo non procedit a patre, qui est principium non de principio, nisi mediante filio.

Præterea, in imagine creata amor repræsentat Spiritum Sanctum, et notitia filium. Sed amor non procedit a mente nisi mediante notitia.

Ergo nec Spiritus Sanctus a patre nisi filio mediante.

Sed contra, videtur quod immediatius procedit a patre quam a filio. Immediatum enim principium dicitur principalius quam mediatum, ut patet in primis propositionibus, quæ immediatæ dicuntur. Sed Spiritus Sanctus procedit principaliter a patre. Ergo immediatius procedit ab ipso quam a filio.

Respondeo dicendum, quod omne medium aliquo modo distinguitur ab his inter quæ medium dicitur. Cum autem in spiratione pater et filius sint duo spirantes, inquantum sunt unum in potentia spirativa, possumus loqui de actu spirationis per comparationem ad ipsos spirantes, vel ad principium spirandi sicut virtute cujus fit spiratio.

Si autem consideremus ipsum principium, scilicet potentiam spirativam, cum in hoc non distinguantur pater et filius, non potest dici spiratio esse a patre mediante filio. Si autem consideremus ipsos spirantes qui distincti sunt, et secundum hoc præbent suppositum spirationi, sic est ibi mediatio, secundum quod est ibi ordo naturæ: quia filius est ex patre, et Spiritus Sanctus simul a patre et filio.

Unde dicit Richardus, quod generatio in divinis est a patre immediate; sed processio Spiritus Sancti quodammodo est mediate et quodammodo immediate. Immediate quantum ad virtutem spirativam, quæ est una patris et filii, et iterum quantum ad ipsum suppositum patris quod immediate est principium processionis, quia ipse simul et filius spirant. Sed mediate, inquantum filius, qui spirat, est a patre.

Ad primum igitur dicendum, quod per hoc quod dicitur, Spiritum Sanctum procedere a patre per filium, designatur auctoritas in patre respectu filii; quia filius habet a patre quod Spiritum Sanctum spiret. Ex hoc autem non ponitur mediatio aliqua nisi ex parte suppositorum, quæ distinguuntur per hoc quod unum est ab alio, ratione cujus in uno est auctoritas respectu alterius.

Ad secundum dicendum, quod Spiritus Sanctus uno modo, ut dictum est, procedit a patre mediante filio: sed hoc non excludit quin etiam immediate a patre procedat, ut dictum est, in corp.

Art. Præced..

Ad tertium dicendum, quod imago quæ est in anima, deficienter repræsentat trinitatem; notitia enim est omnino distincta a mente; et ideo simpliciter amor a mente mediante notitia procedit.

Sed in divinis personis filius non quantum ad omnia distinguitur a patre; et ideo secundum aliquid non est ibi mediatio.

Ad quartum dicendum, quod quando sunt multæ causæ agentes ordinatæ, possunt dupliciter considerari, secundum quod est duo invenire in agente, scilicet ipsum agens quod exercet actionem, et virtutem ipsius quæ est principium actionis impositio. Si igitur considerentur causæ agentes ordinatæ secundum rationem agentis cujus est agere, sic quanto agens est posterius, tanto magis est proximum et immediatum ad actionem, et ad id quod per actionem educitur. Si autem considerentur quantum ad virtutem quæ est principium operationis, quanto causa est magis prima, tanto est magis immediata, eo quod agens secundum non agit, nisi inquantum est motum a primo, et secundum quod virtus primi est in ipso. Unde oportet ut semper resolvatur virtus ultimi agentis in virtutem agentis primi. Verbi gratia, quod planta generat plantam hoc habet a virtute solis, et quod sol moveat ad generationem plantæ, habet a virtute motoris sui quicumque sit ille. Et inde est quod quia Deus est agens primum, ipse immediatius se habet secundum virtutem suam ad quamlibet operationem naturæ, quam aliquod agens naturale. Et inde est etiam quod propositiones primæ dicuntur immediatæ, quia prædicatum non conjungitur subjecto per virtutem alterius causæ præcedentis. Inde est etiam quod hæc præpositio per, quæ denotat causam mediam, quandoque notat auctoritatem in recto, quandoque in obliquo: in recto, ut cum dicitur: rex facit hoc per balivum; tunc enim mediatio attenditur quantum ad ipsos operantes. In obliquo, cum dicitur: præpositus facit hoc per regem. Hic enim consideratur mediatio quantum ad virtutem, quæ est principium operationis. Virtus enim superioris est quasi medium, per quod operans suæ operationi conjungitur; in patre autem et in filio non est accipere distinctionem quantum ad principium operationis, quia illud est idem in utroque, scilicet divina potentia; sed solum quantum ad operantes, qui sunt ad invicem distincti.

Et ideo, cum in patre sit auctoritas, dicitur pater operari per filium, et nullo modo filius per patrem.

Inde est etiam quod secundum aliquem modum filius est medium in operatione patris, sed pater nullo modo in operatione filii.

Aut jam nato filio, aut non nato filio. Videtur quod necessarium sit alterum dare, quia differunt per affirmationem et negationem. Et dicendum, quod utraque istarum est duplex, ex eo quod cum dicitur, Spiritus Sanctus procedit a patre, jam nato filio, participium potest designare tempus præteritum, et adverbium, nunc proximum ante præsens tempus, et sic est falsa, quia significatur quod generatio filii duratione processionem Spiritus Sancti præcedat; et in hoc sensu negativa est vera si negative sumatur, ut feratur negatio ad totum, et non ad participium tantum. Si autem participium designat perfectionem nativitatis, et adverbium, nunc æternitatis; sic vera est; quia existente perfecta generatione filii est ab æterno processio Spiritus Sancti; et in hoc sensu negativa falsa est.

Aut plenius vel magis procedat Spiritus Sanctus a patre quam a filio. Hæc duo differunt, ut plenius dicatur procedere ab illo a quo plura recipit, sed magis ab illo qui de majori virtute ad ejus processionem operatur. Principaliter procedit de patre. Videtur esse falsum; quia si a patre principaliter, ergo secundario a filio.

Et dicendum, quod principaliter non dicit gradum virtutis, sed ordinem originis;

quia a patre filius habet quod Spiritum Sanctum spiret.

Distinctio XIII

Quæstio I
Prologus

Postquam determinavit de processione æterna Spiritus Sancti quantum ad modum et principium, hic determinat de ipsa per comparationem ad generationem, et dividitur in partes duas: in prima inquirit utrum Spiritus Sanctus procedens possit dici genitus ut filius; in secunda utrum possit dici ingenitus, ibi: nunc considerandum est, cum Spiritus Sanctus non sit genitus, utrum debeat dici ingenitus. Prima in duas: primo ostendit quod Spiritus Sanctus procedens non potest dici filius; secundo inquirit differentiam generationis filii et processionis Spiritus Sancti, ibi: inter generationem vero filii et processionem Spiritus Sancti, dum hic vivimus distinguere non sufficimus. Circa primum duo facit: primo inquirit utrum Spiritus Sanctus possit dici genitus; secundo, cum non dicatur genitus sed procedens, quare filius non tantum dicitur genitus, sed etiam procedens, ibi: cum autem Spiritus Sanctus non dicatur genitus, sed tantum procedens, quæri solet cur filius non dicitur tantum genitus, sed et procedens. Utraque pars dividitur in quæstionem et responsionem. Inter generationem vero filii et processionem Spiritus Sancti, dum hic vivimus, distinguere non sufficimus. Hic inquirit differentiam generationis et processionis, et circa hoc duo facit: primo determinat quæstionem quantum ad id quod scire possumus, scilicet quod Spiritus Sanctus procedit et non gignitur, filius autem procedit et gignitur; secundo quantum ad id quod perfecte scire non possumus, qualiter scilicet differunt processio et generatio: quia cum utrumque sit ineffabile, utriusque modum plene comprehendere non valemus, ibi: quid autem inter nasci et procedere intersit... Explicare quis possit? nunc considerandum est, cum Spiritus Sanctus non sit genitus, utrum debeat dici ingenitus. Hic ostendit quod Spiritus Sanctus sicut nec genitus, ita nec ingenitus dici debet: et primo ostendit veritatem; secundo removet objectionem, ibi: Hieronymus tamen... Dicit Spiritum Sanctum ingenitum etc.

Ubi tria facit: primo inducit contrarietatem; secundo ponit solutionem, ibi: sed ut istam quæ videtur repugnantiam de medio abigamus, dicimus; tertio ponit solutionis confirmationem, ibi: quod autem Hieronymus ita acceperit, ostenditur ex verbis ejus.

Ad intelligentiam hujus partis, quatuor quæruntur: 1 utrum in Deo sit aliqua processio; 2 si est, utrum sit una tantum vel plures; 3 qualiter duæ processiones nominari debeant; 4 si Spiritus Sanctus, qui procedit, non dicatur genitus, utrum debeat dici ingenitus.

Articulus Primus
Utrum processio sit in Deo.

Ad primum sic proceditur. Videtur quod in Deo non sit processio. Processio enim dicit motum quemdam processivum. Omnis autem motus indigentiæ et imperfectionis est, et Deo non competit.
Ergo in Deo non est processio.
Item, processio dicit exitum unius ab alio.
Exitus autem est per distantiam exeuntis ab eo ex quo exit. Cum igitur in divinis personis sit omnino indistantia, videtur quod ibi non sit processio.
Præterea, omnis processio est ab aliquo in aliquid. Sed divinæ personæ cum sint per se subsistentes, non sunt ab aliquo in aliquid. Ergo videtur quod non conveniat eis procedere.
Contra, Joan. 15, 26: cum venerit Paraclitus, quem ego mittam a patre, spiritus veritatis, qui a patre procedit. Ergo etc..
Præterea, in anima est imago trinitatis. Sed in anima invenitur notitia procedere a mente, et amor ab utroque.
Videtur ergo quod sit processio etiam in divinis personis.
Respondeo dicendum, quod processio dicitur dupliciter: uno modo dicit motum localem qui proprie est motus animalis motu progressivo, et talis processio non potest esse in divinis, nisi metaphorice loquendo: secundum similitudinem enim talis processionis dicitur divina sapientia vel bonitas procedere in creaturas, secundum quod similitudinem suam gradatim efficit in illis; secundum quem modum quædam Deo aliis similiora sunt. Alio modo dicitur processio eductio principiati a suo principio; et cum in divinis personis una sit ab alia sicut a principio, per modum istum proprie est processio in divinis.

Ad primum ergo dicendum, quod in creaturis quælibet processio est per aliquem motum vel mutationem; quia nec aliquid localiter procedit nisi per motum, nec aliquid a causa sua egreditur nisi aliqua mutatione contingente circa ipsum a quo egreditur, si sit de essentia ejus, vel saltem circa id quod egreditur. In divinis autem est origo unius personæ ab alia sine aliqua mutatione, ut supra de generatione dictum est, dist. 4, quæst. 1, art. 1, cum nihil prædicetur de Deo secundum id quod imperfectionis est in ipso.

Ad secundum dicendum, quod quamvis in divinis personis non sit distantia secundum locum neque secundum essentiam, est tamen distinctio in personis secundum proprietates personales; et hoc sufficit ad rationem processionis.

Ad tertium dicendum, quod processio localis est in aliquid sicut in terminum motus; sed quod procedit a causa, non oportet quod in alterum procedat, et sic sumitur processio in divinis.

Articulus Secundus
Utrum processio divina sit tantum una.

Ad secundum sic proceditur. Videtur quod in divinis una tantum sit processio. Sicut enim paternitas notat proprietatem originis, ut a quo est aliquis; ita processio, ut qui est ab alio. Sed supra dictum est, dist. 7, quæst. 2, art. 2, quod in divinis non potest esse nisi una paternitas.

Distinctio XIII

Ergo nec nisi una processio.

Præterea, in omnibus habentibus unam naturam in specie, non est nisi unus modus quo natura illa communicatur; unde etiam dicit Commentator 8 Physic., quod mures qui generantur ex putrefactione terræ, et qui generantur ex semine, non sunt ejusdem speciei. Sed per processionem personarum communicatur natura divina, quæ est una tantum non solum in specie, sed etiam in numero. Ergo non est nisi unus modus processionis in divinis.

Præterea, operationes vel actus distinguuntur ad invicem penes terminos et penes principia. Sed processio in divinis est semper ab eodem principio, quia omnis processio est virtute naturæ ipsius producentis; est etiam ad eumdem terminum per processionem acceptum, quia in processione divina semper accipitur divina natura. Ergo videtur quod non sit nisi una processio in divinis.

Præterea, si sunt duæ processiones, aut differentiam habebunt ex parte essentiæ, aut ex parte relationum, cum non sint plura in divinis.

Sed ex parte essentiæ non invenitur diversitas nisi rationis secundum pluralitatem attributorum; diversitas autem rationis non causat pluralitatem realem, qualem oportet esse processionum duarum, secundum quas duæ personæ realiter distinctæ procedunt.

Ergo ex parte essentiæ non potest sumi realis diversitas processionum. Similiter nec ex parte relationum; relationes enim secundum rationem intelligendi consequuntur processiones; eo enim filius est, quia a patre procedit. Ergo videtur quod nullo modo possunt esse processiones plures in divinis.

Contra, secundum unam processionem est unus tantum procedens. Sed in divinis sunt duæ personæ procedentes, scilicet filius et Spiritus Sanctus, ut habetur in littera. Ergo videtur quod oportet esse duas processiones.

Respondeo dicendum, quod quidam dicunt quod istæ duæ processiones realiter distinguuntur, nec oportet quærere quo distinguantur, quia sunt prima distinguentia personas; sicut nec quærimus quo distinguuntur rationale et irrationale.

Sed hoc non videtur conveniens: quia generatio et processio nullam habent oppositionem ad invicem; omnis autem distinctio formalis est secundum aliquam oppositionem. Et præterea processio et generatio significantur per modum operationum. Hoc autem non convenit, ut per operationes vel motus, distinguantur operantia vel operata; sed magis e converso, quia actiones differunt specie secundum formas agentium, ut calefacere et infrigidare, et motus secundum terminos. Et ideo alii dicunt quod differentia sumitur ex hoc quod generatio est processio naturæ, et processio Spiritus Sancti est processio voluntatis.

Sed hoc etiam non competit: quia voluntas et natura in divinis solum ratione distinguuntur. Unde talis distinctio, realis distinctionis ratio esse non potest, quia principium non est debilius principiato. Et præterea secundum hoc processio intellectus, secundum quam dicitur verbum, esset alia a processione naturæ, secundum quam dicitur filius. Et ideo dicendum, quod in divinis non potest esse aliqua realis distinctio et pluralitas, nisi secundum relationes originis. Et ideo secundum hoc nos oportet investigare pluralitatem procedentium et processionum.

Dico igitur secundum hoc, quod est in divinis aliqua processio secundum quam una persona procedit ab una; et hæc est processio generationis, secundum quam filius est a patre; et ideo dicitur esse per modum naturæ vel intellectus; procedit enim ut filius, et ut verbum: quia in utroque modo istarum processionum, scilicet naturæ et intellectus, est unius ab uno processio. Item est aliqua processio in divinis quæ est simul a duobus, scilicet ab eo qui procedit et ab eo a quo procedit; et hæc distinguitur a prima secundum originem; quia ista secunda processio est a procedente secundum processionem prædictam, quæ est per modum naturæ. Et inde est quod ista processio dicitur per modum voluntatis esse, quia per consensum ex duobus volentibus potest unus amor procedere. Et secundum istos modos diversos originis, producuntur plures personæ relatione originis distinctæ, scilicet filius, qui est a patre, et Spiritus Sanctus, qui est ab utroque. Unde concedo quod nisi Spiritus Sanctus esset a filio, non esset assignare distinctionem realem inter filium et Spiritum Sanctum.

Ad primum ergo dicendum, quod paternitas dicit modum determinatum originis, qui ulterius non potest multiplicari secundum diversam rationem originis, sed tantum secundum materiam, ut diversificetur in numero; sed processio dicit originem in communi, et potest secundum duos modos originis determinari; scilicet quod sit processio unius ab uno non procedente, et quod sit processio etiam a procedente. Plures modi non possunt inveniri qui distinguantur ex ratione originis; et ideo non possunt esse plures processiones in divinis quam duæ. Si enim acciperetur processio ab uno procedente vel pluribus, non esset differentia nisi secundum unum et plura, quæ differentia nullo modo ad originem pertinet, sicut si divideretur gressibile, non per bipes et quadrupes, sed per album et nigrum.

Ad secundum dicendum, quod in natura creata est duplex communicatio: una quæ est per modum naturæ, et alia quæ est per modum amoris. Non autem in utraque communicationum communicatur natura, sed tantum in ea quæ est per modum naturæ. Ex imperfectione autem voluntatis creatæ est quod non potest communicari per eam natura; quia illud quod procedit per modum voluntatis, scilicet amor, non est hypostasis per se subsistens, sicut in divinis; et ideo ex perfectione divinæ naturæ est quod communicetur non tantum per actum naturæ, qui est generatio, sed per actum voluntatis, qui est consensus amoris.

Ad tertium dicendum, quod distinguuntur processiones in divinis et penes principium et penes finem. Ut enim superius dictum est, quamvis natura divina sit principium generationis in patre, non tamen absolute sub ratione naturæ, sed sub ratione paternitatis. Et similiter a natura divina, inquantum est natura quæ acquiritur in filio per generationem, non habet filius quod sit filius, sed ab eo quod natura in filio secundum rem est ipsa filiatio. Et ita patet quod ipsæ relationes se habent aliquo modo ut principium et ut terminus ad ipsas processiones.

Ad quartum dicendum, quod, cum secundum processiones distinguantur personæ, quæ realiter plures sunt, non potest dici quod processiones re non differunt sed ratione tantum. Nihil enim causat distinctionem majorem, formaliter loquendo, quam sit distinctio qua distinguuntur ipsa ad invicem.

Sed sicut proprietates personales, secundum quod comparantur ad essentiam, sunt idem re, quia sunt divina essentia, a qua tantum ratione differunt; secundum autem quod ad aliquid dicuntur, sunt secundum rem plures; ita est etiam de processionibus: quia secundum quod comparantur ad naturam ut principium vel terminus, non distinguuntur nisi ratione, secundum quod dicitur in Deo voluntas et natura ratione differre; sed quia comparantur etiam ad proprietates relativas sicut ad principium vel terminum, ut dictum est, dist. 2, qu. 1, art. 5, ideo ex hoc etiam habent realem differentiam.

Quod ergo objicitur, quod relationes consequuntur processiones, unde magis videtur quod processiones diversæ causent diversitatem relationum, quam e converso; vel ad minus erit ibi circulatio: dicendum, quod relatio in divinis non tantum habet quod sit relatio, sed etiam quod sit personalis, idest constituens personam; et ex hoc habet quasi actum differentiæ constitutivæ et formæ propriæ ipsius personæ, cujus est operatio generationis vel spirationis; et ideo non est inconveniens quod secundum relationis rationem relationes consequantur ipsas processiones, et recipiant differentiam ab eis; secundum autem quod sunt formæ propriæ ipsarum personarum, causent differentiam processionum.

Articulus Tertius
Utrum processio Spiritus Sancti debeat dici processio vel generatio.

Ad tertium sic proceditur. Videtur quod processio Spiritus Sancti non debet nominari processio, sed generatio. Si enim non sit generatio, tunc contra generationem dividitur. Sed nullum commune dividitur contra proprium. Cum igitur processio sit communis generationi et processioni Spiritus Sancti, videtur quod processio Spiritus Sancti non debeat nominari processio.

Præterea, sicut generatio filii dicit specialem modum originis, ita et processio Spiritus Sancti; alias non esset proprietas constitutiva personæ, ut prius dictum est, art. Antec.. Sed processio non dicit aliquem specialem modum originis, ut dictum est, art. 1, istius dist.. Ergo modus originis Spiritus Sancti non debet per processionem nominari.

Præterea, sicut filius accipit totam naturam et substantiam patris, ita et Spiritus Sanctus. Sed illa processio secundum quam aliquis accipit naturam ejus a quo procedit, dicitur generatio, etiam in inferioribus, ut patet inducendo in singulis. Ergo videtur quod processio Spiritus Sancti debet dici generatio.

Præterea, Damascenus, definiens generationem dicit sic: generatio est divinæ naturæ opus existens, ut versionem, qui generat, non suscipiat, et ut neque Deus prior neque posterior sit. Sed processio Spiritus Sancti est opus divinæ naturæ etc.. Ergo videtur quod sit generatio. Quod autem sit opus divinæ naturæ et non voluntatis, probatur per Hilarium, qui dicit, quod omnibus creaturis substantiam voluntas attulit, sed filio natura dedit. Sed Spiritus Sanctus non est creatura; et ita non habet substantiam per voluntatem, sed per naturam patris.

Contra, quidquid procedit per modum generationis, procedit ut genitum, præcipue in rebus viventibus. Sed Spiritus Sanctus non procedit ut genitus: alias essent duo filii in trinitate, quod non potest esse. Ergo processio Spiritus Sancti non debet dici generatio.

Respondeo dicendum, quod in divinis est accipere commune et proprium, quamvis non sit accipere universale, et particulare. Ad hoc enim quod sit universale et particulare, exigitur aliqua diversitas realis, ut supra dictum est, dist. 8, quæst. 4, art. 1, quidditatis communicabilis, et esse quod proprium est. Et talis diversitas non potest esse in divinis. Sed est ibi accipere commune et proprium dupliciter, scilicet secundum rem, et secundum rationem. Secundum rem, sicut dicimus essentiam esse communem tribus personis, et unamquamque personam distingui per id quod sibi est proprium. Secundum rationem autem, sicut quando intellectus noster in divinis accipit aliquid et quantum ad rationem communem vel indeterminatam, et quantum ad rationem determinatam et propriam: quia utrumque ad dignitatem pertinet, et ratio generis et ratio differentiæ: sicut in divinis est ratio cognitionis, quæ communis est, et ratio scientiæ, quæ propria est et determinata; nec tamen unum est genus alterius, secundum quod in Deo sunt. Ita dico, quod processio dicitur secundum rationem communem originis, generatio autem secundum determinatam originis rationem. Unde se habent sicut commune et proprium; non tamen sicut genus et species.

Ad primum ergo dicendum, quod processio, secundum quod sumitur in communi ratione, non condividitur generationi; sed prout sumitur secundum determinatum modum processionis, qui Spiritui Sancto competit.

Ad secundum dicendum, quod frequenter invenimus quod aliquod proprium denominatur nomine communi; sicut omne convertibile dicitur proprium, sive significet quid est res, sive non. Sed tamen hoc nomen sibi specialiter retinet illud convertibile quod substantiam non significat, quia non addit aliquid nobilitatis quo nominari possit. Non autem sic dicimus in proposito: non enim origo Spiritus Sancti nominatur communi nomine, quia nihil addit supra rationem, vel minus habet quam generatio filii, cum Spiritus Sanctus filio sit æqualis in dignitate. Sed hujusmodi assignantur tres rationes. Prima est, quia Spiritus Sanctus maxime accedit ad processionem: non enim tantum ipse procedit sicut et filius, sed a procedente procedit, quod filio non competit. Secunda est, quia cum processio dicatur dupliciter, scilicet secundum motum localem et secundum exitum causati a causa, uterque modus aliquo modo competit origini Spiritus Sancti. Inquantum enim procedit ut persona distincta, sic sua processio habet similitudinem ad exitum causati a causa. Inquantum autem procedit ut amor, qui tendit in alterum non sicut in recipiens, sed sicut in objectum, habet similitudinem cum processione locali, quæ est ex aliquo in aliquid. Pater enim amat filium amore, qui est Spiritus Sanctus. Filio autem non competit processio nisi secundum unum modum, scilicet exitum a causa.

Tertia ratio (et credo quod melior est) quia in rebus creatis invenimus aliquid in se subsistens, procedere per modum naturæ, et hoc dicimus generari; unde secundum hoc potuimus processionem filii proprio nomine nominare, scilicet generationis nomine. Sed non invenimus aliquid in creaturis per se subsistens, procedere per modum amoris, sicut Spiritus Sanctus procedit: et ideo istam processionem non potuimus nominare nomine proprio, sed tantum communi.

Ad tertium dicendum, quod processio amoris, inquantum hujusmodi, non habet quod per ipsam natura aliqua communicetur; sed hoc habet inquantum est in divinis, ubi non potest esse aliquid imperfectum. Et ideo Spiritus Sanctus secundum rationem processionis, communiter loquendo, non habet quod communicetur sibi natura; et ideo talis processio non potest dici generatio secundum suam propriam rationem. Ex ipsa enim ratione generationis est quod natura genito communicetur: quamvis enim diversitas rationis non sufficiat ad realem processionum differentiam, sufficit tamen ad differentem nominationem.

Ad quartum dicendum, quod natura non est principium processionis Spiritus Sancti sub ratione naturæ, sed sub ratione voluntatis, a qua procedit amor; et ideo sua processio non dicitur nativitas, cum nativitas a natura dicatur. Nec tamen ex hoc sequitur quod Spiritus Sanctus sit creatura. Voluntas enim comparatur ut principium ad ipsa principiata, et sic comparatur ad creaturas; vel ad ipsam rationem principiandi, et sic comparatur ad amorem, qui est Spiritus Sanctus, sicut intellectus ad artem, ut superius dictum est, dist. 10, quæst. 1, art. 3.

Articulus Quartus
Utrum Spiritus Sanctus debeat dici ingenitus.

Ad quartum sic proceditur. Videtur quod Spiritus Sanctus debet dici ingenitus. Et primo per auctoritatem Hieronymi in littera.

Præterea, terminus infinitus convertitur cum negatione, supposita existentia subjecti; sicut non homo, non est homo. Quidquid enim est et non est homo, est non homo. Sed ingenitus est terminus infinitus. Ergo cum Spiritus Sanctus sit, et non sit genitus, videtur quod sit ingenitus.

Præterea, ingenitum aut dicit relationem, aut absolutum. Sed non dicit relationem notionalem, quia tunc non posset dici essentia ingenita. Ergo videtur quod sit de absolutis; et ita videtur convenire Spiritui Sancto.

Sed in contrarium est quod dicitur in littera, quod solus pater ingenitus est. Ergo non Spiritus Sanctus.

Respondeo dicendum, quod in divinis, proprie loquendo, nihil potest dici privative: quia ad rationem privationis exigitur quod aliquid sit aptum natum habere quod non habet. Hoc autem Deo competere non potest. Unde oportet quod ingenitus sumatur negative et non privative. Sed negatio quædam negat in genere determinato, et hæc habet aliquid simile privationi, inquantum ponitur aliquod determinatum genus. Est etiam quædam negatio extra genus; et hæc est absoluta negatio, quia nullum genus determinat.

Dico ergo, quod ingenitus si dicat negationem extra genus, tunc convenit omni ei quod est et quod non est ab alio per generationem, sive sit ab aliquo alio sive non, et sive sit creatum sive increatum; et secundum hoc possumus dicere patrem ingenitum, et Spiritum Sanctum, et essentiam divinam, et primas creaturas, quæ non exierunt in esse per generationem. Si autem sit negatio in genere, hoc potest esse dupliciter, secundum quod in divinis accipitur: vel in genere divinæ naturæ; et sic adhuc convenit patri, Spiritui Sancto et essentiæ; vel in genere principii in natura divina; et sic non convenit nisi patri, et tunc erit notio patris. Principium enim aliquod potest innotescere aut secundum quod aliquid est ab illo, et sic pater innotescit per generationem et spirationem activam: aut secundum quod non est ab alio, et sic est notio patris ingenitus.

Ad primum ergo dicendum, quod Hieronymus accipit ingenitum, idest non genitum, secundum quod negatio est extra genus; vel in genere divinæ naturæ, et non in genere principii.

Ad secundum dicendum, quod negatio termini infiniti non est negatio in aliquo genere determinato, sed tantum in genere entis; et ideo potest dici de omni ente cui non convenit affirmatio: sed negatio quæ negat in aliquo genere determinato, non potest dici extra illud genus.

Ad tertium dicendum, quod ingenitus, secundum quod convenit tantum patri, dicit notionem patris; et sic non convenit essentiæ. Secundum autem quod convenit essentiæ et Spiritui Sancto, non dicit aliquam notionem, nec etiam aliquid de absolutis, quia sic etiam conveniret filio; sed removet notionem quamdam, scilicet generationem passivam.

Absit autem ut inter Deum patrem et Deum filium tale aliquid suspicemur. Sic enim processio Spiritus Sancti materialis videretur; quia pater se habet ad generationem ut principium activum, mater autem ut materiale, quia materiam ministrat.

Nescio, scilicet per artem acquisitam: non valeo, per naturalem virtutem vel industriam: non sufficio, per defectum usus vel exercitii.

Omne quod est, aut ingenitum est aut genitum aut factum. Sciendum est, quod istius divisionis membra variantur materiali multiplicatione et non formali; et ideo unum membrum bis repetitur, inquantum duobus convenit, scilicet patri et Spiritui Sancto.

Distinctio XIV

Quæstio I
Prologus

Hic incipit Magister determinare de temporali processione Spiritus Sancti, et dividitur in partes duas: in prima determinat processionem temporalem Spiritus Sancti; in secunda determinat nomen Spiritus Sancti, quod rationem temporalis processionis ostendit, in 18 dist. Ibi: præterea diligenter considerandum est, cum Spiritus Sanctus dicatur donum et datum, utrum et eadem ratione utrumque nomen ei conveniat. Prima in duas: in prima determinat de temporali processione in communi; in secunda quantum ad speciales modos missionis, in 16 dist.: nunc de Spiritu Sancto videndum est... Quæ sit ejus temporalis processio. Prima in duas: in prima ostendit, Spiritum Sanctum a patre et filio temporali processione procedere: in secunda inquirit utrum a seipso temporali processione procedat, 15 dist.: hic considerandum est, cum Spiritus Sanctus detur hominibus a patre et filio... Utrum etiam a seipso detur. Prima in duas: in prima ostendit processionem Spiritus

Distinctio XIV

Sancti temporalem esse a patre et filio; in secunda excludit errorem circa intellectum temporalis processionis, ibi: sunt autem aliqui qui dicunt, Spiritum Sanctum ipsum Deum non dari, sed dona ejus. Circa primum duo facit: primo determinat veritatem temporalis processionis quantum ad principium a quo procedit, ostendens per Augustinum quod procedit a patre et filio; secundo ostendit veritatem quantum ad hoc quod ab eis dicitur procedere temporaliter, ibi: de temporali autem processione Beda... Ita loquitur.

Sunt autem aliqui qui dicunt, Spiritum Sanctum ipsum Deum non dari, sed dona ejus. Hic excludit errorem dicentium, in processione temporali Spiritum Sanctum non dari, sed tantum dona ejus: et circa hoc duo facit: primo ostendit, ipsum Spiritum Sanctum qui Deus est, temporali processione dari; secundo ex hoc ostendit quod nullus homo Spiritum Sanctum dare potest, ibi: hic quæritur, utrum et viri sancti dent vel possint dare aliis Spiritum Sanctum. Et circa hoc duo facit: primo movet quæstionem, et determinat eam, ostendens quod nullus homo Spiritum Sanctum dare potest, nec etiam Christus, secundum quod homo; secundo objicit in contrarium, et solvit, ibi: sed huic videtur contrarium quod apostolus... Ait.

Ad intellectum hujus partis tria quæruntur: primo de processione temporali secundum se. Secundo ratione cujus Spiritus Sanctus temporaliter procedere dicatur, vel secundum quid fiat. Tertio a quo fiat.

Circa primum duo quæruntur: 1 utrum sit aliqua temporalis processio Spiritus Sancti; 2 utrum ponat in numerum cum æterna.

Articulus Primus

Utrum aliqua processio Spiritus Sancti sit temporalis.

Ad primum sic proceditur. Videtur quod nulla processio Spiritus Sancti sit temporalis. Sicut enim generatio est proprietas æterna filii secundum quam distinguitur a patre, ita processio Spiritus Sancti est proprietas secundum quam distinguitur a patre et filio. Sed generatio filii non dicitur temporalis nisi secundum naturam assumptam.

Cum igitur Spiritus Sanctus nullam assumpserit naturam, nec assumet, videtur quod nulla sit ejus processio temporalis.

Præterea, omne illud cui convenit aliquid temporaliter, est mutabile vel variabile. Hoc autem Spiritui Sancto non convenit, cum sit verus Deus.

Ergo nec temporalis processio.

Præterea, secundum Philosophum Lib. De causis, inter rem cujus substantia et operatio est in tempore, et inter rem cujus substantia et operatio est in momento æternitatis, est res media, cujus operatio est in tempore, et substantia in æternitate. Rem autem illam, cujus substantia et operatio est in æternitate, dicit substantias separatas, et præcipue Deum. Cum igitur processio sit operatio ipsius Dei, sive active sive passive intelligatur, videtur quod non sit in tempore, et ita nec temporalis dici debeat.

Præterea, illud quod elevat hominem supra tempus, non potest dici temporale. Sed per processionem Spiritus Sancti in hominem elevatur homo supra omnia temporalia: quia, secundum Augustinum, inquantum aliquod æternum mente capimus, non in hoc mundo sumus.

Ergo non debet dici temporalis.

Præterea, in processione temporali, quæ etiam missio dicitur, includitur intellectus processionis æternæ, secundum Augustinum.

Sed denominatio debet fieri a digniori. Igitur etsi in processione esset aliquid temporale, non deberet dici temporalis, sed æterna.

Contrarium dicitur per auctoritates in littera.

Præterea, contingit aliquem ex tempore habere Spiritum Sanctum, qui prius non habuit. Sed Spiritus Sanctus non habetur nisi ut procedens a patre et filio, cum sit donum utriusque. Ergo est ejus aliqua processio temporalis, secundum quam procedit ad sanctificandum creaturam, ut in littera dicitur.

Respondeo dicendum, quod quamvis in personis divinis, proprie loquendo, dicatur processio secundum rationem exitus a principio, qui non necessario tendit in aliud, tamen processio Spiritus Sancti ex modo suæ processionis habet, inquantum scilicet procedit ut amor, quod in alium tendat, scilicet in amatum, sicut in objectum. Et quia processiones personarum æternæ, sunt causa et ratio totius productionis creaturarum, ideo oportet quod sicut generatio filii est ratio totius productionis creaturæ secundum quod dicitur pater in filio omnia fecisse, ita etiam amor patris tendens in filium ut in objectum, sit ratio in qua Deus omnem effectum amoris creaturis largiatur; et inde est quod Spiritus Sanctus, qui est amor quo pater amat filium, est etiam amor quo amat creaturam impartiendo sibi suam perfectionem. Poterit ergo processio istius amoris dupliciter considerari: vel secundum quod tendit in objectum æternum, et sic dicetur æterna processio, vel secundum quod procedit ut amor in objectum creatum, inquantum scilicet per illum amorem, creaturæ aliquid a Deo confertur; et sic dicetur processio temporalis, ex eo quod ex novitate effectus consurgit nova relatio creaturæ ad Deum, ratione cujus oportet Deum sub nova habitudine ad creaturam significari, ut patet in omnibus quæ de Deo ex tempore dicuntur.

Ad primum ergo dicendum, quod generatio de ratione sui non dicit respectum nisi ad eum a quo est generatio. Hoc autem dupliciter potest esse in filio: aut sicut a quo accipit divinam naturam, et sic est generatio æterna a patre; aut sicut a quo accipit naturam humanam, et sic est temporalis generatio a matre. Processio autem Spiritus Sancti, ut dictum est, distin. 13, quæst. Unica, art. 2, non solum dicit respectum ad principium a quo procedit, secundum quem æterna tantummodo est, sicut et generatio; sed etiam importat respectum ad eum in quem procedit, secundum quem temporalis dici potest.

Ad secundum dicendum, quod inquantum per amorem, qui est Spiritus Sanctus, aliquod donum creaturæ confertur, nulla mutatio vel variatio fit in ipso amore, sed in eo cui per amorem aliquid datur; si tamen mutatio, et non potius perfectio dici debet. Et ideo ille temporalis respectus non ponitur circa Spiritum Sanctum realiter, sed solum secundum rationem; realiter autem in creatura quæ mutatur; sicut fit cum dicitur Deus Dominus ex tempore.

Ad tertium dicendum, quod operatio divina dupliciter potest considerari: vel ex parte operantis, et sic est æterna; vel quantum ad effectum operationis, et sic potest esse temporalis. Sed tamen quia Deus non agit per operationem quæ sit media inter ipsum et operatum, sed sua operatio est in ipso et est tota sua substantia; ideo operatio ejus essentialiter æterna est, sed effectus temporalis.

Ad quartum dicendum, quod aliquid potest dici temporale multipliciter: vel quia subjacet variationi temporis, et hoc modo processio non dicitur temporalis, etiam quantum ad effectum gratiæ; vel quia habet initium in tempore, et sic gratia dicitur temporalis, et eadem ratione processio ratione effectus.

Ad quintum dicendum, quod aliquod conjunctum non potest affirmari nisi pro utraque parte, sed negari potest pro altera parte tantum; sicut patet in veritate et falsitate copulativæ propositionis.

Et quia temporale claudit in se quamdam negationem cum affirmatione, scilicet aliquando esse et prius non fuisse, æternum autem importat tantum affirmationem essendi; ideo conjunctum non potest dici æternum, nisi utrumque æternum sit; temporale autem dici potest, etiam si alterum tantum sit temporale, sicut creator importat divinam operationem et connotat effectum in creatura actualiter, ratione cujus Deus non dicitur creator ab æterno sed ex tempore.

Articulus Secundus
Utrum processio temporalis distinguatur realiter ab æterna.

Ad secundum sic proceditur. Videtur quod temporalis processio ponat in numerum cum æterna, ut sit alia et alia processio. Aeternum enim et temporale non possunt idem esse in essentia.

Sed quæ differunt per essentiam, simpliciter multiplicantur et numerantur. Ergo æterna processio et temporalis simpliciter sunt duæ.

Item, idem non est signum sui ipsius. Sed processio temporalis, secundum Augustinum, est signum æternæ. Ergo non sunt una processio.

Præterea, cum una dicatur processio æterna et alia temporalis, aut hoc erit quia essentialiter differunt, aut quia una addit super aliam. Sed æterna non potest addere supra temporalem, quia sic temporalis esset naturaliter prior æterna; nec etiam temporalis potest se habere ex additione ad æternam, cum æterno, quia perfectum est, nihil sit addibile. Ergo relinquitur quod essentialiter differant, et ita simpliciter sunt duæ.

Præterea, sicut filius se habet ad generationem passivam, ita et Spiritus Sanctus ad processionem passivam. Sed propter æternam generationem et temporalem, filius dicitur habere duas nativitates et bis natus. Ergo et Spiritus Sanctus dicitur habere duas processiones.

Contra, processio ponit aliquid in ipso procedente.

Sed processio temporalis, inquantum est temporalis, nihil ponit circa Spiritum Sanctum. Ergo oportet quod in processione temporali essentialiter includatur æterna. Ergo non differunt essentialiter, nec simpliciter sunt plures.

Item, ea quæ non sunt ejusdem rationis, non connumerantur ad invicem. Sed temporale et æternum non sunt ejusdem rationis. Ergo non potest dici quod sint duæ processiones, temporalis et æterna.

Respondeo dicendum, quod cum processio semper dicat respectum procedentis ad illum a quo procedit, Spiritus Sanctus autem ad patrem non refertur nisi relatione æterna; oportet quod nulla processio Spiritus Sancti sit alia essentialiter ab æterna; sed potest sibi advenire aliquis respectus alius ex parte ejus in quem est, sicut in amatum, et ratione illius dicitur temporalis.

Dicendum ergo, quod est una processio essentialiter propter respectum unum procedentis ad id a quo procedit, quem principaliter importat. Processio autem est duplex, vel gemina, ratione duorum respectuum in duo objecta, scilicet in æternum et temporale: quorum unus, scilicet æternus, realiter est in ipso procedente; alius autem secundum rationem tantum in Spiritu Sancto, sed secundum rem in eo in quem procedit. Horum tamen respectuum primus includitur in secundo, sicut ratio et causa ejus; unde secundus se habet ex additione ad primum.

Ad primum ergo dicendum, quod processio non dicitur temporalis secundum id quod est, sed ratione respectus ad creaturam, temporalis dicitur, ut dictum est, art. 1 hujus quæst..

Ad secundum dicendum, quod processio temporalis dicitur esse signum æternæ, quantum ad effectum ex quo consurgit respectus ille temporalis secundum quem processio temporalis dicitur. Effectus autem hujus processionis est amor gratuitus, qui est similitudo quædam amoris increati, qui est Spiritus Sanctus, et per consequens signum ejus.

Ad tertium dicendum, quod quamvis æterno secundum rem nihil sit addibile; nihilominus tamen æternum potest intelligi in aliqua habitudine se habere ad aliquod temporale: quæ tamen habitudo non ponitur realiter circa ipsum æternum, ut dictum est. Et quia intellectus potest repræsentari per nomen, quia voces sunt notæ earum quæ sunt in anima passionum, ideo potest æterno imponi aliquod nomen, prout intelligitur sub illa habitudine, sicut Deus dicitur Dominus ex tempore. Ita etiam dicitur processio temporalis.

Ad quartum dicendum, quod generatio filii temporalis et æterna distinguuntur etiam secundum respectum ad principium a quo sunt, quia æterna est a patre et temporalis a matre, et secundum diversas naturas; et ideo una realiter non est alia. Sed de processione non est simile, ut dictum est, art. Antec..

Quintum concedimus.

Ad sextum dicendum, quod processio temporalis et æterna, consideratæ secundum respectum procedentis ad principium, a quo est, sunt omnino idem, nedum ejusdem rationis; et ex hac parte non numerantur. Sed consideratæ secundum respectum ad id in quod est processio per modum dictum, non sunt ejusdem rationis, scilicet per univocationem, sed analogice; quia unum est ratio alterius; et ita possunt connumerari: sicut etiam dicimus Deum et hominem duas res.

Quæstio II
Prologus

Deinde quæritur, secundum quid attendatur processio temporalis, et circa hoc duo quæruntur: 1 utrum ipse Spiritus Sanctus secundum processionem temporalem detur, vel tantum dona ejus, vel utrumque. Et si utrumque, quæritur, secundum quæ dona dicatur Spiritum Sanctum dari vel procedere temporaliter.

Articulus Primus
Utrum Spiritus Sanctus temporaliter detur.

A

Ad primum sic proceditur. Videtur quod ipse Spiritus Sanctus non procedat temporaliter vel detur. Illud enim quod secundum se est ubique non videtur usquam secundum se procedere. Sed Spiritus Sanctus, cum sit Deus, est ubique. Ergo non potest in quemquam procedere.

Si dicas, quod potest esse secundum aliquem modum in aliquo secundum quem prius non erat, adhuc habetur propositum; quia, secundum Dionysium, et auctorem lib. De causis. Deus eodem modo se habet ad omnia, quamvis non omnia eodem modo se habeant ad ipsum. Sed iste modus diversus in creaturis est ex diversis perfectionibus quas ex Deo consequuntur. Ergo videtur quod ex hoc quod Spiritus Sanctus dicitur aliter esse in isto quam prius non fuit, non propter aliud est nisi quia aliquem effectum consequitur iste quem prius non consequebatur: et sic tota datio vel processio refertur ad dona, et non ad ipsum Spiritum Sanctum.

Item, ut dictum est, in hac dist., quæst. 1, art. 2, processio temporalis nihil secundum rem addit ex parte ipsius procedentis ad processionem æternam. Sed secundum processionem æternam ipse Spiritus Sanctus non procedit in aliquam creaturam.

Ergo nec secundum temporalem, quantum ex parte ipsius Spiritus Sancti, sed solum quantum ad dona ipsius.

Præterea, constat quod virtus infusa non est deficientior in operibus meritoriis, quam virtus acquisita in operibus politicis. Sed virtus acquisita sufficienter dirigit hominem in omnibus civilibus. Ergo infusa in omnibus meritoriis. Non igitur oportet, ut videtur, quod cum virtute infusa ipse Spiritus Sanctus detur, sed vel solus Spiritus Sanctus, vel sola virtus.

Contra, Rom. 5, 5, dicitur: caritas Dei diffusa est in cordibus nostris per Spiritum Sanctum, qui datus est nobis. Ergo videtur quod utrumque detur.

Præterea, amor habet rationem primi doni, quia in ipso omnia ex liberalitate conferuntur. Cum igitur Spiritus Sanctus sit amor, videtur quod habeat rationem doni. Sed non nisi quia datur. Ergo videtur quod ipse Spiritus Sanctus detur.

Respondeo dicendum, quod ipsemet Spiritus Sanctus procedit temporali processione, vel datur, et non solum dona ejus. Si enim consideremus processionem Spiritus Sancti ex parte ejus a quo procedit, non est dubium quin secundum illum respectum ipsemet Spiritus Sanctus procedat. Si autem consideremus processionem secundum respectum ad id in quo procedit, tunc, sicut dictum est, in hac dist., quæst. 1, art. 1, respectus iste in Spiritu Sancto ponitur, non quia ipse realiter referatur, sed quia alterum refertur ad ipsum. Cum igitur in acceptione donorum ipsius non solum relatio nostra terminetur ad dona, ut ipsa tantum habeamus, sed etiam ad Spiritum Sanctum, quia aliter ipsum habemus quam prius; non tantum dicentur dona ipsius procedere in nos, sed etiam ipsemet; secundum hoc enim ipse dicitur referri ad nos, secundum quod nos referimur in ipsum. Et ideo procedit ipse in nos et dona ipsius: quia et dona ejus recipimus et per eadem ad ipsum nos aliter habemus, inquantum per dona ejus ipsi Spiritui Sancto conjungimur, vel ille nobis, per donum nos sibi assimilans.

Ad primum igitur dicendum, quod cum dicitur Deus esse ubique, importatur quædam relatio Dei ad creaturam, quæ quidem realiter non est in ipso, sed in creatura. Contingit autem ex parte creaturæ istas relationes multipliciter etiam diversificari secundum diversos effectus quibus Deo assimilatur; et inde est quod significatur ut aliter se habens ad creaturam quam prius. Et propter hoc Spiritus Sanctus, qui ubique est secundum relationem creaturæ ad ipsum, potest dici de novo esse in aliquo, secundum novam relationem ipsius creaturæ ad ipsum.

Ad secundum dicendum, quod quamvis ille modus aliter se habendi, diversificetur ex diversis donis receptis in creatura, tamen relatio creaturæ non sistit in donis illis, sed ulterius tendit in eum per quem illa dona dantur. Et ideo possumus significare, nos alio modo habere Spiritum Sanctum, et Spiritum Sanctum aliter a nobis haberi; et hoc significatur cum dicitur ipsemet in nos procedere vel nobis dari.

Ad tertium dicendum, quod non dicitur ipsemet in nos procedere, quia circa ipsum aliquid fiat; sed quia ex eo quod nos ad ipsummet aliter nos habemus, ipse potest significari sub alio respectu se habere ad nos. Et ita dicitur in nos procedere quantum ad illum respectum quem processio ponit ad id in quod est processio; licet non quantum ad illum quem ponit ad id a quo est.

Ad quartum dicendum, quod virtus infusa est multo sufficientior quam virtus acquisita, et ex ratione suæ perfectionis habet quod nos maxime Deo conjungat et assimilet; secundum quam conjunctionem innascitur nobis novus respectus ad Deum.

Unde quanto sufficientior est, tanto magis in ipsa Spiritus Sanctus procedere dicitur et cum ipsa. Utrum autem oporteat aliquod donum creatum dari cum Spiritu Sancto, erit quæstio infra, dist. 18, quæst. Unica, art. 3. Alia duo concedimus.

B

Ulterius quæritur circa hoc, si utrumque datur, quid per prius datur. Et videtur quod Spiritus Sanctus: quia per ipsum dantur alia, et quia habet rationem primi doni.

Sed e contrario videtur quod dona per prius.

Quia dona ipsius disponunt nos ad hoc quod ipsum habeamus. Dispositio autem prior est eo ad quod disponit. Ergo etc..

Ad id quod ulterius quæritur, dicendum, quod ordo aliquorum secundum naturam potest dupliciter considerari. Aut ex parte recipientis vel materiæ; et sic dispositio est prior quam id ad quod disponit: et sic per prius recipimus dona Spiritus Sancti quam ipsum spiritum, quia per ipsa dona recepta Spiritui Sancto assimilamur. Aut ex parte agentis et finis; et sic quod propinquius erit fini et agenti, dicitur esse prius: et ita per prius recipimus Spiritum Sanctum quam dona ejus, quia et filius per amorem suum alia nobis donavit. Et hoc est simpliciter esse prius.

Articulus Secundus
Utrum processio temporalis Spiritus Sancti attendatur secundum omnia dona.

Ad secundum sic proceditur. Videtur quod secundum omnia dona processio temporalis Spiritus Sancti attendatur. Omne enim donum quod creaturæ confertur, ex liberalitate divinæ voluntatis procedit.

Sed ratio conferendi per liberalitatem est amor.

Ergo videtur quod secundum quælibet dona creaturæ collata, Spiritus Sanctus detur vel procedat.

Præterea, in collatione cujuslibet doni, creatura secundum aliquem respectum se habet ad Deum

Distinctio XIV

secundum quem prius non se habebat. Assimilatur enim sibi secundum participationem illius perfectionis quam de novo a Deo recepit. Sed hoc erat Spiritum Sanctum temporaliter procedere, quod significari Spiritum Sanctum in habitudine aliqua ad creaturam, ex eo quod creatura novo modo referebatur ad ipsum. Ergo videtur quod Spiritus Sanctus etiam secundum dona naturalia mittatur, et non tantum secundum gratum facientia.

Præterea, secundum Augustinum, mitti est cognosci quod ab alio sit. Sed aliquis sine gratia gratum faciente potest cognoscere Spiritum Sanctum ab alio esse per fidem informem.

Ergo videtur quod processio temporalis non semper sit secundum donum gratum faciens.

Præterea, Rabanus dicit, quod Spiritus Sanctus datus est apostolis ad operationem miraculorum.

Hoc autem donum non est gratum faciens, sed tantum gratis datum. Ergo etiam secundum hæc dona potest attendi temporalis processio Spiritus Sancti.

Contra, sapient. 1, 5: Spiritus Sanctus disciplinæ effugiet fictum. Quicumque autem caret gratia gratum faciente, pro ficto habetur. Ergo in nullum talem Spiritus Sanctus procedit.

Præterea, Spiritus Sanctus non procedit in aliquem nisi quem inhabitat Deus, sicut in templo suo: quia per Spiritum Sanctum efficitur quis templum Dei, 1 Corinth. 6. Sed in nullo dicitur habitare Deus nisi per gratiam gratum facientem. Ergo secundum hoc donum tantum temporalis processio Spiritus Sancti attenditur.

Respondeo dicendum, quod in exitu creaturarum a primo principio attenditur quædam circulatio vel regiratio, eo quod omnia revertuntur sicut in finem in id a quo sicut a principio prodierunt.

Et ideo oportet ut per eadem quibus est exitus a principio, et reditus in finem attendatur.

Sicut igitur dictum est, dist. 13, quæst. 1, art. 1, quod processio personarum est ratio productionis creaturarum a primo principio, ita etiam est eadem processio ratio redeundi in finem, quia per filium et Spiritum Sanctum sicut et conditi sumus, ita etiam et fini ultimo conjungimur; ut patet ex verbis Augustini positis in 3 dist., ubi dicit: principium ad quod recurrimus, scilicet patrem, et formam quam sequitur, scilicet filium, et gratiam qua reconciliamur.

Et Hilarius dicit infra 31 dist.: ad unum initiabile omnium initium per filium universa referimus.

Secundum hoc ergo processio divinarum personarum in creaturas potest considerari dupliciter. Aut inquantum est ratio exeundi a principio; et sic talis processio attenditur secundum dona naturalia, in quibus subsistimus, sicut dicitur a Dionysio divina sapientia vel bonitas in creaturas procedere.

Sed de tali processione non loquimur hic. Potest etiam attendi inquantum est ratio redeundi in finem, et est secundum illa dona tantum quæ proxime conjungunt nos fini ultimo, scilicet Deo, quæ sunt gratia gratum faciens et gloria, et de ista processione loquimur hic. Sicut enim in generatione naturali generatum non conjungitur generanti in similitudine speciei nisi in ultimo generationis, ita etiam in participationibus divinæ bonitatis non est immediata conjunctio ad Deum per primos effectus quibus in esse naturæ subsistimus, sed per ultimos quibus fini adhæremus; et ideo concedimus, Spiritum Sanctum non dari nisi secundum dona gratum facientia.

Ad primum ergo dicendum, quod quamvis in collatione donorum naturalium vel gratis datorum attendatur magna liberalitas, tamen perfectio liberalitatis attenditur in his quæ ultimæ perfectioni conjungunt: et ista sunt quæ immediate ordinant nos in finem; et ideo secundum ista dona præcipue Spiritus Sancti processio attenditur.

Ad secundum dicendum, quod in processione spiritus, secundum quod hic loquimur, prout scilicet claudit in se dationem Spiritus Sancti, non sufficit quod sit nova relatio, qualiscumque est, creaturæ ad Deum; sed oportet quod referatur in ipsum sicut ad habitum: quia quod datur alicui habetur aliquo modo ab illo. Persona autem divina non potest haberi a nobis nisi vel ad fructum perfectum, et sic habetur per donum gloriæ; aut secundum fructum imperfectum, et sic habetur per donum gratiæ gratum facientis; vel potius sicut id per quod fruibili conjungimur, inquantum ipsæ personæ divinæ quadam sui sigillatione in animabus nostris relinquunt quædam dona quibus formaliter fruimur, scilicet amore et sapientia; propter quod Spiritus Sanctus dicitur esse pignus hereditatis nostræ.

Ad tertium dicendum, quod non qualiscumque cognitio sufficit ad rationem missionis, sed solum illa quæ accipitur ex aliquo dono appropriato personæ, per quod efficitur in nobis conjunctio ad Deum, secundum modum proprium illius personæ, scilicet per amorem, quando Spiritus Sanctus datur.

Unde cognitio ista est quasi experimentalis.

Ad quartum dicendum, quod quamvis operatio virtutum non sit donum gratum faciens, tamen cum dono gratum faciente conferri potest. Et quia apostoli hoc donum non sine gratia gratum faciente acceperunt, ideo dicuntur temporaliter accepisse Spiritum Sanctum in collatione hujus doni.

Quæstio III

Articulus Primus
Utrum Spiritus Sanctus detur a viris sanctis.

Deinde quæritur a quo Spiritus Sanctus procedit: et quæritur hic, utrum Spiritus Sanctus detur a sanctis viris; alia enim quæ ad hanc inquisitionem pertinent, infra dicentur, dist. 16, quæst.
Unica, art. 2.
Videtur autem quod sancti viri Spiritum Sanctum dare possunt. Remissio enim peccatorum non fit nisi per Spiritum Sanctum. Sed sancti viri possunt remittere peccata, Joan. 20, 23: quorum remiseritis peccata, remittuntur eis. Ergo videtur quod possunt dare Spiritum Sanctum.
Præterea, gratia Spiritus Sancti est sicut lumen spirituale. Sed unum corpus illuminatum lumine corporali potest et aliud illuminare. Ergo et unus existens in gratia potest alteri gratiam conferre.
Præterea, qui dat occasionem damni, damnum dedisse videtur. Ergo qui facit aliquid, quo facto confertur gratia Spiritus Sancti, videtur gratiam Spiritus Sancti conferre. Sed ministri ecclesiæ sacramenta dispensant, in quibus gratia Spiritus Sancti datur. Ergo videtur quod Spiritum Sanctum dare possint.
Contra, dans nunquam est inferior eo quod datur. Sed quilibet minister ecclesiæ est inferior Spiritu Sancto, et quasi instrumentum ipsius. Ergo nullus talis Spiritum Sanctum dare potest.
Præterea, Spiritus Sanctus non datur nisi in gratia gratum faciente. Gratiam autem talem nulla creatura conferre potest. Ergo nec Spiritum Sanctum.
Probatio mediæ. Nullum infinitum potest esse a potentia finita. Gratia autem habet quamdam virtutem infinitam, inquantum scilicet ipsi Deo qui est infinitus, conjungit. Ergo cum omnis potentia creaturæ sit finita, gratia gratum faciens a nulla creatura conferri potest.
Respondeo dicendum, quod nulla creatura potest dare Spiritum Sanctum, sed solus Deus.
Cum enim in processione temporali, ut dictum est, duo sint; scilicet respectus æternus, quo Spiritus Sanctus exit a patre et filio, et respectus temporalis qui consurgit ex eo quod creatura per donum susceptum novo modo se habet ad ipsum: constat quod neutro modo potest ab aliqua creatura processio temporalis Spiritus Sancti intelligi: quod enim a nulla creatura Spiritus Sanctus procedat secundum relationem æternam, nulli dubium est. Similiter etiam nulla creatura gratiam gratum facientem, in qua sola Spiritus Sanctus datur, conferre potest. Cujus ratio potest dupliciter assignari. Primo, quia cum omnis operatio creaturæ præsupponat potentiam materiæ, impossibile est quod aliqua creatura aliquam formam producat in esse, quæ non educitur de potentia materiæ: et inde est quod anima rationalis a solo Deo creatur. Et quia gratia gratum faciens elevat hominem supra totum esse naturæ, inquantum elicit actum et ordinat in finem in quem natura per sua principia attingere non potest; non est perfectio educta de potentia materiæ; et ideo a solo Deo confertur. Alia ratio potest esse, quia cum omnis actio sit secundum aliquam similitudinem in per se agentibus, secundum quod videtur quod unumquodque agit sibi simile; oportet, si aliqua perfectio acquisita in aliquo immediate conjungat alicui sicut similitudo ipsius, quod immediate ab ipso producatur. Et quia per gratiam efficimur ipsi Deo conjuncti, et non mediante aliqua creatura; ideo oportet quod gratia immediate a Deo in nos procedat. Tertia ratio potest etiam sumi ex virtute ipsius gratiæ, ex qua eliciuntur in nobis actus meritorii, qui ducunt in infinitum bonum, sicut objectio tangit; et ex eo quod in omnibus agentibus ordinatis per modum agentis et instrumenti, ultima perfectio attribuitur primo agenti; sicut forma substantialis non est per calorem ignis, qui est quasi instrumentum, sed per virtutem cælestem.
Ad primum ergo dicendum, quod ministri ecclesiæ non remittunt peccata auctoritate, vel per modum efficientis; sed solus Deus, qui dicit Isa. 43, 25: ego sum qui deleo iniquitates tuas propter me. Remittunt autem per modum ministerii: et ideo etiam possunt dici ministri collationis Spiritus Sancti, sed non datores, quia hoc importat auctoritatem.
Ad secundum dicendum, quod lumen spirituale est nobilius et potentius quam lumen corporale, et ex sua dignitate habet quod a nullo creato potest produci, sicut et anima rationalis, ut dictum est, in corp. Hujus art..
Ad tertium dicendum, quod ille qui dat occasionem damni, videtur damnum fecisse interpretative, sed non proprie; et tamen qui dat occasionem damni, facit aliquid proportionatum et sufficiens ad hoc quod damnum sequatur. Sed nulla operatio ministri in se considerata, prout exit a ministro, est proportionata et sufficiens ut sequatur Spiritus Sancti donatio; sed solum hoc habet ex

divina institutione et dignatione; et ideo tota causalitas in Deum refertur.

Non divisim a patre in filium, et a filio in creaturam. Videtur sibi contradicere: quia supra dixit distin. 13, duas esse processiones. Et dicendum, quod non sunt simpliciter duæ, ut dictum est, art. Antec., sed una alteram includit; et hoc in verbis istis datur intelligi, et etiam aliud, scilicet quod pater immediate spirat Spiritum Sanctum sicut filius, non solum quantum ad virtutem, sed etiam quantum ad suppositum; sicut duo homines aliquid simul operantes.

Ut eum etiam de se procedere ostenderet. Videtur quod hoc non sit necessarium: quia Spiritus Sanctus etiam a seipso temporaliter datur et procedit.

Non tamen ex hoc ostenditur quod a seipso sit. Dicendum, quod cum dicitur Spiritus Sanctus a se dari, totum hoc refertur ad donum in quo Spiritus Sanctus datur, et non ad ipsam personam procedentem, quia Spiritus Sanctus non est a seipso sicut a principio originante. Sed cum per flatum corporalem Spiritus Sanctus significaretur, ostendebatur quod etiam ipsa persona Spiritus Sancti a filio procedebat.

Et ipse est virtus quæ de illo exibat. Videtur falsum dicere: quia virtus appropriatur filio, ut habetur infra, dist. 31, qu. 2, art. 1, et 1 Corinth., 1, 24, Christum Dei virtutem, et Dei sapientiam.

Et dicendum, quod virtus potest et patri et filio et Spiritui Sancto appropriari, secundum diversas rationes. Patri quidem, inquantum virtus ad perfectionem potestatis pertinet, quæ patri appropriatur; filio vero, inquantum est media inter essentiam et operationem, ita quod res per suam virtutem operatur, sicut pater per filium. Inquantum autem facit opus bonum, et operantem, sic appropriatur Spiritui Sancto, cui appropriatur bonitas, vel quantum ad effectum virtutis, qui est aliquod beneficium præstitum ex liberalitate divina, cujus collationis ratio est amor.

Distinctio XV

Quæstio I
Prologus

Ostenso quia Spiritus Sanctus procedit temporaliter et datur a patre et filio, hic inquirit, utrum etiam a seipso detur vel mittatur; et dividitur in partes duas: in prima ostendit quod Spiritus Sanctus datur et mittitur a seipso; in secunda inducit similitudinem de missione filii, ibi: ne autem mireris quod Spiritus Sanctus dicitur mitti vel procedere a se. Ostendit autem in prima partes duas. Primo quod Spiritus Sanctus a se detur, scilicet per Augustini auctoritatem et per duas rationes: quarum una talis est. Quidquid potest pater et filius, potest et Spiritus Sanctus. Sed pater et filius possunt dare Spiritum Sanctum. Ergo etc.. Alia est: quidquid operatur pater et filius, operatur Spiritus Sanctus, et sic ut prius. Et rationes istæ habent efficaciam propter effectum connotatum in missione et datione Spiritus Sancti ex parte creaturæ.

Operatio enim et potentia respectu creaturæ, est communis omnibus tribus personis.

Ne autem mireris quod Spiritus Sanctus dicitur mitti vel procedere a se. Hic inducit missionem filii ad notificandum missionem Spiritus Sancti, et dividitur in partes duas: in prima determinat de filii missione in communi; in secunda quantum ad speciales modos, ibi: hic quæritur, utrum semel tantum missus sit filius, an sæpe mittatur.

Prima in duas: in prima movet quæstionem de missione filii duplicem, qualiter scilicet intelligatur et a quo mittatur; in secunda solvit, ibi: quo circa quærendum est, quomodo intelligatur missio filii vel Spiritus Sancti. Et hæc dividitur in duas: in prima solvit quantum ad missionis modum; in secunda quantum ad missionis principium, ibi: et quod a Spiritu Sancto filius sit missus... Auctoritatibus confirmatur. Et hæc dividitur in duas: in prima ostendit quod non solum filius missus est a patre, sed etiam a Spiritu Sancto; in secunda ostendit quod etiam a seipso, ibi: deinde ostendit esse datum etiam a seipso. Et hæc in duas: in prima ostendit filium esse datum a seipso; in secunda ostendit filium esse missum a seipso, ibi: quod autem a seipso mittatur, Augustinus astruit. Et circa hoc tria facit: in prima ostendit veritatem; in secunda concludit intentionem suam, ibi: ex supradictis aperte monstratur quod filius missus est a patre et Spiritu Sancto, et a seipso; in tertia excludit objectionem, ibi: sed adhuc opponitur. Si filius a seipso missus est, cur ergo ait: a meipso non veni? ad intellectum hujus partis de tribus quæritur: primo de missione secundum se. Secundo de ipsa ex parte missi. Tertio de eadem ex parte mittentis.

Circa primum duo quæruntur: 1 utrum missio aut datio conveniat divinis personis; 2 quid significet, utrum essentiam, vel notionem.

Articulus Primus
Utrum missio conveniat divinis personis.

Ad primum sic proceditur. Videtur quod missio non conveniat divinis personis. Missio enim videtur dicere quamdam loci mutationem, secundum quod dicimus nuntium mitti ad aliquem locum.

Sed divinis personis, quæ ubique sunt, non convenit aliqua loci mutatio. Ergo nec missio.

Præterea, super illud Ezech. 16, 53: convertens restituam eos conversione sodomorum cum filiabus suis, et conversione Samariæ et filiarum ejus; dicit Hieronymus: quod conjunctum est et in uno corpore copulatum, mitti non potest. Sed una persona conjuncta est alii majori unione quam aliqua copulatio corporalis. Ergo una persona non potest mitti ab alia.

Item, nihil pertinens ad inferioritatem potest dici de una persona respectu alterius, cum non sint gradus in trinitate; unde dicit Damascenus, quod Christus non est obediens patri nisi secundum quod homo. Missio autem et datio videntur importare quamdam inferioritatem in misso et dato. Ergo neutrum convenit divinæ personæ.

Item, constat quod divina persona est in infinitum dignior quam aliquis Angelus. Sed Angeli superiores qui sunt assistentes, secundum Dionysium non mittuntur ad nos propter suam dignitatem. Ergo multo minus divinæ personæ mittuntur.

In contrarium autem sunt plurimæ auctoritates canonis et sanctorum, ut in littera.

Respondeo dicendum, quod missio vel datio ratione suæ significationis dicit exitum alicujus ut missi ab aliquo sicut a mittente, et ad aliquem terminum. Iste autem exitus in creaturis est secundum distantiam corporalem missi a mittente, et in comparatione ad terminum ponit in misso esse ubi non fuit prius. Quia autem omnis imperfectio amovenda est ab his quæ in divinam prædicationem veniunt, ideo missio in divinis intelligitur non secundum exitum localis distantiæ, nec secundum aliquam novitatem advenientem ipsi misso, ut sit ubi prius non fuerat; sed secundum exitum originis ab aliquo ut a principio, et secundum novitatem advenientem ei ad quem fit missio, ut novo modo persona Missa in eo esse dicatur. Ex quo patet quod missio de ratione sui differt a processione et datione. Processio enim, inquantum processio, dicit realem distinctionem et respectum ad principium a quo procedit, et non ad aliquem terminum. Datio autem non importat distinctionem dati a principio a quo datur, quia idem potest dare seipsum; sed tantum ab eo cui datur, ut supra dictum est, dist. 14, qu. 2, art. 1. Sed missio ponit distinctionem in misso et ad principium et ad terminum. Et ideo cum dicitur Spiritus Sanctus mitti, includitur in significatione missionis uterque respectus, scilicet temporalis et æternus; æternus prout a patre et filio procedit; et temporalis prout significatur in habitudine ad creaturam, quæ novo modo ad ipsum se habet.

Ad primum ergo dicendum, quod quamvis Spiritus Sanctus, qui ubique est, non possit esse ubi non fuerat, loci mutatione circa ipsum intellecta; tamen potest esse aliquo modo quo prius non fuerat, mutatione facta circa illud in quo esse dicitur; et in hoc salvatur ratio missionis.

Ad secundum dicendum, quod Glossa Hieronymi intelligitur de missione creaturæ quæ fit per loci mutationem, quæ non potest esse nisi ejus quod localiter separatur. Ad divinam autem missionem sufficit distinctio personarum in essentiæ unitate.

Ad tertium dicendum, quod obedientia est proprie respectu præcepti, quod proprie ad dominium pertinet. Unde patet quod obedientia gradum importat dignitatis. Unde non potest dici de persona filii vel Spiritus Sancti secundum divinitatem. Mittere autem non ponit gradum dignitatis, sed auctoritatem principii in uno, respectu alterius qui ab illo exit: et iste ordo est in divinis personis.

Ad quartum dicendum, quod non secundum eamdem rationem missio dicitur de Angelo et de divina persona. Angelus enim missus localiter movetur, cum sit ubi prius non fuerat: quia cum sunt in cælo, non sunt in terra. Unde missio talis aliquam indignitatem vel inferioritatem gradus ponit circa missum. Non autem missio divinæ personæ a qua omnino loci mutatio excluditur. Et præterea effectus ille ad quem est missio personæ divinæ etiam immediate est ab ipsa persona, scilicet gratia gratum faciens, ut dictum est, dist. 14, qu. 2, art. 2. Effectus autem superiorum Angelorum efficitur in nos mediantibus inferioribus Angelis, secundum Dionysium, et ideo non dicuntur ipsi superiores Angeli ad nos mitti, sed inferiores, qui circa nos immediate operantur; sicut etiam nec missio divinæ personæ est secundum illas perfectiones quas creatura a Deo recipit, agente aliqua media creatura.

Articulus Secundus
Utrum missio significet notionem.

Ad secundum sic proceditur. Videtur quod missio significet notionem. Dicit enim Beda in quadam homil., quod missio Spiritus Sancti est ejus processio.

Sed processio est notionale. Ergo et missio.

Præterea, quidquid importat originem in divinis, est notionale: quia essentia divina non originatur, nec aliquam personam originat. Missio autem, ut dictum est, in art. Antec., importat exitum originis ab alio sicut a principio. Ergo est notionale.

Contra, secundum Dionysium, omne nomen connotans effectum aliquem in creatura, dictum de Deo pertinet ad communitatem essentiæ. Sed missio importat effectum aliquem in creatura, ut dictum est. Ergo significat essentiam.

Præterea, nulla notio communis est filio et Spiritui Sancto. Sed missio communis est utrique: uterque enim legitur missus, ut in littera dicitur.

Ergo missio non dicit aliquam notionem.

Respondeo dicendum, quod quædam nomina sunt in divinis quæ significant tantum personam, ut pater et filius; quædam quæ tantum significant essentiam, sicut hoc nomen essentia; quædam quæ significant utrumque, sicut dictum est, dist. 7, qu. 1, art. 1, de potentia generandi et spirandi. Et ita dico, quod missio est et essentiale et notionale, secundum aliud et aliud.

Secundum enim respectum quem importat missio ad suum principium, est notionale; secundum autem respectum quem importat ad effectum in creatura, est essentiale.

Sed circa hoc est duplex opinio. Quidam enim dicunt, quod principaliter significat notionem, et ex consequenti essentiam secundum effectum connotatum.

Alii dicunt e converso; et hoc mihi videtur verius esse, considerata virtute vocabuli.

Missio enim secundum rationem sui nominis non dicit exitum ab aliquo sicut a principio a quo missio esse habet; sed solum in ordine ad effectum missionis ponitur auctoritas alicujus ad missum.

Servus enim qui mittitur a Domino, non exit ab ipso secundum suum esse, sed sicut a principio movente ipsum per imperium ad hunc actum. Sed quia in divinis personis non potest esse auctoritas respectu missi, nisi secundum originem essendi, ideo ex consequenti importatur relatio originis in missione, secundum quam est notionale; et principaliter importatur ordo ad effectum missionis secundum quem est essentiale. Sed in processione temporali est e converso: quia processio secundum notionem suam, prout sumitur in divinis, dicit exitum a principio originante, et non dicit ordinem ad effectum nisi ex consequenti; scilicet quantum ad modum processionis, qui est temporalis, ut dictum est, art. Antec.. Et ideo processio temporalis videtur esse principaliter notionale, et ex consequenti significare essentiam ratione connotati effectus.

Dico autem, quod hic accedit plus ad essentiam quam missio, ut patet ex dictis.

Et per hoc patet solutio ad tria prima argumenta.

Ad quartum dicendum, quod notio potest significari in divinis dupliciter: aut proprie, sicut paternitas vel innascibilitas; aut communiter, sicut esse ab alio vel a quo est alius; et hoc modo significatur notio in missione; et ideo communis est duabus personis ab alio existentibus.

Quæstio II

Articulus Primus
Utrum missio conveniat omnibus personis.

Deinde quæritur cui convenit mitti. Et videtur quod toti trinitati. Sicut enim dicit Damascenus, in divinis omnia unum sunt, præter ingenerationem, generationem et processionem. Sed missio nullum horum est.

Ergo videtur quod toti trinitati convenit.

Præterea, missio divinæ personæ intelligitur secundum hoc quod ipsa persona per missionem manifestatur. Unde dicit Augustinus, quod mitti est cognosci quod ab alio sit. Sed effectus in creatura qui fit per missionem, manifestat totam trinitatem sicut causatum suam causam. Ergo videtur quod tota trinitas mittatur.

Præterea, sicut dona appropriata filio et Spiritui Sancto sunt communicabilia creaturæ, scilicet sapientia et bonitas, ita et dona appropriata patri, scilicet potentia. Sed ratione illorum donorum appropriatorum eis dicuntur Spiritus Sanctus et filius mitti. Ergo eadem ratione et pater.

Item, ubicumque est filius vel Spiritus Sanctus, est et pater. Sed Spiritus Sanctus vel filius dicuntur mitti, quia novo modo existunt in aliqua creatura. Ergo videtur quod simul cum eis pater mittatur, et ita toti trinitati convenit mitti.

Sed contra, videtur quod solus filius mittatur.

Sicut enim dicit Augustinus, mitti est cognosci quod ab alio sit. Sed cognitio appropriatur filio, qui est verbum et sapientia patris. Ergo solus filius videtur mitti.

Item, videtur quod solus Spiritus Sanctus.
Omnia enim dona spiritualia pertinent ad manifestationem spiritus, ut habetur 1 Corinth. 12, 7: unicuique datur manifestatio spiritus ad utilitatem.
Sed per missionem manifestatur persona divina.
Ergo videtur quod solus spiritus mittatur in omnibus donis.
Respondeo dicendum, quod, sicut dictum est, in hac dist., qu. 1, art. 1, in omni missione oportet quod ponatur aliqua auctoritas alicujus ad ipsum missum. In divinis autem personis non est auctoritas nisi secundum originem; et ideo nulli personæ divinæ convenit mitti nisi ei quæ est ab alio, respectu cujus potest in alio designari auctoritas; et ideo Spiritus Sanctus et filius dicuntur mitti, et non pater vel trinitas ipsa.
Ad primum ergo dicendum, quod in missione includitur intellectus processionis et generationis implicite quantum ad id quod commune est eis, scilicet esse ab alio: quamvis non quantum ad propriam rationem generationis vel processionis.
Ad secundum dicendum, quod in missione non tantum est effectus doni creati creaturæ collati, sed etiam, ut dictum est, in corp. Art., ponitur auctoritas alicujus principii respectu ipsius missi.
Unde in missione personæ cognoscitur persona ab alia esse, secundum Augustinum. Et quia hoc non convenit toti trinitati nec ipsi patri, ideo non potest dici pater vel trinitas mitti. Et præterea effectus ille magis appropriatur uni personæ quam alii, secundum quem una persona dicitur mitti et non alia.
Ad tertium dicendum, quod potentia, quæ appropriatur patri, non habet rationem ut pertineat ad reditum in finem; sed magis pertinet ad exitum a principio, dicit enim potentia rationem principii: et ideo non pertinet ad missionem, quæ fit ad revocandum rationalem creaturam in Deum.
Et præterea pater, in quo est prima auctoritas, non potest designari mitti, quia respectu ejus nulla habetur auctoritas.
Ad quartum dicendum, quod cum pater sit in filio, et filius in patre, et uterque in Spiritu Sancto, quando filius mittitur, simul et venit pater et Spiritus Sanctus; sive intelligatur de adventu filii in carnem, cum ipse dicat, Joan. 8, 16: et non sum solus, sed ego, et qui misit me pater, sive intelligatur de adventu in mentem, cum ipse dicat, Joan. 14, 23: ad eum veniemus, et mansionem apud eum faciemus. Et ideo adventus vel inhabitatio convenit toti trinitati: quæ non dicuntur nisi ratione effectus conjungentis ipsi trinitati, quamvis ille effectus ratione appropriationis possit ducere magis in unam personam quam in aliam. Sed missio super hoc addit auctoritatem alicujus respectu personæ quæ mitti dicitur; et ideo non potest convenire nisi personæ quæ est ab alio principio.
Ad quintum dicendum, quod quamvis cognitio approprietur filio, tamen donum illud ex quo sumitur experimentalis cognitio, quæ necessaria est ad missionem, non necessario appropriatur filio, sed quandoque Spiritui Sancto, sicut amor.
Ad sextum dicendum, quod in dono duo est considerare: scilicet rationem doni, et sic manifestat omne donum Spiritum Sanctum, inquantum habet rationem primi doni, secundum quod est amor; aut secundum speciem doni, et sic aliquod donum manifestat ipsum filium, sicut sapientia vel scientia.

Quæstio III
Prologus

Deinde quæritur de missione per comparationem ad mittentem, et circa hoc duo quæruntur: 1 utrum alicui personæ conveniat quod mittat se, vel procedat a se, vel det; 2 utrum filius mittatur a Spiritu Sancto.

Articulus Primus
Utrum aliqua persona mittat se vel det.

Ad primum sic proceditur. Videtur quod nulla persona det se, vel mittat se. Dans enim semper videtur habere auctoritatem respectu dati.
Sed nulla persona habet auctoritatem respectu sui ipsius.
Ergo videtur quod nulla persona det se.

Item supra, dist. 14, dixit Magister, quod homines non possunt dare Spiritum Sanctum, quia ab eis non procedit. Sed nulla persona procedit a seipsa; alias esset principium sui ipsius. Ergo nulla persona seipsam dare potest.
Item, sicut dictum est, in hac dist., qu. 1, art. 2, missio ponit exitum ipsius missi a mittente.
Sed nulli personæ convenit mittere se.
Item, sicut dictum est, processio principaliter importat respectum personæ ad principium a quo distinguitur. Sed nulla persona divina distinguitur a seipsa. Ergo nec a se procedit.
Præterea, hæc præpositio a importat habitudinem principii. Sed nulla res est principium sui ipsius. Ergo etsi conceditur quod aliqua persona mittit se, non debet concedi quod mittatur a se.
Contra, Augustinus: sicut generari est filium esse a patre,

ita filium cognosci esse a patre, est filium mitti. Sed ista cognitio potest causari a filio. Ergo et missio filii potest esse a filio.

Item, hoc videtur ex his quæ in littera dicuntur.

Respondeo dicendum, quod secundum differentiam donationis, missionis et processionis superius assignatam in hac dist., quæst. 1, art. 1, diversimode oportet in hac quæstione loqui. Si enim accipiamus donationem sive dationem, de ratione dationis non videtur plus esse nisi quod datum libere a dante habeatur. Hoc autem potest esse dupliciter: aut sicut aliquis libere seipsum habet, vel aliquid quod in ipso est; aut sicut libere aliquis habet suam possessionem, vel id respectu cujus dominium habet, secundum quod habere multis modis dicitur. Unde de ratione donationis non est quod ponatur aliqua auctoritas respectu ipsius dati (potest enim aliquis et seipsum ex amore dare alicui in amicum), nisi specificetur datio secundum specialem modum habendi, qui est secundum dominium.

Talis autem donatio nulla est respectu divinorum. Et ideo donatio non exigit aliquam rationem principii respectu ipsius dati. Unde dari, potest convenire et essentiæ divinæ, prout dicimus quod pater dat essentiam suam filio; et potest convenire patri, ut dicatur pater seipsum dare; et similiter filio, et Spiritui Sancto. Nec notabitur aliqua distinctio dantis ad datum, nisi forte secundum rationem, sicut intelligentis ad intellectum. Et sic concedimus simpliciter quod persona dat se, et datur a se.

Sed circa missionem est major difficultas, quam attestatur opinionum diversitas. Quidam enim dicunt, quod omnes tales sunt falsæ: Spiritus Sanctus mittit se vel filius mittit se. Et dicunt, rationes Magistri non valere; quia cum missio includat in se notionem, non oportet quod in potentia vel operatione missionis tres personæ conveniant, sicut nec in generatione vel potentia generandi. Et dicunt etiam non esse simile de missione in carnem, secundum quam filius seipsum mittere dicitur; quia in illa missione natura creata assumitur in unitatem divinæ personæ; quod non contingit in aliis missionibus. Et si in auctoritate aliqua invenitur quod Spiritus Sanctus mittat se, glossandum est: idest, a Spiritu Sancto est effectus, in quo ab alio cognoscitur esse. Sed quia sancti communiter talibus locutionibus utuntur et præcipue Augustinus et Magister hoc concedunt; ideo alii dixerunt, quod missio aliquando proprie sumitur, aliquando improprie. Quando missio sumitur proprie, importat distinctionem missi ab eo a quo fit missio; et ideo hoc modo non potest dici quod Spiritus Sanctus mittat se. Communiter autem sumitur et improprie missio pro influentia vel datione; et sic dicunt Spiritum Sanctum mittere se quia dat se vel quia inspirat se. Et hæc opinio est Præpositini et Altisiodorensis.

Et quia hæc opinio parum videtur recedere a prima; ideo dixerunt alii, quod proprie dicitur Spiritus Sanctus se mittere. Et huic consentiendum videtur, si virtus nominis attendatur. Missio enim, ut dictum est, in hac dist., qu. 1, art. 1, importat duo; scilicet missum esse ab alio, ratione auctoritatis quam importat; et iterum effectum, secundum quem novo modo in aliqua creatura Spiritus Sanctus dicitur. Unde sensus est: Spiritus Sanctus mittitur; idest, est ab aliquo, et fit novo modo in aliquo, nulla tamen mutatione facta circa ipsum, ut prius dictum est.

Notandum est autem, quod diversimode verificatur locutio, quando aliquod conjunctum prædicatur de aliquo secundum esse, et quando secundum fieri. Quando enim prædicatur secundum esse, oportet quod utrumque illorum esse dicatur; ut si dicam, Socrates est homo albus, oportet eum esse hominem, et album esse; nisi alterum diminuat rationem alterius, ut cum dicitur, homo mortuus.

Sed quando prædicatur conjunctum secundum fieri, sufficit quod alterum in fieri prædicetur; ut si dicam, Socrates est nunc factus homo albus, sufficit ad veritatem hujus locutionis, quod sit nunc factus albus, quamvis non sit factus homo.

Item notandum est, quod quando aliquod compositum prædicatur de aliquo secundum fieri, diversimode se habet in faciente et in facto. Quia ex parte facti, oportet quod utrumque prædicetur secundum esse, etsi non utrumque secundum fieri, ut si dicam, iste est factus homo albus, oportet eum esse hominem et esse album, nisi alterum sit diminuens; non autem oportet quod fiat homo, sed sufficit quod fiat album. Ex parte autem facientis (quia faciens non refertur ad factum, nisi secundum id quod fit in ipso) sufficit quod faciens dicatur facere alterum tantum; ut si dicam, pictor facit parietem album, non oportet quod faciat eum esse parietem et esse album; sed sufficit si facit esse eum album tantum.

Dico igitur, quod missio, quia ponit missum esse in aliquo eo modo quo prius non erat et sic fieri in illo secundum illum modum, importat quamdam factionem; non dico realem factionem, sed rationis tantum, quæ terminatur ad relationem rationis, et non rei, sicut dicitur Deus factus refugium.

Sensus ergo est: Spiritus Sanctus est missus; idest, factus est ens ab alio existens in creatura per gratiam. Unde oportet ad hoc ut dicatur missus, quod et sit ab alio, et fiat in aliquo secundum novam habitudinem. Propter quod pater non potest dici mitti, quia non est ab aliquo. Si autem accipiamus ex parte mittentis, tunc mittere Spiritum Sanctum nihil aliud est quam facere Spiritum Sanctum existentem ab alio, esse in aliquo secundum novam habitudinem; et ideo cuicumque personæ convenit facere alterum istorum, scilicet quod sit in aliquo secundum novam habitudinem, dicetur mittere Spiritum Sanctum, quamvis non sit principium Spiritus Sancti, secundum quod est ab aliquo. Et quia tota trinitas facit Spiritum Sanctum esse in aliquo secundum novam habitudinem, propter donum collatum totius trinitatis; ideo tota trinitas dicitur mittere Spiritum Sanctum; et ipse seipsum mittit et ipse a se mittitur sub eodem sensu. Ulterius, si loquamur de processione, habebit minus de proprietate, et minus proprie dicetur, Spiritum Sanctum procedere a se, quam mitti a se.

Sed tamen, quia processio temporalis, ut dictum est, loc. Cit., ponit novam habitudinem ad creaturam in quam procedit, et omnis novitas pertinet ad aliquam factionem; ideo etiam secundum processionem temporalem Spiritus Sanctus ens ab alio est et existens novo modo in aliquo. Et sic sub eodem sensu conceditur quod Spiritus Sanctus procedat a se temporaliter.

Ad primum ergo dicendum, quod non est de ratione dationis quod ponatur aliqua auctoritas respectu dati, nisi quando datur aliquid quod habetur per modum dominii; et talis datio non est in divinis, ut dictum est, in corp. Art..

Ad secundum dicendum, quod neutrum horum homines efficiunt quæ in missione importantur; quia nec gratiam conferunt, nec ab eis Spiritus Sanctus procedit; et ideo nullo modo potest homo mittere Spiritum Sanctum.

Ad tertium dicendum, quod missio non ponit tantum exitum; sed cum hoc aliquid aliud, scilicet esse in creatura secundum novam habitudinem. Et quamvis secundum alterum, scilicet exitum, non referatur ad se sicut ad principium; tamen secundum utrumque conjunctum refertur ad se sicut ad principium; ipse enim facit, se existentem ab alio, secundum novam habitudinem esse in aliquo ratione perfectionis quam illi confert.

Ad quartum dicendum, quod quamvis processio importet tantum respectum ad personam a qua habet esse, tamen processio temporalis, ut dictum est, importat respectum ad creaturam in quam procedit; et hujus ratione temporaliter dicitur procedere a se, sicut et mitti a se.

Ad quintum dicendum, quod ipse Spiritus Sanctus quamvis non sit principium sui ipsius simpliciter, tamen ipse facit, se existentem ab alio, esse in aliquo secundum novam habitudinem; et secundum hoc, totum conjunctum refertur in se sicut in principium, ratione alterius tantum, ut patet ex prædictis in hoc art..

Articulus Secundus
Utrum Spiritus Sanctus mittat vel det filium.

Ad secundum sic proceditur. Videtur quod Spiritus Sanctus non det vel mittat filium. Augustinus enim dicit, quod exire filium a patre et venire in mundum hoc est filium mitti a patre. Sed filius non exit a Spiritu Sancto. Ergo non mittitur ab ipso.

Item, sicut filius se habet ad patrem, ita Spiritus Sanctus ad filium. Sed filius nullo modo mittit patrem. Ergo nec Spiritus Sanctus filium.

Contra, Isa. 48, 16: et tunc misit me Dominus, et spiritus ejus; et exponit Glossa de filio. Ergo mittitur a patre et Spiritu Sancto.

Item, Ambrosius de Spiritu Sancto: datus filius est a patre, ut Isaias dicit, 9, 6, filius datus est nobis. Datus est (audeo dicere) et a Spiritu Sancto, quia a Spiritu Sancto missus est.

Ergo etc..

Respondeo dicendum, quod quidam distinguunt triplicem missionem filii: unam qua missus est in carnem; aliam qua mittitur in mentem; tertiam qua mittitur ad prædicandum; et secundum hanc ultimam missionem dicunt filium missum a Spiritu Sancto, non autem secundum duas primas, sed solum a patre. Cujus ratio est, secundum eos, quia missio ad prædicandum potest convenire Christo ratione humanæ naturæ, cujus assumptio præsupponitur; sed duæ primæ missiones referuntur ad ipsam personam filii, quia missio in carnem convenit ipsi personæ secundum se, et non ratione humanæ naturæ, cujus assumptio consequitur missionem secundum intellectum, sicut effectus causam, et sicut terminus motum. Et similiter in mentem non mittitur ratione humanæ naturæ. Et quia Spiritus Sanctus non habet auctoritatem respectu personæ filii sed tantum respectu naturæ assumptæ, ideo concedunt tertiam missionem filii esse a Spiritu Sancto et non duas primas.

Sed quia, ut dictum est, in hac distin., quæst. 1, art. 2, non requiritur de necessitate quod in mittente sit auctoritas respectu missi, sed tantum efficientia respectu ejus secundum quod missus dicitur mitti; ideo concedimus quod Spiritus Sanctus et tota trinitas misit filium, secundum quamlibet missionem; et præcipue cum Augustinus expresse dicat eum missum a Spiritu Sancto loquens de missione in carne: mitti, inquiens, a patre sine Spiritu Sancto non potuit: quia pater intelligitur eum misisse, cum fecit eum ex femina; quod utique non fecit sine Spiritu Sancto.

Ad primum ergo dicendum, quod quando pater dicitur mittere filium, in mittente intelligitur auctoritas respectu missi, non inquantum est mittens, sed inquantum est pater; et ideo filium mitti a patre est ipsum exire a patre. Non autem ostenditur auctoritas in mittente cum seipsum filius mittere dicitur, vel cum Spiritus Sanctus eum mittit; et ideo filium mitti a se vel a Spiritu Sancto, non est ipsum exire a se vel a Spiritu Sancto.

Ad secundum dicendum, quod filius non potest mittere patrem; quia pater non potest mitti, cum non sit ab alio. Si ab alio esset, et mitti posset et filius eum mitteret.

Si enim Spiritus Sanctus seipsum dare non potest, et eum pater dare potest et filius; potest utique pater dare aliquid et filius quod non potest Spiritus Sanctus. Hic ponit Magister duas rationes ad ostendendum quod Spiritus Sanctus dat se: quarum prima sumitur ex parte potentiæ; secunda ex parte operationis, quorum utrumque commune est tribus personis. Sed videtur quod non valeant; quia nos dicimus, quod pater potest generare filium et generat. Filius autem non potest, nec generat; nec tamen aliqua divisio potestatis aut operationis sequitur; et similiter videtur in proposito.

Sed dicendum, quod si dare et procedere temporaliter esset tantum secundum relationem æternæ originis, rationes non valerent, sicut nec de generatione.

Sed quia hoc includit etiam efficientiam respectu quorumdam effectuum in creatura, qui communiter sunt a tota trinitate; ideo rationes necessario concludunt.

Quæstio IV
Prologus

Hic quæritur, utrum semel tantum missus sit filius, an sæpe mittatur. Hic determinat de missione filii secundum speciales modos ipsius; et dividitur in partes duas: in prima determinat veritatem; in secunda removet objectionem, ibi: hic quæritur, cur pater non dicitur missus, cum ex tempore a quoquam cognoscitur, sicut filius. Prima in duas: in prima distinguit duos modos missionis filii; in secunda assignat ipsorum differentiam, ibi: ecce distincti sunt duo modi missionis filii. Prima in duas: in prima movet quæstionem; in secunda ponit solutionem, ibi: ad quod dicimus quod duobus modis dicitur filius mitti.

Ecce distincti sunt duo modi missionis filii.

Hic assignat differentiam inter duos modos assignatos; et dividitur in duas, secundum duas differentias quas assignat. Secunda, ibi: præterea notandum est.

Hic quæritur, cur pater non dicitur missus, cum ex tempore a quoquam cognoscitur, sicut filius.

Hic excludit objectionem, et circa hoc tria facit: primo movet objectionem, secundo ponit solutionem, ibi: ad quod dicimus. Quia in eo est principii auctoritas; tertio ex solutione improbat quorumdam errorem, quem primo ponit ibi: ideoque putaverunt quidam hæretici... Patrem esse majorem et filium minorem; secundo improbat, ibi: quod Augustinus improbat.

Ad intellectum hujus partis de duobus quæritur.

Primo de missione filii invisibili, secundum se; quia de visibili dicetur in 3. Secundo de missione per comparationem ad eos ad quos sit missio.

Circa primum tria quæruntur: 1 utrum missio invisibilis conveniat filio; 2 utrum fit distincta a missione Spiritus Sancti invisibili; 3 utrum aliqua missio sit æterna, sicut processio est æterna et temporalis.

Articulus Primus
Utrum filius invisibiliter mittatur in mentem.

Ad primum sic proceditur. Videtur quod filius invisibiliter in mentem non mittatur. Ad missionem enim divinæ personæ requiritur quod cognoscatur ipsa persona adveniens; et præcipue in missione sapientiæ, quam nullus habens ignorat. Sed adveniente filio, non cognoscitur ejus adventus. Job 9, 11: si venerit ad me, non intelligam. Ergo videtur quod filius non mittatur in mentem.

Item, missio est idem quod processio temporalis, ut supra dictum est, dist. Ista, quæst. 1, art. 1. Sed, sicut supra diximus, processio non habet quod dicatur temporalis, nisi secundum respectum in quem est; quem respectum habet processio Spiritus Sancti ex ipso modo processionis, inquantum procedit ut amor. Cum igitur processio filii ex suo modo non habeat respectum ut in quem, sed solum ut a quo, videtur quod processio temporalis filio non conveniat, et ita nec missio.

Præterea, persona divina non mittitur nisi in donis gratiæ gratum facientis. Sed dona pertinentia ad intellectum quæ appropriantur filio, non sunt gratum facientia, cum sint communia bonis et malis, ut dicitur 1 Corinth. 13: si habuero omnem scientiam... Caritatem autem non habuero, nihil sum. Ergo filius non dicitur mitti invisibiliter in donis sibi appropriatis; et ita nullo modo.

In contrarium est quod habetur Sap. 9, 10: mitte illam, sapientiam, de cælis, scilicet tuis, a sede magnitudinis tuæ. Non autem loquitur de sapientia essentialiter dicta; quia illa non mittitur, cum non sit ab alio. Ergo loquitur de sapientia genita, quæ est filius.

Item, Augustinus: sicut filium generari, est ipsum esse a patre; ita filium mitti est cognosci quod sit a patre. Hoc autem contingit. Ergo et filium mitti.

Respondeo dicendum, quod sicut in exitu rerum a principio dicitur bonitas divina in creaturas procedere, inquantum repræsentatur in creatura per similitudinem bonitas divina in ipsa recepta; ita in reductione rationalis creaturæ in Deum intelligitur processio divinæ personæ, quæ et missio dicitur, inquantum propria relatio ipsius personæ divinæ repræsentatur in anima per similitudinem aliquam receptam, quæ est exemplata et originata ab ipsa proprietate relationis æternæ; sicut proprius modus quo Spiritus Sanctus refertur ad patrem, est amor, et proprius modus referendi filium in patrem est, quia est verbum ipsius manifestans ipsum. Unde sicut Spiritus Sanctus invisibiliter procedit in mentem per donum amoris, ita filius per donum sapientiæ; in quo est manifestatio ipsius patris, qui est ultimum ad quod recurrimus.

Et quia secundum receptionem horum duorum efficitur in nobis similitudo ad propria personarum; ideo secundum novum modum essendi, prout res est in sua similitudine, dicuntur personæ divinæ in nobis esse, secundum quod novo modo eis assimilamur; et secundum hoc utraque processio dicitur missio.

Ulterius, sicuti prædicta originantur ex propriis personarum, ita etiam effectum suum non consequuntur ut conjungantur fini, nisi virtute divinarum personarum; quia in forma impressa ab aliquo agente est virtus imprimentis. Unde in receptione hujusmodi donorum habentur personæ divinæ novo modo quasi ductrices in finem vel conjungentes. Et ideo utraque processio dicitur datio, inquantum est ibi novus modus habendi.

Ad primum ergo dicendum, quod ad rationem missionis non requiritur quod sit ibi cognitio actualis personæ ipsius, sed tantum habitualis, inquantum scilicet in dono collato, quod est habitus, repræsentatur proprium divinæ personæ sicut in similitudine; et ita dicitur quod mitti est cognosci quod ab alio sit per modum repræsentationis. Sicut aliquid dicitur se manifestare vel facere cognitionem de se, inquantum se repræsentat in sui similitudine. Sed tamen me habere actuale donum, in quo persona divina detur, non possum scire certitudinaliter in actu, propter similitudinem actuum Moralium ad actus meritorios (etsi possim ex aliquibus signis conjicere) nisi per revelationem fiat certitudo; et ideo dicit Job: si venerit ad me, non videbo eum; si abierit, non intelligam; quia certitudinaliter gratia gratum faciens in qua est adventus divinæ personæ, cognosci non potest; quamvis ipsum donum perceptum sit in se sufficienter ductivum in cognitionem advenientis personæ.

Ad secundum dicendum, quod proprium Spiritus Sancti, quod est amor, potest dupliciter habere respectum ad creaturam, vel ut objectum, vel secundum rationem principii exemplaris ad principiatum exemplatum. Sed proprium filii unam tantum habere potest relationum dictarum, scilicet illam quæ est secundum rationem principii; et hoc sufficit ad processionem temporalem filii, quamvis secundum plura possit attendi respectus temporalis in processione Spiritus Sancti: et ita etiam missio utrique convenire potest.

Ad tertium dicendum, quod quando aliquid participatur non secundum suum actum perfectum, sed secundum aliquem modum, non dicitur proprie haberi; sicut animalia habent aliquem modum prudentiæ, non tamen dicuntur prudentiam habere, quia non habent actum rationis, qui proprie est actus prudentiæ, scilicet ipsa electio; unde magis habent aliquid simile prudentiæ quam prudentiam.

Videmus autem in cognitione duos gradus: primum, secundum quod cognitio intellectiva tendit in unum; secundum, prout verum accipit ut conveniens et bonum. Et nisi sit aliqua resistentia ex tali cognitione, sequitur amor et delectatio; quia, secundum Philosophum, delectatio consequitur operationem perfectam non impeditam.

Unde felicitas contemplativa est quando aliquis pervenit ad ultimam operationem intellectus et ipsam sine impedimento exercet. Constat autem quod in processione verbi æterni est cognitio perfecta secundum omnem modum, et ideo ex tali notitia procedit amor. Unde dicit Augustinus: verbum quod insinuare intendimus cum amore notitia est. Quandocumque igitur habetur cognitio ex qua non sequitur amor gratuitus,

non habetur similitudo verbi, sed aliquid illius.
Sed solum tunc habetur similitudo verbi, quando habetur cognitio talis ex qua procedit amor, qui conjungit ipsi cognito secundum rationem convenientis.
Et ideo non habet filium in se inhabitantem nisi qui recipit talem cognitionem. Hoc autem non potest esse sine gratia gratum faciente.
Unde constat quod, simpliciter et proprie loquendo, filius nec datur nec mittitur, nisi in dono gratiæ gratum facientis; sed in aliis donis quæ pertinent ad cognitionem, participatur aliquid de similitudine verbi.

Articulus Secundus
Utrum missio filii distinguatur a missione Spiritus Sancti.

Ad secundum sic proceditur. Videtur quod missio filii distinguatur a missione Spiritus Sancti.
Missio enim est temporalis processio, ut supra dixit Magister, dist. 14. Sed alia est ratio processionis filii, alia ratio processionis Spiritus Sancti: quia Spiritus Sanctus procedit ut amor, filius ut verbum. Ergo et alia ratio missionis.
Item, omne quod convenit aliquibus secundum prius et posterius non convenit eis secundum eandem rationem. Sed Spiritui Sancto convenit datio per prius quam filio, quia habet rationem primi doni: ergo alia est ratio dationis in utroque. Ergo et missionis, cum missio sit ipsa datio.
Præterea, dona in quibus datur filius et Spiritus Sanctus sunt diversa et non dependentia ad invicem. Sed eorum quæ non dependent ad invicem, unum potest esse sine alio. Ergo missio filii potest esse sine missione Spiritus Sancti et e converso, et ita sunt distinctæ etiam secundum tempus missionis.
Præterea, videmus sensibiliter quosdam simplices ferventes esse in amore divino, qui tamen sunt valde hebetes in cognitione divinæ sapientiæ et e converso. Cum igitur missio filii sit secundum donum sapientiæ et missio Spiritus Sancti sit secundum amoris donum, videtur quod una missio sine alia possit esse.
Contra, missio Spiritus Sancti est ad sanctificandum creaturam, ut supra dixit Magister, dist. 14. Si igitur missio filii quæ est etiam in gratia gratum faciente, cujus est sanctificare, esset alia a missione Spiritus Sancti, essent duæ missiones ad sanctificandum creaturam rationalem; et ita altera superflueret, quod non invenitur in operibus divinis. Ergo una missio non distinguitur ab alia.

Respondeo dicendum, quod de distinctione missionum filii et Spiritus Sancti, tripliciter contingit loqui: aut quantum ad ipsarum diversitatem realem, aut quantum ad rationem missionis, aut quantum ad earum separationem. Si primo modo, cum in missione duo considerentur: scilicet exitus personæ Missæ ab alia, et effectus secundum quem novo modo in creatura persona divina esse dicitur; utroque modo missio filii est alia a missione Spiritus Sancti secundum rem: quia et generatio qua filius exit a patre, est alia a processione Spiritus Sancti qua exit ab utroque.
Similiter donum quod perficit intellectum, scilicet sapientia, secundum quod attenditur missio filii, est aliud a dono quod perficit affectum vel voluntatem, secundum quod attenditur missio Spiritus Sancti. Si autem secundo modo de earum distinctione loquamur, hoc potest esse dupliciter; aut secundum rationem propriam utriusque, aut secundum communem. Si secundum communem, tunc eadem ratio est missionis filii et Spiritus Sancti quantum ad utrumque; quia et esse ab alio commune est utrique, et similiter esse novo modo in creatura. Sed secundum propriam rationem utrumque differt: quia et propria ratio processionis filii non est propria ratio processionis Spiritus Sancti, cum ille procedat ut amor, et hic ut filius vel verbum; et similiter proprius modus quo filius dicitur esse in creatura, non est proprius modus quo Spiritus Sanctus est; quinimmo unus per sapientiam, alter per amorem. Si autem tertio modo, tunc dico, quod una missio nunquam est sine alia; quia amor sequitur notitiam; notitia perfecta, secundum quam est missio filii, semper inducit in amorem, et ideo simul infunduntur et simul augmentantur.
Ad primum ergo dicendum, quod quamvis sit alia processio secundum rem, conveniunt tamen in quodam communi secundum rationem, quod est esse ab alio.
Ad secundum dicendum, quod, ut prius diximus, in divinis non est prius et posterius; tamen exitus Spiritus Sancti præsupponit exitum filii, secundum ordinem naturæ; et ex parte ista, si liceret ita loqui, possemus dicere, quod missio filii ex parte exitus importati, est prior missione Spiritus Sancti. Sed hoc esset secundum rationem propriam utriusque, et non secundum rationem communem. Si autem considerentur istæ missiones quantum ad effectum in creatura, hoc dupliciter: vel ex parte ipsius dantis vel mittentis; vel ex parte ipsorum donorum in quibus fit missio. Si ex parte donorum, tunc simpliciter naturaliter notitia præcedit amorem, et ex parte illa missio filii missionem Spiritus Sancti. Sed hoc

erit secundum rationis propriæ considerationem, et non communis; sicut omnes species motus æqualiter conveniunt in ratione communi motus; tamen secundum esse suum proprium, motus localis est prior aliis motibus. Si autem ex parte dantis, cum primum movens et inclinans ad dandum sit ipse amor, sic datio Spiritus Sancti est prior datione filii. Sed hoc non ita exprimitur in ratione missionis.

Ad tertium dicendum, quod dona in quibus mittitur filius et Spiritus Sanctus, consequuntur se invicem necessario, ut supra ostensum est, in corp. Art., et ideo ratio procedit ex falsis.

Ad quartum dicendum, quod illa notitia ex qua procedit amor, viget in ferventibus divino amore, qua scilicet cognoscunt divinam bonitatem inquantum est finis, et inquantum est largissime in eos profluens sua beneficia; et talem notitiam perfecte non habent qui amore ipsius non accenduntur.

Ad quintum dicendum, quod utraque missio ordinatur ad finem unum ultimum, scilicet conjungere Deo; sed effectus utriusque missionis differt secundum duo quæ inveniuntur in rationali creatura, quibus Deo conjungitur, scilicet intellectus et affectus, et ita neutra superfluit.

Articulus Tertius
Utrum missio possit esse æterna.

Ad tertium sic proceditur. Videtur quod missio possit esse æterna. Sicut enim dicit Gregorius, eo mittitur filius quo generatur. Sed generatio ejus est æterna. Ergo et missio.

Item, sicut missio dicit respectum a quo est, et in quem; ita et processio amoris, ut supra dictum est, in hac dist., quæst. 1, art. 2. Sed processio amoris est æterna a patre in filium.

Ergo et missio potest esse æterna.

Præterea, sicut missio dicitur per respectum ad creaturam, ita et donum. Sed donum Spiritus Sancti dicitur ab æterno. Ergo et missio potest dici æterna.

Contra est illud quod Augustinus in littera dicit: non eo quod de patre natus est, dicitur filius missus.

Præterea, missio semper ponit novum modum existendi in aliquo ipsius missi. Sed nihil novum est æternum. Ergo non est æterna, sed tantum temporalis: et hoc simpliciter concedendum est.

Ad primum ergo dicendum, quod verbum Gregorii potest tripliciter exponi. Uno modo quod loquatur de generatione temporali ipsius filii, secundum quam dicitur missus in carne. Secundo modo ut ly eo non sit adverbium, sed ablativi casus; ut sit sensus: ab eo a quo generatur mittitur: et hoc verum est. Tertio modo ut loquatur non de missione in actu, sed secundum aptitudinem: ex hoc enim filius est, ut ita dicam, missibilis, quo a patre per generationem exivit. Esse enim ab alio non dicit totam rationem missionis, ut patet ex dictis.

Ad secundum dicendum, quod processio amoris, quamvis sit in aliquem, non tamen ponit novum modum existendi in illo, et ideo potest esse æterna: sed missio ponit novitatem existendi in aliquo, et ideo non potest esse æterna. Et propter hoc, quamvis possit concedi aliquo modo quod Spiritus Sanctus procedat a patre in filium ab æterno, non tamen conceditur quod mittatur a patre in filium ab æterno.

Ad tertium dicendum, quod missio est nomen verbale, unde importat actualem relationem ad creaturam; sed donum imponitur ab aptitudine donandi, et ideo non importat actualem respectum ad creaturam; propter quod ab æterno Spiritus Sanctus dicitur donum, non autem missus, sicut nec datus.

Quæstio V
Prologus

Deinde quæritur de missione filii per comparationem ad eos ad quos mittitur; et circa hoc tria quæruntur: 1 ad quos fiat missio filii vel Spiritus Sancti; 2 supposito quod ad omnes sanctos, utrum plenius post incarnationem quam ante; 3 de effectu invisibilis missionis: utrum faciat eos ad quos mittitur, non in hoc mundo esse.

Articulus Primus
Utrum missio fiat ad creaturas irrationales.

A
Ad primum sic proceditur. Videtur quod missio fiat etiam ad creaturas irrationales. Est enim missio ad sanctificandum creaturam, ut dictum est, distin. 14, quæst. 2, art. 2. Sed quædam creaturæ irrationales dicuntur sanctificari, ut templum et vasa. Ergo et ad eas fit missio.

Item, in nullo potest esse gratia, nisi missio ad ipsum fiat. Sed in sacramentis continetur gratia, et tamen sunt insensibiles creaturæ. Ergo ad eas fit missio.

Item, filius non tantum procedit ut verbum manifestans patrem per modum cognitionis, sed etiam ut repræsentans patrem secundum similitudinem naturæ. Sed omnes creaturæ etiam insensibiles, habent similitudinem generationis filii, inquantum procedunt in aliqua imitatione divinæ naturæ, secundum attributa participata; sicut rationalis creatura participando sapientiam, habet similitudinem ipsius, inquantum procedit ut verbum.

Ergo cum ratione istius assimilationis dicatur filius mitti ad rationales creaturas inquantum est verbum, eadem ratione debet mitti ad irrationales inquantum est filius.

Contra, missio divinæ personæ est tantum secundum gratiam gratum facientem, ut dictum est. Hujus autem creaturæ rationales tantum capaces sunt. Ergo ad eas tantum fit missio.

Respondeo dicendum, quod cum missio divinæ personæ sit solum in donis gratiæ gratum facientis, ad illos solum fit missio quibus hujusmodi dona conferri possunt; et ideo concedimus quod ad omnes rationales creaturas potest fieri missio, nisi sint depravatæ per obstinationem in malo, sicut Dæmones et damnati, et non ad irrationales creaturas.

Ad primum igitur dicendum, quod sanctificari tripliciter dicitur: uno modo secundum quod sanctum dicitur mundum, prout sanctificatio dicitur emundatio a peccato per gratiam; alio modo secundum quod sanctum dicitur firmum, prout dicitur sanctificatio, confirmatio in bono per donum gratiæ vel gloriæ, et istis duobus modis est tantum in rationali creatura, et secundum hos tantum fit missio; tertio modo dicitur sanctificatio, secundum quod aliquid accommodatur ad usum divini cultus, quem decet omnis munditia, et hoc modo dicuntur templum et vasa sanctificari.

Ad secundum dicendum, quod in sacramentis non habetur gratia sicut in subjecto gratiæ, sed sicut in instrumento in quo confertur gratia. De hoc tamen habebitur in 4, distin. 1, quæst. 1, art. 1. Unde sanctificatio sacramentorum pertinet ad tertium modum, secundum quem non fit missio.

Ad tertium dicendum, quod missio pertinet ad reditum creaturæ in finem; et ideo non potest esse missio, nisi secundum illa quæ possunt dicere relationem in finem. Sed generatio filii, inquantum filius est, dicitur tantum secundum exitum a principio, et ideo secundum rationem illam non pertinet ad missionem, sed magis ad creationem, secundum quod res educuntur in esse, prout dicitur, quod per filium omnia facta sunt. Sed ratio verbi et amoris possunt se habere ad utrumque; et ideo ratio verbi et amoris pertinet ad creationem et ad missionem. Et præterea, imitatio divinæ naturæ, quam filius perfecte accipit, est etiam secundum primos effectus, quibus in esse naturæ subsistimus: qui non sufficiunt ad talem conjunctionis rationem qualem missio requirit.

Quartum concedimus.

B

Ulterius, quæritur, utrum ad omnes sanctos, ratione augmenti gratiæ, dicatur mitti filius vel Spiritus Sanctus. Et videtur quod non. Quia missio dicit novum modum existendi personæ divinæ in creatura. Sed per gratiæ augmentum non dicitur alio modo Deus esse in sanctis quam prius. Ergo ad eos non fit missio divinæ personæ.

Præterea, missio personæ fit ad revocandum rationalem creaturam, ut Magister dicit. Sed non revocantur nisi errantes. Ergo cum sancti non sint errantes, ad eos non fit missio.

Contra, Spiritus Sanctus missus est ad apostolos in Pentecostes in visibili missione. Sed missio visibilis demonstrat invisibilem. Ergo etiam et invisibiliter.

Sed ipsi prius habebant gratiam. Ergo secundum augmentum gratiæ in sanctis, dicitur ad eos mitti filius vel Spiritus Sanctus.

Ad id quod ulterius quæritur, dicendum, quod filius et Spiritus Sanctus dicuntur mitti ad sanctos secundum augmentum gratiæ. Sed augmentum gratiæ potest esse dupliciter: aut secundum intentionem ejusdem virtutis tantum, et ratione hujus augmenti non dicitur nova missio; aut secundum quod per augmentum gratiæ perficit in novum usum vel actum gratiæ, et secundum hoc dicitur Spiritus Sanctus et filius mitti nova missione; verbi gratia, notitia talis quæ habetur de Deo, ut ex ea procedat amor, sufficit ad rationem missionis filii.

Quando autem ita notitia per inspirationem elevatur ut etiam divina mysteria cognoscat, sic datur in dono prophetiæ. Et similiter est de Spiritu Sancto, quia amor caritatis quicumque sufficit ad missionem Spiritus Sancti. Sed quando virtus amoris excrescit, ut ratione amoris conferatur sibi aliquis alius usus gratiæ, ut miracula facere, vel sine difficultate omnem tentationem vincere, vel aliquid hujusmodi, tunc dicitur esse nova missio Spiritus Sancti. Quidam tamen dicunt quod in omni augmento gratiæ gratum facientis, est missio divinæ personæ, quod etiam facile potest sustineri.

Ad primum igitur dicendum, quod quamvis non sit alius modus accipiendo generales modos, tamen est secundum aliquem specialem modum, inquantum secundum specialem usum gratiæ assimilat sibi illum ad quem fit missio. Vel etiam est in eo pleniori modo; et hoc sufficit ad missionem quantum ad secundam opinionem.

Ad secundum dicendum, quod revocare aberrantem

accidit missioni ex parte ejus ad quem fit missio qui est in culpa. Missio enim determinat terminum ad quem, ut scilicet per missionem gratia conferatur; non autem ex ratione missionis determinatur terminus a quo, sive sit status culpæ, sive sit status naturalium tantum, vel etiam status minoris gratiæ. Vel dicendum, quod quamvis non revocet actu errantem, tamen gratia facit ne erret, et hæc est quædam revocatio ab errore.

C

Ulterius, quæritur, utrum ad Angelos et ad alios beatos fiat missio Spiritus Sancti. Videtur quod non. Missio enim semper est secundum aliquem effectum gratiæ, qui in ea mittitur. Sed in Angelis et beatis, qui devenerunt ad terminum vitæ, neque datur de novo gratia neque augetur. Ergo ad eos non fit missio.

Item, non est idem nuntius et ad quem fit missio. Sed in missione filii et Spiritus Sancti, Angeli se habent ut nuntii, quia custodiunt et suggerunt.

Ergo videtur quod ad eos non fiat missio, quia sic oporteret ire in infinitum.

Sed contrarium habetur ex littera.

Ad id quod ulterius quæritur de Angelis et beatis, dicendum, quod visio quæ est essentialis beatitudini, et caritas et hujusmodi quæ pertinent ad præmium substantiale, non augentur in eis ex quo jam beati sunt effecti; sed per hoc non tollitur quin aliquæ revelationes novæ fiant in eis, cum quantumcumque perficiatur eorum cognitio, in infinitum a Dei cognitione excedatur; et secundum illas novas revelationes consurgunt ad Dei amorem, non quidem ut magis ament, sed ut sub alia ratione eorum amor dirigatur in Deum.

Dicendum igitur ad primum, quod Angelis facta est missio filii et Spiritus Sancti in ipsa collatione gratiæ vel gloriæ. Ulterius etiam fit ad eos missio filii et Spiritus Sancti, postquam beati sunt effecti, secundum novas revelationes et novos modos amandi.

Et per hoc patet responsio ad primum. Quia quamvis non fiat ad eos missio secundum augmentum gratiæ intensive, fit tamen, secundum quod quodammodo eorum gratia extensive ad plura augetur ex novis revelationibus.

Ad secundum dicendum, quod in eadem missione non est idem nuntius et ad quem fit missio; sed in diversis non est inconveniens. Dico igitur, quod in missione divinarum personarum ad nos, Angeli sunt missi vel nuntii, non tamquam ipsi menti illabentes, sed per ministerium exterius. In missione vero quæ fit ad eos, non sunt ipsi sicut nuntii, nisi forte secundum quod superiores Angeli cooperantur divinis personis in illuminatione inferiorum.

Sed tamen non erit abire in infinitum: quia est devenire ad supremos Angelos, qui immediate lumen divinæ revelationis recipiunt.

D

Ulterius, quæritur, utrum ad Christum, secundum quod homo, possit fieri missio. Videtur quod non. Missio enim semper est ad distans. Sed humana natura nunquam fuit in Christo distans a divina; immo a principio conceptionis suæ fuit conjuncta per unionem et plenitudinem omnis gratiæ. Ergo videtur quod ad eum non fiat missio.

Præterea, missio est ad sanctificandum creaturam. Sanctificatur autem quod non est sanctum. Cum igitur Christus nunquam fuerit non sanctus, videtur quod ad eum non possit fieri missio.

Contra, missio Spiritus Sancti est ipsa datio.

Sed Spiritus Sanctus datus est Christo, ut dicitur Joan. 3, 34: non ad mensuram dat Deus spiritum.

Ergo ad eum fit missio.

Præterea, missio visibilis est signum invisibilis.

Sed ad Christum facta est missio visibilis Spiritus Sancti in columbæ specie, Matth. 3. Ergo et invisibilis.

Ad id quod ulterius quæritur de Christo, dicendum, quod non est dubium quin ad humanam naturam in Christo missus sit Dei filius missione visibili quæ est in carnem. Sed utrum ad Christum, secundum quod homo est, mittatur filius invisibiliter, vel Spiritus Sanctus visibiliter vel invisibiliter, dubium est. Quidam enim dicunt, quod ad ipsum nulla invisibilis missio facta est. Cujus rationem assignant, quia Christus ab initio conceptionis suæ plenus fuit omni gratia: unde gratia in eo nullo modo fuit augmentata. Et ideo neque ratione collationis gratiæ, neque ratione augmenti potest ad eum fieri missio invisibilis. Sed missio visibilis Spiritus Sancti ad ipsum facta est, ad manifestationem interioris gratiæ et non alicujus missionis interioris quæ aliquam novitatem in gratia importaret. Alii dicunt, et verius, ut videtur, quod ad animam Christi facta est missio invisibilis in collatione gratiæ quam in initio suæ conceptionis accepit; sed postmodum nulla missio ad eum facta est, quia nulla circa ipsius gratiam innovatio facta est.

Ad primum ergo dicendum, quod humana natura quamvis tempore non fuerit ante unionem, tamen prius est ipsam considerare secundum intellectum in se quam ut unitam; et ideo ad ipsam fit missio filii per gratiam unionis, quæ dicitur missio in carnem. Similiter etiam secundum quod intelligitur unita, adhuc est distans a divina natura secundum conditionem naturæ, quamvis non secundum unitatem personæ; et ideo ad naturam humanam etiam unitam potest fieri missio per gratiam invisibilem in mentem, quamvis tempore natura gratiam non præcedat.

Ad secundum dicendum, quod sanctificare est sanctum facere. Sanctum autem facere contingit dupliciter: vel ex non sancto, vel ex sancto. Ex non sancto dupliciter: vel privative, idest quod primum fuerit natum habere sanctitatem non habens, et sic sanctificari non convenit Christo; vel negative, et sic convenit Christo ex non sancto fieri sanctum secundum humanam naturam, quæ prius quam esset, sancta non erat; et hoc sufficit ad rationem missionis.

Ex sancto autem fieri sanctum, est dupliciter: vel ex minus sancto facere magis sanctum, et in tali sanctificatione adhuc salvatur ratio missionis, sed talis sanctificatio vel missio Christo non competit; vel secundum continuationem sanctitatis, ut sit sanctificari, in sanctitate continuari. Sed hoc proprie non dicitur. Unde hæc sanctificatio non sufficit ad rationem missionis, quia non ponitur aliqua innovatio; quamvis talis sanctificatio Christo conveniat, ut ipse dicit Joan. 17, 19: ego pro eis sanctifico meipsum.

Ad tertium, secundum aliam opinionem, potest dici, quod non omnis datio est missio, sed illa quæ fit alicui præexistenti; quamvis hoc non multum habeat rationis.

Ad quartum patet responsio per prædicta, in corp. Art..

Articulus Secundus
Utrum missio invisibilis fuerit plenior post incarnationem quam ante.

Ad secundum sic proceditur. Videtur quod missio invisibilis non plenior fuerit post incarnationem quam ante. Missio enim fit per quamdam irradiationem divinæ bonitatis in donis gratiæ gratum facientis.

Sed sol corporalis, cui bonitatem divinam Dionysius assimilat, semper æqualiter irradiat. Ergo videtur quod missio omni tempore æqualiter fiat.

Præterea, Augustinus dicit, quod cælibatus Joannis non præfertur conjugio Abrahæ, et ita videtur quod sancti novi testamenti non sint majoris meriti quam sancti veteris testamenti. Sed plenitudo missionis attenditur secundum copiam gratiæ, quæ est principium merendi. Ergo videtur quod non plenius sit facta post incarnationem quam ante. Hoc etiam videtur, quod sancti veteris testamenti proponuntur nobis in exemplum perfectæ virtutis, sicut patet ad Hebr. 11, ut Job proponitur in exemplum patientiæ, Abraham in exemplum fidei; et sic de aliis.

Contra Augustinus, exponens illud Joan. 7, 39: nondum erat spiritus datus, quia Jesus nondum erat glorificatus ait: quomodo hoc intelligitur nisi quod illa datio spiritus vel missio futura erat qualis nunquam ante fuerat? non enim antea nulla erat, sed non talis erat. Ergo videtur quod post incarnationem plenior fuerit.

Respondeo dicendum, quod de missione possumus loqui dupliciter: vel ex parte ipsius mittentis, et sic cum apud ipsum nulla sit transmutatio, æqualis fit missio in omni tempore; nisi forte secundum prædeterminationem sapientiæ et præscientiæ suæ, secundum quod præordinavit sine sui mutatione, secundum diversas congruitates temporum, aliquid uno tempore facere, et non alio: vel ex parte eorum ad quos fit missio; et sic illi qui magis sunt parati ad perceptionem gratiæ, pleniorem gratiam consequuntur.

Dicendum igitur, quod quia per adventum Christi remotum est obstaculum antiquæ damnationis, totum humanum genus effectum est paratius ad perceptionem gratiæ quam ante: tum propter solutionem pretii, et victoriam diaboli; tum etiam propter doctrinam Christi, per quam clarius nobis innotescunt divina. Et ideo, loquendo communiter, plenior facta est missio post incarnationem quam ante, quia de plenitudine ejus omnes accepimus.

Sed verum est quod ad aliquas speciales personas est in veteri testamento plenissima facta missio secundum perfectionem virtutis; et ipsi tamen de plenitudine Christi acceperunt, inquantum in fide mediatoris salvati sunt, secundum Augustinum.

Ad primum igitur dicendum, quod illa ratio procedit ex parte ipsius mittentis, qui, quantum in se est, semper æqualiter se habet ad gratiam conferendam.

Ad secundum dicendum, quod sancti veteris testamenti dupliciter possunt considerari: vel quantum ad gratiam personalem, et sic per fidem mediatoris consecuti sunt gratiam æque plenam his qui sunt in novo testamento et multis plus et multis minus; vel secundum statum naturæ illius temporis, et sic cum adhuc continerentur obnoxii divinæ sententiæ pro peccato primi parentis, nondum soluto pretio, erat in eis aliquod impedimentum, ut non ad eos ita plena missio fieret, sicut fit in novo testamento etiam per traductionem in gloriam, in qua omnis perfectio naturæ amovetur.

Articulus Tertius
Utrum per missionem invisibilem efficimur ne simus in hoc mundo.

Ad tertium sic proceditur. Videtur quod per missionem invisibilem efficimur quod non in hoc mundo simus. Qui enim est in cælis, non est in mundo. Sed apostolus in persona omnium sanctorum dicit, Phil. 3, 20: nostra conversatio in cælis est.

Ergo videtur quod sancti ad quos fit missio, non sint in mundo.

Item, Augustinus dicit, quod anima verius est ubi amat, quam ubi est. Sed esse essentialiter in aliquo, est verissimus modus essendi in eo. Ergo sancti essentialiter sunt in cælestibus, quæ amant.

Præterea, cum anima fit substantia incorporalis, non determinatur ad locum nisi per accidens.

Ibi ergo erit anima essentialiter ubi est per accidens. Sed in suo objecto est anima per accidens sicut in sua materia. Ergo essentialiter est ubi est suum objectum.

Præterea, nos dicimus Angelos esse in aliquo loco, propter hoc quod ibi operantur. Sed operatio animæ est circa objectum. Ergo anima essentialiter est ubi est suum objectum.

Contra, forma nunquam excedit id cujus est forma. Sed anima est forma essentialis corporis.

Ergo non est essentialiter nisi ubi est corpus. Corpus autem nunquam est extra mundum, quamdiu vivimus. Ergo missio invisibilis non facit nos in hoc mundo non esse.

Respondeo dicendum, quod anima nostra comparatur ad duo: scilicet ad corpus, cui dat esse substantiale, per quod etiam ipsa est; non enim est aliud animæ esse quam hoc quod corpori dat, ut supra dictum est, dist. 8, quæst. 5, art. 2.

Comparatur etiam ad objectum suum, a quo recipit esse secundum perfectionem secundam, quod est esse accidentale. Et ideo anima essentialiter est ubi est corpus suum ad quod habet essentialem relationem. Ubi autem est objectum suum, non est essentialiter, sed solum per quamdam conformitatem: prout dicitur quod scientia est assimilatio scientis ad rem scitam.

Et hoc modo intelligitur quod dicitur in littera: secundum quod aliquod æternum mente percipimus, non in hoc mundo sumus; quia non conformatur affectus noster et intellectus mundanis rebus et caducis, sed cælestibus et æternis; et sic etiam intelligendum est quod apostolus dicit: nostra conversatio in cælis est.

Unde patet responsio ad primum.

Ad secundum dicendum, quod quamvis esse substantiale animæ sit in conjunctione ad corpus, tamen tota nobilitas ipsius est, secundum quod per actus suos nobilissimos suis perfectionibus conjungitur.

Et ideo Augustinus dicit animam verius esse ubi amat, quia ibi est secundum suum nobilius esse, quod est secundum perfectionem ultimam.

Ad tertium dicendum, quod locus non convenit animæ nisi per accidens: tamen ad hoc quod in loco essentialiter esse dicatur, oportet quod etiam essentialiter conjungatur ei, ratione cujus sibi locus attribuitur. Sed anima non conjungitur objecto suo essentialiter, sed tantum secundum similitudinem ipsius receptam in anima: quia lapis non est in anima, sed species lapidis, secundum Philosophum: cui etiam speciei, sive intentioni, conjungitur anima, non quantum ad esse primum, quod est substantiale, sed quantum ad esse secundum, quod est esse accidentale. Et ideo ratione objecti sui non dicitur anima essentialiter esse in loco.

Ad quartum dicendum, quod operatio Angeli in res corporales est operatio activa; et ideo oportet quod per virtutem suam, quæ non separatur ab essentia sua, conjungatur corpori in quod operatur, sicut motor mobili. Sed operatio animæ intellectualis in rem quam cognoscit et diligit, est operatio non activa, sed receptiva; et ideo non oportet quod conjungatur ei essentialiter, sed quod intentio illius recipiatur in ipsa anima.

Secundum quam etiam missus posset dici, quia ex hoc ipso quod filius a patre est, convenientiam habet ut ab eo mittatur, ut missio non secundum actum missionis intelligatur, sed secundum aptitudinem ad missionem.

Et tunc unicuique mittitur, cum a quoquam cognoscitur. Hoc intelligendum est non tantum de cognitione speculativa, sed quæ est etiam quodammodo experimentalis; quod ostendit hoc quod sequitur: atque percipitur, quod proprie experientiam in dono percepto demonstrat. Dicitur autem anima rationalis in Deum proficiens quantum ad statum viæ, perfecta in Deo quantum ad statum patriæ, ubi utraque missio complebitur propter perfectam cognitionem et perfectum amorem.

Quomodo quotidie mittitur ad sanctos. Non quod ei qui gratiam habet, quotidie missio fiat: sed per hoc ostenditur nullum tempus esse determinatum missioni Spiritus Sancti vel filii, ad quod divina liberalitas coarctetur.

Pater enim est... Principium totius divinitatis.

Hoc potest exponi dupliciter: primo ut in totalitate

deitatis perfectio designetur; et sic principium totius deitatis pater dicitur, inquantum est principium filii, in quo est perfecta deitas. Sed hoc intentioni Augustini non competit: quia per hunc modum etiam filius totius divinitatis principium diceretur; quia Spiritus Sanctus, cujus est principium, perfectam divinitatem habet. Unde melius exponitur ut designetur totalitas divinarum personarum quantum ad numerum; ut sic intelligatur principium totius divinitatis, quia in omnibus personis divinis ipse est principium, non quod sui principium sit, sicut et fundamentum dicitur principium totius domus, quamvis non sui ipsius. Ideo vero melius dicitur principium deitatis quam divinitatis, quia divinum a Deo denominatur; unde divinitas importat participatam deitatem et non per essentiam, qualiter in Deo est.

Distinctio XVI

Quæstio I
Prologus

Postquam determinavit de processione temporali Spiritus Sancti in communi, hic descendit ad speciales modos missionis, et dividitur in partes duas: in prima determinat de missione visibili; in secunda de invisibili, 17 distinct., ibi: jam nunc accedamus ad assignandum missionem Spiritus Sancti qua invisibiliter mittitur in corda fidelium. Prima in duas: in prima distinguit duos modos processionis temporalis Spiritus Sancti; in secunda ostendit differentiam ipsius ad visibilem missionem filii, ibi: sed prius quærendum est. Et hæc in duas: in prima, ostendit differentiam per hoc quod filius secundum visibilem missionem minor patre dicitur, non autem Spiritu Sancto; in secunda ex consequenti ostendit alium modum quo pater major filio dici potest, quam propter missionem visibilem, ibi: Hilarius autem videtur dicere, quod pater major sit filio, nec tamen filius minor patre. Circa primum duo facit: primo ostendit quod filius propter missionem visibilem minor patre dicitur, non autem Spiritu Sancto; secundo ostendit quod propter eamdem visibilem missionem filius seipso et Spiritu Sancto minor dici potest, ibi: notandum autem, quod filius, secundum quod homo factus est, non tantum patre, sed Spiritu Sancto, et etiam seipso minor dicitur. Ad intellectum hujus partis quatuor quæruntur: 1 de ipsa missione visibili secundum se; 2 ad quos fieri debeat; 3 quibus speciebus; 4 per quos missio visibilis administrata sit.

Articulus Primus
Utrum missio visibilis conveniat divinæ personæ.

Ad primum sic proceditur. Videtur quod missio visibilis divinæ personæ non competat.

Missio enim est, ut prius dictum est, dist. 15, qu. 1, art. 1, secundum quod divina persona aliquo novo modo est in aliquo quo prius non fuit. Sed in nulla creatura visibili potest esse aliquo modo quo prius non fuerit; est enim in omnibus creaturis essentialiter, potentialiter, præsentialiter; et præter hoc est in sanctis mentibus per gratiam, quo modo in aliquo visibili corporeo esse non potest. Ergo videtur quod missio visibilis non possit esse. Si dicis quod esse in illis creaturis visibilibus alio modo est, quia sicut in signo; contra, omnis effectus repræsentans causam est signum illius quo in ipsam potest deveniri. Sed omnes creaturæ repræsentant ipsum Deum tamquam causam per imaginem vel vestigium. Ergo secundum hoc in omnibus creaturis mittetur visibiliter, nec alio modo erit in illis visibilibus creaturis, in quibus mitti dicitur, quam prius.

Præterea, ratio sacramenti est quod in ipso sit Deus sicut in signo visibili. Si igitur propter hoc dicitur visibiliter mitti, quia in rebus visibilibus est, sicut in signis; tunc illæ res essent sacramenta, et in omnibus sacramentis esset missio visibilis.

Præterea, Augustinus dicit in littera, quod ex hoc Spiritus Sanctus visibiliter mitti dicitur, quod facta est quædam species creaturæ ex tempore, in qua visibiliter ostenderetur. Sed in apparitionibus veteris testamenti in visibilibus creaturis ostendebantur divinæ personæ, sicut ipsi Abrahæ, genes. 18. Ergo secundum hoc videtur quod missio visibilis non sit aliud quam apparitio.

Si dicatur, quod missio visibilis ostendit missionem invisibilem, quod non facit apparitio; contra, per missionem invisibilem efficitur aliquis dignus Dei amore: sed nemo scit utrum amore vel odio dignus sit, Eccle. 9, 1, nec videtur hoc utile scire, quia alias non esset ita homini occultatum.

Ergo videtur quod nulla visibilis apparitio fiat ad missionis interioris manifestationem.

Præterea, nihil potest manifestari per aliquid, nisi sufficienter illud ducat in ipsum. Sed nulla creatura visibilis ducit sufficienter in cognitionem gratiæ invisibilis. Ergo videtur quod invisibilis missio per visibiles species non manifestetur.

Respondeo dicendum, quod sicut processio temporalis non est alia quam processio æterna essentialiter, sed addit aliquem respectum ad effectum temporalem; ita etiam missio visibilis non est alia essentialiter ab invisibili missione Spiritus Sancti, sed addit solam rationem manifestationis per visibile signum.

Ad rationem ergo visibilis missionis Spiritus Sancti tria concurrunt, scilicet quod missus sit ab aliquo; et quod sit in alio secundum aliquem specialem modum, et quod utrumque istorum per aliquod visibile signum ostendatur, ratione cujus tota missio visibilis dicitur.

Ad primum ergo dicendum, quod illa visibilis creatura, secundum quam missio dicitur visibilis, aliter se habet in missione visibili filii, et in missione visibili Spiritus Sancti. Quia in missione filii se habet non solum ut per quod vel in quo ostenditur missio, sed etiam ut ad quod fit missio; quia naturam humanam visibilem assumpsit in unitatem personæ; secundum quam assumptionem visibiliter in carnem mitti dicitur. Et ideo in ipsa natura visibili quodam novo modo per carnem existit, scilicet per unionem non tantum in anima, sed etiam in corpore. At in missione visibili Spiritus Sancti illa creatura visibilis non se habet ut ad quod fit missio; sed solum ut ostendens missionem invisibilem factam in aliquem; et ideo non oportet quod in illa creatura visibili sit novo modo nisi sicut in signo; sed est novo modo in eo ad quem fit missio.

Ad secundum dicendum, quod quamvis omnis creatura significet Deum esse et bonitatem ipsius; non tamen significat ipsum esse per gratiam in aliquo nisi ad hoc specialiter instituatur, sicut illæ creaturæ visibiles ad hoc specialiter factæ sunt, ut in eis præsentia Spiritus Sancti insinuetur.

Ad tertium dicendum, quod per sacramenta significatur præsentia divinæ inhabitationis, sicut in signis institutis, non ad tempus, sed semper.

Sed illæ creaturæ visibiles non fuerunt institutæ ut significarent gratiam divinæ inhabitationis semper, sed solum in illo tempore determinato; et ideo non est simile. Vel aliter dicendum, et melius, quod sacramenta veteris legis significabant quidem gratiam affuturam, sed non præsentem, eo quod in eis gratia non conferebatur. Sacramenta vero novæ legis non tantum sunt signa, sed etiam causæ quodammodo; et ideo non significant gratiam ut jam habitam, sed ut per sacramenta inducendam. Sed illæ species sunt tantum signa præsentis gratiæ et non causæ, sicut patet quod circa Christum, ad quem visibilis missio facta est, nihil gratiæ invisibilis effectum est. Unde etiam omnes ad quos missio visibilis facta est, gratiam habent; non autem omnes quibus sacramenta conferuntur, gratiam suscipiunt, quia causalitas sacramentorum impeditur: significant enim gratiam, non ut existentem, sed ut causandam quodammodo per ipsa.

Ad quartum dicendum, quod missio visibilis includit in se apparitionem, et super hoc aliquid addit, scilicet rationem missionis; quæ in duobus consistit, ut dictum est, in corp. Art.. Unde de ratione apparitionis non est nisi quod aliquod divinum in signo visibili manifestetur, non autem quod manifestetur origo unius personæ ab alia, nec inhabitatio secundum specialem modum essendi in eo cui fit apparitio, vel in aliquo alio, sicut patet in apparitione facta Abrahæ; quamvis enim apparuerint tres ad manifestandum numerum personarum, tamen ordo unius personæ, secundum quem est ab alio, in illo signo visibili non manifestabatur; et inde est quod apparitio potest patri convenire, non autem missio visibilis.

Ad quintum dicendum, quod nullus per se potest scire utrum dignus sit odio vel amore; sed potest sibi divinitus propter aliquam utilitatem manifestari; et non solum sibi, sed aliis etiam; quia quod est uni utile, non est utile omnibus. Unde non oportet quod si uni reveletur, quod omnibus.

Ad sextum dicendum, quod quamvis una creatura visibilis non sufficiat ad hoc quod ducat in cognitionem invisibilis missionis, tamen ex sua novitate excitat videntes in admirationem et inquisitionem, et tunc inquirentibus per gratiam invisibilem et per doctrinam prædicatoris exterius potest missio invisibilis designata edoceri.

Articulus Secundus
Utrum missio visibilis debuerit fieri ad patres veteris testamenti.

Ad secundum sic proceditur. Videtur etiam quod ad patres veteris testamenti missio visibilis fieri debuerit. Missio enim visibilis est signum invisibilis missionis. Sed ad patres veteris testamenti facta est missio invisibilis, ut supra dictum est, distinct. 15, qu. 5, art. 2. Ergo videtur quod etiam visibilis fieri debuerit.

Præterea, constat quod gratia novi testamenti est gratia plenitudinis, inquantum de plenitudine Christi omnes accepimus. Si igitur ad illos de primitiva ecclesia propter gratiæ plenitudinem missio Spiritus Sancti fiebat, videtur quod etiam ad omnes fideles fieri debuerit.

Præterea, per visibiles missiones et visibilia signa, apostoli notitiam fidei in multos diffuderunt, sicut dicitur Marci ult.: illi autem profecti, prædicaverunt ubique, Domino cooperante, et sermonem confirmante sequentibus signis. Sed sicut illi tenebantur ad prædicationem fidei, ita etiam et prælati nostri temporis. Ergo videtur quod ad eos etiam missio visibilis fieri debeat.

Præterea, constat quod beata virgo plenissimam gratiam habuit inter omnes puras creaturas.

Si igitur missio visibilis fit ad ostendendum plenitudinem gratiæ inhabitantis, videtur quod ad ipsam fieri debuerit missio specialis.

E contrario videtur quod ad Christum non debuit fieri missio. Missio enim visibilis est signum invisibilis missionis. Sed ad Christum nulla missio invisibilis Spiritus Sancti facta est, nisi forte in principio suæ conceptionis. Ergo videtur quod postmodum nulla missio visibilis ad eum fieri debuerit.

Respondeo dicendum, quod sicut in missione invisibili Spiritus Sancti ex plenitudine divini amoris redundat gratia in mentem, et per illum effectum gratiæ accipitur cognitio illius personæ divinæ experimentalis ab ipso cui fit missio, ita in missione visibili attenditur alius gradus redundantiæ, inquantum scilicet gratia interior propter sui plenitudinem quodammodo redundat in visibilem ostensionem, per quam manifestatur inhabitatio divinæ personæ, non tantum ei cui fit missio, sed etiam aliis. Unde oportet quod ad missionem visibilem duo concurrant, scilicet quod sit gratiæ plenitudo in illis ad quos fit missio, et ulterius quod plenitudo ordinetur ad alios, ut per aliquem modum gratia abundans redundet in eos: propter quod manifestatio gratiæ interioris non tantum habenti, sed etiam aliis fit. Et ideo Christo primo, et postmodum apostolis missio, visibilis scilicet, facta est, quia per eos plures gratia diffusa est, secundum quod per eos ecclesia plantata est.

Ad primum igitur dicendum, quod quamvis aliqui patres veteris testamenti gratiam plenissimam acceperint personalem, tamen quia nondum erat tempus gratiæ, propter impedimentum originalis peccati, a quo nondum morte Christi natura humana remedium acceperat, ideo non debuit significari plenitudo gratiæ ut præsens, sed tantum ut futura in apparitionibus et legalibus sacramentis.

Vel ex alia parte non erat tunc tempus spiritualis propagationis, per quam spirituali modo diversæ gentes in Dei cognitione regenerantur, sed carnali propagatione cultus divinus a patribus in filios procedebat: et ideo non debuit significari gratia per missionem visibilem, quæ significat gratiam tendentem in alios.

Ad secundum dicendum, quod fideles primitivæ ecclesiæ erant quasi semen quoddam spirituale per quos debuit pullulare fides in omnibus gentibus; et ideo ad eos visibilis missio facta est, ad ostendendum quod per eos plantanda erat ecclesia in cognitione Dei per universum mundum.

Ad tertium dicendum, quod duplici ratione non oportet modo fieri missionem visibilem, sicut tunc: primo quia iste est naturalis ordo quod ex visibilibus in invisibilia veniatur. Unde primis tamquam adhuc rudibus in Dei cognitione signa visibilia ostendebantur; sed jam modo innotescente et publicata fide, sufficit cognitio in invisibilibus signis, quæ sunt dona gratiarum mentibus infusa. Videmus enim aliquid proficere novæ plantulæ, quod postmodum sibi non adhibetur, quando ad perfectum venit.

Alia ratio est, quia signa illa et visibiles missiones fuerunt quasi argumentum confirmans fidei veritatem. Illius autem cujus probatio semel perfecta est, non oportet probationem iterari; sed ex suppositione prioris probationis procedere. Ita etiam non oportet quod per nova signa modo fides probetur, sed per ea quæ tunc facta sunt.

Ad quartum dicendum, quod inter alios qui fuerunt de primitiva ecclesia, in die Pentecostes etiam beatæ virgini visibilis missio Spiritus Sancti facta est. Sed quamvis singularem plenitudinem gratiæ consecuta sit, tamen non fuit ad ipsam facta missio visibilis specialis: quia non ordinabatur gratia sua ad plantationem ecclesiæ per modum doctrinæ et administrationis sacramentorum, sicut per apostolos factum est. Unde apostolus dicit 1 ad Timoth. 2, 12: mulierem in ecclesia loqui non permitto.

Ad quintum dicendum, quod missio visibilis ostendit missionem invisibilem non semper tunc fieri, sed sufficit si etiam prius facta fuerit. Quare autem tunc missio visibilis ad Christum facta sit, dicetur infra, art. Seq..

Articulus Tertius
Utrum missio visibilis fiat tantum in specie corporali.

Ad tertium sic proceditur. Videtur quod missio visibilis non solum fiat in specie corporali.

Est enim triplex missionis genus, scilicet corporalis, imaginaria et intellectualis, ut dicitur in Glossa Isidori. Per quamlibet autem harum potest fieri divinorum manifestatio. Ergo videtur quod sicut est missio aliqua quæ fit secundum visionem intellectualem, scilicet per gratiam invisibilem, et aliqua quæ fit secundum corporalem, scilicet secundum species corporales; ita etiam sit aliqua secundum visionem imaginariam per species imaginarias.

Præterea, quanto aliquid nobilius est, tanto nobiliores proprietates habet. Sed nobilioribus proprietatibus creatura nobilior divinam bonitatem repræsentat. Ergo cum missio visibilis sit ad manifestandum divinas personas, videtur quod semper per creaturas nobilissimas fieri debet, ut per stellam vel aliquid hujusmodi, et non per columbam vel ignem.

Præterea, spiritum veritatis non decet aliqua fictio. Sed Spiritus Sanctus est spiritus veritatis, ut dicitur Joan. 15. Ergo non decet quod per aliquas species, quibus non subsit rei veritas, appareat; et ita videtur quod columba illa, in qua apparuit, verum animal fuerit, et linguæ et ignis, veræ linguæ et verus ignis. Quod non videtur; quia non comburebat ignis, et columba, peracto illo officio, reversa est in pristinam materiam, ut sancti dicunt. Et præterea si essent veræ res, non ducerent in aliud.

Præterea, Spiritus Sanctus unus est, ut dicitur 1 Corinth. 12, 13: uno spiritu potati sumus. Sed signum debet respondere signato. Ergo videtur quod in uno tantum signo Spiritus Sanctus apparere debuerit.

Præterea, sicut Spiritus Sanctus invisibiliter mittitur in mentem, ita et filius; et per utramque missionem ordinatur aliquis ad plantationem ecclesiæ.

Cum igitur missio visibilis ad hoc ostendendum facta sit, videtur quod sicut Spiritus Sanctus visibilibus signis ad aliquos missus est, ita et filius etiam sine hoc quod carnem assumpsit.

Respondeo dicendum, quod, sicut dictum est, art. Anteced., missio visibilis fit ad significandum plenitudinem gratiæ redundantis in multos; propter quod manifestatio talis aliis etiam fit. Redundat autem gratia dupliciter, scilicet per instructionem, et per operationem, secundum quod se habet aliquo modo ille in quo est gratiæ plenitudo, efficienter ad gratiam. Uterque autem modus redundantiæ fuit in Christo. Ipse enim per doctrinam suam nos in Dei cognitionem adduxit, ut dicitur Joan. 1, 18: unigenitus, qui est in sinu patris, ipse enarravit.

Ipse etiam gratiam dedit, inquantum Deus, effective, et inquantum homo, per modum meriti. Unde ad significandum redundantiam gratiæ ipsius in nos per modum operationis, facta est missio visibilis ad ipsum in baptismo: quia tunc ipse nihil accipiens a baptismo, tactu suæ mundissimæ carnis vitam regenerantem contulit aquis, efficienter ut Deus, et meritorie ut homo. Et ideo in specie columbæ facta est ad eum missio Spiritus Sancti, ad significandum fecunditatem spiritualem: quia columba animal fecundissimum est. Propter quod etiam pater apparuit in sono vocis naturalem filiationem ipsius protestans, dicens Matth. 17, 5: hic est filius meus dilectus. Ad cujus filiationis similitudinem per baptismalem gratiam in filios adoptionis regeneramur, ut dicitur Roman. 8, 29: quos præscivit, eos et prædestinavit conformes fieri imagini filii ejus. Ad insinuandum vero redundantiam gratiæ ex ipso in alios per modum doctrinæ, apparuit spiritus super ipsum in nube lucida, cujus est lumen spargere. Job 37, 2: nubes spargunt lumen suum.

In quo signatur effusio doctrinæ per prædicationem, secundum Gregorium.

Et hoc in transfiguratione, ut dicitur Matth. 17, secundum Glossam Augustini, et Bernardi. Et ideo cum vox patris tunc super ipsum intonuit: hic est filius meus dilectus, additum est, ipsum audite. Unde patet quod non oportet fieri visibilem missionem ad Christum a principio conceptionis suæ; sed tunc quando incepit ejus gratia in alios redundare.

Similiter etiam apostolis bis facta est visibilis missio Spiritus Sancti. Primo ad insinuandum redundantiam gratiæ ex ipsis per modum operationis, in administrationem sacramentorum, in specie flatus, ut legitur Joan. 20: unde et ibi dicitur, 23: quorum remiseritis peccata, remittuntur eis; et quorum retinueritis, retenta sunt; ut ostenderetur quia talis auctoritas non devenit in eos nisi ex influxu capitis, scilicet Christi. In Christum autem devenit immediate ab ipso patre; et propter hoc in ipso significabatur hæc auctoritas per volatum columbæ desuper advenientis; in apostolis autem per speciem flatus a Christo procedentis. Secundo facta est ad eos missio visibilis, ad insinuandum redundantiam per modum doctrinæ; et hoc in die Pentecostes, ut legitur actuum 2. Et ideo apparuit super eos in linguis igneis: verbis ut essent profluj, et caritate fervidi zelantes proximorum salutem.

Ad primum igitur dicendum, quod visio imaginaria dicitur proprie revelatio et non apparitio vel missio, et hujusmodi visiones prophetis sæpe factæ sunt. In missione enim visibili ostenditur præsentia gratiæ inhabitantis. Species autem quæ est in imaginatione, non est necessario rei præsentis, sicut species quæ est in sensu; et ideo per corporales species exteriori visioni subjectas, magis debet manifestari interior missio, quam per imaginarias.

Ad secundum dicendum, quod quamvis in nobilioribus creaturis divinæ perfectionis similitudo, quo ad attributa essentialia, magis inveniatur expressa; tamen quo ad exitum unius personæ ab alia, et quantum ad modum processionis donorum a Deo, et effectus ipsorum, potest etiam in ignobilioribus creaturis similitudo convenientior attendi, sicut fecunditas in columba et locutio in lingua, et hoc oportuit per missionem visibilem significari.

Vel dicendum, secundum Dionysium, quod inferiores creaturæ eo ipso quo magis distant a participatione divinarum personarum, convenientius per ea divina manifestantur vel significantur; quia non potest ex hoc aliquis error provenire propter manifestam distantiam eorum a divinis; qui error posset contingere, si per nobiles creaturas divina significarentur: de facili enim posset aliquis errare, credens aliquod numen esse in stella, vel in aliqua nobiliori creatura.

Ad tertium dicendum, quod columba illa non fuit verum et naturale animal, sed tantum similitudo columbæ visibiliter ostensa in aliqua materia ad hoc præparata. Unde etiam peracto officio in pristinam materiam est reversa. Nec fuit ibi aliqua fictio, quia illa similitudo columbæ non ostendebatur ad manifestandum aliquam veritatem in ipsa columba, sed ad manifestandas proprietates invisibilis missionis. Et ideo non fuit ibi falsitas signi, quia signatum respondebat signo, et res similitudini; sicut aliquis loquens per metaphoricas locutiones, non mentitur: non enim intendit sua locutione ducere in res quæ per nomina significantur, sed magis in illas quarum illæ res significatæ per nomina similitudinem habent: similiter de igne.

Sed natura visibilis in qua filius apparuit, assumebatur ad esse et non tantum ad signum; et ideo oportuit quod verum esse hominis haberet.

Ad quartum dicendum, quod species illæ in quibus Spiritus Sanctus apparuit, significant effectus Spiritus Sancti, secundum quos Spiritus Sanctus dicitur multiplex, quamvis substantialiter sit unus, ut dicitur Sap. 7. Et ideo secundum plures species apparuit et pluries. Sed quia natura visibilis, in qua filius apparuit, assumpta est ad esse unum in persona filii Dei; sicut est unum esse personæ, ita est una tantum talis missio.

Ad ultimum dicendum, quod apparitio sub aliena specie, quæ includitur in missione visibili, non competit nisi ei quod non habet speciem per quam corporaliter videri possit. Missio autem visibilis, ut dictum est, art. Anteced., non debuit esse ante tempus gratiæ. Tempus autem gratiæ incepit, quando filius Dei carnem assumpsit. Et quia inseparabiliter assumpsit, ideo tempore quo convenit fieri visibilem missionem, semper habet speciem visibilem propriam, in qua videri potest. Unde nunquam competit sibi missio visibilis, nisi una quæ est in natura assumpta. Quare autem Spiritus Sanctus naturam non assumpserit in unitatem personæ, quæretur in 3, distin. 1, quæst. 2, art. 3.

Articulus Quartus
Utrum species missionis visibilis sint formatæ ministerio Angelorum.

Ad quartum sic proceditur. Videtur quod illæ species visibiles, ministerio Angelorum formatæ non sint. Dicit enim Augustinus, quod sermones Dei in novo testamento non per Angelos, sed per ipsum Deum facti sunt. Ergo illa locutio, sive ille sonus qui in novo testamento factus est, Matth. 17, 5: hic est filius meus dilectus, non est per Angelos formatus; et eadem ratione nec alia quæ ad missionem pertinent visibilem.

Præterea, corpori quod per Angelum formatur, unitur Angelus, sicut motor mobili. Si igitur illæ species per Angelos formatæ sunt, tunc sunt corpora assumpta ab Angelis. Ergo in eis non dicetur mitti divina persona, sed Angelus.

Item, sicut visibilis missio filii facta est per corpus assumptum, ita missio visibilis Spiritus Sancti per hujusmodi species. Sed corpus Christi assumptum, Angeli nullo modo formaverunt. Ergo nec species illas visibiles.

Contra, Gregorius 3 Moral. Loquens de illa voce, qua pater respondit filio: et clarificavi, et clarificabo, Joan. 12, 28, ita dicit: nimirum de cælestibus loquens verba sua, quæ ab hominibus audiri voluit, rationali administrante creatura formavit; et eadem ratio est de aliis. Ergo videtur quod omnes administratæ sunt per Angelos.

Item, secundum Dionysium, hæc est lex divinitatis, ut ultima a primis per media perficiantur. Sed Angeli sunt medii inter Deum et creaturam corporalem. Ergo videtur quod operationes quæ fiunt in corporales creaturas, fiant ministerio Angelorum.

Respondeo dicendum, quod in hoc est duplex opinio.

Quidam dicunt, quod in hoc differunt missiones novi testamenti ab apparitionibus veteris testamenti, quod apparitiones veteris testamenti factæ sunt per Angelos, ut sancti communiter volunt; missiones autem novi testamenti factæ sunt immediate per divinas personas. Quapropter in illis speciebus divinæ personæ mitti dicuntur, et non Angeli. Alii dicunt e contrario, quod utrumque Angelorum ministerio perfectum est. Videtur autem quod utrique quantum ad aliquid verum dicant. In utroque enim, scilicet apparitione veteris testamenti et missione visibili, est duo considerare: scilicet illud quod exterius apparet, et aliquid quod interius efficitur vel factum signatur. Sed tamen diversimode, quia in apparitione veteris testamenti illud exterius apparens non refertur ut signum ad illud quod interius est, sed ad aliquid aliud, sicut ad significandum trinitatem, vel aliquid hujusmodi; unde illud quod interius est, nihil aliud est quam ipsa cognitio vel illuminatio animæ de rebus quæ per signa exteriora significantur. Et quia illuminationes divinæ descendunt in nos, secundum Dionysium per Angelos, ideo ministerio Angelorum in illis apparitionibus utrumque factum est, scilicet et quod exterius est, et quod interius; et ideo nullo modo est ibi missio divinæ personæ, quæ tantum attenditur secundum immediatum effectum ipsius personæ divinæ. In missione autem visibili, illud quod exterius apparet, est signum ejus quod interius est factum, vel tunc, vel prius; unde interius non ponitur tantum aliqua cognitio, sed aliquis effectus gratiæ gratum facientis, qui est immediate a divina persona, ratione cujus divina persona mitti dicitur. Unde in missione visibili illud quod est interius, immediate sine ministerio Angelorum effectum est, propter quod ratione illius effectus persona divina mitti dicitur; sed quantum ad id quod est exterius, Angeli ministerium habent, ut Gregorius dicit.

Ad primum igitur dicendum, quod Augustinus loquitur de sermone quem filius Dei in corpore assumpto protulit, quem constat immediate a Deo esse prolatum.

Ad secundum dicendum, quod quamvis Angelus habeat operationem in creatura exterius apparente, non tamen habet in effectu interiori; et ideo ratione ejus persona divina mitti dicitur. Nec est inconveniens ut persona divina simul, et Angelus mittatur.

Ad tertium dicendum, quod corpus assumptum est unitum ipsi personæ divinæ, unione ad unum esse personale. Unde non decuit propter suam dignitatem ut non a Deo formaretur. Non autem similis ratio est in aliis.

Ad quartum dicendum, quod dictum Gregorii referendum est tantum ad illud quod exterius est, et non quantum ad interius significatum.

Ad quintum dicendum, quod dictum Dionysii habebat veritatem in effectibus qui a creatura possunt esse; non autem talis effectus est, gratia; et ideo quantum ad interius, quod est in missione visibili, Angeli non habent operationem, sed solum quantum ad exterius.

Sed etiam minoratus est Paulo minus ab Angelis.

Sed contra est quod dicitur in Glossa Hebr., 5: natura humana, quam filius Dei assumpsit, nihil melius est, nisi solus Deus. Sed dicendum, quod dicitur minoratus secundum quid, scilicet propter corporis passionem; non autem propter naturæ assumptæ inferioritatem, quantum ad illud individuum in quo est assumpta. Quamvis non universaliter sit verum de humana natura, quod Angelis non sit inferior.

Hilarius aliter dicere videtur. Videtur hoc esse impossibile; quia magis et minus relative dicuntur.

Ergo si pater est major, filius est minor. Ad quod quidam dicunt, quod pater dicitur esse major filio, quia plures habet notiones; nec tamen filius est minor, quia una notio patris, scilicet innascibilitas, non habet correspondentem notionem in filio, ex qua filius minor dici possit. Sed hoc nec proprietas locutionis admittit. Tum quia secundum relationes non attenditur æqualitas vel inæqualitas, ut infra, dist. 19, ex verbis Augustini habebitur. Tum quia ex pluribus proprietatibus nulla res major dicitur, sed ex majori quantitate.

Est etiam præter intentionem Hilarii, ut verba sequentia ostendunt. Et ideo aliter dicendum est, quod dans et recipiens possunt comparari dupliciter; vel quantum ad id quod datur, vel quantum ad rationem dationis. Si primo modo, sic dans aliquando invenitur eo majus cui dat, quando scilicet non tantum recipit recipiens quantum est in dante; et aliquando æquale, quando tantumdem recipitur, sicut etiam in generatione univoca. Nunquam autem dans potest esse minus. Si autem considerentur secundo modo, sic dans ex eo quod dat, habet dignitatem quamdam, sed accipiens nullam imperfectionem habet ex hoc quod accipit, nisi imperfecte accipiat. Et ideo si comparemus patrem ad filium quantum ad id quod filio a patre datur, neque pater major neque filius minor dicitur.

Si autem quantum ad rationem dationis, sic dignitas dantis patri non subtrahitur, ratione cujus major dicitur, ut major magis sonet perfectionem dignitatis, quam comparationem magnitudinis.

Sed quia filius perfecte recipit quidquid pater habet, nulla minoratio sibi convenit: et ideo etiam nullum nomen minorationis filio potest convenire.

Et quamvis patri attribuatur auctoritas a sanctis, tamen filio non attribuitur subauctoritas, sed est per abusum loquentium præsumptum; et hoc sonant verba Hilarii dicentis quod major est donans, sed non est minor, cui unum esse donatur.

Innascibilitatis imaginem. Sic expone: cui, scilicet filio, pater impartit, idest dat, esse: imaginem innascibilitatis, idest sui innascibilis; et hoc sacramento nativitatis, idest sacra et secreta nativitate.

Distinctio XVII

Quæstio I
Prologus

Postquam determinavit de missione visibili Spiritus Sancti, hic determinat de missione ejus invisibili; et dividitur in duas partes: in prima determinat veritatem, secundum suam opinionem; secundo determinat objectiones in contrarium factas, ibi: hic quæritur, si caritas Spiritus Sanctus est, cum ipsa augeatur et minuatur in homine... Utrum concedendum sit quod Spiritus Sanctus augeatur vel minuatur in homine. Circa primum tria facit: in prima prædicit intentionem; in secunda proponit veritatem, ibi: hoc autem ut intelligibilius doceri ac plenius perspici valeat, præmittendum est quiddam ad hoc valde necessarium; in tertia inducit probationem, ibi: ne autem in re tanta aliquid de nostro influere videamur, sacris auctoritatibus, quod dictum est, corroboremus. Et hæc dividitur in duas, secundum duo quæ probat: primo probat, caritatem esse ipsum Spiritum Sanctum; secundo probat, Spiritum Sanctum tunc dari nobis quando nos facit Deum diligere, ibi: tunc enim mitti vel dari dicitur, cum ita in nobis est ut faciat nos diligere Deum. Prima in duas: in prima probat, caritatem esse Spiritum Sanctum; in secunda excludit quamdam responsionem, ibi: sed ne forte aliquis dicat, illud dictum esse per expressionem causæ, Deus caritas est... Occurrit Augustinus. Circa primum duo facit: primo ostendit, caritatem esse Deum; secundo specialiter ipsam esse Spiritum Sanctum, ibi: cum autem fraterna dilectio sit Deus, nec pater est nec filius, sed tantum Spiritus Sanctus, qui proprie in trinitate dilectio vel caritas dicitur.

Ad intellectum hujus partis quinque quæruntur: 1 utrum caritas sit aliquid creatum in anima; 2 utrum sit substantia, vel accidens; 3 ad quam mensuram detur; 4 utrum possit cognosci ab habente ipsam; 5 utrum ipsa caritas sit ex caritate diligenda.

Articulus Primus
Utrum caritas sit aliquid creatum in anima.

Ad primum sic proceditur. Videtur quod caritas non sit aliquid creatum in anima. Agens enim quod sine medio operatur perfectius est quam illud quod non agit nisi per medium. Sed Spiritus Sanctus operatur in nobis velle et perficere in actibus meritoriis, secundum apostolum: qui enim spiritu Dei aguntur hi filii Dei sunt, Roman. 8, 14. Ergo cum ipse sit perfectissimum agens, videtur quod non moveat ad hanc operationem per aliquem habitum creatum medium.

Item, sicut anima se habet ad corpus ut vita ipsius, ita se habet Deus ad animam, ut dicit Augustinus. Sed anima non vivificat corpus per aliquam formam mediam. Ergo nec Spiritus Sanctus animam per habitum medium.

Præterea, esse gratiæ immediatius est a Deo et propinquius, quam esse naturæ. Sed Deus in creatione non est usus aliquo medio, quando naturam instituit. Ergo nec in recreatione, quando gratiam infundit.

Hoc etiam ostenditur ex dignitate caritatis.

Omnis enim creatura est vanitas. Si ergo caritas est creatura, vanitas erit. Sed vanitas non conjungit veritati, nec confirmat in veritate. Ergo caritas non conjungeret nos Deo; quod falsum est.

Præterea, nullum finitum est virtutis infinitæ: cum virtus fluat ab essentia. Sed omnis creatura finita est. Ergo nullius creaturæ virtus infinita est. Sed virtus caritatis infinita est, quia movet per infinitam distantiam; conjungit enim creaturam creatori, et facit de peccatore justum.

Ergo videtur quod non sit creatura.

Item, nulla creatura est dignior quam anima Christi. Sed caritas est dignior quam anima Christi; quia ipsa caritate anima Christi bona est. Ergo caritas non est creatura.

Præterea, majori bono debetur major amor.

Sed Deus est infinitum bonum, et infinita fecit pro nobis. Igitur debemus sibi infinitum amorem.

Sed amor quo diligimus Deum, est caritas. Ergo caritas est quid infinitum. Ergo non est creatura.

Præterea, omne creatum est in prædicamento aliquo. Sed quidquid continetur in decem generibus, est aliqua natura. Si ergo caritas sit quid creatum, erit natura quædam. Sed natura adveniens naturæ non facit nisi naturam. Ergo anima habens caritatem, si caritas sit quid creatum, non habebit nisi esse naturæ. Sed per caritatem potest mereri. Ergo natura aliqua per se poterit in actus meritorios; quod est hæresis pelagiana.

Videtur ergo quod caritas non sit quid creatum.

Contra, omne quod recipitur in aliquo, recipitur in eo per modum recipientis. Sed amor increatus, qui est Spiritus Sanctus, participatur in creatura. Ergo secundum modum ipsius creaturæ.

Sed modus ejus est finitus. Ergo oportet quod recipiatur in creatura aliquis amor finitus. Sed omne finitum est creatum. Ergo in anima habente Spiritum Sanctum, est aliqua caritas creata.

Item, omnis assimilatio fit per formam aliquam.

Sed per caritatem efficimur conformes ipsi Deo; qua amissa, dicitur anima deformari. Ergo videtur quod caritas sit quædam forma creata manens in anima.

Præterea constat quod Deus aliquo modo est in sanctis quo non est in creaturis. Sed ista diversitas non potest poni ex parte ipsius Dei, qui eodem modo se habet ad omnia. Ergo videtur quod sit ex parte creaturæ, scilicet quod ipsa creatura habeat aliquid quod alia non habent. Aut ergo habet ipsum divinum esse; et sic omnes justi assumerentur a Spiritu Sancto in unitatem personæ, sicut natura humana assumpta est a Christo in unitatem personæ ipsius filii Dei: quod non potest esse. Aut oportet quod illa creatura, in qua speciali modo Deus esse dicitur, habeat in se aliquem effectum Dei, quem alia non habent. Iste autem effectus non potest esse tantum actus; quia sic in justis dormientibus non esset alio modo quam in aliis creaturis. Ergo oportet quod sit aliquis habitus. Oportet igitur aliquem habitum caritatis creatum esse in anima, secundum quem Spiritus Sanctus ipsam inhabitare dicitur.

Respondeo dicendum, quod tota bonitas ipsius animæ est ex caritate: unde quantum bona est tantum habet de caritate; et si caritatem non habeat, nihil est, sicut dicitur 1 Corinth., 13. Constat autem quod per caritatem anima non habet minus de bonitate in esse gratiæ, quam per virtutem acquisitam in esse politico. Virtus autem politica duo facit: quia facit bonum habentem, et opus ejus bonum reddit.

Multo fortius igitur hoc facit caritas. Neutrum autem horum effici poterit, nisi caritas sit habitus creatus. Constat enim quod omne esse a forma aliqua inhærente est, sicut esse album ab albedine, et esse substantiale a forma substantiali. Sicut igitur non potest intelligi quod paries sit albus sine albedine inhærente; ita non potest intelligi quod anima sit bona in esse gratuito sine caritate et gratia informante ipsam. Similiter etiam, cum actus proportionetur potentiæ operativæ sicut effectus propriæ causæ, impossibile est intelligere quod actus perfectus in bonitate sit a potentia non perfecta per habitum; sicut etiam calefacere non potest esse ab igne nisi mediante calore. Et ideo cum actus caritatis perfectionem quamdam habeat ex hoc quod est meritorius omnibus modis, oportet ponere, caritatem esse habitum creatum in anima; quæ quidem efficienter est a tota trinitate, sed exemplariter manat ab amore, qui est Spiritus Sanctus: et ideo frequenter invenitur quod Spiritus Sanctus sit amor quo diligimus Deum et proximum, sicut etiam dicitur a Dionysio, quod esse divinum est esse omnium rerum, inquantum scilicet ab eo omne esse exemplariter deducitur. Magister tamen vult quod caritas non sit aliquis habitus creatus in anima; sed quod sit tantum actus qui est ex libero arbitrio moto per Spiritum Sanctum, quem caritatem dicit.

Ad cujus explanationem, quidam dixerunt, quod sicut lux dupliciter potest considerari, vel prout est in se, et sic dicitur lux; vel prout est in extremitate diaphani terminati, et sic lux dicitur color (quia hypostasis coloris est lux, et color nihil aliud est quam lux incorporata); ita dicunt, quod Spiritus Sanctus, prout in se consideratur, Spiritus Sanctus et Deus dicitur; sed prout consideratur ut existens in anima, quam movet ad actum caritatis, dicitur caritas. Dicunt enim, quod sicut filius univit sibi naturam humanam solus, quamvis sit ibi operatio totius trinitatis; ita Spiritus Sanctus solus unit sibi voluntatem, quamvis ibi sit operatio totius trinitatis. Sed hoc non potest stare; quia unio humanæ naturæ in Christo terminata est ad unum esse personæ divinæ: et ideo idem actus numero est personæ divinæ et naturæ humanæ assumptæ. Sed voluntas alicujus sancti non assumitur in unitatem suppositi Spiritus Sancti. Unde cum operatio a supposito unitatem habeat et diversitatem; non potest esse quod intelligatur esse una operatio voluntatis et Spiritus Sancti, nisi per modum quo Deus operatur in qualibet re. Sed iste modus non sufficit ad operationis

Distinctio XVII

perfectionem; quia operatio consequitur conditiones causæ proximæ in necessitate et contingentia et perfectione et hujusmodi, et non primæ causæ. Unde non est intelligere quod sit operatio perfecta voluntatis per quam uniatur Spiritui Sancto, nisi sit ibi habitus perficiens potentiam operativam: nec potest esse similitudo actus voluntatis ad Spiritum Sanctum, nisi sit similitudo Spiritus Sancti in anima per aliquam formam, quæ est principium actus quo Spiritui Sancto conformetur; quia actus ad hoc non sufficit, ut dictum est.

Ad primum ergo dicendum, quod in gratificatione animæ est considerare duplicem operationem Spiritus Sancti. Unam, quæ terminatur ad esse secundum actum primum qui est esse gratum in habendo habitum caritatis. Aliam, secundum quam operatur actum secundum, qui est operatio movens voluntatem in opus dilectionis: et utroque modo oportet incidere medium non propter indigentiam vel defectum ipsius spiritus operantis, sed propter necessitatem animæ recipientis; sed diversimode. Quia quo ad primum effectum, qui est esse gratiæ, caritas est medium per modum causæ formalis: quia nullum esse potest recipi in creatura, nisi per aliquam formam. Ad effectum autem secundum, qui est operatio, est medium caritas in ratione causæ efficientis secundum quod virtutem quæ est principium operandi reducimus in causam agentem: quia etiam non est possibile aliquam operationem perfectam a creatura exire, nisi principium illius operationis sit perfectio potentiæ operantis, prout dicimus habitum elicientem actum esse principium ejus.

Ad secundum dicendum, quod anima comparatur ad corpus non tantum ut causa agens, secundum quod est motrix corporis, sed etiam ut forma; unde formaliter seipsa facit vivere corpus, secundum quod vivere dicitur esse viventium. Deus autem non est forma ipsius animæ vel voluntatis, qua formaliter vivere possit; sed dicitur vita animæ sicut principium exemplariter influens vitam gratiæ ipsi. Similiter dicendum de luce, quod lux potest dupliciter considerari. Vel prout est in ipso corpore lucido; et sic se habet ad illuminationem æris ut principium efficiens, nec illuminat nisi per formam luminis influxam ipsi diaphano illuminato: vel prout est in diaphano illuminato; et sic est forma ipsius, qua formaliter est lucidum. Deus autem dicitur esse illuminans lux per modum lucis quæ est in ipso corpore lucenti per se, et non per modum quo illuminatum formaliter illuminatur a forma lucis in ipso recepta. Sed illi lumini recepto assimilatur caritas vel gratia recepta in anima.

Ad tertium dicendum, quod omnino simile est de creatione et recreatione. Sicut enim Deus per creationem contulit rebus esse naturæ, et illud esse est formaliter a forma recepta in ipsa re creata, quæ est quasi terminus operationis ipsius agentis; et iterum forma illa est principium operationum naturalium, quas Deus in rebus operatur: ita etiam et in recreatione Deus confert animæ esse gratiæ; et principium formale illius esse est habitus creatus, quo etiam perficitur operatio meritoria quam Deus in nobis operatur; et ita iste habitus creatus partim se habet ad operationem Spiritus Sancti ut terminus, et partim ut medium.

Ad quartum dicendum, quod caritas, inquantum est ex nihilo, habet quod sit vanitas; sed inquantum procedit a Deo ut similitudo ipsius, non habet rationem vanitatis, immo conjungendi ipsi Deo.

Ad quintum dicendum, quod aliquid dicitur facere dupliciter: vel per modum efficientis, sicut pictor facit parietem album; vel per modum formæ, sicut albedo facit album. Facere igitur de peccatore justum vel Deo conjunctum, est ipsius Dei sicut efficientis, et ipsius caritatis sicut formæ. Unde non potest concludi quod caritas sit virtutis infinitæ, sed solum quod est effectus virtutis infinitæ.

Ad sextum dicendum, quod nobilitas aliquorum potest attendi dupliciter: vel simpliciter, vel secundum quid. Videtur autem simpliciter dignius esse quod secundum suum esse nobilius est, et hoc modo anima Christi et anima cujuscumque justi est nobilior quam caritas creata, quæ habet esse accidentis. Videtur etiam aliquid dignius secundum quid, quod secundum aliquod dignius est; et hoc modo caritas creata est nobilior quam anima Christi.

In quolibet enim genere actus est nobilior quam potentia, quantum ad illud genus. Unde sicut albedo corporis Christi quantum ad hoc esse quod est esse album, est nobilior quam sit corpus Christi; ita etiam scientia ejus creata est nobilior quam anima ejus quantum ad hoc quod est esse scientem, quod est esse secundum quid. Et similiter caritas quantum ad tale esse: quia se habet in esse illo ad animam Christi, sicut actus ad potentiam.

Ad septimum dicendum, quod secundum Philosophum, nunquam in quibusdam amicitiis contingit æquivalens reddere: sed sufficit ad æquitatem amicitiæ illud quod est possibile reddi; sicut filius nunquam potest patri carnali reddere aliquid æquivalens ei quod ab ipso accepit, scilicet esse et doctrinam et nutrimentum.

Multo minus divinis beneficiis et bonitati suæ possumus reddere amorem æquivalentem. Unde non sequitur quod amor quo Deum diligimus, sit infinitus quantum ad substantiam actus; sed infinitatem habet ex hoc quod objectum amoris omnibus aliis præponitur: sed sufficit quod amemus cum amore commensurato nobis.

Ad ultimum dicendum, quod natura dicitur multipliciter, secundum Bœtium: dicitur enim uno modo natura omne quod est, vel substantia vel accidens; et hoc modo gratia est natura quædam. Alio modo dicitur natura quod est principium motus et quietis ipsius in quo est, unde illud dicitur esse naturale vel quod causatur a principiis naturalibus, vel causari potest; et hoc modo caritas non est natura, quia per principia naturalia creaturæ non potest causari; et secundum hunc modum dicit Pelagius, per naturalia sola hominem posse in actus meritorios.

Articulus Secundus
Utrum caritas sit accidens.

Ad secundum sic proceditur. Videtur quod caritas non sit accidens. Nullum enim accidens extenditur ultra suum subjectum. Sed caritas extenditur ultra suum subjectum, quia caritate etiam alios amamus. Ergo videtur quod caritas non sit accidens.

Item, omne accidens est causatum a substantia; quia, secundum Avicennam, subjectum est quod est in se completum, præbens alteri occasionem essendi. Sed caritas non causatur a principiis animæ in qua est. Ergo videtur quod non sit accidens.

Præterea, nullum accidens est melius et nobilius suo subjecto. Sed caritas est melior quam anima. Ergo non est in anima sicut accidens in subjecto. Probatio mediæ. Propter quod unumquodque tale, et illud magis. Sed anima est bona propter caritatem. Ergo caritas est melior.

Item, agens semper est honorabilius patiente, secundum Philosophum. Sed caritas agit in animam, mundando ipsam a peccatis. Ergo est honorabilior anima, et ita idem quod prius.

Contra, quidquid potest adesse et abesse præter subjecti corruptionem, est accidens. Caritas est hujusmodi. Ergo etc..

Respondeo dicendum, quod omne illud quod advenit alicui post esse completum, advenit sibi accidentaliter; nisi forte assumatur ad participationem ipsius esse substantialis, sicut dictum est supra, 8 dist., quæst. 5, art. 2, de anima.

Sed hoc tamen non sufficit ut dicatur accidens in se: potest enim aliquid in se substantia esse, et advenire alicui accidentaliter, sicut vestimenta; sed si adveniat post esse completum ut forma inhærens, de necessitate est accidens. Et quia post esse naturale animæ advenit sibi caritas ut forma perficiens ipsam ad esse gratiæ, prout dictum est, art. Antec., ideo oportet quod sit accidens.

Ad primum ergo dicendum, quod idem accidens numero nunquam extenditur ultra subjectum suum, idest ut sit in alio sicut in subjecto; sed bene extenditur extra subjectum suum sicut ad objectum operationis; sed diversimode in operatione activa et passiva. Quia in activa extenditur ad objectum extrinsecum, imprimens similitudinem formæ suæ in ipso, sicut patet quod calor ignis active calefacit aliud corpus, et est operatio activa. Similiter etiam quando est operatio passiva, et extenditur in aliud objectum extrinsecum, cujus similitudo in ipso recipitur; et ita anima per habitum scientiæ scit ea quæ sunt extra ipsam, et per habitum amoris eadem amat.

Ad secundum dicendum, quod subjectum diversimode se habet ad diversa accidentia. Quædam autem sunt accidentia naturalia quæ creantur ex principiis subjecti; et hoc dupliciter: quia vel causantur ex principiis speciei, et sic sunt propriæ passiones, quæ consequuntur totam speciem; vel ex principiis individui, et sic sunt communia consequentia principia naturalia individua. Sunt etiam quædam accidentia per violentiam inducta, sicut calor in aqua, et ista sunt repugnantia principiis subjecti. Quædam autem sunt quæ quidem causantur ab extrinseco non repugnantia principiis subjecti, sed magis perficientia ipsa, sicut lumen in ære: et ita etiam caritas in anima est ab extrinseco.

Tamen sciendum, quod omnibus accidentibus, communiter loquendo, subjectum est causa quodammodo, inquantum scilicet accidentia in esse subjecti sustentantur; non tamen ita quod ex principiis subjecti omnia accidentia educantur.

Ad tertium dicendum, quod eadem ratione posset probari quod nulla perfectio animæ esset accidens, nec aliqua perfectio corporis: quia unumquodque perfectibile habet bonitatem ex sua perfectione.

Dicendum est igitur, quod simpliciter anima est melior caritate, et quodlibet subjectum suo accidente; sed secundum quid est e converso. Cujus ratio est, quia esse, secundum Dionysium est nobilius omnibus aliis quæ consequuntur esse: unde esse simpliciter est nobilius quam intelligere, si posset intelligi intelligere sine esse. Unde illud quod excedit in esse, simpliciter nobilius est omni eo quod excedit in aliquo de consequentibus esse; quamvis secundum aliud possit esse minus nobile. Et quia anima et quælibet substantia habet nobilius esse quam accidens, ideo simpliciter nobilior est. Sed quantum ad aliquod esse, vel secundum aliquod accidens, potest accidens esse nobilius, quia se habet ad substantiam sicut actus ad potentiam; et hanc bonitatem consequentem habet substantia ab accidentibus, sed non bonitatem primam essendi.

Ad quartum dicendum, quod caritas non dicitur agere in animam per modum efficientis, sed solum formaliter; et secundum id quod forma est, quantum ad esse secundum, nobilior est.

Articulus Tertius
Utrum caritas detur secundum capacitatem naturalium.
Ad tertium sic proceditur. Videtur quod caritas detur secundum capacitatem naturalium. Ita dicitur Matth. 25, 15: dedit unicuique secundum propriam virtutem; ubi Glossa Hieronymi: non pro largitate vel parcitate, alii plus vel minus recipiunt; sed secundum virtutem recipientium.

Sed ante adventum caritatis non intelligitur nisi virtus quæ est secundum naturalia. Ergo videtur quod secundum capacitatem naturalium caritas infundatur.

Item, sicut se habet forma substantialis ad esse naturæ, ita caritas ad esse gratiæ. Sed forma substantialis datur secundum capacitatem materiæ, ut dicit Plato. Ergo et caritas datur secundum capacitatem naturæ, quæ per eam perficitur.

Præterea, sicut gloria præsupponit gratiam, ita gratia præsupponit naturam. Sed gloria datur secundum modum gratiæ, ut qui plus habet de capacitate, plus etiam de gloria recipiat. Ergo videtur quod etiam caritas detur secundum capacitatem naturæ, ut qui meliora naturalia habet, major sibi caritas infundatur.

Item, in quibuscumque invenitur perfectio ejusdem rationis, videtur esse idem modus consequendi illam perfectionem, cum unaquæque res proprium modum habeat. Sed caritas invenitur in hominibus et Angelis secundum rationem eamdem, quod patet ex actu et fine.

Cum igitur Angeli consecuti sint majorem caritatem et meliora gratuita, secundum gradum naturalium, videtur etiam quod in hominibus ita sit.

Contra, natura angelica altior est et sublimior quam natura humana. Sed aliqui homines, secundum gradum gratiæ assumuntur ad sublimius præmium quam Angeli, cum, secundum Gregorium, ad singulos ordines Angelorum aliqui homines assumantur. Ergo videtur quod perfectiones gratiæ et gloriæ non dentur secundum mensuram naturalium. Hoc idem videtur per hoc quod dicitur Prov. 30, 28: stellio manibus nititur; ubi dicit Gregorius quod gratia major infunditur, secundum quod ad habendum gratiam aliquis magis nititur.

Respondeo dicendum, quod, cum Deus habeat se æqualiter ad omnia, oportet quod diversitas donorum receptorum ab ipso, attendatur secundum diversitatem recipientium. Diversitas autem recipientium attenditur, secundum quod aliquid est magis aptum et paratum ad recipiendum.

Sicut autem videmus in formis naturalibus, quod per dispositiones accidentales, sicut calorem et frigus et hujusmodi, materia efficitur magis vel minus disposita ad suscipiendum formam; ita etiam in perfectionibus animæ ex ipsis operibus animæ anima efficitur habilior vel minus habilis ad consequendum perfectionem suam. Sed tamen differenter se habent operationes animæ ad perfectiones infusas vel acquisitas. Acquisitæ enim perfectiones sunt in natura ipsius animæ, in potentia, non pure materiali sed etiam activa, qua aliquid est in causis seminalibus. Sicut patet quod omnis scientia acquisita est in cognitione primorum principiorum, quæ naturaliter nota sunt, sicut in principiis activis ex quibus concludi potest. Et similiter virtutes morales sunt in ipsa rectitudine rationis et ordine, sicut in quodam principio seminali.

Unde Philosophus, dicit esse quasdam virtutes naturales, quæ sunt quasi semina virtutum Moralium. Et ideo operationes animæ se habent ad perfectiones acquisitas, non solum per modum dispositionis, sed sicut principia activa.

Perfectiones autem infusæ sunt in natura ipsius animæ sicut in potentia materiali et nullo modo activa, cum elevent animam supra omnem suam actionem naturalem. Unde operationes animæ se habent ad perfectiones infusas solum sicut dispositiones.

Dicendum est igitur, quod mensura secundum quam

datur caritas, est capacitas ipsius animæ, quæ est ex natura simul, et dispositione quæ est per conatum operum: et quia secundum eumdem conatum magis disponitur natura melior; ideo qui habet meliora naturalia, dummodo sit par conatus, magis recipiet de perfectionibus infusis; et qui pejora naturalia, quandoque magis recipiet, si adsit major conatus.

Ad primum ergo dicendum, quod virtus recipientis non est consideranda secundum naturam tantum; sed etiam secundum dispositionem conatus advenientem naturæ: et ita etiam est in formis substantialibus respectu materiæ.

Unde patet solutio ad secundum.

Ad tertium dicendum, quod ipsa gratia est dispositio naturæ ad gloriam. Unde non requiritur quod interveniat alia dispositio inter caritatem et gloriam: sed inter naturam et gratiam cadit conatus medius, quasi dispositio.

Ad quartum dicendum, quod in Angelis non est aliquid quod contendat ad motum naturæ intellectualis, ex quo conatus naturæ retardetur, sicut in natura hominis est natura sensitiva, quæ tendit in contrarium de se motus naturæ intellectivæ, scilicet delectabile secundum sensum, nisi cogatur et reguletur ab ipsa; et ideo in Angelis est diversitas secundum diversitatem naturæ. Hæc tamen melius in 2, dist. 3, quæst. 1, art. 4, dicentur.

Articulus Quartus
Utrum caritas certitudinaliter ab habente cognoscatur.

Ad quartum sic proceditur. Videtur quod caritas certitudinaliter ab habente cognoscatur. Ita enim dicitur in littera: magis novit quis dilectionem qua diligit, quam fratrem quem diligit. Sed fratrem suum certitudinaliter cognoscit. Ergo multo magis caritatem qua ipsum diligit.

Item, Philosophus dicit, contra Platonem, quod inconveniens est habere nos nobilissimos habitus, et nos lateant. Sed caritas est habitus nobilissimus. Ergo videtur quod ab habente certitudinaliter cognoscatur.

Præterea, quicumque habet fidem, scit se habere fidem. Sed fides non magis est præsens quam caritas. Ergo et qui habet caritatem, scit se habere illam.

Item, quidquid cognoscitur ab anima, cognoscitur ab ea per hoc quod præsens sibi efficitur per similitudinem. Sed magis est præsens animæ quod est in ipsa essentialiter, quam quod est per sui similitudinem. Ergo cum caritas essentialiter sit in anima, videtur quod certius cognoscatur ab habente quam res exteriores quæ per sui similitudinem cognoscuntur.

Præterea, caritas est quoddam lumen spirituale, ut habetur 1 Joan., 2, 10: qui diligit fratrem, in lumine manet. Sed lux seipsa videtur. Ergo videtur quod similiter caritas; et sic certius quam alia cognoscatur.

Contra, per caritatem quæ est in aliquo efficitur dignus Dei amore. Sed, ut dicitur Eccle. 9, 1, nemo scit, utrum amore an odio dignus sit. Ergo videtur quod nullus sciat se habere caritatem certitudinaliter.

Præterea, apostolus dicit 1 Corinth. 4, 4: nihil mihi conscius sum, sed non in hoc justificatus sum. Cum ergo nullum majus signum possit haberi de caritate quam non habere conscientiam peccati mortalis, et hoc non sufficit; videtur quod per nullum signum possit aliquis certitudinaliter scire se habere caritatem.

Respondeo dicendum, quod, secundum Philosophum, aliquid dicitur esse difficile ad cognoscendum dupliciter: vel secundum se, vel quo ad nos. Dicendum est igitur quod ea quæ per esse suum non sunt unum in materia, quantum in se est, sunt maxime nota; sed quo ad nos sunt difficillima ad cognoscendum; propter quod dicit Philosophus quod intellectus noster se habet ad manifestissima naturæ, sicut oculus vespertilionis ad lucem solis.

Cujus ratio est, quia cum intellectus noster potentialis sit in potentia ad omnia intelligibilia, et ante intelligere non sit in actu aliquod eorum; ad hoc quod intelligat actu, oportet quod reducatur in actum per species acceptas a sensibus illustratas lumine intellectus agentis; quia, sicut dicit Philosophus, sicut se habent colores ad visum, ita se habent phantasmata ad intellectum potentialem. Unde cum naturale sit nobis procedere ex sensibus ad intelligibilia, ex effectibus in causas, ex posterioribus in priora, secundum statum viæ, quia in patria alius modus erit intelligendi; ideo est quod potentias animæ et habitus non possumus cognoscere nisi per actus, et actus per objecta. In actu autem animæ est plura considerare: scilicet speciem ipsius actus, quæ est ab objecto, et modum et effectum. Si igitur accipiamus actum caritatis, qui est diligere Deum et proximum, ex specie actus, non discernitur utrum sit a potentia imperfecta, vel perfecta per habitum; quia ad idem objectum ordinatur potentia et habitus, sicut scientia et intellectus possibilis. Modus autem quem ponit habitus in opere est facilitas et delectatio, ut dicit Philosophus, quod signum habitus oportet accipere fientem in opere delectationem. Per istum autem modum non discernitur utrum sit ab habitu caritatis infuso, vel ab habitu acquisito. Effectus autem proprius dilectionis, secundum quod est ex caritate, est in virtute merendi. Hoc autem nullo modo cadit in cognitionem nostram nisi per revelationem. Et ideo nullus certitudinaliter potest scire se habere caritatem; sed potest ex aliquibus signis probabilibus conjicere. Caritatem etiam increatam, quæ Deus est, quamdiu vivimus, per speciem non videmus, ut dicitur 1 Corinth. 13. Quamvis quidam aliter dicant, quod ipsam caritatem, quæ Deus est, in nobis videmus, sed visio est adeo tenuis, scilicet quod nec visio potest dici, nec aliquis percipit se videre; eo quod visio ipsius Dei quasi confunditur et admiscetur in cognitione aliorum. Sicut etiam dicunt, quod anima semper se intelligit, sed tamen non semper de se cogitat. Hoc autem quomodo intelligendum est, supra, dist. 3, qu. 1, art. 2, dictum est.

Ad primum igitur dicendum, quod auctoritates Augustini in littera positæ loquuntur de cognitione ex parte ipsius cognoscibilis, et non ex parte cognoscentis.

Ad secundum dicendum, quod Philosophus ibi loquitur de habitibus nobilissimis partis cognitivæ.

Sed istorum habituum actus perfecte exprimunt suos habitus quantum ad id quod est proprium eis; sicut in actu scientiæ est certitudo per causam, in qua expresse scientia demonstratur; et multo plus est hoc in intellectu principiorum. Et ideo qui habet scientiam, scit se habere, quamvis non e converso: quia aliqui se credunt habere, qui non habent. Semper enim ad rectum mensuratur obliquum; et ideo, secundum Philosophum, virtuosus est mensura in operibus humanis; quia illud est bonum, quod virtuosus appetit; et similiter etiam est de rectitudine intellectus; quia illud est verum quod videtur habenti rectum intellectum; non autem quod videtur cuilibet.

Et per hoc patet etiam solutio ad tertium. Quia actus fidei per ipsum objectum, quod est creditum, distinguitur ab actibus aliorum habituum vel potentiæ imperfectæ, quæ non potest per se in tale objectum; et ideo habens fidem scit se illam habere.

Ad quartum dicendum, quod ad hoc quod aliquid cognoscatur ab anima, non sufficit quod sit sibi præsens quocumque modo, sed in ratione objecti. Intellectui autem nostro nihil est secundum statum viæ præsens ut objectum, nisi per aliquam similitudinem ipsius, vel ab ipso effectu acceptam: quia per effectus devenimus in causas. Et ideo ipsam animam et potentias ejus et habitus ejus non cognoscimus nisi per actus, qui cognoscuntur per objecta.

Nisi largo modo velimus loqui de cognitione, ut Augustinus loquitur, secundum quod intelligere nihil aliud est quam præsentialiter intellectui quocumque modo adesse.

Ad quintum dicendum, quod per hoc quod caritas creata vel increata est lux, ostenditur quod in se cognoscibilis sit, sed non cognoscitur, ab intellectu nostro in se nisi per effectum suum, ratione jam dicta, in corp. Art..

Articulus Quintus
Utrum caritas sit ex caritate diligenda.

Ad quintum sic proceditur. Videtur quod caritas non sit ex caritate diligenda. Quatuor enim tantum sunt diligenda ex caritate, ut in 3, dist. 27, qu. Unica, art. 5, dicetur: scilicet, Deus, proximus, anima, corpus. Sed caritas nullum horum est. Ergo etc..

Item, nulla res denominat seipsam, quia albedo non dicitur alba. Sed dilectum denominatur a dilectione. Ergo dilectio non diligitur, nec caritas caritate amatur.

Præterea, sicut se habet sensus ad sentire, ita se habet affectus ad diligere. Sed sensus proprius non sentit se sentire. Ergo nec affectus diligit suam dilectionem. Caritas autem est in affectu.

Ergo caritas ex caritate non diligitur.

Præterea, omne quod diligitur, aliqua dilectione diligitur. Si igitur actus caritatis amatur, oportet quod aliquo alio actu ametur, et ille eadem ratione erit diligendus. Ergo hoc modo ducitur in infinitum, quod non est ponendum. Ergo videtur quod caritas non sit ex caritate diligenda.

Contra est quod habetur in littera ex verbis Augustini: qui proximum diligit, consequens est ut ipsam præcipue dilectionem diligat. Sed proximus diligendus est ex caritate. Ergo et caritas.

Item, proximus non est diligendus ex caritate, nisi inquantum habet imaginem Dei. Sed expressius repræsentat Deum caritas, quam imago naturalis quæ est in anima. Ergo videtur quod ipsa sit magis ex caritate diligenda.

Respondeo dicendum, quod aliquid est diligibile dupliciter: vel sicut ratio dilectionis, vel sicut objectum, sicut etiam color videtur ut objectum, et lumen ut ratio per quam color est visibilis in actu. Sicut autem eodem actu videtur color et lux, ita etiam eodem actu diligitur quod amatur ut objectum et ut ratio objecti.

Sciendum est igitur quod caritas potest tripliciter sumi;

vel pro caritate increata, quæ Spiritus Sanctus est; vel pro caritate habituali; vel pro actu caritatis. Quodlibet autem istorum est ratio diligendi, et potest esse objectum dilectionis; sicut proximum diligimus inquantum in ipso Deus inhabitat, et habitum caritatis habet, et actum exercet; et sic diliguntur ut ratio diligibilis. Si autem considerentur in se, sic adhuc diliguntur ut objectum dilectionis.

Sic autem non diligitur caritatis habitus vel actus dilectione amicitiæ vel benevolentiæ quæ inanimatorum esse non potest, ut Philosophus dicit, sed dilectione cujusdam complacentiæ, secundum quod diligere dicimur illud quod approbamus, et quod esse volumus.

Ad primum ergo dicendum, quod caritas est quodammodo medium inter Deum et proximum: quia est similitudo Dei, et etiam est ratio diligendi ipsum proximum; et ideo consequitur ad dilectionem utriusque.

Ad secundum dicendum, quod denominatio proprie est secundum habitudinem accidentis ad subjectum: sic autem dilectum non denominatur a dilectione, sed magis sicut objectum; et ideo ratio non procedit.

Ad tertium dicendum, quod in potentiis materialibus hoc contingit quod potentia non reflectitur super suum actum, propter hoc quod determinata est secundum compilationem organi. Visus enim particularis non potest cognoscere nisi illud cujus species spiritualiter in pupilla potest recipi; et ideo visus non potest comprehendere suum actum. Si autem hoc esset necessarium in omnibus, quod actus cujuslibet potentiæ non cognosceretur a propria potentia, sed a superiore, tunc oporteret quod vel in potentiis animæ iretur in infinitum, vel remaneret aliquis actus animæ imperceptibilis.

Et ideo dicendum, quod potentiæ immateriales reflectuntur super sua objecta; quia intellectus intelligit se intelligere, et similiter voluntas vult se velle et diligere. Cujus ratio est, quia actus potentiæ immaterialis non excluditur a ratione objecti.

Objectum enim voluntatis est bonum; et sub hac ratione diligit voluntas omne quod diligit; et ideo potest diligere actum suum inquantum est bonus; et similiter est ex parte intellectus; et propter hoc Lib. De caus., prop. 15, dicitur quod cujuscumque actio redit in essentiam agentis per quamdam reflexionem, oportet essentiam ejus ad seipsam redire, idest in se subsistentem esse, non super aliud delatam, idest non dependentem a materia.

Ad quartum dicendum, quod actus dilectionis, secundum quod tendit in alterum, constat quod differt numero ab actu dilectionis qui in alio diligitur, sive diligatur ut objectum, sive ut ratio diligendi. Sed quia etiam animam suam potest aliquis ex caritate diligere, potest etiam ex caritate actum suæ caritatis diligere. Et tunc distinguendum est. Quia vel dilectio fertur in actum dilectionis proprium, sicut in rationem dilectionis tantum; et sic constat quod eodem actu numero diligitur diligens et actus ejus; et sic idem actus diligitur per actum qui est ipse. Vel diligitur ut objectum dilectionis, et sic est alius actus dilectionis numero qui diligitur et quo diligitur; sicut patet planius in actu intellectus. Cum enim actus distinguantur per objecta, oportet dicere diversos actus qui terminantur ad objecta diversa. Unde sicut sunt diversi actus quibus intellectus intelligit equum et hominem, ita sunt diversi actus in numero, quo intelligit equum et quo intelligit actum illius sub ratione actus. Nec est inconveniens quod in actibus animæ eatur in infinitum in potentia, dummodo actus non sint infiniti in actu. Unde etiam Avicenna concedit non esse impossibile quin relationes consequentes actum animæ, multiplicentur in infinitum.

Consequens est ut ipsam præcipue dilectionem diligat. Hoc intelligitur et de dilectione creata et increata. Qui enim diligit aliquem, vult se diligere illum; et ita actum dilectionis suæ diligit; et in ipso diligitur ipsa dilectio increata; sicut exemplar in exemplato, quia nihil est bonum vel diligibile, nisi secundum quod est in eo similitudo boni increati.

Magis enim novit dilectionem qua diligit, quam fratrem quem diligit. Totum quod sequitur de certitudine dilectionis, sive de habitu creato intelligatur sive de dilectione increata, exponitur secundum quod aliquid dicitur certum ex se, et non ex parte cognoscentis. Sed actus dilectionis etiam ex parte cognoscentis notus est. Sed utrum ex tali habitu procedat, incertum est.

Et quo nisi Deo plenus est qui plenus est dilectione? hoc ideo dicitur, quia cum dono caritatis etiam ipse Spiritus Sanctus datur, secundum quod novo modo inhabitare dicitur creaturam per novam similitudinem sui ipsius in ea.

Qui diligit fratrem, in lumine manet. Lumen comparatur caritati, non quantum ad virtutem manifestationis, quia sic magis ad dona pertinet intellectus, sed quantum ad virtutem actionis: sicut enim lumen est forma universaliter motiva in tota natura, eo quod est qualitas primi alterantis; ita caritas movet et informat omnia dona, inquantum est similitudo primi doni, quod est Spiritus Sanctus.

Ista contextio satis aperte declarat, eamdem ipsam fraternam dilectionem non solum ex Deo, sed etiam Deum esse, tanta auctoritate prædicari.

Hoc enim quod dicitur: nam fraterna dilectio est qua diligimus invicem, interponitur per parenthesim. Dicitur autem fraterna dilectio Deus esse, prædicatione causali, per modum quo Dionysius dicit, quod esse divinum est esse omnium, quia ab eo omne esse traducitur et exemplatur.

Non dicturi sumus, caritatem non propterea esse dictam Deum, quia ipsa caritas sit nulla substantia quæ Dei digna sit nomine, sed quod donum sit Dei. In hoc differt caritas ab aliis virtutibus, secundum intentionem Magistri et Augustini, quia aliæ virtutes, quæ in se aliquid imperfectionis important in habente, ut fides, patientia et hujusmodi, ita sunt a Deo quod in Deo non sunt per essentiam.

Caritas autem, quæ nihil imperfectionis habet, etiam de Deo essentialiter prædicatur, et ab eo in nobis est. Nec tamen sequitur quod illa caritas quæ forma mentis nostræ est, sit illa eadem numero quæ essentialiter de Deo dicitur, sicut etiam esse dicitur de Deo proprie, nec tamen illud esse est idem numero cum nostro esse.

Nullum enim est isto dono Dei excellentius.

Videtur hoc esse falsum: quia sapientia ponitur excellentissimum donorum. Ad quod dicendum, quod secundum quod dona condividuntur virtutibus sapientia dignissimum donorum dicitur: et hanc dignitatem habet a caritate, cui semper conjungitur, secundum quam divinam veritatem saporat. Si autem donum universaliter sumatur pro omni eo quod ex Dei munere possidemus, sic caritas simpliciter potissima est, quæ nos fini conjungit.

Quæstio II
Prologus

Hic quæritur, si caritas Spiritus Sanctus est, cum ipsa augeatur et minuatur in homine, utrum concedendum sit quod Spiritus Sanctus augeatur vel minuatur in homine. In parte ista Magister objicit contra prædeterminata, et dividitur in partes duas: in prima objicit per rationem; in secunda per auctoritates, ibi: supra dictum est, quod Spiritus Sanctus caritas est patris et filii. Prima in tres: primo ponit objectionem; secundo responsionem, ibi: his itaque respondemus dicentes, quod Spiritus Sanctus, sive caritas, penitus immutabilis est; tertio responsionis confirmationem, ibi: ut autem certius fiat quod diximus, auctoritate confirmamus. Objectio autem est duplex, ut patet in littera, et similiter solutio.

Supra dictum est, quod Spiritus Sanctus caritas est patris et filii. Hic objicit per auctoritates, et dividitur in tres partes, secundum tria, quæ contra Magistrum ex auctoritatibus eliciuntur. Primum est quod alia est dilectio qua nos diligimus Deum, et Deus diligit nos. Dilectio autem qua Deus diligit nos, est Spiritus Sanctus. Ergo dilectio qua nos diligimus Deum, est aliud quam Spiritus Sanctus. Secundum est, quod dicitur caritas esse ex Deo, sicut et fides.

Sed fides est ex Deo, ita quod non est Deus. Ergo et caritas; et hoc ponit ibi: sed aliud est, inquiunt, quod magis urget. Tertium est quod caritas dicitur affectio vel motus mentis. Sed Spiritus Sanctus non est hujusmodi. Ergo etc., et hoc ponit ibi: alias quoque inducunt rationes ad idem ostendendum.

Quælibet harum partium dividitur in objectionem et solutionem.

Ad intelligentiam hujus partis quinque quæruntur: 1 utrum caritas augeatur; 2 de modo augmenti; 3 utrum quolibet actu augeatur; 4 utrum sit aliquis terminus augmenti; 5 utrum diminuatur.

Articulus Primus
Utrum caritas augeatur.

Ad primum sic proceditur. Videtur quod caritas non augeatur. Nihil enim augetur nisi quantum. Sed nullum simplex est quantum, quia omne quantum est divisibile. Caritas autem est simplex habitus, et ita non est quantum per se, nec similiter per accidens, cum ejus subjectum, scilicet anima, sit etiam indivisibile. Ergo non augetur.

Si dicis, quod quanta est, non quantitate molis, sed virtutis, contra: quantitas virtutis dividitur secundum objecta in quæ virtus potest. Sed in omnia objecta caritatis potest quælibet caritas, quantumcumque parva. Ergo non augetur secundum quantitatem virtutis.

Item, cum augmentum sit species motus, quidquid augetur movetur, et quod essentialiter augetur essentialiter movetur. Sed quod movetur est corpus, ut probat Philosophus; et quod naturaliter movetur corrumpitur.

Cum igitur caritas non corrumpatur, quia caritas nunquam excidit, 1 Corinth. 13, 8, nec sit corpus mobile;

videtur quod non essentialiter augeatur.

Item, cujus causa semper se habet eodem modo, illud neque augetur neque minuitur, nec aliquo modo variatur. Sed causa immediata caritatis Deus est, qui semper eodem modo se habet. Ergo caritas non variatur per augmentum.

Præterea, constat quod augmentum qualitatis non potest reduci ad aliquam speciem motus, nisi ad alterationem. Sed alteratio, ut probat Philosophus, non est nisi circa partem animæ sensitivam, et circa objecta ejus. Cum ergo caritas qualitas sit et sit in parte intellectiva, alioquin non esset in Angelis, qui sensitiva carent, videtur quod non augeatur.

Contra, Augustinus dicit: caritas cum fuerit nata, nutritur; cum fuerit roborata, perficitur. Omne autem in quo progressus secundum diversos gradus attenditur, augetur.

Ergo etc..

Præterea, per actum devenimus in cognitionem habitus. Sed contingit actum caritatis intensiorem fieri. Ergo etiam et caritas augeri potest.

Respondeo dicendum, quod quidam posuerunt caritatem essentialiter non augeri, et horum fuit quadruplex opinio. Quidam enim dixerunt, ut Magister in littera, quod caritas secundum se non augetur, sed dicitur augeri in nobis, inquantum nos in caritate proficimus; et hoc quia ponit caritatem esse Spiritum Sanctum, in quem variatio non cadit.

Sed hoc non potest stare: quia non est intelligibile, quod nos in caritate, quæ Spiritus Sanctus est, proficiamus, nisi aliquid fiat in nobis quod prius non fuit; et hoc non potest esse tantum actus, cum omnis actus sit ex virtute aliqua, et actus perfectus, quali Spiritu Sancto unimur, est a virtute perfecta per habitum. Alii dixerunt, quod caritas essentialiter non augetur, sed dicitur augeri, inquantum magis firmatur in subjecto, secundum ipsam radicationem.

Sed ex hoc etiam sequitur ipsam augeri essentialiter. Nulla enim forma potest intelligi magis firmari in subjecto, nisi per hoc quod habet majorem victoriam super subjectum suum. Augmentum autem victoriæ redundat in augmentum virtutis, et per consequens in augmentum essentiæ: quia virtus, si non est ipsa essentia, oportet quod sit ab essentia, et commensuretur sibi sicut effectus causæ proximæ.

Alii dixerunt, quod caritas essentialiter non augetur, sed adveniente majori caritate, minor caritas, quæ inerat, destruitur. Hoc etiam non potest stare: quia nulla forma destruitur, nisi vel ex contrario agente, vel per accidens ex corruptione subjecti. Cum igitur subjectum caritatis maneat, et caritas adveniens caritati inventæ non contrarietur; non potest esse quod destruatur nec per se nec per accidens, sicut ignis parvus a magno igne propter consumptionem materiæ. Alii dixerunt, quod caritas non augetur nisi quantum ad fervorem. Sed hoc etiam non potest stare: quia fervor caritatis dupliciter accipitur: proprie et metaphorice. Metaphorice, secundum quod dicimus caritatem esse calorem, et intensionem actus caritatis metaphorice dicimus fervorem, secundum quod Dionysius ponit fervidum in amore Angelorum.

Sic autem fervor acceptus, est per se consequens essentiam caritatis; unde non potest in tali fervore fieri augmentum, nisi ipsa caritas essentialiter augeatur; cum simul varietur res et omnia quæ per se consequuntur ipsam. Alio modo dicitur fervor prout est in parte sensitiva; cum enim vires inferiores sequantur motum superiorum, si sit intensior, sicut videmus quod ad apprehensionem mulieris dilectæ totum corpus exardescit et movetur; ita etiam quando affectus superior movetur in Deum, consequitur quædam impressio etiam in virtutibus sensitivis, secundum quam incitantur ad obediendum divino amori. Intensio autem istius fervoris non sufficit ad augmentum caritatis: quia secundum augmentum istius fervoris non attenditur quantitas meriti, cum consistat in dispositione corporis. Unde magis ferventes non semper magis merentur. Sed ille qui dicitur crescere in caritate, crescit etiam in merito, si sit in statu merendi.

Et ideo dicendum, quod caritas essentialiter augetur. Sciendum tamen est, quod augeri nihil aliud est quam sumere majorem quantitatem; unde secundum quod aliquid se habet ad quantitatem, ita se habet ad augmentum. Quantitas autem dicitur dupliciter: quædam virtualis, quædam dimensiva.

Virtualis quantitas non est ex genere suo quantitas, quia non dividitur divisione essentiæ suæ; sed magnitudo ejus attenditur ad aliquid divisibile extra, vel multiplicabile, quod est objectum vel actus virtutis. Sed ex genere suo est vel forma accidentalis in genere qualitatis, vel forma substantialis, quæ tamen non est major vel minor. Et ideo augmentum secundum quantitatem virtutis non pertinet ad speciem motus quæ augmentum dicitur, sed magis ad alterationem; et hoc modo augetur caritas et aliæ qualitates. Quantitas autem dimensiva est quorumdam per accidens, sicut albedinis, quæ dicitur quanta secundum quantitatem superficiei, ut in prædicamentis dicitur. Unde non augetur nisi per accidens; sed per se invenitur in corporibus quæ per se augentur.

Hoc autem contingit dupliciter. Quia aliquando illud quod sumit majorem quantitatem, movetur de quantitate minori in majorem. Aliquando autem est sine motu ipsius quod augeri dicitur; unde non quælibet pars augetur, sicut quælibet pars moti per se movetur. Et hoc contingit quando efficitur major quantitas per additionem quantitatis, sicut quando additur lignum ligno, vel linea lineæ. Unde hoc est augmentum, sed non motus augmenti. Quod autem moveatur aliquid ad majorem quantitatem, contingit dupliciter: vel ita quod quantitas sit per se terminus motus; vel quod consequatur terminum. Quando per se quantitas est terminus motus, oportet quod sit ibi additio ad totum, et quod ad quamlibet partem, ut totum augeatur et quælibet pars ejus; sicut est in animali et in planta; et tunc proprie est motus augmenti.

Unde motus augmenti non est nisi in habentibus nutritivam. Consequitur autem terminum motus, quando est ad formam aliquam quam consequitur aliqua quantitas. Cuilibet enim formæ debetur quantitas determinata: et quia motus non specificatur nisi ab eo quod est per se terminus motus, ideo talis motus non dicitur per se motus augmenti; sed vel generatio si sit forma substantialis, sicut quando ex ære fit ignis; vel alteratio, quando est forma accidentalis, sicut in rarefactione æris patet.

Ad primum ergo dicendum, quod caritas, quamvis non habeat quantitatem dimensivam neque per se neque per accidens, quia subjectum etiam ejus non est quantum; tamen in ea quantitas virtutis est, ratione cujus augeri dicitur, sicut et albedo et calor.

Ad secundum dicendum, quod quantitas virtutis attenditur dupliciter: vel quantum ad numerum objectorum, et hoc est per modum quantitatis discretæ; vel quantum ad intensionem actus super idem objectum; et hoc est sicut quantitas continua; et ita excrescit virtus caritatis.

Ad tertium dicendum, quod caritas non dicitur augeri quasi subjectum augmenti, cum sit accidens, sed quia secundum ipsam attenditur augmentum; sicut etiam quantitas augeri dicitur, et albedo variari quando aliquid per albedinem variatur. Nec oportet quod si essentialiter augetur, quod destruatur.

Dicitur enim aliquid secundum essentiam suam moveri dupliciter: vel quia essentia est per se terminus motus, et sic moveri per essentiam est essentiam amittere et corrumpi; vel quia est secundum aliquid conjunctum essentiæ, quod est per se terminus motus, sicut dicitur aliquid moveri essentialiter dum secundum locum movetur, quia secundum suam essentiam in loco est. Et sic essentiale augmentum dicitur quod est secundum quantitatem essentiam consequentem, manente una et eadem essentia sub diversa quantitate; sive quantitas sit ipsa essentia rei, sicut quantitas virtutis est idem cum ipsa virtute, et tamen movetur per se loquendo secundum quantitatem, secundum majorem et minorem perfectionem virtutis; nec tunc per se secundum essentiam movetur, quia esse suum retinet: sive sit aliud ab essentia, sicut patet in augmento corporali.

Nec oportet quod omne quod movetur, sit corpus, nisi accipiatur de motu naturali, qualis non est motus animæ.

Ad quartum dicendum, quod quamvis causa efficiens caritatis sit in se immobilis; tamen secundum ordinem sapientiæ suæ, potest alicui majorem caritatem præbere pro beneplacito suæ voluntatis, et secundum quod aliquis diversimode se ad caritatem præparat, qui etiam se habet aliquo modo ad caritatem ut causa materialis recipiens ad cujus diversitatem etiam sequitur variatio in effectu.

Ad quintum dicendum, quod, cum alteratio passiva includat in intellectu suo passionem, sicut duplex est passio, ita et duplex est alteratio. Dicitur enim communiter passio uno modo omnis receptio, secundum etiam quod intelligere pati dicitur, et sic etiam alteratio secundum istam passionem consistit in qualibet variatione circa receptionem alicujus qualitatis; et hoc modo potest esse alteratio etiam in substantiis pure intellectualibus, et sic alteratio potest esse in caritate. Alio modo dicitur proprie passio, quando abjicitur aliquid a substantia, et hoc est ex actione contrarii transmutantis; et secundum istam passionem alteratio dicta non est nisi circa sensibilia et circa sensibilem partem animæ per se, et circa intellectum per accidens, quantum ad illas qualitates quæ in parte intellectiva ex sensibus oriuntur, sicut sunt omnes habitus acquisiti; quorum non est caritas.

Articulus Secundus
Utrum caritas augeatur per additionem.

Ad secundum sic proceditur. Videtur quod caritas augeatur per additionem. Philosophus enim dicit: augmentum est præexistenti quantitati additamentum. Si igitur caritas augetur, oportet quod præexistenti caritati alia caritas addatur.

Item, nihil potest augere caritatem nisi Deus qui dedit. Sed Deus non agit aliquid in anima de novo nisi per novum influxum. Non potest autem intelligi novus influxus nisi aliquid de novo infundatur.

Ergo videtur quod caritas augeatur per hoc quod alia caritas de novo infusa præsenti addatur.

Item, si non augetur per additionem novæ caritatis a Deo, non videtur posse augeri nisi per recessum a contrario caritatis. Sed contra, augmentum caritatis potest esse in illis in quibus nihil est de contrario caritatis, sicut in Angelo, et homine in statu innocentiæ. Ergo videtur quod isto modo caritas non augeatur, sed prædicto modo.

Præterea, videtur, secundum hoc, quod Deus non est causa augmenti caritatis, sed homo, qui se a contrario caritatis refrenat, sicut a concupiscentia.

Et hoc est inconveniens. Ergo videtur quod non augeatur nisi per additionem.

Contra, simplex simplici additum, nihil majus efficit, ut probat Philosophus.

Sed caritas est quid simplex. Ergo per additionem caritatis ad caritatem non efficitur major caritas.

Præterea, secundum Dionysium, tantum distat inter ipsas Dei participationes et participantes, quod participatio quanto simplicior est tanto nobilior, participans vero quanto majorem habet compositionem donorum participatorum, tanto nobilius est; sicut esse est nobilius quam vivere, et vivere quam intelligere, si unum sine altero intelligatur: omnibus enim esse præeligeretur. Sed quod habet plura ex his, melius est. Sed caritas est quædam participatio divinæ bonitatis. Ergo quanto compositior est per additionem caritatis ad caritatem, minus valebit. Igitur si caritas augetur per additionem, quanto magis augetur, minus erit eligenda.

Hoc autem est ridiculum. Ergo non augetur per additionem.

Respondeo dicendum, quod eorum qui ponunt caritatem essentialiter augeri, dicta revertuntur in duas opiniones: quarum una est, quod augetur per additionem caritatis ad caritatem; alia est quod augetur per intensionem secundum accessum ad terminum; et in hoc revertitur quod quidam dicunt, caritatem augeri per multiplicationem sui in anima sicut lux in ære: lux enim non augetur nisi per intensionem, sicut aliæ qualitates. Primam autem positionem non possum intelligere; quia in omni additione oportet intelligere duo diversa, quorum unum alteri additur. Si autem intelligantur duæ caritates, aut intelligentur diversæ secundum speciem aut numerum. Constat quod non secundum speciem, cum omnes caritates sint in eadem specie virtutis. Diversitas autem secundum numerum est ex diversitate materiæ, sicut hæc albedo differt ab illa numero, quia est in diverso subjecto. Unde non potest qualitas addi qualitati nisi per hoc quod subjectum subjecto additur. Caritas autem quæ potest addi, nunquam fuit in alio subjecto, antequam in isto; et secundum hoc quod est in isto, non differt numero ab alia caritate in eodem existente, ut probatum est, in hac dist., quæst. 1, art. 1. Unde nullo modo est intelligere ibi additionem.

Sed ista positio provenit ex falsa imaginatione, quia augmentum caritatis imaginati sunt ad modum augmenti corporalis, in quo fit additio quantitatis ad quantitatem. Et ideo dico, quod quando caritas augetur, nihil ibi additur, sicut Philosophus etiam dicit in 4 Physic., quod aliquid efficitur magis album vel magis calidum, non per additionem alicujus albedinis vel caloris; sed quia illa qualitas quæ prius inerat intenditur secundum propinquitatem ad terminum. Hæc autem intensio contingit diversimode in qualitatibus simplicibus et compositis, primis et secundis. Qualitates enim compositæ vel secundæ, intenduntur secundum intensionem qualitatum primarum, sicut sapor et sanitas et alia hujusmodi, secundum intensionem caloris et frigoris, humoris et siccitatis. Qualitates autem primæ et simplices intenduntur ex causis suis, scilicet ex agente et recipiente. Agens enim intendit reducere patiens de potentia in actum suæ similitudinis, quantumcumque potest. Sicut autem non calidum est potentia caloris; ita minus calidum est potentia respectu magis calidi. Unde sicut per potentiam calidi efficitur de non calido calidum, non quod ponatur ibi aliquis calor, sed quia calor qui est in potentia, educitur in actum; ita etiam efficitur magis calidum per actionem calidi, inquantum educitur calor, qui inerat ut actus imperfectus, in majorem perfectionem et majorem assimilationem agentis; et hoc contingit, secundum quod potentia subjecta actui, quæ quidem, quantum in se est, ad multa se habet, magis ac magis terminatur ab actu illo; vel quia augetur virtus agentis, sicut ex conjunctione plurium luminarium intenditur illuminatio; vel ex parte ipsius materiæ, secundum quod efficitur susceptibilior illius actus, sicut ær quanto plus attenuatur, fit susceptibilior luminis. Intensio autem caritatis non contingit ex hoc quod virtus agentis fortificetur, sed tantum ex hoc quod natura recipiens, quæ quantum in se est, dispositionem quamdam habet secundum quod est in potentia ad plura, magis ac magis præparatur ad susceptionem gratiæ, secundum quod ex dicta multitudine, scilicet confusione potentialitatis, in unum colligitur per operationes quibus ad caritatem suscipiendam præparatur, ut prius dictum est, art. 1 istius quæst.. Et ideo Dionysius perfectum sanctitatis semper designat per hoc quod est ex sparsa vita in unicam consurgere. Et sic patet quod augmentum caritatis simile est augmento qualitatum naturalium, licet origo ejus differat ab origine illarum. Cujus ratio est, quia qualitates naturales educuntur de potentia materiæ, quarum inchoationes quasdam materiæ Deus opere creationis indidit; et ideo quando in actum procedunt, est exitus de imperfecto ad perfectum.

Dona autem gratuita non educuntur quasi de potentia naturæ; quia nihil est in potentia naturali quod per agens naturale educi non possit. Et ideo origo gratiæ est per novam infusionem; sed augmentum ejus est per hoc quod de imperfecto ad perfectum actus infusus educitur.

Ad primum igitur dicendum, quod propositio Philosophi intelligitur de augmento corporali, quod fit semper per additionem quantitatis, quia in hac materia ab ipso proponitur.

Ad secundum dicendum, quod Deus una et eadem operatione agit in omnia quæ sunt, quamvis forte illa operatio differat solum secundum rationem, secundum quod exit a ratione diversorum attributorum, vel diversarum idearum. Unde dico, quod una et eadem operatione infunditur gratia et augetur; nec est diversitas nisi ex parte recipientis, quod ex illa operatione plus minusve recipit, secundum quod ad eam diversimode præparatur; sicut eadem irradiatione solis efficitur ær clarus et magis clarus, depulsis nebulosis vaporibus qui receptionem luminis impediebant; unde non oportet quod sit ibi alia et alia claritas.

Præterea, etiam si essent duæ operationes, non oporteret quod terminarentur ad duo diversa secundum substantiam; sed prima terminaretur ad esse caritatis imperfectæ, secunda ad eamdem caritatem secundum perfectionem, secundum quod aliquid educitur de imperfecto ad perfectum.

Ad tertium dicendum, quod non est de ratione intensionis alicujus qualitatis, quod sit per remotionem a contrario; sed hoc accidit qualitati, secundum quod inest in subjecto participante contrarium.

Sed hoc est de necessitate intensionis quod qualitas educatur de imperfecto ad perfectum, sicut patet de diaphano, in quo nihil est contrarium luci, quod potest lumen intendi secundum incrementum virtutis illuminantis. Hæc autem imperfectio est ex potentialitate ipsius naturæ, quæ subjicitur perfectioni et actui. Cum enim omnis potentia receptiva ad multa se habeat, secundum istam multitudinem ipsius, dissimile est principio agenti, quod est terminatum ad actum unum; et secundum quod ista confusio potentialitatis magis subjicitur actui, perfectior perficitur actus, et ipsum perfectum magis efficitur unum, et magis assimilatum principio agenti. Hæc autem confusio potentialitatis est in qualibet natura creata, secundum quod nondum est perfecta per actum. Unde etiam per istum modum ponit Dionysius, purgationem in Angelis, scilicet secundum quod removentur a confusione dissimilitudinis.

Ad quartum dicendum, quod eodem modo sumus causa augmenti gratiæ, sicut et causa ipsius gratiæ, scilicet per modum dispositionis tantum.

Sed efficientia utrobique est ex parte ipsius Dei, sicut patet ex his quæ supra dicta sunt, in corp. Art..

Articulus Tertius
Utrum caritas augeatur quolibet actu.

Ad tertium sic proceditur. Videtur quod caritas quolibet actu augeatur. Ubi enim eadem causa est, et idem effectus. Sed omnes actus caritatis sunt ejusdem speciei quantum ad esse morale, sicut omnes actus fortitudinis. Ergo cum aliquis actus caritatis caritatem augeat, videtur etiam quod quilibet actus.

Item, quod facere potest majus, potest etiam facere minus. Sed quodlibet actu caritatis meretur quis vitam æternam. Ergo et potest mereri augmentum caritatis.

Præterea, quilibet actus caritatis est longe potentior quantum ad esse gratiæ, quam actus qui sunt ex naturalibus tantum. Sed per actus qui sunt tantum ex naturalibus, homo præparatur per modum dispositionis ad recipiendum gratiam. Ergo multo magis per quemlibet actum caritatis disponitur ad caritatis augmentum.

Contra, ex eisdem principiis ex quibus aliquid nascitur, et augmentatur. Sed unus actus non sufficit ad dispositionem ut caritas infundatur. Ergo nec ad hoc ut augeatur. Probatio mediæ. Majorem causalitatem habet actus noster ad virtutem acquisitam quam ad caritatem infusam. Sed unus actus non sufficit ad generationem virtutis acquisitæ; quinimmo ex frequenti bene agere fit homo bonus, secundum Philosophum. Ergo multo minus unus actus sufficit disponere ad caritatem.

Item, secundum augmentum caritatis augetur etiam præmium substantiale; dicitur enim communiter, quod pluribus operibus in caritate factis, non plus meretur quis quantum ad augmentum præmii substantialis, quam uno ex æquali caritate facto. Ergo non quolibet actu caritatis caritas augetur.

Respondeo dicendum, quod non eodem modo se habet actus informatus caritate ad augmentum caritatis, et actus præcedens caritatem ad habendam caritatem. Actus enim qui est ex caritate, ordinatur ad augmentum caritatis et per modum dispositionis et per modum meriti; sed actus præcedens caritatem ordinatur ad consequendum caritatem solum per modum dispositionis, ut supra dictum est, art. Antec., non per modum meriti: quia ante caritatem nullum potest esse meritum.

Neuter autem actus ordinatur ad habendam vel augmentandam caritatem per modum alicujus efficientiæ, sicut actus nostri ad habendum habitus acquisitos.

Sciendum est igitur, quod actus qui præcedit caritatem, quandoque unus solus disponit ultima dispositione ut infundatur caritas, secundum immobilitatem divinæ bonitatis, per quam unicuique largitur secundum quod præparatum est ad recipiendum: quandoque autem unus actus non disponit nisi dispositione remota, et sequens actus magis disponit, et sic deinceps, secundum quod ex multis bonis actibus pervenitur ad ultimam dispositionem, inquantum actus sequens semper agit in virtute omnium præcedentium; ut patet in guttis cavantibus lapidem, quod non quælibet aufert aliquid de lapide, sed omnes præcedentes disponunt, et una ultima agens in virtute omnium præcedentium, inquantum scilicet invenit materiam dispositam per præcedentes, complet cavationem. Hoc autem ideo contingit, quia homo est Dominus sui actus. Unde potest agere secundum totam virtutem naturæ suæ vel secundum partem: quod non contingit in illis quæ agunt ex necessitate naturæ: semper enim agunt tota virtute sua. Quando ergo ita est quod homo non habens caritatem ex tota virtute bonitatis naturalis sibi inditæ movetur ad caritatem, tunc unus actus disponit eum ultima dispositione, ut caritas sibi detur. Quando vero non secundum totam virtutem, sed secundum aliquid ejus præparatur ad caritatem, tunc actus non est sicut dispositio ultima, sed remota, et per plures actus poterit pervenire ad dispositionem ultimam. Similiter dico ex parte alia, quod quando actus caritatis procedit ex tota virtute habentis et quantum ad virtutem naturæ et quantum ad virtutem habitus infusi, tunc unus actus disponit, et meretur augmentum caritatis, ut statim fiat. Quando autem non secundum totam virtutem procedit actus ille, tunc est ut dispositio remota, et poterit tunc per plures actus pervenire ad augmentum caritatis, non tamen de necessitate: quia homo, quantumcumque sit dispositus, potest non agere secundum rationem dispositionis illius: quod non contingit in dispositionibus non voluntariis, ratione jam dicta, Paulo Sup..

Ad primum igitur dicendum, quod non eodem modo se habet quilibet actus caritatis, eo quod unus potest esse magis intensus, et etiam unus potest esse disponens in virtute plurium præcedentium, ut dictum est, in corp. Art., et ideo non sequitur idem effectus.

Ad secundum dicendum, quod præmium substantiale vitæ æternæ ordinatur sicut finis ad actus caritatis, et commensuratur ad invicem, non secundum æquiparantiam, sed secundum proportionem.

Unde actui caritatis debetur præmium substantiale, et actui majoris caritatis majus præmium.

Unde quilibet actus caritatis, inquantum est informatus tali habitu, ordinatur ad præmium substantiale; non tamen ad augmentum præmii, sicut nec ad augmentum caritatis, secundum quod caritas remanet primum principium merendi, sed solum secundum quod augmentum caritatis pertinet ad perfectionem præmii.

Ad tertium jam patet responsio per id quod dictum est, quia actus caritatis excedit actum præcedentem caritatem in hoc quod habet virtutem merendi, et ita accedit plus ad causalitatem caritatis quam actus præcedens caritatem.

Ad quartum dicendum, quod ad hoc quod aliqua perfectio introducatur, duo requiruntur. Unum ex parte introducentis, ut sua operatio commensuretur secundum æqualitatem perfectioni introducendæ: non enim ex parva calefactione inducitur calor ignis, sed ex tali calefactione, quæ habet æqualem virtutem, ad minus ex suo principio, calori ignis. Aliud ex parte recipientis, ut dispositio sua proportionetur eodem modo perfectioni inducendæ.

Contingit autem quandoque, sicut in operibus animæ, quod aliquid disponitur et perfectionem recipit a seipso, ut in scientia et virtute patet. Unde ad perfectam dispositionem sufficit quod anima operetur secundum virtutem proportionatam illi perfectioni quæ inducenda est: et quia tota capacitas animæ vix sufficit ad receptionem tantæ perfectionis quanta est caritas, nisi Deus de sua liberalitate suppleret; ideo ad hoc quod sit in anima ultima dispositio ad caritatem requiritur actus qui sit secundum totam virtutem suam, et iste sufficit quantum in nobis est; sed minor non sufficit ad talem dispositionem.

Ulterius in illis perfectionibus in quibus per actum animæ non tantum est dispositio, sed etiam ipsa perfectio, exigitur quod actus ipsius animæ sit proportionatus et æqualis in virtute ipsi perfectioni introducendæ. Omnis autem habitus de ratione sua habet quod sit difficile mobilis; idest, habet firmitatem quamdam. Unde quando una actio animæ habet firmitatem, inducit habitum; sicut patet quod una demonstratio propter sui certitudinem et firmitatem facit habitum scientiæ.

Quando autem unus actus non habet firmitatem, non sufficit unus, sed oportet quod sint plures.

Unde ex uno argumento dialectico non generatur opinio, sed ex pluribus congregatis. Ita etiam quia actus voluntatis humanæ non habet firmitatem, cum voluntas indeterminate se habeat ad multa, habitus virtutum politicarum, qui acquiruntur per actus voluntatis, non possunt acquiri tantum per unum actum, sed oportet quod multi conveniant. Habitus autem caritatis non habet firmitatem per actum animæ, sed a causa sua, quæ Deus est; et ideo unus actus voluntatis potest sufficere ad hoc quod caritas infundatur, et similiter ad hoc quod augeatur.

Ad quintum dicendum, quod quando est talis actus caritatis qualis requiritur ad augmentum caritatis, tunc etiam augetur præmium substantiale, quod debetur caritati majori consequenti actum, non caritati quæ est radix actus. Non autem omnes sunt tales, ut dictum est, in respons., ad 2 istius art.; et ideo ad multitudinem actuum non sequitur de necessitate augmentum præmii substantialis.

Articulus Quartus
Utrum augmentum caritatis habeat aliquem terminum.

Ad quartum sic proceditur. Videtur quod augmentum caritatis habeat aliquem terminum. Perfectio enim non excedit capacitatem perfectibilis.

Sed capacitas animæ finita est. Ergo non potest recipere nisi perfectionem finitam. Sed omnis motus qui est ad finitum, finitus est. Ergo augmentum caritatis, quod est ad perfectionem animæ, est finitum.

Præterea, nihil ordinate movetur ad id quod consequi non potest, secundum Philosophum; sicut qui non potest esse in Aegypto, non movetur ordinate ad eundum illuc. Sed infinitum distans nullus potest consequi, cum nullus motus possit esse secundum distantiam infinitam. Ergo nullus motus est infinitus. Sed augmentum caritatis est quidam motus.

Ergo venit ad aliquem terminum.

Præterea, sicut infra, in 3, distinct. 13, dicit Magister, gratia Christi nihil potest etiam Deus majus facere. Sed si augmentum caritatis et gratiæ esset in infinitum, qualibet caritate posset esse aliqua major. Ergo non est infinitum. Et similiter potest dici de beata virgine, de qua dicit Anselmus, quod ea puritate nituit qua major sub Deo nequit intelligi.

Et similiter etiam de beatis, quorum caritas augeri non potest. Per quæ omnia videtur quod augmentum caritatis venit ad terminum aliquem, qui augeri non potest.

Contra, augmentum caritatis est, secundum majorem assimilationem ad Deum. Sed quantumcumque aliquis accedat ad Dei similitudinem, semper in infinitum distat ab eo. Ergo semper magis potest accedere; et ita videtur quod augmentum caritatis non sit infinitum.

Præterea, quando caritatis actus procedit a majori caritate, majoris est virtutis in merendo.

Sed actus caritatis imperfectæ meretur augmentum caritatis. Ergo multo magis merebitur quando caritas magis perficietur, et ita augmentum caritatis nunquam stabit.

Respondeo dicendum, quod de termino augmenti caritatis dupliciter possumus loqui: aut quantum ad id quod est, aut quantum ad id quod potest esse. Sicut etiam dicimus, quod summum malum non est quo non possit esse aliquid pejus; tamen aliquid est summe malum quo nihil est pejus. Similiter dico, quod augmentum caritatis pervenit ad aliquem terminum ultra quem caritas non augetur in quolibet homine; non tamen pervenit ad aliquem terminum ultra quem non possit augeri. Cujus ratio est ex parte ejus quod movetur secundum hoc augmentum, et ex parte ejus ad quod movetur. Id autem ad quod movetur anima in augmento caritatis, est similitudo divinæ caritatis, cui assimilatur; ad quam, cum infinita sit, in infinitum potest accedi plus et plus, et nunquam adæquabitur perfecte. Ex parte autem ejus quod movetur est quod ipsa anima, quantum plus recipit de bonitate divina et lumine gratiæ ipsius, tanto capacior efficitur ad recipiendum; et ideo quanto plus recipit, tanto plus potest recipere. Cujus ratio est, quia potentiæ materiales sunt terminatæ et finitæ secundum exigentiam materiæ; et ideo non possunt recipere nisi secundum proportionem materiæ; potentiæ autem immateriales non limitantur ex materia, sed magis secundum quantitatem bonitatis divinæ in eis perceptæ. Unde quanto plus additur de bonitate, tanto magis est de potentia ad capacitatem; sicut patet in exemplo Philosophi de sensu et intellectu.

Dicit enim quod sensus a fortibus sensibilibus corrumpuntur, et non augetur eorum capacitas, quia sunt potentiæ materiales; sed intellectus quanto magis intelligit difficilia, tanto etiam plus potest; ita etiam quanto natura spiritualis plus recipit de caritate, plus potest recipere. Quidam autem comparantes capacitatem substantiæ spiritualis capacitati substantiæ materialis, dixerunt quod est terminus in augmento caritatis secundum capacitatem naturæ scilicet quod tantum recipit de caritate quod impleatur capacitas prima quæ erat ex natura, nec potest plus recipere. Et ponunt exemplum de ære, qui habet terminum subtilitatis suæ, quem non excedit. Unde potest in eo intendi lumen, secundum quod magis et magis depuratur a vaporibus permixtis; sed quando pervenitur ad puritatem naturæ suæ, non potest amplius purificari, nec illuminari ab eodem illuminante. Sed non est simile de capacitate substantiæ materialis et spiritus, ut dictum est, in hac dist., qu. 1, art. 3.

Ad primum igitur dicendum, quod quamvis capacitas animæ sit finita in actu, tamen potest plus et plus in finitum elongari, secundum quod plus et plus recipit. Nunquam tamen erit infinita, nec recipiet perfectionem infinitam; sicut etiam patet in additione numeri, qui in infinitum est impossibilis; nunquam tamen est aliquis numerus infinitus in actu; quia potentia additionis numerorum, ut dicit Commentator in 3 Physic., non est una, sed semper ex nova additione efficitur alia potentia in numero secundum quod efficitur nova species numeri. Unde quælibet potentia potest exire in actum, non tamen potest esse ut omnes exeant in actum, quia in quolibet actu additur etiam potentia; et ita est etiam hic de capacitate animæ.

Ad secundum dicendum, quod quodlibet augmentum caritatis terminatum est, et est ad terminum quem consequi potest homo; sed tamen ille terminus, cum non sit actus purus, est permixtus potentiæ; unde adhuc potest esse aliud augmentum numero, et ita in infinitum augmentum succedere augmento, et hoc modo intelligitur augmentum caritatis interminatum.

Ad tertium dicendum, quod gratia Christi, quamvis secundum essentiam esset finita, tamen secundum quid fuit infinita, inquantum scilicet erat dispositio congruitatis ad unionem, et inquantum concurrebat in operationem Christi, qui erat virtutis infinitæ ex hoc quod erat persona divina, et aliis modis, ut dicetur in 3, dist. 17, qu. 1, art. 2, qu. 3, et ex hoc habebat quod non poterat augeri.

Ad illud quod objicitur de beata virgine, dicendum est, quod differt puritatis augmentum, et caritatis. Augmentum enim puritatis est secundum recessum a contrario; et quia in beata virgine fuit depuratio ab omni peccato, ideo pervenit ad summum puritatis; sub Deo tamen, in quo non est aliqua potentia deficiendi, quæ est in qualibet creatura, quantum in se est. Caritatis autem augmentum est per accessum ad divinam bonitatem; et ideo non habuit beata virgo summam caritatem qua major non possit intelligi, quia etiam profecit in caritate et gratia.

Ad illud quod objicitur de beatis, dicendum, quod caritas non augetur in eis propter conditionem status: quia non sunt in via, sed in termino viæ.

Unde datur eis præmium secundum illud quod caritas in statu viæ in eis crevit.

Articulus Quintus
Utrum caritas minuatur.

Ad quintum sic proceditur. Videtur quod caritas minuatur. Contraria enim nata sunt fieri circa idem. Sed augmentum et diminutio sunt contraria. Cum igitur caritas augeatur, videtur quod minuatur.

Item, Augustinus dicit: ubi magna cupiditas, ibi parva caritas; et alibi: minus te amat qui aliquid tecum amat. Sed contingit cupiditatem augeri. Ergo etiam caritatem contingit minui.

Præterea, veniale peccatum est malum culpæ.
Sed omne malum aliquod bonum adimit sibi oppositum. Cum igitur malo culpæ opponatur bonum gratiæ vel caritas, adimet veniale peccatum bonum caritatis. Sed

non adimit totum, quia sic excluderet a regno; sola enim caritas dividit inter filios regni et perditionis, secundum Augustinum, et sic esset mortale. Ergo adimit aliquid ejus; ergo diminuit ipsam.

Item, secundum quod aliquis se disponit ad caritatem et gratiam, secundum hoc sibi Deus infundit, quia, secundum Augustinum, lumen divinæ gratiæ omnibus præsens est. Sed quod aliqui non suscipiant eam, est quia avertunt se ab illa; sicut qui claudit oculos ad lumen solis. Sed contingit quod aliquis minus disponit se ad caritatem quam prius fecerat. Ergo minus participabit de lumine gratiæ et de caritate.

Contra, quælibet caritas creata est finita. Sed omne finitum, secundum Philosophum, consumitur per ablationem, ablato quodam semper et semper. Si igitur veniale diminuit aliquid de caritate, sequens etiam diminuit, et sic multiplicatis venialibus tota caritas tolletur. Sed caritas non tollitur nisi per mortale peccatum. Ergo multa venialia fient unum mortale, quod nullus ponit.

Si dicas, quod in ista ablatione est sicut in divisione continui, quæ est in infinitum, si fiat secundum eamdem proportionem, et non secundum eamdem quantitatem, contra: quando est divisio secundum eamdem proportionem, illud quod post aufertur, semper est minus eo quod prius auferebatur; sicut si primo auferatur tertia pars lineæ, et postea tertia illius residui, et sic deinceps; semper acceptum post, erit minus secundum quantitatem.

Sed quod sequens veniale non habeat minorem virtutem quam primum, potest contingere. Ergo adimet de caritate quantum et primum; et ita consumetur per ablationem.

Respondeo dicendum, quod caritas non potest diminui essentialiter, nisi forte per successionem, ita scilicet quod destruatur caritas quæ inest, per mortale peccatum, et postmodum minor infundatur per minorem præparationem. Et causa hujus est, quia causa diminutionis caritatis non potest sumi ex parte Dei; cum nullus defectus reducatur in ipsum qui est actus completus, sicut in causam. Oporteret ergo, si caritas diminuatur, quod diminutionis causa ex parte nostra suscipiatur. Defectus autem contingens ex parte nostra, vel est ex cessatione actus vel ex inordinatione. Ex cessatione actus non potest remitti caritas, sicut habitus virtutum acquisitarum, secundum id quod in se est. Firmitas enim caritatis ipsius non est ex actu nostro, sed ex principio influente, ut dictum est, in hac quæst., art. 2. Unde cessantibus actibus, manet nihilominus idem robur caritatis. Sed verum est quod per actus frequentes disponuntur omnes vires animæ, et membra corporis rediguntur in obsequium caritatis, in quo consistit fervor, ut dictum est; et ideo ex otio tepescit caritatis fervor. Habitus autem acquisitarum virtutum, robur et firmitatem habent ex nostris operibus: unde cessantibus operibus, remittitur robur virtutis etiam in se. Inordinatio autem actus vel est circa finem, vel circa ea quæ sunt ad finem. Si circa finem, ita scilicet quod finis tollatur; sic caritas, secundum quam adhæretur fini, tollitur: et hoc fit per mortale peccatum. Si autem circa ea quæ sunt ad finem, ita scilicet quod finis remaneat, et inordinate aliquis immoretur circa ea quæ sunt ad finem; talis inordinatio, quæ est peccati venialis, non attingit caritatem, quæ est secundum adhæsionem finis, et ideo nihil diminuit de ipsa. Sed verum est quod sicut ea quæ sunt ad finem disponunt ad finem, ita inordinatio in eis est dispositio ad inordinationem quæ est circa finem, secundum quod dicimus, quod veniale peccatum est dispositio ad mortale. Unde per hujusmodi venialia disponitur quis ad amissionem caritatis. Et inde est quod caritas dicitur diminui quantum ad radicationem et fervorem, et non quantum ad essentiam.

Quantum ad radicationem quidem, secundum quod fit dispositio ad contrarium, unde minuitur firma inhæsio caritatis; secundum fervorem vero, prout impeditur obedientia inferiorum virium ad superiores, ex quo dictus fervor causabatur.

Ad primum igitur dicendum, quod contraria nata sunt fieri circa idem, nisi alterum naturaliter insit. Et dicitur naturaliter inesse, quando consequitur causas ejus. Unde dico, quod augmentabilitas, quia ex parte suscipientis et influentis potest esse aliqua causa augmenti, et non diminutionis, ut dictum est, in corp. Art..

Ad secundum dicendum, quod commensuratio cupiditatis et caritatis per oppositum, potest intelligi dupliciter: vel quantum ad ipsum fieri caritatis, vel quantum ad esse. Si quantum ad fieri, tunc verum est quod quanto per actus inordinatos magis dominatur in eo cupiditas, minus disponitur ad caritatem vel augmentum ejus: quia ad habendum caritatem vel ad proficiendum in ea disponunt actus nostri. Si quantum ad esse, tunc, cum actus nostri non sint causa esse ipsius caritatis, ex inordinatione actuum per cupiditatem nihil derogatur caritati quantum ad suum esse, sed solum quantum ad fervorem, secundum quod dehabilitantur inferiores partes a caritatis obedientia.

Ad tertium dicendum, quod veniale non potest adimere aliquid de caritate, quia non attingit ad illam partem animæ ubi est caritas. Sicut enim superior pars intellectus est in consideratione principiorum per se notorum, per quæ alia cognoscuntur; unde quantumcumque dubitatio oriatur circa conclusiones, de certitudine principiorum nihil minuitur; ita etiam superior pars affectus est in adhæsione finis, propter quem omnia diliguntur. Unde quæcumque inordinatio contingat circa illa quæ sunt ad finem, ipsa non minuitur inhæsio finis, quæ est per caritatem, nisi ponatur finis contrarius.

Unde veniale, quia non ponit finem indebitum, non attingit ad illud supremum affectus ubi est caritas.

Sed sicut veniale non est peccatum simpliciter, sed solum inquantum est dispositio ad mortale; ita etiam privat bonum, quod se habet ut dispositio ad caritatem, idest fervorem, qui contingit in habilitate actus ex diligenti obedientia vel subjectione inferiorum virium ad superiorem partem affectus, in qua est caritas.

Ad quartum dicendum, quod dispositio ad caritatem est secundum actus inferiorum virium, prout operantur circa ea quæ sunt ad finem, sicut per ea quæ sunt ad finem, devenitur in finem. Habito autem fine, non indigetur his quæ sunt ad finem.

Unde quæcumque inordinatio fit circa ea, non redundat in deordinationem finis, nisi per modum dispositionis; sicut etiam cognitio principiorum primorum determinatur in nobis per sensus, qui si etiam destruantur, non minuitur certitudo principiorum, quæ non est acquisita, sed naturaliter insita; et similiter est de caritate infusa.

Sicut Deus dicitur magnus et excelsus in nobis, inquantum scilicet magnos nos et altos in se facit: quod non potest esse, nisi secundum ampliorem perceptionem bonitatis ipsius; et ideo oportet redire in hoc quod aliquod creatum a Deo in nobis ponatur.

Sunt tamen multi qui eum non habent. Illi enim eum tantum habere dicuntur quorum est ut hereditas, qui ipso fruuntur vel in spe vel in re.

Sine Spiritu Sancto constat nos Christum non diligere, et ejus mandata servare non posse. Hoc potest dupliciter intelligi: vel ita quod sine Spiritu Sancto a nobis habito per caritatem, per caritatis donum non possumus præcepta Dei implere, vel Christum diligere; et hoc verum est meritorie. Vel sine Spiritu Sancto, quocumque modo operante in rebus; et sic verum est quod nec homo nec aliqua creatura sine Spiritu Sancto operationem aliquam habere potest. Sed hoc non est de intentione Augustini.

Spiritus sanctus, qui est in te, duplo sit in me. Videtur hoc non esse ad propositum: quia, ut notula exponit, hoc intelligitur, quia petiit duplex donum, scilicet prophetiæ et miraculorum, quæ in Elia erant, et quod non petierit magis Spiritum Sanctum habere.

Sed dicendum, quod, etiam ista expositione stante, probatur intentio Augustini: quia si omnes acciperent eum æqualiter, si ipse Spiritum Sanctum habebat, non eum in se fieri petivisset; et si non habebat vel se habere nesciebat, simpliciter Spiritum Sanctum petivisset. Unde per hoc quod Spiritum Sanctum habere, sicut in Elia erat, petiit, ostendit Eliam multis excellentiis Spiritum Sanctum habere.

Propria mensura compleatur. Dicitur esse propria mensura uniuscujusque et ex parte ipsius Dei, quantum ipse unicuique prædestinavit, et ex parte ipsius qui recipit, considerata simul capacitate naturalium, et conatu ejus.

Supra dictum est, quod Spiritus Sanctus caritas est patris et filii. Nota, quod auctoritates quæ contra Magistrum inducuntur, tria dicunt. Quædam enim primo inductæ dicunt aliam esse caritatem qua Deus diligit et qua nos diligimus: quod Magister exponit, aliam esse ratione, vel secundum modum intelligendi, et non secundum rem. Aliæ vero secundo introductæ dicunt dilectionem a Spiritu Sancto esse; et ita, cum Spiritus Sanctus non sit a se, caritas nobis data non erit Spiritus Sanctus. Sed ipse respondet, quod quamvis Spiritus Sanctus non sit a se, tamen datur a se; et secundum hunc modum caritas dicitur a Spiritu Sancto. Sed hæc responsio est insufficiens: quia non tantum dicitur, caritas datur a Spiritu Sancto; sed etiam, est ab eo: quod de Spiritu Sancto concedi non potest. Aliæ tertio introductæ dicunt, caritatem esse motum vel affectum mentis: quod Spiritui Sancto non convenit.

Sed ad hoc respondet, quod ista prædicatio est per causam, eo quod caritas, motus vel affectionis mentis causa est, qui est diligere. Et hæc expositio vera est, quamvis non secundum intentionem Magistri.

Caritas enim est causa affectionis sicut habitus eliciens actum, et non solum sicut movens animam ad actum dilectionis, ut ipse intendit. Unde consequenter movet quæstionem, cum Spiritus Sanctus, qui caritas ab eo dicitur, moveat animam ad omnes actus virtutum, quare specialiter dicitur movere ad actum dilectionis. Et responsio sua patet in littera; sed ejus quod in solutione supponit, causam non assignat, scilicet quod Spiritus Sanctus causet hunc actum qui est diligere, nullo habitu mediante: unde quo ad hoc remanet insoluta.

Non enim singuli quique habent omnia; sed hi illa, alii alia. Sciendum, quod sanctis non solum donum increatum commune est, sed etiam dona ad gratiam gratum facientem pertinentia, quæ simul infunduntur, et sine quibus Spiritus Sanctus non habetur; sed dona gratis data dantur magis ad manifestationem spiritus recepti, quam ad conjungendum spiritui, et hoc propter utilitatem aliorum, 1 Corinth. 12, et dividuntur diversis prout competit utilitati ecclesiæ.

Distinctio XVIII

Quæstio I
Prologus

Postquam determinavit de temporali processione Spiritus Sancti, hic determinat nomen quod sibi competit secundum rationem qua temporaliter procedit, scilicet donum. Dividitur ergo in duas partes: in prima determinat de dono, secundum quod dicitur de Spiritu Sancto per comparationem ad alia dona; in secunda determinat de hoc nomine donum de Spiritu Sancto dicto, per comparationem ad hoc nomen datum, quod etiam de ipso dicitur, ibi: præterea diligenter considerandum est, cum Spiritus Sanctus dicatur donum et datum, utrum eadem ratione utrumque nomen ei conveniat. Et hæc dividitur in duas: in prima inquirit, utrum eadem ratione Spiritus Sanctus dicatur donum et datum, et objicitur ad utramque partem; in secunda determinat quæstionem, ibi: ad quod dicimus quod Spiritus Sanctus et donum dicitur et datum. Et hæc dividitur in duas: in prima ostendit differentiam doni ad datum, secundum quod de Spiritu Sancto dicuntur, quantum ad id quod in ipso dono est; in secunda, quantum ad id cujus est donum, ibi: et secundum hoc quod sempiterne donum est, refertur ad patrem et filium. In dono autem duo considerantur: scilicet relatio, vel proprietas, secundum quam dicitur donum; et processio, ex qua secundum rationem intelligendi consequitur talis ratio. Primo ergo assignat differentiam ex parte relationis; secundo ex parte processionis, ibi: et notandum, quod sicut filius nascendo accepit non tantum ut filius sit, sed omnino ut sit...

Ita et Spiritus Sanctus a patre et filio procedendo accepit non tantum ut Spiritus Sanctus sit, vel donum, sed etiam ut omnino sit. Prima in duas: primo ostendit quod donum dicitur Spiritus Sanctus in eadem relatione vel notione, qua dicitur Spiritus Sanctus; secundo movet quæstionem, et determinat eam, ibi: sed quæritur, cui donabilis.

Et notandum etc.. Hic assignat differentiam ex parte processionis, et dividitur in tres: in prima ostendit differentiam: quia Spiritus Sanctus processione qua donum est, habet essentiam divinam, non autem inquantum datum est; in secunda movet quæstionem, et solvit eam, ibi: hic oritur quæstio; in tertia inducit quamdam conclusionem, ibi: ex prædictis patet quod Spiritus Sanctus sempiterne donum est et temporaliter datum, scilicet quod nomen doni convenit Spiritui Sancto per processionem æternam, et nomen dati secundum processionem temporalem.

Et secundum hoc quod sempiterne donum est refertur ad patrem et filium. Hic ostendit differentiam quantum ad id cujus est donum, et dividitur in duas partes: in prima assignat differentiam; in secunda movet duas quæstiones; primam ibi: hic quæritur, utrum filius, cum sit nobis datus, dicatur, vel possit dici noster; quam solvit: secundam ibi: post hæc quæritur, utrum Spiritus Sanctus ad seipsum referatur; cujus solutionem differt. Circa hanc partem quinque quæruntur: 1 utrum donum sit essentiale, vel personale; 2 utrum sit proprium Spiritus Sancti; 3 utrum per hoc donum omnia dona dentur; 4 utrum Spiritus Sanctus processione qua donum dicitur, etiam Deus dicatur; 5 utrum possit dici donum nostrum.

Articulus Primus
Utrum donum sit nomen essentiale.

Ad primum sic proceditur. Videtur quod donum sit nomen essentiale. Omne enim nomen connotans effectum in creatura, significat divinam essentiam, ut communiter dicitur. Sed hoc nomen donum connotat effectum in creatura: dicitur enim Spiritus Sanctus donum, inquantum est donabilis creaturæ in aliquo effectu. Ergo est essentiale.

Præterea, nullum nomen personale convenit essentiæ;

quia essentia nec genita est nec gignens.

Sed essentia divina dicitur donata esse filio a patre, ut dicitur Philippens. 2, 9: donavit illi nomen quod est super omne nomen: quod etiam accipitur ex verbis Hilarii supra positis, 16 distinct., ult. Cap..

Ergo donum est nomen essentiale.

Item, Spiritui Sancto convenit esse donum, inquantum procedit ut amor. Sed amor in divinis etiam essentialiter dicitur, ut habetur ex verbis Augustini supra, distin. 10 positis.

Ergo videtur quod et donum.

Præterea, quidquid habetur ab aliquo, hoc dicitur esse datum vel donatum. Sed, non intellecta distinctione personarum adhuc possemus habere Deum ad fructum, et non habemus hoc a nobis.

Ergo esset datum nobis. Quidquid autem intelligitur in divinis, exclusa per intellectum distinctione personarum, est essentiale. Ergo donum est essentiale.

Contra, quidquid convenit alicui personæ secundum rationem originis, non est essentiale sed notionale. Donum autem dicitur Spiritus Sanctus, inquantum ab æterno procedit, ut dicitur in littera.

Ergo non est essentiale, sed personale.

Respondeo dicendum, quod, sicut supra dictum est, dist. 15, quæst. 3, art. 1, dare vel donare dicitur dupliciter. Uno modo illud quod habetur per modum dominii, ut possessio. Alio modo illud quod habetur quasi intrinsecum sibi, sicut aliquis habet seipsum vel materiam suam vel qualitatem.

Quamvis autem in divinis personis non sit dominium unius respectu alterius, tamen est ibi auctoritas principii. Dicendum igitur, quod datio potest importare auctoritatem respectu dati; et sic donum vel datum est notionale. Potest etiam non importare auctoritatem, sed tantum hoc quod id quod datur, libere habeatur; et hoc modo ipsa essentia dicitur dari vel donari. Et secundum hoc, donum vel datum non est personale, sed essentiale; tamen semper importat distinctionem dantis ad eum cui datur, quamvis non ad id quod datur.

Ad primum igitur dicendum, quod nomen potest connotare effectum in creatura dupliciter: vel secundum rationem principii tantum; et quia eadem est operatio totius trinitatis, oportet quod tale nomen commune sit toti trinitati et ad essentiam pertinens; vel ita quod cum ratione principii, respectu creaturæ, etiam aliquid aliud importet: et tunc, quamvis secundum respectum ad creaturam det intelligere essentiam ex consequenti, sicut causa intelligitur in effectu; tamen secundum aliud quod

significat potest ad personam pertinere; sicut assumere carnem importat et operationem, quæ communis est tribus personis, et terminum operationis in quem terminata est assumptio, quod proprium est personæ filii; et ideo sibi soli convenit. Similiter dico, quod donum, præter respectum quem importat ad illud cui donabile est, importat respectum ad illum a quo est, sicut a principio respectu ejus auctoritatem habente; et ex hac parte est notionale.

Ad secundum dicendum, quod si dare importet auctoritatem respectu dati in dante, sic essentia non dicitur dari, sed alio modo, ut dictum est, in corp. Art..

Et per hoc patet responsio ad tertium; quia amor essentialis, quamvis sit habens rationem primi doni, in quo alia dona dantur, tamen respectu ejus non potest denotari auctoritas; et ideo ratione prædicta, amor non potest dici donari secundum quod auctoritas importatur in donante respectu dati.

Et similiter etiam dicendum ad quartum; quia donum, in cujus ratione importatur auctoritas, non remanet, non intellecta distinctione personarum.

Articulus Secundus
Utrum donum sit proprium Spiritus Sancti.

Ad secundum sic proceditur. Videtur quod donum non sit proprium Spiritus Sancti. Temporalis enim processio vel missio Spiritus Sancti dicitur ejus donatio. Sed filius mittitur sicut Spiritus Sanctus, et habet aptitudinem ad missionem a processione æterna sicut Spiritus Sanctus, ut patet ex dictis, dist. 15, quæst. 4, art. 2. Ergo filius potest dici donum sicut Spiritus Sanctus.

Præterea, cum personæ distinguantur per processiones æternas, nomen proprium personæ potest designari in actu processionis; sicut filius designatur in generatione, inquantum est filius. Sed nomen doni non designatur in processione æterna: quia secundum eam pater non dicitur donare donum, sicut dicitur generare filium. Ergo videtur quod non sit proprium Spiritus Sancti.

Item, propria personarum dicunt tantum relationem, quia in absolutis divinæ personæ non distinguuntur.

Sed donum non dicit tantum relationem, immo aliquid aliud quod datur. Ergo videtur quod non sit nomen proprium Spiritus Sancti.

Præterea, Spiritus Sanctus non habet nisi unam notionem, quæ est ejus processio. Sed alio modo innotescit Spiritus Sanctus inquantum est donum, et inquantum est procedens. Ergo videtur quod notio qua donum dicitur, non sit propria Spiritus Sancti, et ita nec nomen doni.

In contrarium est quod dicit Augustinus, Lib. De Trinit., quia sicut in trinitate solus filius dicitur verbum, ita solus Spiritus Sanctus dicitur donum.

Sed quod convenit soli alicui personæ, est proprium sibi. Ergo nomen doni proprium est Spiritus Sancti.

Respondeo dicendum, quod donum et datum differunt, ut in littera dicitur: et horum differentia potest attendi quantum ad tria; scilicet quantum ad consignificationem. Datum enim consignificat tempus, cum sit participium; donum autem non, cum sit nomen. Inde est quod donum competit magis divinis, quæ sine tempore sunt, quam datum: unde donum potest esse æternum, sed non datum. Item quantum ad significationem, quia donare addit supra dare. Donum enim, ut dicit Philosophus, est datio irreddibilis, non quæ recompensari non valeat, sed illa quæ recompensationem non quærit. Unde donum importat liberalitatem in dante.

Item quantum ad modum significandi: quia donum importat aptitudinem ad dandum; datum autem importat dationem in actu. Aptitudo autem ad dandum potest attendi dupliciter; vel ex parte ipsius dati, quasi passiva, sicut calefactibile ad calefactionem aptitudinem importat: vel ex parte dantis quasi activa; et talis aptitudo est secundum rationem qua aliquid datur liberaliter. Ratio autem omnis liberalis collationis est amor: quod enim propter cupiditatem datur, vel propter timorem, non liberali datione datur; sed talis datio magis dicitur quæstus vel redemptio. Quia igitur Spiritus Sanctus est amor, ex ratione suæ processionis habet in se et quod detur, et quod sit ratio dandi: unde est donum per se, et primo; alia autem quæ dantur non sunt dona nisi secundum quod participant aliquid amoris, ut ex amore data. Si igitur colligantur tres dictæ rationes doni, adjuncta auctoritate dantis ad donum, patet quod in trinitate donum Spiritui Sancto convenit secundum suam processionem æternam, inquantum procedit ut amor, qui est ratio liberalis collationis. Unde sicut amor est sibi proprium, ita donum.

Ad primum igitur dicendum, quod donum non importat missionem in actu, sed rationem liberalis collationis vel dationis; quæ quamvis sit idem re quod missio in divinis personis, tamen differunt ratione. Unde quamvis filius detur vel mittatur, tamen ratio liberalis dationis est amor, qui est Spiritus Sanctus: et ista ratio non pertinet ad filium: unde non proprie potest dici donum, etsi dicatur datus.

Ad secundum dicendum, quod, sicut dictum est, distin.

13, quæst. Unica, art. 3, processio filii nominatur etiam quantum ad proprium suum modum, scilicet nomine suæ generationis; et ideo ex propria sua processione potest trahi sua proprietas, scilicet filius. Sed processio Spiritus Sancti non habet nomen quantum ad modum suæ processionis proprium.

Unde ex actu personali quo significatur procedere, non potest trahi ad proprium pertinens ad modum processionis, secundum quod dicitur amor vel donum.

Ad tertium dicendum, quod hoc nomen donum vel datum, præter relationem ex qua dicitur donum vel datum, dat intelligere rem quamdam quæ datur; quamvis forte non sicut partem significationis nominis, quia subjectum non includitur in significatione nominis significantis accidens concretive, ut dicit Commentator, quamvis Avicenna, contrarium senserit.

Sed ad rationem dati vel doni, nihil refert utrum illa res data sit in hoc genere vel in illo: et secundum quod coarctatur donum conditionibus prædictis, oportet quod res illa data relationem significet: quia donum, ut ratio dandi, est amor; nec amor potest dari ut respectu cujus habeatur auctoritas nisi personalis quæ ad aliquid est.

Ad quartum dicendum, quod sicut est in essentialibus, quod una essentia communis est bonitas et sapientia et omnia alia attributa, secundum diversas rationes; ita etiam in personalibus: quia una proprietas vel notio secundum rem differt secundum diversas rationes significandi in nomine; sicut proprietas verbi alio modo significatur dum dicitur filius, et dum dicitur verbum. Ita etiam proprietas Spiritus Sancti potest secundum diversas rationes diversis nominibus significari; et potest esse quod secundum rationem intelligendi una illarum rationum consequatur ad aliam, sicut etiam est in essentialibus attributis, quod voluntas præsupponit intellectum. Unde ratio doni consequitur rationem amoris simili modo.

Articulus Tertius
Utrum per donum, quod Spiritus Sanctus est, dentur omnia dona.

Ad tertium sic proceditur. Videtur quod per donum, quod est Spiritus Sanctus, non dentur omnia dona. Sicut enim dicit Philosophus, alterationis non est alteratio: alias in infinitum abiretur. Si ergo donum datur per donum, ibitur in infinitum; et hoc non est ponere. Ergo videtur quod dona non dentur per aliud donum.

Præterea, ut supra habitum est ex verbis Hilarii, ipsa essentia divina est data a patre filio. Si igitur omne datum datur per Spiritum Sanctum, tunc essentia datur filio per Spiritum Sanctum; et hoc est inconveniens, quia Spiritus Sanctus esset principium filii. Ergo videtur quod per hoc donum non dentur omnia dona.

Item, filius est etiam datus nobis, Isaiæ 9.

Sed Spiritus Sanctus non habet aliquam rationem principii respectu filii. Ergo videtur quod non omne datum detur per hoc donum.

Præterea, nihil datur per donum aliquod, nisi illud donum detur. Sed multa dantur nobis a Deo, in quibus non datur Spiritus Sanctus, sicut data naturalia, et gratiæ gratis datæ. Ergo videtur quod non omnia dona dentur per hoc donum.

Contra est quod in littera dicitur.

Præterea, illud quod est primum in quolibet genere, est causa omnium quæ sunt in genere illo ut habetur ex verbis Philosophi.

Sed Spiritus Sanctus habet rationem primi doni, inquantum ipse est amor patris et filii. Ergo videtur quod per hoc donum omnia dentur.

Respondeo dicendum, quod aliquid dicitur dari multipliciter: quandoque ex ipsa proprietate naturæ, secundum quod dicimus quod ignis dat calorem suum et sol splendorem, et hujus dationis non est principium voluntas: quandoque ex voluntate, ut principio dationis; et hoc contingit dupliciter; quandoque enim per dationem intenditur aliqua utilitas ipsius dantis, vel quantum ad remotionem mali, sicut quando aliquid datur ex timore, et talis datio dicitur redemptio; vel quantum ad acquisitionem alicujus boni, et talis datio est proprie quæstus, vel venditio; quandoque autem non intenditur utilitas aliqua in ipso dante, et hæc datio dicitur liberalis, et proprie dicitur donatio.

Constat autem quod illa datio in qua intenditur utilitas dantis nunquam competit Deo; unde ipsa singulariter dicitur liberalis, quia in omnibus aliis dantibus intenditur aliqua utilitas in dante vel boni temporalis vel spiritualis. Unde nulla datio est pure liberalis, ut dicit Avicenna, nisi Dei et operatio ipsius. Ratio autem liberalis dationis est amor qui, secundum Dionysium, movet superiora ad provisionem minus habentium. Et quia Spiritus Sanctus est amor, ideo ipse est ratio omnium eorum datorum quorum principium est divina voluntas, sicut sunt omnia data creaturis.

Ad primum igitur dicendum, quod Philosophus intendit dicere, quod alteratio non terminatur ad alterationem, per se loquendo; non tamen intendit dicere, quod una alteratio non possit esse causa alterius: et non ibitur in infinitum, quia erit devenire ad primum donum quod datur per seipsum, et non per aliud donum Spiritus Sancti.

Ad secundum dicendum, quod datio illa qua pater dat essentiam filio est datio ex proprietate naturæ; unde ad illam dationem comparatur natura ut principium et non voluntas, ut supra dictum est, dist. 15, quæst. 3, art. 1, et ideo talis datio non est per Spiritum Sanctum.

Ad tertium dicendum, quod quamvis Spiritus Sanctus non sit principium filii, est tamen principium effectus secundum quem filius dicitur dari vel mitti: et ideo etiam ipse filius est datus per donum quod est Spiritus Sanctus, scilicet per amorem: unde dicitur Joan. 3, 16: sic Deus dilexit mundum ut filium suum unigenitum daret.

Ad quartum dicendum, quod quamvis omnia dona et naturalia et gratuita, dentur nobis a Deo per amorem, qui est primum donum, non tamen in omnibus donis datur ipse amor, sed tantum in dono quod est similitudo illius amoris, scilicet in dono caritatis. Cum enim dicitur, quod alia dona dantur per donum amoris, qui est Spiritus Sanctus, præpositio per non notat causam ex parte recipientis, ut sit sensus: per hoc quod recipit donum amoris, recipit alia dona: sed notat habitudinem causæ ex parte dantis, qui per hoc quod amat creaturam suam, omnia data dat.

Articulus Quartus
Utrum eadem processione Spiritus Sanctus habeat quod sit donum et Deus.

Ad quartum sic proceditur. Videtur quod non eadem processione Spiritus Sanctus habeat quod sit Deus et quod sit donum. Non enim est eadem ratio communis et proprii. Sed donum est proprium Spiritui Sancto. Deus autem est commune. Ergo non est idem donum et Deus.

Præterea, quidquid habet Spiritus Sanctus per processionem, secundum rationem intelligendi consequitur ipsam processionem. Sed deitas non est consequens processionem: quia non procedit neque per se neque per accidens, sicut etiam non generatur. Ergo videtur quod Spiritus Sanctus non habet per processionem quod sit Deus.

Contra, Spiritus Sanctus non est Deus, nisi inquantum habet deitatem. Sed per processionem recipit totam deitatem a patre. Ergo processione est Deus.

Respondeo dicendum, quod sicut in filio est significare proprietatem ejus per modum relationis, ut cum dicitur filiatio, et per modum exitus vel emanationis, ut cum dicitur generatio passive, vel nativitas; ita esse etiam in

Distinctio XVIII

Spiritu Sancto, si nomina essent posita; sed propter defectum nominum utimur eodem nomine ad significandum emanationem ipsius, et proprietatem vel relationem, scilicet nomine processionis. Dico igitur, quod processio potest dicere emanationem Spiritus Sancti, vel relationem sive proprietatem ejus. Si relationem vel proprietatem, sic Spiritus Sanctus proprietate sua, formaliter loquendo, est Spiritus Sanctus et donum et amor, non autem Deus, sicut nec filius filiatione est Deus formaliter loquendo, sed filiatione est filius, et deitate Deus, et sapientia sapiens. Si dicat emanationem, tunc potest dici, quod Spiritus Sanctus sua processione est Deus et donum, sicut etiam filius sua nativitate est filius et Deus; sed diversimode: quia deitas se habet ad generationem solum ut accepta per generationem; sed filiatio, secundum rationem intelligendi, est consequens generationem. Et simili ratione consequitur quod filius nascendo accipiat divinitatem; et non solum ita quod gerundium importet concomitantiam, ut dicitur de aliquo: currendo est homo: sed importat ordinem ad acceptum, ut sit sensus: filius nascendo accepit deitatem; idest, per nativitatem accepit divinitatem. Et similiter est de processione Spiritus Sancti. Hæc autem plenius dicta sunt supra, dist. 10, quæst. Unic. Art. 1.

Ad primum igitur dicendum, quod non eodem modo formaliter secundum rationem Spiritus Sanctus est Deus et donum; sed per eamdem emanationem habet utrumque: quia sicut filius nihil habet nisi quod nascendo accepit, ita et Spiritus Sanctus nihil habet nisi quod procedendo accepit.

Ad secundum dicendum, quod essentia divina non accepit novum esse in Spiritu Sancto per processionem, cum unum et idem sit esse trium personarum; et ideo non procedit neque per se neque per accidens; neque etiam processionem consequitur; sed hoc quod Spiritus Sanctus habeat deitatem, convenit ei ex sua processione.

Articulus Quintus

Utrum Spiritus Sanctus possit dici donum nostrum.

Ad quintum sic proceditur. Videtur quod Spiritus Sanctus possit dici donum nostrum. Donum enim dicitur secundum respectum ad creaturam.

Sed eis quæ important respectum ad creaturam, potest addi meum vel nostrum, ut creator noster. Ergo videtur quod Spiritus Sanctus possit dici donum nostrum.

Item, sanctus nihil adimit de ratione hujus quod dicitur spiritus. Sed dicitur spiritus noster, ut spiritus Eliæ. Ergo videtur quod potest dici Spiritus Sanctus noster.

Item, sicut filius importat relationem æternam, a qua imponitur, ita et pater. Sed dicitur pater noster. Ergo etiam potest dici filius noster.

Præterea, quidquid datur nobis, est nostrum.
Sed filius datus est nobis. Ergo est filius noster.

Præterea, in Deo idem est deitas et Deus et sapientia et bonitas et omnia hujusmodi. Sed dicitur Deus noster; ergo etiam potest dici Deus sapientia nostra vel essentia nostra.

Sed e converso videtur quod non potest dici Deus noster. In pronomine enim nostrum vel meum, importatur aliqua habitudo vel relatio creatoris ad creaturam. Sed Deus est nomen absolutum et nomen naturæ, ut dicit Ambrosius.

Ergo videtur quod non potest dici Deus noster.

Respondeo dicendum, quod Deus non potest habere aliquam relationem ad nos, nisi per modum principii. Cum autem causæ sint quatuor, ipse non est causa materialis nostra; sed se habet ad nos in ratione efficientis et finis et formæ exemplaris, non autem in ratione formæ inhærentis. Considerandum est igitur in nominibus divinis, quod omnia illa nomina quæ important rationem principii per modum efficientis vel finis recipiunt additionem dictorum pronominum, sicut dicimus: creator noster et bonum nostrum. Ea autem quæ dicuntur per modum formæ inhærentis, non recipiunt dictorum pronominum additionem; et talia sunt nomina omnia divina, quæ in abstracto significantur, quæ omnia significantur per modum formæ, ut essentia, bonitas et hujusmodi. Unde in talibus non potest fieri additio. Non enim possum dicere, quod Deus sit essentia nostra vel substantia vel aliquid hujusmodi. Tamen in istis nominibus considerandus est quidam ordo. Quia quædam horum abstractorum important rationem principii efficientis et exemplaris, ut sapientia et bonitas et hujusmodi, quando fit additio dictorum pronominum, ut cum dicimus, Deus est sapientia nostra causaliter, per modum quo dicitur spes nostra: quia per ejus sapientiam efficitur in nobis sapientia exemplata a sua sapientia, per quam sapientes sumus formaliter.

Quædam autem non important rationem principii, nisi forte exemplaris, et talibus non consuevit fieri dicta additio. Non enim consuetum est dici, quod Deus sit essentia nostra, vel substantia nostra. Tamen etiam quandoque istis nominibus fit talis additio propter habitudinem principii exemplaris: sicut Dionysius dicit quod esse omnium est superesse deitatis; licet hujusmodi locutiones magis sint exponendæ quam extendendæ.

Ad primum ergo dicendum, quod donum importat quamdam relationem in actu, scilicet ad dantem, et quamdam solum in aptitudine, quantum est in ratione sui nominis, scilicet ad eum cui datur; et ideo potest semper dici donum dantis; sed non est ejus cui datur, nisi quando sibi est datum in actu; et propter hoc dicimus datum nostrum et non donum nostrum.

Ad secundum dicendum, quod Spiritus Sanctus est quædam circumlocutio inventa ad exprimendum personam Spiritus Sancti: ipse autem, inquantum est persona subsistens, non importat relationem principii, sed magis ejus qui est a principio; et ideo non potest dici Spiritus Sanctus noster; sed spiritus importat rationem principii, inquantum a spiritu est inspiratio, propter quod potest dici spiritus noster.

Ad tertium dicendum, quod pater importat rationem principii, filius autem non, sed magis ejus quod est a principio; et ideo non potest dici filius noster, sicut dicitur pater noster; quamvis etiam non dicatur pater noster, prout imponitur nomen a paternitate æterna: sic enim est pater solius filii naturalis.

Ad quartum dicendum, quod quamvis filius datus sit nobis, non tamen datus est nobis in filium, sed in doctorem vel salvatorem; et ideo potest dici salvator noster, sed non filius noster. Et si objiciatur: est filius et est noster; ergo est filius noster, patet quod est fallacia accidentis.

Ad quintum dicendum, quod sapientia in abstracto significat id quo aliquis est formaliter sapiens; et propter hoc ratione prædicta non potest proprie dici quod sit sapientia, nisi per modum qui dictus est, in corp. Art..

Ad ultimum dicendum, quod Deus, quamvis significet essentiam divinam quantum ad id cui imponitur, tamen quantum ad id a quo imponitur nomen, significat operationem, ut supra dictum est ex verbis Damasceni. Et ideo potest dici Deus noster. Tamen diversimode potest dici Deus omnium et justorum; Deus enim dicitur omnium propter relationem principii, inquantum scilicet est creator omnium; dicitur autem Deus justorum specialiter, secundum rationem finis quem contingunt; et ideo dicitur etiam ab eis haberi. Alia enim licet ordinentur in ipsum sicut in finem, non tamen consequuntur ipsum, nisi justi qui conjunguntur sibi per gratiam et gloriam: et ideo etiam omnium communiter dicitur vel finis vel aliquid hujusmodi; sed absolute dicitur de justis quia Deus est eorum, quia habent ipsum sicut suam hereditatem, et per quemdam modum possessionis.

Sed ipsa relatio non apparet in hoc nomine.

Videtur hoc esse falsum: quia sicut dicitur donum dationis, ita spiritus spirationis. Sed dicendum, quod in nomine spiritus non importatur relatio nisi per accidens ex modo significandi, prout significatur ut terminus actionis alicujus; sed in nomine doni importatur relatio etiam quantum ad significationem; quia hoc ipsum donare, unde nomen doni sumitur, magis pertinet ad genus relationis quam actionis: quia dare nihil est aliud quam suum alterius facere. Nomen etiam spiritus imponitur ad significandum substantiam ratione alicujus proprietatis, scilicet subtilitatis, ut supra dictum est, dist. 10, qu. Un., art. 4, unde et ærem spiritum dicimus et animam: sed nomen doni non imponitur ad significandum substantiam, sed ad significandum aliquid circa substantiam, quod consequitur dationem: unde non reducitur ad prædicamentum substantiæ.

Non enim, ut ait Hilarius, per defectionem, aut protensionem, aut derivationem ex Deo Deus est.

Hic Hilarius a divinis personis excludit tres modos emanationis qui sunt in diversitate substantiæ. Unus est quando aliquid generatur ex re corrupta, ut vermis in carne putrefacta, vel ær ex aqua; et hoc notat cum dicit: per defectionem. Secundus quando producitur ex re manente conjuncta sibi, sicut ramus ex arbore; et hoc tangit cum dicit, protensionem. Tertius est, quando producitur aliquid ex re manente, sed separata ab ea, ut rivus ex fonte, vel ex silice; et hoc tangit cum dicit: derivationem vel decisionem; et sic etiam homo est ex homine: quorum nullus divinis personis convenit.

Sed ex virtute naturæ, non tamquam generante, sed tamquam principio generationis per modum formæ: subsistit filius nativitate; idest, nascitur subsistens: in naturam eamdem, non solum specie, sicut in aliis generationibus univocis, sed numero.

Nativitas, inquit, Dei non potest non eam de qua profecta est, tenere naturam. Hæc exposita est superius, 5 distinctione in exposit. Litteræ.

Non ille spiritus noster quo sumus. Sciendum, quod in Spiritu Sancto sumus, non quidem formaliter, sed effective: sed spiritu creato, quæ est anima sumus formaliter; Spiritu Sancto autem sumus sancti effective et formaliter, secundum quod per caritatem, quæ est exemplatum amoris, qui est Spiritus Sanctus, formaliter sanctificamur; et per hoc nobis Spiritus Sanctus

conjungitur.
Tollam de spiritu tuo, numer. 11, 17. Hoc enim non dicitur quia Moysi gratia minorata esset quantum ad statum habitus, sed quantum ad usum sollicitudinis, aliis in sui auxilium substitutis. De spiritu etiam suo dicitur illis collatum, non quia persona Spiritus Sancti divisibilis sit, vel quod habitus gratiæ de subjecto in subjectum transferri possit, et dividi; sed quia acceperunt minorem gratiam quam Moyses habuerat, et ad similes actus, et quasi ex gratia Moysi propagatam, inquantum eis gratiam talem orando impetravit.

Post hæc quæritur, utrum Spiritus Sanctus ad seipsum referatur. Istam quæstionem solvet Magister in 30 distinct..

Distinctio XIX

Quæstio I
Prologus

Postquam determinavit Magister de personis divinis quantum ad earum distinctionem per relationes æternas, hic incipit determinare de ipsis quantum ad earum æqualitatem. Dividitur autem hæc pars in duas: in prima ostendit æqualitatem personarum; in secunda movet quamdam dubitationem quæ oritur ex quibusdam locutionibus, quibus in sua probatione usus fuerat, 21 distinct., ibi: hic oritur quæstio trahens originem ex prædictis.

Prima in duas: in prima ostendit secundum quid attendenda sit personarum æqualitas; in secunda secundum illa personarum æqualitatem ostendit, ibi: quod autem æternitate, aliqua trium personarum aliam non excedat, supra ostensum est. Circa primum duo facit: primo ostendit quod æqualitas personarum attenditur quantum ad æternitatem, magnitudinem, et potestatem; secundo ostendit qualiter ista tria se habent ad invicem, scilicet quod sunt idem secundum rem quod divina essentia, ibi: cumque enumerentur ista quasi diversa, in Deo tamen unum et idem sunt.

Quod autem æternitate, aliqua trium personarum aliam non excedat, supra ostensum est. Hic ostendit propositum; et dividitur in tres partes: in prima ex prædictis relinquit æqualitatem personarum quantum ad æternitatem; in secunda ostendit earum æqualitatem quantum ad magnitudinem, ibi: nunc superest ostendere quod magnitudine vel potentia alius alium non excedat; in tertia quantum ad potestatem, 20 dist., ibi: nunc ostendere restat quomodo aliqua harum personarum aliam non excellat potentia.

Nunc superest ostendere quod magnitudine vel potentia alius alium non excedat. Hic ostendit personarum æqualitatem quantum ad magnitudinem: et primo ostendit æqualitatem in magnitudine; secundo inducit quamdam conclusionem, ibi: præterea cum Deus dicatur trinus, non tamen debet dici triplex. Prima in tres, secundum tres vias quibus probat æqualem magnitudinem trium personarum: primo ostendit ex mutua inhæsione; secundo ex remotione eorum quæ inæqualitatem facere possent, ibi: sed jam nunc ad propositum redeamus; tertio ex ratione divinæ simplicitatis et veritatis, ibi: sciendum est igitur, tantam æqualitatem esse in trinitate etc.. Circa primum tria facit: primo manifestat propositum; secundo proponit intentum, ibi: sciendum igitur est quia pater non est major filio; tertio ponit æqualitatis signum, ibi: et inde est quod pater dicitur esse in filio, et filius in patre, et Spiritus Sanctus in utroque.

Hic quæruntur duo. Primo de æqualitate. Secundo de illis in quibus attenditur æqualitas. Circa primum quæruntur duo: 1 an in divinis sit æqualitas; 2 an ibi sit mutua æqualitas.

Articulus Primus
Utrum æqualitas sit in divinis.

Ad primum sic proceditur. Videtur quod æqualitas non sit in divinis. Sicut enim dicit Philosophus, unum in quantitate facit æquale. Sed in Deo non est quantitas, ut supra dixit Augustinus, quod est sine quantitate magnus.

Ergo videtur quod non sit æqualitas ibi.

Præterea, quidquid est in divinis de absolutis, significat divinam substantiam. Sed secundum unitatem substantiæ attenditur identitas, et non æqualitas. Ergo videtur quod per hoc quod probatur una essentia trium personarum, magis probetur identitas quam æqualitas.

Item, qualitas magis se habet ad spiritualia quam quantitas: quia quædam species qualitatis, ut scientia et virtus et hujusmodi, inveniuntur in substantiis spiritualibus; non autem species quantitatis, nisi forte numerus, secundum quem non attenditur hæc æqualitas personarum. Ergo cum secundum qualitatem potius sit similitudo quam æqualitas, videtur quod ista convenientia in essentialibus magis dicenda sit similitudo quam æqualitas.

Præterea, omnis æqualitas dicit proportionem et commensurationem quamdam. Sed infinitorum non est aliqua commensuratio nec proportio.

Cum igitur divinæ personæ infinitæ sint, non videtur in eis esse æqualitas.

In contrarium, est quod in symbolo Athanasii dicitur: et totæ tres personæ coæternæ sibi sunt et coæquales.

Respondeo dicendum, quod, sicut dicit Philosophus, unum in substantia facit idem, unum in quantitate æquale, unum in qualitate facit simile. Quamvis autem in divinis non sit qualitas vel quantitas secundum communem rationem generis, sunt tamen ibi aliquæ species qualitatis secundum proprias rationes suas, quantum ad differentias constitutivas; et similiter aliquæ species quantitatis secundum id quod est proprium eis, ut magnitudo et duratio: et ideo ratione eorum dicitur in divinis æqualitas et similitudo. Sicut autem ea quæ significantur per modum qualitatis, ut sapientia et hujusmodi, non sunt aliud secundum rem ab essentia, sed solum secundum rationem; ita etiam similitudo et identitas in divinis differunt secundum rationem et non secundum rem, et similiter est de æqualitate. Et inde est quod diversimode invenitur æqualitas et similitudo in divinis personis et in aliis rebus. In aliis enim æqualibus non est eadem quantitas secundum essentiam, sed solummodo secundum commensurationem; et similiter una qualitas secundum speciem; quia in eis est aliud qualitas et essentia, quæ respicit esse sicut actum proprium. Qualitas autem vel quantitas non dicitur per respectum ad esse, sed tantum dicunt quidditatem alicujus generis. Unde potest dici una quantitas ubi non est unum esse; sed non potest dici una essentia absolute, nisi ubi est unum esse; et hoc est ubi est eadem essentia secundum numerum.

Et inde est quod ad rationem æqualitatis, unitas secundum numerum non requiritur; sed ad identitatem requiritur unitas secundum numerum.

In divinis autem personis idem est magnitudo et sapientia, quod essentia: unde æqualitas et similitudo personarum attenditur secundum eamdem sapientiam numero et magnitudine.

Ad primum igitur dicendum, quod æqualitas non causatur ex uno in quantitate solum secundum rationem quantitatis communem, sed etiam secundum rationem alicujus speciei quantitatis. Ad rationem enim æqualitatis sufficit quod sit unitas numeri, vel etiam temporis. Et ita cum in divinis sit ratio aliquarum specierum quantitatis, potest ibi esse æqualitas proprie. Sed quia quod invenitur in pluribus, convenit eis secundum id quod est eis commune, et non secundum quod est eis proprium: ideo potest melius dici, quod æqualitas consequitur rationem quantitatis in communi, quæ consistit in quadam divisibilitate: unde ratio quantitatis invenitur proprie in illis quæ secundum se dividuntur; et sic Deo non convenit. Invenitur etiam quodammodo in illis quorum divisio attenditur secundum ea quæ extrinsecus sunt, sicut virtus dicitur divisibilis et quantitatis rationem habens ex ratione et divisione actuum et objectorum. Et talis ratio quantitatis, scilicet virtualis, Deo convenit, et per consequens æqualitas.

Ad secundum dicendum, quod ratione jam dicta, dist. 9, patet quod identitas ponit unitatem in essentia secundum numerum: et quia in rebus creatis, ex quarum consideratione nomina imponimus, etiam illa quæ de Deo prædicantur, unitas essentiæ non est nisi in eodem supposito; ideo identitas nullam importat distinctionem in supposito; sed magis unitatem.

Unde filius non potest dici, masculine loquendo, idem patri, sed neutraliter tantum; ut unitas ad essentiam referatur. Aequalitas vero et similitudo, quæ important unitatem quantitatis vel qualitatis non secundum essentiam vel esse, quantum est de sui significatione, non important unitatem quantitatis vel qualitatis in numero; sed sufficit quod sint idem specie. Hæc autem unitas est in diversis suppositis: et ideo æqualitas et similitudo simul cum unitate important distinctionem: et propter hoc dicimus filium similem patri vel æqualem; non tamen eumdem. Et inde est quod potius Magister de æqualitate quam de identitate determinavit, dist. 9, quia in identitate importatur tantum unitas essentiæ. Nec etiam secundum quemlibet modum divinis personis competit, scilicet masculine; sed in æqualitate importatur utrumque; et unitas essentiæ per modum quantitatis significatæ, et personarum distinctio.

Ad tertium dicendum, quod quamvis in similitudine similiter importetur utrumque, ut patet ex verbis Hilarii in 2 distinct. Positis quod similitudo sibi ipsi non est, tamen æqualitas addit aliquid supra similitudinem, et includit eam, quando dicitur de divinis personis. Cum enim in divinis non nisi quantitas sit virtutis, quæ fundatur in qualitate, in unitate talis quantitatis ponitur unitas qualitatis, et privatur intensionis excessus, ut patet: quia quæcumque æqualia sunt in colore, sunt etiam similia, sed non convertitur.

Ad quartum dicendum, quod æqualitas est species proportionis: est enim æqualitas proportio aliquorum habentium unam quantitatem. Dico igitur de æqualitate, sicut de quibusdam aliis, quod prædicatur de Deo quantum ad rationem differentiæ, quod est habere unam quantitatem, et non quantum ad rationem generis, quæ consistit in commensuratione quantitatis. Unde dico, quod divina magnitudo nullo modo est mensurabilis vel mensurata nec ab alio nec a se. Primo, quia mensuratio ponit terminationem, et divina magnitudo non habet terminum intra nec extra; et ideo infinita dicitur, non quidem per extensionem privative, sed per negationem termini. Secundo, quia commensuratio non est unius quantitatis ad se, sed duarum; et nulla alia magnitudo potest esse æqualis sibi. Pater autem et filius non habent aliam et aliam magnitudinem, sed unam et eamdem, secundum quam æquales dicuntur; et ita divinæ magnitudini nihil diversum ab ipsa commensuratur. Tertio, quia sicut omnis motus reducitur ad movens quod non est motum neque a se neque ab alio: ita omnis mensuratio reducitur ad unum primum quod nullo modo est mensuratum, sed est omnium mensura; et hoc Deus est, ut etiam Commentator dicit.

Articulus Secundus
Utrum æqualitas in divinis sit mutua.

Ad secundum sic proceditur. Videtur quod non sit ibi mutua æqualitas. Ita enim dicit Dionysius quod in causa et in causatis non recipimus conversionem similitudinis et æqualitatis. Sed quamvis in divinis personis non sit causa et causatum, est tamen ibi principium et quod est de principio. Ergo videtur quod filius, qui est a patre sicut a principio, sit similis et æqualis patri, sed non e converso.

Præterea, unumquodque est æquale illi quo non est minus; et nihil est æquale illi quo est majus. Sed supra, distinct. 16, dicit Hilarius: filius non est minor patre, et tamen pater est major filio. Ergo filius est æqualis patri, sed non e converso.

Item, cum nihil sibi ipsi sit æquale, omne quod æquale dicitur præsupponit aliquid cui æquale dicatur. Sed filius secundum ordinem naturæ præsupponit patrem, non autem pater præsupponit aliquid. Ergo videtur quod filius sit æqualis patri, et non e converso.

Contra est quod in symbolo dicitur: tres personæ coæternæ sibi sunt et coæquales.

Ergo est ibi mutua æqualitas.

Respondeo dicendum, quod cum æqualitas fundetur in unitate quantitatis, idem est aliquid esse æquale alicui, quod habere quantitatem illius; et esse simile, quod habere qualitatem illius.

Qualitas autem alicujus dicitur quam proprie et plene habet. Contingit autem quandoque quod qualitas illa perfecta est in utroque: unde utriusque dici potest: et secundum hoc in talibus potest dici quod utrumque alteri simile est. Quandoque autem qualitas aliqua est proprie et plene in uno, et in alio est tantum quædam imitatio illius, secundum aliquam participationem: et tunc illa qualitas non dicitur utriusque, sed ejus tantum quod eam plene possidet. Et tunc illud quod non plene habet, dicetur simile ei quod plene habet, et non e converso: ut si dicamus quod pictura est similis homini, et non e converso. Non enim dicitur quod homo sit similis suæ imagini, proprie loquendo. Ulterius, assimilari, supra hoc quod est similem esse, ponit quemdam motum et accessum ad unitatem qualitatis, et similiter, adæquari, ad quantitatem. In divinis autem personis non est aliquis motus; sed loco motus est ibi acceptio, prout dicitur una persona ab alia accipere: unde non potest esse assimilatio vel adæquatio, nisi secundum rationem acceptionis. Dico igitur, quod quia magnitudo vel bonitas est plene in qualibet divinarum personarum, quælibet persona potest dici æqualis vel similis alii. Sed quia una persona accipit ab alia et non e converso, ideo persona accipiens potest dici adæquari vel assimilari illi personæ a qua accipit, et non e converso.

Concedimus igitur inter patrem et filium esse mutuam similitudinem vel æqualitatem: quia pater est similis filio, et e converso: non autem mutuam adæquationem vel assimilationem: quia filius adæquatur patri et assimilatur, et non e converso.

Ad primum igitur dicendum, quod Dionysius loquitur in causatis illis quæ non perfecte recipiunt similitudinem suæ causæ, quod non est in divinis personis, quia tota plenitudo patris est in filio: et ideo potest dici mutua similitudo vel æqualitas.

Unde Dionysius dicit, quod in coordinatis, idest æqualibus, possibile est similia sibi invicem esse, et convertere ad alterutrum similitudinem.

Ad secundum dicendum, quod per hoc quod dicitur pater major filio, non ponitur aliquis gradus magnitudinis, sed tantum ordo auctoritatis. Unde per hoc non removetur mutua æqualitas, sed tantum mutua adæquatio.

Ad tertium dicendum, quod æqualitas non de necessitate præsupponit aliquid aliud, sed supponit.

Unde non oportet quod illud quod dicitur æquale, habeat aliquem ordinem vel prioritatis vel principii ad illud cui æquale dicitur, vel e converso.

Quæstio II
Prologus

Deinde quæritur de illis in quibus attenditur illa æqualitas; et circa hoc quæruntur duo. Primo de æternitate. Secundo de magnitudine: quia de potentia infra, distinct. 43, quæst. 1, art. 1, quæretur.

De æternitate, præter ea quæ supra, dist. 8, quæsita sunt, duo quæruntur: 1 quid sit æternitas secundum rem; 2 quomodo se habeat nunc æternitatis ad æternitatem.

Articulus Primus
Utrum æternitas sit substantia Dei.

Ad primum sic proceditur. Videtur quod æternitas non sit ipsa divina substantia. Nihil enim est causa sui ipsius. Sed Deus est auctor æternitatis, ut dicit Augustinus, et est etiam ante æternitatem, sicut causa ejus, ut dicitur Lib. De causis. Ergo videtur quod æternitas non sit ipse Deus.

Item, unumquodque mensuratur primo sui generis. Sed primum esse est divinum esse. Ergo per ejus mensuram mensuratur omne esse. Sed esse temporalium mensuratur per tempus, et æternorum per ævum. Ergo videtur, cum unius non sit nisi una mensura, quod æternitas sit idem secundum rem quod ævum et tempus.

Præterea, in omnibus participationibus divinæ bonitatis est communitas in nomine et in ratione cujusdam analogiæ inter perfectionem participatam a creatura et principium communicationis in Deo, sicut se habet bonitas creaturæ cum bonitate increata. Sed secundum Dionysium, sicut Deus dicitur sapiens inquantum implet alios sapientia, ita per hoc dicitur æternus quod est causa ævi et temporis. Ergo videtur quod ævum et tempus debeant dici æternitas.

Item, mensura est proportionata mensurato.

Sed omne esse in se consideratum indivisibile est, quia nihil habet admixtum ut dicit Boetius, et quamdiu res manet, esse suum substantiale non variatur, quamvis accidentia varientur.

Cum igitur esse temporalium mensuretur tempore, videtur quod tempus sit mensura indivisibilis et permanens, et sic non differat ab æternitate.

Præterea, in quocumque est invenire successionem, illud mensuratur tempore. Sed esse æviternorum, sicut Angeli et substantiæ cæli, non mensuratur tempore. Ergo videtur quod eorum esse non habeat successionem, et ita videtur quod non differat ab æternitate.

Respondeo dicendum, quod diversitatem æternitatis, temporis et ævi, quidam voluerunt accipere, quod tempus habet principium et finem; ævum principium habet et non finem; æternitas nec principium nec finem. Sed secundum hoc non attenditur essentialis eorum diversitas: quia posito quod tempus nunquam inceperit, nec nunquam finiatur, adhuc tempus non erit æternitas, ut dicit Boetius. Supposito etiam quod Angeli semper fuerint, ævum adhuc differret ab æternitate. Quid tamen veritatis habeat, ex his quæ dicentur, patebit.

Sciendum est igitur, quod tria prædicta nomina significant durationem quamdam. Duratio autem omnis attenditur secundum quod aliquid est in actu: tamdiu enim res durare dicitur quamdiu in actu est, et non dum est in potentia. Esse autem in actu contingit dupliciter. Aut secundum hoc quod actus ille est incompletus, et potentiæ permixtus, ratione cujus ulterius in actum procedit; et talis actus est motus: est enim motus existentis in potentia, secundum quod hujusmodi, ut dicit Philosophus.

Aut secundum quod actus non est permixtus potentiæ, nec additionem recipiens perfectionis; et talis actus est actus quietus et permanens.

Esse autem in tali actu contingit dupliciter.

Vel ita quod ipsum esse actu, quod res habet, sit sibi acquisitum ab alio; et tunc res habens tale esse est potentialis respectu hujus actus, quem tamen perfectum accepit. Vel esse actu est rei ex seipsa, ita quod est de ratione quidditatis suæ; et tale esse est esse divinum, in quo non est aliqua potentialitas respectu hujus actus. Sic igitur patet quod est triplex actus. Quidam cui non substernitur aliqua potentia; et tale est esse divinum et operatio ejus; et huic respondet loco mensuræ æternitas.

Est alius actus cui substat potentia quædam; sed tamen

est actus completus acquisitus in potentia illa; et huic respondet ævum. Est autem alius cui substernitur potentia, et admiscetur sibi potentia ad actum completum secundum successionem, additionem perfectionis recipiens; et huic respondet tempus. Cum igitur unicuique rei respondeat propria mensura, oportet quod secundum conditionem actus mensurati accipiatur essentialis differentia ipsius mensuræ. Invenitur autem in actu qui motus est, successio prioris et posterioris. Et hæc duo, scilicet prius et posterius, secundum quod numerantur per animam, habent rationem mensuræ per modum numeri, quæ tempus est. Unde dicit Philosophus, quod tempus est numerus motus secundum prius et posterius. Et est numerus numeratus, et non numerus simpliciter.

Sicut enim dicimus quod duo canes est numerus numeratus, et duo est numerus simpliciter; ita etiam numerus prioris et posterioris in motu est numerus numeratus, qui est tempus. Ex quo patet quod illud quod est de tempore quasi materiale, fundatur in motu, scilicet prius et posterius; quod autem est formale, completur in operatione animæ numerantis: propter quod dicit Philosophus quod si non esset anima, non esset tempus. Sic igitur de ratione hujus mensuræ, quæ est tempus, sunt duo: scilicet quod accipiantur ibi plura, ad minus duo; vel duo nunc, inter quæ est tempus; vel duo tempora continuata per unum nunc: et quod illa sint succedentia.

Continuitas etiam accedit tempori ex ratione motus quem mensurat. Unde si aliquis motus esset non continuus, non habens ordinem ad motum continuum cæli, tempus mensurans illum motum non esset continuum. Ex quo patet quod tempore non mensuratur nisi id quod includitur in tempore, et secundum principium et finem. Motus enim cæli etsi ponatur semper fuisse, secundum Philosophum, tamen unaquæque revolutio vel pars revolutionis, quæ mensuratur tempore, secundum prius et posterius accepta in ipsa, principium habet et finem, et secundum hoc verum est quod tempus habet principium et finem: quia non est mensura nisi habentis principium et finem. In actu autem illo qui est actus completus, non est intelligere prius et posterius, nec aliqua plura, et ita nec successionem: unde mensura quæ respondet eis, non est per modum numeri, sed magis per modum unitatis. Sicut ergo prius et posterius temporis, prout intelliguntur numerata, complent rationem temporis; ita permanentia actus, secundum quod intelligitur in ratione unius quod habet rationem mensuræ, complet rationem ævi et æternitatis. Sed quia esse æviternorum est acquisitum ab alio, ideo ævum mensurat esse quod habet principium; non autem æternitas, quæ mensurat esse quod non est acquisitum ab alio. Et secundum hoc potest sustineri dicta differentia, licet non uniformiter sumpto principio: quia æternitas respicit illud esse quod non habet principium efficiens; ævum autem quod habet tale principium; tempus vero respicit actum qui habet principium et finem durationis, ut mensuratur tempore.

Ad primum igitur dicendum, quod sicut patet ex prædictis, in corp. Art., ævum nihil aliud est quam æternitas quædam participata; unde non inveniuntur auctores antiqui multum curasse de differentia ævi et æternitatis: propter hoc Dionysius utitur uno pro alio. Unde si proprie accipiatur causa et auctor, Deus dicitur esse auctor æternitatis, non qua ipse æternus est, sed æternitatis participatæ, quæ ævum est; sicut dicimus, quod ipse est causa omnis bonitatis, non suæ, sed ejus quæ ab ipso in creaturas effluit sicut a principio. Posset etiam dici, quamvis non ita bene, quod causa communiter accipitur pro omni eo quod est etiam prius secundum rationem: cum enim essentia divina secundum intellectum sit prius quam esse suum, et esse prius quam æternitas, sicut mobile est prius motu, et motus prior tempore; dicetur ipse Deus esse causa suæ æternitatis secundum modum intelligendi, quamvis ipse sit sua æternitas secundum rem.

Ad secundum dicendum, quod omnibus illis in quibus invenitur diversa ratio mensurandi, oportet esse diversas mensuras proprias; non enim eodem modo mensurantur panis et vinum. Unde cum diversa ratio mensurandi sit in diversis actibus, oportet quod respondeant eis diversæ mensuræ propriæ: verumtamen una earum potest ordinari ad aliam, sicut ad primam mensuram et excedentem. Unde sicut divinum esse est mensura omnis actus, ita æternitas est mensura omnis durationis, excedens et non coæquata. Sed præter hoc oportet habere alias proprias mensuras propter diversos modos mensurandi.

Ad tertium dicendum, quod divina bonitas participatur in diversis secundum diversos modos. Perfectioni autem participatæ duplex nomen imponitur.

Vel secundum rationem communem perfectionis illius; et tunc nomen est commune et ipsi principio communicanti et omnibus participantibus, secundum analogiam, sicut bonitas, entitas et hujusmodi.

Vel secundum proprium modum quo recipitur vel est in aliqua creatura, ut patet quod cognitio participatur a Deo in omnibus cognoscentibus et hoc nomen sensus imponitur ad significandum cognitionem secundum aliquem modum determinatum habendi ipsam, et propter hoc non est commune omnibus. Similiter æternitas nominat durationem secundum illum modum quo est in principio suo; et ideo aliæ durationes participatæ non dicuntur nomine æternitatis.

Ad quartum dicendum, quod tempus per se est mensura motus primi; unde esse rerum temporalium non mensuratur tempore nisi prout subjacet variationi ex motu cæli. Unde dicit Commentator, quod sentimus tempus, secundum quod percipimus nos esse in esse variabili ex motu cæli.

Et inde est quod omnia quæ ordinantur ad motum cæli sicut ad causam, cujus primo mensura est tempus, mensurantur tempore; et quicumque sentit quamcumque variabilitatem quæ consequitur ex motu cæli, sentit tempus, quamvis non videat ipsum motum cæli.

Ad quintum dicendum, quod quamvis actus qui mensuratur ævo, sit totus simul sine successione, hoc esse tamen est ab alio; et in hoc ab æternitate ævum discernitur, ut prius dictum est, distin. 8, quæst. 2, art. 2.

Articulus Secundus
Utrum nunc æternitatis sit ipsa æternitas.

Ad secundum sic proceditur. Videtur quod nunc æternitatis non est ipsa æternitas. Nunc enim æternitatis, temporis et ævi, videtur unum esse, quod significatur, cum dicitur: quando motus est, et Angelus est, et Deus est. Sed æternitas non est tempus, ut dictum est, art. Antec.. Ergo nunc æternitatis, quod est idem quod nunc temporis, non est idem quod æternitas.

Item, omne nunc est indivisibile. Sed æternitas est divisibilis: quod videtur ex hoc quod in littera inducitur: in generationem et generationem anni tui; et loquitur de duratione æternitatis. Ergo videtur quod nunc æternitatis non sit æternitas.

Item, nunc stans facit æternitatem, ut Bœtius dicit; et ita nunc est causa æternitatis. Sed non potest idem esse causa sui ipsius. Ergo non est idem æternitas et nunc æternitatis.

Præterea, sicut se habet nunc temporis ad tempus, ita se habet nunc æternitatis ad æternitatem.

Sed nunc temporis non est tempus sicut nec punctus est linea. Ergo nec nunc æternitatis est æternitas.

Contra, æternitas est ipse Deus. Sed in divina essentia non est aliqua realis diversitas. Ergo non differt ibi nunc æternitatis et æternitas.

Respondeo dicendum, quod secundum Philosophum, tempus est mensura ipsius motus, et nunc temporis est mensura ipsius mobilis. Unde sicut est idem mobile secundum substantiam in toto motu, variatur tamen secundum esse, sicut dicitur, quod Socrates in foro est alter a seipso in domo; ita nunc est etiam idem secundum substantiam in tota successione temporis, variatum tantum secundum esse, scilicet secundum rationem quam accepit prioris et posterioris. Sicut autem motus est actus ipsius mobilis inquantum mobile est; ita esse est actus existentis, inquantum ens est. Unde quacumque mensura mensuretur esse alicujus rei, ipsi rei existenti respondet nunc ipsius durationis, quasi mensura: unde per nunc ævi mensuratur ipsum existens cujus mensura est ævum, et per nunc æternitatis mensuratur illud ens cujus esse mensurat æternitas. Unde sicut se habet quilibet actus ad id cujus est actus, ita se habet quælibet duratio ad suum nunc. Actus autem ille qui mensuratur tempore, differt ab eo cujus est actus, et secundum rem, quia mobile non est motus; et secundum rationem successionis, quia mobile non habet substantiam de numero successivorum sed permanentium. Unde eodem modo tempus a nunc temporis differt dupliciter, scilicet secundum rem, quia nunc non est tempus, et secundum successionis rationem, quia tempus est successivum et non nunc temporis. Actus autem qui mensuratur ævo, scilicet ipsum esse æviterni, differt ab eo cujus est actus re quidem, sed non secundum rationem successionis, quia utrumque sine successione est. Et sic etiam intelligenda est differentia ævi ad nunc ejus. Esse autem quod mensuratur æternitate, est idem re cum eo cujus est actus, sed differt tantum ratione; et ideo æternitas et nunc æternitatis non differunt re, sed ratione tantum, inquantum scilicet ipsa æternitas respicit ipsum divinum esse, et nunc æternitatis quidditatem ipsius rei, quæ secundum rem non est aliud quam suum esse, sed ratione tantum.

Ad primum igitur dicendum, quod non est idem nunc æternitatis, temporis et ævi; et quando dicitur: quando est motus, est Angelus et Deus, potest significari tripliciter nunc vel æternitatis vel ævi vel temporis. Si significetur nunc temporis; tunc dicetur motus esse in illo, sicut in propria mensura; Angelus autem et Deus, non secundum rationem mensurationis, sed magis secundum concomitantiam quamdam, prout æternitas et ævum cum tempore simul sunt, nec sibi deficiunt. Si autem significetur nunc æternitatis; tunc dicitur Deus esse in illo sicut in mensura propria et adæquata; Angelus autem et mobile, sicut in mensura excedenti. Si autem significetur nunc ævi, respondebit Angelo sicut mensura adæquata, et Deo secundum concomitantiam, et mobili sicut mensura excedens.

Ad secundum dicendum, quod æternitas indivisibilis est, et quod pluraliter aliquando significetur, hoc potest esse dupliciter: vel secundum quod participatur in diversis, præcipue in beatis, ut dicitur Dan. 12, 3: qui ad justitiam erudiunt multos, quasi stellæ in perpetuas æternitates; vel ratione mensuræ inferioris, cui per se accidit divisio, scilicet ratione temporis. Unde est sensus: anni æternitatis, idest æternitas, sub qua possibile esset contineri plurimos annos, sicut in mensura excedenti.

Ad tertium dicendum, quod sicut esse, secundum rationem intelligendi, consequitur principia ipsius entis quasi causam; ita etiam mensura entis se habet ad mensuram essendi secundum rationem causæ. Unde nunc æternitatis secundum rationem videtur esse causa æternitatis. Sed ex hoc non ostenditur diversitas in re, sed tantum in ratione; sicut nec inter ipsum divinum esse et ipsum ens.

Ad quartum dicendum, quod non est similis ratio de tempore et nunc temporis et de æternitate et nunc æternitatis, et ratio assignata est.

Quæstio III
Prologus

Deinde quæritur de magnitudine; et circa hoc quæruntur duo: 1 utrum magnitudo Deo conveniat, et quid sit; 2 de signo æqualitatis in magnitudine divinarum personarum, secundum quod in se esse dicuntur.

Articulus Primus
Utrum magnitudo competat Deo.

Ad primum sic proceditur. Videtur quod magnitudo Deo non competat. Magnitudo enim est quædam conditio materiæ. Sed nulla conditio materialis de Deo dicitur, nisi metaphorice. Ergo videtur quod magnitudo Deo non conveniat nisi metaphorice.

Præterea, magnum et parvum ex opposito dividuntur. Sed, secundum Philosophum, omne parvum est magnum sicut et omne paucum est multum, ut 10 Metaphys. Dicit. Ergo videtur etiam quod omne magnum sit parvum. Sed Deus non est parvus. Ergo non est magnus.

Item, magnitudo est quantitas continua. Sed in Deo non potest esse continuatio, cum sit simplex et indivisibilis. Ergo nec magnitudo.

Si dicas, quod in Deo est quantitas virtutis secundum quam dicitur magnus; contra Deus secundum virtutem suam dicitur potens. Sed hic dividitur potentia contra magnitudinem. Ergo non intelligitur de magnitudine virtutis.

Contra est quod dicitur in Psalm. 146, 5: magnus Deus et magna virtus ejus.

Respondeo dicendum, quod in Deo non potest esse quantitas nisi virtutis; et cum æqualitas attendatur secundum aliquam speciem quantitatis, æqualitas non erit nisi secundum virtutem. Virtus autem, secundum Philosophum est ultimum in re de potentia. Unde etiam dicitur in 7 Physic., quod virtus est perfectio quædam, et tunc unumquodque perfectum est quando attingit propriam virtutem. Omnibus igitur illis modis quibus contingit pertingere ad ultimum est considerare virtutem rei. Hoc autem contingit tripliciter: primo in operationibus, in quibus contingit gradus perfectionis inveniri. Unde dicitur habere virtutem ad operandum quod attingit completam operationem, prout dicitur 2 Ethic., quod virtus est quæ bonum facit habentem, et opus ejus bonum reddit. Secundo etiam respectu ipsius esse rei, secundum quod etiam Philosophus dicit, quod aliquid habet virtutem ut semper sit. Item secundum plenitudinem perfectionis respectu ipsius entis, secundum quod attingit ultimum naturæ suæ. Unde etiam virtus circuli dicitur, secundum Philosophum, quando attingit complete definitionem suam.

Si igitur virtus divina consideretur secundum perfectionem ad opus, erit virtus potentiæ operativæ.

Si autem consideretur perfectio quantum ad ipsum esse divinum, virtus ejus erit æternitas. Si autem consideretur quantum ad complementum perfectionis ipsius naturæ divinæ, erit magnitudo.

Quod patet ex hoc quod ipse probat æqualitatem in magnitudine ex hoc quod tota plenitudo naturæ patris est in filio; secundum quem etiam modum Augustinus dicit, quod in his quæ non mole magna sunt, idem est majus esse quod melius; secundum quod etiam dicimus aliquem hominem esse magnum, qui est perfectus in scientia et virtute. Et sicut omnipotentiæ suæ virtute omnes potentias operativas fundat et in eis operatur; ita per virtutem æternitatis suæ instituit et firmat omnem durationem et per virtutem magnitudinis suæ omnia implet et continet.

Ad primum igitur dicendum, quod magnitudo secundum rationem generis sui, quod est quantitas, est conditio materiæ; et secundum hoc non prædicatur de Deo, sed secundum rationem differentiæ suæ; quæ consistit in ratione completionis, prout dicimus aliquem ex parvo fieri magnum, quando attingit completam quantitatem.

Ad secundum dicendum, quod quantitas continua dividitur in infinitum, sed non in infinitum augetur; et ideo ratione divisionis infinitæ quodlibet parvum potest habere minus, in cujus respectu videtur magnum; sed tamen non quolibet magno est aliquod majus, respectu cujus possit dici minus, sicut patet in quantitate cæli. Nihilominus tamen si magnum et parvum non dicatur secundum relationem, sed absolute, prout consideratur, quantitas determinata ad aliquam speciem, sic quamvis quodlibet minus sit majus, non tamen quodlibet minus est parvum, nec quodlibet majus est magnum, ut dicit Philosophus.

Nihilominus tamen sciendum quod Deus sicut dicitur magnus, ita etiam dicitur parvus, ut dicit Dionysius, et accipit parvum pro subtili, secundum quod ipse penetrat omnia, etiam profundas cogitationes, et secundum quod dicitur quod principia sunt parva quantitate et magna virtute.

Ad tertium dicendum, quod continuitas sequitur magnitudinem dimensivam, non autem magnitudinem virtutis, quæ sola debet in Deo intelligi.

Ad quartum patet jam solutio per ea quæ dicta sunt, in corp. Art.; quia virtus non tantum dicitur respectu operationis secundum quod hic accipitur potentia, sed etiam aliis modis, ut dictum est, ubi supra.

Articulus Secundus
Utrum pater sit in filio et e converso.

Ad secundum sic proceditur. Videtur quod pater non sit in filio nec e converso. Philosophus enim assignat octo modos essendi in, quorum nullus potest aptari ad hoc quod pater in filio esse dicatur vel e converso.

Neque enim est sicut totum in partibus neque sicut e converso, neque sicut genus in speciebus neque sicut e converso, neque sicut in loco, neque sicut forma in materia, neque sicut in movente, sicut regnum est in rege; neque sicut in fine optimo, ut de facili potest probari. Ergo pater non est in filio.

Præterea, eorum quorum unum est apud alterum, ut distinctum ab ipso, unum non est in altero. Sed filius est apud patrem, ut dicitur Joan. 1: et verbum erat apud Deum. Ergo videtur quod pater non sit in filio, nec e converso.

Item, in divinis non est nisi relatio originis.
Sed hæc præpositio in importat aliquam habitudinem. Ergo in divinis non potest importare nisi relationem originis. Sed non eamdem relationem habet filius ad patrem et pater ad filium. Ergo vel non uterque est in altero, vel non eodem modo.

Contra, ubicumque est essentia patris, est pater.
Sed tota essentia patris est in filio et e converso.
Ergo pater est in filio et e converso.

Præterea, in uno relativorum intelligitur aliud.
Sed pater et filius sunt relativa. Ergo videtur quod pater sit in filio et e converso.

Respondeo dicendum, quod in divinis personis est duo considerare: scilicet essentiam quæ est una et eadem, et relationes quibus distinguuntur; et secundum utrumque pater dicitur esse in filio et e converso, secundum diversorum assignationes.

Secundum enim tres doctores, qui in littera inducuntur, scilicet Augustinum, Hilarium, Ambrosium, hoc dicitur propter essentiæ unitatem, quia essentia patris est in filio et pater non deserit naturam suam; unde ubi est natura sua, ibi est ipse, sicut patuit etiam ex verbis Hilarii supra, dist. 5, inductis. Sed secundum Damascenum, hoc intelligitur secundum rationem relationis, prout in uno relativorum intelligitur aliud.

Ad primum igitur dicendum, quod stricte accipiendo, non omnes modi quibus aliquid est in aliquo, continentur in illis octo, nisi per quamdam similitudinis reductionem; sicut esse in tempore reducitur ad illum modum quo aliquid dicitur esse in loco, quia utrumque est sicut mensuratum in mensura; sic etiam per quamdam similitudinem ille modus potest reduci ad aliquem illorum. Si enim hoc accipiatur quantum ad unitatem essentiæ, tunc pater dicitur esse in filio propter hoc quod essentia patris in filio est. Unde ad illum modum reducitur ad quem reduceretur si essentia in filio esse diceretur. Hoc autem est per modum quo natura communis est in aliquo supposito, et reducitur ad illum modum quo genus est in specie; quamvis in divinis non sit genus et species, ut infra, distin. 25, quæst. Unic., art. 3, patebit. Si autem accipiatur quantum ad relationem, tunc reducetur ad illum modum quo aliquid est in aliquo sicut in principio movente et efficiente; quamvis enim pater non sit principium efficiens filii, tamen est originans ipsum. Unde filius est in patre sicut originatum in originante, et e converso pater in filio sicut originans in originato. Sed adhuc magis proprie dicitur in divinis filius in patre, etiam ex parte relationis, quam in humanis; quia filius ex ipsa relatione est persona subsistens; sua enim relatio est sua personalitas, quod in aliis rebus non contingit.

Ad secundum dicendum, quod una persona dicitur esse apud aliam ratione distinctionis; sed dicitur esse in alia vel quantum ad essentiam, vel quantum ad intellectum relationum, quia in una intelligitur alia, quamvis unum relativum ab altero sit distinctum.

Ad tertium dicendum, quod si accipiatur pater esse in filio propter unitatem essentiæ, eodem modo est pater in filio et filius in patre: et tunc hæc præpositio in non importabit aliquam relationem realem, sed tantum relationem rationis, qualis est inter essentiam et personam, secundum quam essentia dicitur esse in persona. Si autem hoc accipiatur ex parte relationis, tunc est alius modus, ut dictum est, in resp. Ad primum, secundum diversam habitudinem patris ad filium et filii ad patrem.

In generationem et generationem anni tui. Aeternitas per annos Dei intelligitur, non propter sui multitudinem, cum sit una et simplex, sed inquantum virtute comprehendere potest magnam multitudinem inferioris mensuræ, quæ divisibilis est.

Sicut etiam dicimus, ante mundum tempus fuisse, non quidem in re, sed secundum imaginationem, prout imaginamur tempori (quod cum mundo incepit) possibilem fuisse additionem fieri ex parte ante, quæ additio tota sub æternitate continetur.

Confitemur divinitatis naturam omnem perfecte esse in singula suarum hypostaseon, idest totam et perfectam, et simile in sequentibus accipiendum est.

Nec exemplum aliquod rebus divinis comparatio humana præstabit. Verum est, quod sufficienter divina demonstret: quia in qualibet similitudine invenitur major dissimilitudo, ut supra, 2 distin., dictum est. Sed quod non intelligibile est homini, Deo possibile est. Cum enim divina natura et virtus, quæ infinita est, nostrum intellectum excedat, nihil quod intelligere possimus, est quod Deus facere non possit; sed multa quæ intelligere non possumus, facere potest, et in ipso esse possunt et sunt; non enim in eo potest esse aliquid quod non sit, nec est aliquid quod non esse possit: quia mutabilis esset, si sibi aliquid posset addi vel subtrahi.

Id divinæ veritatis ratio consequatur; quasi dicat: sufficiat nobis ad credendum, quasi ratio vel medium probans, divina veritas, ex qua nobis sacra Scriptura tradita est; quamvis ex rerum naturis ratio sumpta dissentire videatur.

Patrem igitur in filio et filium in patre esse.

Sic construe, patrem esse in filio, et filium in patre.

Perfecta plenitudo divinitatis in utroque est; idest, ex hoc quod plena divinitas in utroque est, sequitur quod pater sit in filio, et e converso: quod probat consequenter cum dicit: quia plenitudo divinitatis est in filio, quod in patre est, hoc et in filio est.

Et ratio sua talis est. Plenitudo divinitatis in utroque ostendit quod quidquid est in uno, est in alio; quia si uni deesset quod alter haberet, neuter perfectus esset: quia dans deitatem, daret partem substantiæ suæ; et ita uterque, scilicet pater dans et filius recipiens, haberet terminum deitatis. Et ita patet quod nisi totum quod unus habet, alter accipiat, plenitudo divinitatis in utroque esse non potest. Sed ad hoc quod est totum quod est in patre esse in filio, sequitur patrem esse in filio: quia ubicumque est tota natura patris, ibi est pater. Ergo ad plenitudinem deitatis in utroque, sequitur patrem esse in filio, et e converso.

Similiter etiam construendum est hoc quod dicit: quia plenitudo deitatis in filio est, quod in patre est, hoc et in filio est; idest ad plenitudinem deitatis hoc sequitur.

Nec eadem nativitas: quia nihil a seipso nascitur: nec aliud esse permittit; quia nihil nascitur ex aliquo vivo, nisi ad minus eamdem naturam in specie accipiat hoc modo ut nomen filiationis consequatur.

Unde cum divina natura non possit multiplicari in diversa secundum numerum, eo quod est immaterialis, restat ut eamdem numero naturam accipiat: et ita aliud non est, sed alius.

Non per duplicem convenientium generum conjunctionem, sicut conjunguntur alia similia in genere, ut equus et asinus, ut procreetur nova species: nec per insitam capacioris substantiæ naturam, sicut in arbore inseritur ramus alterius arboris: sed per naturæ unitam similitudinem, idest convenientiam in una natura secundum numerum. Si enim in una natura secundum speciem tantum esset convenientia, diceretur similitudo, sed non unitas.

Per necessitatem vivæ naturæ, idest filii, qui est vivens natura: ex vivente natura, patre, qui est vivens natura: dum res, scilicet essentialis, non differt, dum naturam Dei non degenerat nativitas, sicut est quando propter indispositionem materiæ non recipitur species agentis completa in patiente, sed degenerat in aliud genus.

Quæstio IV
Prologus

Sed jam nunc ad propositum redeamus. Hic ostendit secundo modo æqualitatem in magnitudine divinarum personarum, removendo ea quæ inæqualitatem facere possent, et dividitur in partes duas: in prima ostendit veritatem; in secunda solvit quamdam contrarietatem, ibi: his autem videntur adversari quæ quidam sacræ Scripturæ tractatores catholici in suis scriptis tradiderunt. Prima in duas: in prima ostendit quod divinæ personæ non conveniunt in essentia sicut in toto; in secunda ostendit quod non conveniunt in essentia sicut in parte, ibi: notandum etiam, quod essentia divina non est materia trium personarum. Prima in duas: in prima ostendit quod personæ divinæ non conveniunt in una essentia, sicut partes in toto integrali; in secunda, quod non conveniunt in essentia, sicut partes in toto universali, ibi: hic adjiciendum est. Primum ostendit dupliciter ex verbis Augustini. Primo sic: ubicumque est totum integrale, oportet esse partes diversas per essentiam. Sed in divinis personis non est essentiæ vel naturæ diversitas. Ergo non sunt partes unius naturæ, quasi integrantes ipsam. Secundo ibi: item in eodem capite, ostendit idem per simile; quia sicut in una persona, scilicet patre, inveniuntur plura attributa, ut bonitas, sapientia et hujusmodi; ita in natura divina inveniuntur plures personæ. Sed pater non dicitur esse compositus ex pluribus attributis sicut ex partibus, quia simplex est. Ergo pari ratione, quia natura divina simplex est, non erit composita ex personis sicut ex partibus.

Hic adjiciendum. Hic ostendit quod personæ non conveniunt in essentia sicut in toto universali; et probat hoc dupliciter. Primo sic: omne genus prædicatur pluraliter de pluribus speciebus simul acceptis, vel de pluribus individuis sub illis speciebus contentis; sicut homo et asinus sunt animalia, et duo homines duo animalia. Sed essentia non prædicatur in plurali de tribus personis: non enim dicimus quod tres personæ sunt tres essentiæ, sed una essentia. Ergo tres personæ non conveniunt in una essentia sicut species in genere. Eadem ratione probat, quod nec sicut individua in specie, ibi: si vero dicunt, nomine personæ non speciem significari, sed aliquid singulare... Sic quoque illos eadem ratio confutabit. Secundo, ibi: alio quoque modo idem probat Augustinus, probat idem sic.

Nihil unum existens habet sub se species, sicut genus; vel individua, sicut species. Sed essentia divina est una numero. Ergo neque se habet ad personas sicut genus ad speciem, neque sicut species ad individua.

Notandum etiam, quod essentia divina non est materia trium personarum. Hic ostendit, quod tres personæ non conveniunt in essentia sicut in parte; et circa hoc duo facit. Primo ostendit quod non conveniunt in ipsa sicut in parte materiali; secundo quod non conveniunt in ipsa sicut in proprietate formali, ibi: his quoque addendum, quod tres personas non ita dicimus esse unam essentiam...

Sicut dicimus aliquos tres homines ejusdem... Sexus unam esse naturam, vel unius naturæ. Primum sic probat. In omnibus quæ constituuntur ex una materia, sicut anuli ex auro, plus est de materia in pluribus quam in uno. Sed non plus est de essentia divina in tribus personis quam in una tantum. Ergo neque se habet ad personam sicut materia. Eodem modo ostendit quod non conveniunt in ipsa sicut in proprietate formali, sicut dicimus homines ejusdem complexionis esse unius naturæ: quia in his majus aliquid sunt duo quam unus, quod non est in divinis personis.

His autem videntur adversari quæ quidam sacræ Scripturæ tractatores catholici in suis scriptis tradiderunt. Hic solvit contrarietatem; et circa hoc duo facit: primo inducit contrarietatem ex verbis Damasceni, qui videtur dicere, quod essentia est sicut species, et personæ sicut particularia; secundo ponit solutionem, ibi: hæc autem quæ hic dicuntur, licet in sermonis superficie aliquid a fide alienum resonare videantur, sane tamen intelligi queunt. Et circa hoc duo facit: primo exponit qualiter intelligendum sit quod essentia est sicut species prædicata de personis sicut de partibus: quia scilicet hoc dicitur secundum similitudinem quamdam, et non secundum proprietatem; secundo ostendit qualiter intelligendum sit quod dicit personas numero differre, quia scilicet sunt relationibus distinctæ ut una non sit altera, et non per essentiam divinam, ut quod est in una non sit in alia, ibi: quod autem Joannes dicit hypostases differre numero, non natura; in eo quod non differre natura ait, verissime...

Loquitur.

Sciendum est igitur, tantam æqualitatem esse in trinitate etc.. Hic probat tertio æqualitatem magnitudinis personarum ex ratione veritatis, sic. Ubicumque eadem est veritas et magnitudo, non est major magnitudo et veritas secundum rem. Ergo ubi

Distinctio XIX

non est major veritas, nec major magnitudo.
Sed non magis verum est tres personas esse quam unam tantum. Ergo non est major magnitudo trium personarum quam unius tantum.
Præterea cum Deus dicatur trinus, non debet dici triplex. Hic concludit ex dictis, quod Deus quamvis dicatur trinus, non tamen dicendus est triplex. In illis enim rebus invenitur triplicitas, ubi tria excedunt unum in magnitudine. Sed tres personæ non excedunt unam in magnitudine. Ergo non est dicenda triplicitas trium personarum respectu unius.
Hic quæritur de duobus, secundum duas rationes quæ in hac lectione habentur.
Circa primam probationem quæruntur duo: 1 utrum in divinis sit totum integrale; 2 utrum sit ibi totum universale.

Articulus Primus
Utrum in divinis sit totum integrale.

Ad primum sic proceditur. Videtur quod in divinis sit totum integrale. Ubicumque enim est quantitas aliqua, ibi est ratio totius integralis, cum omnis quantitas in partes divisibilis sit. Sed in Deo est quantitas virtutis. Ergo est ibi totum integrale.
Præterea, sicut quantitas continua integratur ex suis partibus, ita et numerus. Sed in divinis est numerus personarum, scilicet ternarius, cujus pars quædam est unum et duo. Ergo videtur quod sit ibi totum integrale.
Item, quidquid est aliquid alicujus et non est illud, est pars integralis illius. Sed pater est aliquid trinitatis et non est trinitas. Ergo est pars integralis trinitatis.
Præterea, ex sola natura nunquam constituuntur res naturæ, et præcipue ubi sunt plures res naturæ in una natura. Sed in una natura divina sunt plures res naturæ, scilicet personæ.
Ergo oportet quod ad constitutionem personæ aliquid aliud naturæ divinæ adveniat; et sic erit ibi aliquid integratum ex pluribus.
Contra, omne totum integrale est compositum ex partibus. Sed in Deo nulla est compositio, sed summa simplicitas, ut supra, dist. 8, quæst. 4, art. 1, habitum est. Ergo in divinis non est totum integrale.
Respondeo dicendum, quod ratio totius integralis consistit in compositione. Ratio autem partis integralis habet imperfectionem annexam, quibus divina simplicitas et perfectio repugnat; unde non potest ibi esse totum integrale et pars.
Ad primum igitur dicendum, quod quantitas virtutis non attenditur secundum divisionem virtutis intrinsecus; sed magis attenditur ejus divisio respectu exteriorum, vel secundum numerum objectorum, vel secundum intensionem actus, vel secundum modos agendi. Unde patet quod in quantitate virtutis non est ratio totius et partis integralis, quia partes integrales sunt intra suum totum.
Ad secundum dicendum, quod in divinis unitas vel dualitas non est pars ternarii nisi secundum rationis acceptionem. Cujus ratio est, quia alio modo est numerus in rebus divinis et in rebus creatis, et alio modo unitas. Cum enim unum sit quod est indivisum in se et divisum ab aliis, unumquodque autem creatum per essentiam suam distinguatur ab aliis; ipsa essentia creati, secundum quod est indivisa in se et distinguens ab aliis, est unitas ejus, et plures unitates constituentes numerum personarum creatarum, sunt plures essentiæ congregatæ secundum numerationem, ita quod nihil est in una quod sit in alia secundum numerum idem. Sic ergo numerus in rebus creatis habet rationem distinctionis et cujusdam coacervationis distinctorum per essentiam, et ex hoc habet rationem totius integralis. Unitas autem personalis est ipsa proprietas relativa, distinguens unam personam ab alia, et non essentiam ipsius personæ; unde tres personæ non sunt differentes per essentiam, cum una numero essentia sit in tribus personis. Et ideo non potest ibi esse coacervatio, sed tantum distinctio. Et propter hoc numerus non habet rationem totius integralis, nisi forte secundum quod in intellectu coadunantur rationes proprietatum personalium. Sed per hoc non erit integratio alicujus rei, sed in ratione tantum.
Ad tertium dicendum, quod hæc est falsa: pater est aliquid trinitatis, si intelligatur partitive; significaretur enim quod haberet partem essentiæ trinitatis, ex hoc quod aliquid, cum sit neutrum, essentiam significat. Sed hæc est vera: est aliquis trinitatis: ex quo non potest concludi quod sit pars trinitatis, nisi secundum rationem; quia scilicet non est tot personæ quot est trinitas: quia trinitas est tres personæ, et non pater.
Ad quartum dicendum, quod naturæ divinæ nihil additur ad constituendum rem naturæ, cum in Deo idem sit quo est et quod est, sive qui est.
Distinctio autem non est ex ratione naturæ, sed ex ratione proprietatis relativæ; quæ quidem, secundum quod comparatur ad essentiam, est ratione tantum et non re ab ipsa differens; prout autem comparatur ad correlativum cui opponitur, facit realem distinctionem

personæ, ut supra dictum est, dist. 9, quæst. Unic. Art. 1.

Articulus Secundus
Utrum in divinis sit totum universale.

Ad secundum sic proceditur. Videtur quod in divinis sit totum universale. Quidquid enim prædicatur de aliquo substantialiter et non conversim, prædicatur de ipso ut totum universale de parte subjectiva. Sed essentia divina, vel Deus, hoc modo prædicatur de patre: pater enim est essentia divina, sed non quicumque est essentia divina est pater. Ergo ibi est totum universale.

Præterea, universale et particulare differunt, sicut commune et proprium. Sed in divinis invenitur commune et proprium; quia essentia est communis, et relatio est propria personæ. Ergo est ibi universale et particulare.

Item, supra, dist. 5, ex verbis Hilarii habitum est, quod filius Dei generis sui potestatem in habitu assumptæ humanitatis exercuit. Genus autem suum nominat naturam suam. Ergo videtur quod essentia sit genus et universale respectu personarum.

Præterea, scientia est species cognitionis.

Sed de Deo utrumque dicitur, scilicet quod cognoscit et scit. Ergo videtur quod in divinis sit totum universale.

Contra, ubicumque est universale et particulare, particularia sunt potentia in suis universalibus sicut differentiæ in genere. Sed in divinis non est aliquid in potentia. Ergo non est ibi universale et particulare.

Præterea, omne superius est pars integralis constituens definitionem inferioris; unde dicit Porphyrius, quod genus se habet ad similitudinem materiæ, et differentia ad similitudinem formæ, et species ad similitudinem compositi.

Sed in divinis non est totum integrale et pars. Ergo etiam nec totum universale et pars sibi respondens.

Respondeo dicendum, quod in divinis non potest esse universale et particulare. Et hujus ratio potest quadruplex assignari: primo, quia, secundum Avicennam, ubicumque est genus et species, oportet esse quidditatem differentem a suo esse, ut prius, dist. 8, quæst. 1, art. 1, dictum est; et hoc in divinis non competit; secundo, quia essentia universalis non est eadem numero in suis inferioribus, sed secundum rationem tantum; essentia autem divina est eadem numero in pluribus personis; tertio, quia universale exigit pluralitatem in his quæ sub ipso continentur vel in actu vel in potentia: in actu sicut est in genere, quod semper habet plures species; in potentia sicut in aliquibus speciebus, quarum forma, quantum est de se, possibilis est inveniri in multis, cum omnis forma sit de se communicabilis; sed quod inveniatur tantum in uno, est ex parte materiæ debitæ illi speciei, quæ tota adunatur in uno individuo, ut patet in sole, qui constat ex tota sua materia; et ista pluralitas est secundum numerum, qui numerus simpliciter est fundatus in substantiali distinctione: tres autem personæ non numerantur tali numero, ut dictum est, art. Antec., et ideo essentia non habet rationem universalis; quarto, quia particulare semper se habet ex additione ad universale. In divinis autem, propter summam simplicitatem, non est possibilis additio, et ideo nec universale nec particulare.

Ad primum igitur dicendum, quod modus prædicandi proportionatur ipsis rebus de quibus fit prædicatio; cum, secundum Hilarium, sermo sit rei subjectus. Unde sicut nulla res in creaturis invenitur similis ex toto unitati essentiæ in tribus personis, sed secundum aliquid: ita etiam nullus modus prædicandi in creaturis est similis huic modo prædicandi quo essentia vel Deus de tribus personis prædicatur.

Dico igitur, quod secundum id quod tactum est in objectione, habet similitudinem cum modo prædicandi totius universalis, sed differt secundum alia quæ supra, in corp. Art., dicta sunt.

Ad secundum dicendum, quod commune, quantum est de se, non determinat rei communitatem, vel rationis, sicut universale; et ideo essentia potest dici communis, non autem universalis.

Ad tertium dicendum, quod Hilarius loquitur ad similitudinem creaturarum, prout communiter loquendo dicimus, genus hominum unum genus esse, secundum quod est multitudo aliquorum se habentium ad unum principium; ita etiam dicitur genus divinum ipsa pluralitas personarum, secundum ordinem emanationis ab uno principio, qui est pater.

Ad quartum dicendum, quod in creaturis quædam inveniuntur quæ tam secundum rationem generis, quam secundum rationem speciei dicunt aliquid perfectionis. Unde attribuitur Deo utrumque secundum propriam rationem, sicut patet in cognitione et scientia. Et hæc quidem quamvis in creaturis se habeant sicut genus et species, tamen in divinis non sic se habent; quia unum, secundum rem nihil addit super alterum, sed solum secundum rationem.

Quæstio V
Prologus

Circa secundam probationem quæritur de veritate, et quæruntur tria: 1 quid sit veritas; 2 utrum omnia sint vera una veritate, quæ est veritas increata, sive prima; 3 de conditionibus veritatis, scilicet æternitate et incommutabilitate ejus.

Articulus Primus
Utrum veritas sit essentia rei.

Ad primum sic proceditur. Videtur quod veritas sit idem quod essentia. Dicit enim Augustinus, quod verum est id quod est, et ab aliis dicitur quod verum est indivisio esse et ejus quod est. Ergo unumquodque dicitur verum, secundum quod habet esse. Esse autem est actus essentiæ. Ergo cum unumquodque veritate formaliter sit verum, videtur quod omnino idem sit veritas et essentia.

Præterea, quæcumque differunt re vel ratione unum potest intelligi sine altero, unde etiam secundum Bœtium, potest intelligi Deus, non intellecta ejus bonitate. Sed essentia rei non potest intelligi sine veritate. Ergo essentia rei et veritas non differunt neque re neque ratione.

Item, quidquid differt secundum rationem ab ente, se habet ex additione ad illud. Sed quod habet se ex additione ad aliquid, contrahit et determinat illud, sicut se habet homo ad animal. Cum igitur verum non contrahat ens (quia verum et ens convertuntur), videtur quod veritas neque re neque ratione ab essentia differat.

Præterea, Anselmus dicit, quod veritas est rectitudo sola mente perceptibilis.

Constat autem quod loquitur metaphorice de rectitudine, quia rectitudo proprie dicta est passio continui. Sed bonitas et justitia secundum propriam rationem habent quod sint rectitudo sola mente perceptibilis. Ergo videtur quod veritas re et ratione sit idem quod bonitas et justitia.

Contra, contingit aliquid verum dicere et de ente et de non ente. Sed non entia non habent essentiam. Cum ergo omne verum veritate sit verum, videtur quod veritas non sit idem quod essentia.

Præterea, veritas est sola mente perceptibilis, ut patet per Anselmum. Sed illud quod est sola mente perceptibile non est in sensibilibus sed tantum in intelligibilibus; essentia autem est utriusque. Ergo essentia et veritas non sunt idem.

Item, veritas et falsitas sunt tantum in complexis; quia singulum incomplexorum neque verum neque falsum est. Sed essentia est rerum incomplexarum.

Ergo non est idem quod veritas.

Item, veritati opponitur falsitas. Sed falsitatem contingit invenire in entibus, sicut dicimus aurum falsum: sed de ente non dicitur non ens.

Ergo falsum non est idem quod non ens; ergo nec veritas est idem quod essentia; quia si contrarium de contrario non prædicatur ut idem, nec oppositum de opposito.

Respondeo dicendum, quod eorum quæ significantur nominibus, invenitur triplex diversitas.

Quædam enim sunt quæ secundum esse totum completum sunt extra animam; et hujusmodi sunt entia completa, sicut homo et lapis. Quædam autem sunt quæ nihil habent extra animam, sicut somnia et imaginatio chimeræ. Quædam autem sunt quæ habent fundamentum in re extra animam, sed complementum rationis eorum quantum ad id quod est formale, est per operationem animæ, ut patet in universali. Humanitas enim est aliquid in re, non tamen ibi habet rationem universalis, cum non sit extra animam aliqua humanitas multis communis; sed secundum quod accipitur in intellectu, adjungitur ei per operationem intellectus intentio, secundum quam dicitur species: et similiter est de tempore, quod habet fundamentum in motu, scilicet prius et posterius ipsius motus; sed quantum ad id quod est formale in tempore, scilicet numeratio, completur per operationem intellectus numerantis. Similiter dico de veritate, quod habet fundamentum in re, sed ratio ejus completur per actionem intellectus, quando scilicet apprehenditur eo modo quo est. Unde dicit Philosophus, quod verum et falsum sunt in anima; sed bonum et malum in rebus. Cum autem in re sit quidditas ejus et suum esse, veritas fundatur in esse rei magis quam in quidditate, sicut et nomen entis ab esse imponitur; et in ipsa operatione intellectus accipientis esse rei sicut est per quamdam similationem ad ipsum, completur relatio adæquationis, in qua consistit ratio veritatis.

Unde dico, quod ipsum esse rei est causa veritatis, secundum quod est in cognitione intellectus.

Sed tamen ratio veritatis per prius invenitur in intellectu quam in re: sicut etiam calidum et frigidum et aliæ causæ sanitatis sunt causa sanitatis quæ est in animali, et tamen animal per prius dicitur sanum et signa sanitatis et causa sanitatis dicuntur sana secundum analogiam ad sanum quod de animali dicitur. Unde dico, quod verum per prius dicitur de veritate intellectus, et de enuntiatione dicitur inquantum est signum illius veritatis; de re autem dicitur, inquantum est causa. Unde res dicitur vera quæ nata est de se facere veram apprehensionem quantum ad ea quæ apparent exterius in ipsa; et similiter dicitur falsa res quæ nata est facere, quantum ad id quod apparet exterius de ipsa, falsam apprehensionem, sicut aurichalcum dicitur aurum falsum. Et inde est etiam quod homo dicitur falsus, qui dictis vel factis ostendit de se aliud quam sit; et per oppositum intelligitur veritas quæ est virtus in dictis et factis consistens, ut dicit Philosophus.

Utraque autem veritas, scilicet intellectus et rei, reducitur sicut in primum principium, in ipsum Deum; quia suum esse est causa omnis esse, et suum intelligere est causa omnis cognitionis. Et ideo ipse est prima veritas, sicut et primum ens: unumquodque enim ita se habet ad veritatem sicut ad esse, ut patet ex dictis. Et inde est quod prima causa essendi est prima causa veritatis et maxime vera, scilicet Deus, ut probat Philosophus.

Veritas autem enuntiationis reducitur in prima principia per se nota sicut in primas causas; et præcipue in hoc principium, quod affirmatio et negatio non sunt simul vera, ut dicit Avicenna. Sic ergo patet quomodo diversæ definitiones de veritate dantur.

Quædam enim veritatis definitio datur secundum hoc quod veritas completur in manifestatione intellectus; sicut dicit Augustinus: veritas est qua ostenditur id quod est; et Hilarius: verum est declarativum aut manifestativum esse. Quædam autem datur de veritate secundum quod habet fundamentum in re, sicut illa Augustini: verum est id quod est; et alia Magistralis: verum est indivisio esse et ejus quod est; et alia Avicennæ: veritas cujusque rei, est proprietas sui esse quod stabilitum ei est. Quædam autem datur secundum commensurationem ejus quod est in intellectu ad id quod est in re, sicut dicitur: veritas est adæquatio rei ad intellectum; et Augustinus: verum est quod ita se habet ut cognitori videtur si velit et possit cognoscere.

Quædam autem datur de veritate secundum quod appropriatur filio, cui etiam appropriatur cognitio, scilicet ab Augustino: veritas est summa similitudo principii quæ sine ulla dissimilitudine est. Quædam autem datur de veritate, comprehendens omnes veritatis acceptiones, scilicet: veritas est rectitudo sola mente perceptibilis. In rectitudine tangitur commensuratio; et in hoc quod dicitur sola mente perceptibilis, tangitur id quod complet rationem veritatis.

Patet etiam ex dictis, quod veritas addit supra essentiam secundum rationem, scilicet ordinem ad cognitionem vel demonstrationem alicujus.

Ad primum igitur dicendum, quod esse dicitur dupliciter: uno modo secundum quod ens significat essentiam rerum prout dividitur per decem genera; alio modo secundum quod esse significat compositionem quam anima facit; et istud ens Philosophus appellat verum. Et similiter Augustinus, cum dicit quod verum est id quod est; quasi dicat: verum est quando dicitur de eo quod est; et similiter intelligitur quod dicitur: verum est indivisio esse et ejus quod est. Et si in negativis sit veritas quæ non consistit in compositione, sed in divisione, tamen veritas negative fundatur supra veritatem affirmative, cujus signum est quod nulla negativa probatur nisi per aliquam affirmationem. Vel potest dici, quod definitiones istæ dantur de vero non secundum completam sui rationem, sed secundum illud quod fundatur in re.

Ad secundum dicendum, quod sicut bonitas dicit rationem per quam essentia ordinatur ad appetitum, ita veritas dicit rationem per quam essentia ordinatur ad intellectum. Unde sicut nullum esse appetitur amota ratione boni, ita nullum esse intelligitur amota ratione veri. Nihilominus tamen alia est ratio veri et alia ratio entis. Dupliciter enim dicitur aliquid non posse intelligi sine altero.

Aut ita quod unum non possit intelligi si non ponatur alterum esse; et sic dicitur quod esse non potest intelligi sine vero, sicut etiam non potest intelligi sine hoc quod est esse intelligibile. Sive ita quod quandocumque intelligitur unum, intelligatur alterum; sicut quicumque intelligit hominem intelligit animal. Et hoc modo esse potest intelligi sine vero, sed non e converso: quia verum non est in ratione entis, sed ens in ratione veri; sicut potest aliquis intelligere ens, et tamen non intelligit aliquid de ratione intelligibilitatis; sed nunquam potest intelligi intelligibile, secundum hanc rationem, nisi intelligatur ens. Unde etiam patet quod ens est prima conceptio intellectus.

Ad tertium dicendum, quod verum addit supra ens, sicut et bonum et unum. Nullum tamen eorum addit aliquam differentiam contrahentem ens, sed rationem quæ consequitur omne ens; sicut unum addit rationem indivisionis, et bonum rationem finis, et verum rationem ordinis ad cognitionem; et ideo hæc quatuor convertuntur, ens, bonum, unum et verum.

Ad quartum dicendum, quod rectitudo dicitur de

bonitate, justitia et veritate, metaphorice, secundum diversas rationes. Invenitur enim in recto quædam æqualis proportio principii, medii et finis; unde secundum hoc quod aliquis in distribuendo vel communicando, mensuram æqualitatis justitiæ servat, vel mensuram præcepti legis, dicitur rectitudo justitiæ; secundum autem quod aliquid non egreditur commensurationem finis, dicitur rectitudo bonitatis; secundum autem quod non egreditur ordinem commensurationis rei et intellectus, dicitur rectitudo veritatis.

Ad quintum dicendum, quod, secundum Avicennam, de eo quod nullo modo est, non potest aliquid enuntiari: ad minus enim oportet quod illud de quo aliquid enuntiatur, sit apprehensum; et ita habet aliquod esse ad minus in intellectu apprehendente; et ita constat quod semper veritati respondet aliquod esse; nec oportet quod semper respondeat sibi esse in re extra animam, cum ratio veritatis compleatur in ratione animæ.

Ad sextum dicendum, quod quamvis esse sit in rebus sensibilibus, tamen rationem essendi, vel intentionem entis, sensus non apprehendit, sicut nec aliquam formam substantialem, nisi per accidens, sed tantum accidentia sensibilia. Ita etiam quamvis veritas sit in rebus sensibilibus, prout dicitur esse veritas in rebus, tamen intentio veritatis solo intellectu percipitur. Vel dicendum, quod quamvis res sensibiles sensu comprehendantur, tamen earum adæquatio ad intellectum sola mente capitur, et pro tanto dicitur, quod veritas est sola mente perceptibilis.

Ad septimum dicendum, quod cum sit duplex operatio intellectus: una quarum dicitur a quibusdam imaginatio intellectus, quam Philosophus nominat intelligentiam indivisibilium, quæ consistit in apprehensione quidditatis simplicis, quæ alio etiam nomine formatio dicitur; alia est quam dicunt fidem, quæ consistit in compositione vel divisione propositionis: prima operatio respicit quidditatem rei; secunda respicit esse ipsius. Et quia ratio veritatis fundatur in esse, et non in quidditate, ut dictum est, in corp., ideo veritas et falsitas proprie invenitur in secunda operatione, et in signo ejus, quod est enuntiatio, et non in prima, vel signo ejus quod est definitio, nisi secundum quid; sicut etiam quidditatis esse est quoddam esse rationis, et secundum istud esse dicitur veritas in prima operatione intellectus: per quem etiam modum dicitur definitio vera. Sed huic veritati non adjungitur falsitas per se, quia intellectus habet verum judicium de proprio objecto, in quod naturaliter tendit, quod est quidditas rei, sicut et visus de colore; sed per accidens admiscetur falsitas, scilicet ratione affirmationis vel negationis annexæ, quod contingit dupliciter: vel ex comparatione definitionis ad definitum, et tunc dicitur definitio falsa respectu alicujus et non simpliciter, sicut definitio circuli est falsa de triangulo; vel in respectu partium definitionis ad invicem, in quibus implicatur impossibilis affirmatio; sicut definitio vacui, quod est locus in quo nullum corpus est; et hæc definitio dicitur falsa simpliciter, ut in 5 Metaphys. Dicitur. Sed hoc non contingit nisi in quidditatibus compositorum: quia in quidditatibus rerum simplicium non deficit intellectus nisi ex hoc quod omnino nihil intelligit, ut in 9 Metaph. Dicitur. Secundæ autem operationi admiscetur falsitas etiam per se: non quidem quantum ad primas affirmationes quas naturaliter intellectus cognoscit, ut sunt dignitates, sed quantum ad consequentes: quia rationem inducendo contingit errare per applicationem unius ad aliud. Patet igitur ex dictis, in corp. Art., quod verum proprie loquendo, quod invenitur tantum in complexis, non impedit conversionem veri et entis: quia quælibet res incomplexa habet esse suum, quod non accipitur ab intellectu nisi per modum complexionis; et ideo ipsa ratione quam addit verum supra ens, scilicet ordinem ad intellectum, sequitur ista differentia, quod verum sit complexorum, et ens dicatur de re extra animam incomplexa.

Ad ultimum dicendum, quod, sicut dictum est, in corp. Art., ens est prima conceptio intellectus; unde enti non potest aliquid opponi per modum contrarietatis vel privationis, sed solum per modum negationis: quia sicut ipsum non fundatur in aliquo, ita nec oppositum suum: opposita enim sunt circa idem. Sed unum, verum et bonum, secundum proprias intentiones, fundantur supra intentionem entis, et ideo possunt habere oppositionem contrarietatis vel privationis fundatæ super ens, sicut et ipsa super ens fundantur. Unde patet quod non eodem modo se habet verum et falsum et malum et bonum sicut ens et non ens, nisi accipiatur non ens particulariter pro remotione alicujus cui substernitur aliquod ens. Unde sicut quælibet privatio entis particularis fundatur in bono, sic et falsum fundatur in aliquo vero sicut in aliquo esse. Unde sicut illud in quo est falsitas vel malitia, est aliquod ens, sed non est ens completum; ita etiam illud quod est malum vel falsum, est aliquod bonum vel verum incompletum.

Articulus Secundus
Utrum omnia sint vera veritate increata.

Ad secundum sic proceditur. Videtur quod omnia sint vera una veritate quæ est veritas increata. Sicut enim dictum est in solutione præcedentis articuli, verum dicitur analogice de illis in quibus est veritas, sicut sanitas de omnibus sanis. Sed una est sanitas numero a qua denominatur animal sanum, sicut subjectum ejus, et medicina sana sicut causa ejus, et urina sana sicut signum ejus. Ergo videtur quod una sit veritas qua omnia dicuntur vera.

Præterea, omnis rectitudo attenditur per aliquam mensuram. Sed veritas est rectitudo quædam.

Cum igitur videamus, omnibus temporalibus respondere unum tempus quasi mensuram, videtur etiam quod omnibus veris respondeat una veritas, secundum quam dicantur vera.

Præterea, sicut se habet bonitas ad bona, ita se habet veritas ad vera. Sed omnia sunt bona una bonitate. Unde Augustinus: bonus est homo, bona est facies, bonum est hoc et illud. Tolle hoc et illud, et videbis bonum omnis boni. Unde videtur quod sit una bonitas numero in omnibus participata, secundum quam dicuntur bona. Ergo videtur quod similiter omnia dicantur vera una veritate, quæ est veritas increata.

Si dicas quod omnia dicuntur vera veritate increata exemplariter; contra. Uniuscujusque formæ exemplar est in Deo, quod est creatrix essentia.

Si igitur hoc sufficeret ut omnia dicerentur vera veritate increata, quia exemplantur ab ipsa, videtur quod similiter omnia possent dici colorata, quia exemplantur colore, qui est in Deo exemplariter: quod est inconveniens.

Contra, mala fieri est verum. Sed nullum malum est a Deo. Ergo videtur quod non omnia vera sint vera veritate increata.

Respondeo dicendum, quod, sicut dictum est, art. Antec., ratio veritatis in duobus consistit: in esse rei, et in apprehensione virtutis cognoscitivæ proportionata ad esse rei. Utrumque autem horum quamvis, ut dictum est, distin. 8, quæst. 1, art. 1, reducatur in Deum sicut in causam efficientem et exemplarem; nihilominus tamen quælibet res participat suum esse creatum, quo formaliter est, et unusquisque intellectus participat lumen per quod recte de re judicat, quod quidem est exemplatum a lumine increato. Habet etiam intellectus suam operationem in se, ex qua completur ratio veritatis.

Unde dico, quod sicut est unum esse divinum quo omnia sunt, sicut a principio effectivo exemplari, nihilominus tamen in rebus diversis est diversum esse, quo formaliter res est; ita etiam est una veritas, scilicet divina, qua omnia vera sunt, sicut principio effectivo exemplari; nihilominus sunt plures veritates in rebus creatis, quibus dicuntur veræ formaliter.

Ad primum igitur dicendum, quod aliquid dicitur secundum analogiam tripliciter: vel secundum intentionem tantum, et non secundum esse; et hoc est quando una intentio refertur ad plura per prius et posterius, quæ tamen non habet esse nisi in uno; sicut intentio sanitatis refertur ad animal, urinam et dietam diversimode, secundum prius et posterius; non tamen secundum diversum esse, quia esse sanitatis non est nisi in animali. Vel secundum esse et non secundum intentionem; et hoc contingit quando plura parificantur in intentione alicujus communis, sed illud commune non habet esse unius rationis in omnibus, sicut omnia corpora parificantur in intentione corporeitatis. Unde logicus, qui considerat intentiones tantum, dicit, hoc nomen corpus de omnibus corporibus univoce prædicari: sed esse hujus naturæ non est ejusdem rationis in corporibus corruptibilibus et incorruptibilibus.

Unde quantum ad metaphysicum et naturalem, qui considerant res secundum suum esse, nec hoc nomen corpus, nec aliquid aliud dicitur univoce de corruptibilibus et incorruptibilibus, ut patet 10 Metaphys., ex Philosopho et Commentatore. Vel secundum intentionem et secundum esse; et hoc est quando neque parificatur in intentione communi, neque in esse; sicut ens dicitur de substantia et accidente; et de talibus oportet quod natura communis habeat aliquod esse in unoquoque eorum de quibus dicitur, sed differens secundum rationem majoris vel minoris perfectionis. Et similiter dico, quod veritas et bonitas et omnia hujusmodi dicuntur analogice de Deo et creaturis. Unde oportet quod secundum suum esse omnia hæc in Deo sint, et in creaturis secundum rationem majoris perfectionis et minoris; ex quo sequitur, cum non possint esse secundum unum esse utrobique, quod sint diversæ veritates.

Ad secundum dicendum, quod cum veritas sit quædam rectitudo et commensuratio, oportet quod in ratione veritatis intelligatur mensura, et sicut dictum est, in corp. Art., oportet esse commensurationem rei ad intellectum, ut compleatur ratio veritatis.

Res autem diversimode se habent ad diversos intellectus: quia intellectus divinus est causa rei; unde oportet quod res mensuretur per intellectum divinum, cum unumquodque mensuretur per suum primum principium; et ideo dicit Anselmus, quod res dicitur esse vera quando implet hoc ad quod est ordinata in intellectu divino. Sed res se habent ad intellectum nostrum sicut causa, inquantum scilicet intellectus accipit a rebus; et inde est quod scientia nostra non mensurat res, sed mensuratur ab eis, ut dicitur 10 Metaphysic..

Non enim ita ideo est in re, quia sic videtur nobis: sed magis quia ita est in re, verum est quod videtur nobis. Sic ergo intellectus divinus est ut mensura prima, non mensurata; res autem est mensura secunda, mensurata; intellectus autem noster est mensuratus et non mensurans. Dico igitur, quod prima mensura veritatis est una tantum; sed mensuræ secundæ, scilicet ipsæ res, sunt plures; unde sunt plures veritates. Et si non esset nisi una mensura veritatis, adhuc non sequeretur quod esset tantum una veritas: quia veritas non est mensura, sed commensuratio vel adæquatio; et respectu unius mensuræ possunt esse diversæ commensurationes in diversis. Unde non est simile de tempore, quia tempus est ipsa mensura.

Ad tertium dicendum, quod similiter dico de bonitate, quod est una bonitas, qua sicut principio effectivo exemplari omnia sunt bona. Sed tamen bonitas qua unumquodque formaliter est bonum, diversa est in diversis. Sed quia bonitas universalis non invenitur in aliqua creatura, sed particulata, et secundum aliquid; ideo dicit Augustinus, quod si removeamus omnes rationes particulationis ab ipsa bonitate, remanebit in intellectu bonitas integra et plena, quæ est bonitas divina, quæ videtur in bonitate creata sicut exemplar in exemplato.

Ad quartum dicendum, quod exemplar rerum est in Deo dupliciter. Vel quantum ad id quod est in intellectu suo, et sic secundum ideas est exemplar intellectus divinus omnium quæ ab ipso sunt, sicut intellectus artificis per formam artis omnium artificiatorum. Vel quantum ad id quod est in natura sua, sicut ratione suæ bonitatis qua est bonus, est exemplar omnis bonitatis; et similiter est de veritate. Unde patet quod non eodem modo Deus est exemplar coloris et veritatis, et ideo objectio non procedit.

Ad ultimum dicendum, quod quamvis malum non sit bonum, nec sit a Deo, nihilominus intelligere malum bonum est, et a Deo est; et ideo veritas quæ consistit in commensuratione intellectus ad privationem existentem extra animam, bona est, et a Deo; et ideo dicit Ambrosius, quod omne verum, a quocumque dicatur, a Spiritu Sancto est.

Articulus Tertius
Utrum sint plures veritates æternæ.

Ad tertium sic proceditur. Videtur quod sint plures veritates æternæ. Sicut enim patet ex dictis, diversarum propositionum diversæ sunt veritates.

Sed: pater est Deus, filius est Deus, sunt duæ propositiones. Ergo et sunt duæ veritates. Sed utrumque istorum ab æterno est verum. Ergo plures veritates sunt æternæ.

Præterea, omnia quæcumque fuerunt, sunt et erunt, Deus ab æterno præscivit, quæ constat quod plura sunt. Sed Deus non præscivit nisi verum. Ergo plura vera sunt ab æterno.

Item, Augustinus, probat animam esse immortalem per hoc quod est subjectum veritatis, quæ est æterna. Sed constat quod veritas quæ est in intellectu nostro sicut in subjecto, non est veritas divina per essentiam. Ergo videtur quod plures veritates sint æternæ. Quod autem veritas sit æterna, sic probatur. Omne illud ad cujus remotionem sequitur positio ejus, est æternum.

Sed si negatur veritas esse, ponitur esse.

Ergo veritas est æterna. Probatio mediæ. Si veritas non est, veritatem esse est falsum. Sed si affirmatio est falsa, negatio est vera. Ergo veritatem non esse erit verum. Sed non est verum nisi aliqua veritate.

Ergo aliqua veritas est.

Præterea, illud quod non potest intelligi non esse, est æternum: quia quidquid potest non esse, potest intelligi non esse. Sed veritas non potest intelligi non esse, quia quidquid intelligitur, intelligitur per judicium veritatis. Ergo videtur quod veritas quæ est in intellectu, sit æterna et immutabilis.

Præterea, idem videtur de veritate enunciationis.

Si enim veritas enuntiationis mutetur vel destruatur, hoc erit vel per destructionem signi vel per destructionem rei. Sed neutro modo destruitur vel mutatur. Ergo veritas enuntiationis est immutabilis et æterna. Probatio mediæ. Non existente signo, rectum est rem signari. Sed veritas est rectitudo, et veritas signi est rectitudo significationis.

Ergo si non sit enuntiatio, vel quodcumque signum veritatis, adhuc remanebit veritas signi.

Similiter probatur, quod non mutetur ex mutatione rei; quia ut dictum est, art. 1 istius quæst., ad secundum, unumquodque habet veritatem quando implet id ad quod est ordinatum in mente divina.

Sed cessante cursu Socratis, adhuc ista enuntiatio, Socrates currit, facit id ad quod ordinata est in mente divina, quia significat Socratem currere. Ergo videtur quod destructa vel mutata re, non mutatur neque destruitur veritas signi.

Præterea, idem videtur de veritate quæ est in re: quia, ut dicit Augustinus, pereunte vero, non perit veritas. Sed veritas rei non posset destrui vel mutari nisi per mutationem rei. Ergo videtur quod nullo modo pereat.

Item, omne totum est majus sua parte, est quædam veritas, quæ nullo modo videtur mutabilis, et similiter multa hujusmodi. Ergo videtur quod sint plures veritates æternæ immutabiles.

Contra, Augustinus dicit, quod vera æternitas et sola immutabilitas in Deo est. Sed veritas Dei est una tantum, sicut et essentia.

Ergo videtur quod sit una tantum veritas æterna et immutabilis.

Respondeo dicendum, quod est una tantum veritas æterna, scilicet veritas divina. Cum enim ratio veritatis in actione compleatur intellectus, et fundamentum habeat ipsum esse rei; judicium de veritate sequitur judicium de esse rei et de intellectu. Unde sicut esse unum tantum est æternum, scilicet divinum, ita una tantum veritas. Similiter de mutabilitate veritatis idem dicendum est quod de mutabilitate essendi; ut enim supra dictum est, art. Antec., simpliciter immutabile non est nisi esse divinum; unde simpliciter immutabilis veritas non est nisi una, scilicet divina. Esse autem aliarum rerum quarumdam dicitur mutabile mutatione variabilitatis, sicut est in contingentibus; et horum etiam veritas mutabilis est et contingens. Quorumdam vero esse est mutabile solum secundum vertibilitatem in nihil, si sibi relinqueretur; et horum veritas similiter mutabilis est per vertibilitatem in nihil, si sibi relinqueretur. Unde patet quod nulla veritas est necessaria in creaturis. Similiter etiam si loquaris de veritate secundum quod ratio ejus completur in ratione intellectus, patet quod nullus intellectus est æternus et invariabilis ex natura sua, nisi intellectus divinus. Ex quo etiam patet quod sola veritas una quæ in Deo est, et quæ Deus est, est æterna et immutabilis.

Ad primum ergo dicendum, quod sicut trium personarum una est essentia, qua quælibet habet esse, quamvis sint plures proprietates quibus distinguuntur (quæ tamen omnes non differunt secundum rem ab essentia), ita etiam est una veritas trium personarum ex parte ipsius rei, de qua fit enuntiatio. Sed quod sint enuntiationes plures veræ, est per intellectum nostrum. Unde veritas quæ est in istis enuntiationibus, qua formaliter veræ sunt, vel quæ est in intellectu nostro, non est æterna, sicut nec propositiones, nec intellectus noster æternus.

Ad secundum dicendum, quod rationes ideales rerum, quæ sunt in Deo ab æterno, non sunt aliud secundum rem ab ipso intellectu et essentia divina. Unde sicut veritas essentiæ est una secundum rem, ita etiam veritas omnium illarum rationum; et non multiplicatur, nisi secundum respectum ad diversas res. Unde ex hoc non probatur quod sint plures veritates ab æterno, sed solum hoc quod sit una veritas plurium secundum rationem.

Ad tertium dicendum, quod si anima non esset, nec aliquis intellectus creatus, veritas, secundum quod consistit in operatione animæ, non esset.

Posset tamen remanere, secundum quod fundamentum habet in re. Remaneret etiam intentio veritatis intellecta in Deo. Unde cum anima non sit æterna, nec aliquis intellectus creatus, antequam hæc essent, nulla veritas creata erat.

Et si objicitur: veritas non est; ergo veritatem esse est falsum, quantum ad illud tempus in quo non erat veritas creata: dico quod non sequitur: quia quando non est veritas, nec etiam falsitas est.

Hoc autem quod non sit veritas vel falsitas, non est ex defectu veritatis vel falsitatis quantum ad intentiones ipsarum, sed ex defectu eorum in quibus veritas habet esse. Sicut enim dicimus de universalibus, quæ sunt incorruptibilia et æterna, quia non corrumpuntur nisi per accidens, scilicet quantum ad esse quod habent in alio, quod potest non esse; ita etiam est de veritate et falsitate, quod consideratæ secundum intentiones suas, non accidit eis corruptio per se, sed solum secundum esse quod habent in alio: et ex hoc procedit probatio Augustini; quia omnis virtus quæ apprehendit rationem intentionis alicujus, oportet quod sit virtus non obligata ad corpus, nec dependens a corpore, eo quod virtutes apprehensivæ quæ sunt impressæ in organis corporalibus, ut patet in sensibus, non apprehendunt intentionem rationis, ut rationem hominis vel coloris, sed tantum apprehendunt hujusmodi, secundum quod sunt particulata. Virtus autem quæ non dependet a corpore, est incorruptibilis; et ita probatur quod anima intellectiva est immortalis ex eo quod apprehendit veritatem. Virtutes enim sensitivæ quamvis sint veræ in suis apprehensionibus, non tamen apprehendunt rationem suæ veritatis, sicut facit intellectus.

Ad quartum dicendum, quod aliquid non posse intelligi non esse, contingit dupliciter: vel ex parte ipsius intellecti, vel ex parte intelligentis. Ex parte intellecti, sicut illud quod de ratione sua habet esse, sicut est Deus, cujus esse est sua quidditas per quam intelligitur. Ex parte intelligentis, sicut non potest intelligi res sine actu intelligendi; unde si actus intelligendi non esset, nihil posset intelligi; unde non potest intelligi actus intelligendi non esse. Utroque modo veritas non potest intelligi non esse; quia verum habet in ratione sua esse, secundum quod fundatur in re, et habet in ratione sua actum intellectus, secundum quod completur in anima. Tamen ex hoc non sequitur quod sit æterna, nisi sub hac conditione, si ab æterno fuisset intelligere: quamvis enim non possit intelligi de veritate non esse, ita scilicet quod apprehendatur intentio veritatis et non apprehendatur esse, tamen possibile est nec istum intellectum esse, nec illud esse in quo veritas fundatur, sicut aliquando fuit; sed illa veritas sola est æterna quæ fundatur in esse æterno et intellectu æterno.

Ad quintum dicendum, quod utroque modo veritas enuntiationis potest mutari; si enim nulla enuntiatio esset, veritas enuntiationis non esset. Et ad id quod objicitur, quod adhuc rectum esset rem significari, dicimus, quod verum est; sed tamen illa rectitudo nihil est aliud quam signabilitas rei; et hoc non ponit veritatem signi in actu, sed tantum in potentia. Similiter etiam quando mutatur res, mutatur veritas enuntiationis. Unde, secundum Philosophum, eadem propositio quandoque potest esse vera et quandoque falsa. Et ad id, quod ulterius objicitur quod implet illud ad quod ordinatum est in mente divina dicendum, quod enuntiatio potest dupliciter considerari: vel ut res quædam, et sic est in ipsa veritas rei, sicut in qualibet re, quando implet illud ad quod ordinata est in mente divina; et talis veritas manet in ipsa etiam mutata re; vel ut signum talis rei, et sic veritas ejus est per adæquationem ad rem illam. Mutata autem re, tollitur adæquatio signi ad signatum, sine aliqua mutatione ipsius signi; quod manifestum est in relationibus posse contingere; unde veritas enuntiationis non manet.

Ad sextum dicendum, quod pereunte re vera, perit veritas quantum ad illud esse quod habet in re illa. Sed tamen potest remanere intentio veritatis secundum esse quod habet in alia re, vel secundum esse quod habet in anima. Quæ omnia si auferantur, non remanebit veritas nisi in Deo. Nec ille defectus accidit veritati per se, sed per accidens, ut dictum est, in resp. Ad 3; quia, secundum Philosophum, destructis primis substantiis, impossibile est aliquod ceterorum remanere; quamvis universalia sint per se incorruptibilia.

Ad septimum dicendum similiter, quod veritas propositorum necessariorum potest deficere per accidens quantum ad esse quod habet in anima vel in rebus si res illæ deficerent: tunc enim non remanerent istæ veritates nisi in Deo, in quo sunt una et eadem veritas.

Si ergo in una persona patris illa invenis quæ plura videntur, et partes non invenis, quia una virtus simplex est; quanto magis pater et filius et Spiritus Sanctus, et propter individuam deitatem unus Deus est, et propter uniuscujusque proprietatem tres personæ sunt? videtur quod ipse arguat a majori affirmando. Magis enim videtur quod in una persona simplicitas inveniatur quam in duabus simul acceptis. Respondeo dicendum, quod est locus a minori; quia agit in una persona patris, et accipit ea quæ sunt diversa secundum rationem, ut sapientiam, virtutem et hujusmodi, sed in duabus personis patris et filii accipit hoc quod est unum secundum rationem, scilicet naturam divinam quæ secundum numerum etiam multiplicari non potest.

Sicut tres statuæ dicuntur unum aurum. Videtur hoc esse falsum, quia materia non prædicatur de composito, cum sit pars. Et dicendum, quod hoc est verum in naturalibus, quorum materia non est tota substantia eorum, sicut in artificialibus quæ ordinantur in genere substantiæ per suam materiam, ut Commentator dicit; formæ enim artificiales accidentia sunt.

Substantia significat communem et circumplectivam speciem homoideon, idest similium specie hypostaseon, idest personarum; idest substantia quæ communis in divinis dicitur, se habet ad modum speciei, quæ colligit plura individua. Sic enim in essentia tres personæ uniuntur, non ita quod in divina essentia sit species, ut Magister exponit.

Dicuntur enim aliqua differre numero quæ ita differunt ut hoc non sit aliud. Ratio hujus distinctionis hæc est: quia diversitas secundum numerum in his quæ simpliciter numerantur, est ex divisione essentiæ; unde unum individuum non est alterum, nec aliquid quod est in uno, idem numero est in alio: sed numerus in divinis personis consequitur distinctionem relationum, quæ quidem distinguunt supposita, sed non dividunt essentiam; et ideo pater non est filius, sed tamen quod est in patre, est etiam in filio.

Præterea cum Deus dicatur trinus, non tamen debet dici triplex. Hujus ratio est, quia triplicitas est quædam proportio contenta sub multiplicitate, quæ est inæqualitatis species; et ideo ubi est triplicitas, oportet inæqualitatem esse.

Distinctio XX

Quæstio I
Prologus

Postquam probavit æqualitatem personarum in magnitudine, hic ostendit earum æqualitatem in potestate; et dividitur in partes duas: primo proponit intentum; secundo propositum probat rationibus Augustini, ibi: nihil, inquit pater minus habet ille qui dicit: omnia quæ habet pater mea sunt. Et hæc dividitur in duas: in prima Augustinus probat propositum per auctoritatem; in secunda per rationem, ibi: item alio modo probat filium æqualem patri. Circa primum duo facit: primo enim ponitur probatio Augustini; secundo refellitur duplex hæreticorum responsio, ibi: tu autem hoc de potentia sapis, quod potens sit filius, sed potentior pater. Probatio talis est. Si filius minus habet in potestate quam pater, non omnia habet quæ pater habet. Sed omnia quæ pater habet, filius habet, ut dicitur Joan. 17. Ergo non habet minus in potestate quam pater, et ita est æqualis patri in potestate.

Tu autem hoc de potentia sapis, quod potens sit filius, sed potentior pater. Hic refelluntur responsiones hæretici, et dividitur in duas partes, secundum duas responsiones. Secunda ibi: sed inquis, pater a nemine potentiam accepit. Prima responsio hæretici ad auctoritatem inductam, est talis. Verum est quod quidquid habet pater, habet filius, sicut bonitatem, sapientiam, potentiam et hujusmodi; sed non tantum habet de unoquoque quantum pater. Hoc enim non videtur haberi ex auctoritate inducta. Quod refellit Augustinus hoc modo. Omnia quæ habet pater, habet filius.

Sed omnipotentiam habet pater. Ergo et filius, et sic tantumdem habet de potentia. Responsio secunda talis est. Etsi filius habet omnia quæ pater, tamen hoc ipso pater potentior ostenditur quod hoc filio dedit. Quod refellit Augustinus hoc modo.

Verum est quod pater potentiam filio dedit. Aut ergo dedit sibi æqualem, vel non. Si æqualem, tunc sicut pater est omnipotens, et filius est omnipotens.

Si non æqualem, ergo non omnia quæ pater habet, filius habet.

Item alio modo probat filium æqualem patri.

Hic ponitur secunda probatio per rationem; et circa hoc tria facit: primo ponit rationem; secundo confirmat per similitudinem, ibi: hoc autem per similitudinem humanam ita esse demonstrat; tertio refellit hæretici responsionem, ibi: sed forte dices: eo ipso pater est major filio, quia de nullo genitus. Probatio talis est. Si pater genuit filium minorem se in potestate, aut potuit eum gignere æqualem et noluit; aut voluit, sed non potuit.

Si potuit, sed non voluit, invidus fuit; si voluit, sed non potuit, omnipotens non fuit; quorum utrumque est impossibile. Ergo impossibile est filium non esse æqualem patri in potestate, et ad hoc inducit similitudinem de generatione humana, ut patet in littera. Sed forte dices: eo ipso pater est major filio, quia de nullo genitus genuit tamen æqualem. Hic refellit responsionem hæretici. Posset enim dicere quod eo ipso quo filius est a patre, est inæqualis sibi. Quod refellit Augustinus sic. Aequalitas et inæqualitas attenditur secundum quantitatem et non secundum relationem. Sed hoc quod dicimus filium esse a patre, non designat nisi relationem originis. Ergo ex hoc non ostenditur inæqualitas patri ad filium.

Hic quæruntur tria: 1 an filius sit omnipotens; 2 an sit æqualis patri in omnipotentia; 3 utrum sit aliquis ordo inter patrem et filium.

Articulus Primus
Utrum filius sit omnipotens.

Ad primum sic proceditur. Videtur quod filius non sit omnipotens. Potentia enim, ut dictum est, dist. 7, qu. 1, art. 1, dicitur secundum virtutem ad opus. Sed aliqua operatio est quæ pertinet ad omnipotentiam patris, in quam non potest filius, scilicet generatio activa; non enim filius potest generare, ut supra, dist. Ead., qu. 2, art. 2, habitum est. Ergo videtur quod non sit omnipotens.

Præterea, Deus dicitur omnipotens, quia omnia potest, quod simpliciter possibile est. Sed maximum posse patris ostenditur in generatione filii; majus enim est generare filium in infinitum quam creare cælum et terram. Cum igitur istud posse filio detrahatur, videtur quod non sit omnipotens.

Si dicas, quod posse generare non est aliquid, sed ad aliquid, et ita quamvis filius non possit generare, non tamen sequitur quod non possit omnia; contra. Cum dico omnia, includo universaliter omnia entia. Sed relativa continentur in entibus. Ergo videtur quod distributio etiam fiat pro relativis.

Si dicas, quod intelligitur respectu omnium creatorum, et non respectu eorum quæ in Deo sunt; contra. Secundum hoc ratio Augustini in littera posita nihil valeret. Arguit enim, quod si pater non potuit generare filium æqualem sibi, non fuit omnipotens. Ergo videtur quod omnipotentia patris etiam ad generationem filii se extendat.

Sed filius non potest generare. Ergo non habet omnipotentiam.

In contrarium est quod in symbolo dicitur: omnipotens pater, omnipotens filius, omnipotens Spiritus Sanctus.

Respondeo dicendum, quod sine omni dubio concedendum est, filium Dei omnipotentem esse, sicut et pater: et tamen dicimus quod filius non potest generare. Unde ad intellectum hujus videndum est, quod Deus dicitur omnipotens, quia omnia potest, et quidquid est aliquid vel ens, potest Deus. Sed notandum, quod relatio alio modo dicitur esse aliquid quam alia entia. In aliis enim entibus unumquodque dicitur dupliciter esse: et quantum ad esse suum, et quantum ad rationem quidditatis suæ; sicut sapientia secundum esse suum aliquid ponit in subjecto, et similiter secundum rationem suam ponit naturam quamdam in genere qualitatis. Sed relatio est aliquid secundum esse suum quod habet in subjecto; sed secundum rationem suam non habet quod sit aliquid, sed solum quod ad aliud referatur; unde secundum rationem suam non ponit aliquid in subjecto: propter quod Bœtius dicit quod relativa nihil prædicant de eo de quo dicuntur. Inde etiam est quod invenitur aliquid relatum in quo est tantum relatio rationis, et non ponitur ibi aliquid secundum rem, sicut cum scibile refertur ad scientiam. Et hoc est verum tam in relationibus quæ de Deo dicuntur quam de illis quæ in creaturis sunt; sed diversimode; quia relatio quæ habet esse in creatura, habet aliud esse quam sit esse sui subjecti; unde est aliquid aliud a suo subjecto: sed in Deo nihil est quod habeat esse aliud ab ipso: esse enim sapientiæ est ipsum esse divinum et non superadditum, et similiter esse paternitatis. Unde relatio, quantum ad esse suum, secundum quem solum modum debetur ei quod ponat aliquid, est essentia divina; sed secundum rationem suam, per quam habet distinguere unam personam ab alia, non debetur ei quod dicat aliquid, sed potius ad aliquid. Unde quamvis pater habeat paternitatem quam filius non habet, et paternitas sit aliquid, non tamen pater habet aliquid quod filius non habeat. Sicut: paternitas est essentia; filius non habet paternitatem; ideo tamen non sequitur quod pater essentiam aliquam habeat qua careat filius.

Si autem pater haberet sapientiam et non filius, haberet aliquid pater quod non haberet filius; quia sapientia dicit aliquid in sapiente etiam secundum rationem suam. Similiter dico, quod cum generare in divinis sit relatio quædam, et sit aliquid, quamvis pater possit generare, et non filius, non sequitur quod possit aliquid pater quod non possit filius; sed bene sequeretur, si pater posset intelligere, et non filius, quod pater posset aliquid quod non posset filius: sicut pater est pater, et esse patrem est aliquid esse, et tamen cum filius non sit pater, nullum esse est patris, quod non sit filii, quia omne esse in divinis est essentiæ; et similiter omne ad aliquid est ibi secundum rationem essentiæ, vel secundum rationem attributorum.

Ad primum ergo dicendum, quod generatio significat relationem per modum operationis, et etiam est operatio aliqua divinæ naturæ, secundum Damascenum. Et quamvis generatio non conveniat filio, non tamen sequitur quod aliqua operatio conveniat patri quæ non conveniat filio: una enim et eadem operatione pater generat et filius nascitur; sed hæc operatio est in patre et filio secundum aliam et aliam relationem.

Ad secundum dicendum, quod nullum posse detrahitur filio; sed illo eodem posse quo pater generat, filius generatur, ut supra, in corp. Art., dictum est.

Ad tertium dicendum, quod sub omnibus comprehenditur ad aliquid, quantum ad hoc quod habet esse, sic enim ad aliquid est aliquid de omnibus, sed non quantum ad rationem ad aliquid, secundum quod ad aliud refertur: sic enim non habet quod sit aliquid simpliciter.

Ad quartum dicendum, quod omnipotentia Dei potest comparari ad aliquid vel sicut ad operatum vel sicut ad operationem. Sicut ad operatum, non comparatur ad aliquid quod in ipso sit: quia in Deo nihil est factum; et sic omnipotentia est respectu creaturarum solum; sed comparatur sicut ad operationem ad hoc quod in ipso est, præcipue cum nulla operatio sit ipsius quæ sit extra essentiam ejus. Unde omnipotentia patris extenditur et ad generare et ad intelligere et creare, et breviter ad omnia quæ perfectionis sunt; et propter hoc patet quod ratio Augustini efficax est. Nec tamen sequitur quod filius non sit omnipotens, si non potest generare filium æqualem sibi, ratione prædicta. Sequeretur tamen in patre; quia patri non deest relatio, quæ significatur in generatione activa. Unde si negaretur ab eo perfectio generationis, oporteret quod esset defectus in ipsa operatione inquantum operatio est; et hoc redundaret in defectum potentiæ. Sed a filio removetur activa generatio non nisi ratione relationis importatæ. Relatio autem, inquantum hujusmodi, nullum ordinem ad potentiam habet, ut ex dictis, distinct. 2, quæst. Unic., art. 5, patet.

Articulus Secundus
Utrum filius sit æqualis patri.

Ad secundum sic proceditur. Videtur quod filius non sit æqualis patri in omnipotentia. Sicut enim infra dicitur, distinct. 31, quæst. Unic., art. 2, potentia appropriatur patri, non autem filio.
Ergo videtur quod magis patri quam filio conveniat; et sic non sunt æquales in potentia.
Præterea, inter habere aliquid ab alio personaliter et essentialiter, et non habere aliquid ab alio nec personaliter nec essentialiter, medium est habere aliquid ab alio personaliter et non essentialiter.
Sed non habere aliquid ab alio nec personaliter nec essentialiter, quod convenit patri, dignitatis et auctoritatis est; habere autem aliquid ab aliquo personaliter et essentialiter, quod creaturæ competit, minorationem ponit et defectum creaturæ respectu creatoris. Ergo cum medium sapiat naturam extremorum, videtur quod habere ab alio personaliter et non essentialiter, quod filio competit, secundum aliquid sit dignitatis, quod est scilicet non habere ab alio essentialiter, et secundum aliquid ponat defectum et minorationem, quod est ab alio habere personaliter; et sic filius est minus potens quam pater.
Item, ita videmus in creaturis quod nihil receptum ab aliquo est æque potens illi a quo recipitur; sicut lumen in ære non est æque potens lumini in sole. Sed potentia est recepta in filio a patre. Ergo videtur quod filius non sit æqualis patri in potentia.

Præterea, illud quod agit per alium videtur esse potentius eo per quod agit. Sed pater agit per filium et non e converso. Ergo pater est potentior filio.
Contra, potentia radicatur in essentia. Sed est una essentia patris et filii numero. Ergo et una potentia: ergo non est aliqua inæqualitas in potentia, cum omnis inæqualitas diversitatem ponat; sicut enim unum in quantitate facit æquale, ita diversum facit inæquale: quod concedimus.
Ad primum igitur dicendum, quod potentia appropriatur patri, non quia magis sibi conveniat quam filio, sed quia majorem similitudinem habet cum proprietate patris quam cum proprietate filii: potentia enim habet rationem principii, et pater est principium non de principio.
Ad secundum dicendum, quod habere essentialiter et personaliter ab alio, importat defectum solum quantum ad hoc quod est habere ab alio essentialiter, idest in diversitate essentiæ; ex hoc enim causatur inæqualitas magnitudinis et potentialitatis: quia inæqualitatis causa est diversitas, sicut unitas æqualitatis, ut dictum est, in argum.
Sed contra istius artic., et quantum ad hoc filius non est medium inter patrem et creaturam, immo æquali et eadem dignitate convenit filio sicut et patri non habere ab alio essentialiter.
Ad tertium dicendum, quod in inferioribus quandoque recipitur aliquid in eadem virtute quæ est in eo a quo recipitur, quando scilicet recipiens est proportionatum ad recipiendum totam virtutem dantis, sicut patet in omni generatione univoca, ut quando homo generat hominem, et ignis ignem: quandoque autem non recipitur tota virtus, et hoc est ex defectu recipientis, quod non est proportionatum ad recipiendum totum quod agens influere potest, sicut corpora inferiora se habent ad actionem solis; vel forte ex defectu agentis, cujus virtus est deficiens a communicatione suæ similitudinis; sicut una scintilla non potest calefacere aliquod lignum, etiam multum dispositum. Sed in divinis non est defectus ex parte dantis neque ex parte accipientis, cum una et eadem sit virtus utriusque; et ideo quantam potentiam pater habet, tantam accipit filius ab eo.
Ad quartum dicendum, quod cum dicitur pater operari per filium, non ponitur aliquis gradus potestatis, sed signatur auctoritas in patre, ut dictum est, dist. 15, quæst. Unic., art. 4.

Articulus Tertius
Utrum in divinis personis sit ordo.

A
Ad tertium sic proceditur. Videtur quod in divinis personis non sit ordo. Ut enim dicit Augustinus: ordo est parium dispariumque sua cuique tribuens loca dispositio. Sed in divinis personis non competit aliqua localis dispositio. Ergo videtur quod nec ordo.
Præterea, Bœtius dicit: eos sequitur differentia deitatis qui in trinitate gradus constituunt. Sed ubicumque est ordo, est aliquis gradus. Ergo si in divinis personis est ordo, videtur quod sequatur diversitas deitatis. Hoc autem est impossibile. Ergo personæ divinæ non habent ordinem.
Præterea, ubi est eadem æternitas, simplicitas et dignitas, non videtur esse aliquis ordo: æternitas enim æqualis excludit ordinem temporis, simplicitas æqualis ordinem causæ ad causatum et partis ad totum, et æqualis dignitas ordinem dignitatis. Sed in patre et filio est eadem numero æternitas, simplicitas et dignitas. Ergo non est aliquis ordo.
Item, quidquid est in divinis, aut significat essentiam aut notionem. Sed ordo non pertinet ad essentiam divinam, in qua nulla est distinctio, nec ad notionem, quia nulla notio communis est tribus personis, sicut ordo. Ergo videtur quod in divinis personis non sit ordo.
Contra, ubicumque est pluralitas sine ordine, ibi est confusio. Sed in divinis personis est pluralitas et non confusio. Ergo ibi est ordo.
Hic etiam videtur, quod Spiritus Sanctus dicitur tertia in trinitate persona; et hoc dicit aliquem ordinem.
Respondeo dicendum, quod ordo in ratione sua includit tria, scilicet rationem prioris et posterioris; unde secundum omnes illos modos potest dici esse ordo aliquorum, secundum quos aliquis altero prius dicitur et secundum locum et secundum tempus et secundum omnia hujusmodi.
Includit etiam distinctionem, quia non est ordo aliquorum nisi distinctorum. Sed hoc magis præsupponit nomen ordinis quam significet. Includit etiam tertio rationem ordinis, ex qua etiam ordo in speciem trahitur. Unde unus est ordo secundum locum, alius secundum dignitatem, alius secundum originem, et sic de aliis: et ista species ordinis, scilicet ordo originis, competit divinis personis. Unde dico quod ordo originis signatur cum dicitur ordo naturæ, secundum quod dicitur natura a Philosopho, 5 Metaphys., ex qua pullulat pullulans primo. Unde nomen naturæ importat rationem originis:

et sic ista duo nomina ordo naturæ sumuntur in VI unius nominis, ad significandum speciem ordinis: quæ quidem species salvatur in divinis personis quantum ad rationem differentiæ, scilicet originem, et non quantum ad rationem generis, scilicet prioritatem et posterioritatem, ut in pluribus aliis dictum est. Et hoc patet ex definitione Augustini quam ponit, quod ordo naturæ est quo aliquis est ex alio, in quo ponitur differentia originis, et non prior alio, in quo removetur ratio generis. Unde non est concedendum quod sit ibi ordo simpliciter, sed ordo naturæ.
Ad primum igitur dicendum, quod illa definitio Augustini datur de ordine secundum locum, qui divinis personis non competit.
Ad secundum dicendum, quod gradus dicit quamdam speciem ordinis, scilicet secundum dignitatem vel perfectionem, vel locum: et nullus horum competit divinis personis; et ideo nec gradus.

Ad tertium dicendum, quod illa ratio procedit de ordine quantum ad rationem generis, prout ponit prius et posterius, quod nullo modo divinis competit.
Ad quartum dicendum, quod hoc nomen ordo significat notionem, non tamen in speciali, sed in communi, quæ determinatur secundum diversa adjuncta; ut cum dicitur ordo patris ad filium, significatur notio quæ est paternitas; et cum dicitur ordo filii ad patrem, significatur notio quæ est filiatio; et similiter patet in aliis; et similiter etiam est de hoc nomine principium, quod aliam notionem significat cum dicitur pater principium filii, et cum dicitur principium Spiritus Sancti.
Ad quintum dicendum, quod ordo originis sufficit ut confusio non ponatur, et ad hoc quod Spiritus Sanctus dicatur tertia persona.
Unde patet solutio ad sextum.

B
Ulterius quæritur, an sit ibi ordo naturæ: et videtur quod non. Quia omnis ordo importat aliquam distinctionem. Sed in natura divina nulla est distinctio. Ergo nec naturæ divinæ est aliquis ordo; et ita in divinis personis non est ordo naturæ.
Præterea, natura divina est idem quod essentia. Sed nihil est dictu quod in divinis personis sit ordo essentiæ. Ergo nec naturæ.
In contrarium est quod in littera dicitur.
Ad id quod ulterius quæritur, dicendum, quod est ibi

ordo naturæ, non tamen ita quod natura ordinetur, vel quod pater naturaliter prior sit filio; sed ita quod dicat rationem ordinis, secundum quod in natura importatur origo. Et quamvis secundum rem sit idem divina natura quod essentia, tamen ratio originis non importatur in nomine essentiæ sicut in nomine naturæ, ratione enim differunt; et ideo non potest dici ordo essentiæ, sicut ordo naturæ.

Et per hoc patet responsio ad ea quæ objiciuntur.

Nam si minus habet in potestate aliquid quam pater, non sunt ejus omnia quæ habet pater. Videtur quod ratio Augustini non valeat sed mutet quid in quantum, sic arguens: omnia quæ habet pater, habet filius. Ergo filius non habet minorem potentiam quam pater. Nec etiam videtur valere hoc quod postea de omnipotentia inducit, quia omnipotentia etiam nominat quantitatem potentiæ; et ideo idem peccatum videtur esse utrobique.

Sed dicendum, quod quamvis non valeat ex modo arguendi, valet tamen ex natura rei de qua argumentum sumitur: non enim potest hoc quod habet pater, filius habere, nisi idem in numero non mutatum: unde oportet quod quantum est in patre, tantum etiam sit in filio.

Si dicis, quia non voluit, eum invidum esse dixisti. Videtur quod non sequitur: quia per eumdem modum posset probari quod nullam creaturam meliorem quam fecit, facere potuisset. Sed dicendum, quod non est simile: quia si negatur rei illud quod sibi debetur, invidiæ est: non autem si non datur quod ei non debetur. Filio autem ex natura deitatis æqualitas generantis debetur: unde invidia esset si sibi subtraheret. Non autem debetur creaturæ secundum naturam suam amplior perfectio quam illud quod consequitur principia naturæ: unde si aliquid in natura rationali superadditur, gratiæ imputatur; unde etiam sine invidia subtrahi posset.

Aequalitatis autem, qualis aut quantus sit.

Videtur hoc esse falsum: quia unitas qualitatis non causat æqualitatem, sed similitudinem, ut Philosophus dicit. Sed dicendum, quod in divinis non attenditur æqualitas nisi secundum quantitatem virtutis. Hæc autem quantitas in qualitate fundatur; et ideo dicitur secundum qualitatem æqualitas attendi.

Distinctio XXXI

Quæstio I
Prologus

Ostensa æqualitate personarum, quia usus fuit Magister quibusdam locutionibus in sua propositione, in quibus dictiones exclusivæ terminis personalibus addebantur, ut cum dicitur: solus pater tantum habet de potentia, quantum omnes tres simul; et similia: ideo in parte ista inquirit de veritate omnium locutionum, qualiter hujusmodi dictiones exclusivæ nominibus divinis adjungi possint. Dividitur ergo in partes duas: in prima inquirit, utrum dictio exclusiva possit adjungi nomini personali in subjecto posito cum prædicato personali; in secunda inquirit, utrum possit adjungi nomini personali quando prædicatur de ipso essentiale, verbi gratia: solus pater est Deus, ibi: post hæc quæritur, utrum, sicut dicitur, solus pater est pater, vel, solus filius est filius; ita possit dici, solus pater est Deus, vel, solus filius est Deus. Et hæc in duas: in prima ostendit quod hujusmodi locutiones non sint concedendæ simpliciter, ut cum dicitur: solus pater est Deus; in secunda ostendit quod secundum aliquem intellectum concedi possunt; et si concedantur, non sequitur inconveniens, ibi: verumtamen, ut ait Augustinus, etsi de solo patre prædicta dicerentur, non tamen excluderetur filius vel Spiritus Sanctus. Prima in duas: in prima ostendit quod dictio exclusiva non potest poni ex parte subjecti, quando nomen essentiale de persona prædicatur, ut cum dicitur: solus pater est Deus; in secunda ostendit quod nec addi potest ex parte prædicati, ut dicatur: pater est solus Deus; quamvis quidam contrarium dicant, quorum dicta auctoritatibus Augustini refellit, ibi: atque solum hic in parte subjecti tantum accipere quidam volunt.

Et hæc in duas: in prima ostendit quod nomen essentiale adjunctum dictioni exclusivæ, non potest prædicari de singulis personis, ut dicatur: pater est solus Deus, et filius est solus Deus; sed de omnibus simul, ut dicatur: trinitas est solus Deus; in secunda inquirit, quomodo talis prædicatio de trinitate verificari possit, ibi: sed iterum quæritur, quomodo ipsam trinitatem dicimus solum Deum.

Hic quæruntur duo. Primo, utrum dictio exclusiva possit in divinis addi ex parte subjecti. Secundo, utrum ex parte prædicati.

Circa primum quæruntur duo: 1 utrum possit addi ex parte subjecti termino essentiali cum prædicato essentiali vel personali; 2 utrum possit addi termino personali cum prædicato essentiali.

Articulus Primus
Utrum ista propositio, solus Deus est Deus, sit falsa.

A

Ad primum sic proceditur. Videtur quod hæc sit falsa: solus Deus est Deus. Omne enim adjectivum ponit rem suam circa suum substantivum.

Sed solus est quoddam adjectivum. Ergo cum dicitur: solus Deus, implicat solitudinem circa Deum. Sed sicut dicit Hilarius, et habitum est supra distinctione 2, nobis neque solitarius est Deus, neque diversus confitendus. Ergo videtur quod hæc sit falsa: solus Deus est Deus.

Præterea, hoc nomen Deus intantum habet naturam termini communis, ut quod de Deo dicitur de omnibus personis dicatur, ut cum dicitur: Deus creat; vel saltem de aliqua, ut cum dicitur: Deus generat. Unde potest fieri descensus sub hoc nomine Deus, in subjecto posito pro aliqua personarum. Si igitur hæc est vera: solus Deus est Deus, aliqua istarum erit vera: solus pater est Deus, vel solus filius est Deus, vel solus Spiritus Sanctus est Deus. Sed quælibet harum falsa est. Ergo et prima.

Item, secundum Philosophum, solum idem est quod non cum alio.

Sed Deo, præcipue post rerum creationem, nunquam convenit cum alio non esse, quia in participationem sui esse res creando adduxit. Ergo non potest dici aliquo modo solus Deus.

Contra, proprium est quod convenit uni soli.

Sed esse divinum vel omnipotentem est proprium Deo. Ergo solus Deus est Deus vel omnipotens.

Respondeo dicendum, quod, secundum Philosophum, solum idem est quod non cum alio, in quo consortium removetur.

Potest igitur hæc dictio solus removere consortium simpliciter, vel respectu alicujus. Et dicitur simpliciter removere consortium, quando tollitur associatio alterius quod sit ejusdem naturæ et conditionis cum ipso; sicut dicimus aliquem hominem esse solum in domo, quamvis ibi sint multa alia animalia: et dicimus aliquem religiosum incedere solum, cum sine socio sui ordinis vadit, multis etiam ipsum comitantibus; et tunc solus idem est quod solitarius; et est etiam dictio categorematica implicans solitudinem circa subjectum, sicut et quodlibet aliud adjectivum; et ita nullo modo potest accipi in divinis: quia una persona semper habet consortium societatis alterius personæ connaturalis et similis sibi. Si autem excludat consortium respectu alicujus determinati, tunc dictio est syncategorematica, importans aliquem ordinem vel habitudinem unius ad alterum, ratione negationis implicitæ, magis quam implicans formam aliquam; et secundum hoc dico, quod hæc est duplex: solus Deus creat; quia removet consortium alterius a forma subjecti subintellecta implicatione, quod est, vel qui est; et tunc est sensus: solus Deus, idest ille qui ita est Deus quod præter ipsum nullus alius est Deus, creat, et sic vera est. Vel removet consortium in participatione prædicati, et in hoc etiam sensu vera est: est enim sensus, quod nullus alius præter Deum creet. Et idem est judicium de hac: solus pater est pater; vel: solus pater generat. Omnes enim hujusmodi in primo sensu sunt falsæ et in duobus aliis veræ.

Ex quo patet responsio ad primum, quod procedit secundum primum sensum.

Ad secundum dicendum, quod sicut dicunt sophistæ, dictio exclusiva immobilitat terminum cui adjungitur ratione negationis implicitæ. Unde non sequitur: solus homo est rationalis; ergo solus Socrates. Non enim omne quod est aliud a Socrate, est aliud ab homine. Unde negatio implicita in dictione exclusiva ad plura se extendit quando adjungitur proprio quam quando adjungitur communi.

Sed verum est quod ratione affirmationis posset fieri descensus. Unde cum ista: solus Deus est Deus, habeat duas expositivas, unam affirmativam: Deus est Deus, et alteram negativam, scilicet hanc: alius a Deo non est Deus, sub affirmativa potest fieri descensus, ut dicatur: pater est Deus, et non sub negativa: alius a patre non est Deus.

Ad tertium dicendum, quod, sicut dictum est, in corp. Art., hæc dictio solus privat consortium; et quamvis, creaturis existentibus, non possit ab eo removeri consortium respectu hujus quod est esse, tamen potest removeri consortium respectu propriæ suæ operationis, quæ est creatio, et etiam respectu propriæ suæ naturæ. Unde, secundum Hilarium, remota distinctione personarum, etiam creaturis existentibus, Deus dicitur solitarius. Quamvis enim hæc non esset vera: solus Deus est, hæc tamen vera esset: Deus est solus, idest solitarius. Quartum concedimus, quod procedit secundum tertium sensum.

B

Ulterius quæritur de ista: solus Deus est pater; videtur enim esse falsa. Quia id quod in alio invenitur, non potest alicui soli inesse. Sed paternitas non tantum est in Deo, sed etiam in hominibus, et quodammodo in

Angelis, ut dicit Dionysius.

Ergo non potest dici, quod solus Deus est pater.

Contra, de quocumque prædicatur commune præcise, prædicatur cum præcisione et proprium, si de ipso prædicetur: si enim solum corpus est coloratum, sequitur solum corpus esse album, si supponatur album de corpore prædicari. Sed Deus est sicut commune respectu trium personarum, ut supra habitum est, distin. 19, quæst. 4, art. 2, ex verbis Damasceni.

Ergo sequitur, si solus Deus est Deus, cum Deus sit pater, quod solus Deus sit pater.

Ad id quod ulterius quæritur, an hæc sit vera: solus Deus est pater, dicendum; quod secundum tres sensus tripliciter potest judicari.

Si enim hæc dictio solus implicet solitudinem circa Deum, locutio falsa est. Si autem importat exclusionem a forma subjecti, vera est, et est sensus; Deus, præter quem non est alius, est pater.

Si autem removeat consortium a participatione prædicati, dico quod est duplex. Quia in nomine patris potest intelligi tantum proprietas paternitatis prout prædicatum formaliter tenetur, et sic falsa est, quia paternitas non tantum in Deo est sed etiam in hominibus. Vel ipsa persona subsistens distincta paternitate; et sic est vera, et hoc modo probatur et improbatur. Tamen sciendum, quod paternitas non est ejusdem rationis secundum univocationem in Deo et in creaturis, quamvis sit eadem ratio secundum analogiam, quæ quidem aliquid habet de identitate rationis, et aliquid de diversitate.

Unde etiam si prædicatum sumatur formaliter.

Tamen potest aliquo modo vera esse: solus Deus est pater, et secundum eumdem modum loquendi quo dicitur Luc. 18, 19: nemo bonus nisi solus Deus.

Articulus Secundus

Utrum ista propositio, solus pater est Deus, sit vera.

Ad secundum sic proceditur. Videtur quod hæc sit vera: solus pater est Deus, vel, solus filius est Deus. Sicut enim esse Deum convenit tribus personis, ita et esse altissimum. Sed de filio legitur: tu solus altissimus. Ergo potest dici: solus filius est Deus.

Præterea, hæc, solus pater est Deus, habet duas expositivas: unam indefinitam, vel singularem, quæ convertitur sicut particularis affirmativa, scilicet hæc: pater est Deus; aliam negativam universalem, scilicet: nullus alius a patre est Deus; et utraque harum convertitur simpliciter. Sed hæc est vera in aliquo sensu: solus Deus est pater.

Ergo a simplici conversa hæc erit vera: solus pater est Deus.

Præterea, si hæc est falsa: solus pater est Deus, hoc non erit nisi quia per dictionem exclusivam excluduntur aliæ personæ divinæ a participatione prædicati. Sed per dictionem exclusivam adjunctam patri non excluduntur filius et Spiritus Sanctus. Ergo hæc est simpliciter vera: solus pater est Deus. Media probatur per auctoritatem Augustini in littera qui dicit: si de solo patre prædicta dicerentur, non tamen excluderetur filius nec Spiritus Sanctus, quia hi unum sunt. Probatur etiam per rationem sic. Major est unio filii ad patrem, quam partis ad totum. Sed dictio exclusiva adjuncta toti, non excludit partem: non enim sequitur: solus Socrates est albus, ergo pes ejus non est albus. Ergo cum exclusio fiat ratione diversitatis, videtur quod non excludatur filius per dictionem exclusivam adjunctam patri.

Præterea, dictio exclusiva non removet a consortio nisi hoc quod est separatum ab eo cui adjungitur. Sed filius est in patre, ut supra, distin. 9, quæst. 1, art. 1, probatum est. Ergo cum dicitur: solus pater, non excluditur filius.

Præterea, dictio exclusiva adjuncta antecedenti, non excludit consequens; non enim sequitur: solus homo currit, ergo animal non currit, vel: solum animal non currit, ergo homo non currit.

Sed filius sequitur ad patrem et e converso, ut habitum est ex Ambrosio, dist. 9. Ergo videtur quod cum dicitur: solus pater, non excludatur filius nec e converso; et ita hæc erit vera: solus pater est Deus.

Contra est quod in littera dicitur.

Præterea, hujus propositionis: solus pater est Deus, una expositiva est: nullus alius a patre est Deus. Sed hæc est falsa, quia filius, qui est alius a patre, est Deus. Ergo hæc est falsa: solus pater est Deus.

Respondeo dicendum, quod secundum quosdam dictio exclusiva adjuncta uni relativorum in creaturis non excludit alterum: non enim sequitur: tantum pater est, ergo filius non est; quia ad unum relativorum sequitur alterum. Sed hoc videtur esse falsum, quia dictio exclusiva adjuncta supposito excludit omne aliud suppositum. Unde cum filius sit aliud suppositum a patre, excluditur filius, cum dicitur: solus pater. Nec hoc impeditur per hoc quod unum sine altero esse non potest: quia generatio etiam non potest esse sine alteratione et loci transmutatione; et tamen cum dicitur: sola generatio est, excluditur omnis alia mutatio.

Præterea, quamvis relativa consequantur se in esse, non tamen consequuntur se in aliis prædicamentis: non enim sequitur, si pater est musicus, quod filius est musicus. Et præterea, cum solus sit determinatio suppositi, excludit omne aliud suppositum.

Diversitatem autem suppositorum non tollit relativorum consecutio. Unde non est aliqua ratio quare respectu horum prædicatorum, unum non excluderetur per exclusionem adjunctam alteri.

Et ideo dicendum est, quod dictio exclusiva adjuncta patri excludit filium, quantum pertinet ad oppositionem relationis. Tamen intelligendum est quod diversimode se habet in creaturis et in divinis quantum ad duo: primo, quia in creaturis pater et filius non sunt unum in essentia, unde filius est alius a patre, et aliud; quod tamen non est verum in divinis. Secundo, quia in creaturis per paternitatem additur novum esse quod est esse accidentale, et non idem, quod est esse subjecti. In divinis autem paternitas non addit secundum rem aliud esse quam esse essentiæ, in quo pater et filius communicant. Cum ergo loquimur in humanis, dicentes: solus pater, excluditur omnibus modis filius, quia filius est alius et aliud a patre. Et præterea, si esset unum in essentia cum patre, adhuc excluderetur ab illo, inquantum est alius a patre secundum esse relationis superadditum essentiæ; unde secundum quid esset aliud a filio, quamvis in essentia convenirent. Sed in divinis pater et filius sunt unum in essentia, et tamen distinguuntur relationibus; et tamen illæ relationes non addunt aliquid secundum rem ad essentiam. Unde ratione illius distinctionis nullo modo potest dici filius aliud a patre, sed tantum alius. Unde cum dicitur: solus pater, potest intelligi fieri exclusio alius masculine, et sic excluditur filius: et hoc magis proprium est considerata consignificatione vocabulorum; vel aliud neutraliter, et sic non excluditur filius, quia filius non est aliud a patre, cum essentia divina quæ est in filio sit totum id quod est pater, et non aliqua pars ejus. Secundum hoc ergo hæc est distinguenda: solus pater est Deus, per tres sensus prædictos. Quia si solus implicet solitudinem circa patrem, falsa est. Si autem excludit a forma subjecti, sic vera est; et est sensus: ille qui est pater, præter quem nullus alius est pater, est Deus. Si autem fiat exclusio a participatione prædicati, sic est duplex. Quia cum solus sit idem quod non cum alio, vel excludit alium masculine; et sic est falsa, et sic primo negat eam Augustinus: vel excludit aliud; et sic est vera, quia sic non excluditur filius qui non est aliud a patre; et sic potest concedi, ut patet ex dictis Augustini supra positis.

Ad primum ergo dicendum quod ista: solus filius est altissimus, est distinguenda, sicut et prima; et in aliquo sensu est vera, et in aliquo falsa.

Et præterea hoc quod dicitur: tu solus altissimus Jesu Christe, intelligendum est cum toto hoc quod consequitur: cum sancto spiritu in gloria Dei patris; et hoc est absolute verum, quod solus filius cum patre et sancto spiritu est altissimus.

Ad secundum dicendum quod hæc: solus Deus est pater, quantum ad hanc expositivam, Deus est pater, convertitur simpliciter; sic: pater est Deus.

Similiter alia: nullus alius a Deo est pater, convertitur simpliciter; sed ejus conversa non est: nullus alius a patre est Deus, cum non sit idem in subjecto et prædicato, sed magis ista: pater non est alius a Deo, quæ quodammodo vera est, ut supra dictum est, in corp. Art.; et ex hoc non sequitur quod solus pater sit Deus.

Ad tertium dicendum, quod cum dicitur solus pater, excluditur filius, si solus dicat idem quod non cum alio masculine; si autem dicat idem quod non cum alio neutraliter, non excluditur; et sic intelligitur dictum Augustini; quod patet ex hoc quod dicit, quia hi tres unum sunt.

Et ad id quod objicitur de parte et consequente, et de hoc quod unus est in alio, patet quod non sequitur; quia pars non est aliud suppositum quam totum, immo includitur in supposito totius; similiter hoc consequens quod est animal, non est aliud secundum suppositum ab homine. Et ideo quamvis pater sit in filio per unitatem essentiæ, et quantum ad intellectum relationis; tamen relatio, inquantum habet rationem oppositionis, distinguit patrem a filio secundum suppositum.

Quæstio II
Prologus

Deinde quæritur, quomodo possit addi ex parte prædicati dictio exclusiva in divinis; et circa hoc duo quæruntur: 1 utrum hæc sit vera, trinitas est solus Deus; 2 utrum sit hæc vera, pater est solus Deus.

Articulus Primus
Utrum ista propositio, trinitas est solus Deus, sit vera.

Ad primum sic proceditur. Videtur quod hæc sit falsa, trinitas est solus Deus. Solus enim est dispositio subjecti, sicut et omnis. Sed hæc dictio omnis incongrue additur ad prædicatum. Ergo videtur quod etiam hæc dictio solus.

Præterea, secundum Philosophum, nomina transposita et verba, idem significant. Si ergo hæc est vera: trinitas est solus Deus, hæc etiam erit vera: trinitas est Deus solus.

Præterea, hæc dictio solus est syncategorematica, et importat negationem. Sed negatio debet præcedere compositionem vel aliquid quod negetur, cum autem dicitur sic, pater est solus Deus, nihil sequitur. Ergo videtur quod locutio sit falsa vel incongrua, et sic idem quod prius.

Præterea, termini in prædicato tenentur formaliter. Sed solitudo non convenit formæ, quia forma, quantum est de se, communicabilis est. Ergo videtur quod non debeat poni ex parte prædicati; et sic idem quod prius.

Contra est quod habetur in littera.

Respondeo dicendum, quod istæ dictiones exclusivæ solus, et tantum in hoc differunt, quod tantum, cum sit adverbium, et similiter solum determinat actum verbi, quia adverbium est adjectivum verbi; unde cum verbum ratione compositionis conjungat prædicatum subjecto, et ad utrumque se habeat, congrue possunt ista adverbia tam ad subjectum quam ad prædicatum adjungi. Sed hæc dictio solus cum sit nomen privans consortium, est determinatio ejus cum quo consortium potest haberi.

Habetur autem consortium cum eo cui aliquid convenit, et hoc significatur ut subjectum; unde proprie est dispositio subjecti. Secundum hæc igitur dicunt, quod est impropria: trinitas est solus Deus, quia si ly solus proprie tenetur, non additur ad prædicatum. Si autem teneatur pro ly tantum superflue additur prædicato essentiali vel substantiali, ut si diceretur: Socrates est tantum homo; quia per dictionem exclusivam non potest excludi nisi natura extranea ab eo cui adjungitur. Et hoc intelligitur etiam ex ipso prædicato substantiali; ex hoc enim quod dicitur, Socrates est homo, intelligitur quod non est asinus vel equus. Et similiter dicunt, quod superflue additur, cum dicitur, trinitas est tantum Deus: nisi addatur unus, vel aliquis alius terminus accidentalis, qui possit inesse vel non inesse; quia sic excluderetur oppositum unitatis quod est pluralitas. Et dicunt, quod intentio Augustini non est dicere, quod hoc quod dico solus Deus prædicetur de trinitate, ut Magister innuit; sed cum dicitur solus Deus, supponitur trinitas, et non pater vel filius. Sed hoc non videtur multum necessarium. Quamvis enim ly solus sit dispositio subjecti, non tamen oportet quod addatur semper ad subjectum; quia illud etiam quod in prædicato ponitur,

potest significari ut suppositum alicui naturæ vel proprietati, ratione cujus potest ab eo privari consortium, ut si diceretur: Socrates est solus homo sedens. Similiter dico in proposito, quod alio modo prædicatur hoc nomen Deus de tribus personis, et hoc nomen homo de Socrate et Platone. Cum enim non prædicetur de utroque nisi id quod utrique commune est; utrique autem non est commune nisi natura humana, quæ in se considerata non est quid subsistens; constat quod iste terminus homo non prædicat aliquam rem subsistentem, sed solum naturam inhærentem, et ut inhærentem; et ideo non potest sibi fieri additio hujus dictionis solus, quæ privat consortium. Naturæ enim communis non est ut ipsa habeat consortium, sed in ipsa consortium habeatur. Sed iste terminus Deus prædicat naturam divinam de tribus personis, quæ etiam in se est habens esse subsistens nulla personarum distinctione intellecta. Unde quamvis prædicet naturam divinam ut naturam divinam et non ut quid subsistens, nihilominus tamen hoc quod prædicat, quid subsistens est; et ideo habet rationem ut in ipsa sit consortium, prout significatur in quo est, et ut ipsius sit consortium, secundum aliquid sibi conveniens, prout significatur ut quid est.

Unde potest sibi addi hæc dictio solus in prædicato, tamquam rei subsistenti; et excludet omnia extranea a participatione formæ prædicati, ut sit sensus: trinitas est solus Deus: idest, trinitas est ille Deus præter quem nullus alius est Deus; et expressior erit veritas ejus, si aliquid aliud addatur, ut si dicatur: trinitas est solus verus Deus vel solus unus Deus.

Ad primum igitur dicendum, quod diversimode hæc dictio omnis est dispositio subjecti, et hæc dictio solus: quia per hanc dictionem omnis, ratione distributionis importatur quædam divisio subjecti, et multiplicatio ratione contentorum. Unde incongrue additur his sub quibus non est accipere aliquam multitudinem suppositorum, ut terminis singularibus. Et propter hoc etiam ex parte prædicati poni non potest; quia prædicatum sumitur formaliter, et in forma communi uniuntur supposita, non distinguuntur. Solus autem non dicit aliquam divisionem, sed tantum removet consortium respectu alicujus quod convenit rei subsistenti. Unde si prædicetur aliqua res subsistens, convenienter potest sibi addi solus, sicut cum prædicatur hoc nomen Deus.

Ad secundum dicendum, quod cum hæc dictio solus ex parte prædicati sequitur suum substantivum, semper implicat solitudinem. Tunc enim excluditur consortium simpliciter, et non respectu alicujus determinati, cum nihil sequatur. Et ideo quamvis concedatur hæc, trinitas est solus Deus, non tamen conceditur, proprie loquendo, trinitas est Deus solus; et hoc accidit ratione negationis importatæ.

Unde non est idem judicium de hoc homine solus, et de hoc nomine albus; differt enim negatio postposita et præposita termino.

Ad tertium dicendum, quod in hac propositione, trinitas est solus Deus vel solus verus Deus, intelligitur duplex compositio; una principalis, quæ est importata per verbum; et alia intelligitur in hoc nomine Deus, prout significatur habens deitatem.

Unde ratione hujus compositionis potest fieri exclusio, secundum quod aliquid excluditur a participatione formæ prædicati, quæ convenit rei subsistenti prædicatæ.

Ad quartum dicendum, quod hoc nomen Deus non prædicat naturam divinam solum per modum formæ, sicut alia prædicata substantialia, prout significatur natura divina ut quo est, sed ut rem subsistentem, prout significatur ut quod est; et secundum hoc potest ei addi solus. Dictum enim est supra, distin. 19, quæst. 4, art. 2, quod hoc nomen Deus partim habet rationem termini communis, et partim rationem termini singularis.

Articulus Secundus
Utrum pater sit solus Deus.

Ad secundum sic proceditur. Videtur quod pater sit solus Deus. Omne enim quod prædicatur de tribus personis simul sumptis, est prædicatum essentiale. Sed hoc quod dico, solus Deus est hujusmodi, dicitur enim: trinitas est solus Deus.

Ergo videtur, cum omne prædicatum essentiale possit dici de patre, quod possit dici: pater est solus Deus.

Præterea, pater est Deus, et non est aliud quam Deus. Ergo est solus Deus.

Item, constat quod non est nisi unus solus Deus. Sed ille Deus præter quem non est alius Deus, est pater. Ergo pater est unus solus Deus.

Contra est quod in littera dicitur.

Respondeo dicendum, quod cum dicitur, pater est solus Deus, hæc dictio solus quamvis ex parte prædicati ponatur, tamen potest intelligi ex parte subjecti; ut cum dicitur: est homo albus, intelligitur homo est albus; et tunc erit idem judicium de hac sicut et de illa quæ supra, art.

Antec., dicta est: solus pater est Deus. Si autem intelligatur ex parte prædicati, tunc uno modo potest intelligi, quod ly solus ponatur pro tantum, et sic erit vera. Nec erit superflua additio; quia filius quamvis sit Deus, non tamen est tantum Deus, quia est etiam homo, quod de patre dici non potest, cum tamen pater humanam naturam assumere potuerit. Sed sic non accipitur hic. Si autem ly solus sumatur proprie, tunc habet proprietatem ista locutio, secundum quod hoc prædicatum Deus non tantum prædicat naturam deitatis ut formam, sed ut quid subsistens.

Dico igitur, quod cum dicitur, pater est solus Deus, locutio est duplex. Quia ly solus potest excludere omne aliud a patre a participatione formæ prædicati; et sic vera est; sic enim non excluditur filius neque Spiritus Sanctus; qui non sunt aliud a supposito patris. Si autem excludat alium masculine, tunc est falsa: in quo tamen sensu vera est ista, trinitas est solus Deus; quia cum ly Deus prædicet non tantum naturam, sed etiam suppositum, quando prædicatur de trinitate prædicat suppositum totius trinitatis; et ideo etiam si fiat exclusio ratione alterius suppositi, vera est: quia nullum aliud suppositum extra trinitatem, sicut nec alia natura, Deus est. Sed cum dicitur: pater est Deus, ly Deus prædicat suppositum patris; unde si fiat exclusio respectu ejus quod est aliud suppositum a patre, est falsa; et in hoc sensu negatur; si autem ejus quod est aliud in natura a patre, vera est.

Ad primum igitur dicendum, quod secundum quod ly solus excludit suppositum extraneum, et non solum extraneam naturam, ad plura extendit se negatio implicita, cum dicitur: pater est solus Deus, quam cum dicitur: trinitas est solus Deus. Quia in hac cum dicitur: pater est solus Deus, excluditur etiam suppositum filii et Spiritus Sancti. Et ideo hæc est falsa, secundum illum intellectum, pater est solus Deus; quamvis hæc sit vera, trinitas est solus Deus. Nec hoc est ratione prædicati essentialis, sed ratione negationis excludentis suppositum illud.

Ad secundum, dicendum, quod si ly solus proprie sumatur, non est illa expositio ejus, sed magis esset expositio ejus si solus sumeretur pro tantum, et in hoc sensu concessa est.

Ad tertium dicendum, quod si ly solus proprie sumatur, per illud argumentum non probatur quod sit vera: pater est solus Deus, sed magis quod ista est vera: solus Deus est pater, et hæc secundum aliquem sensum supra concessa est. Si autem assumatur, pater est ille Deus, præter quem non est alius, hæc propositio est multiplex: quia hoc relativum quem potest referre distinctum suppositum patris ut sit sensus: præter patrem non est alius. Et si intelligatur: non est alius Deus, verum est, quia filius non est alius Deus a patre; si autem intelligatur: præter patrem non est alius qui sit Deus, falsa est, quia filius est alius a patre, qui tamen est Deus. Si vero relativum referat suppositum indistincte, secundum quod supponit hoc nomen Deus cum dicitur: Deus est unus, tunc est vera in omni sensu. Et sic patet quod non concludetur propositum, nisi per modum quo propositio dicta concessa est in distinctione supra posita. Nemo novit patrem nisi filius. Videtur quod Augustinus male exponit: quia nemo idem est quod nullus homo: sub hoc autem non continentur pater et Spiritus Sanctus, de quibus hoc nomen homo non prædicatur; et ita videtur quod inconvenienter subjungat Augustinus: non inde separatur pater vel Spiritus Sanctus quia inseparabiles sunt.

Ad hoc dicunt quidam, quod hæc dictio nisi non ponitur exceptive, sed adversative, ut sit sensus: nullus purus homo novit patrem notitia comprehensionis, sed tantum filius. Sed potest melius dici, quod hæc dictio nemo habet aliquid ex proprietate significationis, et aliquid ex usu nominis.

Ex proprietate significationis habet quod nemo significet idem quod nullus homo, et ita sub hac distributione non includitur persona patris vel Spiritus Sancti. Sed quia homo est secundum quod habet intellectum, nec aliquid habens intellectum est nobis ad sensum manifestum nisi homo; ideo ex usu loquentium habet quod nemo distribuat pro omni intellectuali natura; et ita sub distributione potest fieri descensus ad personas divinas, angelicas et humanas.

Distinctio XXII

Quæstio I
Prologus

Postquam determinavit Magister de his quæ pertinent ad unitatem essentiæ et trinitatem personarum, hic determinat de nominibus quibus et essentiæ unitas et personarum pluralitas designatur.

Dividitur autem in partes duas: in prima ponit divisionem divinorum nominum, ut ostendat quid pluraliter et quid singulariter de divinis personis prædicetur; in secunda ostendit qualiter unitas et pluralitas in divinis accipiatur, 24 distinct., ibi: hic diligenter inquiri oportet. Prima in duas: in prima ponit universalem distinctionem divinorum nominum; in secunda agit de quodam nomine quod specialem difficultatem affert, scilicet de hoc nomine persona, quod non videtur aliorum naturam sequi, 23 dist., ibi: prædictis adjiciendum est. Prima in duas: in prima ostendit diversitatem divinorum nominum; in secunda ponit quasdam regulas, ex quibus colligi potest qualiter unumquodque prædicetur, ibi: sciendum est igitur, quod illa quæ proprie ad singulas personas pertinent, relative ad invicem dicuntur. Prima in duas: in prima ponit trimembrem distinctionem divinorum nominum, secundum Ambrosium et Augustinum; in secunda addit tres modos divinorum nominum, et concludit esse sex differentias eorum quæ de Deo dicuntur, ibi: hic adjiciendum est, quædam esse nomina... Quæ ex tempore Deo conveniunt.

Hic quæruntur quatuor: 1 utrum Deus sit nominabilis; 2 an aliquod nomen proprie ei conveniat, vel omnia nomina de eo transumptive dicantur; 3 utrum sit nominandus uno tantum nomine, vel pluribus, vel etiam omnibus; 4 quæritur de multiplicatione divinorum nominum in littera posita.

Articulus Primus
Utrum Deus sit nominabilis.

Ad primum sic proceditur. Videtur quod Deus non sit nominabilis, per id quod dicit Dionysius de Deo loquens: omnibus autem universaliter incomprehensibilis est, et neque sensus ejus est, neque phantasma, neque opinio, neque nomen, neque sermo, neque tactus, neque scientia. Hoc etiam videtur per hoc quod dicit Philosophus Lib. De causis: causa prima superior est narratione, et deficiunt linguæ a narratione ejus.

Item, omne nomen est signum alicujus formæ existentis in anima, secundum Philosophum.

Sed, sicut dicit Augustinus, Deus, qui omnem formam subterfugit, intellectui pervius esse non potest. Ergo videtur quod nullo nomine possit nominari.

Præterea, si nominatur, aut nominatur per nomen, aut per pronomen, aut per verbum, aut per participium. Sed non potest nominari per nomen, cum omne nomen significet substantiam cum qualitate; in Deo autem nulla est compositio substantiæ et qualitatis; nec per verbum, nec per participium, quæ tempus consignificant, quod a Deo longe est; nec per pronomen, cum pronominis significatio determinetur per demonstrationem vel relationem; demonstratio autem fit mediantibus accidentibus, quæ in Deo non sunt, et relatio est antedictæ rei recordatio, et sic per relationem significari non potest, nisi aliquid aliud præsupponatur vel prænominetur. Ergo videtur quod nullo modo possit nominari.

Contra, in Psal. 67, 5, dicitur: Dominus nomen illi; et Exod. 3: si quæsierint nomen meum etc..

Præterea, omne quod cognoscitur, potest etiam voce significari. Sed nos aliquo modo cognoscimus Deum vel per fidem vel per naturalem cognitionem.

Ergo possumus eum nominare.

Respondeo dicendum, quod cum voces sint signa intellectuum, secundum Philosophum, idem judicium est de cognitione rei et nominatione ejus. Unde sicut Deum imperfecte cognoscimus, ita etiam imperfecte nominamus, quasi balbutiendo, ut dicit Gregorius.

Ipse autem solus seipsum comprehendit; et ideo ipse solus seipsum perfecte nominavit, ut ita dicam, verbum coæquale sibi generando.

Ad primum igitur dicendum, quod omnes auctoritates quæ dicunt Deum esse innominabilem, intendunt dicere, quod nullum nomen exprimit perfecte ipsum Deum: quod significatur in verbis Philosophi, qui dicit, quod linguæ deficiunt a narratione ejus; et quod alibi dicit: causa prima superior est omni narratione, et supra omne id quod nominatur.

Ad secundum dicendum, quod si Augustinus intelligat de forma corporali, sic planum est quod Deus non habet formam corporalem, nec oportet quod omne quod nominatur, formam corporalem habeat. Si autem intelligat de forma absolute, tunc dicitur omnem formam subterfugere, non quia ipse in se non sit vere forma, cum ipse sit purus actus et simplex et prima forma, secundum Bœtium, sed quia quamcumque formam intellectus concipiat, Deus subterfugiat illam sui eminentia. Si enim intellectus noster apprehendit sapientiam, ipse Deus in sapientia sua excedit omnem sapientiam a nobis intellectam. Et ideo concludit quod non est pervius nostro intellectui, ita quod in ipsum ire perfecte comprehendendo possit.

Propter quod etiam Dionysius dicit, quod quidquid de ipso affirmamus, potest etiam de ipso negari: quia sibi non competit secundum hoc quod nos intelligimus et nomine significamus, sed excellentius.

Ad tertium dicendum, quod potest significari et nomine et pronomine et verbo et participio.

Cum enim dicitur, quod nomen significat substantiam cum qualitate, non intelligitur qualitas et substantia proprie, secundum quod logicus accipit prædicamenta distinguens. Sed grammaticus accipit substantiam quantum ad modum significandi, et similiter qualitatem; et ideo, quia illud quod significatur per nomen significatur ut aliquid subsistens, secundum quod de eo potest aliquid prædicari, quamvis secundum rem non sit subsistens, sicut albedo dicit, quod significat substantiam, ad differentiam verbi, quod non significat ut aliquid subsistens. Et quia in quolibet nomine est considerare id a quo imponitur nomen, quod est quasi principium innotescendi, ideo quantum ad hoc habet modum qualitatis, secundum quod qualitas vel forma est principium cognoscendi rem. Unde, secundum Philosophum, uno modo forma substantialis qualitas dicitur. Nec refert quantum ad significationem nominis, utrum principium innotescendi sit idem re cum eo quod nomine significatur, ut in abstractis, vel diversum, ut in hoc nomine homo.

Et quia Deus seipso cognoscitur, ideo potest significari per nomen quod habeat qualitatem quantum ad rationem a qua nomen imponitur, et substantiam quantum ad id cui imponitur. Similiter dicendum est de pronomine, quod etiam per pronomen significari potest, ut habetur Exod. 3, 14: ego sum qui sum. Et quamvis non possit demonstrari quantum ad sensum, tamen potest demonstrari quantum ad intellectum, secundum id quod intellectus de ipso apprehendere potest. Potest etiam significari per pronomen relativum, cum ponatur ipsum significari per nomen quod relativum referre potest. Similiter etiam per verbum vel participium potest significari, ut cum dicitur, quod ipse est intelligens vel potens vel hujusmodi. Et tamen verba et participia dicta de ipso non significant aliquid temporale in ipso.

Sed verum est quod quantum ad modum significandi quo tempus significant, deficiunt a repræsentatione ipsius.

Articulus Secundus
Utrum aliquod nomen possit dici proprie de Deo.

Ad secundum sic proceditur. Videtur quod nullum nomen de Deo proprie dici possit. Nihil enim proprie dicitur de aliquo quod verius negetur de ipso quam affirmetur. Sed, secundum Dionysium, verius omnia nomina quæ de Deo dicuntur, de ipso negantur quam affirmantur; unde dicit, quod negationes in divinis sunt vere affirmationes incompactæ. Ergo etc..

Præterea, Deum non possumus nominare, nisi secundum quod ipsum cognoscimus. Sed non cognoscimus ipsum nisi ex effectibus suis, vel per viam causalitatis, vel per viam negationis, vel per viam eminentiæ. Ergo non potest nominari a nobis nisi ex creaturis. Sed quandocumque nomen creaturæ prædicatur de Deo, non est vera prædicatio nisi intelligatur metaphorice vel transumptive, ut cum dicitur, Deus est leo, vel, Deus est lapis. Ergo videtur quod nullum nomen proprie dicatur de Deo, sed metaphorice.

Præterea, magis differt sapientia creata vel esse creatum, a Deo, quam differat floritio prati a risu hominis. Sed, ratione hujus diversitatis, pratum non dicitur ridere nisi metaphorice. Ergo videtur quod etiam Deus non possit dici sapiens, vel aliquid aliud, nisi metaphorice.

Præterea, quandocumque aliquod nomen importans aliquam corporalem conditionem Dei dignitati repugnantem, dicitur de Deo, non potest dici nisi metaphorice; et eadem ratione quandocumque conditionem Deo non convenientem importet, non poterit de Deo proprie dici. Sed omne nomen a nobis impositum importat aliquam conditionem divinæ dignitati repugnantem, ut patet in verbis, quæ consignificant tempus, et in nominibus, quæ vel in abstracto dicuntur, ut scientia et humanitas, quæ dicunt quid imperfectum et non in se subsistens, vel in concreto, quæ important quamdam compositionem: quorum neutrum Deo competit. Ergo videtur quod nihil proprie de Deo dicatur.

Contra, quidquid dicitur de aliquibus per prius et posterius, magis proprie convenit ei de quo per prius dicitur; sicut ens per prius convenit substantiæ quam accidenti. Sed quædam sunt quæ per prius dicuntur de Deo quam de creaturis, sicut paternitas, sicut habetur Ephes. 3, 15: ex quo omnis paternitas in cælis et in terra nominatur: et eadem ratione bonitas etc.. Ergo videtur quod hujusmodi nomina etiam magis proprie dicantur de ipso quam de creaturis.

Præterea, hoc videtur per Dionysium, qui distinguit nomina symbolica, idest metaphorice dicta, ab aliis divinis nominibus: et ita videtur quod non omnia dicantur transumptive: quod etiam videtur ex divisione Augustini et Ambrosii in littera.

Respondeo dicendum, quod quamvis omnis perfectio quæ in creaturis est, exemplariter a Deo descendat, sicut a principio præhabente in se unice omnium perfectiones; nulla tamen creatura potest recipere illam perfectionem secundum illum modum quo in Deo est. Unde secundum modum recipiendi deficit a perfecta repræsentatione exemplaris. Et ex hoc etiam in creaturis est quidam gradus, secundum quod quædam quibusdam plures perfectiones et nobiliores a Deo consequuntur, et plenius participant; et ex hoc in nominibus est duo considerare: rem significatam, et modum significandi.

Considerandum est igitur, quod cum nomina sint imposita a nobis, qui Deum non nisi ex creaturis cognoscimus, semper deficiunt a divina repræsentatione quantum ad modum significandi: quia significant divinas perfectiones per modum quo participantur in creaturis. Si autem consideremus rem significatam in nomine, quæ est id ad quod significandum imponitur nomen, invenimus, quædam nomina esse imposita ad significandum principaliter ipsam perfectionem exemplatam a Deo simpliciter, non concernendo aliquem modum in sua significatione; et quædam ad significandum perfectionem receptam secundum talem modum participandi; verbi gratia, omnis cognitio est exemplata a divina cognitione, et omnis scientia a divina scientia.

Hoc igitur nomen sensus est impositum ad significandum cognitionem per modum illum quo recipitur materialiter secundum virtutem conjunctam organo. Sed hoc nomen cognitio non significat aliquem modum participandi in principali sua significatione.

Unde dicendum est, quod omnia illa nomina quæ imponuntur ad significandum perfectionem aliquam absolute, proprie dicuntur de Deo, et per prius sunt in ipso quantum ad rem significatam, licet non quantum ad modum significandi, ut sapientia, bonitas, essentia et omnia hujusmodi; et hæc sunt de quibus dicit Anselmus, quod simpliciter et omnino melius est esse quam non esse. Illa autem quæ imponuntur ad significandum perfectionem aliquam exemplatam a Deo, ita quod includant in sua significatione imperfectum modum participandi, nullo modo dicuntur de Deo proprie; sed tamen ratione illius perfectionis possunt dici de Deo metaphorice, sicut sentire, videre et hujusmodi. Et similiter est de omnibus aliis formis corporalibus, ut lapis, leo et hujusmodi: omnia enim imponuntur ad significandum formas corporales secundum modum determinatum participandi esse vel vivere vel aliquam divinarum perfectionum.

Ad primum igitur dicendum, quod cum in nomine duo

sint, modus significandi, et res ipsa significata, semper secundum alterum potest removeri a Deo vel secundum utrumque; sed non potest dici de Deo nisi secundum alterum tantum. Et quia ad veritatem et proprietatem affirmationis requiritur quod totum affirmetur, ad proprietatem autem negationis sufficit si alterum tantum desit, ideo dicit Dionysius, quod negationes sunt absolute veræ, sed affirmationes non nisi secundum quid: quia quantum ad significatum tantum, et non quantum ad modum significandi.

Ad secundum dicendum, quod quamvis non nominemus Deum nisi ex creaturis, non tamen semper nominamus ipsum ex perfectione quæ est propria creaturæ, secundum proprium modum participandi illam; sed etiam possumus nomen imponere ipsi perfectioni absolute, non concernendo aliquem modum significandi in ipso significato, quod est quasi objectum intellectus; quamvis oporteat in consignificato semper modum creaturæ accipere ex parte ipsius intellectus, qui natus est ex rebus sensibilibus accipere convenientem intelligendi modum; et hæc proprie dicuntur de Deo, ut dictum est, in corp. Art..

Ad tertium dicendum, quod sapientia creata magis differt a sapientia increata quantum ad esse, quod consistit in modo habendi; quam floritio prati a risu hominis: sed quantum ad rationem a qua imponitur nomen, magis conveniunt; quia illa ratio est una secundum analogiam, per prius in Deo, per posterius in creaturis existens; et secundum talem rationem significatam in nomine, magis attenditur veritas et proprietas locutionis, quam quantum ad modum significandi, qui datur ex consequenti intelligi per nomen.

Ad quartum dicendum, quod quandocumque conditio corporalis importatur a principali significato, non potest nomen dici de Deo nisi metaphorice; sed hoc quod in modo significandi importetur aliqua imperfectio, quæ Deo non competit, non facit prædicationem esse falsam vel impropriam, sed imperfectam; et propter hoc dictum est, quod nullum nomen perfecte Deum repræsentat.

Articulus Tertius
Utrum Deus habeat tantum unum nomen.

Ad tertium sic proceditur. Videtur quod Deus non habeat nisi unum nomen. Nomen enim debet respondere rei significatæ per nomen, cum, sicut dicit Hilarius, rei sit sermo subjectus. Sed in Deo est summa unitas sine aliqua diversitate. Ergo non nominatur nisi uno nomine.

Præterea, non est nisi duplex modus prædicandi in divinis, scilicet vel substantialiter vel relative. Sed nomina non possunt diversificari nisi vel quantum ad id quod significatur, vel quantum ad modum significandi. Ergo videtur quod vel tantum unum debeat esse propter unitatem rei, vel ad plus duo propter duos modos prædicandi.

Præterea, si dicas, quod pluralitas nominum divinorum est secundum quod ex diversis creaturis nominatur; contra. Ipse Deus est principium a quo effective et exemplariter est omnis creatura. Si ergo secundum diversitatem creaturarum multiplicantur divina nomina, tunc omnium creaturarum nomina de ipso dici possent, quod falsum est. Ergo videtur quod ex creaturis non sit diversitas divinorum nominum.

Si dicas, quod multiplicantur secundum rationem tantum; contra. Diversitas rationis est diversitas secundum intellectum. Sed diversitas intellectus imponentis nomina, nisi subsit aliquod diversum in re, non causat multitudinem nominum, nisi secundum quod nomina synonyma multiplicantur. Ergo secundum hoc omnia nomina divina essent synonyma, quod Commentator expresse negat in 11 Metaphys. Dicens, quod hæc nomina vivens et vita, non differunt in Deo sicut nomina synonyma, multo minus vivens et sapiens; et ita videtur quod non differant divina nomina secundum acceptionem intellectus significantis tantum; et sic idem quod prius.

Contra est quod in Scriptura inveniuntur de ipso multa nomina divina.

Præterea, nullum nomen sufficit ad exprimendam divinam perfectionem. Sed aliquid perfectionis datur nobis intelligi per unum nomen quod non datur per aliud. Ergo videtur quod ut magis nobis divina perfectio innotescat, quod pluribus nominibus a nobis nominandus sit.

Respondeo dicendum, quod multiplicitas nominum potest dupliciter contingere. Vel ex parte intellectus, quia cum nomina exprimant intellectum, contingit unum et idem diversis nominibus significari, secundum quod diversimode in intellectu accipi potest. Et inde est quod Deum possumus nominare et secundum quod in se est, et secundum id quod est ad creaturas se habens. Et hoc dupliciter: vel secundum negationes quibus conditiones creaturarum a Deo removentur; et inde veniunt nomina negativa, quæ multiplicationem recipiunt ex creaturarum conditionibus quæ de Deo negantur, et præcipue quæ consequuntur universaliter omnem creaturam, ut immensus, increatus etc.; vel secundum relationem Dei ad creaturam, quæ tamen realiter in Deo non est, sed in creatura; et inde veniunt illa nomina divina quæ important habitudinem ad creaturam, ut Dominus, rex et hujusmodi.

Item, multiplicitas nominum potest contingere ex parte rei secundum quod nomina rem significant; et inde veniunt nomina exprimentia id quod in Deo est. In Deo autem non est invenire aliquam realem distinctionem nisi personarum, quæ sunt tres res; et inde venit multiplicitas nominum personalium significantium tres res. Sed præter hoc est etiam in Deo invenire distinctionem rationum, quæ realiter et vere in ipso sunt, sicut ratio sapientiæ et bonitatis et hujusmodi, quæ quidem omnia sunt unum re, et differunt ratione, quæ salvatur in proprietate et veritate, prout dicimus Deum vere esse sapientem et bonum, et non tantum in intellectu ratiocinantis; et inde veniunt diversa nomina attributorum; quæ omnia quamvis significent unam rem, non tamen significant unam secundum unam rationem; et ideo non sunt synonyma.

Et per hoc patet responsio ad primum. Quia quamvis sit unitas in re essentiali, est tamen pluralitas in re personali, et in rationibus quibus diversimode una essentia significari potest, et in diversa acceptione intellectus; secundum quæ omnia divina nomina multiplicantur.

Ad secundum dicendum, quod aliter dividitur æquivocum, analogum et univocum. Aequivocum enim dividitur secundum res significatas; univocum vero dividitur secundum differentias; sed analogum dividitur secundum diversos modos. Unde cum ens prædicetur analogice de decem generibus, dividitur in ea secundum diversos modos. Unde unicuique generi debetur proprius modus prædicandi. Et quia in divinis non salvantur nisi duo genera quantum ad rationem communem generis, scilicet substantia et ad aliquid; ideo dicuntur in divinis duo modi prædicandi. Unumquodque autem genus dividitur univoce in species contentas sub genere, et ideo speciebus non debetur proprius modus prædicandi.

Et propter hoc quamvis quædam contenta in prædicamento qualitatis dicantur de Deo secundum rationem speciei, non tamen afferunt novum modum prædicandi, etsi afferant novam rationem significandi. Unde quamvis in Deo non sint nisi duo modi prædicandi, sunt tamen plures rationes significandi secundum quas divina nomina multiplicari possunt.

Ad tertium dicendum, quod, ut patet ex prædictis, in corp. Art., quædam nomina dicuntur proprie de Deo, quæ quantum ad significata per prius sunt in Deo quam in creaturis, ut bonitas, sapientia et hujusmodi; et horum diversitas non sumitur per respectum ad creaturas, immo potius e converso.

Quia ex hoc quod ratio sapientiæ et bonitatis differt in Deo, diversificatur in creaturis bonitas et sapientia non tantum ratione, sed etiam re. Sed verum est quod diversitas talium nominum prout prædicantur de Deo, innotescit nobis ex diversitate eorum in creaturis. Quædam vero nomina prædicantur de ipso transumptive; et hæc multiplicantur secundum diversas creaturas, quarum nomina in Deum transumuntur. Nec tamen oportet quod ex omnibus nominibus creaturarum significetur.

Quædam enim sunt quæ important deformitatem et defectum, cujus Deus non est auctor, et præcipue si sit defectus culpæ. Unde non possumus dicere Deum peccatorem vel diabolum, quod est nomen naturæ depravatæ, quamvis transumptive dicatur leo vel agnus vel etiam iratus.

Ad quartum dicendum, quod differunt nomina attributorum secundum rationem, non tamen quæ sit solum in ratiocinante, sed quæ salvatur in ipsa re secundum veritatem et proprietatem rei. Quod sic patet. Omnia enim hujusmodi dicuntur de Deo et creaturis non æquivoce, sed secundum unam rationem analogice. Unde cum in creatura ratio sapientiæ non sit ratio bonitatis, oportet quod etiam hoc in Deo sit verum. Sed in hoc differt quod in Deo idem sunt re, in creaturis autem differunt re et non ratione; et qualiter possit esse, supra, in responsione ad 3, præc. Art., dictum est.

Articulus Quartus
Utrum divisio nominum Dei posita ab Ambrosio sit insufficiens.

Ad quartum sic proceditur. Videtur quod divisio Ambrosii sit insufficiens.

Trinitas enim et persona sunt quædam divina nomina, quæ nec pertinent ad unitatem majestatis, nec proprie alicui personæ conveniunt, nec translative de Deo dicuntur. Ergo etc..

Præterea, quædam nomina sunt quæ dicuntur de Deo negative, ut increatus, immensus.

Hæc autem cum nihil de Deo prædicent, nec ad proprietatem personarum pertinere videntur, nec ad majestatem deitatis. Constat etiam quod nec translative dicuntur, quia non conveniunt creaturis ut ex eis in divinam prædicationem transumantur.

Ergo videtur quod divisio sit insufficiens.

Item, majestas deitatis et proprietas personalis constat quod æterna sunt. Sed quædam dicuntur de Deo ex tempore, ut Dominus, et hujusmodi.

Ergo videtur quod nec ad majestatem deitatis pertinent, nec ad proprietatem personalem.

Constat etiam quod nec translative dicuntur. Videtur igitur, quod sub divisione Ambrosii non contineantur.

Ergo insufficiens est.

Præterea, Damascenus ponit aliam divisionem divinorum nominum, dicens, quod quædam significant pelagus substantiæ infinitum, et non quid est, ut hoc nomen qui est; quoddam autem est nomen operationis, ut Deus; quædam autem significant id quod assequitur substantiam, ut justus, bonus et hujusmodi; quædam vero habitudinem ad ea a quibus distinguitur, scilicet ad creaturas; quædam significant id quod non est, ut incorporeus, immensus et hujusmodi.

Item, Dionysius ponit multiplicem divisionem divinorum nominum. Magister autem in littera super trimembrem divisionem Ambrosii inducit alias tres differentias divinorum nominum, et efficiuntur in universo sex. Quæritur ergo de assignatione harum divisionum.

Respondeo dicendum, quod prima divisio trimembris, quæ in littera ponitur, sufficienter comprehendit omnia divina nomina, et est trium sanctorum Augustini, Ambrosii, Dionysii. Ipsemet enim dividit divina nomina in ea quæ translative dicuntur, quæ appellat symbolicam theologiam, et in ea quæ proprie dicuntur, quæ scilicet per prius in Deo sunt: et hoc dividit in unitam theologiam, quantum scilicet ad ea quæ prædicantur de tribus personis communiter; et in discretam theologiam, quantum ad ea quæ ad singulas personas pertinent. Ex quo etiam patet in promptu sufficientia hujus divisionis. Quia Deus vel nominatur per id quod prius in ipso est et per posterius in creaturis, vel per similitudinem a creaturis sumptam.

Si secundo modo, sic sunt ea quæ translative dicuntur. Si primo modo, hoc erit dupliciter: illud enim quod per prius in Deo est, vel est commune, et sic pertinet ad majestatis unitatem; vel est proprium personæ, et sic pertinet ad distinctionem trinitatis.

Ad primum ergo dicendum, quod hoc nomen trinitas quamvis non explicite dicat proprium alicujus personæ, tamen implicite includit omnia propria personarum, inquantum est quasi collectivum personarum. Similiter etiam hoc nomen persona quamvis non imponatur ab aliqua proprietate personali speciali, imponitur tamen a personalitate quæ dicit proprietatem in communi, et quodammodo etiam dicit substantiam, ut infra patebit, dist. 26, qu. 1, art. 1.

Ad secundum dicendum, quod negatio quælibet causatur ex aliqua affirmatione. Et sic etiam in divinis ratio negativorum nominum fundatur supra rationem affirmativorum: sicut hoc quod dicitur incorporeus, fundatur super hoc quod est esse simplex.

Unde patet quod nomina negativa reducuntur ad unitatem essentiæ, sicut increatus et immensus, vel ad distinctionem personarum, sicut ingenitus.

Ad tertium dicendum, quod quamvis hujusmodi nomina non ponant aliquid temporaliter in Deo, quia relationes illæ temporales realiter in creaturis sunt, et in Deo solum secundum rationem, tamen inquantum innascuntur ex operationibus Dei in creaturas, dant intelligere aliquid quod in Deo est absolute; sicut relatio dominii dat intelligere in Deo potestatem qua universam creaturam gubernat.

Unde patet etiam quod ista nomina reducuntur ad illa quæ pertinent ad unitatem majestatis, sicut creator, Dominus et hujusmodi, vel ad distinctionem personarum, sicut missus, incarnatus et hujusmodi.

Ad quartum dicendum, quod divisio Damasceni respicit tantum unum membrum prædictæ divisionis: omnia enim quæ ponit, pertinent ad unitatem majestatis. Unitas autem majestatis potest nominari dupliciter, ut patet ex dictis, art. Ant.: vel secundum id quod in Deo est, vel secundum acceptionem intellectus, qui accipit ipsum secundum aliquam comparationem ad creaturam. Si nominetur Deus quantum ad id quod in ipso est, erit triplex diversitas nominum secundum tria quæ in unaquaque re inveniuntur, scilicet essentia, virtus et operatio; quæ quidem in aliis realiter differunt, in ipso autem sunt unum re et distincta ratione.

Et secundum essentiam accipitur hoc nomen qui est; et secundum virtutem accipiuntur ea quæ se habent per modum assequentium substantiam, ut justus, sapiens et hujusmodi; et secundum operationem nomina operationis, ut Deus. Si autem nominetur Deus per acceptionem intellectus in comparatione ad creaturam, et hoc erit dupliciter: vel inquantum ea quæ sunt creaturæ, removentur ab ipsa, et sic erunt nomina negativa; vel secundum quod importatur in nominibus aliquis respectus causalitatis ad creaturam, cujus conditiones a Deo removentur; et sic erunt illa nomina quæ important habitudinem ad alia, a quibus Deus distinguitur per essentiam. Divisio autem divinorum nominum quam Dionysius ponit, patet ex prædictis, in corp. Art., quod est eadem cum divisione Ambrosii, nisi quod Dionysius ulterius nomina pertinentia ad unitate majestatis multiplicat secundum diversas processiones in creaturis repertas, quibus nominatur Deus illis perfectionibus per prius in Deo existentibus, ut bonus, sapiens, existens et hujusmodi. Magister autem in tribus differentiis quas addit, specificat divisionem Ambrosii quantum ad quosdam speciales modos; qui tamen possunt reduci ad divisionem Ambrosii.

Quod enim pertinet ad proprietates deitatis, vel nominat determinate proprium alicujus personæ, ut pater et filius; vel colligit nomina propria personarum, ut hoc nomen trinitas, quod significat proprietatem personæ secundum quemdam specialem modum. Similiter etiam quæ pertinent ad unitatem majestatis et proprietatem divinitatis conveniunt Deo vel ab æterno vel ex tempore. Si ex tempore, vel dicuntur relative secundum nomen, ut Dominus et hujusmodi, vel non referuntur ad aliud secundum nomen, ut incarnatus et hujusmodi. Et sic patet quod ea quæ Magister addit continentur in divisione Ambrosii per reductionem, non tamen simpliciter, sed secundum quid, ut patet ex dictis, in corp. Art..

Disserendum nobis videtur de nominum diversitate.

Videtur quod hoc ad ipsum non pertineat, quia non est ejusdem scientiæ considerare res et nomina. Sed dicendum, quod, ut supra dictum est, in prolog. Art. 3, theologia, inquantum est principalis omnium scientiarum, aliquid in se habet de omnibus scientiis; et ideo non solum res, sed nominum significationes pertractat: quia ad salutem consequendam non solum est necessaria fides de veritate rerum, sed etiam vocalis confessio per nomina. Roman. 10, 10: corde creditur ad justitiam; ore autem confessio fit ad salutem.

Similitudinis vero, splendor, character, speculum et hujusmodi. Videtur hoc esse falsum: quia, secundum Augustinum, lux magis proprie dicitur in spiritualibus quam in corporalibus; et ita splendor non continetur inter metaphorica. Sed dicendum, quod lux quantum ad rem significatam proprie est in corporalibus nec in spiritualibus nisi metaphorice dicitur; sed quantum ad rationem a qua nomen imponitur, quæ consistit in manifestatione, magis proprie est in spiritualibus. Sed hoc melius dicetur in 2, distin. 13, qu. Unica, art. 2.

Ut incarnatus, humanatus et hujusmodi. Hoc dicitur, quia secundum nomen ad aliud nomen non referuntur; quamvis implicitam relationem contineant, secundum quod unionem in suo intellectu includunt.

Sciendum est igitur, quod illa quæ proprie ad singulas personas pertinent, relative ad invicem dicuntur.

Hic ponit quasdam regulas de nominibus pertinentibus ad unitatem essentiæ et quasdam de proprietatibus pertinentibus ad proprietatem personarum.

De pertinentibus ad unitatem essentiæ ponit quatuor: prima est, quod a se et absolute dicuntur; secunda, quod significant substantiam; tertia, quod de singulis personis dicuntur; quarta, quod de omnibus sunt dicenda in singulari et non in plurali. De pertinentibus ad proprietatem personarum ponit tres: prima est, quod relative dicuntur; secunda, quod non prædicant divinam substantiam; tertia est, quod non de omnibus personis dicuntur.

Quæ unitatem essentiæ significant, ad se dicuntur.

Contra, Dominus relative dicitur, et tamen ad essentiæ unitatem pertinet. Sed dicendum, quod non importat relationem quæ realiter in Deo sit, sed secundum rationem tantum, ut infra dicetur, dist. 30, quæst. Unic., art. 2.

Quod ad aliquid dicitur, non substantialiter dicitur, sed relative. Videtur hoc esse falsum: quia relationes in divinis sunt ipsa divina essentia. Sed dicendum, quod realiter quidem sunt ipsa divina essentia, sed secundum rationem non. Et quia salvantur in divinis secundum rationem generis, ideo retinent specialem modum, qui debetur ipsi generi et non speciei. Alia vero, ut bonitas et sapientia, quamvis secundum rationem ab essentia differant, quia tamen ratio generis, quam consequitur modus prædicandi, in divinis non salvatur; ideo secundum modum prædicandi a substantia non differunt, sed substantialiter prædicantur.

Non tamen tres magni, sed unus magnus. Hoc intelligendum est, si substantive sumatur. Si autem adjective, sic prædicari potest pluraliter, quia numerum a suppositis trahit.

Deus enim non est magnus ea magnitudine quæ non est quod ipse. Hic vult probare quod magnitudo de Deo substantialiter dicatur. Quod enim substantialiter non est magnum, magnum dicitur participatione alicujus magnitudinis, quæ substantia non est. Sed illa magnitudo cujus participatione aliud magnum dicitur, major est eo quod per ipsum magnum dicitur. Ergo omni eo quod non substantialiter magnum est, aliquid majus est. Deo autem nihil est majus. Ergo ipse substantialiter magnus est.

Sed videtur quod hæc ratio non valeat, quia concretum de abstracto non prædicatur, ut album de albedine. Unde non videtur ut ex eo quod dicitur magnum accidentaliter, major sua magnitudo dicatur.

Et præterea in eadem magnitudine non est accipere majus vel minus. Illud autem quod participat magnitudinem non habet nisi magnitudinem participatam.

Ergo non potest dici major quam sit ipsa magnitudo.

Est dicendum, quod Augustinus vult hanc rationem communiter concludere de omnibus quæ de Deo dicuntur in aliis rebus accidens significantibus; et ideo oportet assumere hoc pro medio, quod abstractum prædicetur magis quam concretum. Hoc autem sic intelligendum est, ut dicatur id esse majus quod verius rationem magnitudinis habet, et similiter albius, non quod plus habet de albedine, vel quod est magis proprie album, sed cui verius convenit ratio albedinis. Semper autem principalior prædicatio est quæ est per essentiam, quam quæ est per participationem. Et ideo albedo quæ recipit prædicationem albedinis vere per modum essentialem, ut dicatur albedo est albedo, dicitur magis vere prædicationem albedinis recipere, quam res alba; quamvis non eodem modo recipiat, quia rem albam dicimus albam, sed albedinem dicimus albedinem.

Non enim quod est in causato, oportet esse in causa eodem modo, sed eminentiori; et sic exponit Dionysius, sic dicens: vivere si quis dicat vitam, aut illuminari lumen, non recte secundum meam rationem dicit; sed secundum alium modum ista dicuntur: quia abundanter et substantialiter ea quæ sunt causatorum, prius insunt causis; et dicit causam vitam vel lumen; causatum, vivens vel illuminatum.

Distinctio XXIII

Quæstio I
Prologus

Posita divisione nominum divinorum, hic excludit Magister quoddam nomen a generalitate nominum, scilicet hoc nomen persona, quod quidem secundum substantiam dicitur, tamen pluraliter prædicatur.

Et dividitur in partes duas: in prima ponit exceptionem; in secunda inquirit exceptionis rationem, ibi: ideo oritur hic quæstio difficilis. Circa primum duo facit: primo excipit hoc nomen persona ab aliis divinis nominibus quæ secundum substantiam dicuntur: et quia nihil potest excipi ab aliquibus, nisi in illis contineatur; secundo ostendit hoc nomen persona significare substantiam, ibi: quod autem persona secundum substantiam dicatur Augustinus ostendit.

Ideo hic oritur quæstio difficilis. Hic inquirit rationem exceptionis, et dividitur in partes duas: in prima inquirit, quare hoc nomen persona de pluribus personis pluraliter prædicetur; secundo inquirit, quare alia essentialia nomina pluraliter non prædicentur, ibi: sed quæritur hic, cum dicamus patrem et filium et Spiritum Sanctum esse tres personas... Cur non dicamus similiter tres deos.

Circa primum duo facit: primo movet quæstionem; secundo ponit responsionem, ibi: quia volumus vel unum aliquod vocabulum servare huic significationi qua intelligitur trinitas. Ubi duo facit: primo ostendit necessitatem imminentem Latinis, quare oportet aliquod nomen secundum substantiam dictum pluraliter prædicari, scilicet hoc nomen persona; secundo ostendit eamdem necessitatem Græcis imminere, ut nomen significans substantiam pluraliter prædicetur, scilicet hypostasis, ibi: qua necessitate non solum Latinus sermo, sed etiam Græcus...

Coarctatur.

Sed quæritur hic, cum dicamus patrem et filium et Spiritum Sanctum esse tres personas...

Cur non dicamus similiter tres deos. Hic inquirit rationem quare alia nomina essentialia non prædicentur pluraliter; et primo inquirit de hoc nomine essentia, ibi: verum et hic alia emergit quæstio; et circa hoc duo facit: primo assignat rationem; secundo probat quoddam quod in ratione supposuerat, quod in Deo non est diversitas, propter quod essentia pluraliter non prædicatur; nec singularitas, propter quod persona in plurali prædicatur, ibi: jam sufficienter ut puto, ostensum est qua necessitate dicamus tres personas.

Hic quatuor quæruntur: 1 de distinctione horum nominum: essentia, subsistentia, substantia et persona; et de nominibus eis in Græco respondentibus, quæ sunt *usia, usiosis, hypostasis, prosopon*; 2 utrum nomen personæ proprie in divinis dicatur; 3 utrum significet substantiam, vel relationem; 4 si aliquo modo substantiam significat, utrum pluraliter prædicetur.

Articulus Primus
Utrum substantia, subsistentia, essentia, persona dicta de

Deo sint synonima.
Ad primum sic proceditur. Videtur quod dicta nomina nullam distinctionem habeant, sed sint quasi synonima. Sicut enim Bœtius dicit in commentariis super prædicamenta, usia significat substantiam compositam. Sed substantia composita est individuum subsistens in genere substantiæ, quod significatur nomine substantiæ, vel hypostasis, vel personæ. Ergo videtur quod hoc nomen essentia, vel usia, non differat secundum significationem ab aliis.

Præterea, non subsistit nisi illud quod habet in se esse completum. Sed esse completum non invenitur nisi in particulari; quia universalia non habent esse præter particularia nisi in anima, quod est esse incompletum. Cum igitur particulare in genere substantiæ dicatur hypostasis, vel substantia prima, videtur quod subsistentia sit idem quod substantia.

Præterea, cum utrumque importet positionem alicujus sub aliquo, ergo idem quod prius.

Item, Bœtius dicit, quod hoc nomine hypostasis non utuntur Græci nisi pro individuo rationalis naturæ. Sed individuum rationalis naturæ dicitur persona. Ergo videtur quod hypostasis et prosopon, vel substantia et persona sint omnino idem.

Præterea, sicut Græci dicunt tres hypostases, ita nos dicimus tres substantias. Non autem tres substantias dicimus, sicut ipsi tres *usioses*. Ergo videtur quod idem sit subsistentia apud nos, quod hypostasis apud Græcos; cujus contrarium Bœtius dicit Lib. De duabus naturis.

In contrarium est auctoritas Bœtii, qui significationes horum nominum distinguit; et etiam auctoritas Marci tullii quam ibi Bœtius inducit.

Respondeo dicendum, quod quatuor dicta nomina secundum significationem differunt; sed horum differentia differenter a diversis assignatur.

Quidam enim sumunt horum differentiam ex hoc quod in divinis est aliquid commune, et aliquid distinctum. Et commune potest significari ut quo est, et sic est essentia, vel ut quod est, et sic est subsistentia. Vel aliter: quia Deus potest significari inquantum dat omnibus esse, et sic dicitur essentia; vel inquantum habet esse sufficiens nullo indigens, et sic dicitur subsistentia. Distinctum similiter potest significari vel in concretione, et sic est nomen persona; vel in abstractione, et sic est nomen hypostasis. Vel aliter: quia potest significari ut distinguibile, et sic significatur nomine hypostasis; vel ut distinctum, et significatur nomine personæ.

Vel aliter: quia vel significatur ut distinctum aliqua proprietate determinata ad nobilitatem pertinente, et sic est nomen persona; vel distinctum absolute quacumque proprietate, et sic est nomen hypostasis. Sed iste modus non solvit quæstionem: quia etiamsi nulla esset distinctio in divinis, adhuc ista nomina dicerentur de Deo, et non idem significarent, sicut nomina synonima. Et præterea etiam quantum ad quædam, falsum est. Non enim dicitur Deus essentia ex eo quod det esse, sicut nec sapiens ex eo quod det sapientiam; quinimmo e converso ex eo quod Deus essentiam habet, esse in creaturas infundit, et sic de aliis; sicut etiam ignis ex hoc quod calorem habet calefacit, et non e converso; quamvis divina sapientia et essentia per esse et cognoscere creaturæ communicatum nobis innotescat. Similiter etiam in divinis cum Deus sit actus purus, non permixtus potentiæ, non est aliquid in eo significabile per modum potentiæ non conjunctæ actui et per modum actus, ut distinguibile et distinctum.

Nec iterum verum est quod hoc nomen hypostasis significet id quod proprium est in abstractione. Hoc enim modo significatur nomine proprietatis, sicut nomine paternitatis quæ significatur non ut hypostasis, sed ut in hypostasi ens.

Alii sumunt differentiam horum nominum secundum distinctionem rationis, quo est, et quod est. Quorum quidam dicunt, quod tria horum significant quo est, vel substantiam suppositi; ita quod essentia significat substantiam, sive naturam generis; subsistentia naturam speciei; hypostasis naturam individualem; et quartum, scilicet persona, sumitur secundum id quod est, et significat substantiam quæ est suppositum. Alii dicunt e converso quod unum significat quo est, scilicet essentia, et tria significant quod est, diversimode: quia hoc nomen substantia significat quod est per respectum ad naturam vel essentiam; hoc nomen subsistentia significat quod est per respectum ad individuationem; sed hoc nomen persona ponit specialem rationem vel proprietatem pertinentem ad dignitatem.

Sed de primis duobus est e converso, secundum Bœtium: hæc enim doctrina sumpta est secundum Augustinum et Hieronymum. Alii dicunt, quod duo significant quo est. Essentia quidem significat quo est, vel naturam communem, prout non est prædicabilis, ut consideratur cum dicitur, homo est species; sed subsistentia significat naturam communem ut prædicabilis est, secundum Bœtium; alia duo significant quod est, et eo modo differunt, sicut in proximo dictum est.

Sed quia quodlibet horum nominum, præter hoc nomen

persona, invenitur quandoque poni pro quo est, et quandoque poni pro quod est; ideo non videtur esse essentialis distinctio eorum secundum aliquem dictorum modorum.

Ideo aliter dicendum est, secundum Bœtium, ut sumatur differentia horum nominum, essentia, subsistentia, substantia, secundum significationem actuum a quibus imponuntur, scilicet esse, subsistere, substare. Patet enim quod esse, commune quoddam est, et non determinat aliquem modum essendi; subsistere autem dicit determinatum modum essendi, prout scilicet aliquid est ens per se, non in alio, sicut accidens; substare autem idem est quod sub alio poni. Inde patet quod esse dicit id quod est commune omnibus generibus; sed subsistere et substare id quod est proprium primo prædicamento secundum duo quæ sibi conveniunt; quod scilicet sit ens in se completum, et iterum quod omnibus aliis substernatur accidentibus, scilicet quæ in substantia esse habent. Unde dico, quod essentia dicitur cujus actus est esse, subsistentia cujus actus est subsistere, substantia cujus actus est substare. Hoc autem dicitur dupliciter, sicut in singulis patet. Esse enim est actus alicujus ut quod est, sicut calefacere est actus calefacientis; et est alicujus ut quo est, scilicet quo denominatur esse, sicut calefacere est actus caloris.

Sciendum est autem, quod si aliquid consequitur aliqua plura convenientia ad invicem, non potest denominari aliquid secundum alterum illorum, quamvis etiam illud sit principium totius, sed per totum: verbi gratia, sapor consequitur calidum et humidum, prout aliquo modo conveniunt: et quamvis calor sit principium saporis sicut effectivum, non tamen aliquid denominatur sapidum a calore, sed a sapore qui complectitur simul calidum et humidum aliquo modo convenientia. Similiter dico, quod cum esse consequitur compositionem materiæ et formæ, quamvis forma sit principium esse, non tamen denominatur aliquod ens a forma sed a toto; et ideo essentia non dicit formam tantum; sed in compositis ex materia et forma, dicit totum; et hoc etiam dicitur quidditas et natura rei; et ideo dicit Bœtius in prædicamentis quod usia significat compositum ex materia est forma. Sed ista natura sic considerata, quamvis dicat compositum ex materia et forma, non tamen ex hac materia demonstrata determinatis accidentibus substante, in qua individuatur forma; quia hujusmodi compositum dicit hoc nomen Socrates. Hæc autem materia demonstrata, est sicut recipiens illam naturam communem.

Et ideo natura vel essentia significatur dupliciter: scilicet ut pars, secundum quod natura communis sumitur cum præcisione cujuslibet ad naturam communem non pertinentis; sic enim materia demonstrata supervenit in compositionem singularis demonstrati, sicut hoc nomen humanitas, et sic non prædicatur, nec est genus, nec est species, sed ea formaliter denominatur homo; vel significatur ut totum, secundum quod ea quæ ad naturam communem pertinent, sine præcisione intelliguntur; sic enim includitur in potentia etiam materia demonstrata in natura communi, et sic significatur hoc nomine homo, et significatur ut quod est. Et utroque modo invenitur hoc nomen essentia. Unde quandoque dicimus Socratem esse essentiam quamdam; quandoque dicimus, quod essentia Socratis non est Socrates: et sic patet quod essentia quandoque dicit quo est, ut significatur nomine humanitatis; et quandoque quod est ut significatur hoc nomine homo. Similiter etiam subsistere est actus alicujus ut quod subsistit, vel ut quo subsistit. Cum autem subsistere dicat esse determinatum, et tota determinatio essendi consequatur formam, quæ terminus est, constat quod aliquid denominatur subsistens per primam formam, quæ est in genere substantiæ, sicut album per albedinem, et animatum per animam: et ideo in prædicamentis dicit Bœtius quod usiosis vel subsistentia est forma accipiens subsistentiam, pro quo subsistitur. Si autem accipiatur subsistentia pro eo quod subsistit, sic proprie dicitur illud in quo per prius invenitur talis natura hoc modo essendi. Et cum per prius inveniatur in substantia, secundum quod substantia est; et deinceps in aliis, secundum quod propinquius se habent ad substantiam: constat quod nomen subsistentiæ per prius convenit generibus et speciebus in genere substantiæ, ut dicit Bœtius, et individuis non convenit habere tale esse, nisi inquantum sunt sub tali natura communi. Quamvis enim genera et species non subsistant nisi in individuis, quorum est esse, tamen determinatio essendi fit ex natura vel quidditate superiori. Similiter hypostasis, vel substantia, dicitur dupliciter: vel id quo substatur; et quia primum principium substandi est materia, ideo dicit Bœtius in prædic., quod hypostasis est materia, vel quod substat, et hoc est individuum in genere substantiæ per prius. Genera enim et species non substant accidentibus nisi ratione individuorum; et ideo nomen substantiæ primo et principaliter convenit particularibus substantiis, secundum Philosophum, et secundum Bœtium.

Sic ergo patet differentia istorum trium dupliciter. Quia si accipiatur unumquodque ut quo est, sic essentia significat quidditatem, ut est forma totius, usiosis formam partis, hypostasis materiam. Si autem sumatur unumquodque ut quod est, sic unum et idem dicetur essentia, inquantum habet esse, subsistentia, inquantum habet tale esse, scilicet absolutum; et hoc per prius convenit generibus et speciebus, quam individuis; et substantia, secundum quod substat accidentibus; et hoc per prius convenit individuis, quam generibus et speciebus. Ulterius, hoc nomen persona significat substantiam particularem, prout subjicitur proprietati quæ sonat dignitatem, et similiter prosopon apud Græcos; et ideo persona non est nisi in natura intellectuali. Et secundum Bœtium, sumptum est nomen personæ a personando, eo quod in tragœdiis et comœdiis recitatores sibi ponebant quamdam larvam ad repræsentandum illum cujus gesta narrabant decantando. Et inde est quod tractum est in usu ut quodlibet individuum hominis de quo potest talis narratio fieri, persona dicatur; et ex hoc etiam dicitur prosopon in Græco a pro quod est ante, et sopos quod est facies, quia hujusmodi larvas ante facies ponebant.

Ad primum igitur dicendum, quia particulare significat compositum ex materia et forma demonstrata, sed universale in substantiis compositis significat etiam compositum ex materia et forma, sed non demonstrata, sicut homo ex anima et carne et osse, non tamen ex his carnibus et ex his ossibus.

Unde non oportet quod usia significet idem quod particularis substantia, immo se habet ad utrumque.

Et ideo omne quod est in genere substantiæ potest dici usia, sive sit universalis substantia, sive particularis.

Ad secundum dicendum, quod subsistere duo dicit, scilicet esse, et determinatum modum essendi; et esse simpliciter non est nisi individuorum; sed determinatio essendi, est ex natura vel quidditate generis vel speciei; et ideo quamvis genera et species non substent nisi in individuis, tamen eorum proprie subsistere est, et subsistentiæ dicuntur; quamvis et particulare dicatur, sed posterius; sicut et species substantiæ dicuntur, sed secundæ.

Ad tertium dico, quod substantia dicitur, inquantum subest accidenti vel naturæ communi; subsistere vero dicitur aliquid inquantum est sub esse suo, non quod habeat esse in alio sicut in subjecto.

Ad quartum dicendum, quod hoc nomen hypostasis apud Græcos aliud habet ex proprietate significationis, et aliud ex usu. Ex proprietate enim significationis habet quod significet quamlibet substantiam particularem, sed ex usu accommodatum est nobilioribus substantiis; et ideo ipsi utuntur eodem modo hoc nomine hypostasis sicut nos utimur hoc nomine persona; sed talis usus non est apud nos in hoc nomine substantia.

Ad quintum dicendum, quod apud nos nomen substantia æquivocatur. Quandoque enim ponitur pro essentia, secundum quod nos dicimus definitionem significare substantiam rei. Quandoque ponitur pro supposito substantiæ, sicut dicimus Socratem esse substantiam quamdam. Et ideo ut tolleretur malus intellectus, sancti noluerunt uti hoc nomine substantia pro supposito, sicut Græci utuntur; sed transmutaverunt, et posuerunt subsistentiam respondentem hypostasi et substantiam respondentem *usiosi*; quamvis sit e converso, secundum veritatem significationis; magis enim curaverunt vitationem errorum quam proprietatem nominum.

Articulus Secundus
Utrum nomen persona dicatur proprie de Deo.

Ad secundum sic proceditur. Videtur quod nomen personæ non proprie dicatur in divinis.

Persona enim significat hominem larvatum, ut dictum est, art. Antec., cujus figura repræsentatur.

Sed hoc non potest Deo convenire nisi metaphorice; nec etiam habet figuram quæ repræsentari possit, ut dicitur Isa. 40, 18: cui similem fecistis Deum? ergo nomen persona proprie non convenit Deo.

Præterea, in tota natura persona videtur dicere maximam compositionem: quia in individuo hominis concurrunt quasi omnes naturæ ad constitutionem ejus, vel ex parte animæ, vel ex parte corporis; unde etiam cum omnibus commune habere dicitur. Sed Deus est summe simplex. Ergo videtur quod nomen personæ sibi non conveniat.

Item, persona dicitur quæ substat alicui proprietati, vel subsistit. Sed, sicut supra dictum est, dist. 8, ex verbis Augustini, Deus non dicitur proprie substare alicui quod in ipso est. Ergo non proprie dicitur persona.

Præterea, persona dicit substantiam particularem vel singularem. Sed particulare vel singulare Deo non competit. Ergo videtur quod nec personæ nomen.

Contra, quia persona dicitur quasi per se una.

Sed hoc maxime Deo convenit. Ergo videtur quod et nomen personæ.

Item, persona dicit quid completum existens in natura intellectuali. Sed hoc Deo competit. Ergo videtur quod et nomen personæ.

Respondeo dicendum, quod nomen personæ proprie convenit Deo; tamen non eodem modo sicut est in creaturis, sed quodam nobiliori modo; sicut est in omnibus aliis quæ de Deo et creaturis dicuntur. Salvatur enim ratio personæ in divinis, secundum quod habet esse per se subsistens in natura intellectuali.

Ad primum ergo dicendum, quod in significatione nominis duo sunt consideranda: scilicet id a quo imponitur nomen ad significandum, et id ad quod significandum imponitur. Contingit autem quandoque quod substantia alicujus rei nominatur ab aliquo accidente quod non consequitur totam naturam de qua nomen illud dicitur; sicut lapis dicitur ex eo quod lædit pedem, nec tamen omne lædens pedem est lapis, vel e converso. Et ideo judicium de nomine non debet esse secundum hoc a quo imponitur, sed secundum id ad quod significandum instituitur. Unde quamvis nomen personæ sit impositum a dicta repræsentatione, tamen est impositum ad significandum substantiam completam, in natura intellectuali subsistentem: et hoc Deo convenit, quamvis non conveniat sibi illud a quo nomen imponitur.

Ad secundum dicendum, quod illa compositio accidit personæ præter rationem suam. Quia enim persona dicit quid completum in natura intellectuali, et in natura humana non invenitur complementum nisi per maximam compositionem; ideo per accidens significat compositionem in natura. Si autem perfectionem intellectualem inveniret in corpore simplici, sicut est ignis, diceretur persona; et ideo divina simplicitas non repugnat personalitati.

Ad tertium dicendum, quod in Deo secundum rem nihil ponitur sub aliquo; sed tantum secundum modum intelligendi, prout intelligitur substans proprietati sive personali, sive essentiali, secundum quod dicitur substantia; et esse sub, secundum quod dicitur subsistentia: nihilominus tamen, quia secundum rem nihil ibi est sub alio, ideo Richardus de Sancto Victore, volens proprie loqui, dicit, quod personæ divinæ non subsistunt, sed existunt, inquantum scilicet distinguuntur proprietatibus originis, secundum quas una est ex alia, quibus non supponuntur per modum subjecti; et ideo divinas personas non dicit esse subsistentias, sed existentias.

Ad quartum dicendum, quod, proprie loquendo, in divinis non est particulare, quia particulare dicitur eo quod particulatur in ipso natura communis, cujus partem accipit secundum virtutem qua potest esse in pluribus, quamvis accipiat totam rationem ejus. Sed in patre est natura divina secundum totam virtutem suam: unde non potest dici particulare; nisi forte solum secundum rationem numeralis multitudinis, ut supra dictum est, distin. 19, quæst. 4, art. 2, et patet ex verbis Damasceni.

Similiter etiam, hoc nomen Deus non potest esse particulare vel singulare, cum de pluribus suppositis prædicetur, et materia careat, quæ singularitatis principium est; unde persona dicetur de Deo non secundum rationem particulationis vel singularitatis, sed secundum rationem completionis, secundum quod nominat quid completum subsistens vel existens in natura intellectuali.

Articulus Tertius
Utrum persona significet substantiam.

Ad tertium sic proceditur. Videtur quod persona significet substantiam. Primo per auctoritatem Augustini in littera, qui hoc expresse videtur dicere.

Præterea, hoc videtur per definitionem Bœtii; dicit enim, quod persona est rationalis naturæ individua substantia. Sed substantia significat quid absolutum et non relativum.

Ergo videtur quod nomen personæ non significet relationem.

Præterea, omne relativum, secundum nomen suum ad aliud refertur. Sed hoc nomen persona non refertur ad aliud, secundum nomen. Ergo non significat relationem.

Item, quid quærit de substantia vel essentia.

Sed, sicut in littera dicitur, hæreticis quærentibus, quid tres sunt? respondetur: pater et filius et Spiritus Sanctus; quod est nomen personæ. Ergo persona significat essentiam.

Præterea, persona dicitur quasi per se una.

Sed unum significat essentiam. Ergo videtur quod persona essentiam significat.

Contra, Bœtius: omne nomen quod ex personis originem capit, certum est ad substantiam non pertinere. Sed nullum nomen ita capit originem ex personis sicut persona. Ergo, etc..

Præterea, in nullo absoluto distinguitur pater a filio, sed solum relatione. Distinguitur autem in persona. Ergo persona non significat aliquid absolutum, sed relationem. Prima probatur ex simplicitate divina, et perfectione totius trinitatis.

Item, ad quocumque genus reducitur inferius, reducitur et suum superius. Sed sub hoc communi quod est persona, continetur pater et filius et Spiritus Sanctus. Ergo cum pater significet ad aliquid, et persona similiter.

Respondeo dicendum, quod de significatione personæ invenitur multiplex doctorum sententia.

Quidam enim dicunt, quod est nomen æquivocum; et quidam, quod est nomen univocum.

Aequivocatio autem hujus nominis tripliciter a diversis assignatur. Quidam enim assignant multiplicitatem nominis secundum diversitatem temporis: quia ante quæstionem hæreticorum significabat essentiam divinam, prout erat distincta ab aliis essentiis; sed post quæstionem hæreticorum mutata fuit ejus significatio, ut in singulari significet essentiam, et in plurali relationem. Sed post tempus Bœtii significat relationem, secundum usum modernorum, et in singulari et in plurali. Sed hoc non non videtur rationabile: quia plurale non est nisi geminatum singulare: unde eadem est significatio in singulari et plurali sub diversa consignificatione.

Item constat quod usus variatus istius nominis non est rationabilis; unde oportet quod in significatione ipsius nominis attendatur aliquid secundum quod eo sic vel sic uti possumus.

Alii assignant multiplicitatem hujus nominis secundum diversa significata, non ex diversitate temporis, sed ex propria significatione nominis. Dicunt enim simpliciter, quod quandoque significat essentiam, quandoque hypostasim, quandoque proprietatem, sicut infra, distin. 26, Magister sentire videtur.

Sed nullum istorum videtur complete dicere significationem personæ; immo persona videtur omnia includere; dicit enim quid subsistens in natura aliqua, et distinctum aliqua proprietate.

Alii assignant multiplicitatem ex adjuncto: dicunt enim, quod quando per se sumitur, significat substantiam; sed ex adjuncto partitivo vel numerali termino trahitur ad significationem relationis, ut cum dicitur, duæ personæ, vel, alia persona. Sed hoc non videtur: quia nomina significantia substantiam absolute, non recipiunt talium additionem; non enim dicimus plures deos, vel alium Deum.

Item qui dicunt quod est nomen univocum, similiter variantur. Quidam enim dicunt, quod in sua significatione claudit unum tantum, scilicet substantiam, et significat substantiam, non quæ est essentia, sed quæ dicitur hypostasis vel substantia prima, ut dictum est, art. 1 istius dist.. Sed hoc non videtur sufficere: quia nihil absolutum in divinis numeratur. Unde si nullo modo relationem importaret, non posset in plurali prædicari.

Alii dicunt, quod in sua significatione includit duo, sed unum principaliter et quasi in recto, et aliud secundario et quasi in obliquo; et horum est duplex opinio: quidam enim dicunt, quod significat relationem in recto, et substantiam in obliquo; et quidam dicunt e converso. Alii dicunt, quod claudit in sua significatione duo principaliter, scilicet substantiam et proprietatem; et isti iterum diversificantur.

Quidam enim dicunt, quod proprietas illa ponitur circa substantiam ut distinguens ipsam; unde dicunt, quod significat substantiam proprietate distinctam. Sed qualiter absolutum distinguatur in divinis, non facile est videre. Alii præterea dicunt, quod significat duo principaliter, et unum illorum non ponitur circa alterum: quia proprietas quam significat, non distinguit substantiam. Sed qualiter unum nomen possit plura significare, nisi ex eis aliquid unum efficiatur aliquo modo, non plene videtur.

Et ideo ut videatur quid veritatis sit in singulis opinionibus, et in quo deficiant, videndum est, quod persona, ut dictum est, ubi supra, significat individuam substantiam. Sed individuum dupliciter potest significari: vel per nomen secundæ intentionis, sicut hoc nomen individuum vel singulare, quod non significat rem singularem, sed intentionem singularitatis; vel per nomen primæ intentionis, quod significat rem, cui convenit intentio particularitatis; et ita significatur hoc nomine persona; significat enim rem ipsam, cui accedit intentio individui. Secundum hoc ergo dupliciter possumus loqui de significatione personæ: vel per se, scilicet quid hoc nomen persona secundum se significet; vel per accidens, secundum quod accipitur in tali vel in tali natura. Per se quidem significat substantiam intellectualem individuam, quæcumque sit illa, et qualitercumque individuetur. Si autem accipiatur persona humana, significat hoc quod est subsistens in tali natura, et distinctum tali distinctione qualis competit naturæ humanæ, scilicet per naturam determinatam. Et sic loquimur hic de significatione personæ, prout dicitur persona divina; et secundum hoc significabit hoc quod est distinctum existens in natura divina.

Ut ergo videamus quid sit ibi distinctum, et quomodo competat sibi ratio personæ, notandum est, quod

Distinctio XXIII

secundum necessitatem fidei, quæ in Deo tres et unum confitetur, oportet ponere aliquid commune, secundum quod sunt unum, et aliquid proprium, quod est distinguens, ex qua distinctione sunt tres. Et illud commune est essentia vel natura divina, prout significatur nomine divinitatis; et illud distinguens est relatio, ut paternitas. Et quia in divinis non est aliqua compositio, ideo oportet quod deitas intelligatur secundum rem idem quod Deus, et paternitas idem quod pater. Si ergo accipiamus ista quatuor, scilicet deitatem, Deum, patrem, paternitatem, constat quod ipsi deitati, prout sic significatur ut natura quædam, non convenit ratio personæ, dupliciter: primo, quia non significatur ut per se subsistens; secundo, quia est commune pluribus, et persona significat distinctum quid. Similiter hoc nomen Deus non habet rationem personæ: quia quamvis significetur ut subsistens, non tamen habet rationem distinctionis: quia sicut pater et filius conveniunt in hoc quod est deitas, ita conveniunt in hoc quod est Deus. Sed verum est quod si tolleretur pluralitas personarum, et per consequens communitas hujus nominis Deus, hoc nomen Deus significaret personam quamdam distinctam ab omnibus aliis naturis proprietatibus essentialibus. Unde hoc nomen Deus significaretur ut persona quædam.

Similiter etiam paternitas cum non significetur ut quid subsistens, nec ut distinctum, sed ut distinguens, non significatur per modum personæ. Similiter pater, quamvis significetur ut quid distinctum, non tamen significatur ut subsistens in natura aliqua, sed magis ut subjectum cuidam proprietati.

Unde sicut album de ratione nominis sui non est nomen personæ, ita nec pater: sed inquantum pater et Deus sunt idem, non quidem sicut accidens et subjectum, sed per omnimodam rei indifferentiam; sic pater, inquantum est pater Deus, habet ut sit persona. Et ideo dico, quod persona in divinis significat relationem per modum substantiæ. Ipsa enim relatio, quæ est distinguens, est distinctum, quia paternitas est pater. Et quia persona significat quid distinctum existens in natura aliqua, ideo constat quod significat relationem, inquantum ipsa relatio est ad ipsum relatum, et inquantum ipsum relatum est subsistens in tali natura. Et ideo patet quod persona significat relationem per modum substantiæ, non quæ est essentia, sed quæ est suppositum habens essentiam. Et ex hoc patet quod omnes opiniones, secundum aliquid, verum dixerunt. Qui enim dixerunt, quod est æquivocum, et quandoque significat unum,

quandoque aliud, pro tanto verum dixerunt, quod cum in persona includatur et proprietas et hypostasis et essentia, et hæc non differant realiter in Deo, significat relationem ut hypostasim; significat enim essentiam, quæ est hypostasis, et significat etiam proprietatem, quæ est ipsum suppositum distinctum; unde quandoque potest poni pro uno, quandoque pro alio. Sed hoc accidit personæ ex hoc quod in divinis omnia prædicta unum sunt secundum rem. Similiter qui dixerunt, quod significat tantum hypostasim, attenderunt modum secundum quem significat nomen, quia significat per modum subsistens in natura aliqua; quamvis significet ipsum distinctum, quod est ipsa relatio distinguens.

Similiter qui dixerunt, quod significat substantiam in recto, attenderunt substantiam quæ est hypostasis distincta proprietate. Qui autem dixerunt e converso, attenderunt substantiam quæ est essentia. Et qui dixerunt, quod significat hypostasim, et proprietatem ponit circa eam, non acceperunt hypostasim ex parte qua subsistit naturæ divinæ, ut significatur hoc nomine Deus, quod indistincte tribus personis convenit; sed ex parte illa qua hypostasis est ipsa relatio distinguens hypostasim: quia in Deo idem est distinguens et distinctum. Et e converso consideraverunt hypostasim vel substantiam, qui dixerunt, quod proprietas non ponitur circa substantiam ut distinguens ipsam.

Ad primum ergo dicendum, quod Augustinus attendit significationem personæ quantum ad modum significandi, et non quantum ad id quod significatur; et ideo quamvis significetur relatio, quia tamen significatur per modum substantiæ, ideo dixit, quod significat substantiam: et quia ulterius substantia in Deo est idem quod essentia, ideo consequitur ut significet etiam essentiam, secundum quod pater est Deus, et etiam ipsa deitas.

Et per hoc patet responsio ad secundum de definitione Boetii.

Et similiter ad tertium: quia quamvis significet relationem, non tamen significat per modum relationis; et ideo non refertur secundum nomen ad aliud.

Ad quartum dicendum, quod quid quandoque quærit essentiam, ut cum quæritur: quid est homo? animal rationale mortale. Quandoque quærit ipsum suppositum, ut cum quæritur, quid natat in mari? piscis, respondetur. Et ita etiam fuit responsum hæreticis quærentibus, quid tres? personæ.

Ad quintum dicendum, quod cum dicitur persona, quasi per se una, non significatur unitas essentialis, sed magis unitas personæ, quæ est ex proprietate; et ideo illa ratio non est ad propositum.

Et per hoc etiam patet responsio ad ea quæ in contrarium objecta sunt, quæ procedunt quantum ad id quod significat hoc nomen persona. Invenimus enim in divinis quatuor modos significandi.

Aliquid enim significat absolutum per modum absoluti, ut Deus; aliquid relationem per modum relationis, ut pater; aliquid, absolutum per modum relationis, ut potentia generandi; et aliquid, relatum per modum absoluti, ut persona; et hoc accidit inquantum relatio essentialiter est ipsa substantia divina, etc..

Articulus Quartus
Utrum persona prædicetur pluraliter in divinis.

Ad quartum sic proceditur. Videtur quod persona non prædicetur pluraliter. Ut enim ex littera habetur, esse tres personas, est esse tria quædam.

Sed non conceditur quod pater et filius et Spiritus Sanctus sint tria, sed unum. Ergo videtur quod non possint dici tres personæ.

Præterea, persona significat existens substantialiter in natura aliqua. Sed distinctio proprietatum non diversificat id quod substantialiter est in natura aliqua. Ergo videtur, cum pater et filius et Spiritus Sanctus non distinguantur nisi proprietatibus,

Item, proprietates personales non magis substantialiter sunt in Deo quam proprietates essentiales, ut bonitas, sapientia et hujusmodi. Sed proprietates essentiales non faciunt personas plures. Ergo nec proprietates relativæ.

Præterea, sicut hoc nomen Deus significat habens naturam divinam, sic hoc nomen persona significat subsistens in divina natura. Sed, propter unitatem divinæ naturæ, non potest dici quod sint plures dii. Ergo quod nec eadem ratione sint plures personæ.

Contra est quod in littera dicitur, et quod communis usus ecclesiæ habet.

Præterea, hoc videtur per Richardum, qui dicit: timentes ubi non est timor, recte timerent personas secundum substantiam dici, si persona tantum esse substantiale significaret, nec aliquid consignificaret; ratione cujus dicit, quod multiplicantur personæ.

Respondeo dicendum, quod, sicut dictum est, persona dicit aliquid distinctum subsistens in natura intellectuali. Unde ubicumque ponuntur aliqui distincti habentes naturam intellectualem, ponuntur plures personæ. Nec interest ad pluralitatem personarum, utrum habeant eamdem naturam, nec ne.

Divisio enim naturæ in pluribus personis in hominibus accidit, tum ex imperfectione naturæ humanæ quæ non est suum esse, sed accipit ipsum in supposito suo; unde in diversis suppositis est secundum diversum esse: tum etiam ex modo distinctionis, quia personæ humanæ distinguuntur per materiam, quæ est pars essentiæ. Unde oportet personam distinctam unam essentiam non habere: quorum neutrum est in divinis personis: unde tres personæ sunt subsistentes in una natura.

Ad primum ergo dicendum, quod Augustinus, accipit largo modo tria pro tres: sicut etiam Hilarius dicens, quod per substantiam sunt tria, per consonantiam unum, accipiens substantiam pro hypostasi.

Vel dicendum, quod non sunt tria simpliciter, sed tria quædam, scilicet tria supposita.

Ad secundum dicendum, quod in creaturis diversitas proprietatum non facit plures personas, quia proprietas non est persona subsistens; sed in divinis proprietates sunt ipsæ personæ subsistentes: quia et paternitas est ipse pater; et esse patrem et esse Deum, non est aliud et aliud esse: non enim est aliud esse patris, quod non sit esse filii; et ideo ad numerum proprietatum personalium sequitur numerus personarum.

Ad tertium dicendum, quod proprietates essentiales etiam sunt subsistentes, sed tamen, una non habet rationem quod distinguatur ab alia secundum rem, sed solum secundum rationem; sed proprietates relativæ habent hoc ex virtute oppositionis.

Unde sicut pater est quid subsistens, ita et bonus; sed pater et filius est alius et alius subsistens; sed bonus et sapiens est unum et idem subsistens. Unde de singulis personis omnia ista dicuntur; et ideo proprietates essentiales non faciunt numerum personarum; quia numerus sequitur distinctionem.

Ad quartum dicendum, quod nomina substantiva non recipiunt pluralitatem nisi ex multiplicatione formæ a qua imponuntur: et quia deitas a qua imponitur hoc nomen Deus, non multiplicatur; ideo nec ipsum nomen, quod a tali forma imponitur: sed nomen personæ imponitur a forma personalitatis, quæ dicit rationem subsistendi naturæ tali; et ideo ubi sunt plures subsistentes, sunt plures personalitates et plures personæ.

Non est aliud Deum esse, aliud personam esse. Hoc non dicitur solum quantum ad identitatem rei, quia sic in Deo non est nisi unum esse; sed etiam secundum rationem, quia ex hoc ipso quod habet esse subsistens in natura divina, persona in Deo dicitur. Istud tamen esse rationis cujus causa per se convenit est relatio, prout est subsistens distincta, cum nihil aliud tale possit poni in divinis. Et ideo quantum ad modum significandi, persona est de substantialibus; quantum vero ad id quod nomine personæ in divinis supponitur pertinet ad relativa.

Non aliud dicimus quam substantiam patris; ut tamen nomine substantiæ non essentia sed hypostasis intelligatur.

Hic sit sensus, pater est essentia divina. Hoc Magister de suo addit, quia ex verbis Augustini expresse non habetur: et tamen quodammodo verum est non ratione significationis nominis, sed ratione identitatis rei; quia in divinis est idem hypostasis quod essentia secundum rem.

Non ut illud diceretur, sed ne taceretur omnino.

Videtur quod secundum hoc non proprie dici possunt tres personæ. Sed dicendum, quod de Deo nihil proprie dici potest ex verbis nostris quod divinam veritatem perfecte exprimat; tamen per modum quo alia de Deo dicimus, etiam hoc, necessitate cogente, in usum relationis venit. Cum enim per Scripturam canonicam traditum non inveniatur, non attentassent tali modo relationis uti, nisi necessitas coegisset. Unde necessitas magis est excusatio præsumptionis quam falsitatis.

Verius enim cogitatur Deus quam dicitur. Videtur falsum: quia multa de Deo dicimus ore quæ corde non intelligimus, ut etiam infra per Chrysostomum habetur. Sed dicendum, quod quamvis ad talia quæ intellectum excedunt, cor non perveniat intelligendo veritatem, tamen per fidem tenet, quam verbis perfecte exprimere non valet.

Quomodo tamen aliquid verius dicitur quam intelligitur, vel e contrario, infra dicetur, dist. 39, qu. 1, art. 1.

Quia Scriptura non contradicit. Hoc videtur nihil esse, quia similiter Scriptura non contradiceret si diceremus unam esse personam. Sed dicendum, quod Augustinus non assignat totam rationem, quia hoc non est causa, quare proprie et vere dici possit; sed quare fidei pietati non repugnat, ut sic loquamur, proprietate significationis observata.

Timuit dicere tres essentias, ne intelligeretur in illa summa æqualitate ulla diversitas. In essentia etiam non intelligitur aliquid per quod ad relationem trahi possit, sicut invenitur distinctio per se: unde pluralitas rerum non salvaretur in distinctione relationum, sed exigeret divisionem in absolutis.

Cum hoc dicitur, excluditur singularitas. Hilarius ex auctoritate inducta vult probare et unitatem essentiæ et pluralitatem personarum. Ex hoc enim quod pater separatim a filio nominatur, intelligitur distinctio personarum; et ideo dicit, quod ex hoc excluditur intelligentia singularis, scilicet ne Deus singularis putetur quasi deitas in uno tantum supposito inveniatur: atque unici, idest solitarii intelligentia; quasi non sit consortium divinarum personarum per unionem amoris. Unitatem autem essentiæ probat consequentia visionis, quia qui videt filium, videt et patrem.

Distinctio XXIV

Quæstio I
Prologus

Posita divisione divinorum nominum, et ostenso quod quædam pluraliter in divinis prædicantur, et quædam singulariter tantum, inquirit Magister hic de nominibus significantibus unitatem et pluralitatem, qualiter in Deo accipiantur; et dividitur in partes duas: in prima determinat de ipsis nominibus significantibus unitatem et pluralitatem secundum se; in secunda ostendit qualiter termini significantes pluralitatem, possunt addi huic nomini persona, 25 dist. Ibi: præterea considerandum est. Prima in tres: in prima movet quæstionem; in secunda solvit eam, ibi: si diligenter præmissis auctoritatum verbis intendimus; in tertia solvit quamdam objectionem, ibi: hic non est prætermittendum quod cum supra dictum sit, Deum nec singularem nec multiplicem esse confitendum... In contrarium videtur sentire Isidorus.

Si diligenter præmissis auctoritatum verbis intendimus... Magis videtur horum verborum usus introductus ratione removendi atque excludendi a simplicitate divinitatis quæ ibi non sunt. Hic solvit quæstionem, et circa hoc tria facit: primo ponit summam solutionis in generali; secundo specificat quantum ad nomina significantia unitatem, ibi: cum enim dicitur Deus, multitudo deorum excluditur; tertio quantum ad nomina significantia pluralitatem, ibi: ita etiam cum dicimus tres personas, nomine ternarii non quantitatem numeri in Deo ponimus.

Circa primum duo facit: primo ostendit quid significet hoc nomen unus, quando termino essentiali adjungitur; secundo quid significet, quando termino personali adjungitur, ibi: similiter cum dicitur, unus est pater... Ratio dicti est quod non sunt multi patres.

Ita etiam cum dicimus tres personas, nomine ternarii non quantitatem numeri in Deo ponimus. Hic ostendit quid significent in divinis nomina pertinentia ad pluralitatem; et circa hoc tria facit: quædam enim nomina pertinent ad pluralitatem, significantia ipsam pluralitatem, quorum significationem primo exprimit: quædam vero significant id quod est principium pluralitatis, sicut distinctio et discretio, quorum significationem secundo exponit, ibi: cum autem dicimus, distinctæ sunt personæ, vel distinctio est in personis, confusionem, atque permixtionem excludimus. Quoddam vero est quasi continens pluralitatem, sicut hoc nomen trinitas, quod est collectivum personarum, cujus significationem tertio explanat, ibi: cum vero dicitur trinitas, id significari videtur quod significatur cum dicitur, tres personæ. Circa primum duo facit: primo exponit nomina significantia pluralitatem in communi, sicut hoc nomen plures; secundo nomina significantia pluralitatem in speciali, ibi: ita et cum dicuntur discretæ personæ... Eamdem intelligentiam facimus.

Ubi primo exponit nomen pertinens ad ternarium personarum; secundo nomen pertinens ad binarium, ibi: similiter cum dicimus, duo sunt pater et filius, non dualitatis quantitatem ibi ponimus.

Cum autem dicimus, distinctæ sunt personæ...

Confusionem atque permixtionem excludimus. Hic exponit nomina significantia id quod est principium pluralitatis: et primo nomen distinctionis; secundo nomen discretionis, ibi: ita et cum dicuntur discretæ personæ... Eamdem intelligentiam facimus.

Hic quæruntur duo: primo de nominibus significantibus unitatem et pluralitatem in divinis; secundo de nominibus significantibus ea quæ sunt pluralitati annexa.

Circa primum quæruntur quatuor: 1 utrum unitas sit in divinis, ut Deus vere unus dici possit; 2 utrum sit ibi aliquis numerus; 3 si utrumque est ibi, utrum nomina significantia unitatem et pluralitatem prædicent aliquid positive in Deo, vel tantum removendo, ut in littera dicitur; 4 si ponunt aliquid aliquo modo, quid significent, utrum essentiam vel notionem.

Articulus Primus
Utrum Deus possit dici unus.

Ad primum sic proceditur. Videtur quod Deus non possit dici unus. Principium enim determinatum alicujus generis non invenitur nisi in habentibus naturam illius generis, sicut anima non invenitur nisi in rebus viventibus. Sed unitas est in genere quantitatis sicut principium, sicut et punctus. Ergo cum quantitas non sit in Deo, videtur quod nec unitas.

Præterea, secundum Bœtium, unitas est potentia omnis numerus, unde omnes passiones numerorum inveniuntur unitæ in unitate. Sed in Deo non est aliqua potentia ad multitudinem numeri. Ergo videtur quod non sit ibi unitas.

Præterea, nihil potest dici unum nisi quod est in se terminatum et distinctum ab aliis; unde unitas consequitur actum formæ terminantis. Sed Deus non potest dici in se terminatus; nihil enim est terminatum, nisi cujus essentiam termini circumplectuntur; quod Deo non competit. Ergo videtur quod non possit dici unus.

Præterea, omne quod est unum, est connumerabile alteri. Sed Deus non est connumerabilis alicui creaturæ; tum quia creatura et Deus in nullo conveniunt, quia hoc esset prius utroque; nec inveniuntur aliqua connumerari, nisi quæ in aliquo conveniunt; sicut dicimus duos homines vel duos equos; tum quia quod alteri connumeratur, est pars pluralitatis resultantis et exceditur ab ea; quod Deo non competit. Ergo Deus non potest dici unus.

Contra est quod dicitur Deuter. 6, 4: audi Israel: Dominus Deus tuus, Deus unus est.

Præterea, secundum Philosophum, illud quo mensurantur omnia quæ sunt alicujus generis, est unum illius generis. Sed Deus est primum quo mensurantur omnes substantiæ, ut dicit Commentator.

Ergo videtur quod sit unum in genere substantiæ.

Respondeo dicendum, quod Deus summe et verissime unus est. Secundum enim quod aliquid se habet ad indivisionem, ita se habet ad unitatem; quia, secundum Philosophum, ens dicitur unum in eo quod non dividitur. Et ideo illa quæ sunt indivisa per se, verius sunt unum quam illa quæ sunt indivisa per accidens, sicut albus et Socrates quæ sunt unum per accidens; et inter illa quæ sunt unum per se, verius sunt unum quæ sunt indivisa simpliciter quam quæ sunt indivisa respectu alicujus vel generis vel speciei vel proportionis.

Unde etiam non dicuntur simpliciter unum, sed unum vel in genere vel in specie vel in proportione; et quod est simpliciter indivisum, dicitur simpliciter unum, quod est unum numero. Sed in istis etiam invenitur aliquis gradus. Aliquid enim est quod quamvis sit indivisum in actu, est tamen divisibile potentia, vel divisione quantitatis, vel divisione essentiali, vel secundum utrumque. Divisione quantitatis, sicut quod est unum continuitate; divisione essentiali, sicut in compositis ex forma et materia, vel ex esse et quod est; divisione secundum utrumque, sicut in naturalibus corporibus. Et quod aliqua horum non dividantur in actu, est ex aliquo in eis præter naturam compositionis vel divisionis, sicut patet in corpore cæli et hujusmodi; quæ quamvis non sint divisibilia actu, sunt tamen divisibilia intellectu. Aliquid vero est quod est indivisibile actu et potentia; et hoc multiplex est. Quoddam enim habet in sui ratione aliquid præter rationem indivisibilitatis, ut punctum, quod præter indivisionem importat situm: aliquid vero est quod nihil aliud importat, sed est ipsa sua indivisibilitas, ut unitas quæ est principium numeri; et tamen inhæret alicui quod non est ipsamet unitas, scilicet subjecto suo. Unde patet quod illud in quo nulla est compositio partium, nulla dimensionis continuitas, nulla accidentium varietas, nulli inhærens, summe et vere unum est, ut concludit Bœtius.

Et inde est quod sua unitas est principium omnis unitatis et mensura omnis rei. Quia illud quod est maximum, est principium in quolibet genere, sicut maxime calidum omnis calidi, ut dicitur 2 Metaphysic., et illud quod est simplicissimum, est mensura in quolibet genere, ut 10 Metaphysic. Dicitur.

Ad primum ergo dicendum, quod unum dupliciter dicitur. Est enim unum quod convertitur cum ente, et est unum quod est principium numeri.

Loquendo de uno quod convertitur cum ente, non est determinatum ad genus quantitatis, immo invenitur in omnibus entibus: et ideo sicut Deus est ens non aliquo esse quod non sit ipse, ita etiam est unus non aliqua unitate quæ non sit ipse, sed per essentiam suam; et ideo maxime unum est.

Loquendo autem de uno quod est principium numeri, non potest transumi in divinam prædicationem quantum ad genus suum quod est quantitas, sed quantum ad differentiam suam quæ ad perfectionem pertinet, sicut indivisibilitas et prima ratio mensurandi vel aliquid hujusmodi.

Ad secundum dicendum, quod secundum Avicennam unitas et numerus quæ considerat arithmeticus non sunt illa unitas et multitudo quæ inveniuntur in omnibus entibus; sed solum secundum quod inveniuntur in rebus materialibus, secundum quod pluralitas causatur ex divisione continui; ex hoc enim possunt inveniri omnes illæ passiones in numeris quas arithmetici demonstrant, sicut multiplicatio et aggregatio, et hujusmodi, quæ fundantur supra divisionem infinitam continui. Unde est infinitas in numero, secundum Philosophum, et ideo etiam talis unitas est potentia omnis numerus. Nihilominus tamen intelligendum est quod in Deo est omnis numerus secundum potentiam, non quidem passivam, sed activam, secundum quod ipse, velut omnium causa, præaccepit in se omnium numerum, secundum Dionysium, prout omnia in ipso dicuntur esse sicut in principio efficiente et exemplari. Sed sic non procedit objectio.

Ad tertium dicendum, quod Deus est aliquid determinatum in se, alias non possent de ipso negari conditiones aliorum entium. Nec dicitur determinatum ens quia aliquo termino finitus sit, sed quia per excellentiam sui esse, quod est simplicissimum, additionem non recipiens, ab omnibus aliis distinguitur.

Ad quartum dicendum, quod quamvis Deus et creatura non conveniant in aliquo uno secundum aliquem modum convenientiæ, tamen est considerare communitatem analogiæ inter Deum et creaturam, secundum quod creaturæ imitantur ipsum prout possunt. Unde aliquo modo potest connumerari aliis rebus, ut dicatur, quod Deus et Angelus sunt duæ res, non tamen simpliciter et proprie, sicut creaturæ ad invicem connumerantur, quæ univoce in aliquo uno conveniunt. Et ex hoc non sequitur quod Deus sit pars alicujus, vel quod Deus et Angelus sint aliquid majus quam Deus; sed quod sint plures res.

Articulus Secundus
Utrum in Deo sit aliquis numerus.

Ad secundum sic proceditur. Videtur quod in Deo non sit aliquis numerus. Sicut enim dicit Bœtius hoc vere unum est, in quo est nullus numerus: et loquitur de Deo qui summe unum est. Ergo videtur quod non sit in eo aliquis numerus.

Præterea, secundum Isidorum, numerus dicitur quasi unius meros, scilicet divisio. Sed in Deo non est divisio. Ergo nec numerus.

Item, ubi invenitur numerus, et passiones numeri. Sed aggregatio et multitudo et hujusmodi, quæ sunt passiones numeri, non inveniuntur in Deo. Ergo nec numerus.

Præterea, numerus est multitudo mensurata per unum,

ut dicitur 10 Metaphys..

Sed Deus est mensura non mensurata, sed omnia mensurans. Ergo videtur quod numerus in divinis non competat.

Contra est quod habetur 1 Joan. 5, 7: tres sunt qui testimonium dant in cælo: pater, verbum et Spiritus Sanctus, et hi tres unum sunt. Sed tres dicit aliquem numerum. Ergo videtur quod ibi sit numerus.

Præterea, ubicumque est distinctio vel discretio, ibi est aliquis numerus. Sed dicimus divinas personas esse discretas vel distinctas. Ergo in divinis personis est numerus.

Respondeo dicendum, quod sicut ratio unitatis consistit in indivisione, ita et ratio numeri vel multitudinis consistit in divisione vel distinctione aliqua. Unde ea quæ invenimus divisa simpliciter, dicimus esse multa simpliciter; et quæ invenimus divisa secundum quid, dicimus esse multa secundum quid. Divisio autem simpliciter attenditur vel secundum essentiam, sive formam; vel secundum quantitatem, seu materiam; unde ea quæ differunt secundum essentiam, dicimus esse multa, ut hominem et lapidem; et similiter duas partes lineæ jam divisæ dicimus duas lineas. Divisio autem secundum quid est quæ attenditur secundum proprietates rei; sicut dicimus hominem album esse alium et distinctum a se nigro, et adhuc magis secundum quid in illis in quibus attenditur diversitas relationum secundum rationem tantum; sicut punctus si diceretur multiplex, secundum quod est principium plurium linearum. Sciendum est igitur quod in divinis non est numerus simplex, qui est per divisionem essentiæ vel quantitatis; sed est numerus quidam, scilicet numerus relationum, non tamen relationum existentium in Deo secundum rationem tantum, sed realiter in ipso subsistentium. Unde numerus divinarum personarum est medius inter numerum qui est numerus simpliciter, et numerum qui est in ratione tantum, sicut punctus dicitur multiplex secundum rationem tantum. Est enim minus de ratione numeri in numero personarum quam in numero simpliciter, et plus quam in numero qui est secundum rationem tantum. Si autem comparemus numerum personarum ad numerum proprietatum absolutarum qui est in creaturis, habebunt se sicut excedentia et excessa. Si enim attendatur ratio distinctionis, invenitur major distinctio in proprietatibus absolutis creaturarum quam in divinis personis; quia color et sapor distinguuntur secundum aliud et aliud esse accidentale, sed in divinis personis est unum et idem esse trium personarum. Si autem consideretur perfectio distinctorum, sic numerus personarum excedit, quia relationes in divinis sunt subsistentes personæ. Unde ad numerum relationum sequitur numerus personarum, non autem ad numerum proprietatum in creaturis, quia proprietates in creaturis non sunt subsistentes, sed tantum inhærentes.

Ad primum igitur dicendum, quod Bœtius loquitur de unitate essentiali; et in essentia nullus numerus cadit, sed tantum in personis, qui etiam non est numerus absolute sed numerus quidam.

Ad secundum dicendum, quod quamvis divisio non sit proprie in Deo, tamen ibi est personarum distinctio, quæ sufficit ad rationem talis numeri qualis in Deo ponitur.

Ad tertium dicendum, quod aggregatio et hujusmodi sunt passiones numeri qui consequitur divisionem continui, ut Avicenna dicit; et hunc numerum constat in Deo non esse.

Ad quartum dicendum, quod in numero absoluto pluralitas habet quamdam compositionem et aggregationem, quæ est minus certa quam unum, quod est principium ipsius; et ideo non solum quantum ad intellectum, sed etiam quantum ad rem est mensurabilitas multitudinis talis per unitatem. Sed in numero relationum vel personarum non est aliquis ordo certitudinis vel compositionis in re; et ideo numerus in Deo non est multitudo mensurata, nisi forte secundum acceptionem intellectus tantum, qui componit etiam quæ composita non sunt secundum quod diversa ex eis intelligit, secundum quod etiam propositiones affirmativas in divinis format.

Articulus Tertius
Utrum unitas et numerus ponant aliquid in divinis vel removeant.

Ad tertium sic proceditur. Videtur quod unitas et numerus aliquid ponant in divinis, et non dicantur secundum remotionem tantum. Si enim per unum removetur aliquid, non removetur nisi pluralitas; et similiter si per pluralitatem removetur aliquid, non removetur nisi unitas. Si ergo utrumque dicatur per remotionem, tunc utrumque non erit nisi remotio remotionis. Sed privatio privationis nihil est nisi secundum intellectum, qui potest sic multiplicari in infinitum, sicut dicit Avicenna.

Ergo secundum hoc numerus et unitas non essent realiter in Deo, sed in ratione intelligentis tantum, et sic non possent dici plures personæ sed plures rationes,

Distinctio XXIV

quod videtur hæreticum.

Præterea, omnis privatio vel negatio definitur per positionem. Si igitur unitas privat multitudinem vel numerum, in definitione unitatis cadit numerus vel multitudo.

Item, cum multitudo dicatur per remotionem unitatis, oportet quod in definitione ejus ponatur unitas, et ita erit circulus in definitione; quod non potest esse; quia sic idem erit prius et posterius, notius et minus notum.

Præterea, si unum dicatur secundum negationem, dicetur per negationem divisionis, ut dicit Philosophus, quod unum est quod non dividitur. Sed divisio videtur in intellectu suo habere multitudinem, quia omne divisum est multiplicatum. Ergo in definitione unitatis cadit multitudo, nec unquam potest definiri multitudo, nisi accipiatur in definitione ejus unitas. Ergo videtur quod erit circulus, ut prius.

Præterea, privatio nunquam constituit habitum, nec e converso et similiter nec affirmatio negationem, nec unum contrariorum alterum. Sed multitudo constituitur ex unitatibus. Ergo videtur quod unitas non privet multitudinem, nec e converso.

Item, quidquid dicitur de Deo et creatura, nobiliori modo est in Deo quam sit in creatura. Sed numerus et unitas in creaturis non sunt per modum remotionis tantum, sed per modum positionis; cum numerus sit quædam species quantitatis, et unitas principium illius, et iterum cum se habeant sicut mensura et mensuratum. Ergo cum nobilius sit esse quam non esse, videtur etiam quod in Deo positive aliquid prædicent.

Contra, secundum Philosophum, unum opponitur multitudini, sicut privatio habitui. Sed privatio non prædicat aliquid positive.

Ergo nec unum. Sed ex unitatibus constituitur numerus. Ergo nec numerus aliquid positive prædicat.

Præterea, Philosophus dicit, quod unum dicitur ex eo quod non dividitur. Sed hoc est negatio tantum. Ergo videtur quod unum nihil positive prædicet, et eadem ratione nec numerus ex unitatibus constitutus.

Respondeo dicendum, quod de quidditate unitatis invenitur diversitas et inter Philosophos et inter Magistros. Avicenna enim dicit, quod unum quod convertitur cum ente, est idem quod unum quod est principium numeri; et multitudo quæ est numerus, est idem quod multitudo quæ dividit ens; et sic vult quod utrumque aliquid positive addat supra ea quibus adjungitur, eo quod in uno intelligitur esse non solum sicut in subjecto, sed sicut illud quod clauditur in intellectu suo. Unde unum est quoddam esse quod non dividitur. Et istud esse non dicit quod sit esse substantiæ: quia sic non inveniretur in accidentibus unitas et numerus. Nec etiam est esse commune ad substantiam et ad accidens, quia sic inveniretur aliquis numerus qui non esset accidens.

Sed dicit, quod est esse accidentis, et per illud esse adveniens post esse completum substantiæ dicitur substantia una; sicut per esse albedinis dicitur esse substantia alba; et inde probat quod numerus est accidens tantum. Et secundum hoc unitas dicit intentionem accidentalem, et ex aggregatione talium intentionum efficitur numerus, qui est species quantitatis. Et hanc positionem sequentes quidam theologi, dicunt, quod unitas et numerus transferuntur in divinam prædicationem, non quantum ad esse accidentis vel quantitatis, sed quantum ad rationem propriam unitatis vel numeri: et ita positive aliquid in Deo prædicant, sicut scientia et bonitas, et alia quæ sic de Deo dicuntur.

Alii Philosophi, scilicet Aristoteles et Averrœs, dicunt, quod unum et multa quæ dividunt ens, non sunt idem cum uno quod est species quantitatis. Et hoc rationabile est.

Non enim convenit aliquid contentum sub inferiori esse differentiam superioris, sicut rationale non est differentia substantiæ. Unde nec multitudo quæ est sub quantitate, potest esse differentia entis simpliciter.

Dicunt ergo, quod unum quod convertitur cum ente, nihil positive addit ad id cui adjungitur, eo quod res non dicitur esse una per aliquam dispositionem additam: quia sic esset abire in infinitum, si ista etiam dispositio, cum sit una, per aliquam aliam unitatem una esset. Unde dicunt, quod unum claudit in intellectu suo ens commune, et addit rationem privationis vel negationis cujusdam super ens, idest indivisionis. Unde ens et unum convertuntur, sicut quæ sunt idem re, et differunt per rationem tantum, secundum quod unum addit negationem super ens. Unde si consideretur ratio unius quantum ad id quod addit supra ens, non dicit nisi negationem tantum: et eadem ratione multitudo non addit supra res multas nisi rationem quamdam, scilicet divisionis. Sicut enim unum dicitur ex eo quod non dividitur, ita multa dicuntur ex eo quod dividuntur; prima autem ratio divisionis, secundum quam aliquid ab aliquo distinguitur, est in affirmatione et negatione; et ideo multitudo dicit in ratione sua negationem, secundum scilicet quod multa sunt quorum unum non est alterum: et hujusmodi divisionis hoc modo acceptæ in ratione multitudinis, negatio importatur in ratione unius.

Et sic accepta, unum, et multa sunt de primis differentiis entis, secundum quod ens dividitur in unum et multa et in actum et in potentiam. Unde sic accepta non determinantur ad aliquod genus; et sic hæc multitudo sic accepta non est numerus qui est species quantitatis: nec hoc unum sic acceptum, est unum quod est principium numeri. Sed secundum prædictos Philosophos, Aristotelem, Averroem et Avicennam, unum, secundum quod est principium numeri, ponit aliquid additum ad esse, scilicet esse mensuræ, cujus ratio primo invenitur in unitate, et deinde consequenter in aliis numeris et deinceps in quantitatibus continuis; et deinde translatum est hoc nomen ad alia omnia genera, ut dicit Philosophus. Quidam vero medium inter utrumque tenent, consentientes Aristoteli in hoc quod unum quod convertitur cum ente, non addit aliquid positive supra id cui adjungitur; Avicennæ vero in hoc quod dicit, unum, secundum quod est principium numeri, et secundum quod convertitur cum ente, esse idem, et non differre nisi ratione; et sic, secundum eos, addit aliquid positive supra id cui adjungitur. Ratio autem eorum quod unum utroque modo differat tantum ratione, est. Cum enim unum sequatur actum formæ distinguentis, ex hoc quod forma dat esse, habet unum quod convertitur cum ente; sed ex secundo actu formæ, qui est distinguere ab aliis, habet quod sit principium numeri, et quod computetur in genere accidentis: quia ista distinctio secundum rationem sequitur esse completum. Sed hoc non potest stare: quia si unitas quæ est principium numeri, dicatur secundum rationem privationis, tunc non erit aliquid nisi in anima; ita etiam nec numerus cujus est principium, unde non posset esse species in aliquo genere. Est ergo differentia inter duas opiniones primas, quia prima non distinguit inter unum et multa, prout sunt in genere quantitatis, et prout sunt primæ differentiæ entis; secunda autem opinio distinguit, ut dictum est, Paulo Sup., et hanc credo esse veriorem. Dico ergo secundum hanc, quod numerus et unitas, secundum quod sunt in genere quantitatis, non inveniuntur nisi in quibus invenitur commensuratio quantitatis: unde inveniuntur tantum in rebus habentibus quantitatem continuam; unde Philosophus dicit, quod numerum cognoscimus divisione continui: et hic tantum numerus est subjectum arithmetici, ut etiam Avicenna dicit. Unde iste numerus et unitas non venit in divinam prædicationem; sed tantum unum et multitudo secundum quod sunt de aliis quæ consequuntur universaliter ens: et ita hujusmodi termini nihil addunt in divinis secundum rationem supra id de quo dicuntur, nisi rationem negationis tantum, secundum quod Magister dicit in littera.

Ad primum ergo dicendum, quod in multitudine negatio est, secundum quod una res distinguitur ab alia per negationem; unde in multitudine est negatio vel privatio realis, secundum quod una res non dicitur esse alia: et hujusmodi distinctionem per negationem negat negatio importata in ratione unitatis. Unde dico, quod negatio ista in qua perficitur ratio unitatis, non est nisi negatio rationis tantum. Omnis enim respectus qui est entis ad negationem vel ad non ens, non est nisi rationis.

Unde relatio qua refertur ens ad non ens, non est nisi tantum in ratione: et similiter privatio, qua de ente negatur non ens, est in ratione tantum, ut privatio privationis, vel negatio negationis. Et sic patet quod non ponimus distinctionem in divinis personis secundum rationem tantum, quia dicimus quod una persona realiter non est alia.

Ad secundum dicendum, quod, ut ex prædictis, in corp. Art., patet, unum non importat negationem nisi in ratione. Unde secundum rem magis se habet ad positionem quam multitudo, in qua importatur realis negatio, secundum quam res a re distinguitur.

Et ideo unum in intellectu est prius quam multitudo, quamvis secundum sensum vel imaginationem sit e converso, ut dicit Philosophus; quia sic composita priora sunt simplicibus et divisa indivisis: et ideo in definitione unius non cadit multitudo, sed illud quod est prius secundum intellectum unitate. Primum enim quod cadit in apprehensione intellectus, est ens et non ens: et ista sufficiunt ad definitionem unius, secundum quod intelligimus unum esse ens, in quo non est distinctio per ens et non ens: et hæc, scilicet distincta per ens et non ens, non habent rationem multitudinis, nisi postquam intellectus utrique attribuit intentionem unitatis; et tunc definit multitudinem id quod est ex unis, quorum unum non est alterum; et sic in definitione multitudinis cadit unitas, licet non e converso.

Ad tertium dicendum, quod hæc est vera definitio unius: unum est ens quod non dividitur; quamvis Avicenna, nitatur eam improbare ratione inducta. Est enim duplex divisio: scilicet divisio secundum quantitatem; et talis divisio consequitur rationem multitudinis, eo quod rationem multitudinis communiter acceptæ sequitur ratio numeri, prout est species quantitatis, secundum quod addit rationem mensuræ: unde dicit Philosophus, quod numerus est multitudo mensurata per unum; et rationem numeri sequitur intellectus divisionis continui: ratio enim divisionis et quantitatis et mensuræ, secundum Commentatorem, prius invenitur in quantitate discreta quam in quantitate continua: et talis divisio non ponitur in definitione unius quod convertitur cum ente. Est etiam quædam divisio secundum formam vel essentiam, secundum quod una res per formam suam dividitur ab alia: et ista divisio primo invenitur in affirmatione et negatione, quæ secundum intellectum præcedit rationem unius, ut dictum est in responso ad primum.

Et sic patet quod non erit circulus in definitione.

Ad quartum dicendum, quod unum dupliciter dicitur, scilicet quod est principium numeri, et quod convertitur cum ente. Loquendo de uno quod est principium numeri, ut dictum est, in corp. Art., ponit aliquid additum supra ens quod dicitur unum, scilicet rationem mensuræ: unde hoc unum potest dupliciter considerari: aut secundum id quod est; aut secundum id quod consequitur ad intellectum ejus, scilicet relationem quamdam. Si secundo modo, sic opponitur multitudini numerali relative, sicut principium ad principiatum, sicut punctus ad lineam, et sicut pars ad totum et magis proprie sicut mensura ad mensuratum. Si primo modo, tunc dupliciter: quia vel considerabitur ipsum unum cum præcisione, scilicet quod est tantum unitas; et sic habebit disparatam oppositionem mensuræ ad alios numeros (quilibet enim numerus, secundum quidditatem suæ speciei, habet specialem rationem mensuræ, sicut species oppositæ sunt disparatæ) et talis oppositio reducitur ad contrarietatem, sicut principium: quia species disparatæ distinguuntur differentiis contrariis, quibus primo dividitur genus, ut probatur 10 Metaph.. Vel sine præcisione, et sic unitas nullam oppositionem habet ad numerum, sed est constituens ipsum. Si autem loquimur de uno quod convertitur cum ente, sic unum habet rationem privationis, ut dictum est, in corp. Art., respectu divisionis quæ salvatur in multitudine; et ita opponitur multitudini, sicut privatio habitui, ut dicit Philosophus. Unde etiam æquale opponitur magno et parvo, sicut privatio.

Nec unum est privatio illius multitudinis quam constituit; sed multitudinis quæ negatur esse in ipso quod dicitur unum. Non enim de ratione sua unum privat omnem divisionem; sed sufficit ad rationem ejus, quæcumque divisio removeatur. Et inde potest esse quod unum est pars multitudinis, et quod ipsa multitudo dicitur quodammodo unum, prout scilicet aliquid non dividitur, ad minus secundum intellectum aggregantem; sicut etiam ipsum malum non est omnino expers boni, quia non privatur quodlibet bonum per malum.

Ad quintum dicendum, quod multitudo numeralis, quæ est species quantitatis, ponit aliquid in creaturis. Hæc autem non transfertur in divina, nisi forte secundum rationem distinctionis quam habet ex ratione multitudinis simpliciter. Multitudo vero quæ dividit ens, non addit accidens positive supra ens, sed rationem distinctionis tantum, secundum quod una non est altera; et sic est etiam in divinis.

Articulus Quartus
Utrum unum et numerus significent essentiam.

Ad quartum sic proceditur. Videtur quod hujusmodi dictiones significent divinam essentiam.

Quidquid enim ad se dicitur in divinis, substantialiter dicitur, et essentiam significat; sed hujusmodi dictiones secundum suum nomen non referuntur ad aliud, sed ad se dicuntur. Ergo sunt essentialia.

Præterea, secundum Bœtium, omnia prædicamenta mutantur in substantiam, cum in divinam prædicationem venerint, præter ad aliquid. Sed numerus et unitas videntur ad quantitatem pertinere. Ergo sunt essentialia. Si dicas, quod significant essentiam quando adjunguntur termino essentiali, ut cum dicitur unus Deus; et notionem, quando adjunguntur personali, ut cum dicitur unus pater. Contra. Quæcumque dicuntur non secundum unam rationem, æquivoce dicuntur. Sed non est eadem ratio unitatis personalis et essentialis; sicut nec est eadem ratio distinctionis essentialis et personalis. Ergo videtur quod æquivoce de eis dicantur.

Item, unum pertinet ad essentiam; unde dicimus, quod pater et filius sunt unum propter essentiæ unitatem. Sed cum multitudo constituatur ex uno, ad quodcumque genus pertinet significatio unius, et significatio multitudinis. Ergo videtur quod etiam omnia nomina significantia distinctionem vel pluralitatem, significent essentiam.

Contra, quidquid essentialiter dicitur, de singulis personis prædicatur. Sed termini numerales non prædicantur de patre: non enim potest dici, quod pater sit duo vel tres. Ergo videtur quod non significent essentiam, et ita nec unum, quod est pluralitatis principium.

Respondeo dicendum, quod, ut patet ex dictis, art. Antec.,

in divinis non est aliqua unitas et multitudo, nisi secundum quod unum et multa dividunt ens commune. Et hoc modo, ut dictum est, non addunt aliquid supra ens, de quo dicitur unitas vel multitudo, nisi secundum rationem.

Unde sicut ens communiter se habet ad absoluta et relativa, et similiter distinctio et indistinctio, quæ secundum rationem adduntur, ita et unum et multa quæ dividunt ens commune. Et ideo secundum quod diversis adjunguntur significant essentiam vel notionem. Unitas enim essentialis est ipsa essentia divina secundum quod est indivisa, et unitas personalis patris est unitas proprietatis secundum quod non est divisa: et similiter multitudo vel pluralitas personarum sunt ipsæ personæ secundum quod sunt distinctæ: et quia non est ibi aliqua distinctio essentiarum, ideo nec aliqua pluralitas essentialis.

Ad primum igitur dicendum, quod hujusmodi dictiones, secundum rationem quam addunt eis de quibus dicuntur, non ponunt relationem, nec aliquid; et ideo secundum nomina quæ imponuntur ab hujusmodi rationibus, non referuntur ad aliud; sed quantum ad illud circa quod ponitur ista ratio, possunt importare et absolutum et relatum.

Ad secundum dicendum, quod, ut dictum est, art. 2 hujus quæst., pluralitas non venit in divinam prædicationem ex multitudine quæ est species quantitatis; et ideo ratio non procedit.

Ad tertium dicendum, quod ratio unitatis ponit ens indivisum simpliciter: unde abstrahit a quolibet modo distinctionis: unde secundum unam rationem communem dicitur persona una et essentia una, quamvis sit non una ratio distinctionis in speciali.

Unde ex hoc non habetur quod æquivoce prædicetur.

Ad quartum dicendum, quod sicut ens absolute dictum intelligitur de substantia, ita unum absolute dictum, prout significatur in neutro genere, quod substantivatur, importat unitatem absolute et significat unitatem substantiæ. Sed talis unitas non constituit numerum personarum, sed constitueret numerum essentiarum, si essent ibi. Sed in masculino genere non significat unitatem absolute, sed ponit unitatem circa terminum cui adjungitur, quia adjectivum est; unde importat unitatem convenientem illi termino. Et ideo cum dicitur unus Deus, importat unitatem essentialem: et cum dicitur unus pater, importat unitatem personalem: et hæc unitas constituit numerum personarum, qui ad relationem pertinet.

Et per hoc patet responsio ad illud quod in contrarium objiciebatur.

Quæstio II
Prologus

Deinde quæritur de nominibus quæ sunt pluralitati adnexa; et circa hoc quæruntur duo: 1 de his quæ se habent ad pluralitatem sicut principium; 2 de nomine trinitatis, quod consequitur pluralitatem, quasi collectivum.

Articulus Primus
Utrum in Deo sit diversitas.

Ad primum sic proceditur. Videtur quod in Deo sit diversitas. Sicut enim unum in substantia facit idem, ita multitudo in substantia facit diversitatem.

Sed dicit Hilarius, quod pater et filius et Spiritus Sanctus sunt quidem per substantiam tria, per consonantiam vero unum.

Ergo est ibi diversitas.

Præterea, sicut unum dicitur ex eo quod non dividitur, ita multa vel plura dicuntur ex eo quod dividuntur. Sed pater et filius sunt plures.

Ergo videtur quod ibi sit divisio.

Item, alienum denominatur ab alio. Sed filius est alius a patre. Ergo potest etiam dici alienus.

Item, videtur quod possit dici singularis: quia singulare significat aliquid demonstratum, subsistens in natura communi. Sed hoc modo est pater. Unde supra, dist. 19, dixit Damascenus quod se habet sicut individuum.

Ergo videtur quod possit dici singularis.

Præterea, videtur quod possit dici unicus, per hoc quod cantat ecclesia: trinum Deum, unicumque cum favore prædicat.

Item videtur quod non possit ibi esse discretio. Discretum est enim quædam differentia quantitatis. Sed in divinis non est quantitas. Ergo nec discretio.

Et quæritur generaliter, quid de hujusmodi possit concedi in divinis.

Respondeo dicendum, quod circa fidem trinitatis, fuerunt duæ hæreses: scilicet Arii, qui induxit pluralitatem essentiæ; et Sabellii, qui abstulit pluralitatem personarum; quorum utrumque concedit fides catholica; et ideo ea oportet concedere quæ utrique hæresi adversantur, et ea negare quæ utrique sunt consona.

Unde contra Arium quatuor ponit ecclesia: scilicet essentiæ unitatem, et ex hoc confitetur Deum unum, et negat diversitatem. Secundo essentiæ divinæ simplicitatem; et ideo confitetur simplicem et negat multiplicitatem vel divisionem, quæ ponit rationem totius et partis, quæ simplicitati adversantur, et similiter separationem. Tertio ponit similitudinem in natura deitatis, prout significatur ut forma quædam; et ideo prædicat filium similem patri et negat alienum: quia alienum dicitur quod est extraneum a natura alicujus. Quarto ponit indivisam virtutem et magnitudinem trium personarum, et ideo ponit æqualem et negat disparem vel inæqualem.

Similiter contra Sabellium quatuor ponit. Primo naturæ communicationem pluribus suppositis, et ideo prædicat pluralitatem et excludit singularitatem.

Secundo ponit quod ista pluralitas non est tantum rationis, sed etiam rei, quia sunt tres res; et ideo prædicat discretionem, et excludit unicum.

Tertio ponit in istis rebus personalibus esse ordinem originis; et ideo prædicat discretionem quæ ordinem quemdam importat, et excludit confusionem.

Quarto ponit tres personas unitas societate quadam amoris, qui est Spiritus Sanctus, et ideo prædicat consonantiam, ut patet ex Hilario et excludit solitudinem.

Ad primum igitur dicendum, quod unum in substantia prout significat essentiam, facit idem; et similiter multitudo in substantia, quæ est essentia, facit diversum. Sed cum dicit Hilarius quod sunt per substantiam tria, accipit substantiam pro hypostasi non pro essentia.

Ad secundum dicendum, quod ubi est numerus simpliciter, ibi est divisio vel per essentiam vel per quantitatem. Sed talis numerus non est in divinis, sed numerus quidam, ut dictum est; et ad istum numerum sufficit distinctio relationum.

Ad tertium dicendum, quod quamvis filius dicatur alius a patre, non tamen dicitur alienus, quia hoc sonat inextraneitatem naturæ; denominatur enim alienum ab alietate naturæ, et non ab alietate suppositi.

Ad quartum dicendum, quod persona divina non potest dici singularis proprie, quia singulare est cujus essentia est incommunicabilis; essentia autem patris non est incommunicabilis.

Ad quintum dicendum, quod ratione dicta non potest Deus dici unicus; et si inveniatur, improprie accipitur unicus pro uno; et ita glossandæ sunt omnes auctoritates tales, in quibus aliquod prædictorum ponitur.

Ad sextum dicendum, quod discretio non salvatur in divinis quantum ad rationem quantitatis, sed solum quantum ad rationem ordinis.

Ad quæstionem patet responsio per jam dicta.

Articulus Secundus
Utrum trinitas sit nomen essentiale.

Ad secundum sic proceditur. Videtur quod trinitas sit nomen essentiale. Quidquid enim ad aliud non refertur, est essentiale. Sed trinitas, secundum nomen suum, est hujusmodi. Ergo etc..

Præterea, quidquid prædicatur de singulis personis et de omnibus simul singulariter et non pluraliter, est essentiale. Sed hoc nomen trinitas videtur hujusmodi esse: quia trinitas dicitur quasi trium unitas, et illa unitas significat divinam essentiam.

Unde cum possit dici, pater est essentia, et unitas essentiæ, potest dici quod est unitas trium, et ita quod est trinitas, et similiter filius et Spiritus Sanctus: et hi tres sunt una trinitas et non plures trinitates. Ergo videtur quod sit essentiale.

Si dicas quod non, quia est collectivum personarum.

Contra, secundum Bernardum, inter omnes unitates arcem tenet unitas trinitatis. Sed inter omnes unitates est minor illa quam importat nomen collectivum. Ergo videtur quod non sit collectivum, et ita nullo modo significat relationem.

Contra est quod dicit Bœtius, quod ipsum nomen trinitatis ad relationem pertinet. Ergo non est essentiale.

Respondeo dicendum, quod in nomine trinitatis importatur unitas et numerus quidam; sed unitas in divinis dicitur dupliciter: scilicet unitas essentialis, et unitas personalis. Unde quidam dicunt quod nomen trinitatis importat unitatem personalem; et secundum eos sic exponitur trinitas quasi ter unitas, quia sunt ibi tres unitates personales; et secundum hoc absolute relationem significat. Alii dicunt, quod unitas importata, est unitas essentialis; et sic isti exponunt, trinitas, idest, trium unitas; sicut etiam Isidorus in littera exponit. Unde et hoc videtur convenientius esse cum nos a trinitate nominemus Deum trinum; et non potest dici ter unus: quia cum dicitur Deus unus significatur unitas essentialis; et secundum hoc trinitas significat utrumque, scilicet unitatem essentiæ, et distinctionem personarum.

Ad primum igitur dicendum, quod trinitas quantum ad id ad quod significandum imponitur, non significat relationem, sed numerum; unde secundum nomen, ad aliud non refertur, sed quantum ad ea circa quæ ponitur numerus iste in divinis significat ipsas relationes, quæ solum in divinis numerantur; et non addit aliquid secundum rem, sed tantum rationem negationis, ut dictum est, in hac dist., q. 1, art. 3; et hoc convenit trinitati, scilicet quod sit ad aliquid, non inquantum est trinitas, sed inquantum est trinitas divina; unde habet relationem implicitam.

Ad secundum dicendum, quod hæc est falsa: pater est trinitas. Quamvis enim hoc nomen trinitas propter modum significandi, quia significatur in abstracto, significet unitatem essentiæ in recto, et numerum personarum in obliquo quantum ad etymologiam nominis, prout dicitur trinitas, trium unitas; tamen quantum ad impositionem nominis est e converso. Impositum est enim nomen ad significandum ab ipso numero qui in nomine importatur.

Unde quantum ad veram nominis significationem idem significatur cum dicitur trinitas, ac si diceretur: tres personæ unius essentiæ; sicut Magister exponit. Unde patet quod pater non potest trinitas dici. Similiter cum dicitur: Deus est trinus, significatur quod est habens tres personas in una essentia, unde ly Deus supponit tunc vel essentiam vel suppositum indistinctum.

Ad tertium dicendum, quod hoc nomen trinitas habet aliquid simile cum nomine collectivo, non tamen est vere collectivum. In collectivo enim est duo considerare, scilicet multitudinem eorum quæ colliguntur, quæ simpliciter sunt per essentiam divisa, et id in quo colliguntur, quæ est minima unitas.

Sed in nomine trinitatis est e converso quia illud in quo colliguntur tres personæ, est maxima unitas scilicet unitas essentiæ; personæ autem quæ colliguntur, habent minimum de ratione realis multitudinis tamen est aliqua similitudo inquantum est aliquis numerus et aliqua unitas utrobique, unde supra, dist. 19, dixit Magister, quod est quasi collectivum.

Quia nec numerus nec quantitas ibi est. Per hoc patet quod Magister intendit quod unitas et multitudo non prædicant aliquid superadditum rebus quibus adjunguntur, nisi secundum quod sunt in genere quantitatis, et hoc modo de Deo non prædicantur.

Faciamus hominem ad imaginem et similitudinem nostram. Hoc est expositum supra, dist. 2.

Distinctio XXV

Quæstio I
Prologus

Determinato, distinct. 24, de nominibus significantibus unitatem et pluralitatem in divinis, consequenter determinat Magister de nomine quod additionem recipit et pluraliter consignificatur, qualiter hoc possit esse, scilicet de hoc nomine persona, quid significet, quando pluraliter significatur. Dividitur ergo pars ista in duas: in prima inquirit utrum sicut singulariter prolatum hoc nomen persona significat essentiam, ita et quando pluraliter consignificatur; in secuda ponit quæstionis solutionem, ibi: quibusdam videtur quod nomine personæ significetur essentia. Circa primum duo facit: primo movet quæstionem, secundo inducit rationem ad alteram partem, ibi: persona enim, ut supra ait Augustinus, ad se dicitur.

Quæstio autem sua quasi ad duo deducit inconvenientia. Cum enim persona in singulari significet essentiam, ut supra dixerat; aut in plurali significat essentiam, aut non. Si essentiam, ergo videtur quod dicere plures personas non est aliud quam dicere plures essentias. Si aliud, ergo nomen persona est æquivocum in singulari et plurali; quod videtur esse inusitatum.

Persona enim... Ad se dicitur: hic ponit rationes ad alteram partem, scilicet quod tam in singulari quam in plurali essentiam significet. Quod enim in singulari essentiam significet, probat ex his quæ supra dixerat; quod in plurali etiam essentiam significet, probat duabus rationibus. Prima talis est secundum Augustinum: cum dicimus tres personas, significamus id quod commune est patri et filio et Spiritui Sancto. Sed nihil est commune eis nisi essentia; ergo significatur essentia nomine personæ pluraliter sumptæ. Secundam ponit, ibi: aliter etiam videtur posse ostendi quod ibi nomine personæ significetur essentia; et est talis. Quid quærit de essentia. Sed interrogantibus, quid tres? responsum est: tres personæ, pluraliter. Ergo pluraliter essentiam significat. Quibusdam videtur quod nomine personæ significetur essentia. Hic solvit; et circa hoc duo facit: primo ponit quorumdam solutionem, et improbat eam; secundo ponit solutionem suam, ibi: sciendum est igitur, quod hoc nomen persona multiplicem intelligentiam facit. Solutio istorum erat, quod hoc nomen persona in plurali significaret essentiam, nec tamen sequebatur quod essent tres essentiæ; sed quod pater et filius et Spiritus Sanctus sunt tres habentes illud commune quod est essentia: et similiter exponebant cum dicitur: alia est persona patris, alia filii; idest, alius est pater a filio, quorum uterque est persona. Sed Magister inducit alium modum loquendi, quem non possunt sic exponere.

Dicitur enim ab Augustino, quod filius est alius a patre in persona vel personaliter.

Sciendum est igitur, quod hoc nomen persona multiplicem intelligentiam facit. Hic ponit suam solutionem: et primo ponit solutionem; secundo ex solutione inducit quamdam conclusionem, quasi epilogum, ibi: ex prædictis colligitur quod nomen personæ in trinitate triplicem tenet rationem. Circa primum duo facit: primo exponit quid significet nomen personæ cum pluraliter profertur, adjuncto termino numerali; secundo, quid significet, quando adjungitur termino partitivo, ibi: nunc inspiciamus utrum secundum eamdem rationem et causam dicatur: alia est persona patris, alia filii, alia Spiritus Sancti.

Primo ponit expositionem; secundo respondet ad rationes in contrarium factas, ibi: et hic sensus adjuvatur ex verbis Augustini præmissis.

Dicit ergo Magister, quod solitudo, quamvis in singulari significet essentiam, in plurali significat hypostasim; unde sensus est: tres personæ, idest tres hypostases; et hoc confirmat auctoritate Augustini.

Et hic sensus adjuvatur ex verbis Augustini præmissis.

Hic respondet ad objectiones in contrarium factas, et circa hoc duo facit: primo respondet ad objectiones; secundo excludit quamdam dubitationem ibi: non autem te moveat quod dicimus tres res.

Prima in duas, secundum duas rationes. Secundam solvit, ibi: ad hoc autem quod illi dicunt... Ita dicimus.

Nunc inspiciamus, utrum secundum eamdem rationem et causam dicatur: alia est persona patris, alia filii, alia Spiritus Sancti. Hic exponit significationem personæ, quando adjungitur termino partitivo, ut est alius. Hoc autem contingit dupliciter.

Vel ita quod distinctio importetur circa personam, ut cum dicitur: alia est persona, etc. Et tunc dicit, quod significat hypostasim. Vel quod persona designet rationem distinctionis, ut cum dicitur: alius est persona, vel personaliter etc., et tunc dicit, quod significat proprietatem; quamvis in utroque utrumque significari possit.

Ex prædictis colligitur, quod nomen personæ in trinitate triplicem tenet rationem. Hic concludit, quod nomen personæ tripliciter dicitur, et confirmat auctoritate Joannis et aliorum sanctorum.

Hic quæruntur quatuor: 1 de definitione personæ; 2 utrum univoce in Deo et in creaturis inveniatur; 3 de communitate ipsius respectu personarum divinarum; 4 utrum tres personæ sint tres res vel tres entes.

Articulus Primus

Utrum definitio personæ posita a Bœtio sit competens.

Ad primum sic proceditur et ponitur definitio personæ a Bœtio: persona est rationalis naturæ individua substantia. Videtur quod hæc definitio sit incompetens. Definitio enim debet esse convertibilis cum definito. Sed ratio personæ invenitur in Deo et in Angelis et hominibus; hæc autem definitio personæ non convenit divinis personis, ut dicit Magister in 3, dist. 10. Ergo videtur quod definitio sit incompetens.

Præterea, sicut definitio se habet ad rem, ita partes definitionis ad partes rei. Sed definitio significat rem definitam. Ergo et partes definitionis significant partes rei. Sed in divinis persona est simplex, non habens partes. Ergo talis definitio sibi non competit.

Item, quod prædicatur de aliquo in recto, non debet poni in definitione ejus in obliquo. Sed intellectualis natura prædicatur de persona in recto: dicimus enim quod Socrates est quædam natura intellectualis vel rationalis. Ergo videtur quod male dicitur, rationalis naturæ.

Præterea, differentia propria alicujus generis non invenitur extra genus illud. Sed rationale est differentia animalis. Ergo non invenitur nisi in animalibus.

Sed persona invenitur in Angelis et Deo qui non continentur in genere animalis. Ergo rationale non debet poni in definitione personæ.

Item, persona in assignatione Bœtii et tullii coordinatur essentiæ, subsistentiæ et substantiæ.

Sed in Deo idem est natura et essentia. Ergo magis debuit dicere rationalis essentiæ, quam naturæ.

Præterea, individuationis principium est materia. Sed in aliquibus invenitur persona in quibus nihil est de materia, ad minus in Deo.

Ergo individuum non debet poni in definitione personæ.

Item, substantia in usu Latinorum æquivocatur ad essentiam et hypostasim. Cum ergo dicitur, persona est substantia individua, substantia aut ponitur pro essentia, aut pro hypostasi. Si pro hypostasi; hypostasis autem est substantia particularis aut individua; videtur quod superflue additur individua. Si pro essentia; cum individuatio ponatur circa subjectum, quæ individuatio in divinis est per distinctionem proprietatis; sequeretur quod proprietas distingueret essentiam. Et præterea, cum multiplicato definito multiplicetur definitio, sicut plures homines sunt plura animalia rationalia etc., sequitur quod plures personæ sunt plures essentiæ; quod videtur inconveniens.

Præterea, persona aut est nomen substantiæ, vel accidentis. Sed non potest dici quod sit nomen accidentis: quia substantia ponitur in sua definitione in recto; et hoc etiam patet per Bœtium qui separat personam a genere accidentium. Ergo est nomen substantiæ. Sed accidentia non ponuntur in definitione substantiæ. Cum igitur individuum nominet accidens, quia dicit intentionem quamdam, sicut et nomen generis et speciei, videtur quod inconvenienter ponitur in definitione personæ, quasi differentia substantiæ.

Respondeo dicendum, quod, ut supra dictum est, dist. 24, qu. 2, art. 2, hoc nomen persona secundum suam communitatem acceptum, non est nomen intentionis, sicut hoc nomen singulare, vel genus et species; sed est nomen rei, cui accidit aliqua intentio, scilicet intentio particularis; et in natura determinata, scilicet intellectuali vel rationali. Et ideo in definitione personæ ponuntur tria: scilicet genus illius rei, quod significatur nomine personæ, dum dicitur substantia; et differentia per quam contrahitur ad naturam determinatam, in qua ponitur res, quæ est persona, in hoc quod dicitur, rationalis naturæ; et ponitur etiam aliquid pertinens ad intentionem illam, sub qua significat nomen personæ rem suam; non enim significat substantiam rationalem absolute, sed secundum quod subintelligitur intentio particularis: et ideo additur individua.

Ad primum igitur dicendum, quod ea quæ ponuntur in ista definitione, possunt dupliciter considerari: vel stricte secundum proprietatem vocabulorum, et sic, ut patebit, non convenit divinis personis, ut dicit Magister: vel large, et sic convenit personæ in quacumque natura intellectuali ponatur, et ita accipit Bœtius: unde etiam ibi inquirit definitionem personæ ad ostendendum quomodo in Christo sit una persona, in quo constat non esse nisi personam divinam increatam.

Ad secundum dicendum, quod, secundum Avicennam, dupliciter definitio potest considerari: vel secundum id quod significatur per definitionem, vel secundum intentionem definitionis. Si primo modo, tunc idem est significatum per definitum et definitionem: unde dicit Philosophus, quod ratio quam significat nomen, est definitio: et sic definitio et definitum sunt idem, et hoc modo ea quæ ponuntur in definitione in recto, non sunt partes definitionis, id est rei per definitionem significatæ, sicut nec definiti. Si enim cum dicitur animal rationale mortale, animal esset pars hominis, non prædicaretur de toto, cum nulla pars integralis de toto prædicetur. Unde animal dicit totum et similiter rationale mortale.

Et ideo homo non dicitur esse ex animali et rationali et mortali; sed dicitur esse animal rationale mortale. Sed genus significat totum ut non designatum et differentia ut designans, et definitio ut designatum, sicut et species, quæ differunt: verbi gratia, corpus, secundum quod est pars animalis et genus, differt, ut Avicenna dicit.

Cum enim ratio corporis in hoc consistat quod sit talis naturæ, ut in eo possint designari tres dimensiones; si nomine corporis significetur res hujusmodi, ut in ea possint designari tres dimensiones sub hac conditione, ut superveniat alia perfectio quæ compleat ipsam in ratione nobiliori, sicut est anima; sic est corpus pars animalis, et sic non prædicatur de animali. Si vero nomine corporis significetur res habens talem naturam ex quacumque forma ipsam perficiente, ut possint in ea designari tres dimensiones; tunc corpus est genus, et significat totum: quia quæcumque forma sumatur specialis, non erit extra hoc per quod ratio corporis conditionabatur; sed tamen indistincte, eo quod non determinetur, utrum ex tali vel tali forma dictam rationem habeat. Sed cum dicitur animatum, designatur forma per quam talem rationem recipit; quamvis etiam aliquid plus recipiat ab anima quam ratio corporis: et ita differentia est designans, et tunc species erit designatum.

Sed verum est quod in compositis genus et differentia, quamvis non sint partes, tamen a partibus rei fluunt: quia genus fluit a materia, quamvis non sit materia: et differentia a forma, quamvis forma non sit differentia, sed forma sit principium illius; et sic definitio composita ostendit realem compositionem. In simplicibus autem, et præcipue in Deo, compositio quæ est in definitione, non reducitur in aliquam compositionem rei: sed solum secundum rationem quæ fundatur in veritate rei; sicut si aliquis definiens Deum diceret, quod est substantia intellectualis divina, vel aliquid hujusmodi. Unde quodcumque istorum nominum quod diceret in definitione, haberet veram significationem in Deo: et significatio unius non esset significatio alterius; et tamen diversitas significationum non fundaretur super aliquam diversitatem rei. Et inde est quod sicut esse rei simplicis, intellectus enuntiat per compositionem affirmativam plurium nominum, cum tamen in re nulla sit compositio; ita etiam quidditatem rei simplicis, in qua non est compositio, designat per plura nomina, quibus subest in re pluralitas rationum, et non diversitas rei. Et secundum hoc ea quæ ponuntur in definitione personæ divinæ, non sunt majoris simplicitatis quantum ad rem quam ipsa persona, sed solum secundum rationem. Si autem consideretur definitio secundum suam intentionem, sic definitio non est definitum, sed ductivum in cognitionem ejus; et sic etiam definitio est composita ex pluribus intentionibus, quarum nulla prædicatur de ipsa, nec e converso, quia intentio generis non est intentio definitionis; sed hoc non est nisi secundum intellectum qui adinvenit has intentiones; et sic non est inconveniens in divinis ponere totum et partem secundum operationem intellectus, sicut etiam in propositione quæ de Deo formatur, subjectum est pars totius propositionis. Ad tertium dicendum, quod, ut ex prædictis patet, essentia vel natura dupliciter potest significari.

Vel ut pars, ut significatur nomine humanitatis, et sic natura vel essentia non potest prædicari de persona in recto, sicut nec humanitas de Socrate. Vel sicut totum, ut significatur nomine hominis, et sic prædicatur de persona. Dicimus enim, quod Socrates est homo. Hic autem accipitur rationalis natura secundum primum modum, prout est principium differentiæ et non differentia, sicut rationalitas, quæ non posset poni in definitione hominis in recto, sed in obliquo; ut si diceretur, quod est animal rationalitatem habens vel aliquid hujusmodi; natura autem signata in rebus compositis etiam realem differentiam habet ad personam, inquantum scilicet naturæ fit additio alicujus ut materiæ demonstratæ, per quam natura communis generis vel differentiæ individuatur.

Sed in simplicibus, et præcipue in Deo, cum nulla sit additio secundum rem, non est realis differentia naturæ, ut sic significatæ, ad personam; sed solum quantum ad modum significandi; propter quod cadit in definitione divinæ personæ in obliquo.

Ad quartum dicendum, quod rationale dupliciter dicitur. Quandoque enim sumitur stricte et proprie, secundum quod ratio dicit quamdam obumbrationem intellectualis naturæ, ut dicit Isaac quod ratio oritur in umbra intelligentiæ. Quod patet ex hoc quod statim non offertur sibi veritas, sed per inquisitionem discurrendo invenit; et sic rationale est differentia animalis, et Deo non convenit nec Angelis. Quandoque sumitur communiter pro qualibet cognitione virtutis non impressæ in materia; et sic convenit communiter Deo, Angelis et hominibus: unde etiam Gregorius, nominat Angelum animal rationale, et Dionysius, etiam dicit, quod sensibile et rationale sunt in Angelis supereminenter quam in nobis; et rationem etiam inter divina nomina connumerat; et sic accipit Bœtius.

Ad quintum dicendum, quod secundum Bœtium natura uno modo dicitur unamquamque rem informans specifica differentia; et ideo nomen naturæ non nominat essentiam absolute, sed secundum quod determinatur ad aliquod genus vel ad aliquam speciem: et ideo quia persona non nominat substantiam subsistentem nisi in determinato genere, scilicet intellectualis naturæ, ideo potius posuit naturam quam essentiam.

Ad sextum dicendum, quod in individuatione, secundum quod est in rebus compositis, est duo considerare; id est individuationis causam quæ est materia, et secundum hoc in divina non transfertur; et secundum, scilicet rationem individuationis quæ est ratio incommunicabilitatis, prout scilicet aliquid unum et idem in pluribus non dividitur, nec de pluribus prædicatur, nec divisibile est, et sic convenit Deo: unde etiam Richardus, loco individui posuit incommunicabile.

Ad septimum dicendum, quod substantia dicitur quatuor modis. Uno modo substantia idem est quod essentia; et sic substantia invenitur in omnibus generibus, sicut et essentia; et hoc significatur, cum quæritur: quid est albedo? color. Alio modo significat individuum in genere substantiæ, quod dicitur substantia prima, vel hypostasis. Tertio modo dicitur substantia secunda. Quarto modo dicitur substantia communiter prout abstrahit a substantia prima et secunda, et sic sumitur hic, et per individuum, quasi per differentiam, trahitur ad standum pro substantia prima; sicut cum dicitur animal rationale mortale, significat animal naturam animalis prout abstrahitur ab omnibus speciebus, et per differentiam additam trahitur in determinatam speciem. Quidam tamen dicunt quod sumitur pro hypostasi substantia, et cum de ratione personæ sit triplex incommunicabilitas, scilicet qua privatur communitas universalis, et qua privatur communitas particularis quam habet in constitutione totius, et qua privatur communitas assumptibilis conjuncti rei digniori, prout dicimus, quod natura humana non est persona in Christo; per nomen hypostasis tollitur ratio universalis et particularis, et per additionem individui tollitur communicabilitas assumptibilis. Sed primum melius est, quia hoc non potest trahi de significatione vocabulorum. Et præterea adhuc remanet objectio, qualiter sumatur substantia in definitione hypostasis, cum dicimus, quod hypostasis est substantia individua.

Ad octavum dicendum, quod, ut patet ex dictis, in corp. Art., persona non nominat intentionem, sed rem cui accidit illa intentio: et ideo non nominat accidens, sed substantiam; nec hoc quod est individuum, est differentia substantiæ, quia particulare non addit aliquam differentiam supra speciem.

Sed tamen particulare efficitur individuum per aliquod principium essentiale, quod quidem in rebus compositis est materia, et in rebus divinis est relatio distinguens; et quia essentialia principia sunt nobis ignota, frequenter ponimus in definitionibus aliquid accidentale, ad significandum aliquid essentiale; et sic etiam nomen individui, quod est nomen accidentis, ponitur ad designandum principium substantiale, per quod sit individuatio.

Sciendum tamen est, quod de persona dantur aliæ definitiones. Una est Richardi qui corrigens definitionem Bœtii secundum illum modum quo persona dicitur in Deo, sic definit personam: persona est divinæ naturæ incommunicabilis existentia; quia rationale et individuum et substantia non proprie competunt in divinis quantum ad communem usum nominum.

Alia datur a Magistris sic: persona est hypostasis distincta proprietate ad nobilitatem pertinente; et quasi in idem redit: nisi quod hæc sumitur per comparationem ad proprietatem distinguentem et cui substat persona, et illa Bœtii per comparationem ad naturam, ad quorum utrumque persona comparationem habet.

Articulus Secundus
Utrum persona dicatur univoce de Deo et creaturis.

Ad secundum sic proceditur. Videtur quod persona univoce dicatur de Deo et creaturis. Quantumcumque enim aliqua differant, univoce convenire possunt in negatione aliqua; sicut hoc quod est non esse lapidem, univoce convenit Deo et homini.

Sed ratio personæ consistit in negatione; est enim individua substantia. Ergo videtur quod univoce Deo, et creaturis conveniat.

Præterea, quidquid prædicatur de aliquibus secundum unum nomen et unam rationem, univoce eis convenit. Sed nomen personæ et definitio assignata convenit Deo et creaturis, ut patet per Bœtium. Ergo videtur quod univoce dicatur.

Item, si non dicitur univoce, aut dicitur æquivoce aut analogice. Sed non æquivoce, quia omnia quæ in definitione ponuntur, non æquivoce dicuntur de Deo et creaturis, ut ex dictis patet, art. Præced., nec etiam analogice, quia nihil analogice dictum de Deo et creaturis, per prius est in creatura quam in Deo; sicut hoc nomen persona, quod a creaturis translatum est ad divina.

Ergo persona univoce dicitur de Deo et creaturis.

Contra, quæcumque non conveniunt in uno genere generalissimo, non potest de eis aliquid univoce dici. Sed Deus, cum non sit in genere, non convenit cum creatura in genere, nec in specie, nec in accidente, cum subjectum esse non possit, ut Bœtius probat, et sic de aliis. Ergo nec persona nec aliquid de Deo univoce et creaturis dicitur.

Præterea, persona significat distinctum in natura aliqua. Sed non est eadem ratio distinctionis in divinis, Angelis et hominibus; quia in divinis est distinctio per solas relationes originis, in Angelis per proprietates absolutas, in hominibus utroque modo, ut dicit Richardus.

Ergo persona æquivoce dicitur de his.

Respondeo dicendum, quod persona dicitur de Deo et creaturis, non univoce nec æquivoce, sed secundum analogiam; et quantum ad rem significatam per prius est in Deo quam in creaturis, sed quantum ad modum significandi est e converso, sicut est etiam de omnibus aliis nominibus quæ de Deo et creaturis analogice dicuntur.

Ad primum igitur dicendum, quod individuum, quamvis secundum rationem nominis importet negationem quamdam, tamen talis negatio fundatur super aliquam rem, scilicet super distinctionem alicujus principii distinguentis, in quo non univocatur Deus et creatura. Et præterea in definitione personæ non tantum ponitur hoc nomen, individuum, sed etiam substantia, et quædam alia quæ Deo et creaturis univoce convenire non possunt: nisi forte diceretur, quod persona est nomen accidentis, scilicet intentionis, et non nomen rei, et quod substantia ponitur in definitione personæ sicut subjectum in definitione accidentis, ut cum dicitur: simum est nasus curvus. Sed hoc est contra intentionem Bœtii, qui venatur differentiam personæ per divisionem substantiæ.

Ad secundum dicendum, quod, secundum Philosophum, quorumdam rationes nihil prohibet non univocas esse: unde sicut nomen personæ non univoce dicitur de Deo et creaturis, sed analogice, ita etiam et definitio.

Ad tertium dicendum, quod hoc nomen persona quantum ad rem significatam, prius et verius est in Deo quam in creaturis, unde est in illis analogice; sed quantum ad modum significandi et impositionem nominis familiarius convenit creaturis.

Quartum concedimus.

Ad quintum dicendum, quod ratio personæ importat distinctionem in communi; unde abstrahitur a quolibet modo distinctionis; et ideo potest esse una ratio analogice in his quæ diversimode distinguuntur.

Articulus Tertius
Utrum persona sit commune tribus personis.

Ad tertium sic proceditur. Videtur quod persona non sit commune in trinitate. Quidquid enim communiter convenit tribus personis, significat essentiam, et singulariter prædicatur, ut sapientia, bonitas et hujusmodi; nec in ipso personæ distinguuntur. Sed persona pluraliter prædicatur in trinitate, et in persona pater et filius distinguuntur.

Ergo persona non est commune in trinitate.

Præterea, omne commune quod est de ratione alicujus se habet sicut universale. Si igitur persona sit commune patri et filio, et non sit extra rationem utriusque, quia alias esset accidens; videtur quod sit universale. Sed totum universale non est in divinis. Ergo persona non est commune.

Si dicas, quod est commune secundum rationem, et non secundum rem; contra. Quia etiam in universali non est eadem ratio numero, ut eadem humanitas in diversis particularibus; sed solum eadem secundum rationem. Ergo videtur quod hoc non impediat rationem universalis.

Præterea, illud quod de se habet rationem incommunicabilis, non potest dici commune, quia hæc sunt opposita. Sed persona habet rationem incommunicabilis. Ergo videtur quod non possit esse communis.

Contra est quod in littera dicitur ab Augustino.

Præterea, nihil potest connumerari alicui nisi in eo quod est commune utrique.

Respondeo dicendum, quod est duplex communitas: scilicet rei et rationis. Et dico communitatem rei quando aliquid unum et idem numero convenit pluribus; et talis communitas naturæ non est nisi in divinis personis, nec aliqua talis communitas est in trinitate, nisi essentiæ, et eorum quæ ad essentiam pertinent, ut attributorum et operationum et negationum et relationum essentialium. Communitas autem rationis est, secundum quam persona communis dicitur in trinitate.

Hoc autem diversimode assignatur a diversis.

Quidam enim dicunt, quod est commune secundum rationem negationis, eo quod in definitione personæ cadit individuum, quod dicit negationem. Unde dicunt, quod talis communitas rationis, quæ est per negationem tantum, non facit universale. Sed hoc non videtur sufficiens: quia persona de ratione sua non dicit negationem tantum, sed etiam positionem quamdam.

Unde alii dicunt, quod est communitas secundum rationem proportionis, sicut dicimus, quod sicut se habet rector in civitate, ita nauta in navi; et sic dicunt, quod persona est communis patri et filio: quia sicut pater se habet ut subsistens ad naturam divinam, ita et filius.

Alii dicunt, quod est communitas secundum rationem intentionis; sicut dicitur quod color et animal conveniunt in intentione generis. Sed hæc duo dicta in idem referuntur: quia communitas intentionum non est nisi secundum proportionem communis ad proprium, vel e contrario. Et hoc etiam non videtur sufficere: quia persona non tantum nominat intentionem vel habitudinem alicujus subsistentis ad naturam communem, sicut hoc nomen suppositum vel particulare vel aliquid hujusmodi; sed magis nominat illam rem cui accidit talis intentio: unde communitas personæ in divinis non potest esse secundum communitatem talis habitudinis vel intentionis; sed ista communitas est, qua hoc nomen suppositum commune est tribus personis.

Et ideo aliter dicendum, quod præter has communitates quæ aliquo modo includuntur in communitate personæ, est ibi communitas rationis fundata in re; sicut dicimus quod ratio animalis est communis homini et asino. Sed ratio fundata in re est duplex: quia quædam est communis, sicut ratio animalis, et quædam est specialis, sicut ratio hominis. Sic etiam est in divinis, quod cum realiter sit ibi relatio, est ibi communis ratio relationis. Item, cum realiter sit ibi paternitas, est ibi specialis ratio paternitatis realiter: unde relatio est communis paternitati et filiationi, sicut ratio communis in rationibus specialibus. Non tamen ex hoc sequitur quod relatio sit universale ad paternitatem et filiationem: quia omne universale est secundum aliud et aliud esse in suis inferioribus, sed in divinis non est nisi unum esse, unde idem esse relationis est in paternitate et filiatione: unde communis ratio in divinis non potest distingui per esse, sed solum per speciales rationes. Et inde est quod nihil unum secundum specialem rationem potest numero multiplicari in divinis. Ita dico de persona quod persona in divinis significat communiter rationem distincti subsistentis in tali natura, et pater significat relationem distincti speciali ratione subsistentis in natura communi, et similiter filius: et inde patet quod persona secundum rem non est communis patri et filio: quia non est numero una persona utriusque, sicut una numero essentia: sed sicut habens rationem communem est commune habentibus rationes speciales et proprias in quibus distinguuntur, nec tamen est universale: quia non est secundum aliud et aliud esse in patre et filio.

Ad primum igitur dicendum, quod persona non est communis communitate rei, sicut essentia: et ideo quamvis secundum rem non differat ab essentia, non tamen significat per modum essentiæ; et similiter cum dicitur quod pater distinguitur a filio in persona, non intelligitur quod sit distinctio in ratione communi personæ, sed solum in ratione speciali, quæ est ratio patris.

Ad secundum dicendum, quod persona non est de ratione patris, si proprie accipiatur: quia in divinis non proprie est definitio, sicut nec genus et species. Si tamen in hoc non fiat vis, tunc dicendum, quod si sit de ratione patris, non tamen est secundum aliud esse in patre et filio: et ideo non est commune eis per modum universalis, sed secundum rationem tantum.

Et per hoc patet solutio ad tertium.

Ad quartum dicendum, quod quamvis id quod est persona, sit incommunicabile, nihil tamen prohibet intentionem personæ esse communem, sicut Socrates est incommunicabilis, et tamen ratio individui vel intentio communis est, sicut e contrario intentio generis designatur ut particularis, quando contrahitur ad hoc genus: similiter etiam ratio personæ, inquantum persona est, quamvis non nominet intentionem particularem, tamen est communis, eo quod non dicit specialem rationem distinctionis, sed generalem; sicut etiam individuum vagum, ut aliquis homo, est aliquo modo commune, prout non dicit hanc vel aliam rationem individuationis, sed individuationem tantum in communi.

Articulus Quartus
Utrum tres personæ possint dici tres res.

Ad quartum sic proceditur. Videtur quod tres personæ non possint dici tres entes, vel tres res. Quidquid enim absolute prædicatur in divinis, hoc singulariter de tribus prædicatur. Sed ens et res dicuntur absolute. Ergo etc..

Præterea, sicut est una deitas patris et filii, ita unum esse et una quidditas. Sed una quidditas et unum esse non dicitur nisi unus Deus.

Ergo eadem ratione non debent tres personæ dici tres entes vel tres res; cum nomen entis imponatur ab esse, et nomen rei a quidditate, ut dicit Avicenna.

Item, pater et filius non distinguuntur nisi relationibus. Sed relatio, quantum ad respectum, quo distinguit, non habet quod ponat aliquid. Ergo videtur quod ex hoc quod relationibus distinguuntur, non possunt dici tres entes, vel tres res.

Præterea, Damascenus dicit, quod tres personæ re non differunt, sed ratione et cognitione distinguuntur. Sed quæcumque distinguuntur sola ratione, non sunt tres res. Ergo etc..

Contra, Augustinus dicit: res quibus fruendum est, sunt pater et filius et Spiritus Sanctus. Ergo, etc..

Præterea, quæcumque realiter distinguuntur sunt plures res. Sed pater et filius et Spiritus Sanctus realiter distinguuntur. Ergo etc.. Probatio mediæ.

Sicut ratio sapientiæ est in Deo, ita ratio paternitatis realiter. Sed propter realem rationem sapientia dicitur Deus realiter sapiens. Ergo et eadem ratione dicetur realiter pater: ergo realiter relatus: ergo et realiter distinctus: quia hæc invicem per se consequuntur.

Respondeo dicendum, quod secundum Avicennam, ut supra dictum est, dist. 2, qu. 1, art. 3, hoc nomen ens et res differunt secundum quod est duo considerare in re, scilicet quidditatem et rationem ejus, et esse ipsius; et a quidditate sumitur hoc nomen res. Et quia quidditas potest habere esse, et in singulari quod est extra animam et in anima, secundum quod est apprehensa ab intellectu; ideo nomen rei ad utrumque se habet: et ad id quod est in anima, prout res dicitur a reor reris, et ad id quod est extra animam, prout res dicitur quasi aliquid ratum et firmum in natura.

Sed nomen entis sumitur ab esse rei: et ideo cum unum et idem sit esse trium personarum, si ens sumatur substantive, non potest pluraliter prædicari de tribus personis: quia forma a qua imponitur, scilicet esse, non multiplicatur in eis. Si autem sumatur participialiter et adjective, sic pluraliter prædicari potest: quia hujusmodi recipiunt numerum a suppositis, et non a forma significata, ut dictum est, dist. 22, qu. 1, art. 1. Sed quidditas sive forma, a qua sumitur nomen rei in divinis, consideratur dupliciter. Aut ut forma absoluta, ut essentia vel deitas et hujusmodi, quæ non multiplicantur in divinis: unde et nomen rei, quod a tali forma sumitur, pluraliter non prædicatur, sed singulariter; prout dicitur quod pater et filius sunt una res. Est etiam in divinis quædam forma relativa, ut paternitas, quæ secundum rationem non solum in intellectu existentem, sed etiam extra, est alia a filiatione. Unde secundum quod ab hac relatione sumitur nomen rei, res pluraliter prædicatur, ut sint ibi plures tales formæ relativæ: et secundum hoc dicimus, quod pater et filius et Spiritus Sanctus sunt tres res, non tantum in anima, sed etiam extra animam, habentes firmitatem in natura.

Ad primum ergo dicendum, quod nomen entis nullo modo sumitur ab aliqua relatione, sed ab esse quod absolutum est simpliciter in divinis: et ideo non prædicatur pluraliter ex forma sua, sed ex supposito, prout est adjectivum vel participium.

Sed nomen rei imponitur a quidditate vel forma, quæ potest esse et absoluta et relata: et ideo potest pluraliter prædicari, quamvis secundum nomen ad aliud non referatur: quia ad rationem rei accidit absolutum vel relatum, sicut animali accidit quod sit rationale et irrationale.

Ad secundum dicendum, quod quamvis sit unum esse sicut et deitas, tamen ens est adjectivum et Deus est substantivum: unde non est eadem ratio.

Si autem per quidditatem intelligitur non solum natura absoluta, sed ratio vel intentio cujuscumque vel substantiæ vel accidentis vel relationis; sic in divinis quamvis sit una quidditas absoluta, tamen sunt plures rationes relationum realium, et ita plures quidditates quodammodo; quamvis hoc non possit proprie concedi: quia quidditas et essentia et definitio est simpliciter tantum substantiarum, ut probat Philosophus, et inde est quod nomen rei prædicari potest pluraliter et singulariter.

Ad tertium dicendum, quod relatio quamvis non ponat ex illo respectu aliquid absolutum, tamen ponit relationis rationem realiter in Deo existentem: et ideo ex hoc potest dici res, et ex pluribus relationibus oppositis plures res.

Ad dictum Damasceni responsum est supra, distinct. 2, art. 4, ubi glossatur, ratione, idest relatione; et dicitur relatio ratio per comparationem ad essentiam.

Quibusdam videtur quod nomine personæ significetur essentia. Ista opinio erronea est; quia si essentia et persona omnino idem significant et quantum ad modum significandi et quantum ad rem significatam, oportet, sicut dicimus tres personas, ita dicere tres essentias; aut si hoc est falsum, et illud. Sicut enim exponunt: tres personæ, idest tres id habentes commune, quod est persona; ita possunt exponere: tres essentiæ, idest tres id habentes commune quod est essentia. Nec potest dici quod hoc dictum est propter instantiam hæreticorum: quia ad id quod falsum est, concedendum nulla necessitas cogere debet. Et præterea cessante necessitate, debuit ille modus loquendi cessasse.

Quadam tamen necessitate, ut supra dixit Augustinus, translatum est hoc nomen, ut pluraliter diceretur, tres personæ. Videtur hoc nihil esse quod dicit: quia cum plurale non sit nisi singulare geminatum, non potest aliud esse significatum in singulari quam in plurali. Sed dicendum, quod in ratione nominis tam in singulari quam in plurali hypostasim significat: sed propter identitatem secundum rem hypostasis et essentiæ in divinis persona potest poni pro essentia in singulari, non autem in plurali, quia repugnat unitati essentiæ: unde ista distinctio quam Magister ponit, magis attenditur secundum usum nominis quam secundum diversam significationem ejus.

Ideoque Augustinus, causam dictorum discernens, dicit tres personas esse unam essentiam, vel ejusdem essentiæ. Hujus ratio est, quia essentia et persona possunt considerari secundum quod sunt idem re in divinis et sic dicimus tres personas unam essentiam; et secundum quod ratione differunt, et sic dicimus eas esse ejusdem essentiæ, non tamen ex eadem essentia: quia hæc præpositio ex denotat habitudinem causæ efficientis, vel materialis; sed in genitivo potest intelligi habitudo cujuslibet causæ.

Et quia essentia se habet ad personam per modum causæ formalis, ideo dicuntur personæ unius essentiæ, non ex essentia una. Ut hic personæ nomine proprietas personæ intelligatur. Hoc non dicitur quantum ad proprietatem significationis, sed quantum ad identitatem rei: quia in Deo idem est proprietas distinguens et persona distincta, secundum rem; et ideo nomen personæ pro proprietate poni potest, et communiter variatur acceptio hujus nominis persona in illis locutionibus: quia cum dicimus, Alia est persona, vel: plures personæ, significatur persona ut numerata et distincta; et ideo convenienter accipitur pro hypostasi. Sed cum dicitur, alius est in persona vel pluraliter, significatur ratio distinctionis, et hoc convenientius aptatur ad proprietatem.

Non est prorsus aliquis in trinitate gradus.

Contra. Augustinus: pater et filius non differunt in substantia, sed tantum in gradu.

Præterea, sub denotat gradum. Sed in filio dicitur esse subauctoritas. Ergo etc..

Est dicendum, quod cum gradus importet ordinem dignitatis secundum sub et supra, in divinis proprie gradus non potest concedi; unde dicitur in Glossa Exod. 20, 26, super illud: non ascendes ad altare meum per gradus; per gradus ad altare ascendit, qui filium minorem, patrem majorem facit. Augustinus autem large gradum pro ordine accipit, sicut causam pro principio. Subauctoritas autem non invenitur a sanctis in filio posita: unde non videtur proprie esse dictum.

Distinctio XXVI

Quæstio I
Prologus

Postquam determinavit Magister de essentia et personis, hic determinat de proprietatibus quibus personæ distinguuntur. Dividitur autem in partes duas: in prima determinat de proprietatibus propriis personarum; in secunda de appropriatis personis, 31 dist., ibi: præterea considerari oportet.

Prima in duas: in prima determinat de proprietatibus personalibus; in secunda de proprietatibus personarum quæ non sunt personales, 28 dist..

Prima in duas: in prima determinat de proprietatibus personalibus; in secunda comparat nomina significantia personas, 27 dist., ibi: hic quæri potest.

Prima in duas: in prima determinat de hypostasi quæ substat proprietatibus sicut distinctum distinguenti; in secunda determinat de proprietatibus quibus hypostases distinguuntur, ibi: jam de proprietatibus personarum videamus. Et hæc dividitur in duas: in prima assignat personales proprietates personarum; in secunda removet quasdam dubitationes, ibi: hic quæritur, quomodo dicatur proprium nato Deo, quod est Dei filius. Circa primum duo facit: primo assignat personalium proprietatum numerum; secundo assignat prædicandi modum quantum ad tria, scilicet quod non prædicantur substantialiter sed relative, et quod non prædicantur accidentaliter, et quod non prædicantur temporaliter sed ab æterno, et confirmat per auctoritatem sanctorum, ibi: quocirca sciendum est, non omne quod dicitur de Deo, dici secundum substantiam.

Hic quæritur, quomodo dicatur proprium nato Deo, quod est Dei filius. Hic removet primo dubitationes: et primo quantum ad proprietatem filii; secundo quantum ad proprietatem Spiritus Sancti, ibi: ita etiam de Spiritu Sancto dicendum est. Et hæc dividitur in duas: in prima removet dubitationem; in secunda excludit errorem, ibi: quidam tamen putant, Spiritum Sanctum vel donum non dici relative ad patrem vel ad filium. Circa primum duo facit: primo removet dubitationem de proprietate Spiritus Sancti, secundum quod significatur nomine doni; secundo prout significatur nomine Spiritus Sancti, ibi: hic quæri potest, utrum pater et filius vel etiam ipsa trinitas possit dici Spiritus Sanctus.

Hic quæruntur duo. Primo de hypostasi. Secundo de proprietatibus.

Circa primum duo quæruntur: 1 utrum hypostasis sit in divinis, et quid ibi significet; 2 utrum abstractis per intellectum proprietatibus personalibus, remaneant hypostases distinctæ.

Articulus Primus
Utrum hypostasis proprie dicatur in divinis.

Ad primum sic proceditur. Videtur quod hypostasis non sit in divinis proprie dicenda. Primo per hoc quod Hieronymus dicit in littera, quod hoc nomen non est bonæ suspicionis, et quod venenum sub melle latet.

Præterea, sicut dicit Bœtius, hypostasis nominat substantiam subjectam accidentibus. Sed Deus non substat alicui accidenti, ut supra, distinct. 8, quæst. 5, dixit Augustinus.

Ergo non proprie potest dici hypostasis.

Item, hypostasis nominat rem naturæ, quæ alicui naturæ supponitur. Sed in omni re naturæ videtur quod natura sit majoris simplicitatis quam ipsa res naturæ, et quod res naturæ addit aliquid supra naturam; alias sicut est una natura, ita esset una res naturæ. Sed ubicumque est additio, ibi est compositio. Ergo videtur quod omnis hypostasis sit composita. Sed in Deo non est aliqua compositio.

Ergo nec hypostasis.

Præterea, omnis hypostasis est subsistentia et essentia: quia omne quod substat, subsistit et est. Si igitur in Deo est hypostasis, illa hypostasis erit subsistentia et essentia: quod non videtur, quia dicimus tres hypostases, non autem tres essentias vel subsistentias, secundum Bœtium. Ergo videtur quod hypostasis in divinis nihil sit.

Præterea, omne quod est in divinis, aut est absolutum aut ad aliquid. Sed hypostasis non videtur in divinis significare absolutum; quia nihil absolutum in divinis distinguitur, secundum Augustinum, et Bœtium; hypostasis autem distinguitur.

Nec etiam est ad aliquid; quia relatio in divinis est distinguens, et hypostasis est distinctum. Ergo videtur quod hypostasis non sit in divinis.

Præterea, omne indeterminatum se habet ad

determinatum sicut possibile et materiale. Sed persona se habet ad hypostasim sicut determinatum ad indeterminatum, vel sicut distinctum ad distinguibile, ut quidam dicunt: eo quod persona est hypostasis proprietate distincta ad dignitatem pertinente.
Ergo cum in divinis nihil sit materiale et potentiale vel incompletum, videtur quod in divinis non sit hypostasis.

Contra, sicut supra dictum est, dist. 25, qu. 1, art. 1, idem dicunt Græci hypostasim, quod nos personam. Sed persona proprie dicitur in Deo, et pluraliter de tribus, et singulariter de singulis.
Ergo et similiter hypostasis.
Respondeo dicendum, quod, ut ex dictis patet, et ex verbis Bœtii, hypostasis apud Græcos est principaliter individuum substantiæ, quod nos substantiam primam dicimus. Hoc autem est aliquid completum et distinctum et incommunicabile in natura substantiæ. Unde hypostasis divina erit illud quod est per se subsistens, distinctum et incommunicabile.
Nihil autem absolutum est distinctum in divinis, sed solum id quod est ad aliquid: et sicut essentia est ipsum quod est secundum rem, ita realiter relatio distinguens est ipsum distinctum; et cum relatio sit idem secundum rem quod essentia, ipsum distinctum relatione erit idem secundum rem quod subsistens in essentia vel natura divina; et hoc significat nomen hypostasis.
Unde dico, quod nomen hypostasis in divinis significat relationem ut distinctam per modum subsistentis in natura divina, ut dictum est de nomine personæ; sed differt, quia hypostasis de ratione sua non includit determinatam rationem distinctionis, sed nomen personæ specialem includit distinctionis rationem quæ ad dignitatem pertinet, prout dicit quid subsistens in natura nobili, scilicet intellectuali: quamvis hoc idem dicat nomen hypostasis ex usu Græcorum, ut Bœtius dicit, ubi supra. Sed hoc nomen pater ulterius significat distinctum, exprimendo specialem et determinatam rationem distinctionis ad nobilitatem pertinentem, scilicet relationem paternitatis.
Ex hoc patet quod ista quatuor se habent consequenter: hypostasis enim dicit subsistens distinctum quocumque modo. Hypostasis divina dicit subsistens distinctum relatione, quia alia distinctio non potest esse in divinis. Persona dicit distinctum distinctione relationis ad dignitatem pertinentis.
Pater in divinis dicit subsistens distinctum relatione ad nobilitatem pertinente, quæ est paternitas.

Ad primum igitur dicendum, quod nomen respondens hypostasi lingua Latina, scilicet substantia, æquivocatur ad essentiam et ad substantiam primam, et ideo ne fieret occasio deceptionis, noluit Hieronymus uti nomine hypostasis ante notam et determinatam ejus significationem; ne ex distinctione hypostasis, distinctionem essentiæ hæretici, simplices decipiendo, arguerent.
Ad secundum dicendum, quod quamvis secundum rem in divinis non sit aliquid sub alio vel substans alii per modum accidentis; tamen intelligitur aliquid substare quantum ad modum significandi, secundum quod etiam dicit Damascenus, quod in divinis quædam significant id quod consequitur substantiam, ut bonitas, sapientia, paternitas et hujusmodi; et secundum hoc potest dici ibi nomen hypostasis.
Ad tertium dicendum, quod hypostasis in Deo est res naturæ. Sciendum est enim quod individuum substantiæ dicitur dupliciter: vel ex eo quod substat naturæ, vel ex eo quod substat accidentibus et proprietatibus; et quantum ad utrumque potest significari per nomen primæ intentionis, vel per nomen secundæ intentionis. Per nomen primæ impositionis significatur ut substat naturæ, hoc nomine res naturæ; et per nomen secundæ impositionis, hoc nomine quod est suppositum. Similiter inquantum substat proprietati, significatur nomine primæ impositionis, quod est nomen hypostasis vel personæ, et nomine secundæ impositionis, quod est singulare, ut individuum: quæ proprie non sunt in divinis, quia exprimunt determinatum modum distinctionis, quod est per materiam; sed loco horum dicitur ibi incommunicabile. Nec tamen oportet quod natura sit aliquid simplicius quam ipsa res naturæ: quia in simplicibus, secundum Avicennam, quidditas simplicis est ipsum simplex; sed differt tantum quantum ad modum significandi: quia quidditas significatur ut forma, et ipsa res simplex significatur ut subsistens; et distinctio in re naturæ non est ex parte naturæ, sed ex parte relationum oppositarum subsistentium in natura illa.
Ad quartum dicendum, quod persona, ut dictum est, dist. 25, qu. 1, art. 4, non distinguitur in divinis ex parte naturæ, vel ex parte ipsius esse; sed solum ex parte proprietatum; unde illa nomina quæ dicuntur secundum respectum ad proprietatem, pluraliter prædicantur, sicut hypostasis et persona; quæ autem dicuntur per respectum ad esse, prædicantur singulariter, ut subsistentia et essentia: quamvis nomen subsistentiæ

apud usum sanctorum sumatur pro hypostasi, ut prius dictum est. Sed quædam sunt nomina quæ dicunt respectum ad naturam communem, quæ etiam pluraliter prædicantur, ut res naturæ et suppositum; quia quamvis non dicant respectum ad proprietatem per modum formæ, tamen, inquantum nominant aliquid distinctum sub natura communi, significant in divinis relationes ut subsistentes. Subsistentia autem et essentia non nominat distinctum: unde etiam per prius sunt in generibus et speciebus quam in individuis, secundum Bœtium: et ideo si proprie accipiantur, pluraliter non prædicantur, sicut est apud Græcos.

Ad quintum dicendum, quod hypostasis, ut dictum est, in corp. Art., significat in divinis relationem per modum substantiæ: quia sicut propter simplicitatem, idem est in Deo essentia et esse: ita etiam idem est in eo relatio distinguens et distinctum relatione; sed differunt secundum modum significandi, qui fundatur in re, quia utrumque nomen habet veram significationem suam in Deo; et ideo differunt etiam quantum ad modum supponendi, quia supposito uno non supponitur aliud. Sicut enim dicimus quod Deus generat et deitas non generat: ita dicimus quod hypostasis distinguitur et relatio distinguit.

Ad sextum dicendum, quod sicut nomen personæ significat quid distinctum in divinis, ita et nomen hypostasis; sed nomen personæ determinat specialem modum distinctionis, scilicet per proprietatem nobilem, quod nomen hypostasis non determinat; unde se habent quasi sicut superius et inferius; sicut aliqua substantia est quodammodo magis communis quam aliquis homo. Sed ista determinatio et indeterminatio communis et proprii, in rebus compositis reducitur ad materiale et formale secundum rem, eo quod ratio generis fluit a materia, et ratio differentiæ a forma, ut dictum est: sed in rebus simplicibus non habet aliquid respondens in re quod sit indeterminatum, quasi materiale, et forma adveniente determinetur; sed est solum quantum ad modum significandi, inquantum utrumque illorum est vere significare in divinis.

Articulus Secundus
Utrum remotis relationibus per intellectum, hypostases remaneant distinctæ.

Ad secundum sic proceditur. Videtur quod remotis relationibus per intellectum, remaneant hypostases distinctæ. Sicut enim dicit Augustinus, in omni quod ad alterum dicitur, est accipere aliquid quod per se dicitur; quia relatum, non est relatum tantum, sed etiam est aliquid. Si igitur hypostasis secundum relationem ad aliquid dicitur, videtur quod præter intellectum relationis, sit aliquid intelligere subsistens; et ita remotis proprietatibus relativis per intellectum, videtur quod remaneant ipsæ hypostases subsistentes.

Præterea, hypostasis in divinis est perfectior quam sit in creaturis. Sed in creaturis remoto per intellectum, vel secundum rem, hoc quod una hypostasis ad aliam dicitur, adhuc remanent ipsæ hypostases, sicut Socrates et Plato. Ergo videtur quod etiam in divinis.

Item, omne quod cadit in definitione alicujus, potest intelligi, non intellecto illo; sicut remoto per intellectum rationali, per quod homo constituitur, intelligitur animal, quod in definitione hominis ponitur. Sed persona est hypostasis proprietate distincta, ad dignitatem pertinente. Ergo remota per intellectum proprietate relativa, adhuc remanet hypostasis distincta.

Præterea, pater habet quod est quis, et quod est pater. Aut igitur ab eodem, aut ab alio. Si ab eodem, tunc cum paternitate sit pater, paternitate erit quis. Sed in filio non est paternitas. Ergo filius non erit quis: quod est falsum. Ergo oportet dare alterum, quod non ab eodem habeat. Remoto igitur a patre hoc quo pater dicitur, adhuc remanet quod est quis. Sed quis nominat hypostasim.

Ergo remota relatione remanet hypostasis distincta.

Contra, sicut dicit Augustinus in omnibus pater et filius unum sunt, præter ea quæ ad aliquid dicuntur. Remoto igitur per intellectum hoc quo pater ad alterum dicitur, remanet solum id in quo pater et filius uniuntur.

Sed hoc non potest esse distinctum in divinis. Ergo remota relatione per intellectum, non remanent hypostases distinctæ. Hoc idem videtur per Bœtium qui dicit quod in divinis sola relatio multiplicat trinitatem.

Respondeo dicendum, quod duplex est opinio. Quidam dicunt, quod sicut est in creaturis, quod remotis relationibus et proprietatibus, remanent ipsæ hypostases seipsis distinctæ, ita est etiam in divinis; unde dicunt, quod abstracta personalitate, idest, relatione constituente personam, remanet hypostasis. Sed hoc non videtur posse stare secundum fidei suppositionem, propter duo. Primo, quia cum pluralitas semper causetur ex aliqua distinctione, et distinctio omnis sit vel per essentiam vel per quantitatem vel per relationem, impossibile est in Deo esse aliquam distinctionem nisi quam causat relatio. Unde remotis relationibus per intellectum, simul tollitur ipse intellectus distinctionis. Secundo, quia in divinis nihil prædicatur sicut accidens, vel sicut forma inhærens alicui præexistenti; unde quidquid significatur per modum formæ, totum est subsistens. Unde sicut remota essentia per intellectum, non remanet aliquid quasi recipiens illam essentiam, quia ipsamet essentia est subsistens; ita etiam remota bonitate per intellectum, non remanet aliquid quasi recipiens bonitatem, quia ipsa bonitas est subsistens; et similiter remota relatione per intellectum, non relinquitur aliquid quasi substratum illi relationi, sed ipsamet relatio est res subsistens. Unde abstracta relatione, proprie loquendo, nihil manet, neque absolutum, neque relatum, neque hypostasis, neque essentia. Sed verum est quod essentia potest intelligi, non intellecta bonitate, ut dicit Bœtius, et similiter potest intelligi essentia, non intellecta paternitate vel relatione, sicut Judæi intelligunt, sed non per modum abstractionis. Sed non potest intelligi quod in divinis removeatur relatio et remaneat aliquid subsistens relationi, quia ipsamet ibi subsistit.

Et ideo concedimus cum aliis, quod remota relatione, non manet hypostasis distincta in divinis; tum quia non manet distinctio, tum quia non manet subsistens relationi. Sed verum est quod si nunquam essent relationes quas fides distinguit, Deus esset et substantia et persona ex hoc quod subsisteret in esse suo, et substaret proprietatibus essentialibus, quibus ab essentiis aliis distingueretur.

Ad primum igitur dicendum, quod in divinis est accipere et absolutum et relatum; sed relatio non advenit absoluto sicut distinguens ipsum, sed per omnimodam identitatem rei. Sed id quod distinguitur relatione, est ipsa relatio; et hoc potest significari per modum subsistentis; et sic significatur nomine personæ vel hypostasis, ut patet ex dictis.

Ad secundum dicendum, quod in creaturis hypostases distinguuntur per materiam et proprietates diversæ sunt ostendentes distinctionem; sed in divinis hypostases non distinguuntur nisi per relationem: quia non est ibi invenire aliquam realem alietatem, nisi quæ est secundum oppositionem relativam.

Unde sicut in creaturis, subtracta per intellectum divisione materiæ et quantitatis, non remanent hypostases distinctæ; ita etiam in divinis subtracta oppositione relativa.

Ad tertium dicendum, quod hypostasis ponitur in definitione personæ, quia persona addit aliquid supra hypostasim: non quidem relationem, quia relatio est de intellectu hypostasis divinæ, sicut de intellectu personæ: sed addit determinatam rationem relationis, scilicet pertinens ad dignitatem: et ideo remota relatione, neque hypostasis intellectus, neque personæ manet in divinis: quia etiam ex hoc ipso quod ponitur hypostasis divina, ponitur subsistens in proprietate nobili. Unde ratio nobilitatis quam addit persona, includitur in hoc quod est divina hypostasis. Unde sicut hypostasis humana nihil minus dicit quam persona, ita nec hypostasis divina.

Ad quartum dicendum, quod paternitate habet pater quod est quis, et quod est pater; non tamen sequitur quod filius non sit quis; quia hoc quo pater habet paternitatem, filius habet filiationem, quæ etiam est relatio. Unde abstracta relatione, neque pater est quis, neque filius est quis; sed tamen uterque est quis sua relatione, sicut uterque est persona sua personalitate; et tamen personalitas unius non est personalitas alterius: et hoc quomodo sit patet ex prædictis, dist. 25, quæst. 1, art. 3, de communitate personæ.

Quæstio II
Prologus

Deinde quæritur de proprietatibus; et circa hoc quæruntur tria: 1 an relationes sint in divinis; 2 utrum solis relationibus originis personæ distinguantur; 3 de numero relationum, notionum, et proprietatum, et qualiter hæc differant.

Articulus Primus
Utrum relationes divinæ sint omnino nihil.

Ad primum sic proceditur. Videtur quod in divinis relationes omnino nihil sint. Sicut enim dicit Bœtius, cuncta quæ in divinam prædicationem veniunt, mutantur in substantiam; ad aliquid vero omnino non prædicatur.

Sed quidquid est in Deo, prædicatur de ipso. Ergo relationes non sunt in Deo.

Præterea, ipse dicit, quod relationes quibus pater refertur ad filium, et filius ad patrem, sunt similes relationibus quibus aliquid ad seipsum refertur, ut cum dicitur idem eidem idem. Sed tales relationes nihil secundum rem ponunt in eo de quo dicuntur, ut videtur dicere Philosophus, sed sunt solum secundum intellectum.

Ergo videtur quod relationes non sunt realiter in Deo.
Item omne quod advenit alicui et recedit ex sola habitudine alterius ad ipsum, sine omni sua mutatione,

non ponit aliquid in ipso. Nihil enim potest advenire alicui de novo sine sui mutatione vel per se vel per accidens. Sed relationes hoc modo adveniunt et recedunt; sicut per mutationem alterius efficitur columna immobilis dextra et sinistra: sicut mortuo filio aliquis desinit esse pater, nulla mutatione circa ipsum facta. Ergo videtur quod relationes hujusmodi omnino nihil sunt in divinis.

Præterea, si relatio est in divinis, aut est idem quod essentia, aut aliud. Si idem quod essentia, tunc cum essentia sit una in omnibus, et relatio erit una in omnibus; vel si personæ distinguuntur relationibus, distinguuntur etiam in essentia: quod est hæresis Arii. Si aliud, ergo facit compositionem cum essentia; quod non potest esse. Ergo relatio omnino non est in divinis.

Item, simplicissima seipsis distinguuntur. Sed personæ divinæ sunt simplicissimæ. Ergo seipsis distinguuntur: ergo videtur quod non distinguantur aliquibus relationibus.

Contra, omne quod est in Deo vel est absolutum vel est ad aliquod aliud. Sed personæ divinæ non distinguuntur in aliquo absoluto, quia in absolutis tres personæ unum sunt. Ergo vel non distinguuntur, vel relationibus distinguuntur. Si igitur relationes non sunt realiter in divinis, sed secundum rationem tantum, tunc pater et filius non realiter distinguuntur, et ita sequetur hæresis Sabellii. Oportet ergo relationes in divinis ponere.

Præterea, pater refertur ad filium et ad Spiritum Sanctum, sed non eodem modo ad utrumque: quia ad unum generando, ad alium spirando. Ergo videtur quod oporteat in persona significare plures relationes, quibus ad alteram referatur, sicut in una essentia plures personas. Ergo sicut in divinis non tantum ponimus essentiam, sed etiam personas, quia invenimus plures personas in una essentia; ita oportet ponere etiam relationes.

Respondeo dicendum, quod apud omnes catholicos certum est relationes esse in divinis. Sed in positione relationum inveniuntur diversæ doctorum sententiæ.

Quidam dixerunt, ut Porretani, quod relationes in divinis sunt tantum assistentes. Quidam vero dixerunt, quod relationes in divinis sunt ipsæ personæ; et quod aliquando in abstracto significantur, hoc est solum propter modum loquendi; sicut dicimus, rogo benignitatem tuam, idest te benignum; et similiter resolvendæ sunt omnes illæ locutiones in quibus relationes vel proprietates in abstracto dicuntur. Alii dicunt, quod relationes sunt personæ et sunt in personis etiam secundum veritatem rei et non solum quantum ad modum loquendi: et omnes isti secundum aliquid verum dixerunt. Sed tamen ultima opinio continet totam veritatem.

Et ad hujus intellectum sciendum est, quod, ut supra dictum est, dist. 8, quæst. 4, art. 3, in relatione, sicut in omnibus accidentibus, est duo considerare: scilicet esse suum, secundum quod ponit aliquid in ipso, prout est accidens; et rationem suam, secundum quam ad aliud refertur, ex qua in genere determinato collocatur; et ex hac ratione non habet quod ponat aliquid in eo de quo dicitur; sicut omnes aliæ formæ absolutæ ex ipsa sua ratione habent quod aliquid in eo quod dicuntur, ponant. Et ideo inveniuntur quædam relationes nihil ponentes in eo de quo dicuntur; et hoc attendentes quidam Philosophi dixerunt, quod relatio non est aliquid unum genus entium, nec est aliquid in rerum natura; sed est tantum quidam respectus respersus in omnibus entibus, et quod relationes sunt de intentionibus secundis quæ non habent esse nisi in anima. Cui etiam Porretanorum opinio consentire videtur. Sed hoc falsum est: quia nihil quod est ens tantum in anima, in genere determinato collocatur. Unde distinguendum est inter relationes.

Quædam enim sunt quæ habent aliquid in re, supra quod esse eorum fundatur, sicut æqualitas fundatur supra quantitatem; et hujusmodi relationes aliquid realiter in re sunt. Quædam vero sunt quæ non habent fundamentum in re de qua dicuntur, sicut dextrum et sinistrum in illis in quibus non sunt determinatæ istæ positiones secundum naturam, sicut in partibus animalis. Ibi enim, scilicet in animali, istæ relationes realiter sunt, quia fundantur in diversis virtutibus determinatarum partium; sed in aliis non sunt nisi secundum rationem habitudinis unius ad alterum; et ideo dicuntur relationes rationis. Et hoc contingit quatuor modis, scilicet quod sint relationes rationis, et non rei. Uno modo, ut dictum est, in hoc art., Paulo Sup., quando relatio non habet aliquid in rei natura supra quod fundetur: et inde est quod quandoque contingit quod relatio realiter est in uno et non in altero: quia in uno habet motum quemdam supra quem fundatur, quem non habet in alio; sicut est in omnibus illis relationibus quibus Deus ad creaturam refertur, quæ quidem realiter sunt in creatura, et non in Deo. Secundo modo quando relatio non habet aliquam realem diversitatem inter extrema, sicut relatio identitatis; et ideo hoc nihil ponit secundum rem, sed solum secundum rationem, ut cum dicitur idem eidem idem. Tertio modo quando

designatur relatio aliqua entis ad non ens, ut cum dicitur quod nos sumus priores illis qui futuri sunt: ista enim prioritas non est aliqua relatio secundum rem, sed solum secundum rationem: quia relatio realis exigit utrumque extremorum in actu. Quarto modo quando ponitur relatio relationis: ipsa enim relatio per seipsam refertur, non per aliam relationem. Unde in creaturis paternitas non conjungitur subjecto per aliquam relationem mediam. Et hos ultimos duos modos ponit Avicenna. Primi duo possunt etiam extrahi ex verbis Philosophi.
Cum igitur istæ relationes, paternitas et filiatio, habeant fundamentum aliquod in re, scilicet ipsam naturam, quæ communicatur secundum communicationem naturæ, constat quod sunt realiter in Deo; et propter simplicitatem sunt idem quod personæ in quibus sunt, et propter veritatem relationum oportet quod alio modo significentur. Primi igitur attendentes in relationibus solum id quod ad alterum est, et non fundamentum quod habent in re, dixerunt, relationes assistentes esse, quasi ex habitudine alterius advenientes. Secundi attendentes fundamentum rei et simplicitatem divinam, dixerunt, quod relationes non sunt in personis, sed sunt ipsæ personæ. Tertii autem considerantes utrumque, dixerunt, quod sunt in personis propter veram rationem relationis, et quod tamen sunt personæ propter simplicitatem; sicut deitas est in Deo, et tamen est Deus.
Ad primum igitur dicendum, quod dictum Bœtii intelligitur de ad aliquid, prout ad alterum est: sic enim non prædicat aliquid in re de qua dicitur, sed ponit aliquid extra; sed tamen aliquæ relationes, quantum ad esse suum, aliquid in re de qua dicuntur ponunt.
Ad secundum dicendum, quod in relatione identitatis duo est considerare: scilicet illud respectu cujus dicitur identitas, scilicet ipsa essentia, sicut æqualitas respectu quantitatis; et id cujus est identitas, quod dicitur idem secundum unam essentiam, sicut æquale, quod habet unam quantitatem. Et quia etiam unum numero est essentia quam pater filio communicat, ideo similitudo est harum relationum cum relatione identitatis, quantum ad id cujus respectu dicuntur; sed non est quantum ad ea quæ invicem referuntur secundum illud. Unde etiam filius non dicitur idem patri masculine, sed neutraliter.
Ad tertium dicendum, quod quandocumque aliquid quod est de ratione rei, tollitur, oportet quod ipsa res auferatur, sicut remoto rationali destruitur homo. Ad rationem autem relationis quæ habet fundamentum in re duo concurrunt; scilicet fundamentum rei, quod est quantitas, quæ est causa hujus relationis: est etiam aliud de ratione ejus, scilicet respectus ad alterum: et utroque modo contingit in realibus relationibus destrui relationem: vel per destructionem quantitatis, unde ad hanc mutationem quantitatis sequitur per accidens mutatio relationis: vel etiam secundum quod cessat respectus ad alterum, remoto illo ad quod referebatur; et tunc relatio cessat, nulla mutatione facta in ipsa. Unde in illis in quibus non est relatio nisi secundum hunc respectum, veniunt et recedunt relationes sine aliqua mutatione ejus quod refertur.
Ad quartum dicendum, quod relatio realiter est idem quod essentia, sed differunt solum ratione, sicut etiam bonitas ab essentia; et ex illa ratione relatio habet quod distinguat in divinis, quod non convenit essentiæ.
Ad quintum dicendum, quod etiam personæ divinæ seipsis distinguuntur, inquantum personæ secundum rem sunt ipsæ relationes. Sed sicut persona, quantum ad modum significandi, non est idem quod relatio; ita etiam seipsis non distinguuntur, sed relationibus; sicut Deus per seipsum est Deus, quamvis deitas sit Deus, quia ipse est sua deitas.

Articulus Secundus
Utrum relationes originis distinguant hypostases.
Ad secundum sic proceditur. Videtur quod relationes originis non distinguant hypostases. Quod enim secundum intellectum sequitur substantiam, non potest esse principium alicujus distinctionis in substantiis. Sed relatio est de assequentibus substantiam in Deo, saltem secundum intellectum, sicut bonitas et sapientia, ut dicit Damascenus. Cum igitur hypostasis sit substantia, videtur quod distinctionem hypostasum relatio non facit.
Præterea, ordo distinguentium debet respondere ordini distinctionum. Sed inter omnes distinctiones rerum, prima est distinctio divinarum personarum, cum sit processio personarum causa processionis creaturarum, ut supra, dist. 14, quæst. 1, art. 1, habitum est. Ergo videtur quod cum primum in entibus sit substantia, quod principium illius distinctionis non sit relatio, sed substantia.
Item, relatio non habet virtutem distinguendi, nisi secundum quod habet oppositionis rationem.
Sed rationem oppositionis non habet nisi secundum quod ad alterum est. Ergo non distinguit nisi secundum quod ad alterum est. Sed secundum quod ad alterum est, non habet relatio quod sit res aliqua vel substantia vel hypostasis. Ergo relatio non poterit facere distinctionem

realem hypostasum.

Præterea, cum multæ sint aliæ relationes, quam relationes originis, quare secundum eas tantum divinæ personæ distinguuntur? quia in divinis est invenire etiam æqualitatem et similitudinem, et hujusmodi, quæ relationes quædam sunt. Unde si istæ non distinguunt, videtur eadem ratione quod nec illæ.

Contra, minimæ distinctioni debet respondere pro principio illud quod minimum habet de ente, et quod minimam compositionem facit. Sed inter omnia alia relatio est debilioris esse, ut dicit Commentator, adeo quod quidam reputaverunt eam esse de intentionibus secundis, ut dictum est, artic. Antec.. Ergo videtur quod maxime competat ad distinctionem personarum.

Respondeo dicendum, quod quidam dicunt, quod principium distinctionis hypostasum divinarum non est relatio, immo hypostases seipsis distinguuntur per solam originem; relationes autem manifestant distinctionem; sicut in creaturis proprietates non faciunt differre secundum numerum; immo talis differentia causatur ex divisione materiæ, sed proprietates tantum manifestant eam. Sed hoc non potest esse: quia quæ seipsis distinguuntur, ex seipsis habent aliquam rationem distinctionis, sicut substantia distinguitur a quantitate per id quod est in intellectu utriusque, quod est esse subsistens, et esse mensuram et hujusmodi. Si autem considerentur duæ hypostases, hypostasis inquantum hypostasis, non habet in intellectu suo unde ab alia distinguatur, cum utraque sit hypostasis. Ergo oportet quod hoc habeat inquantum est hypostasis per aliquam determinationem in ipsa, vel secundum determinatam materiam, sicut in creaturis, quod non potest esse in Deo, vel secundum aliquid aliud. Si autem dicatur, quod hæc est sola origo per quam determinate efficitur hæc hypostasis, aut per originem intelligitur ipsa relatio originis, et hoc est quod ponimus; aut origo significatur per modum operationis, et sic nullo modo habet quod distinguat hypostases; immo quod sit ab hypostasi distincta: quia omnis operatio est individuorum distinctorum, secundum Philosophum. Et ideo dicimus, quod nihil aliud est principium distinctionis in divinis, nisi relatio. Cujus ratio est, quia omnis distinctio vel divisio est vel per quantitatem vel per formam, secundum Philosophum.

Secundum quantitatem vel materiam, divisio in divinis non est, cum non sit ibi quantitas et materia. Omnis autem distinctionis formalis principium est aliqua oppositio, ut largo modo sumatur oppositio, secundum quod etiam imperfectum et perfectum opponuntur, inquantum in uno est negatio vel privatio alterius. In omnibus autem oppositionibus alterum est ut perfectum, alterum ut imperfectum, præter relationem; quod patet per se in affirmatione et negatione et privatione et habitu. Patet etiam in contrarietate: quia secundum Philosophum, semper alterum contrariorum est sicut nobilius, et alterum sicut vilius et sicut privatio, ut album et nigrum, frigidum et calidum et hujusmodi omnia; et ideo nulla talis distinctio potest esse in divinis, ubi est omnimoda perfectio. In relativis autem neutrum est sicut privatio alterius, vel defectum aliquem importans. Cujus ratio est, quia in relativis non est oppositio secundum id quod relativum in aliquo est: sed secundum id quod ad aliud dicitur.

Unde quamvis una relatio habeat annexam negationem alterius relationis in eodem supposito, non tamen ista negatio importat aliquem defectum, quia defectus non est nisi secundum aliquid quod in aliquo natum est esse: unde cum id quod habet oppositionem relativam ad ipsum, secundum rationem oppositionis non ponat aliquid, sed ad aliquid, non sequitur imperfectio vel defectus; et ideo sola talis oppositio competit distinctioni personarum.

Ad primum igitur dicendum, quod relatio divina habet aliquid inquantum est relatio, et aliquid inquantum est divina; inquantum enim divina, habet quod sit subsistens hypostasis, quia ibi nihil est accidens, nec aliqua forma inhærens non subsistens; unde quamvis ex hoc quod est relatio, non habeat quod distinguat hypostasim, quia sic omnis relatio hoc faceret; tamen habet hoc inquantum est relatio divina: sic enim non sequitur substantiam, immo est ipsa substantia.

Ad secundum dicendum, quod ordo distinctionis potest dupliciter considerari: vel quantum ad quantitatem distinctionis, vel quantum ad dignitatem et causalitatem. Si quantum ad quantitatem distinctionis, sic distinctio divinarum hypostasum est minima distinctio realis quæ possit esse, ut supra habitum est, in corp. Art.. Et ideo tali distinctioni competit ens minimum, scilicet relatio. Sed quantum ad ordinem dignitatis et causalitatis, illa distinctio excellit omnes distinctiones; et similiter relatio quæ est principium distinctionis, dignitate excellit omne distinguens quod est in creaturis: non quidem ex hoc quod est relatio, sed ex hoc quod est relatio divina. Excellit etiam causalitate, quia ex processione personarum divinarum distinctarum causatur omnis creaturarum processio et multiplicatio, ut supra habitum est, dist. 14, quæst. 1, art. 1.

Ad tertium dicendum, quod, quamvis relationi ex hoc quod ad alterum dicitur, non debeatur quod sit res quædam, est tamen res aliqua secundum quod habet fundamentum in eo quod refertur; et ex hoc ulterius habet, inquantum est divina, quod sit hypostasis vel substantia: et ideo facit realem hypostasum distinctionem; sicut sapientia ex hoc quod est sapientia, non habet quod sit substantia; et tamen quia sapientia divina est substantia, Deus substantialiter est sapiens.

Et ideo considerandum est, quod ubi est relatio secundum habitudinem tantum et non secundum aliquod esse naturale, ibi non requiritur distinctio suppositorum secundum rem, sed solum secundum rationem, ut cum dicitur idem eidem idem. Quando autem est ibi relatio non solum secundum habitudinem, sed secundum esse naturale, requiritur distinctio suppositorum etiam realiter, ut æqualis æquali æqualis. Sed ubi ipsa relatio non tantum est realiter, sed etiam est ipsa substantia relati, ibi non tantum requirit, sed facit etiam suppositorum distinctionem.

Ad quartum dicendum, quod quia relatio non habet esse naturale nisi ex hoc quod habet fundamentum in re, et ex hoc collocatur in genere; inde est quod differentiæ relationum essentiales sumuntur secundum differentias aliorum entium; ut patet ex Philosopho ubi dicit, quod quædam fundantur supra quantitatem, et quædam supra actionem, et sic de aliis. Inde est quod secundum ordinem eorum in quibus fundantur relationes, est etiam ordo relationum. Sicut ergo videmus in his quæ distinguuntur per essentiam, quod principia substantiæ sunt distinguentia, ut materia et forma, et aliæ res accidentales sunt signa manifestantia distinctionem, ita est in his quæ distinguuntur per relationem, quod relationes quæ fundantur supra naturam rei, sunt distinguentia, et aliæ relationes sunt signa distinctionis. Relationes autem habentes fundamentum in natura rei, sunt relationes originis: paternitas enim fundatur in communicatione naturæ; et ideo sancti ponunt, quod paternitate et filiatione pater et filius distinguuntur: sed æqualitas et similitudo demonstrant distinctionem.

Unde Hilarius supra, dist. 25, per similitudinem divinarum personarum distinctionem probavit.

Articulus Tertius
Utrum notiones sint tantum quinque.

Ad tertium sic proceditur. Videtur quod non sint tantum quinque notiones. Quod enim innascitur alicui ex sola habitudine alterius ad ipsum, multiplicatur secundum multitudinem eorum quæ ad ipsum comparantur: quia ad multiplicitatem causæ sequitur pluralitas in effectu. Sed relationes innascuntur ex sola habitudine alterius ad aliquem.

Ergo tot erunt relationes in Deo, quot sunt creaturæ quæ comparationem ad ipsum habent.

Præterea, in Deo fuerunt ab æterno, secundum Augustinum, rationes rerum creandarum, quæ non differunt ab invicem nisi relationibus secundum respectum ad creaturam. Ergo videtur quod quot sunt creaturæ, quarum rationes sunt in Deo, tot sunt ibi etiam relationes.

Item, divinæ personæ non tantum comparantur ad invicem secundum naturam quam una ab alia accipit, sed etiam secundum alia attributa.

Sed in omnibus illis comparationibus intelliguntur aliquæ relationes vel æqualitatis vel similitudinis.

Ergo videtur quod tot sint relationes quot sunt ibi attributa.

Præterea, ex omni operatione innascitur aliqua operantis relatio ad id circa quod est operatio. Sed in Deo secundum rationem distinguuntur plures operationes, ut est velle, intelligere et hujusmodi.

Ergo sicut operationem generationis consequuntur secundum intellectum relationes originis, ita et ad alias operationes consequentur aliæ relationes, sicut intelligentis ad intellectum, et volentis ad volitum: et ita multiplicabuntur relationes secundum numerum operationum.

Item, sicut pater et filius conveniunt in hoc quod comparantur ad Spiritum Sanctum ut principium; ita filius et Spiritus Sanctus conveniunt in hoc quod comparantur ad patrem sicut ad principium.

Sed communis spiratio est quædam relatio conveniens patri et filio. Ergo esse a patre erit alia relatio communis filio et Spiritui Sancto; et ita sunt plures quam quinque.

E contra videtur quod sint pauciores: quia, ut dictum est, artic. Præc., proprietates sunt subsistentes personæ. Ergo sunt ibi proprietates tot, quot sunt personæ subsistentes. Sed personæ subsistentes non sunt nisi tres. Ergo proprietates non sunt nisi tres.

Respondeo dicendum, quod notionis, proprietatis et relationis differentia potest tripliciter assignari. Primo quantum ad rationem significationis; et sic sciendum est, quod paternitas dicitur relatio, secundum quod ad filium refertur; dicitur autem proprietas, inquantum soli patri convenit: dicitur notio, inquantum est principium formale innotescendi patrem. Secundo quantum ad ordinem intelligendi; quia cum nihil possit esse principium innotescendi aliquid, nisi sit sibi proprium, intellectum notionis præcedit intellectus proprietatis. Et quia proprietas non convenit nisi rei distinctæ ab aliis, et distinctio in divinis non est nisi per oppositionem relationis; intellectum proprietatis in divinis præcedit intellectus relationis.

Tertio quantum ad numerum; quia notiones sunt quinque, scilicet paternitas, filiatio, processio, innascibilitas, communis spiratio. Harum autem quatuor tantum sunt proprietates, quæ uni personæ tantum conveniunt, scilicet paternitas, innascibilitas, quæ conveniunt tantum patri; filiatio, quæ convenit tantum filio; processio, quæ convenit tantum Spiritui Sancto. Communis autem spiratio non potest dici proprietas simpliciter, quia convenit duabus personis; sed secundum quid, secundum quod aliquid dicitur esse proprium ad aliquid; est enim proprium patris et filii respectu Spiritus Sancti. Harum etiam notionum quatuor sunt tantum relationes, scilicet paternitas, filiatio, processio, communis spiratio; innascibilitas enim non proprie dicitur relatio, nisi per reductionem, secundum quod negatio reducitur ad genus affirmationis, ut non homo ad genus hominis. Harum autem proprietatum vel notionum vel relationum, tres tantum sunt personales, scilicet constituentes personas: unde habent quasi actum differentiæ constitutivæ, scilicet paternitas, filiatio, processio. Aliæ duæ sunt proprietates personæ, sed non personales.

Harum autem notionum quinque sufficientia sic patet. Ad hoc enim quod aliquid dicatur notio personæ, tria requiruntur; primo quod ad originem pertineat, quia relationibus originis personæ distinguuntur; secundo quod pertineat ad dignitatem, quia persona est hypostasis distincta proprietate ad dignitatem pertinente; tertio quod dicat aliquid speciale, quia commune non est sufficiens principium innotescendi. Dico igitur, quod pertinens ad originem potest significari vel affirmative vel negative. Si affirmative, vel dicetur secundum rationem principii, ut a quo alius, vel secundum rationem ejus quod est a principio, ut qui ab alio.

Utrumque istorum dicit originem in communi: unde neutrum potest esse notio. Oportet ergo quod determinetur secundum specialem modum originis, qui non est nisi dupliciter, ut supra probatum est, dist. 13, qu. 1, art. 2, scilicet per modum naturæ, et per modum amoris; et secundum utrumque habemus duas relationes: unam quæ designat rationem principii, et alteram quæ designat rationem ejus quod est a principio; et sic sunt quatuor rationes, scilicet paternitas et filiatio quantum ad modum originis naturæ; processio et communis spiratio quantum ad modum originis amoris. Si significatur negative, vel negatur ratio principii, vel ratio ejus quod est a principio. Si negatur ratio principii, non est ad dignitatem pertinens, et ideo non potest esse notio Spiritus Sancti, nec esse principium alicujus personæ divinæ. Si negatur ratio ejus quod est a principio; aut in speciali, aut in generali. Si in speciali, non potest esse notio; quia quanto affirmatio est magis specialis, tanto notio opposita est magis communis, sicut non homo est magis commune quam non animal; quia omne non animal est non homo; sed non convertitur. Si in generali, sic erit negatio specialis, et ad dignitatem pertinens; unde faciet notionem patris, quæ est innascibilitas quæ significat non esse ab alio, secundum quod est proprietas patris. Quare autem dicatur innascibilitas per privationem nativitatis, specialiter infra dicetur, dist. 28, qu. 1, art. 1.

Ad primum igitur dicendum, quod relationes illæ quæ significantur in Deo ex habitudine creaturarum ad ipsum, nihil realiter ponunt in Deo, ut ex prædictis, hac quæst. Art. 1, patet; et ideo non sequitur quod secundum hoc in infinitum multiplicentur relationes realiter in Deo existentes.

Ad secundum dicendum, quod relationes illæ secundum quas attenditur distinctio idearum, non sunt fundatæ in esse divino, sed in intellectu ejus; unde realiter non habent esse in Deo, sed solum sunt intellectæ ab ipso, sicut forma asini, et forma equi et hujusmodi; et non sicut bonitas et sapientia in ipso habent esse.

Ad tertium dicendum, quod æqualitas et similitudo non addunt aliquam relationem realem super paternitatem et filiationem; et ratio hujus infra dicetur, 31 dist., quæst. 1, art. 1.

Ad quartum dicendum, quod relationes quibus non subest aliqua realis distinctio in re quæ refertur, non est relatio realis. Unde quandocumque aliqua operatio reflectitur in suppositum operans, ex reali operatione non innascitur aliqua realis relatio, sed rationis tantum; et ideo cum dicitur, quod Deus vel anima intelligit se, non importatur ibi aliqua realis relatio, sed rationis tantum.

Ad quintum dicendum, quod esse ab aliquo non dicit determinatum modum originis; et ideo non dicit specialem notionem, sed salvatur in duabus notionibus, scilicet filiatione et processione, cum quibus non ponit in numerum, sicut nec aliquod commune cum propriis quæ sub eo continentur, sed communis spiratio dicit determinatum modum originis, secundum quam pater et filius sunt principium Spiritus Sancti; et ideo dicit specialem notionem.

Ad sextum dicendum, quod quælibet proprietas in divinis, et quidquid est ibi, est subsistens; non tamen oportet quod sint tot res subsistentes quot sunt proprietates; sed quot oppositio exigit realiter distinguens. Unde sicut in Deo bonitas et sapientia est subsistens, non tamen alia et alia res est subsistens, quia non habent oppositionem; ita etiam communis spiratio est subsistens, non tamen est alia res subsistens quam paternitas et filiatio, quia non habent oppositionem ad eam: unde in una re subsistente cum utroque esse potest. Nec tamen constituit personam in qua est, quia præsupponit secundum ordinem naturæ paternitatem et filiationem, sicut et processio præsupponit generationem; et ideo non est personalis notio; et similiter innascibilitas, cum non habeat oppositionem ad paternitatem, in eadem re subsistente esse potest; et quia negatio importata consequitur secundum intellectum in ea positionem principii, ideo non constituit personam, sed est in persona constituta per paternitatem.

Nihil quidem secundum accidens dicitur. Videtur ratio hæc non valere; quia multa sunt accidentia inseparabilia, quæ semper consequuntur subjectum inamissibiliter. Ad quod dicendum, quod omne subjectum accidentis potest intelligi sine accidente, quamvis quandoque accidens inseparabiliter sequatur subjectum; et ideo, quia ipsum suppositum relationis non potest intelligi sine relatione, cum ipsa relatio sit suppositum subsistens, non potest esse accidens. In omni enim accidente quod advenit, est quædam compositio subjecti ad accidens, propter quod sine eo intelligi potest; et ubi est compositio, est mutabilitas quantum ad naturam compositionis; quia omne quod compositum est, divisibile est, nisi aliqua causa impediatur.

Item omnes enim homines filii Dei sunt factura, idest creatione; non tamen omnis creatura habet nomen filiationis, sed solum illa quæ ad imaginem est. Vel melius. Homo dicitur filius factura etiam per adoptionem, quia cum prius non esset filius, factus est filius; et non habet hoc ex origine nativitatis suæ quod sit filius Dei, sicut habet æternus filius. Et hæc expositio consonat sequentibus.

De hac filiatione adoptionis dicetur in 3, dist. 10, qu. 3, art. 1.

Nec quidquam proprie, nisi filius. Hoc dicit, quia filiatio est tota substantia ipsius; unde essentia divina non excluditur, quia essentia divina in filio est filiatio. Origine non adoptione. Hoc est contra Nestorium et Photinum, qui dicebant, aliam esse personam Dei et hominis; et ita sequitur quod filius hominis non sit filius Dei naturaliter, sed per adoptionem. Veritate non nuncupatione. Contra Sabellium, qui dixit his nominibus, pater et filius nullam distinctionem in re subjacere. Nativitate non creatione. Contra Arium, qui dixit Dei filium creaturam. Alia patent ex his quæ dicta sunt de Spiritu Sancto, dist. 18, qu. 1, art. 2.

Distinctio XXVII

Quæstio I
Prologus

Positis tribus personalibus proprietatibus divinarum personarum, hic Magister determinat de ipsis proprietatibus in comparatione ad nomina personarum, et dividitur in partes tres: in prima ostendit quod in omnibus personalibus nominibus prædictæ proprietates designantur; in secunda proponit generalem regulam ad inveniendum hujusmodi nomina, quæ proprietates designant, ibi: et est hic advertenda quædam generalis regula. Prima in duas: in prima ostendit quod dictæ proprietates designantur in nominibus personalibus consuetis, scilicet nomine patris et filii et Spiritus Sancti; in secunda ostendit quod designantur etiam aliis nominibus personas significantibus, ibi: hic non est prætermittendum.

Prima in duas: in prima ostendit quod prædicta nomina proprietates personarum designant; in secunda subjungit rationem, ibi: illæ enim proprietates singulæ singulis proprie conveniunt personis, quæ scilicet determinant personas: unde in nominibus personarum intelliguntur, sicut determinans in determinato. Prima in duas: in prima ostendit quod nomina personarum designant proprietates prædictas; in secunda ostendit quod non est omnino idem modus significandi in nominibus proprietatum et nominibus personarum, ibi:

non tamen videtur nobis omnino esse idem dicere, aliquid esse patrem et genuisse filium etc.. Circa primum tria facit: primo movet quæstionem; secundo ponit objectionem ad alteram partem, ibi: videtur quod non sint eædem proprietates quas ponit Hilarius; tertio ponit solutionem, ibi: ad quod sine præjudicio aliorum dicimus.

Et est hic advertenda quædam generalis regula.

Hic ponit regulam ad inveniendum nomina personalia, et circa hoc tria facit: primo ponit regulam; secundo movet quæstionem circa regulam, et solvit eam, ibi: quæritur hic, cum dicitur, Deus de Deo, lumen de lumine, et hujusmodi, utrum dicantur secundum substantiam; tertio ex solutione quasi elicit quamdam conclusionem, ibi: et est sciendum quod secundum nomina substantiæ tantum dicitur illud de illo.

Hic quæruntur duo. Primo de ipsis notionibus vel proprietatibus. Secundo de nominibus personalibus, et præcipue de verbo.

Circa primum duo quæruntur: 1 qualiter proprietates ad invicem differant; 2 utrum proprietates vel relationes, operationes personales secundum intellectum præcedant, vel e converso.

Articulus Primus

Utrum proprietates ad invicem distinguantur.

Ad primum sic proceditur. Videtur quod proprietates ad invicem non distinguantur. Nulla enim est distinctio in divinis, nisi secundum originem.

Sed una proprietas non oritur ab alia: quia sicut essentia non generat, ita nec proprietas.

Ergo proprietates ad invicem non distinguuntur.

Præterea, relatio est medium inter duo extrema.

Sed inter duos terminos est una via media secundum rem, quamvis differat secundum rationem, sicut est eadem via a Thebis ad Athenas et e converso, ut dicit Philosophus.

Ergo videtur quod una relatione referatur pater ad filium et filius ad patrem; et ita ad minus paternitas et filiatio sunt una relatio.

Item, in divinis nihil invenimus distinctum secundum rem, nisi per oppositionem relativam.

Sed sicut inter attributa essentiæ, ut bonitatem et sapientiam, non invenitur aliqua oppositio, ratione cujus de se invicem prædicantur, quia bonitas est sapientia, et e converso; ita etiam proprietates unius personæ non habent aliquam oppositionem ad invicem; alias non possent in eodem supposito esse.

Ergo videtur quod non sint plures secundum rem, et quod una prædicetur de alia, ut dicatur: paternitas est innascibilitas, et e converso.

Præterea, non magis distat ratio verbi a ratione filii, quam ratio ingeniti a ratione patris.

Sed eadem notio designatur nomine verbi et filii, ut in littera dicitur. Ergo videtur quod similiter eadem notio designetur nomine ingeniti et nomine patris; et sic innascibilitas et paternitas est una et eadem notio.

Item, unius personæ ad aliam personam in divinis non est nisi una relatio. Sed nomine patris, generationis et paternitatis importatur relatio patris ad filium. Ergo videtur quod omnia ista in divinis idem sunt: quod est contra Magistrum in littera.

Respondeo dicendum, quod in divinis, ut supra dictum est, dist. 26, qu. 1, art. 3, sunt quinque notiones; non tamen sunt quinque res, sed solum tres res, scilicet pater et filius et Spiritus Sanctus.

Ad cujus intellectum sciendum est, quod in illo proprie aliqua multiplicantur et non unum sunt, cujus differentiis propriis distinguuntur, ut dicit Philosophus, verbi gratia, isosceles, idest triangulus duorum æqualium laterum, et isopleuros, idest triangulus æquilaterus, distinguuntur differentiis trianguli; et ideo non dicimus quod sunt unus triangulus, sed plures. Non autem distinguuntur propriis differentiis figuræ, immo sub una figuræ differentia incidunt, quod est habere tria latera; et ideo dicuntur una figura, quæ est triangulus; et ideo non potest dici quod sunt plures res, nisi de illis quæ per differentiam rei distinguuntur. Differentia autem rei in divinis non est nisi per oppositionem relationis; et ideo non poterit dici quod sunt plures res, nisi secundum quod exigit ista oppositio. Unde paternitas et filiatio sunt duæ res, et similiter pater et filius.

Sed paternitas et communis spiratio non sunt duæ res, quia non opponuntur relative; sed tantum duæ relationes, quia distinguuntur differentiis relationis inquantum est relatio. Cum enim relatio dicatur secundum respectum ad alterum, differentiæ relationis erunt secundum quod est ad diversa; et ideo, quia paternitate pater refertur ad filium, et communi spiratione ad Spiritum Sanctum, communis spiratio et paternitas sunt duæ relationes, et similiter duæ notiones, inquantum est alia et alia ratio innotescendi patrem in una et alia.

Ad primum igitur dicendum, quod oppositio secundum originem per prius secundum intellectum est in relationibus originis quam in ipsis personis quæ ab invicem oriuntur: quia personæ non opponuntur nisi secundum quod hujusmodi relationes habent; et ideo relationes oppositæ seipsis distinguuntur, sicut differentiæ constitutivæ; sed personæ relationibus, sicut species differentiis.

Ad secundum dicendum, quod quidam dixerunt, ut Avicenna dicit, quod eadem numero relatio est in utroque extremorum; quod non potest esse, quia unum accidens non est in duobus subjectis; et ideo dicendum, quod in utroque extremorum est una relatio differens ab alia in quibusdam secundum speciem, sicut in illis quæ diversis nominibus utrinque nominantur, ut paternitas et filiatio; sed in quibusdam non differunt specie, sed numero tantum, sicut quando utrumque est unum nomen, ut in similitudine et æqualitate; et tunc relatio quæ est in uno sicut in subjecto, est in altero sicut in termino, et e converso; et ideo relatio secundum esse suum, prout in re fundamentum habet, non est medium, sed extremum; sed secundum respectum est medium; unde patet quod realiter distinguuntur.

Ad tertium dicendum, quod sicut attributa essentialia non sunt plures res, ita nec proprietates uni personæ convenientes; sed sunt una res, quæ est illa persona; sed tamen quia relatio manet in divinis etiam secundum communem rationem generis, manet etiam relationis distinctio, inquantum est relatio; et ideo potest dici quod sunt plures relationes, et una relatio de alia non prædicatur.

Non sic autem est in essentialibus, quæ non manent ibi secundum communem rationem generis; unde non distinguuntur secundum rationem alicujus communis, cujus ratio in Deo sit, si tamen accipiatur commune reale, ut significatur nomine primæ impositionis; si vero accipiatur commune rationis, quod significatur nomine secundæ impositionis, sic commune est omnibus quod sint attributa; et ideo quia dividunt unum commune rationis, secundum hoc non prædicantur de invicem. Non enim dicimus quod hoc attributum sit illud attributum; sed quod est aliud attributum ab illo. Sed quia non dividunt unum commune reale, ideo ratione divinæ simplicitatis secundum quodcumque nomen primæ impositionis de se invicem prædicantur, ut dicatur: hæc res est illa res; vel etiam propriis nominibus, ut: sapientia est bonitas.

Ad quartum dicendum, quod verbum et filius non distinguuntur differentia relationis; quia utrumque dicit relationem ejusdem ad idem; et propter hoc non importantur nomine verbi et filii duæ relationes, sed una; similiter nomine doni et amoris; sed distinguuntur tantum secundum quod habent fundamentum in re, prout unum fundatur in emanatione naturæ, scilicet filius, et aliud in emanatione intellectus, scilicet verbum; quæ in Deo non nisi ratione differunt; et ideo verbum et filius differunt solum ratione et non relatione; sed ingenitus et pater non respectu ejusdem dicuntur; et ideo constat quod non est una relatio, vel notio.

Ad quintum dicendum, quod sicut est in essentialibus quod idem est secundum rem divina operatio et Deus et deitas, sed distinguuntur secundum rationem tantum fundatam in re; ita etiam est in personalibus, quod idem est secundum rem operatio personalis et persona et proprietas constituens personam; sed differunt tantum secundum rationem et modum significandi. Unde dico, quod eadem ratio significatur per hæc tria, pater, paternitas, generatio; sed pater significat illam per modum hypostasis vel personæ, paternitas per modum proprietatis, generatio per modum operationis.

Articulus Secundus
Utrum operatio personalis præcedat secundum rationem relationem personæ.

Ad secundum sic proceditur. Videtur quod operatio personalis præcedat secundum intellectum relationem personæ. Generatio enim, ut dictum est, dist. 5, qu. 1, art. 1, significat operationem personalem.

Sed Magister in littera dicit, quod ideo est pater quia genuit. Ergo videtur quod generatio secundum intellectum præcedat relationem patris.

Præterea, relatio paternitatis et operatio generationis se consequuntur. Aut ergo paternitas est principium hujus operationis quæ est generatio, ut scilicet quia pater est, ideo generat; aut consequitur ipsam per modum effectus relicti ab ipsa, ut scilicet quia generat, est pater. Sed paternitas non est principium ipsius operationis; quia, ut dicit Anselmus, eo quod est Deus generat, et non eo quod est pater. Ergo videtur quod paternitas consequatur generationem secundum intellectum.

Item, omnis relatio secundum intellectum consequitur illud in quo fundatur; sicut æqualitas consequitur quantitatem. Sed, secundum Philosophum, paternitas et filiatio fundantur in operatione. Ergo paternitas sequitur operationem generationis secundum intellectum.

Præterea, sicut se habet generatio activa ad patrem, ita se habet generatio passiva vel nativitas ad filium. Sed filiatio nullo modo præcedit nativitatem secundum intellectum, sed semper consequitur.

Ergo nec paternitas generationem activam, sed consequitur eam. Ergo videtur quod etiam paternitas secundum intellectum generationem activam sequatur. Contra, operatio, secundum Philosophum, est individuorum distinctorum, vel singularium. Sed non est distinctum quid in divinis nisi per relationem. Ergo intellectum operationis personalis præcedit intellectus relationis.

Præterea, principium operationis propriæ alicujus oportet quod sit forma propria ejus. Sed generatio est propria operatio patris. Cum igitur nulla forma patris potentiæ sit propria nisi paternitas, videtur quod paternitas sit principium generationis in patre, et ita præcedit secundum intellectum.

Respondeo dicendum, quod secundum illos qui dicunt, quod relationes non distinguunt nec constituunt personas, sed tantum manifestant constitutas et distinctas, relatio consequitur operationem personalem absolute secundum intellectum.

Sed quia non invenitur aliquid distinguens personas et constituens eas nisi relatio secundum rationem suæ oppositionis; ideo dico, quod relatio, inquantum est constituens personam, præcedit secundum intellectum operationem. Secundum hoc ergo dico, quod ipsa relatio potest tripliciter considerari. Vel inquantum est relatio absolute, et ex hoc non habet quod præcedat operationem, immo magis quod sequatur.

Vel inquantum est relatio divina quæ est constituens personam et ipsa persona subsistens; et sic præcedit secundum intellectum operationem. Vel inquantum est ipsa operatio personalis; et sic sunt simul secundum intellectum, et idem.

Ad primum igitur dicendum, quod cum dicit Magister, quod quia genuit est pater, accipit generationem non prout significatur per modum operationis, sed prout significatur per modum proprietatis constituentis personam; et sic secundum intellectum præcedit personam constitutam et distinctam. Sic enim generationem pro paternitate ponunt, sicut etiam supra præcedenti distinct.. Vel dicendum quod attendit ad relationem secundum quod relatio est, et non secundum quod est relatio divina constituens personam et distinguens. Vel potest melius dici, quod in hoc quod dicit, quod est pater quia genuit, non importatur aliquis ordo per modum causæ, sed potius identitas relationis; unde etiam ipse dicit, quod ideo est filius quia genitus, et quia filius ideo genitus, ex verbis Augustini.

Ad secundum dicendum, quod, ut supra dictum est, dist. 7, qu. 1, art. 1, principium generationis in divinis non potest esse tantum natura, nec iterum tantum proprietas; sed natura divina prout est in patre, vel proprietas quæ est paternitas. Unde Anselmus non dicit totum quod exigitur ad principium generationis. Ut enim totum complectamur, oportet dici quod non tantum quia Deus est, generat, vel quia pater, sed quia Deus pater.

Ad tertium dicendum, quod ratio illa procedit de relatione secundum rationem relationis absolute; sed hæc relatio quæ est paternitas, habet aliquid ultra: quia cum sit divina, constituit personam, et est ipsa persona constituta, ratione cujus præcedit secundum intellectum operationem.

Ad quartum dicendum, quod non est similis ratio in patre et filio: quia forma propria generati nullo modo est principium generationis activæ vel passivæ, sed consequens, et quasi terminus; et ideo filiatio nullo modo præcedit intellectum nativitatis; sed forma generantis propria est principium generationis activæ: et ideo oportet quod præcedat intellectum generationis.

Quæstio II
Prologus

Deinde quæritur de verbo; et circa hoc tria quæruntur: 1 utrum verbum proprie sit in divinis; 2 utrum dicatur essentialiter, vel personaliter tantum; 3 utrum in verbo importetur respectus ad creaturam.

Articulus Primus
Utrum verbum dicatur proprie in divinis.

Ad primum sic proceditur. Videtur quod verbum non proprie in divinis dicatur. Omne enim nomen quod significat corporalem operationem, non potest Deo convenire nisi metaphorice. Sed verbum est hujusmodi: dicitur enim a verberatione æris ut dicit Priscianus. Ergo verbum proprie de Deo non dicitur.

Præterea, inter omnia quæ apud nos sunt, verbum videtur magis esse transiens, vel de magis transeuntibus, nec est quid subsistens. Sed quidquid dicitur in divinis, est permanens et subsistens.

Ergo videtur quod verbum de Deo non proprie dicatur. Si dicas, quod de Deo dicitur non verbum vocis, sed verbum cordis. Contra. Hoc verbum definiens Anselmus dicit, quod dicere summo spiritui nihil est aliud, quam cogitando intueri. Sed cogitare Deo non convenit, quia cogitatio dicit quemdam discursum rationis inquirentis et procedentis ex uno in aliud. Ergo videtur quod nec verbum aut dicere Deo conveniat.

Præterea, verbum cordis videtur esse quædam conceptio intellectus. Sed nihil concipitur ab intellectu nisi species rei intelligibilis, quam apud se format. Cum igitur Deus non cognoscat per speciem aliquam, sed se per essentiam suam videat, et sic cognoscat omnia; videtur quod non sit ibi proprie verbum intellectus.

Contra, Joan. 1, 1: in principio erat verbum, et verbum erat apud Deum, et Deus erat verbum.

Præterea, nihil aliud est verbum, ut infra Augustinus dicit, dist. 18, quam genita sapientia. Sed genita sapientia est in Deo. Ergo videtur quod et verbum.

Respondeo, absque omni dubio confitendum est, Deum esse verbum, et proprie verbum dici.

Ad cujus intellectum sciendum est, quod in nobis, ut quædam Glossa ordinaria super Joan.

Dicit, invenitur triplex verbum; scilicet cordis, et vocis, et quod habet imaginem vocis; cujus necessitas est, quod cum locutio nostra sit quædam corporalis operatio, oportet quod ad ipsam concurrant ea quæ ad omnem motum corporalem exiguntur.

Oportet autem ad hoc quod sit motus corporalis hominis, qui scilicet est per deliberationem, quod præcedat deliberatio et judicium in parte intellectiva. Sed quia intellectus est universalium, et operationes singularium, ideo, ut dicitur 3 de anima, oportet esse quamdam virtutem particularem quæ apprehendit intentionem particularem rei, circa quam est operatio; et tertio oportet quod sequatur motus in corpore per virtutes motivas affixas musculis et nervis; ut quasi videatur esse quidam syllogismus, cujus in parte intellectiva habeatur major universalis, et in parte sensitiva habeatur minor particularis, et demum sequatur conclusio operationis particularis, per virtutem motivam imperatam; ipsa enim operatio se habet in operabilibus sicut conclusio in speculativis, ut dicitur 7 Metaphysic.

Si ergo accipiatur locutio secundum quod est in parte intellectiva tantum, sic est verbum cordis, quod etiam ab aliis dicitur verbum rei, quia est immediata similitudo ipsius rei; et a Damasceno dicitur, quod est naturalis intellectus motus, velut lux ejus et splendor; et ab Augustino dicitur verbum animæ impressum. Secundum autem quod est in imaginatione, quando scilicet quis imaginatur voces quibus intellectus conceptum proferre valeat, sic est verbum quod habet imaginem vocis, et quod ab aliis dicitur verbum speciei vocis, et a Damasceno dicitur verbum in corde enuntiatum, et ab Augustino dicitur verbum animi sinu cogitatum.

Secundum autem quod jam est in corporali actione per motum linguæ et aliorum instrumentorum corporalium, dicitur verbum vocis; et a Damasceno verbum quod est Angelus, scilicet nuntius, intelligentiæ, et ab Augustino verbum cum syllogismis pronuntiatum.

Dico igitur, quod verbum vocis, et quod habet imaginem vocis, non potest dici in divinis, nisi metaphorice; sed verbum cordis quod consistit in intellectu tantum, dicitur etiam per prius de Deo quam de aliis.

Sed tamen sciendum est, quod in operationibus intellectus est quidam gradus. Primo enim est simplex intuitus intellectus in cognitione intelligibilis, et hoc nondum habet rationem verbi. Secundo est ibi ordinatio illius intelligibilis ad manifestationem vel alterius, secundum quod aliquis alteri loquitur, vel sui ipsius, secundum quod contingit aliquem etiam sibi ipsi loqui, et hæc primo accipit rationem verbi; unde verbum nihil aliud dicit quam quamdam emanationem ab intellectu per modum manifestantis. Et quia potest esse duplex intuitus, vel veri simpliciter, vel ulterius secundum quod verum extenditur in bonum et conveniens, et hæc est perfecta apprehensio; ideo est duplex verbum: scilicet rei prolatæ quæ placet, quod spirat amorem, et hoc est verbum perfectum; et verbum rei quæ etiam displicet; unde dicit Augustinus quod verbum dicitur animo impressum, quamvis res ipsa displiceat aut non placeat.

Ad primum igitur dicendum, quod quamvis nomen verbi impositum sit a motu corporali, quod est ultimum in nostra locutione; tamen impositum est ad significandum omne quod dicitur vel exterius vel interius. Unde quamvis interpretatio nominis non conveniat Deo, convenit tamen res significata per nomen, sicut frequenter contingit, ut dictum est, dist. 26, qu. 1, art. 1, de hoc nomine persona.

Ad secundum dicendum, quod verbum vocis neque permanet neque subsistit in nobis, sed verbum cordis nostri permanet, quamvis non subsistat: et ideo patet quod quamvis verbum non habeat ex ratione verbi quod permaneat vel subsistat, tamen habet diversas rationes perfectionis, secundum quod in diversis invenitur; et ideo verbum divinum habet quod sit permanens et subsistens; sicut et de amore supra, dist. 10, qu. 1, art. 1, dictum est.

Ad tertium dicendum, quod sine dubio cogitatio in Deo proprie non est; sed Anselmus per similitudinem nomen cogitationis posuit. Sicut enim in cogitatione est exitus rationis ab uno in aliud per collectionem, ita etiam ratio verbi, ut dictum est, in corp. Art., completur in quadam emanatione et exitu ab intellectu; unde addit supra simplicem intuitum intellectus aliquid cogitationi simile. Ad quartum dicendum, quod intellectus divinus non intelligit essentiam suam per aliquam speciem differentem essentialiter aut realiter ab ipsa essentia; nihilominus tamen ipse intelligit essentiam suam per essentiam suam; unde essentia se habet ut intelligens et ut intellecta et ut quo intelligitur; et inquantum se habet ut intelligens, sic vere et proprie est ibi ratio intellectus; et inquantum se habet ut id quod intelligitur, est ibi vere ratio intellecti; sed inquantum se habet ut quo intelligitur, sic est ibi ratio verbi.

Articulus Secundus
Utrum verbum dicatur personaliter.

A

Ad secundum sic proceditur. Videtur quod verbum non dicatur personaliter; sicut enim dicit Augustinus, verbum quod insinuare intendimus, cum amore notitia est. Sed notitia dicitur essentialiter. Ergo et verbum.

Præterea, omne illud quod potest intelligi non intellecta distinctione personarum, est essentiale in divinis. Sed non intellecta distinctione personarum, adhuc potest intelligi quod intellectus divinus manifestat se sibi, et manifestat se creaturæ.

Cum ergo verbum non addat aliquid supra rationem intellectus nisi ordinem manifestationis, videtur quod verbum sit essentiale, sicut et intelligere.

Item, verbum est terminus hujus actus qui est dicere; nihil enim dicitur nisi verbum. Sed quælibet persona potest dicere se, et potest dicere essentiam suam. Ergo essentia est verbum, et quælibet persona est verbum; et ita verbum essentialiter dicetur. Nec potest dici, quod quilibet eorum dicat se verbo patris; quia perfectius est dicere verbo proprio, quam alterius; et ita, cum unaquæque persona perfectissime se dicat, videtur quod quælibet dicat se verbo proprio; sed non verbo proprio quod sit ab ipsa; quia sic essent plures personæ quam tres. Ergo verbo proprio quod est ipsa.

Præterea, ut dictum est, artic. Antec., verbum dicit conceptionem intellectus. Sed conceptus intellectus nullus est nisi species intelligibilis formata in intellectu. Ergo in Deo non potest esse verbum nisi illud quod se habet per modum speciei, et quo intelligitur. Sed hoc est principium intelligendi, in quo aliquid intelligitur, et quo intelligitur.

Ergo videtur quod si filius diceretur tantum verbum personaliter, filius esset principium actus intelligendi in patre, quod supra improbatum est, in 5 distinct., ab Augustino.

Contra est quod Augustinus dicit, quod eo dicitur verbum in divinis quo filius et quo sapientia genita. Sed ista omnia dicuntur personaliter. Ergo videtur quod et verbum.

Præterea, Augustinus dicit, quod quamvis sint tres qui dicant, tamen non est ibi nisi unum verbum. Ergo videtur quod verbum tantum dicatur personaliter.

Item, verbum, ut dictum est, art. Antec., dicit ordinem cujusdam exitus, et conceptionem intellectus, et dicitur ad aliquid, sicut in littera dicitur. Omnia autem hæc videntur ad personas pertinere. Ergo videtur quod verbum sit personale.

Respondeo dicendum, quod circa hoc sunt diversæ opiniones. Quidam enim dicunt, quod dicere de Deo dicitur tripliciter: quandoque enim dicere est idem quod intelligere, et sic est essentiale; quandoque autem dicere idem est quod generare, et sic est notionale; quandoque autem dicere est idem quod creare, et sic dicere connotat respectum ad creaturam, et est essentiale. Dicunt igitur quod huic actui non respondet verbum nisi quantum ad secundum modum dicendi; et ideo quamvis dicere dicatur essentialiter et personaliter, tamen verbum non dicitur nisi personaliter. Sed hoc non videtur verum: quia non est intelligibile quod aliquid dicatur et non sit verbum; unde oportet quod quoties dicitur dicere toties dicatur verbum.

Alii dicunt, quod dicere nihil aliud est in universali quam manifestare intellectum suum. Potest autem homo manifestare intellectum suum vel alteri, sicut verbo vocali, vel sibi ipsi, sicut verbo cordis.

Ita dicunt, quod utroque modo Deus manifestat intellectum suum, scilicet condendo creaturam, quæ est verbum ipsius, quasi verbum vocabile, et generando filium, secundum quod manifestat se apud seipsum, et hoc est idem quod verbum cordis. Unde dicunt, quod verbum dictum de Deo semper est personale. Sed hoc non videtur verum: quia si inquiratur quid sit istud verbum quo aliquis sibi loquitur, non invenitur esse nisi conceptio intellectus.

Conceptio autem intellectus est vel operatio ipsa quæ est intelligere, vel species intellecta. Unde oportet quod verbum vel dicatur ipsa operatio intelligendi, vel ipsa species quæ est similitudo rei intellectæ; et sine utroque istorum non potest quis intelligere: utrumque enim istorum est id quo quis intelligit formaliter. Et ideo impossibile est quod accipiendo hoc modo verbum, aliquis intelligat nisi verbo intellectus sui, quod sit vel operatio ejus, vel ratio operationis ad eam, sicut medium cognoscendi se habens, quæ est species rei intellectæ.

Unde cum pater intelligat se, si non esset ibi nisi verbum personale, quod est filius, oporteret quod pater intelligeret filio, quasi formaliter: et hoc supra improbatum est, dist. 5, quæst. 3, art. 1.

Et ideo dicendum est cum aliis, quod hoc nomen verbum ex virtute vocabuli potest personaliter et essentialiter accipi. Non enim significat tantum relationem, sicut hoc nomen pater, vel filius, sed imponitur ad significandum rem aliquam absolutam simul cum respectu, sicut hoc nomen scientia; sed in hoc differt, quia relatio quæ importatur hoc nomine scientia; non est relatio originis, secundum quam referatur scientia ad illud a quo est; sed est relatio secundum quam refertur ad illud ad quod est, scilicet ad scibile; sed hoc nomen verbum importat relationem secundum quam refertur ad illud a quo est, scilicet ad dicentem. Hujusmodi autem relationes in divinis contingit esse dupliciter: quædam enim sunt reales, quæ requirunt distinctionem realem, sicut paternitas et filiatio, quia nulla res potest esse pater et filius respectu ejusdem; quædam autem sunt relationes rationis tantum, quæ non requirunt distinctionem realem, sed rationis, sicut relatio quæ importatur in hoc nomine operatio.

Habet enim operatio respectum implicitum ad operatorem a quo est: nec in divinis differunt operans et operatio, nisi ratione tantum. Si igitur relatio importata hoc nomine verbum, sit relatio rationis tantum, sic nihil prohibet quin essentialiter dicatur, et videtur sufficere ad rationem verbi, secundum quod a nobis in Deum transumitur; quia in nobis, ut dictum est, art. Præc., nihil aliud est verbum nisi species intellecta, vel forte ipsa operatio intelligentis: et neutrum eorum realiter distinguitur ab essentia divina. Si autem importet relationem realem distinctionem exigentem, oportet quod personaliter dicatur, quia non est distinctio realis in divinis nisi personarum. Et est simile de amore, qui secundum eamdem distinctionem essentialiter et personaliter dicitur, ut supra dictum est, dist. 18, quæst. 1, art. 1. Cum enim verbum sit similitudo ipsius rei intellectæ, prout est concepta in intellectu, et ordinata ad manifestationem, vel ad se, vel ad alterum; ista species in divinis potest accipi dupliciter: vel secundum quod dicit id quo aliquid formaliter in divinis intelligitur; et sic, cum ipsa essentia per se intelligatur et manifestetur, ipsa essentia erit verbum; et sic verbum et intellectus et res cujus est verbum, non differunt nisi secundum rationem, sicut in divinis differunt quo intelligitur et quod intelligitur et quod intelligit; vel secundum quod species intellecta nominat aliquid distinctum realiter ab eo cujus similitudinem gerit; et sic verbum dicitur personaliter, et convenit filio, in quo manifestatur pater, sicut principium manifestatur in eo quod est a principio per modum intellectus procedens. Sed tamen in usu sanctorum et communiter loquentium est quod hoc nomen verbum relationem realiter distinguentem importat, ut dicit Augustinus, quod verbum idem est quod sapientia genita; et ideo ista quæstio parum valet, quia non est de re, sed de vocis significatione, quæ est ad placitum; unde in ea plurimum valet usus, quia nominibus utendum est ut plures, secundum Philosophum; de rebus autem judicandum secundum sapientes. Cum enim de rebus constat, frustra in verbis habetur controversia, ut dicit Magister, Lib. 2, dist. 14. Sed tamen ea quæ in divinis dicuntur, non sunt extendenda nisi quantum sacra Scriptura eis utitur.

Ad primum igitur dicendum, quod notitia non dicit totam rationem verbi: quia notitia et sapientia dicuntur per modum quiescentis et manentis in eo cujus sunt; et ideo nunquam dicuntur nisi essentialiter, quamvis possint esse appropriata: sed verbum dicit quamdam emanationem intellectus, et exitum in manifestationem sui; et ideo, quia exitus iste potest intelligi vel secundum rem distinctam, prout filius exit a patre, vel secundum rationem tantum, prout intelligere est ab intellectu divino; ideo verbum quandoque essentialiter et quandoque personaliter dicitur, sicut et amor.

Ad secundum dicendum, quod non intellecta distinctione personarum, adhuc intellectus divinus potest manifestare seipsum et ad se et ad alterum. Ad alterum, sicut creando creaturam, vel inspirando cognitionem sui creaturæ. Ad seipsum, per modum quo aliquis convertitur supra id quod intellexit, ut manifestum fiat utrum verum sit vel non quod intellectu percipit; hoc enim proprie est loqui in corde. Propter quod habet aliquid simile cognitioni; non tamen esset ibi manifestatio principii in aliquo realiter distincto et existente per modum intellectus in eadem natura, non intellecta distinctione personarum.

Tertium conceditur.

Ad quartum dicendum, quod nullo modo est concedendum quod pater intelligat a filio, vel quod intelligat in filio, sicut in objecto vel specie qua cognoscitur: quia hoc poneret filium habere aliquam rationem principii ad patrem. Sed tamen concedendum est quod pater intelligit in filio et seipsum et alia, inquantum videt filium esse similitudinem suam et omnium aliorum, sicut principium videtur in eo cujus est principium, quamvis et in seipso videatur. Possum enim videre hominem in imagine sua, quamvis ipsum etiam per se videam.

Ita quamvis pater seipsum videat in se et omnia alia, tamen omnia potest videre in filio, et seipsum, sicut et seipsum in creatura videre potest, inquantum ipsum creatura repræsentat, quamvis imperfecte.

Ad quintum quod in contrarium objicitur, dicendum, quod Augustinus accipit verbum prout dicit realem exitum et distinctionem a dicente, et non secundum quod ad rationem verbi sufficit distinctio rationis; et ideo accipit verbum tantum personaliter.

Ad sextum dicendum, quod in divinis non est nisi tantum unum verbum; et tamen est ibi verbum personale et essentiale, quia persona non distinguitur ab essentia; unde nec excluditur per dictionem exclusivam.

Ad septimum dicendum, quod omnia illa quæ dicuntur, possunt accipi realiter vel secundum rationem; et utrumque sufficit ad rationem verbi; et ideo potest dici essentialiter et personaliter.

B

Ulterius quæritur circa hoc: si verbum dicatur personaliter, utrum solus filius dicendus sit verbum.

Videtur quod non. Quia sicut filius exit a patre ut manifestans ipsum, ita et Spiritus Sanctus. Ergo ratio verbi utrique æqualiter convenit.

Præterea, intellectus est quasi medium inter naturam quam sequitur, et voluntatem quam præcedit.

Sed medium pertinet ad utrumque extremorum.

Cum ergo verbum dicat processionem intellectus, videtur quod non magis dicatur filius verbum, qui procedit per modum naturæ, quam Spiritus Sanctus, qui procedit per modum voluntatis.

Item, causa manifestatur per effectum. Sed intellectus divinus est causa omnium creaturarum, sicut intellectus artificis causa artificiatorum. Ergo omnes creaturæ possunt dici verbum Dei.

Contra est quod dicit Augustinus, quod sicut in trinitate solus filius dicitur verbum, ita solus Spiritus Sanctus dicitur donum. Ergo sicut donum non convenit filio, ita nec verbum Spiritui Sancto.

Ad id quod ulterius quæritur, dicendum, quod si verbum personaliter sumatur, soli filio convenit, et non Spiritui Sancto; quia Spiritus Sanctus procedit per modum voluntatis; et ideo proprie dicitur amor et donum; sed procedere per modum naturæ vel intellectus convenit filio; et ideo ipse proprie et genitus et verbum dicitur.

Ad primum ergo quod objicitur, dicendum, quod ad rationem verbi non solum exigitur esse manifestativum: quia sic cujuslibet causæ esset verbum suus effectus, quod non potest dici nisi metaphorice; sed oportet quod in illo verbo intelligatur processio intellectus, et hoc non convenit Spiritui Sancto.

Ad secundum dicendum, quod Spiritus Sanctus procedit a duobus; et ideo sua processio est per modum conformitatis amoris, quæ est ex unione voluntatis in volentibus; et propter hoc procedit tantum per modum voluntatis. Sed tam processio intellectus quam processio naturæ, est ab uno tantum; non autem ab uno secundum quod unitur alteri, si sit perfectum agens sicut est agens divinum; et ideo uterque modus processionis convenit illi personæ quæ solum ab uno est.

Ad tertium dicendum, quod creatura non potest dici proprie verbum, sed magis vox verbi; sicut enim vox manifestat verbum, ita et creatura manifestat divinam artem; et ideo dicunt sancti, quod uno verbo Deus dixit omnem creaturam; unde creaturæ sunt quasi voces exprimentes unum verbum divinum; unde dicit Augustinus: omnia clamant: Deus fecit.

Sed hoc non dicitur nisi metaphorice.

Articulus Tertius

Utrum verbum dicat semper respectum ad creaturam.

Ad tertium sic proceditur. Videtur quod verbum semper respectum dicat ad creaturam. Sicut enim dicit Augustinus: dixit et facta sunt, idest: verbum genuit, in quo erat ut fieret creatura.

Sed per hoc ponitur respectus ad creaturam. Ergo videtur quod verbum dicat respectum ad creaturam.

Præterea, Augustinus in principio Joan.

Dicit, quod verbum est operativa potentia patris. Sed operativa potentia dicitur per respectum ad creaturam. Ergo et verbum.

Item, Anselmus dicit, quod Deus dicendo se, dixit omnem creaturam. Sed dicendo genuit verbum sibi æquale. Ergo videtur quod verbum quod genitum est a patre, ponat respectum ad creaturam, secundum quod per verbum creaturæ dicuntur a Deo.

Distinctio XXVII

Præterea, artificiata non cognoscuntur ab artifice nisi secundum quod convertitur ad formam artis quam apud se habet. Ergo idem est artifici converti ad artem suam et ad artificiata, et intelligere utrumque. Sed verbum est ars omnium eorum quæ a summo artifice condita sunt. Ergo videtur quod nunquam fiat conversio intellectus paterni ad artificiata, nisi per hoc quod ad verbum convertitur; et e converso quandocumque convertitur ad verbum, ad artificiata convertitur. Ergo videtur quod verbum semper accipiendum sit cum respectu ad creaturam.

Contra, nihil quod dicit respectum ad creaturam, convenit Deo ab æterno, ut Dominus et hujusmodi. Sed verbum convenit Deo ab æterno, quia in principio erat verbum, Joan. 1, 1. Ergo verbum non dicit respectum ad creaturam.

Præterea, omne nomen connotans effectum in creatura, significat divinam essentiam. Sed verbum est personale, ad minus quandoque. Ergo videtur quod verbum non dicat respectum ad creaturam.

Respondeo dicendum, quod verbum non semper dicitur secundum respectum ad creaturam; sed quandoque cum respectu, et quandoque sine respectu; et hoc sic patet. Verbum enim sive dicatur personaliter, sive essentialiter, est species concepta, in qua est similitudo ejus quod dicitur, et dicentis, quando aliquis seipsum dicit. Constat autem quod divina essentia, sive pater, præhabet in se similitudinem omnis creaturæ, sicut exemplar.

Unde illud quod significatur ut species vel similitudo patris aut essentiæ divinæ, si perfecta similitudo sit, continebit in se similitudinem omnium rerum. Sed quamvis aliquid sit species vel similitudo alterius, non tamen oportet quod semper quandocumque convertitur in speciem, convertatur in illud cujus est species vel similitudo; quia in speciem vel in imaginem contingit fieri conversionem dupliciter: vel secundum quod est species talis rei, et tunc est eadem conversio in rem et speciem rei; vel in speciem secundum quod est res quædam; et sic non oportet quod eadem conversione convertatur quis per intellectum in speciem rei et in rem; sicut quando aliquis considerat imaginem inquantum est corpus lapideum, et inquantum est similitudo Socratis vel Platonis.

Dico igitur, quod cum ipse Deus sit similitudo et species omnium rerum, duplex conversio intellectus potest fieri in ipsum; vel absolute secundum quod est res quædam; vel inquantum est similitudo omnium rerum; et utroque modo seipsum Deus cognoscit, et supra se convertitur; quamvis non diversa, sed una operatione. Unde si verbum accipiatur prout consequitur intuitum intellectus divini, secundum quod absolute seipsum intuetur, sic verbum absolute dicitur in divinis sine respectu ad creaturam, sive essentialiter sive personaliter dicatur. Si autem verbum consequatur intuitum intellectus divini prout convertitur supra se, inquantum est similitudo omnium rerum et exemplar; tunc etiam in verbo accipitur respectus ad creaturam ut est respectus artis ad artificiata; et sic proprie verbo competit nomen artis. Si tamen verbum accipiatur secundum ordinem manifestationis ad alterum, sic semper dicit respectum ad creaturam; quia talis manifestatio divini intellectus est per eductionem creaturarum.

Ad primum igitur dicendum, quod quamvis in verbo sit unde fiat omnis creatura, nihilominus tamen consideratio verbi et ejus cujus est verbum non dependet a consideratione creaturæ; et ideo verbum non de necessitate dicit respectum ad creaturam.

Ad secundum dicendum, quod verbum dicitur potentia operativa patris per modum artis; unde inquantum significatur ut ars, significatur per respectum ad creaturam. Sed non de necessitate sic intelligitur quando significatur ut verbum, sicut patet de Spiritu Sancto, qui ipse est amor quo pater diligit filium; et iste amor est ratio amoris quem in creaturam habet, quæ in sui similitudinem dilectionis adducit; et inquantum est amor absolute significatur nomine amoris, non connotando aliquem respectum ad creaturam; sed inquantum est ratio eorum quæ liberaliter creaturæ conferuntur, significatur nomine doni, quod respectum ad creaturam importat. Sic est de nomine verbi et nomine artis; quia verbum potest absolute dici; sed ars dicit respectum ad artificiata.

Ad tertium dicendum, quod uno et eodem verbo pater dixit se et omnem creaturam; tamen diversa est consideratio verbi secundum quod per illud dicitur pater et creaturæ. Non enim deest cognitio absoluta sui ipsius, nec etiam cognitio absoluta creaturarum, nec etiam cognitio comparata, secundum quod cognoscit se esse causam illorum; quamvis istæ tres cognitiones non differant realiter in ipso, sed ratione tantum; et ideo non exigitur ad intellectum verbi, secundum quod eo intelligitur pater dixisse seipsum, respectus ad creaturam; sed secundum quod eo intelligitur creaturas dixisse; et ideo verbum absolute et cum respectu ad creaturam intelligitur.

Ad quartum dicendum, quod artifex potest converti ad speciem artis quæ apud ipsum est, tripliciter.

Vel secundum quod est similitudo rei per ipsum fiendæ; et sic absolute convertitur in rem artificiatam, nullam considerationem habens de arte sua. Vel in ipsam speciem artis, secundum esse quod habet in anima ejus; et sic est consideratio absoluta ipsius speciei, inquantum est res quædam; nec aliquid tunc de re artificiata considerat. Vel comparando unum ad alterum, dum considerat illam speciem quæ apud se est, esse causam eorum quæ ab ipso fiunt. Et ita etiam est de intellectu divino, secundum quod convertitur supra seipsum, vel inquantum est res quædam, vel prout est similitudo rerum tantum, vel prout illa res quæ est similitudo est causa eorum quæ sibi assimilat; quamvis istæ cognitiones in Deo simul sint, et realiter non differant.

Ad quintum dicendum, quod verbum non dicit respectum ad creaturam in actu, sed quasi in habitu, sicut donum; et ideo utrumque æternum est.

Ad sextum dicendum, quod omnis effectus creaturæ est communis totius trinitatis. Unde quidquid dicit respectum ad creaturam, ducit in cognitionem essentiæ, sicut in effectu suo causa cognoscitur.

Sed quia non tantum essentia habet ordinem ad creaturam, sed etiam processio personalis, quæ est ratio processionis creaturarum; ideo potest etiam aliquid personale cum respectu ad creaturam significari; et tunc tale nomen principii significabit personam principaliter, sed ex consequenti ducet in intellectum essentiæ; et sic est in nomine verbi et in nomine doni.

Natura igitur divina si pater est genuit filium. Istud non sequitur; quia quamvis secundum rem idem sit pater et generatio, tamen per verbum generationis significatur illa proprietas ut inhærens et determinans illud de quo dicitur; et ideo quia essentia non determinatur a proprietate ut per se subsistente, non dicitur quod essentia generet. Sed pater significat eamdem proprietatem ut per se subsistentem, et ideo propter identitatem rei dicitur, quod essentia est pater.

A se invicem differunt. Differentia non proprie in divinis est; quia opponitur similitudini, sicut diversitas unitati; tamen hic large accipitur pro distinctione.

Distinctio XXVIII

Quæstio I
Prologus

Hic determinat Magister de notionibus personarum quæ non sunt personales; et dividitur in partes duas: in prima determinat de innascibilitate quæ est proprietas personæ, quamvis non sit proprietas personalis; in secunda de hoc nomine principium, quod nec est proprietas personalis nec personæ, 29 dist., ibi: est præterea aliud nomen multiplicem notans relationem. Prima in duas: in prima ostendit qualiter pater dicatur ingenitus; in secunda qualiter e contrario omne quod genitum dicitur, de filio sit accipiendum, ibi: sciendum est quoque, quod sicut solus filius dicitur verbum vel imago; ita etiam ipse solus dicitur sapientia nata vel genita. Circa primum duo facit: primo ostendit qualiter pater ingenitus dicatur; secundo movet quæstionem ex dictis, ibi: præterea quæri solet... Utrum similiter diversum sit esse patrem et esse filium; an idem. Circa primum duo facit: primo ostendit qualiter nomen ingeniti a sanctis accipitur; secundo qualiter ab eis etiam quandoque taceatur, ibi: illud etiam taceri non oportet, quod Ariani ex eo probare nitebantur, alterius substantiæ esse patrem, alterius filium. Circa primum duo facit: primo ostendit qualiter pater ingenitus dicatur; secundo ostendit quæ sit notio patris quam nomen ingeniti designat, ibi: si autem vis scire quæ sit proprietas secundum quam dicitur pater ingenitus, audi Hilarium. Circa primum tria facit: primo exponit ingeniti significationem; secundo ponit expositionis manifestationem, ibi: hoc exemplis planum faciendum est; tertio excludit quamdam dubitationem; circa cujus solutionem diversorum opiniones narrat, ibi: ideo solet quæri, utrum sicut solus pater dicitur ingenitus, ita ipse solus debeat dici non genitus.

Sciendum quoque est, quod sicut solus filius dicitur verbum vel imago; ita etiam ipse solus dicitur sapientia nata vel genita. Hic ostendit qualiter filius dicatur sapientia genita; et circa hoc duo facit: primo ostendit dicti significationem; secundo excludit dubitationem ex dictis, ibi: cave lector qualiter hoc intelligas; ubi duo facit secundum duas dubitationes quas removet. Secunda incipit ibi: illud etiam sciri oportet, quia, cum supra dictum sit, imaginem relative dici de filio... Interdum tamen reperitur secundum substantiam dici; et utraque per se patet in littera.

Hic est duplex quæstio. Primo de innascibilitate. Secundo de imagine.

Distinctio XXVIII

Circa primum duo quæruntur: 1 utrum innascibilitas sit notio vel proprietas patris; 2 utrum sit personalis proprietas ejus. Utrum autem innascibilitas vel ingenitus conveniat Spiritui Sancto, habitum est supra, 13 dist., quæst. 1, art. 1.

Articulus Primus
Utrum innascibilitas sit proprietas patris.

Ad primum sic proceditur. Videtur quod innascibilitas non sit notio vel proprietas patris.

Ut enim in littera habetur, cum pater ingenitus dicitur, non quid sit, sed quid non sit, ostenditur.

Sed negatio non potest esse sufficiens principium notificandi aliquid. Ergo cum notio dicatur illud quod est principium cognoscendi personam, videtur quod ingenitum non dicat aliquam notionem patris.

Præterea, si ingenitum sit proprietas patris; aut hoc erit secundum quod intelligitur negative, aut secundum quod intelligitur privative. Sed non secundum quod intelligitur negative; quia sic convenit ei quod non generatur; et sic convenit essentiæ et Spiritui Sancto. Similiter nec secundum quod privative; quia privatio semper ponit imperfectionem in eo cujus est, cum privatio sit ejus quod natum est haberi et non habetur. Ergo videtur quod ingenitus nullo modo sit notio vel proprietas patris.

Præterea, cum personæ divinæ non distinguantur nisi per relationes, nihil potest esse proprietas vel notio divinæ personæ, quod non est in genere relationis. Sed ingenitus non est in genere relationis. Ergo non est notio personæ divinæ.

Probatio mediæ. Sicut se habet inferius ad superius, ita se habet negatio superioris ad negationem inferioris, et e contra. Quanto enim homo est in paucioribus quam animal, tanto magis negatio animalis de paucioribus prædicatur quam negatio hominis. Sed generatio prout significat relationem, est minus commune quam relatio. Ergo negatio generationis est plus commune quam non relatio, et ita prædicatur de illa; et salvatur cum ea, sicut commune cum proprio. Sed quidquid salvatur cum opposito generis, non est contentum sub genere. Ergo ingenitus cum salvetur cum eo quod est non relatio, non est in genere relationis.

Item, ingenitum convenit patri, secundum quod est principium. Sed ipse non est principium solum per generationem, sed etiam per spirationem.

Ergo videtur quod non debeat notificari per negationem generationis, sed per negationem processionis, quæ est commune ad utrumque, ut dicatur improcessibilis; vel secundum specialem rationem utriusque processionis, ut sicut dicitur ingenitus, ita dicatur inspirabilis.

Contra est quod in littera per Hilarium dicitur.

Præterea, illud quo persona divina distinguitur ab aliis personis, est notio vel proprietas ejus. Sed ingenitum soli patri convenit, ut supra, 13 dist. qu. 1, art. 4, habitum est. Ergo est notio vel proprietas patris.

Respondeo dicendum, quod secundum Augustinum, pater est principium totius divinitatis; unde etiam Dionysius dicit, quod in patre est fontana divinitatis. Unde si in divinis personis esset ordo qui poneret prius et posterius, pater esset primum principium. Sed quia ibi non est talis ordo, loco ejus quod est primum, dicimus principium non de principio. Unde pater potest dupliciter innotescere: vel inquantum est de non principio, et sic innotescit per notionem innascibilitatis: vel inquantum est principium; et sic, quia principium dicitur secundum emanationem quæ ab ipso est, secundum duplicem modum emanationis in divinis, duabus notionibus innotescit; scilicet paternitate, inquantum est principium per generationem; et communi spiratione, inquantum est principium Spiritus Sancti per spirationem amoris; et sic patet quod in universo sunt tres notiones patris.

Ad primum igitur dicendum, quod aliqua dictio dicitur ponere aliquid dupliciter: vel ita quod illud quod ponit sit de intellectu ejus sicut aliquid essentiæ ipsius, ut homo ponit animal; vel quia præsupponit illud quasi in quo fundatur, quamvis non sit de essentia ejus; sicut omne accidens ponit substantiam.

Dico ergo, quod hoc nomen ingenitus non ponit aliquid quod constituat intellectum ipsius: quia hoc non posset esse nisi poneret aliquam rationem principii, vel in communi vel in speciali; quia nihil aliud notionale potest patri convenire, et quocumque modo dicatur non ponet in numerum innascibilitas cum paternitate, quia commune non ponit in numero cum proprio; sed tamen ponit aliquid quod præsupponit ut id in quo fundatur; et ex hoc est quod quidam dixerunt, quod ingenitus aliquid ponit, et quidam quod nihil. Sed quamvis nihil ponat quod sit de intellectu ejus constitutive, non tamen sequitur quod non possit esse notio; quia illud cujus ratio consistit in remotione, optime per negationem certificatur, sicut cæcitas et hujusmodi: et hujusmodi est ratio primi, vel ejus quod est non de principio esse, quia primum est ante quod nihil.

Ad secundum dicendum, quod ingenitus non importat

negationem absolutam, sed aliquo modo privationem. Omnis enim negatio quæ est in aliquo subjecto determinato, potest dici privatio. Unde in 8 Metaph. Dicitur, quod privatio est negatio in subjecto vel in substantia. Unde dico, quod hæc negatio quam importat ingenitus, intelligitur ut fundata in ratione principii, secundum quod est notio patris; et hoc modo non convenit nec essentiæ nec Spiritui Sancto, quibus non competit esse principium per originem alicujus divinæ personæ: nec iterum filio, cui convenit affirmatio opposita.

Sed ex hoc non sequitur quod in patre sit aliqua imperfectio. Quamvis enim privatio semper sit ejus quod natum est haberi; tamen hoc contingit tripliciter, ut dicit Philosophus 5 Metaph..

Vel quando aliquid non habet quod natum est haberi a quocumque, quamvis ipsum non sit natum habere, sicut pes non dicitur habere visum: vel quando non habet illud quod natum est haberi a suo genere, quamvis non ab ipso nec ab aliquo suæ speciei, sicut talpa non habet visum: vel quando non habet illud quod natum est habere, et quando et ubi et secundum alias conditiones; et sic proprie dicitur privatio, et imperfectionem importat: et hoc modo nihil privative in Deo dicitur; sed aliis primis modis potest dici. Sed quantum ad primum modum potest ingenitum dici de essentia et de Spiritu Sancto, ut supra, dist. 13, accepit Hieronymus; sed quantum ad secundum modum dicitur tantum de patre: quia ipse est principium notionaliter, et non habet generationem passivam quam habet filius, qui etiam notionaliter principium est.

Ad tertium dicendum, quod in genere continetur aliquid dupliciter: vel per se et proprie, sicut species, et ea quæ recipiunt prædicationem generis; vel per reductionem, sicut principia generis, ut materia et forma ad substantiam; et unitas et punctus ad quantitatem; quamvis neutrum sit quantitas. Ita etiam nulla negatio vel privatio est in genere per se: quia non habet aliquam quidditatem nec esse; sed reducitur ad genus affirmationis, secundum quod in non esse intelligitur esse, et in negatione affirmatio, ut dicit Philosophus, quia omnis privatio per habitum cognoscitur, et remotio per positionem; et sic etiam non relatio est in genere relationis, quamvis ea de quibus dicitur ista negatio, non sint in illo genere.

Ad quartum dicendum, quod in hoc quod dicitur ingenitus, removetur a patre esse ab alio simpliciter, et non solum secundum aliquem determinatum modum.

Quare autem nominetur per negationem specialis processionis, scilicet generationis, potest assignari triplex causa: una est, quia processio Spiritus Sancti secundum ordinem naturæ præsupponit generationem filii: et ideo, quia negato priori removetur posterius, ad remotionem generationis a principio fontali, sequitur processionis remotio per modum amoris: secunda est, quia per hoc quod dicitur ingenitus, secundum quod est notio patris, tollitur omnis modus consequendi generationem: hoc enim convenit patri inquantum est principium generationis, ut nullo modo generationem consequatur. Generationem autem consequitur aliquid secundum intellectum tripliciter: vel sicut genitum, ut filius; vel sicut per generationem acceptum, ut essentia divina; vel sicut a generato procedens, ut Spiritus Sanctus. Unde nulli horum convenit ingenitus secundum prædictum modum.

Tertia potest esse ratio, quia negatio ingeniti fundatur super rationem principii, ut dictum est, in corp. Art.. Quamvis autem pater sit principium utriusque processionis divinæ, sola tamen ratio per quam est principium generationis, est proprietas personalis, constituens personam patris, scilicet paternitas; et ideo etiam per generationis negationem eadem persona convenientius et magis proprie notificatur.

Articulus Secundus
Utrum innascibilitas sit proprietas personalis patris.

Ad secundum sic proceditur. Videtur quod innascibilitas sit proprietas personalis patris. Sicut enim paternitas convenit tantum patri, ita et innascibilitas.

Sed paternitas est proprietas personalis ejus. Ergo et innascibilitas.

Præterea, persona dicit aliquid distinctum proprietate ad dignitatem pertinente. Sed innascibilitas magis videtur pertinere ad dignitatem quam paternitas; quia paternitas communicatur etiam creaturis, non autem innascibilitas. Ergo innascibilitas magis est proprietas personalis quam paternitas.

Item, persona non potest intelligi nisi intelligatur aliquid constituens ipsam in personalitate sua. Sed, ut in littera dicitur, potest intelligi ingenitus, etiam si non intelligatur pater. Ergo oportet quod innascibilitas constituat personam patris; et ita videtur quod sit proprietas personalis.

Præterea, illud quod est principium personalis operationis, videtur esse proprietas personalis, quia propria operatio est a propria forma operantis.

Sed innascibilitas est principium generationis in patre. Dicitur enim, quod pater generat, quia est ingenitus; unde quærit delicias in consortio filii. Ergo videtur quod innascibilitas sit proprietas personalis.

Contra, quidquid dicitur per positionem, non constituitur negative vel privative tantum. Sed pater nominat aliquid positive. Ergo persona patris non constituitur per innascibilitatem, quia nihil ponit in intellectu suo.

Respondeo dicendum, quod sicut est in inferioribus, quod quidquid consequitur ad esse perfectum, non est constitutivum illius rei, ita etiam in divinis quidquid secundum intellectum præsupponit aliquid quo persona constituitur, non potest esse constitutivum personæ; et inde est quod communis spiratio non potest esse proprietas personalis, quia præsupponit in patre et filio generationem activam et passivam, quibus illæ personæ constituuntur.

Similiter innascibilitas, cum ponat negationem, quæ fundatur super rationem principii, ut dictum est, art. Præced., præsupponit secundum intellectum rationem principii supra quam fundatur, scilicet paternitatem; et ideo non potest constituere personam patris, nec potest esse personalis proprietas.

Ad primum ergo dicendum, quod ex hoc quod convenit soli patri, potest probari quod sit proprietas patris, non autem quod sit proprietas personalis, nisi constitueret personam patris ad similitudinem differentiæ constitutivæ.

Ad secundum dicendum, quod quidquid habet negatio de dignitate, habet ab affirmatione supra quam fundatur; et ideo innascibilitas quæ fundatur supra talem paternitatem, pertinet ad dignitatem sicut talis paternitas; et sicut innascibilitas non communicatur creaturæ, ita nec talis paternitas, scilicet quæ non est ab alio principio, quamvis communicetur paternitas absolute.

Ad tertium dicendum, quod remota paternitate per intellectum, non remanet hypostasis patris; et quod dicitur in littera, quod remanet ingenitum, est intelligendum quantum ad communem rationem ingeniti et patris, quia separatim inveniuntur in diversis; non autem secundum quod utrumque ponitur proprietas patris. Nihilominus tamen, etiam remota paternitate, remaneret ingenitum in Deo, non quasi proprietas vel notio alicujus personæ; sed quasi attributum essentiæ, ut immensus et increatus.

Ad quartum dicendum, quod innascibilitas non est principium generationis in patre quasi forma eliciens hanc operationem, sed solum quasi ponens aliquam conditionem circa generationem. Sicut enim videmus in alterationibus, quod prima alteratio est quam operatur alterans non alteratum; et ex hoc quod non est alteratum, alteratio quam facit, est prima: ita etiam prima generatio est quæ est generantis non generati; unde conditionem istam, quod sit prima generatio, habet ex hoc quod generans est ingenitus. Sed principium formale quasi eliciens generationem, est forma patris, quæ est paternitas, sicut calor est principium calefactionis in calido.

Quæstio II
Prologus

Deinde quæritur de imagine; et circa hoc tria quæruntur: 1 quid sit imago; 2 utrum imago in divinis dicatur essentialiter vel personaliter; 3 si dicatur personaliter, utrum conveniat filio tantum.

Articulus Primus
Utrum definitio imaginis: imago est species indifferens ejus rei ad quam imaginatur, sit competens.

Ad primum sic proceditur, et ponitur definitio Hilarii talis: imago est ejus rei ad quam imaginatur, species indifferens.

Videtur autem quod sit incompetens. Imago enim est secundum imitationem in exterioribus. Sed species non est de extrinsecis rei; immo dicit quidditatem intrinsecam. Ergo male ponitur in definitione imaginis.

Præterea, imago proprie dicitur quod est ad imitationem alterius. Sed species indifferens duorum non est ad imitationem alterius, immo est id in quo imitatio attenditur. Ergo imago non debet dici species, sed habens speciem.

Item, eorum quæ in infinitum distant, non potest esse indifferentia. Sed creatura est imago Dei, a quo tamen in infinitum distat. Ergo indifferens male ponitur in definitione imaginis.

Præterea, in definitionibus non debet esse circulus. Sed ex hac definitione sequitur circulus; definit enim imaginem per rem imaginatam, et imaginatum non potest definiri nisi per imaginem.

Ergo videtur quod male definiat.

Item, de ratione imaginis est æqualitas et similitudo, ut patet ex alia ejus definitione, quod imago est rei, ad rem coæquandam, indiscreta et unita similitudo. Cum igitur in prædicta definitione nihil ponatur ad æqualitatem et similitudinem pertinens, videtur quod sit diminuta.

Respondeo dicendum, quod ratio imaginis consistit in imitatione; unde et nomen sumitur.

Dicitur enim imago quasi imitago. De ratione autem imitationis duo consideranda sunt; scilicet illud in quo est imitatio, et illa quæ se imitantur. Illud autem respectu cujus est imitatio, est aliqua qualitas, vel forma per modum qualitatis significata. Unde de ratione imaginis est similitudo. Nec hoc sufficit, sed oportet quod sit aliqua adæquatio in illa qualitate vel secundum qualitatem vel secundum proportionem; ut patet quod in imagine parva, æqualis est proportio partium ad invicem sicut in re magna cujus est imago; et ideo ponitur adæquatio in definitione ejus. Exigitur etiam quod illa qualitas sit expressum et proximum signum naturæ et speciei ipsius; unde non dicimus quod qui imitatur aliquem in albedine, sit imago illius; sed qui imitatur in figura, quæ est proximum signum et expressum speciei et naturæ. Videmus enim diversarum specierum in animalibus diversas esse figuras. Ex parte autem imitantium duo sunt consideranda; scilicet relatio æqualitatis et similitudinis, quæ fundatur in illo uno in quo se imitantur; et adhuc ulterius ordo: quia illud quod est posterius ad similitudinem alterius factum, dicitur imago; sed illud quod est prius, ad cujus similitudinem fit alterum, vocatur exemplar, quamvis abusive unum pro alio ponatur.

Et ideo Hilarius ad significandum ordinem et relationem se imitantium, dixit: imago est ejus rei ad quam imaginatur; ad designandum vero id in quo est imitatio, dixit: species indifferens.

Ad primum igitur dicendum, quod non in imitatione quorumcumque exteriorum est ratio imaginis; sed eorum quæ sunt signa quodammodo speciei et naturæ; et ideo posuit speciem potius quam qualitatem.

Ad secundum dicendum, quod ista definitio data est per causam: non enim illud quod est imago, est ipsa species in qua fit imitatio, proprie loquendo; sed indifferentia speciei est causa quare dicatur imago. Vel dicatur, quod utrumque potest dici imago; et illud quod imitatur, et id in quo est imitatio, quamvis non ita proprie; et sic definit Hilarius.

Ad tertium dicendum, quod unumquodque quantum attingit ad rationem imaginis, tantum attingit ad rationem indifferentiæ: secundum enim quod differt, non est imago. Invenitur tamen quidam gradus perfectionis imaginis. Dicitur enim quandoque imago alterius, in quo invenitur aliquid simile qualitati alterius, quæ designat et exprimit naturam ipsius; quamvis illa natura in ea non inveniatur; sicut lapis dicitur esse imago hominis inquantum habet similem figuram, cui non subsistit natura illa cujus est signum; et sic imago Dei est in creatura, sicut imago regis in denario, ut dicit Augustinus; et sic est imperfectus modus imaginis. Sed perfectior ratio invenitur quando illi qualitati quæ designat naturam substantiæ, subest natura in specie, sicut est imago hominis patris in filio suo: quia habet similitudinem in figura, et in natura quam figura significat. Sed perfectissima ratio imaginis est quando eamdem numero formam et naturam invenimus in imitante cum eo quem imitatur; et sic est filius perfectissima imago patris: quia omnia attributa divina, quæ sunt per modum qualitatis significata, simul cum ipsa natura sunt in filio, non solum secundum speciem, sed secundum unitatem in numero.

Ad quartum dicendum, quod hoc quod dicit: ejus rei ad quam imaginatur, est circumlocutio exemplaris. Unde ponitur in virtute unius dictionis, et ponitur convenienter in definitione imaginis, sicut prius in definitione posterioris, et non e converso.

Exemplar enim prius est imagine; unde non est ibi circulus.

Ad quintum dicendum, quod indifferentia speciei intelligitur et similitudo et æqualitas, qualis ad imaginem requiritur; unde illæ duæ definitiones quasi in idem redeunt.

Articulus Secundus
Utrum imago dicatur essentialiter.

Ad secundum sic proceditur. Videtur quod imago non dicatur essentialiter. Ut enim supra, dist. 27, dictum est ab Augustino, nihil est absurdius quam imaginem ad se dici. Sed illud quod essentialiter dicitur in divinis, ad se dicitur. Ergo absurdum est ut essentialiter dicatur.

Præterea, imago de ratione sua, ut dictum est, art. Præced., importat ordinem. Sed in divinis non est nisi ordo originis. Cum igitur nihil importans originem, in divinis essentialiter dicatur, videtur quod nec imago.

Item, ex absolutis vel essentialibus non potest probari personarum distinctio: quia in essentialia trinitatis potest deducere naturalis ratio; non autem in personarum distinctionem. Sed supra, 2 distinct., qu. 1, art. 4, probata est distinctio personarum ex ratione imaginis. Ergo imago non dicitur essentialiter.

Contra est quod in littera dicitur per Augustinum et Hilarium.

Respondeo dicendum, quod, sicut dictum est, art. Præced., imago potest dici dupliciter: vel id quod imitatur aliquem, vel id in quo est imitatio.

Si dicatur imago prout proprie accipitur id quod imitatur alterum; sic essentia divina non potest dici imago, sed exemplar; cujus imago est creatura: quia imago præsupponit ordinem ad aliquod principium: essentia autem divina non habet aliquod principium; sed tamen sic aliqua persona potest dici imago alterius, inquantum persona præsupponit sibi secundum ordinem naturæ aliam personam. Unde sic imago, secundum quod proprie de Deo dicitur, semper est personale. Si autem dicatur imago id in quo est imitatio, sic natura divina est imago; quia in ipsa est duplex imitatio.

Una personæ ad personam, secundum quod filius in natura divina quam habet a patre, imitatur patrem. Alia creaturæ ad creatorem, inquantum creatura imitatur creatorem, sed imperfecte, secundum aliquam similitudinem bonitatis ipsius. Et quantum ad primam imitationem, quæ scilicet est personæ ad personam, imago in recto significabit essentiam, sed in obliquo faciet intellectum personarum; sic enim idem erit imago quod natura divina personarum in ea se imitantium; et sic accepit supra Hilarius. Unde probavit ex ratione imaginis et unitatem essentiæ et distinctionem personarum. Sed quantum ad secundam imitationem, quæ est creaturæ ad creatorem, imago significabit divinam essentiam, et connotabit respectum ad creaturam quæ imitatur ipsam; et sic accepit ibidem Augustinus; unde ex ratione imaginis non probavit nisi unitatem essentiæ.

Et per hoc patet solutio ad objecta.

Articulus Tertius

Utrum Spiritus Sanctus possit dici imago.

Ad tertium sic proceditur. Videtur quod Spiritus Sanctus possit dici imago. Primo per Damascenum qui dicit, quod Spiritus Sanctus est imago filii.

Præterea, sicut filius imitatur patrem, per omnia consimilis sibi, ita etiam Spiritus Sanctus.

Sed hoc est quod requiritur ad perfectam rationem imaginis, ut dictum est, art. 1 hujus quæst.. Ergo Spiritus Sanctus est imago patris.

Si dicis, quod Spiritus Sanctus non habet hoc quod sit similis patri per omnia, ex ratione processionis, sicut filius hoc habet inquantum procedit ut genitus; contra: quia processio Spiritus Sancti non tantum est processio amoris, sed processio amoris divini. Sed processio amoris divini, inquantum hujusmodi, habet quod sit in plenitudine ejusdem naturæ. Ergo videtur quod Spiritus Sanctus ex processione sua habeat quod sit imago.

Præterea, dicitur absolute, quod Spiritus Sanctus est æqualis patri, et similis, et connaturalis; quamvis hoc non habeat ex ratione suæ processionis absolute. Cum igitur similitudo et æqualitas et connaturalitas constituant perfectam rationem imaginis; videtur quod Spiritus Sanctus absolute sit imago.

Contra est quod Hilarius dicit, quod æternitas est in patre, et species in imagine, et usus in munere. Sicut ergo munus vel donum est proprium Spiritus Sancti, ita imago filii. Hoc idem videtur per Augustinum, supra, distinct. 27.

Respondeo dicendum, quod imago, secundum quod personalis dicitur, convenit tantum filio, et non Spiritui Sancto. Cujus ratio diversimode assignatur.

Quidam enim dicunt, quod cum imago ponat imitationem in exterioribus, et notionalia in divinis sint quasi exteriora, filius convenienter dicitur imago patris, quia imitatur patrem etiam in aliqua notione, scilicet in communi spiratione; non autem Spiritus Sanctus, qui nullam notionem communem cum patre habet. Sed hoc non videtur conveniens propter duo: primo, quia notionalia in divinis non se magis habent per modum exteriorum quam essentialia, præter illa quæ sunt assequentia substantiam, secundum Damascenum; et ideo imitatio in illis adhuc faceret rationem imaginis. Secundo, quia secundum relationem originis non attenditur in divinis similitudo aut æqualitas, vel dissimilitudo vel inæqualitas, ut ex verbis Augustini habitum est supra, 20 distinct..

Ad rationem autem imaginis requiritur similitudo et æqualitas, ut dictum est, art. 1 hujus quæst..

Et ideo alii dicunt, quod impossibile est unius rei esse plures imagines immediate ducentes in illam, nisi per materiam divisas; nec etiam e contrario est possibile quod idem sit imago plurium; et ideo, cum patris imago sit filius, non potest etiam esse imago Spiritus Sanctus: quia sic plures essent imagines unius. Nec item potest esse quod Spiritus Sanctus sit imago patris et filii: quia sic idem esset imago immediata plurium. Istud etiam non videtur conveniens propter duo: primo, quia Spiritus Sanctus refertur ad patrem et filium ut ad unum principium; unde posset esse imago eorum ut sunt unum principium ejus, sicut homo est imago totius trinitatis. Secundo, quia non est major ratio quare non possunt esse unius plures imagines quam unius plures similes vel æquales; hoc enim convenit in divinis, scilicet quod plures sint similes vel æquales unius, non per divisionem materiæ, sed per distinctionem relationum.

Et ideo dicendum cum aliis, quod quamvis diversitas rationis attributorum non sufficiat ad distinctionem realem processionum, tamen sufficit ad diversas notiones eorum, ut supra, 13 dist., quæst. 1, art. 3, dictum est: et ideo quamvis Spiritus Sanctus sua processione accipiat naturam; quia tamen sua processio non est per modum naturæ, non dicitur nec est generatio quia generatio est processio per modum naturæ; et per consequens non dicitur filius. Ita etiam dico quod filius ex ratione processionis suæ habet quod sit imago, et inquantum procedit ut filius, quia filius dicitur ex hoc quod habet naturam patris; et inquantum procedit ut verbum, quia verbum, ut dictum est, dist. 27, quæst. 2, art. 1, est quædam similitudo in intellectu ipsius rei intellectæ.

Sed Spiritus Sanctus non habet hoc ex ratione suæ processionis, quia procedit ut amor; et ideo sicut non dicitur filius, quamvis accipiat sua processione naturam patris; ita nec imago, quamvis habeat similitudinem ad patrem.

Ad primum igitur dicendum, quod Damascenus large accipit imaginem pro quacumque similitudine.

Ad secundum dicendum, quod quamvis Spiritus Sanctus imitetur patrem, non tamen habet ex ratione suæ processionis ut imago dicatur; et ideo non dicitur imago sicut non dicitur filius.

Ad tertium dicendum, quod identitas rei in divinis non præjudicat distinctioni secundum rationem in veritate attributorum; et ideo quamvis sapientia, inquantum est divina, sit essentia, nihilominus manet ibi propria ratio sapientiæ præter rationem essentiæ, et similiter ratio voluntatis præter rationem naturæ et intellectus; et propter hoc etiam remanet distinctio in processionibus quæ sunt per modum voluntatis et intellectus et naturæ, ad minus secundum rationem; et diversitas rationum causat diversitatem nominum; unde illa nomina nunquam concurrerent in idem, nisi rationes in eadem re fundarentur; et quia processio per modum voluntatis et naturæ non eidem competit in divinis, ideo nec nomina se consequuntur quæ proprias rationes processionum demonstrant.

Ad quartum dicendum, quod quamvis nomen imaginis sit impositum ab æqualitate et similitudine, tamen est impositum ad significandum rem cui ex modo suæ productionis competit similitudo et æqualitas; et ideo non oportet quod dicatur absolute similis et æqualis nisi ex modo suæ processionis hoc habeat quod etiam imago proprie et absolute dicatur.

Quibusdam videtur quod pater solus debeat dici non genitus. Sciendum, quod utraque opinio secundum aliquid verum dicit. Si enim accipiatur non genitus prout dicit negationem absolute, tunc non convenit patri tantum, nec est idem quod ingenitus, quod importat negationem per modum privationis, prout ingenitus proprie accipitur. Si autem dicat negationem in genere principii, sic est idem quod ingenitus, et tantum patri convenit; et sic procedit prima opinio.

Sed si transponas, ut dicas: aliud est patrem esse, aliud filium esse, variatur intelligentia. Ratio dicti est, quia esse dicitur dupliciter: scilicet prout significat veritatem compositionis, et secundum quod significat actum essentiæ. Quando ergo dicitur, aliud est patrem esse, aliud est filium esse, ita quod ly esse sit prædicatum dicti; significatur esse quod est accidens essentiæ; unde falsa est; quia sicut una est essentia trium, ita et unum esse.

Cum autem dicitur: aliud est esse patrem, aliud filium esse, ita quod ly patrem prædicetur in dicto inesse; significatur veritas compositionis, et secundum hoc pater eo est pater quo verum est ipsum dici patrem, scilicet paternitate, et non essentia.

Et quia alio Deus dicitur pater, scilicet paternitate, et alio filius, scilicet filiatione; ideo conceditur quod aliud est esse patrem et aliud esse filium, secundum quod ly aliud dicit alietatem notionis, et non alietatem essentiæ.

Distinctio XXIX

Quæstio I
Prologus

Postquam determinavit de innascibilitate, quæ est proprietas personæ, sed non personalis, hic determinat de alia notione, quæ non est proprietas personæ, quia non uni tantum personæ convenit, nec proprietas personalis, quia nullam personam constituit, scilicet de communi spiratione, quæ designatur cum dicitur: pater et filius sunt principium Spiritus Sancti. Et dividitur in partes duas: in prima ostendit quomodo nomen principii de Deo dicatur; et quia quandoque dicitur ex tempore, quandoque ab æterno principium, ideo in secunda ostendit qualiter aliquid de Deo ex tempore dici possit, 30 dist., ibi: sunt enim quædam quæ ex tempore de Deo dicuntur.

Circa primum duo facit: primo ostendit quot modis Deus dicatur principium; secundo prosequitur divisionis partes, ibi: et pater ab æterno principium est filii. Et hæc in duas: in prima ostendit qualiter Deus dicatur principium creaturæ, quia non ab æterno, sed ex tempore; et quia hoc commune est toti trinitati, et quia est principium per creationem per aliquam operationem in creatura; in secunda ostendit qualiter dicatur principium divinæ personæ, ibi: deinde in eodem libro continuo ostendit quomodo pater dicatur principium ad filium et ad Spiritum Sanctum. Et hæc in duas: in prima ostendit quod pater dicitur principium filii; et ipse et filius est principium Spiritus Sancti ab æterno, non essentialiter sed notionaliter; in secunda ostendit qua notione principium dicatur, ibi: qua ergo notione est pater, ea principium filii dicitur. Et circa hoc duo facit: primo ostendit qua notione pater principium filii dicatur; secundo qua notione uterque principium Spiritus Sancti, ibi: unum autem principium sunt pater et filius.

Et circa hoc duo facit, secundum duas quæstiones quas movet; secunda incipit ibi: si vero quæritur, quæ sit illa notio quam ibi notat principium, nomen ejus non habemus.

Hic quæruntur quatuor: 1 utrum una persona sit principium respectu alterius: et supposito quod sit; 2 utrum principium dicatur univoce de Deo respectu divinæ personæ, et respectu creaturæ; 3 utrum eadem notione pater et filius sint principium Spiritus Sancti; 4 si possint dici unum principium ipsius.

Articulus Primus
Utrum una persona sit principium alterius.

Ad primum sic proceditur. Videtur quod una persona non sit principium alterius. Nomen enim principii imponitur a prioritate sicut et nomen sonat. Sed in divinis personis non est prius et posterius, ut supra habitum est, dist. 9, quæst. 2, art. 1. Ergo una persona non est principium alterius.

Præterea, quod est principium alicujus, videtur esse causa ejus: quia, sicut dicit Philosophus in 5 Metaph., quot modis dicitur causa, tot modis dicitur principium vel initium. Sed una persona non est causa alterius, quia in divinis personis nihil est causatum. Ergo una persona non est principium alterius.

Item, una persona non est principium alterius nisi inquantum dat esse. Sed tale principium est operativum vel effectivum. Cum igitur una persona non dicatur factrix vel operatrix alterius, videtur quod una non sit principium alterius.

Contra est quod in littera dicitur, quod pater est principium totius deitatis.

Præterea, a quocumque oritur aliquid, est principium illius. Sed ab una persona oritur alia. Ergo una est principium alterius.

Respondeo dicendum, quod ad significandum originem divinarum personarum, utendum est talibus nominibus qualia modo originis competant; quia secundum Hilarium, sermo debet esse rei subjectus. Hoc autem invenimus in origine divinarum personarum quod tota essentia unius accipitur in alia, ita quod una numero est essentia trium, et idem esse. Et ideo ad significandum ordinem talis originis, non competit nomen causæ propter duo: primo, quia omnis causa vel est extra essentiam rei, sicut efficiens et finis; vel pars essentiæ, sicut materia et forma.

Secundo, quia omnis causa habet ordinem principii ad esse sui causati quod per ipsam constituitur.

Pater autem non habet aliquem ordinem principii ad esse filii, sicut nec ad esse suum, cum unum et idem sit esse utriusque: unde pater non est causa filii, sed principium; quia principium dicit ordinem originis absolute, non determinando aliquem modum qui ab origine personarum alienus sit. Invenitur enim aliquod principium quod non est extra essentiam principiati, sicut punctus a quo fluit linea; et quod non habet aliquam influentiam ad esse principiati, sicut terminus a quo dicitur principium motus, et sicut mane dicitur principium diei. Sed nomen auctoris addit super rationem principii hoc quod est non esse ab aliquo; et ideo solus pater auctor dicitur, quamvis etiam filius principium dicatur notionaliter.

Ad primum igitur dicendum, quod quia nomen principii impositum est secundum quod invenitur in creaturis, ubi principium est prius aliquo modo principiato, ideo a prioritate imponitur; sed tamen imponitur ad significandum illud a quo est aliquid.

Unde quamvis quantum ad modum significandi divinis non competat, sicut et alia nomina essentialia quæ a nobis imposita sunt: tamen quantum ad rem significatam, propriissime ratio principii sibi competit.

Ad secundum dicendum, quod quamvis pater dicatur

principium filii, non tamen dicendus est causa, nisi improprie, sicut Chrysostomus utitur nomine causæ, dicens patrem causam filii: principium enim in plus est quam causa, et causa in plus est quam elementum, sicut dicit Commentator. Unde omnis causa est principium, sed non convertitur.

Ad tertium dicendum, quod quia factio et operatio semper terminantur ad esse rei, ideo filius non potest dici factus nec operatus a patre, cum quo unum esse habet; sed tantum generatus, propter originem personæ.

Articulus Secundus
Utrum principium dicatur univoce de Deo secundum quod dicitur principium divinæ personæ et creaturæ.

A

Ad secundum sic proceditur. Videtur quod principium univoce dicatur secundum quod Deus dicitur principium personæ divinæ et creaturæ.

Sicut enim dicit Basilius, accipere a patre filius habet commune cum omni creatura; sed habere per naturam est filii proprium. Sed ratio principii fundatur supra originem unius ab alio, ut dictum est, art. Præced..

Ergo principium univoce dicitur respectu personæ divinæ et respectu creaturæ.

Præterea, Magister utitur tali divisione principii, quod principium est de non principio, et principium de principio, et principium de utroque principio. In hac autem divisione oportet quod principium accipiatur et secundum quod dicit respectum ad creaturam, et secundum quod dicit respectum ad personam. Cum igitur hæc divisio omnino esset inartificialis si principium æquivoce diceretur, videtur quod principium univoce dicatur secundum utrumque modum.

Contra, æterno et temporali nihil potest esse univocum. Sed principium respectu creaturæ est ex tempore, principium autem respectu divinæ personæ est ab æterno. Ergo principium æquivoce dicitur.

Præterea, pater est principium filii per generationem, et Spiritus Sancti per spirationem, et creaturæ per creationem. Hæ autem sunt diversæ rationes originis. Ergo videtur quod principium in istis acceptionibus æquivoce sumatur.

Respondeo dicendum, quod idem judicium est de principio et de origine super quam fundatur ratio principii. Potest autem origo considerari dupliciter: aut secundum communem rationem originis, quæ est aliquid ab aliquo esse; et sic una ratio est communis ad originem personarum et originem creaturarum, non quidem communitate univocationis, sed analogiæ: et similiter etiam nomen principii. Potest etiam considerari secundum determinatum modum originis; et sic sunt diversæ speciales rationes originis et principii; sed hoc non facit æquivocationem: quia sic etiam, secundum Philosophum, animalis ratio secundum unumquodque est alia.

Ad primum dicendum, quod principium est commune communitate analogiæ, et non univocationis.

Ad secundum dicendum, quod Magister accipit principium in divisione secundum communem rationem, quæ una est, ut dictum est, in corp. Art., et non secundum speciales, quæ differunt.

Ad tertium dicendum, quod quamvis æterno et temporali nihil sit univocum; est tamen aliquid commune secundum analogiam, ut sæpe dictum est.

Ad quartum dicendum, quod ratio illa procedit quantum ad speciales rationes originis quæ non faciunt æquivocationem, ut dictum est.

B

Ulterius quæritur, quomodo per prius dicatur.

Videtur enim quod secundum quod dicit respectum ad creaturam. Essentiale enim est prius secundum intellectum notionali, et commune proprio. Sed esse principium creaturæ, est essentiale et toti trinitati commune; esse autem principium divinæ personæ, est notionale et proprium. Ergo etc..

Contra, æternum est prius temporali. Sed principium personæ dicitur ab æterno; principium autem creaturæ a tempore. Ergo etc..

Ad id quod ulterius quæritur, dicendum, quod processio creaturarum exemplatur a processione divinarum personarum; unde, absolute loquendo, per prius dicitur principium respectu personæ quam respectu creaturæ. Sed tamen sciendum, quod in principio, secundum quod dicitur respectu creaturæ, est considerare ipsam habitudinem quæ temporalis est, et illud in quo fundatur ista habitudo, scilicet virtus et operatio divina; in quibus tamen non est ratio principii nisi quasi habitualiter; et sic secundo modo considerando principium secundum quod dicitur principium creaturæ, est prius quam principium divinæ personæ quod fundatur in proprietate, per modum quo essentiale dicitur prius notionali secundum intellectum.

Sed hoc non est nisi secundum quid.

Et per hoc patet responsio ad utrumque objectum.

Articulus Tertius
Utrum proprietas patris et filii, qua dicuntur principium

Spiritus Sancti, sit tantum una.
Ad tertium sic proceditur. Videtur quod non sit nisi una proprietas patris et filii, secundum quam dicuntur principium Spiritus Sancti. Proprietas enim unitatem et multitudinem trahit a suppositis.
Sed pater et filius non sunt unum suppositum.
Ergo nec ipsorum est una proprietas.
Præterea, nihil idem est uniens principium, et distinguens. Sed notiones in divinis sunt distinguentes. Ergo videtur quod nulla notio patrem et filium uniat.
Item, magis sunt unum quæ uniuntur in natura et proprietate, quam quæ uniuntur in natura tantum. Sed pater et filius non sunt magis unum quam pater et Spiritus Sanctus. Cum igitur pater et Spiritus Sanctus non conveniant nisi in natura, videtur quod pater et filius non uniantur in aliqua proprietate una.
Præterea, propinquius est proprietati illud in quo est, quam illud ad quod dicitur. Sed proprietates quæ sunt in una persona, sunt plures ex hoc quod ad diversa referuntur; sicut generatio in patre ad filium, et communis spiratio ad Spiritum Sanctum. Ergo multo magis efficientur duæ proprietates ex hoc quod sunt in duabus personis.
Contra, secundum Anselmum, in omnibus pater et filius unum sunt, in quibus non distinguit inter eos relationis oppositio. Sed in communi spiratione pater et filius non opponuntur. Ergo est una et eadem numero in utroque.
Respondeo dicendum, quod una numero notio est patris et filii, secundum quod principium Spiritus Sancti dicuntur, ut dicitur in littera.
Cujus ratio est, quia distinctionem rerum secundum formam aliquam non invenimus nisi dupliciter: uno modo secundum quod aliquid commune distinguitur per plures rationes speciales, sicut ratio generis distinguitur in plures species; alio modo secundum quod natura specialis distinguitur in plura secundum numerum. Hic autem secundus modus non potest esse in divinis, duplici ratione: primo, quia multiplicatio secundum numerum unius speciei non est ex aliquo formali adjuncto, sed ex materiali principio diviso: quia ratio speciei specialissimæ constituitur per adventum ultimæ formæ constitutivæ: materia autem non est in divinis. Secundo, quia natura specialis non multiplicatur nisi secundum esse quod in diversis habet: quia tota quidditas completa est in specie. In divinis autem non est nisi unum esse; unde non potest esse quod aliquid dictum secundum specialem rationem, in divinis numero multiplicetur. Relinquitur igitur quod quidquid est in divinis, vel remaneat indistinctum et unum numero, sicut natura communis tribus personis: vel habeat rationem communem distinguibilem secundum plures rationes speciales: sicut relatio communis est tribus, non tamen una numero relatio, sed alia et alia, etiam secundum rationem specialem distincta. Cum igitur communis spiratio nominet specialem rationem principii secundum specialem modum originis, impossibile est quod sit nisi una numero in patre et filio.
Ad primum igitur dicendum, quod in creaturis supposita distincta sunt per esse; et ideo proprietates ipsorum etiam secundum esse distinguuntur.
Sed in divinis suppositis est unum esse; unde et proprietas non potest multiplicari secundum esse, sed solum secundum rationem proprietatis specialem.
Ad secundum dicendum, quod secundum idem non potest esse aliquid uniens et distinguens, et respectu ejusdem; unde communis spiratio distinguit patrem a Spiritu Sancto, sed unit filio.
Ad tertium dicendum, quod secundum Augustinum, secundum relationes originis attenditur æqualitas vel inæqualitas; et ideo ex hoc quod pater convenit cum filio in aliqua notione, non dicitur magis unum esse cum eo quam cum Spiritu Sancto, sed solum in pluribus.
Ad quartum dicendum, quod proprietas relativa, quantum ad esse quod habet, proximius se habet ad suum suppositum quam ad id ad quod dicitur; unde si esset ibi variatio secundum esse, hoc haberet a suppositis. Sed secundum rationem relationis dicitur ad aliud; et ideo distinguitur specialis ratio relationis, secundum quod ad aliud et aliud refertur.

Articulus Quartus
Utrum pater et filius sint unum principium Spiritus Sancti.

Ad quartum sic proceditur. Videtur quod pater et filius non sint unum principium Spiritus Sancti. Si enim unum sunt principium, aut unum quod est pater, aut unum quod non est pater. Si unum quod est pater, ergo filius est pater, quod falsum est. Si unum quod non est pater, ergo pater non est pater, quod iterum falsum est. Ergo nullo modo sunt unum principium.
Præterea, de patre et filio et Spiritu Sancto, ex eo quod sunt unum principium creaturæ, dicimus, quod sunt unus creator. Sed non dicimus quod pater et filius sunt unus spirator. Ergo non sunt unum principium Spiritus Sancti.
Item, unitas causa est identitatis. Sed pater et filius non

dicuntur idem principium Spiritus Sancti. Ergo nec unum.

Contra, sicut supra habitum est in omnibus pater et filius unum sunt, in quibus non distinguit relationis oppositio, et in quibus hoc de illo dicitur. Sed filius est principium de principio. Ergo pater et filius sunt unum principium. Præterea, unius rei unum est principium. Sed Spiritus Sanctus est unus. Ergo unum ejus est principium.

Respondeo dicendum, quod secundum omnes, pater et filius sunt unum principium Spiritus Sancti, qui Spiritum Sanctum ab utroque confitentur procedere. Sed circa hoc qualiter dicatur, sunt diversæ opiniones.

Quidam enim dicunt, quod unum non designat nisi unitatem proportionis; quia sicut se habet pater ad Spiritum Sanctum ut spirans, ita et filius. Sed istud non sufficit; quia secundum unitatem proportionis etiam conveniunt pater et filius in ratione suppositi; et tamen non dicimus eos esse unum suppositum.

Et ideo alii dicunt, quod unum dicit unitatem naturæ: qui videntur inniti auctoritate Anselmi, qui dicit, quod pater et filius spirant Spiritum Sanctum, inquantum uterque eorum est Deus. Sed nisi aliquid plus dicant, ab unitate principii notionaliter dicti non excluderetur Spiritus Sanctus, qui non excluditur ab unitate naturæ.

Et ideo alii dicunt, quod unum dicit unitatem notionis; et istud videtur esse conveniens; quia in substantivis nominibus unitas et pluralitas attenditur secundum unitatem et pluralitatem formæ significatæ; unde dicimus, unus Deus, propter unitatem divinæ naturæ. Forma autem quam significat hoc nomen principium, secundum quod personaliter sumitur, est ipsa notio vel proprietas, sicut hoc nomen pater significat paternitatem. Unde ad unitatem notionis sequitur unitas principii. Potest nihilominus dici, ut salvetur dictum Anselmi, quod significat unitatem in potentia spirativa, quæ dicit naturam divinam sub ratione talis proprietatis, quæ est principium operationis personalis, ut supra dictum est, dist. 11, qu. 1, art. 2 et 3.

Ad primum igitur dicendum, quod ista divisio: aut sunt unum quod est pater, aut sunt unum quod non est pater, non est per contradictoria; unde utraque falsa est. Sed hæc est vera: non sunt unum quod est pater tantum; sed sunt unum quod est pater et filius; sicut sunt etiam unus Deus, qui est pater et filius.

Ad secundum dicendum, quod quamvis dicantur unum principium Spiritus Sancti, non tamen dicuntur unus spirans vel unus spirator: quia hujusmodi distinctiones imponuntur ab actibus, qui semper significant ut adjacenter, et in talibus non attenditur in consignando pluraliter pluralitas formæ significatæ, sed suppositorum, ut supra dictum est, 16 dist., qu. 1, art. 4. Sed de creatione non est similis ratio ac de spiratione: quia spiratio præexigit distinctionem in suppositis; unde est aliquo modo a pluribus suppositis inquantum distincta sunt, cum sit operatio personalis; sed creatio est opus essentiæ divinæ; unde est opus suppositi indistincti, prout essentia significatur id quod est, ut hoc nomine Deus; et ideo sicut pater et filius dicuntur unum, quod est unus Deus, ita et unus creator; non tamen creans unus, quia participium est adjectivum.

Ad tertium dicendum, quod non conceditur communiter, quod sint idem principium; quia ratione articulationis includitur unitas suppositi: sicut etiam supra, Magister dicit, quod Deus non genuit se Deum, nec alium Deum. Quidam tamen dicunt, quod filius et pater sunt idem Deus, et sunt idem principium, eo quod ly idem est adjectivum, et non ponit identitatem absolutam, sed respectu ejus cui adjungitur; et secundum hoc potest concedi, quod sunt idem principium.

Pater est principium totius deitatis. Videtur esse falsum: quia aut divinitas sumitur pro essentia divina, aut pro personis. Si pro personis, sic non est principium totius divinitatis, idest omnium personarum, cum non sit principium sui ipsius. Si pro essentia, videtur falsum, quia non est principium essentiæ. Et præterea totalitas exigit aliquam distinctionem in partibus; in essentia autem nulla est distinctio.

Respondeo dicendum, quod utroque modo accipi potest. Si enim accipiatur pro essentia, tunc totum non dicit integritatem partium, sed perfectionem naturæ; et dicitur esse principium totius divinitatis, non quia deitatem generet vel spiret; sed quia divinitatem, generando vel spirando, communicat; ut sit sensus: est principium divinitatis, idest ut deitas habeatur. Sed sic etiam filius posset dici principium divinitatis totius, quia ab ipso perfecta divinitas est in Spiritu Sancto, nisi pro tanto quod non secundum omnem modum quo communicabilis est, et quia non per generationem. Si autem sumatur pro universitate personarum, tunc planius est; quia sic dicitur principium totius divinitatis, inquantum in omnibus personis divinis ipse est quasi principium a quo aliæ personæ fluunt, sicut punctum dicitur principium totius lineæ, quamvis sui ipsius principium non sit. Vel, si melius dicitur, divinitatis. Pro tanto melius, quia deitas dicitur a Deo, quod significat per se et essentialiter divinitatem habentem; sed divinitas dicitur a divino, quod est denominativum; unde potest etiam participationem divinitatis significare, secundum etiam quod dicitur perpetuitas specierum a Philosopho divinum esse. Unde ad singularitatem excellentiæ designandam, magis competit nomen divinitatis quam deitatis.

Omnes naturas, idest omnes substantias; et quæ naturaliter sunt, idest proprietates et operationes naturales.

Confitetur filii originem ab initio. Vult dicere, quod origo filii est a principio vel initio, quia a patre. Sed quia initium potest intelligi etiam de principio durationis, ideo ad excludendum falsum intellectum subjungit: non ipsum ab initio, scilicet durationis, sed ab initiabili, idest principio initiativo, scilicet patre; unde subjungit: quomodo filius non est per seipsum, idest a seipso; quia, sicut infra habebitur, ita est filius per se, quod non a se, sed a patre; et subjungit etiam de æternitate ipsius etc..

Distinctio XXX

Quæstio I
Prologus

Ostenso quod principium respectu creaturæ dicitur de Deo ex tempore, consequenter ostendit qualiter aliquid de Deo ex tempore dici possit; et dividitur in partes duas: in prima ostendit aliquid de Deo dici ex tempore; in secunda ostendit modum quo ista de Deo dicuntur, ibi: quomodo igitur obtinebimus nihil secundum accidens dici Deum, nisi quia ipsius naturæ nihil accidit quo mutetur? circa primum duo facit: primo ostendit veritatem; secundo excludit objectionem, ibi: sed hic aliquis dicet, quod non ex tempore competit Deo hæc appellatio.

Quomodo igitur obtinebimus nihil secundum accidens dici Deum? hic ostendit modum qualiter ista de Deo dicuntur; et circa hoc duo facit: primo ostendit modum, quia scilicet dicuntur de ipso sine sui mutatione, et sine aliqua reali habitudine; sed quod solum nomen est relativum; secundo ex modo determinato solvit quamdam quæstionem quam supra, 18 dist., reliquerat insolutam, ibi: hic potest solvi quæstio superius proposita.

Hic tria quæruntur: 1 utrum aliquid de Deo ex tempore dicatur; 2 utrum ista significent essentiam divinam; 3 utrum illa nomina relativa ponant aliquam relationem realiter in Deo existentem.

Articulus Primus
Utrum aliquid dicatur de Deo ex tempore.

Ad primum sic proceditur. Videtur quod de Deo nihil ex tempore dicatur. De quo enim dicitur aliquid ex tempore, quod ante non dicebatur, potest dici esse factum illud; sicut homo dicitur esse factus albus, si prius non dicebatur vere de eo quod esset albus. Sed fieri nullo modo competit Deo, sicut nec mutari, cum sit primum movens.

Ergo videtur quod nihil in Deo ex tempore dicatur.

Præterea, quod prædicatur de aliquo, aut dicitur de eo per se, aut per accidens. Sed ista non prædicantur per se; quia quod per se inest, semper inest; hæc autem non ab æterno de Deo dicuntur; nec etiam per accidens, quia nullum accidens in Deo est; et præterea, cum omne per accidens reducatur ad aliquod per se, hæc dicerentur de aliquo alio per se; quod non invenitur: quia nihil aliud quam Deus dicitur creator, vel universitatis Dominus. Ergo videtur quod ista nullo modo de Deo dicantur.

Si dicatur quod est prædicatio per causam; contra. Ubicumque est prædicatio per causam, potest resolvi prædicatio talis, et exponi per propositionem denotantem habitudinem causæ; ut si dicatur, quod Deus est spes nostra potest exponi quod spes nostra est a Deo. Sed non potest dici quod creator sit a Deo. Ergo cum dicitur, Deus est creator, non est prædicatio per causam.

Præterea, omne verum aut est necessarium aut contingens. Si igitur hæc prædicantur de Deo vere; aut prædicantur necessario, aut contingenter.

Sed non prædicantur necessario, quia non semper; nec etiam contingenter, quia in Deo nihil est contingens. Ergo videtur quod non possint de Deo prædicari.

Contra est totum quod in littera dicitur et ab Augustino et a Magistro, et usu loquentium, et secundum fidem, et secundum philosophiam.

Respondeo dicendum, quod necesse est quod aliquid de Deo ex tempore dicatur. Cum enim omne esse cujuslibet rei effluat ab ipso Deo, non solum universi, sed cujuslibet partis ejus, oportet quod ipse designetur in habitudine principii ad quodlibet eorum quæ sunt; et cum multa eorum quæ sunt non semper fuerint, etiamsi ponatur universum semper fuisse, quod quidam Philosophi errantes senserunt, oportet quod nomina designantia illam habitudinem non ab æterno de Deo dicantur, sed ex tempore; quia relatio secundum actum, exigit duo extrema in actu existere; unde non potest referri ad creaturam ut actuale principium creaturæ, nisi creatura existente in actu; quod non semper fuit, sed ex tempore. Hoc autem non contingit de aliis quæ absolute de Deo dicuntur, quod ex tempore dicantur de ipso; quia ea quæ absolute dicuntur, secundum proprias rationes ponunt in eo aliquid in quo dicuntur, ut quantitas et qualitas et hujusmodi.

Unde nihil horum invenitur quod non realiter sit in Deo, de quo vere et proprie dicitur; et propter hoc non possunt de aliquo ex tempore dici, nisi illud mutetur per susceptionem ejus quod prius non habuit. Sed relatio secundum rationem suam non habet quod ponat aliquid in eo de quo dicitur; sed ponit tantum habitudinem ad aliud; unde invenitur aliqua relatio, ut supra, dist. 26, quæst. 2, art. 1, dictum est, non realiter existens in eo de quo dicitur; et ideo in talibus habitudines illæ de novo dicuntur de aliquo, non per mutationem ejus, sed illius ad quod dicitur; et ita est in omnibus quæ de Deo ex tempore dicuntur.

Ad primum igitur dicendum, quod sicut hujusmodi habitudines non ponuntur realiter esse in Deo, sed secundum rationem tantum; ita etiam ex hoc quod de novo de Deo dicuntur, non sequitur quod in eo sit aliquid fieri secundum rem, sed secundum rationem tantum, sicut dicitur in Ps. 89, 1: Domine refugium factus es nobis. Tamen etsi concedatur secundum rationem aliquid, ut refugium vel hujusmodi, factus; nullo tamen modo dicendus est mutatus: quia mutatio imponitur pro remotione ejus a quo est motus, sed fieri pro adeptione ejus ad quod motus terminatur: a Deo autem nullo modo aliquid removetur, etsi adveniat habitudo aliqua secundum rationem; unde etsi dicatur fieri aliquid, non debet dici mutari in illud.

Ad secundum dicendum, quod, secundum Magistrum, ista prædicantur per accidens, non quod in Deo sint, sed quod in creaturis. Tamen intelligendum est, quod in istis nominibus est duo considerare; scilicet habitudines ipsas, et illud supra quod fundatur ratio habitudinis in Deo; sicut habitudo creationis habet pro fundamento in Deo virtutem divinam, cujus est ducere res in esse de nihilo. Si igitur consideratur hoc quod habent pro fundamento in re divina, constat quod per se dicuntur, et ab æterno conveniunt quantum ad illud: quia essentia, virtus, operatio divina ab æterno est. Si autem consideratur ipsa habitudo, tunc per accidens de Deo dicuntur quantum ad hoc. Accidens autem dupliciter dicitur: aut secundum quod nominat naturam accidentis condivisam substantiæ; et sic in Deo nihil est accidens; aut secundum quod nominat aliquid per aliud conveniens; sicut dicimus, quod album ædificat per accidens, quia adjungitur ei quod per se est causa ædificationis, scilicet ædificatori; et sic per accidens convenit Deo referri ad aliud extra se. Non enim dicitur relative, nisi quia aliud refertur ad ipsum; sicut dicit Philosophus, quia scibile est relativum, non quia ipsum referatur, sed quia aliud refertur ad ipsum. Nec tamen sequitur quod illa habitudo quæ in Deo designatur, alteri conveniat per se, sed magis respectus oppositus, quod est esse creaturam, vel esse servum, vel aliquid hujusmodi.

Ad tertium dicendum, quod non potest proprie dici prædicatio per causam; nisi forte intelligatur quod hujusmodi nomina prædicant habitudinem alicujus causæ.

Ad quartum patet responsio per id quod ad secundum dictum est; quia eodem modo prædicantur necessario quo per se, et eodem modo contingenter quo per accidens; non tamen sequitur aliquid contingens in Deo esse.

Articulus Secundus
Utrum quæ dicuntur de Deo ex tempore, significent divinam essentiam.

Ad secundum sic proceditur. Videtur quod hujusmodi nomina quæ de Deo dicuntur ex tempore, non significent divinam essentiam. Essentia enim divina est æterna. Sed hæc non dicuntur de Deo ab æterno. Ergo non significent divinam essentiam.

Præterea, Deus dicitur ex tempore patientia nostra et spes nostra, et hujusmodi. Sed hujusmodi, quia habent imperfectionem annexam, non possunt convenire divinæ essentiæ; sicut dicitur quod divina essentia est caritas, de cujus intellectu non est aliqua imperfectio. Ergo videtur quod non omnia quæ de Deo dicuntur ex tempore, significent divinam essentiam.

Præterea, divina essentia est communis tribus personis. Sed quædam dicuntur de Deo ex tempore quæ non conveniunt tribus personis, ut missus, donatus, et hujusmodi. Ergo non omnia significent divinam essentiam.

Item, Deus ex tempore dicitur homo. Sed homo significat humanam naturam; quæ in incarnatione non est admixta

Distinctio XXX

divinæ naturæ, sed remansit ab ea distans. Ergo videtur quod ea quæ dicuntur ex tempore, non significent divinam essentiam.

Contra est quod Magistri dicunt, quod omne nomen connotans effectum in creatura, significat divinam essentiam. Sed ea quæ ex tempore de Deo dicuntur, dicuntur in respectu ad creaturam, ut dictum est. Ergo significant divinam essentiam.

Præterea, Dionysius dicit, quod omnem beneficam Dei nominationem, de quacumque divinarum personarum dicatur, in tota deitate oportet in observantiam accipi. Sed omnia quæ dicunt habitudinem ad creaturam, nominant aliquod beneficium in creaturis. Ergo ad totam trinitatem pertinent sine distinctione; et sic idem quod prius.

Respondeo dicendum, quod, sicut dictum est, art. 1 istius quæst., nihil ex tempore de Deo dicitur nisi quod importat habitudinem ad creaturam. Habitudo autem Dei ad creaturam potest designari dupliciter: vel secundum quod creatura refertur in ipsum sicut in principium; vel secundum quod creatura refertur in ipsum ut in terminum.

Si primo modo, hoc contingit dupliciter: aut enim propria prædicatione prædicatur aliquid de Deo ex tempore, quod designat habitudinem principii ad principiatum; aut aliquid quod designat ipsum principiatum a Deo, sicut quando est prædicatio per causam, ut cum dicitur, Deus est spes nostra.

Si primo modo, hoc contingit dupliciter: aliquando enim nomen imponitur ad significandum ipsam habitudinem; sicut hoc nomen Dominus, et hujusmodi, quæ sunt relativa secundum esse, et alia dicta de Deo, sunt quidem relativa, quia etiam significant ex primo suo intellectu habitudinem quæ secundum rationem est in Deo; sed ex consequenti faciunt intellectum essentiæ, secundum quod talis habitudo fundatur in aliquo essentiali. Aliquando autem nomen imponitur ad significandum illud supra quod fundatur habitudo, sicut hoc nomen scientia, qualitatem, quam consequitur respectus quidam ad scibile. Unde ista talia non sunt relativa secundum esse; sed solum secundum dici.

Unde ista principaliter dant intelligere rem alterius prædicamenti, et ex consequenti important relationem. Ita etiam in divinis; ut patet in hoc nomine creator, quod imponitur ad significandum divinam actionem, quæ est ipsius essentiæ, quam consequitur habitudo quædam ad creaturam: et ista principaliter essentiam significat, et ex consequenti important respectum ad creaturam. Et similis ratio est in illis in quibus est prædicatio per causam; quia tales locutiones resolvuntur in habitudines causæ, ut cum dicitur: Deus est patientia nostra, idest causa patientiæ nostræ; et in omnibus istis quæ dicuntur de Deo ex tempore, et important habitudinem principii ad principiatum, verum est quod conveniunt toti trinitati. Si autem consideretur relatio creaturæ ad creatorem ut ad terminum, possibile est quod talis relatio creaturæ sit ad aliquid essentiale, vel ad aliquid personale. Contingit autem hoc tripliciter. Aut secundum operationem, sicut aliquis potest intelligere vel nominare Deum vel paternitatem. Vel secundum exemplaritatem, sicut in creatione rerum est terminatio in similitudinem essentialium attributorum, et in infusione caritatis est terminatio in similitudinem processionis personalis Spiritus Sancti. Vel est terminatio secundum esse; et iste modus est singularis in incarnatione, per quam humana natura assumpta est ad esse et unitatem divinæ personæ, non autem ad unitatem divinæ naturæ. Sed ista relatio qua creatura refertur in Deum ut ad terminum, includit ex consequenti in se relationem quæ est ad Deum ut ad principium. Unde in omnibus quæ dicuntur de Deo secundum habitudinem ad creaturam, ex eo quod creatura refertur in ipsum ut terminum, considerandum est quod quantum ad habitudinem termini, possunt tantum convenire personæ: sed ratio principii, quæ ibi includitur, ex consequenti convenit toti trinitati. Unde secundum habitudinem unam possunt facere intellectum personæ, et secundum aliam faciunt intellectum essentiæ; sicut patet, cum dicitur incarnatus, hoc tantum filio competit, quia ad solam personam filii incarnatio terminata est, quam tamen tota trinitas fecit.

Ad primum igitur dicendum, quod hujusmodi nomina conveniunt Deo ex tempore, ratione habitudinis importatæ vel principaliter vel ex consequenti.

Principaliter, ut cum dicitur Deus; ex consequenti, ut cum dicitur creator: et illa habitudo non est in divina essentia, nec aliqua res in Deo; sed secundum essentiam, in qua fundatur talis habitudo, hujusmodi conveniunt Deo ab æterno, quasi habitualiter.

Ad secundum dicendum, quod essentia Dei non est patientia vel spes; nec hoc significatur, cum dicitur, Deus est spes nostra: sed significatur circa divinam essentiam habitudo causæ respectu talis effectus in nobis. Unde simile est de his, et de aliis.

Ad tertium dicendum, quod missus, incarnatus et hujusmodi important duas habitudines, scilicet termini et principii: quarum una, scilicet habitudo principii, convenit toti trinitati; unde dicimus, quod tota trinitas mittit vel facit incarnationem; sed altera convenit alicui personæ determinatæ, propter quod hujusmodi nomina non de tota trinitate dicuntur.

Ad quartum dicendum, quod Deus dicitur esse homo, inquantum suppositum divinæ naturæ, scilicet filius, subsistit in humana natura per unionem.

Hæc autem unio, relatio quædam est, realiter in creatura assumpta existens; quæ quidem considerata secundum habitudinem ad terminum, sic terminatur ad personam filii, in qua est facta unio; sed secundum habitudinem ad principium, sic refertur ad totam trinitatem, quæ unionem fecit.

Articulus Tertius

Utrum habitudines designatæ in nominibus dictis de Deo ex tempore, sint realiter in Deo.

Ad tertium sic proceditur. Videtur quod habitudines designatæ in istis nominibus, realiter in Deo sint. Nomen enim et ratio cui non subest aliquid in re, est vana vel falsa. Sed non vane et falso dicimus et cogitamus Deum Dominum et creatorem. Ergo hujusmodi nomina habent relationes quas significant, respondentes sibi realiter in Deo.

Præterea, illud quod est secundum rationem tantum, cessante intellectu ratiocinante non remanebit.

Sed si nullus esset ratiocinans, adhuc Deus esset Dominus et creator. Ergo hujusmodi nomina significant aliquid realiter in Deo existens, et non secundum rationem tantum.

Item, omni relationi respondet suum correlativum, quod sibi opponitur. Sed cum dicimus creaturam servire, importatur aliqua relatio in creatura realiter existens. Ergo oportet oppositam relationem alicubi ponere. Sed non est in creatura, quia tunc creatura esset domina sui ipsius, et creator sui ipsius; et oppositi respectus essent in eodem.

Ergo oportet quod in Deo realiter ponantur oppositi respectus relationibus creaturæ ad Deum.

Præterea, illa relativa in quibus non est relatio secundum rem, invenimus esse ad aliquid secundum dici tantum, sicut scibile, de quo dicit Philosophus, quod est relatum quia aliud refertur ad ipsum. Sed de Deo dicuntur quædam relativa quæ sunt ad aliquid et secundum suum esse, ut Dominus, rex, et hujusmodi.

Ergo saltem illa aliquam relationem realem in Deo significant.

Contra, in Deo nihil est nisi æternum; quia quidquid est in Deo, Deus est. Sed hujusmodi habitudines non sunt æternæ; propter quod nec nomina earum ab æterno de Deo dicuntur. Ergo non sunt realiter in Deo.

Respondeo dicendum, quod secundum theologos et Philosophos verum est communiter, quod relationes quibus Deus ad creaturam refertur, non sunt in Deo secundum rem, sed secundum rationem tantum; quia intellectus noster non potest accipere aliquid relative ad alterum dici, nisi ipsum sub opposita habitudine intelligat.

Sciendum tamen est, quod ratio in intellectu rerum tripliciter se habet. Quandoque enim apprehendit aliquid quod est in re secundum quod apprehenditur, ut quando apprehenditur forma lapidis.

Quandoque vero apprehendit aliquid quod nullo modo in re est, ut quando quis imaginatur chimæram, vel aliquid hujusmodi. Aliquando autem apprehendit aliquid cui subest in re natura quædam, non tamen secundum rationem qua apprehenditur; sicut patet quando apprehendit intentionem generis substantiæ, quæ in re est natura quædam non determinata secundum se ad hanc vel ad illam speciem; et huic naturæ apprehensæ, secundum modum quo est in intellectu apprehendente, qui ex omnibus accipit unum quid commune in quibus invenitur natura illa, attribuit rationem generis, quæ quidem ratio non est in re. Ita etiam est in hujusmodi relationibus, quas intellectus noster attribuit Deo. Invenit enim in ipso virtutem et essentiam et operationem, qua creatura producitur in ipsum relationem habens; et ideo essentiæ illi vel operationi habitudinem attribuit, et secundum quod intelligit, nomina relativa imponit.

Unde patet responsio ad primum: quia intellectus noster neque cassus neque vanus est, quia habet aliquid respondens in re, quamvis non secundum modum quo est in ratione; sicut etiam intellectus mathematicorum non est falsus neque vanus est, quamvis nulla linea sit abstracta a materia in re, sicut ipsi considerant. Unde dicit Philosophus: abstrahentium non est mendacium.

Ad secundum dicendum, quod etiamsi nullus intellectus esset, adhuc in Deo esset; unde vere Dominus et dici et intelligi posset, scilicet potentia cœrcendi subditos; sed non diceretur vel intelligeretur Dominus secundum actum.

Ad tertium dicendum, quod relativorum invenitur triplex diversitas. Quædam sunt quorum utrumque importat relationem non in re existentem sed in ratione tantum; sicut quando ens refertur ad non ens, vel relatio ad relationem, vel aliquid hujusmodi, ut supra, dist. 26, qu.

2, art. 1, dictum est. Quædam vero quorum alterum importat relationem realem, et alterum relationem rationis tantum, sicut scientia et scibile. Et hujusmodi diversitatis ratio est, quia illud supra quod fundatur relatio, quandoque invenitur in altero tantum, et quandoque in utroque; ut patet quod relatio scientiæ ad scibile fundatur supra apprehensionem secundum esse spirituale. Hoc autem esse spirituale in quo fundatur relatio scientiæ, est tantum in sciente et non in scibili, quia ibi est forma rei secundum esse naturale; et ideo relatio realis est in scientia, non est in scibili. E contrario est de amante et amato; quia relatio amoris fundatur super appetitum boni; bonum autem non est aliquid existens tantum in anima, sed etiam in rebus. Unde dicit Philosophus, quod bonum et malum sunt in rebus; verum et falsum in anima; et ideo dicit Avicenna, quod in amante et amato, in utroque relativorum est invenire dispositionem per quam referatur ad alterum; non in sciente et scibili; et ideo utrobique relatio realis est; sic etiam æqualitas, quæ immediate fundatur supra quantitatem, quæ in utroque est. Et quia omnes relationes creaturæ ad Deum fundantur supra modum quo accipiunt a Deo, qui in Deo non est, quia non consequuntur perfectum modum secundum quem Deus in eis operatur; ideo relationibus quæ sunt in creatura, non respondet aliqua relatio in Deo realiter; sed relationi quam filius accipit a patre, respondet aliqua relatio in patre; quia secundum unum et eumdem modum et eamdem rationem pater dat, et filius accipit naturam divinam.

Ad quartum dicendum, quod illud non facit ad propositum; quia de utrisque relativis inveniuntur aliqua quæ important relationem realem, et quæ important relationem rationis; sicut idem importat relationem rationis, quamvis sit relativum secundum esse; et scientia importat relationem realem, quamvis sit relativum secundum dici.

Ad quod dici potest, quod licet non cœperit ex tempore Dominus esse temporis, cœpit tamen esse Dominus temporis. Intentio solutionis est, quod Deus cœpit esse Dominus temporis quando cœpit esse tempus; unde sicut tempus non cœpit esse in tempore vel ex tempore; ita nec Deus dicitur Dominus temporis ex tempore vel in tempore. Et dicit: in tempore, ut designet habitudinem mensuræ; quia sicut locatum est in loco ut in mensurante, ita et in tempore. Ex tempore vero dicit, inquantum tempus est mensura includens suum mensuratum; unde oportet quod ad utramque partem excedat; et ideo quæ semper sunt, inquantum semper sunt, non mensurantur tempore, sed quæ quandoque sunt, ut dicit Philosophus.

Et ideo quæ mensurantur tempore, sunt ex tempore, quia tempus præcedit ipsa. Tempus autem non mensuratur tempore, sicut nec locus loco; et ideo tempus nec in tempore incipit nec ex tempore; sed aliorum quæ incipiunt in tempore vel ex tempore, est Deus Dominus in tempore vel ex tempore; et aliqua talia sunt, sicut hoc et illud generatum; quamvis etiam universum semper fuisset, ut quidam Philosophi posuerunt. Unde hoc quærere non pertinet ad propositum, quia utrumlibet verum sit, habetur propositum, quod Deus est Dominus ex tempore, ad minus aliquorum.

Hic potest solvi quæstio superius proposita. Magister hanc quæstionem moverat, distinct. 13, et solvit hic per ea quæ dicta sunt, quia hujusmodi nomina quæ dicuntur de Deo ex tempore, important relationes non reales in Deo existentes, sed secundum rationem et nomen. Et ideo cum Spiritus Sanctus dicitur dari a se, in creatura est relatio realis quæ refertur ad totam trinitatem ut ad principium, et ad Spiritum Sanctum ut ad terminum, per modum exemplaritatis; sed in Spiritu Sancto non est relatio nisi secundum rationem; et non est inconveniens quod tali ratione aliquid ad seipsum referatur, ut cum dicitur idem eidem idem.

Distinctio XXXI

Quæstio I
Prologus

Postquam determinavit de propriis personarum, hic determinat de appropriatis ipsarum; et dividitur in partes duas: in prima determinat appropriata personarum; in secunda inquirit quomodo secundum illa appropriata divinæ personæ ad invicem comparentur, 32 distinct.: hic oritur quæstio. Prima in duas: in prima determinat significationes quorumdam nominum, quæ personis divinis appropriantur; in secunda prosequitur diversas sanctorum appropriationes, ibi: non est igitur hic prætermittendum.

Circa primum tria facit: primo inquirit de significatione hujus nominis æqualitas; secundo de simili et similitudine, ibi: hoc idem etiam dicimus de simili et similitudine; tertio ex dictis approbat quorumdam sententiam, ibi: unde quibusdam non indocte videtur nomine æqualitatis vel similitudinis non aliquid poni, sed removeri.

Non est igitur hic prætermittendum. Hic ponit appropriata personarum; et dividitur in partes duas: in prima ponit appropriationem Hilarii; in secunda appropriationem Augustini, ibi: illud etiam sciri oportet. Circa primum duo facit: primo ponit appropriationem Hilarii cum expositione Augustini; secundo Magister removet quædam dubia circa expositionem Augustini, ibi: non enim secundum præmissam expositionem distinguuntur hic tres illæ proprietates superius assignatæ.

Illud etiam sciri oportet. Hic ponit appropriationem Augustini; et circa hoc duo facit: primo narrat appropriationem; secundo inquirit appropriationis rationem, ibi: sed plures movet quod patri attribuit unitatem, filio æqualitatem. Et circa hoc facit tria: primo ostendit quare patri appropriatur unitas; secundo quare filio æqualitas, ibi: nunc videamus quare æqualitas dicatur esse in filio; tertio, quare Spiritui Sancto connexio, ibi: quod autem in Spiritu Sancto dicitur esse utriusque concordia...

Facilior est intelligentia. Circa primum duo facit: primo quærit quare unitas patri appropriatur; secundo qualiter unitas in divinis prædicetur in neutro vel in masculino genere, ibi: hic dici oportet, quod pater et filius et Spiritus Sanctus recte dicuntur esse unum, et unus Deus. Hic quatuor quæruntur: 1 de æqualitate; 2 de appropriatione in communi; 3 de ratione appropriationis Hilarii; 4 de appropriatione Augustini.

Articulus Primus

Utrum æqualitas ponat aliquid in divinis.

Circa primum, suppositis his quæ supra de æqualitate dicta sunt, 19 dist., quæst. 1, art. 1, quæritur, utrum æqualitas in divinis aliquid ponat: et videtur quod sic. Quidquid enim est in Deo et in creaturis, nobilius est in Deo quam in creaturis.

Sed æqualitas et similitudo in creatura aliquid ponunt. Ergo et in Deo.

Præterea, Arius damnatus est, quia æqualitatem personarum negavit. Non autem fuisset hæreticus, nisi aliquid negasset quod in Deo est. Ergo æqualitas in divinis aliquid positive prædicat.

Item, æqualitas videtur esse una essentia in tribus personis indifferens, ut in littera dicitur.

Sed essentia indifferens, aliquid positive est in Deo.

Ergo videtur quod et æqualitas.

Præterea, æqualitas est relatio quædam.

Sed relatio aliquid positive prædicat, et non privative.

Ergo videtur quod æqualitas aliquid positive prædicet.

Contra est quod a Magistro in littera dicitur.

Præterea, Philosophus dicit, quod æquale opponitur magno et parvo sicut duæ privationes; unde etiam per privationem æquale definitur. Sed privatio nihil positive prædicat.

Ergo nec æqualitas.

Respondeo dicendum, quod æqualitas est relatio quædam fundata supra unitatem quantitatis; et in divinis fundata supra unitatem essentiæ, prout significatur nomine quantitatis virtualis, ut cum dicitur magnitudo, vel æternitas vel potentia.

Unde de æqualitate dupliciter convenit loqui: aut quantum ad unitatem quantitatis, quæ est causa ipsius; aut quantum ad relationem consequentem.

Si quantum ad unitatem quantitatis, supra quam fundatur talis relatio, sic ratio ejus consistit in privatione, sicut et ratio unitatis, ut supra dictum est, dist. 24, quæst. 1, art. 3: et ideo dicit Philosophus, quod æquale opponitur privative magno et parvo, sicut unum multo; et idem in littera innuitur. Si autem consideretur æqualitas quantum ad relationem, sic æqualitas in creaturis aliquid realiter ponit in utroque extremorum; sed in divinis personis nihil, nisi secundum rationem. Cujus ratio est, quia si poneret aliquam relationem realem in personis, aut hoc esset ex parte essentiæ quæ communis est, aut ex parte relationum, quibus distinguuntur. Non autem habet ex parte essentiæ quod sit relatio realis: quia essentia est una et eadem numero, et idem ad seipsum non refertur aliqua relatione reali, ut supra dictum est, dist. 26, quæst. 2, art. 1.

Nec etiam ex parte personarum relationibus constitutarum, quia relatio non refertur per aliquam relationem realem mediam; quia sic esset abire in infinitum. Et ideo dico cum Magistro, quod æqualitas non ponit nisi relationem secundum nomen vel secundum rationem, cum de Deo dicitur; sed verum est quod aliquid ponit, scilicet unitatem essentiæ, non quod sit de intellectu ejus, sed quod præsupponitur ad intellectum ipsius, sicut est in privativis, et in illis quæ dicuntur de Deo ex tempore.

Ad primum igitur dicendum, quod ex parte unitatis universaliter sumptæ, secundum quod unum convertitur cum ente, nec in Deo nec in creatura æqualitas aliquid positive prædicat; sicut nec unitas, ut supra dictum est, dist. 24, quæst. 1, art. 3. Sed quia in creaturis supposita æqualitatis sunt absoluta, ideo referuntur ad invicem per relationem realem mediam: quod in divinis non competit.

Ad secundum dicendum, quod quamvis æqualitas sit secundum rationem, relatio tamen habet aliquid in re respondens, ratione cujus dicitur hæreticus qui æqualitatem negat; sicut et qui negaret Deum esse Dominum, quamvis illa relatio nihil secundum rem ponat in Deo.

Ad tertium dicendum, quod sicut in creaturis æqualitas non est una quantitas plurium, sed relatio includens talem unitatem; ita in divinis æqualitas non est una essentia, sed relatio secundum intellectum, consequens essentiæ unitatem.

Ad quartum dicendum, quod illa relatio non potest esse realiter in Deo; et ideo non sequitur quod aliquid ponat ex hoc quod relative dicitur.

Articulus Secundus

Utrum attributa essentialia hujusmodi debeant appropriari divinis personis.

Ad secundum sic proceditur. Videtur quod hujusmodi essentialia attributa personis divinis appropriari non debeant. Quod enim pluribus commune est, nulli eorum debet appropriari. Sed omnia attributa sunt communia tribus personis.

Ergo etc..

Præterea, de similibus idem est judicium.

Sed omnia hæc attributa significant essentiam communem.

Ergo videtur quod omnia debeant appropriari, vel nullum; et quod omnia uni personæ approprientur.

Item, appropriatum secundum rationem sequitur proprium, quia proprium cadit in ratione appropriati. Sed attributa essentialia non sequuntur propria secundum intellectum; quia possunt intelligi propriis non intellectis, sicut est apud infideles.

Ergo non debent dici appropriata.

Præterea, nihil est faciendum a nobis quod possit in errorem fidei vergere. Sed si aliquid commune approprietur uni, potest vergere in errorem fidei, ut credatur aut tantum illi aut magis illi personæ convenire.

Ergo non debemus attributa essentialia personis appropriare.

Contra est auctoritas Hilarii et Augustini in littera.

Præterea, processiones personarum distinguuntur et nominantur secundum diversas rationes attributorum, inquantum dicimus quod Spiritus Sanctus procedit per modum voluntatis, et filius per modum naturæ. Ergo unum attributum, cui competit ratio processionis personæ, potest illi personæ appropriari.

Respondeo dicendum, quod de appropriatione dupliciter convenit loqui: aut ex parte nostra, aut ex parte ipsius rei; et utrobique invenitur convenientia. Quamvis enim attributa essentialia communia sint tribus, tamen unum secundum rationem suam magis habet similitudinem ad proprium unius personæ quam alterius, unde illi personæ appropriari potest convenienter. Verbi gratia. Potentia habet in ratione sua principium; et ideo appropriatur patri, qui est principium non de principio; et sapientia filio, qui procedit ut verbum; et bonitas Spiritui Sancto, qui procedit ut amor, cujus objectum est bonum; et ita similitudo appropriati ad proprium personæ, facit convenientiam appropriationis ex parte rei, quæ esset etiam si nos non essemus; sed ex parte nostra facit convenientiam utilitas consequens. Invenitur enim distinctio et ordo in attributis divinis et in personis; sed differenter; quia in personis est distinctio et ordo realis, sed in attributis secundum rationem.

Unde quamvis per attributa non possimus sufficienter devenire in propria personarum, tamen inspicimus in appropriatis aliquam similitudinem personarum, et ita valet talis appropriatio ad aliquam fidei manifestationem, quamvis imperfectam; sicut etiam ex vestigio et imagine sumitur aliqua via persuasiva ad manifestationem personarum.

Ad primum igitur dicendum, quod ex hoc quod convenit omnibus aliquod attributum, probatur sufficienter quod non sit proprium unius personæ, non tamen quod non sit personæ appropriatum; quia hæc præpositio ad, quæ venit ad compositionem vocabuli, notat accessum cum quadam distantia; unde, secundum Augustinum, homo qui ita imitatur Deum quod semper invenitur distantia similitudinis, dicitur imago et ad imaginem; filius autem qui imitatur patrem sine aliqua dissimilitudine, dicitur imago et non ad imaginem.

Et propter hoc, quia hujusmodi attributa accedunt per similitudinem ad rationem propriorum, et distant per communitatem, recte appropriata dicuntur.

Ad secundum dicendum, quod quamvis omnia attributa essentialia sint unum re, tamen differunt ratione, et secundum rationem suam habent similitudinem vel ad originem personarum, ut potentia, quæ est principium productionis, vel ad determinatum modum originis, ut bonitas ad processionem amoris, et ad processionem verbi sapientia; et ita diversis personis possunt ista appropriari. Sed essentia de ratione sua neque originem neque aliquid ad modum originis pertinens dicit; et ideo non appropriatur.

Ad tertium dicendum, quod appropriatum potest sumi dupliciter: aut materialiter, idest id quod appropriatum est; et sic illud attributum non sequitur rationem proprii; aut formaliter, idest inquantum appropriatum est; et sic in ratione sua propria, proprii rationem includit.

Ad quartum dicendum, quod appropriando attributa essentialia determinatis personis, non excludimus alias personas, nec gradum participationis constituimus; sed tantum ostendimus similitudinem in ratione appropriati ad proprium personæ, et ex hoc non sequitur error.

Quæstio II
Prologus

Circa tertium duo quæruntur: 1 de ratione appropriationis Hilarii; 2 de expositione Augustini quantum ad hoc quod dicit, quod imago coæquatur ei cujus est imago, et non e converso: utrum in divinis sit mutua æqualitas; sed hoc supra, 19 dist., habitum est.

Articulus Primus
Utrum Hilarius convenienter appropriet æternitatem patri, speciem filio, usum Spiritui Sancto.

Ad primum sic proceditur. Videtur quod appropriatio Hilarii sit incompetens. Quia, secundum Augustinum, hujusmodi appropriationes fiunt ad excludendum errorem; et ideo patri attribuitur potentia ne infirmus credatur, sicut patres apud nos propter senectutem. Sed circa æternitatem patris nullus erravit, sicut circa æternitatem filii, ut Arius. Ergo æternitas magis esset approprianda filio, quam patri.

Præterea, secundum æquivoca non attenditur aliqua similitudo. Sed æternitas privat principium durationis, innascibilitas autem privat principium originis. Cum igitur appropriationes fiant secundum similitudinem ad propria, videtur quod patri non sit attribuenda æternitas, quia est innascibilis.

Si dicas, quod æternitas appropriatur patri, quia importat ex consequenti proprietatem patris, scilicet innascibilitatem, quamvis principaliter significet divinam essentiam; contra. Quandocumque notionale additur essentiali, non potest totum prædicari de persona cui non convenit illa notio; sicut Deus genitus non prædicatur de patre. Si igitur æternitas aliquo modo in intellectu suo includeret innascibilitatem, nullo modo filio conveniret, quod est Arianæ impietatis.

Item, secundum Dionysium, pulchrum et bonum se consequuntur.

Unde videtur quod omnia pulchrum et bonum appetunt; unde secundum nomen in Græco etiam propinqua sunt, quia bonum dicitur calos, pulchrum callos. Sed bonitas non appropriatur filio, sed Spiritui Sancto. Ergo nec species vel pulchritudo.

Præterea, uti est referre aliquid ad obtinendum hoc quo fruendum est. Sed Spiritus Sanctus est ipsum fruibile, et non refertur ad aliud sicut ad finem. Ergo usus non debet sibi appropriari.

Respondeo dicendum, quod in appropriatione Hilarii, ponuntur tria propria nomina personarum, scilicet pater, imago, munus, vel donum, et hoc patet ex prædictis, dist. 8 qu. 1 art. 1; et ponuntur tria appropriata, scilicet æternitas, quam dicit esse in patre sicut appropriatam sibi; et species, idest pulchritudo, quam dicit esse in imagine, idest in filio, qui proprie imago est, ut supra habitum est, dist. 28, quæst. 2, art. 3; et usum, quem dicit esse in munere, scilicet in Spiritu Sancto, qui donum est. Ratio autem hujusmodi appropriationis hæc est.

Aeternitas enim in ratione sua habet duo, scilicet quod sit principium omnis durationis, inquantum est prima mensura: unde ab ipsa fluit et ævum et tempus; et sic habet similitudinem ad propria patris, quæ conveniunt sibi inquantum ipse est principium vel per generationem vel per spirationem, scilicet ad paternitatem et communem spirationem.

Habet etiam in ratione sua privationem principii, et in hoc convenit cum proprietate patris, quæ competit sibi secundum quod est auctor, vel non de principio, scilicet innascibilitate.

Ad rationem autem pulchritudinis duo concurrunt, secundum Dionysium, scilicet consonantia et claritas. Dicit enim, quod Deus est causa omnis pulchritudinis inquantum est causa consonantiæ et claritatis, sicut dicimus homines pulchros qui habent membra proportionata et splendentem colorem. His duobus addit tertium Philosophus ubi dicit, quod pulchritudo non est nisi in magno corpore; unde parvi homines possunt dici commensurati et formosi, sed non pulchri. Et secundum hæc tria, pulchritudo convenit cum propriis filii: inquantum enim filius est imago perfecta patris, sic est ibi consonantia perfecta; est enim æqualis et similis sine inæqualitate et dissimilitudine; et hoc tangit Augustinus, ubi dicit: ubi est tanta convenientia, id est maxima et prima æqualitas, et prima similitudo. Inquantum vero est filius verus, habet perfectam naturam patris: et ita etiam habet magnitudinem quæ consistit in perfectione divinæ naturæ, ut supra dictum est, dist. 19, quæst. 1 art. 2: unde dicit Augustinus quod ibi est perfecta et summa vita. Sed inquantum est verbum perfectum patris, habet claritatem quæ irradiat super omnia et in quo omnia resplendent. Unde dicit Augustinus, quod est tamquam verbum perfectum. Potest etiam totum accipi ex verbis Augustini secundum rationem consonantiæ, quæ triplex in eo considerari potest: idest consonantia ipsius ad patrem cui potentia est æqualis et similis, et hoc tangit Augustinus ubi dicit: prima æqualitas. Item consonantia sui ad seipsum, inquantum omnia attributa in eo non differunt, sed unum sunt; et hoc tangit ubi dicit: cui non est aliud vivere et aliud esse, sed idem est esse et vivere. Item consonantia ad res creatas, quarum rationes in eo sunt, et unum sunt in eo sicut ipse est unum cum patre: et hoc tangit ibi: et omnes unum in ea, sicut ipsa unum de uno cum quo unum.

Usus etiam de ratione sua duo habet. Primo quod est assumptum in facultatem voluntatis; et sic convenit Spiritui Sancto inquantum est amor: et hoc tangit Augustinus cum dicit: illa ergo dilectio, delectatio, felicitas vel beatitudo...

Est in trinitate Spiritus Sanctus. Habet etiam aliud quod est ordinatum ad alterum: et iste etiam ordo competit Spiritui Sancto, inquantum ipse amor, qui est Spiritus Sanctus, non tantum est in filio, sed redundat in omnes creaturas, secundum quod competit sibi nomen doni: et hoc tangit Augustinus cum dicit: ingenti largitate atque ubertate perfundens omnes creaturas pro captu earum.

Ad primum igitur dicendum, quod una et principalis ratio est appropriationis, scilicet similitudo ad proprium, ut dictum est in corp. Art.; sed possunt esse multæ consequentes utilitates; quarum unam Augustinus tangit; unde ex hoc non potest concludi quod aliquid debeat appropriari patri vel filio, nisi adsit ratio principalis.

Ad secundum dicendum, quod in æquivocis quæ per fortunam sunt et casum, ut canis, non attenditur similitudo aliqua; sed in æquivocis quæ dicuntur per respectum ad unum principium attenditur aliqua similitudo analogiæ vel proportionis; et talis est multiplicitas hujus nominis principium: unde etiam Philosophus docet reducere omnia hujusmodi ad unum primum principium.

Ad tertium dicendum, quod ratio illa non valet.

Ad quartum dicendum, quod pulchritudo non habet rationem appetibilis nisi inquantum induit rationem boni: sic enim et verum appetibile est: sed secundum rationem propriam habet claritatem et ea quæ dicta sunt, quæ cum propriis filii similitudinem habent.

Ad quintum dicendum, quod usus, ut supra dictum est, dist. 1, quæst. 1, art. 2, sumitur dupliciter.

Communiter, prout uti dicitur assumere aliquid in facultatem voluntatis, et stricte, prout dicit relationem in finem. Et primo modo sumitur hic, quo continet in se etiam fruitionem, ut hic dicitur quod felicitas vel beatitudo ad usum pertinet.

Nihilominus tamen competit proposito, et secundum quod habet rationem ordinis non quidem in finem, sed in effectum, in quo bonitas divina per Spiritum Sanctum uberrime effunditur.

Quæstio III
Prologus

Circa quartum duo quæruntur: 1 de ratione appropriationis Augustini; 2 de hoc quod dicit quod omnia sunt unum propter patrem.

Articulus Primus
Utrum Augustinus convenienter appropriet unitatem patri, æqualitatem filio, nexum Spiritui Sancto.

Ad primum sic proceditur. Videtur quod appropriatio Augustini sit incompetens. Supra enim, 10 dist., quæst. 1, art. 3, dictum est, quod Spiritus Sanctus est unitas duorum.

Ergo videtur quod unitas non patri, sed Spiritui Sancto approprietur.

Præterea, appropriatio est secundum similitudinem ad proprium. Illi ergo personæ debet appropriari unitas, in qua minus de pluralitate invenitur.

Sed maxima pluralitas notionum invenitur in patre, qui habet tres notiones, minima in Spiritu Sancto, qui habet unam tantum. Ergo unitas Spiritui Sancto et non patri appropriari debet.

Præterea, unitas causa est æqualitatis. Si igitur unitas patri appropriatur, et æqualitas sibi appropriari debet, et non filio.

Item, secundum convenientiam in natura vel in forma magis attenditur similitudo quam æqualitas.

Sed filius inquantum est genitus a patre, habet naturam et formam patris: et similiter imago et verbum habet similitudinem ejus ad quod dicitur. Ergo magis debet appropriari filio similitudo quam æqualitas.

Præterea, nexus proprie dicitur de Spiritu Sancto. Sed

æternitas et æqualitas non proprie dicuntur de patre et filio. Ergo videtur quod appropriatio non sit uniformis. Respondeo dicendum, quod appropriatio Augustini bona est, et ratio appropriationis hæc est. Unitas enim, quantum ad id quod positive dicit, habet rationem principii secundum quod est principium numeri: et ita habet similitudinem cum duabus proprietatibus patris, scilicet cum paternitate et communi spiratione quibus dicitur principium filii et Spiritus Sancti. Secundum autem quod ratio ejus consistit in negatione, sic negat divisionem, et per consequens compositionem præexistentem; et ita negat rationem principii: quia ea in quæ aliquid dividitur, sunt principia integrantia ipsum; et ita unitas habet similitudinem cum innascibilitate, sicut et æternitas, ut dicit Magister.

Similiter etiam æqualitas secundum proprium modum suæ processionis convenit filio, ut patet in omnibus nominibus personalibus ipsius filii. Ex eo enim dicitur filius quod recipit æqualem et eamdem naturam quam habet generans: similiter etiam imago includit in se rationem æqualitatis; et similiter verbum perfectum. Ita etiam nexus convenit Spiritui Sancto ex modo suæ processionis inquantum est amor patris et filii, quo uniuntur, et etiam est connectens nos Deo, inquantum est donum.

Ad primum igitur dicendum, quod differt unitum et unum; quia unitum est quod ex pluribus unum effectum est; unde unio importat relationem quamdam plurium secundum quod in uno conveniunt; sed unum absolute dicitur. Unde dicendum, quod unitas, secundum quod ponitur pro unione plurium in uno amore, attribuitur Spiritui Sancto: secundum autem quod absolute sumitur inquantum est principium, habet similitudinem ad proprium patris: unde appropriatur patri.

Ad secundum dicendum, quod tres notiones in patre non sunt tres res, sed tres rationes innotescendi: unde pluralitas notionum non impedit quin sibi unitas approprietur; et præcipue cum ratio unitatis cum omnibus notionibus ejus similitudinem habeat.

Ad tertium dicendum, quod æqualitas non est unitas, sed relatio unitatem consequens; et ideo appropriatur filio, qui adæquat patrem procedens ab eo: quamvis non approprietur sibi unitas.

Ad quartum dicendum, quod sicut æqualitas appropriatur filio, ita et similitudo: sed Augustinus posuit æqualitatem, quia in divinis æqualitas includit similitudinem, et non e converso. Cum enim in divinis non sit quantitas nisi virtutis, quæ fundatur in aliqua forma; sequitur ut quæcumque conveniunt in quantitate virtuali, conveniant in forma; et ita, si sunt æqualia, quod sint similia. Sed non convertitur: quia æqualitas privat excessum, quem non privat similitudo; unde duo quorum alter altero albior est, sunt similes in albedine, sed non æquales.

Ad quintum dicendum, quod nexus vel connexio amoris proprium est Spiritus Sancti. Sed quia quæcumque conveniunt in aliquo uno, possunt dici connexa in illo; ideo connexio absolute dicta non importat nisi convenientiam quamdam; et sic non est proprium Spiritus Sancti, sed appropriatum. Si tamen sumeretur ut est proprium, non esset magnum inconveniens, quod assignatio non est uniformis simpliciter: quia hujusmodi attribuuntur personis inquantum sunt appropriata, et sic accedent ad rationem propriorum; unde proprium et appropriatum inquantum appropriatum, non habent rationem difformitatis.

Articulus Secundus
Utrum omnia sint unum propter patrem.

Ad secundum sic proceditur. Videtur falsum quod dicit Augustinus. Cum enim hæc præpositio propter importet habitudinem alicujus causæ; cum dicitur quod omnia sunt unum propter patrem, aut importat habitudinem quasi efficientis, aut quasi formæ. Si quasi formæ, tunc falsum est; quia filius, formaliter loquendo, non est unus cum patre, sed essentia divina, vel proprietate sua, vel seipso. Si quasi efficientis, sic idem erit dictum propter patrem, ac si diceretur quod habet unitatem a patre. Sed sicut habet unitatem a patre filius, ita et æqualitatem. Ergo sicut dicuntur omnia unum propter patrem, ita dicuntur omnia æqualia propter patrem; et sic distinctio nulla esset.

Præterea, quidquid sit de patre, constat quod filius nullam rationem principii habeat respectu patris. Si ergo hæc præpositio propter importat habitudinem alicujus principii, videtur omnino falsum quod dicit, quod omnia sunt æqualia propter filium.

Item, sicut idem est Deo sapere quod esse; ita idem est esse æqualem Deo quod esse. Sed non potest dici quod omnia sint in divinis propter filium. Ergo nec quod omnia sint æqualia.

Contra est quod in littera dicitur.

Respondeo dicendum, quod dictum Augustini potest verificari dupliciter: scilicet quantum ad proprietatem personarum et quantum ad numerum ipsarum. Si enim consideremus numerum, sic unitas statim in patre invenitur; et ideo propter eum, in quo primo unitas invenitur, secundum ordinem naturæ, omnia dicuntur unum. Sed binarius personarum primo invenitur in filio, qui procedit alius a patre, et similiter æqualitas, quæ primo in duobus invenitur: et propter hoc omnia per filium æqualia dicuntur, sicut propter eum in quo primo æqualitas invenitur. Sed in Spiritu Sancto primo invenitur ternarius, et similiter connexio, quæ tria requirit, duo connexa et unum connectens; et propter hoc omnia dicuntur connexa propter Spiritum Sanctum. Si autem consideremus proprietates personarum, in patre invenitur ratio principii quasi primi: et quia in qualibet natura invenitur unum principium non de principio, a cujus unitate est quod una in omnibus natura propagetur, omnia dicuntur unum propter patrem: et hoc videtur tangere Hilarius in quadam notula.

Si consideremus proprium filii, secundum omnia propria sua convenit sibi quod adæquet vel coæquet patrem, et inquantum filius et inquantum verbum et inquantum imago. Sicut autem dicimus quod relationes quæ sunt ad creaturam, resultant ex creaturis inquantum referuntur in Deum; ita etiam relationes quibus pater refertur ad filium, suppositis relationibus distinguentibus, resultant ex hoc quod filius refertur ad patrem; et propter hoc pater dicitur æqualis filio, inquantum filius coæquat patrem: et ex hoc etiam sequitur quod Spiritus Sanctus sit æqualis utrique. Nisi enim filius qui est principium Spiritus Sancti, esset æqualis patri, nullo modo æqualem amorem spiraret; et ita quodammodo ex æqualitate filii resultat æqualitas in tota trinitate. Similiter etiam proprium est Spiritus Sancti quod procedat ut amor, et amor habet rationem nexus; et ideo omnia dicuntur propter Spiritum Sanctum connexa. Posset tamen brevius exponi, ut diceretur, quod sunt omnia unum propter patrem, id est propter unitatem essentialem quæ appropriatur patri, et sic de aliis.

Ad primum igitur dicendum, quod cum dicitur quod omnia sunt unum propter patrem, ly propter non tantum dicit habitudinem principii per modum efficientis, sed etiam per modum formæ, inquantum unitatem principii sequitur unitas formæ, scilicet divina essentia, qua in divinis omnia unum sunt.

Ad secundum dicendum, quod sicut creaturæ non sunt principium Dei, quamvis dicatur Deus relative, propter hoc quod ad ipsum creaturæ referuntur, quia hujusmodi relationes non sunt realiter in Deo, ita etiam non sequitur quod filius sit principium patris, quia æqualitas non ponit in Deo relationem realem.

Et per hoc etiam patet responsio ad tertium.

Non enim dicuntur omnia esse æqualia propter filium quia filius sit principium æqualitatis in patre, sed ut dictum est in corp. Art..

Præterea considerari oportet. Tria quærit de æqualitate. Primo utrum dicatur relative, vel absolute.

Ad hoc respondet, quod relative, ibi: ad quod dicimus. Secundo quærit, secundum quid attendatur æqualitas, utrum secundum unitatem essentiæ, vel secundum unitatem relationis; et ostendit quod secundum unitatem essentiæ; et ideo æqualitas secundum essentiam dicitur; et hoc ibi: est tamen æqualis patri filius. Tertio quærit quid sit æqualitas, et ad hoc respondet, quod est relatio in Deo secundum nomen tantum, ibi: et appellatio tantum relativa est.

Imago enim si perfecte implet illud cujus imago est, ipsa coæquatur ei, non illud imagini suæ. Ex hoc videtur quod in divinis non sit mutua æqualitas, si pater suæ imagini non coæquatur.

Sed dicendum, quod sicut filius est æqualis patri, ita et pater filio, cum quantitas virtualis perfecte sit in utroque. Sed coæquare dicit motum ad coæqualitatem; et quamvis in divinis non sit motus, est tamen ibi acceptio æqualitatis; et quia filius accipit æqualitatem a patre et non e converso, ideo filius coæquatur patri et non e converso.

Identitatem id est omnia idem in natura.

Hilarius Lib. De synod.: imago est ejus ad quem coimaginatur species indifferens. Hæc notula inducitur ad ostendendum quod imago coæquatur ei cujus est imago: in qua notula duo facit Hilarius: primo ponit definitiones imaginis quæ patent ex his quæ dicta sunt, 28 dist.; secundo ex illis definitionibus concludit duas conclusiones; per quarum unam ostenditur distinctio filii a patre ex hoc quod imago ad aliquid refertur; et hoc ibi: est ergo pater et filius, quia imago patris est filius: per secundam vero ostenditur unitas naturæ propter speciei indifferentiam, quæ est de ratione imaginis, et hoc ibi: qui imago est, ut vere imago sit, speciem necesse est et naturam et essentiam in se habeat auctoris.

Alia notula: si quis innascibilem et sine initio dicat filium tamquam duo sine principio sive duo innata dicens, anathema sit. Hæc notula inducitur ad ostendendum quomodo omnia sunt unum propter patrem, et est intentio Hilarii dicere, quod cum in qualibet natura sit unum principium non de principio, si aliquis poneret in divinis duos innascibiles, poneret duas naturas, et ita duos deos.

Sed oportet ut secundum ordinem unius naturæ sit relatio in unum principium non de principio qui est pater: initiabile, idest initiativum: ex innascibili essentia, idest ex patre innascibili qui est essentia.

Omnia hæc gradu referuntur ad Deum. Contrarium est quod supra dixit Hieronymus, 25 dist., quod in divinis personis non est gradus. Et dicendum, quod hic ponit duplicem relationem: unam creaturæ ad filium, et in hac relatione est gradus; et aliam filii ad patrem, in qua non est gradus.

Potest tamen dici quod gradus large sumitur pro ordine. Alia notula. Omnibus creaturis substantiam voluntas Dei contulit, sed naturam filio dedit ex impassibili ac non nata substantia, perfecta nativitas.

Hæc notula inducitur ad ostendendum quomodo pater et filius unum sunt in natura; quod probat sic. Quia principium creationis rerum est voluntas; et ideo tales fecit Deus res quales voluit, et non qualis ipse est in natura sua. Sed principium generationis filii est natura patris. Ergo oportet quod filius non solum sit talis qualem pater voluit, sed qualis pater est in natura; unde dicit: sed genitus in substantia Dei, idest filius, qui est natus de natura patris, attulit, idest accepit, secundum originem, idest per generationem, essentiam naturæ, idest talem essentiam qualis est natura patris, non essentiam voluntatis, idest qualem voluntas habuit, secundum creaturas, idest sicut creaturæ acceperunt.

Alia notula. Minus forte expresse videtur de indifferenti similitudine patris et filii locuta esse synodi fides; maxime cum de patre et filio et Spiritu Sancto ita senserit significatam in nominibus propriam uniuscujusque nominatorum substantiam et ordinem et gloriam, ut sint quidem per substantiam tria, per consonantiam vero unum. Hoc inducitur ad ostendendum quomodo omnia connexa sunt per Spiritum Sanctum. Et intentio Hilarii est recitare quod quædam synodus fuit congregata contra Sabellianos, qui dicebant eamdem esse personam patrem et filium et Spiritum Sanctum; contra quos synodus, ad hoc ut distingueretur ordo personarum et gloria, vel dignitas personalis, et substantia, idest hypostasis, confessa est esse patrem et filium et Spiritum Sanctum per substantiam tria, et per consonantiam unum. Et acceperunt substantiam, non pro essentia, ne divisionem essentiæ, secundum Arianos, inducerent; sed pro hypostasi, ut Sabellianam confusionem excluderent. Et dixerunt quod sunt per consonantiam unum, inquantum uniuntur amore, qui est Spiritus Sanctus.

Quæ veritatem patris et filii et Spiritus Sancti, nominum numero eluderet. Sabelliana hæresis dixit, istis nominibus distinctis pater et filius et Spiritus Sanctus, quæ in Scriptura inveniuntur, non subjacere aliquam in re distinctionem; et quod eadem res habuit nomen pater et filii et Spiritus Sanctus; ex quo sequebatur quod non esset veritas nominum: quia nulla res vere sui ipsius pater est.

Alia notula. Cum Deum patrem necessario confitemur, et absolute Christum Dei filium Deum prædicamus; non possunt secundum naturæ indifferentiam non esse unum. Hæc notula inducitur etiam contra Sabellianos et Arianos. Dicit enim simul, quod cum nos nominemus filium Deum sicut et patrem, et non dicamus plures deos, sed unum; constat quod essentia patris et filii est una, cujus nomen est unum, idest singulariter prædicatur; quia uterque dicitur Deus. Sed ex hoc non sequitur quod non sit aliqua persona genita, quæ accipit essentiam eamdem numero a persona generante.

Religiosa unitas, idest fidelis confessio qua nomen Dei singulariter, non communiter prædicatur.

Non ademit, idest non abstulit, personæ genitæ essentiam, idest personam filii geniti, quæ est essentia, constitutam, idest natam ex essentia patris indeficientis naturæ.

Distinctio XXXII

Quæstio I
Prologus

Postquam determinavit de propriis et appropriatis personarum, hic inquirit qualiter ad invicem divinæ personæ comparentur secundum propria vel appropriata; et dividitur in partes tres: in prima ostendit qualiter comparentur secundum proprium vel appropriatum Spiritui Sancto; in secunda qualiter comparentur secundum proprium vel appropriatum filii, ibi: præterea diligenter investigari oportet, utrum pater sapiens sit sapientia quam genuit; in tertia inquirit qualiter comparentur secundum utrumque simul; scilicet de uno per comparationem ad alterum, ibi: præterea diligenter notandum est. Circa primum duo facit: primo movet quæstionem; secundo determinat eam, ibi: huic quæstioni... Id solum respondemus.

Præterea diligenter investigari oportet. Hic inquirit quomodo comparentur secundum appropriatum filii, quod est sapientia; et dividitur in partes duas: in prima movet quæstionem, et determinat veritatem; in secunda excludit quamdam dubitationem ex determinatione occasionatam, ibi: post hæc quæri solet a quibusdam, utrum filius sit sapiens sapientia genita, vel ingenita. Prima in duas: in prima inquirit utrum pater sit sapiens sapientia genita, vel ingenita, et determinat eam; in secunda inquirit utrum filius sit sapiens sapientia genita, vel ingenita et determinat eam; primo ostendens quod non est sapiens sapientia genita sed sapientia ingenita; secundo ostendens quod est sapiens per sapientiam genitam. Et sic patet responsio ad quæstionem per distinctionem; quia ablativus sapientia potest construi in habitudine principii efficientis; et sic est sensus, quod sit sapiens a sapientia genita; et hoc falsum est: vel potest construi in habitudine causæ formalis; et sic est sensus, quod sit sapiens per sapientiam genitam formaliter, et hoc verum est; et hoc dicit, ibi: ex prædictis constat quod filius non est sapiens a se, neque de se.

Post hæc a quibusdam solet quæri, utrum una tantum sit sapientia patris. Hic excludit dubitationem ex prædictis ortam; et circa hoc tria facit: primo movet dubitationem; secundo ponit determinationem, ibi: hæc et similia tamquam sophistica,...

Abjicimus; tertio manifestat per similitudinem; ibi: et sicut in trinitate dilectio est quæ est pater, filius et Spiritus Sanctus... Et tamen Spiritus Sanctus dilectio est, quæ non est pater vel filius... Ita in trinitate sapientia est quæ est pater et filius et Spiritus Sanctus...

Et tamen filius est sapientia quæ non est pater vel Spiritus Sanctus.

Præterea diligenter notandum est. Hic inquirit de uno per comparationem ad aliud; et primo movet quæstionem; secundo addit quæstionis difficultatem, relinquens quæstionem insolutam, ibi: difficilem mihi fateor hanc quæstionem.

Hic est duplex quæstio. Primo de his quæ pertinent ad Spiritum Sanctum. Secundo de his quæ pertinent ad filium.

Circa primum quæruntur tria: 1 utrum pater diligat filium Spiritu Sancto; 2 utrum pater diligat se Spiritu Sancto; 3 utrum pater et filius diligant nos Spiritu Sancto.

Articulus Primus
Utrum pater diligat filium Spiritu Sancto.

Ad primum sic proceditur. Videtur quod pater non diligat filium Spiritu Sancto. Sicut enim idem est Deo esse quod sapere, ita idem est Deo esse quod diligere. Sed Deus pater non dicitur esse aliquo modo Spiritu Sancto. Ergo videtur quod nec diligere.

Præterea, cum dicitur: pater diligit filium Spiritu Sancto, oportet quod ablativus constituatur in habitudine alicujus causæ, vel quasi efficientis, vel quasi formalis. Sed omnis talis constructio potest resolvi et exponi per aliquam præpositionem designantem habitudinem causæ. Ergo videtur quod pater diligat filium vel a Spiritu Sancto, vel per Spiritum Sanctum. Harum autem utraque videtur esse falsa; quia Spiritus Sanctus non habet aliquam habitudinem principii respectu patris; sicut præpositio designat. Ergo videtur quod etiam hæc sit falsa: pater diligit filium Spiritu Sancto.

Item, hoc verbum diligit aut significat actum essentialem aut notionalem. Si essentialem, cum idem judicium sit de omnibus essentialibus, poterit loco ejus poni alius actus essentialis; ut dicatur pater vivere Spiritu Sancto, vel intelligere aut velle; quod falsum est. Si autem dicat actum notionalem, non dicit aliam notionem quam communem spirationem.

Ergo loco ejus poterit poni hoc verbum spirat, ut dicatur: pater spirat Spiritum Sanctum Spiritu Sancto; quod falsum est. Ergo et prima omnibus modis falsa est.

Præterea, omnis amor quo aliqui se diligunt, est vinculum vel nexus uniens eos. Sed Spiritus Sanctus non potest unire patrem et filium; quia omne uniens habet aliquem influxum super unita, sicut unionem faciens. Ergo videtur quod pater et filius non diligant se Spiritu Sancto.

Contra, sicut amor alicujus hominis procedit ab eo, ita et Spiritus Sanctus procedit a patre et filio ut amor. Sed unus homo diligit alium amore qui ab ipso procedit. Ergo et pater diligit filium Spiritu Sancto, qui est amor ab ipso procedens; et est ratio Hugonis de Sancto Victore.

Præterea, omni amore perfecto aliquid diligitur. Si ergo Spiritus Sanctus est amor perfectus, quod utique verum est, videtur quod eo aliquis diligat, et aliquis diligatur. Sed non nisi pater et filius.

Ergo pater et filius diligunt se Spiritu Sancto.

Respondeo dicendum, quod circa hoc sunt plurimæ opiniones.

Quidam enim dicunt omnes hujusmodi locutiones esse falsas, et in suo simili ab Augustino retractatas, ubi retractavit quod prius dixerat, patrem sapientia ab eo genita sapientem esse, ut in notula in littera posita patet. Sed hoc non videtur conveniens; quia Augustinus ea quæ retractare voluit, specialiter expressit; et præterea ipse non retractavit dicta aliorum, sed tantum sua. Unde cum ipse et omnes alii communiter talibus locutionibus utantur, præsumptuosum videtur eas negare.

Ideo alii dicunt, eas quidem veras esse, sed improprias, et sic exponendas: pater et filius diligunt se Spiritu Sancto, idest amore essentiali, qui Spiritui Sancto appropriatur. Hoc etiam non videtur conveniens; quia sic etiam pater diceretur sapiens filio, idest sapientia essentiali, quæ filio appropriatur, et diceretur bonus Spiritu Sancto propter eamdem rationem.

Ideo alii dixerunt, quod est vera et propria; et horum multiplex est opinio.

Quidam enim dicunt, quod ablativus ille resolvendus est in præpositionem, ut sit sensus: pater diligit filium Spiritu Sancto, idest per Spiritum Sanctum; et tunc quod ly per denotat subauctoritatem in Spiritu Sancto, et auctoritatem in patre et filio, sicut cum dicitur, quod pater operatur per filium. Sed hoc non videtur conveniens; quia per præpositionem per designatur habitudo causæ in causali cui adjungitur, quamvis non respectu operantis, sed respectu operati. Filius enim habet causalitatem in creatura, quamvis non sit principium operationis in patre. Sed cum dicitur: pater diligit filium per Spiritum Sanctum, non denotatur aliquis effectus in creatura, nec aliquid cujus principium Spiritus Sanctus sit; et ideo non est similis ratio dicendi. Et ideo quidam dicunt quod ablativus construitur in habitudine signi, et quasi effectus; quia sicut generatio quodammodo terminatur ad filium, ita spiratio quæ designatur in dilectione, terminatur ad Spiritum Sanctum. Unde exponunt sic: pater et filius diligunt se Spiritu Sancto; idest, Spiritus Sanctus est signum quod pater et filius diligunt se. Sed hoc non videtur conveniens; quia etiam amor creatus est signum dilectionis, qua pater et filius diligunt se; et ita per viam istam diceretur, quod pater et filius diligunt se amore creato, quod falsum est. Præterea Spiritus Sanctus est amor patris, et amore formaliter aliquid diligitur; et ita Spiritu Sancto, etiam formaliter loquendo, pater diligit. Et ideo alii dixerunt, quod ablativus ille construitur in habitudine formæ; quia pater et filius formaliter amore diligunt qui est Spiritus Sanctus.

Sed hoc etiam ex toto non videtur sufficiens; quia forma non denominat aliquid nisi inhæreat; et ita cum Spiritus Sanctus non se habeat ad patrem ut inhærens, sed ut per se subsistens, non potest esse quod sit sicut forma eliciens actum dilectionis. Et præterea forma habet rationem principii respectu ejus cujus est forma, quæcumque forma sit, vel quantum ad esse substantiale, vel accidentale, et operationem consequentem; et ita Spiritus Sanctus esset principium alicujus in patre; quod falsum est.

Et ideo alii dixerunt, quorum videtur esse auctor Hugo de S. Victore ubi supra, quod construitur in habitudine quasi effectus formalis, ut dicatur effectus largo modo omne id quod a principio est, quia proprie in divinis non est efficiens et effectum; et formale dicatur, quod habet actum formæ in denominando. Et est sensus: a patre et filio procedit amor, qui est Spiritus Sanctus, quo diligit se.

Unde hæc opinio simul concludit duas ultimas prædictarum; unde perfectius continet veritatem, et sibi consentiendum videtur.

Tamen ad explanationem ejus sciendum est, quod secundum diversam naturam generis diversus est modus denominationis. Quædam enim genera secundum rationem suam significant ut inhærens, sicut qualitas et quantitas, et hujusmodi; et in talibus non fit denominatio nisi per formam inhærentem, quæ est secundum aliquid esse vel substantiale vel accidentale. Quædam autem significant secundum rationem suam, ut ab alio ens, et non ut inhærens, sicut præcipue patet in actione. Actio enim, secundum quod est actio, significatur ut ab agente; et quod sit in agente, hoc accidit sibi inquantum est accidens. Unde in genere actionis denominatur accidens per id quod ab eo est, et non per id quod principium ejus est; sicut dicitur actione agens; nec tamen actio est principium agentis, sed e converso. Et si per impossibile poneretur esse aliquam actionem quæ non esset accidens, non esset inhærens, et tamen denominaret agentem, et tunc agens denominaretur per id quod ab eo est, et in eo non est ut inhærens. Sed quia cujuslibet actionis principium est aliqua forma inhærens, ideo aliquid potest dici agens duobus modis; vel ipsa actione, quæ denominat agentem et non est principium ejus; vel forma, quæ est principium actionis in agente, et secundum quid principium agentis; sicut dicimus ignem moveri sursum motu proprio, et levitate.

His visis, patet de facili qualiter concedendum sit quod dictum est, et quid est quod dubitationem induxerit.

Distinctio XXXII

Diligere enim in divinis potest dici vel essentialiter, secundum quod non importat nisi processionem secundum rationem; vel notionaliter, secundum quod importat processionem realem amoris ab amante: et ab utroque modo invenitur amor dupliciter dici: scilicet ut qualitas, prout amor significat habitum amantis in amante; et ut operatio, prout amor significat actum vel passionem amantis in amante. Si igitur diligere sumatur essentialiter, cum dicitur, pater diligit filium, dicetur diligere denominative amore qui est actus essentialis, et sicut principio illius actus, ipsa caritate, quæ est substantia divina. Si autem sumatur notionaliter, tunc, si amor significat formam quæ est principium hujus actus, dicetur pater diligere filium ipsa proprietate quæ est principium processionis Spiritus Sancti, sicut paternitas est principium generationis filii. Si autem amor nominet ipsam actionem procedentem, sic pater dicitur diligere filium amore qui est Spiritus Sanctus, vel Spiritu Sancto; licet hoc non adeo expressam contineret veritatem. Et similiter est in aliis nominibus personalibus quæ significant personam per modum operationis, ut verbum; et ideo dicitur, quod pater dicit verbo suo.

Ad primum igitur dicendum, quod diligere, prout essentialiter sumitur, est omnibus modis idem quod esse, et quantum ad rem, et quantum ad modum significandi, qui est significare absolute in divinis. Unde accipiendo hoc modo diligere, nullo modo pater diligit Spiritu Sancto. Sed diligere notionaliter sumptum, non idem est patri quod esse, secundum modum significandi; quia diligere dicitur relative, et esse absolute; et ideo non sequitur quod Spiritu Sancto sit, quamvis Spiritu Sancto diligat: sicut paternitate est pater, nec tamen paternitate est. Sed sapere in divinis nunquam dicitur nisi essentialiter; et ideo nullo modo potest dici quod pater sit sapiens sapientia genita.

Ad secundum dicendum, quod, sicut dictum est, in corp. Art., amor personalis non se habet ad patrem diligentem ut principium dilectionis, sed magis ut actus denominans: et ideo non construitur in habitudine alicujus principii, nec in habitudine formæ inquantum forma est principium, sed solum inquantum forma est denominans; ut cum dicitur: iste est agens actione. Et ideo, quia propositiones important expresse habitudinem causæ, non ita est propria ista: pater diligit filium per Spiritum Sanctum, sicut hæc: pater diligit Spiritu Sancto. Quamvis etiam concedi possit, inquantum est principium denominationis, non simpliciter. Hæc autem: pater diligit a Spiritu Sancto, nullo modo concedenda est: quia dicit principium per modum efficientis.

Ad tertium dicendum, quod non dicit actum essentialem, sed notionalem. Sciendum tamen est, quod in actu notionali, qui est diligere, duo intelliguntur; scilicet actus ipse, et exitus actus ab agente: et ipse actus est persona Spiritus Sancti; sed emanatio actus ab agente est proprie notio, sive notionalis actus, qui est processio: et ideo etiam persona Spiritus Sancti non significatur per actum designatum verbo, quia verbum significat actum ut egredientem ab agente, sed significatur per actum designatum nomine quod significat actum absolute, ut amor et dilectio. Diligere autem proprie dicit notionem, quia diligere idem est quod amorem emittere.

Unde in verbo diligendi importatur et ipse actus, qui est persona, ratione cujus secundum illum actum denominatur pater diligens amore, qui est persona Spiritus Sancti; et importat emissionem actus, ratione cujus est notionale. Sed hoc verbum spirat significat ipsam emissionem actus, et non actum emissum: et ideo pater non dicitur spirans Spiritu Sancto, sed actu, vel proprietate spirationis.

Et simile est de generatione: quia generatio dicit emissionem geniti; unde non dicitur quod pater generat verbo; sed dicere dicit emissionem verbi, et verbum emissum: et ideo dicitur, quod dicit verbo. Verbum autem nominat id quod emissum est, et non emissionem; et ideo verbum est personale, sicut et amor: et diligere est notionale, sicut dicere.

Ad quartum dicendum, quod hæc est vera: pater et filius uniuntur Spiritu Sancto, secundum quod Spiritus Sanctus est ipsa unio, sicut et amor quo formaliter uniuntur, ut dictum est, dist. 10, quæst. 1, art. 4, sicut eo quod ab eis procedit, sicut aliqui uniuntur uno actu. Nec tamen ista simpliciter concedenda est, quod spiritus uniat patrem et filium; quia unire significat per modum unientis effective, quod non convenit Spiritui Sancto.

Potest tamen concedi, si intelligatur uniens formaliter, sicut albedo dicitur facere album.

Articulus Secundus
Utrum pater diligat se Spiritu Sancto.

Ad secundum sic proceditur. Videtur quod pater non diligat se Spiritu Sancto. Aut enim diligere importat actum essentialem, aut notionalem.

Si essentialem, communis est toti trinitati, et significat divinam essentiam. Ergo non diligit se essentialiter Spiritu Sancto. Si autem significat actum notionalem; contra: nullus actus notionalis reflectitur super eum a quo est: non enim pater generat se. Si igitur diligere sit actus notionalis, videtur quod hæc sit falsa: pater diligit se Spiritu Sancto.

Præterea, processio Spiritus Sancti secundum ordinem naturæ præsupponit generationem filii: quia Spiritus Sanctus procedit a patre et filio. Sed quidquid convenit patri secundum seipsum, potest etiam sibi convenire, generatione filii non intellecta.

Ergo cum diligere se dicatur de patre respectu sui ipsius, videtur quod non diligat se Spiritu Sancto: quia sic Spiritus Sanctus intelligeretur procedere a patre per modum amoris, etiam filio non existente.

Item, amor gratuitus semper in alterum tendit, ut dicit Gregorius, quod caritas minus quam inter duos haberi non potest. Sed caritas creata est exemplata a caritate increata, quæ est Spiritus Sanctus. Ergo videtur quod amor iste quo diligit pater seipsum, non sit amor personalis, qui est Spiritus Sanctus.

Præterea, quocumque amore amat se pater, amat se filius et Spiritus Sanctus. Si igitur pater amat se Spiritu Sancto, ergo et Spiritus Sanctus amabit se Spiritu Sancto. Sed omnis amor procedit ab amante. Ergo Spiritus Sanctus procedit a seipso, quod est inconveniens. Ergo nec pater Spiritu Sancto amat se.

Contra, pater eodem amore amat filium et seipsum. Sed filium diligit Spiritu Sancto. Ergo et seipsum Spiritu Sancto amat.

Præterea, sicut amor est proprium Spiritus Sancti; ita et verbum proprium filii. Sed, secundum Anselmum, pater dicit se verbo, scilicet quod est filius. Ergo et amat se amore ab ipso procedente, qui est Spiritus Sanctus.

Respondeo dicendum, quod cum dicitur pater diligit se Spiritu Sancto, potest intelligi de dilectione essentiali vel notionali. Si de dilectione essentiali, sic, sicut nec filium, ita nec seipsum Spiritu Sancto diligit; sed caritate essentiali et operatione essentiali. Si autem intelligatur de dilectione notionali, sic, sicut filium, ita et se Spiritu Sancto amat: quia diligere notionaliter sumptum nihil aliud dicit quam esse principium amoris personalis, qui est Spiritus Sanctus; quia amor qui significatur per modum operationis, denominat patrem a quo est, ut pater dicatur Spiritu Sancto diligere. Et cum tota ratio dilectionis quæ est in filio, sit in patre, et e converso; ex neutra parte potest impediri quin pater Spiritu Sancto seipsum diligat, scilicet nec ex parte spirantis amorem, nec ex parte diligibilis: quia ipse pater ex una parte sufficiens principium est Spiritus Sancti, et ex alia parte sufficiens ratio diligibilitatis in ipso est, et etiam in Spiritu Sancto. Unde sicut pater filium Spiritu Sancto diligit; ita et seipsum et Spiritum Sanctum Spiritu Sancto diligit.

Ad primum igitur dicendum, quod intelligitur de actu notionali. Sed sciendum est, quod cum actus omnis notionalis importet rationem principii quantum ad originem divinæ personæ, hoc contingit dupliciter: quandoque enim designatur ratio principii respectu ejus in quod terminatur actus notionalis, ut cum dicitur: pater generat filium: generare enim importat habitudinem principii quæ est in generante respectu generati: et in talibus non potest fieri reciprocatio, ut dicatur quod pater generat se; quia nulla persona est principium sui ipsius: quandoque autem habitudo principii non importatur respectu ejus in quod transit actus, ut patet cum dicitur: pater dat essentiam filio: non enim significatur pater esse principium dati quod est essentia, sed ejus cui datur; et similiter est in hoc verbo diligere, quod importat habitudinem principii, non diligentis ad dilectum, sed diligentis ad amorem, qui importatur in verbo diligit; et ideo in talibus potest esse reciprocatio: et hoc contingit, quia verbum diligere non tantum importat emissionem, sed ipsum amorem emissum; unde si accipiatur separatim id quod ad originem pertinet tantum, non erit conversio; non enim potest dici, quod pater spiret se.

Ad secundum dicendum, quod si generatio filii non esset, pater non diligeret se Spiritu Sancto; quia nec pater esset, cum persona patris paternitate constituatur. Si tamen detur per impossibile quod persona patris remaneat, poterit per se amorem spirare personalem. Nec tamen ab hoc excluditur filius: quia omnis patris perfectio est etiam filii, in qua secundum relationem originis non opponuntur.

Ad tertium dicendum, quod amor gratuitus non est amor privatus, qui in alterum tendat; nihilominus tamen et in ipsum amantem reflectitur; non enim tantum proximus ex caritate diligendus est; sed etiam seipsum et quantum ad animam et quantum ad corpus ex caritate debet homo diligere; et ita etiam pater Spiritu Sancto diligit.

Ad quartum dicendum, quod cum dicitur, Spiritus Sanctus diligit se Spiritu Sancto, si intelligatur de dilectione essentiali, expresse verum est; quia sicut seipso Deus est, ita seipso essentialiter diligens est. Si autem intelligatur de dilectione notionali, tunc in hoc verbo diligere importatur quasi duplex actus; scilicet ipse actus amoris qui significat personam Spiritus Sancti, et emissio amoris.

Distinctio XXXII

Unde diligere notionaliter sumptum, nihil aliud est quam spirare amorem. Per spirare enim significatur ipsa emissio; sed per amorem persona Spiritus Sancti; ac si diceretur generare filium. Unde sicut filio non competit generare filium, ita nec Spiritui Sancto spirare amorem. Nec ex hoc aliquid imperfectionis in Spiritu Sancto vel in filio relinquitur, ut ex prædictis patet, dist. 7: et ideo secundum hunc sensum non conceditur quod Spiritus Sanctus notionaliter diligat. Si autem ab intellectu hujus verbi diligit separetur actus originis per quem efficitur notionale; et remaneret tantum id quod personale est, scilicet ipse amor: sic Spiritui Sancto conveniret: quia ipse procedit ut operatio subsistens. Unde ipsa operatio est operans; et secundum hoc Spiritus Sanctus etiam seipso diligeret seipsum vel patrem; et tunc diligere non importaret aliquid notionale, sed tantum personam alio modo significatam. Unde hoc verbum diligere potest tripliciter sumi. Aut secundum quod dicit essentiam tantum; et tunc dicit exitum secundum rationem operationis essentialis, quæ est ipsa essentia, ab essentia divina; et sic pater non diligit Spiritu Sancto, et similiter filius et Spiritus Sanctus.

Aut secundum quod nominat tantum personam Spiritus Sancti; et sic etiam non dicit exitum, nisi secundum rationem; unde secundum hoc convenit tantum Spiritui Sancto diligere. Sed iste modus inconsuetus est. Aut dicit exitum realem; et tunc simul importat notionem activam, et personam Spiritus Sancti; et tunc non convenit nisi patri et filio.

Articulus Tertius
Utrum pater et filius diligant nos Spiritu Sancto.

Ad tertium sic proceditur. Videtur quod pater et filius non diligant nos Spiritu Sancto. Omne enim dictum de Deo connotans effectum in creatura, est essentiale. Sed cum Deus dicitur creaturam diligere, in dilectione connotatur effectus in creatura, quem diligendo confert. Ergo oportet quod essentialiter sumatur. Sed dictum est, art. Antec., quod pater et filius nullo modo diligunt Spiritu Sancto, si diligere essentialiter sumatur; quia Spiritus Sanctus nullam rationem habet principii respectu alicujus essentialis, neque per modum denominantis, neque alio modo. Ergo videtur quod pater et filius non diligunt nos Spiritu Sancto.

Præterea, cum dicitur, pater diligit filium Spiritu Sancto, ut supra dictum est, secundum opinionem Hugonis de s. Victore, ablativus construitur in habitudine effectus quasi formalis.

Sed in illa comparatione qua Deus ad creaturam comparatur, nullo modo se habet Spiritus Sanctus ut effectus, immo magis id quod in creatura efficitur. Ergo videtur quod non possit salvari hæc eadem ratio veritatis.

Item, sicut dilectio se habet ad Spiritum Sanctum, ita et generatio ad filium. Sed pater non generat nos filio; immo potius dicitur nos regenerare Spiritu Sancto. Ergo videtur quod nec nos Spiritu Sancto diligat.

Contra est quod dicitur Joann. 17, 22: ut sint unum in nobis, sicut et nos unum sumus. Non enim loquitur ibi de unitate essentiali tantum; quia illo modo Deo non unimur; sed de unitate consonantiæ, vel amoris, quod est Spiritus Sanctus. Ergo videtur quod sicut pater et filius diligunt se Spiritu Sancto, ita et nos.

Præterea, sicut verbum est proprium filii, ita et amor proprium Spiritus Sancti. Sed pater dicit omnem creaturam verbo suo; unde Augustinus: dixit, et facta sunt; idest, verbum genuit in quo erat ut fierent. Ergo diligit creaturam amore suo, qui est Spiritus Sanctus.

Respondeo dicendum simpliciter quod pater et filius nos diligunt Spiritu Sancto, sicut supra, 10 dist., expresse habetur.

Sciendum tamen est ad ejus intellectum, quod processio divinarum personarum est quædam origo processionis creaturarum; cum omne quod est primum in aliquo genere, sit causa eorum quæ sunt post; sed tamen efficientia creaturarum essentiæ communi attribuitur. Unde dicendum est, quod cum dicitur, pater et filius diligunt nos Spiritu Sancto, hoc verbum diligere potest sumi essentialiter et notionaliter; et utroque modo vera est locutio. Si enim sumatur essentialiter, tunc in verbo dilectionis designabitur efficientia totius trinitatis, et in ablativo designante personam Spiritus Sancti, designabitur ratio efficientiæ, non ex parte efficientis, sed ex parte effectorum, quorum ratio et origo est processio Spiritus Sancti, sicut et verbum; quamvis proprie verbum sit ratio creaturarum, secundum quod exeunt a Deo per modum intellectus. Unde dicitur, quod pater dicit omnia verbo, vel arte sua. Sed Spiritus Sanctus est ratio earum, prout exeunt a Deo per libertatem voluntatis; et ideo dicitur proprie diligere creaturam Spiritu Sancto, et non verbo.

Si autem sumatur notionaliter; tunc est vera etiam locutio, sed habet aliam rationem veritatis; quia verbum dilectionis non importabit ex principali intentione habitudinem efficientiæ respectu creaturæ; sed principaliter denotabit rationem hujus efficientiæ ex parte effectorum, et ex consequenti dabit intelligere habitudinem efficientiæ, ut supra dictum est, 30 dist., quæst. 1, art. 3, et tunc est sensus: pater diligit creaturam Spiritu Sancto; idest, spirat amorem personalem, qui est ratio omnis liberalis collationis factæ a Deo creaturæ.

Ad primum igitur dicendum, quod sicut dictum est, in corp. Art., utroque modo potest sumi. Si enim sumatur essentialiter, nihil sequitur inconveniens; quia Spiritus Sanctus non designabit principium diligentium, sed dilectorum. Unde tunc designabitur habitudo ablativi substantive in ipso ablativo, ut dicit Præpositinus. Si autem sumatur notionaliter, nominativus poterit connotare effectum in creatura per modum habitudinis ad terminum, sicut supra dictum est, 30 dist., art. 2.

Ad secundum dicendum, quod sicut in egressu artificiatorum ab arte est considerare duplicem processum; scilicet ipsius artis ab artifice, quam de corde suo adinvenit; et secundo processum artificiatorum ab ipsa arte inventa; ita etiam in processu voluntatis est duo considerare; scilicet exitum amoris ab amante, et secundo exitum ipsius rei datæ per amorem ab amore. Unde quantum ad primum exitum se habet Spiritus Sanctus in comparatione Dei ad creaturam ut effectus, sive quod est de principio, sicut et verbum; sed quantum ad secundum exitum utrumque se habet ut principium, scilicet et verbum et amor; sed creatura ut effectus.

Ad tertium dicendum, quod hoc verbum generat importat tantum originem personæ, et non importat personam per modum actus, sicut diligere et dicere important utrumque; et ideo pater non denominatur generans filio, sed generatione; denominatur autem diligens amore qui est Spiritus Sanctus. Generatio autem qua nos regenerat, non est per naturam, sed per voluntatem; et ideo ex parte nostra accipiendo, Spiritus Sanctus est ratio talis generationis magis quam filius, qui procedit per modum naturæ.

Quæstio II
Prologus

Deinde quæritur de his quæ pertinent ad filium; et circa hoc quæruntur duo: 1 utrum pater sit sapiens filio, vel sapientia genita; 2 utrum ipse filius sapientia genita vel ingenita sapiens sit.

Articulus Primus
Utrum pater sit sapiens sapientia genita.

Ad primum sic proceditur. Videtur quod pater sit sapiens sapientia genita. Omnis enim sapiens sua sapientia sapiens dicitur. Sed filius est sapientia patris, qui est sapientia ingenita. Ergo etc..

Præterea, omnis sapiens est sapiens illa sapientia sine qua sapiens non esset. Sed sine filio pater sapiens non esset, ut supra dixit Augustinus, 9 dist.. Ergo videtur quod pater sit sapiens filio, vel sapientia genita.

Item, illa sapientia quis sapiens dicitur in qua videt ea quæ ipse cognoscit. Sed supra dixit Augustinus, 31 distinct.: ibi, scilicet in verbo, videt omnia Deus. Ergo etc..

Præterea, Deus sapiens non diceretur nisi seipsum videret. Sed seipsum videt in filio, sicut res videtur in sua imagine. Ergo videtur quod sit sapiens filio, vel sapientia genita.

Contra est quod in littera ab Augustino dicitur.

Respondeo dicendum, quod quamvis pater dicat se verbo suo, nullo modo concedendum est quod sapientia genita sapiens sit; et hoc propter diversum modum significandi in utroque. Verbum enim significat per modum operationis, quæ denominat illud a quo progreditur, scilicet operantem; unde pater denominatur dicens verbo genito, sicut et diligens amore procedente. Sed sapientia significatur per modum formæ manentis in eo cujus est; unde non potest denominari aliquis sapiens nisi per id quod in ipso est, et non per id quod ab ipso est. Quidquid autem significatur esse in aliquo per modum formæ vel substantialis vel accidentalis, significatur ut principium alicujus in ipso; quia forma substantialis est principium substantialis esse; et accidentalis dat aliquod esse, scilicet accidentale; et utraque principium est operationis in eo in quo est. Cum autem filius nullam rationem principii habeat respectu patris, non potest dici, quod pater filio, vel sapientia genita, sapiens sit.

Ad primum igitur dicendum, quod sapientia patris dicitur dupliciter: scilicet sapientia quæ in ipso est, quæ est essentialis sapientia; et hac formaliter sapiens est, sicut quilibet sapiens denominatur sapiens sapientia quæ in eo est. Dicitur etiam sapientia patris quæ est a patre procedens; et hac non denominatur sapiens, sicut nec homo sapiens denominatur a sapientia quam in alterum docendo producit.

Ad secundum dicendum, quod Augustinus in illa ratione contra hæreticum accipit sapientiam essentialem, sine qua pater sapiens non esset, secundum quod ab apostolo est appropriata filio, 1 corinth. 1, 24: Christum Dei virtutem, et Dei sapientiam; et sapientia in ratione appropriata non esset, si filius non esset: unde oportet filium patri coæternum esse, sicut et sapientiam filio appropriatam.

Ad tertium dicendum, quod videre in aliquo dicitur dupliciter. Aut cujus cognitionem in eo accipit, sicut intellectus scientiam in sensibilibus accipit, vel intellectus possibilis in lumine intellectus agentis, vel discipulus in verbo Magistri dicto vel scripto. Aut rem cognitam in alio repræsentatam intueri; sicut ædificator videt artem suam in domo quam facit, vel sicut aliquis videt illud quod scit, in libro ubi scriptum est. Primo ergo modo pater nihil videt in filio, quia non accipit cognitionem a filio; sed secundo modo; quia rationes ipsas omnium creaturarum in verbo suo posuit, ipsum generando.

Ad quartum dicendum, quod quidam dicunt, quod quamvis pater videat in verbo creaturam, non tamen ibi videt se. Non tamen video causam quare sicut per modum prædictum creaturam in verbo videt, quæ ibi relucet, non multo magis seipsum videat, qui perfectissime in verbo repræsentatur; et sic etiam non est inconveniens quod per modum istum in creatura se videat, quæ ipsius divinæ bonitatis repræsentativa est per imaginem vel vestigium; non tamen sequitur quod pater sapiens sit sapientia genita.

Articulus Secundus
Utrum filius sit sapiens sapientia genita.

A

Ad secundum sic proceditur. Videtur quod filius non sit sapiens sapientia genita. Filius enim non alio est sapiens quam pater, sicut nec alio est Deus. Sed pater est sapiens sapientia essentiali.

Ergo et filius sapientia essentiali sapiens est. Sed sapientia essentialis non est genita, sicut nec essentia. Ergo etc..

Præterea, sapientia qua denominatur aliquis sapiens, habet aliquam rationem principii respectu ipsius sapientis. Sed filius nullo modo sui ipsius principium est. Ergo videtur quod non sit sapiens sapientia genita.

Item, sicut supra hac dist. Dixit Magister, sapientia genita est ipsa hypostasis filii; hypostasis autem non significatur per modum formæ. Cum igitur denominatio fiat a forma, videtur quod non possit dici sapiens sapientia genita.

Contra, omne quod per se non est sapiens, non est sapiens nisi per accidens. Sed filius non est sapiens per accidens. Ergo est sapiens per se.

Sed ipse est sapientia genita. Ergo est sapiens sapientia genita.

Respondeo dicendum, quod istæ propositiones, a et per, in hoc differunt; quia a designat tantum habitudinem principii per modum efficientis; sed per designat habitudinem principii secundum quodlibet genus causæ; unde omne illud quod est ab aliquo, est per illud; sed non convertitur. In divinis autem non potest esse nisi habitudo secundum duplex genus causæ; quarum una tantum est habitudo realis, scilicet per modum causæ efficientis vel originantis, sicut pater dicitur principium filii; alia vero habitudo principii potest designari in divinis secundum rationem tantum et non realiter, scilicet habitudo formæ, ut eum dicimus quod pater est Deus per deitatem suam.

Cum ergo dicitur quod filius est sapiens sapientia, ablativus iste non potest construi nisi vel in aliqua habitudine quasi efficientis; et sic falsa est; est enim sensus, quod filius sit sapiens a sapientia genita, et sit sapiens a seipso, quod falsum est; quia sicut esse, ita et sapere habet a patre, qui sapientia ingenita est. Unde dicitur per modum istum sapiens a sapientia ingenita, vel per sapientiam ingenitam, si ly per designat habitudinem principii efficientis; et similiter a sapientia ingenita; non autem a se vel per se vel seipso hoc modo sapiens est. Aut construitur in habitudine quasi principii formalis. Hoc autem contingit dupliciter: quia quod sequitur formam alicujus rei, potest dici esse per formam illam, sicut homo dicitur intelligere per animam; vel per habentem formam; sicut dicimus quod homo per se est rationalis, quia per id quod est de essentia sua, scilicet per animam rationalem; per se enim, secundum Philosophum, significat quod est per essentiam rei. Si igitur consideretur illud quo filius formaliter sapiens est, hoc est sapientia essentialis, quæ neque genita neque ingenita est; et sic per eam et ea sapiens dicitur; sed nullo modo ab ea, quia essentia non generat. Si autem consideretur habens illam formam quæ est ipsa hypostasis filii, quæ etiam sapientia genita dicitur; sic per sapientiam genitam vel per se sapiens dicitur, sive sapientia genita vel seipso.

Ad primum igitur dicendum, quod sapientia, secundum quod supponit essentiam, non potest dici ingenita vel genita; sed secundum quod supponit hypostasim; semper tamen essentiam significat, sicut etiam hoc nomen Deus. Et quare hoc nomen sapientia potius talem suppositionem habere possit quam hoc nomen essentia, supra, 5 distinct., quæst. 1, art. 2, dictum est. Et tunc, quamvis sit eadem essentia quæ est pater et filius, non tamen eadem hypostasis; et ita non sequitur quod sapientia genita pater sapiens sit, sed tantum filius.

Ad secundum dicendum, quod in illis quæ dicuntur per se, est aliquid de essentia rei accipere quod est principium illius quod per se prædicatur, sicut rationale de homine; nec oportet quod ipsum suppositum de quo per se aliquid dicitur, sit principium illius, nisi sicut habens vel sicut operans, ut quando aliqua operatio dicitur esse per se alicujus; ita etiam non oportet quod ipsa hypostasis filii sit principium sui ipsius; sed ut id quod est essentia ejus, vel de essentia, sit principium formale hujus quod est sapientem esse; et hoc competit filio, quia per essentiam suam, quam communem cum patre habet, sapiens est; et ideo per se sapiens dicitur.

Et per hoc patet solutio ad tertium.

Et quartum concedimus.

B

Ulterius quæritur, utrum sit sapiens sapientia ingenita; et videtur quod non. Quia sapientia qua aliquis denominatur sapiens, significatur esse in sapiente per modum formæ inhærentis. Non autem sic pater est in filio, sicut nec e contra. Ergo sicut pater non dicitur sapiens sapientia genita, ita nec filius sapientia ingenita.

Contra, omnis sapiens, illa sapientia sapiens dicitur a qua habet quod sit sapiens. Sed filius a patre, qui est sapientia ingenita, habet quod sit sapiens. Ergo filius est sapiens sapientia ingenita.

Ad id quod ulterius quæritur, dicendum, quod filius est sapiens sapientia ingenita, si ablativus construatur in habitudine principii quasi efficientis; non autem si construatur in habitudine principii quasi formalis; immo sic sapientia essentiali sapiens est, vel seipso.

Quidam dicunt, multiplicem hic fieri intelligentiam.

Jam patet ratio istarum opinionum; quia primi accipiebant hanc præpositionem per secundum quod communiter designat habitudinem cujuscumque principii; alii vero accipiebant secundum quod quasi condividitur contra hanc præpositionem a vel ab, quæ designat habitudinem principii efficientis: unde secundum hoc hæc præpositio per designat habitudinem in divinis quasi formæ; et sic simpliciter concedebant, quod filius per se sapiens est.

Natura, inquit, cui contradicis, hæc veritas est. In verbis istis Hilarius ostendere intendit, quod filius non agit a se, sed agit per se, ex duabus auctoritatibus, quarum una habetur Joan. 14, 10: pater in me manens, ipse facit opera; ex quo concludit quod non a se agit, sed a patre in ipso manente. Alia est Joan. 8, 29: quæ placita sunt ei, facio semper; ex qua concludit quod ipsemet agit per seipsum; unde subdit: infirmus sit non a se agendo; idest cum hoc quod a seipso non agit sequeretur quod esset infirmus, nisi a Deo ipse acciperet, idest, nisi hoc a Deo patre haberet ut ipse ageret sicut hypostasis per se subsistens et per se operans.

Post hæc a quibusdam solet quæri, utrum una tantum sit sapientia patris. Eadem ratione sapientia genita et sapientia ingenita, qua Deus genitus et Deus ingenitus, sunt unus Deus; quia propter communitatem formæ significatæ, idest deitatis et sapientiæ, dicitur unus Deus et una sapientia; sed propter distinctionem hypostasum subsistentium in deitate et sapientia dicitur sapientia genita et ingenita.

Et sicut in trinitate dilectio est quæ est pater filius et Spiritus Sanctus etc.. Hujus ratio est, quia personale non ponit in numerum cum essentiali, quia persona non realiter ab essentia distinguitur, sicut infra patebit.

Distinctio XXXIII

Quæstio I
Prologus

Postquam determinavit Magister de essentia et personis et proprietatibus, hic determinat operationes eorum ad invicem, et dividitur in partes duas: in prima ostendit qualiter proprietates comparentur ad essentiam et personam; in secunda qualiter personæ ad essentiam comparentur, 34 dist. Ibi: prædictis autem adjiciendum est. Prima in duas: in prima ostendit veritatem; in secunda excludit errorem, ibi: hoc autem aliqui negant. Prima in duas: in prima movet quæstionem: in secunda determinat eam, ibi: quod enim in personis sint proprietates, nemo inficiari audet. Et circa hoc tria facit: primo ostendit proprietates esse in personis, quod tamen in quæstione positum non fuit; secundo ostendit proprietates esse personas, ibi: superius quoque multis sanctorum testimoniis astruximus, personas per proprietates distingui; tertio ostendit proprietates esse divinam essentiam, ibi: cumque de simplicitate deitatis supra dissereremus... Evidenter monstravimus Deum hoc esse omnino quod in se habet.

Utrumque ostendit dupliciter: ratione et auctoritate.

Et utraque ratio sumitur ex divina simplicitate, quæ non compatitur nec ut quod est in Deo, sit aliud ab ipso; et sic proprietas quæ est in persona, non est aliud ab ea; nec quod habens sit aliud ab habito; et sic probat, quod essentia, vel Deus, non est aliud a proprietate quam habet.

Hoc autem aliqui negant. Hic excludit errorem, et circa hoc duo facit: primo ponit falsam positionem; secundo ponit rationes positionis, et solvit eas, ibi: si enim, inquiunt, proprietates sunt personæ, non eis personæ determinantur. Et circa hoc duo facit: primo inducit probationes quæ sunt acceptæ per rationem; secundo inducit probationes acceptas ex auctoritatibus, ibi: verumtamen nondum desistunt...

Sed opinionem suam etiam sanctorum auctoritatibus munire conantur. Circa primum tria facit: primo inducit rationem, qua proprietates existentes in personis probatur non esse personas; secundo inducit aliam rationem, qua probatur quod proprietas non est essentia, ibi: sed iterum addunt; tertio ponit rationem, qua probatur proprietatem non esse in essentia, ibi: ceterum hæreticorum improbitas...

Nondum quiescit; et hæc dividitur in tres: in prima ponit probationem illorum; secundo ponit rationem, ibi: quorum audaciæ resistentes, atque ignorantiæ providentes, audebimus aliquid super hoc loqui; tertio inducit quæstionem contra responsionem, et excludit eam, ibi: sed forte quæres, cum hæ proprietates non possint esse in personis quin eas determinent, quomodo in divina essentia esse possint ita ut non eam determinent.

Hic quæruntur quinque: 1 utrum proprietates sint divina essentia; 2 utrum sint ipsæ personæ; 3 utrum sint in personis et in essentia; 4 utrum de proprietatibus possint prædicari adjectiva essentialia et personalia; 5 utrum de notionibus sine peccato contrariæ opiniones esse possint.

Articulus Primus
Utrum relationes divinæ sint essentia divina.

Ad primum igitur sic proceditur. Videtur quod relationes ipsæ non sint essentia divina. Aut enim quæ relative in Deo dicuntur, sunt relativa secundum esse aut tantum secundum dici. Sed non tantum secundum dici; quia sic incideret hæresis Sabellii, ut supra, dist. 31, in expos. Text., in notula Hilarii habitum est. Ergo sunt relativa secundum esse. Sed talium relationum, secundum Philosophum, esse, est ad aliud se habere.

Ergo cum essentiæ divinæ esse non sit ad aliud se habere, sed sit esse absolutum, videtur quod non sit idem cum relatione quæ secundum esse ad aliud est.

Præterea, quæcumque sunt idem secundum rem, in quocumque est unum, et alterum, nec potest instantia fieri. Sed non in quocumque est essentia divina, est paternitas; quia essentia divina est in filio, in quo paternitas non est. Ergo essentia divina non est idem quod paternitas; et eadem ratione nec idem quod alia proprietas.

Si dicas, quod est idem re, sed differt ratione; contra. Aut ista ratio est aliquid in re, aut nihil. Si nihil, cum non sit distinctio nisi secundum relationes, tunc distinctio personarum non erit secundum rem, sed secundum rationem tantum, vel intellectum. Si autem sit aliquid in re, constat quod quidquid est realiter in Deo, Deus vel essentia divina habet illud. Sed in Deo, est idem habens et quod habetur, ut in littera dicitur. Ergo essentia divina est ratio paternitatis, sicut et ipsa res quæ est paternitas. Ergo non solum sunt idem re, sed etiam ratione, si re idem ponantur.

Item, si sunt idem re, sed differunt ratione solum; ergo proprietas vel relatio non addit supra essentiam nisi rationem quamdam. Sed similiter relationes quæ dicuntur ex tempore, ponunt circa essentiam divinam aliquas habitudines secundum rationem. Ergo videtur quod non magis sunt in Deo istæ relationes quibus distinguuntur personæ, quam istæ quæ dicuntur de Deo ex tempore.

Sed istæ sunt tantum assistentes, et non inhærentes; alias non possent advenire sine aliqua mutatione ipsius Dei. Ergo videtur quod istæ relationes quæ distinguunt personas, sint etiam assistentes, et non essentia divina.

Item, sicut est alia ratio paternitatis et essentiæ; ita est alia ratio essentiæ et bonitatis divinæ.

Si ergo propter hoc dicit Augustinus, quod Deus alio est pater, alio Deus; eadem ratione deberet dicere, quod alio est Deus, alio bonus. Hoc autem non dicit, immo contrarium asserit.

Ergo videtur quod cum dicit, quod alio est pater, alio est Deus, non intendat distinguere secundum rationem tantum, sed etiam secundum rem; et ita videtur quod paternitas qua pater est non sit essentia divina qua Deus est.

Contra, nihil est adorandum adoratione latriæ nisi Deus. Sed proprietates personarum sunt adorandæ, ut cantatur in præfatione: ut in personis proprietas, et in essentia unitas, et in majestate adoretur æqualitas. Ergo videtur quod etiam ipsæ proprietates sunt aliquid in re, aut nihil. Si nihil, cum personæ non distinguantur nisi proprietatibus, tunc personæ non distinguuntur ad invicem secundum rem, quod est hæresis Sabellii. Si autem sunt aliquid in re, illud aliquid quod sunt, aut est divina essentia, aut aliquid aliud. Si aliquid aliud, illud est in persona in qua est proprietas. Sed in persona etiam est essentia. Ergo in persona est aliud et aliud. Ergo est composita. Sed nullum compositum est Deus, ut supra probatum est, dist. 8, quæst. 4, art. 1. Ergo persona divina non est Deus, et ita pater non est Deus, nec filius est Deus: quod excedit etiam errorem Arii. Ergo oportet quod proprietates sint essentia divina.

Respondeo dicendum, quod simpliciter confitendum est proprietates esse divinam essentiam.

Error enim iste qui in littera tangitur, dicitur Porretani fuisse, quem postmodum in rhemensi Concilio retractavit. Cum enim, ut supra dictum est, distinct. 8, qu. 4, art. 3, in relatione sint duo, scilicet relationis respectus, quo ad alterum refertur, in quo consistit relationis ratio; et iterum ipsum esse relationis, quod habet secundum quod in aliqua re fundatur, vel quantitate, vel essentia, vel aliquo hujusmodi; consideraverat relationes divinas secundum respectum in quo relationis ratio consistit, ex quo non habet quod aliquam rem inhærentem importet.

Unde etiam inveniuntur aliquæ relationes nihil realiter in re ponentes, ut supra dictum est; propter hoc dixit eas assistentes, vel exterius affixas. Illæ enim proprie relationes dicuntur exterius affixæ et assistentes, quæ cum proprie non habeant fundamentum in re, tantummodo ex habitudine alterius ad rem de qua dicuntur, adveniunt; sicut dextrum in columna, quod dicitur de ipsa per hoc quod homo eam ad sinistram habet; et hujusmodi etiam sunt relationes quibus Deus ad creaturas refertur. Sed relationes distinguentes personas non possunt esse hujusmodi, cum fundentur super aliquid quod vere in re est, scilicet in communicatione naturæ; et ideo sunt reales relationes habentes esse fundatum in natura rei. Sed hæc est natura divinæ simplicitatis, ut in ipsa non nisi unum esse possit esse, nec in ea differat esse et quod est et quo est. Istud ergo esse paternitatis non potest esse aliud esse quam esse essentiæ; et cum esse essentiæ sit ipsa essentia, et esse paternitatis sit ipsa paternitas; relinquitur de necessitate quod ipsa paternitas secundum rem est ipsa essentia; unde non facit compositionem cum ea. Sed quia manet ibi verus respectus pertinens ad naturam, relationes quæ non pertinent ad rationem essentiæ, ex illo respectu ratio potest distinguere, quamvis essentia non distinguatur, de cujus intellectu non est iste respectus oppositionem habens et per consequens distinctionem causans.

Et ita dicendum, quod proprietates et essentia sunt idem re, sed differunt ratione. In aliis autem realibus relationibus in creaturis existentibus est aliud esse relationis, et substantiæ quæ refertur; et ideo dicuntur inesse; et secundum quod insunt, compositionem faciunt accidentis ad subjectum; quod non convenit in divinis relationibus, ut dictum est, dist. 26, quæst. 2, art. 1.

Ad primum igitur dicendum, quod relationes istæ non sunt tantum secundum dici ad aliquid, sed etiam secundum esse. Sed sciendum, quod esse dicitur dupliciter. Uno modo dicitur esse ipsa quidditas vel natura rei, sicut dicitur quod definitio est oratio significans quid est esse; definitio enim quidditatem rei significat. Alio modo dicitur esse ipse actus essentiæ; sicut vivere, quod est esse viventibus, est animæ actus; non actus secundus, qui est operatio, sed actus primus. Tertio modo dicitur esse quod significat veritatem compositionis in propositionibus, secundum quod est dicitur copula: et secundum hoc est in intellectu componente et dividente quantum ad sui complementum; sed fundatur in esse rei, quod est actus essentiæ, sicut supra de veritate dictum est, dist. 19, quæst. 5, art. 1. Dico igitur, quod cum dicitur: ad aliquid sunt, quorum esse est ad aliud se habere, intelligitur de esse quod est quidditas rei, quæ definitione significatur; quia ipsa natura relationis per quam constituitur in tali genere, est ad aliud referri: et non intelligitur de esse quod est actus essentiæ; hoc enim esse habet relatio ex his quæ causant ipsam in subjecto secundum quod esse non refertur ad aliud sed ad subjectum, sicut et quodlibet accidens. Et sic dico, quod non oportet quod esse essentiæ divinæ sit ad aliud se habere; quia illud esse in quo paternitas et essentia uniuntur, significatur ut esse quod est actus essentiæ; non autem uniuntur in esse quod significat definitio rei; quia alia est ratio paternitatis, qua ad aliud refertur, et alia ratio essentiæ.

Ad secundum dicendum, quod si aliqua duo sint idem, secundum id quod idem sunt, in quocumque est unum, et alterum. Paternitas autem et essentia divina sunt idem secundum esse; et ideo sicut in filio est esse essentiæ, ita et in filio est esse paternitatis, quia in divinis non est nisi unum esse. Sed paternitas habet aliquid in quo non unitur cum essentia, scilicet rationem paternitatis, quæ est alia a ratione essentiæ; unde secundum illam rationem respectus potest esse in patre et non in filio, scilicet distinguere patrem a filio; unde in processu incidit fallacia accidentis. Neque oportet in his aliquid simile inquiri; quia in nulla re creata invenitur aliquid simile divinæ simplicitati, ut habens sit id quo habetur; omnia enim similia quæ possent induci vel de punctis vel de differentiis existentibus in genere, plus habent de dissimilitudine quam de similitudine; et ideo magis abducunt a veritate quam in verum intellectum inducant. Sicut enim dicit Bœtius, in his quæ sine materia sunt, oportet non ad imaginationem deduci: quia hoc plurimum officit in divinis.

Ad tertium dicendum, quod illa responsio bona est. Sciendum est autem, quod ratio sumitur dupliciter: quandoque enim ratio dicitur id quod est in ratiocinante, scilicet ipse actus rationis, vel potentia quæ est ratio; quandoque autem ratio est nomen intentionis, sive secundum quod significat definitionem rei, prout ratio est definitio, sive prout ratio dicitur argumentatio. Dico igitur, quod cum dicitur quod est alia ratio paternitatis et essentiæ in divinis, non accipitur ratio secundum quod est in ratiocinante tantum, sed secundum quod est nomen intentionis, et significat definitionem rei: quamvis enim in divinis non possit esse definitio, nec genus nec differentia nec compositio; tamen si intelligatur ibi aliquid definiri, alia erit definitio paternitatis, et alia definitio essentiæ. In omnibus autem intentionibus hoc communiter verum est, quod intentiones ipsæ non sunt in rebus sed in anima tantum, sed habent aliquid in re respondens, scilicet naturam, cui intellectus hujusmodi intentiones attribuit; sicut intentio generis non est in asino, sed natura animalis, cui per intellectum hæc intentio attribuitur: et ita etiam ipsa ratio quam dicimus aliam et aliam in divinis, non est in re; sed est in re aliquid respondens ei in quo fundatur, scilicet veritas illius rei cui talis intentio attribuitur: est enim in Deo; unde possunt rationes diversæ ibi convenire: et ideo non sequitur quod Deus sit rationes illæ, sed quod sit tantum habens eas: hoc enim quod dicitur, quod in Deo est idem habens et quod habetur, intelligitur de illis quæ habentur per modum rerum, non autem de illis quæ habentur per modum intentionum; sicut non possumus dicere quod Deus sit nomen, quamvis nomen habeat; sed quod Deus est bonitas, quia bonitatem habet; similiter etiam paternitas, quia paternitatem habet; sed non sequitur quod sit relatio, quamvis relationem habeat.

Ad quartum dicendum, quod illæ rationes relationum quæ dicuntur de Deo ex tempore, non habent aliquod esse in re divina in qua fundentur, sicut habent istæ relationes personarum, et ideo non est simile de utrisque.

Ad quintum dicendum, quod scientia non dividitur contra substantiam nisi ex genere suo, prout est qualitas; unde dicitur, quod hæc est immediata: nulla qualitas est substantia; sed hæc est mediata: nulla scientia est substantia; et sic est in omnibus aliis generibus. Sed, sicut supra, dist. 8, quæst. 4, art. 3, dictum est, nulla ratio communis alicujus prædicamenti manet in divinis nisi relationis; et ideo id quod dicitur ad aliquid in divinis, habet aliam rationem a ratione substantiæ, et alium modum prædicandi condivisum contra substantiam; sed scientia et bonitas et hujusmodi, quæ sunt in aliis generibus et dicuntur de Deo, non habent rationem communis generis per quam dividuntur contra substantiam; immo loco illius rationis communis qualitatis vel quantitatis, venit ibi ratio substantiæ; unde dicitur alia ratio esse scientiæ, et alia substantiæ in divinis, non quia quasi sit condivisa contra rationem substantiæ; sed sicut ratio speciei est alia a ratione generis, inquantum addit rationem differentiæ supra rationem generis; unde ita in divinis est alia ratio scientiæ et substantiæ, sicut in creaturis est alia ratio scientiæ et qualitatis, quod non est simpliciter aliud; et ideo sicut in creaturis dicitur, quod eodem est qualis et sciens; ita in divinis dicitur quod eodem est substantia et sciens; non tamen quod eodem sit substantia et pater; cum relatio quæ per se substantiæ condividitur, secundum rationem generis et modum significandi in divinis salvetur.

Articulus Secundus
Utrum proprietates sint personæ.

Ad secundum sic proceditur. Videtur quod proprietates non sint personæ. Quæcumque enim sunt idem re, multiplicato uno, multiplicatur reliquum.

Si igitur proprietates sunt personæ, ergo quot sunt proprietates, tot sunt personæ. Sed proprietates sunt quinque, ut supra dist. 23, quæst. 1, art. 3, dictum est. Ergo et personæ; quod falsum est.

Præterea, Deus dicitur trinus propter trinitatem personarum. Si igitur proprietates vel notiones sunt personæ, videtur etiam quod quinus dici debeat propter quinarium notionum; et eadem ratione pater trinus, et filius binus.

Item, secundum Augustinum, omne quod ad aliquid refertur, est aliquid, excepto hoc quod ad alterum dicitur; sicut denarius est aliquid, excepto hoc quod pretium dicitur. Sed pater refertur ad alium, quia ad filium. Ergo præter relationem est ibi aliquid invenire quod relationi substat. Hoc autem est hypostasis, vel persona. Ergo videtur quod proprietates non sunt personæ.

Præterea, nihil videtur esse distinctivum sui ipsius. Sed proprietates distinguunt personas, ut dicit Damascenus. Ergo proprietates non sunt personæ.

Item, omne concretum addit aliquid super abstractum, sicut album super albedinem. Sed personæ divinæ significant concretive, ut pater et filius; proprietates autem significant in abstracto.

Ergo proprietates non sunt personæ.

Contra, sicut dicit Hilarius, nec quidquam est filius nisi filius. Sed filius significat relationem. Ergo videtur quod totum hoc quod est filius, sit relatio filiationis; et sic essentia ejus et hypostasis erit relatio.

Præterea, omnis forma est principium ejus cujus est forma quantum ad aliquod sui esse. Si igitur paternitas qua formaliter pater est pater, sit aliud ab ipso patre, erit aliquid principium patris et prius eo, quod est inconveniens. Ergo paternitas non est aliud a patre, et eadem ratione nec aliqua proprietas aliud a persona.

Respondeo dicendum, quod circa hoc sunt tres opiniones.

Porretani enim dixerunt, quod proprietates sunt in personis ut assistentes, et non sunt ipsæ personæ.

Sed hoc non potest esse; quia aut proprietas aliquid est in re; et sic si non est persona in qua est, oportet ibi esse compositionem; aut nihil est in re; et sic non erit distinctio personarum secundum rem.

Et ideo alii dicunt, sicut dixit Præpositinus, quod proprietates sunt ipsæ personæ secundum rem, nec distinguuntur a personis etiam secundum rationem, nec aliquo modo. Unde dixit, in divinis tantum esse essentiam et personas; et proprietates negavit. Sed cum dicitur paternitas, sumitur abstractum pro concreto; sicut dicimus: rogo benignitatem tuam, idest te benignum; et sic etiam proprietates adorari dicuntur. Et dicebat quod personæ cum sint simplicissimæ, se ipsis distinguuntur.

Sed hoc etiam non potest stare, propter duo: primo, quia invenimus in una persona plures proprietates et relationes, secundum quod ad aliam et ad aliam personam refertur; secundo, quia aliquid attribuitur proprietati quod non attribuitur personæ, sicut distinguere, personæ autem distingui; et ideo oportet quod differant secundum modum significandi proprietates a persona. Nec modus significandi diversus veritatem haberet, sed vanitatem, nisi esset alia ratio proprietatis et personæ, cui respondet aliquid in re, ut dictum est hac dist., quæst. 1, art. 1.

Et ideo dicimus, quod proprietates et personæ sunt idem re, sed differunt ratione, sicut et de proprietatibus et de essentia dictum est. Sed in hoc differt, quod ratio proprietatis et essentiæ differt sicut ratio diversorum generum, ut dictum est; sed ratio proprietatis et personæ differt sicut ratio abstracti et concreti in eodem genere acceptorum.

In concreto autem est duo considerare in rebus creatis; scilicet compositionem, et perfectionem; quia quod significatur concretive, significatur ut per se existens, ut homo vel album. Similiter de ratione abstracti duo sunt, scilicet simplicitas, et imperfectio; quia quod significatur in abstracto, significatur per modum formæ, cujus non est operari vel subsistere in se, sed in alio. Unde patet quod sicut etiam est in aliis quæ de Deo dicuntur, neutra ratio secundum totum divinis competit; ex quo probatur, Lib. De causis, propos. 6, quod nihil proprie de Deo dicitur; quia nec abstractum propter imperfectionem, nec concretum propter compositionem.

Sed quantum ad aliquid utrumque vere dicitur; quia et concretum propter perfectionem, et abstractum propter simplicitatem.

Ad primum igitur dicendum, quod proprietates sunt idem re cum personis quantum ad esse; sed secundum esse personæ non distinguuntur; unde non sequitur quod secundum multitudinem proprietatum sit multitudo personarum; quia distinctio personarum non est nisi secundum oppositionem relativam; unde secundum quod potest variari oppositio relativa in proprietatibus, sequitur distinctio in personis; et hoc, si diligenter consideretur, non potest venire ad majorem numerum quam ternarium; et ideo relationes oppositæ sunt personæ, et sunt duæ personæ, sicut duæ relationes; sed relationes quæ sunt in eadem persona non oppositæ, sunt quidem duæ relationes vel proprietates, sed non duæ personæ, immo una persona.

Ad secundum dicendum, quod relationes signantur per modum formarum vel qualitatum in divinis.

Numerus autem proprietatum vel formarum non ponit simpliciter numerum in rebus ipsis; sed numerus suppositorum; sicut Socrates non dicitur trinus propter hoc quod tres proprietates habeat; et ita etiam pater non dicitur trinus propter tres notiones; sed Deus dicitur trinus propter tres personas vel tria supposita.

Ad tertium dicendum, quod dictum Augustini, ubi Sup., veritatem habet in divinis et in creaturis, sed diversimode; quia illud quod in creaturis ad aliquid dicitur, substat relationi, sicut subjectum accidenti; et ideo est aliud et aliud: sed illud quod in divinis ad aliquid dicitur, est ipsa relatio; quia in Deo non est aliud secundum rem, sed secundum rationem essentiæ, et habens essentiam quod est persona, et ipsa proprietas distinguens personam.

Ad quartum dicendum, quod proprietas significatur per modum formæ, et formæ est distinguere; ideo proprietates personas distinguunt; et hoc est quantum ad modum significandi, qui fundatur in vera ratione proprietatis. Ideo ex hoc non potest concludi aliqua diversitas secundum rem.

Ad quintum dicendum, quod in divinis abstractum et concretum non differunt secundum rem, sed secundum rationem, ut dictum est, in corp.

Art.. Unde ita differt proprietas a persona sicut deitas a Deo, quod est secundum rationem tantum.

Articulus Tertius

Utrum proprietates sint in personis et in essentia.

Ad tertium sic proceditur. Videtur quod proprietates non sint in essentia, nec in personis.

Quæcumque enim sunt idem secundum rem, unum eorum non potest esse in altero; quia propositiones sunt transitivæ; unde secundum Philosophum, nihil est in seipso, nisi per accidens. Sed proprietates sunt idem re cum essentia et personis. Ergo non sunt in essentia vel in personis.

Præterea, omne illud in quo est relatio, refertur; et omne quod refertur, in divinis relatione distinguitur. Cum igitur essentia non distinguatur, videtur quod in essentia non sit relatio.

Item, cum relationes sint consequentes motum vel mutationem aliquam, in quo non potest esse motus vel mutatio, nec relatio esse poterit.

Sed in divinis nullus potest esse motus vel mutatio. Ergo nec relationes, sive in essentia, seu in divinis personis.

Præterea, omne quod est in aliquo, secundum aliquem modum in illo est. Sed nullus modorum quo aliquid in aliquo a Philosopho inesse dicitur potest convenire ad hoc quod proprietates in personis sint. Ergo videtur quod nec proprietates sint in essentia, nec in personis.

Contra, in præfatione, ut supra, in personis adoretur proprietas.

Præterea, quod denominatur ab aliqua forma, oportet quod habeat illam in se. Sed personæ denominantur a proprietatibus; dicitur enim a paternitate pater. Ergo videtur quod proprietates sint in personis.

Respondeo dicendum, quod proprietates sunt in essentia et in personis; sed diversimode: quia in essentia sunt per identitatem rei, et non sicut in supposito; sed in personis sunt sicut in supposito; sed diversimode, secundum quod aliquid dicitur suppositum alicujus dupliciter: vel naturæ per quam constituitur, sicut humanitas est in Socrate, et hoc modo proprietates personales sunt in personis; vel sicut illud quod advenit post esse constitutum, sicut albedo est in Socrate; et ita secundum intellectum proprietates non personales, ut innascibilitas et communis spiratio, sunt in personis; non tamen ita quod suppositum sit aliquid aliud ab eo quod inest secundum rem, sed secundum rationem tantum concreti et abstracti, ut dictum est, art. Præced..

Et per hoc patet responsio ad primum; quia ex hoc quod ratione distinguuntur, et re idem sunt proprietates cum essentia et personis, unum in altero dicitur esse.

Ad secundum dicendum, quod in quocumque est relatio sicut in supposito, illud refertur; sicut in quocumque est albedo sicut in supposito, illud est album. In natura autem divina, vel essentia divina, non est proprietas relativa sicut in supposito, immo per omnimodam rei identitatem; unde relatio non potest prædicari concretive de essentia, ut dicatur, essentia refertur: sed prædicatione designante identitatem, ut dicatur, essentia est relatio; et ideo non oportet quod essentia distinguatur: sicut etiam in creaturis paternitas est in Socrate sicut in supposito; unde Socrates pater dicitur; non autem humanitas ejus pater dicitur, etiam qua posset dici paternitas esse, non quidem secundum identitatem rei, sicut est in divinis, sed secundum convenientiam in uno supposito, quod est Socrates, in quo est humanitas et paternitas.

Ad tertium dicendum, quod hoc quod relatio consequitur motum, accidit relationi inquantum non est æterna; unde si aliquæ relationes æternæ sunt, non consequuntur motum aliquem; sicut si ponatur mundus æternus, erit designare in cælo aliquod corpus æquale alteri, vel duplum vel secundum aliam proportionem; et tamen istæ relationes non consequuntur motum aliquem vel mutationem, quia in cælo non est motus ad quantitatem: et similiter, cum relationes quibus personæ distinguuntur, sint ab æterno, non oportet quod motum aliquem consequantur; sed loco motus aliquo modo consequuntur communicationem et acceptionem naturæ divinæ.

Ad quartum dicendum, quod secundum Hilarium, comparatio terrenorum ad divina nulla est; unde nullus illorum modorum quem Philosophus enumerat, sufficit ad explicandum quomodo in divinis aliquid in aliquo esse dicatur; et præcipue modus ille quo proprietates in essentia esse dicuntur; quia non invenitur in creaturis aliqua diversorum generum in identitatem rei convenire, sicut relatio et substantia in divinis conveniunt, ratione cujus unum in altero esse dicitur, scilicet paternitas in essentia, sicut in præexistente secundum intellectum. Sed modus ille quo proprietates non personales sunt in personis, habet aliquid simile illi modo quo forma est in materia, scilicet forma accidentalis in subjecto; et modus ille quo proprietates personales sunt in personis, habet aliquid simile cum illo modo quo differentiæ sunt in specie, vel natura communis in inferiori; quamvis in his omnibus major dissimilitudo quam similitudo inveniatur.

Articulus Quartus
Utrum essentialia adjectiva prædicentur de proprietatibus.

Ad quartum sic proceditur. Videtur quod essentialia adjectiva de proprietatibus prædicentur.

Quæcumque enim sunt idem secundum rem, quidquid de uno dicitur, et de altero videtur dici; alias affirmatio et negatio de eodem verificaretur; quia de quo non dicitur affirmatio, dicitur negatio. Sed proprietates sunt ipse Deus, ut probatum est, art. 2. Ergo essentialia adjectiva, quæ de divina essentia prædicantur, etiam de proprietatibus prædicari debent.

Præterea, de similibus idem est judicium.

Sed quædam adjectiva essentialia de proprietatibus prædicantur, ut immensus, increatus etc.. Ergo videtur quod etiam omnia alia.

Item, videtur quod etiam adjectiva notionalia seu personalia, de proprietatibus prædicentur; quia major est convenientia personalium adjectivorum cum proprietatibus quam essentialium. Sed quædam essentialia prædicantur de proprietatibus, ut dictum est, dist. 22, quæst. 2, art. 1. Ergo multo magis omnia personalia, ut dicatur: paternitas est generans vel innascibilis: et sic de aliis.

Præterea, secundum Bœtium, nulla propositio verior illa est in qua idem de se prædicatur.

Sed omnes dicunt quod in patre idem est paternitas et generare. Ergo potest vere dici, quod paternitas generet.

Contra, sicut proprietas est idem re cum personis, ita etiam et essentia; quamvis utrumque ratione differat. Sed ratione hujus identitatis non sequitur quod notionalia adjectiva prædicentur de essentia, propter diversum modum significandi, qui causat diversitatem suppositionis: non enim dicitur quod essentia sit genita. Ergo videtur quod eadem ratione non debeat dici quod filiatio sit genita.

Respondeo dicendum, quod, sicut dictum est, art. 2, proprietas, persona, et essentia secundum rem non differunt, sed secundum rationem tantum, et diversum modum significandi: unde distinguendum est in adjectivis. Quia omnia illa quæ prædicant conditionem rei absolute, prædicantur communiter de proprietate, persona, et essentia, et hujusmodi; præcipue si sunt adjectiva negativa, ut increatus et hujusmodi. Quæcumque vero exprimunt modum significandi in quo ista tria distinguuntur, non prædicantur de eis communiter.

Tamen in his etiam est diversitas. Quædam enim sunt quæ important illum modum significandi in principali significato; sicut hoc nomen commune importat significando modum essentiæ, et similiter hoc nomen distinctum modum personæ, et hoc nomen distinguens modum proprietatis; et ideo si istorum prædicatio permutetur, ut dicatur essentia distincta, vel proprietas communis, vel aliquid hujusmodi; erit falsa propositio, et non solum impropria. Quædam autem important illum modum non significando ipsum, sed dant eum intelligere ex suo modo significandi; sicut illa quæ significant per modum actus, quia actus sunt suppositorum.

Unde talia non proprie possunt attribui nisi personis, quæ sunt supposita divinæ naturæ, non autem proprietati vel essentiæ, quæ significantur per modum formæ. Unde non proprie dicitur quod paternitas generat, neque quod paternitas creat; et similiter etiam illa quæ significant concretive, dant intelligere modum personarum.

Unde et hæc non est propria: paternitas est sapiens, vel hujusmodi; et similiter nec hæc: paternitas est pater, si ly pater adjective sumatur; vel: paternitas est innascibilis.

Ad primum igitur dicendum, quod quamvis sint idem secundum rem, tamen secundum rationem differunt; et ideo potest aliquid de uno dici quod de altero proprie non dicitur.

Ad secundum dicendum, quod illa adjectiva negativa non dant intelligere aliquem modum determinatum, qui pertineat proprie ad essentiam vel personam; sed dicunt conditiones, quæ possunt consequi quidem utrumque quantum ad modum significandi.

Ad tertium dicendum, quod adjectiva personalia non magis conveniunt cum proprietatibus quam essentialia, quantum ad modum significandi per nomen, quamvis magis conveniant quantum ad rationem generis; quia adjectiva personalia et proprietates significant ad aliquid, et ideo eadem ratione non possunt de proprietatibus prædicari qua nec essentialia. Tamen de ipsa essentia divina magis proprie prædicantur essentialia adjectiva, quam personalia de proprietatibus; quia proprietas significatur ut ratio quædam personæ; unde quantum ad modum significandi magis elongatur a perfectione suppositi quam essentia, quæ dicit totum esse suppositi, licet alio modo significatum. Sed tamen personalia adjectiva de essentia omnino prædicari non possunt, propter distinctionem quam significant, quæ est opposita modo essentiæ.

Ad quartum dicendum, quod generare significat idem cum paternitate in re, sed differt in modo significandi; quia generare significat ut egrediens a supposito; et quia paternitas non significatur ut suppositum, non potest generare de ea prædicari.

Articulus Quintus

Utrum contrariæ opiniones de notionibus possint esse sine peccato.

Ad quintum sic proceditur. Videtur quod contrariæ opiniones de notionibus non possint esse sine peccato. Sicut enim dicit Augustinus, nec periculosius alicubi erratur quam in materia trinitatis. Sed contrariæ opiniones de notionibus non possunt esse sine errore alicujus. Ergo cum iste error sit circa materiam trinitatis, videtur quod sit periculosissimus.

Præterea, duorum contradictoriorum oportet alterum esse falsum. Sed quidam dicunt non esse proprietates, et quidam esse infinitas, et quidam quinque, et quidam essentiam, et quidam non; quæ contradictorie opponuntur. Ergo videtur quod ex altera parte interveniat mendacium. Sed secundum Augustinum, omnium mendaciorum gravissimum est quod est circa divina.

Ergo videtur quod ista contrarietas sine peccato non possit esse.

Si dicas, quod excusantur propter hoc quod de notionibus nihil in sacra Scriptura habetur, et ita licuit unicuique opinari quod voluit; contra. Aut enim sacra Scriptura dicitur canon bibliæ, aut dicta sanctorum patrum. Si canon bibliæ, sicut nec de notionibus, ita etiam nec de personis ibi fit mentio. Ergo per eamdem rationem liceret negare personas, vel diversificari circa numerum personarum: quod tamen hæreticum judicaretur. Si dicta sanctorum patrum, contra expresse inveniuntur facere mentionem de proprietatibus, sicut patet in multis auctoritatibus dictis. Ergo videtur quod omnino excusari non possint.

Contra, omne peccatum vel est fidei, vel morum. Sed circa istam contrarietatem non incidit peccatum morum, quia hoc peccatum est circa actiones; nec etiam peccatum fidei, quia nullus articulus fidei negatur. Ergo videtur quod sit sine peccato.

Respondeo dicendum, quod contrarie opinari de aliquo, potest esse dupliciter: vel quod pertineat ad religionem fidei, vel quod non pertineat.

Et si quidem sit de non pertinentibus ad fidem, quibus positis vel remotis nihil inconveniens fidei sequatur, nullum peccatum est, nisi forte per accidens, scilicet præsumptionis in eo qui nimis asserit quod dubium est, vel mendacii, vel inanis gloriæ, vel multorum aliorum: quia causæ per accidens sunt infinitæ, secundum Philosophum.

Si autem est contradictio de his quæ ad fidem pertinent, hoc potest esse dupliciter. Vel quia est de illis quæ expresse in articulis fidei continentur, quos scire omnes tenentur; et circa talia contradictio non est sine peccato in altero, vel erroris simplicis, vel hæresis si pertinacia adjungatur. Vel est de illis ad quæ consequitur aliquid inconveniens et contrarium fidei, licet in fide expressum non sit nec determinatum; et tunc ante pertractationem per quam scitur quod aliquid inconveniens fidei sequitur, potest utrumque sine peccato opinari, et maxime si pertinacia non adjungatur. Sed pertractata veritate et viso quid sequitur, idem judicium est de his et de illis quæ determinata sunt in fide, quia ad unum sequitur alterum: sicut si aliquis simplex et Scripturas ignorans, crederet Jacob patrem Isaac fuisse (ad quod sequitur Scripturam esse falsam, quod est expresse contra fidem) antequam sequi ostenderetur sibi, posset ejus opinio sine peccato esse; sed ostenso quod sequitur

Scripturam esse falsam, si adhuc in opinione pertinaciter persisteret, hæreticus judicandus esset. Ita est etiam de notionibus de quibus nihil est expresse in fide determinatum.

Tamen ex errore circa notiones sequitur error circa personas et circa fidem; sicut si ponantur relationes esse assistentes tantum, sequitur vel compositio in Deo, vel distinctio non secundum rem, sed secundum rationem: quod est sabellianæ impietatis; et ideo Porretanus, qui primo hoc posuerat, post, viso quod hinc sequitur, retractavit.

Similiter etiam qui proprietates negant, non omnino ponunt eas non esse; immo implicite ponunt eas in personis et eas esse personas. Sed si omnino negarentur esse, hæreticum esset; et similiter pertinaciter defendere quod relationes sunt tantum assistentes, hæreticum esset: et ideo hæretici in littera appellantur.

Et per hoc patet responsio ad ea quæ objecta sunt.

Superius quoque multis sanctorum testimoniis astruximus personas per proprietates distingui. Hic proprietates probat esse personas: et est ratio talis.

Proprietates distinguunt personas. Sed personæ ab æterno sunt distinctæ. Ergo proprietates sunt ab æterno. Sed nihil est æternum nisi in Deo. Ergo proprietates sunt in personis. Quidquid autem est in personis est ipsæ personæ; alias compositio esset in persona. Ergo etc..

Cumque de simplicitate deitatis supra dissereremus... Evidenter monstravimus Deum hoc esse omnino quod in se habet. Hic probat proprietates esse essentiam divinam; et est ratio talis. In Deo idem est quod habet, et quod habetur. Sed Deus habet proprietates, quæ in Deo sunt, ut probatum est, art. 2, hujus dist.. Ergo proprietates ipsæ sunt Deus, vel divina essentia.

Si enim, inquiunt, proprietates sunt personæ, non eis personæ determinantur. Hæc est prima eorum ratio, qua ostendunt proprietates non esse personas, quæ talis est. Distinguens non est distinctum.

Sed proprietates distinguunt personas.

Ergo etc.. Et ad hoc respondet per interemptionem majoris, quia personæ seipsis distinguuntur.

Sed iterum addunt. Hic ponit secundam rationem eorum per quam probant proprietatem non esse essentiam, et est talis. Impossibile est idem esse quod unit et distinguit. Sed in essentia uniuntur personæ, in proprietatibus distinguuntur. Ergo etc.. Hanc non solvit; sed ad solutionem se excusat propter difficultatem materiæ. Quomodo tamen respondendum sit, in primo articulo dictum est.

Ceterum hæreticorum improbitas... Nondum quiescit. Hic ponit tertiam rationem, per quam probant proprietates non esse in essentia, et est talis.

In quocumque est paternitas, illud est pater et est generans: et in quocumque est filiatio, illud est filius, et est genitum. Si ergo in essentia est paternitas et filiatio, tunc essentia erit pater vel generans, et filius vel genitus. Sed essentia una et eadem res est. Ergo eadem erit res generans et genita, vel pater et filius, quod est hæresis Sabellii, ut idem sibi ipsi pater sit.

Ad quod respondendum, quod sunt in essentia non determinantes ipsam; et ideo adjectiva quæ concretive proprietates prædicant, de essentia non prædicantur.

Sed forte quæres. Hic ponit quartam rationem, quæ est contra ultimam responsionem, et est talis.

Ubi est eadem causa, et idem effectus. Sed proprietates determinant personas, quia sunt in personis.

Ergo et determinabunt essentiam, si sunt in essentia. Et ad hoc non respondet, sed excusat se propter difficultatem materiæ. Qualiter tamen respondendum est, in tertio articulo dictum est.

Verumtamen nondum desistunt... Sed opinionem suam etiam sanctorum auctoritatibus munire conantur. Hic inducit auctoritates pro se, in quibus Augustinus videtur dicere, quod non eo Deus est quo pater; et ita, cum paternitate sit pater, et essentia Deus, paternitas non erit essentia.

Et ad omnia hujusmodi respondetur hoc modo: quia cum dicitur: non eo est pater quo Deus, hæc est duplex: quia negatio potest includere ordinem quasi causæ formalis, qui importatur in hoc quod dicitur: eo; et sic est vera, et non facit pro illis.

Est enim sensus: non eo quod pater est Deus est; idest, paternitate qua denominatur Deus. Vel potest includi ab ordine, ita quod ordo remaneat affirmatus; et sic est falsa, et in hoc sensu facit pro eis. Est enim sensus: non enim eo quo pater est, Deus est; idest, illud quo pater est, non est illud quo Deus dicitur: et hoc falsum est: quia paternitas qua denominatur pater est deitas qua denominatur Deus; quamvis a paternitate non dicatur Deus, et hoc propter rationem diversam utriusque.

Distinctio XXXIV

Quæstio I
Prologus

Hic Magister comparat personam ad essentiam; et dividitur in partes duas: in prima ponit comparationem; in secunda ponit materiæ finem, ibi: præterea sciendum est. Prima in duas: in prima comparat personam ad essentiam secundum identitatem; in secunda secundum communitatem essentiæ ad personas, ibi: hic considerandum est. Prima in duas: in prima ponit errorem quorumdam et rationes errantium: in secunda respondet ad illas rationes, ibi: hoc quidem dicunt non intelligentes pia diligentia Scripturæ circumstantiam. Circa primum duo facit: primo ponit errorem; secundo erroris probationem, ibi: si enim, inquiunt, ea essentia quæ pater est, filius est; idem sibi pater est et filius. Et hæc in duas: primo enim ponit probationem per rationem; secundo per auctoritatem, ibi: idem quoque testimonia Hilarii defendere nituntur.

Hoc quidem dicunt non intelligentes pia diligentia Scripturæ circumstantiam. Hic respondet ad probationes; et circa hoc duo facit: primo respondet ad auctoritatem; secundo ad rationem, ibi: non autem diffitemur aliquam distinctionem habendam fore secundum intelligentiæ rationem. Circa primum duo facit: primo ponit auctoritatis expositionem; secundo confirmat suam sententiam per auctoritatem Augustini et Hilarii, ibi: non ergo secundum corporales modos accipienda sunt hæc quæ de Deo dicuntur.

Hic considerandum est. Hic comparat essentiam ad personas secundum communitatem; et circa hoc duo facit. Primo prosequitur essentiæ communitatem; secundo determinat significationem cujusdam nominis quod communitatem essentiæ designat, ibi: hic non est prætermittendum quod Augustinus...

Dicit de hoc nomine homousion. Circa primum duo facit: primo ponit illud quod pertinet ad communitatem essentiæ, prout nomine essentiæ significatur; secundo prout significatur nomine aliorum attributorum, ibi: ex prædictis constat quod sicut essentia, ita potentia, sapientia, bonitas, de Deo dicuntur secundum substantiam. Ubi duo facit: primo ostendit eorum communitatem; secundo prosequitur appropriationis rationem; ibi: id ergo sacri eloquii prudentia facere curavit.

Præterea sciendum est. Hic imponit finem tractatui de trinitate; et circa hoc duo facit: primo prosequitur quiddam quod videbatur deficere, scilicet de nominibus translativis; secundo confitetur insufficientiam propter materiæ difficultatem, ibi: de sacramento unitatis atque trinitatis summæ et ineffabilis multa jam diximus.

Hic est triplex quæstio. Prima de comparatione essentiæ ad personam. Secunda de appropriatione quæ in littera ponitur. Tertia de his quæ translative de Deo dicuntur. Circa primum quæruntur tria: 1 utrum essentia sit persona; 2 utrum possit dici, quod tres personæ sint unius essentiæ.

Articulus Primus
Utrum persona et essentia in divinis sint idem.

Ad primum sic proceditur. Videtur quod persona et essentia in divinis non sunt idem. Omnis enim persona vel hypostasis in divinis aut est generans, vel genita, vel procedens. Sed essentia non est hujusmodi, ut supra, dist. 5, quæst. 1, art. 1, dictum est. Ergo etc..

Præterea, affirmatio et negatio nunquam verificantur de eodem. Verificantur autem de essentia et persona; quia essentia non est distincta, persona est distincta. Ergo persona et essentia non sunt idem.

Item, omnis persona vel hypostasis est suppositum alicujus naturæ. Sed idem non potest sibi ipsi supponi. Ergo persona et essentia non sunt idem.

Præterea, omne proprium se habet ex additione ad commune. Sed essentia est communis, persona autem est proprium. Ergo persona se habet ex additione ad essentiam. Non igitur sunt omnino idem.

Item, nulla duo uniuntur in eo quod omnino idem est utrique; quia jam in nullo distingui possent. Sed duæ personæ, ut pater et filius, uniuntur in essentia. Ergo essentia non omnino idem est utrique personæ.

Contra, per Bœtium, in divinis idem est quo est et quod est. Sed essentia significatur ut quo est, persona ut quod est. Ergo idem est essentia et persona.

Præterea, si persona patris non est ipsa deitas qua Deus dicitur, pater dicetur Deus participatione alicujus naturæ. Sed illud cujus participatione aliquid denominatur, est majus et perfectius, quantum ad illud genus secundum quod denominatur, quam ipsum participans, ut supra habitum est, 22 dist., et Dionysius etiam dicit, quod participationes excedunt ipsa participantia.

Ergo sequeretur quod aliquid quod non est pater, scilicet ipsa divinitas, esset majus et perfectius patre; quod est inconveniens. Ergo oportet quod essentia et persona sint omnino idem.

Præterea, sequeretur, si essentia esset alia res a tribus personis, quod essent quatuor res in divinis: quod est hæreticum.

Respondeo dicendum, quod persona et essentia omnino re in divinis non distinguuntur.

In illis enim in quibus aliud est essentia quam hypostasis vel suppositum, oportet quod sit aliquid materiale, per quod natura communis individuetur et determinetur ad hoc singulare. Unde illam determinationem materiæ vel alicujus quod loco materiæ se habet, addit in creaturis hypostasis supra essentiam et naturam; unde non omnino ista in creaturis idem sunt. In Deo autem non est natura ipsius subsistens per aliquod ad quod determinatur sicut per materiam; sed per seipsam est subsistens, et ipsum suum esse subsistens est; unde natura est ipsum quod subsistit, et esse in quo subsistit: et propter hoc in Deo omnino idem est quo est et quod est. Unde oportet quod omnino idem sint re essentia et persona, etiam si poneretur quod proprietates non essent essentia: quia personæ non habent quod sint personæ ex hoc quod subsunt proprietatibus, sed ex hoc quod subsunt essentiæ; quia persona dicit individuum subsistens in genere substantiæ. Unde magis est inconveniens ponere differentiam secundum rem inter essentiam et personam, quam inter essentiam et proprietatem. Nihilominus tamen essentia et persona distinguuntur secundum rationem, cui tamen ratio veritatis rei pro fundamento substat. Cum enim in Deo sit summa simplicitas et summa perfectio, utroque modo possumus Deum significare; scilicet quantum ad simplicitatem per nomina abstracta, et quantum ad perfectionem per nomina concreta, quæ significant aliquid subsistens.

Item, in divinis invenimus aliquid commune secundum rem, et aliquid proprium. Sic ergo ratio personæ duo includit in divinis: nomine enim personæ significatur Deus ut subsistens, et ut proprium; sed nomine essentiæ significatur simpliciter, non autem ut subsistens, et significatur ut commune; sed nomine paternitatis non significatur ut subsistens, sed ut proprium, non quidem ut distinctum, sed ut distinguens. Et sic patet quod persona re ab essentia et proprietate non differt, sed secundum rationem tantum, per quam utrumque significatur ut formale respectu personæ, quantum ad duo quæ sunt de intellectu personæ: quia essentia significatur ut forma ejus, inquantum est subsistens; et proprietas ut forma ejus, inquantum est proprium vel incommunicabile.

Ad primum igitur dicendum, quod generare et similes actus attribuuntur personæ divinæ secundum duplicem modum significandi quo ab essentia distinguitur: tum quia significant relationes distinguentes personas; tum quia significant per modum actus. Actus autem omnis est rei subsistentis et perfectæ; et ideo non possunt essentiæ attribui ex hoc quod attribuuntur hypostasi; quia hypostasi attribuuntur secundum id in quo non est idem cum essentia; et ideo incidit fallacia accidentis in processu.

Ad secundum dicendum, quod de eodem, secundum quod idem est, impossibile est aliquid idem affirmare et negare; sed si in aliquo distinguantur affirmationes et negationes pertinentes ad illam distinctionem, de ipso verificari poterunt: quia omnis distinctio, sive rei sive rationis, fundatur in affirmatione et negatione, sicut patet etiam in synonimis; tunica enim et vestis eamdem rem significant, tamen nomina sunt diversa; et similiter indumentum.

Unde affirmationes et negationes quæ pertinent ad rem, non possunt verificari, ut dicatur: tunica est alba, indumentum non est album; sed affirmationes et negationes quæ pertinent ad ipsa nomina, possunt verificari, ut dicatur: indumentum est neutri generis, vestis non est neutri generis.

Ita etiam cum persona et essentia sint idem secundum rem, nihil quod ad naturam rei pertinet, quod prædicatur de essentia, potest negari de persona, ut dicatur, quod essentia est increata, et persona non est increata; essentia est Deus, et persona non est Deus; vel aliquid hujusmodi. Sed quia ratione distinguuntur, quidquid pertinet ad rationem illam in qua distinguuntur, quod prædicatur de uno, potest negari de altero, ut dicatur, quod essentia est communis, persona non est communis; persona generat, essentia non generat: et sic de aliis. Unde in omnibus talibus non idem attribuitur essentiæ et personæ.

Ad tertium dicendum, quod proprie loquendo, non est in divinis aliquid sub alio; unde supra, 8 dist., Augustinus non recipit nomen substantiæ in divinis; et etiam Richardus de s. Victore nomen subsistentiæ in nomen existentiæ mutavit. Unde etiam nec proprie ibi suppositum dicitur, ut suppositio ad rem referatur. Sed utimur talibus nominibus secundum intellectum

Distinctio XXXIV

nostrum, qui accipit in divinis aliquid respondens illis duobus in creaturis, quorum unum alteri supponitur, sicut res per se existens supponitur formæ communi simplici; et intellectus accipit aliquid simpliciter in Deo, quod respondet formæ, et aliquid subsistens, quod idem est re cum simplici; et ideo rem subsistentem in divinis nominat suppositum naturæ simplicis.

Ad quartum dicendum, quod commune est duplex. Quoddam enim commune est secundum rationem; et istud per additionem alicujus proprii contrahitur et determinatur; sicut genus per additionem differentiæ, et species per materiam individuatur.

Aliud est commune re, quod quidem manet indivisum; unde non oportet quod aliquo addito determinetur; sicut est essentia in tribus personis. Sed verum est quod oportet de intellectu personæ esse aliquam rationem, scilicet relationis, quæ non est de intellectu essentiæ; quæ tamen relatio re ab ipsa essentia non differt; unde nec compositionem facit, nec in aliquo realiter personam ab essentia distinguit, sed personam a persona.

Ad quintum dicendum, quod tres personæ uniuntur in essentia, quæ omnino secundum rem idem est unicuique illarum; tamen differt secundum rationem ab unaquaque, prout persona includit in se intellectum relationis; quæ relatio, quamvis, comparata ad essentiam, ratione tantum differat ab ea, tamen comparata ad suum relatum cui opponitur, realem distinctionem facit. Non enim relatio distinguit realiter, nisi secundum oppositionem respectus quam habet. Illa autem oppositio non est ad hoc in quo relatio habet esse, sed ad hoc ad quod dicitur; et ideo relatio non distinguitur realiter ab essentia et persona in qua est, sed a persona alia ad quam dicitur.

Articulus Secundus
Utrum tres personas esse unius essentiæ convenienter dicatur.

Ad secundum sic proceditur. Videtur inconvenienter dici, quod tres personæ sint unius essentiæ.

Quia secundum grammaticum, obliqui transitivi sunt. Sed constructio transitiva exigit diversitatem eorum quæ construuntur. Cum igitur essentia non sit diversa a persona, videtur inconvenienter dici, tres personas esse unius essentiæ.

Si dicas, quod genitivi illi construuntur intransitive, sicut cum dicitur donum Spiritus Sancti, idest quod est Spiritus Sanctus; contra. Sicut tres personæ sunt una essentia, ita etiam sunt unus Deus. Ergo si illa ratio sufficit, adhuc videtur quod similiter possit dici, esse tres personas unius Dei, quod in littera negatur.

Item, omnis constructio obliqui potest exponi per aliquam præpositionem cum causali. Sed hæc est falsa, quod tres personæ sunt ex eadem essentia, vel per eamdem. Ergo videtur quod hæc etiam sit falsa, quod tres personæ sunt unius essentiæ.

Præterea, eadem est ratio rei et unius rei, ut dicit Philosophus. Si igitur tres personæ sunt unius essentiæ, convenienter poterit dici, quod tres personæ sunt essentiæ, quod nihil est dictum. Ergo nec primum.

Contra, ut in littera habetur, ab omnibus catholicis consensum et defensum est nomen homousion.

Sed hoc nihil aliud est quam esse unius essentiæ, ut in littera dicitur. Ergo tres personæ sunt unius essentiæ.

Respondeo dicendum, quod ista simpliciter concedenda est: tres personæ sunt unius essentiæ. Quamvis enim quatuor sint causæ in rebus creatis, non tamen habitudines omnium causarum in Deo inveniuntur. Habitudo autem causæ materialis non competit Deo nec respectu alicujus quod in ipso est, nec respectu ejus quod in creaturis est: quia materia imperfecta est et in potentia.

Sed habitudo causæ finalis est quidem in Deo respectu creaturarum, cujus bonitatem finem omnis creaturæ dicimus, non autem respectu alicujus quod in ipso est: non enim una persona est finis alterius, quia ex hoc sequeretur gradus in bonitate.

Habitudo autem causæ formalis competit Deo et respectu creaturæ cujus exemplar est, et respectu ejus quod in ipso est; tamen ista habitudo non fundatur super aliquam relationem realem, sed secundum modum significandi; quia aliquid significatur ut forma, sicut essentia, et aliquid ut subsistens in forma, sicut persona. Habitudo autem causæ efficientis competit Deo et respectu creaturæ et respectu ejus quod in ipso est, non quidem esse ad personam, sed personæ ad personam, quæ ab ipso est; nec tamen ista habitudo fundatur supra acceptionem intellectus, sed supra relationem, quæ in re est; ut tamen efficiens large sumatur, quia in divinis non est aliquid faciens et factum: sed est ibi origo unius personæ ab alia. Et ita patet quod omnis constructio in divinis respectu divinorum, vel est secundum habitudinem causæ efficientis, ut cum dicitur filius patris; vel secundum habitudinem causæ formalis, ut cum dicitur: tres personæ sunt unius essentiæ. Unde dicendum, quod isti genitivi construuntur in habitudine causæ formalis.

Ad primum igitur dicendum, quod quamvis essentia et persona sint idem re, tamen differunt ratione, quia unum ut forma alterius significatur; et talis diversitas sufficit ad grammaticum, qui modos significandi per nomen considerat.

Ad secundum dicendum, quod non est ibi omnino constructio secundum identitatem, sed secundum habitudinem formæ, ut dictum est, in corp. Art.; et quia Deus non significatur ut forma trium personarum, ideo non potest dici quod tres personæ sint unius Dei: non enim posset intelligi ista constructio, nisi possessive: et similiter propter eamdem rationem dicitur, quod est una essentia trium personarum: et in nomine Dei importatur habitudo principii creantis et gubernantis.

Ad tertium dicendum, quod hæ præpositiones ex et de designant habitudinem alicujus quod se habet ad motum vel operationem sicut initium et non sicut terminus: et ideo designant habitudinem causæ efficientis vel materialis, non autem formæ vel finis, quæ sunt potius ut terminus motus; et ideo nullo modo potest dici quod tres personæ sint ex eadem essentia vel de eadem essentia; sed potest dici quod sint in eadem essentia; quia hæc præpositio in potest denotare habitudinem causæ formalis continentis.

Ad quartum dicendum, quod istæ constructiones quæ sunt in designatione formæ, requirunt duos genitivos, quorum unus significet ipsam formam, et alius determinationem formæ; ut cum dicitur columna miræ altitudinis; vel unum genitivum habentem vim genitivorum duorum, ut cum dicitur vir sanguinum, idest vir multi sanguinis effusor: et ideo oportet etiam in proposito esse duos genitivos, quorum unus significet ipsam divinam essentiam, et alius designet simplicitatem aut unitatem ejus, vel aliquam aliam essentiæ conditionem.

Unde potest dici convenienter: tres personæ sunt unius essentiæ, vel ejusdem essentiæ, vel increatæ essentiæ; non autem quod sint essentiæ simpliciter.

Quæstio II

Articulus Primus

Utrum potentia convenienter attribuatur patri, sapientia filio, bonitas Spiritui Sancto.

Deinde quæritur de appropriatione quæ in littera ponitur. Videtur enim quod sit incompetens.

Virtus enim ad potentiam pertinet. Sed virtus appropriatur filio, 1 corinth. 1, 24: Christum Dei virtutem. Ergo potentia non debet appropriari patri, sed filio.

Præterea, principium enuntiationis vel pronuntiationis verbi, est ipsa sapientia. Sed dicere verbum, quod est filius, pertinet ad patrem, qui est principium ejus. Ergo sapientia debet appropriari patri potius quam filio.

Item, sicut filius procedit per modum intellectus ut verbum, ita etiam per modum naturæ ut filius. Si ergo sapientia appropriatur filio, quia procedit per modum intellectus; eadem ratione debet sibi appropriari natura, quia procedit per modum naturæ.

Præterea, secundum Dionysium, bonum est diffusivum sui ipsius, et est quasi principium fontale omnis emanationis divinæ bonitatis. Sed esse fontale principium convenit patri.

Ergo bonitas debet patri appropriari.

Contra est quod in littera dicitur.

Respondeo dicendum, quod nomina personarum dicuntur et de divinis et de rebus creatis, non quidem univoce, sed per prius et posterius; unde secundum alium modum est paternitas et filiatio in creaturis et in divinis, et ideo appropriatio potest fieri dupliciter: uno modo, considerando rationes nominum secundum quod de creaturis dicuntur; et ita appropriatio semper debet fieri per contrarium, ut modus creaturæ a creatore excludatur; alio modo, considerando rationes nominum secundum quod in divinis inveniuntur; et ita debet appropriatio fieri per similitudinem ad proprium, ut supra, 31 distinct., qu. 2, art. 1, dictum est. Utroque autem modo conveniens est ista appropriatio. Si enim considerentur rationes horum nominum secundum modum quo inveniuntur in creaturis, inveniuntur per contrarium facta: quia apud nos invenitur infirmitas in patribus propter senectutem; unde patri cælesti potentia attribuitur: invenitur imperitia in filiis propter juventutis motus, et propter inexperientiam; et ideo filio Dei sapientia attribuitur. Sed nomen spiritus apud nos pertinere solet ad quamdam rigiditatem et inflationem, vel impetuositatem; unde dicitur Isai. 2, 22: quiescite ab homine cujus spiritus in naribus ejus; et ideo Spiritui Sancto bonitas attribuitur; et hic modus tangitur in littera. Si autem accipiantur rationes nominum prout in divinis sunt, sic etiam poterit fieri per assimilationem ad propria; ut patri qui est fontale principium totius divinitatis, potentia ascribatur, quæ in ratione sua principium includit: est enim potentia principium transmutationis, ut in 5 Metaph. Dicitur: et quia filius procedit per modum intellectus, qui sapientia perficitur, attribuitur sibi sapientia; et quia Spiritus Sanctus procedit per modum voluntatis, cujus objectum est bonitas, ideo sibi appropriatur bonitas.

Ad primum igitur dicendum, quod virtus non nominat potentiam absolute, sed perfectionem potentiæ; unde dicit Philosophus, quod virtus est ultimum in re de potentia.

Sic ergo potest tripliciter virtus considerari: vel secundum quod in potentia radicatur, et sic patri potest appropriari, sicut et potentia: vel inquantum est id per quod potentia in actum exit, et ita filio appropriatur, per quem pater operari dicitur; unde et filius brachium patris dicitur, job 40, 4: si habes brachium sicut Deus, ut Gregorius exposuit. Vel inquantum circa opus bonitatem imponit, unde dicitur 2 Ethic., quod virtus est quæ bonum facit habentem, et opus ejus bonum reddit, et ita appropriatur Spiritui Sancto, sicut et bonitas.

Ad secundum dicendum, quod sapientia ad verbum potest comparari tripliciter: vel sicut idem, vel sicut prius, vel sicut posterius, ita in divinis sicut in humanis. Cum enim verbum dicat quamdam conceptionem intellectus, ista conceptio apud nos oportet quod consequatur aliquod lumen intellectuale, et saltem lumen intellectus agentis, et primorum principiorum ex quibus accipitur conclusio.

Unde si consideretur sapientia apud nos secundum quod consistit in cognitione conclusionis quæ mente accipitur, sic est idem quod verbum mentis; si autem consideretur sapientia secundum quod consistit in lumine intellectus agentis et cognitione primorum principiorum, sic præcedit verbum, quod est conceptio conclusionis; si autem accipiatur sapientia quæ est adgenerata in mente discipuli per verbum Magistri, sic sequitur verbum. Ita etiam est in divinis: quia ipsa sapientia genita est idem quod verbum, ut ex prædictis patet, dist. 32, qu. 2, art. 2. Ipse autem intellectus paternus se habet in productione verbi sicut lumen intellectus agentis, cum principiis in productione conclusionis; et sic secundum ordinem naturæ, sapientia est principium verbi, sicut dicimus sapientiam ingenitam esse principium sapientiæ genitæ. Ipsa autem sapientia creata sequitur verbum, quasi effecta per ipsum; unde Eccli. 1, 5: fons sapientiæ verbum Dei in excelsis; et ideo sapientia essentialis, quæ ingenita est neque generans, filio appropriari potest, propter similitudinem ipsius ad proprium filii, inquantum est verbum; quam similitudinem non habet ad aliquod proprium patris.

Ad tertium dicendum, quod natura semper habet rationem principii: est enim principium motus et quietis in eo in quo est, per se, et non secundum accidens, ut in 2 Physic. Dicitur; et ideo non potest appropriari filio, qui est a principio secundum originem naturæ, et non principium in illa origine. Sed sapientia non habet tantum rationem principii, sed etiam ejus quod est a principio; et etiam magis, inquantum proprie sapientia et scientia de conclusionibus est, quamvis etiam sapientia principiorum sit, ut in 6 Ethic.

Dicitur, et ideo filio appropriari potest.

Ad quartum dicendum, quod bonum dicitur diffusivum per modum finis, secundum quod dicitur quod finis movet efficientem. Non autem sic pater est principium divinitatis, sed magis per modum efficientis, ut dictum est, in corp. Art..

Quæstio III
Prologus

Deinde quæritur de his quæ translative de Deo dicuntur; et circa hoc quæruntur duo: 1 utrum aliquid de Deo translative dicendum sit; 2 a quibus rebus Deus translative nominandus sit.

Articulus Primus
Utrum aliquid debeat dici translative de Deo.

Ad primum sic proceditur. Videtur quod de Deo nihil translative dici debeat. Sicut enim dicit Bœtius, in divinis intellectualiter versari oportet, neque ad imaginationes deduci. Sed hujusmodi transumptivæ locutiones sunt sumptæ ex imaginationibus sensibilium. Ergo non est eis utendum in divinis.

Præterea, secundum Philosophum, omnes transferentes, secundum aliquam similitudinem transferunt. Sed, secundum Bœtium, similitudo est rerum differentium eadem qualitas. Cum igitur qualitates rerum corporalium non inveniantur in divinis, videtur quod nulla similitudo vel metaphora possit sumi ex rebus sensibilibus, ut aliquid de Deo translative dicatur.

Item, omnis doctrina est ad manifestationem veritatis; et præcipue sacra Scriptura. Sed hujusmodi metaphoræ, vel symbolicæ locutiones, sunt quasi quædam velamina veritatis, ut dicit Dionysius.

Ergo eis non videtur utendum in theologia.

Præterea, secundum Philosophos, scientia fit per assimilationem intellectus ad rem scitam. Intellectus autem noster, cum sit incorporeus et immaterialis, majorem similitudinem habet cum rebus divinis quam cum rebus corporalibus, quæ materiales sunt. Ergo magis se habet ad cognoscendum divina quam hujusmodi corporalia; et ita videtur quod per similitudinem corporalium nobis divina manifestari non debeant.

Contra est quod dicit Dionysius: neque possibile est nobis aliter superlucere divinum radium, nisi varietate similitudinum circumvelatum.

Divinus radius autem est veritas divinorum. Ergo oportet quod sub similitudinibus corporalibus, nobis divinorum veritas proponatur.

Respondeo dicendum, quod convenientissimum est divina nobis similitudinibus corporalibus designari, cujus ratio potest assignari quadruplex: prima et principalis propter materiæ altitudinem, quæ nostri intellectus capacitatem excedit; unde non possumus veritatem divinorum secundum modum suum capere; et ideo oportet quod nobis secundum modum nostrum proponatur. Est autem nobis connaturale a sensibilibus in intelligibilia venire, et a posterioribus in priora; et ideo sub figura sensibilium intelligibilia nobis proponuntur, ut ex his quæ novimus ad incognita animus surgat.

Secunda ratio est, quia cum in nobis sit duplex pars cognoscitiva, scilicet intellectiva et sensitiva: providit divina sapientia ut utraque pars, secundum quod possibile esset, in divina reduceretur; et ideo figuras corporalium adhibuit, quæ sensitiva parte capi possunt, quia ipsa intellectualia divinorum non poterat attingere. Tertia ratio est, quia de Deo verius cognoscimus quid non est, quam quid est; unde Dionysius dicit, quod in divinis affirmationes sunt incompactæ, negationes veræ; et ideo cum de omnibus quæ de Deo dicimus, intelligendum sit quod non eodem modo sibi conveniunt sicut in creaturis inveniuntur, sed per aliquem modum imitationis et similitudinis; expressius ostendebatur hujusmodi eminentia Dei, per ea quæ sunt magis manifesta ab ipso removeri. Hæc autem sunt corporalia; et ideo convenientius fuit speciebus corporalibus divina significari, ut his assuefactus humanus animus discernet, nihil eorum quæ de Deo prædicat, sibi attribuere nisi per quamdam similitudinem, secundum quod creatura imitatur creatorem. Quarta ratio est propter occultationem divinæ veritatis: quia profunda fidei occultanda sunt et infidelibus, ne irrideant, et simplicibus, ne errandi occasionem sumant: et hæ omnes causæ assignantur a Dionysio in principio cæl. Hier. Et in epistola ad titum.

Ad primum igitur dicendum, quod in cognitione intellectualium est duo considerare; scilicet principium speculationis, et terminum. Principium quidem est ex sensibilibus; sed terminus est in intelligibilibus, secundum quod in cognitione naturali ex speciebus a sensu acceptis intentiones universales accipimus per lumen intellectus agentis; et ideo dicendum est, quod quantum ad terminum speculationis principium oportet ex aliquibus sensibilibus speciebus in divina consurgere.

Ad secundum dicendum, quod similitudo est duplex: quædam enim est per participationem ejusdem formæ; et talis similitudo non est corporalium ad divina, ut objectio probat. Est etiam quædam similitudo proportionalitatis, quæ consistit in eadem habitudine proportionum, ut cum dicitur: sicut se habet octo ad quatuor, ita sex ad tria; et sicut se habet consul ad civitatem, ita se habet gubernator ad navem; et secundum talem similitudinem fit transumptio ex corporalibus in divina: ut si Deus dicatur ignis ex hoc quod sicut se habet ignis ad hoc quod liquefacta effluere facit per suum calorem, ita Deus per suam bonitatem perfectiones in omnes creaturas diffundit, vel aliquid hujusmodi.

Ad tertium dicendum, quod manifestatio veritatis est facienda secundum proportionem recipientium; et quia quibusdam potius manifestatio veritatis officeret quam prodesset, dum vel ex impietate impugnarent, vel ex simplicitate deficerent; ideo est divinorum veritas occultanda, ut dicitur Matth. 7, 6: nolite sanctum dare canibus.

Ad quartum dicendum, quod est quædam assimilatio secundum convenientiam in natura; et sic est major assimilatio intellectus nostri ad divina quam ad sensibilia; sed hæc non est illa quæ requiritur ad scientiam. Est etiam quædam assimilatio per informationem, quæ requiritur ad cognitionem; sicut visus assimilatur colori, cujus specie informatur pupilla. Hæc autem informatio non potest fieri in intellectu, secundum viam naturæ, nisi per species abstractas a sensu: quia, sicut dicit Philosophus, sicut se habet color ad visum, ita phantasmata ad intellectum; et ideo constat quod hoc modo intellectus magis potest assimilari sensibilibus quam divinis.

Articulus Secundus
Utrum transumptio in divinis debeat fieri ex rebus vilibus.

Ad secundum sic proceditur. Videtur quod ex rebus

vilibus non debeat fieri transumptio in divina. Sicut enim dictum est, art. Præced., omnis transumptio fit per aliquem modum similitudinis.

Sed in rebus vilibus non inveniuntur conditiones nobiles, ex quibus ad divina possit aliqua similitudo attendi. Ergo videtur quod ex talibus rebus non debeant transumptiones in divina fieri.

Si dicas, quod in rebus quantumcumque vilibus invenitur aliqua similitudo divinæ bonitatis, inquantum sunt vestigium creatoris; contra. In omni creatura invenitur similitudo vestigii vel imaginis.

Si igitur hoc sufficit ad transumptionem faciendam, videtur quod ex omnibus creaturis possit fieri transumptio in divina: quod non invenitur.

Præterea, expressior similitudo divinæ bonitatis est in rebus incorporeis quam in rebus sensibilibus.

Ergo videtur quod nomina Angelorum magis deberent in divinam prædicationem transumi.

Item, quæ sunt omnino diversa, non debent eisdem figuris exprimi. Sed quædam figuræ sunt quæ inducuntur ad designandum contrarias potestates, sicut nomen serpentis et leonis. Ergo videtur quod ad minus hujusmodi nomina in divinis transumi non deberent.

Contra est quod in divinis Scripturis frequenter inveniuntur nomina etiam brutorum animalium in divinam prædicationem transumi, ut dicitur Oseæ 13, 7: ero eis quasi leæna, sicut pardus in via Assyriorum; et similiter in pluribus aliis locis. Ergo videtur quod etiam ex vilibus rebus transumptio ad divina fieri possit.

Respondeo dicendum, quod hanc quæstionem Dionysius, 2 cap. Cælest. Hierarch., pertractat, et ostendit quod etiam convenientius significantur nobis divina per creaturas viliores, quam per nobiliores. Et primam rationem assignat, quia his magis occultantur divina, cujus occultationis necessitas dicta est, art. Præc.. Secundam assignat, quia ista magis a Deo removentur et distant: et ideo cum convenientissimus modus significandi divina sit per negationem, convenientius istis similitudinibus utimur. Tertiam assignat ex utilitate nostra; quia minus datur nobis occasio errandi in figuris rerum vilium quam in figuris rerum nobilium.

Nullus enim dubitat, Deum secundum proprietatem dici non posse aliquod vile animal; et ideo constat quod Scriptura hujusmodi Deo secundum proprietatem non attribuit. Sed apud aliquos simplices, qui vix aliquid præter sensibilia suspicari possunt, de facili videretur ea quæ sunt nobilissima in corporibus, proprie Deo convenire, si de ipso dicerentur; et ideo similitudines a rebus vilioribus sumptæ, ipsa qualitate rerum retrahunt animum ab errore.

Invenitur tamen etiam in nobilibus creaturis Deus significari in Scriptura, sicut sole, et stella, et hujusmodi; non tamen ita frequenter.

Ad primum igitur dicendum, secundum Dionysium, quod nihil divinæ bonitatis omnino participatione caret; et ideo ex rebus quantumcumque vilibus possunt sumi aliquæ convenientes similitudines ad divina.

Ad secundum dicendum, quod quædam nomina creaturarum sunt quæ non nominant tantum id quod creatum est, sed etiam defectum culpæ annexum; sicut nomen diaboli nominat naturam deformatam peccato: et ideo talibus nominibus non possumus transumptive uti ad divina.

Ad tertium dicendum, quod in creaturis spiritualibus possumus duo considerare: scilicet ipsas perfectiones divinæ bonitatis secundum se acceptas; et his nominatur Deus, non quidem symbolice, sed proprie; sicut dicitur sapiens et intelligens, et hujusmodi; unde etiam dicitur in Lib. De causis, quod Deus nominatur nomine primi causati sui, quod est intelligentia. Vel possumus considerare ipsum modum determinatum participandi hujusmodi perfectiones, qui modus pertinet ad determinatam naturam vel ordinem Angelorum. Unde nomina exprimentia istum modum non possunt proprie de Deo dici, nec etiam metaphorice, quia metaphora sumenda est ex his quæ sunt manifesta secundum sensum: et ideo nunquam invenimus Deum in Scriptura nominatum cherubim vel seraphim vel aliquid hujusmodi, sicut leonem vel ursum vel aliquid hujusmodi.

Ad quartum dicendum, quod in una re possunt considerari diversæ proprietates; et ideo non est inconveniens quod ex eadem re, secundum diversas sui proprietates, fiat transumptio ad aliqua contraria; sicut quod Deus dicitur leo propter liberalitatem, vel fortitudinem, vel aliquid hujusmodi, et diabolus dicitur leo propter crudelitatem. Contingit etiam quandoque, ut dicit Dionysius in epistolis ad titum, quod idem nomen transfertur ad significandum participantem et participationem et participationis principium; sicut si ignis dicatur homo habens caritatem, et ipsa caritas, et Deus caritatem infundens: et secundum omnia diversimode exponendum est.

Si enim, inquiunt, ea essentia quæ pater est, filius est; idem sibi pater est et filius. Hæc ratio talis est. Essentia divina est una et eadem res. Sed essentia divina est pater et filius, ut dicitis. Ergo eadem res est pater et filius, et eadem res genuit et genita est.

Ad quod patet responsio per æquivocationem rei; quia si res sumatur essentialiter, tunc essentia divina est una res, et illa res neque genuit neque genita est, neque est pater neque est filius, si pater et filius adjective sumantur. Si autem res sumatur personaliter; sic essentia divina non est una res, sed tres res, quarum una est generans, alia genita, tertia procedens; quamvis essentia neque generans sit neque genita neque procedens.

Idque testimonio Hilarii defendere nituntur. Intentio Hilarii in omnibus verbis ejus quæ hic inducuntur hæc est. Vult probare quod pater et filius sunt unius naturæ; ad quod probandum sumit verbum apostoli Rom. 8, ubi eumdem spiritum nominat patris et filii: ex quo procedit sic.

Cum spiritus dupliciter sumatur in divinis (quia quandoque essentialiter sumitur, et significat divinam naturam; et in hoc sensu quandoque pro patre, quandoque pro filio, quandoque pro Spiritu Sancto ponitur: quandoque vero personaliter, et tunc significat rem naturæ, vel personam Spiritus Sancti) aut in verbis apostoli sumitur spiritus Christi et patris essentialiter pro natura, ut sit sensus: spiritus qui est Christus et pater; et sic plane habetur propositum, quod si unus est spiritus utriusque, eadem sit utriusque natura: aut sumitur pro re naturæ, quæ est Spiritus Sanctus; et sic idem habetur, quod Spiritus Sanctus est a patre et filio.

Sed nulla res unius naturæ est a rebus diversarum naturarum. Cum igitur Spiritus Sanctus sit unius naturæ, quia simplex est, oportet quod pater et filius non sint diversarum naturarum.

Discerne ergo, o hæretice, spiritum Christi a spiritu Dei; quasi dicat: si potes discernas; quia discerni non potest, ut ex auctoritate apostoli patet.

Et secundum hoc non est idem Deus et quod Dei est. Istud dupliciter potest legi: uno modo ut sit quasi deductio quædam ad impossibile, quasi dicat: si ita est in Deo sicut in creaturis, sequeretur quod illud quod est Dei non est Deus; quod est impossibile: et sic Magister in littera exponit.

Vel potest intelligi absolute; et tunc vult dicere quod non est ratione idem.

Sed omnem, idest perfectum, per sua, idest per virtutem et potentiam suam, quæ ubique est, qua omnia continet, docet se ubique esse.

Homo... Cogitare cœpit ita esse in creatore ut viderat esse in creaturis, a quibus hæc nomina translata sunt ad creatorem. Contra apostolus, Ephes. 3, 15: ex quo omnis paternitas in cælis et in terra nominatur. Ergo magis a Deo translata sunt ad creaturas. Et dicendum, quod quantum ad rem significatam, per prius est paternitas in Deo quam in creatura; sed quantum ad modum significandi per nomen quod est a nobis impositum, per prius creaturæ convenit, et inde ad creatorem translatum est.

Distinctio XXXV

Quæstio I
Prologus

Postquam determinavit Magister de processione divinarum personarum in unitate essentiæ, quæ est principium creaturarum et causa; antequam de creaturis determinet, prosequitur ea in quibus consistit perfecta ratio principii, secundum quod Deus creaturarum dicitur principium. Ratio autem principii efficientis in his quæ agunt per necessitatem naturæ sufficienter consistit in potentia et virtute perfecta, quam consequitur effectus, nisi sit impedimentum ex parte recipientis. Sed hoc non sufficit in his quæ agunt per voluntatem, immo supra hoc exigitur scientia et voluntas, ut ostendit Philosophus. Et ideo dividitur hoc in partes tres: in prima determinat de scientia Dei; in secunda de potentia, 42 dist., ibi: nunc de omnipotentia Dei agendum est; in tertia de voluntate, 45 dist., ibi: jam de voluntate Dei aliquid pro sensus nostri imbecillitate dicendum est: ratio autem ordinis est, quia scientia ad plura se extendit quam potentia; est enim tam bonorum quam malorum, quorum non est potentia; quæ etiam ad plura se extendit quam voluntas, quia voluntas est tantum respectu illorum bonorum quæ sunt vel erunt vel fuerunt; sed potentia ulterius est infinitorum aliorum quæ facere posset. Prima dividitur in duas: in prima determinat de scientia in communi; in secunda de quadam specie scientiæ Dei, quæ specialem difficultatem affert, scilicet de prædestinatione, 40 distinct.: prædestinatio vero est de bonis salutaribus, et de hominibus salvandis. Prima in duas: in prima ostendit quorum sit Dei scientia; in secunda ostendit qualiter se habeat ad res scitas, 38 dist., nunc ergo ad propositum revertamur.

Prima in duas: in prima ostendit quod scientia Dei universaliter est omnium; in secunda ostendit quomodo ea quæ Deus scit, in Dei scientia esse dicuntur, 36 distinct.: solet quæri hic, cum omnia dicantur esse in Dei cognitione... Utrum concedendum sit, omnia esse in divina essentia, vel in Deo per essentiam. Prima in duas: in prima ostendit scientiam Dei esse omnium; in secunda ex hoc duas conclusiones inducit, ibi: propterea omnia dicuntur esse in Deo et fuisse ab æterno. Circa primum duo facit: primo ostendit necessitatem tractatus; secundo prosequitur suam intentionem, ibi: sciendum est igitur, quod sapientia vel scientia Dei, cum sit una et simplex, tamen propter varios rerum status et diversos effectus plura ac diversa sortitur nomina. Et circa hoc duo facit: primo ostendit quomodo divina scientia ratione diversorum scitorum diversimode nominatur; secundo ostendit quæ istorum nominum esse res creatas actu exigant, quæ non, ibi: hic considerari oportet, utrum scientia vel præscientia vel dispositio vel prædestinatio, potuerit esse in Deo, si nulla fuissent futura.

Et circa hoc duo facit: primo ostendit quæ nomina Deo non competunt, creaturis remotis; secundo ostendit quæ nomina nihilominus sibi conveniunt, si creaturæ non essent, ibi: scientia vero vel sapientia non tantum de temporalibus, sed etiam de æternis est. Circa primum tria facit: primo ostendit veritatem; secundo inducit objectionem in contrarium, ibi: ad hoc autem ita a quibusdam opponitur; tertio ponit solutionem, ibi: ad hoc juxta modulum nostræ intelligentiæ ita dicimus.

Hic quinque quæruntur: 1 utrum in Deo sit scientia; 2 utrum habeat tantum sui scientiam, vel etiam aliorum; et si aliorum, quæritur 3 utrum de eis certam et propriam cognitionem habeat; 4 utrum scientia sua sit univoca nostræ scientiæ; 5 utrum scientia sua possit dici universalis vel particularis, vel in potentia vel in habitu, sicut scientia nostra.

Articulus Primus
Utrum scientia conveniat Deo.

Ad primum sic proceditur. Videtur quod scientia Deo non conveniat. Ubi enim non est intellectus, ibi non potest esse scientia. Sed nomen intellectus proprie Deo non competit; immo dicitur in Lib. De causis: cum Deus dicitur intelligens, nominatur nomine creati sui primi, quod est intelligentia. Ergo videtur quod scientia proprie Deo non conveniat.

Præterea, simplicissimo et primo nihil convenit quod sibi aliquid præsupponat, ad quod ex additione se habet. Sed scientia præsupponit vitam et essentiam, et habet se ex additione ad illa, ut ex principio libri de causis patet. Ergo cum Deus sit simplicissimus et primus, sibi scientia non competit.

Præterea, nihil quod pluralitatem requirit invenitur in eo quod summe est unum. Sed scientia requirit pluralitatem quamdam, scilicet scientis, scientiæ et scibilis. Ergo Deo qui summe unus est, non convenit.

Si dicas, quod in Deo idem est scibile et sciens: contra. Nihil sibi ipsi simile dici potest, ut dicit Hilarius, nec aliquid seipsum recipit aut capit. Sed secundum Philosophos scientia est assimilatio scientis ad rem scitam: item scientia fit secundum receptionem scibilis in sciente. Ergo videtur quod non possit idem esse in Deo sciens et scitum.

Præterea, secundum Philosophum scientia conclusionum est, et intellectus principiorum. Sed cognitio conclusionum sequitur inquisitionem rationis. Cum igitur in Deo non sit cognitio per inquisitionem, videtur quod proprie in Deo scientia esse non possit.

Contra est quod dicitur ad Col. 2, 3: in ipso sunt omnes thesauri sapientiæ et scientiæ absconditi, et Commentator 11 Metaph. Dicit, quod vita et scientia proprie esse in Deo dicuntur.

Præterea, nulla perfectio deest ei qui perfectissimus est. Sed scientia est nobilissima perfectio.

Ergo Deo, in quo omnium generum perfectiones adunantur, ut in 5 Metaph. Dicitur, scientia deesse non potest.

Respondeo dicendum, quod secundum Dionysium tribus viis ex creaturis in Deum devenimus: scilicet per remotionem, per causalitatem, per eminentiam, quarum quælibet nos in Dei scientiam inducit.

Prima igitur via, quæ est per remotionem, est hæc: cum a Deo omnis potentia et materialitas removeatur, eo quod ipse est actus primus et purus, oportet essentiam ejus esse denudatam a materia, et esse formam tantum. Sicut autem particulationis principium est materia, ita formæ debetur intelligibilitas: unde forma principium cognitionis est; unde oportet quod omnis forma per se existens separata a materia, sit intellectualis naturæ: et si quidem sit per se subsistens, erit et intelligens: si autem non sit per se subsistens, sed quasi perfectio alicujus subsistentis, non erit intellectus sed principium intelligendi: quemadmodum omnis forma non in se subsistens non operatur sed est operationis principium, ut caliditas in igne. Cum igitur ipse Deus sit immunis ab omni materia, et sit per se subsistens, quia esse suum ab alio non dependet, oportet quod ipse sit intelligens et sciens.

Secunda via, quæ est per causalitatem, est hæc. Omne enim agens habet aliquam intentionem et desiderium finis. Omne autem desiderium finis præcedit aliqua cognitio præstituens finem, et dirigens in finem ea quæ sunt ad finem. Sed in quibusdam ista cognitio non est conjuncta tendenti in finem; unde oportet quod dirigatur per aliquod prius agens, sicut sagitta tendit in determinatum locum per determinationem sagittantis; et ita est in omnibus quæ agunt per necessitatem naturæ; quia horum operatio est determinata per intellectum aliquem instituentem naturam; unde, Philosophus dicit, quod opus naturæ est opus intelligentiæ. In aliquibus autem ista cognitio est conjuncta ipsi agenti, ut patet in animalibus; unde oportet quod primum non agat per necessitatem naturæ, quia sic non esset primum, sed dirigeretur ab aliquo priori intelligente.

Oportet igitur quod agat per intellectum et voluntatem; et ita, quod sit intelligens et sciens.

Tertia via, quæ est per eminentiam, est hæc.

Quod enim invenitur in pluribus magis ac magis secundum quod plures alicui appropinquant, oportet ut in illo maxime inveniatur; sicut calor in igne, ad quem quanto corpora mixta magis accedunt, calidiora sunt. Invenitur autem quod quanto aliqua magis accedunt ad primum, nobilius cognitionem participant; sicut homines plus quam bruta et Angeli magis hominibus; unde oportet quod in Deo nobilissima cognitio inveniatur.

Ad primum ergo dicendum, quod quandocumque scientia vel intellectus vel aliquid quod ad perfectionem pertinet a Deo negatur, intelligendum est secundum excessum, et non secundum defectum; unde dicit Dionysius: sine mente et insensibile esse, secundum excessum, et non secundum defectum in Deo est ordinandum.

Pro tanto ergo negatur nomen intellectus Deo proprie convenire, quia non secundum modum creaturæ intelligit, sed eminentius.

Ad secundum dicendum, quod circa hujusmodi nomina quæ de Deo dicuntur, invenitur triplex opinio.

Quidam enim dicunt, quod scientia, vita et hujusmodi significant in Deo aliquas dispositiones additas essentiæ. Sed hoc non potest esse; quia hoc poneret compositionem in Deo, et possibilitatem in essentia ipsius respectu hujusmodi dispositionum: quod omnino absurdum est.

Ideo alii dixerunt, quod omnia hujusmodi nomina nihil prædicant in Deo, nisi forte esse ipsius; unde improprie de Deo dicuntur; sed duabus rationibus inveniuntur dicta de Deo. Vel ratione negationis, ut quando dicitur Deus sciens, intelligitur non esse ignorans, sicut lapis: vel propter similitudinem operis, ut dicatur Deus sciens, quia operatur effectum sicut aliquis sciens; sicut dicitur iratus, inquantum punit ad similitudinem irati, non quod ira sit in eo; ita nec scientia, nec vita, nec aliquid hujusmodi, sed tantum esse. Sed hoc non videtur sufficiens. Primo, quia omnis negatio de re aliqua fundatur super aliquid in re existens, ut cum dicitur, homo non est asinus, veritas negationis fundatur supra hominis naturam, quæ naturam negatam non compatitur. Unde si de Deo negatur ignorantia, oportet quod hoc sit ratione alicujus quod in ipso est: et ita oppositum ignorantiæ oportet in ipso ponere. Secundo, quia omnis actus procedit ab agente ratione alicujus quod in ipso est, sicut calidum calefacit et leve ascendit sursum.

Unde oportet quod in eo qui operatur actum scientiæ, sit aliquid ad rationem scientiæ pertinens; quamvis illud forte non competenter tali nomine significetur; sicut punire Dei actus est justitiæ ipsius; nec oportet iram in eo ponere, quia non est per se actus iræ.

Et ideo dicendum est, quod omnia hujusmodi proprie dicuntur de Deo quantum ad rem significatam, licet non quantum ad modum significandi; et quantum ad id quod est proprium de ratione cujuslibet horum, licet non quantum ad rationem generis; ut supra habitum est.

Et ideo dicendum, quod omnia ista quæ non dicunt aliquam materialem vel corporalem dispositionem, in Deo vere sunt et verius quam in aliis, nec aliquam compositionem in ipso inducunt; immo, sicut ista nomina proprie conveniunt creaturæ propter diversa in ipsa existentia, ita etiam proprie conveniunt Deo propter unicum et simplex suum esse, quod omnium in se virtutes uniformiter præaccipit, ut Dionysius dicit, quod patet in simili. Si ponantur tres homines, quorum unusquisque secundum suum habitum sciat ea quæ pertinent ad unam scientiam, scilicet naturalia, geometricalia, et grammaticalia; et quartus, qui horum omnium per unum habitum scientiam habeat, de quo constat quod vere poterit dici, quod est grammaticus vel grammatica est in eo, et similiter geometria, et philosophia: et quamvis in eo non sit nisi una res, secundum quam omnia hæc sibi conveniunt, tamen aliud et aliud secundum rationem nominis unumquodque horum in ipso nominat, eo quod unumquodque eorum imperfecte exprimit illam rem. Ita etiam est et in Deo. Cum enim in aliis creaturis inveniatur esse, vivere, et intelligere, et omnia hujusmodi secundum diversa in eis existentia; in Deo tamen unum suum simplex esse habet omnium horum virtutem et perfectionem. Unde cum Deus nominatur ens, non exprimitur aliquid nisi quod pertinet ad perfectionem ejus et non tota perfectio ipsius; et similiter cum dicitur sciens, et volens, et hujusmodi; et ita patet quod omnia hæc unum sunt in Deo secundum rem, sed ratione differunt, quæ non tantum est in intellectu, sed fundatur in veritate et perfectione rei: et sicut proprie Deus dicitur ens, ita proprie dicitur sciens et volens, et hujusmodi: nec est ibi aliqua pluralitas vel additio vel ordo in re, sed in ratione tantum.

Ad tertium dicendum, quod quamvis ad rationem scientiæ exigantur scientia, sciens et scitum; non tamen exigitur quod hæc tria differant secundum rem: sicut etiam de ratione motus est quod sit movens et motum: sed quod motum sit aliud a movente, non potest sciri nisi demonstratione, ante cujus inventionem multi sunt opinati aliquid seipsum movere. Sciendum est ergo, quod in omni intellectu aliqualiter est idem intelligens et intellectum, et in quibusdam etiam aliqualiter differt; in aliquibus vero sunt omnino idem. Intellectus enim humanus, qui aliquando est in potentia, et aliquando in actu, quando est in potentia intelligens, non est idem cum intelligibili in potentia, quod est aliqua res existens extra animam; sed ad hoc quod sit intelligens in actu, oportet quod intelligibile in potentia fiat intelligibile in actu per hoc quod species ejus denudatur ab omnibus appenditiis materiæ per virtutem intellectus agentis; et oportet quod hæc species, quæ est intellecta in actu, perficiat intellectum in potentia: ex quorum conjunctione efficitur unum perfectum, quod est intellectus in actu, sicut ex anima et corpore efficitur unum, quod est homo habens operationes humanas. Unde sicut anima non est aliud ab homine, ita intellectum in actu non est aliud ab intellectu intelligente actu, sed idem: non tamen ita quod species illa fiat substantia intellectus, vel pars ejus, nisi formalis, sicut nec anima fit corpus. Si ergo est aliquis intellectus, sicut divinus, qui ad nihil est in potentia, sed est totum actus, et semper in actu, tunc intellectum ab intellectu nullo modo differt re in eo, sed consideratione tantum: quia prout consideratur essentia ejus ut immunis a materia, sic est intelligens, ut probatum est, in corp. Art.: sed prout consideratur essentia sua secundum quod intellectus accipit eam sine materia, sic est intellectum; sed prout consideratur ipsum intellectum, prout non deest sibi intelligenti, sed est in seipso, quodammodo sic est intelligentia vel scientia: quia scientia nihil aliud est quam impressio vel conjunctio sciti ad scientem.

Ad quartum dicendum, quod omnia ista vocabula, quibus dicimus scientiam esse assimilationem vel apprehensionem, vel impressionem, vel aliquid hujusmodi, veniunt ex consideratione intellectus possibilis: qui non cognoscit nisi per receptionem alicujus speciei, respectu cujus est in potentia, per quam assimilatur rei extra animam. Unde ubi est intellectus in actu tantum, nihil horum proprie dicitur, sed secundum modum intelligendi tantum.

Ad quintum dicendum, quod ea quæ dicuntur de Deo, semper intelligenda sunt per eminentiam ablato omni eo quod imperfectionis esse potest.

Unde a scientia, secundum quod in Deo est, oportet auferre discursum rationis inquirentis, et retinere rectitudinem circa rem scitam. Sed quia scientia proprie complexorum est, et intelligere proprie est quidditatis rei; ideo Deus dicitur sciens, inquantum cognoscit esse suum; et dicitur intelligens, inquantum cognoscit naturam suam, quæ tamen non est aliud quam suum esse, nec magis simplex. Et ideo in Deo non est aliud intelligere quam scire, nisi secundum rationem. Sapientia vero non ponit in numerum cum scientia et intellectu: quia omnis sapientia scientia est, sed non convertitur: quia illa scientia sola sapientia est quæ causas altissimas considerat, per quas ordinantur et cognoscuntur omnia sequentia. Unde proprie Deus sapiens dicitur inquantum seipsum cognoscit, et intelligens et sciens secundum quod se et alia cognoscit.

Articulus Secundus
Utrum Deus intelligat alia a se.

Ad secundum sic proceditur. Videtur quod Deus non intelligat alia a se. Intellectum enim perfectio est intelligentis, quia facit ipsum esse in actu.

Sed omnis perfectio excedit id quod perficitur. Si ergo aliquid aliud a se intelligeret, haberet illud majus se: quod est inconveniens.

Præterea, secundum ordinem nobilitatis objectorum est ordo nobilitatis in operationibus; unde dicit Philosophus, quod perfecta operatio felicitatis est respectu nobilissimi objecti.

Sed quidquid est aliud a Deo est vilius et imperfectius eo. Si igitur intelligeret aliud a se, hoc vergeret in imperfectionem et vilitatem operationis ipsius.

Præterea, intellecta se habent ad intellectum sicut picturæ ad tabulam; unde Philosophus, comparat intellectum possibilem, antequam intelligat, tabulæ in qua nihil scriptum est. Sed impossibile est idem corpus figurari diversis figuris simul, et secundum eamdem partem. Ergo impossibile est eumdem intellectum simul plura intelligere. Si igitur intellectus divinus intelligit se et multa alia, oportet quod sit successio in intellectu ipsius, quæ lassitudinem sibi inducat ex hoc quod non habet in actu illud quod quærit: et hoc est inconveniens.

Præterea, sicut dicit Philosophus, scientiæ dividuntur quemadmodum et res. Si ergo Deus intelligat plura, oportet quod in eo sint scientiæ plures: et hoc vergit in pluralitatem divinæ essentiæ, si sua scientia est ejus essentia, ut dictum est.

Contrarium est quod habetur ad Heb. 4, 13: omnia nuda et aperta sunt oculis ejus.

Præterea, sicut dictum est, Deus cognoscit essentiam suam. Sed per essentiam suam est principium rerum. Ergo ipse cognoscit se esse principium rerum. Sed impossibile est quod cognoscatur aliquid esse principium, nisi cognoscatur aliqualiter id cujus est principium; quia qui novit unum relativorum, cognoscit et reliquum, ut in prædicamentis dicitur. Ergo cognoscit alia a se.

Respondeo dicendum, quod ex secunda via quæ supra, art. Præced., facta est, potest ostendi quod Deus non solum se, sed etiam alia cognoscit. Cum enim ea quæ agunt ex necessitate naturæ, naturaliter tendant in finem aliquem, oportet quod ab aliquo cognoscente ordinentur in finem illum. Hoc autem est impossibile, nisi ille cognoscens cognoscat rem illam et operationem ejus, et ad quod ordinatur; sicut faber non posset facere securim nisi cognosceret actum incisionis et ea quæ incidenda sunt, ut materiam convenientem inveniat, et formam imprimat; et ita oportet quod Deus cognoscat ea quæ ad ipsum ordinantur: quia sicut esse ab ipso habent, ita et ordinem naturalem in finem. Unde Rabbi Moyses hanc rationem dicit intendisse David cum dixit Psal. 93, 9: qui finxit oculum non considerat? quasi diceret: cum Deus oculum faceret, numquid ipse non consideravit actum oculi, qui est videre, et objectum ejus, quod est visibile particulare? sciendum tamen est, quod intellectum dupliciter dicitur, sicut visum etiam. Est enim primum visum quod est ipsa species rei visibilis in potentia existens, quæ est etiam perfectio videntis, et principium visionis, et medium lumen respectu visibilis: et est visum secundum, quod est ipsa res extra oculum. Similiter intellectum primum est ipsa rei similitudo, quæ est in intellectu; et est intellectum secundum quod est ipsa res, quæ per similitudinem illam intelligitur. Si ergo consideretur intellectum primum, nihil aliud intelligit Deus nisi se; quia non recipit species rerum, per quas cognoscat; sed per essentiam suam cognoscit, quæ est similitudo omnium rerum.

Sed si accipiatur intellectum secundum, sic non tantum se intelligit, sed etiam alia. Et secundum primum modum dicit Philosophus, quod Deus intelligit tantum se. Et per hoc patet de facili responsio ad objecta.

Quod enim objicitur primo, quod intellectum est perfectio intelligentis, verum est de intellecto primo, et non de intellecto secundo. Non enim lapis, qui est extra animam, est perfectio intellectus; sed similitudo lapidis, quæ est in anima.

Ad secundum dicendum, quod tripliciter intellectus divinus posset vilificari, si intelligeret vilia: uno modo si informaretur similitudine illius vilis; secundo si simul cum illo vili non posset intelligere nobile; tertio si alia operatione intelligeret et vilius et nobilius. Sed hæc omnia remota sunt ab ipso; unde sua operatio est perfectissima, quæ una et eadem existens, talis est quod per eam ipse seipsum cognoscit et omnia alia.

Ad tertium dicendum, quod illa ratio tenet in omni intellectu qui cognoscit diversa per diversas species; quod remotum est a Deo, qui cognoscendo essentiam suam, alia cognoscit.

Ad quartum dicendum, quod quando sunt multa scita quæ cognoscuntur secundum unam rationem medii, genere vel specie, tunc reducuntur in unam scientiam generalem vel specialem, sicut metaphysica et geometria; unde si plura scita reducuntur in unum medium, secundum numerum illorum omnium non erit nisi scientia una in numero; et ideo scientia Dei est una numero omnium rerum, quia per unum medium simplicissimum, quod est sua essentia, omnia cognoscit.

Articulus Tertius
Utrum habeat cognitionem certam et propriam de aliis a se.

Ad tertium sic proceditur. Videtur quod non habeat certam et propriam cognitionem de aliis a se. Certa enim cognitio non potest de re haberi nisi per rationem ejus existentem in cognoscente.

Sed nihil ejusdem rationis est in Deo et creaturis.

Ergo cum non cognoscat creaturas nisi cognoscendo id quod in ipso est, videtur quod non habeat propriam et certam cognitionem de eis.

Præterea, per causam primam et remotam non potest haberi certa cognitio de re. Sed essentia divina est causa prima et remotissima. Ergo cum Deus non cognoscat res nisi per essentiam suam, videtur quod certam cognitionem de rebus habere non possit.

Præterea, propria cognitio de re non est nisi per id quod est proprium sibi. Sed impossibile est idem esse proprium pluribus inquantum plura sunt, etsi aliquid sit proprium pluribus inquantum unum sunt, sicut risibile omnibus hominibus.

Ergo cum Deus cognoscat omnia per unum et idem, quod est sua essentia, videtur quod non habeat propriam et certam cognitionem de rebus singulis.

Præterea, illud per quod habetur certa cognitio de re, potest esse medium ad considerandum rem illam. Sed ex essentia divina non potest concludi esse alicujus rei, cum Deus ab æterno fuerit, quando res non erat. Ergo videtur quod Deus per essentiam suam certam cognitionem de rebus habere non possit.

Sed contra illud est quod dicitur in principio metaphys.: scientia quam Deus habet, dea scientiarum est, et honorabilissima. Sed Deus habet scientiam de rebus. Ergo nobilissime cognoscit res, et ita certissima et propria cognitione.

Præterea, quod est primum in quolibet genere est maximum in genere illo, ut in 2 Metaph.

Dicitur; sicut ignis est calidissimus, in quo primo invenitur calor. Sed in Deo, primo est scientia. Ergo ipse nobilissime cognoscit quidquid cognoscit, et ita videtur quod de omnibus rebus cognitis propriam et certam cognitionem habeat.

Respondeo dicendum, quod Deus certissime proprias naturas rerum cognoscit. Sciendum tamen, quod Commentator in 2 Metaph.

Dicit, quod Deus non habet cognitionem de rebus aliis a se, nisi inquantum sunt entia: quia enim esse suum est causa essendi omnibus rebus, inquantum cognoscit esse suum, non ignorat naturam essentiæ inventam in rebus omnibus; sicut qui cognosceret calorem ignis, non ignoraret naturam caloris existentis in omnibus calidis: non tamen sciret naturam hujus calidi et illius, inquantum est hoc et illud. Ita Deus per hoc quod cognoscit essentiam suam, quamvis cognoscat esse omnium rerum inquantum sunt entia, non tamen cognoscit res inquantum est hæc et illa. Nec ex hoc sequitur, ut ipse dicit, quod sit ignorans: quia scientia sua non est de genere scientiæ nostræ: inde nec ignorantia opposita sibi potest convenire; sicut nec de lapide dicitur quod sit videns vel cæcus. Sed hæc positio dupliciter apparet falsa: primo, quia ipse non est causa rerum quantum ad esse ipsorum solum commune, sed quantum ad omne illud quod in re est. Cum enim per causas secundas determinetur unaquæque res ad proprium esse; omnes autem causæ secundæ sunt a prima, oportet quod quidquid est in re, vel proprium vel commune, reducatur in Deum sicut in causam, cum res a seipsa non habeat nisi non esse: et ita cognoscet propriam naturam uniuscujusque rei. Secundo improbatur per illud quod supra, in corp. Art. Præced., tactum est, quod impossibile est quod aliquod agens ordinet effectum suum in finem, nisi cognoscat proprium opus rei per quod ordinatur in finem.

Unde si a Deo ordinatio est omnium rerum in finem suum, oportet quod cognoscat proprium opus cujuslibet rei, et propriam naturam quæ tali operationi convenit. Nec obstat, si etiam ponatur non immediate causare ordinem in unaquaque re, sicut quidam Philosophi posuerunt, dicentes, a Deo immediate procedere unum primum, quod est intelligentia prima, a quo procedat secunda intelligentia, et orbis, et anima ejus. Oportet enim secundum hoc, quod cognoscat ad minus opus sui primi creati, quod est intelligentia; et ita cognoscet quæ per illud opus produci possunt, et sic deinceps usque ad ultima rerum; et sic oportet quod cognoscat omnes proprias naturas et proprias operationes rerum.

Ad primum ergo dicendum, quod esse divinum non negatur ejusdem rationis esse cum esse nostro quia deficiat a ratione nostri esse, sed quia excedit.

Quanto autem medium perfectius est, tanto in eo res perfectius cognoscitur: et ideo quanto esse suum excedit nostrum, tanto scientia sua de esse rei, quod cognoscit per esse suum, excedit scientiam nostram, quæ est de esse rei accepta ab ipsa re.

Ad secundum dicendum, quod nullius scientiæ certitudo potest esse nisi per reductionem in prima sui principia.

Sed quod primum principium in geometricis non sufficit ad certam cognitionem eorum quæ consequuntur, hoc est, quia ipsum non est tota causa eorum; unde oportet quod adjunctis omnibus aliis, in eorum notitiam veniatur. Sed ipse Deus est perfecta causa omnium quæ ab ipso sunt; cum nihil possit accipi quod ab ipso non sit: et ideo ipse per essentiam suam omnia perfecte cognoscit.

Ad tertium dicendum, quod impossibile est idem esse proprium plurium quæ eodem modo ipsum participent, et secundum totum, et perfecte; sed bonitatem divinam quamvis omnes res participent, tamen nulla res creata ipsam perfecte imitatur, sed in aliquo assimilatur sibi una res in quo non assimilatur sibi alia; et ideo ipse est propria similitudo uniuscujusque rei, sicut patet in exemplo prius inducto, art. 1 hujus quæst. In corp., de illo qui habet habitum sufficientem ad plura scibilia: est enim habitus illius unus similitudo uniuscujusque trium habituum, qui in diversis inveniuntur, etiam secundum id quod unus ab alio distinguitur: convenit enim cum grammatica in eo quod per ipsum cognoscuntur grammaticalia, et sic de aliis. Et ita patet quod una res potest esse propria similitudo plurium non perfecte ipsam imitantium, sicut creaturæ non perfecte imitantur divinam bonitatem.

Ad quartum dicendum, quod non solum esse divinum est causa essendi res, sed etiam scientia et voluntas sua: ex quibus optime concluditur esse rei; quia illud quod Deus vult esse, cum possit et sciat, virtute essentiæ suæ in esse procedit.

Hæc autem Deo cognita sunt; et ita certam de rebus cognitionem habet.

Articulus Quartus
Utrum scientia Dei sit univoca scientiæ nostræ.

Ad quartum sic proceditur. Videtur quod scientia Dei sit univoca scientiæ nostræ. Agens enim secundum formam producit effectum sibi univocum, sicut ignis per calorem inducit calorem univocum suo calori. Sed sicut dicit Origenes, et Dionysius, Deus dicitur sapiens, inquantum nos sapientia implet per suam sapientiam. Ergo videtur quod sapientia sua sit nostræ univoca.

Præterea, mensura et mensuratum sunt unius rationis; unde unicuique propria mensura respondet: non enim eodem mensurantur liquida et arida, ut in 3 Metaph. Dicitur. Sed scientia Dei mensura est scientiæ nostræ; quæ tanto verior est quanto ad eam magis accedit. Ergo videtur quod sit univoca scientiæ nostræ.

Si dicas, quod non est univoca ex eo quod scientia Dei nostram excedit scientiam; contra. Magis et minus non diversificant speciem. Sed excessus scientiæ attenditur secundum hoc quod est esse magis et minus scientem. Ergo videtur quod ex hoc univocatio scientiæ non tollatur.

Si dicas, ut dicit Commentator in 10 Metaph., quod pro tanto non est univoca, quia scientia Dei est causa rerum, et nostra scientia est causata a rebus; contra. Scientia speculativa in nobis causata est a rebus; sed scientia practica est causa rerum; nec tamen de utroque nomen scientiæ æquivoce prædicatur. Ergo et ratio prædicta univocationem non tollit.

Contra, æterno et corruptibili nihil est commune, nisi secundum nomen, ut in 10 Metaphysic.

A Commentatore dicitur, et etiam a Philosopho. Sed scientia Dei est æterna, nostra autem est corruptibilis, quam contingit per oblivionem amitti, et per doctrinam vel inventionem acquiri. Ergo scientia æquivoce et nobis et Deo convenit.

Præterea, quæcumque univocantur in aliquo, horum est similitudo aliqua. Sed omnium similium est aliqua comparatio; comparatio autem non est nisi convenientium in natura aliqua. Cum igitur nulla creatura cum Deo conveniat in aliqua natura communi, quia illa esset utroque prius, videtur quod nihil univoce de Deo et creatura dicatur.

Præterea, nihil univoce dictum potest esse in uno substantia et in alio accidens. Sed scientia in nobis est accidens, in Deo autem substantia.

Ergo æquivoce prædicatur.

Respondeo dicendum, quod tribus modis contingit aliquid aliquibus commune esse; vel univoce, vel æquivoce, vel analogice. Univoce quidem non potest aliquid de Deo et creatura dici. Hujus ratio est, quia cum in re duo sit considerare: scilicet naturam vel quidditatem rei, et esse suum, oportet quod in omnibus univocis sit communitas secundum rationem naturæ, et non secundum esse; quia unum esse non est nisi in una re; unde habitus humanitatis non est secundum idem esse in duobus hominibus: et ideo quandocumque forma significata per nomen est ipsum esse, non potest univoce convenire, propter quod etiam ens non univoce prædicatur.

Et ideo cum omnium quæ dicuntur de Deo natura vel forma sit ipsum esse, quia suum esse est sua natura, propter quod dicitur a quibusdam philosophis, quod est ens non in essentia, et sciens non per scientiam, et sic de

Distinctio XXXV

aliis, ut intelligatur essentia non esse aliud ab esse, et sic de aliis: ideo nihil de Deo et creaturis univoce dici potest.

Et ideo quidam dicunt, quod quidquid de Deo et creatura dicitur, per puram æquivocationem dicitur.

Sed hoc etiam non potest esse; quia in his quæ sunt pure æquivoca per casum et fortunam, ex uno non cognoscitur alterum, ut quando idem nomen duobus hominibus convenit. Cum igitur per scientiam nostram deveniatur in cognitionem divinæ scientiæ, non potest esse quod sit omnino æquivocum.

Et ideo dicendum, quod scientia analogice dicitur de Deo et creatura, et similiter omnia hujusmodi.

Sed duplex est analogia. Quædam secundum convenientiam in aliquo uno, quod eis per prius et posterius convenit; et hæc analogia non potest esse inter Deum et creaturam, sicut nec univocatio.

Alia analogia est, secundum quod unum imitatur aliud quantum potest, nec perfecte ipsum assequitur; et hæc analogia est creaturæ ad Deum.

Ad primum ergo dicendum, quod ab agente secundum formam non producitur effectus univocus nisi quando recipiens est proportionatus ad recipiendum totam virtutem agentis, vel secundum eamdem rationem; et sic nulla creatura est proportionata ad recipiendum scientiam a Deo per modum quo in ipso est; sicut nec corpora inferiora possunt recipere calorem univoce a sole, quamvis per formam suam agat.

Ad secundum dicendum, quod scientia Dei non est mensura coæquata scientiæ nostræ, sed excedens; et ideo non sequitur quod sit ejusdem rationis secundum univocationem cum scientia nostra, sed secundum analogiam.

Ad tertium dicendum, quod magis et minus nunquam univocationem auferunt; sed ea ex quibus magis et minus causatur, possunt differentiam speciei facere, et univocationem auferre: et hoc contingit quando magis et minus causantur non ex diversa participatione unius naturæ, sed ex gradu diversarum naturarum; sicut Angelus est homine intellectualior.

Ad quartum dicendum, quod ratio Commentatoris, per se non est sufficiens nisi secundum quod accipitur in tali materia; scientia enim quæ sic est causa rerum ut scientia divina, non potest scientiæ causatæ a rebus univoca esse: cujus ratio dicta est.

Et quia aliæ rationes videntur concludere quod omnino æquivoce dicatur, ideo ad eas respondendum est.

Ad quintum ergo dicendum, quod dictum illud est intelligendum quantum ad esse, et non quantum ad intentionem rei quæ communiter prædicatur; quia corpus, etiam secundum hoc quod dicitur ibi, æquivoce de corruptibilibus et incorruptibilibus prædicatur, cujus tamen ratio eadem est in utroque si secundum intentionem communem consideretur.

Ad sextum dicendum, quod inter Deum et creaturam non est similitudo per convenientiam in aliquo uno communi, sed per imitationem; unde creatura similis Deo dicitur, sed non convertitur, ut dicit Dionysius.

Ad septimum dicendum, quod scientia non prædicatur de Deo secundum rationem generis sui, qualitatis scilicet accidentalis, sed solum secundum rationem differentiæ, quæ ad perfectionem pertinet, secundum quam a natura attenditur per imitationem, ut dictum est.

Articulus Quintus
Utrum scientia Dei sit universalis.

Ad quintum sic proceditur. Videtur quod scientia Dei sit universalis. Scientia enim universalis est quæ est per causas universales. Sed Deus scit omnia per causam universalissimam, scilicet per essentiam suam. Ergo sua scientia est maxime universalis.

Item, videtur quod sit particularis. Cognitio enim particularis est per quam cognoscitur propria natura rei. Sed proprias naturas omnium rerum Deus perfecte cognoscit. Ergo sua scientia particularis est.

Item, videtur quod etiam sit in potentia. Sicut enim operatio sua extenditur ad ea quæ sunt extra ipsum, quæ ipsius operatione causantur, ita et scientia; cum ea quæ extra ipsum sunt, ab eo cognoscantur. Sed Deus non semper operatus est res in actu, quia ab æterno non fuerunt. Ergo videtur quod nec debeat dici semper sciens in actu, sed quandoque in potentia.

Item, videtur quod etiam sit in habitu. Sicut enim potentia est medium inter essentiam et operationem, ita habitus est medium inter potentiam et actum. Sed quamvis in Deo omnia unum sint, tamen designamus essentiam, operationem, et virtutem. Ergo et similiter habitum in ipso designare poterimus, ut dicamus Deum esse scientem in habitu.

Item, videtur quod scientia sit in actu. Nihil enim est agens nisi secundum quod est in actu. Sed Deus agit omnia per sapientiam suam; unde in Psalm. 103, 24, dicitur: omnia in sapientia fecisti. Ergo sua scientia maxime est in actu.

Sed contra, ea quæ non sunt ejusdem rationis non

dividuntur eisdem differentiis: quia, secundum Philosophum, diversorum generum diversæ sunt species et differentiæ. Sed scientia Dei et scientia nostra non sunt ejusdem rationis.

Ergo cum omnia prædicta sint differentiæ nostræ scientiæ, videtur quod ad divinam scientiam non sint referenda.

Præterea, hoc etiam Commentator dicit, quod scientia Dei nec est universalis, nec particularis, nec in potentia.

Respondeo dicendum, quod nihil dictorum divinæ scientiæ convenit, nisi hoc solum quod est semper in actu esse: cujus ratio est quia conditiones scientiæ præcipue attenduntur secundum rationem medii, et similiter cujuslibet cognitionis.

Id autem quo Deus cognoscit quasi medio, est essentia sua, quæ non potest dici universale, quia omne universale additionem recipit alicujus per quod determinatur; et ita est in potentia, et imperfectum in esse; similiter non potest dici particularis, quia particularis principium materia est, vel aliquid loco materiæ se habens, quod Deo non convenit.

Similiter etiam ab essentia ipsius omnis potentia passiva vel materialis remota est, cum sit actus purus; unde nec etiam ratio habitus sibi competit, quia habitus non est ultima perfectio, sed magis operatio quæ perficit habitum. Et ideo scientia sua neque universalis neque particularis neque in potentia neque in habitu dici potest, sed tantum in actu.

Ad primum ergo dicendum, quod quamvis divina essentia sit causa universalis rerum, non tamen ita quod aliquid sibi sit addibile, per quod propria et perfecta causa efficiatur; immo per seipsum est sufficiens et perfecta causa cujuslibet rei; et ideo cognitio quæ est per talem causam non est scientia in universali, sed in propria natura cujuslibet rei.

Ad secundum dicendum, quod quamvis Deus cognoscat propriam naturam cujuslibet rei, non tamen cognoscit per aliquod acceptum a re: quia, ut dicit Dionysius, divina scientia non immittit se singulis rebus quæ cognoscuntur; nec est alia scientia qua seipsum cognoscit et alias res; et ideo non potest dici particularis: quia proprie illa scientia est particularis quæ est per medium particulare a re acceptum.

Ad tertium dicendum, quod Deus non agit per operationem mediam: sed sua operatio est sua essentia: unde sicut scientia semper est in actu et non in potentia, ita et operatio, quamvis operatum non sit semper: quod contingit propter ordinem sapientiæ disponentis. Et tamen Deus non dicitur fecisse res ab æterno, sicut scivit ab æterno; quia operatio significatur ut exiens ab operante in operatum vel factum; et ideo non potest dici Deus esse faciens nisi quando aliquid fit. Sed scire, quamvis etiam exteriorum sit, non est tamen eorum nisi secundum quod sunt in sciente per sui similitudinem; et ideo secundum conditionem scientis, et non sciti, dicitur Deus ab æterno scivisse etiam quæ non ab æterno fuerunt.

Ad quartum dicendum, quod virtus nominat principium operationis perfectum; et ideo virtutem operativam in Deo significare possumus: sed habitus non est nisi perfectio alicujus potentiæ incompletæ ad actum: non tamen ultima perfectio; unde ponit duplicem imperfectionem, scilicet et in potentia perfecta per habitum et in habitu qui per operationem perficitur: et ideo nomen habitus, proprie loquendo, Deo non competit: et si aliquando dicatur Dominus ab æterno non in actu sed in habitu, magis est per similitudinem quam secundum proprietatem dictum.

Sciendum est igitur, quod sapientia vel scientia Dei, cum sit una et simplex, tamen per varios rerum status et diversos effectus plura ac diversa sortitur nomina. Considerandum est in omnibus istis nominibus quæ hic ponuntur, quod unum se habet ex additione ad aliud, non quod sit additio ex parte scientis, sed ex parte scitorum: quia diversimode se ad scientiam habent. Hoc enim nomen scientia, vel sapientia, absolute cognitionem dicit cum conditione certitudinis: unde est et temporalium et æternorum. Sed providentia, vel præscientia, addit conditionem durationis; quæ potest esse æternitatis ad tempus; et ideo potest esse tantum respectu temporalium, tam bonorum quam malorum. Sed dispositio adhuc addit ordinem causæ ad causatum in essendo; unde est de faciendis.

Providentia vero adhuc plus addit, scilicet ordinem causæ conservantis et ordinantis in finem; et ideo providentia ad gubernationem pertinet. Sed prædestinatio addit supra providentiam determinatum finem; unde est tantum respectu eorum quæ ad gloriam ordinantur; et ideo dicitur de bonis salvandis esse. Reprobatio autem cum sit respectu malorum, nihil ad scientiam pertinens addit supra præscientiam; et ideo de ea hic mentionem non facit.

Ad hoc ita a quibusdam opponitur. Hic ponuntur tres rationes, quæ quasi per eamdem viam procedunt: nisi quod prima accipitur ex præscientia abstracte significata; secunda ex præscientia significata concretive et verbaliter, ut cum dicitur præscire; tertia ex præscientia significata concretive et non neutraliter, ut cum dicitur præscius; et rationes in littera patent.

Verumtamen creator ita relative dicitur ut essentiam non significet. Videtur hoc esse falsum.

Quia cum sit nomen verbale, significat actum. Sed actus creationis, secundum quod est in Deo, est divina essentia. Ergo significat essentiam.

Et dicendum quod in creatione, prout est actio divina, duo est considerare; scilicet operationem ipsam, et habitudinem ad creaturam. Magister autem accipit hoc nomen creator, non secundum quod imponitur ab operatione quæ proculdubio essentia est; sed secundum quod imponitur ab habitudine, quæ non est essentia, nec est aliquid in Deo realiter, ut prius dictum est.

Distinctio XXXVI

Quæstio I
Prologus

Postquam Magister ostendit quod scientia Dei universaliter est omnium, et exinde dicuntur res in Deo esse; hic inquirit, quomodo cognita sint in ipso Deo cognoscente, et dividitur in partes duas: in prima ostendit, quomodo res quas cognoscit, sint in Deo; in secunda quomodo Deus sit in rebus, 37 distinct.: et quoniam demonstratum est ex parte quomodo omnia dicantur esse in Deo, addendum videtur hic quibus modis dicatur Deus esse in rebus.

Prima in duas: in prima inquirit, utrum omnia quæ Deus scit, possint dici in essentia ejus esse; et ostendit quod non; in secunda inquirit, utrum omnia possint esse in Deo, ibi: post prædicta quæritur...

Utrum concedendum sit simpliciter mala esse in Deo.

Et circa hoc tria facit: primo movet quæstionem et determinat eam; secundo confirmat determinationem, ibi: proinde si diligenter inspiciamus, idem videtur esse omnia esse ex Deo et per ipsum et in ipso; tertio inducit epilogando conclusionem in tota distinctione intentam, ibi: ex præmissis apertum est quod in Dei cognitione, sive præscientia, sunt omnia. Circa secundum tria facit: primo probat mala non esse in Deo, cum non sint ex ipso vel per ipsum; secundo ostendit, quomodo hæc tria distinguenda sunt: ex ipso, et per ipsum, et in ipso, secundum quod ad personas distinctas referuntur, ibi: præterea sciendum est; tertio distinguit inter esse de ipso et esse ex ipso, ibi: illud etiam hic annectendum est.

Hic est duplex quæstio. Prima de his quæ a Deo cognoscuntur. Secunda de ideis, per quas res cognoscit. Circa primum quæruntur tria: 1 utrum Deus cognoscat singularia; 2 utrum cognoscat mala; 3 qualiter ea quæ cognoscit, in ipso esse dicuntur.

Articulus Primus
Utrum Deus cognoscat singularia.

Ad primum sic proceditur. Videtur quod Deus non cognoscat singularia. Dicit enim Boetius, quod universale est dum intelligitur, particulare dum sentitur.

Sed in Deo non est potentia sensitiva, cum sit virtus impressa organo corporali, nisi forte metaphorice sumendo. Ergo videtur quod cognitio singularium Deo non conveniat.

Præterea, nihil cognoscitur ab aliquo nisi secundum quod est in cognoscente. Sed particulares effectus non sunt in causis universalibus nisi in potentia. Ergo videtur, cum essentia divina sit universalis causa omnium, in qua omnia cognoscit, quod singularium propriam cognitionem non habeat.

Præterea, omnis cognitio est per assimilationem cognoscentis ad cognitum. Sed singulare non est singulare nisi per materiam. Ergo nulla virtus quæ abstrahit a materia et ab omnibus appenditiis ejus, potest cognoscere singulare inquantum est singulare. Sed intellectus divinus est maxime a materia et a conditionibus materialibus separatus.

Ergo Deus singularia non cognoscit.

Præterea, sicut dicit Dionysius, eodem modo creaturæ participant, quamvis sint diversæ, unam Dei bonitatem, sicut plures lineæ egrediuntur ab uno centro, et sicut plures figurationes fiunt ab uno sigillo. Sed qui cognoscit centrum non ex hoc cognoscit lineas productas a centro inquantum est hæc et illa, sed in communi tantum; et similiter est in alio exemplo inducto.

Ergo videtur quod Deus cognoscendo seipsum, non cognoscat singularia inquantum hujusmodi.

Contra, ad Heb. 11, 6, accedentem ad Deum oportet credere quia est, et quod diligentibus se remunerator sit. Sed non potest remunerare opera hominum singularium, nisi cognoscat operantes et ipsorum opera. Ergo oportet credere quod singularia Deus cognoscat.

Præterea, Deus habet de rebus scientiam practicam, quæ est operationis principium. Sed operatio est circa singularia. Ergo videtur quod sua scientia sit etiam singularium.

Respondeo dicendum, quod Deus absque dubio omnium, et universalium et singularium, cognitionem habet. Sciendum tamen, quod circa hanc quæstionem diversi diversimode senserunt.

Commentator enim in 11 Metaph., videtur expresse negare Deo particularium cognitionem, nisi inquantum cognoscit essentiam suam, quæ est principium omnis esse. Sed cum Deus non tantum sit causa esse rerum, sed omnium quæ in rebus sunt, oportet ut cognitionem rerum non tantum in eo quod sunt habeat, sed etiam in eo quod sunt talia vel talia.

Et ideo alii dixerunt, scilicet Avicenna et Algazel, et sequaces eorum, quod Deus cognoscit singularia universaliter; quod sic exponunt per exemplum. Si aliquis sciret omnes distantias orbium et planetarum, et tempus motuum ipsorum, ipse prævideret omnem eclipsim quæ posset contingere; non tamen sciret hanc eclipsim inquantum est hæc eclipsis, nisi per aliquid a sensu acceptum; sed sciret eclipsim quæ cras contingeret, universaliter, scilicet secundum suas causas universales. Ita etiam dicunt, quod cum omnes causæ reducantur in ipsum Deum sicut in causam, ipse cognoscendo se, cognoscit omnes causas secundas; et cognoscendo causas illas, cognoscit omne quod est effectum ex illis causis, non tamen nisi universaliter. Et ideo dicunt, quod Deus non cognoscit particularia nisi universaliter, ita ut, secundum eos, determinatio accipiatur ex parte cogniti, et non solum ex parte cognoscentis; quia si solum ex parte cognoscentis illa determinatio acciperetur, verum indubitanter esset quod Deus particularia non particulari scientia cognoscit, ut supra probatum est, dist. 25, quæst. 1, art. 5. Cognoscit tamen particularia secundum particularitatem ipsorum.

Unde dictum illud etiam est insufficiens. Cognoscere enim hoc modo singulare in universali, non est cognoscere propriam naturam hujus singularis vel illius; eo quod quocumque modo universalia aggregentur, nunquam ex eis fiet singulare, nisi per hoc quod individuantur per materiam.

Et ideo ex hac etiam via sequeretur quod Deus non perfectam cognitionem de singularibus haberet.

Universales enim causæ non ducunt in cognitionem particularium, nisi secundum quod particularia participant naturam communem; et sic ex causis universalibus non scieretur de particulari nisi quod habet talem vel talem naturam communem vel accidentaliter vel substantialiter.

Ideo alii dixerunt, sicut Rabbi Moyses, quod Deus scit perfectissime singularia; et omnes rationes, quæ in contrarium inducuntur, solvit per hoc quod dicit, scientiam Dei esse æquivocam scientiæ nostræ; unde per conditiones scientiæ nostræ non possumus aliquid de scientia Dei arguere: sicut enim esse Dei non comprehenditur a nobis, ita nec sua scientia.

Hoc confirmat per id quod habetur per Isa. 55: sicut exaltati sunt cæli a terra, sic exaltatæ sunt viæ meæ a viis vestris. Sed istud, quamvis sit verum, tamen oportet aliquid plus dicere: videlicet, quod quamvis scientia Dei sit alterius modi a scientia nostra, tamen per scientiam nostram aliqualiter devenimus in scientiam Dei; et sic scientia nostra non est penitus univoca scientiæ Dei, sed potius analogica, ut in præcedenti distinctione, qu. 1, art. 4, dictum est. Et ideo oportet dicere secundum quid scientia nostra imitatur scientiam Dei, et in quo deficit et quare; et ita rationes dissolvere.

Unde procedendum est per viam quam docet Dionysius. Dicit enim, quod cum Deus cognoscit res per essentiam suam quæ est causa rerum, eodem modo cognoscit res quo modo esse rebus tradidit; unde si aliquid est in rebus non cognitum ab ipso, oportet quod circa illud vacet divina operatio, idest quod non sit operatum ab ipso; et ex hoc accidit difficultas philosophis propter duo: primo, quia quidam ipsorum non ponebant Deum operari immediate in rebus omnibus, sed ab ipso esse primas res, quibus mediantibus ab eo aliæ producuntur; et ideo non poterant invenire qualiter cognosceret res quæ sunt hic, nisi in primis causis universalibus: secundo, quia quidam eorum non ponebant materiam esse factam, sed Deum agere tantum inducendo formam. Et ideo cum materia sit principium individuationis, non poterat inveniri apud eos, quomodo Deus singularia, inquantum hujusmodi, cognoscat. Sed quia nos ponimus Deum immediate operantem in rebus omnibus, et ab ipso esse non solum principia formalia, sed etiam materiam rei; ideo per essentiam suam, sicut per causam, totum quod est in re cognoscit, et formalia et materialia; unde non tantum cognoscit res secundum naturas universales, sed secundum quod sunt individuatæ per materiam; sicut ædificator si per formam artis conceptam posset producere totam domum, quantum ad materiam et formam, per formam artis quam habet apud se, cognosceret domum hanc et illam; sed quia per artem suam non inducit nisi formam, ideo ars sua est solum similitudo formæ domus; unde non potest per eam cognoscere hanc domum vel illam, nisi per aliquid acceptum a sensu.

Ad primum ergo dicendum, quod, sicut ex prædictis patet, forma per quam intellectus divinus intelligit neque est universalis, quia additiones non recipit, neque singularis, quia a materia et a dispositionibus ejus immunis est; sed tamen est principium et similitudo perfecta totius quod in re est, et materiæ et formæ, ut dictum est. Et ideo hoc quod dicitur, quod universale est dum intelligitur, particulare dum sentitur, referendum est ad cognitionem nostram, quæ in sensu est per formam materialem, et in intellectu per formam universalem; et ideo particularia non cognoscimus nisi per virtutem in qua est aliquid particulariter; sed Deus particularia cognoscit neque universaliter neque particulariter ex parte cognoscentis, sed universaliter et particulariter ex parte rei cognitæ.

Ad secundum dicendum, quod in causis universalibus quæ non sunt tota causa rei non potest particulare perfecte sciri. Sed Deus est causa omnium universalis, ita quod est perfecta causa uniuscujusque; et ideo se cognoscens, omnia perfecte cognoscit.

Ad tertium dicendum, quod quamvis in Deo non sit aliquid materiale, sed essentia ejus sit actus tantum, tamen ille actus est causa omnium quæ sunt in re et materialium et formalium; quem actum imitatur quantum potest omnis res et quidquid in re est; et ideo essentia divina est similitudo non tantum formalium, sed etiam materialium rei; et ideo per ipsam possunt cognosci singularia etiam inquantum hujusmodi.

Ad quartum dicendum, quod omnia exempla quæ adducuntur a creaturis in Deum, deficientia sunt, ut idem Dionysius dicit: non enim invenitur in creaturis aliqua causa communis quæ sit causa totius quod in re est; sicut sigillum est causa figuræ in cera et non ipsius ceræ; et ideo per cognitionem sigilli non potest cognosci figura impressa inquantum est hæc vel illa, quia hoc habet ex materia.

Articulus Secundus
Utrum Deus cognoscat mala.

Ad secundum sic proceditur. Videtur quod Deus non cognoscat mala. Sicut enim dicit Commentator, si aliquis intellectus sit semper in actu, non cognoscit privationem omnino. Sed intellectus divinus semper est in actu. Cum igitur malum sit privatio, ut Augustinus dicit, videtur quod Deus non cognoscat malum.

Præterea, omnis scientia vel est causa scitorum, vel causata ab eis. Sed Dei scientia causata non est. Cum ergo malorum causa non sit, videtur quod Deus mala nesciat.

Præterea, scientia est assimilatio scientis ad rem scitam. Cum igitur malum inquantum hujusmodi non assimiletur Deo, immo ipse recessus a similitudine est malum; videtur quod Deus malum non cognoscat.

Si dicas, quod cognoscit malum per bonum; contra. Cognoscere aliquid non per se sed per aliud est imperfectæ cognitionis. Nihil autem imperfectum Deo est attribuendum. Ergo Deus non cognoscit mala per bona.

Sed contra est quod in Psal. 68, 6, dicitur: Deus, tu scis insipientiam meam, et delicta mea a te non sunt abscondita.

Præterea, Philosophus dicit, quod rectum est judex sui ipsius et obliqui. Cum igitur malum sit obliquatio a rectitudine boni, videtur quod Deo, qui omnia bona perfecte cognoscit, notitia boni non desit.

Respondeo dicendum, quod nescire dicitur dupliciter: uno modo metaphorice ad similitudinem nescientis se habere; et sic ipsum reprobare Dei nescire dicitur, quia malos a gloria sua excludit; sicut aliquis ignotos a secretis suis excludit: et per oppositum Deus dicitur scire quæ approbat: et sic verum est quod Deus dicitur nescire mala. Alio modo dicitur nescire proprie notitia rei carere, et per oppositum scire notitiam rei habere; et ita Deus novit et bona et mala cognoscendo essentiam suam, sicut tenebræ cognoscuntur per cognitionem lucis, ut dicit Dionysius.

Sed sciendum est, quod privatio non cognoscitur nisi per habitum oppositum: nec habitui opponitur privatio nisi circa idem subjectum considerata.

Cum autem lucem divinæ essentiæ impossibile sit deficere, non opponitur sibi privatio aliqua. Unde malum non opponitur bono, prout in Deo est determinate; sed forte opponitur sibi secundum communem intentionem boni. Opponitur autem determinate bono quod est participatum in creaturis cui potest admisceri defectus. Unde per hoc quod Deus cognoscit essentiam suam cognoscit ea quæ ab ipso sunt, et per ea cognoscit defectus ipsorum. Si autem essentiam suam cognosceret tantum, nullum malum vel privationem cognosceret nisi in communi.

Et ideo patet responsio ad primum: quia ex hoc quod Commentator ponit quod nihil nisi essentiam suam cognoscit, sequitur quod mala nescit; unde ibidem subdit, quod nescit mala esse; unde eodem modo quo alia a se cognoscit, et privationes ipsorum novit: non sicut primum cognitum, quia in intellectu suo non potest esse aliqua privatio; sed sicut secunda intellecta, ut ex prædictis, dist. 25, qu. 1, art. 2, patet.

Ad secundum dicendum, quod scientia Dei nullo modo a re causata est; nec tamen est causa omnium quæ cognoscit, sed horum tantum quorum est per se cognitio, scilicet bonorum. Mala autem cognoscit per bona, ut dictum est, in corp. Art..

Ad tertium dicendum, quod malum non cognoscitur a Deo per similitudinem suam, sed per similitudinem boni: secundum enim quod Deus cognoscit essentiam suam cognoscit unamquamque rem quantum de sua bonitate participat, et in quo deficiat; et ita cognoscit malum, cum in defectu ratio mali consistat.

Ad quartum dicendum, quod cognoscere per aliud id quod per se natum est cognosci est imperfectæ cognitionis; sed malum per se nec causam nec voluntatem nec cognitionem habet, sed per bonum, ut dicit Dionysius: et ideo hæc est perfecta cognitio mali, ut per bonum cognoscatur.

Articulus Tertius

Utrum res quæ cognoscuntur a Deo sint in Deo.

Ad tertium sic proceditur. Videtur quod res quæ a Deo cognoscuntur, in Deo non sint. Omne illud in quo est aliquid diversum ab eo, compositum est. Cum igitur Deus sit simplicissimus, videtur quod res quæ sunt diversæ ab eo, in ipso non sint.

Si dicas, quod non sunt in eo per essentiam, sed per sui similitudinem: contra. Unaquæque res verius est ubi est per suam essentiam, quam ubi est per suam similitudinem: quia ibi non videtur esse nisi secundum quid. Si igitur res in Deo non sunt nisi secundum sui similitudinem, videtur quod verius et melius sint in seipsis quam in Deo: quod est contra Augustinum et Anselmum.

Præterea, similitudo respondet ei cujus est similitudo. Sed res omnes non habent in se lucem et vitam. Cum igitur in Deo sint vita et lux, videtur quod non sint in Deo per similitudinem.

Præterea, ubi est res secundum sui similitudinem, ibi non attribuitur sibi operatio propria sua: lapis enim in oculo non movetur deorsum.

Sed Act. 17 dicitur, quod in ipso Deo vivimus, movemur et sumus. Ergo videtur quod non sumus in Deo per similitudinem tantum.

Præterea, similitudines rerum in Dei scientia existentes, cum ad scientiam pertineant, filio appropriantur. Sed in ipso appropriatur in littera Spiritui Sancto: per ipsum filio, et ex ipso patri.

Ergo videtur quod non dicantur res esse in Deo secundum similitudinem.

Sed contra est quod dicitur Joan. 1, 3: quod factum est in ipso vita erat.

Respondeo dicendum, quod hæc præpositio in secundum quod diversis adjungitur, diversas habitudines notat; ut cum dicitur esse in toto, vel esse in loco, et hujusmodi. Et ideo sciendum, quod aliud est esse in scientia Dei, et aliud in Deo esse et aliud esse in essentia divina. Scientia enim nominat cognitionem quamdam. Unde esse in scientia nihil aliud est quam per scientiam cognosci; et ideo omnia quæ Deus scit, et bona et mala, in scientia ejus esse dicuntur. Sed essentia significatur per modum formæ vel naturæ; unde esse in essentia divina nihil aliud est quam subsistere in natura divina, vel esse idem naturæ divinæ; et ideo creaturæ non possunt dici in essentia divina esse, sed tantum personæ divinæ et proprietates et attributa. Sed hoc nomen Deus significat rem subsistentem, cujus est esse et operari; unde esse in Deo potest intelligi dupliciter: vel quod est in esse ipsius, et sic creaturæ non sunt in Deo; vel quod subjacet operi ejus, sicut dicimus opera, quorum Domini sumus in nobis esse; et per modum illum omnia quæ a Deo sunt, in eo esse dicuntur, non autem mala, quæ ab ipso non sunt.

Et ita patet quod tria prædicta se habent secundum quemdam ordinem. Quidquid enim est in essentia divina, est in Deo, quasi pertinens ad esse ipsius; sed non convertitur; sicut ea quæ subjacent operi ejus, in ipso sunt, sed non in essentia ejus; et similiter quidquid est in Deo, est in scientia ejus; sed non convertitur, ut patet de malis.

Ad primum ergo dicendum, quod in Deo nihil est diversum ab ipso; unde et creaturæ, secundum hoc quod in Deo sunt, non sunt aliud a Deo: quia creaturæ in Deo sunt causatrix essentia, ut dicit Anselmus; sunt enim in Deo per suam similitudinem: ipsa autem essentia divina similitudo est omnium eorum quæ a Deo sunt.

Ad secundum dicendum, quod esse creaturæ potest quadrupliciter considerari: primo modo, secundum quod est in propria natura; secundo modo, prout est in cognitione nostra; tertio modo, prout est in Deo; quarto modo communiter, prout abstrahit ab omnibus his. Cum ergo dicitur quod creatura verius esse habet in Deo quam in seipsa, comparatur primum et tertium esse respectu quarti: quia omnis comparatio est respectu communis; et pro tanto dicitur quod in Deo habet verius esse, quia omne quod est in aliquo, est in eo per modum ejus in quo est, et non per modum sui; unde in Deo est per esse increatum, in se autem est per esse creatum, in quo minus est de veritate essendi quam in esse increato. Si autem comparetur esse primum ad secundum respectu quarti, inveniuntur se habere secundum excedentia et excessa; esse enim quod est in propria natura rei, in eo quod est substantiale, excedit esse rei in anima quod est accidentale; sed exceditur ab eo, secundum quod hoc est esse materiale, et illud intellectuale; et ita patet quod aliquando res verius esse habet ubi est per suam similitudinem quam in seipsa.

Ad tertium dicendum, quod similitudo rei quæ est in anima, dupliciter consideratur: vel secundum quod est similitudo rei, et sic nihil attribuitur sibi nisi quod in re invenitur: aut secundum esse quod habet in anima, et sic attribuitur sibi intelligibilitas vel universalitas; sicut etiam patet in imagine corporali, cui convenit esse lapideum ex parte ejus in quo est, et non ex parte ejus cujus est similitudo.

Similiter dico, quod similitudini rerum quæ est in Deo, convenit esse vitam et lucem, non secundum hoc quod similitudo rei est, sed secundum quod est in Deo; et dicitur vita inquantum est principium operationis ad esse rerum; sicut etiam dicitur a Philosopho, quod motus cæli est ut vita quædam natura existentibus omnibus; sed inquantum est principium cognitionis rerum, dicitur lux. Vel aliter potest dici, quod similitudo rei quæ in anima est, dicitur vita inquantum est ut forma quædam et perfectio intellectus; et lux, inquantum est principium intellectualis operationis: et per talem similitudinem dicuntur etiam in Deo res esse vita et lux: sunt enim in eo sicut artificiata in artifice per suas similitudines.

Ad quartum dicendum, quod esse et vivere et moveri, non attribuuntur rebus in Deo existentibus secundum esse quod in ipso habent, sed secundum esse quod in seipsis habent a Deo, ut esse pertineat ad essentiam, vivere ad virtutem, et moveri ad operationem; vel vivere ad animam, moveri ad corpus, et esse ad utrumque: et sic res in propria natura existentes dicuntur esse in Deo, secundum quod esse earum a Deo continetur; et sic de aliis, scilicet de motu et vita.

Ad quintum dicendum, quod similitudo rei quæ est in Deo non est accepta a re, sed est causa rei; unde quidquid est in eo per sui similitudinem, est in eo sicut in principio operante et conservante.

Operatio autem et conservatio rerum a Deo completur per voluntatem et bonitatem ejus: quia voluntas inter tria, scilicet scientiam, potentiam, et voluntatem, proximius est ad opus: et ideo in ipso appropriatur Spiritui Sancto, qui procedit per modum voluntatis, et cui bonitas appropriatur; cum hæc præpositio in dicat habitudinem ad continens et conservans. Sed per ipsum appropriatur filio; quia per denotat causam formalem; et ars, per quam sicut per formam operatur artifex, filio appropriatur.

Ex ipso autem propter habitudinem principii, quam importat hæc præpositio ex, appropriatur patri, qui est principium non de principio.

Quæstio II
Prologus

Deinde quæritur de ideis; et circa hoc tria quæruntur. Et 1 an ideæ sint; 2 de pluralitate idearum; 3 utrum ideæ omnium in Deo sint.

Articulus Primus
Quid nomine ideæ importetur.

Ad primum sic proceditur. Videtur ideas non esse. Sicut enim dicit Philosophus, dicere ideas exemplaria esse vaniloquium est, et pœticas metaphoras dicere. Sed ideas exemplaria rerum dicimus. Ergo vanum est ideas dicere.

Præterea, perfectius est agens quod non eget in sua actione ad exemplar respicere, quam quod exemplari indiget. Sed Deus est perfectum agens.

Ergo non est sibi opus ideis, ad quarum exemplar faciat res; unde ibidem Philosophus subdit: nam quid est opus ad ideas respicere?

Præterea, secundum Augustinum, melius scitur res per essentiam suam quam per similitudinem suam. Sed Deus nobilissime cognoscit res.

Ergo scit eas per essentias earum, et non per aliquas similitudines ideales rerum.

Præterea, omnis cognitio quæ est per medium, videtur esse collativa, et discursum habere de uno in aliud. Sed Deus cognoscit simplici intuitu sine discursu et collatione. Ergo videtur quod non cognoscat res mediantibus ideis.

Contra est quod dicit Augustinus: qui negat ideas esse, negat filium esse. Sed hoc est hæreticum. Ergo et primum.

Præterea, Commentator dicit in 11 Metaph. Quod sicut omnes formæ sunt in potentia in prima materia, ita sunt in actu in primo motore. Sed nihil aliud dicimus ideas, nisi formas rerum in Deo existentes. Ergo verum est ideas esse.

Respondeo dicendum, quod, sicut formæ artificiales habent duplex esse, unum in actu secundum quod sunt in materia, aliud in potentia secundum quod sunt in mente artificis, non quidem in potentia passiva, sed activa; ita etiam formæ materiales habent duplex esse, ut dicit Commentator in 11 Metaph.: unum in actu secundum quod in rebus sunt; et aliud in potentia activa secundum quod sunt in motoribus orbium, ut ipse ponit, et præcipue in primo motore, loco cujus nos in Deo dicimus. Unde apud omnes Philosophos communiter dicitur quod omnia sunt in mente Dei, sicut artificiata in mente artificis; et ideo formas rerum in Deo existentes ideas dicimus, quæ sunt sicut formæ operativæ. Unde dicit Dionysius loquens de ideis: exemplaria dicimus substantificas rationes existentium in Deo uniformiter præexistentes, quas theologia prædefinitiones vocat, et divinas et bonas voluntates existentium prædeterminativas et productivas.

Per ideas tamen Deus non tantum practicam sed speculativam cognitionem de rebus habet, cum non solum cognoscat res secundum hoc quod ab ipso exeunt, sed etiam secundum quod in propria natura subsistunt. Idea enim dicitur ab eidos, quod est forma; unde nomen ideæ, quantum ad proprietatem nominis, æqualiter se habet ad practicam et speculativam cognitionem; forma enim rei in intellectu existens, utriusque cognitionis principium est. Quamvis enim secundum usum loquentium idea sumatur pro forma quæ est principium practicæ cognitionis, secundum quod ideas exemplares rerum formas nominamus; tamen etiam principium speculativæ cognitionis est, secundum quod ideas contemplantes formas rerum nominamus.

Ad primum ergo dicendum, quod, sicut dicit Commentator in 11 Metaph., Plato et alii antiqui Philosophi, quasi ab ipsa veritate coacti, tendebant in illud quod postmodum Aristoteles expressit, quamvis non pervenerint in ipsum: et ideo Plato ponens ideas, ad hoc tendebat, secundum quod et Aristoteles posuit, scilicet eas esse in intellectu divino; unde hoc improbare Philosophus non intendit; sed secundum modum quo Plato posuit formas naturales per se existentes sine materia esse.

Ad secundum dicendum, quod si Deus indigeret respicere in aliquod exemplar extra se, esset imperfectum agens; sed hoc non contingit, si essentia sua exemplar omnium rerum ponatur: quia sic intuendo essentiam suam, omnia producit.

Ad tertium dicendum, quod oportet illud per quod est cognitio rei, esse unitum cognoscenti; unde essentia rerum creaturarum, cum sit separata a Deo, non potest esse medium cognoscendi ipsas res a Deo; sed cognoscit eas nobiliori medio, scilicet per essentiam suam; et ideo perfectius cognoscit et nobiliori modo; quia sic nihil nisi essentia ejus est principium suæ cognitionis. Oporteret enim quod esset aliud, si per essentiam rerum quasi per medium cognosceret res, cum medium cognoscendi sit cognitionis principium.

Ad quartum dicendum, quod cognitio discursiva est quando ex prius notis in ignotum devenitur, et non quando per similitudinem rei apprehenditur res ipsa: quia sic etiam oculus videns lapidem, haberet cognitionem collativam de ipso: et ideo quamvis Deus sciat res per similitudinem quæ in ipso est, sicut per medium, et quamvis cognoscat etiam ordinem rerum, non tamen habet discursivam scientiam, quia omnia simul intuetur.

Articulus Secundus
Utrum ideæ sint plures.

Ad secundum sic proceditur. Videtur quod non sint plures ideæ. Idea enim dicitur similitudo, per quam cognoscitur res. Sed sicut supra habitum est, Deus cognoscit omnia per essentiam suam.

Cum igitur essentia sua sit una, videtur quod idea sit tantum una.

Si dicas, quod sunt plures propter respectus diversos ad res; contra. Relationes quæ sunt Dei ad creaturam, sunt realiter in creaturis, et non in Deo. Creaturæ autem non fuerunt ab æterno: ergo nec relationes Dei ad creaturam. Ergo ideæ non fuerunt plures ab æterno. Sed Deus non alio modo cognoscit res factas quam antequam faceret, ut habitum est ex verbis Augustini.

Ergo modo non cognoscit res per plures ideas, sed per unam tantum.

Præterea, ut dictum est, idea se habet ad rem cujus est, sicut forma artis, quæ est in mente artificis, ad artificiatum. Sed diversitas artificiatorum provenit ex pluralitate formarum quæ sunt in mente artificis, et non e contrario. Ergo videtur quod nec diversitas rerum possit inducere pluralitatem idearum.

Præterea, sicut idea dicitur relative ad ideatum, ita et scientia dicitur per respectum ad scibile.

Sed quamvis sint plura scita a Deo, tamen est una ejus scientia. Ergo rerum omnium quæ ab ipso producuntur, est una tantum idea.

Sed contra, illud in quo non est pluralitas aliqua, non potest pluraliter consignificari. Sed Augustinus, pluraliter ideas nominat, dicens, quod ideæ sunt rationes rerum stabiles, in mente divina existentes; et cum ipsæ nec oriantur nec intereant, secundum eas tamen fit omne quod interit et oritur. Ergo ideæ sunt plures.

Præterea, secundum Damascenum, differentia est causa numeri. Sed, secundum Augustinum, Deus alia ratione creavit hominem et equum. Ergo videtur quod sint plures rationes ideales rerum in Deo.

Respondeo dicendum, quod cum Deus de singulis rebus propriam cognitionem habeat, oportet quod essentia sua sit similitudo singularium rerum, secundum quod diversæ res diversimode et particulariter ipsam imitantur secundum suam capacitatem, quamvis ipsa se totam imitabilem præbeat; sed quod perfecte non imitantur eam creaturæ, sed difformiter, hoc est ex earum diversitate et defectu, ut dicit Dionysius.

Unde cum hoc nomen idea nominet essentiam divinam secundum quod est exemplar imitatum a creatura, divina essentia erit propria idea istius rei secundum determinatum imitationis modum. Et quia alio modo imitantur eam diversæ creaturæ, ideo dicitur quod est alia idea vel ratio qua creatur homo et equus; et exinde sequitur quod secundum respectum ad plures res quæ divinam essentiam diversimode imitantur, sit pluralitas in ideis, quamvis essentia imitata sit una: verbi gratia, sicut ex prædictis, dist. 2, quæst. 1, art. 3, patet, quidquid perfectionis in rebus est, hoc totum Deo secundum unum et idem indivisibile convenit, scilicet esse, vivere et intelligere et omnia hujusmodi. Cum autem omnes creaturæ imitentur ipsam essentiam quantum ad esse, non tamen omnes quantum ad vivere: nec iterum illa quæ imitantur ipsam quantum ad esse, eodem modo esse participant, cum quædam aliis nobilius esse possideant: et ex hoc efficitur alius respectus essentiæ divinæ ad ea quæ habent tantum esse et ad ea quæ habent esse et vivere, et similiter ad ea quæ diversimode esse habent; et ex hoc sunt plures rationes ideales, secundum quod Deus intelligit essentiam suam ut imitabilem per hunc vel per illum modum. Ipsæ enim rationes imitationis intellectæ, seu modi, sunt ideæ; idea enim, ut ex dictis patet, art. Præced., nominat formam ut intellectam, et non prout est in natura intelligentis.

Ad primum ergo dicendum, quod idea non nominat tantum essentiam, sed essentiam imitabilem; unde secundum quod est multiplex imitabilitas in essentia divina, propter plenitudinem suæ perfectionis, est pluralitas idearum.

Ad secundum dicendum, quod quamvis relationes quæ sunt Dei ad creaturam, realiter in creatura fundentur, tamen secundum rationem et intellectum in Deo etiam sunt; intellectum autem dico non tantum humanum sed etiam angelicum et divinum; et ideo quamvis creaturæ ab æterno non fuerint, tamen intellectus divinus ab æterno fuit intelligens essentiam suam diversimode a creaturis imitabilem; et propter hoc fuit ab æterno pluralitas idearum in intellectu divino, non in natura ipsius.

Non enim eodem modo est in Deo forma equi et vita; quia forma equi non est in Deo nisi sicut ratio intellecta; sed ratio vitæ in Deo est non tantum sicut intellecta, sed etiam sicut in natura rei firmata.

Ad tertium dicendum, quod quamvis pluralitas idearum attendatur secundum respectus ad res; non tamen pluralitas rerum est causa pluralitatis idearum, sed e contrario; non enim quia res diversimode imitatur divinam essentiam, ideo intellectus ejus intuetur eam diversimode imitabilem, sed potius e contrario. Intellectus enim divinus est causa rerum; distinctio autem idealium rationum est secundum operationem intellectus divini, prout intelligit essentiam suam diversimode imitabilem a creaturis. Ad quartum dicendum, quod essentia divina una est, et respectus plures; et ideo illud quod nominat tantum essentiam, non potest pluraliter significari; sicut est scientia, quæ tenet se magis ex parte scientis, ut forma ipsius. Ratio autem se tenet magis ex parte rei, ut consignificari et significari pluraliter possit; dicimus enim rationes plures. Idea autem quasi medio modo se habet; quia essentiam et rationem imitationis, quæ est secundum respectum, importat; et ideo etsi inveniatur in nomine ideæ consignificata pluralitas, ut cum pluraliter profertur, raro tamen aut nunquam invenitur significata per additionem termini numeralis, ut sic dicantur plures ideæ; pluralitas enim exprimitur magis significando quam consignificando.

Articulus Tertius
Utrum in Deo sint ideæ omnium quæ cognoscit.

Ad tertium sic proceditur. Videtur quod non omnium

quæ cognoscit Deus, ideæ in ipso sint. Mala enim cognoscit Deus. Sed mali idea in ipso esse non potest, cum idea imitationem importet.

Unumquodque autem per hoc malum est quod ab imitatione Dei recedit. Ergo non omnium rerum ideæ sunt in Deo, cum plures malæ sint.

Præterea, idea nominat formam; dicitur enim ab eidos, quod est forma. Sed materiæ primæ non est aliqua forma, sicut nec primus actus, qui est Deus, habet aliquam materiam; alias neutrum esset primum. Ergo non omnium est idea in Deo.

Præterea, Deus non tantum cognoscit universalia, sed etiam particularia. Sed particularium inquantum hujusmodi, non videtur esse idea, cum omnia singularia unius speciei in forma conveniant.

Ergo non omnium cognitorum a Deo est idea.

Præterea, idea non est nisi alicujus quod eam per imitationem participat. Sed accidentia cum non sint per se subsistentia, nihil participant; sed ipsa sunt participationes quædam. Ergo cum accidentia sint cognita a Deo sicut substantiæ, videtur quod non omnium cognitorum a Deo sit idea.

Sed contra, omnis cognitio est per speciem aliquam cogniti in cognoscente. Sed species rerum in Deo existentes, ideæ dicuntur. Ergo omnium cognitorum a Deo idea in ipso est.

Respondeo dicendum, quod, sicut ex auctoritate Dionysii inducta patet, idea dicitur similitudo vel ratio rei in Deo existens, secundum quod est productiva ipsius rei et determinativa; et ideo unumquodque, secundum quod se habet ad hoc quod a Deo producatur, ita se habet ad hoc quod ipsius idea sit in eo. Omne autem quod ab aliquo per se agente producitur, oportet quod secundum hoc quod ab ipso effectu est, ipsum imitetur; quia, ut probat Philosophus, simile agit sibi simile, tam in his quæ agunt per voluntatem quam in his quæ agunt per necessitatem. Unde secundum id quod aliquid a Deo producitur, secundum hoc similitudinem in ipso habet, et secundum hoc est idea ipsius in Deo, et secundum hoc a Deo cognoscitur; et ideo cum omnis res a Deo producatur, oportet omnium rerum ideas in ipso esse.

Ad primum ergo dicendum, quod malum, inquantum malum, nihil est, cum sit privatio quædam, sicut cæcitas; et ideo rei malæ idea quidem in Deo est, non inquantum mala est, sed inquantum res est; et ipsum malum per oppositum bonum cognoscitur a Deo, a quo res privationi subjecta deficit.

Ad secundum dicendum, quod cum materia prima a Deo sit, oportet ideam ejus aliqualiter in Deo esse; et sicut attribuitur sibi esse, ita attribuitur sibi idea in Deo: quia omne esse, inquantum perfectum est, exemplariter ductum est ab esse divino. Esse autem perfectum, materiæ non convenit in se, sed solum secundum quod est in composito; in se vero habet esse imperfectum secundum ultimum gradum essendi, qui est esse in potentia; et ideo perfectam rationem ideæ non habet nisi secundum quod est in composito, quia sic sibi a Deo esse perfectum confertur; in se vero considerata, habet in Deo imperfectam rationem ideæ; hoc est dictu, quia essentia divina est imitabilis a composito secundum esse perfectum, a materia secundum esse imperfectum, sed a privatione nullo modo. Et ideo compositum, secundum rationem suæ formæ, habet perfecte ideam in Deo, materia vero imperfecte, sed privatio nullo modo.

Ad tertium dicendum, quod particularia habent proprias ideas in Deo; unde alia est ratio Petri et martini in Deo, sicut alia ratio hominis et equi.

Sed tamen diversitas hominis et equi est secundum formam, cui perfecte respondet idea: sed distinctio singularium unius speciei essentialis, est secundum materiam, quæ non perfecte habet ideam; et ideo perfectior est distinctio rationum respondentium diversis speciebus quam diversis individuis; ita tamen quod imperfectio referatur ad res imitantes, et non ad essentiam divinam quam imitantur.

Ad quartum dicendum, quod accidentia etiam perfectum esse non habent; unde deficiunt a perfectione ideæ: propter quod etiam Plato non posuit ideas accidentium, sed substantiarum tantum, ut 1 Metaph. Dicitur. Tamen secundum quod esse habent per imitationem divinæ essentiæ, sic essentia divina est eorum idea.

Et sic patent omnia objecta, et etiam dicta in littera.

Distinctio XXXVII

Quæstio I
Prologus

Ostenso quomodo res sint in Deo, hic ex incidenti ostendit quomodo Deus sit in rebus; et dividitur in partes duas: in prima ostendit Deum esse ubique et in omnibus rebus; in secunda parte removet a Deo quædam quæ creaturas in loco existentes consequuntur, ibi: cumque natura divina veraciter et essentialiter sit in omni loco et in omni tempore, non tamen movetur per loca vel per tempora. Prima in duas: in prima ponit modos quibus Deus in rebus esse dicitur; in secunda inquirit rationes illorum modorum, ibi: quomodo autem Deus habitet in nobis, ex illis aliquatenus intelligere valebis quæ supra dicta sunt. Circa primum duo facit: primo enumerat modos; secundo auctoritatibus confirmat, ibi: ne autem ista...

Falsitatis arguere aliqui præsumant; sanctorum auctoritatibus munienda mihi videntur. Et primo confirmat modum quo est communiter in omnibus creaturis; secundo modum quo specialiter est in sanctis, ibi: in sanctis vero etiam habitat. Modus autem quo specialissime est in homine Christo, pertinet ad tertium librum; et ideo eum prætermittit.

Quomodo autem Deus habitet in bonis, ex illis aliquatenus intelligere valebis quæ supra dicta sunt.

Hic ostendit rationes dictorum modorum: et primo quantum ad modum quo specialiter in sanctis est; secundo quantum ad modum communem quo est in omnibus creaturis, ibi: ex prædictis patet quod Deus ubique totus est per essentiam. Et circa primum duo facit: primo ostendit veritatem; secundo excludit quasdam dubitationes, ibi: si autem quæris, ubi habitabat Deus antequam sancti essent, dicimus quia in se habitabat. Et sunt tres per ordinem inductæ, ut patet in littera.

Ex prædictis patet quod Deus ubique totus est per essentiam, et in sanctis habitat per gratiam.

Hic inquirit rationem quantum ad modum communem; et circa hoc tria facit: primo ostendit modi illius incomprehensibilitatem; secundo redarguit quorumdam insufficientem assignationem, ibi: quidam tamen immensa ingenio suo metiri præsumentes, hoc ita forte intelligendum tradiderunt; tertio excludit erroneam quæstionem, ibi: solet etiam ab eisdem quæri, quomodo Deus substantialiter insit omnibus rebus. Ubi duo facit: primo excludit objectionem; secundo destruit positionem, ibi: postremo respondeant quid potius de Deo respondendum existiment.

Hic est duplex quæstio. Primo quomodo Deus in omnibus rebus sit. Secundo quomodo ubique sit.

Circa primum quæruntur duo: 1 utrum Deus sit in omnibus rebus; 2 de diversitate modorum quibus in rebus esse dicitur.

Articulus Primus
Utrum Deus sit in rebus.

Ad primum igitur sic proceditur. Videtur quod Deus in rebus non sit. Inter causas enim illæ solæ rei intrinsecæ sunt quæ partes ejus sunt, ut materia et forma; non autem agens et finis. Sed Deus non est causa rerum ut veniens in constitutionem ipsarum; quia regit omnes res, præterquam commisceatur cum eis, ut dicitur lib.

De causis. Ergo Deus in rebus creatis non est.

Præterea, nobilius agens est hoc quod potest producere effectum in absentia sua, quam quod non potest hoc facere nisi per suam præsentiam.

Deus autem est nobilissimum agens. Cum igitur inveniantur quædam agentia et secundum voluntatem et secundum naturam, quæ in absentia sui producunt effectus; sicut sol in cælo existens, efficit calorem in terra per emissionem virtutis suæ, et rex aliquis per imperium suum multa efficit ubi ipse non est præsens; videtur quod multo fortius Deus in absentia sui possit effectum producere; et ita non oportet quod sit in rebus quas condidit.

Præterea, quanto aliquod agens nobilius est, tanto nobiliorem effectum producere potest. Sed perfectius est quod potest per se conservari in esse absente sua causa quam quod non potest, sicut figura perfectius est in cera in qua manet etiam sigillo amoto, quam in aqua ubi non manet in absentia imprimentis. Cum igitur Deus sit perfectissimus agens, videtur quod rebus quas condidit, contulerit hoc ut etiam in absentia suæ causæ conservari possint in esse; et ita ad conservationem rerum non exigitur quod Deus in rebus sit.

Præterea, impossibile est quod duo agentia immediate operentur eamdem rem, ita quod utrumque illorum perfecte operetur; quia ad unum operatum terminatur una operatio, quæ exit ab uno operante. Sed singulæ res habent operationes proprias, ut dicit Damascenus, quibus suos effectus peragunt. Ergo videtur quod Deus non immediate sit operans quidquid in rebus efficitur; et ita videtur quod non in omnibus rebus sit.

Præterea, Dæmones res quædam sunt. Sed absurdissime dicitur Deus in Dæmonibus esse. Ergo Deus non est in omnibus rebus.

Sed contra, hierem. 23, 24: numquid non cælum et terram ego impleo? sed per cælum et terram intelligitur omnis creatura, ut patet ex principio Genesis. Ergo Deus in omnibus creaturis est.

Hoc etiam videtur per hoc quod habetur ad Hebr. 1, 3: portans omnia verbo virtutis suæ. Non autem potest conservare res, nisi sit præsens eis.

Ergo videtur quod in omnibus rebus sit.

Respondeo dicendum, quod Deus essentialiter in omnibus rebus est, non tamen ita quod rebus commisceatur, quasi pars alicujus rei. Ad cujus evidentiam oportet tria prænotare. Primo, quod movens et motum, agens et patiens, et operans et operatum, oportet simul esse, ut in 7 Physic.

Probatur. Sed hoc diversimode contingit in corporalibus et spiritualibus. Quia enim corpus per essentiam suam, quæ circumlimitata est terminis quantitatis, determinatum est ad situm aliquem, non potest esse quod corpus movens et motum sint in eodem situ; unde oportet quod simul sint per contactum; et sic virtute sua immutat corpus quod immediate sibi conjungitur, quod etiam immutatum aliud immutare potest, usque ad aliquem terminum. Spiritualis vero substantia, cujus essentia omnino absoluta est a quantitate et situ, ac per hoc loco, non est distincta ab eo quod movet per locum vel situm; sed ubi est quod movetur, ibi est ipsum movens; sicut anima est in corpore, et sicut virtus movens cælum dicitur esse in dextra parte orbis quem movet; unde incipit motus, ut habetur in 8 Physic.. Secundum est, quod esse cujuslibet rei et cujuslibet partis ejus est immediate a Deo, eo quod non ponimus, secundum fidem, aliquem creare nisi Deum. Creare autem est dare esse. Tertium est, quod illud quod est causa esse, non potest cessare ab operatione qua esse datur, quin ipsa res etiam esse cesset. Sicut enim dicit Avicenna, hæc est differentia inter agens divinum et agens naturale, quod agens naturale est tantum causa motus, et agens divinum est causa esse. Unde, secundum ipsum, qualibet causa efficiente remota, removetur effectus suus, sed non esse rei; et ideo remoto ædificatore, non tollitur esse domus, cujus causa est gravitas lapidum quæ manet; sed fieri domus cujus causa erat; et similiter remota causa essendi, tollitur esse. Unde dicit Gregorius, quod omnia in nihilum deciderent, nisi ea manus omnipotentis contineret. Unde oportet quod operatio ipsius, qua dat esse, non sit intercisa, sed continua; unde dicitur Joan. 5, 17: pater meus usque modo operatur, et ego operor. Ex quibus omnibus aperte colligitur quod Deus est unicuique intimus, sicut esse proprium rei est intimum ipsi rei, quæ nec incipere nec durare posset, nisi per operationem Dei, per quam suo operi conjungitur ut in eo sit.

Ad primum ergo dicendum, quod quamvis essentia divina non sit intrinseca rei quasi pars veniens in constitutionem ejus; tamen est intra rem quasi operans et agens esse uniuscujusque rei; et hoc oportet in omni agente incorporeo, ut ex prædictis patet, dist. 8, quæst. 1, art. 2.

Ad secundum dicendum, quod illud quod agit per suam absentiam, non est causa proxima ejus quod fit, sed remota; virtus enim solis primo imprimitur in corpore sibi conjuncto, et sic deinceps usque ad ultimum; et hæc virtus est lumen ejus per quod agit in his inferioribus, ut Avicenna, lib.

Cit., cap. 2, dicit. Similiter patet quod rex præcipiens est causa prima: sed exequens præceptum est causa proxima et conjuncta. Deus autem immediate in omnibus operatur; unde oportet quod in omnibus sit.

Ad tertium dicendum, quod, sicut ex prædictis, in corp. Art., patet, esse rei non potest conservari sine causa essendi, sicut nec motus sine causa movente.

Unde si sine aliquo agente esse rei conservetur, illud agens non erit causa essendi, sed fieri tantum, sicut sigillum est causa figuræ in cera; unde remoto sigillo remanet figura, sicut etiam de ædificatore dictum est; et hoc est agens imperfectum; unde ratio procedit ex falsis.

Ad quartum dicendum, quod respectu ejusdem operationis non potest esse duplex causa proxima eodem modo; sed diversimode potest; quod sic patet.

Operatio reducitur sicut in principium in duo; in ipsum agentem, et in virtutem agentis, qua mediante exit operatio ab agente. Quanto autem agens est magis proximum et immediatum, tanto virtus ejus est mediata, et primi agentis virtus est immediatissima; quod sic patet in terminis. Sint a, b, c, tres causæ ordinatæ, ita quod c sit ultima, quæ exercet operationem; constat tunc quod c exercet operationem per virtutem suam; et quod per virtutem suam hoc possit, hoc est per virtutem b, et ulterius per virtutem a. Unde si quæratur quare c operatur, respondetur per virtutem suam; et quare per virtutem suam; propter virtutem b; et sic quousque reducatur in virtutem causæ primæ in quam docet Philosophus quæstiones resolvere in posterioribus, et in 2 Physic.. Et ita patet quod cum Deus sit prima causa omnium, sua virtus est immediatissima omnibus. Sed quia ipsemet est sua virtus, ideo non tantum est immediatum principium operationis in omnibus, sed immediate in omnibus operans; quod in aliis causis non contingit, quamvis singulæ res proprias operationes habeant quibus producunt suos effectus.

Ad quintum dicendum, quod non est concedendum simpliciter quod Deus sit in Dæmone, duabus de causis. Primo, quia Dæmon non nominat naturam tantum, sed naturam deformatam; cujus deformitatis Deus non est operator. Secundo, quia Dæmon nominat naturam intellectualem; unde cum dicitur, Deus est in Dæmone, intelligitur per modum quo natura intellectualis ejus est capax, scilicet per gratiam. Unde nec de homine peccatore simpliciter dicimus, Deus est in isto homine; nisi addatur, inquantum est creatura, vel per essentiam et præsentiam et potentiam; quo addito, dicitur etiam Deus in Dæmone esse.

Articulus Secundus

Utrum Deus sit in omnibus per potentiam, præsentiam et essentiam; in sanctis per gratiam, in Christo per esse.

Ad secundum sic proceditur. Videtur quod inconvenienter assignentur modi isti, quibus Deus in rebus esse dicitur. Cum enim dicimus Deum esse in rebus, significamus qualiter Deus ad res se habeat. Sed Deus uno modo se habet ad omnia, quamvis non omnia uno modo ad ipsum se habeant, ut dicit Dionysius. Ergo videtur quod non debeat esse nisi unus modus existendi Deum in rebus.

Si dicas, quod isti modi diversificantur secundum diversas habitudines creaturæ ad Deum.

Contra, quilibet effectus in creatura causat aliquam habitudinem creaturæ ad Deum. Sed quasi infiniti sunt effectus Dei in creaturis. Ergo infinitis modis dicetur Deus esse in creaturis, et non quinque tantum.

Præterea, ea secundum quæ diversimode creaturæ ad Deum referuntur, non inveniuntur in omnibus creaturis. Sed quidam istorum modorum conveniunt omni creaturæ, scilicet per essentiam, præsentiam et potentiam. Ergo videtur quod modi isti non differant secundum diversam habitudinem creaturæ ad Deum.

Si dicas, quod distinguuntur secundum diversas rationes attributorum. Contra, non plus differt potentia ab essentia, quam scientia et voluntas.

Sed esse in rebus per essentiam et potentiam constituit duos modos. Ergo et similiter diversificabuntur secundum omnia attributa.

In contrarium est quod in littera dicitur, et auctoritatibus confirmatur.

Respondeo dicendum, quod distinctio istorum modorum partim sumitur ex parte creaturæ, partim ex parte Dei. Ex parte creaturæ, inquantum diverso modo ordinatur in Deum et conjungitur ei, non diversitate rationis tantum, sed realiter. Cum enim Deus in rebus esse dicatur secundum quod eis aliquo modo applicatur, oportet ut ubi est diversus conjunctionis vel applicationis modus, ibi sit diversus modus essendi. Conjungitur autem creatura Deo tripliciter. Primo modo secundum similitudinem tantum, inquantum invenitur in creatura aliqua similitudo divinæ bonitatis, non quod attingat ipsum Deum secundum substantiam: et ista conjunctio invenitur in omnibus creaturis divinam bonitatem assimilantibus: et sic erit modus communis quo Deus est in omnibus creaturis per essentiam, præsentiam et potentiam. Secundo creatura attingit ad ipsum Deum secundum substantiam suam consideratum, et non secundum similitudinem tantum; et hoc est per operationem; scilicet quando aliquis fide adhæret ipsi primæ veritati, et caritate ipsi summæ bonitati: et sic est alius modus quo Deus specialiter est in sanctis per gratiam. Tertio creatura attingit ad ipsum Deum non solum secundum operationem, sed etiam secundum esse: non quidem prout esse est actus essentiæ, quia creatura non potest transire in naturam divinam: sed secundum quod est actus hypostasis vel personæ, in cujus unionem creatura assumpta est: et sic est ultimus modus quo Deus est in Christo per unionem. Ex parte autem Dei non invenitur diversitas in re, sed ratione tantum, secundum quod distinguitur in ipso essentia, virtus et operatio. Essentia autem ejus cum sit absoluta ab omni creatura, non est in creatura nisi inquantum applicatur sibi per operationem: et secundum hoc quod operatur in re, dicitur esse in re per præsentiam, secundum quod oportet operans operato aliquo modo præsens esse; et quia operatio non deserit virtutem divinam a qua exit, ideo dicitur esse in re per potentiam; et quia virtus est ipsa essentia, ideo consequitur ut in re etiam per essentiam sit.

Ad primum ergo dicendum, quod si loquamur de unitate et diversitate secundum rem, sic Deus uno modo se habet ad res: sed quia res diversimode se habent ad ipsum, contingit Deum significari in diversa habitudine ad res, inquantum relationes fundatæ in creaturis reliquerunt diversas habitudines secundum rationem in Deo. Si autem consideretur unitas et distinctio secundum rationem tantum, sic Deus pluribus modis se habet ad res, ut sciens, ut potens, et sic de aliis.

Ad secundum dicendum, quod divisio essentialis semper est per differentias quæ per se dividunt aliquod commune; sicut habens pedes, per se dividitur per bipes et quadrupes; non autem per album et nigrum. Similiter dico, quod Deum esse in creaturis per se dividitur secundum diversos modos quibus creaturæ attingunt Deum: et hæc est divisio essentialis et formalis. Sed si accipiantur diversi effectus in creaturis per se, in quibus est Deus per naturales effectus tantum, non invenietur nisi unus modus attingendi Deum; et ideo non est divisio nisi per accidens et materialis, quæ ab omni arte prætermittitur.

Ad tertium dicendum, quod illi tres modi non sumuntur ex diversitate creaturæ, sed ex parte ipsius Dei operantis in rebus: et ideo omnem creaturam consequuntur, et præsupponuntur etiam in aliis modis. In quo enim est Deus per unionem, etiam est per gratiam; et in quo est per gratiam, est per essentiam, præsentiam et potentiam.

Ad quartum dicendum, quod divina attributa non considerantur nisi secundum triplicem ordinem ad res: vel secundum operationem, vel secundum virtutem, vel secundum essentiam; et ideo non sunt nisi tres modi essendi in rebus, qui sumuntur secundum diversum ordinem comparationis Dei ad res.

Quæstio II
Prologus

Deinde quæritur, quomodo Deus ubique esse dicatur: et circa hoc tria quæruntur: 1 utrum Deus sit ubique; 2 utrum hoc sibi soli conveniat; 3 utrum conveniat sibi ab æterno.

Articulus Primus
Utrum Deus sit ubique.

Ad primum sic proceditur. Videtur quod Deus non sit ubique. Esse enim ubique significat in omni loco esse. Sed, sicut dicit Anselmus, si usus admitteret, magis dicendus esset Deus cum omni loco quam in omni loco. Ergo videtur quod Deus non proprie dicatur ubique esse.

Præterea, sicut tempus nominat mensuram quamdam, sic et locus. Sed secundum Philosophum, esse in tempore est quadam parte temporis mensurari. Ergo esse in loco significat loco mensurari. Sed Deus est immensus. Ergo non est in loco.

Item, potest objici ex auctoritate Anselmi qui dicit, quod omne quod est in loco et tempore, sequitur leges loci et temporis.

Præterea, sicut se habent successiva ad tempus, ita se habent permanentia ad locum. Sed in successivis unum indivisibile et una indivisibilis operatio non potest esse diversis temporibus.

Ergo nec unum indivisibile permanens potest esse in diversis locis. Sed Deus est indivisibilis: ergo non est ubique.

Præterea, nulla conditio corporalis Deo potest convenire nisi metaphorice. Sed esse in loco est conditio corporis naturalis, adeo quod etiam corporibus metaphoricis non datur locus nisi similitudinarie, ut dicit Philosophus. Ergo multo fortius Deo non convenit nisi metaphorice in loco esse vel ubique.

Sed contra, Deus est in omnibus rebus, ut supra, art. Præced., dictum est. Sed locus quilibet res aliqua est. Ergo Deus in omni loco est: ergo ubique.

Respondeo dicendum, quod esse in aliquo diversimode convenit spiritualibus et corporalibus: quia corpus est in aliquo ut contentum, sicut vinum est in vase; sed spiritualis substantia est in aliquo ut continens et conservans. Cujus ratio est, quia corporale per essentiam suam, quæ circumlimitata est quantitatis terminis, determinatum est ad locum, et per consequens virtus et operatio ejus in loco est; sed spiritualis substantia quæ omnino absoluta a situ et quantitate est, habet essentiam non omnino circumlimitatam loco.

Unde non est in loco nisi per operationem; et per consequens virtus et essentia ejus in loco est.

Dicendum est ergo, quod si esse in hoc loco sumatur secundum quod corpus in loco esse dicitur; sic non convenit Deo esse ubique nisi metaphorice; quia implet locum sicut corpus locatum, non quidem distantia dimensionum, sed causalitate effectuum. Si autem accipiatur esse in loco per modum quo substantia spiritualis in aliquo esse dicitur; sic propriissime Deo in loco esse convenit, et ubique: et non quidem ut mensuratum loco, sed ut dans loco naturam locandi et continendi; sicut dicitur esse in homine inquantum dat homini naturam humanitatis: et in qualibet re esse dicitur inquantum dat rebus proprium esse et naturam.

Et per hoc patet responsio ad duo prima et ad auctoritatem Anselmi, et etiam ad quintum, quæ

procedunt secundum modum quo corpus in loco esse dicitur.
Ad quartum dicendum, quod indivisibile secundum successionem dicitur dupliciter. Vel illud quod omnino absolutum est a successione, ut indivisibile negative sumatur, sicut æternitas: et tale indivisibile potest esse in diversis temporibus, immo in omni tempore; quia nunc æternitatis invariatum adest omnibus partibus temporis. Vel illud quod est successionis terminus, ut instans temporis, et quidquid per illud instans mensuratur; et hoc non potest esse in pluribus temporibus. Similiter indivisibile secundum dimensionem dicitur dupliciter.
Vel illud quod omnino absolutum est a dimensione, sicut substantia spiritualis; et hoc non est inconveniens in omnibus vel pluribus locis esse. Vel quod est terminus dimensionis, ut punctus: et hoc, quia determinatum est ad situm, non potest in pluribus locis esse; et ideo, relicta imaginatione, indivisibilitas substantiæ incorporeæ, ut Dei vel Angeli vel animæ, vel etiam materiæ, sicut indivisibilitas puncti non cogitetur: quia, ut dicit Bœtius, oportet in intellectualibus non deduci ad imaginationem.

Articulus Secundus
Utrum esse ubique soli Deo conveniat.
Ad secundum sic proceditur. Videtur quod esse ubique non soli Deo conveniat. Ponere enim materiam primam esse Deum, vel etiam ens universale, ut quidam posuerunt, est hæreticum. Sed universale est ubique et semper, secundum Philosophum, et similiter materia prima, quæ est in omni corpore, quo omnis locus impletur, cum nihil sit vacuum, ut Philosophi probant. Ergo esse ubique non tantum Deo convenit.

Præterea, in omnibus numeratis est aliquis numerus. Sed omnes partes universi sunt numeratæ.
Ergo numerus collectus est in toto universo, et ita est ubique.
Præterea, secundum Augustinum anima tota est in singulis partibus. Sed potuisset Deus tantum creare unum corpus animatum. Ergo anima ejus ubique esset. Sed quod soli Deo convenit, nulli creaturæ communicatur. Ergo esse ubique non convenit soli Deo.
Sed contra, Ambrosius in littera probat Spiritum Sanctum esse Deum quia ubique est. Sed probatio nihil valeret, nisi esse ubique soli Deo conveniret. Ergo esse ubique soli Deo convenit.

Respondeo dicendum, quod esse ubique si per se sumatur, soli Deo convenit nec alicui creaturæ communicabile est; sed per accidens potest alicui convenire. Hoc autem accidens potest dupliciter considerari: vel ex parte ejus quod in loco est; vel ex parte loci. Si ex parte ejus quod in loco est, sic cum per accidens vel per posterius conveniat toti quod attribuitur sibi ratione suæ partis, constat quod illud quod secundum diversas suas partes est in diversis locis, non primo et per se est in illis; immo est in uno loco tantum. Unde si esset unum corpus infinitum, illud esset ubique per accidens, secundum quod diceretur esse ubi sunt suæ partes; et non per se, quia ipsum non esset per se ubi est sua pars. Si ex parte loci, tunc accidit alicui ubique esse, eo quod non est alius locus quam ille in quo est; sed si fuerint multa alia loca, non esset ubique; sicut si ponatur unus tantum locus in quo unus homo est. Deo autem per se convenit ubique esse: quia ipse totus est in quolibet loco; et infinitis aliis locis existentibus, in omnibus esset; et hoc non est communicabile alicui creaturæ nisi communicaretur sibi esse virtutis infinitæ. Et per hoc patet responsio ad ea quæ objecta sunt; quia omnibus illis convenit esse ubique per accidens, vel quia secundum diversas partes sunt, vel quia plura loca non sunt, vel quia secundum unum esse non sunt in pluribus, sicut universale et præterea illa quæ secundum aliud et aliud esse sunt in diversis. Numerus vero per se non est in loco; et tamen secundum quod in loco est, non est totus in uno loco, sed in diversis secundum diversas partes.

Articulus Tertius
Utrum esse ubique conveniat Deo ab æterno.
Ad tertium sic proceditur. Videtur quod esse ubique ab æterno Deo conveniat. Primo per hoc quod in littera dicitur ab Ambrosio, quia in omnibus et ubique semper est, quod est divinitatis proprium. Sed quod est semper, est æternum. Ergo esse ubique Deo ab æterno convenit.
Præterea, sicut ubique est distributivum loci, ita semper est distributivum temporis. Sed Deus ab æterno est semper, etiam temporibus non existentibus.
Ergo et ab æterno est ubique, etiam locis non existentibus.
Præterea, esse Deum in rebus coordinatur hic a Magistro ei quod est esse res in Deo. Sed res ab æterno fuerunt in Deo, qui æternam scientiam de rebus habet. Ergo et Deus ab æterno est in rebus, et ubique.

Sed contra, in quocumque est aliquid, illud oportet esse; quia in nihilo nihil omnino est. Sed neque locus neque aliqua res ab æterno fuerunt.

Ergo neque Deo ab æterno convenit ubique, vel in rebus, esse.

Respondeo dicendum, quod cum dicitur, Deus est ubique, importatur quædam relatio Dei ad creaturam, fundata super aliquam operationem, per quam Deus in rebus dicitur esse. Omnis autem relatio quæ fundatur super aliquam operationem in creaturas procedentem, non dicitur de Deo nisi ex tempore, sicut Dominus et creator et hujusmodi; quia hujusmodi relationes actuales sunt, et exigunt actu esse utrumque extremorum.

Sicut ergo non dicitur operari in rebus ab æterno, ita nec esse in rebus, quia hoc operationem ipsius designat.

Ad primum ergo dicendum, quod Ambrosius accipit semper Deum esse ubique, creaturis existentibus; illud enim quod ex parte Dei est, semper est, in quo nihil est novum; sed defectus est ex parte creaturæ, quæ non semper fuit; unde non potest significari in habitudine ad creaturam ab æterno, ut operans circa eam.

Ad secundum dicendum, quod semper de virtute vocabuli importat indeficientiam quamdam, quam æternitas totam simul habet, sed tempus per successionem diversorum eam sortitur; et ideo semper potest importare indeficientiam quæ est per successionem continuam; et sic est distributivum temporum, nec ab æterno convenit: quia successio et tempus ab æterno non fuit. Vel potest dicere indeficientiam æternitatis; et sic ab æterno convenit.

Sed ubique in ratione sua includit locum; et ideo similis ratio non est utrobique: ubi enim est in loco esse, et ubique in omni loco.

Ad tertium dicendum, quod sicut motus rationem ex termino accipit, ita et relatio. Cum autem dicitur Deus esse in rebus, importatur relatio Dei ad creaturas secundum egressum divinæ operationis in eas, quia æternæ non sunt, nec esse in eis æternum esse potest. Sed cum dicitur res esse in Deo, importatur relatio creaturæ ad Deum, non secundum exitum ab ipso, sed magis secundum adunationem creaturarum ad principium; et quia principium est æternum, ideo etiam et scire æternum, et res ab æterno in Deo. Deus enim est in rebus temporaliter per modum rerum, sed res ab æterno in Deo per modum Dei; quia omne quod in altero est, est in eo per modum ejus in quo est, et non per modum sui.

Ita Deus, cum sit in omnibus essentialiter et totus,

plenius est in illis quos inhabitat. Quæritur ratio hujus differentiæ. Et dicendum, quod aliæ creaturæ, quamvis consequantur divinam similitudinem per operationem ipsius Dei, non tamen attingunt ad ipsum Deum secundum suppositum; et ideo quamvis Deus in eis sit, non tamen ipsæ cum Deo sunt. Sed creatura rationalis per gratiam attingit ad ipsum Deum, secundum quod ipsum amat et cognoscit; et ideo cum eo esse dicitur; et eadem ratione dicitur capax Dei, sicut suæ perfectionis, per modum objecti; et propter hoc etiam dicitur templum Dei, et inhabitari a Deo.

Sicut multa de Deo intelligimus quæ loqui penitus non valemus; ita multa loquimur quæ intelligere non sumus idonei. Ratio hujus diversitatis hæc est, quia causa semper excedit causatum. In quibusdam autem locutio causat intellectum, sicut in his quæ per disciplinam discuntur; unde contingit quod intellectus addiscentis non pertingit ad virtutem locutionis; et tunc potest loqui ea quæ audit sed non intelligit; et similiter est in his quæ pure sunt fidei, quæ intellectum humanum excedunt; fides autem ex auditu est, Rom. 10. Quandoque autem intellectus est causa locutionis, sicut in his quæ per inventionem sciuntur; unde in his intellectus locutionem excedit, ut multa intelligantur quæ proferri non valent. Non quod Dei essentia proprie sit in omni loco.

In hoc defecerunt, quia acceperunt esse in loco per modum quo corpus in loco est; et ideo dicebant, quod essentia Dei non proprie est in loco, sed dicitur esse per essentiam, inquantum omnis essentia ab eo est, et inquantum ipse per virtutem essentiæ suæ operatur. Sed hoc non sufficit; sed oportet addere quæ supra dicta sunt, art. Præc..

Solet etiam ab eis quæri, quomodo Deus substantialiter insit omnibus rebus. Ista quæstio stulta est: quia non oportet quod omne tangens immutetur ab eo quod tangitur, nisi in his quæ agunt et patiuntur ab invicem, ut in 1 de generatione dicitur; et hæc sunt quæ in materia conveniunt; unde orbis lunæ non immutatur ab igne contingente; et ideo stultum est dicere, quod essentia divina inquinatur rebus immundis, quibus per operationem applicatur.

Quæstio III
Prologus

Ostenso quod Deus est ubique, hic excludit a Deo duo quæ creaturam consequuntur in loco existentem, scilicet localitatem et motum; et dividitur in partes tres: in prima parte proponit quod intendit, scilicet divinam essentiam neque moveri neque localem esse; in secunda ostendit hæc duo omni creaturæ convenire, ibi: duobus namque his modis dicitur in Scriptura aliquid locale, in tertia probat utrumque a Deo removeri, ibi: fateamur itaque divinam naturam pro immensitate sui nusquam deesse. Secunda pars in duas: in prima ostendit localitatem omni creaturæ convenire, vel per circumscriptionem et definitionem, sicut corpori; vel per definitionem tantum, sicut spiritui. Ostendit etiam corpori duplicem motum convenire, scilicet per tempus et locum; spiritui vero alterum, scilicet motum per tempus; in secunda inquirit, utrum etiam motus per locum spiritui conveniat, ibi: de mutatione vero loci magna inter conquirentes disceptatio versatur; et circa hoc tria facit: in prima ponit aliorum opinionem, et eorum rationem; in secunda determinat illam rationem, ibi: sed ut supra diximus, dupliciter dicitur res esse localis; tertio ponit opinionem suam, et confirmat eam, ibi: sunt ergo spiritus creati in loco.

Fateamur itaque divinam naturam pro immensitate sui nusquam deesse. Hic probat duo prædicta a Deo removeri; et circa hoc tria facit: primo ostendit propositum per auctoritates; secundo movet objectionem et solvit, ibi: ad hoc autem solet opponi sic; tertio epilogat ea quæ dixerat, ibi: jam sufficienter demonstratum esse videtur, quomodo omnia dicantur esse in Deo, et Deus in omnibus.

Hic etiam duplex est quæstio. Prima de loco Angeli. Secunda de motu ipsius; quia de immutabilitate Dei, et qualiter ipse ubique est, supra, quæst. 2, art. 1, hujus dist., expeditum est; de motu autem et loco corporum non pertinet ad theologum tractare sed ad naturalem.

Circa primum tria quæruntur: 1 utrum Angelus sit in loco; 2 utrum unus Angelus possit esse in pluribus locis simul; 3 utrum plures Angeli possint esse in uno loco.

Articulus Primus
Utrum Angelus sit in loco.

Ad primum sic proceditur. Videtur quod Angelus non sit in loco. Dicit enim Bœtius: communis est animi conceptio apud omnes sapientes incorporalia in loco non esse. Sed Angeli sunt incorporei et immateriales, ut Dionysius dicit. Ergo Angeli non sunt in loco.

Præterea, ei quod omnino absolutum est a situ et dimensione, non debetur locus nisi per accidens, sicut patet de materia prima. Sed essentia Angeli omnino est absoluta a situ et dimensione, sicut omnes ponunt, qui eos incorporeos dicunt.

Ergo non debetur sibi locus nisi per accidens. Sed per accidens non est in loco, nisi assumpto corpore.

Ergo videtur quod quando non assumit corpus, non sit in loco.

Si dicas, quod est in loco per operationem suam. Contra, quidquid convenit alicui per aliquid oportet illi convenire per quod convenit; ut si animal est in loco per corpus, oportet corpus in loco esse. Sed operationi nunquam per se attribuitur esse in loco. Ergo Angelus per operationem in loco esse non potest.

Præterea, si per operationem conveniat sibi esse in loco, non nisi inquantum operatur circa locum aliquem. Sed Angeli non operantur semper circa corporalia. Ergo aliquando non alicubi essent.

Nec ubique sunt, quia hoc Dei proprium est. Ergo nusquam sunt: quod videtur absurdum.

Præterea, si Angelus est in loco per operationem suam, ergo et definitive est in loco; quia operatio sua ad locum definitur; et determinatur.

Sed similiter aliqua operatio Dei definitur ad locum aliquem, extra quem illam operationem non exercet, ut patet in suscitatione alicujus mortui. Ergo videtur quod etiam Deus definitive esset in loco.

Præterea, Philosophi etiam posuerunt operationes intelligentiarum esse circa ea quæ sunt hic; nec tamen dixerunt intelligentiam in aliquo loco esse; immo Plato posuit ideas nec infra cælum nec extra cælum esse, quia in loco non sunt, ut in 3 Physic. Dicitur. Ergo nec per operationem Angeli in loco esse dicuntur.

Sed contra est quod in collecta dicitur: Angeli sancti tui habitent in ea, qui nos in pace custodiant.

Damascenus etiam dicit, quod ubi operantur ibi sunt; et multis aliis auctoritatibus facile est probare.

Respondeo dicendum, quod circa hoc triplex est opinio. Una opinio est Philosophorum, quod intelligentiæ vel Angeli nullo modo sunt in loco; ponunt enim quod intelligentia est quædam essentia denudata a materia et ab omnibus conditionibus materialibus, et quod intelligentia movet orbem per animam conjunctam ipsi orbi, sicut desideratum ab ipsa; et ideo nullam applicationem ad corpus vel ad locum habet, quia non immediate operatur circa aliquod corpus. Hæc autem opinio hæretica est; quia secundum fidem nostram, ponimus Angelos immediate circa nos operari.

Et ideo alii dicunt, quod ipsi Angelo, etiam quantum ad essentiam suam, debetur locus a Deo; et quod non est intelligibile Angelum esse, nisi locus esset: dicunt tamen, quod Angelus non est in loco circumscriptive, sed definitive, quia determinatur ad locum aliquem sic quod est in hoc loco ita quod non in alio; cum enim essentia ejus finita sit eo quod creatura est, oportet intelligere quod sit determinata ad locum aliquem. Sed ista est valde rudis probatio, quia procedit ex æquivocatione finis. Cum enim dicitur essentia Angeli finita, accipitur finis pro fine essentiæ et virtutis, secundum quod etiam definitio terminus dicitur; et non pro fine dimensionis. Locus autem dicitur finiens vel finitus secundum terminos quantitatis dimensivæ. Finis autem secundum utramque acceptionem, nullam commensurationem et proportionem habet; unde non oportet ut quod est finitum in essentia, ad terminos loci finiatur. Et præterea quod aliquid determinetur ad locum aliquem, hoc non est nisi inquantum per aliquem modum applicatur ad locum illum, et non ad alium. Hæc autem applicatio vel intelligitur secundum situm aut contactum, vel secundum formam, vel secundum operationem aliquam. Secundum formam, sicut anima est in corpore; quo modo Angelus in re locali esse non potest, cum non sit actus corporis. Secundum determinatum situm, sicut punctus in linea quam determinat; quo modo Angelus in loco non est, quia essentia ejus omnino a situ absoluta est.

Secundum contactum, sicut in loco est corpus. Contactus autem dicitur dupliciter: proprie et metaphorice.

Proprie tangere est, habere ultima simul; et patet quod hoc Angelo convenire non potest.

Tactus autem metaphoricus est per actionem, sicut dicitur contristans tangere; et iste tactus Angelo potest convenire.

Relinquitur ergo quod Angelus definiri vel determinari non potest ad locum aliquem, nisi per actionem et operationem. Et ista est tertia opinio, quæ ponit Angelum esse in loco inquantum alicui loco per operationem applicatur. Et hoc confirmatur auctoritate Gregorii Nazianzeni, qui hoc expresse dicit; unde etiam subjungit, quod cum deberemus dicere, hic operatur, abusive dicimus, hic est.

Et ideo hanc opinionem sequendo, quæ rationabilior videtur, dico, quod Angelus et quælibet substantia incorporea non potest esse in corpore vel in loco nisi per operationem, quæ effectum aliquem in eo causat. Hoc autem contingit multipliciter.

Substantia enim spiritualis potest alicui conferre non quidem esse, sed aliquid ad esse superadditum; et sic Angelus est in loco, inquantum operatur circa aliquod corpus locatum, vel motum vel lumen, vel aliud hujusmodi; cui tamen esse non confert. Aliquando vero substantia spiritualis dat per operationem corpori esse; non tamen suum esse, sed aliud; et hoc modo Deus est in omnibus creaturis quibus dat esse, sed non suum. Aliquando autem dat corpori ipsum suum esse; sed hoc contingit dupliciter: quia esse et est actus formæ, et est actus hypostasis. Unde substantia spiritualis potest conferre rei corporali esse suum inquantum est actus formæ, ut sic forma ipsius efficiatur; et hoc modo anima est in corpore: aut secundum quod est actus hypostasis et non formæ; et hoc modo humana natura in Christo assumpta est ad esse divinæ personæ, quia facta est unio in hypostasi et non confusio in natura.

Ad primum ergo dicendum, quod locus est nomen mensuræ; unde esse in loco proprie significatur ut esse in mensura; et sic nulli rei incorporeæ convenit in loco esse, scilicet ut in loco: sed tamen alicui rei incorporeæ convenit esse in loco, non ut in loco, sed sicut operans in operato, vel sicut forma in materia. Unde etiam Angelus localis dicitur non nisi secundum quid, inquantum scilicet habet aliquid simile rei locali, ut scilicet determinetur ad hunc locum potius quam ad illum.

Ad secundum dicendum, quod esse in loco ut in loco, non convenit Angelo nisi per accidens, inquantum scilicet corpus assumptum, vel corpus cui per operationem applicatur, in loco est; sed esse in loco ut operans in operato, convenit Angelo etiam per se, secundum quod per se in loco operatur; sicut etiam materia prima per se est in loco aut in locato ut pars; et sicut punctus per se est in loco ut terminus, non ut locatum.

Ad tertium dicendum, quod operatio etiam Angeli non est in loco ut locatum, sed ut perfectio locati: quia operatio agentis semper est perfectio patientis, inquantum hujusmodi.

Ad quartum dicendum, quod hoc non reputo inconveniens quod Angelus sine loco possit esse et non in loco, quando nullam operationem circa locum habet: nec est inconveniens ut tunc nusquam vel in nullo loco esse dicatur; sicut etiam non est inconveniens quod nullo colore coloratus dicatur.

Sed hoc tamen non est imaginabile, quia imaginatio continuum non transcendit.

Ad quintum dicendum, quod Angelus definitive in loco est per operationem suam, Deus autem non; quia operatio ipsius Dei, etsi determinata sit ad locum inquantum transit super operatum, non tamen inquantum exit ab operante, quia ita operatur hic quod etiam alibi; sed Angeli operatio definita est ad locum utroque modo, quia ipse non operatur alibi quam hic, ut infra, art. Seq., dicetur.

Ad sextum dicendum, quod operans non oportet esse in operato, vel applicari sibi, nisi circa quod immediate operatur. Philosophi autem ponebant, quod operatio intelligentiæ non pervenit ad ea quæ sunt hic nisi mediante motu orbium, et ad orbem non nisi mediante anima ejus, quam in orbe esse dicebant. Et ideo sequitur intelligentiam omnino absolutam a corpore et a loco esse.

Articulus Secundus
Utrum Angelus possit esse in pluribus locis.

Ad secundum sic proceditur. Videtur quod Angelus possit simul in pluribus locis esse. Quodlibet enim corpus est magis determinatum ad locum quam Angelus. Sed aliquod corpus est simul in pluribus locis, sicut corpus Christi in pluribus altaribus. Ergo multo fortius Angelus simul in pluribus locis esse potest.

Præterea, quando Angelus assumit corpus, constat quod immediate movet quamlibet partem ejus: alias motus inordinatus fieret, et dissimilis motui animalis. Sed Angelus est ubicumque immediate operatur. Ergo Angelus est in singulis partibus illius corporis: et ita videtur quod sit simul in pluribus locis.

Præterea, cælum empyreum debetur Angelis secundum opus contemplationis. Sed quando operantur hic circa nos, non desinunt contemplari.

Ergo simul sunt hic et in cælo empyreo; et ita in pluribus locis.

Præterea, omne agens cujus virtus excedit illud in quod operatur, potest etiam circa aliud operari. Sed virtus Angeli excedit hoc corpus circa quod operatur. Ergo potest etiam in alio operari: et ita potest in pluribus locis esse; sed ubi operatur, ibi est.

Sed contra, Damascenus dicit, quod dum sunt in cælo, non sunt in terra; et ita videtur quod non sint simul in pluribus locis.

Præterea, in littera ponitur et probatur Angelus definitive in loco esse. Sed quod est in pluribus locis, ad nullum locum est definitum vel determinatum.

Ergo Angelus non est in pluribus locis.

Respondeo dicendum, quod circa hoc sunt diversæ opiniones.

Quidam enim dixerunt, quod Angelus potest esse in pluribus locis simul, sed non ubique, sicut Deus; corpus autem in uno loco tantum est. Sed hoc reputatum est pro errore a Magistris: quia sequeretur quod Angelus nec definitive nec circumscriptive in loco esset.

Unde alii dicunt, quod Angelus est in loco indivisibili: quia ponunt quod essentiæ Angeli secundum se debetur locus; unde, quia essentia ejus indivisibilis est, oportet quod locus ejus sit indivisibilis.

Sed iste error contingit eis, quia non possunt imaginationem transcendere, ut intelligant aliquid indivisibile, nisi sicut habens situm in continuo.

Et ideo dicendum est, quod Angelus est in uno loco tantum; sed ille locus potest esse divisibilis vel indivisibilis, aut magnus vel parvus, secundum quod operatio ejus immediate ad magnum vel parvum terminatur. Unde si immediate operetur circa totam domum, tota domus respondet sibi sicut unus locus, ita quod in qualibet parte erit; sicut etiam dicimus quod anima est in qualibet parte corporis. Et dico immediate, quia si Angelus moveret lapidem ex cujus motu multa alia moverentur, non oporteret quod esset nisi ubi est primum motum; sicut patet etiam in motore corporali, quem necesse est tangere solum id quod movetur ab eo. Ideo autem dico quod non potest esse in pluribus locis simul, quia est naturæ finitæ, et per consequens virtutis finitæ. Impossibile est autem quod ab una virtute finita procedat nisi una operatio. Operatio autem una est quæ terminatur ad unum operatum: et ideo oportet quod operatum Angeli sit unum, circa quod immediate operatur. Unde sicut anima non est simul in pluribus corporibus, ita nec Angelus in pluribus locis. Deo autem soli convenit in pluribus et in omnibus locis esse, quia ipse virtutis infinitæ est; et quamvis operatio ejus sit una secundum quod est in ipso, quæ est ipsemet; tamen effectus operationis sunt infiniti, inquantum ipse est principium dans esse, et per consequens creans omnia alia quæ ad esse sunt superaddita. Unde est in omnibus non solum sicut in uno operato, sed sicut in pluribus, quia etiam ea per quæ distinguuntur res in quibus operatur, ab ipso sunt.

Ad primum ergo dicendum, quod corpus Christi non habet, inquantum est corpus, nec inquantum divinitati unitum, quod sit in pluribus locis: sed habet hoc ratione consecrationis et transubstantiationis, inquantum diversi panes qui in ipsum transubstantiantur sunt in diversi locis: et quia substantia panis transit in corpus Christi manentibus accidentibus, ideo manet quantitas utriusque panis, et per consequens locus utriusque: et idem contingeret in quidquid aliud panis divina virtute transubstantiaretur.

Ad secundum dicendum, quod totum illud corpus assumptum comparatur ad Angelum sicut unum indivisibile ubi, prout circa ipsum est una operatio.

Unde quamvis sit in qualibet parte ipsius assumpti corporis, non oportet quod sit in pluribus locis.

Ad tertium dicendum, quod operatio est quasi medium inter operans et operatum: unde potest considerari vel secundum quod exit ab operante, vel secundum quod terminatur ad operatum.

Operationi autem Angeli non debetur locus secundum quod exit ab essentia ejus quæ secundum se absoluta est, sed secundum objectum ad quod terminatur: et ideo operationi contemplativæ Angeli non debetur aliquis locus corporeus, cum objectum contemplationis spirituale sit: et ideo cælum empyreum non est de necessitate contemplationis; sed assignatur contemplationi per congruentiam, inquantum locus ille sanctificatus est ad gloriam beatorum, sicut etiam contemplationis dicitur magis esse locus ecclesia, quam forum.

Unde non oportet quod quandocumque contemplatur, sit in cælo empyreo.

Ad quartum dicendum, quod virtus Angeli quamvis excedat hoc operatum excessu quasi quantitatis continuæ, eo quod posset circa aliquod majus operari; non tamen excedit excessu quantitatis discretæ, quia non potest nisi circa unum operari, sive illud sit magnum sive parvum.

Articulus Tertius

Utrum plures Angeli possint esse in uno loco.

Ad tertium sic proceditur. Videtur quod plures Angeli possint simul esse in uno loco. Magis enim est repletivum loci corpus quam spiritus.

Sed ubi est corpus, potest esse Angelus. Ergo multo magis non impeditur quin possit esse ubi est alius Angelus.

Præterea, secundum Augustinum, anima est in qualibet parte corporis.

Sed Dæmones et Angeli, quamvis non illabantur mentibus, illabuntur tamen corporibus, ut sancti dicunt. Ergo videtur quod Angelus et anima possint esse in eodem loco, et eadem ratione videtur quod Angelus et Angelus.

Si dicas, quod hoc non potest esse ne sequatur confusio.

Contra, majori distinctioni magis repugnat confusio. Sed magis distinguitur spiritus creatus a spiritu increato, quam spiritus creatus a spiritu creato. Cum igitur sine aliqua confusione sint ubi ipse Deus est, intra quem currunt ubicumque mittantur, ut in littera dicitur, videtur etiam quod duo Angeli simul esse possint.

Præterea, sicut Angelus operatur circa corpus, ita etiam operatur circa Angelum; quia superiores inferiores illuminant, ut dicit Dionysius.

Sed per hoc quod operatur circa locum, dicitur esse in loco: ergo per hoc quod operatur circa Angelum, dicitur esse in Angelo; et ita videtur quod duo Angeli in uno loco esse possint.

Sed contra, sicut se habet corpus ad esse circumscriptive in loco, ita et Angeli ad esse definitive.

Sed duo corpora non circumscribuntur eodem loco. Ergo nec duo Angeli definiuntur ad unum locum.

Præterea, unius corporis non sunt duæ animæ; et tamen anima substantia spiritualis est, sicut et Angelus. Ergo videtur quod nec duo Angeli in uno et eodem loco esse possint.

Respondeo dicendum, quod locus potest sumi proprie et metaphorice. Locus metaphorice dicitur locus spiritualis Angeli, scilicet ipse Deus qui ad similitudinem loci continet; et sic omnes Angeli, immo omnia entia, sunt in uno loco, scilicet in Deo, qui omnia continet. Sed sic non loquimur de loco, sed de loco proprie dicto, qui est locus corporalis. Et sic dico, secundum communem opinionem, quod plures Angeli non possunt simul in uno loco esse.

Cujus ratio accipienda est ex parte operationis secundum quam Angelus in loco esse dicitur: quia, secundum Philosophum, tunc pulcherrime unumquodque definitur, quando per definitionem manifestatur natura rei, et demonstrantur omnes proprietates consequentes, et solvuntur omnes dubitationes incidentes. Secundum hoc ergo dicendum est quod impossibile est idem secundum idem pati et moveri a diversis agentibus vel moventibus, si utrumque sit perfectæ virtutis ad inducendum effectum illum. Sed hoc contingit quando plures movent in virtute unius moventis, quorum quilibet est imperfectum movens, sicut patet in trahentibus navim; et hoc ideo quia ab agente perfecto patiens ducitur in actum perfectum, quo habito, non remanet in potentia ad suscipiendum aliquid plus. Cum igitur unus Angelus agens in virtute imperii divini sit sufficientis virtutis ad educendum in actum totum illud quod virtute divina operandum est circa aliquod corpus supra actus naturales, ad quorum operationes non mittuntur Angeli, non potest esse quod circa idem operatum conveniant immediate operationes duorum Angelorum; et ideo non possunt esse in eodem loco: quia alter eorum superflueret. Unde etiam Philosophi ex arist., uni orbi non attribuerunt nisi unum motorem.

Ad primum ergo dicendum, quod non impedit repletio loci quin plures Angeli simul in uno loco esse possint; sed confusio operationum, quæ quodammodo redundaret in confusionem virtutis et essentiæ.

Ad secundum dicendum, quod anima est in corpore ut forma dans esse, et operans operationes naturales; sed Angelus est in corpore ut operans operationes supernaturales; et ideo nulla confusio operationum fit; quia non est unius rationis operatio.

Et per hoc etiam patet responsio ad tertium; quia Deus est in rebus ut dans omnibus esse, et operans in qualibet virtute operante; et ideo alterius rationis est operatio ipsius Angeli; unde non sequitur confusio.

Ad quartum dicendum, quod, sicut communiter dicitur, Angelus illuminans non operatur intra essentiam Angeli, quia non est causa esse ejus; et lumen receptum in esse ejus non recipitur; et ideo dicitur quasi exterius operari per modum suggerentis.

Et similiter, quamvis effectus Angeli non recipiatur intra esse corporis cujus non est causa, recipitur tamen intra dimensiones ejus, ratione cujus Angelus intrinsecus corpori dici potest; non autem animæ nec Angelo; unde non sequitur quod sit in Angelo vel cum Angelo in uno loco.

Quæstio IV
Prologus

Deinde quæritur de motu Angeli; et circa hoc tria quæruntur: 1 utrum Angelus moveatur; 2 utrum pertranseat medium motu suo; 3 utrum motus ejus sit in tempore, vel in nunc.

Articulus Primus
Utrum Angelus moveatur.

Ad primum sic proceditur. Videtur quod Angelus non moveatur. Quia, secundum Philosophum, motus est actus imperfecti; quia est actus existentis in potentia, inquantum hujusmodi. Sed Angelus est perfectus, et præcipue beatus. Ergo non movetur.

Præterea, quidquid movetur, aliqua specie motus movetur. Sed enumeratis omnibus speciebus motus et mutationis, patet quod nulla convenit Angelo, nisi forte alteratio loci et mutatio; non enim augetur vel diminuitur, cum non sit quantus; nec iterum generatur et corrumpitur, cum in ipso non sit contrarietas ut per se corrumpatur (quia nihil per se corrumpitur nisi ratione contrarietatis) et sit per se subsistens, ut non corrumpatur per accidens; quia id quod corrumpitur per accidens, corrumpitur ad corruptionem ejus in quo est sicut in subjecto. Sed non movetur alteratione, vel loci mutatione. Ergo nullo modo movetur. Quod autem nullo modo alteretur, sic probatur. Sicut enim probat Philosophus, alteratio non est nisi circa qualitates sensibiles, et circa sensibilem partem animæ. Sed hæc ab Angelo remota sunt. Ergo Angelus non alteratur. Similiter videtur quod non movetur secundum locum. Quia omnis motus localis videtur esse propter aliquam indigentiam. Sed Angelus, præcipue beatus, nullius est indigens. Ergo localiter non movetur.

Præterea, si movetur secundum locum, moveatur ergo de a in b; et sit b illud in quod primo mutatur. Ergo cum movetur, aut est in a, aut in b, aut est in utroque. Sed in a non movetur, quia ibi incipit moveri, et principium motus non est motus; nec iterum in b movetur, quia ibi mutatum est. Nihil autem simul movetur et mutatum est.

Ergo oportet quod dum movetur, sit simul in utroque.

Sed non potest esse simul in duobus locis totus, ut probatum est, art. 2, quæst. Præced..

Ergo oportet quod sit partim in a et partim in b. Ergo est divisibilis; quod est inconveniens.

Si dicas, quod non movetur per se in loco, sed secundum accidens. Contra, quidquid movetur per accidens in loco, movetur ad ejus motum in quo est. Sed Angelus est in eo in quo operatur. Ergo movetur per accidens ad motum ejus. Sed sicut illud in quo est Angelus, movetur, ita illud in quo est Deus. Ergo et Deus movebitur secundum locum; quod est inconveniens: quia Deus nec per se nec per accidens movetur, ut in 8 Physic. Probatur. Ergo et eadem ratione Angelus nec per se nec per accidens movebitur.

Præterea, ea quæ de Deo vel de Angelis metaphorice a sanctis exponuntur, non sunt eis simpliciter attribuenda. Sed Dionysius exponit ascensum et descensum Angelorum inter metaphorica. Ergo videtur quod motus localis non sit simpliciter Angelo attribuendus.

Sed contra, quod est proprium alicui, sibi soli convenit. Sed immutabilitas, ut supra, distinct. 8, quæst. 3, art. 1, dictum est, Dei proprium est.

Ergo Angelo non convenit. Potest ergo moveri.

Præterea, omne quod est hic et ibi, et non simul, movetur secundum locum. Sed Angelus simul non est in duobus locis, ut habitum est. Cum igitur unus et idem Angelus inveniatur in Scripturis operari in diversis locis, et ita esse (quia ubi operatur ibi est), sicut de gabriele legitur Luc. 1, qui annuntiavit zachariæ in templo, et mariæ in Nazareth, videtur quod Angelus secundum locum moveatur.

Respondeo dicendum, quod triplex motus Angeli invenitur a sanctis traditus. Primus motus est secundum illuminationes a Deo in mentem Angeli descendentes, qui quidem metaphorice motus dicitur; et hunc tradit Dionysius in 4 cap. De div. Nomin., et distinguit eum per tres species, scilicet in motum circularem, rectum et obliquum.

Motus autem circularis Angeli dicitur secundum quod lumen intellectuale descendit originaliter a Deo in intellectum Angeli; et per illud lumen intellectus Angeli ascendit in contemplationem Dei: et sic est motus ab eodem in idem, et est uniformis, inquantum lumen illud non egreditur intellectus simplicitatem. Motus autem rectus dicitur quando Angelus lumen a Deo receptum inferioribus tradit quasi secundum rectam lineam. Sed motus obliquus dicitur prout consideratur exitus luminis a Deo in mentem Angeli, et deinde reflectitur lumen illud ad inferiora, quibus lumen suum tradit, per quod non reducuntur in Angelum sicut in finem, sed in Deum: et talis motus est quasi compositus ex recto et circulari, sicut motus qui esset per chordam et arcum ab eodem in idem. Obliquatur enim motus iste prout recedit ab uniformitate recepti luminis, quod similiter non est in secundis Angelis sicut in primis. Secundus motus est per tempus; quem assignat ei Augustinus, ut habetur in littera; et quia tempus, est mensura successivorum, ideo omnem successionem nominat motum per tempus.

Invenitur autem successio in intellectu Angeli: quod sic patet. Omnis intellectus qui cognoscit diversa per diversas species, non potest simul actu illa cognoscere, ut ex prædeterminatis patet, dist. 25, quæst. 1, art. 2. Intellectus autem Angeli potest cognoscere res dupliciter, sive duplici specie: scilicet vel in consideratione verbi, quod est una similitudo omnium rerum; et sic simul potest multa videre: vel per species innatas vel concreatas rerum, quæ sibi inditæ sunt, quæ plures plurium sunt; unde oportet quod secundum illas species non cognoscat plura simul. Unde secundum hoc est successio in intellectu Angeli; et ista successio largo modo dicitur motus. Differt tamen a motu proprie dicto in duobus ad minus. Primo, quia non est de potentia in actum, sed de actu in actum. Secundo quia non est continuus: continuus enim motus est ex continuitate ejus super quod est motus, ut in Lib. 5 Physic., probatur. Sed inter duas species intellectas non est continuatio, sed successio tantum; et hæc eadem successio motus dicitur; et similis ratio est de successione affectionum. Tertius motus est secundum locum, qui etiam in littera attribuitur eis auctoritate Ambrosii et bedæ. Et quia moveri in loco sequitur ad esse in loco, ideo eodem modo convenit Angelo moveri in loco sicut esse in loco: et utrumque est æquivoce respectu corporalium.

Dicitur enim Angelus esse in loco inquantum applicatur loco per operationem; et quia non simul est in diversis locis, ideo successio talium operationum per quas in diversis locis esse dicitur, motus ejus vocatur. Unde sicut conceptiones intellectus consequenter se habent sine continuatione, ita et operationes ejus; unde motus localis Angeli non est continuus; sed ipsæ operationes ejus consequenter se habentes circa diversa loca, secundum quas in illis esse dicitur localis motus, successivæ dicuntur.

Ad primum ergo dicendum, quod motus, proprie sumendo, semper est existentis in potentia; sed aliquando improprie ipsa operatio rei dicitur motus ejus, ut intelligere et sentire; et tunc motus est actus perfecti, ut in 3 de anima dicitur. Quod autem operatio a motu differat, patet ex 10 Ethic.: et sic sumitur motus a Dionysio, scilicet pro operatione quantum ad primum modum, qui tripartitus est, secundum eum. Sed duo alii modi motus ponunt aliquam imperfectionem in Angelo, quæ tamen non repugnat beatitudini. Imperfectio autem potest attendi si comparetur ad Deum, qui uno et eodem, scilicet essentia sua, simul omnia videt et simul ubique est; in quo Angelus deficit a perfectione ejus; et ideo de loco in locum transit quantum ad tertium modum motus ejus, et de intellectu ad intellectum quantum ad secundum.

Ad secundum dicendum, quod primus modus motus Angeli non reducitur in aliquam speciem motus; est enim metaphorice dictus, quia non est transitus de uno in aliud, cum Angelus semper in receptione divini luminis permaneat; sed secundus modus habet aliquam similitudinem cum motu alterationis.

Et quod objicitur, quod alteratio est secundum sensibiles qualitates; dicendum, quod verum est quando passio, quæ in intellectu alterationis includitur, proprie sumitur prout dicit transmutationem materialem abjicientem a substantia; sed secundum quod passio large sumitur pro qualibet receptione, prout etiam intelligere pati quoddam est, ut in 3 de anima dicitur, sic etiam alteratio est in intellectualibus operationibus, secundum quod dicitur in 3 de anima quod exire de otio in actum est novum genus alterationis. Sed tertius modus habet similitudinem cum motu locali. Nec oportet quod sit propter indigentiam suam, sed propter indigentiam nostram; non dico sicut propter finem ultimum, sicut etiam est de motu cæli, cujus finis ultimus non est generatio inferiorum corporum secundum Philosophum, cum nihil sit propter vilius se; sed ultimum intentum est assimilatio ad Deum, cujus similitudinem consequitur in hoc quod suo modo causa inferiorum efficitur; sicut etiam ultimus Angeli finis circa nos operantis est ut divinam similitudinem consequatur, Deo cooperando in reductione inferiorum in Deum, ut Dionysius dicit.

Ad tertium dicendum, quod illa ratio concluderet, si motus Angeli poneretur continuus sicut motus corporis; quia oporteret quamlibet partem motus esse motum, et ita oporteret quod hoc quod est in aliquo signo, non esset pars motus, sed pars motus esset in dimittendo unum locum et intercipiendo alium conjunctum continue; unde oporteret quod partim esset in uno et partim in alio, et sic moveretur. Sed quia motus Angeli localis non est positus esse continuus, ideo non oportet quod pars illius motus sit motus; et ideo nec in a movetur, nec in b movetur, licet a et b sint partes ejus; sed successio horum quod est esse in a et esse in b, motus ejus vocatur; sicut plane patet, si attendatur motus ejus vel secundum intellectum vel secundum affectum; quia ipsa successio affectionum motus ejus dicitur.

Ad quartum dicendum, quod prædicto modo movetur Angelus per se secundum locum, secundum quod etiam per se est in loco operando. Sed si accipiatur motus in loco per modum corporalis motus, sic non movetur in loco nisi per accidens ad motum corporis assumpti. Nec tamen oportet quod Deus per accidens in loco moveatur; quia nihil movetur per accidens moto eo in quo est, nisi definitive sit in eo, ita quod non in alio; sicut anima movetur per accidens moto toto corpore, et non mota manu tantum.

Et per hoc etiam patet solutio ad quintum; quia motus localis, secundum quod est corporum, non convenit Angelo nisi metaphorice; sed æquivoce loquendo de motu, convenit ei proprie, ut dictum est.

Articulus Secundus
Utrum Angelus in suo motu de necessitate transeat medium.

Ad secundum sic proceditur. Videtur quod Angelus de necessitate transeat medium in suo motu. Quia, sicut dicitur in 5 Physic., medium est in quod prius venit quod mutatur quam in quod mutatur ultimum. Si ergo Angelus movetur de a in c, et b sit medium, oportet quod prius veniat in b quam in c, et ita oportet quod medium transeat.

Præterea, moveatur Angelus de a in c, et b sit medium; cum est in c, mutatum est. Sed ante omne mutatum præcedit moveri, ut in 6 Physic. Probatur. Ergo prius movebatur quam veniret in c. Sed in a non movebatur, quia erat locus indivisibilis Angeli; et in indivisibili non est motus. Ergo oportet quod moveatur in b, et ita oportet quod transeat medium.

Præterea, Angelus cum est in a, non est in c. Oportet ergo, si postmodum sit in c, quod vel essentia sua de novo creetur ibi et hic corrumpatur, vel quod per medium transeat. Sed primum est impossibile. Ergo oportet quod per medium transeat.

Si dicas, quod cum Angelus sit naturæ intellectivæ, potest transire de uno in aliud sine hoc quod pertranseat medium, sicut et cogitatio; contra. Successio cogitationum est per species, quæ æqualiter sunt ipsi intellectui præsentes et propinquæ, et non magis species loci medii quam extremi. Sed Angelus in uno loco existens non habet omnia loca præsentia; sed propinquior est sibi unus locus quam alius. Ergo videtur quod oporteat quod prius veniat ad medium quam ad extremum.

Sed contra, ut 6 Physic. Dicitur, et per se patet, omne quod movetur, prius pertransit locum æqualem quam majorem. Sed Angelo indivisibili non est locus æqualis nisi indivisibilis et punctalis. Ergo si movetur, oportet quod transeat punctum antequam lineam. Sed inter quælibet duo puncta sunt infinita puncta; infinita autem non contingit transire. Ergo si oportet Angelum motum media pertransire, nunquam veniet de principio unius lineæ, quantumcumque parvæ, in finem ejus.

Præterea, eadem ratio est de uno medio et de omnibus. Sed omnia non potest pertransire, quia sunt infinita, ut probatum est, art. 1, quæst. 2 hujus dist.. Ergo nec aliqua; et ita videtur quod semper veniat de loco in locum, non pertranseundo medium.

Respondeo dicendum, quod circa hoc sunt duæ opiniones. Quidam enim dicunt, quod Angelus transit de loco in locum non pertranseundo medium; alii dicunt, quod pertransit medium in suo motu; et utrique, ut credo, verum dicunt secundum aliquid. Dico enim, quod Angelus potest transire de loco in locum ita quod transeat omnia media; et potest esse quod transeat de loco ad locum sine hoc quod sit in aliquo mediorum; et potest esse quod sit in aliquibus, et aliquibus non; cujus ratio ex prædictis, hac dist., quæst. 3, art. 2, sumitur. Dico enim, quod essentia Angeli secundum se absoluta est ab omni loco, et non definitur ad locum nisi per operationem; non autem per operationem secundum quod exit ab essentia, sed secundum quod terminatur ad operatum in loco. Unde quando operatur circa hunc locum, ab essentia sua (cum non sit ex se determinata vel obligata ad locum illum, sed indifferenter se habens ad omnia, inquantum in se est), potest egredi operatio statim ad locum proximum vel remotum; nec operatio ad distans dependet ab operatione ad propinquum. Unde secundum quod habet aliquid operari vel in omnibus mediis locis vel in aliquibus vel in nullo, secundum hoc potest pertransire omnia media vel quædam vel nullum.

Ad primum ergo dicendum, quod objectio nulla est, si addatur quod Philosophusmet addit. Dicit enim, quod medium est in quod primo venit continue mutatum. Angeli autem motus non est continuus, ut dictum est, art. 1, hujus quæst..

Ad secundum dicendum, quod ante quodlibet mutatum, est moveri; sed tamen diversimode est in motu Angeli et in motu corporis. Quia in motu corporis mutatum esse non est pars moveri, sed terminus ejus; unde totum moveri præcedit mutatum esse; et ideo oportet præsupponere ante id in quo dicitur mutatum esse, aliquid in quo moveatur. Sed in motu Angeli qui non est continuus, mutatum esse est una pars motus, ultima scilicet; et prima pars est unde incipit moveri; et neutra pars est motus, sed successio utriusque.

Unde moveri præcedit mutatum esse, sicut totum in discretis partem.

Ad tertium dicendum, quod ratio illa procederet in illis quæ per essentiam suam sunt determinata ad ubi: quod non contingit in Angelo: unde motus ejus est secundum operationes tantum, quæ sunt hic et ibi successive.

Ad quartum dicendum, quod dictum illud non est usquequaque sufficiens; quia per hoc quod Angelus intelligit hoc et illud, non dicitur esse hic et ibi; quia existens in uno loco, potest intelligere id quod est in alio loco. Sed accedit ad veritatem, inquantum successio operationum sequitur successionem quæ est in intellectu.

Ad quintum dicendum, quod Angelus potest pertransire per omnia media; non tamen oportet quod numeret infinita puncta existentia in linea: quia locus in quo est Angelus, non semper est indivisibilis, sed quandoque divisibilis, ut dictum est, in corp. Art.: et cum nullum spatium finitum dividatur in infinita divisibilia actu accepta, constat quod omnia media pertransire potest.

Ad sextum dicendum, quod non est eadem ratio de omnibus mediis; quia media possunt accipi divisibilia, et hæc finita sunt; vel indivisibilia quæ infinita sunt, et pertransiri, si actu numerentur, non possunt. Et præterea in uno mediorum locorum habet aliquid operari, et non in alio. Unde sequitur quod per aliquod medium transeat, et non per aliud.

Articulus Tertius
Utrum Angelus moveatur in instanti.

Ad tertium sic proceditur. Videtur quod Angelus moveatur in instanti. Mutatio enim Angeli secundum locum, est simplicior qualibet mutatione corporali. Sed aliquæ mutationes corporales sunt in instanti, ut in 6 Physic., Commentator dicit, sicut illuminatio, generatio, corruptio, et hujusmodi. Multo ergo fortius mutatio Angeli.

Præterea, mutetur Angelus de a in b, sicut in quod primo mutatum est (dicitur autem illud primum mutatum esse quod est locus continuus loco in quo prius erat); et si mutatur in tempore, sit tempus in quo mutatur c. Si ergo istud tempus mensurat illum motum, oportet quod in ultimo nunc temporis sit in termino motus secundum quod est in b. Relinquitur ergo quod in toto tempore præcedente ultimum nunc aut est tantum in a, aut est partim in a et partim in b. Sed non partim in utroque, quia indivisibilis est. Ergo in tempore illo erit totus in a. Sed cum omne tempus sit divisibile, in quolibet tempore est accipere prius et posterius. Ergo in priori et posteriori parte illius temporis Angelus erit in a: ergo quiescit in a: quia potest de eo dici, quod in a est nunc et prius; quod est quiescere. Motus ergo Angeli pars erit quies ejus; quod est inconveniens.

Et, quod plus est, sequitur quod tempus illud in quo positus est in moveri non mensurat motum ejus, sed quietem. Ergo videtur quod nullo modo in tempore moveatur.

Præterea, si movetur in tempore, moveatur, ut dictum

est, art. Præc., de a in b, in tempore c. Ponatur ergo quod per idem spatium moveatur quoddam corpus, scilicet f, quod movebitur in majori tempore, scilicet d: quia Angelus est majoris virtutis quam corpus, et secundum quod additur ad virtutem moventis sic oportet quod diminuatur de tempore motus: quia major virtus in minori tempore movet, ut in 6 Physic.
Dicitur. Sed cum omne tempus finitum proportionem habeat ad quodlibet tempus finitum, accipiatur proportio duorum temporum, scilicet temporis c, in quo movetur Angelus, et temporis d, in quo movetur corpus, sicut proportio tripli ad subtriplum; quia non differt, quæcumque sit. Accipiatur etiam aliud corpus quod excedat ipsum, scilicet secundum virtutem in tripla proportione, et sit g. Inde sic. Secundum excessum virtutis moventis est diminutio in tempore motus. Sed g excedit d in tripla proportione. Ergo et tempus in quo movetur g per idem spatium, erit minus quam d in tripla proportione. Sed hoc est tempus c, in quo movebatur Angelus. Ergo in eodem tempore et æquali movebitur virtus corporalis et virtus Angeli, etiam si ponatur Angelus moveri velociter quantumcumque potest. Et similis ratio potest accipi ex parte mobilium, secundum quorum etiam proportionem diminuitur et augetur tempus motus, ut habetur ex 4 Physic.. Ergo cum hoc sit impossibile, videtur quod Angelus in tempore non moveatur.
Præterea, omne tempus est divisibile. Si igitur moveatur Angelus de a in b in aliquo tempore, in medio illius temporis alicubi erit. Sed non est in a, quia ibi erat in principio temporis; nec in b, quia ibi erat in fine temporis; et dum movetur; in duobus instantibus non est in eodem ubi, ut probatur in 6 Physic.. Unde cum in uno instanti sit in a vel in b, in alio instanti non potest esse in eodem. Ergo in instanti quod est medium temporis, erit in medio spatii. Sed non necessario transit medium, ut supra dictum est, art. Præced.. Ergo motus ejus non est in tempore.
Sed contra, omnis motus et mutatio habet prius et posterius: quia habet duos terminos, quorum unus consequitur aliud. Sed numerus prioris et posterioris in motu est tempus, ut habetur in 4 Physic.. Ergo omnis motus mensuratur tempore: ergo et motus Angeli.
Præterea, moveatur Angelus de a in b.
Aut in eodem instanti est in a et in b, aut in diversis. Si in eodem, tunc erit simul in duobus locis, quod est improbatum; et præterea tunc non moveretur ad b, quia nihil movetur ad id in quo est. Si autem in diversis, ergo est designare duo instantia, in quorum uno est in a, et sit c: et in altero in b, et sit illud d. Inde sic. Motus Angeli est inter d et c. Sed inter quælibet duo instantia est tempus medium, ut probatur in 6 Physic..
Ergo motus Angeli erit in tempore.
Si dicas, quod illa duo nunc succedunt sibi sine aliquo medio, sicut dictum est de operationibus.
Contra, moveatur Angelus de a in b, ita quod in hoc instanti quod est c, sit in a, et in hoc instanti quod est d, sit in b. Item ponatur quod aliquod corpus sit g, et moveatur similiter de a in b, et incipiat simul moveri cum Angelo, scilicet in c. Inde sic. Angelus citius pervenit ad b, quam corpus g. Ergo in instanti d corpus nondum pervenit ad b; sed erit citra b. Et sit ille locus r. Inde sic. G movetur de a in r, et in tempore cd. Sed spatium Ar est divisibile. Dividatur ergo in puncto h.
Inde sic. Corpus illud, scilicet g, in instanti c est in a et in instanti d est in r. Ergo h erit in aliquo alio instanti medio inter illa duo, et sit illud n. In n ergo Angelus vel erit in a vel in b, vel in medio.
Sed non in a, quia sic in duobus instantibus esset in eodem ubi; et eadem ratione non est in b.
Ergo oportet quod in instanti n sit in medio: et sic semper procedendo, invenitur inter quælibet duo instantia instans et tempus. Ergo oportet quod motus Angeli sit in tempore continuo.
Si dicatur, quod in motu Angeli non est assignare ultimum instans in quo sit in a, quia in a est in toto tempore, et in b est in termino temporis. Inter tempus autem et terminum temporis non est assignare medium, sicut etiam dicit Philosophus, in mutationibus naturalibus, ut quando aliquis movetur de albedine in nigredinem, est designare duo tempora, in quorum primo est album, et in secundo est nigrum, et instans quod contingit duo tempora, tenet se cum sequenti tempore; unde in eo est nigrum; unde non fuit invenire ultimum nunc, in quo esset album, sed ultimum tempus in cujus termino erit non album. Si inquam sic dicatur, contra, omnis motus qui non est semper, medius est inter duas quietes, quarum una est in termino a quo est motus, altera in termino ad quem est motus.
Sed sicut instans ad quod terminatur motus tenet se cum quiete sequente; ita instans a quo incipit motus, tenet se cum quiete præcedente, ut patet quando aliquid movetur de albedine in nigredinem; quia sicut in fine temporis quod mensurat motum est nigrum, ita in principio temporis est album.
Ergo ex hoc patet quod omnis quies trahit ad se et nunc

præcedens, et nunc sequens. Inde sic arguo.

Angelus qui movetur de a in b, ut dicis, in tempore cd, est in a. Ergo quiescit ibi: quia, ut probatur in 6 Physic., quidquid est in tempore in aliquo uno ubi, quiescit ibi. Sed ubi est aliquid quiescens in tempore, est et in termino temporis. Ergo in d, quod est nunc ultimum temporis, erit Angelus adhuc in a, et non in b, ut ponebatur.

Præterea, omne tempus causatur a motu, ut patet ex 4 Physic.. Sed Angelus in a non movetur, nec iterum habet ordinem ad aliquem motum priorem, per cujus tempus sua quies mensuretur. Ergo nihil est dictu, quod Angelus sit in a in tempore.

Respondeo dicendum, quod cum omnis mutatio habeat duos terminos qui non possunt esse simul quia omnis mutatio est in incontingens, ut dicitur in 1 Physic., oportet cuilibet motui vel mutationi adesse successionem ex hoc quod non possunt duo termini esse simul; et ita tempus, quod est numerus prioris et posterioris, in quibus consistit tota successionis ratio. Sed hoc diversimode in diversis contingit. Quandoque enim terminus motus est mediatus principio motus, vel secundum medium quantitatis dimensivæ, sicut est in motu locali corporum et in motu augmenti et diminutionis, vel secundum medium quantitatis virtualis cujus divisio attenditur secundum intensionem et remissionem alicujus formæ, sicut in alteratione qualitatum sensibilium: et tunc tempus per se ipsum motum mensurat: quia ad terminum successive pervenitur, eo quod divisibilis est. Quandoque vero terminus ad quem, non est mediatus termino a quo, sicut est in illis mutationibus in quibus est mutatio de privatione in formam, vel e converso, ut in generatione et corruptione, et illuminatione, et in omnibus hujusmodi: et in istis etiam mutationibus oportet annexum esse tempus, cum constet materiam non simul esse sub forma et privatione, nec ærem esse simul sub luce et tenebris.

Non autem ita quod exitus vel transitus de uno extremo in aliud fiat in tempore; sed alterum extremorum, scilicet primum quod in mutatione abjicitur, est conjunctum cuidam motui vel alterationi (sicut in generatione et corruptione), vel motui locali solis (sicut in illuminatione), et in termino illius motus est etiam terminus mutationis.

Et pro tanto mutatio illa dicitur esse subito, vel in instanti, quia in ultimo instanti temporis, quod mensurabat motum præcedentem, acquiritur illa forma vel privatio, cujus nihil prius inerat. Et in illo instanti dicitur generatum esse, non autem proprie generari: quia omne quod generatur, generabatur, ut in 6 Physic. Probatur. Unde omnes tales mutationes instantaneæ sunt termini cujusdam motus; ut in 6 Physic., Commentator dicit. Motus autem Angeli non potest esse terminus alterius motus. Unde oportet quod sit in tempore, et non in instanti. Sed dico, quod tempus istud est aliud a tempore quo mensuratur motus cæli et aliorum corporalium: quod sic probatur.

Nullus motus mensuratur per motum cæli, nisi qui est ordinatus ad ipsum. Unde etiam probant Philosophi, quod si essent plures mundi, oporteret esse plures primos motus, et plura tempora. Unde cum motus Angeli nullum ordinem habeat ad motum cæli, et præcipue si motus ejus dicatur processio operationum, ut dictum est, art. 1 istius quæst., oportet quod non mensuretur tempore quod est mensura primi mobilis, sed alio tempore, cujus temporis naturam ex natura motus accipere oportet.

In tempore enim est aliquid quasi formale, quod tenet se ex parte quantitatis discretæ, scilicet numerus prioris et posterioris; et aliquid materiale, per quod est continuum, quia continuitatem habet ex motu in quo est sicut in subjecto et primo mensurato, scilicet motu cæli, ut dicitur 4 phys..

Motus autem ille habet continuitatem ex magnitudine. Unde cum motus Angeli non sit continuus (quia non est secundum necessitatem conditiones habens magnitudinis per quam transit, sicut est in illis quæ sunt sic nata in loco esse ut eorum substantia sit commensurata terminis loci, scilicet corporibus), sed per successionem operationum, in quibus nulla est ratio continuitatis; ideo tempus illud non est continuum, sed est compositum ex nunc succedentibus sibi ut numerus ipsarum operationum succedentium sibi tempus vocetur, sicut ipsa successio operationum dicitur motus: et quot sunt operationes ex quibus componitur motus secundum diversa loca, tot erunt nunc, ex quibus componitur tempus. Et hoc etiam consonat ei quod Philosophus dicit in 6 Physic., quod ejusdem rationis est indivisibile moveri, et tempus componi ex nunc, et motum ex momentis, et lineam ex punctis: quia quamvis linea sit continua, per quam Angelus transit, non tamen est continuitas secundum quod refertur ad motum Angeli, qui diversa ubi non continuatim pertransit.

Ad primum ergo dicendum, quod omnes illæ mutationes quæ instantaneæ dicuntur, sunt termini motus; quod non contingit in motu Angeli, ut dictum est, in corp. Art..

Ad secundum dicendum, quod tempus illud in quo movetur de a in b, compositum est ex duobus instantibus; et in uno instanti est in a, et in alio in b. Unde non oportet quod in altero eorum quiescat; quod oporteret de necessitate, si tempus esset continuum.

Ad tertium dicendum, quod non potest accipi aliqua proportio temporis in quo movetur corpus, ad tempus in quo movetur Angelus; quia tempus quo movetur Angelus, non est divisibile divisione continui, sed discreti in plura instantia finita; in tempore autem quo movetur corpus, sunt infinita instantia in potentia; et ita nulla est proportio, sicut nec infiniti ad finitum.

Ad quartum dicendum, quod tempus istud quo Angelus movetur, divisibile est in duo, quæ non copulantur ad unum communem terminum, cum hoc tempus non sit continuum. Unde non sequitur quod in medio instanti sit in medio spatii: quia non est necessarium accipere medium instans.

Sed quia ex aliis rationibus videtur concludi, quod motus ejus sit in tempore continuo, ideo ad eas respondendum est.

Dicendum ergo ad quintum, quod omnis motus habet prius et posterius; sed diversimode: quia in motu continuo accipitur prius et posterius vel respectu duorum temporum copulatorum ad unum nunc, vel respectu duorum nunc includentium unum tempus; in mutationibus autem instantaneis est prius ipsum tempus mensurans motum præcedentem, cui adjungitur alterum extremorum, et posterius ipsum nunc, quod mensurat terminum motus; et ideo inter duo extrema non cadit medium, sicut nec inter tempus et nunc. In motu autem Angeli prius et posterius sunt duo nunc succedentia, inter quæ nullum est medium tempus continuans.

Ad sextum dicendum, quod hoc quod inter duo nunc sit tempus medium, consequitur tempus ratione continuitatis; quia hæc est passio communis omni continuo. Continuitatem autem habet ex motu.

Unde cum motus Angeli non sit continuus, ratio non sequitur.

Ad septimum dicendum, quod si ponatur motus Angeli et corporis simul incipere, quando Angelus erit in alio termino secundum aliud instans sui temporis, corpus etiam erit in alio termino secundum aliud instans sui temporis. Inter duo autem instantia temporis istius corporis est tempus medium in eo quod motus ejus est continuus; unde est ibi signare medium instans. Sed inter duo instantia Angeli non est tempus medium. Unde nec medium instans oportet ibi signari; sed contingit signari, si in tribus locis successive sit; quia ita etiam tempus ex tribus nunc componetur; unde unum erit medium; et illa duo instantia possunt includere omnia instantia temporis, cum etiam unum nunc ævi stans includat omne tempus: et ita non est inconveniens quod dum motus Angeli est in duobus tantum instantibus, motus corporis sit in infinitis; quamvis quantumcumque duret motus corporis, tantumdem etiam duret motus Angeli, et quamvis utrumque non sit indivisibile. Et præterea contingit quod quando corpus est in medio instanti, Angelus in nullo loco sit, cum non sit necessarium eum semper esse in loco, ut dictum est, quæst. 3, art. 1; et ita secundum coordinationem illius temporis nullum nunc Angelo respondeat, sed tantum ævum.

Alia concedimus.

Deus, inquit, omnipotens incommutabili æternitate, voluntate, veritate semper idem, movet per tempus creaturam spiritualem.

Distinctio horum motuum et ratio nominationis in 8 dist. posita est.

Sicut humus aut lux ista diffunditur. Hoc ideo dicitur, quia nihil habet distensionem in loco nisi secundum quod est quantum, vel per se sicut corpora (unde ponit humum, idest terram), vel per accidens, sicut corporales qualitates, ut lux.

Una sapientia est, nec in majore major, nec in minore minor. Sapientia potest dupliciter considerari: vel per respectum ad scibile; et sic habet unitatem in specie, etiam secundum quod est diversorum habentium: vel secundum esse quod habet in sciente; et sic differt numero in diversis: non tamen est major et minor secundum quantitatem corporis, quia non est forma situalis; sed potest esse major et minor secundum intensionem certitudinis, vel secundum numerum scitorum.

Distinctio XXXVIII

Quæstio I
Prologus

Ostenso quorum sit Dei scientia, hic determinat de scientia per comparationem ad ipsa scita; et dividitur in partes duas. In prima inquirit utrum scientia Dei sit scitorum causa; in secuna ostendit qualis causa sit, ibi, 39 dist.: præterea solet quæri, utrum scientia Dei possit augeri vel minui.

Prima in duas: in prima inquirit de causalitate divinæ scientiæ; in secunda de ineffabilitate ipsius, ibi: ad hoc autem quod supra dictum est... Solet a quibusdam sic opponi. Prima in duas: in prima movet quæstionem; in secunda determinat eam, ibi: hanc igitur, quæ videtur, repugnantiam de medio tollere cupientes, dicimus, res futuras nullatenus causam esse præscientiæ. Circa primum tria facit: primo ostendit quod scientia Dei sit causa scitorum, ratione et auctoritate; secundo ostendit quod neque est causa eorum neque causata ab eis; quæ duo duabus rationibus ostendit, ibi: quod si ita est, est ergo causa omnium malorum.

Tertio ostendit auctoritate Origenis, scientiam Dei causatam esse a scitis, ibi: Origenes tamen... Ait: non propterea aliquid erit, quia id scit Deus futurum.

Ad hoc autem quod supra dictum est... Solet a quibusdam ita opponi. Hic inquirit de ineffabilitate divinæ scientiæ; et supposito quod sit ineffabilis ex prædictis, hic solvit objectiones in contrarium factas; unde dividitur in duas partes: in prima ponit objectionem et solvit eam; in secunda objicit contra solutionem, et iterum solvit, ibi: sed adhuc urgent quæstionem.

Hic quinque quæruntur: 1 utrum scientia Dei sit causa rerum; 2 utrum omnia uniformiter cognoscat; 3 utrum sit enuntiabilium; 4 utrum eorum quæ non sunt; 5 utrum sit contingentium.

Articulus Primus
Utrum scientia Dei sit causa rerum.

Ad primum sic proceditur. Videtur quod scientia Dei sit causa rerum. Scientia enim Dei tam a sanctis quam a prophetis scientiæ artificis comparatur. Sed scientia artificis causa est scitorum per artem producendorum. Ergo videtur quod scientia Dei sit causa rerum.

Præterea, cum similitudo sit quædam unitas in forma, oportet quod in omni assimilatione vel unum similium sit causa alterius, vel utrumque ab una causa deducatur; quia unitas in effectu designat unitatem causæ. Sed scientia est assimilatio quædam. Ergo oportet semper quod scientia sit causa sciti, sicut est in scientia practica; vel scitum causa scientiæ, sicut est in nostra scientia speculativa; vel utriusque sit causa una, sicut est in cognitione quam Angeli de rebus habent; quia ab eodem, scilicet Deo, imprimuntur species rerum in mente Angeli ad cognoscendum, et in materia ad essendum. Sed scientiæ Dei, quæ est ipse Deus, nihil est causa, neque scitum, neque aliquid. Relinquitur ergo quod ipsa scientia Dei sit causa sciti.

Præterea, mensura semper habet rationem principii respectu mensurati, ut patet ex 10 Metaphysic..

Quantitas enim mensuratur per principium quantitatis, ut substantiæ omnes per principium substantiæ. Sed scientia Dei mensura est rerum; unde dicit Anselmus, quod unaquæque res veritatem habet quando implet illud ad quod in mente divina ordinata est. Ergo scientia Dei est causa scitorum.

Præterea, sicut voluntas Dei est ipse Deus, ita et scientia ejus. Sed voluntas Dei absolute dicitur causa omnium volitorum, et bonitas omnium bonorum. Ergo scientia ejus debet dici causa omnium scitorum.

Sed contra, cujuscumque causa est Dei scientia, causa est Deus. Sed non omnium scitorum a Deo, causa est Deus; quia mala, quæ sunt a Deo scita, non sunt ab ipso. Ergo nec scientia Dei causa est omnium scitorum.

Præterea, posita causa ponitur effectus. Sed scientia Dei fuit ab æterno; res autem ab æterno non fuerunt. Ergo scientia Dei non est causa rerum.

Respondeo dicendum quod loquendo de attributis divinis, attendenda est attributorum ratio quæ, quia diversa est diversorum, ideo aliquid attribuitur uni quod non attribuitur alteri, quamvis omnia sint una res; et inde est quod bonitas divina dicitur causa bonorum, et vita causa viventium; et sic de aliis. Si ergo accipiamus diversas attributorum rationes, inveniuntur aliqua habere comparationem non tantum ad habentem, sed etiam ad aliquid sicut ad objectum, ut potentia, et voluntas, et scientia. Quædam autem ad habentem tantum, ut vita, bonitas, et hujusmodi.

Et hæc omnia habent unum modum causalitatis, scilicet per modum communem efficientis exemplaris, ut dicimus, quod a primo bono sunt omnia bona, et a primo vivente omnia viventia. Sed illa quæ dicuntur per comparationem ad objectum, habent etiam alium modum causalitatis, respectu scilicet objectorum, ut voluntas respectu volitorum; et sic quæritur hic de causalitate scientiæ. Constat enim quod scientia sua est causa per modum efficientis et exemplaris omnium scientiarum; sed dubium est, utrum sit causa scitorum.

Sciendum est ergo, quod scientia secundum rationem scientiæ non dicit aliquam causalitatem, alias omnis scientia causa esset: sed inquantum est scientia artificis operantis res, sic habet rationem causæ respectu rei operatæ per artem. Unde sicut est causalitas artificis per artem suam, ita consideranda est causalitas divinæ scientiæ. Est ergo iste processus in productione artificiati. Primo scientia artificialis ostendit finem; secundo voluntas ejus intendit finem illum; tertio voluntas imperat actum per quem educatur opus, circa quod opus scientia artificis ponit formam conceptam.

Unde scientia se habet ut ostendens finem, et voluntas ut dirigens actum et informans opus operatum; et ideo constat quod quidquid accidit in effectu per defectum a forma artis, vel a fine, non reducitur in scientiam artificis sicut in causam.

Patet etiam quod principalitas causalitatis consistit penes voluntatem quæ imperat actum.

Unde patet quod malum, quod est deviatio a forma et a fine, non causatur a scientia Dei; sed tantum causalitatem habet respectu bonorum, secundum quod consequuntur formam divinæ artis et finem; non tamen quod respectu horum dicat perfectam rationem causalitatis, nisi secundum quod adjungitur voluntati; et ideo in littera dicitur, quod scientia beneplaciti est causa rerum. Et propter hoc etiam Avicenna dicit, quod inquantum Deus cognoscit essentiam suam, et amat vel vult eam, secundum quod est principium rerum, quarum vult se esse principium, fluunt res ab eo.

Ad primum ergo dicendum, quod scientia artificis non est causa defectus qui contingit in artificiato, quamvis etiam esset præscitus ab eo; nec etiam est completa causa artificiati, nisi addatur voluntas, ut dicit Philosophus in 9 Metaphysic.; et similiter est etiam de scientia Dei.

Ad secundum dicendum, quod mala non cognoscuntur a Deo per similitudinem suam, sed per similitudinem bonorum; ut prius dictum est, dist. 36, quæst. 1, art. 2; et ideo non sequitur quod sit causa nisi bonorum.

Ad tertium dicendum, quod inquantum scientia Dei est sicut exemplar per modum artis rerum, sic dicitur mensura earum; unde mala sicut deficiunt a participatione formæ artis, ita deficiunt a rectitudine mensuræ; et propter hoc etiam malum definitur ab Augustino, quod est privatio modi, inquantum deficit a mensura; speciei, inquantum deficit ab imitatione exemplaris; ordinis, inquantum deficit a fine.

Ad quartum dicendum, quod voluntas habet completam rationem causæ, inquantum objectum ejus est finis secundum rationem boni, qui est causa causarum; unde et imperium super alias vires habet; et ideo absolute voluntas Dei causa rerum dicitur. De scientia autem non similiter se habet sicut de voluntate, ut dictum est, in corp.

Art.; nec etiam ita comparatur scientia ad scitum sicut vita ad viventem. Unde patet quod ratio non concludit. Quintum concedimus.

Ad sextum dicendum, quod sicut creaturæ non exeunt a Deo per necessitatem naturæ, vel potentiæ naturalis, ita nec per necessitatem scientiæ; sed per libertatem voluntatis in qua completur ratio causalitatis; et ideo non quandocumque scivit creavit, sed quandocumque voluit.

Articulus Secundus
Utrum scientia Dei sit uniformiter de rebus scitis.

Ad secundum sic proceditur. Videtur quod scientia Dei non uniformiter sit de rebus scitis.

Omnis enim scientia quæ est de rebus aliter quam sint, est falsa. Sed scientia Dei verissima est. Cum igitur omnes res non habeant unum modum, videtur quod non uniformiter sit de omnibus.

Præterea, secundum Augustinum, alius modus cognitionis est cognoscere rem per sui essentiam, et per sui similitudinem. Sed Deus seipsum per essentiam suam cognoscit, creaturas vero per similitudines earum in ipso existentes.

Ergo non uniformiter seipsum et creaturas cognoscit.

Præterea, ut supra habitum est, dist. 16, quæst. 1, art. 2, Deus bona cognoscit per se, mala autem per aliud. Sed hoc facit diversum modum cognitionis. Ergo non uniformiter omnia cognoscit.

Præterea, secundum Dionysium, Deus eodem modo cognoscit res quo rebus esse tradidit. Sed secundum Augustinum, alia ratione creavit hominem et equum. Ergo alia ratione cognoscit; et ita non uniformiter de omnibus est.

Sed contra, Dionysius in eodem capitulo dicit, quod materialia immaterialiter cognoscit, et multa unite, et sic de aliis. Ergo videtur quod sit uniformiter de omnibus.

Præterea, modus cognitionis præcipue attenditur penes rationem medii, ex cujus diversitate de eodem potest haberi opinio et scientia. Sed Deus eodem medio omnia cognoscit, scilicet per essentiam suam, ut in eodem capitulo Dionysius dicit. Ergo de omnibus est uniformiter.

Respondeo dicendum, quod in qualibet cognitione potest considerari duplex modus: scilicet modus rei cognitæ et modus cognoscentis.

Modus quidem rei cognitæ non est modus cognitionis, sed modus cognoscentis, ut dicit Bœtius.

Quod patet ex hoc quod ejusdem rei cognitio est in sensu cum conditionibus materialibus, quia sensus est potentia in materia; in intellectu autem, quia immaterialis est, ejusdem cognitio est sine appenditiis materiæ. Cujus ratio est, quia cognitio non fit nisi secundum quod cognitum est in cognoscente. Unumquodque autem est in aliquo per modum ipsius, et non per modum sui, ut patet ex libro de causis: et ideo oportet quod cognitio fiat secundum modum cognoscentis.

Quia ergo in intellectu divino est summa unitas, ideo ejus cognitio est uniformis de omnibus; omnia enim in eo unum sunt. Cum ergo quæritur, utrum Deus omnia uniformiter cognoscat, distinguendum est; quia adverbium potest dicere modum actus cognitionis, et sic verum est; vel modum objecti, et sic falsum est; quia Deus non tantum scit rem, sed proprium modum rei; unde scit diversis diversos modos inesse; et similiter dicendum est ad omnes similes quæstiones.

Ad primum ergo dicendum, quod cum dicitur, scientia quæ est de re aliter quam sit, est falsa, est duplex. Quia adverbium aliter potest designare modum ipsius scientiæ, et sic falsum est; quia scientia est immaterialis de rebus materialibus.

Vel potest designare modum scitorum, et sic verum est; unde ad propositum concludit.

Ad secundum dicendum, quod essentia Dei per quam seipsum cognoscit Deus, est etiam similitudo per quam cognoscit omnia creata; et ita per idem medium se et alia cognoscit. Unde ex parte cognoscentis invenitur unitas, sed ex parte cognitorum diversitas, quia aliquod eorum, scilicet ipse Deus, se habet per identitatem ad medium illud; alia per imitationem, scilicet ipsæ creaturæ.

Ad tertium dicendum similiter, quod Deus eodem medio, scilicet essentia sua, cognoscit et bona et mala; sed ad hoc medium diversimode comparantur bona quæ ipsum imitantur, et mala quæ ab ipso discedunt.

Ad quartum dicendum, quod una essentia divina est per quam esse omnibus tradidit, et per quam omnia cognoscit, ut idem Dionysius dicit. Alietas autem rationum est ex diversitate respectuum, qui attenduntur secundum diversitatem rerum.

Articulus Tertius
Utrum scientia Dei sit enuntiabilium.

Ad tertium sic proceditur. Videtur quod scientia Dei non sit enuntiabilium. Scientia enim Dei est de rebus per ideas earum. Sed idea est similitudo rei incomplexæ. Ergo videtur quod complexorum vel enuntiabilium Deus scientiam non habeat.

Præterea, ut dicitur in 3 de anima, quando intellectus intelligit affirmationem et negationem, fit quædam compositio. Sed in divino intellectu nulla est compositio. Ergo enuntiabilia non cognoscit.

Præterea, sicut ibidem dicitur, operationi qua intellectus affirmat aliquid aut negat, admiscetur tempus; unde omnis enuntiatio cum tempore significat. Sed intellectus divinus omnino absolutus est a tempore. Ergo non est enuntiabilium.

Præterea, intellectus divinus est verissimus, cui nulla falsitas admisceri potest. Sed duarum operationum intellectus uni admiscetur falsitas, scilicet ei qua affirmat aliquid aut negat; alteri vero non, qua scilicet intuetur quidditatem rei, ut in 3 de anima dicitur. Ergo videtur quod ista tantum operatio sit Deo attribuenda, et non prima, qua enuntiabilia cognoscuntur.

Sed contra, nostra scientia non tantum est de rebus, sed etiam de enuntiationibus. Si ergo essentia Dei non esset de enuntiationibus, esset imperfectior quam nostra.

Præterea, quidquid prædicit Deus, scit. Sed multa enuntiabilia per prophetas prædixit, sicut virginem parituram, Isa. 7. Ergo enuntiabilia scit.

Respondeo dicendum, quod secundum opinionem Avicennæ et ex dictis Algazelis videtur sequi quod Deus enuntiabilia nesciat, et præcipue in rebus singularibus; quia ponunt quod scit singularia tantum universaliter, idest secundum quod sunt in causis universalibus, et non particulariter, idest in natura particularitatis suæ. Unde concedunt quod scit hoc individuum et illud; sed non scit hoc individuum nunc esse et postmodum non esse; sicut si aliquis sciret eclypsim quæ futura est cras in suis causis universalibus; non tamen sciret an modo esset vel non esset, nisi sensibiliter videret.

Sed quia supra ostensum est quod Deus non solum habet hujusmodi cognitionem de particularibus, sed perfectam, inquantum cognoscit ea in sua particularitate secundum omnes conditiones individuales quæ in eis sunt; ideo dicendum est, quod Deus non solum cognoscit ipsas res, sed etiam enuntiabilia et complexa; tamen simplici cognitione per modum suum; quod sic patet. Cum in re duo sint, quidditas rei, et esse ejus, his duobus respondet duplex operatio intellectus. Una quæ dicitur a philosophis formatio, qua apprehendit quidditates rerum, quæ etiam dicitur indivisibilium intelligentia. Alia autem comprehendit esse rei, componendo affirmationem, quia etiam esse rei ex materia et forma compositæ, a qua cognitionem accipit, consistit in quadam compositione formæ ad materiam, vel accidentis ad subjectum. Similiter etiam in ipso Deo est considerare naturam ipsius, et esse ejus; et sicut natura sua est causa et exemplar omnis naturæ, ita etiam esse suum est causa et exemplar omnis esse. Unde sicut cognoscendo essentiam suam, cognoscit omnem rem; ita cognoscendo esse suum, cognoscit esse cujuslibet rei; et sic cognoscit omnia enuntiabilia, quibus esse significatur; non tamen diversa operatione nec compositione, sed simpliciter; quia esse suum non est aliud ab essentia, nec est compositum consequens; et sicut per idem cognoscit bonum et malum, ita per idem cognoscit affirmationes et negationes.

Ad primum ergo dicendum, quod aliud est de forma existente in mente artificis et de idea rei quæ est in mente divina: quia forma quæ est in mente artificis, non est causa totius quod est in artificiato, sed tantum formæ; et ideo esse hanc domum, et cetera quæ consequuntur naturam per formam artis, nescit nisi sensibiliter accipiat: sed idea quæ est in mente divina, est causa omnis ejus quod in re est; unde per ideam non tantum cognoscit naturam rei, sed etiam hanc rem esse in tali tempore, et omnes conditiones quæ consequuntur rem vel ex parte materiæ vel ex parte formæ.

Ad secundum dicendum, quod ipsum esse divinum quod est simplex, est exemplar omnis esse compositi quod in creatura est; et ideo per esse suum simplex cognoscit sine compositione intellectuum vel divisione omne esse vel non esse quod rei convenit. Sed intellectus noster, cujus cognitio a rebus oritur, quæ esse compositum habent, non apprehendit illud esse nisi componendo et dividendo; et de tali intellectu Philosophus loquitur.

Ad tertium dicendum, quod operationi intellectus nostri componentis et dividentis admiscetur tempus duplici de causa; tum ex parte sua, quia accipit scientiam a continuo et tempore, scilicet a sensu et imaginatione; tum ex parte intellectorum, quæ in tempore sunt. In operatione autem divini intellectus advenit tempus tantum ex parte intellectorum, quia sicut alias res determinate cognoscit, ita et tempus; unde cognoscit hanc rem esse in tali vel in tali tempore: sed ex parte ipsius intellectus nullum tempus vel aliqua successio advenit; quia temporalia intemporaliter cognoscit.

Ad quartum dicendum, quod sicut operationi intellectus nostri qua inspicit quidditates rerum, non admiscetur falsitas nisi per accidens, inquantum cognitio quidditatis dependet a cognitione affirmationis, quod contingit in quidditatibus compositis, et non in simplicibus, ut dicitur in 9 Metaph.: ita operationi intellectus divini non potest advenire falsitas nec in comprehendendo naturas rerum nec in comprehendendo enuntiabilia; quia utrumque eadem operatione cognoscit, et per unum idem simplex, ut ex dictis, in corp. Art., patet.

Articulus Quartus
Utrum scientia Dei sit non entium.

Ad quartum sic proceditur. Videtur quod scientia Dei non possit esse non entium. Scientia enim importat respectum ad scibile. Sed ea quæ dicunt respectum ad creaturam, non dicuntur de Deo nisi creaturis existentibus, ut Dominus, et creator, et hujusmodi. Ergo videtur quod non possit Deus dici scire res aliquas, nisi quando sunt.

Præterea, scientia non est nisi verorum, ut in posterioribus dicitur. Sed verum et ens convertuntur. Ergo non est nisi entium.

Præterea, scientia Dei est mensura scitorum.
Sed ea quæ non sunt non commensurantur alicui.
Ergo eorum non est scientia Dei.

Præterea, primum cadens in apprehensione intellectus est ens, ut Avicenna dicit. Sed nulla virtus potest cognoscere aliquid nisi præsupposita ratione primi objecti, sicut visus nihil videt sine lumine. Ergo nec aliquis intellectus potest cognoscere nisi entia.

Sed contra, quidquid eligitur sine errore, hoc scitur. Sed secundum Augustinum, eliguntur quæ non sunt; nec tamen errat qui eligit, scilicet Deus. Ergo videtur quod eorum quæ non sunt, notitiam habeat.

Præterea, sicut se habet scibile ad scientiam nostram ut prius, ita se habet scientia Dei ad scibilia ut prior eis. Sed quædam scibilia sunt quorum non habemus scientiam, ut Philosophus tradidit. Ergo et scientia Dei potest esse eorum quæ non sunt.

Respondeo dicendum, quod quidquid cognoscitur, aliquo modo oportet esse, ad minus in ipso cognoscente; unde et Avicenna dicit, quod de eo quod omnino est non ens, nihil potest enuntiari. Unde secundum quod aliqua se habent ad esse, ita se habent ad divinam cognitionem. Esse autem rei potest tripliciter considerari: vel prout est in propria sua natura ex suis principiis educta, vel prout est in potentia alicujus causæ, vel prout est in apprehensione alicujus cognoscentis. Omnia ergo illa quæ habent esse in sua natura secundum quodcumque tempus, Deus ab æterno scivit, et apprehendendo naturam ipsorum, et videndo ea esse, non tantum in cognitione sua, vel potentia alicujus causæ, sed etiam in esse naturæ; quod patet, quia constat quod re existente cognoscit Deus ipsum esse quod habet in propria natura. Si autem ab æterno non cognovisset nisi esse ejus quod est in cognitione, vel in potentia causæ, cognitio sua proficeret per temporum successiones; et talia dicitur Deus scire scientia visionis. Res autem illas quarum esse in nullo tempore est in propria natura, cognoscit esse in potentia causæ vel creaturæ deficientis, sicut mala, vel in potentia operativa sua, sicut bona.

Scit etiam ea esse in cognitione sua, inquantum scit se cognoscere ea, et posse se facere ea, quantum ad bona; vel posse contingere ex defectu creaturæ, quantum ad mala. Et iste modus cognitionis nominatur scientia simplicis intelligentiæ, inquantum scilicet per modum istum cognoscitur ipsa simplex natura rei quæ posset esse, tamen non cognoscitur ipsum esse simplex, cujus proprie est visio, sed secundum quid tantum, ut dictum est, in corp. Art..

Ad primum ergo dicendum, quod omnes relationes quæ fundantur super aliquam operationem actualem procedentem in creaturas, non possunt convenire Deo, nisi ex tempore creaturis existentibus; sed relatio importata in scientia, potentia et voluntate non fundatur super aliquam operationem actualiter in creaturam procedentem; et ideo non est simile.

Ad secundum dicendum, quod secundum quod non entia habent veritatem, sic ea Deus scit: quæ enim erunt post mille annos non scit ea Deus esse nunc; quoniam non est verum ea esse nunc; sed scit ea futura esse tunc quando verum erit ea esse: similiter illa quæ nec sunt nec erunt nec fuerunt, scit ea esse in cognitione sua, et in potentia causarum suarum, prout est verum ea sic esse.

Ad tertium dicendum, quod illud quod non est non scitur a Deo ut commensuratum actu scientiæ suæ, sed ut commensurabile: et hoc sufficit ad scientiæ veritatem.

Ad quartum dicendum, quod quidquid cognoscitur, cognoscitur ut ens, vel in propria natura, vel in causa sua, vel in cognitione aliqua: et sic etiam sunt entia omnia quæ Deus cognoscit.

Articulus Quintus
Utrum scientia Dei sit contingentium.

Ad quintum sic proceditur. Videtur quod scientia Dei non sit contingentium. Scientia enim Dei est causa omnium scitorum bonorum. Sed omnis causa necessaria inducit necessarios effectus: posita enim causa, necessario ponitur effectus, nisi causa sit deficiens in minori parte, sicut causa naturalis. Cum ergo scientia Dei non sit deficiens, videtur quod id cujus est, sit necessarium, et ita non sit contingentium.

Præterea, scientia non est nisi verorum.

Sed in futuris contingentibus non est alterum determinate verum, ut Philosophus probat.

Ergo videtur quod non possit esse eorum scientia divina.

Præterea, si sit contingentium, ponatur quod Deus sciat Socratem currere; inde sic. Aut est possibile Socratem non currere, aut impossibile.

Si enim est impossibile ipsum non currere, ergo ab æquipollenti necesse est ipsum currere, et sic haberetur propositum, quod illud cujus est scientia Dei, sit necessarium. Si autem possibile est ipsum non currere, ponatur ergo. Possibile enim est, secundum Philosophum, quo posito, non sequitur inconveniens. Sed positum erat quod Deus sciret Socratem currere.

Ergo scit esse quod non est. Omnis autem talis scientia falsa est. Ergo scientia Dei erit falsa, quod est impossibile. Relinquitur ergo quod Socratem non currere, non fuit possibile sed necessarium.

Si dicatur, quod est necessarium necessitate consequentiæ et non necessitate consequentis; sive necessitate conditionata, hac scilicet conditione si est præscitum, et non necessitate absoluta: contra, in omni vera conditionali si antecedens est necessarium absolute, et consequens est necessarium absolute: quia ad antecedens semper sequitur consequens, et ad necessarium nunquam sequitur falsum, quamvis e converso, ut probatur in 1 poster.. Sed hujus conditionalis, Socrates currit si est præscitum a Deo, antecedens est necessarium absolute: tum quia omne præteritum est necessarium, tum quia omne æternum est necessarium. Ergo et Socratem currere est necessarium absolute: ergo videtur quod scientia non est nisi de necessariis.

Præterea, secundum Philosophum in lib. Priorum, ex majori de necessitate, et minori de inesse, sequitur conclusio de necessitate.

Inde sic. Omne scitum a Deo necesse est esse verum. Sed hoc est scitum a Deo. Ergo necesse est esse verum; et sic idem quod prius.

Si dicas, quod ista est duplex: scitum a Deo necesse est esse verum: quia potest esse de dicto; et sic est composita et vera: vel potest esse de re; et sic est divisa et falsa: hoc enim dictum est necessarium, scilicet scitum a Deo est verum; sed hanc rem quæ ponitur sciri a Deo non necesse est fieri, quia contingenter fit: contra, ista distinctio tenet tantum in formis separabilibus, in quibus subjectum esse potest, non autem in formis inseparabilibus a subjecto. Unde istam nullus distinguit: cygnum album possibile est esse nigrum: quia albedo a cygno non separatur nisi secundum rationem et intellectum; unde quod non potest simul esse cum albo, non potest simul esse cum cygno. Sed in hoc quod dicitur scitum, importatur quiddam semper concomitans subjectum: quia quod semel est scitum a Deo, non potest non esse scitum ab eo. Ergo videtur quod distinctio illa nihil ad propositum valeat.

Si dicas quod contingens quando futurum est, potest non esse; sed non ex quo ponitur præsens vel præteritum; et sic Deus, cognitionem ejus habet: contra, omnis scientia quæ est de aliquo præsente, de quo non erat quando futurum erat, recipit additionem secundum temporum successionem. Sed scientia Dei nihil accipit additionis a rebus, nec est in ea aliqua successio secundum tempora. Ergo si futura contingentia non cognoscit, ut futura sunt, nullo modo est contingentium, ut sunt præsentia vel præterita.

Sed contra, ea quæ subsunt libero arbitrio sunt maxime contingentia. Sed horum cognitionem Deus habet: alias non redderet unicuique secundum opera sua. Ergo sua scientia est contingentium.

Præterea, supra habitum est quod scientia Dei est omnium. Sed non omnia ex necessitate contingunt, ut ad ipsum sensum patet, et a philosophis probatum est, et in fide suppositum est. Ergo scientia Dei non tantum est necessariorum, sed etiam contingentium.

Respondeo dicendum, quod propter hujusmodi difficultates, quidam Philosophi negaverunt, Deum de particularibus contingentibus cognitionem habere, cogitantes intellectum divinum ad modum intellectus nostri; et ideo erraverunt. Quod autem intellectus divinus non impediatur a cognitione particularium ratione particulationis quæ est ex materia, sicut intellectus noster impeditur, in 36 distin., quæst. 1, art. 1, ostensum est; et ideo nunc restat inquirere utrum impediatur ratione contingentiæ: contingentia enim videtur duplici ratione effugere divinam cognitionem. Primo propter ordinem causæ ad causatum. Quia causæ necessariæ et immutabilis videtur esse effectus necessarius; unde cum scientia Dei sit causa rerum, et sit immutabilis, videtur quod non possit esse contingentium. Secundo propter ordinem scientiæ ad scitum; quia cum scientia sit certa cognitio, ex ipsa ratione certitudinis etiam exclusa causalitate, requirit certitudinem et determinationem in scito, quam contingentia excludit, ut patet in scientia nostra, quæ non est causa rerum, et in scientia Dei respectu malorum. Sed neutrum horum removet scientiam contingentium a Deo. Et de primo quidem satis manifeste potest accipi. Quandoque enim sunt causæ multæ ordinatæ, effectus ultimus non sequitur causam primam in necessitate et contingentia, sed causam proximam; quia virtus causæ primæ recipitur in causa secunda secundum modum causæ secundæ. Effectus enim ille non procedit a causa prima nisi secundum quod virtus causæ primæ recipitur in secunda causa: ut patet in floritione arboris cujus causa remota est motus solis, proxima autem virtus generativa plantæ. Floritio autem potest impediri per impedimentum virtutis generativæ, quamvis motus solis invariabilis sit. Similiter etiam scientia Dei est invariabilis causa omnium; sed effectus producuntur ab ipso per operationes secundarum causarum; et ideo mediantibus causis secundis necessariis, producit effectus necessarios, ut motum solis et hujusmodi; sed mediantibus causis secundis contingentibus producit effectus contingentes. Sed adhuc manet dubitatio major de secunda: quia causa prima necessaria potest simul esse cum defectu causæ secundæ, sicut motus solis cum sterilitate arboris; sed scientia Dei non potest simul stare cum defectu causæ secundæ. Non enim potest esse quod Deus sciat simul hunc cursurum, et iste deficiat a cursu; et hoc est propter certitudinem scientiæ et non propter causalitatem ejus. Oportet enim invenire ad hoc quod sit certa scientia, aliquam certitudinem in scito.

Sciendum est igitur, quod antequam res sit non habet esse nisi in causis suis. Sed causæ quædam sunt ex quibus necessario sequitur effectus, quæ impediri non possunt, et in istis causis habet causatum esse certum et determinatum, adeo quod potest ibi demonstrative sciri, sicut est ortus solis, et eclypsis, et hujusmodi. Quædam autem sunt causæ ex quibus consequuntur effectus ut in majori parte, sed tamen deficiunt in minori parte; unde in istis causis effectus futuri non habent certitudinem absolutam, sed quamdam, inquantum sunt magis determinatæ causæ ad unum quam ad aliud; et ideo per istas causas potest accipi scientia conjecturalis de futuris, quæ tanto magis erit certa, quanto causæ sunt magis determinatæ ad unum; sicut est cognitio medici de sanitate et morte futura, et judicium astrologi de ventis et pluviis futuris.

Sed quædam causæ sunt quæ se habent ad utrumque: et in istis causis effectus de futuro nullam habent certitudinem vel determinationem; et ideo contingentia ad utrumlibet in causis suis nullo modo cognosci possunt. Sed quando jam efficiuntur in rerum natura, tunc habent in seipsis esse determinatum; et ideo quando sunt in actu, certitudinaliter cognoscuntur, ut patet in eo qui videt Socratem currere, quia Socratem currere dum currit, necessarium est; et certam cognitionem habere potest.

Dico igitur, quod intellectus divinus intuetur ab æterno unumquodque contingentium non solum prout est in causis suis, sed prout est in esse suo determinato. Cum enim re existente ipsam rem videat prout in esse suo determinato est, aliter cognosceret rem postquam est quam antequam fiat; et sic ex eventibus rerum aliquid ejus accresceret cognitioni. Patet etiam quod Deus ab æterno non solum vidit ordinem sui ad rem, ex cujus potestate res erat futura, sed ipsum esse rei intuebatur. Quod qualiter sit, evidenter docet Boetius in fine de consol.. Omnis enim cognitio est secundum modum cognoscentis, ut dictum est. Cum igitur Deus sit æternus, oportet quod cognitio ejus modum æternitatis habeat, qui est esse totum simul sine successione. Unde sicut quamvis tempus sit successivum, tamen æternitas ejus est præsens omnibus temporibus una et eadem et indivisibilis ut nunc stans; ita et cognitio sua intuetur omnia temporalia, quamvis sibi succedentia, ut præsentia sibi, nec aliquid eorum est futurum respectu ipsius, sed unum respectu alterius.

Unde secundum Boetium melius dicitur providentia quam prævidentia: quia non quasi futurum, sed omnia ut præsentia uno intuitu procul videt, quasi ab æternitatis specula. Sed tamen potest dici præscientia, inquantum cognoscit id quod futurum est nobis, non sibi. Quod ut melius pateat, exemplis ostendatur.

Sint quinque homines qui successive in quinque horis quinque contingentia facta videant.

Possum ergo dicere, quod isti quinque vident hæc contingentia succedentia præsentialiter. Si autem poneretur quod isti quinque actus cognoscentium essent actus unus, posset dici quod una cognitio esset præsentialiter de omnibus illis cognitis successivis.

Cum ergo Deus uno æterno intuitu, non successivo, omnia tempora videat, omnia contingentia in temporibus diversis ab æterno præsentialiter videt non tantum ut habentia esse in cognitione sua. Non enim Deus ab æterno cognovit in rebus tantum se cognoscere ea, quod est esse in cognitione sua; sed etiam ab æterno vidit uno intuitu et videbit singula tempora, et rem talem esse in hoc tempore, et in hoc deficere. Nec tantum videt hanc rem respectu præcedentis temporis esse futuram, et respectu futuri præteritam: sed videt istud tempus in quo est præsens, et rem esse præsentem in hoc tempore, quod tamen in intellectu nostro non potest accidere, cujus actus est successivus secundum diversa tempora: et ita patet quod nihil prohibet contingentium ad utrumlibet certam scientiam Deum habere, cum intuitus ejus ad rem contingentem referatur secundum hoc quod præsentialiter in actu est quando jam ejus esse determinatum est, et certitudinaliter cognosci potest.

Ad primum ergo dicendum, quod a causa prima non trahit effectus necessitatem, sed solum a causa proxima, ut dictum est, in corp. Art.; et ideo ratio non procedit.

Ad secundum dicendum, quod futurum contingens non est determinate verum antequam fiat, quia non habet causam determinatam; et ideo ejus certa cognitio haberi non potest ab intellectu nostro, cujus cognitio est in tempore determinato et successive. Sed dum est in actu, determinate verum est; et ideo a cognitione quæ est præsens illi actui, potest certitudinaliter cognosci; sicut patet etiam de visu corporali: et quia cognitio divina æternitate mensuratur, quæ eadem manens omni tempori præsens est, unumquodque contingentium videt prout est in suo actu.

Ad tertium dicendum, quod actus divinæ cognitionis transit supra contingens, etiam si futurum sit nunc, sicut transit visus noster supra ipsum dum est; et quia esse quod est, quando est, necesse est; quod tamen absolute non est necessarium; ideo dicitur, quod in se consideratum est contingens, sed relatum ad Dei cognitionem est necessarium; quia ad ipsam non refertur nisi secundum quod est in esse actuali; et ideo simile est sicut si ego videam Socratem præsentialiter currere; quod quidem in se est contingens, sed relatum ad visum meum, est necessarium. Unde bona est distinctio, quod est necessarium necessitate consequentiæ et non consequentis, vel necessitate conditionata, non absoluta.

Ad quartum dicendum quod ad hoc argumentum

multipliciter respondetur.

Quidam enim dicunt, quod hoc antecedens, scilicet hoc esse præscitum a Deo, non est necessarium.

Et si objiciatur, quod est dictum de præterito, ergo est necessarium; respondent, quod hoc habet instantiam in præteritis quæ dicunt respectum ad futurum; unde cum dicitur hoc fuisse futurum, quamvis sit dictum de præterito; tamen quia dependet a futuro, non est necessarium; quia quod fuit quandoque futurum, potest non esse futurum; quia futurus quis incedere non incedet, ut dicitur in 2 de generat.. Sed ista instantia nulla est; quia quamvis quod fuit futurum, possit non esse futurum impeditis causis quæ erant determinatæ ad effectum ut in majori parte, non tamen potest non fuisse futurum; semper enim verum erit dicere: hoc quandoque fuit futurum. Similiter non est ad propositum; quia cum dicitur præscitum, non importatur tantum ordo ad futurum, sed etiam actus quidam, qui significatur ut præteritus.

Et ideo alii dicunt, sicut videtur Magister dicere in littera, quod hoc antecedens non est necessarium; quia præscitum, quamvis secundum vocem consignificet tempus præteritum, tamen significat actum divinum, cui non accidit præteritum: et ideo sicut Deus potest non præscire, ita potest non præscisse. Sed istud etiam non solvit; quia quamvis actus divinus non habeat necessitatem coactionis, habet tamen necessitatem immobilitatis, loquendo de actibus intrinsecis, ut velle, intelligere, et hujusmodi; unde non est contingens non esse, si ponatur esse. Et quia consequens non potest poni non esse, quin etiam antecedens ponatur non esse, consequens non poterit poni non esse. Sed hoc certum est quod antecedens potest poni esse; verum enim est determinate Deum aliquid futurum nunc scire; et ita sequitur quod consequens non possit poni non esse, etiam absolute sumptum; et multo minus quod possit contingere non esse.

Et ideo alii dicunt, quod istud antecedens est contingens, quia designantur ibi duo, scilicet actus divinus qui immutabilis est, et ordo ad futurum, qui mutabilis est mutabilitate rei; et ideo totum judicandum est contingens propter alterum tantum.

Istum enim esse hominem album, contingens est, quamvis esse hominem sit necessarium. Sed istud etiam non videtur dubitationem solvere. Cum enim dicitur Deus præscivisse aliquid, ordo ille ad futurum designatur ibi ut objectum super quod transit actus. Est enim sensus: præscivit, idest scivit hoc esse futurum. Quando autem aliquod dictum ponitur ut materia alicujus actus, ut dictum, oportet quod materialiter sumatur, et non secundum quod ad significationem rei refertur; ut cum dicitur: scio istum currere: ea autem quæ sic sumuntur, nullam differentiam contingentiæ vel necessitatis in propositione faciunt; tum quia veritas et necessitas propositionis ex principali verbo pendet, in quo intelligitur compositio: tum etiam quia dictum hoc modo positum non sumitur ut verum et falsum, vel ut necessarium vel contingens, sed ut dictum quoddam tantum. Unde æqualis necessitas vel contingentia est harum duarum propositionum: dico Socratem currere, et dico solem moveri; etiam posito quod ipsum dicere sit necessarium; et ita posito etiam quod ordo ille importatus ad futurum sit mutabilis, nihil impeditur de necessitate antecedentis.

Unde alii dicunt, hoc antecedens esse necessarium; nec tamen consequens est necessarium; quia illa maxima intelligitur tantum in illis conditionibus in quibus antecedens est causa proxima consequentis. Sed hoc etiam non plene solvit, quia regula illa non probatur a Philosopho, ratione causalitatis, sed ratione consequentiæ, secundum quam ex necessario sequitur necessarium, sive sit causa, sive sit effectus.

Et ideo aliter dicendum est, quod antecedens est necessarium absolute, tum ex immobilitate actus tum etiam ex ordine ad scitum; quia ista res non ponitur subjacere scientiæ divinæ nisi dum est in actu, secundum quod determinationem et certitudinem habet. Ipsum enim necesse est esse dum est; et ideo similis necessitas est inserenda in consequente, ut scilicet accipiatur ipsum quod est Socratem currere, secundum quod est in actu; et sic terminationem et necessitatem habet. Unde patet quod si sumatur Socratem currere secundum hoc quod ex antecedente sequitur, necessitatem habet: non enim sequitur ex antecedente nisi secundum quod substat divinæ scientiæ, cui subjicitur prout consideratur præsentialiter in suo esse actuali; unde etiam sic sumendum est consequens, quomodo patet quod consequens necessarium est: necesse enim est Socratem currere dum currit.

Ad quintum dicendum, quod ista: omne scitum a Deo necesse est esse, est duplex, eo quod potest esse de dicto, vel de re: et si sit de dicto vera est, et si sit de re, falsa est: et similiter conclusio duplex est. Et hujus distinctionis ratio est, quia potest istud sumi secundum conditionem qua subjacet divinæ scientiæ; et hoc est secundum quod habet esse determinatum in actu, et sic necessitatem habet, vel potest ista res sumi sine aliqua conditione; et sic non est necessaria: quia potest sic considerari ut est in causis suis antequam sit in actu, et ibi non habet necessitatem, nec ibi est scita a Deo futura esse; non enim scit Deus effectum contingentem esse determinatum in causa sua: quia esset falsa scientia, cum in causa sua determinatum non sit.

Ad sextum dicendum, quod quamvis iste respectus ad rem sit inseparabilis secundum quod attingit eam; non tamen attingit eam nisi prout est in esse actuali præsentialiter considerata; et ideo potest fieri distinctio secundum quod res illa consideratur ut cadens sub respectu illo vel ut non cadens.

Verbi gratia, cursus Socratis subjacet certitudini divinæ scientiæ, prout est in actu; et hoc non habuit semper, quia quandoque erat in potentia tantum, et secundum quod sic tantum erat, non erat subjicibilis certitudini divinæ scientiæ: si enim Deus vidisset ipsam causam, ut Socratem, et non vidisset immediate effectum in esse suo sicut nos futura cognoscimus, nunquam potuisset istud scire; et ideo patet quod distinctio illa, scilicet quod possit esse de re, vel de dicto, bona est.

Ad septimum dicendum, quod Deus non tantum cognoscit ea quæ sunt nobis præsentia, sed quæ sunt nobis præterita et futura, supra quæ tamen omnia intuitus divinus cadit, secundum quod suis temporibus præsentia sunt. Unde non sequitur quod aliquam rem Deus quandoque sciat quam aliquando nescivit.

Quia futurum est, ideo scitur a Deo. Hic denotatur causa consequentiæ et non essendi.

Illorum enim peccata præscivit, non sua; quasi dicat: si sua præscientia eos ad peccandum cogeret non ipsi peccassent, quia coacti facerent; sed ipse Deus coactor.

Distinctio XXXIX

Quæstio I
Prologus

Hic ostendit, cujus causa sit divina scientia; et dividitur in partes duas: in prima inquirit, utrum sit invariabilis; in secunda, utrum sit universalis, ibi: ei vero quod prædictum est... Videtur obviare quod ait Hieronymus. Prima in duas: in prima movet quæstionem, et objicit contra veritatem; in secunda determinat, ibi: ad quod dicimus, quod Dei scientia omnino immutabilis est; et dividitur in duas: in prima determinat concedendo ea quæ ponunt variationem ex parte scitorum, et non ex parte scientiæ; in secunda determinat quæ ex parte scientiæ variationem important, ibi: hic opponitur a quibusdam ita. Et circa hoc duo facit: primo negat ea quæ simpliciter neganda sunt; secundo ponit opinionem quorumdam qui concedunt quasdam locutiones, quæ variationem scientiæ significare videntur, retorquentes tamen ad varietatem scitorum, ibi: item a quibusdam dicitur Deum posse plura scire quam sciat.

Ei vero quod prædictum est... Videtur obviare quod ait Hieronymus. Hic inquirit, utrum præscientia vel providentia Dei, sit universalis causa omnium; et circa hoc tria facit: primo ponit objectionem; secundo determinat eam, ibi: ex tali itaque sensu illud dictum esse noverimus; tertio recapitulat, ibi: simul itaque et immutabiliter scit Deus omnia.

Hic est duplex quæstio. Prima de invariabilitate scientiæ divinæ. Secunda de universalitate providentiæ ejusdem. Circa primum tria quæruntur: 1 utrum Deus possit non scire illud quod scit; 2 utrum possit aliquid scire quod non scit, vel plura quam scit; 3 utrum Deus sciat infinita.

Articulus Primus
Utrum Deus possit non scire illud quod est scitum ab eo.

Circa primum sic proceditur. Videtur quod Deus non possit non scire illud quod scitum est ab eo; quia, secundum Augustinum, Hieronymum et Philosophum, Deus non potest facere ut id quod est præteritum, non fuerit. Sed cum dicitur: hoc est scitum a Deo, significatur ut præteritum. Ergo non potest non esse scitum ab eo. Si dicas, quod est præteritum dependens a futuro, hoc nihil est, ut prius dictum est, dist. 37, quæst. 1, art. 3, quia non importatur in participio tantum ordo ad futurum, ut in hoc participio futurum; sed etiam actus quidam.

Præterea, omne quod est, necesse est esse dum est, ut dicit Philosophus.

Sed scire Dei non est nisi ut ens actu, cum mensuretur æternitate, in qua nihil præterit vel succedit. Ergo videtur quod non possit non esse; et ita Deus non possit non scire illud quod scit.

Præterea, secundum Philosophum, omne æternum est necessarium.

Sed quodlibet scire Dei est æternum. Ergo est

necessarium; ergo ab æquipollenti non potest non esse. Scire ipsius est ipsum esse ejus. Sed ipse non potest non esse. Ergo non potest non scire quod scit.

Sed contra, quidquid Deus scit, operando operatur.

Sed potest non operari quod operatur. Ergo potest non scire illud quod scit.

Respondeo dicendum, quod sicut attributa divina differunt secundum proprias rationes, et sunt tamen una res; ita etiam actus attributorum sequuntur rationes eorum; et ideo alicui actui attribuitur quod alteri non convenit. Dicimus enim Deum scire quod non vult, vel quod non facit. Est ergo hæc ratio voluntatis ut libere actum suum producat; quod enim fit voluntate, non fit necessitate, ut dicit Augustinus; unde potest velle et non velle. Sed hoc intelligendum est, dum actus est in egrediendo a voluntate; quia postquam transit, non subjacet facultati ejus; non enim potest non voluisse quod voluit. Similiter non subjacet facultati ejus ut utrumque simul producat; non enim potest simul velle et non velle. Et hoc non tantum intelligendum est de actu ipsius voluntatis immediato; sed de omnibus actibus imperatis a voluntate, sicut cogitare, loqui, et hujusmodi. Cum igitur actus divinæ voluntatis semper sit in actu, et non pertransiens in futurum, semper est quasi in egrediendo a voluntate; et ideo manet libertas divinæ voluntatis respectu ipsius. Unde potest dici, quod Deus potest non velle hoc; non tamen potest ut simul velit et non velit, vel ut nunc velit et postmodum non velit, accipiendo post et nunc ex parte voluntatis, quæ mutabilis esse non potest. Et quia dictum est supra, dist. 8, quæst. 3, art. 1, de actu divinæ scientiæ, secundum quod est causa operis ejus ut informans ipsum, quod est imperatus a voluntate; ideo potest concedi quod Deus hoc modo potest non præscire. Non tamen potest esse ut simul præsciat et non præsciat, vel quod nunc præsciat et postmodum non præsciat, loquendo de præscientia ex parte scientiæ tantum; ita quod non fiat vis de ratione futuri; quia quod modo est futurum, postea erit præsens; et tunc non est præscitum, sed scitum est. Et ideo dicendum est secundum distinctionem Magistri, quod si accipiatur conjunctim, Deus non potest non scire quod scitum est ab eo: si autem accipiatur divisim, sic est in potestate sua scire et non scire; et hæc libertas demonstratur cum dicitur quod Deus potest hoc non scire.

Ad primum ergo dicendum, quod actus scientiæ divinæ nunquam transit in præteritum, sed semper est in actu: et ideo semper manet in libertate voluntatis.

Ad secundum dicendum, quod illa solutio nihil valet.

Ad tertium dicendum, quod illud quod est, necesse est esse dum est; absolute tamen loquendo, non necesse est esse. Ita et Deo scire necesse est dum scit; non tamen necesse est eum scire nisi necessitate immobilitatis, quæ voluntatis libertatem non excludit; et hæc libertas significatur cum dicitur, quod Deus potest hoc non scire vel non velle.

Ad quartum dicendum, quod omne æternum est necessarium necessitate immobilitatis, quæ libertatem voluntatis non excludit, ut dictum est, dist. 8, quæst. 3, art. 1.

Ad quintum dicendum, quod licet esse et scire sint idem secundum rem, tamen scire sequitur voluntatem ut imperatum ab ipsa, esse autem non; et ideo esse suum non subjacet libertati voluntatis, sicut scire operativum creaturæ.

Articulus Secundus
Utrum Deus possit scire aliquid quod nescit.

Ad secundum sic proceditur. Videtur quod Deus non possit scire aliquid quod nescit. Nihil enim existentium cognoscit Deus nisi per ideam. Sed non potest aliqua idea in ipso esse quæ non sit: quia cum idea sit forma rei in Deo existens, non potest intelligi quod aliqua forma adveniat Deo sine mutatione ejus. Ergo non potest scire ea quæ non scit.

Præterea, scientia realiter refertur ad scibile, et dependet ad ipsum. Sed mutato eo quod ad aliquid dependet, etiam ipsum mutatur. Ergo videtur quod si aliquid posset esse scitum a Deo quod non est modo scitum ab eo, scientia ejus possit mutari.

Præterea, quantitas scientiæ attenditur secundum quantitatem scibilium, sicut quantitas virtutis secundum quantitatem objectorum. Ergo ad pluralitatem scibilium sequitur augmentum scientiæ. Sed si posset scire aliquid quod non scit, posset plura scire quam sciat. Ergo posset augeri ejus scientia; quod est impossibile. Ergo et primum.

Præterea, supra dictum est, dist. 38, quæst. 8, art. 4, quod Deus non tantum scit ea quæ sunt, sed et ea quæ non sunt. Ab his autem nihil potest aliud esse, cum nihil sit medium inter ens et non ens. Ergo non potest aliquid aliud scire ab illis quæ scit.

Sed contra, Deus potest operari quod non operatur.

Sed quidquid operatur, operatur per suam scientiam. Ergo potest scire aliquid aliud ab his quæ scit.

Respondeo dicendum, quod Deus dicitur scire aliquid

dupliciter; vel scientia visionis, secundum quod videt res quæ sunt vel erunt vel fuerunt non solum in potentia causarum suarum, sed etiam in esse proprio; vel scientia simplicis intelligentiæ, secundum quod scit ea quæ nullo tempore sunt, esse in potentia causarum suarum. De hac igitur loquendo, Deus non potest scire aliquid aliud ab his quæ scit; quia nihil potest esse aliud ab his quæ sunt et quæ possunt esse. Loquendo autem de scientia visionis de qua hic Magister loquitur, sic potest aliquid aliud videre ab his quæ videt, secundum quod potest ei quod habet esse in potentia sua tantum, dare esse in propria natura. Si tamen hoc in esse produceret, ab æterno ab eo esset præscitum; et ideo distinguendum est hoc etiam sicut et supra, art. Præced.. Si enim intelligatur conjunctim, sic Deus non potest scire quod non scit: quia ista duo sunt incompossibilia, quod Deus sciat aliquid quod ab æterno nescivit. Si autem intelligatur divisim, sic est verum, et designatur potestas libertatis, ut supra dictum est, art. Antec., et non mutabilitas scientiæ vel voluntatis.

Ad primum ergo dicendum, quod idea secundum essentiam est una, et non distinguitur nisi per respectum ad diversa. Unde si poneretur aliqua alia res, non fieret additio alicujus formæ, sed respectus tantum. Vel dicendum melius, quod sicut ipsum scire est subjectum libertati voluntatis, ita et idea, secundum quod ad ipsam terminatur actus divinæ scientiæ, sicut scientia artificis ad formam artificiati quam excogitat: et ideo similis est ratio de idea et de actu sciendi. Sicut enim non potest poni quod actus sciendi sit in eo, et quod non fuerit; ita non potest designari quod idea sit in eo et non fuerit; tamen respectu utriusque potest designari libertas voluntatis.

Ad secundum dicendum, quod scientia nostra dependet a scibili; sed scibile dependet a scientia Dei; unde sicut scientia nostra variatur, scibili immobili permanente; ita scibile mutatur, scientia Dei non mutata.

Ad tertium dicendum, quod quamvis aliquo modo concedatur quod Deus potest scire aliquid aliud ab his quæ scit; non tamen videtur posse concedi quod possit scire plura quam scit; quia cum dicitur, plura, designatur comparatio ad aliquid præexistens, cum quo hoc non erat; et hoc non potest esse, ut ista duo sint simul vera: prius nescivit, et modo scit: nec hoc ipse potest: et ita patet quod cum dicitur, potest plura scire, aliquo modo pertinet ad sensum compositum. Unde Magister non simpliciter concedit, sed opinionem narrat; et similiter non debet concedi quod scientiæ ejus aliquid addatur, nec aliquid hujusmodi, quod facit intellectum sensus compositi. Si tamen concederetur, non ideo sequeretur scientiam posse augeri; quia ipse per unum et idem scit multa et pauca, quod est primum et per se objectum scientiæ ejus, scilicet essentiam suam quæ est similitudo ejus.

Ad quartum dicendum, quod ea quæ non sunt, Deus non scit scientia visionis; et de hac tantum hic loquimur.

Articulus Tertius
Utrum Deus sciat infinita.

Ad tertium sic proceditur. Videtur quod Deus sciat infinita. Scientia enim numeratur secundum scita. Sed in Psal. 146, 5, dicitur, quod sapientiæ ejus non est numerus. Ergo scita ejus sunt infinita.

Præterea, Deus non alio modo scit quasdam species numerorum quam alias. Sed quasdam scit actu et determinata scientia quascumque aliquis homo scit. Cum igitur species numerorum sint infinitæ, videtur quod ipse sciat infinita determinate.

Præterea, particularia sunt infinita. Sed Deus scit particularia, ut supra, dist. 36, quæst. 1, art. 1, dictum est. Ergo scit infinita.

Præterea, potentia sua dicitur infinita, et dicitur infinitorum simpliciter. Sed nihil potest facere nisi per scientiam. Ergo videtur quod scientia ejus sit infinitorum simpliciter.

Sed contra, quidquid scitur, perfecte scientia comprehenditur. Sed quidquid comprehenditur, intellectus comprehensione finitur, ut dicit Augustinus in Lib. De videndo Deum, et Philosophus in 2 Metaph.. Cum igitur infinitum non possit finiri, videtur quod a nullo intellectu possit perfecte sciri.

Si dicamus, quod quamvis sit infinitum in se, tamen comparatur ad intellectum divinum, finitum est, contra; quod dicitur de aliquo diversimode respectu diversorum, est in genere relationis; ex hoc enim probat Philosophus, magnum et parvum relativa esse.

Ergo quidquid prædicatur de aliquo absolute, cuicumque comparetur, conveniet sibi. Sed esse infinitum est prædicatum absolutum. Ergo quod in se est infinitum, respectu nullius potest dici finitum.

Præterea, infinitum finito infinitum est; quia non potest pertransiri ab eo. Sed sicut infinitum non pertransitur a finito, ita non transitur ab infinito, ut probatur in 4 Physic.. Ergo infinitum neque respectu finiti neque respectu infiniti finitum est.

Præterea, quidquid scitur in actu, actu est in sciente. Sed infinita non possunt esse in actu.
Ergo infinita sciri non possunt.
Respondeo dicendum, quod infinitum potest accipi dupliciter. Vel intensive ad modum quantitatis continuæ; et sic Deus non scit infinitum in actu: quia quantitas infinita continua neque est neque esse potest; nisi dicatur scire infinitum, inquantum seipsum scit, qui infinitus est. Alio modo potest sumi infinitum secundum quantitatem discretam; et sic dicendum est, quod scientia simplicis intelligentiæ Deus scit infinita quæ sunt in potentia ipsius, non tantum secundum individua, sed etiam secundum species. Posset enim infinitas alias species procreare, et scit se posse illas. Loquendo autem de scientia visionis, secundum quod videt res non tantum in seipso, sed etiam unumquodque in proprio esse; sic scientia sua non est infinitorum. Hoc autem non est ex defectu scientiæ ejus, sed ex defectu rerum, quæ non sunt infinitæ secundum omne tempus numeratæ. Unde si poneretur mundus semper fuisse et nunquam deficere, sicut Philosophi posuerunt, scientia sua esset infinitorum, etiam videndo singula in proprio esse: quod scientiæ nostræ non potest convenire, quia non potest singula proprie cognoscere nisi per diversas formas ab eis acceptas; unde oportet quod unum post aliud intelligat, ut ex prædictis, dist. 35, quæst. 1, art. 1, patet; et ita si intelligeret infinita, sequeretur quod infinita numeraret; quod est impossibile. Sed tamen intellectus noster potest quodammodo intelligere infinita, inquantum intelligit formam universalem, quæ est in potentia ad infinita singularia. Unde etiam a philosophis probatur intellectus immaterialis esse, quia quodammodo est virtutis infinitæ; quod nullo modo virtuti in materia existenti convenire potest. Intellectus autem divinus, uno, quod est essentia sua, omnia quæ sunt vel possunt esse intelligit, non tantum universali cognitione, sed etiam propria et determinata, ut ex prædictis, dist. 35, quæst. 1, art. 3, patet; unde non oportet quod cognoscat res diversas aliquo transitu, sed uno intuitu omnia videt; et propter hoc non prohibetur esse infinitorum.

Ad primum ergo dicendum, quod scientiæ Dei dicitur non esse numerus propter infinitam virtutem ejus in comprehendendo, et non propter infinitatem scitorum scientia visionis determinata, per quam res in propria natura cognoscuntur.
Ad secundum dicendum, quod aliquas species numerorum scit Deus etiam scientia visionis, sed non omnes; quia posito initio et fine mundi, est aliqua species numeri quam res in successione temporum existentes non prætergrediuntur; omnes tamen scit scientia simplicis intelligentiæ.
Ad tertium dicendum, quod numerus particularium non est infinitus simpliciter nisi supposita æternitate mundi, quod est contra fidem.
Ad quartum dicendum, quod potentia respicit sicut objectum ens possibile, cujus ratio non dependet ab esse in actu; unde si nunquam ponantur infinita reduci in actum successione temporis, dicitur tamen potentia simpliciter infinitorum. Scientiæ autem objectum est verum, quod cum ente convertitur; unde non potest dici scientia simpliciter eorum quæ non habent esse in actu secundum aliquod tempus, sed secundum quid tantum, sicut etiam secundum quid esse dicuntur in potentia causæ.
Ad quintum dicendum, quod intellectus discurrens per rem, non potest comprehendere rem infinitam, quia finiret eam numerando partes ejus; sed scientia Dei sine discursu uniformiter est unius et multorum, finitorum et infinitorum.
Sextum concedimus.
Ad septimum dicendum, quod intellectus divinus non intelligit res pertranseundo; unde objectio non procedit.
Ad octavum dicendum, quod omnia quæ Deus scit, sunt in ipso unum, et non distinguuntur nisi per diversos respectus. Non est autem inconveniens relationes quæ sequuntur operationem intellectus, esse infinitas, ut dicit Avicenna.

Quæstio II
Prologus
Deinde quæritur de divina providentia; et circa hoc duo quæruntur: 1 quid sit; 2 utrum sit omnium.

Articulus Primus
Utrum providentia pertineat ad scientiam.
Ad primum sic proceditur. Videtur quod providentia pertineat ad scientiam. Sicut enim dicit Bœtius, providentia Dei dicitur, quia porro videt quasi a specula æternitatis. Sed videre pertinet ad scientiam. Ergo videtur quod et providentia.
Item, videtur quod ad omnipotentiam. Dicitur enim sapient. 14, 3: tu autem pater gubernas omnia providentia. Sed gubernatio pertinet ad potentiam, ut habetur ad Hebr. 1, 3: portansque omnia verbo virtutis

suæ. Videtur ergo quod et providentia.

Item, videtur quod ad voluntatem. Sicut enim dicit Damascenus, providentia est divina voluntas secundum quam omnia in finem convenientem deductionem accipiunt; et ita videtur expresse quod ad voluntatem pertineat.

Item, videtur quod sit idem quod dispositio.

Sicut enim dicit Bœtius, providentia est ratio in summo omnium principe constituta, per quam cuncta disponit. Sed disponere est dispositionis. Ergo videtur quod dispositio divina et providentia idem sint.

Item, videtur quod sit idem quod fatum.

Comparatio enim alicujus ad diversa non diversificat ejus essentiam. Sed fatum et providentia non differunt nisi secundum comparationem ad diversa: sicut enim dicit Bœtius, modus quo res geruntur, cum ad divinam cognitionem refertur, providentia dicitur: cum vero ad res ipsas quæ geruntur, fatum vocatur. Ergo videtur quod providentia et fatum non differant per essentiam.

Respondeo dicendum, quod ista tria, dispositio, scientia et providentia, se habent per additionem unius ad alterum. Cum enim Deus de rebus creatis scientiam quasi practicam habeat, ad modum scientiæ artificis ejus scientia consideranda est. Sciendum est ergo, quod artifex præconcipiendo artificiatum suum considerat finem primo; et deinde considerat ordinem rei quam facere intendit, ad finem illum, et ordinem etiam partium ad invicem, sicut quod fundamentum sit sub pariete, et paries sub tecto; et iste ordo partium ad invicem ordinatur ulterius ad finem domus. Tertio oportet quod consideret ea quibus promoveatur ad consecutionem finis, et ut tollantur ea quæ possunt impedire finem; unde excogitat sustentamenta domus per aliquas appendicias et fenestras et hujusmodi, quibus domus sit apta ad habitationem.

Ista ergo excogitatio nominatur nomine scientiæ, ratione solius cognitionis et non ratione alicujus operationis. Unde est et finis, et eorum quæ sunt ad finem. Sed ratione ordinis excogitati in re operanda, vocatur nomine dispositionis: quia dispositio ordinem quemdam significat; unde dispositio dicitur generationis ordinatio. Sed ratione eorum quæ promovent in finem, dicitur providentia: providus enim dicitur qui bene conjectat de conferentibus in finem, et de his quæ impedire possunt. Unde etiam in Deo scientia dicitur, secundum quod habet cognitionem et sui ipsius, et eorum quæ facit. Sed dispositio dicitur ratione duplicis ordinis quem ponit in rebus; scilicet rei ad rem, secundum quod juvant se invicem ad consequendum finem ultimum; et iterum totius universi ad ipsum Deum: sicut etiam Philosophus ponit, ubi etiam ponit exemplum de ordine partium exercitus ad invicem, et ad bonum ducis. Providentia autem dicitur secundum quod rebus ita ordinatis attribuit ea quæ ordinem conservant et propellit omnium inordinationem.

Ad primum ergo dicendum, quod providentia et dispositio diversimode consideratæ pertinent ad scientiam voluntatem et potentiam: quod sic patet ex simili inducto. Potest enim aliquis artifex cognitionem habere de artificiatis speculative tantum, sine hoc quod operari intendat: et sic providentia et dispositio ejus pertinet tantum ad scientiam.

Secundum autem quod ulterius ordinat in opus cum proposito exequendi, pertinet ad scientiam et voluntatem. Secundum autem quod exequitur in opere, sic pertinet ad scientiam, voluntatem et potentiam per quam operatur. Ita etiam in Deo est.

Patet etiam quod primis duobus modis accepta sunt æterna, sed tertio modo sunt ex tempore.

Et ipsa executio providentiæ, gubernatio dicitur.

Unde patet solutio ad secundum et tertium et similiter ad quartum: quia providentia includit dispositionem et addit: et propter hoc etiam per providentiam disponere dicitur.

Ad quintum dicendum, quod providentia et fatum differunt per essentiam: sicut enim forma domus est aliud per essentiam, secundum quod est in mente artificis ubi nomen artis habet, et secundum quod est in lapidibus et lignis ubi artificium dicitur; ita etiam ratio gubernationis rerum aliud esse habet in mente divina, ubi providentia dicitur, et aliud in causis secundis, quarum officio gubernatio divina expletur: ex quibus fatum dicitur a for faris; vel quia est quoddam effatum divinæ ordinationis, sicut verbum vocale est quoddam effatum interioris conceptus: vel ex eo quod ex harum consideratione causarum fari solebant antiquitus de rebus futuris, sicut ex consideratione motus cæli præcipue.

Articulus Secundus
Utrum providentia sit omnium.

Ad secundum sic proceditur. Videtur quod non omnium sit providentia. Ad providentiam enim pertinet remotio eorum quæ impediunt a fine. Sed malum dicitur per deordinationem a fine. Cum igitur multa mala sint in universo, videtur quod non omnia providentiæ divinæ subjaceant.

Præterea, nihil quod casu fit, est provisum: quia casus dicitur inopinatus rei eventus, et secundum Philosophum, est in his quæ aguntur propter aliquid, cum aliud contingat præter id quod intendebatur. Sed multa fiunt casu in mundo, ut probat Philosophus; alias omnia ex necessitate contingerent, nisi causæ aliquæ deficerent ut in minori parte, quod casum inducit. Ergo non omnia sunt provisa a Deo.

Præterea, omne quod est provisum, est ordinatum in unum. Sed liberum arbitrium non est ordinatum in unum, sed se habet ad utrumlibet.

Ergo ea quæ sunt a libero arbitrio, providentiæ divinæ non subjacent.

Præterea, omne quod est provisum, consequitur finem ut in pluribus, nisi sit providentia errans. Sed malum invenitur ut in pluribus, quod est secundum exitum a fine. Ergo universum providentia non regitur.

Præterea, providentiæ proprium est ordinare.

Sed multa inordinate contingunt in universo tam in rebus naturalibus, sicut quod æstates sunt pluviosæ et hiemes siccæ, quam etiam in hominibus, ut quod justi ab impiis puniuntur, qui prosperitatibus affluunt et multa hujusmodi. Ergo videtur quod universum providentia non regatur.

Præterea, Habac. 1, 14, dicitur: numquid facies homines ut pisces maris? et hoc dicit admirando ea quæ videntur inordinate in hominibus contingere. Ergo videtur quod ad bruta non se extendat Dei providentia.

Sed contra est quod habetur Sap. 12, quod est ei cura de omnibus. Sed nomine curæ vel sollicitudinis, providentia signatur. Ergo providentia ejus ad omnia se extendit.

Respondeo dicendum, quod hæc quæstio fere ab omnibus sapientibus ventilata est, et ideo oportet diversorum positiones videre, ut erroribus evitatis, viam veritatis teneamus.

Sciendum est ergo primo, quod quidam posuerunt, nullius rei esse providentiam, sed omnia casu contingere: et ista fuit positio Democriti, et quasi omnium antiquorum, qui negaverunt causam agentem et posuerunt tantum causam materialem. Sed hæc positio satis efficaciter in philosophia improbata est.

Alii posuerunt providentiam esse quarumdam rerum et non omnium, et hi dividuntur in duas vias. Quædam enim positio est, quod providentia Dei non se extendit nisi ad species, et non ad individua, nisi quæ necessaria sunt; eo quod ponebant, illud quod exit cursum suum, providentiæ legibus non subjacere; et ideo ea quæ frequenter deficiunt a cursu ordinato, non sunt provisa, sicut particularia corruptibilia et generabilia; et ista opinio imponitur Aristoteli: quamvis ex verbis suis expresse haberi non possit, sed Commentator suus expresse ponit eam in 11 Metaph.. Dicit enim, quod non est fas divinæ bonitati habere sollicitudinem de singularibus nisi secundum quod habent communicationem in natura communi, sicut quod aranea sciat facere telam, et hujusmodi.

Sed hæc opinio expresse tollit judicium Dei de operibus hominum.

Et ideo alia positio fuit, quod Deus providentiam habet de omnibus quæ dicta sunt, et ulterius de individuis hominum, non tantum secundum quod communicant in specie, sed etiam secundum particulares actus eorum; et hanc ponit Rabbi Moyses, et rationem assignat ex eo quod in homine etiam particulari invenitur natura intellectualis, per quam comprehendit intellectu suo formam speciei, inquantum est species: quia intellectus attribuit intentionem universalitatis naturæ apprehensæ, quam non habet in rebus extra animam; et ideo individuum hominis etiam non deseritur a providentia quæ est specierum, et præcipue quia communicat cum substantiis perpetuis, quarum etiam est per se providentia et secundum individua, et hoc quantum ad nobiliorem partem ejus, quæ est intellectus. Sed quia divina cognitio æqualiter est singularium et universalium, ut supra habitum est; et ejus qui summe bonus est, est ordinare omnia ad finem, secundum quod nata sunt: non videtur conveniens non omnium etiam singularium providentiam esse.

Et præterea hoc est expresse contra sententiam Domini, Matth. 10, dicentis, quod unus ex passeribus non cadit in terram sine patre cælesti, idest sine providentia ejus.

Aliorum positio est, quod Deus omnium providentiam habeat. Sed horum quidam dicunt omnium providentiam æqualiter esse; et hos necesse est incidere in tres errores. Quidam enim æstimantes simul esse providentiam bonorum et malorum, cum hæc duo non possint esse intenta ab uno agente, coacti sunt ponere duos deos, quorum unus providet bona, alius mala, secundum hæresim Manichæorum. Et hæc positio sufficienter a sanctis et philosophis improbata est: quia malum non habet causam efficientem, nec potest esse intentum.

Alii æstimantes, quod similiter sit providentia contingentium et necessariorum, coacti sunt liberum arbitrium et contingentiam negare, asserentes cuncta quæ providentiæ subjacent, ex necessitate evenire, quod ad sensum patet esse falsum. Alii æstimantes similiter esse providentiam rationabilium et irrationabilium, coacti sunt ponere quod nihil mali etiam brutis contingit quod non sit in pœnam eis provisum, vel in occasionem majoris præmii; unde ponunt quod peccatum est occidere brutum, sicut et hominem: quod quidam hæretici nostri temporis sentire videntur.

Sed quia hæc omnia a fide aliena sunt, ideo simpliciter dicendum est, quod omnia providentiæ subjacent, sed non eodem modo: et qualiter hoc sit, videndum est. Dictum est enim, quod providentia dispositionem supponit, quæ ordinem in rebus determinat in diversarum naturarum gradu salvatum. Cum igitur providentiæ non sit destruere ordinem rerum, expletur effectus providentiæ in rebus secundum convenientiam rei prout nata est consequi finem. Sicut enim dicit Dionysius, non est providentia naturas rei destruere, sed salvare; et ideo quasdam res sic instituit ut secundum suam conditionem consequantur finem per principium quod est natura; in aliquibus super hoc principium addit aliud, quod est voluntas. In his autem quæ consequuntur finem per principium quod est natura, invenitur quidam gradus; eo quod quarumdam rerum natura impediri non potest a consecutione effectus sui; et iste est gradus altior, sicut est in corporibus cælestibus: unde in his nihil contingit non intentum a Deo ex defectu ipsorum; et propter hoc Avicenna dicit, quod supra orbem lunæ non est malum. Alius autem gradus naturæ est quæ impediri potest et deficere, sicut natura generabilium et corruptibilium: et quamvis ista natura sit inferior in bonitate, tamen etiam bona est; et melius est quod utraque sit simul, quam quod altera tantum. Si autem Deus contulisset huic naturæ quod nunquam deficeret, jam non esset hæc natura, sed alia; et sic non esset utraque natura, in quo universi perfectioni derogaretur. Unde hanc naturam condidit præsciens defectum contingentem, qui est malum naturæ; sed non intendens. Sed ita providit ut si malum contingeret ex defectu alicujus naturæ, ordinaretur in bonum; sicut videmus quod corruptio unius est generatio alterius; et iste modus providentiæ extendit se etiam usque ad bruta animalia, quæ potius aguntur instinctu naturæ quam electione voluntatis.

Et ideo malum quod accidit in eis, recompensatur per bonum naturæ, non per bonum præmii, sicut quod mors muscæ est victus araneæ.

Sed in nobilioribus creaturis invenitur aliud principium præter naturam, quod est voluntas; quod quanto vicinius est Deo, tanto a necessitate naturalium causarum magis est liberum, ut dicit Bœtius; et ideo ex conditione sua sequitur quod rectum ordinem tenere possit tendendo in finem, et etiam deficere. Si autem inevitabiliter in finem tenderet, per divinam providentiam tolleretur sibi conditio suæ naturæ, ut dicit Dionysius; et ideo taliter a Deo instituta est ut etiam deficere posset; ita tamen quod in potestate ejus esset deficere vel non deficere; quod non erat in defectu naturalis principii.

Et istos defectus voluntatum contingentes præter intentionem providentiæ præscivit Deus et ordinavit eos in bonum non tantum naturæ, sed etiam singularis gratiæ, sicut in bonum justitiæ (quod ostenditur cum culpa per pœnam ordinatur), et in bonum voluntatis aliorum, qui per eorum nequitiam vel corriguntur de peccatis, vel in meritis et gloria crescunt; et in multa alia: quæ humana ratio non sufficit explicare. Unde patet quod bonum et malum subjacent divinæ providentiæ, sed malum tamquam præscitum et ordinatum, sed non ut intentum a Deo; bonum vero quasi intentum; sed necessarium ita quod deficere non possit, et contingens ita quod deficere possit; et voluntarium ita quod pœnam vel præmium habeat, aut in præmium vel in pœnam alicujus ordinetur; naturale autem ita quod consequatur finem naturalem, si bonum est, et cedat in bonum alterius naturæ, si malum est.

Ad primum ergo dicendum est, quod providentiæ est dirigere unumquodque in finem, et subtrahere impedimenta, salvata tamen natura in finem directa, ex cujus conditione defectibili mala contingunt, et non ex divina intentione, quæ ipsa mala in bonum ordinat.

Ad secundum dicendum, quod effectus consequitur conditionem causæ suæ proximæ; et ideo quamvis sit aliquid a Deo provisum, dicitur casu fieri, si accidat præter intentionem naturæ operantis; vel fortuna, si accidit præter intentionem agentis a proposito.

Ad tertium dicendum, quod liberum arbitrium per se ordinatum est ad unum, scilicet ad bonum, ita quod ab eo deficere possit, et quod in ipso sit. Si enim inevitabiliter in unum tenderet, tolleretur ratio voluntatis in tali natura.

Ad quartum dicendum, quod malum potest accipi vel in rebus naturalibus, vel in voluntariis.

Et si accipiatur in naturalibus, constat quod malum est ut in paucioribus, tum secundum supposita, quia malum naturæ non contingit nisi in sphæra generabilium et corruptibilium, quæ est parvæ quantitatis respectu corporum cælestium in quibus malum esse non potest, quia incorruptibilia sunt, et motus eorum inordinationem habere non possunt, cum semper eodem modo sint; tum etiam considerando in eodem, quia causæ naturales consequuntur effectus suos in majori parte, et deficiunt in minori, et ex hoc malum incidit. Sed in voluntariis etiam quantum ad numerum invenitur malum ut in paucioribus in natura angelica: quia multo plures fuerunt remanentes quam cadentes; et forte etiam plures quam omnes damnandi, Dæmones et homines. Sed in natura humana bonum videtur esse ut in paucioribus: et hujusmodi ratio potest assignari dupliciter. Una est propter corruptionem humanæ naturæ ex peccato originali, quam etiam Deus prævidit et præordinavit, sicut et alia mala; sed non prohibuit ut natura maneret in sua libertate, qua subtracta naturæ ratio deperiret.

Alia ratio sumi potest ex ipsa natura conditionis humanæ. Sicut enim in naturalibus invenitur triplex gradus; aliquid enim est quod habet esse tantum in actu; et huic nullus defectus essendi advenire potest: aliquid autem est quod est tantum in potentia, sicut materia prima; et hoc semper habet defectum, nisi removeatur per aliquod agens reducens eam in actum: est etiam aliquid quod habet actum admixtum privationi; et hoc propter actum dirigentem in opere recte operatur ut in majori parte, deficit autem in minori, sicut patet in natura generabilium et corruptibilium; ita etiam est in intellectualibus. Est enim aliqua intellectualis natura quæ est actus completus sine admixtione alicujus privationis vel potentiæ; et ex hac non potest aliquid non rectum procedere, sicut patet de Deo. Est etiam quædam natura cui admiscetur potentia, sed tamen in ipsa sua natura habet aliquem actum dirigentem in operatione, sicut est in Angelis; et ideo talis natura deficit a rectitudine ut in minori parte. Sed in natura humana perfectiones secundæ, quibus diriguntur opera, non sunt innatæ, sed vel acquisitæ vel infusæ. Unde Commentator in 3 de anima, comparat intellectum potentialem humanum materiæ primæ, et Philosophus tabulæ in qua nihil scriptum est; et ideo ipsa natura humana in se considerata æqualiter se habet indifferenter ad omnia vel intelligenda vel facienda; et quia malum contingit multifariam secundum Dionysium, et bonum uno modo; ideo ut in pluribus flectitur in malum. Sic enim considerata natura humana, nondum est ut agens perfectum, nisi respectu naturalium operationum; sed tunc est agens perfectum quantum ad omnes suas operationes, quando jam perfecta est perfectionibus secundis, quæ sunt virtutes; et ideo quando determinatur per perfectionem secundam vel infusam vel acquisitam, tunc determinatur ad unum, vel ad quod tendat ut in majori parte, sicut in statu viæ, vel ut semper, sicut in statu patriæ. Et ideo tullius, comparat virtutem naturæ, dicens quod est habitus voluntarius in modum naturæ rationi consentaneus; et ideo voluntas perfecta virtute justitiæ se habet ad opera justa, sicut ignis ad motum sursum. Et per hoc etiam patet quod magis servatur ordo providentiæ in bonis quam in malis.

Ad quintum dicendum, quod quidquid est in mundo, totum ordinatum est; quamvis ratio ordinis nobis non appareat in quibusdam, et præcipue in voluntariis, cum malis quandoque bona quandoque mala eveniant, et similiter bonis. Sed ratio ordinis hujus scitur a Deo; sicut medicus scit quare quibusdam ægris quandoque det calida et quandoque frigida, et similiter sanis; quod tamen ignorans artem admiratur, ut dicit Bœtius.

Ista tamen inordinatio si diligenter advertitur, invenitur non in his ad quæ per se ordinatur humana opera, et quæ per se sunt tantum bona vel mala. Habet enim bonum opus semper sibi adjunctum bonitatis præmium in perfectione virtutis, quæ est bonum humanum, et in consecutione beatitudinis, ad quam opera humana ordinantur; et e contrario est de malis. Sed ista permixtio videtur accidere in his bonis quæ extra hominem sunt, vel quæ non sunt bona ejus inquantum est homo, sicut in bonis corporalibus et in bonis fortunæ; cum tamen ista permixtio semper ordinetur ad id quod est per se hominis bonum, vel gratiæ, vel gloriæ, secundum apostolum Rom. 8, 28: diligentibus Deum omnia cooperantur in bonum, vel in justitiæ divinæ manifestationem; frequenter enim impii prosperantur in hac vita, ut manifestior appareat in judicio eorum animadversio.

Ad sextum dicendum, quod ex illa auctoritate innuitur quod non est similiter providentia de brutis et de hominibus; et hoc verum est, ut ex prædictis, in corp. Art., patet.

Distinctio XL

Quæstio I
Prologus

Postquam determinavit de scientia Dei in communi, hic specialiter de prædestinatione determinat; et dividitur in partes duas: in prima determinat quid sit prædestinatio; in secunda determinat de causalitate ejus, utrum scilicet sit causa prima vel habeat aliam, dist. 41, ibi: si autem quærimus meritum obdurationis et misericordiæ, obdurationis meritum invenimus, misericordiæ autem meritum non invenimus. Prima in duas: in prima determinat de prædestinatione; in secunda de reprobatione, ibi: cumque prædestinatio sit gratiæ præparatio...

Reprobatio e converso intelligenda est præscientia iniquitatis quorumdam. Prima in duas: in prima ostendit quid sit prædestinatio, et quorum sit; in secunda determinat de prædestinationis certitudine, ibi: prædestinatorum nullus videtur posse damnari. Circa quod tria facit: primo ostendit prædestinationis certitudinem; secundo ponit objectionem in contrarium, ibi: ad hoc autem objiciunt; tertio ponit responsionem, ibi: quibus respondemus.

Circa quod etiam tria facit: primo respondet ad primam objectionem; secundo objicit contra responsionem, ibi: verumtamen adhuc instant; tertio solvit objectum, ibi: in hujus quæstionis solutione mallem alios audire quam docere.

Hic est duplex quæstio. Prima est de prædestinatione. Secunda de reprobatione. Circa primum quæruntur tria. Primo quid sit prædestinatio.

Secundo, quorum sit. Tertio, de certitudine ejus.

Circa primum quæruntur duo: 1 utrum prædestinatio sit in creatura, vel tantum in Deo; 2 quid in Deo nominet.

Articulus Primus
Utrum prædestinatio sit aliquid in prædestinato.

Ad primum sic proceditur. Videtur quod prædestinatio sit aliquid in re prædestinata. Omnis enim actio infert ex se passionem. Sed cum dicitur, Deus prædestinat, significatur in verbo actus divinus. Ergo videtur quod respondeat sibi aliqua passio in creatura, quæ sit prædestinatio passive dicta, sicut etiam de creatione est; invenitur enim creatio actio, et creatio passio.

Præterea, omnis denominatio fit secundum aliquam formam inhærentem, sicut secundum qualitatem dicimur quales. Sed prædestinatione aliquid denominatur, cum prædestinatus dicitur. Ergo videtur quod prædestinatio sit aliquid in ipso.

Præterea, comparatio est eorum quæ sunt unius generis. Sed in Glossa Joan. 1, dicitur, quod melius erat Nathanæli duas naturas in Christo cognoscere quam prædestinatum esse. Cum igitur cognitio naturarum, cui comparatur prædestinatio, in ipso aliquid ponat, videtur quod prædestinatio sit aliquid in prædestinato.

Præterea, nullum æternum definitur per temporale. Sed prædestinatio definitur per temporale: quia dicitur, quod est præparatio gratiæ in præsenti et gloriæ in futuro. Ergo non est æterna.

Sed omnis actio quæ temporaliter de Deo dicitur, ponit aliquem effectum in creatura, sicut regere, gubernare, et hujusmodi. Ergo videtur quod prædestinatio sit aliquid etiam in prædestinato.

Sed contra, non eliguntur nisi prædestinati.

Sed eliguntur qui non sunt, ut dicit Augustinus, Lib. De prædest. Sanct., cap. 17.

Ergo videtur quod prædestinatio sit non entium. Sed in non ente non potest aliquid esse. Ergo prædestinatio non est aliquid in prædestinato.

Præterea, ut supra, dist. 38, dixit Magister, prædestinatio est quædam species scientiæ divinæ.

Sed scientia nihil est in scito, sed tantum in sciente.

Ergo videtur quod prædestinatio non ponat aliquid in prædestinato.

Respondeo dicendum, quod ponere aliquid in alio potest intelligi dupliciter. Aut quod ipsum significatum per nomen in aliquo esse dicatur, sicut albedo ponit aliquid in albo: et sic dico, quod prædestinatio non ponit aliquid in prædestinato, sed in prædestinante tantum. Aut ita quod ad significatum quod est in uno, sequitur aliquid esse in alio; sicut paternitas ponit aliquid in filio, cum tamen ipsa secundum suum esse in patre tantum sit, sed dicitur ponere aliquid in filio, inquantum ad paternitatem sequitur aliquid esse in filio.

Sed hoc contingit dupliciter. Vel quia relinquatur illud esse in alio simul, sicut paternitas relinquit filiationem: aut non necessario simul, sed vel prius vel posterius, sicut auditus ponit percussionem sonantem simul aut prius; et hoc modo dico, quod prædestinatio ponit aliquid in prædestinato: quia ad operationem hanc Dei sequitur effectus prædestinationis inesse prædestinato

Distinctio XL

non semper quandocumque est prædestinatio, sed quandoque; et hic effectus est gratia et gloria.

Ad primum ergo dicendum, quod, ut Philosophus tradit actionum quædam transeunt in exteriorem materiam circa quam aliquem effectum operantur, ut patet in actionibus naturalibus sicut ignis calefacit lignum, et in artificialibus, sicut ædificator facit domum ex materia; et in talibus actio est recepta in eo quod fit, per modum passionis, secundum quod motus est in moto ut in subjecto: et ideo in talibus est invenire actionem in re agente, et passionem in re patiente. Quædam vero sunt quæ in exteriorem materiam non transeunt ut effectum aliquem circa ipsam producant, ut patet in visione, quæ cum sit actio videntis, nullum effectum in re visa efficit; et tales actiones, quæ proprie operationes dicuntur, in ipsis operantibus tantum sunt.

Unde non potest fieri conversio passionis ad actionem acceptam a re exteriori, secundum quod in se est, sed solum secundum quod in operante est: etsi enim oculus videt lapidem, lapis tamen non videtur nisi secundum quod est in oculo per sui similitudinem. Secundum hoc ergo dico, quod creatio est talis actio quæ effectum exteriorem relinquit; unde oportet passive sumptam creationem aliquid in re creata esse, sicut calefactionem in calefacto.

Prædestinatio vero cum nominet operationem voluntatis et intellectus existentem solum in ipso operante, sicut visio in vidente et speculatio in speculante, si passive accipiatur, non erit aliquid in prædestinato, secundum quod in se consideratur, sed solum secundum quod in prædestinante est secundum suam similitudinem per quam ibi cognoscitur, sicut et scitum in sciente: ex quo etiam patet quod prædestinatio non nominatur per aliquam passionem in ipso existentem, sed per operationem ipsius prædestinantis, sicut et res denominatur visa per operationem videntis. Vel aliter dicitur, quod prædestinatio, proprie loquendo de actione, secundum quod in naturalibus sumitur, non est actio, sed operatio. Operatio enim agentis quædam est ut transiens in effectum, et hæc proprie actio vel passio dicitur: et tali actioni semper respondet e converso passio; unde invenitur calefactio actio et calefactio passio, et similiter creatio actio et creatio passio. Quædam vero operatio est quæ non significatur ut procedens in aliquem effectum, sed magis secundum quod est aliquid in ipso; et si quidem hæc recipiatur in ipso, illa receptio dicetur passio; et actio consequens conjunctum ex recepto et recipiente dicetur operatio:

quia operatio semper est perfecti, ut patet in sensu: sentire enim est quædam operatio sentientis, nec procedens in effectum aliquem circa sensibile, sed magis secundum quod species sensibilis in ipso est; unde sentire quantum ad ipsam receptionem speciei sensibilis nominat passionem, similiter et intelligere quod etiam pati quoddam est, ut in 3 De Anim. Dicitur: sed quantum ad actum consequentem ipsum sensum perfectum per speciem nominat operationem, quæ dicitur motus sensus, de quo dicit Philosophus, quod est actus perfecti. Sed in Deo est similitudo rei cognitæ, non per receptionem sed per essentiam suam; unde suum intelligere nullo modo dicit passionem, sed operationem tantum. Omnes igitur tales operationes non habent passiones respondentes nisi per modum significandi tantum; sicut cum dicitur aliquid sciri, non ponitur aliqua passio secundum rem in scito, sed solum quidam respectus ad scientem secundum rationem, qui per modum passionis significatur a grammatico, sicut et operatio per modum actionis; unde dicit quod scire est activum, et sciri passivum.

Unde dico quod prædestinatio est quædam operatio divina, et prædestinari non ponit aliquam passionem in prædestinato, sed solum respectum quemdam secundum modum intelligendi, qui respectus relinquitur ex assimilatione sciti quæ est in sciente.

Ad secundum dicendum, quod in omnibus absolutis denominatur aliquid per id quod sibi inest: sed in relativis quandoque denominatur aliquid per id quod in ipso est, sicut pater paternitate, quæ realiter in ipso est: quandoque autem denominatur eo quod solum in altero est; sicut in illis in quorum alio est relatio secundum rem, et in alio secundum rationem tantum. Unde dicit Philosophus, quod scibile dicitur relativum, non quia ipsum referatur, sed quia aliud refertur ad ipsum: et ita patet quod prædestinatio secundum rem nihil est nisi in intellectu divino.

Ad tertium dicendum, quod comparatio illa non attenditur absolute cognitionis duarum naturarum in Christo ad prædestinationem, sed cognitionis simul cum prædestinatione ad prædestinationem simul cum statu veteris legis: prædestinatio enim stat cum utroque. Unde dicit, quod melius est Nathanæli cognoscere duas naturas in Christo quam esse prædestinatum, et manere sub umbra legis et mortis; ac si diceret: melius est esse prædestinatum et habere gratiam novi testamenti, quam esse prædestinatum et non habere gratiam novi testamenti: quia prædestinatio currit cum utroque testamento.

Ad quartum dicendum, quod temporale non ponitur in definitione æterni in recto, quasi denotans substantiam æterni; sed in obliquo nihil prohibet poni, ut significetur respectus æterni ad temporale: et sic gratia et gloria in definitione prædestinationis ponitur.

Articulus Secundus
Utrum prædestinatio pertineat ad scientiam.

Ad secundum sic proceditur. Videtur quod prædestinatio ad scientiam pertineat. Quia, ut dicitur in littera, prædestinatio sine præscientia non potest esse. Præscientia autem scientiam nominat cum ordine ad futura. Ergo prædestinatio ad scientiam pertinet.

Item, videtur quod ad voluntatem. Dicit enim Augustinus, quod prædestinatio est propositum miserendi. Proponere autem est actus voluntatis, quia videtur idem esse quod finem determinare. Ergo videtur quod prædestinatio ad voluntatem pertineat.

Item, videtur quod ad potentiam. Quia præparare est actus potentiæ. Sed prædestinatio est præparatio beneficiorum Dei, ut in littera dicitur.

Ergo etc..

Item, videtur quod sit idem quod providentia vel dispositio. Quia prædestinatio dicitur alicujus in finem directio. Sed ordo in finem pertinet ad providentiam vel dispositionem. Ergo videtur quod et prædestinatio.

Item, videtur quod sit idem quod liber vitæ.

Vita enim animæ est per gratiam et gloriam. Sed prædestinatio est præparatio gratiæ in præsenti et gloriæ in futuro, secundum Magistralem definitionem. Ergo ad librum vitæ pertinet.

Respondeo dicendum, quod prædestinatio includit in intellectu suo providentiam, et aliquid addit. Addit autem ad minus tria: unum ex parte ipsorum prædestinatorum: quia cum providentia Dei sit respectu omnium, et specialiter quodammodo sit respectu habentium voluntatem, prædestinatio includit in se providentiam secundum illum specialem modum quo est hominum, et habentium voluntatem. Secundum addit ex parte ipsius finis et eorum quæ habentur ut promoventia ad finem; cum enim providentia respiciat ordinem uniuscujusque boni ad quemlibet finem, prædestinatio est tantum respectu eorum quæ sunt elevata supra facultatem naturæ, ut gloriæ, quæ est in perfecta Dei fruitione, et gratiæ promoventis in ipsam; unde dicit Damascenus, quod prædestinatio est eorum quæ non sunt in nobis. Tertium addit ex parte ipsius prædestinantis, ex cujus parte videtur duo addere: primo, quia providentia est idem quod ars gubernationis rerum, quæ secundum rationem sui nominis potest salvari in speculatione tantum; sed prædestinatio importat providentiam, secundum quod est ordinata ad executionem operis per voluntatem; et ideo definitur per propositum et per præparationem: secundo addit præscientiam exitus ex parte ejus quod providetur; unde potest aliquid ab ordine providentiæ quantum ad id quod intentum est, exire; sicut Deus vult omnes homines salvos fieri, licet non omnes salventur: non autem ab ordine prædestinationis. Dicit enim prædestinatio intentionem divinam de salute istius cum præscientia ejus quod salvabitur; et ideo dicitur, quod est præscientia et præparatio.

Unde patet solutio ad primum; quia non tantum ponitur præscientia in ejus definitione.

Ad secundum dicendum, quod propositum non simpliciter nominat actum voluntatis, sed præsupponit actum cognitionis ostendentis finem in quem voluntas tendit.

Ad tertium dicendum, quod præparatio quæ ponitur in definitione prædestinationis, non est secundum executionem in opus, sed intelligitur secundum propositum divinæ voluntatis.

Ad quartum dicendum, quod prædestinatio est quidam modus providentiæ; sed addit aliqua specialia super eam, ut dictum est, in corp. Art..

Ad quintum dicendum, quod liber vitæ metaphorice dicitur. Sicut enim in libro aliquid scribitur, ex quo in eo veritas rei intelligitur; ita etiam in intellectu describuntur similitudines rerum, per quas res cognoscuntur; unde intellectus possibilis ante intelligere comparatur tabulæ in qua nihil est scriptum, in 3 de anima. Cum ergo dicitur liber vitæ in Deo, potest sumi vita vel ex parte Dei intelligentis; et sic præscientia creaturarum dicitur liber vitæ, quia quod factum est in ipso vita erat; Joan. 1, 3: vel ex parte rei scitæ; et sic dicitur liber vitæ præscientia vitæ quæ est in conformitate ad Deum. Hæc autem est duplex; scilicet vita gratiæ, et vita gloriæ, quæ ad perfectam conformitatem accedit. Unde cujus talis vita repræsentatur in libro divinæ præscientiæ, dicitur simpliciter scribi in libro vitæ; secundum quid autem, scilicet quantum ad præsentem justitiam, dicitur ibi scribi, cujus vita gratiæ tantum ibi cognoscitur.

Et etiam quodammodo dicuntur ibi scribi opposita horum, scilicet gloriæ et gratiæ inquantum per hoc cognoscuntur. Sic ergo patet quod liber vitæ est medium inter præscientiam communiter sumptam et prædestinationem: quia præscientia est communiter omnium, sed liber vitæ est tantum cognitio gratiæ vel gloriæ; sed prædestinatio est non tantum gratiæ, sed gratiæ simul et gloriæ. Unde nullus dicitur esse prædestinatus quantum ad præsentem justitiam, sicut dicitur scriptus in libro vitæ; et super hoc addit prædestinatio propositum voluntatis.

Quæstio II

Articulus Primus
Quorum sit prædestinatio.

Deinde quæritur, quorum sit prædestinatio.
Et videtur quod sit tantum eorum qui sunt.
Prædestinatio enim significat missionem quamdam.
Sed nihil mittitur nisi quod est. Ergo prædestinatio est tantum entis.
Præterea, quod non est, non potest ad aliquid præparari. Sed prædestinatio est præparatio quædam. Ergo videtur quod non sit non entium.
Item, videtur quod non sit Angelorum. Quia, secundum Augustinum, prædestinatio est propositum miserendi. Sed Angeli nunquam fuerunt miseri. Cum igitur misericordia miseriam respiciat, videtur quod eis prædestinari non competit.
Item, videtur quod nec beatis, qui sunt in gloria. Quia quod est in fine ultimo, non potest dirigi in illud. Sed beati sunt in suo fine ultimo.
Ergo eis non competit prædestinari.
Item, videtur quod nec filio Dei. Quia prædestinatio importat antecessionem quamdam, sicut et præscientia. Sed respectu filii Dei, cum sit æternus, non potest designari aliqua antecessio. Ergo filio Dei prædestinari non competit.
Sed e contrario videtur quod prædestinatio sit omnium hominum. Quia Deus, secundum Dionysium, æqualiter se habet ad omnia. Ergo si aliquibus ipse præparat gratiam, et omnibus. Sed prædestinatio est gratiæ præparatio.
Ergo si aliquos prædestinat, et omnes prædestinat.
Præterea, sicut dirigimur in bona gratiæ a Deo, ita et in bona naturæ; quia omne bonum nostrum ab ipso est. Sed bona naturæ omnibus largitur, bonis et malis, ut habetur Matth. 5. Cum ergo prædestinatio sit directio in finem (finis autem est bonum) videtur quod prædestinatio sit omnium.

Respondeo dicendum, quod prædestinatio dicitur esse aliquorum dupliciter: vel sicut finis et conferentium ad finem; et sic dicitur esse gratiæ et gloriæ; vel eorum qui finem consequuntur; et sic est omnium qui gloriam per Dei gratiam adipiscuntur. Utrumque autem ex nomine prædestinationis accipi potest, in quo conjungitur actus destinationis cum hac præpositione præ per compositionem advenientem. Destinare autem significat directionem alicujus in aliquid, sicut nuntii. Dicitur etiam alio modo destinare, ut habetur 2 Machab., 6, 20: Eleazarus destinavit non admittere illicita propter vitæ amorem. Sed hæc significatio videtur deducta ex prima; quod enim proponitur, dirigitur in executionem operis. Illud autem proprie dicitur dirigi in aliquid quod non habet in se unde in illud vadat: et ideo proprie in illa dicitur prædestinatio quæ homo ex naturalibus suis consequi non potest, scilicet gratiam et gloriam. Et ideo dicit Damascenus quod prædestinatio est eorum quæ non sunt in nobis. Et ideo quidquid non potest consequi gratiam et gloriam, illud non prædestinatur; sed illi tantum prædestinari dicuntur qui consecuturi sunt gloriam per gratiam. Sed hæc præpositio præ importat antecessionem, quæ diversimode diversis convenit. Invenitur enim in prædestinatione hominis antecessio æternitatis ad naturam, et naturæ ad gratiam, et gratiæ ad gloriam. In Angelo autem invenitur antecessio æternitatis ad naturam, et naturæ ad gratiam, secundum eos qui ponunt Angelos tantum in naturalibus creatos, sed non gratiæ ad gloriam duratione. Secundum autem alios, qui ponunt Angelos in gratia creatos, non invenitur antecessio naturæ ad gratiam secundum durationem, sed gratiæ ad gloriam. In Christo autem non invenitur antecessio æternitatis ad personam, sed tantum ad alteram naturam; nec naturæ ad gratiam, nec gratiæ ad gloriam, quantum ad fruitionem, sed solum quantum ad impassibilitatem animæ et dotes corporis; et sic diversimode prædestinatio diversis convenit.
Ad primum ergo dicendum, quod illi qui non sunt nec erunt, non prædestinantur; sed illi qui erunt, quamvis non sint, quos Deus scientia visionis cognoscit; et quamvis ipsi non dirigantur actu in aliquid, ut in propria natura existentes, tamen prædiriguntur in finem, prout sunt in Dei præscientia.
Ad secundum dicendum, quod est duplex præparatio. Quædam materiæ, secundum quod disponitur ad recipiendum formam; et sic non præparatur nisi quod est. Quædam autem est præparatio agentis, ut sit agens; et ista sicut est in naturalibus, inquantum agens acquirit

dispositionem per quam agat, ita est in artifice, secundum quod concipit formam artificiati, et proponit eam exequi in opere; et talis præparatio est in Deo etiam respectu futurorum.

Ad tertium dicendum, quod illa definitio data est de prædestinatione inquantum respicit statum præsentis miseriæ, et non de ipsa absolute. Vel potest dici, quod misereri sumitur hic non pro amotione miseriæ prius habitæ, sed pro collatione eorum sine quibus miseria esset, et præcipue quæ sola gratuita voluntate conferuntur.

Ad quartum dicendum, quod prædestinatus potest accipi dupliciter. Vel participialiter secundum quod consignificat tempus præteritum; et sic existentes in patria sunt prædestinati; quia quod semel est præteritum, semper erit præteritum. Vel alio modo potest sumi neutraliter; et sic non proprie possunt dici prædestinati nisi secundum quod diriguntur in continuitatem beatitudinis; quod tamen non proprie dicitur; quia extensionem successionis non habet.

Ad quintum dicendum, quod quamvis non possit designari aliqua antecessio ad personam filii Dei absolute, potest tamen designari ad naturam humanam, vel ad personam, secundum quod in tali natura subsistit. Sed hoc habet quæri magis in 3, dist. 2, art. 3.

Ad sextum dicendum, quod quamvis Deus, quantum in se est, æqualiter se habeat ad omnes, non tamen æqualiter se habent omnes ad ipsum; et ideo non æqualiter omnibus gratia præparatur.

Ad septimum dicendum, quod prædestinatio est proprie eorum quæ sunt elevata super facultatem naturæ, ut dictum est, in corp. Art.: et ideo non oportet quod omnium sit prædestinatio qui a Deo bona naturalia percipiunt, sed eorum quibus gratia et gloria præparatur.

Quæstio III

Articulus Primus
Utrum prædestinatio sit certa.

Deinde quæritur de certitudine prædestinationis.

Et videtur quod non sit certa. Dicitur enim Apoc. 3, 2: tene quod habes, ne alius accipiat coronam tuam. Aut hoc intelligitur de corona præsentis justitiæ, aut de corona gloriæ. Sed non de corona præsentis justitiæ; quia gratia quam quis habet, eo peccante destruitur, nec de subjecto in subjectum mutatur. Ergo intelligitur de corona gloriæ. Sed gloria non est alicujus in statu viæ nisi quia est sibi prædestinata. Ergo videtur quod unus possit accipere hoc quod alii prædestinatum est; et ita prædestinatio certitudinem non habet.

Præterea, Gregorius in moralibus dicit, quod aliis cadentibus, in eorum locum alii succedunt. Sed locus gloriæ non potest dici eorum, nisi quia est eis prædestinatus. Ergo idem quod prius.

Præterea, in Psal. 68, 12, dicitur: deleantur de libro viventium. Sed non potest deleri de libro quod ibi scriptum non est. Cum ergo prædestinatio sit liber vitæ, ut dictum est, videtur quod aliquid a prædestinatione possit deficere: et ita non erit certa.

Præterea, eorum quæ non sunt determinata nec in se nec in causis suis, non potest esse certitudo. Sed motus liberi arbitrii, quod est causa ad utrumlibet, non sunt determinati nec in se nec in suis causis, antequam sint. Ergo cum effectus prædestinationis expleatur motibus liberi arbitrii, quæ sunt opera meritoria, videtur quod prædestinatio nullam certitudinem habeat.

Præterea, omnis certa cognitio posita de necessitate concludit cognitum. Sed illud quod est æternum, cum sit in omni tempore, potest in quocumque tempore poni. Cum igitur prædestinatio sit æterna, potest poni aliquis prædestinatus antequam salvetur. Ergo potest concludi, iste salvabitur, sicut verum. Sed si futurum contingens esset verum, tunc accideret de necessitate, ut probat Philosophus. Ergo sequeretur quod iste ex necessitate salvaretur, et quod non posset non salvari; et sic liberum arbitrium periret, quod est impossibile: et impossibile non sequitur nisi ex impossibili. Ergo videtur quod impossibile sit prædestinationem certitudinem habere; quia alia probata sunt possibilia esse.

Sed contra, prædestinatio in sui ratione includit præscientiam. Sed ipse Deus habet certam cognitionem de omnibus quæ cognoscit, ut supra, dist. 36, quæst. 1, art. 3, habitum est. Ergo videtur quod prædestinatio sit certa.

Respondeo dicendum, quod quidam dixerunt quod Deus non cognoscit futura contingentia nisi secundum quod sunt, scilicet sciens ea esse contingentia, sicut necessaria esse necessaria.

Sed hoc improbat Boetius: quia secundum hoc sequeretur quod Deus non plus cognosceret de salute hominum futura quam homo, qui scit etiam eam contingentem.

Unde alii dixerunt, quod prædestinatio habet certitudinem, ita quod numerus salvandorum apud Deum est certus, accipiendo numerum quo numeramus, scilicet quod salvabuntur centum vel mille, et sic de aliis.

Non autem certus est numerus materialiter sumptus, scilicet quo ad supposita; quia isti homines possunt et salvari et non salvari. Sed hoc est attribuere Deo imperfectam cognitionem. Si enim cognoscit quod tot salvabuntur, et non quod isti; imperfecta est ejus cognitio, et in universali tantum. Si autem cognoscit quod etiam isti, oportet hoc certum esse; quia cognitio ejus incerta esse non potest, sicut nec falsa.

Et ideo dicendum est, quod numerus prædestinatorum utroque modo acceptus, scilicet et formaliter et materialiter, certus est Deo, sed incertus est nobis. Nec tamen ista certitudo necessitatem salvandis imponit; quod patet ex his quæ dicta sunt. Prædestinatio enim includit in suo intellectu præscientiam, et providentiam salutis omnium. Providentia autem, ut dictum est, quamvis sit omnium, non tamen omnia necessario contingunt, sed secundum conditionem causarum proximarum, quarum naturas et ordinem providentia et prædestinatio salvat. Præscientia etiam non imponit necessitatem rebus nec inquantum est causa, cum sit causa prima, cujus conditionem effectus non habet, sed causæ proximæ; nec ratione adæquationis ad rem scitam quæ ad rationem veritatis et certitudinis scientiæ exigitur, quia adæquatio ista attenditur scientiæ Dei ad rem non secundum quod est in causis suis, in quibus est ut possibile futurum tantum, sed ad ipsam rem, secundum quod habet esse determinatum, prout est præsens, et non futurum: et hoc supra, dist. 38, quæst. 1, art. 5, expositum est; et ita patet quod certitudo prædestinationis nullam necessitatem salvandis imponit.

Ad primum ergo dicendum, quod utroque modo potest exponi. Si enim intelligatur de corona præsentis justitiæ, dicitur coronam ejus alius accipere, dum opera ipsius in caritate facta, quæ sibi et aliis proderant, secundum quod spiritus caritatis facit communia merita sanctorum, ipso peccante sibi prodesse desinunt ad meritum vitæ æternæ; eorum tamen fructus in illis manet qui in gratia perseverant; non autem ita quod eadem numero gratia quæ est in uno, ipso peccante, in altero fiat. Et similiter exponitur, si intelligatur de corona futuræ gloriæ; quia sancti in patria existentes gaudent de omnibus meritis sanctorum qui in mundo sunt. Unde aliquo peccante, cujus multa merita præcesserunt, gaudium illorum meritorum in æternum manebit in beatis, quod ipse peccando amisit; non ita quod gloria quæ prædestinata est uni, alteri detur. Dicitur tamen: ne alius accipiat coronam tuam, non ad excludendum prædestinationis certitudinem, sed ad ostendendam arbitrii libertatem.

Ad secundum dicendum, quod dictum Gregorii non intelligitur de loco qui sanctis prædestinatus est, sed de loco quem tenent in ecclesia per statum præsentis justitiæ; quia ecclesia nunquam destituitur existentibus in gratia; unde peccantibus quibusdam, alii in gratiam a Domino advocantur.

Ad tertium dicendum, quod prædestinatio est liber vitæ secundum quod dicitur in eo aliquid scribi non solum quantum ad præsentem justitiam, sed etiam quantum ad futuram gloriam; et sic nullo modo potest dici aliquis deleri de libro vitæ; sed illud quod est ibi scriptum quantum ad præsentem justitiam tantum, dicitur deleri, non mutatione facta ex parte libri, ut aliquid in eo fuerit, quod postmodum non sit; sed ex parte illius qui in libro scriptus dicitur, inquantum scilicet ipse mutatur a statu præsentis justitiæ; et sic vita ejus non repræsentatur ut præsens, sed ut præterita.

Ad quartum dicendum, quod contingens futurum, ut motus liberi arbitrii, quamvis non sit determinatum in causa sua, est tamen determinatum in esse suo secundum quod est actu; et sic subjacet certitudini præscientiæ, sicut supra dictum est de futuris contingentibus, dist. 38, quæst. 1, art. 5.

Ad quintum dicendum, quod illud quod mensuratur æternitate, est simul cum omni tempore, ita tamen quod nullo eorum mensuratur; et ideo actus divinæ præscientiæ non potest poni ita esse nunc, quasi mensuretur per præsens tempus, ut ordinem præsentis ad futurum ad suum scitum habeat; sed ad omne tempus et ad omne scitum habet ordinem præsentis ad præsens. Unde cum dicitur, Deus præscit hoc, non intelligitur quod hoc sit futurum respectu divinæ scientiæ, sed respectu hujus temporis in quo profertur: et ideo oportet hujusmodi verba et participia dicta de Deo a determinatione temporis absolvere, ut consignificent nunc æternitatis, et non temporis; alias inevitabiliter sequitur error.

Quæstio IV
Prologus

Deinde quæritur de reprobatione; et circa hoc duo quæruntur: 1 quid sit; 2 utrum Deus sit causa obdurationis et excæcationis, quæ reprobationi quodammodo respondet.

Articulus Primus
Utrum reprobatio addat aliquid supra præscientiam.

Ad primum sic proceditur. Videtur quod reprobatio nihil

addat supra præscientiam. Reprobatio enim malorum est. Sed horum non habet Deus nisi scientiam simplicis notitiæ, ut supra, dist. 38, quæst. 1, art. 1, habitum est. Ergo reprobatio supra præscientiam nihil addit.

Præterea, illud quod addit aliquid supra commune, non appropriat sibi nomen communis, sicut convertibile quod non indicat substantiam rei appropriat sibi nomen proprii: quia non addit aliquid, sicut definitio addit. Sed reprobatio appropriat sibi nomen præscientiæ: dicimus enim communiter malos præscitos, et bonos prædestinatos.

Ergo videtur quod reprobatio nihil supra præscientiam addat.

Præterea, Magister supra, 35 dist., posuit rationes eorum quæ aliquid supra præscientiam et scientiam addunt, ut dispositionis, providentiæ etc..

Ergo cum non fecerit ibi de reprobatione mentionem, videtur quod nihil supra præscientiam addat.

Sed contra, præscientia est omnium tam bonorum quam malorum. Sed reprobatio non est nisi damnandorum. Ergo aliquid supra rationem præscientiæ addit.

Præterea, reprobatio opponitur approbationi.

Sed approbatio dicit aliquid in voluntate. Cum ergo opposita sint ejusdem, videtur quod reprobatio ponat aliquid in voluntate et non in præscientia tantum.

Respondeo dicendum, quod reprobatio addit supra præscientiam rationem providentiæ.

Cum enim providentia divina sit communiter omnium, tamen quodam speciali modo et privilegiato est eorum in quibus invenitur voluntas, per quam æternæ gloriæ capaces sunt; unde specialis quidam modus providentiæ divinæ attenditur, secundum ordinem talis naturæ in finem, et secundum collationem eorum quæ in finem promovent.

Et quia ex conditione talis naturæ est ut a consecutione finis deficere possit, ideo per providentiam divinam ordinatum est ut talis defectus in bonum justitiæ cedat, dum culpæ pœna adhibetur: et ideo sicut providentia divina respectu ipsius boni, quod est per consecutionem gratiæ et gloriæ, cum præscientia eventus, dicitur prædestinatio; ita providentia divina respectu mali oppositi cum præscientia defectus, dicitur reprobatio. Et quia bonum subjacet providentiæ ut causatum et ordinatum, ideo dicitur, quod prædestinatio est causa gratiæ et gloriæ ad quam ordinatur. Sed quia malum non subjacet providentiæ ut intentum vel causatum, sed solum ut præscitum et ordinatum, ideo reprobatio est tantum præscientia culpæ, et non causa; sed pœnæ, per quam culpa ordinatur est præscientia et causa.

Ad primum ergo dicendum, quod malorum ut fiant, Deus habet scientiam simplicis notitiæ; sed ut ordinentur, habet etiam horum scientiam approbationis; et hoc importat reprobationis nomen.

Ad secundum dicendum, quod reprobatio non addit ex parte reprobati supra præscientiam, quia nihil causatur in ipso per quod malus fiat; et ideo appropriat sibi nomen commune: addit tamen aliquid ex parte Dei reprobantis; scilicet voluntatem ordinis pœnæ ad culpam. Unde etiam in abstracto non ita appropriat sibi nomen commune sicut in concreto; unde magis dicitur reprobatus præscitus quam præscientia reprobatio.

Ad tertium dicendum, quod reprobatio opponitur prædestinationi; et ideo per oppositum datur intelligi posita prædestinatione.

Articulus Secundus
Utrum Deus sit causa obdurationis.

Ad secundum sic proceditur. Videtur quod obdurationis et excæcationis causa sit Deus per id quod habetur 2 Corinth. 4, 4: Deus hujus sæculi excæcavit mentes infidelium, et una Glossa exponit de Deo vero. Ergo videtur quod ipse sit causa obdurationis et excæcationis.

Præterea, excæcatio et obduratio sunt quædam pœnæ justæ. Sed omnis pœna justa a Deo est. Ergo excæcatio et obduratio a Deo sunt.

Præterea, secundum Philosophum in posterioribus si affirmatio est causa affirmationis, et negatio est causa negationis. Sed velle divinum est causa quod iste habeat gratiam, quia scilicet ipse vult. Ergo videtur quod non velle Dei sit causa quare iste gratiam non habeat.

Sed hoc est obduratio. Ergo ex parte Dei accipienda est causa obdurationis.

Præterea, sicut dicit Philosophus in 2 Physic., id quod per sui præsentiam est causa salutis navis, scilicet gubernator, per sui absentiam est causa periculi. Sed Deus per sui præsentiam in anima est causa gratiæ. Ergo per sui absentiam est causa obdurationis.

Sed contra est quod dicunt sancti communiter, Dionysius, Augustinus, Anselmus, scilicet quod causa quare iste non habet gratiam, est quia ipse noluit accipere, et non quia Deus noluit dare: quia lumen suum omnibus offert quod tamen ab omnibus non percipitur, sicut nec lumen solis a cæco. Sed obduratio est ipsa carentia gratiæ.

Ergo obdurationis causa non est ex parte Dei.

Distinctio XL

Præterea, nullus culpatur vel punitur de eo cujus causa in ipso non est. Sed homo punitur et culpatur pro obduratione, vel pro carentia gratiæ.

Ergo hujusmodi causa est ipse.

Respondeo dicendum, quod obduratio dicitur quandoque actus voluntatis obstinatæ in malum, cui pertinaciter adhæret; et sic constat quod obdurationis causa non est Deus, sed homo; sicut nec alicujus actus peccati, inquantum deformis est. Quandoque vero obduratio dicitur ipsa privatio gratiæ, quæ etiam excæcatio dicitur: quia gratia est quoddam lumen animæ, et perfectio quædam habilitans ipsam ad bonum. Istum autem carere gratia, ex duobus contingit: tum quia ipse non vult recipere: tum quia Deus non sibi infundit, vel non vult sibi infundere. Horum autem duorum talis est ordo, ut secundum non sit nisi ex suppositione primi. Cum enim Deus non velit nisi bonum, non vult istum carere gratia nisi secundum quod bonum est. Sed quod iste careat gratia, non est bonum simpliciter; unde hoc absolute consideratum, non est volitum a Deo. Est tamen bonum ut careat gratia si eam habere non vult, vel si ad eam habendam negligenter se præparat, quia justum est, et hoc modo est volitum a Deo. Patet ergo quod hujus defectus absolute causa prima est ex parte hominis qui gratia caret; sed ex parte Dei non est causa hujus defectus, nisi ex suppositione illius quod est causa ex parte hominis. Et per hunc modum invenitur dici Deus quandoque causa excæcationis vel obdurationis, non quidem immittendo malitiam sed non impartiendo gratiam, quod in ipso est. Si enim non necessario impartitur gratiam, in ipso est et non impartiri; unde ejus quod est non impartiri, aliquo modo causa est. Iste autem defectus potest dupliciter considerari, sicut etiam quilibet alius. Cum enim defectus incidat ex defectu causæ secundæ et non ex defectu causæ primæ; quem tamen defectum Deus non impedit, tamen impedire posset, ne impedimentum naturæ cedat; si iste defectus gratiæ comparetur ad voluntatem, quæ est sicut causa proxima, invenitur voluntas habere causalitatem ad ipsum, quæ bonum propositum non accipit, cum accipere possit; et ex hoc est culpabilis et vituperabilis: quia malum, cujus principium est voluntas, est hujusmodi.

Si autem comparetur ad ipsum Deum, non invenitur causatus ab ipso, sed tantum permissus et ordinatus, ut scilicet sit in pœnam ipsius voluntatis deficere; unde dicit Augustinus in 1 Confess.: jussisti Domine, et sic est, ut omnis inordinatus animus sibi ipsi sit pœna; et talis ordinatio a Deo est. Unde respectu ipsius defectus nullam causalitatem habet, sed respectu ordinationis tantum: et hoc significatur cum obdurare dicitur.

Et per hoc patet responsio ad primum.

Quidam tamen dicunt, quod Deus est causa obdurationis sicut natura causa quietis: quod expresse falsum est; quia quies naturalis est finis motus naturalis, et per se intenta a natura, quod hic dici non potest; et ideo dicendum, quod Deus dicitur excæcare permittendo defectum et ordinando.

Ad secundum dicendum, quod obdurari dicitur pœna prout dicit defectum jam ordinatum; et sic reducitur in divinam causalitatem non ratione defectus sed ratione ordinis qui est a Deo.

Ad tertium dicendum, quod effectus non consequitur nisi concurrentibus omnibus causis; sed ex defectu unius consequitur negatio effectus. Dico ergo, quod causa gratiæ sicut agens est ipse Deus, et sicut recipiens est ipsa anima per modum subjecti et materiæ; et ideo, quia formæ inductæ non est causa materia neque subjectum, nisi tale ex cujus principiis fluit accidens, quale accidens non est gratia; ideo non dicitur simpliciter anima causa gratiæ, sed recipiens tantum; Deus autem causa. Nec oportet quod omnis defectus incidat ex parte agentis; sed potest incidere ex parte recipientis: et ita est in proposito.

Ad quartum dicendum, quod Deus quantum est in se, nulli est absens; sed homo a Deo præsente se absentat, sicut a præsente lumine qui claudit oculos; et ideo non est simile quod pro simili inducitur.

Intelligentia enim conditionis implicitæ veritatem facit in dicto, et impossibilitatem in vero. Hoc sic exponi potest. Accipiantur duo dicta, quorum unum est verum, scilicet Petrum posse damnari: alterum falsum; scilicet Petrum non posse damnari.

Si adjungatur conditio quæ implicite intelligitur in hoc participio prædestinatus, intellectus illius conditionis facit dictum, quod prius erat falsum, esse verum; quia si Petrus est prædestinatus, Petrum non posse damnari est verum. Faciet etiam impossibilitatem in dicto, quod prius erat verum: Petrum enim posse damnari est impossibile, si est prædestinatus; ut tamen impossibilitas ad necessitatem consequentiæ referatur.

Quod tamen in actionibus vel operationibus Dei et hominum nullatenus concedunt. Operationes Dei nominat quas explet nulla creatura mediante, sicut intelligere, velle et hujusmodi: et quia tales operationes æternitate mensurantur et non tempore, ideo non sequuntur necessitatem præteriti, sed manent in libertate præsentis; ita tamen quod immobilitas non tollatur: non enim potest Deus nunc velle, et quod nunc vult, postea non velle: sed suum æternum velle semper est in libertate voluntatis ejus; et ideo ex veritate prædestinationis non sequitur aliqua necessitas ex parte prædestinantis, sicut nec ex parte prædestinati. Potest enim et prædestinare et non prædestinare. Operationes autem Dei et hominum nominantur quæ a Deo mediante creatura vel in creatura explentur, et quia ex parte creaturæ tempore mensurantur ideo transeunt in præteritum, et necessitatem acquirunt.

Ita reprobationis æternæ quodammodo effectus esse videtur obduratio. Hoc ideo addit, quia non est simpliciter concedendum quod reprobatio obdurationis sit causa, sed solum permissionis et ordinationis, ut dictum est, in corp. Art..

Distinctio XLI

Quæstio I
Prologus

Hic determinat Magister de causalitate prædestinationis et reprobationis excludens errorem eorum qui utriusque causam ex parte nostra assignabant; et dividitur in partes duas: in prima ostendit, utrumque ex parte nostra causam non habere; in secunda ostendit, scientiam Dei nunquam diminui, ibi: præterea considerari oportet, utrum ea omnia quæ semel scit vel præscit Deus, semper sciat et scierit, ac præsciat et præscierit.

Prima in duas: in prima ostendit veritatem; in secunda excludit errorem, ibi: opinati sunt tamen quidam, Deum ideo elegisse Jacob, quia talem futurum præscivit qui in eum crederet. Et hæc dividitur in duas: in prima excludit errorem illorum qui ponebant opera nostra, secundum hoc quod sunt a Deo præscita, esse causam utriusque; in secunda errorem illorum qui ponebant, opera præcedentia, etiam in rerum natura, esse causas prædestinationis et reprobationis, ibi: multi vero de isto profundo quærentes reddere rationem...

In fabulas vanitatis abierunt. Prima in duas: in prima ponit opinionem quæ auctoritate Augustini videtur muniri; quam tamen auctoritatem Magister simul cum opinione ab Augustino retractatam ostendit: in secunda ponit objectionem eorum ex alia auctoritate sumptam, quam etiam retractatam dicit; licet quidam solvere conentur eam insufficienti solutione, ibi: his tamen videtur adversari quod dicit Augustinus.

Præterea considerari oportet, utrum ea omnia quæ semel scit vel præscit Deus, semper sciat et scierit, ac præsciat et præscierit. Hic ostendit scientiæ divinæ immutabilitatem; et circa hoc duo facit: primo movet quæstionem; secundo determinat eam, ibi: de præscientia primo respondemus.

Circa hoc duo facit: primo determinat quantum ad præscientiam; secundo quantum ad scientiam, ibi: de scientia autem aliter dicimus. Ubi tria facit: primo determinat quæstionem; secundo ponit objectionem in contrarium, ibi: ad hoc autem opponitur ita; tertio solvit eam, ibi: sed ad hoc dicimus.

Hic quæruntur quinque: 1 utrum electio Deo ab æterno conveniat; 2 de ordine prædestinationis ad electionem; 3 utrum præscientia meritorum sit causa prædestinationis et reprobationis; 4 utrum prædestinatio juvetur meritis et orationibus sanctorum; 5 utrum Deus sciat nunc omne quod olim scivit.

Articulus Primus
Utrum in Deo sit electio.

Ad primum sic proceditur. Videtur quod electio nullo modo in Deo sit. Electio enim, secundum Philosophum, sequitur consilium sicut conclusio ejus. Consilium autem, ut ibidem dicit, est quæstio quædam. Cum igitur Deo non competat inquisitiva cognitio, videtur quod Deo non competat electio.

Præterea, electio ponit discretionem quamdam. Sed Deus æqualiter se habet ad omnes, quia Dionysius dicit: sicut enim sol non ratiocinans neque præeligens radios suos diffundit in omnia corpora, ita et divina bonitas in omnes creaturas. Ergo videtur quod Deo eligere non competat.

Præterea, electio requirit multitudinem in eis quorum est electio. Sed ab æterno omnia non fuerunt nisi unum in Deo. Ergo videtur quod electio non sit æterna. Sed quidquid est in Deo, est æternum. Ergo electio nihil ponit in Deo.

Præterea, operationi eligentis aliquid intelligitur præexistere in re quæ eligitur. Sed operationi divinæ nihil præexistit in creatura. Ergo videtur quod electio Deo non competat.

Sed contra, ad Ephes. 1, 4, dicitur: elegit nos in ipso ante mundi constitutionem, ut essemus sancti. Ergo videtur quod Deo conveniat electio.

Respondeo dicendum, quod electio importat segregationem quamdam. Hæc autem segregatio non potest esse nisi aliquorum quæ habent aliquam permixtionem vel convenientiam; ideo illius quod in se determinatum est et discretum, non potest esse electio. Et ideo electio, ut dicitur in 3 Ethic., non est finis ultimi, qui unicuique naturaliter est determinatus, sed tantum eorum quæ sunt ad finem, ad quem per plura media deveniri potest; licet quædam sint convenientiora, quæ eliguntur. Hæc autem segregatio potest esse tantum in conceptione alicujus operantis, vel etiam in executione operis. Ex his tria possumus accipere circa electionem de Deo dictam: primo, quod electio non convenit Deo respectu sui ipsius; non enim est electio finis, sed eorum quæ sunt ad finem: secundo potest accipi a quibus eliguntur, quia scilicet ab his qui nati sunt participare eumdem finem; unde non dicitur quod homines qui eliguntur ad gloriam, eligantur ab irrationabilibus, sed ab hominibus, qui nati sunt gloriam assequi: tertio potest accipi quod electio uno modo est æterna, alio modo temporalis. Si enim accipiatur secundum quod est in proposito ipsius Dei, sic æterna est; quia ab æterno voluit bonos a malis segregare in gloriam. Si autem sumatur secundum quod est in executione operis, sic est temporalis; sicut quando aliquis segregatur a culpa originali vel actuali in gratiam, vel a communi statu in prælationis officium, et sic de aliis quæ divino munere aliquibus specialiter conferuntur.

Ad primum ergo dicendum, quod accidit electioni quod sequatur inquisitionem, ex eo scilicet quod est in tali natura quæ eorum quæ sunt ad finem, sine inquisitione cognitionem non habet, sicut est in nobis; quod omnino Deo non competit, qui omnium certam cognitionem habet.

Ad secundum dicendum, quod quamvis ipse, quantum in se est, æqualiter se habeat ad omnia, non tamen omnia eamdem idoneitatem habent ad recipiendum largitionem bonitatis ejus: et hujus diversitatis cognitionem et ordinationem habet, et ideo convenit sibi electio. Quod autem dicit Dionysius de comparatione divinæ bonitatis ad solem, intelligendum est esse simile quantum ad universalitatem communicationis, et non quantum ad privationem electionis. Sicut enim sol nulli radios suos subtrahit, ita nec Deus munera bonitatis suæ; quæ tamen non eodem modo in omnibus recipiuntur; et hujus diversitatis Deus est cognitor et ordinator, quod soli corporali non competit.

Ad tertium dicendum, quod Deus ab æterno non tantum cognovit de rebus illud esse quod tunc in ipso habebant, sed esse quod in propria natura habituræ erant, secundum quod esse unitatem non habent, sed magnam distantiam ad participandam divinam bonitatem: et ita convenit sibi ab æterno electio.

Ad quartum dicendum, quod operationi creationis non præexistit aliquid in re; et ideo non proprie dicuntur eligi ea quæ terminantur ad esse; sed operationi divinæ qua justificat et glorificat, præexistit natura vel in proprio esse vel in divina cognitione.

Articulus Secundus
Utrum electio præcedat secundum rationem præstinationem.

Ad secundum sic proceditur. Videtur quod electio prædestinationem non præcedat secundum rationem. Electio enim addit aliquid supra præscientiam, alias etiam esset malorum. Addit autem actum voluntatis, ut patet ex Philosopho.

Cum ergo prædestinatio nihil addat supra præscientiam nisi voluntatem salutis quorumdam, videtur quod electio prædestinationem non præcedat secundum rationem, sed sit idem sibi.

Præterea, electio præsupponit diversitatem in eis inter quæ est electio. Sed diversitas quæ est in hominibus ad consecutionem finis, est per effectum prædestinationis, idest per gratiam. Ergo videtur quod electio etiam prædestinationem sequatur secundum rationem.

Præterea, vocatio sequitur prædestinationem, ut habetur Rom. 8, 30: quos prædestinavit, hos et vocavit. Sed vocatio videtur idem esse electioni; quia quod eligitur ad aliquid, videtur quodammodo vocari in illud. Ergo videtur quod electio prædestinationem sequatur.

Sed contra, dilectio præsupponit electionem, sicut ipsum nomen ostendit. Sed prædestinatio sequitur dilectionem; quia non præparantur bona nisi eis qui diliguntur. Ergo videtur quod prædestinatio electionem sequatur.

Respondeo dicendum, quod prædestinatio et electio addunt aliquid supra præscientiam, sicut dispositio et providentia, ut intelligatur quod sicut dispositio et providentia se habent respectu omnium communiter, ita electio et prædestinatio respectu hominum; unde sicut providentia addit supra dispositionem, ita prædestinatio supra electionem.

Quod satis patet ex his quæ supra dicta sunt, dist. 40,

quæst. 1, art. 2. Dictum est enim, quod dispositio divina attenditur in ordinatione partium universi ad invicem et ad finem, secundum quod una natura alii præfertur ex ordine divinæ sapientiæ.

Similiter est in electione. Ipsa enim divina ordinatio qua quidam aliis præferuntur ad consequendam beatitudinem, electio dicitur. Providentia autem attenditur in collatione eorum per quæ res attingunt finem; et in applicatione ad finem. Similiter prædestinatio attenditur in hoc quod electis præparantur bona gratiæ et bona gloriæ, quibus applicantur ad finem; et hoc patet etiam ex modo loquendi consueto. Sicut enim dicimus disponi res, providere autem tam res ipsas quam etiam ea quæ rebus conferuntur in finem ordinantia, ita etiam electio proprie est hominum, sed prædestinatio tam hominum quam etiam eorum quæ eis conferuntur: non enim dicitur, quod gratia eligatur homini; dicitur tamen, quod gratia prædestinatur homini.

Ad primum ergo dicendum, quod electio non est actus voluntatis absolute, sed in ordine ad intellectum ordinantem, sicut Philosophus ibidem innuit.

Prædestinatio autem dicit actum voluntatis absolute, qui consequitur ordinem istum. Electio enim divina est qua aliqui ex ordine suæ sapientiæ ordinantur ad finem beatitudinis; sed prædestinatio est secundum quod præparantur eis ea quæ perducunt in finem: et ideo sicut voluntas ordinans in finem præcedit actum voluntatis præparantis ea quæ ducunt in finem; ita electio prædestinationem præcedit.

Ad secundum dicendum, quod electio divina non præexigit diversitatem gratiæ, quia hoc electionem consequitur; sed præexigit diversitatem naturæ in divina cognitione, et facit diversitatem gratiæ, sicut dispositio diversitatem naturæ facit.

Ad tertium dicendum, quod vocatio semper est temporalis, quia ponit adductionem quamdam ad aliquid. Et ideo est quædam vocatio ad esse per creationem, cui, ut dictum est, dist. 39, quæst. 2, art. 1, non respondet æterna electio; unde dicitur Rom. 4, 17: qui vocat ea quæ non sunt tamquam ea quæ sunt. Et est quædam vocatio temporalis ad gratiam, cui respondet et electio temporalis et æterna.

Hæc autem vocatio est vel interior per infusionem gratiæ, vel exterior per vocem prædicatoris.

Interior autem vocatio et temporalis electio ad gratiam, semper sunt simul; sed differunt secundum rationem; quia electio inquantum dicit segregationem, respicit terminum a quo, vocatio autem terminum ad quem magis; sed differt a justificatione secundum rationem; quia vocatio pertinet ad motum naturæ proficiscentis in gratiam; sed justificatio respicit esse consequens terminum motus, secundum quod gratia facit justum esse. De dilectione autem quomodo se habeat ad electionem et prædestinationem, pertinet ad 3 librum, ubi agitur de dilectione qua Deus diligit creaturam, 32 dist., quæst. 1, art. 2.

Articulus Tertius
Utrum præscientia meritorum sit causa prædestinationis.

Deinde quæritur, utrum præscientia meritorum sit causa prædestinationis. Et videtur quod sic.

Primo per Glossam Ambrosii quæ habetur super epistolam ad Rom., cap. 9, ubi hæc verba ex persona Dei proponit: dabo illi gratiam quem scio ad me toto corde post errorem reversurum.

Sed propositum dandi gratiam dicitur prædestinatio.

Ergo videtur quod præscientiam meritorum præsupponat.

Præterea, voluntas Dei prædestinantis, injusta esse non potest. Sed ad justitiam distributivam pertinet ut inæqualia non nisi inæqualibus tribuantur. Cum ergo homines non sint inæquales ad perceptionem gratiæ nisi per aliqua opera ipsorum vel aliorum, cum ex natura omnes habeant capacitatem gratiæ, videtur quod præscientia operum sit causa prædestinationis.

Præterea, in præscientia operum duo sunt; unum æternum, scilicet Dei scientia; et unum temporale, scilicet opera præscita. Similiter in prædestinatione duo sunt: unum æternum, scilicet voluntas divina; et alterum temporale, scilicet collatio gratiæ. Sed æternum quod est in præscientia, est prius ratione, et quodammodo causa ejus quod est in prædestinatione; quia voluntas præscientiam præsupponit. Similiter temporale est aliquo modo causa temporalis, quia opus quo iste se præparavit ad gratiam, est aliqua causa, ad minus sicut dispositio materialis, ad acceptionem gratiæ; et opus informatum gratia, est causa meritoria gloriæ. Ergo videtur quod præscientia operum sit causa prædestinationis.

Præterea, prædestinatio præsupponit electionem.

Sed electio alicujus ab aliquo non est nisi propter aliquam idoneitatem majorem ad consecutionem finis. Hoc autem non potest esse nisi per majorem præparationem ad gratiam, quæ per opera fit. Ergo videtur quod prædestinatio præsupponat præscientiam operum.

Præterea, prædestinatio est voluntas salutis hominis, non tantum ut intelligatur de voluntate antecedente (quia hac voluntate vult omnes homines salvos facere, ut dicit Damascenus), sed de voluntate consequente. Cum igitur voluntas consequens respiciat merita, videtur quod præscientia meritorum sit causa prædestinationis. Sed contra, omne illud quod respicit meritum est aliquo modo debitum, et non omnino gratuitum.

Sed prædestinatio est ex gratuita voluntate, quam nulla merita advocant, ut dicit Augustinus.

Ergo videtur quod præscientia meritorum non sit causa prædestinationis.

Præterea, ad idem est totum quod in littera adducitur.

Respondeo dicendum, quod præscientia meritorum vel aliquorum operum, nullo modo est causa prædestinationis divinæ; quod patet, si consideretur totum id quod in prædestinatione est de essentia ipsius. Sed nihil prohibet, illud quod est effectus prædestinationis, scilicet gratia et gloria, quæ oblique ponuntur in ejus definitione, habere aliquam causam ex parte nostrarum operationum.

De essentia enim prædestinationis est præscientia et voluntas salutis aliquorum. Scientia autem de salute eorum non causatur a scientia operum aliquorum; quia ipse non venit in cognitionem effectus per causam, sed per seipsum. Unde non potest dici in eo, quod ipse scit hoc, quia scit causam hujus; sed inquantum intuetur essentiam suam, quæ est omnium similitudo, videt unumquodque in se, tam causam quam causatum. Similiter etiam voluntas sua cum sit libera, magis etiam quam aliqua voluntas; non habet causam nisi finem voluntatis suæ. Finis autem voluntatis suæ est sua bonitas, quæ est ipsemet: unde dicitur communiter quod Deus vult hoc propter bonitatem suam, non quia scit hoc, vel quia hoc factum est. Sed tamen effectus voluntatis ejus, scilicet ipsum volitum ordinatum ad bonitatem suam, potest procedere ex aliqua causa quam Deus præscivit ab æterno; et istum ordinem causæ ad causatum Deus vult, et vult quod effectus sit quia causa est; non autem ita quod causalitas referatur ad voluntatem, sed ad volitum: et ista causa voliti, non volendi, dicitur ratio quædam voluntatis ex parte effectus. Sed hæc causa in quibusdam habet completam rationem causæ, et sufficienter inducit effectum, quandoque vero est tantum dispositio. Ita etiam ad duplicem effectum prædestinationis diversimode se

habet nostra operatio; quia opus meritorium informatum gratia, est causa meritoria gloriæ; sed opus bonum præcedens gratiam, non est causa meritoria ejus, sed solum dispositio quædam. Unde patet quod prædestinatio causam non habet, sed habet rationem ex parte effectus, secundum quam rationalis et justa dicitur.

Ad primum ergo dicendum, quod in illis verbis Ambrosii non designatur quod opus nostrum sit causa voluntatis divinæ, neque etiam quod sit causa ipsius dationis gratiæ, sed solum dispositio quædam; ut hoc intelligatur non de opere sequente gratiam, quod virtutem merendi habet a gratia, et neque causa ejus est, neque dispositio ad ipsam; sed de opere præcedente, quod est dispositio ad gratiam. Illi enim Deus proponit gratiam infundere quem præscit se ad gratiam præparaturum; non tamen propter præparationem, quæ non est sufficiens causa gratiæ, nec finis voluntatis ejus, sed propter bonitatem suam. Vult tamen quod iste habeat gratiam, quia præparavit se, secundum modum loquendi quo dicitur, quod dat sibi gratiam quia præparavit se; ut conjunctio denotet dispositionem et non causam. Sed respectu actus volendi non potest designare neque dispositionem neque causam; non enim ideo voluit quia iste præparavit se, sed solum quia bonum est.

Ad secundum dicendum, quod etiam in justo homine causa eliciens actum volendi est finis voluntatis; sed ex parte effectus accipit causam ex opere hominum, quod discretionem in eis facit; ut si quæreretur a justo judice: quare vis huic plus dare quam illi? si vellet reddere causam voluntatis, diceret: propter bonum justitiæ, quod in hoc opere relucet. Si autem vellet assignare causam operis, diceret: eo quod iste magis dignus est. Sed tamen sciendum, quod prædestinatio, respectu ultimi effectus, habet rationem justitiæ distributivæ, scilicet respectu gloriæ: et ideo possumus dicere quod Deus dat isti gloriam et non illi, quia iste meretur, et non ille; et similiter vult quod iste habeat et non ille, quia iste dignus est et non ille. Sed respectu primi effectus, scilicet gratiæ, habet rationem magis liberalitatis quam justitiæ; quia gratia datur gratis, et non redditur meritis. Unde ex parte recipientis non est assignare causam quare dignus sit gratia, sed solum dispositionem quamdam.

Ad tertium dicendum, quod præscientia non est causa voluntatis, quia voluntas libera est. Possum enim illud quod scio, non velle: et ideo ratio non procedit; quia causa eliciens actum voluntatis non est nisi finis ejus.

Ad quartum dicendum, quod electio divina requirit

diversitatem in electis, non tamen quæ sit causa voluntatis eligentis, immo potius e converso: sic enim dispositio ejus causat rerum diversitatem in naturis.

Ad quintum dicendum, quod in intellectu prædestinationis includitur voluntas consequens quæ respicit opera non quasi causam voluntatis, sed sicut causam meritoriam gloriæ, et sicut præparationem ad gratiam.

Articulus Quartus

Utrum prædestinatio juvetur aliquo opere humano.

Quarto quæritur, utrum prædestinatio juvetur aliquo opere humano. Et videtur quod non.

Causa enim quæ per se inducit effectum sine adjutorio alterius perfectior est quam quæ adjuvatur ad effectum inducendum. Sed prædestinatio est causa perfectissima. Ergo non juvatur aliquo ad effectum suum.

Præterea, illud quo posito vel remoto, nihilominus manet effectus, non videtur juvare ad consecutionem effectus. Sed ex quo prædestinatio ponitur esse alicujus, sive aliquis oret pro eo sive non oret, salvabitur: quia prædestinatio irrita esse non potest. Ergo videtur quod omnino nihil juvet ad salutem ejus.

Præterea, effectus prædestinationis est gratia et gloria, quorum utrumque a solo Deo est.

Ergo nihil aliud juvat ad prædestinationis effectum.

Sed contra est quod Gregorius dicit in Dial., quod prædestinatio orationibus sanctorum juvatur; quod probat per id quod habetur genes. 25, quod Isaac oravit pro uxore sua Rebecca, eo quod sterilis esset; et Dominus dedit ei conceptum; et tamen Jacob qui de illo conceptu natus est, prædestinatus erat ad vitam.

Præterea, si prædestinatio non juvatur ex operibus nostris, ergo non oportet orare pro aliquo ut salvetur, et eadem ratione neque pro seipso; neque aliquod opus bonum operari: et ita lex divina vana est, quæ ad bonum operandum nos inducit.

Præterea, potentiæ naturales et habitus gratuiti in vanum erunt, ex quo non oportet nos operari ad consecutionem finis; quæ omnia inconvenientia sunt. Ergo prædestinatio orationibus sanctorum juvatur.

Respondeo dicendum, quod ista quæstio dependet a prædicta, artic. Antec.: eo enim modo prædestinatio juvatur quo causam habet.

Unde sicut dictum est quod prædestinatio, inquantum est actus divinus, qui est velle vel scire, non habet aliquam causam ex parte nostra; ita etiam nec ex parte ista adjutorium habet; quia hunc actum qui est velle, Deus nulla creatura cooperante operatur. Sed effectus prædestinationis hoc modo habet adjutorium quod et causam habet.

Unde secundum hoc omnis causa cujus operatione interveniente completur effectus prædestinationis, dicitur prædestinationem juvare, vel per modum causæ meritoriæ, vel ex condigno, sicut aliquis habens gratiam meretur suo actu vitam æternam; vel ex congruo, sicut aliquis orando pro aliquo alio meretur ei primam gratiam, vel etiam persuadendo ad bonum; unde 1 Corinth., 3, 9, dicitur: Dei enim adjutores sumus; vel per modum dispositionis, sicut quando quis præparat se ad habendam gratiam; vel etiam naturali operatione, sicut motus cæli et omnes causæ naturales juvant prædestinationem, inquantum eorum officio perficitur generatio et sustentatio electorum.

Ad primum ergo dicendum, quod adjutorium istud non est propter indigentiam prædestinationis, sed ut salvetur ordo quem in rebus divina sapientia constituit, ut scilicet effectus procedat a causa prima mediantibus causis secundis.

Ad secundum dicendum, quod in argumento supponitur falsum. Si enim Stephanus pro persecutoribus non orasset, forte Paulus salvus non fuisset: sicut si aliquis non faceret opera meritoria, non acciperet coronam quæ prædestinata est sibi. Nec tamen prædestinatio frustrari potest: quia præscitum est a Deo quod iste tali causa et tali ordine salvabitur. Unde sicut est incompossibile prædestinationi quod iste non salvetur, ita est etiam sibi incompossibile quod non fuerit oratum pro eo, quamvis utrumque in se sit possibile non esse.

Ad tertium dicendum, quod causa infundens gratiam est solus Deus; sed dispositio ad gratiam potest esse ex ipso eodem qui gratiam recipit; sed meritum gratiæ ex congruo potest esse etiam alterius justi; sed ex condigno est etiam ipsius hominis Christi, cujus merita efficaciam habuerunt in totam humanam naturam, quia ipse caput ecclesiæ est.

Articulus Quintus

Utrum quidquid olim Deus scivit, modo sciat.

Quinto quæritur, utrum quidquid Deus sciverit olim, modo sciat. Et videtur quod sic. Scientia enim Dei, ut supra habitum est, est invariabilis.

Sed omnis scientia quæ desinit esse alicujus cujus prius fuerat, variatur. Ergo videtur quod quidquid Deus olim scivit, modo sciat.

Præterea, omne scitum a Deo, aut accipitur ut res

quædam, aut ut enuntiabile significans esse rem. Sed quamcumque rem Deus scivit modo scit; quia una et eadem res est quæ modo est præsens et prius fuit futura et cras erit præterita; et similiter videtur esse una veritas, quia veritas enuntiabilis reducitur ad veritatem rei sicut ad causam. Ergo videtur quod quidquid Deus olim scivit, modo sciat, sive sit res, sive enuntiabile.
Præterea, consignificatio se habet propinquis ad dictionem quam ad orationem. Sed diversus modus significandi non impedit unitatem nominis; unde dicitur a grammaticis: albus, alba, album esse unum nomen, et sic de aliis. Cum ergo hæc enuntiabilia, Socratem currere et cucurrisse, ad unum instans relata, in diversis temporibus prolata, non differant nisi per diversam consignificationem temporis, videtur quod sit unum enuntiabile; et sic idem quod prius.
Præterea, aut unitas temporis pertinet ad unitatem enuntiabilis, aut non. Si pertinet ad unitatem enuntiabilis, ergo cum dicta enuntiabilia referantur ad unum tempus, videtur quod sit unum enuntiabile. Si autem non pertinet, ergo cum dicta enuntiabilia non distinguantur nisi per diversam consignificationem temporis, videtur quod sint unum enuntiabile.
Præterea, enuntiabile etiam res quædam est rationis. Sed quamcumque rem Deus scivit, scit.
Ergo ex hoc etiam videtur sequi quod quodcumque enuntiabile Deus scivit, scit.
Sed contra, omne scitum a Deo est verum.
Sed quondam verum erat Christum esse moriturum.
Ergo fuit scitum a Deo.
Item, quidquid est scitum a Deo est verum.
Ergo cum modo non sit verum Christum esse moriturum, non est scitum a Deo. Non ergo quidquid Deus scivit, scit.
Si dicas, quod in processu est figura dictionis, quia mutatur quid in quando, contra: ista solutione posita, remanet eadem difficultas: quia mutabitur propositio et dicetur: non quodcumque enuntiabile Deus scivit, scit, ut conclusum est. Sed enuntiabile est aliquod scitum. Ergo non quidquid Deus scivit, scit.
Respondeo dicendum, quod, sicut supra dictum est, dist. 38, quæst. 1, art. 3, scientia Dei non tantum est rerum, sed etiam enuntiabilium.
Si ergo scientia Dei referatur ad res, sic nulli dubium est quin omnem rem quam Deus scivit, sciat; et sic optime procedit solutio Magistri in littera.
Una enim et eadem res est quæ significatur cum diversis temporibus profertur: Socrates currit et cucurrit; scilicet cursus Socratis. Si autem referatur ad enuntiabilia, tunc super hoc fuit duplex opinio.
Quidam enim dixerunt, quod ad unitatem rei significatæ sequitur unitas enuntiabilis, quamvis etiam cum diversa consignificatione temporis proferatur; et secundum hoc sequitur quod enuntiabile quod semel est verum, semper fuit et est verum; et ita quod semel est scitum a Deo, semper erit scitum ab eo. Sed ista positio expresse contrariatur dictis Philosophi in prædicamentis qui dicit, quod eadem propositio, scilicet Socrates sedet, quæ prius erat vera, Socrate sedente, eodem surgente efficitur falsa. Et præterea si ab unitate rei enuntiabile haberet unitatem, eadem ratione ex diversitate haberet diversitatem; et ita hoc enuntiabile, Socratem currere, diversis temporibus prolatum, non esset unum, nec aliquod nomen significans diversas res unum esset; et sic periret tam æquivocatio quam univocatio, quarum utraque requirit unitatem nominis quod pluribus convenit. Unde ab omnibus modernis conceditur, quod sunt duo diversa enuntiabilia, Socratem currere et cucurrisse, etiam si ad eumdem cursum referantur. Et secundum hoc distinguendum est de enuntiabili. Quia vel potest sumi inquantum est res quædam rationis quasi materialiter; et sic quodcumque enuntiabile scivit, scit: semper enim scit hoc enuntiabile, Socratem currere, habere talem naturam et tales partes. Vel potest sumi significative, prout per ipsum designatur esse rei cum suis conditionibus quæ dantur intelligi ex consignificatione verbi; et sic non quodcumque enuntiabile Deus scivit, scit. Scivit enim hoc enuntiabile esse verum, Christum crucifigi, cum crucifigebatur; sed non scit modo esse verum, sed fuisse verum.
Ad primum ergo dicendum, quod hoc non contingit ex aliqua mutatione facta circa scientiam Dei, sed circa rem ipsam. Sicut enim cum dicimus, Deus præscivit Christum moriturum, designatur respectus ad futurum, unde quando desinit esse futurum, Deus jam non præscit illud, nulla tamen mutatione in ejus præscientia facta; ita etiam cum dicitur, Deus scivit Christum morituram, designatur respectus futuri in participio. Unde re in præteritum transeunte, non manet idem respectus, quo remoto, Deus nescit rem sub tali respectu esse.
Unde non variatur ejus scientia qui uno intuitu omnia conspicit, sed variatur respectus in natura rei. Contingit enim, ut supra dictum est, dist. 36 qu. 1, art. 3, quod in relativis prædicationibus fiat mutatio altero extremorum mutato, altero invariabili manente.
Ad secundum dicendum, quod quamvis veritas

enuntiabilis causetur ab esse rei, non tamen oportet quod propter unitatem rei enuntiabile unitatem habeat, sed veritatem. Unitatem autem habet et diversitatem ex his ex quibus essentialiter constituitur, scilicet ex partibus suis; unde cum diversæ sint partes horum enuntiabilium, Socratem currere et cucurrisse, diversa sunt enuntiabilia.

Ad tertium dicendum, quod diversus modus significandi facit etiam diversum nomen; sed quod dicatur idem nomen a grammatico, hoc non est quia simpliciter sit unum, cum sint plures voces, albus, alba, album, et multiplicato genere, quod est vox, necesse sit multiplicari speciem, quod est nomen; unde ubi multæ voces et multa nomina; sed dicuntur unum nomen quia pertinent ad idem condeclinium.

Ad quartum dicendum, quod tempus significatum est extra essentiam enuntiabilis; et ideo ab eo enuntiabile non concipit unitatem vel diversitatem sed a tempore consignificato: quia propter diversam consignificationem temporis sunt diversæ terminationes verborum et diversæ voces; unde et diversa enuntiabilia.

Ad quintum dicendum, quod accipiendo enuntiabile ut est res quædam, sic procedit argumentatio; sed sic non est ad propositum.

Sed hoc frivolum est. Hoc pro tanto dicit quod nimis est exorta expositio ut dicatur illos esse dignos gratia quia non sunt ita indigni ut alii.

Sicut antiqui patres crediderunt, Christum nasciturum et moriturum, nos autem credimus eum natum et mortuum. Diversitas enuntiabilis non impedit unitatem rei creditæ: quia vel objectum fidei est res et non enuntiabile, ut quidam dicunt, vel enuntiabile, secundum quod abstrahit ab omni differentia temporis; et tempus determinatum non est de substantia fidei, sed fidei advenit, secundum

quod determinatur per doctrinam, prout fides ex auditu est.

Distinctio XLII

Quæstio I
Prologus

Determinato de scientia Dei, hic Magister secundo determinat de potentia ejus; et dividitur in partes duas: in prima Magister ostendit universalitatem potentiæ ipsius, secundum quam omnipotens dicitur; in secunda excludit quorumdam errorem, potentiam Dei limitantium, 43 dist.: quidam tamen de suo sensu gloriantes, Dei potentiam sub mensura coarctare conati sunt. Prima in duas: in prima inquirit, quare Deus omnipotens dicatur; in secunda quæstionem determinat, ibi: quod enim Deus omnia possit, pluribus auctoritatibus comprobatur. Et dividitur in duas: in prima determinat quæstionem tenendo alteram partem; in secunda solvit ea quæ pro parte reliqua inducuntur, ibi: ex quibusdam autem auctoritatibus traditur, ideo vere dici omnipotentem, quia quidquid vult potest. Circa primum tria facit: primo ostendit veritatem, scilicet quod Deus omnia possit; secundo excludit quasdam instantias, tres scilicet, quarum prima est de actibus corporalibus, secunda de peccatis, tertia de passionibus, ibi: sed quæritur quomodo omnia posse dicatur, cum nos quædam possimus quæ ipse non potest; tertio ex dictis concludit perfectam omnipotentiæ rationem, ibi: hic ergo diligenter considerantibus omnipotentia ejus secundum duo apparet.

Ex quibusdam tamen auctoritatibus traditur, ideo vere dici omnipotentem, quia quidquid vult potest.

Hic inducit ea quæ ad alteram partem quæstionis facere videntur, quod scilicet dicatur omnipotens, quia omnia potest facere quæ vult; et dividitur in partes tres: in prima inducit auctoritates ad partem illam; in secunda solvit eas, ibi: sed ad hoc potest dici; in tertia assignat relationis multiplicitatem, ut videatur qualiter hoc etiam Deo sit proprium, ibi: sed cave quomodo intelligas, potest quidquid vult.

Hic est duplex quæstio. Prima est de potentia Dei secundum se. Secunda de his quæ suæ potentiæ subjacent.

Circa primum quæruntur duo: 1 utrum potentia Deo conveniat; 2 utrum in eo sit una potentia, vel plures.

Articulus Primus
Utrum in Deo sit potentia.

Ad primum sic proceditur. Videtur quod potentia Deo non conveniat. Sicut enim potentia se habet ad actum, ita habet se primus actus ad potentiam.

Sed primæ potentiæ, quæ est materia, non est aliquis actus qui sit de essentia ejus. Ergo nec primi actus, qui est Deus, est aliqua potentia.

Præterea, omne quod agit per essentiam suam, agit mediante aliqua potentia; quia potentia est medium inter essentiam et operationem. Sed Deus cum sit primum agens, non participatione alicujus, sed per essentiam suam agit, ut Dionysius dicit, et Avicenna probat. Ergo non convenit sibi aliqua potentia per quam agat.

Præterea, omnis potentia vel est activa vel passiva, secundum Philosophum.

Sed Deo non convenit potentia passiva, quia nihil potest pati, ut in littera dicitur: nec iterum activa, quia, sicut ibidem dicitur a Philosopho, potentia activa est principium transmutationis in aliud, secundum quod est aliud; Deus autem in agendo non requirit materiam in quam agat. Ergo videtur quod nullo modo sibi potentia conveniat.

Præterea, omnis potentia est principium alicujus operationis. Sed Deo non convenit operatio, nisi quæ sit sua essentia. Cum ergo suæ essentiæ nihil sit principium, quia essentia neque est genita neque procedens, videtur quod potentia sibi non conveniat.

Præterea, Dei potentia aut est semper conjuncta actui, aut non. Si primo modo, omnis autem potentia conjuncta actui inducit effectum quandocumque ipsa est; potentia autem Dei ab æterno fuit; ergo et effectus ejus, scilicet creaturæ, ab æterno sunt: quod hæreticum est. Si secundo modo, omnis autem potentia non conjuncta actui, et conjungibilis, est imperfecta, et perficitur per actum; ergo aliquid imperfectum erit in Deo: quod cum sit inconveniens, videtur potentia omnino in Deo non esse.

Sed contra est quod habetur Luc. 1, 49: fecit mihi magna qui potens est. Et in Psalm. 88, 10: potens es, Domine, et veritas tua in circuitu tuo.

Præterea, omnis effectus producitur per potentiam causæ efficientis. Sed Deus est causa efficiens rerum. Ergo in ipso oportet potentiam ponere.

Respondeo dicendum, quod nomen potentiæ primo impositum fuit ad significandum potestatem hominis, prout dicimus aliquos homines esse potentes, ut Avicenna dicit, et deinde etiam translatum fuit ad res naturales. Videtur autem in hominibus esse potens qui potest facere quod vult de aliis sine impedimento; et secundum quod impediri potest, sic minuitur potentia ejus. Impeditur autem potentia alicujus vel naturalis agentis vel etiam voluntarii, inquantum potest pati ab aliquo. Unde de ratione potentiæ, quantum ad primam impositionem sui, est non posse pati. Unde etiam illud quod non potest pati, etsi nihil possit agere, dicimus potens; sicut dicitur durum quod habet potentiam ut non secetur. Et ex hoc concluditur perfecta ratio potentiæ in Deo: tum quia omnia agit, quod convenit sibi inquantum est actus primus et perfectus (nihil enim agit nisi secundum quod est actu ens) tum quia nihil patitur, quod convenit sibi inquantum est actus purus sine permixtione alicujus materiæ: unumquodque enim patitur ratione alicujus materialis in ipso.

Ad primum ergo dicendum, quod esse primam potentiam non convenit materiæ secundum principalem significationem potentiæ: quia, ut dictum est, in corp. Art., potentia primo imposita est ad significandum principium actionis; sed secundo translatum est ad hoc ut illud etiam quod recipit actionem agentis, potentiam habere dicatur; et hæc est potentia passiva; ut sicut potentiæ activæ respondet operatio vel actio, in qua completur potentia activa; ita etiam illud quod respondet potentiæ passivæ, quasi perfectio et complementum, actus dicatur. Et propter hoc omnis forma actus dicitur, etiam ipsæ formæ separatæ; et illud quod est principium perfectionis totius, quod est Deus, vocatur actus primus et purus, cui maxime illa potentia convenit.

Ad secundum dicendum, quod potentia importat, ut dictum est, in resp. Ad primum, rationem principii actionis; unde quidquid sit illud quod est principium agendi, potentia dicitur, sicut calor et frigus, et hujusmodi; et sic etiam ipsa essentia divina, secundum hoc quod est principium operationis, potentia vocatur, non quod potentia sit aliud ab essentia in Deo.

Ad tertium dicendum, quod Deo nullo modo potentia passiva convenit, sed activa tantum. Potentiæ autem activæ accidit quod requirat subjectam materiam in quam agat, inquantum est imperfecta, non potens in totam rei substantiam: quæ imperfectio a divina potentia removetur. Vel dicendum, quod secundum Avicennam, agens aliter dicitur in naturalibus et in divinis: agens enim naturale agit per motum: et quia omnis motus est actus existentis in potentia, ideo requiritur materia, quæ motui substernatur: divinum autem agens agit in eo quod dat esse non per motum; unde potentia activa est principium operationis in aliud sicut in effectum productum, non sicut in materiam transmutatam.

Ad quartum dicendum, quod Deus non agit operatione media, quæ sit aliud ab essentia sua; sed suum esse est suum operari, et suum operari est sua essentia: nihilominus tamen essentia significatur ut principium essendi; et eadem ratione potest significari potentia ut principium operandi, et præter hoc ut principium operati.

Ad quintum dicendum, quod operatio sua est idem quod potentia sua secundum rem; et ideo non potest operationi suæ potentia non esse conjuncta.

Nec tamen semper consequitur effectus quandocumque operatio est, quia operatio quodammodo regulatur voluntate et sapientia ordinante; unde effectus non sequitur nisi ad nutum voluntatis divinæ, secundum cujus dispositionem ex operatione æterna sequitur effectus temporalis.

Articulus Secundus
Utrum in Deo sit tantum una potentia.

Ad secundum sic proceditur. Videtur quod non sit tantum una potentia in Deo. Non enim potest esse unum et idem proprium uni, et pluribus commune. Sed potentia creandi communis est tribus personis; posse autem generare proprium est patri. Ergo est alia et alia potentia.

Præterea, in nobis inveniuntur quidam actus naturales, ut generare, et hujusmodi; et quidam voluntarii, ut ædificare domos, et hujusmodi; et quidam animales, ut intelligere, scire, et hujusmodi.

Sed hujusmodi actus reducuntur in nobis in diversas potentias. Cum igitur singulis prædictorum actuum respondeat similis actus in Deo, quia dicimus ipsum scientem, creantem, et generantem: videtur quod sit plures potentias in eo ponere, ad quas isti actus reducuntur.

Præterea, secundum Philosophos, substantiæ separatæ dividuntur in intellectum et voluntatem. Non autem sicut in diversas naturas. Ergo sicut in diversas potentias. Ergo in Deo ad minus sunt duæ potentiæ.

Præterea, ratio potentiæ consistit in hoc quod est esse principium operationis. Sed quodlibet attributum divinum, secundum propriam rationem, est principium operationis: quia ex bonitate ejus fluit omnis bonitas, et ex vita ejus fluit omnis vita, et sic de aliis, ut Dionysius tradit.

Ergo sicut dicimus plura attributa, sic debemus dicere plures potentias.

Sed contra, secundum Augustinum, quidquid in divinis absolute dicitur, singulariter et non pluraliter prædicatur. Sed potentia inter absoluta continetur. Ergo non sunt plures potentiæ in Deo, sed una tantum.

Præterea, secundum Philosophum in Lib. De causis, omnis virtus unita plus est infinita quam multiplicata. Sed virtus divina est maxime infinita. Ergo videtur quod sit maxime una, nullam multiplicationem habens.

Respondeo dicendum, quod in Deo simpliciter et absolute dicendum est unam tantum potentiam esse. Cum enim potentia secundum modum intelligendi sit medium inter essentiam et operationem, ex utraque parte potest ejus unitas et diversitas pensari. Sed tamen simpliciter unitatem et multiplicationem habet ex parte essentiæ: non quæ est subjectum ejus, quia contingit in una essentia plures esse virtutes vel potentias; sed ex parte essentiæ quæ est immediatum principium actus: sicut in igne alia est potentia qua fertur sursum, scilicet Levitas, et alia qua dissolvit vel urit, scilicet caliditas. Ex parte autem operationis non dicitur una vel plures simpliciter, sed secundum quid: quia tunc magis dicitur esse una potentia plurium, quam plures potentiæ. Et ita cum immediatum principium cujuslibet suæ operationis sit sua essentia, quæ simpliciter una est; ideo et potentia una est. Sed inquantum est principium operationum distinctarum secundum rationem, accipit aliam et aliam rationem potentiæ, sicut et essentia habet plures rationes attributorum. Nec tamen ex hoc est quod sint plures, sed tantum una potentia. Potentia enim activa, quæ sola in Deo invenitur, potest dupliciter considerari: vel quantum ad essentiam potentiæ, vel quantum ad actiones quæ a potentia procedunt. Dico autem essentiam potentiæ illud quod est immediate principium actus, in quocumque genere sit, sicut calor principium calefactionis.

Principium autem omnium divinarum operationum est sua essentia, quia per essentiam suam agit. Unde sicut essentia sua est una re, pluralitatem quamdam rationum habens secundum diversa attributa, ut supra dictum est, dist. 2, qu. Unic.

Art. 2, ita etiam potentia Dei re est una, sed secundum diversas rationes attributorum pluralitatem rationum accipit: cuilibet enim attributo convenit ratio potentiæ, secundum quod competit esse principium operationis. Et quia operatio Dei est ejus essentia, ideo etiam ipsa est una secundum rem, diversimode significata secundum diversas rationes diversorum attributorum, et secundum diversitatem effectuum, qui simpliciter plures sunt. Patet ergo quod potentia, sive secundum essentiam suam consideretur, sive etiam per comparationem ad divinam operationem, secundum quod in operante est, unitatem habet; sed multitudo realis est tantum in effectibus qui ex operatione divina causantur. Et ideo patet quod absolute dicendum est, potentiam divinam esse unam; sed tamen quod est plurium; quia judicium de unitate rei absolute sumendum est secundum essentiam ejus, et non secundum id quod extra est.

Ad primum ergo dicendum, quod potentia generativa nominat essentiale conjunctum notionali, sicut cum dicitur, Deus generat. Unde illud quod est essentiale pertinens ad rationem potentiæ commune est tribus, sicut est potentia essendi: eadem enim potentia pater generat, et filius nascitur, sed notio remanet propria patri et hoc plenius patet ex dictis supra, distinct. 26, quæst. 2, art. 3.

Ad secundum dicendum, quod Deo idem est principium essendi et operandi; unde sicut Deus eodem est unus, ens, justus, et sic de aliis; ita ipse eodem operatur actus diversarum rationum, nos autem diversis.

Ad tertium dicendum, quod in omnibus aliis substantiis separatis non videtur omnino idem esse re voluntas et intellectus; sed quod in aliis est secundum diversitatem realem, est in Deo secundum unitatem rei et distinctionem rationis.

Ad quartum dicendum, quod attributa in Deo sunt unum re, et distinguuntur tantum ratione et ideo nomen potentiæ, et quidquid alius est nomen rei, si sit nomen primæ impositionis non potest pluraliter prædicari, ut dicantur plura attributa esse plures potentiæ, vel plures bonitates, vel aliquid hujusmodi; sed nomina secundæ impositionis, ut attributum et hujusmodi, pluraliter prædicantur.

Quæstio II
Prologus

Deinde quæritur de his quæ subjecta sunt divinæ potentiæ; et circa hoc quæruntur tria: 1 utrum Deus possit quidquid est alteri possibile; 2 utrum possit facere impossibilia; 3 utrum sit aliquid judicandum simpliciter possibile vel impossibile, secundum causas superiores vel inferiores.

Articulus Primus
Utrum Deus possit quidquid est alteri possibile.

Ad primum sic proceditur. Videtur quod Deus possit quidquid alteri possibile est. Omnis enim potentia creata est exemplata a potentia ipsius, sicut omne bonum a bonitate ejus. Sed quidquid est in exemplato, verius et perfectius invenitur in primo exemplari. Ergo potentia Dei se extendit ad omnia in quæcumque creata potentia potest.

Præterea, Philosophus dicit, quod Deus, et etiam studiosus potest prava agere. Sed nihil ita elongatur a potentia ejus sicut malum. Ergo videtur quod ipse omnia possit quæ creatura potest.

Præterea, de ratione voluntatis est, ut libertatem ad utrumlibet habeat. Sed in Deo verissime invenitur voluntas. Ergo potest utrumlibet, et bonum et malum.

Præterea, nihil quod est laudabilitatis, ei subtrahendum est qui magnus est et laudabilis nimis.

Sed posse facere malum et non facere est laudabilitatis: sicut dicitur Eccli. 31, 10, in laudem unius viri justi: qui potuit transgredi, et non est transgressus; facere mala, et non fecit. Ergo Deo convenit. Et sic idem quod prius.

Sed contra, sicut Deus non potest non esse Deus, ita non potest esse imperfectus. Sed quædam dicitur creatura posse sua infirmitate vel imperfectione sicut pati, mori, et hujusmodi. Ergo videtur quod Deus non omnia possit quæ creatura potest.

Præterea, summum bonum non potest esse causa alicujus mali, sicut nec summe calidum causa alicujus frigoris. Sed Deus est summe bonus.

Ergo nullum malum facere potest. Creatura autem hoc potest. Non ergo quidquid creatura potest, et ipse Deus potest.

Respondeo dicendum, quod quidquid perfectionis in creatura est, totum est exemplariter eductum ex perfectione creatoris; ita tamen quod illam perfectionem, imperfectius creatura habet quam in Deo sit. Et ideo potentia creaturæ inquantum deficit a repræsentatione divinæ potentiæ, deficit a perfecto posse. Unde quod attribuitur sibi secundum quod est in tali gradu participata, non oportet quod divinæ potentiæ attribuatur. Sicut etiam dicimus essentiam lapidis exemplatam a divina essentia, nec tamen dicimus Deum esse lapidem; ita etiam non dicimus Dei potentiam esse potentiam ambulandi vel patiendi, quasi proximum principium ambulationis et passionis, ita quod ipse ambulet vel patiatur.

Sciendum tamen, quod gradus potentiarum, sicut et naturarum, divina dispositione ordinati sunt secundum quod una plus vel minus deficit a perfectione divinæ potentiæ. Et ideo videndum est quod quamvis nullus actus proprius harum potentiarum secundum gradus determinatos conveniat potentiæ divinæ sicut principio proximo, tamen omnes actus proprii harum potentiarum egredientes ab eis secundum rationem ordinis in quo constitutæ sunt reducuntur in Deum sicut in causam primam. Unde quamvis non dicamus quod Deus possit ambulare vel pati, dicimus tamen quod creat

ambulationem et passionem in aliis. Sed actus qui egrediuntur a determinatis potentiis præter dictam rationem ordinis nullo modo in causalitatem divinæ potentiæ reducuntur; non enim dicimus quod possit peccare, nec in aliis peccatum facere.
Et per hoc patet responsio ad primum.
Ad secundum dicendum, secundum quosdam, quod ly prava accipiendum est materialiter, ut sit sensus: Deus potest facere prava, idest quæ modo prava sunt, quæ tamen si ipse faceret, prava non essent. Vel dicendum quod loquitur conditionaliter, ut intelligatur, si vellet; cujus conditionalis et antecedens est impossibile, et consequens; et hoc non est inconveniens, sicut hæc: si centum sunt minus quam quinque, sunt minus quam decem.
Ad tertium dicendum, quod posse peccare, secundum Anselmum et Bœtium, non pertinet ad libertatem voluntatis; sed magis est conditio voluntatis deficientis inquantum est ex nihilo. Sed in hoc attenditur ratio libertatis, quod possit hoc facere vel non facere, aut hoc vel aliud facere.
Ad quartum dicendum, quod aliquid est laudabile inferiori naturæ, quod in superiori vituperabile esset; sicut esse ferox in cane et leone est laudabile, sed in homine vituperabile: ita et non peccare cum possit, est laus hominis, sed blasphemia Dei, si de ipso dicatur.

Articulus Secundus
Utrum Deus possit quæ sunt impossibilia naturæ.
Ad secundum sic proceditur. Videtur quod ea quæ naturæ sunt impossibilia, Deus non possit.
Sicut enim dicit Commentator, in 8 Metaph., omnis alteratio est ab aliquo agente corporali. Sed Deus est agens incorporale. Ergo videtur quod nulla alteratio a Deo possit fieri in creatura inferiori, nisi mediante motu superioris corporis, quod est primum alterans non alteratum.
Sed mediante illo motu nihil impossibile naturæ fieri potest. Ergo Deus nihil naturæ impossibile facere potest.
Præterea, omnis impossibilitas vel necessitas quæ est in propositionibus, reducitur ad hoc primum principium, quod est impossibile simul affirmare et negare, secundum Philosophum.
Sed hoc dicitur Deus non posse quod affirmatio et negatio sint simul vera. Ergo nullum impossibile naturæ facere potest.
Præterea, magis est impossibile quod est impossibile per se, quam quod est impossibile per accidens. Sed impossibile per accidens Deus facere non potest. Ergo nihil eorum quæ per se sunt impossibilia.
Probatio mediæ. Deus non potest facere quod illud quod est præteritum non fuerit, ut probatur auctoritate Hieronymi qui dicit, quod cum cetera Deus possit non potest de corrupta facere virginem; et per Augustinum, et per Philosophum ubi Agathonem commendat dicentem: hoc solo privatur Deus ingenita facere quæ facta sunt.
Sed præteritum non fuisse, non est impossibile nisi per accidens, quia hoc ipsum quod præteritum est, prius quam fieret, contingens erat non esse, ut Socratem currere. Ergo non potest facere illud quod est impossibile per accidens.
Præterea, secundum Augustinum, Deus non potest facere aliquid contra rationes quas primitus indidit; et in quadam Glossa ad Rom. 11 dicitur, quod Deus cum sit auctor naturæ, nihil contra naturam facit. Sed ea quæ sunt naturæ impossibilia, videntur contra naturam esse. Ergo nihil horum Deus facere potest.
Sed contra, qui omnia dicit, nihil excludit.
Sed in littera dicitur et probatur, quod Deus omnia potest. Ergo ab ejus omnipotentia impossibilia non excluduntur.
Præterea, Hilarius dicit, quod plus potest Deus facere quam nos possumus dicere, ut habitum est supra, 19 dist.: quod probatur etiam ex hoc quod habetur Luc. 1, 37: non erit impossibile apud Deum omne verbum. Sed nihil ita est impossibile quin nos dicere possimus, etiam contingere simul affirmare et negare; quod quidam Philosophi dixerunt. Ergo videtur quod omnia hujusmodi Deus possit facere.
Præterea, magis distat Deus et homo, quam duo contraria. Sed Deus univit humanam naturam divinæ. Ergo multo magis potest facere quod duo contraria sint simul in eodem; ex quo sequitur quod affirmatio et negatio sint simul vera; et si hoc potest, omnia potest.
Præterea, sicut cæcitas est contraria dispositio visioni, ita virginitas conceptui. Sed Deus fecit ut virgo manens virgo conciperet, et mater esset. Ergo potest facere ut cæcus manens cæcus visum habeat: et sic idem quod prius.
Respondeo dicendum, quod posse importat respectum medium inter potentem et possibile, sicut scire inter scientem et scibile: et ideo aliquid posse potest negari ex parte potentis, et aliquid ex parte possibilis. Nullum autem posse quod sine imperfectione est, negatur de Deo ex parte ipsius Dei potentis, sed negatur ab eo ex

Distinctio XLII

parte ejus posse defectivum, quod non est pure posse, sed admixtum cum non posse; quia potentia ejus defectum habere non potest. Unde non conceditur quod ipse possit peccare, vel aliquid hujusmodi. Negatur etiam quandoque Deus aliquid posse ex parte ipsius possibilis, quod nullo modo rationem possibilis habere potest: et hoc dicimus impossibile esse per se. Et cujusmodi sit hoc, investigandum est.

Sciendum igitur, quod omnis potentia vel est ad esse vel ad non esse, sicut potentia quæ est ad corrumpendum. Unde quidquid non potest habere rationem entis vel non entis, illud non potest esse possibile: et ideo hoc quod est idem simul esse et non esse, est in se impossibile: quia quod est ens et non ens, neque est ens neque non ens. Et ideo dicitur Deus hoc facere non posse, non propter defectum potentiæ ejus, sed quia hoc deficit a ratione possibilis; sicut dicitur non scire falsum quod a ratione scibilis deficit, et per consequens dicitur non posse facere omne illud in quo contradictio implicatur: et propter hoc non potest facere quod illud quod præteritum est non fuerit; quia quod est, necesse est esse dum est, et impossibile est non esse tunc dum est, et cum ista necessitate et impossibilitate in præteritum transit; et hoc est quod Augustinus dicit: si quis dicit: Deus, quia omnipotens est, faciat ut quæ facta sunt, non fuerint; non videt se hoc dicere: faciat ut quod verum est, eo ipso quod verum est, non sit. Et ex hoc sequitur ulterius quod nullum eorum possit in quibus contrarium prædicati est in definitione subjecti, ut quod faciat hoc, scilicet hominem non esse rationalem, vel triangulum non habere tres lineas. In hoc ipso enim quod ponitur triangulus, ponitur tres lineas habere: unde hoc est simul habere tres et non habere.

Et ex hoc ulterius sequitur quod non possit facere esse aliqua opposita simul in eodem; quia in definitione unius contrarii est privatio alterius, et in definitione privationis est negatio, sicut prius est in posteriori. Sed quidquid in se non repugnat rationi entis vel rationi non entis, hoc Deus potest facere; sicut cælum non esse, vel esse alium mundum, vel inducere visum prius cæco, et hujusmodi.

Hæc enim non sunt in se impossibilia, sed alicui.

Ad primum ergo dicendum, quod posset exponi, quod hoc non potest fieri secundum ordinem naturalis operationis, quamvis possit esse per actionem agentis supra naturam, nisi esset contra intentionem ejus qui hæc expresse de Deo inducit: et ideo in hoc erravit, nec ejus auctoritas recipienda est: quia hujus contrarium etiam Philosophi tradunt. Dicit enim Avicenna, quod materia magis obedit principiis separatis et conceptionibus eorum, quam contrariis agentibus in natura. Sed quidquid sit de aliis, hoc de Deo firmissime tenendum est, qui virtutem suam cælo non alligavit.

Ad secundum dicendum, quod secundum hoc quod aliquid est impossibile, reducitur in illud principium: unde quod est impossibile per se, includit principium in se: et tale impossibile non potest ipse Deus facere, ut ex dictis, in corp. Art., patet; et quod est impossibile alicui, includit dictum principium in ordine sui ad illud, sicut patet cum dicitur, quod impossibile est mortuum reviviscere; vivere enim per se possibile est, sed in corpore mortuo non est potentia ad hunc effectum inducendum, et ex hoc est impossibile. Unde si poneretur posse vivere ex sua virtute, simul poneretur ejusdem rei habere potentiam et impotentiam; nec hoc facit Deus quando mortuum resuscitat, ut corpus per propriam potentiam vivendi vivat, sed per potentiam quam sibi confert.

Ad tertium dicendum, quod præterita non fuisse, potest accipi ut impossibile per accidens, et ut impossibile per se. Si enim accipiatur ipsa res quæ dicitur præterita, ut cursus Socratis, non habet impossibilitatem nisi per accidens suum, quod est extra rationem ejus, scilicet præteritionem: et ipsa res in se considerata non dicitur Deo impossibilis. Potest enim hanc rem facere, scilicet quod Socrates non currat. Si autem accipiatur secundum quod stat sub hoc accidente quod est præteritio, sic est impossibile per se: et hoc dicitur Deus facere non posse; et simile est de hoc quod dicitur: Socratem non currere dum currit est impossibile: quia ratione adjuncti habet impossibilitatem per se.

Ad quartum dicendum, quod Deus materiæ primæ indidit duplices rationes, scilicet causales, vel obedientiales, per quas omnes natæ sunt obedire Deo, ut fiat ex eis quidquid ei placuerit. Indidit etiam rationes seminales, scilicet principia activa, per quæ effectus naturales exercentur; et contra has aliquando dicitur facere in miraculis quæ facit. Sed proprie loquendo tunc etiam contra eas non facit, sed præter eas, vel super eas. Super eas, quando inducit effectum in quem natura nullo modo attingere potest, sicut forma gloriæ corporibus gloriosis. Præter eas facit, quando effectum quem natura inducere potest, sine officio causarum naturalium producit, ut quando aquam in vinum convertit, Joan. 2. Sed contra eas non facit; quia nec facit nec facere potest ut causa naturalis activa manens eadem secundum speciem, effectum essentialem alium habeat, sicut non potest esse quod simul sit eadem et alia. Sed bene potest destruere unam naturam, et facere aliam; abjicere unam formam a materia, et inducere aliam: sic enim et contra naturam æris facit ignis, quando ipsum corrumpit.

Ad quintum dicendum, quod sub distributione omnium non potest accipi nisi ens vel non ens.

Sed ea quæ diximus Deum non posse, neque sunt entia simpliciter, neque non entia.

Ad sextum dicendum, quod dicta impossibilia quamvis ore proferri possint, tamen corde concipi non possunt, ut probat Philosophus in 5 Metaph.; unde non proprie et perfecte sunt verba.

Ad septimum dicendum, quod Deus non conjunxit humanam naturam divinæ, ita quod esset eadem natura, vel quod una persona secundum idem esset Deus et homo, sed secundum aliud et aliud; et sic non est dubium quod contraria in eodem conjungere potest; quia et natura hoc facit.

Ad octavum dicendum, quod non est simile.

Quia cæcitas est privatio ipsius visus, unde includit in se negationem ejus: unde non potest facere Deus quod simul sit cæcus et videns. Sed in ratione virginitatis non includitur negatio maternitatis, sed negatio conjunctionis ad virum; et ideo ratio non procedit.

Articulus Tertius
Utrum aliquid sit judicandum impossibile, secundum causas inferiores.

Ad tertium sic proceditur. Videtur quod aliquid non sit judicandum impossibile simpliciter secundum causas inferiores. Super illud 1 ad Corinth. 1, 20: stultam fecit Deus sapientiam hujus mundi, ita dicit Glossa: sapientiam hujus mundi, Deus stultitiam fecit, ostendens possibile quod ipsa impossibile judicabat. Sed sapientia hujus mundi judicat aliquid impossibile esse secundum causas inferiores. Ergo videtur quod hoc stultum sit dicere.

Præterea, constat quod causa inferior impium justificare non potest. Sed tamen non dicimus hoc esse impossibile, et similiter nec mundum fore antequam esset, quem natura facere non potest.

Ergo videtur quod non sit aliquid dicendum impossibile ex eo quod causæ inferiori est impossibile.

Præterea, constat quod illuminare cæcum et dare virgini conceptum, naturæ est impossibile; et tamen ista fieri potuerunt, et facta sunt. Ergo videtur quod secundum causas inferiores aliquid impossibile judicandum non sit.

Sed contra, nihil Deo est impossibile, ut dicitur Luc. 1. Si ergo secundum causam superiorem tantum aliquid impossibile diceretur et possibile, nihil impossibile foret. Ergo videtur quod sit judicandum de impossibilitate secundum causas inferiores.

Præterea, necessarium et impossibile sunt contraria. Sed aliquid non dicitur necessarium propter necessitatem causæ primæ, ut supra dictum est, dist. 38, quæst. Unic., art. 5, quia sic omnia essent necessaria. Ergo nec possibile et impossibile judicandum est secundum superiores causas.

Respondeo dicendum, quod impossibile est dupliciter. Aliquid enim est ex se impossibile, sicut dictum est, art. Antec., de his quæ contradictionem includunt; et hæc judicantur impossibilia absolute, non per respectum ad causas superiores vel inferiores. Aliquid autem est impossibile, quod quantum in se est non habet rationem impossibilis, sed in ordine ad aliquid; et in istis distinguendum est; quia possibile potest dici secundum potentiam activam et passivam; et utroque modo dicitur aliquid possibile et impossibile simpliciter per comparationem ad suam causam proximam activam vel materialem, cujus conditiones effectus sequitur, ut prius dictum est.

Verbi gratia: materia statuæ remota, est terra et aqua: materia proxima cuprum et lignum. Dicimus autem ex cupro posse fieri statuam, non autem ex terra: hoc enim solum dicimus esse in potentia in aliquo absolute, quod potest educi de materia uno motore, ut in 9 Metaph. Dicitur.

Dicendum est ergo, quod omnes effectus qui sunt immediate ipsius Dei, non per causam secundam mediam, ut creatio mundi, creatio animæ, et glorificatio animæ, et hujusmodi, judicandi sunt possibiles vel impossibiles secundum causam superiorem divinam. Possunt nihilominus aliqui eorum judicari possibiles secundum causas passivas inferiores; quia causæ receptivæ se habent in inferioribus sicut anima se habet ad corpus præparatum per operationem naturæ, et ad gratiam per liberum arbitrium.

Sed illi effectus qui nati sunt ex causis esse inferioribus proximis activis et passivis, judicandi sunt possibiles vel impossibiles secundum causas inferiores: sicut in visione cæci et in resurrectione mortui, et hujusmodi: vita enim et visio sunt effectus immediati causarum inferiorum, scilicet formarum unitarum corpori.

Ad primum ergo dicendum, quod sapientia mundi in hoc stulta reputata est, quia judicavit hæc impossibilia naturæ, ita esse impossibilia, quod etiam Deus ea facere non posset. Aliquid tamen potest dici simpliciter impossibile quod alicui est possibile; sicut aliquid dicitur simpliciter album, quod secundum aliquid sui non est album.

Et per hoc patet responsio ad alia.

Potuit Deus simul cuncta facere. Non solum ita quod conderet omnes species, sed etiam omnia individua specierum, quæ in toto tempore fiunt; sed ratio prohibuit, non quidem per contrarietatem, sed per incompossibilitatem; non enim potest esse quod Deus aliquid faciat, et illud rationale non sit; unde ratio se habet sicut determinans opus, et potentia sicut exequens.

Quia non esset hoc potentiæ, sed infirmitatis.

Et hoc etiam dicit Dionysius, et ponit exemplum, sicut cum aliquid dicitur esse non ens: hoc enim ipsum esse est non esse; ita et posse deficere ab eo quod est perfecte possibile, non est posse simpliciter.

Homo autem vel Angelus, quantumcumque beatus est, non est potens ex se vel per se. Sciendum quod homo ex se vel a se, nihil boni potest facere: quia istæ præpositiones de, et ab denotant causam efficientem: unde dicitur homo posse facere aliquid ab eo a quo potentiam habet; constat enim quod quidquid boni habet, ab alio habet.

Sed per denotat causam formalem; unde quædam potest facere per se, scilicet quæ complentur principiis naturalibus, quædam autem non per se, sicut ea quæ fiunt per virtutem divinam, ut miracula, et hujusmodi: et inde etiam est quod filius dicitur omnia agere per se, sed non a se.

Distinctio XLIII

Quæstio I
Prologus

Hic Magister excludit errorem quorundam contra prædeterminata, qui Dei potentiam limitabant, dicentes, non simpliciter omnium esse Dei potentiam: et dividitur in partes duas: in prima improbat errorem eorum, inquantum limitabant Dei potentiam, ad res quæ fiunt; in secunda inquantum limitabant ad qualitatem earum; dicebant enim, nec alia nec meliora posse Deum facere quam quæ facit, 44 dist., ibi: nunc illud restat discutiendum, utrum melius aliquid possit facere quam facit. Prima in tres: in prima narrat eorum positionem; in secunda ponit probationes eorum, et solvit eas, ibi: istamque primam suam opinionem verisimilibus argumentis, causisque commentitiis, nec non et sacrarum auctoritatum testimoniis munire conantur; in tertia inducit auctoritates ad veritatem probandam, ibi: fateamur ergo Deum plura posse facere quæ non vult, et posse dimittere quæ facit.

Istamque suam primam opinionem verisimilibus argumentis... Munire conantur. Hic ponit probationes eorum; et dividitur in partes tres: in prima ponit quædam probabilia argumenta quæ habebant; in secunda ponit quasdam causas quas adinveniebant, ibi: addunt quoque et alia; in tertia ponit quasdam auctoritates quas inducebant ad suæ opinionis confirmationem, ibi: his autem illi scrutatores qui defecerunt scrutantes scrutinia, sanctorum annectunt testimonia. Probationes autem et responsiones patent in littera.

Circa hanc opinionem oportet duo quærere, secundum quod duo ponebant. Primo ponebant, quod non potest facere aliquid eorum quæ non facit: et in hoc negabant infinitatem divinæ potentiæ.

Unde prima quæstio sit de infinitate divinæ potentiæ. Secundo ponebant Deum non posse non facere ea quæ facit; et in hoc inducebant Deum agere ex necessitate; et ideo secunda quæstio erit, utrum Deus agat ex necessitate.

Circa primum quæruntur duo: 1 utrum potentia Dei sit infinita; 2 utrum omnipotentia sua, quæ convenit sibi secundum infinitatem potentiæ, sit creaturæ communicabilis.

Articulus Primus
Utrum potentia Dei sit infinita.

Ad primum sic proceditur. Videtur quod potentia Dei non sit infinita. Sicut enim dicit Philosophus, infinitum habet rationem partis et materiæ, et ita imperfecti. Sed potentia Dei est perfectissima. Ergo non debet dici infinita.

Præterea, secundum Philosophum, finitum et infinitum congruunt quantitati.

Sed omne quantum est divisibile. Cum igitur potentia divina sit simplex, videtur quod neque finita neque infinita dicenda sit.

Præterea, secundum Philosophos, si esset aliqua potentia activa cui non responderet aliqua potentia passiva in natura, illa esset frustra. Sed nulla potentia passiva est ad recipiendum effectum infinitum. Cum ergo potentia activa Dei non sit frustra, videtur quod non sit infinita.

Præterea, nullum infinitum comprehendi potest: quia, secundum Augustinum in Lib. De videndo Deum, illud comprehenditur cujus fines circumspiciuntur. Sed intellectus divinus comprehendit potentiam suam, cum totam potentiam suam Deus cognoscat. Ergo sua potentia non est infinita.

Præterea, omnis potentia potest reduci in actum. Si ergo potentia Dei sit infinita, poterit actu infinita facere. Sed si actu infinita fecisset, aut aliquid posset facere amplius, et sic infinito esset aliquid majus. Vel nihil amplius facere posset, et sic impotens ex his quæ faceret redderetur, et sua potentia ad opera ejus finiretur, et infinita non esset: quæ omnia impossibilia sunt. Ergo Dei potentia non est infinita.

Sed contra, in magnitudine infinita semper est virtus infinita, sicut Philosophi probant, sive ponatur magnitudo molis, quam tamen impossibile est esse infinitam, sive magnitudo virtutis.

Sed in Psalm. 144, 3, dicitur, quod magnitudinis ejus non est finis. Ergo virtus vel potentia ejus est infinita.

Respondeo dicendum, quod infinitum potest dupliciter sumi: privative, et sic Deo non convenit: nihil enim, proprie loquendo, privative de ipso dici potest, ut supra dictum est, dist. 7, qu. 2, art. 2: vel negative, et sic Deus dicitur infinitus, secundum Damascenum, quia nullo modo finitur. Quod qualiter sit, investigandum est.

Quidam enim accipientes finitum et infinitum solum secundum quod sunt passiones quantitatis, non poterant in Deo invenire infinitatem, nisi secundum quod inveniebant in eo rationem quantitatis virtualis; unde dicebant Deum esse infinitum, quia virtus ejus est infinita. Ideo accidit quod quidam negaverunt essentiam Dei esse infinitam in ratione essentiæ consideratam; et sic a sanctis eam videri asserebant. Sed istud erroneum est.

Et ideo aliter dicendum, quod secundum Philosophum, finis vel terminus multipliciter dicitur. Uno modo terminus quantitatis, sicut punctus lineæ; et hoc modo dicitur a positione et a privatione talis finis, finitum et infinitum, secundum quod est passio quantitatis; et sic non sunt in incorporeis. Dicitur alio modo finis quantum ad essentiam rei, sicut ultima differentia constitutiva est ad quam finitur essentia speciei. Unde illud quod significat essentiam rei, vocatur definitio vel terminus; et sic dicitur unumquodque finiri per illud quod determinat vel contrahit essentiam suam; sicut natura generis, quæ de se est indifferens ad multa, finitur per unam differentiam; et materia prima, quæ de se est indifferens ad omnes formas (unde et infinita dicitur) finitur per formam; et similiter forma, quæ, quantum in se est, potest perficere diversas partes materiæ, finitur per materiam in qua recipitur. Et a negatione talis finis essentia divina infinita dicitur. Omnis enim forma in propria ratione si abstracte consideretur, infinitatem habet; sicut in albedine abstracte intellecta, ratio albedinis non est finita ad aliquid; sed tamen ratio coloris et ratio essendi determinatur in ea, et contrahitur ad determinatam speciem. Et ideo illud quod habet esse absolutum et nullo modo receptum in aliquo, immo ipsemet est suum esse, illud est infinitum simpliciter; et ideo essentia ejus infinita est, et bonitas ejus, et quidquid aliud de eo dicitur; quia nihil eorum limitatur ad aliquid, sicut quod recipitur in aliquo, limitatur ad capacitatem ejus. Et ex hoc quod essentia est infinita, sequitur quod potentia ejus infinita sit; et hoc expresse dicitur in Lib. De causis, quod ens primum habet virtutem simpliciter infinitam, quia ipsummet est sua virtus.

Ad primum ergo dicendum, quod illa objectio procedit de infinito quod privative dicitur, quod scilicet natum est habere finem, et non habet; et sic ratio ejus consistit in materia cum privatione; et hoc Deo non competit.

Ad secundum dicendum, quod objectio illa procedit de infinito secundum quod dicitur a privatione finis, qui est terminus quantitatis.

Ad tertium dicendum, quod potentia Dei activa non est propter finem, sed est finis omnium: et ideo quamvis nulla potentia passiva adæquet eam, non est frustra; quia frustra est, quod est ad finem quem non inducit; aliæ tamen potentiæ activæ et passivæ accedunt ad eam quantum possunt.

Ad quartum dicendum, quod de ratione comprehensionis sunt duo. Unum est quod fines ejus rei apprehendantur vel contineantur; et sic infinitum nullo modo comprehenditur neque a finito neque ab infinito: nec sic Deus seipsum comprehendit, quia fines non habet. Aliud est ratione ejus, scilicet nihil comprehensi esse extra comprehensorem; et sic etiam intellectus divinus essentiam suam et potentiam comprehendit, cum nihil extra ipsum sit.

Ad quintum dicendum, quod nullus effectus producitur per aliquam potentiam per modum qui est contra rationem ipsius, sicut potentia motiva non facit omnes partes motus esse simul: jam enim non esset motus, cum de ratione motus sit successio: et talis actus est in infinitum, secundum Philosophum in 3 Physic., qui scilicet semper est permixtus potentiæ; et ideo non reducitur in actum nisi successive; et ideo non sequitur quod Deus possit facere esse in actu omnia infinita quæ potest, quia jam infinita essent finita.

Articulus Secundus

Utrum omnipotentia Dei possit communicari creaturæ.
Ad secundum sic proceditur. Videtur quod omnipotentia Dei creaturæ communicari possit.
Omnipotentia enim Dei non est dignior quam sua bonitas. Sed bonitas ejus communicatur creaturis.
Ergo et omnipotentia.
Præterea, sicut habere omnem potentiam est de perfectione divina, ita et habere omnium scientiam; et etiam scientia ad plura se extendit, quia ad bona et mala. Sed habere omnium scientiam communicatum est animæ Christi. Ergo et habere omnipotentiam: et sic omnipotentia videtur creaturæ communicabilis.
Præterea, fides facit omnia possibilia: quia nihil impossibile est credenti, sicut habetur Matth. 17. Sed fides creaturæ infunditur. Ergo et omnipotentia communicatur.
Præterea, sicut probatum est a philosophis, omnis virtus separata a materia est infinita, quia non est accipere proportionem virtutis materialis ad virtutem substantiæ separatæ. Sed Angeli, qui sunt creaturæ, sunt substantiæ a materia separatæ, secundum Dionysium.
Cum ergo Deus dicatur omnipotens propter infinitatem suæ potentiæ, videtur quod omnipotentia aliquibus creaturis communicari possit.
Sed contra, creatio uniuscuiusque pertinet ad Dei potentiam. Sed nulli rei conferri potest ut sibimet creando esse conferat. Ergo nulli rei creatæ omnipotentia conferri potest.
Præterea, quidquid alicui creaturæ communicabile est de perfectionibus divinis, totum animæ Christi communicatum est. Sed sibi non est communicata omnipotentia, ut in 3 hujus dicitur. Ergo nulli creaturæ communicabilis est.
Respondeo dicendum, quod virtus vel potentia semper consequitur essentiam; unde impossibile est, ut essentiæ finitæ sit virtus infinita.
Impossibile est autem aliquam essentiam creatam esse infinitam, eo quod esse suum non est absolutum et subsistens, sed receptum in aliquo. Si enim esset esse absolutum, non differret ab esse divino.
Non enim potest esse pluralitas alicujus naturæ, sicut albedinis vel vitæ, nisi hoc modo quod unum sit absolutum, et aliud alteri conjunctum, vel utrumque in diversis receptum; eo quod substantia uniuscujusque rei est simul, ut ex 5 Metaph., patet. Unde sicut nulli creaturæ potest communicari quod sit Deus, ita non potest sibi communicari quod sit infinitæ essentiæ et infinitæ potentiæ, et quod omnipotentiam habeat.
Ad primum ergo dicendum, quod quidquid perfectionis est in creatura, totum est exemplatum a perfectione divina, tamen perfectius est in Deo quam in creatura, nec secundum illum modum in creatura esse potest quo in Deo est: ideo omne nomen quod designat perfectionem divinam absolute, non concernendo aliquem modum, communicabile est creaturæ, ut potentia, sapientia, bonitas, et hujusmodi.
Omne autem nomen concernens modum quo illa perfectio est in Deo, creaturæ incommunicabile est, ut est summum bonum esse, omnipotentem et hujusmodi.
Ad secundum dicendum, quod potentia significatur per egressum ab essentia; unde ei quod habet essentiam finitam, potentia infinita communicari non potest. Sed scientia animæ est in recipiendo; unde potest secundum quod unitur alicui infinito ut objecto, omnem scientiam habere; et sic anima Christi in verbo omnia videt.
Ad tertium dicendum, quod ibi est accommoda distributio. Non enim virtus fidei absolute ad omnia se extendit, sicut ad creationem cæli, et hujusmodi; sed tantum ad ea quæ faciunt ad confirmationem fidei, ut suscitare mortuos, sanare infirmos, et hujusmodi.
Nec ista etiam efficiuntur aliqua virtute creata quæ sit in credente, sed virtute increata ad preces fidelis: et ideo dictum est supra, in corp.
Art., quod homo nec per se nec a se ista facit. Hoc autem attribuitur potius fidei quam alii virtuti, inquantum ea quæ creduntur, quodammodo miraculis probantur, ut habetur Marc. Ult., 20: Domino cooperante, et sermonem confirmante, sequentibus signis.
Ad quartum dicendum, quod ibi et in Lib. De causis, dicitur, quod virtus intelligentiæ creatæ non est infinita simpliciter: et probatur per hoc quod ipsa virtus intelligentiæ non est per se subsistens, sed est recepta in aliquo subsistente.
Nulla enim intelligentia est sua virtus, sicut nec aliqua creatura. Dicitur tamen ibi, quod est infinita inferius, et non superius; quod sic exponitur ibidem: quia si

comparetur virtus intelligentiæ ad superius suum, scilicet Deum, manifestatur finita, inquantum non recipit divinam virtutem in se, secundum suam totam infinitatem, sed per modum possibilem sibi; sed in comparatione ad ea quæ sub ipsa sunt, dicitur infinita, inquantum in infinitum potest movere, et infinitos effectus producere per motum, secundum positionem Philosophorum qui ponunt intelligentias movere orbes; sicut etiam virtus solis potest dici infinita inferius, inquantum scilicet per eam possent infinita generari, si mundus semper maneret.

Quæstio II
Prologus

Deinde quæritur de necessitate divinæ operationis; et circa hoc quæruntur duo: 1 utrum operetur ex necessitate naturæ; 2 utrum operetur ex necessitate suæ justitiæ.

Articulus Primus
Utrum Deus operetur de necessitate naturæ.

Ad primum sic proceditur. Videtur quod Deus operetur per necessitatem naturæ. Dicit enim Dionysius: sicut noster sol non ratiocinans, non eligens, radios suos diffundit in omnia corpora; ita et divina bonitas in omnia entia. Sed operari sine ratiocinatione et electione, est operari per necessitatem naturæ.

Ergo Deus per necessitatem naturæ operatur.

Præterea, omne agens per essentiam suam agit per necessitatem naturæ: quia quod consequitur ad essentiam alicujus rei inquantum est essentia, necessario ab ipso consequitur, si esse ponatur. Sed Deus agit per essentiam suam, cum sit primum agens, ut ibidem etiam Dionysius dicit.

Ergo videtur agere ex necessitate naturæ.

Præterea, sicut Deus per se est bonus, ita etiam est ens per se necessarium, cum omnia ab ipso necessitatem habeant; et omne quod est per aliud, reducitur ad id quod est per se. Sed in per se bono nihil est nisi bonum. Ergo etiam in Deo per se necessario, nihil est nisi necessarium; et ita operatio ejus necessaria est, et ex necessitate operatur.

Præterea, impossibile est causam necessarii non esse necessariam. Sed omnia entia creantur per operationem divinam. Si igitur non esset necessaria, nihil in mundo esset necessarium, sed totum contingens. Hoc autem est falsum, et contra sensum et omnem scientiam. Ergo videtur quod Deus ex necessitate operetur.

Sed contra, ab uno secundum necessitatem naturæ operante, non est nisi unum: quia, secundum Philosophum, idem semper facit idem. Ergo si Deus esset agens per necessitatem naturæ, ab ipso non esset nisi unum immediate, et ab ipso uno esset aliud vel alia, et sic deinceps. Hoc autem est falsum et contra fidem, quæ Deum omnium entium creatorem confitetur, et nullum alium creatorem esse. Ergo non agit ex necessitate naturæ.

Præterea, omnis agens per necessitatem naturæ producit effectum coævum sibi nisi impediatur.

Sed virtus Dei, quæ infinita est, impediri non potest. Si ergo res ex necessitate naturæ ageret, mundum sibi coæternum creasset: quod etiam contra fidem est. Non ergo agit per necessitatem naturæ.

Respondeo dicendum, quod omne quod est ex necessitate naturæ, vel est intentum vel ordinatum ad finem, vel non. Et si quidem non est intentum vel ordinatum ad finem, erit casu; quia casus nihil aliud est quam natura agens præter intentionem, ut in 2 Physic. Dicitur; et sic monstra in natura fiunt ex necessitate naturæ particularis hujus individui, quamvis sint ordinata in finem a natura universali, ut corruptio unius sit generatio alterius. Sic autem non potest esse quod Deus agat ex necessitate naturæ; quia sequeretur quod omnia casu contingerent, quasi ea quæ accidunt ex necessitate materiæ, et quod nulla natura intenderet finem; quod est contra Philosophum. Non enim intendit natura creata finem, nisi inquantum a sua causa est ordinata. Si autem est ordinatum ad finem; oportet quod hoc sit vel ab alio ordinante separato, vel ab ordinante conjuncto. Ab ordinante separato, operationes naturæ quæ sunt ad finem, certitudinaliter tendunt in finem illum ex provisione et ordinatione alicujus causæ sic ordinantis. Unde Themistius dicit, quod natura agit quasi esset mota ex causis superioribus, idest inquantum est in ea quidam instinctus ab ordinatione substantiarum separatarum.

Sic etiam non potest esse quod illud quod est a Deo, sit hoc modo ordinatum in finem: quia sic oporteret aliquid prius Deo esse, ex cujus directione et ordinatione suum opus intenderet et consequeretur finem. Relinquitur ergo quod ea quæ aguntur virtute naturæ suæ, sint ordinata in finem ab ordinante conjuncto ipsi agenti, quod est sapientia ejus; et ita ea quæ aguntur ab ipso procedunt ex ordine sapientiæ ejus et per consequens ex voluntate ipsius, qui amat hunc ordinem, et non ex necessitate naturæ; et hoc præcipue apparet in dispositione cælorum, in quibus multa sunt, ut numerus stellarum, et distantia earum, et quantitas orbium, et hujusmodi, de quibus nulla potest ratio assignari nisi ex ordine sapientiæ conditoris; quamvis forte alicujus diversitatis quæ est in generabilibus et corruptibilibus possit ratio assignari ex diversitate materiæ; et propter hoc Dominus frequenter in Scripturis in ostensionem divinitatis suæ remittit ad considerationem cælorum, ut Isai. 40, 26: levate in cælum oculos vestros, et videte quis creavit eos.

Ad primum ergo dicendum, quod Dionysius non intendit assignare convenientiam bonitatis divinæ ad solem visibilem quantum ad necessitatem agendi, sed quantum ad universalitatem causandi: quod patet ex hoc quod continuo ostendit radios divinæ bonitatis usque ad ultima entium diffundi.

Ad secundum dicendum, quod sicut voluntas et essentia et sapientia in Deo idem sunt re, sed ratione distinguuntur; ita etiam distinguuntur et operationes secundum rationes diversorum attributorum, quamvis sit una tantum ipsius operatio, quæ est sua essentia. Et ideo, quia creatio rerum quamvis sit operatio essentiæ ejus, non tamen inquantum solum est essentia, sed etiam inquantum est sapientia et voluntas; ideo sequitur conditionem scientiæ et voluntatis; et quia voluntas libera est, ideo dicitur Deus ex libertate voluntatis res facere, et non ex naturæ necessitate.

Ad tertium dicendum, quod quidquid in Deo est, est sua essentia: et ideo totum est æternum et increatum, et necessarium; sed tamen effectus qui ex ejus operatione procedit, non necessario procedit: quia procedit ab operatione secundum quod est a voluntate; et ideo producit effectum secundum libertatem voluntatis.

Ad quartum dicendum, quod non est dicendum voluntatem Dei esse contingentem, aut operationem ipsius, quia contingentia mutabilitatem importat, quæ in Deo proprie nulla est; sed tamen est libertas voluntatis et operationis, prout exit a voluntate.

Articulus Secundus
Utrum Deus agat de necessitate justitiæ.

Ad secundum sic proceditur. Videtur quod Deus agat de necessitate justitiæ. Sicut enim dicit Glossa super illud 2 ad Timoth. 2, 13: seipsum negare non potest, seipsum negaret, si justitiam suam dimitteret, quæ est ipse. Cum igitur necessarium sit Deum seipsum non negare, videtur quod ex necessitate justitiæ agat.

Præterea, quidquid non est justum, si fiat, injuste et contra justitiam fit. Sed Deus nihil potest facere injuste et contra justitiam, quia sic posset peccare. Ergo videtur quod de necessitate justitiæ agat.

Præterea, causæ naturales dicuntur agere per necessitatem naturæ, eo quod determinatæ sunt ad unum. Sed voluntas Dei immutabiliter determinata est ad justitiam. Ergo videtur quod agat de necessitate justitiæ.

Sed contra, Jonæ 2, dicitur in Glossa: Deus misericors paratus salvare per misericordiam quos non potest per justitiam; et ita videtur quod non de necessitate justitiæ agat.

Præterea, constat quod salvare illos qui sunt in inferno, non est justitiæ, sed magis contra justitiam videtur. Sed, sicut legitur, ad preces beati Gregorii Dominus Trajanum imperatorem idolatram et ob hoc in inferno damnatum, ab inferis revocavit, et vitæ restituit. Ergo videtur quod non agat de necessitate justitiæ.

Præterea, si non potest agere nisi secundum justitiam, aut hoc intelligitur de justitia creata, aut de justitia increata. Sed non de justitia creata, qua res illa quæ est, non regulatur; nec etiam de justitia increata, quia illa potentiæ non contrariatur nec voluntati. Ergo videtur quod non agat de necessitate justitiæ.

Respondeo dicendum, quod Deum agere de necessitate justitiæ, potest intelligi dupliciter.

Aut ita quod nihil possit agi ab eo quod si fieret, justum non esset; et sic verum est; sicut enim non potest facere aliquid quod si fieret, non esset volitum ab eo, et quod non esset scitum ab eo: ita est de justo. Nihil enim potest facere quod si fieret, non esset justum. Aut potest intelligi quod ex justitia sua determinetur ad aliquod unum faciendum, ita quod aliud facere non possit: et sic falsum est. Et hujus ratio est, quia quandocumque tota determinatio operis est ex parte operantis, in operante est determinare ad hunc modum hoc vel illud. Quando autem ipsum opus ex se determinatum est, non est ulterius in operante. Verbi gratia, in operibus humanis aliquid, quantum est de sui natura, est indifferens, ut sedere vel non sedere; et utrumque determinatur ad hoc quod est esse virtuosum, ex parte hominis, qui adhibet debitas circumstantias. Unde ex necessitate justitiæ ad neutrum cogitur; sed quodcumque faciat, justum erit debitis circumstantiis adhibitis ex ordine rationis.

Aliquid autem est ex sua forma determinatum ad unum, sicut mentiri, quod in se malum est, vel servare æqualitatem justitiæ, quod in se bonum est; quorum nec unum præterire, nec alterum facere sine injustitia possumus.

Dico ergo, quod quidquid est ordinatum, justum vel bonum in rebus creatis, totum est ex ipsa voluntate Dei ordinante; et ideo ex necessitate justitiæ non facit hoc, quin aliud etiam facere posset: quia modum ordinis quem circa hoc ponit, etiam circa aliud ponere posset: sicut enim scientia sua est causa verorum creatorum, e contrario scientiæ nostræ; ita et justa voluntas sua est causa justorum.

Unde si aliud faceret, illud justum faceret et injustus ipse non esset.

Ad primum ergo dicendum, quod justitia potest accipi dupliciter. Vel ipsa ordinatio divinæ voluntatis quæ in Deo est; et sic non potest facere præter justitiam, sicut non potest facere præter scientiam. Aut potest accipi secundum quod ex ordine voluntatis suæ determinatur justitia in aliquo opere causato; et præter illam justitiam facere potest, nec seipsum negaret: quia in hoc etiam quod faceret, ordo suæ justitiæ appareret; et ideo nec contra justitiam faceret, nec injuste.

Et per hoc patet responsio ad secundum.

Ad tertium dicendum, quod quamvis voluntas Dei sit immutabiliter determinata ad justitiam, tamen ordo justitiæ non est determinatus ad hanc rem vel ad illam. Unde non sequitur quod ex necessitate justitiæ hoc vel illud faciat.

Ad quartum dicendum, quod justitia dicitur dupliciter de Deo. Uno modo retributio pro meritis: et hoc respondet justitiæ cuilibet specialiter dictæ; et quia hoc attendit æqualitatem et ordinem ex parte ipsarum rerum, ideo Deus hanc justitiam quandoque prætermittit; et secundum misericordiam procedit opus ejus. Alio modo dicitur justitia decentia divinæ bonitatis, cui respondet in politicis justitia communiter dicta quæ est communis virtus, secundum Philosophum: et quia hoc respicit ordinem ex parte ipsius Dei, ideo præter hanc Deus nunquam facit nec facere potest; nihil enim potest facere quod ipsum non deceat: et huic justitiæ non repugnat liberalitas qua alicui confertur id quod sibi debitum non est, et hoc est Dei misericordia, qua etiam peccatoribus dignis morte gratiam infundit, ut digni sint vita; et sic ponit alium ordinem in re ipsa, ut scilicet quod ex culpa ordinabatur ad pœnam, ex gratia ordinetur ad gloriam.

Ad quintum dicendum, quod idem est de Trajano qui forte post quingentos annos suscitatus est, et de aliis qui post unum diem suscitati sunt; de omnibus enim dicendum est, quod non finaliter damnati erant: præsciebat enim Deus eos sanctorum precibus a pœnis liberandos, et vitæ restituendos; et sic ex liberalitate bonitatis suæ eis veniam contulit, quamvis æternam pœnam meruissent.

Non enim est simile de ipso in quem solum peccatur, et de alio judice. Unde et Deus libere remittere potest sine ullius offensa; non alius judex qui punire habet culpam in alium, vel in rempublicam, vel in Deum commissam; unde et pœnam licite remittere non potest.

Ad sextum dicendum, quod dicitur Deus non posse injuste facere, non propter justitiæ suæ contrarietatem ad suam potentiam, sed propter justitiæ incompossibilitatem. Hæc enim duo sunt incompossibilia, quod Deus aliquid faciat, et illud justum non sit.

His autem respondemus, duplicem verborum intelligentiam aperientes. Solutio Magistri in hoc consistit, quod cum dicitur, Deus non potest facere nisi quod justum est, hoc quod dico justum potest intelligi prius conjungi cum hoc verbo est, a quo restringitur ad standum pro præsentibus, quam cum hoc verbo potest; et sic falsa est. Est enim sensus: Deus non potest facere nisi id quod modo justum est: quod falsum est. Potest enim facere quædam quæ modo nihil sunt. Vel potest prius intelligi conjungi cum hoc verbo potest, habente vim ampliandi, quam cum hoc verbo est; et in hoc sensu est vera: quia sic hoc nomen justum, supponit pro præsenti confuso non secundum aliquod determinatum tempus. Et est sensus: Deus non potest facere aliquid quod non est justum, in quocumque tempore ponatur ab eo factum; et per modum istum solvuntur omnes objectiones.

Distinctio XLIV

Quæstio I
Prologus

Hic excludit prædictorum errorem quantum ad hoc quod ponebant potentiam Dei limitari ad qualitatem rerum; et dividitur in partes duas: in prima excludit errorem; in secunda determinat quamdam quæstionem per quam videbatur in divina potentia diminutio poni, ibi: præterea quæri solet, utrum Deus semper possit omne quod olim potuit. Prima in duas: in prima inquirit, utrum Dei potentia limitetur ad rerum bonitatem; in secunda inquirit, utrum limitetur ad rerum modum, ibi: post hæc considerandum est utrum alio modo vel meliori quam facit, possit ea facere quæ facit.

Circa primum duo facit. Primo excludit rationem eorum qui ponebant Deum non posse res meliores facere quam faciat; secundo per rationem destruit eorum positionem, ibi: verum hic ab eis responderi deposco. Sententia in littera plana est.

Hic quatuor quæruntur: 1 utrum Deus unamquamque rem potuerit meliorem facere quam fecit; 2 utrum potuerit melius facere ipsum universum; 3 de quibusdam excellentissimis creaturis utrum Deus eas facere potuerit meliores; 4 utrum quidquid olim Deus potuit facere, et modo possit.

Articulus Primus
Utrum Deus potuerit facere aliquam creaturam meliorem quam fecerit.

Ad primum sic proceditur. Videtur quod Deus nullam creaturam meliorem facere potuerit quam sit: quia secundum Dionysium, et Platonem, optimi est optima adducere. Sed optimo nihil melius potest esse. Ergo his quæ Deus fecit qui optimus est, nihil melius esse potest.

Præterea, secundum basilium, accipere a patre, filio cum omni creatura commune est. Sed in his quæ sunt unius rationis, tenet idem modus arguendi. Ergo cum Augustinus, arguat ex hoc quod in Deo invidia esse non potest, quod filium meliorem quam genuit, generare nequiverit, videtur etiam quod res creatas meliores quam sint, facere non potuerit.

Præterea, effectus qui producitur a causa secundum totam suam potentiam, non potest ab ipsa melior fieri. Sed quamlibet creaturam Deus operatur tota sua potentia, quia per essentiam suam, quæ indivisibilis est. Ergo nullam rem meliorem potest facere quam fit.

Præterea, una res non deficit a bonitate alterius, nisi per hoc quod deficit a participatione divinæ bonitatis. Iste autem defectus non ex parte Dei est, qui æqualiter se habet ad omnes creaturas, secundum Dionysium, sed ex parte ipsius rei, quæ magis vel minus bonitatis divinæ capax est. Ergo videtur quod Deus unamquamque rem meliorem non possit facere quam fit.

Sed contra, cuilibet finito possibilis est additio. Sed cujuslibet creaturæ bonitas finita est. Ergo potest sibi fieri additio. Sed quidquid potest fieri, Deus, qui omnipotens est, facere potest. Ergo videtur quod quamlibet rem meliorem facere possit.

Præterea, quidquid natura facit, et Deus facere potest. Sed operatione naturæ mutantur res in melius, ut homo de pueritia in juventutem. Ergo et Deus res meliores potest facere quam sunt.

Respondeo dicendum, quod uniuscujusque rei in se consideratæ est duplex bonitas, sicut et duplex esse, cum ens et bonum convertantur; scilicet bonitas essentialis, ut homini esse vivum et rationale; et bonitas accidentalis, ut sanitas, scientia et hujusmodi. Loquendo de bonitate accidentali, unicuique rei majorem bonitatem Deus conferre potuisset. Loquendo autem de bonitate essentiali, qualibet re creata meliorem aliam rem facere potuisset, non tamen potuit hanc rem facere esse majoris bonitatis: quia si adderetur ad bonitatem essentialem aliquid, non esset eadem res, sed alia: quia, secundum Philosophum in 8 Metaph., sicut numeris unitas addita vel subtracta semper variat speciem; ita in definitionibus differentia addita vel subtracta; verbi gratia, si definitioni bovis addatur rationale, jam non erit bos, sed alia species, scilicet homo; si subtrahatur sensibile, remanebit vivens vita arborum.

Unde sicut Deus non potest facere quod ternarius manens ternarius habeat quatuor unitates, quamvis quolibet numero majorem numerum facere possit; ita non potest facere quod hæc res maneat eadem, et majorem bonitatem essentialem habeat vel minorem.

Ex omnibus enim his sequeretur quod affirmatio et negatio essent simul vera: quod Deus non potest facere, ut dictum est, dist. 42, quæst. 2, art. 2.

Ad primum ergo dicendum, quod quælibet res in se considerata, non est optima, nisi forte inquantum attingit omnem bonitatem suam essentialem; sicut si diceretur ternarius esse maximus, quia attingit quantitatem suæ speciei; sed in ordine ad universum est optima, sicut Augustinus dicit.

Ad secundum dicendum, quod quamvis accipere a patre sit commune filio cum omni creatura communitate analogiæ; tamen habere per naturam est sibi proprium, sicut ipsemet dicit; et ideo æqualitas paterna debetur sibi per naturam. Unde si non æqualem genuisset, cum potuisset, Deus pater invidus esset: quia subtraxisset dignitatem filio, quam deberet et posset habere. Sed creatura nunquam potest pertingere ad æqualitatem Dei, nec alia mensura bonitatis sibi debetur, quam secundum determinationem divinæ voluntatis: et ideo nulla invidia in Deo resultat si rem meliorem facere potuit quam fecerit. Et hoc est quod Hilarius dicit, quod omnibus creaturis substantiam Dei voluntas attulit, sed filio natura dedit.

Ad tertium dicendum, quod quamvis Deus producat unumquodque creatum tota sua potentia infinita, non tamen sequitur quantitas bonitatis in effectu, nisi secundum voluntatem opificis, quæ se habet ut imperans ad opus, quod potentia exequendo educit.

Ad quartum dicendum, quod diversus gradus in entibus non tantum est ex parte rerum, quarum capacitates ab invicem distant, sed etiam ex ordine sapientiæ disponentis, quæ diversas capacitates rebus tribuit, quibus postmodum secundum providentiam suam dona sua largitur, quæ pro diversitate capacitatum a Deo ordinatarum, diversimode a diversis participantur.

Ad alia patet responsio per ea quæ dicta sunt, in corp. Art..

Articulus Secundus
Utrum Deus potuerit facere universum melius.

Ad secundum sic proceditur. Videtur quod universum Deus melius facere non potuerit: quia, secundum Augustinum, sunt bona quæ condidit Deus etiam singula; simul autem omnia valde bona. Sed eo quod est superlative bonum, nihil melius esse potest. Ergo universo nihil melius esse potest.

Præterea, universum includit omne bonum.

Sed nihil potest esse omni bono melius. Ergo Deus non potuit universum melius facere.

Præterea, secundum Dionysium, bonum et melius inveniuntur in rebus, secundum quod quædam participant plures de bonitatibus divinis quam aliæ, sicut ea quæ vivunt præferuntur existentibus tantum, et sic deinceps. Sed omnes perfectiones divinæ creaturæ communicabiles, creaturis aliquibus communicatæ sunt. Ergo videtur quod universum melius esse non possit.

Præterea, quanto aliquid magis est ordinatum, melius est: unde et malum definitur ab Augustino per privationem ordinis. Sed in universo nihil est inordinatum, cum et ipsum malum ordinatum sit a Deo, ut supra dictum est, dist. 36, quæst. 1, art. 2. Ergo videtur quod universum melius esse non possit.

Sed contra, secundum Philosophum, albius est quod est nigro impermixtius. Ergo etiam melius est quod est impermixtius malo. Sed Deus potuit facere universum in quo nihil mali esset. Ergo cum in hoc universo multa sint mala, videtur quod Deus universum melius facere potuerit.

Præterea, si majori æquale addatur, totum fiet majus. Ergo et si meliori melius addatur, totum fiet melius. Sed Angelus est melior quam lapis.

Ergo duo Angeli sunt aliquid melius quam Angelus et lapis. Ergo et si quælibet pars universi esset Angelus, universum multo melius esset. Hoc autem Deus potuit facere. Ergo etc..

Respondeo dicendum, quod, secundum Philosophum in 11 Metaph., bonum universi consistit in duplici ordine; scilicet in ordine partium universi ad invicem, et in ordine totius universi ad finem, qui est ipse Deus; sicut etiam est in exercitu ordo partium exercitus ad invicem, secundum diversa officia, et est ordo ad bonum ducis, quod est victoria; et hic ordo est præcipuus, propter quem est primus ordo. Accipiendo ergo bonum ordinis qui est in partibus universi ad invicem, potest considerari vel quantum ad partes ipsas ordinatas, vel quantum ad ordinem partium. Si quantum ad partes ipsas, tunc potest intelligi universum fieri melius, vel per additionem plurium partium, ut scilicet crearentur multæ aliæ species, et implerentur multi gradus bonitatis qui possunt esse, cum etiam inter summam creaturam et Deum infinita distantia sit; et sic Deus melius universum facere potuisset et posset: sed illud universum se haberet ad hoc sicut totum ad partem; et sic nec penitus esset idem, nec penitus diversum; et hæc additio bonitatis esset per modum quantitatis discretæ. Vel potest intelligi fieri melius quasi intensive, quasi mutatis omnibus partibus ejus in melius, quia si aliquæ partes meliorarentur aliis non melioratis, non esset tanta bonitas ordinis; sicut patet in cithara, cujus si omnes chordæ meliorantur, fit dulcior harmonia; sed quibusdam tantum melioratis, fit dissonantia. Hæc autem melioratio omnium partium vel potest intelligi secundum bonitatem accidentalem, et sic posset esse talis melioratio a Deo manentibus eisdem partibus et eodem universo; vel secundum bonitatem essentialem, et sic etiam esset Deo possibilis, qui infinitas alias species condere potest. Sed sic non essent eædem partes, et per consequens nec idem universum, ut ex prædictis patet. Si autem accipiatur ipse ordo partium, sic non potest esse melior per modum quantitatis discretæ, nisi fieret additio in partibus universi; quia in universo nihil est inordinatum: sed intensive posset esse melior manentibus eisdem partibus quantum ad ordinem qui sequitur bonitatem accidentalem: quanto enim aliquid in majus bonum redundat, tanto ordo melior est. Sed ordo qui sequitur bonitatem essentialem, non posset esse melior, nisi fierent aliæ partes et aliud universum.

Similiter ordo qui est ad finem, potest considerari vel ex parte ipsius finis; et sic non posset esse melior, ut scilicet in meliorem finem universum ordinaretur, sicut Deo nihil melius esse potest: vel quantum ad ipsum ordinem; et sic secundum quod cresceret bonitas partium universi et ordo earum ad invicem, posset meliorari ordo in finem, ex eo quod propinquius ad finem se haberent, quanto similitudinem divinæ bonitati magis consequerentur, quæ est omnium finis.

Ad primum ergo dicendum, quod Augustinus loquitur de ordine universi, supposita natura eadem talium partium; quia sic melior ordo esse non potuit, ut dictum est, in corp. Art..

Ad secundum dicendum, quod non loquimur de universo quantum ad hoc nomen, sed quantum ad hanc rem, quæ modo universum dicitur: in quo quamvis omne quod actu bonum est, contineatur, non tamen omne bonum quod Deus potest facere.

Ad tertium dicendum, quod participandi eamdem perfectionem divinam sunt multi modi; sicut sapientiæ divinæ participatio est in intellectualibus substantiis aliter, et aliter in rationalibus, scilicet hominibus, et etiam usque ad bruta se extendit, quæ sensitivam cognitionem habent. Quamvis ergo omnes perfectiones forte creaturæ communicabiles, sint creaturæ communicatæ, non tamen secundum omnem modum quo possunt a creatura participari.

Ad quartum dicendum, quod quamvis ordo universi non possit esse melior ex hoc quod plures partes hujus universi sint ordinatæ, posset tamen esse melior, si ad melius bonum, sicut ad finem proximum, ordinaretur: quod contingeret, si meliores partes universi fierent, ut dictum est.

Ad quintum dicendum, quod universum in quo nihil mali esset, non esset tantæ bonitatis quantæ hoc universum: quia non essent tot bonæ naturæ in illo sicut in isto, in quo sunt quædam naturæ bonæ quibus non adjungitur malum, et quædam quibus adjungitur: et est melius utrasque naturas esse, quam alteras tantum.

Ad sextum dicendum, quod quamvis Angelus absolute sit melior quam lapis, tamen utraque natura est melior quam altera tantum: et ideo melius est universum in quo sunt Angeli et aliæ res, quam ubi essent Angeli tantum: quia perfectio universi attenditur essentialiter secundum diversitatem naturarum, quibus implentur diversi gradus bonitatis, et non secundum multiplicationem individuorum in una natura.

Articulus Tertius
Utrum Deus potuerit facere humanitatem Christi meliorem quam sit.

Ad tertium sic proceditur. Videtur quod humanitatem Christi Deus meliorem facere non potuerit quam sit. Tanto enim unumquodque melius est, quanto Deo propinquius. Sed nullum creatum potest esse Deo propinquius quam quod unitur sibi in unitate personæ, sicut humana natura in Christo.
Ergo videtur quod nihil ea melius facere potuerit Deus.
Præterea, infinito non potest esse aliquid majus. Sed bonitas animæ Christi est infinita: quia datus est ei spiritus non ad mensuram, Joan. 3.
Ergo nihil ea melius fieri potest.
Item, videtur quod nec beata virgine: quia secundum Anselmum, decuit ut virgo quam Deus unigenito filio suo præparavit in matrem, ea puritate niteret, qua major sub Deo nequit intelligi. Sed nihil potest Deus facere quod sibi in bonitate vel puritate æquetur. Ergo videtur quod nihil melius beata virgine facere possit.
Præterea, secundum Augustinum in Lib. Conf., Angelus factus est prope Deum. Sed beata virgo exaltata est etiam super choros Angelorum, sicut Hieronymus, tradit, et ecclesia de ipsa cantat. Ergo nihil ea Deo proximius esse potest, et ita nec melius.
Item, videtur quod nec beatitudine creata.
Quia secundum Bœtium, beatitudo est status omnium bonorum aggregatione perfectus. Sed omni bono nihil potest esse melius. Ergo nec beatitudine creata.
Sed contra, bonum increatum, omne creatum bonum in infinitum excellit. Sed inter infinite distantia possunt esse multa media. Ergo quolibet bono creato potest Deus multa meliora facere.
Respondeo dicendum, quod sicut quolibet bono creato, eo quod finitum est, potest aliquid melius esse; ita bono increato, eo quod infinitum est, nihil melius esse potest. Et ideo bonitas creaturæ dupliciter considerari potest. Aut quæ est ipsius in se absolute, et sic qualibet creatura potest esse aliquid melius: aut per comparationem ad bonum increatum; et sic dignitas creaturæ recipit quamdam infinitatem ex infinito cui comparatur, sicut humana natura inquantum est unita Deo, et beata virgo inquantum est mater Dei, et gratia inquantum conjungit Deo; et universum inquantum est ordinatum in Deum. Sed tamen in istis comparationibus est etiam ordo duplex: primo, quia quanto nobiliori comparatione in Deum refertur, nobilius est; et sic humana natura in

Christo nobilissima est; quia per unionem comparatur ad Deum, et post beata virgo, de cujus utero caro divinitati unita, assumpta est, et sic deinceps: secundo, quia quædam istarum comparationum est secundum respectum tantum, sicut universi ad finem, et matris ad filium: et ideo ex dignitate comparationis non potest sumi judicium de re absolute, ut dicatur, quod beata virgine non potest aliquid melius esse; sed secundum quid, ut dicatur, quod non potest esse melioris mater, nec ad majus bonum ordinatum universum. Sed alia comparatio, scilicet per unionem, est etiam secundum esse: et ideo judicium simpliciter de natura unita, est secundum comparationis bonitatem, ut dicatur, quod Christo homine nihil melius esse potest: sed judicium quod est præter hanc comparationem, est secundum quid tantum, ut cum dicitur, quod humana natura in Christo, inquantum est creata, potest aliquid esse melius; et hoc ideo, quia natura considerata præter esse suum, est secundum rationis acceptionem tantum.

Ad primum ergo dicendum, quod quamvis humana natura sit divinitati unita in persona, tamen naturæ remanent distantes in infinitum; et ex hac parte potest esse aliquid melius humana natura in Christo, non ex parte qua unita est.

Ad secundum dicendum, quod gratia habitualis animæ Christi infusa, non est simpliciter et per se infinita, sed secundum quid, sicut dictum est supra, dist. 43, quæst. Unic., art. 2, quod virtus intelligentiæ est infinita inferius, inquantum potest in infinitos effectus; ita et gratia Christi dicitur infinita secundum quid, inquantum potest in omnes effectus gratiæ, et per accidens, inquantum concurrit ad ipsam unionem infiniti boni, ut medium congruitatis, et ad operationem Christi, quæ est infiniti valoris, inquantum est operatio divinæ personæ.

Ad tertium dicendum, quod puritas intenditur per recessum a contrario: et ideo potest aliquid creatum inveniri quo nihil purius esse potest in rebus creatis, si nulla contagione peccati inquinatum sit; et talis fuit puritas beatæ virginis, quæ a peccato originali et actuali immunis fuit. Fuit tamen sub Deo, inquantum erat in ea potentia ad peccandum. Sed bonitas intenditur per accessum ad terminum quod in infinitum distat, scilicet summum bonum. Unde quolibet finito bono potest aliquid melius fieri.

Ad quartum dicendum, quod inter Angelos et Deum est infinita distantia; unde posset Deus facere multos intermedios gradus bonitatis: et ideo quamvis beata virgo sit exaltata super Angelos, quia tamen non usque ad æqualitatem Dei, manet adhuc infinita distantia; et potest adhuc aliquid melius esse.

Ad quintum dicendum, quod beatitudo creata habet quamdam infinitatem ex eo quod conjungit infinito bono: in se enim considerata comprehendit omnia bona participabilia homini. Unde si naturæ capacitas major esset, major esset participatio, et perfectior beatitudo; sicut beatitudo unius sancti præponitur beatitudini alterius. Tamen sciendum, quod Bœtius vult, quod hæc definitio essentialiter beatitudini increatæ conveniat; aliis autem per participationem.

Articulus Quartus
Utrum Deus possit facere omne quod olim potuit.

Ad quartum sic proceditur. Videtur quod Deus non possit facere omne quod olim potuit. Potentia enim Dei non se extendit tantum ad species, sed etiam ad individua: quia ipse facit et formam et materiam. Sed antequam Socrates esset, potuit Socratem facere. Ergo et Socrate existente potest Socratem facere. Hoc autem falsum est, quia sic substantia rei esset bis, quod est impossibile. Ergo non quidquid potuit, potest.

Præterea, olim potuit Deus non incarnari.

Sed modo non posset non incarnatus esse, sicut nec aliquod præteritum non fuisse. Ergo non quidquid olim potuit, modo potest.

Si dicas, quod sicut potuit olim facere aliquid, ita potest modo fecisse illud, et hoc est unum et idem posse, contra: quia similiter ille qui excæcatus est, potest modo vidisse, cum prius videre potuerit; et tamen non dicimus, quod quidquid potuerit, possit. Ergo videtur quod nec de Deo dicendum sit.

Præterea, Deus ab æterno potuit non prædestinare Petrum, quem voluntarie prædestinavit.

Sed modo non potest eum non prædestinare: quia non potest esse quod aliquis sit prius prædestinatus et postea non prædestinatus. Ergo non quidquid potuit, potest.

Sed contra, quantitas potentiæ attenditur secundum multitudinem objectorum: quia virtualis quantitas dividitur secundum objecta. Sed potentia Dei diminui non potest. Ergo videtur quod quidquid Deus olim potuit, et modo possit.

Respondeo dicendum, quod hoc quod negetur aliquem posse aliquid, potest contingere ex duobus: vel ex defectu potentiæ, sicut qui non habet potentiam visivam, dicitur non posse videre; aut ex parte objecti quod non habet rationem possibilis, sicut habens visum dicitur non posse videre sonum, qui non est visibilis. Et primo modo nihil dicitur Deus non posse, cum sua potentia sit perfectissima; sed secundo modo dicitur non posse quædam, sicut quod idem simul sit et non sit.

Unde magis proprie diceretur ista non posse fieri quam Deum ista facere non posse.

Similiter dicendum est, quod hoc quod aliquis non possit quidquid potuit, potest contingere ex duobus: vel quia amittit aliquam potentiam quam habebat; et sic Deo non competit, immo hoc modo procedit solutio Magistri in littera; vel ex mutatione objecti, quod amittit rationem possibilis, quam prius habebat; potentia enim activa est respectu operabilis alicujus. Unde quando aliquid est jam determinatum ut sit præsens in actu, vel in præteritum transiit, possibilis rationem amittit; et ideo dicitur, quod Deus illud facere non potest: quod quidem est eadem res, sed diversis enuntiationibus significata propter temporum diversitatem.

Ad primum ergo dicendum, quod quando jam est existens actu, amittit rationem possibilis fieri.

Et similiter dicendum est ad secundum, quod procedebat de præterito.

Ad tertium dicendum, quod cum dicitur, aliquis potest fecisse hoc vel illud, potest dupliciter intelligi: vel ita quod præteritum se teneat ex parte possibilis, et sic nihil est dictu; quia quod præteritum est, possibilis rationem amittit: vel quod intelligatur circa exitum possibilis a potentia; et sic dicitur, Deus potest fecisse hoc vel illud, quia habet potentiam qua hoc fecit. Sed hoc cæco non convenit: non enim habet potentiam qua quandoque vidit; unde nullo modo verum est quod cæcus possit vidisse.

Ad quartum dicendum, quod actus prædestinationis æternitate mensuratur, et non in præteritum transit: et ideo semper eodem modo possibilis rationem habet, inquantum est ex liberalitate voluntatis divinæ; sed ex parte effectus in præteritum transit, et secundum hoc possibilis rationem amittit.

Ad quintum etiam patet responsio ex dictis, in corp. Art..

Licet non possit modo incarnari. Videtur hoc esse falsum: quia sicut filius carnem assumpsit, ita et pater potuit et potest carnem assumere, ut in 3, dist. 1, quæst. 2, art. 3, dicitur. Ergo videtur quod etiam possit nunc incarnari.

Ad quod dicendum, quod Magister intelligit de eadem numero incarnatione quæ olim facta est.

Si enim modo incarnaretur, non esset idem incarnari numero, sed alia incarnatio.

Distinctio XLV

Quæstio I
Prologus

Postquam determinavit Magister de scientia et omnipotentia Dei, hic tertio determinat de voluntate ipsius; et dividitur in partes duas: in prima determinat de Dei voluntate; in secunda de conformitate voluntatis nostræ ad voluntatem ejus, 48 distinct., ibi: sciendum quoque est quod aliquando mala est voluntas hominis idem volentis quod Deus vult fieri. Prima in duas: in prima determinat de voluntate Dei quid sit, et quot modis dicatur; in secunda inquirit de efficacia ejus, 46 distinct., ibi: hic oritur quæstio. Prima dividitur in tres: in prima determinat de voluntate secundum ipsius quidditatem; in secunda determinat causalitatem ejus, ibi: hæc itaque summe bona voluntas causa est omnium quæ naturaliter fiunt; in tertia assignat voluntatis multitudinem, quantum ad acceptionem nominis, ibi: hic non est prætereundum nobis quod sacra Scriptura de voluntate Dei variis modis loqui consuevit. Prima in duas: in prima ostendit quod voluntas Dei sit sua essentia; in secunda ponit objectionem contrariam, et solvit, ibi: et licet idem sit Deo velle quod esse, non tamen dicendum est Deum esse omnia quæ vult.

Hæc itaque summe bona voluntas causa est omnium quæ naturaliter fiunt. Hic ostendit quod voluntas Dei est prima causa rerum; et circa hoc duo facit: primo proponit intentum; secundo probat propositum, ibi: qui enim causam ejus quærit, aliquid majus ea quærit. Probat autem duo quæ pertinent ad rationem primæ causæ: primo quod voluntatis Dei non sit alia causa; secundo quod ipsa sit omnium rerum causa, ibi: voluntas igitur Dei... Prima et summa causa est omnium specierum atque motionum.

Hic non est prætereundum nobis, quod sacra Scriptura de voluntate Dei variis modis loqui consuevit.

Hic ostendit quod nomen voluntatis multipliciter accipiatur, quamvis sit tantum una Dei voluntas; et dividitur in partes tres: in prima ponit principalem significationem et propriam, secundum quod Dei voluntas dicitur ejus beneplacitum; in secunda ponit significationem figurativam, secundum quod signum voluntatis voluntas dicitur, ibi: *aliquando vero secundum quamdam figuram dicendi voluntas Dei vocatur quod secundum proprietatem non est voluntas ejus.* In tertia comparat voluntatem signi ad voluntatem beneplaciti, ibi: *quinque igitur supra posita sunt, quæ dicuntur secundum tropum Dei voluntas.* Circa secundam partem duo facit: primo ostendit voluntatem signi multipliciter dici; secundo prosequitur diversa voluntatis signa, quæ voluntas Dei dicuntur, ibi: *ideo autem præceptio, prohibitio, atque consilium, cum sint tria, dicitur tamen unumquodque eorum Dei voluntas, quia ista sunt signa divinæ voluntatis.* Et circa hoc duo facit: primo prosequitur de tribus signis quæ pertinent ad faciendum vel non faciendum: secundo prosequitur de aliis duobus, quæ pertinent ad id quod in præsenti fit, ibi: *permissio quoque Dei et operatio, voluntas Dei appellantur.*

Circa primum tria facit: primo assignat rationem quare hæc signa voluntatis dici voluntas possunt; secundo confirmat per auctoritatem, quod voluntates dicantur, ibi: *pro præcepto Dei atque consilio potest accipi voluntas;* tertio ostendit distantiam inter hæc signa et beneplaciti voluntatem, ibi: *et si illa tria dicuntur Dei voluntas, ideo quia signa sunt divinæ voluntatis, non est tamen intelligendum, Deum omne illud fieri velle quod cuicumque præcepit vel non fieri quod prohibuit.*

Hic quatuor quæruntur: 1 utrum in Deo sit voluntas; 2 utrum voluntas sit ipsius tantum objecti vel etiam aliorum; 3 utrum voluntas sua sit causa eorum quæ fiunt; 4 de divisione voluntatis ejus in voluntatem signi et beneplaciti.

Articulus Primus
Utrum in Deo sit voluntas.

Ad primum sic proceditur. Videtur quod voluntas Deo non conveniat. Voluntas enim appetitus quidam est. Sed omnis appetitus est imperfecti; unde etiam 1 Physic. Dicitur, quod materia appetit formam. Ergo cum in Deo nulla sit imperfectio, videtur quod nec voluntas.

Præterea, actus voluntatis est tendere in finem, qui est ejus objectum. Sed ei quod est finis ultimus, non competit tendere in finem. Ergo cum Deus sit finis omnium, videtur quod sibi voluntas non competat.

Præterea, secundum Philosophum voluntas est movens motum, quia movetur a volito. Sed secundum Bœtium, Deus immobilis manens dat cuncta moveri; unde etiam in 9 Metaph. Dicitur quod movet sicut desideratum. Desideratum autem non motum movet desiderium. Ergo videtur quod voluntas sibi non competat.

Præterea, secundum Philosophum, et etiam secundum Damascenum, voluntas est in ratione. Sed ratio nominat obumbratam cognitionem, quia oritur in umbra intelligentiæ, ut dicit Isaac in libro definitionum, qualis cognitio Deo non competit. Ergo videtur quod nec voluntas.

In contrarium sunt plurimæ auctoritates canonis et sanctorum, quæ etiam in littera inducuntur.

Præterea, secundum illud supremum quod est in nobis maxime Deo conformamur. Sed supremum in nobis videtur voluntas esse quæ est motor aliarum virtutum, secundum Anselmum, et etiam est liberrimum in natura nostra. Ergo videtur quod voluntas maxime Deo sit attribuenda.

Præterea, omnes qui Deum confitentur, eum felicissimum ponunt. Sed felicitas sine delectatione esse non potest, ut in 1 Ethic. Dicitur. Ergo in Deo est summa delectatio. Sed delectatio non potest esse sine concupiscentia vel voluntate: quia delectatio consistit in quadam voluntatis complacentia.

Ergo videtur quod voluntas in Deo sit.

Respondeo dicendum, quod in omni natura ubi invenitur cognitio, invenitur etiam voluntas et delectatio. Cujus ratio est, quia omne quod habet virtutem cognoscitivam, potest dijudicare conveniens et repugnans; et quod apprehenditur ut conveniens oportet esse volitum vel appetitum. Et ideo in nobis secundum duplicem cognitionem sensus et intellectus est duplex appetitiva; una quæ sequitur apprehensionem intellectus, quæ voluntas dicitur; alia quæ sequitur apprehensionem sensus; quæ dividitur in irascibilem et concupiscibilem. Unde cum in Deo, ut supra ostensum est, dist. 35, quæst. Unica, art. 1, sit intellectualis cognitio, oportet quod in eo etiam sit voluntas et delectatio, secundum quod una et simplici operatione Deus gaudet, ut in 7 Ethic. Dicit Philosophus. In omni enim natura cognoscente operatio perfecta et naturalis delectabilis est.

Ad primum ergo dicendum, quod quamvis in Deo dicatur esse voluntas, non tamen conceditur ibi esse appetitus: quia secundum Augustinum, appetitus proprie est rei non habitæ.

Deus autem totum suum bonum in se habet.

Unde nec etiam in nobis proprie voluntas appetitus est

quando volito conjuncta est. Sed amor est rei jam habitæ, secundum Augustinum.

Et per hoc patet etiam responsio ad secundum.

Quia tendere in finem accidit voluntati secundum quod est distans a fine; sed operationem habere circa finem, hoc est voluntati essentiale; et hæc præcipue Deo convenit, qui se amat, et in se delectatur.

Ad tertium dicendum, quod voluntas non movetur nisi a fine: finis autem voluntatis divinæ est ipsa sua bonitas quæ est idem quod voluntas secundum rem; et ideo non sequitur quod Deus sit movens motum, proprie loquendo, quia omne movens est aliud a moto. Sed forte propter hoc Plato posuit quod primum movens seipsum movet, inquantum cognoscit se et amat se, ut in 8 Physic.

Dicit Commentator; et hoc non nisi metaphorice dicitur, sicut etiam dicitur, quod finis movet.

Ad quartum dicendum, quod secundum gradum cognitionis etiam est gradus virtutis appetitivæ; quantum enim ratio superat sensum, tantum voluntas rationis superat appetitum sensus; et quanto intellectus divinus superat rationem nostram, tanto voluntas ejus superat voluntatem nostram; et hoc per rationem concludebatur, scilicet quod Deo non conveniat voluntas ad modum voluntatis nostræ; et tamen sicut ratio nostra vocatur intellectus, et intellectus divinus vocatur ratio, ut patet in 7 cap. De Divin. Nomin., propter convenientiam in immaterialitate; ita et voluntas communi nomine utrobique dicitur.

Articulus Secundus

Utrum voluntas Dei sit tantum sui ipsius.

Ad secundum sic proceditur. Videtur quod voluntas Dei non sit nisi sui ipsius. Quia, secundum Philosophum, voluntas est finis; electio autem eorum quæ sunt ad finem, ut dicitur in 3 Ethic..

Sed nihil aliud est finis suæ operationis nisi ipse. Ergo voluntas sua est tantum sui ipsius.

Præterea, voluntas movetur a volito. Sed nihil potest esse movens voluntatem divinam nisi ipse. Ergo voluntas sua est tantum sui ipsius.

Præterea, cujuslibet voluntas est ejus quod est bonum sibi. Sed omne quod est bonum alicui differt ad eum, utrum illud sit, vel non sit. Cum igitur de nullo creato differat ad ipsum, utrum sit, vel non sit; eo quod bonorum nostrorum non eget, sed totum bonum in se habet; videtur quod voluntas sua ad ea quæ sunt extra eum, non se extendat.

Præterea, ea quæ sunt ad finem, non quæruntur nisi propter finem. Ergo habito fine non est ulterius voluntas eorum quæ sunt ad finem.

Sed omnium creaturarum finis est divina bonitas, quæ in ipso Deo ab æterno est. Ergo videtur quod ad ea quæ sunt extra ipsum voluntas ejus non se extendat.

Sed contra, amor consistit in actu voluntatis.

Sed de Deo dicitur, Sap. 11, quod diligit omnia quæ sunt, et nihil odit eorum quæ fecit. Ergo voluntas ejus est etiam creaturorum ab eo.

Præterea, sicut se habet scientia Dei ad verum, ita se habet voluntas ejus ad bonum. Sed scientia ejus est omnium verorum. Ergo et voluntas ejus est omnium bonorum.

Respondeo dicendum, quod sicut Deus cognoscendo essentiam suam cognoscit omnia quæ sunt ab eo, inquantum sunt similitudo quædam veritatis ejus; ita etiam volendo vel amando essentiam suam, vult omnia quæ sunt ab eo, inquantum habent similitudinem bonitatis ejus. Unde id quod est volitum primo ab eo, est bonitas sua tantum.

Alia vero vult in ordine ad bonitatem suam: non autem hoc modo ut per ea aliquid bonitatis acquirat, sicut nos facimus circa alios bene operando, sed ita quod eis de bonitate sua aliquid largiatur: et ideo liberalitas est quasi proprium ipsius, secundum Avicennam: quia ex operatione sua non intendit aliquod sibi commodum provenire: sed vult bonitatem suam in alios diffundere; et ideo Augustinus dicit, quod ipse utitur nobis ad bonitatem suam et utilitatem nostram.

Ad primum ergo dicendum, quod in objecto alicujus potentiæ est duo considerare: scilicet illud quod est materiale, et illud quod formaliter complet rationem objecti; sicut patet in visu: quia color est visibile in potentia, et non efficitur visibile in actu nisi per actum lucis. Similiter dico, quod illud quod formaliter complet rationem voliti, est finis, ex quo est ratio boni; et hoc intelligit Philosophus cum dicit, quod voluntas est finis; sed ea quæ sunt ad finem, se habent materialiter ad objectum voluntatis, ut scilicet sint volita per ordinem finis, sicut color videtur per actum lucis.

Ad secundum dicendum, quod illud quod est volitum sicut finis, est movens voluntatem, et perficiens eam: et sic nihil movet voluntatem divinam nisi Deus: sed illud quod est ordinatum ad finem est volitum ab eo sicut effectum a voluntate, et motum ab ea; sicut patet in voluntate artificis quæ est principium operationum ordinatarum in finem.

Ad tertium dicendum, quod voluntas Dei non est nisi ejus quod est suum bonum; sed tamen non eodem modo sicut in voluntate nostra, quæ vult bonum suum, quo scilicet perficitur sicut fine, vel per quod finem consequitur; sed voluntas divina vult bonum suum quod est ipsa et quod ab ea est, et non per quod juvatur; et ideo refert ad ipsius perfectionem, utrum volitum ab eo sit vel non sit.

Ad quartum dicendum, quod Deus non ordinat creaturas in finem bonitatis suæ, quasi per eas bonitatem suam assequatur, sed ut ipsæ creaturæ divina operatione similitudinem aliquam divinæ bonitatis acquirant, quod esse non posset, nisi eo volente et faciente.

Articulus Tertius
Utrum voluntas Dei sit causa rerum.

Ad tertium sic proceditur. Videtur quod voluntati divinæ non sit adscribenda rerum causalitas.

Voluntas enim Dei est tantum bonorum. Sed omnium bonorum sufficiens causa est scientia ipsius.

Ergo non oportet voluntatem Dei causam rerum ponere.

Præterea, Deus non est causa rerum nisi per suam operationem. Sed esse principium operationis pertinet ad causam ratione potentiæ. Ergo potentia potius dicenda est causa rerum quam voluntas.

Præterea, a causa contingente nunquam potest esse effectus necessarius. Sed voluntas est causa contingens: quia ad utrumlibet se habet. Ergo non potest esse causa necessariorum. Cum igitur in mundo sint multa necessaria, ut omnia incorruptibilia, videtur quod non omnium causa sit voluntas.

Præterea, posita causa sufficiente alicujus rei, superflue adduntur ad eamdem rem aliæ causæ.

Si ergo voluntas Dei sufficiens causa rerum est (insufficiens enim non potest esse), videtur quod omnes causæ naturales superfluant, et omnes potentiæ animæ et omnes habitus infusi: quod frivolum est.

Præterea, ex causa sufficienti potest aliquid demonstrari. Si ergo voluntas Dei sufficiens est causa omnium, videtur quod hæc sit sufficiens demonstratio ad omnia: quare hoc est? quia Deus voluit; et sic facile esset omnia scire, et supervacua essent sanctorum et Philosophorum studia qui ad assignandas divinarum operationum rationes multipliciter laboraverunt: quod stultum est dicere.

Sed contra, secundum Philosophum, omnium artificiatorum principium est voluntas artificis. Sed ea quæ sunt procedunt a Deo sicut artificiata ab artifice, ut a sanctis et philosophis traditur. Ergo omnium quæ sunt, causa est Dei voluntas.

Præterea, Dionysius dicit: amor trahit superiora in provisionem minus habentium. Sed omnia quæ sunt, provisione divina in esse prodierunt. Cum igitur amor in actu voluntatis consistat, videtur quod principium omnium rerum sit divina voluntas.

Respondeo dicendum, quod opus determinatum non progreditur nisi a determinato agente; et inde est quod illud quod est tantum in potentia, non agit, quia se habet indeterminatæ ad multa; sed forma quæ est terminans potentiam materiæ, principium actionis dicitur; et ideo in omnibus quorum potentia activa determinata est ad unum effectum, nihil requiritur ex parte agentis ad agendum supra potentiam completam, dummodo non sit impedimentum ex defectu recipientis ad hoc quod sequatur effectus: sicut patet in omnibus agentibus ex necessitate naturæ. Potentia autem Dei cum sit infinita, non magis determinatur ad hoc quam ad illud: nec ex parte materiæ opus ejus determinationem recipere potest, quia ipse etiam materiam et formam producit. Unde oportet quod supra rationem potentiæ sit aliquid aliud per quod opus determinetur. Hoc autem fit per scientiam, quæ propriam rationem rei cognoscit.

Sed quia scientia se habet ad opposita, est enim et bonorum et malorum, ideo oportet aliquid adhuc addere in quo perficiatur ratio causæ; et hoc est voluntas quæ determinate accipit unum ex duobus quæ scit vel quæ potest. Unde perfecta ratio causalitatis in his quæ non agunt ex necessitate naturæ, invenitur primo in voluntate, ut dicit Philosophus: et hoc convenit voluntati, inquantum objectum ejus est finis, qui est causa causarum, et a quo sumitur determinatio operis, ut patet ex 2 Physic.: et ideo voluntati divinæ ascribitur causalitas rerum.

Ad primum ergo dicendum, quod in scientia non perficitur ratio causalitatis, ut dictum est, in corp. Art., nisi adjuncta voluntate: ideo voluntas potius dicitur causa quam scientia.

Ad secundum dicendum, quod voluntas est principium operationis, ut primum imperans opus; sed potentia in his quæ agunt per voluntatem, est principium operis ut exequens: et in hoc consistit ratio potentiæ ut sit proximum principium operis, et non primum: et sic voluntas Dei potius dicitur causa rerum quam potentia.

Ad tertium dicendum, quod voluntas divina libertatem habet, et ex hoc convenit sibi quod sit ad utrumlibet; sed super hoc habet immutabilitatem, ut ei quod vult, immobiliter adhæreat, ex quo illud velle ponitur: et hanc immobilitatem imitantur ea quæ sunt necessaria in entibus, quamvis non ipsam adæquent: et propter hoc non est dicendum, quod sit causa contingens: quia contingentia mutabilitatem important.

Ad quartum dicendum, quod causalitas divinæ voluntatis non excludit omnes causas proximas rerum; nec hoc est ex insufficientia voluntatis, sed ex ordine sapientiæ ejus quæ effectus mediantibus aliis causis provenire disposuit, ut sic etiam causandi dignitas creaturis communicaretur.

Ad quintum dicendum, quod demonstratio quæ facit scientiam de re, sumitur ex causis proximis rei; et ideo oportet ad scientiam de rebus habendam nobis alias rationes quærere post voluntatem ejus, quæ est causa prima rerum et communis; et præcipue cum voluntatem ejus non plene cognoscamus, ut in ea propriam rei rationem videamus, sicut ipse videt qui in se omnia cognoscit.

Articulus Quartus
Utrum voluntas Dei distinguatur in voluntatem beneplaciti et voluntatem signi.

Ad quartum sic proceditur. Videtur quod distinctio voluntatis in littera posita, sit incompetens.

Sicut enim voluntas Dei se habet ad plura, ita et scientia ejus. Sed scientiæ non assignantur diversa signa. Ergo videtur quod nec voluntati assignari debeant; cum etiam utrumque occultum sit æqualiter.

Præterea, omne signum cui non respondet signatum, est signum falsum. Sed istis signis voluntatis quæ in littera ponuntur, quandoque non respondet signatum: quia permittit mala quæ non vult, et præcipit etiam bona quæ non vult fieri, ut in littera dicitur. Ergo videtur quod sint falsa signa, et ita pro signis assignari non debeant.

Præterea, sicut invenitur bonum et melius, ita invenitur malum et pejus, ut veniale et mortale.

Sed respectu horum duorum fiendorum est tantum unum signum, scilicet prohibitio. Ergo videtur quod etiam bonorum esse debeat unum tantum signum et non duo, scilicet præceptum et consilium.

Præterea, objectum voluntatis est bonum.

Sed malum fieri non est bonum, ut infra dicetur, dist. Seq., quæst. Unica, art. 4. Ergo respectu hujus nullum signum voluntatis divinæ debet esse: et ita permissio superfluit.

Præterea, sicut signa voluntatis respiciunt diversa, ita et voluntas beneplaciti est diversorum.

Si ergo assignantur diversa signa voluntatis propter diversitatem eorum, videtur quod etiam voluntas beneplaciti multiplicari debeat; aut si non hoc, nec illud.

Respondeo dicendum, quod de Deo quædam dicuntur proprie, quædam metaphorice.

Ea quæ proprie de ipso dicuntur, vere in eo sunt; sed ea quæ metaphorice, dicuntur de eo per similitudinem proportionabilitatis ad effectum aliquem, sicut dicitur ignis Deuter. 4, eo quod sicut ignis se habet ad consumptionem contrarii, ita Deus ad consumendum nequitiam. Unde ipsum esse destruentem nequitiam, est ipsum esse ignem, et ipsa consumptio activa est igneitas ejus; et per modum istum ipsa punitio dicitur ira ejus: et quia effectus est signum causæ, ideo ea secundum quæ attenditur similitudo vel iræ vel alicujus alterius dicuntur esse signa: unde punitio dicitur signum iræ ejus.

Sed dico, quod Deus potest dici velle aliquid dupliciter. Vel proprie, et sic dicitur velle illud cujus voluntas vere in eo est, et quod sibi complacet; et hæc est voluntas beneplaciti. Dicitur etiam aliquid velle metaphorice, eo quod ad modum volentis se habet, inquantum præcipit vel consulit vel aliquid hujusmodi facit. Unde ea in quibus attenditur similitudo istius rei ad voluntatem Dei, voluntates ejus metaphorice dicuntur: et quia talia sunt effectus, dicuntur signa. Horum autem signorum diversitatis ratio hæc est. Assignantur enim hæc signa voluntati divinæ secundum quod est rerum humanarum, quibus speciali modo providet.

Potest ergo signum voluntatis accipi aut secundum ordinationem hominum in finem æternæ salutis, aut secundum executionem ordinis. Ad finem autem consequendum providentiæ est duo largiri; ea scilicet quibus res promoveatur in finem, et ea quibus ab impedientibus liberetur. Sicut autem res naturales tendunt in fines suos naturales per virtutes activas ex providentia divina eis collatas, ita et humana voluntas per consilia et præcepta ordinatur in finem, et a peccatis quæ impediunt consecutionem finis, retrahitur prohibitionibus; sicut etiam animalibus divina providentia contulit cornua et ungues, et hujusmodi, quibus se juvent contra impugnantia. Si autem pertinet ad executionem ordinis, hoc potest esse dupliciter.

Aut secundum quod tendit in id ad quod ordinatum est, bonum faciendo: et respectu hujus est hoc signum quod est operatio: quia Deus in nobis omnia bona operatur. Aut etiam exeundo ab illo ordine, mala faciendo, qui etiam exitus providentiæ subjacet non ut provisus sed ut ordinatus: et respectu hujus est permissio. Vel potest sumi melius sic: quia vel signum voluntatis est respectu præsentium; et sic respectu bonorum est operatio, respectu malorum permissio: vel est futurorum: et sic respectu malorum est prohibitio; respectu boni ad quod omnes tenentur, præceptum; sed respectu perfectioris boni quod non omnes attingunt, est consilium: et continentur hoc versu: præcipit, ac prohibet, permittit, consulit, implet.

Ad primum ergo dicendum, quod scientia Dei vere et perfecte est omnium, sed non voluntas: et ideo quædam metaphorice dicitur velle quæ simpliciter non vult, propter quod voluntas signi assignatur.

Ad secundum dicendum, quod effectus qui est signum alicujus secundum proprietatem in uno, est signum ejusdem secundum similitudinem in altero, in omnibus quæ metaphorice dicuntur; sicut punitio est signum iræ in homine, et in Deo est signum voluntatis puniendi, quæ per similitudinem ira dicitur. Et similiter dico, quod istis signis respondet aliquid in Deo, quod per similitudinem dicitur voluntas hujus rei, ut præcepto voluntas præcipiendi, et ordinandi naturam rationalem in finem, et sic de aliis. Unde patet quod hæc signa non sunt falsa.

Ad tertium dicendum, quod sicut in dispositione naturarum dantur a Deo diversæ virtutes, quarum una est nobilior altera, ut sic una res perfectius consequatur finem quam alia; ita etiam in dispositione hominum sunt diversa ordinantia in finem; unum communiter omnium, scilicet præceptum; et alterum perfectorum, scilicet consilium.

Sed omne peccatum est in exeundo ab ordine finis; et ideo cuilibet peccatum quodlibet vitandum est. Nec in hoc diversus gradus hominum attenditur; et propter hoc unum signum tantum datur de hoc, scilicet prohibitio.

Ad quartum dicendum, quod Deus non vult mala proprie fieri; sed vult aliquid eis conjunctum, ut infra dicetur, dist. Seq., quæst. Unic., art. 4; ex quo sequitur quod permittat: et ideo permissio ipsa effectus est alicujus voluntatis, et metaphorice voluntas dicitur.

Ad quintum dicendum, quod voluntas divina, quamvis sit plurium volitorum, non tamen est nisi una: quia omnia illa vult in uno per se volito, scilicet sua bonitate; sicut omnia etiam cognoscit cognoscendo essentiam suam.

Ideoque placuit vanitati Philosophorum etiam causis aliis ea attribuere. Hoc dicit quantum ad illos qui causam agentem negabant, et ponebant mundum factum esse casu, et quod omnia procederent ex necessitate naturæ: vel quantum ad illos qui ponunt Deum non immediate operari in omnibus, sed in uno tantum, quod est primum creatum.

Itaque non nisi Dei voluntas causa prima est sanitatis et ægritudinis, præmiorum atque pœnarum, gratiarum et retributionum. Per hoc non excluduntur aliæ causæ a causalitate, sed ab hoc quod est esse primam causam.

Distinctio XLVI

Quæstio I
Prologus

Postquam determinavit de voluntate divina quid sit, et quot modis dicatur, hic inquirit de efficacia ipsius, et dividitur in partes duas: in prima movet quasdam quæstiones de quibusdam quæ videntur divinam voluntatem ostendere inefficacem: in secunda ostendit ipsam esse efficacem in omnibus, 47 dist.: voluntas quippe Dei semper efficax est. Prima pars dividitur in duas, secundum duo quæ possunt divinam voluntatem inefficacem ostendere, vel quod non fiat quod vult, vel quod fiat quod non vult. In prima ergo parte pertractat quæstionem hanc, utrum aliquid velit fieri quod non fiat; in secunda, utrum aliquid fiat quod non velit, ibi: ideoque cum constet omnia bona quæ fiunt, ejus fieri voluntate... Recte quæri solet, utrum et mala omnia quæ fiunt, idest peccata, Dei fiant voluntate. Circa primum duo facit: primo movet dubitationem ex duabus auctoritatibus; secundo exponit eas, ibi: sed audiamus solutionem.

Ideoque cum constet omnia bona quæ fiunt, ejus fieri voluntate... Recte quæri solet, utrum et mala omnia quæ fiunt, idest peccata, Dei fiant voluntate.

Hic pertractat secundam quæstionem, inquirendo, utrum Deus non velit, vel velit mala fieri, quæ tamen fiunt. Circa hoc tria facit: primo movet quæstionem, et ponit diversas opiniones; secundo prosequitur eas, ibi: qui enim dicunt Deum mala velle esse vel fieri, suam his modis muniunt intentionem; tertio eligit unam illarum, ibi: hæc igitur et alia hujusmodi inania relinquentes...

Dicamus Deum non velle mala fieri. Circa secundum duo facit: primo prosequitur primam opinionem, ponendo duas rationes ejus; secundo prosequitur secundam opinionem, ibi: illi vero qui dicunt, Dei voluntate mala non fieri vel esse, inductionibus præmissis ita respondent. Circa hoc tria facit: primo ostendit quomodo secundum hanc opinionem respondetur ad rationes primæ opinionis; secundo inducuntur rationes ad opinionem secundam, ibi: si quis igitur diligenter attendat quæ scripta sunt, facile est ei percipere, ex malis bona provenire; tertio excludit quamdam sophisticam objectionem contra hanc opinionem, ibi: jam sufficienter ostensum est quod Deo auctore non fiunt mala. Circa primum duo facit: primo ponitur solutio rationis primæ; secundo secundæ, ibi: quod autem ait Augustinus, mala fieri, bonum est... Ea ratione dictum esse asserunt, quia ex malis quæ fiunt, Deus bona elicit.

Si quis igitur diligenter attendat quæ scripta sunt, facile est ei percipere, ex malis bona provenire.

Hic ponit rationes pro secunda opinione: et dividitur in partes tres, secundum tres rationes.

Secunda incipit ibi: deinde idem Augustinus quærens quæ sit causa ut homo sit deterior, in Deo eam non esse asserit. Tertia ibi: item aliter etiam ostenditur quod Deo auctore, idest volente, non fiunt mala.

Hic quæruntur quatuor: 1 utrum Deus omnes homines salvos fieri velit; 2 utrum mala fieri sit bonum; 3 utrum malum sit de perfectione universi; 4 utrum Deus mala fieri velit.

Articulus Primus
Utrum Deus velit omnes homines salvos fieri.

Ad primum sic proceditur. Videtur quod Deus omnes homines salvos fieri velit. Primo per auctoritatem apostoli, quæ etiam in littera inducitur, quæ est 1 Tim. 2, 4: vult omnes homines salvos fieri.

Si dicas quod vult voluntate conditionata, et non absoluta. Contra, voluntas conditionata est voluntas imperfecta. Sed nihil imperfectum Deo est attribuendum. Ergo etc..

Præterea, voluntas habentis caritatem imitatur voluntatem divinam. Sed habens caritatem, cujuslibet salutem optat. Ergo videtur quod et Deus omnium salutem velit.

Præterea, omne agens per intentionem, vult quod opus suum finem consequatur. Sed finis hominis est salus æterna, ad quam Deus eum creavit.

Ergo vult omnes homines salvos fieri.

Præterea, nullus potest salvari nisi Deus eum velit salvare. Si ergo Deus omnem hominem salvare vult, non est in potestate cujuslibet hominis ut salvetur. Sed pro eo quod non est in potestate nostra, non meremur pœnam vel vituperium.

Ergo non est imputandum eis qui non salvantur: quod falsum est. Ergo videtur quod Deus omnes homines salvare velit.

Sed contra, prædestinatio est propositum miserendi, secundum Augustinum.

Si igitur Deus vellet omnes salvari, omnes essent prædestinati. Sed hoc falsum est: quia cum non omnes salventur, aliquis esset prædestinatus qui non salvaretur. Ergo non vult Deus omnes homines salvos fieri.

Præterea, voluntas Dei est prima et summa causa rerum, ut supra dictum est, dist. 45, quæst. 1, art. 3. Sed posita causa, ponitur effectus. Sed non omnes salvantur. Ergo videtur quod nec voluntas Dei sit de omnium salute.

Respondeo dicendum, secundum Damascenum, quod voluntas est duplex; scilicet antecedens, et consequens: et hoc contingit non ex aliqua diversitate voluntatis divinæ, sed propter diversas conditiones ipsius voliti. Potest enim in unoquoque homine considerari natura ejus et aliæ circumstantiæ ipsius, ut quod est volens et præparans se ad salutem suam, vel etiam repugnans et contrarie agens. Si ergo in homine tantum natura ipsius consideretur, æqualiter bonum est omnem hominem salvari: quia omnes conveniunt in natura humana. Et cum omne bonum sit volitum a Deo, hoc etiam Deus vult, et hoc vocatur voluntas antecedens, qua omnes homines salvos fieri vult, secundum Damascenum.

Et hujus voluntatis effectus est ipse ordo naturæ in finem salutis, et promoventia in finem omnibus communiter proposita, tam naturalia quam gratuita, sicut potentiæ naturales, et præcepta legis, et hujusmodi. Consideratis autem omnibus circumstantiis personæ, sic non invenitur de omnibus bonum esse quod salventur; bonum enim est eum qui se præparat et consentit, salvari per largitatem gratiæ divinæ; nolentem vero et resistentem non est bonum salvari, quia injustum est. Et quia hoc modo se habet aliquid ad hoc quod sit volitum a Deo, sicut se habet ad hoc quod sit bonum; ideo istum hominem sub illis conditionibus consideratum, non vult Deus salvari, sed tantum istum qui est volens et consentiens; et hoc dicitur voluntas consequens, eo quod præsupponit præscientiam operum non tamquam causam voluntatis, sed quasi rationem voliti, ut supra dictum est, dist. 45, quæst. Unica, art. 3.

Ad primum ergo dicendum, quod, secundum Damascenum, verbum apostoli intelligitur de voluntate antecedente, et non de consequente. Sed secundum Augustinum, intelligitur de consequente. Unde exponit eam dupliciter.

Uno modo ut sit distributio accommoda pro omnibus qui salvantur, ut in littera dicitur. Alio modo ut sit distributio pro generibus singulorum, quia de qualibet conditione hominum aliquos prædestinavit ad vitam; et non pro singulis generum.

Ad secundum dicendum, quod voluntas antecedens potest dici conditionata, nec tamen est imperfectio ex parte voluntatis divinæ, sed ex parte voliti, quod non accipitur cum omnibus circumstantiis quæ exiguntur ad rectum ordinem in salutem.

Ad tertium dicendum, quod habens caritatem, optat omnibus salutem æternam absolute, eo quod cognitioni suæ non subjacent conditiones quibus a salute aliquis deordinatur, quæ divinæ cognitioni subjacent; et ideo non est idem judicium de voluntate habentis caritatem, et de voluntate consequente ipsius Dei.

Ad quartum dicendum, quod sapiens artifex non vult quod opus suum finem attingat nisi secundum rationem finis: si enim aliquam habeat contrariam dispositionem ad formam quam inducere intendit, non inducit in eo formam, nisi forte illa indispositione remota; sicut ædificator non vult quod lapides conveniant ad constitutionem domus ruditate in eis manente; et ita etiam est de Deo.

Ad quintum dicendum, quod istæ conditiones quibus homo efficitur deordinatus a consecutione finis, sub quibus existentem Deus eum salvum esse non vult, sunt ex ipso homine: et ideo totum quod sequitur, sibi imputatur ad culpam.

Articulus Secundus
Utrum sit bonum fieri mala.

Ad secundum sic proceditur. Videtur quod mala fieri sit bonum. Verum enim et bonum convertuntur.

Sed mala fieri est verum. Ergo est bonum.

Præterea, quidquid est volitum, est bonum: quia malum est præter voluntatem, ut dicit Dionysius.

Sed mala fieri est volitum a faciente malum voluntarie. Ergo mala fieri est bonum.

Præterea, illud quod est causa boni, videtur esse bonum, et non malum; sicut frigidum non est causa calidi. Sed hoc quod est mala fieri, est causa boni; sicut ex actione mala causatur bona passio, et multa hujusmodi, quæ ex hoc quod mala fiunt, eliciuntur. Ergo mala fieri est bonum.

Præterea, omne justum est bonum. Sed mala fieri est justum. Ergo, etc.. Probatio mediæ.

Omnis pœna a Deo est et justa est. Sed unum peccatum est pœna alterius, ut Gregorius dicit, et probatur ex hoc quod habetur ad Rom. 1, 24: propter quod tradidit illos Deus in desideria cordis eorum, in immunditiam; et in Apoc. Ult. 2: qui in sordibus est sordescat adhuc. Ergo mala fieri est justum: ergo est bonum.

Sed contra, quædam mala sunt, sicut actus peccati, quorum esse est fieri. Si igitur eorum fieri est bonum, et ipsa esse est bonum; quod a nulla opinione conceditur.

Præterea, motus, secundum Philosophum, recipit speciem a termino. Sed quodlibet fieri terminatur ad esse hoc ejus quod fit. Ergo cum malum non sit bonum, videtur quod nec malum fieri, bonum sit.

Respondeo dicendum, quod super hoc sumuntur duæ opiniones in littera, quæ in quodam concordant, in hoc scilicet quod est, mala non esse bona; in quodam vero discordant, eo quod una ponit mala fieri vel esse, bonum esse; alia vero hoc negat: et hæc videtur verior, sicut et Magister dicit. Omnibus enim constat quod malum, per se loquendo, bonum non est; sed per accidens potest esse bonum, inquantum scilicet conjungitur in universo alicui bono, ad quod per accidens ordinem habet; sicut ædificator dicitur albus per accidens, inquantum scilicet ars ædificativa et albedo in eodem subjecto conveniunt: et quia esse vel fieri ponit quemdam ordinem, secundum quod includit compositionem quamdam; ideo prima opinio dicebat, quod esse mala vel fieri bonum est. Sed hoc non sufficit: quia sicut malum per se non est bonum, ita etiam ordo mali non est bonum secundum se, cum magis malum, inquantum hujusmodi, sit inordinatum; et ipsa inordinatio est ordo ejus, sicut ipsum privari est esse ejus, et ipsa negatio est ejus positio, sicut est in ceteris privationibus. Et ideo mala fieri vel esse, malum est, et non bonum: quia cum dicitur mala esse absolute, nullo addito, ly esse designat compositionem hujus privationis ad subjectum, in qua compositione non consistit ratio bonitatis; sicut etiam cum dicimus albedinem esse abstractum, significamus ordinem ejus ad subjectum, quia accidentis esse est inesse. Sed comparatio mali ad bonum quod ex Deo elicitur, significat ly esse positum in hoc dicto, mala esse occasiones bonorum.

Et ideo hoc bonum est, mala esse occasiones bonorum; sed mala esse simpliciter, non est bonum.

Ad primum ergo dicendum, quod, sicut supra dictum est, dist. 19, quæst., 5, art. 2, veritas est de his quorum ratio completur per operationem animæ et fundamentum habent in re. Non est autem inconveniens quod de re mala sit operatio animæ bona, et quod rei malæ ratio sit in anima bona; sicut etiam non ens in re dicitur ens in anima ratiocinante, ut negationes et privationes, sicut patet ex 4 Metaphys., secundum Commentatorem. Unde si procedatur a bonitate veritatis secundum quod completur in operatione animæ, ad bonitatem ejus quod est in re, erit fallacia accidentis: hoc enim quod est mala esse, accidit huic quod est in re, in quo consistit ratio veri, ut scilicet significetur vel intelligatur aliquid sicut est in re. Unde nihil prohibet dicere, quod mala esse est verum; sed hæc veritas, qua vere dicitur vel significatur mala esse, est bonum, quamvis mala esse sit malum.

Ad secundum dicendum, quod mala fieri non est volitum per se, sed per accidens tantum, inquantum est bonum æstimatum ratione alicujus boni annexi: quia nihil est pure malum, secundum Dionysium. Ideo omnis malus quodammodo est ignorans, secundum Philosophum, inquantum decipitur in eligendo.

Ad tertium dicendum, quod mala fieri non est causa boni, nisi occasionaliter et per accidens.

Est enim quædam causa per accidens quæ nihil operatur ad effectum, sicut musica ædificatoris ad domum. Est etiam quædam causa per accidens, cujus operatio attingit usque ad effectum, quem tamen præter intentionem inducit: et talis causa per accidens est casus vel fortuna; sicut fodiens sepulcrum ad sepeliendum, invenit thesaurum præter intentionem. Quædam vero causa per accidens est quæ aliquid operatur, non tamen pertingit ejus operatio usque ad effectum conjunctum; et sic mala fieri est per accidens causa boni; sicut patet quod persecutio tyranni non tangit patientiam martyris, sed cruciatum corporis qui est materia patientiæ; et talis causa dicitur proprie occasio. Unde non sequitur quod mala fieri sit bonum; quia unum contrariorum potest esse per accidens causa alterius, sicut frigidum per accidens calefacit, ut in 8 Physic. Dicitur.

Ad quartum dicendum, quod peccatum per se non est pœna, sed per accidens tantum, scilicet ratione antecedentis et consequentis eam. Si enim consideretur actio peccati secundum quod egreditur ab agente voluntario, sic habet rationem culpæ et injustitiæ; sed antecedens hanc actionem, scilicet desertio a Deo propter meritum præcedentis culpæ, inquantum est ex ordinatione divina, rationem pœnæ habet, et justa est.

Unde non sequitur quod mala fieri sit bonum. Similiter etiam defectus qui consequitur ipsum actum peccati in eo quod dum inordinate persequitur parvum bonum, deficit a magno bono, pœna est ex justa Dei ordinatione proveniens; ut cum aliquis quærit delectationem corporis, et amittit delectationem Dei; et propter hoc dicit Augustinus, quod omnis inordinatus animus sibi ipsi est pœna.

Articulus Tertius
Utrum malum sit de perfectione universi.
Ad tertium sic proceditur. Videtur quod malum sit de perfectione universi. Dicit enim Dionysius: erit malum ad omnis, idest universi, perfectionem conferens, et toti secundum seipsum non imperfectum esse largiens.
Præterea, bonum universi est bonum ordinis.
Sed in universo malum est ordinatum: unde dicitur in littera, quod malum bene ordinatum et suo loco positum, eminentius commendat bona.
Ergo malum est de perfectione universi.
Præterea, illud sine quo multæ perfectiones universo deessent, ad perfectionem universi confert. Sed malum est hujusmodi: si enim corruptio elementorum non esset, non esset forma mixti, neque anima in corpore mixto; et si non esset persecutio, non esset patientia martyrum; et si non esset miseria, non esset misericordia.
Ergo etc..

Præterea, omnis ratio bonitatis confert ad universi perfectionem. Sed si malum non esset, aliqua ratio bonitatis universo deesset, scilicet bonitas comparationis, qua bonum commendatur per comparationem ad malum.
Ergo malum est de perfectione universi.
Sed contra, quidquid est de perfectione universi, est vel existens, sicut substantia, vel in existentibus, sicut accidentia. Sed malum non est hujusmodi, ut Dionysius probat. Ergo non est de perfectione universi.
Præterea, illud sine quo universum melius esset, non confert ad perfectionem universi. Sed si malum non esset, universum melius esset: quia malum plus tollit uni quam addat alteri, quia ei cujus est, tollit bonitatem absolutam, alteri autem addit bonitatem comparationis. Ergo etc..
Respondeo dicendum, quod malum per se ad universi perfectionem non confert: illud enim per se confert ad perfectionem alicujus totius quod est pars constituens ipsum, vel causa per se alicujus perfectionis in ipso. Sed

malum non est pars universi, quia neque habet naturam substantiæ neque accidentis, sed privationis tantum, ut Dionysius dicit; nec iterum per se aliquod bonum causat. Sed per accidens confert ad universi perfectionem, inquantum conjungitur alicui quod est de perfectione universi. Hoc autem potest esse vel per antecedens malum, vel consequens. Antecedens, sicut natura quæ quandoque deficit, et quandoque non, ut liberum arbitrium hominis; et sine tali natura, ex cujus defectu incidit malum, non esset universum perfectum in omnibus gradibus bonitatis. Consequens autem est illud bonum quod occasionatur ex malo, quod est decor resultans in bonum ex comparatione mali, vel aliqua perfectio, ad quam materialiter malum se habet, sicut persecutio ad patientiam, vel aliis infinitis modis: quia causæ per accidens infinitæ sunt, secundum Philosophum.

Ad primum ergo dicendum, quod Dionysius concludit hoc ducendo ad impossibile: et ideo relinquit hoc quasi pro inconvenienti, quod malum per se sit de perfectione universi.

Ad secundum dicendum, quod illud bonum ordinis, quo malum ordinatum est, non est in eo in quo est malum, sed in altero; sicut sævitia tyranni ordinatur per patientiam, quæ est in martyre; vel in eodem jam altero, sicut habitualis, quæ resultat ex præcedente peccato in eo qui per pœnitentiam jam alter effectus est: quia justus ordinat peccatum præcedens in eodem. Unde malum non confert ad perfectionem universi, nisi per accidens.

Ad tertium dicendum, quod illas perfectiones non per se adducit malum, sed consequuntur illud per accidens; et ideo ratio non procedit.

Et similiter dicendum ad quartum.

Sciendum tamen, quod etsi nullum malum esset, adhuc posset esse bonitas comparationis magis boni ad minus bonum: quamvis enim minus bonum careat aliqua perfectione quæ est in magis bono, non tamen oportet quod sit malum: quia malum consistit in privatione ejus quod est debitum et natum haberi, sicut est cæcitas.

Ad quintum dicendum, quod intentio Dionysii, est dicere, quod malum non sit aliquid positive, neque ut per se subsistens, neque ut in alio ens; et ex hoc potest ostendi quod non pertineat per se ad perfectionem universi; sed per accidens pertinere, nihil prohibet.

Ad sextum dicendum, quod de omnibus malis universaliter verum est quod si non permitterentur esse, universum imperfectius esset; quia non essent naturæ illæ ex quorum conditione est ut deficere possint; quibus subtractis universum imperfectius esset, non impletis omnibus gradibus bonitatis. Sed aliqua mala sunt quæ si non essent, universum esset imperfectius; illa scilicet ad quæ consequitur major perfectio quam illud quod privatur; sicut est corruptio elementorum, ad quam sequitur mixtio, et formæ mixtorum nobiliores formis elementorum.

Quædam vero mala sunt quæ si non essent, universum perfectius esset; illa scilicet quibus majores perfectiones privantur quam in alio acquirantur, sicut præcipue est in malis culpæ, quæ ab uno privant gratiam et gloriam, et alteri conferunt bonum comparationis, vel aliquam rationem perfectionis, qua etiam non habita, posset perfectio ultima haberi; sicut sine patientiæ actu in persecutionibus illatis potest aliquis ad vitam æternam pervenire.

Unde si nullus homo peccasset, universum genus humanum melius foret; quia etiam etsi directe salus unius occasionetur ex culpa alterius, tamen sine illa culpa salutem consequi posset; nec tamen hæc mala neque illa per se ad perfectionem faciunt universi: quia perfectionum non sunt causæ, sed occasiones.

Articulus Quartus
Utrum Deus velit mala fieri.

Ad quartum sic proceditur. Videtur quod Deus velit mala fieri. Quia, secundum Senecam, sapientis non est turbari, sed magis gaudere in infortuniis, in quibus bonum virtutis suæ præcipue apparet; quod etiam Philosophus, de felice innuit.

Sed Deus est sapientissimus et felicissimus. Cum ergo decor justitiæ et sapientiæ suæ appareat in malis quæ fiunt, videtur quod Deus velit mala fieri.

Præterea, mala fieri et non fieri sunt opposita secundum affirmationem et negationem. Sed inter talia opposita non cadit medium. Cum igitur hæc sit falsa, Deus vult mala non fieri, ut communiter conceditur, videtur quod hæc sit vera, Deus vult mala fieri.

Præterea, nullius sapientis voluntas est impossibilium. Sed impossibile est quin remoto hoc quod est mala non fieri, sequatur mala fieri. Cum igitur a voluntate Dei removeatur hoc quod est mala non fieri, quia Deus non vult mala non fieri, videtur quod necessario velit mala fieri.

Præterea, sicut Deus est auctor gratiæ, ita est et auctor naturæ; et sicut culpa est privatio boni gratiæ, ita et pœna est privatio boni naturæ, secundum Augustinum. Cum igitur Deus velit pœnas inferni, videtur quod eadem

Distinctio XLVI

ratione velit mala culpæ fieri.

Sed contra, voluntas non nisi finis est, et eorum quæ ordinantur in finem. Sed mala non fiunt nisi per deordinationem a fine. Ergo Deus non vult mala fieri.

Præterea, quicumque conformat voluntatem suam voluntati Dei, non peccat. Sed quilibet peccator eo ipso peccat quod vult a se mala fieri. Ergo in hoc voluntatem suam divinæ non conformat: ergo Deus non vult mala fieri.

Respondeo dicendum, quod cum voluntas Dei sit causa bonorum omnium, et omnium suorum volitorum; hoc modo se habet aliquid ad hoc quod sit volitum a Deo, sicut se habet ad hoc quod sit bonum. Unde cum malum fieri secundum se non sit bonum, ut dictum est, art. Antec., non erit per se volitum a Deo. Sed utrumque bonum sibi conjunctum est bonum et a Deo volitum, scilicet et antecedens, quod est conditio naturæ potentis deficere, quam Deus in tali conditione instituit et conservat; unde dicitur, quod non vult mala fieri, sed vult permittere mala fieri. Vult etiam bonum consequens, ex quo malum ordinatur: ex quo sequitur quod velit mala facta ordinare, non autem quod velit ea fieri.

Ad primum ergo dicendum, quod decor divinæ sapientiæ apparet in permissione malorum, et ordinatione, quorum utrumque vult Deus, sed non malum fieri, quod secundum se dicit recessum a decore speciei exemplaris primi.

Ad secundum dicendum, quod quamvis fieri et non fieri mala, sint opposita per affirmationem et per negationem; non tamen hæc duo, velle fieri et velle non fieri, contradictorie opponuntur: quia utrumque est affirmativum, actu voluntatis in utroque affirmato. Unde neutra concedenda est, neque ipsum velle mala fieri, neque velle non fieri; sed non velle fieri, quod est negativum; non autem velle fieri; quia hic remanet actus voluntatis affirmatus; et negatio fertur ad volitum, sicut et in toto condeclinio ejus. Unde idem est nolle fieri, et velle non fieri.

Ad tertium dicendum, quod mala culpæ non fieri vult Deus voluntate antecedente, non autem voluntate consequente, nisi de illis quos scit mala non velle facere: quia voluntas consequens recipit conditionem creaturæ. Nec tamen sequitur quod voluntate consequente velit mala fieri, sed vult permittere mala fieri. Nec tamen impossibile vult: quia non vult ut simul mala fiant et non fiant, vel quod neutrum eorum sit unum, sicut objectio procedebat.

Fieri enim mala, et mala non fieri, sunt contradictorie opposita; et ideo inter ea non potest esse medium; sed velle mala fieri, et velle non fieri, non sunt contradictoria; et ideo non est necesse alterum esse verum.

Ad quartum dicendum, quod sicut malum oppositum gratiæ non est volitum a Deo; ita nec malum oppositum naturæ; sed tamen ordinem unius ad alterum vult. Hic autem ordo importatur in ratione pœnæ: et ideo pœnam vult inferri, sed culpam non vult fieri: quia in culpa significatur malum, secundum quod exit a causa deficiente, et non secundum quod ordinatur a Deo ordinante.

Non quia nullus hominum est qui non illuminetur, sed quia nisi ab illo nullus illuminatur. Hoc intelligitur de lumine gratiæ. Si autem de lumine naturalis intellectus intelligatur, sic absolute omnem hominem illuminat: quia, secundum Ambrosium, omne verum a quocumque dicatur, a Spiritu Sancto est.

Est enim aliquid quod in se bonum est. Ratio hujus distinctionis est hæc, quia, secundum Dionysium, bonum constat ex una causa perfecta; sed malum omnifariam contingit ex particularibus defectibus. Ad hoc ergo quod aliquis actus sit absolute bonus, oportet quod congregetur bonitas objecti, a qua actus est bonus in se, ut dare eleemosynam, vel aliquid hujusmodi, et bonum ex parte agentis, ut scilicet bene faciat; et hoc includit tria, secundum Philosophum, in 2 Ethic.: scilicet voluntatem vel electionem, et debitum finem, et firmitatem in opere, ad minus in proposito: et hoc sufficit ad hoc quod actus absolute bonus dicatur. Sed in actibus qui ad alium ordinantur, oportet tertium adesse ad perfectionem bonitatis, ut in eo ad quem fit, effectum bonitatis consequatur. Et ex hoc sumitur quadruplex divisio boni, quæ hic ponitur. Quod quoddam est quod habet hæc tria, scilicet quod est bonum in se; et facienti, et cui fit; et hoc est secundum se et simpliciter et perfectum bonum. Aliquid autem est quod habet duo ex his, scilicet quod est in se bonum et facienti, sed non ei cui fit; et hoc est simpliciter bonum, sed non perfectum. Et aliquid habet alia duo, scilicet quod est bonum in se et cui fit, sed non facienti; et hoc non simpliciter bonum est, sed est per se bonum. Aliud autem est quod habet unum tantum ex his, scilicet quod nec est bonum in se nec facienti, sed cui fit; et hoc per accidens est. Quod autem sit bonum facienti et non in se, hoc non potest esse. Nihil autem est quod nec in se nec facienti nec alicui alteri prosit, cum omnia ordinata sint ad bonum. Aperte astruit a minori, idest a minori re, et non ab eo quod minus videtur: et ideo locus negativus est, et non affirmativus. Vel sumendum quod minus videtur hoc ipsum negatum, quod est sapientem hominem non esse auctorem deteriorationis, a quo minus videtur hoc negari quam a Deo.

Nullo sapiente homine auctore fit homo deterior.

Videtur hoc esse falsum: quia sapientia est in cognitione. Contingit autem contraria eorum agere quæ cognoscuntur. Et dicendum quod sapiens hic sumitur pro virtuoso; et modus iste accipiendi derivatur vel a sapore virtutis, ut quidam dicunt, vel verius ab opinione Socratis, qui secundum Philosophum in 5 Ethic., virtutes scientias esse ponebat, et nullum peccare nisi ignorantem; quamvis aliqualiter hoc verum sit de ignorantia electionis, quæ est in particulari in actu considerato. Vel potest dici, quod accipitur sapiens pro prudente, sicut etiam in definitione virtutis, quæ ponitur in 2 Ethic., ubi dicitur: prout sapiens determinabit. Prudens autem, secundum Philosophum, non peccat, sicut nec fortis, nec temperatus.

Deinde idem Augustinus quærens, quæ sit causa ut homo sit deterior, in Deo eam non esse asserit.

Hæc ratio differt a præcedenti: quia hæc procedit ex ratione bonitatis, sed præcedens ex auctoritate divina, quia non est auctor malorum.

Non est causa tendendi ad non esse. Contra, Deut. 32, 39: ego occidam, et ego vivere faciam.

Et dicendum, quod non esse nunquam est per se intentum ab aliquo agente; sed esse aliquod ad quod consequitur non esse quoddam, sicut ad esse ignem sequitur non esse ærem. Ita et Deus vult esse ordinem justitiæ et naturæ in rebus, ad quem sequitur corruptio et punitio quorumdam.

Tendit vero ad non esse qui operatur malum. Contra, malum nihil existentium corrumpit, secundum Dionysium: et ita non videtur quod peccans ad non esse tendat. Ad quod dicendum, quod malum privatio est, et omnis privatio est non esse quoddam, quamvis privationi semper substernatur aliquod esse. Unde qui peccat, tendit in non esse gratiæ qua privatur, non autem in non esse naturæ.

Distinctio XLVII

Quæstio I
Prologus

Remotis quibusdam ex quibus videbatur tolli efficacia divinæ voluntatis, hic ostendit eam efficacem esse: et dividitur in partes duas: in prima ostendit divinam voluntatem semper efficaciter impleri; in secunda exponit quædam dubia in auctoritate, per quam propositum probavit, ibi: sed attendendum est diligenter quomodo in superioribus dicitur fieri aliquid contra Dei voluntatem, quod tamen non fit præter eam. Ubi tria facit: primo movet dubitationem; secundo ponit solutionem, ibi: verum, ut supra diximus, voluntas Dei diversis modis accipitur; tertio concludit propositum, ibi: ex prædictis liquet quod voluntas Dei, quæ ipse est, semper invicta est.

Hic quæruntur quatuor: 1 utrum voluntas beneplaciti semper efficaciter impleatur; 2 utrum præter voluntatem ejus aliquid fiat; 3 utrum illud quod fit præter ejus voluntatem, voluntati ipsius obsequatur; 4 utrum illud quod est præter ejus voluntatem, possit præcepto ejus subjacere.

Articulus Primus

Utrum voluntas divina semper efficaciter impleatur.

Ad primum sic proceditur. Videtur quod voluntas divina non semper efficaciter impleatur.

Causa enim quæ ad utrumlibet se habet, non est efficax in productione effectus. Sed divina voluntas est ad utrumlibet: quia quod potest velle, potest non velle. Ergo, etc..

Præterea, omnis causæ cujus effectus impediri non potest, effectus est necessarius. Si ergo voluntas divina adeo est efficax quod impediri non possit, effectus ejus erit necessarius. Sed omnium causa est voluntas divina, ut supra habitum est, dist. 45, quæst. Unica, art. 3. Ergo omnia ex necessitate contingunt: quod est impossibile: ergo et primum.

Præterea, omnis causa prima quæ producit effectum mediante causa secunda quæ impediri potest, non producit efficaciter effectum suum; sicut motus solis est causa pullulationis arborum, mediante virtute generativa arboris quæ deficere potest: unde effectus efficaciter non producitur, nec demonstrari potest ex causa prima. Sed voluntas Dei est causa prima, non excludens causas secundas, quæ deficere possunt. Ergo videtur quod non efficaciter producat effectum.

Præterea, quidquid modo vult Deus, ab æterno voluit. Sed ab æterno non voluit facere nisi quod facit. Ergo cum non possit facere nisi quod vult (alias voluntas sua non esset efficax), videtur sequi quod non possit facere nisi quod facit: quod falsum est: ergo et primum, ex quo sequitur.

Sed contra, nulla causa impeditur nisi ab aliquo fortiori agente. Sed nihil est fortius divina voluntate.

Ergo impediri non potest.

Præterea, ex hoc quod voluntas non consequitur volitum, sequitur diminutio gaudii. Sed Deus est felicissimus, cujus gaudium est perfectissimum.

Ergo nunquam volitum ejus deficit quin sit.

Respondeo dicendum, quod quidquid vult Deus voluntate consequente, totum fit; non autem quidquid vult voluntate antecedente; quia hoc non simpliciter vult et perfecte, sed secundum quid tantum; nec ista imperfectio est ex parte voluntatis, sed ex conditione voliti. Est enim e contrario de voluntate et cognitione speculativa: cognitio enim speculativa perficitur in abstractione a singularibus; sed voluntas, et quidquid aliud est ordinatum ad opus, perficitur in particulari, circa quod est operatio. Illud ergo est simpliciter et perfecte volitum quod subjacet voluntati secundum omnes particulares conditiones circumstantes ipsum particulare: et hoc pertinet ad voluntatem consequentem, quæ respicit opera et dispositiones, quibus aliquis sufficienter ordinatur ad hoc quod est sibi conveniens et debitum: et hoc est quod dicitur Deus velle simpliciter, ut salutem, vel aliquid hujusmodi: et ideo talis voluntas non potest impediri, sicut nec præscientia, cui subjicitur res secundum illas conditiones quibus in actu consistit.

Illud autem quod est rectum et bonum secundum aliquam conditionem rei universalem consideratam, non habet rationem voliti simpliciter, sed secundum quid tantum; sicut istum hominem, inquantum est homo, non est nisi bonum salvari, eo quod natura sua ad hoc est ordinata, et hoc Deus vult voluntate antecedente, secundum quam non dicitur aliquid velle simpliciter: et ideo talis voluntas potest non impleri.

Ad primum ergo dicendum, quod voluntas Dei se habet ad utrumlibet, non per modum mutabilitatis, ut possit aliquid prius velle et postmodum nolle; sed potius per modum liberalitatis: quia actus voluntatis suæ semper est in potestate ejus: et ideo ista duo sunt incompossibilia, ut prius velit aliquid et postmodum nolit.

Ad secundum dicendum, quod quamvis voluntas Dei sit immutabilis et invincibilis, non tamen sequitur quod omnis effectus ejus sit necessarius necessitate absoluta quam habet res a causa sua proxima, sed solum necessitate conditionata, sicut et de præscientia dictum est, dist. 38, quæst. 1, art. 2.

Ad tertium dicendum, quod voluntati divinæ non solum subjacet expletio effectus, sed etiam omnium causarum præcedentium ordo, secundum illas conditiones quibus determinantur ad effectum sine defectu, ut quod talis volens et merens salutem salvetur: voluntati enim consequenti subjicitur effectus cum omnibus causis suis, secundum quod sunt non impeditæ.

Ad quartum dicendum, quod Deus nihil potest facere quod non esset volitum ab eo, si fieret; tamen in potestate sua multa sunt quæ modo nec volita sunt, nec bona sunt; quia non sunt, nec unquam erunt.

Articulus Secundus
Utrum nihil fiat præter Dei voluntatem.

Ad secundum sic proceditur. Videtur quod nihil fiat præter Dei voluntatem. Dicit enim Dominus Matth. 12, 30: qui non est mecum, contra me est. Ergo quod est præter voluntatem Dei, est contra ipsam. Sed nihil fit contra Dei voluntatem; alias voluntas Dei vinceretur. Ergo et præter eam nihil fit.

Præterea, potentius est illud contra quod et præter quod nihil potest fieri, quam illud præter quod aliquid fieri potest. Sed voluntas Dei est potentissima. Ergo præter eam nihil fit.

Præterea, permissio minimum habet de ratione voluntatis. Sed præter ejus permissionem nihil fit, ut in littera dicitur. Ergo multo minus præter voluntatem beneplaciti, vel præter alia signa voluntatis.

Præterea, Augustinus dicit, quod ad innocentis officium pertinet non solum nemini mala facere, sed et peccata prohibere. Sed præter ejus voluntatem qui omnia bona vult, nihil potest fieri nisi peccatum. Cum ergo Deus sit innocentissimus, videtur quod ad ipsum pertineat non permittere, sed impedire omne quod est præter ejus voluntatem.

Sed contra est quod in littera dicitur.

Præterea, videmus multa fieri quæ non vult fieri, ut supra habitum est, dist. 46, quæst. Unic., art. 4. Ergo fiunt multa præter ejus voluntatem.

Respondeo dicendum, quod fieri aliquid præter voluntatem est dupliciter. Aut quod voluntas sit de opposito; et hoc est non tantum præter voluntatem, sed etiam contra voluntatem: aut ita quod voluntas nec sit de hoc, nec de opposito; et hoc est præter voluntatem, sed non contra.

Possumus ergo loqui de voluntate vel beneplaciti, vel signi; et de voluntate beneplaciti vel consequente, vel antecedente. Loquendo ergo de voluntate beneplaciti consequente, aliquid fit præter eam, sed non contra eam: quia totum impletur quod voluntate consequente vult, ut dictum est; sed oppositum ejus quod vult voluntate antecedente, fieri potest, cum non semper impleatur: et ideo et præter eam et contra eam fieri potest. Signa autem voluntatis quædam respondent voluntati antecedenti, ut præceptum, consilium et prohibitio, quibus omnibus ordinatur rationalis natura in salutem, quod est voluntatis antecedentis. Unde et præter eam et contra eam fieri potest. Sed alia duo signa, scilicet permissio et operatio, respondent voluntati consequenti, sed diversimode: quia operatio pertinet ad ipsum effectum, de quo est voluntas consequens; et ideo sicut non potest aliquid fieri contra voluntatem consequentem, sed præter eam, ita nec contra operationem, sed præter eam.

Non enim potest esse oppositum ejus quod Deus operatur: quia sic opposita simul essent; sed multa fiunt quæ Deus non operatur. Sed permissio pertinet ad causam, quæ voluntati consequenti subjicitur, ut sit potens deficere et non deficere; cujus tamen effectus, scilicet deficere, non pertinet ad voluntatem consequentem neque antecedentem; sed tamen pertinet ad causam illam cujus est permissio facultatem respiciens. Unde præter permissionem non fit quod fit præter voluntatem consequentem: unde præter permissionem nihil potest fieri, nec contra eam; tamen potest fieri oppositum ejus quod permissum est: quod tamen fit secundum permissionem; quia permissio respicit potentiam causæ ad utrumque oppositorum se habentem: unde neutrum oppositorum contra permissionem est, sed utrumque est secundum eam.

Ad primum ergo dicendum, quod illi qui non sunt cum Deo, quantum in eis est, contra Deum sunt inquantum contrariantur voluntati antecedenti divinæ; nihil tamen contra voluntatem consequentem faciunt, sed præter eam; non tamen præter permissionem.

Ad secundum dicendum, quod non est ex impotentia divinæ voluntatis, quod aliquid præter eam fiat; sed ex ordine sapientiæ ejus, quæ rebus potentiam ad utrumlibet contulit: et hoc est bonum, et Deus vult voluntate consequente.

Ad tertium dicendum, quod permissio respicit potentiam causæ, quæ se habet ad utrumque; et ideo quidquid fiat, non fit præter eam. Unde hoc non contingit ex proximitate ad voluntatem beneplaciti, ut objectio innuebat.

Ad quartum dicendum, quod officium innocentis non est prohibere peccata, nisi secundum conditionem illorum: non enim debet ligare homines ne peccent, sed per admonitionem prohibere: ita et Deus, salvata conditione humanæ libertatis, peccata prohibet suis legibus.

Articulus Tertius
Utrum id quod est contra voluntatem Dei, non obsequatur voluntati ejus.

Ad tertium sic proceditur. Videtur quod illud quod est contra Dei voluntatem non obsequatur voluntati ejus. Voluntas enim consequens non contrariatur voluntati antecedenti. Sed malum quod est præter voluntatem divinam, est contra voluntatem antecedentem. Ergo voluntati consequenti non obsequitur.

Præterea, omne quod obsequitur divinæ voluntati, quæ semper vult bonum, consistit in ordine ad bonum. Sed malum quod fit præter Dei voluntatem, secundum se est inordinatum. Ergo voluntati divinæ non obsequitur.

Præterea, boni merentur in hoc quod divinæ voluntati obsequuntur, et ex hoc eis præmium debetur. Si ergo mali in hoc quod peccando præter Dei voluntatem faciunt, ejus voluntati obsequuntur, ex peccato eis debetur præmium: et hoc est contra apostolum, Rom. 3, 8: faciamus mala, ut veniant bona. Ergo et primum falsum esse videtur.

Præterea, malum est præter intentionem omnis agentis: nihil enim ad malum respiciens operatur, ut dicit Dionysius.

Sed illud quod est præter intentionem voluntatis, non obsequitur voluntati ejus quæ est de fine intento. Ergo mala quæ fiunt præter voluntatem ejus, non obsequuntur voluntati ipsius.

Sed contra est quod in littera a Gregorio dicitur.

Præterea, voluntas divina est causa potentissima.

Sed ad potentiam alicujus pertinet ut etiam quod contra ipsum quis facere nititur, in ipsius obsequium cedat. Ergo ita est de voluntate divina.

Respondeo dicendum, quod omnia quæ fiunt præter voluntatem divinam, etiam contra voluntatem antecedentem, obsequuntur quodammodo voluntati consequenti. Voluntas autem consequens dupliciter potest accipi. Aut secundum quod sequitur conceptionem finis tantum; et sic voluntas est de fine in communi sine aliqua determinatione ejus quod est ad finem. Aut secundum quod sequitur conceptionem ejus quod est ad finem, et conditionem ejus; et sic voluntas consequens est de consecutione finis secundum aliquem determinatum modum. Verbi gratia, ædificator in constitutione domus habet duos motus voluntatis. Unum quo vult formam domus inducere in materiam sine hoc quod aliquid consideret determinate de partibus domus. Alium motum habet quo, considerato quod lapis iste est aptus ad fundamentum, vult ipsum in fundamento collocare.

Utroque autem modo accipiendo voluntatem consequentem in Deo, mala quæ fiunt obsequuntur sibi. Si enim accipiatur voluntas prout est de ordine universi in communi, constat quod malum quod exit ab ordine præcepti, in contrarium ordinem relabitur, ut dicit Bœtius, scilicet in ordinem pœnæ ad culpam: velut lapis mollis et levis, qui non est aptus ad fundamentum, in supremo parietis ponitur. Similiter etiam patet quod obsequitur voluntati consequenti secundo modo acceptæ, quæ est quod iste prævisus peccator puniatur: nisi enim ista conditio in eo per actum peccati fieret, voluntas divina de pœna ejus non impleretur; sicut ipsa gravitas lapidis obsequitur voluntati artificis, qua vult eum sic ordinari ut in fundamento ponatur.

Ad primum ergo dicendum, quod voluntas antecedens et consequens non contrariantur, quia utraque est de bono: sed hoc quod aliquid est contra unam quod non est contra aliam, sed obsequitur sibi, est ex parte voliti, cujus conditiones diversimode considerantur, ut dictum est, in corp.

Articuli.

Ad secundum dicendum, quod sicut malum non est per se ordinatum, ita non obsequitur per se divinæ voluntati, sed per accidens, quia præter intentionem facientis malum. Non enim peccator intendit peccando puniri a Deo, in quo voluntas Dei completur.

Ad tertium dicendum, quod in actu malo et bono duo est considerare; scilicet unum, secundum quod egreditur ab agente; et alium, secundum quod ab eo in finem ordinatur. Actus ergo bonus quantum ad utrumque obsequitur divinæ voluntati: quia et ipse agens in bonum eum ordinat secundum beneplacitum divinæ voluntatis, et Deus ordinat ipsum per bonum consequens, scilicet præmium, quod meritis reddit: et ideo, quia ipse homo est causa hujus obsequii, in hoc meretur. Sed actus malus secundum id quod est ab agente, inordinatus est; sed tamen ordinatur a Deo per pœnam advenientem, vel per aliquod bonum quod ex eo elicitur: et ideo malus se habet tantum passive ad hoc obsequium, et non active; sicut in littera dicitur, quod impletur de eo voluntas Dei, quam ipse non implet: et ideo non meretur sic obsequendo: meretur enim quis secundum actum cujus causa est.

Ad quartum dicendum, quod quamvis malum sit præter intentionem Dei, tamen ordinatio mali est intenta a Deo; et huic intentioni operans malum præter intentionem obsequitur, faciens id quod est præter Dei intentionem, scilicet peccatum.

Articulus Quartus
Utrum id quod est præter voluntatem Dei præcepto non subjaceat.

Ad quartum sic proceditur. Videtur quod id quod est præter Dei voluntatem, præcepto non subjaceat, et præcipue peccatum. Præceptum enim est indicativum divinæ voluntatis. Sed quicumque ostendit se velle quod non vult, fictor est: quod longe est a Deo. Ergo videtur quod nihil quod fit contra voluntatem ejus, vel præter eam, præcipiat.

Præterea, cum præceptum respondeat voluntati antecedenti, ad quam pertinet ordinatio naturæ in bonum, nihil potest præcipi quod est contra hunc ordinem. Sed omne peccatum est hujusmodi: quia est contra legem naturæ. Ergo videtur quod præcepto non subjaceat.

Præterea, nullus obediens divinis præceptis male facit. Sed quædam sunt quæ nunquam possunt nisi male fieri, cum sint conjuncta malo fini, ut invidia, et hujusmodi, secundum Philosophum in 2 Ethic.. Ergo videtur quod ista a Deo præcipi non possint.

Præterea, de similibus idem est judicium. Sed omnia peccata similia sunt in hoc quod lege divina prohibentur. Cum igitur quædam nullo modo sub præcepto cadant, ut desperare de Deo, et habere odio ipsum, et hujusmodi, videtur quod nullum peccatum sub præcepto divino cadere possit.

Sed contra, occidere filium innocentem est peccatum, et contra legem naturæ. Hoc autem Abrahæ præceptum legimus, et eumdem de obedientia commendatum. Ergo videtur quod peccatum sub præcepto divino cadere possit. Et similiter etiam est hoc quod legitur Oseæ 1, quod Dominus præcepit sibi accipere mulierem fornicariam, et facere ex ea filios fornicationum.

Respondeo dicendum, quod præceptum est signum voluntatis divinæ, respondens voluntati antecedenti, et non consequenti. Unde quod est præter voluntatem consequentem, cadit sub præcepto, non autem quod est præter voluntatem antecedentem.

Sed in hoc tamen considerandum est, quod aliquid secundum se acceptum est præter voluntatem antecedentem, quod aliquo subtracto est de voluntate antecedente; sicut illa quæ secundum se considerata, mala sunt; sed inquantum stant sub præcepto divino, recipiunt quamdam rationem bonitatis, ut sic in ipsa voluntas tendere debeat: quod quidem in quibusdam per se malis contingit, et in quibusdam non. Bonum enim in rebus surgit ex duplici ordine: quorum primus ordo est rerum omnium ad finem ultimum, qui Deus est; secundus ordo est unius rei ad aliam rem: et primus ordo est causa secundi, quia secundus ordo est propter primum. Ex hoc enim quod res sunt ordinatæ ad invicem, juvant se mutuo, ut ad finem ultimum debite ordinentur.

Unde subtracta bonitate quæ est ex ordine unius rei ad rem aliam, nihilominus potest remanere illa bonitas quæ est ex ordine rei ad finem ultimum: quia primum non dependet ex secundo, sicut secundum ex primo.

Dico ergo, quod quædam peccata nominant deordinationem unius rei ad rem aliam, sicut homicidium, odium fraternum, inobedientiam ad prælatum, et hujusmodi. Unde si talia bonitatem illam retinere possent quæ est ex ordine ad finem ultimum, proculdubio bona essent, et in ea voluntas ferri posset. Sed hoc non posset esse nisi virtute divina, per quam ordo in rebus institutus est.

Sicut enim non potest fieri, nisi per miraculosam operationem virtutis divinæ, ut quod recipit esse a primo agente, mediante aliqua causa secunda, habeat esse destructa vel subtracta causa secunda, ut hoc quod accidens sit sine subjecto, sicut in sacramento altaris: ita etiam non potest fieri, nisi per miraculum virtutis divinæ, ut id quod natum est recipere bonitatem ex ordine ad finem ultimum mediante ordine ad rem illam, habeat bonitatem, subtracto ordine qui erat ad rem illam; unde ille actus qui est occidere innocentem, vel resistere prælato, non potest esse bonus nisi auctoritate vel præcepto divino. Unde in talibus nullus dispensare potest, nisi Deus quasi miraculose. Quædam vero peccata sunt quæ dicunt deordinationem a fine ultimo immediate. Contingit enim aliquem actum peccati esse immediate circa id quod est ad finem: et quia forma bonitatis est a fine in his quæ sunt ad finem, oportet quod etiam forma malitiæ sit ex hoc quod recedit a fine; et id quod est quasi materiale est actus exercitus circa id quod est inordinabile in finem, sicut in fornicatione et homicidio, et in hujusmodi. Unde si ei quod est ad finem, conferatur alius ordo in finem, tolletur inordinatio, et remanebit actus ordinatus subjacens voluntati antecedenti. Hoc autem non potest fieri nisi ab eo qui ordinem illum posuit: et ideo ea quæ sunt ordinata per legem divinam, non sunt mutabilia vel dispensabilia nisi præcepto divino; et similiter quod statutum est a quocumque superiori inviolabiliter observandum, non potest ab inferiori mutari: et sic Deus occisionem Isaac, quæ de se inordinationem habebat ex eo quod filius innocens non erat ordinatus in finem per viam occisionis a patre, ordinatam fecit, ponendo hunc ordinem, ut esset ad manifestationem fidei et amoris Abrahæ, ut esset posteris in exemplum, et in significationem mortis Christi: et in occisionem sic ordinatam divina auctoritate licite consensit voluntas Abrahæ. Quædam autem peccata sunt quorum actus inordinatus est immediate circa finem, ut peccata quæ sunt in Deum, ut odire ipsum, et desperare de eo, et hujusmodi: et cum actus ex objecto speciem trahat, constat hujusmodi actus etiam secundum speciem in genere naturæ malos esse; unde ab eis talis inordinatio auferri non potest. Non enim posset auferri ex hoc quod ordinarentur in finem, cum secundum esse suum sint deordinati a fine; contingeret enim quod aliquid esset simul ordinatum et inordinatum; unde hujusmodi nunquam subjacent divino præcepto. Et propter hoc dicitur, quod contra præcepta primæ tabulæ, quæ ordinant immediate in Deum, Deus dispensare non potest; sed contra præcepta secundæ tabulæ, quæ ordinant immediate ad proximum, Deus potest dispensare; non autem homines in his dispensare possunt.

Ad primum ergo dicendum, quod quamvis Deus non vellet voluntate consequente, quod Abraham filium occideret, voluit tamen voluntate antecedente, quod voluntas Abrahæ in hoc ferretur, secundum quod erat jam ordinatum; et talem voluntatem præceptum expressit; et ideo non fuit fictio.

Ad secundum dicendum, quod ipsa occisio innocentis prout substat deordinationi a fine, quæ advenit sibi post speciem completam ab objecto proximo, est contra legem naturæ, et non potest bene fieri; sed remota tali inordinatione, et posito alio ordine circa objectum et actum, est conveniens legi naturæ, quæ dictat omne illud esse faciendum quod est ordinatum et præceptum ab eo.

Et per hoc patet solutio ad tertium.

Ad quartum dicendum, quod non est similis ratio in omnibus, ut ex prædictis patet, in corp. Art..

Quos juste prædestinavit ad pœnam. Contra, supra dictum est, dist. 40, quæst. 1, art. 2, quod prædestinatio est tantum de bonis salutaribus, et non de peccatis. Ad quod dicendum, quod quando aliquid absolute dicitur prædestinari, intelligitur directio in finem, qui est salus æterna. Sed si addatur aliquid, tunc potest dirigi in quodcumque, et secundum quid et minus proprie prædestinari in illud.

Sed non præter ejus permissionem, quæ ipse non est. Sed contra, permissio divina est ejus operatio.

Sed divina operatio est ejus essentia. Ergo etc.. Et dicendum, quod permissio sumitur hic non pro operatione divina, sed pro effectu ejus, per modum quo etiam dicitur creatio, passio.

Et in evangelio quibusdam curatis, quibus præcepit ne cui dicerent, Matth. 12. Et sciendum, quod quamvis non vellet hoc fieri quod præcipiebat voluntate divina consequente, voluit tamen divina voluntate antecedente homines in hoc tendere, ut gloriam mundanam non quærerent, exemplo ipsius hominis Christi, qui voluntate humana suam mundanam gloriam non quærebat, sed gloriam Dei; quam voluntatem præceptum expressit.

Distinctio XLVIII

Quæstio I
Prologus

Determinato de voluntate Dei, hic determinat de conformitate voluntatis nostræ ad voluntatem ejus, et dividitur in partes duas: in prima determinat veritatem; in secunda ex veritate determinata quasdam quæstiones determinat, ibi: ex quo solvitur quæstio.

Prima in tres: in prima ostendit quod voluntas mala hominis cum voluntate Dei concurrit in idem volitum, bona voluntate hominis in contrarium tendente; in secunda ostendit quod bona voluntas Dei etiam per malam voluntatem hominis completur, ibi: illud quoque non est prætermittendum quod aliquando Dei voluntas bona per malam hominis voluntatem impletur; in tertia excludit quamdam objectionem, ibi: sed ad hoc opponitur.

Ex quo solvitur quæstio. Hic ex determinatis procedit ad solutionem duarum quæstionum: quarum prima est de passione capitis, idest Christi; secunda de passione membrorum ejus, idest martyrum, ibi: si vero quæritur utrum eodem modo sentiendum sit de passione et martyrio sanctorum, dicimus aliquam esse differentiam inter passionem capitis et membrorum.

Hic quatuor quæruntur: 1 utrum voluntas hominis divinæ voluntati conformari possit; 2 in quo attenditur principaliter conformitas; 3 utrum ad illam conformitatem omnes teneantur; 4 utrum teneantur etiam ad conformitatem quæ est in volito.

Articulus Primus
Utrum voluntas humana divinæ voluntati non possit conformari.

Ad primum sic proceditur. Videtur quod voluntas humana divinæ conformari non possit. Sic enim dicitur Isai. 55, 9: sicut exaltantur cæli a terra, ita exaltatæ sunt viæ meæ a viis vestris.

Sed terra nunquam potest conformari cælo. Ergo nec cogitationes vel voluntates hominum divinæ voluntati.

Præterea, eorum quæ in infinitum distant, nulla est conformitas: quia conformitas est secundum approximationem aliquam. Sed voluntas Dei in infinitum distat a voluntate hominum: quantum enim distat Deus ab homine, tantum voluntas Dei a voluntate hominis, ut dicit Glossa super illud Psalm. 32, 1: exultate justi in Domino etc..

Ergo voluntas hominis divinæ voluntati non conformatur.

Præterea, conformitas ponit convenientiam duorum in forma una; sicut ipsum nomen ostendit.

Sed quæcumque conveniunt in aliquo uno habent aliquid prius et simplicius se, scilicet illud in quo conveniunt. Cum igitur divina voluntate nihil sit simplicius et prius, videtur quod sibi nulla voluntas creata conformari possit.

Præterea, nihil est conforme nisi conformi; quia conformitas est relatio æquiparantiæ, ponens similem habitudinem in utroque extremorum. Sed non dicimus voluntatem divinam conformem esse voluntati humanæ. Ergo nec e converso.

Sed contra, nullum regulatum fit rectum nisi per conformitatem ad regulam. Sed voluntas divina regula est voluntatis humanæ, et intellectus suus, intellectus humani. Ergo omnis voluntas recta conformis est voluntati divinæ.

Præterea, cujuslibet obedientis voluntarie voluntas conformatur voluntati præcipientis. Sed multi voluntarie divinis præceptis obediunt. Ergo multorum voluntas conformatur voluntati divinæ.

Respondeo dicendum, quod conformitas est convenientia in forma una, et sic idem est quod similitudo quam causat unitas qualitatis, ut in 5 Metaph. Dicitur. Unde hoc modo aliquid Deo conformatur quod sibi assimilatur. Contingit autem aliqua dici similia dupliciter. Vel ex eo quod participant unam formam, sicut duo albi albedinem; et sic omne simile oportet esse compositum ex eo in quo convenit cum alio simili, et ex eo in quo differt ab ipso, cum similitudo non sit nisi differentium, secundum Bœtium.

Unde sic Deo nihil potest esse simile nec conveniens nec conforme, ut frequenter a philosophis dictum invenitur. Vel ex eo quod unum quod participative habet formam, imitatur illud quod essentialiter habet. Sicut si corpus album diceretur simile albedini separatæ, vel corpus mixtum igneitate ipsi igni. Et talis similitudo quæ ponit compositionem in uno et simplicitatem in alio, potest esse creaturæ ad Deum participantis bonitatem vel sapientiam vel aliquid hujusmodi, quorum unumquodque in Deo est essentia ejus; et sic voluntas nostra divinæ conformatur. Sed hæc conformitas voluntatis potest intelligi vel de ipsa potentia voluntatis quæ homini est data ad exemplar voluntatis divinæ, quæ pertinet ad similitudinem, in qua consistit ratio imaginis, et est communis bonis et malis; et de hac conformitate non quærimus hic. Vel potest intelligi de actu voluntatis, qui etiam voluntas dicitur, et de hac conformitate hic quærimus: quia in ista conformitate consistit meritum vel etiam demeritum, eo quod homo est causa actus voluntatis sed non potentiæ; unde ista conformitas est tantum bonorum.

Ad primum ergo dicendum, quod Dominus loquitur ibi de malis, qui per terram significantur, qui in actu suæ voluntatis recedunt a similitudine divina.

Ad secundum dicendum, quod in infinitum distantium non potest esse conformitas per modum æqualitatis vel etiam secundum aliquam convenientiam in aliquo in participando ab utroque, sed per modum illum qui supra dictus est in corp. Art..

Et per hoc patet etiam responsio ad tertium, quod procedit secundum primum modum distinctionis assignatæ.

Ad quartum dicendum, quod secundum Dionysium, conversio similitudinis non recipitur in causis et causatis in quibus dicitur similitudo per imitationem, sed solum in æquipotentibus in quibus est similitudo per similem participationem ejusdem: non enim dicimus quod homo sit similis suæ imagini, sed e converso.

Unde non est dicendum quod Deus sit similis vel conformis creaturæ, sed quod creatura Deo conformetur imitando ipsum quantum potest.

Articulus Secundus
Utrum conformitas voluntatum attendatur præcipue secundum volitum.

Ad secundum sic proceditur. Videtur quod conformitas voluntatum præcipue secundum volitum attendatur. Conformitas enim attenditur secundum convenientiam in forma. Sed forma et perfectio voluntatis est ipsum volitum, sicut et scitum est perfectio scientis. Ergo secundum convenientiam in volito est conformitas voluntatum.

Præterea, actus cognoscuntur et judicantur per objecta, secundum Philosophum.

Sed objectum voluntatis est volitum.

Ergo videtur quod secundum unitatem voliti sit conformitas voluntatum.

Si dicas quod objectum voluntatis est bonum et secundum hoc attenditur conformitas: contra, voluntas non est nisi boni. Si igitur ex convenientia in bono est conformitas voluntatis, videtur quod omnis voluntas, etiam peccati, divinæ voluntati conformetur.

Præterea, voluntas occidentium Christum non solum concurrit cum voluntate divina in quoddam volitum idem, sed etiam in quoddam bonum, scilicet in passionem Christi, quæ magnum bonum fuit. Ergo si ex hoc attenditur ratio conformitatis, videtur quod voluntas Judæorum divinæ conformis fuit.

Præterea, ratio bonitatis est ex fine. Sed contingit aliquem propter bonum finem agentem divinæ voluntati non conformari, sicut qui furatur diviti, ut det eleemosynas pauperi. Ergo videtur quod etiam nec ex fine conformitas voluntatis attendatur.

Si dicas, quod attenditur principaliter in hoc quod homo

vult quod Deus vult eum velle: contra, volitum et velle non sunt idem nisi per accidens, ut quando velle unius est volitum ab alio.

Sed ista conformitas est ad voluntatem divinam inquantum ipsum nostrum velle est volitum a Deo, qui vult hoc nos velle quod volumus. Ergo per hunc modum non conformatur velle nostrum ad velle divinum, nisi per accidens; et ita ex his omnibus videtur quod conformitas attendenda sit secundum volitum.

Sed contra, duo contraria, inquantum hujusmodi, non conformantur eidem. Sed duæ sanctorum voluntates de oppositis volitis conformantur divinæ voluntati, cum utraque sit recta, sicut patet in littera de hoc quod quidam mortem Pauli nolebant, quam ipse volebat. Ergo non est conformitas secundum volitum.

Respondeo dicendum, quod sicut dictum est, art. Præced., hic quæritur de conformitate quantum ad voluntatis actum. Actus autem voluntatis humanæ potest imitari actum voluntatis divinæ dupliciter. Vel quantum ad esse naturæ; et sic non loquimur hic: quia hoc convenit actui voluntatis secundum quod exit a potentia, cujus conformitatem dimisimus. Vel quantum ad perfectionem superadditam, secundum quam dicitur actus talis vel talis; et hanc conformitatem hic quærimus, quæ est quasi secundum speciem moris.

Hæc autem conformitas quadrupliciter potest considerari secundum habitudinem quatuor causarum: scilicet secundum causam materialem, sicut quando est idem volitum quod se habet ut materia circa quam est actus voluntatis; et ideo ista conformitas est secundum quid tantum, et non simpliciter: quia esse simpliciter non est a materia, sed a forma. Vel secundum causam efficientem; sicut quando aliquis vult quod Deus vult eum velle; hunc enim ordinem voluntatis Deus in eo fecit.

Vel secundum causam finalem; sicut quando aliquis in gloriam Dei facta sua ordinat, propter quam Deus omnia facit; et in his duobus essentialiter conformitas consistit. Vel secundum causam formalem, ut aliquis ex caritate velit, sicut Deus omnia ex caritate vult; ex habitu enim est forma actus, et in hoc consistit perfectio conformitatis. Hujus autem dicti ratio hæc est, quia essentialis assimilatio aliquorum attenditur secundum illud unde species trahitur: species autem cujuslibet actus voluntarii trahitur ex objecto, quod est forma voluntatis producentis actum. Ad objectum autem alicujus actus duo concurrunt: unum quod se habet quasi materialiter, et alterum quod est sicut formale, complens rationem objecti; sicut ad visibile concurrit lux et color. Illud autem quod se habet materialiter ad objectum voluntatis, est quæcumque res volita: sed ratio objecti completur ex ratione boni. Unde ex hoc actus voluntatis humanæ conformatur voluntati divinæ quod tendit in bonum sicut voluntas divina. Et ex hoc etiam actus bonus est repræsentans bonitatem divinam. Et hæc est conformitas secundum causam efficientem, quia Deus unamquamque voluntatem in bonum ordinavit. Et hoc vult Deus nos velle, inquantum voluntas nostra ordinata est. Sed hæc conformitas includit conformitatem finis, inquantum hoc volitum habet rationem bonitatis ex fine, etsi quandoque etiam in se bonum sit; unde ex hoc attenditur essentialiter conformitas, non autem ex ipsa re volita ex qua actus speciem non trahit. Sed habitus caritatis addit perfectionem in bonitate actus.

Et ideo secundum causam formalem attenditur perfectio conformitatis, ut tanto actus voluntatis nostræ divinæ voluntati sit conformior, quanto est melior et perfectior.

Ad primum ergo dicendum, quod volitum non est perfectio voluntatis, vel objectum, nisi inquantum stat sub ratione boni, sicut nec color objectum visus et perfectio, nisi secundum quod stat sub actu lucis.

Unde patet ad secundum responsio.

Ad tertium dicendum, quod in eo qui peccat, voluntas rationis non tendit in id quod est sibi bonum, sed in id quod est alteri bonum, scilicet concupiscibili et irascibili: non enim homo dicitur homo propter concupiscibilem vel irascibilem, sed propter rationem; et ideo non est bona voluntas.

Si tamen irascibilis per se tenderet in suum objectum, quod est suum bonum, non est culpabilis, sicut est in brutis, et habet quamdam conformitatem ad voluntatem divinam inquantum tendit in id in quod ordinavit eam Deus.

Ad quartum dicendum, quod passio Christi habebat duo: scilicet quod erat salvativa humani generis; et sic hæc res volita stabat sub ratione boni et erat volita a Deo et a sanctis: vel secundum quod erat afflictiva innocentis, et sic non habebat rationem boni, et sic erat volita a Judæis, unde non volebant bonum simpliciter nisi per accidens, sed per se loquendo volebant simpliciter malum æstimatum bonum, inquantum satisfaciebant iræ suæ, vel invidiæ.

Ad quintum dicendum, quod sicut forma naturalis est in materia ab agente, ita forma bonitatis est in volito a fine;

et sicut materia improportionata ad formam adveniente debito agente nunquam consequitur formam, sicut lapis non fit caro a virtute digestiva; ita etiam volitum improportionatum ad bonitatem, quantumcumque sit bonus finis, nunquam bonitatem recipit; et talia sunt quæ per se sunt mala, ut furari et hujusmodi; nisi deformitas tollatur auctoritate divina, ut supra, distin. 47, quæst. Unica, art. 3, dictum est.

Ad sextum dicendum quod omne volitum divinum imitatur voluntatem ipsius inquantum est sicut Deus vult, non tamen imitatur in ratione volendi, et bonitate actus voluntatis; sed solum actus voluntatis humanæ tendens in bonum ad quod ordinatum est secundum Dei voluntatem; unde non tantum est ibi conformitas voluntatis nostræ inquantum est volita, sed inquantum est volens, et bonum actum voluntatis eliciens.

Articulus Tertius
Utrum ad conformitatem divinæ voluntatis non teneamur.

Ad tertium sic proceditur. Videtur quod ad conformitatem divinæ voluntatis non teneamur.

Sicut enim rectitudo voluntatis humanæ est per conformitatem ad voluntatem divinam, ita rectitudo intellectus nostri per conformitatem ad intellectum divinum. Sed non omnes tenentur ad conformandum intellectum suum intellectui divino; alias nullus habens falsam opinionem, salvaretur.

Ergo et pari ratione non tenemur ad conformitatem voluntatis.

Præterea, nullus obligatur ad impossibile sibi; alias peccatum non esset voluntarium, sed necessarium.

Sed voluntas obstinata in malo non potest divinæ voluntati conformis esse, quæ semper bona est. Ergo videtur quod tales ad conformitatem non tenentur.

Præterea, quicumque peccat, in ipso actu peccati voluntatem suam voluntati divinæ non conformat.

Si ergo ad conformitatem omnes tenemur, videtur quod quicumque peccat, duplici peccato peccet; scilicet peccato transgressionis quod committit, et peccato omissionis quo conformitatem non implet ad quam tenetur: et hoc est falsum.

Præterea, quicumque non facit id ad quod faciendum obligatur, peccat mortaliter omittendo.

Sed quicumque peccat venialiter, ipso actu non conformat voluntatem suam voluntati divinæ. Ergo si ad hoc tenetur, peccat mortaliter: quod falsum est: ergo et primum.

Præterea, quidquid vult Deus fieri, fit. Ergo quidquid vult nos velle, volumus. Sed mali non volunt bona facere. Ergo Deus non vult eos velle bona. Sed mali peccant per recessum ejus ad quod tenentur. Ergo videtur quod non teneantur ad volendum illud quod Deus vult eos velle; in quo tamen conformitas voluntatis consistebat.

Præterea, sicut volitum divinum est nobis ignotum, ita et finis ad quem opus suum ab ipso ordinatur; cum etiam in rebus naturalibus plerumque difficile sit assignare finem. Sed nullus tenetur ad id quod ignorat. Ergo ad illam conformitatem quæ est ex parte finis non tenemur.

Præterea, nullus tenetur ad id quod non est in potestate sua. Sed habere caritatem non est nobis ex nobis. Ergo videtur quod ad illam conformitatem quæ est in forma caritatis, non teneamur.

Sed contra, omnes tenemur ad obediendum Deo, et ad habendum rectam voluntatem. Sed hoc non potest esse nisi conformemur divinæ voluntati.

Ergo ad conformitatem ejus omnes tenemur.

Respondeo dicendum, quod ad illud proprie dicitur aliquis teneri, quod si non facit, peccatum incurrit. In omnibus autem et naturalibus et voluntariis peccatum contingit ex hoc quod aliquid non pervenit ad illud ad quod ordinatum est, ut in 2 Phys. Dicitur, ut patet in monstris et erroribus qui contingunt in operatione artis. Sed tamen differenter est in naturalibus et voluntariis: quia in naturalibus defectus ab ordine incidit ex necessitate materiæ; sed in voluntariis ipsa voluntas est causa sui defectus: quia in nobis est posse deficere et non deficere. Unde defectus voluntatis ab eo ad quod ordinata est, non solum habet rationem peccati, sed etiam culpæ.

Cum igitur dictum sit, quod conformitas voluntatis attendatur secundum hoc quod tendit per actum suum in id ad quod ordinatum est, oportet quod defectus conformitatis inducat peccatum et culpam; et ideo tenemur ad conformitatem voluntatis.

Sed sciendum, quod ad aliquid tenemur directe, quod scilicet per se est in potestate nostra; et sic tenemur ad conformitatem, qua volumus id quod congruit nos velle, et secundum rectum finem; quia in utrumque istorum per naturalia nostra possumus. Ad aliquid vero tenemur indirecte, sicut ad habendam gratiam, quod secundum se non est in potestate nostra; sed in potestate nostra est facere aliquid, quo facto habebimus gratiam; et sic tenemur etiam ad illam conformitatem quæ est secundum formam caritatis.

Ad primum ergo dicendum, quod non est simile de voluntate et intellectu: quia defectus intellectus non est in potestate nostra, sicut defectus voluntatis: quia intellectus violenter cogitur quandoque rationibus, ut in 5 Metaph. Dicitur, non autem voluntas. Et tamen in his quæ necessaria sunt ad salutem, tenemur intellectum nostrum divino conformare, ut in his quæ fidei sunt: quia in his, si quod in nobis est facimus, divinum nobis non deerit auxilium. In aliis etiam peccaret quis, si voluntarie secundum intellectum verum impugnaret, et falso adhæreret.

Ad secundum dicendum, quod dum voluntas est obstinata, simul divinæ voluntati conformis esse non potest; sed in statu viæ nullus est qui mentis obstinationem non possit deponere, et sic divinæ voluntati conformari: sed damnatis est in pœnam inflictum ut ab obstinatione sua nunquam curentur, et tamen manet in eis culpa perpetua cum pœna non defutura: non tamen demerentur, quia non sunt in via, sed ad terminum viæ, ubi est pœna, devenerunt.

Ad tertium dicendum, quod conformitas voluntatis est communis ad omnia præcepta legis naturalis et scriptæ quibus in bonum ordinamur: unde quicumque peccat contra quodcumque præceptum, contra conformitatem peccat; non tamen facit duo peccata, quia commune non ponit in numerum contra proprium.

Ad quartum dicendum, quod præcepta affirmativa non obligant ad semper; eo quod impossibile est nobis semper agere, ut in Lib. De somno et vigilia dicitur: et ideo non oportet quod semper actu voluntatem nostram divinæ conformemus; sed sufficit quod semper in habitu, et quandoque in actu. Unde qui peccat venialiter, non committit contra conformitatem, sed solum præter conformitatem facit, sicut præter legem.

Ad quintum dicendum, quod cum dicitur conformitatem attendi secundum hoc quod volumus id quod vult nos Deus velle, intelligitur de voluntate antecedente, cujus effectus est ordo naturæ nostræ in bonum. Objectio autem procedit de voluntate consequente, et ideo non procedit.

Ad sextum dicendum, quod licet finem proprium scire non possumus, finem tamen ultimum a quo est omnis bonitas in finibus proximis, scire possumus, ut scilicet omnia in Deum ordinemus, qui propter seipsum universa fecit, ut dicitur Proverb. 16.

Ad septimum patet responsio per id quod dictum est.

Articulus Quartus
Utrum ad conformitatem in volito teneamur.

Ad quartum sic proceditur. Videtur quod ad conformitatem in volito non teneamur. Nullus enim ad ignotum tenetur. Sed volitum divinum est nobis ignotum, sicut et ejus præscitum. Ergo videtur quod ad hoc non teneamur.

Si dicatur, quod potest alicui revelari; contra.

Posito quod alicui sua damnatio reveletur, iste non tenetur suam damnationem velle; quinimmo tenetur suam salutem velle, quia tenetur se ex caritate diligere, et sibi summum bonum optare.

Ergo non tenetur velle quod scit Deum velle.

Præterea, Christus sciebat passionem suam a Deo esse volitam, et tamen aliqua voluntate passionem noluit, ut infra dicit Magister, in 3, 17 dist.. Cum igitur Christus nihil omiserit eorum quæ sunt de rectitudine vitæ, ad quæ omnes tenemur, videtur quod ad conformitatem in volito non teneamur.

Item objicitur de beata virgine, quæ passionem filii non voluit; alias de morte tristata non fuisset, quod est contrarium ejus quod habetur Luc. 2, 35: tuam ipsius animam pertransibit gladius.

Præterea, voluntas divina innotescit nobis per signa. Sed permissio, quæ est unum signorum, est etiam de malis culpæ, quæ nullo modo velle debemus. Ergo non tenemur conformare voluntatem nostram divinæ in volito.

Sed contra, super illud Psalmi 104: non adhæsit mihi cor pravum, dicit Glossa: cor pravum habet qui non vult quod Deus vult.

Sed omnes tenemur non habere cor pravum. Ergo tenemur ad conformandum voluntatem nostram voluntati divinæ in volito.

Præterea, secundum tullium, amicorum est idem velle et nolle. Sed tenemur Deo esse amici. Ergo tenemur idem velle quod ipse vult.

Respondeo dicendum, quod Deus dicitur aliquid velle voluntate antecedente; et de hoc non est dubium quin voluntatem nostram in tali volito divinæ conformare debeamus, quia hoc est in quod voluntas nostra ordinata est. Dicitur etiam aliquid velle voluntate consequente; et hoc volitum non semper notum est nobis, nisi quatenus operatione ejus manifestatur; et hoc addit aliquam rationem bonitatis ad rem, ut possit esse volita, quia Deus eam vult; sicut enim aliquid habet in se bonitatem, ut facere eleemosynam, et tamen advenit sibi aliqua ratio bonitatis ex fine; ita etiam advenit sibi aliqua ratio bonitatis ex hoc quod est volitum et ordinatum a Deo. Eo enim ipso quod aliquid apprehenditur ut volitum a Deo, apprehenditur ut bonum. Unde voluntas consequens hanc apprehensionem, tenetur tendere in illud: alioquin non esset motus voluntatis bonus, nec Deo conformis, si bonum refugeret.

Sciendum tamen, quod cum sint diversi gradus appetitus consequentes diversas apprehensiones, nullus appetitus tenetur tendere in illud bonum cujus rationem non apprehendit. Verbi gratia, in nobis est quidam appetitus sensitivus consequens apprehensionem sensus, qui non est nisi de bono convenienti secundum corpus: unde hoc appetitu appetitur delectabile secundum sensum; nullo autem modo aliquod bonum spirituale, ut scientia.

Est et quædam voluntas in nobis naturalis, qua appetimus id quod secundum se bonum est homini, inquantum est homo; et hoc sequitur apprehensionem rationis, prout est aliquid absolute considerans: sicut vult homo scientiam, virtutem, sanitatem et hujusmodi. Est etiam in nobis quædam voluntas deliberata consequens actum rationis deliberantis de fine et diversis circumstantiis; et secundum hanc tendimus in illud quod habet rationem bonitatis ex fine, vel ex aliqua circumstantia.

Si ergo sit aliquid quod habeat has omnes rationes bonitatis, quilibet appetitus si sit rectus, tendit in hoc; si autem desit aliqua ratio dictarum, oportet illum appetitum cui respondet talis ratio, non tendere in hoc; sed forte in contrarium, si forte habeat contrariam rationem; sicut secari propter sanitatem est contristabile secundum sensum, nec secundum se bonum est, sed tantum ex fine; et ideo sectionem solum voluntas deliberata eligit, sed voluntas naturalis et appetitus sensitivus abhorret.

Similiter etiam dicendum est in proposito. Si enim apprehendatur aliquid esse volitum a Deo, quod præcipue per signum operationis manifestatur; voluntas deliberata, quæ sequitur rationem, prout est apprehendens et conferens de ista ratione bonitatis, tenetur illud velle, quamvis voluntas naturalis et appetitus sensitivus refugiant; et in refugiendo voluntati divinæ conformantur, inquantum tendunt in bonum secundum rationem apprehensam; sicut est in illo qui pie dolet de morte patris, vel alicujus utilis in ecclesia. Sciendum tamen, quod in talibus motus voluntatis deliberatæ in peccatoribus est corruptus, qui ex toto relinquunt deliberationem rationis, et sequuntur impetum voluntatis naturalis et sensitivæ, murmurantes de Dei ordinatione; in justis vero viatoribus manet quidem integer, sed imperfectus dupliciter.

Tum ex parte cognitionis, quia non plene voluntatem divinam cognoscit: tum ex parte affectionis, quia retardatur ex motibus inferioribus: unde in talibus sufficit non recalcitrare divinæ ordinationi, nec oportet gaudium experiri de hoc quod secundum voluntatem fit, sicut etiam dicit Philosophus, quod sufficit fortem non tristari in periculis mortis, quamvis non gaudeat, sicut est in actibus aliarum virtutum; et hæc est conformitas viæ. Sed in beatis est integer et perfectus, tum ex parte cognitionis, quia voluntatem divinam plene cognoscunt; tum ex parte affectionis, quæ dominatur omni inferiori voluntati, nec in aliquo retardatur vel impeditur: unde in videndo illud quod Deus vult, quod et ipsi volunt, gaudium experiuntur: de quo in Psalm. 57, 2, dicitur: lætabitur justus cum viderit vindictam.

Ad primum ergo dicendum, quod volitum divinum, quantum ad voluntatem antecedentem, est nobis notum ex ipsa naturali inclinatione; sed volitum voluntatis consequentis innotescit nobis vel per revelationem vel per operationem.

Ad secundum dicendum, quod illa positio est quasi impossibilis: quia nulli sua damnatio revelatur, sicut etiam nec Angelis, ut dicit Augustinus: si tamen revelaretur, posset credere secundum comminationem et non secundum præscientiam dictum: tenetur tamen velle istum ordinem justitiæ, quo si in peccatis moritur, damnatur; quia hoc est quod Deus vult, et non damnationem per se, neque culpam.

Ad tertium dicendum, quod Christus voluntate rationis deliberata volebat passionem suam, et similiter beata virgo, et quilibet sanctus; quamvis voluntas naturalis dissentiret.

Ad quartum dicendum, quod permissio nunquam significat quod voluntas sit de culpa, sed de bono quod adjungitur culpæ.

Actum quippe Judæorum non voluit Deus. Videtur hoc esse falsum: quia passio est effectus actionis: unde si voluit passionem, voluit actionem.

Ad quod dicendum, quod passio Christi subjacebat duplici operationi: idest actioni Judæorum inquantum afflictiva erat, et sic non erat volita a Deo, sicut nec actio; et operationi voluntatis Christi, inquantum erat meritoria, et sic erat placita Deo: unde versus: actio displicuit, passio grata fuit.

Frequenter enim voluntas et ratio dividunt quæ natura conjungit.

Ut apostolus Petrus, quando id fieri nolebat, Satanas ab ipso qui occisus est, diceretur. Hoc sumitur ex Matth. 16, et dicitur Satanas, idest adversarius, inquantum bona sua voluntate ex pietate bonæ voluntati Christi adversabatur.

Videtur inconvenienter ordinasse: quia, secundum Philosophum, innata est nobis via a posterioribus in priora, et ita a creaturis in creatorem. Ad quod dicendum, quod hoc tenet in eis quæ naturali cognitione cognoscimus, quæ ex sensu principium sumit; sed in his quæ per fidem cognoscimus, nostra cognitio ipsi veritati primæ innititur. Unde oportet quod a prima veritate, quæ est Deus, in ea quæ ab ipso sunt procedamus, ad similitudinem cognitionis quam sancti in verbo habebunt, ubi et verbum et res plene cognoscent: cujus cognitionis nos participes faciat ipsum verbum Dei filius, qui hanc cognitionem in nobis per fidem initiavit; cui est honor et gloria per infinita sæcula sæculorum. Amen.

www.ingramcontent.com/pod-product-compliance
Lightning Source LLC
Chambersburg PA
CBHW081157230426
43666CB00016B/2839